VOYAGES

EN

EUROPE.

VOYAGES
EN
EUROPE

PAR

**WALSH
— THOMAS ET LYALL — QUIN — GAMBA ET DEMIDOFF —
CAPELL BROOKE — TWINING
— RAMON DE LA SAGRA — ALBERT MONTÉMONT —
FULCHIRON ET NERVO.**

ILLUSTRÉS

PAR BOCOURT ET CH. METTAIS.

REVUS ET TRADUITS

PAR

M. ALBERT-MONTÉMONT

PARIS. — 1855.

CHEZ J. BRY AINÉ, ÉDITEUR,

27, Rue Guénégaud, 27.

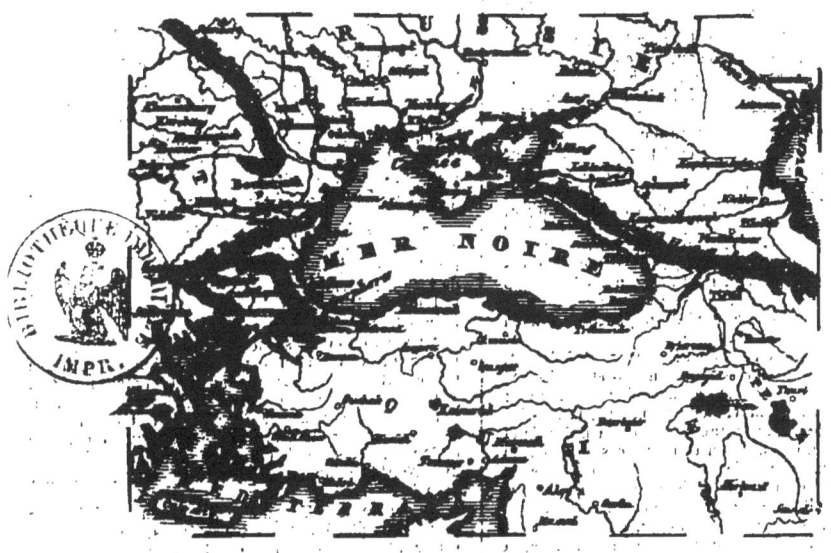

Carte de la Mer Noire.

WALSH

(1831-1832)

VOYAGE DE CONSTANTINOPLE EN ANGLETERRE, PAR LES BALKANS, LE DANUBE, LA HONGRIE ET L'ALLEMAGNE.

Généralités préliminaires sur la Turquie d'Europe.

Avant de reproduire la relation du voyageur anglais Walsh, les événements qui se déroulent aujourd'hui dans les contrées qu'il a explorées nous semblent rendre nécessaires quelques généralités géographiques sur la Turquie d'Europe.

La Turquie d'Europe s'étend de 34° 55', extrémité méridionale de l'île de Candie, à 47° 17' extrémité septentrionale de la Moldavie, dans sa latitude nord ; de 13° 26' à 27° 26' en long. E. du méridien de Paris. Elle a environ 350 lieues de longueur; elle est bornée au nord par une petite portion de la Russie dont la sépare le Pruth, et par diverses provinces de l'empire autrichien; dont la séparent principalement les monts de la Transylvanie, le Danube et la Save ; à l'ouest par la Croatie et la Dalmatie autrichienne et la mer d'Ionie; au sud par la Méditerranée proprement dite, l'Archipel ou la mer Égée, le détroit des Dardanelles ou l'Hellespont, la mer de Marmara ou le canal de Constantinople, ou Bosphore de Thrace, qui la séparent de l'Asie-Mineure ou l'Anatolie, et à l'est par la mer Noire (1).

La Turquie d'Europe jouit d'un air salubre et possède un territoire d'une prodigieuse fertilité; elle a de belles eaux qui descendent des montagnes entrecoupées de plaines riantes et de vallées délicieux. Ses fleuves ou rivières sont le Danube, la Save, le Pruth, qui rejoignent la mer Noire; et le Maritza ou l'Hèbre, qui débouche dans la Méditerranée, comme nous le redirons plus loin.

Cette vaste contrée est assise entre quatre bassins dissemblablement situés, savoir : la mer Noire, la mer Adriatique, la mer Égée et la mer Ionienne. Un prolongement de l'Hémus et des Balkans paraît séparer deux grandes cavités dans la partie occidentale de la mer Noire : l'une au nord du Bosphore, l'autre en deçà des Balkans et du fond de mer rehaussé qui lie ce dernier à la chaîne de la Crimée. D'une autre part une grande profondeur existe dans cette mer au sud-est de cette dernière chaîne, au sud-ouest du Caucase et au sud-est de la chaîne asiatique, entre Samson et Amatrah. La mer Adriatique offre trois cavités moins profondes que celles de la mer Noire, et trois points indiquant une ancienne liaison des continents; les cavités existent dans son milieu, entre l'Istrie et la

(1) La Turquie d'Europe et la Turquie d'Asie forment l'empire ottoman, dont la population est évaluée à 36 millions d'habitants, et les deux tiers professent l'islamisme.
A. M.

Romagne, entre Ancône et Zara, et le promontoire de Bataglia, entre ce cap, Raguse, Monfredonia et Bari. La mer Ionienne ne présente qu'une petite cavité dans le golfe de Tarente, et une plus grande dans la Calabre et les îles Ioniennes. La mer Égée, parsemée d'îles, n'est qu'une nappe d'eau, ne couvrant pas de grandes profondeurs, mais se liant à d'énormes enfoncements qui appartiennent à la Méditerranée.

Sur le continent turc, on trouve les chaînes bordées au nord par les bassins du Danube inférieur, de la Hongrie et des pays serbes ; à l'est par ceux de la mer de Marmara, de la Thessalie et de l'Hellade ; au sud par ceux de la Maritza et des débouchés du Strymon, du Vardar et du Bistritza ; tandis qu'à l'ouest, il n'y a, excepté la grande cavité herzégovinienne et celle de Scutari, que les petits bassins au débouchés des rivières épirotes et albanaises. En étage au-dessus de ces plaines et dans les terres, sont échelonnés beaucoup d'autres bassins que la carte signale, et au-dessus de ces bassins existent de petits plateaux, surtout dans la Turquie occidentale et la Servie.

Les provinces de la Turquie d'Europe sont, à l'ouest, la Bosnie, l'Herzégovine, le Monténégro et l'Albanie ; au sud, l'Epire, la Thessalie, la Macédoine et la Thrace ; à l'est, la Bulgarie et la Valachie ; au nord, la Servie ; au centre, la Mœsie, avec une partie de la Bulgarie et de la Macédoine. Ces différentes provinces ont presque chacune une physionomie particulière. La Bosnie est en quelque sorte la haute Suisse de la Turquie ; les frontières de la Bosnie, de l'Albanie et du Monténégro y remplacent la crête du Mont-Blanc, malgré le voisinage de la mer Adriatique, tandis que la Servie, la Mœsie supérieure et la Macédoine septentrionale sont plutôt le pendant des parties élevées du pays bas helvétique. À l'opposé de ces contrées bien arrosées, l'Albanie et l'Herzégovine ont des surfaces très rocailleuses et dépourvues d'eau en été. La Bulgarie est en grande partie le prolongement des plaines valaques. En deçà des Balkans et du Rhodope, la Thrace, la Macédoine méridionale et la Thessalie ont de l'analogie avec nos pays montagneux, et offrent quelques parties qui rappellent le Delta et le Nil.

Le *Monténégro*, mot qui signifie *montagne noire*, est une portion élevée de terrain entre la plus haute ride de la Turquie occidentale et celle qui borde l'Adriatique en Dalmatie, et il est traversé dans son milieu par une troisième arête, dont le Loukhavitza est le sommet. Le Monténégro doit son nom à la quantité de forêts de conifères qui donnent à ces montagnes, vues de loin, une teinte foncée. En faisant dix à douze heures par jour, on peut parcourir ce pays en six jours du midi au nord, et en cinq jours de l'ouest à l'est. La principale rivière qui l'arrose, la Nahie de Moratsha, mot tiré de *mor*, *bleu*, à cause de la couleur de ses eaux, est formée par la réunion de deux torrents. La baie de Cattaro et les bouches du Cattaro sont dominées du côté de Monténégro par une montagne escarpée et nue qui conserve de la neige dans ses crevasses jusqu'en juin ou juillet. Les montagnes n'offrent guère ici que des chemins de piétons. *Cetigne*, bourg central du Monténégro, ou plus exactement réunion d'habitations isolées parmi lesquelles sont groupés ensemble un couvent, la maison du sénat et l'unique auberge du Monténégro, a un chemin praticable pour les chevaux jusqu'à la ville de Cattaro.

La *Bosnie*, dont le voyageur mettrait à parcourir le territoire quinze jours dans sa longueur et six à huit dans sa largeur, offre un immense plateau de montagnes et de nombreuses vallées, ainsi que des cours d'eau plus ou moins considérables. La ville de Bosna-Sinaï, assise sur les rives de la Miglizza ou Miliaska, est la capitale de cette province, qui touche à l'*Herzégovine*, pays formé par le prolongement septentrional des trois ou quatre crêtes du Monténégro, qui sont parallèles à la grande chaîne sur la frontière bosniaque. Une particularité de l'Herzégovine est la fréquence des cours d'eau, qui se perdent dans des gouffres, et ont ainsi formé jadis de nombreux lacs sans canaux d'écoulement. Cet accident géologique se retrouve, du reste, dans le Monténégro occidental, dans la Croatie turque et la Bosnie.

À l'est du Monténégro est l'*Albanie*, qui se divise en haute, moyenne et basse. La haute Albanie s'étend jusqu'aux montagnes du Tomur et de Skrapari, et la basse Albanie ou l'*Epire* jusqu'en Acarnanie. Ce pays a une longueur de 78 lieues sur une largeur variable de 18, 20, 24 et 30, et il est bordé au sud par la mer Adriatique. Il y a de hautes montagnes et de petites rivières. La capitale de l'Albanie est *Janina*, sur le lac de ce nom.

La *Thessalie*, dont la capitale est *Larisse*, n'est qu'une grande plaine quadrangulaire entourée de tous les côtés de montagnes ; celles de l'ouest se lient à celles de l'Epire. Parmi les crêtes, figurent l'OEta, l'Olympe, le Pinde, le Kisavo, le Pélion ou Mavro-Vouno, montagnes très bien boisées.

Au nord de la Thessalie s'offre la *Macédoine*, pays montagneux, dont la capitale est *Salonique*, située sur le golfe du même nom, et au pied du mont Koriach. Vers l'est se présente la *Thrace*, qui développe ses frontières au midi sur la mer Egée, le détroit des Dardanelles et la mer de Marmara ; tandis qu'au nord de cette province s'étend la *Bulgarie*, vers les Balkans, et avec *Sophia* pour capitale, entre deux rivières, l'Isker et la Nissava.

Au centre de la Turquie se trouve un carré de pays montueux, placé entre six provinces, de manière à servir de passage de l'une à l'autre : c'est la *Mœsie supérieure*, plateau couvert de rides, et contenant les bassins supérieurs de plusieurs rivières qui sortent des défilés dont ceux du nord-est en envoient en *Servie*, province séparée des autres provinces turques par trois chaînes montagneuses, pendant que son centre est traversé par une quatrième partant de *Belgrade*, grande et belle ville, jadis une des places les plus fortes de l'Europe. La Servie s'unit vers l'est à la *Valachie*, dont la capitale est *Bukharest*, ville moderne, le Paris de la Turquie d'Europe. Cette province forme une principauté, ainsi que la *Moldavie*, dont la capitale est *Jassy*. Nous passerons sous silence la Romélie proprement dite, ainsi que ses deux grandes villes *Andrinople* et *Constantinople*, villes trop connues pour être rappelées.

La végétation forestière de la Turquie d'Europe est classée en trois zônes distinctes, savoir : celle des chênes, qui s'élève jusqu'au-delà de 1,060 mètres ; celle des hêtres, qui se tient, suivant les localités, entre 660 et 1,630 mètres ; et celle des pins, que l'on rencontre entre 820 et 2,000 mètres, pendant qu'il y a aussi des espèces qui descendent jusqu'à la mer. La Servie est, avec la Bosnie, le pays des bois de chêne par excellence ; les sapins règnent dans la haute Bosnie et la haute Albanie. Le platane se trouve en Thrace, vers le Bosphore et les Dardanelles. La flore de la Turquie européenne est aussi riche que variée.

Parmi les mammifères de la Turquie d'Europe, on remarque les chauves-souris, la musaraigne, l'ours brun, la taupe, la belette, le putois, le blaireau, la martre, la fouine, la loutre, le loup, le chacal, le renard, la genette, le chat, le lynx, le rat, le sanglier, la gazelle, le chamois, le daim, etc. L'ours habite surtout les hautes montagnes boisées entre l'Albanie et la Macédoine ; on le prend quelquefois avec un tonneau d'eau-de-vie mêlée de miel ; il s'enivre avec cette liqueur, et s'épuise à force de danser. Le loup est commun partout, surtout dans les hautes montagnes, il n'est guère funeste ailleurs que pour les bergeries. Le sanglier se trouve dans les forêts des pays slaves, du Pinde, du Rhodope et de l'Acarnanie. Le chamois parcourt en troupeaux les hauts pâturages des montagnes entre la Valachie et la Transylvanie ; on en voit aussi en Bosnie, en Herzégovine et en Macédoine. Les chiens abondent en Turquie, surtout les races dites chiens de berger, chiens loups et chiens-dogues. Les grandes villes turques, excepté en Servie et en Valachie, possèdent toutes un nombre plus ou moins grand de chiens, qui n'appartienent à personne, et qui mènent le genre de vie des chiens marrons de l'Amérique, vivant en familles, divisés en quartiers, ne tolérant point le mélange d'individus d'une famille étrangère, et s'entr'aidant pour se défendre contre leurs ennemis communs. Ces chiens font en Turquie, avec les oiseaux de proie, l'office de balayeurs des rues. Leurs aboiements la nuit sont très désagréables pour les voyageurs, qui, dans les villages, sont également exposés à l'attaque de ces bêtes incommodes. Les moutons sont les compagnons de l'homme dans toute la Turquie, et constituent la principale nourriture des habitants. Il y a aussi beaucoup de chèvres. Le buffle est fréquent, surtout en Valachie, en Bulgarie et en Thrace. Le cheval turc est de taille moyenne et dur à la fatigue ; on ne le desselle jamais ; il passe la nuit comme le jour avec la selle ou le bât, par suite de l'incurie ou de la nonchalance des conducteurs ou voyageurs indigènes.

HABITANTS.

Les *habitants* de la Turquie d'Europe sont surtout des *Slaves*, des *Valaques*, des *Schkipetares* ou *Albanais* et des *Grecs*. Les autres nations qui habitent aussi ce pays ne sont qu'entremêlées à ces quatres peuples, sauf dans la Bulgarie orientale, la Thrace et le sud-ouest de la Macédoine, dont presque les seuls habitants sont des *Turcs*. L'ensemble de cette population dépasse quatorze millions d'habitants, non compris le royaume de Grèce et les îles de l'Archipel. Les *Valaques* ou *Roumains*, groupés dans la Valachie et la Moldavie, forment près de quatre millions. Les Slaves se divisent en Croates, Serbes, Bulgares et Cosaques Dobroutscha. Ces derniers, qui avoisinent la mer Noire, sont peu nombreux. Les *Bulgares* ou Boulgares occupent la Bulgarie, la Mœsie inférieure et la plus grande partie de la Mœsie supérieure, en même temps qu'ils forment le noyau principal de la population de la Macédoine. Leur nombre excède quatre millions et demi. Les *Serbes* comprennent les habitants de la Servie, de la Bosnie, de l'Herzégovine du Monténégro, et une partie de ceux des pachaliks de Pristina, d'Ipek et de Prisren. La Servie actuelle compte près d'un million d'âmes. Les Schkipetares (habitants des rochers) ou Albanais comptent environ 1,600,000 habitants, qui s'étendent depuis l'Epire jusque dans la partie occidentale de la Mœsie supérieure, où ils se mêlent aux Serbes dans la plaine entre Prisren et Ipek, entre Vrania et Mitrovitza, tandis qu'ils occupent presqu'à eux seuls, sous le nom d'*Arnaoutes*, le pays aux sources de Lepenatz, le sud-ouest de la plaine de Pristina, diverses petites contrées, et se mêlent aux Bosniaques dans les montagnes entre l'Albanie et la Bosnie. Les Albanais s'associent encore aux Bulgares, vers les frontières macédoniennes. Il y a aussi le pays des *Guègues* dans la haute Albanie ; puis les Albanais *Toskes* en Epire. Les Guègues sont catholiques, et les Toskes sont de la religion grecque. Cette différence de culte fait que ces deux peuples ne se sont jamais associés sans se disputer, et en venir même à des collisions.

Quant aux *Grecs*, ils forment un mélange hétérogène de Slaves, d'Albanais, de Valaques, de Grecs byzantins et d'Asie ; cependant cette nation commence à se reconstituer sous son gouvernement représentatif dans la Grèce propre. Les autres Grecs demeurés sous la domination turque habitent principalement la Thrace et la chaîne côtière de la mer Noire ; on compte environ 200,000 Grecs à Constantinople, 300,000 en Macédoine, et 400,000 dans les autres provinces. Enfin, outre les Grecs dispersés, il y a les *Zinzares*, tribus valaques, vivant isolément en famille, et se livrant surtout au commerce ; puis viennent les *Turcs*, épars dans toute la Turquie, puisque ce sont eux qui remplissent presque toutes les charges importantes, et qu'ils forment les seigneurs de campagne dans les pays chrétiens. Le plus grand nombre est resté concentré dans la partie orientale de l'empire, c'est-à-dire à Constantinople et à Andrinople, ainsi que dans quelques autres villes et villages de la Thrace. Des statisticiens pensent que le nombre des Turcs bulgares, grecs et asiatiques, en Europe, est d'environ 700,000, c'est-à-dire environ le tiers de la population musulmane, ou plus du dixième de celle qui est chrétienne. Ce nombre semble petit eu égard à la population turque de Constantinople, du Bosphore et d'Andrinople, qui est déjà de 3 à 400,000 individus.

Enfin, aux peuples que nous venons de nommer, il convient d'ajouter les bohémiens de la Turquie, appelés *Zingares*, et qui ne sont pas les Zinzares de la Valachie dont nous avons parlé tout à l'heure. Il paraît que les Zingares descendent des Parias de l'Indostan, lesquels avaient émigré en 1408, et 1409, lors de l'invasion de ce pays par Timour, et sont venus en Europe par la Turquie d'Asie. Ce peuple nomade, actuellement au nombre de 200,000 individus, est méprisé des Turcs et des chrétiens, et on ne le trouve plus guère qu'en Bulgarie, en Valachie et dans le Mousaché.

Voici en nombre ronds les diverses populations de la Turquie d'Europe.

Valaques : Valachie	2,400,000 hab.
— Moldavie	1,419,000
Serbes de Servie	886,000
Musulmans en Servie	10,400
Bosniaques	700,000
Herzégoviniens	500,000
Croates	200,000
Monténégrins	100,000
Bulgares	4,506,000
Albanais	1,600,000
Grecs	900,000
Zinzares	300,000
Turcs	700,000
Arméniens	100,000
Juifs	250,000
Zingares	150,000
Etrangers ou Européens	60,000
Total approximatif	14,775,400 hab.

Faisons suivre cette évaluation relative au nombre des habitants de la Turquie par quelques traits principaux sur leurs langues, leurs caractères et leurs usages.

La langue turque est la plus répandue dans la Turquie d'Europe, puisqu'elle est celle des gouvernants. La plupart des Bulgares et des Grecs de la Thrace et de la Macédoine la comprennent ; mais il n'en est pas de même des Serbes ni des Bosniaques, et surtout encore moins des Albanais, qui affectent de ne pas la savoir. Le turc est une langue belle, expressive, brève, aisée à parler, mais moins facile à écrire. La langue slave est moins riche ; elle est parlée par les Serbes. La langue bulgare se rapproche davantage du russe, et est moins agréable à l'oreille que le dialecte serbe. Le serbe est aux langues slaves ce que le latin est aux langues qui en sont dérivées. Le dialecte albanais est restreint à l'Albanie. La langue valaque est un mélange de latin et de slave avec d'anciens mots illyriens. Les Zingares ou Bohémiens ont une langue à part et assez pauvre. Les Juifs de la Turquie parlent souvent l'espagnol ou l'italien, une bonne partie de ces Hébreux descendant d'exilés d'Espagne ou d'Italie. Le français n'est guère parlé qu'à Bukharest, Constantinople et Salonique. L'allemand n'est guère appris que par les Serbes, et le russe que par les Grecs ou les Slaves, qui commercent avec la Russie.

Un caractère commun à tous les peuples de la Turquie est la sobriété, comme aussi l'indifférence pour les commodités de la vie. Le Turc a la tête bien conformée et les traits réguliers. Les femmes musulmanes sont en général fort blanches, parce qu'elles évitent les regards du soleil; elles ont de belles formes, et ne portent ni corsets ni jarretières; l'habitude d'une vie sédentaire contribue à leur donner un embompoint quelquefois trop grand.

Les *Turcs* sont naturellement phlegmatiques; ils ont un grand fonds de bonté, de générosité, de probité et de résignation aux événements; ils sont portés au fatalisme. Les *Bulgares* sont de moyenne taille; ils sont bons, humains, économes et laborieux, enclins à la jovialité; les femmes bulgares sont petites et fort gracieuses. Les *Albanais* sont peut-être la plus belle race de la Turquie; ils se rapprochent plus des Grecs que des Slaves. Si l'Albanais a les qualités des Suisses et des Tyroliens, c'est-il comme eux un marcheur intrépide, escaladant, le fusil sur l'épaule, les montagnes à l'instar des chèvres, il a de plus qu'eux une vivacité et une gaîté méridionales réunies à une perspicacité extraordinaire et instantanée. C'est, comme les Grecs, le peuple à réparties heureuses par excellence. L'orgueil national se montre dans les moindres paroles des Schkipetares, dans leurs gestes, dans leur démarche légère ou même théâtrale. Le courage leur est inné; et civilisés, au lieu d'être les Suisses de l'Orient, ils en deviendraient les Français, c'est-à-dire de ces peuples auxquels les conquêtes sourient le plus. La vie aventureuse est un de leurs éléments. Le Bosniaque, le Serbe, le Bulgare, ont un caractère totalement opposé; car, s'ils détestent toute domination étrangère, s'ils savent s'en défaire ou l'adoucir d'une manière ou d'une autre, ils ne portent pas leurs vues au-delà des pays où on parle leur langue; ils ne se plaisent que parmi les leurs, tandis que l'Albanais serait tenté de recommencer des conquêtes comme celles d'Alexandre-le-Grand, et aimerait à régenter d'autres nations. On reproche aux Albanais une sauvagerie et une dureté innées dans le caractère; mais ces particularités semblent résulter bien plutôt de leur genre de vie que d'un type primitif; en effet, quoique le Serbe et le Bosniaque musulman soient de la même souche, ce dernier a une écorce bien plus rude que celle du premier.

Parmi les tribus albanaises, on distingue surtout le Guègue et le Toske. Le Guègue, bien plus sauvage que le Chamide, a, en général, quelques qualités supérieures à celles des Toskes, et se rapproche en cela du Serbe. Les Albanais sont divisés en clans, et gardent ainsi plus longtemps le souvenir de parentés fort éloignées. Lorsqu'un Guègue a reçu chez lui un étranger, qu'il a mangé avec lui, ne fût-ce que du pain et du sel, cet individu devient un ami, un frère, qu'on doit défendre; tandis que, parmi les Toskes mahométans, la bonne foi n'existe pas toujours, et les lois de l'hospitalité ne sont pas si sacrées. Un Toske refusera même de vous loger, lorsqu'un Guègue s'empressera de le faire. Les Toskes brutalisent leurs femmes et leur rendent la vie dure, beaucoup plus que les Guègues; les uns et les autres sont également fort jaloux de leurs épouses et de leurs filles, et les dérobent à la vue avec un soin particulier.

Les *Arméniens* sont laborieux, mais manquent de vivacité; assez jaloux de leurs femmes, qui sont voilées presque autant que les femmes turques, ils ont beaucoup d'analogie avec les Ottomans par leur phlegme et leur patience, mais sans avoir leur courage. Ils sont, du reste, peu portés à la révolte, et le négoce est leur élément: leur soumission envers les Turcs va jusqu'à l'humilité souvent la plus abjecte. A l'inverse de l'Arménien, le *Zingare* est vif, étourdi, rusé, vindicatif et sensuel, sans aucun respect pour la décence; il profite de tout ce qui se présente sans avoir égard à la morale, et se contentant d'être assez fin pour n'être pas attrapé ou ne pas s'exposer à des punitions. Il change de religion avec autant de facilité que de domicile, ou plutôt il n'a pas de religion, et se moque même de tout ce qui est vénéré comme saint par d'autres peuples. Il sait se plier à toutes les exigences de sa position et de sa vie nomade. En Valachie, les Zingares composent en partie les domestiques et les gens de cuisine des boyards, et en Turquie ils sont surtout postillons, maquignons, charrons, maréchaux-ferrants, chaudronniers, étameurs, mineurs, orpailleurs, musiciens, gendarmes et bourreaux. Ils ont le monopole de l'art musical en Turquie. Leurs femmes font des vêtements et disent la bonne aventure; quand elles sont jeunes, elles vendent leur corps au premier venu, et les mères mêmes envoient leurs filles bien vêtues s'offrir aux étrangers. Les enfants, de leur côté, poursuivent les voyageurs et leur demandent l'aumône.

Tout divers que soient les peuples de la Turquie d'Europe, ils ont des caractères communs que n'offrent pas les autres nations du même continent; chez tous, l'amour des enfants est si prééminent que les femmes stériles sont regardées généralement avec mépris; la stérilité est un cas de divorce chez les Turcs, et en Servie un mariage ne se fait guère par inclination, mais pour avoir des descendants entre deux familles amies. La mort d'un enfant peut affecter une mère slave au point souvent de se détruire elle-même. Une femme grecque se livrera volontiers, si on lui donne une presque certitude de conception d'enfant. Les femmes slaves et albanaises ont une tendre amitié pour leurs frères, et cette amitié est quelquefois plus vive que leur attachement à leurs maris. L'hospitalité est sacrée chez les peuples turcs, et surtout chez les Slaves. Cette vertu est presque la sauvegarde des voyageurs dans les pays sauvages et montagneux de cet empire, et elle est pratiquée avec désintéressement. Un ouvrier, un homme, qui se contentent des mets les plus communs, peuvent traverser toute la Turquie sans avoir besoin de débourser un centime; cependant les Arnaoutes de la haute Mœsie sont moins hospitaliers, surtout quand on ne sait pas leur langue. Partout, une fois qu'on a reçu l'hospitalité de quelqu'un, une fois qu'on a mangé à la table de son hôte, on devient l'ami de la maison; l'hôte, surtout dans la Turquie occidentale, se considère comme le défenseur naturel de l'étranger, ayant ainsi partagé avec lui le pain et le sel. En Épire, on échange ses armes et on se donne le baiser de paix; chez le Serbe, on devient comme deux amoureux liés par des serments indissolubles. Outre ce lien d'amitié, les Slaves et les Monténégrins ont des réunions formées sous serments pour des buts particuliers. Les musulmans respectent cet usage, et se lient aussi quelquefois en Albanie, en Bosnie et en Servie, même avec des chrétiens.

Mais, après ces sentiments affectueux, il en existe un autre très funeste et qui, dans la plupart des contrées turques, a une grande énergie : c'est celui de la vengeance systématique du sang. L'Albanais, le Monténégrin, vous diront froidement que telle action demande du sang. L'injure prouvée, et surtout le sang versé, se vengent par le sang de celui qui a commis l'affront ou le meurtre, et les haines se perpétuent de génération en génération.

Tous les Orientaux ont une imagination plus ou moins vive; tous aiment la poésie; les habitants d'Herzégovine, les Monténégrins, les Bosniaques et les Serbes, tiennent en ce genre le premier rang; les musulmans viennent ensuite, puis les Grecs, les Bulgares et les Albanais. Parmi les Serbes, on entend sortir quelquefois des bouches les plus communes des chansons extrêmement gracieuses. Les récits homériques plaisent beaucoup à ces peuples, qui les écouteraient pendant des journées entières. Les Bulgares de la Mœsie supérieure et de la Macédoine ont presque les mêmes chansons que les Serbes; s'ils ont moins de poèmes épiques, ils possèdent peut-être plus de chansons joyeuses et érotiques. Les Albanais ont des poèmes plus courts que ceux des Serbes et aiment les chants guerriers. Les Valaques ont des chansons pastorales; les Zingares, de jolies chansons un peu grivoises; les Grecs chantent quelquefois en chœur; mais les Turcs n'ont qu'un chant monotone et nasillard, et semblent plus occupés du sexe et de la volupté. Les instruments de musique, en Turquie, sont de la dernière simplicité, depuis la cornemuse jusqu'à la guimbarde.

La danse est fort goûtée des Grecs et des Albanais; mais presque toujours ce sont des femmes seules et des hommes seuls qui l'exécutent; on voit rarement des réunions des deux sexes. A défaut d'instruments, on s'accompagne de la voix. Chez les Serbes et les Bosniaques on danse souvent, hommes et femmes, en hiver comme en été, et même sur la neige. Le Turc ne danse presque jamais; il regarde cet exercice comme au-dessous de sa dignité; mais il aime à voir danser, soit chez lui, soit ailleurs. La danse des femmes au harem est très lascive.

Les Orientaux sont généralement portés à la superstition. L'astrologie est encore aujourd'hui en bonne renommée en Turquie, même parmi les grands seigneurs, et le sultan a encore ses astrologues de la cour. On voit l'avenir dans le Koran, et ses commentaires dans les miroirs; on consulte surtout les sorciers pour les naissances. A Constantinople, on s'adresse encore aux astrologues et aux devins, à l'effet de connaître le jour favorable pour le commencement de certaines entreprises, pour l'ouverture de certains établissements, la conclusion des traités, etc. En Turquie, le meilleur temps pour le mariage est celui où la lune est dans le scorpion; les meilleurs jours pour se couper les ongles sont le mardi et le mercredi. Les Turcs croient à des prédictions renfermées dans les livres saints relativement à leur expulsion d'Europe. Les Slaves croient que les étoiles influent sur le sort des hommes. Les Zingaras passent pour sorciers, et les vieilles Juives pour sorcières. L'ail est regardé comme un préservatif contre leurs sortilèges. Les muletiers diminuent leur fatigue à la marche en plaçant des pierres dans les creux d'arbres. Les chrétiens ont des reliques, et les musulmans des talismans pour se préserver des malheurs. Les Turcs, si peu scrupuleux pour tuer un chrétien, ont une bonté outrée pour les animaux, surtout pour les chiens et les chats. Ils respectent aussi les cigognes, les hirondelles et les moineaux; ils n'osent tuer la vermine qui les ronge; ils se contentent de s'en débarrasser; s'ils tuent un poulet pour le cuire, c'est en lui en demandant pardon. Comme les Juifs, ils ne mangent pas de porc, et seraient offensés à la vue d'un jambon ou d'un morceau de cochon. Ils ne touchent pas aux animaux tués sans les saigner auparavant. Quant au vin, un bien grand nombre de Turcs ne se font aucun scrupule d'en boire; mais ils préfèrent fort souvent de l'eau-de-vie.

Les Turcs ne peuvent souffrir qu'on les dessine, parce qu'ils s'imaginent que ces images reparaîtront avec eux au jugement dernier, et qu'elles seront sans âme, ou que leur âme sera partagée. Il n'y a guère que le sultan qui se soit mis au-dessus de ce préjugé. Les Turcs ne se servent pas de brosses, parce qu'elles sont faites de soies de cochon. Le poil de chameau ou le chiendent forme la brosse du riche. Beaucoup de musulmans croient qu'il ne leur est pas permis de prier au café, mais bien dans une auberge, parce que, dans ce dernier lieu, on n'est censé que manger et coucher, tandis que le café est destiné à la conversation sur toutes sortes d'objets. Un grand qui épouse une sœur du sultan ne peut entrer dans le lit nuptial que par les pieds, et il est obligé de se prosterner devant sa femme. Une sultane fit un jour étrangler un pacha seulement parce qu'il avait rapporté à son épouse du sang royal un mouchoir brodé qu'elle avait laissé aux lieux d'aisance.

L'amour de la patrie est très vif en Turquie. L'Albanais même, qui aime tant la vie errante, ne cesse de regretter ses montagnes, et de comparer ce qui l'entoure avec les lieux de sa naissance. Le Serbe et le Bosniaque ne se trouvent nulle part véritablement bien que dans leur pays, dont ils rappellent les sources abondantes, le miel délicieux, les gras troupeaux, les riantes vallées et les bois touffus. Les Turcs aiment les enfants et respectent la vieillesse.

Les costumes des habitants de la Turquie sont aussi variés que pittoresques; la civilisation n'y a pas encore réduit, comme chez nous, les vêtements nationaux presqu'à un seul modèle. Le costume militaire a seul été modifié, comme nous allons le dire. Les Ottomans n'ont guère qu'un ou deux costumes à leur disposition, parce qu'ils sont chers, et les Slaves n'ont aussi que le strict nécessaire en habillement. Personne en Turquie ne porte de bretelles ni de cravates, si ce n'est quelques officiers du Nizam. Comme chez les Romains, nos boutons et boutonnières sont remplacés par des agrafes. Les ornements en cordonnet et les broderies sont en grande mode. La chemise de toile ou de calicot du Turc est sans col, et aussi longue qu'une de nos chemises de femme. Les Turcs, ainsi que tous les habitants de la Turquie, hommes et femmes, portent des caleçons de toile de lin ou de coton, et couchent avec cet habillement. Au lieu de souliers, le Turc a des pantoufles, et des chaussettes en place de bas. Il a des bottes lorsqu'il est à cheval; mais, dès qu'il arrive quelque part, il les quitte pour reprendre ses pantoufles.

On semble croire en Europe, dit un voyageur, M. Boué, qui a fait un long séjour en Turquie, que le sultan a réformé tellement le costume turc, qu'à l'exception du chapeau, l'habillement européen est devenu à la mode. Il n'en est rien : les réformes ne portent que sur les vêtements des dignitaires de l'empire; le feu sultan l'a simplifié, et costumé aussi ses troupes à l'européenne; mais après sa mort, les Oulémas ont posé le fess ou bonnet pour reprendre le turban. De plus, aucun musulman n'a jusqu'ici et de lui-même adopté l'habit européen. Quant aux chrétiens, il n'y a guère, même en Servie, que des Grecs ou des Zingaras qui aient pris notre costume. D'après le Koran, les Turcs doivent se raser la tête et les favoris; ils ne conservent qu'une mèche de cheveux au haut de l'occiput : ils croient cette mèche nécessaire pour que l'ange puisse les sortir du tombeau le jour du jugement dernier. L'usage ancien de se laisser croître la barbe est extrêmement diminué, et n'est qu'une mode des gens âgés, des derviches et des hadgis ou des personnes ayant fait le voyage de la Mecque.

Aucune femme en Turquie ne porte de corset. Les dames turques s'épilent tous les poils du corps au moyen de mélange de chaux et d'alun. Elles se parfument avec des huiles odoriférantes, et prennent beaucoup de bains chauds; elles se fardent et se teignent les ongles et les cheveux. Les femmes grecques font de même, et ont le goût des broderies et des bijoux. Les jeunes filles serbes ont les cheveux découverts et tressés avec des fleurs. En Valachie, les femmes des paysans vont pieds nus en été, et lorsqu'il pleut ou qu'elles lavent du linge, la pudeur ne paraît pas leur défendre de se relever la chemise fort au-dessus du genou. L'arrivée au marché de femmes bien bâties, en cet état, éveille singulièrement l'attention et la surprise de l'Européen. Les parapluies et les parasols ne sont pas en usage en Turquie. On ne s'y sert pas de cendres pour les lessives; on lave simplement avec du savon, et plus encore à l'eau froide qu'à l'eau chaude.

En Turquie, chez les gens riches ou aisés, les repas commencent, comme chez nous, par le potage; viennent ensuite le ragoût, le rôti, les légumes et un plat doux : on termine par le pillav, comme en Suède par la soupe, avant de passer au dessert, qui se compose de fruits. Les Turcs qui boivent de l'eau-de-vie ont l'habitude de vider leur carafon avant de dîner pour s'ouvrir l'appétit, et ne boivent guère ensuite qu'un peu d'eau, et rarement un ou deux verres de vin. Beaucoup ne comprennent pas encore comment nous pouvons manger et boire en même temps. Dans les pays slaves, les dîners s'ouvrent comme les déjeuners en Ecosse, par un verre d'eau-de-vie de prunes que chacun boit à son tour, dans le même vase, après le maître de la maison. La politesse veut qu'on vide le verre d'un trait. Ensuite on mange un peu de fromage blanc et une gousse d'ail. On prend le café, en général, sans sucre, en réservant ce dernier ingrédient pour honorer quelqu'un.

Sous le rapport des habitations, en Turquie, celles des Valaques sont les moins élégantes, pour ne pas dire les plus misérables. Chaque habitation slave est entourée d'un enclos ou treillage de branches d'arbres ou de palissades en bois. L'ameublement est très mesquin. A Constantinople, et dans d'autres grandes villes turques et serbes, la presque totalité des maisons sont bâties sans caves, en traverses et poteaux de bois, dont les intervalles sont remplis de terre ou de chaux entremêlée de briques ou de petits morceaux de pierre. Les seules maisons en pierre sont des établissements publics ou des habitations franques à Galata et Péra. La capitale est la seule ville en Turquie où la grande majorité des habitations soit à deux étages. Le premier étage avance plus dans la rue que le rez-de-chaussée, et il y a un grand nombre de fenêtres garnies de jalousies. Des vitrages sans jalousies se voient surtout dans les quartiers chrétiens, hors de Constantinople.

Dans les villes, les maisons des musulmans sont divisées en deux portions ou deux logements : l'un pour le harem, le gynécée des Grecs, et l'autre pour la réception, le selamlik ou triclinium des anciens. A Constantinople, un corridor lie ces parties détachées. Les salons consistent en des carrés entourés de trois côtés d'un large divan et couverts de tapis ; un quadrilatère près de la porte sert à déposer les pantoufles, et les domestiques s'y tiennent. En général, les fenêtres descendent assez bas pour qu'accroupi sur le canapé et appuyé sur les coussins, le long du mur, on puisse regarder à travers, et les pièces se trouvent parfaitement éclairées. On ne voit de cheminées que dans les salons des gens riches, et de petits poêles en tôle que dans les maisons des Francs.

Les auberges en Turquie s'appellent hans, et se divisent en quatre classes : celles qui sont hans à l'européenne, les grands caravansérails, les hans ordinaires des villes, et les hans des villages. Les auberges à l'européenne, c'est-à-dire avec des chambres vitrées, des lits, des tables et des chaises, n'existent guère en Turquie que dans les grandes villes. A Péra, il y a des hôtels à table d'hôte. On ne voit de grands hans ou caravansérails qu'à Andrinople et à Constantinople. Les hans ordinaires sont nombreux : ce sont des maisons où les hôtes sont en bas ou à l'écurie d'elles, et offrent au premier étage cinq ou six chambres plus ou moins habitables. Une ou deux sont toujours garnies de nattes. En Turquie, du moins dans la Thrace, l'Albanie, la Thessalie et la Macédoine, on est réduit, lorsqu'il fait froid, à la chaleur du mangala, ou bassin de cendre chaude. Si le voyageur n'a pas son lit avec lui, on lui donne du foin, des nattes, et quelquefois un tapis. Dans les montagnes, les chandelles sont remplacées par des lattes de bois résineux.

En Turquie, il ne faut pas s'attendre à rencontrer des monuments autres que des bazars, des mosquées, des bains, des fontaines et quelques tombeaux de sultans ou de visirs. Les Turcs ne sentent pas la beauté des obélisques, des colonnes, des aqueducs et des arcs-de-triomphe ; voilà pourquoi ils démolissent souvent d'anciens édifices grecs ou romains, au lieu d'aller chercher leurs pierres dans les carrières voisines. A Constantinople, le sol de l'Hippodrome est couvert de plusieurs mètres de décombres, de manière qu'on ne peut plus voir ni le pied de l'obélisque ni l'inscription latine. Les arches de l'aqueduc de Justinien servent à préserver de la pluie les barques turques. Il n'y a que les fontaines qui soient bien entretenues. Parmi les cinq cents fontaines de Constantinople il y en a quelques-unes de fort belles et à bassin ; ces fontaines sont alimentées par des réservoirs établis dans la forêt de Belgrade.

En Turquie, les cimetières sont généralement à la sortie des villes et assez près des villages, ou bien sur les grandes routes : cependant à Constantinople, et dans quelques autres cités turques, il y en a au milieu de la ville. Chacun, du reste, peut se faire enterrer où il lui plaît. Les Turcs couvrent leurs tombes d'une grande pierre carrée oblongue, et sans inscription. Les gens riches de la capitale la remplacent quelquefois par une bière en pierre. On a en Turquie beaucoup de respect pour les morts ; ce qui n'empêche pas, dans la capitale et à Scutari, de faire servir les cimetières à des promenades publiques. Les cyprès y sont nombreux et énormes : mais c'est moins comme signe de deuil que pour mettre les rares promeneurs à l'abri des feux du soleil.

Les villes turques occupent bien plus d'espace que les nôtres, à cause des jardins ou carrés plantés d'arbres qui s'y trouvent compris. Dans les grandes cités turques, l'Européen est frappé de l'absence du tintement des cloches, du manque des voitures et des balayeurs de rues, de l'absence de tout éclairage pour la nuit, de l'irrégularité du tracé des rues, de la quantité des ruelles, où l'on ne voit pour ainsi dire que des murailles sans fenêtres ; de la couverture de certaines rues au moyen de toits ou simplement de planches ou de toile, du très petit nombre de places publiques, de l'absence du nom des rues et du numérotage des maisons, de la mauvaise qualité du pavé, qu'il en existe, et de l'affluence des chiens, surtout à Constantinople. Une seule ville en Turquie a quelques rues éclairées : c'est Smyrne, dans le quartier des Francs. Comme on n'est pas accoutumé en Turquie à se promener pour prendre de l'exercice, mais qu'on a toujours un but en sortant de la maison, il n'y a pas proprement de promenades publiques plantées exprès ou entretenues ; les lieux de ce genre qui peuvent exister datent de l'empire grec, et encore plus souvent ils ne sont qu'un don fortuit de la nature, comme les belles pelouses ornées de platanes aux Eaux-Douces, et dans la vallée du Sultan sur le Bosphore.

A ces détails concernant les mœurs, les usages, les costumes, les habitations, les monuments et autres, ajoutons quelques nouveaux traits sur la sociabilité et la vie des Orientaux.

N'oublions pas qu'ils diffèrent totalement d'avec nous par leurs idées, leur mise, leur genre de vie, leurs pratiques et leur culte. Ainsi, presque tous vont tête nue, sauf le turban, et souvent pieds nus ; ils mangent avec les doigts ; ils s'accroupissent au lieu de s'asseoir ; ils ne cultivent pas, ou cultivent fort peu, les arts d'agrément, tels que la musique, la peinture, le chant ; nos chapeaux, nos habits leur paraissent ridicules, comme aussi notre manière de saluer en nous découvrant la tête ; ils nous taxent de malpropreté, en ce que nous prenons place à table sans nous être lavé les mains, ce qu'ils font toujours ; nos maisons leur sont incommodes ; nos théâtres leur paraissent contraires à la décence ou au respect dû au Créateur ; nos danses leur semblent un amusement de fous, et notre politesse est à leurs yeux sans aucune dignité. Nos conversations banales sur la pluie et le beau temps leur paraissent inutiles ou frivoles ; enfin, en voyant nos sociétés, ils ne peuvent comprendre que nos dames ne soient pas toutes des filles publiques, à cause de leurs causeries avec les hommes, et d'un autre côté, tous étant élevés à peu près de même, et ayant les mêmes mœurs, ils ne peuvent pas se figurer les divers échelons de notre état social. Chez eux, le fakir le plus misérable ne craint pas d'adresser familièrement la parole au plus riche seigneur, et celui-ci ne croit pas déroger en causant avec un domestique ou un pauvre comme avec son égal. Les deltas de nos États font penser aux Turcs que nous avons une manière d'administrer fort vicieuse ; et les lenteurs de la justice en Occident effraient les musulmans, tout aussi bien que les surprennent nos interminables procès et le nombre de nos gens de lois.

La sociabilité turque, dit M. Boué, s'exerce pendant la journée dans des visites les uns chez les autres, ou bien, pour les hommes, à des rencontres dans les cafés. Aucun peuple n'aime plus que le Turc à respirer l'air frais et à voir la belle nature. Les femmes, dans le jour, se font entre elles aussi beaucoup de visites; à cet effet, pour n'être pas obligées de se montrer dans les rues, elles ont des portes dérobées où aucun homme ne peut, lui même passer. Lorsqu'il y a des pantoufles de femme à la porte de la chambre des femmes d'un Turc, ce dernier ne se permet pas d'y entrer. Dans certaines occasions et assemblées solennelles, où les deux sexes peuvent être réunis, les femmes sont toujours derrière des grillages ou très voilées. Aux harems, on paie des danseuses de profession, qui exécutent les danses les plus voluptueuses. Les hommes ont des joûtes, des tirs, comme le disque et le dgirid.

Le fatalisme des Turcs s'étend à tous les rapports usuels de la vie et perpétue ainsi parmi ce peuple les préjugés les plus funestes, outre qu'il a aussi son côté ridicule. Si on demande à un Turc ce qu'il pense d'un nuage qui annonce la pluie, il répondra : Je ne sais, ou Dieu le sait. Il attend que l'averse tombe sur lui, pour reconnaître qu'il fait mauvais temps. Le musulman qui converse interrompt l'entretien pour fumer ou manger tranquillement, lorsqu'il ne lui vient à l'esprit rien qui lui semble digne d'être articulé; la causerie est donc tout-à-fait sans gêne et compte de fréquents intervalles de silence; elle est d'ailleurs toujours calme, dépourvue de gesticulations, de bruit et de vivacité.

Nous avons déjà vu que chez les Turcs, les femmes sont très subordonnées aux hommes : les Serbes et les Arméniens, les Albanais, les Bulgares et les Grecs n'ont guère plus d'égards pour le sexe; mais nulle part il n'est plus asservi que chez les Valaques et les Monténégrins. Chez ces peuples, les femmes sont obligées d'élever les enfants, de filer, de tisser la toile, de cuire, de traire, et même de partager les plus rudes travaux. Au retour de leurs maris, elles leur baisent la main, leur ôtent leurs souliers et leurs bas, leur lavent les pieds, les servent à table, et ne mangent qu'après eux, avec les enfants et les servantes, s'il y en a.

En Orient, regarder fixement une femme et lui parler sans nécessité est un affront, lors même qu'on ne peut apercevoir que ses yeux noirs et quelquefois le nez. Celles qui montrent la bouche et le menton ne sont déjà plus de mœurs pures. La mendiante porte le voile comme la plus grande dame. Les blanchisseuses ôtent le leur pendant leur travail, mais elles le reprennent à la vue d'un homme. Il n'y a que dans la campagne où l'on surprend quelquefois des femmes turques sans voile, et à Constantinople où l'on voit des esclaves noires à visage découvert; mais celles-ci mêmes vous prient de vous éloigner au plus vite. Les femmes turques, tout en ayant peur de se montrer, aiment, pourtant, à regarder, si on ne les aperçoit pas; elles vous observent par une porte entr'ouverte, par un trou, une fenêtre, etc. Si une femme turque a une liaison avec un chrétien, on la coud dans un sac et on la noie. Il n'y a pas d'écoles pour les filles : aussi n'ont-elles d'autre instruction que celle de leurs parents; au surplus, les maris ne les prennent que pour en avoir des enfants et non pour causer avec elles. Le viol en Turquie est puni de la potence, s'il a été commis sur une fille musulmane; mais on ne le punit que d'une amende, s'il s'agit d'une fille chrétienne.

Nous n'étendrons pas davantage ces remarques sur les habitants de la Turquie d'Europe. Nous terminerons par quelques mots sur l'agriculture, l'industrie, le commerce, l'administration, la justice et les cultes.

AGRICULTURE, INDUSTRIE, ETC.

L'agriculture turque est encore en grande partie à l'état où elle était au moyen-âge. On ne cultive que juste le terrain nécessaire pour les besoins du pays, et l'on suit à cet égard une routine invariable. On laboure généralement la terre très peu profondément et avec de très mauvaises charrues. Le maïs se plante comme dans la France méridionale, c'est-à-dire sur des alignements élevés et séparés par des sillons ou fossés, afin que l'eau puisse s'y rassembler et y couler. Le blé se coupe moins près de la terre que chez nous, parce qu'on en général on jette la paille. Les vignobles sont sans échalas ou supports; le cep est rampant, et dans les contrées méridionales aussi petit que dans les Pyrénées-Orientales. Il y a le long des routes, surtout dans la Turquie du sud, beaucoup de vignes sauvages à gros raisins, qui s'élèvent sur les arbres, et en retombent en pampres richement chargés. Les oliviers ne sont jamais taillés ni émondés. Les pommes de terre ne se mangent guère que dans la Bosnie, la Servie et l'Herzégovine. Celles que l'on trouve à Constantinople et à Smyrne viennent de Malte et d'Angleterre. Les légumes semblent inconnus à la presque totalité des Turcs.

Les arts et métiers exercés en Turquie sont très arriérés; on y manque d'ingénieurs, d'architectes, de mécaniciens; ceux qu'on y rencontre viennent des pays étrangers et sont fort médiocres. Les routes sont mauvaises, mal tracées; il y en a peu de praticables pour les voitures, et peu de pavées. Toutes les bâtisses sont extrêmement légères et il y entre beaucoup de bois, ce qui rend les incendies si dangereux en Turquie. Les paratonnerres sont inconnus. La plupart des ponts sont en bois et de construction grossière; s'il en existe en pierre, ils appartiennent à la domination romaine. La peinture, comme la sculpture, est tout-à-fait entre les mains des Grecs et des Arméniens. L'horlogerie est peu connue en Turquie; à Péra même on ne peut citer qu'un ou deux horlogers parfaits. Les horlogers musulmans sont très médiocres. La bijouterie est exploitée principalement par les Grecs, et il arrive beaucoup d'articles de l'étranger. Les Turcs possèdent de nombreux chaudronniers; ceux de Schoumla et de Bosna-Seraï égalent en réputation leurs confrères de Saint-Flour. Les serruriers turcs sont peu instruits dans leur art; mais les coutelliers et les armuriers se montrent fort habiles. Les boulangers sont en même temps restaurateurs ou rôtisseurs, et les barbiers en même temps chirurgiens. La Turquie possède encore la fabrication des soieries que les chevaliers normands ont transplantée de ce pays en Europe; mais cette industrie souffre de la concurrence étrangère. Les châles ne se fabriquent pas dans la Turquie d'Europe, mais en Asie, et surtout à Damas. Il y a des fabriques assez considérables de tapis, qui se font à la main sur une trame tendue verticalement. Ces ouvrages rappellent ceux des Gobelins, mais on ne travaille pas à l'envers, et l'ouvrier voit toujours ce qu'il fait. Il y a en Turquie quelques fabriques d'étoffes imprimées en coton, en mousseline, en organdine et étoffe de soie. Les tanneries sont communes, et on livre au commerce beaucoup de peaux de chèvre. La broderie est partout l'occupation des femmes. L'art du potier est encore dans l'enfance. L'imprimerie n'existe encore qu'à Bukharest, à Belgrade, à Constantinople et à Cetigne dans le Monténégro. Sauf à Bukharest, on ne voit dans tout l'empire aucun libraire proprement dit.

En Turquie, le commerce est surtout exercé par des Grecs, des Arméniens et des Juifs. Les ventes et les achats se concluent en se tapant mutuellement dans les mains devant témoins; des contrats réguliers et écrits ne se font que rarement. Le taux de l'intérêt est bien plus élevé que chez nous; il atteint 12, 15, 18 et même 25 p. 0|0. Le terme moyen des prêts est de 20 p. 0|0.

Après ces indications générales sur la Turquie d'Europe, offrons encore à nos lecteurs quelques traits sommaires sur la capitale de l'empire ottoman. Nous les puiserons en partie dans l'ouvrage d'un autre voyageur, qui a demeuré neuf ans sur les rives du Bosphore : c'est le docteur Brayer.

CONSTANTINOPLE.

Gravissant le point le plus élevé des environs de *Constantinople*, on saisit d'un regard tout l'ensemble de cette capitale, située sur sept collines de moyenne hauteur, lavée d'un côté par les eaux de son vaste port, de l'autre par celles de la Propontide ou mer de Marmara, et bornée par une campagne fertile et pittoresque. Cette position, dit notre voyageur, est une des plus admirables qui soit dans le monde entier. La configuration du sol permet le facile écoulement des eaux pluviales et des immondices jusqu'au port, d'où les courants et les contre-courants rapides formés par les sinuosités du Bosphore les dispersent au loin dans les profondeurs de la mer. Les habitations, presque toutes en bois et de peu d'élévation, occupent généralement le penchant des collines, et les massifs d'arbres, les jardins nombreux qui les entourent, leur donnent un air de gaîté champêtre bien propre à charmer les yeux. Scutari et tous les villages regardés comme les faubourgs de Constantinople, bâtis les uns sur les rives mêmes du Bosphore, les autres sur les hauteurs voisines, jouissent d'un air très sain et d'eaux extrêmement pures.

Le climat de Constantinople, sans être aussi beau que celui de l'Italie méridionale, est des plus heureux. Le froid des hivers est mitigé par les vents du sud, et les chaleurs de l'été sont tempérées par le souffle du nord; les vicissitudes extrêmes de l'atmosphère sont peu communes. Les cimetières sont généralement relégués au-delà des murs d'enceinte, ainsi que les établissements insalubres ou dangereux. Les mosquées sont bâties sur le sommet des collines, et entourées de belles places ornées de platanes séculaires.

Dans ses diverses descriptions, M. Brayer choisit d'abord *Péra*, c'est-à-dire le quartier habité par les Francs. C'est un faubourg de Constantinople, situé à un kilomètre du port, sur le haut d'une colline dont Galata occupe le versant méridional. Sa latitude est de 41° 2' 39" N., et sa longitude de 26° 35' E.; son élévation au-dessus du niveau de la mer ou des eaux du Bosphore est d'environ 110 mètres. On n'y distingue, pour ainsi dire, que deux saisons : un été chaud et sec de sept à huit mois, rafraîchi par les vents du nord, qui soufflent alors presque constamment, et un hiver pluvieux, désagréable, de quatre à cinq mois, que mitigent les vents du sud. Les eaux y sont pures, les aliments abondants et d'une bonne qualité. Il ne se trouve dans les environs ni marécages, ni foyer d'infection. En un mot, Péra jouit, encore plus que Constantinople, d'une température égale et douce, d'un beau ciel et d'un climat salubre.

Le nom de Péra, mot grec signifiant en face, de l'autre côté ou vis-à-vis, a été donné à ce quartier à cause de sa situation, qui est en face ou vis-à-vis la ville proprement dite et de l'autre côté du port. Les Turcs désignent aussi Péra sous le nom de Bey-Oghlou, fils de prince, comme ayant été la résidence d'Alexis Comnène, après la destruction de l'empire grec. Ce quartier n'avait été longtemps qu'un chétif hameau, lorsqu'en 1535, à la suite d'un traité de commerce et d'amitié entre François Ier et le sultan Soliman, Péra fut désigné par le Grand Seigneur pour être la résidence de l'ambassade de France et des Francs qui s'y établiraient sous sa protection. Le hameau de Péra acquit alors quelque importance, et peu à peu il est devenu la résidence des légations de tous les gouvernements européens. Il s'y joignit plus tard des familles grecques et arméniennes, et aujourd'hui Péra compte environ 3,000 habitants, dont un tiers environ de Francs proprement dits.

Nulle part il n'existe une population aussi mélangée ni une pareille variété de costumes et de physionomies. A chaque instant l'on voit, comme le dit le docteur Brayer, passer sous ses yeux l'artisan grec, gai, actif, bruyant, au bonnet rouge ou à la serviette roulée autour de la tête, aux jambes nues et aux souliers uniformes; le commis marchand, au bonnet de coton bleu; le négociant, le banquier, au kalpak gris ou noir (1), aux babouches de même couleur, s'il n'a pas acheté le privilége de porter celles des musulmans. Ici, c'est l'Arménien au visage austère, qui s'avance à pas mesurés, avec son kalpak noir et luisant, ses babouches cramoisies, et son ample bénich ou manteau à teinte sombre; là les soldats des nouvelles troupes turques, aux vestes rondes de couleurs variées, aux pantalons larges en haut, serrés en bas, au bonnet cylindrique à bordure de laine entremêlée de fils d'or et de soie.

Tantôt c'est l'effendi à la figure calme, à la démarche majestueuse, à la barbe bien fournie, au turban cannelé et entouré d'une mousseline blanche, avec un large pantalon amarante, des babouches jaune-serin ou des bottines rouges. Tantôt, au contraire, c'est un Juif au visage hâve, à la physionomie abjecte, au petit kalpak entouré d'une mousseline bleue, et au bénich sale et déchiré. De temps en temps un groupe d'eunuques noirs, choisis pour leur extrême laideur, revêtus de riches pelisses et montés sur des chevaux arabes richement harnachés, traversent Péra et saluent les spectateurs d'un air de protection, en mettant la main droite sur la région du cœur. Plus rarement, le chef des eunuques blancs, le sérai-aghaci, se montre, en revenant du palais des itch-oghlani, jeunes gens dont il est le directeur, et qui, élevés aux frais du sultan, sont destinés aux fonctions de pages. A cette série d'indigènes, ajoutez les ministres étrangers et leur suite, les capucins, les cordeliers et autres moines catholiques, les prêtres arméniens, les popes grecs et une quantité de Francs de toutes les nations, vous avez alors une idée des habitants de Péra.

Quoique les femmes y vivent généralement beaucoup plus retirées qu'en Europe, on y rencontre souvent de jolies Arméniennes, un peu puissantes, aux yeux noirs et aux sourcils épais, à la belle carnation, au yachmak ou voile de mousseline blanche, qui enveloppe la tête et le cou, et qui, chez les femmes turques, ne laisse apercevoir que les yeux et la partie supérieure du nez. Ces Arméniennes s'enveloppent, en outre, du vaste feredjé ou manteau, également porté par les femmes turques, et tombant jusqu'à terre. On remarque aussi des femmes alépines, avec un voile de gaze noire sur le visage; des femmes grecques aux traits fins, aux yeux vifs, petites et maigres, qui se voilent le moins qu'elles peuvent. Les Pérotes sont vite reconnues à leur habillement moitié franc, moitié oriental. Enfin viennent les dames de l'ambassade de France, celles des autres ministres européens et des principaux employés des légations, qui font venir leurs robes et leurs chapeaux de Paris, ou qui reçoivent le *Journal des Modes*, et éclipsent les Pérotes par la grâce, le maintien, la démarche, l'élégance de la mise.

Mais c'est le dimanche et les jours de fêtes surtout, dit M. Brayer, qu'on peut le mieux, à Péra, juger de la diversité des nations et des costumes. Alors la grande rue est encombrée d'Européens causant, gesticulant, et qu'à leurs dialectes on reconnaît pour Provençaux, Génois, Livournais, Napolitains, Vénitiens, Esclavons, Ragusains. Ce sont les capitaines, seconds, subrécargues, pilotes de la marine marchande de la Méditerranée, qui ont quitté leurs bâtiments pour venir entendre la messe au couvent de Saint-Antoine, le patron des marins; ce sont les artisans, ouvriers, boutiquiers, commerçants de Galata, demeure de presque tous les négociants européens, qui viennent respirer l'air pur de Péra. On se presse ici aux portes des églises, comme ailleurs aux portes des spectacles, pour

(1) Coiffure en peau d'agneau, ayant la forme d'une marmite renversée. A. M.

Le Bosphore.

voir passer les femmes grecques du rite latin, les Arméniennes catholiques, les Pérotes et les Franques se rendant à l'office divin.

Les rues de Péra sont étroites et mal entretenues; les maisons, la plupart en bois, sont assez élevées, mais peu solides. Percées d'une multitude de fenêtres garnies de treillages, elles ont l'air de grandes cages. L'extérieur est d'un gris foncé peu agréable à la vue. Les maisons construites en pierres ont des murs très épais; elles sont tristes et humides, et ont l'air de prisons. La place où se trouve le marché au poisson, près de la boucherie et des vendeurs de fruits et de légumes, ressemble à un cloaque, et les chiens affamés du quartier y vont chercher leur nourriture. Il y a dans Péra des cafés, des tavernes, des boutiques de toute espèce et deux ou trois hôtels. Les cafés sont petits, sales et obscurs; ils sont le refuge habituel de la classe moyenne et de tous les oisifs et aventuriers dont Péra fourmille. Quelques confiseurs et glaciers commencent à se montrer à Péra, qui a aussi plusieurs pharmacies bien tenues. Ce quartier compte trois églises et deux couvents; mais ce qu'il offre de plus remarquable, ce sont les palais de l'ambassadeur de France et de l'internonce d'Autriche, situés sur le penchant oriental de la colline, dont le sommet est occupé par le palais de l'ambassadeur d'Angleterre. Celui de l'envoyé de Hollande est le seul qui donne sur la rue même. Les rues de Péra ne portent pas de noms, et les maisons n'ont pas non plus de numéros, comme en Europe; il n'y a pas d'écriteaux sur le devant des boutiques, pas d'affiches sur les murs, de femmes au comptoir, de réverbères allumés pendant la nuit; point de places publiques ni de promenades régulières, ni de statues, ni de monuments pour les décorer; point d'escamoteurs, de chanteurs, de marionnettes pour amuser les oisifs; point de journaux, si ce n'est *le Moniteur ottoman* et les feuilles qui viennent de l'étranger; pas de libraires, ni de clubs, ni de théâtre, ni de musée, ni de fiacres ou cabriolets.

En fait de voitures, vous avez: 1° le teskéré, petite cage en bois, avec un grillage sur les côtés, placée sur un train très bas, non suspendue, et traînée par un ou deux hommes; 2° l'araba, charriot non suspendu, couvert en été d'une mousseline grossière, et dans les mauvais temps d'une couverture épaisse, lequel est traîné par deux bœufs ou deux buffles; 3° le kotchi, voiture légère, attelée de deux chevaux, longue et étroite, non suspendue, bariolée de couleurs gaies, couverte d'un drap écarlate orné quelquefois de franges d'or. Le teskéré sert aux enfants des femmes raïas, les jours de fête, et à ces femmes elles-mêmes; l'araba sert à des transports de marchandises ou d'objets pesants; et le kotchi, dont les côtés sont fermés par un grillage en bois qui permet aux personnes dans l'intérieur de voir sans être vues, n'est accordé qu'aux femmes musulmanes, et il va toujours très lentement. On n'entend à Péra, dit M. Brayer, le bruit d'aucune cloche ; le couvent de Saint-Antoine a cependant le privilége d'une clochette pour appeler ses paroissiens à l'office divin, et les ministres étrangers en ont chacun une pour annoncer les visites de leurs collègues. Aussi, malgré la foule qui, le matin, part de Péra et de ses environs pour se rendre à Constantinople et en revenir le soir, malgré les transactions nombreuses de tant d'individus sur un espace aussi resserré, on y entend peu de bruit ; jamais de disputes, de cris, de voies de fait ; seulement, à l'heure où tout repose dans la capitale, le Franc s'exerce quelquefois sur le piano, la flûte ou le violon. Le profond silence de la nuit n'est interrompu que par le cri de la chouette qui annonce le vent du sud, par la voix sonore et argentine du muezzin ou prêtre musulman qui appelle les fidèles à la prière, ou par l'aboiement des chiens que réveillent les pas de l'étranger, ou enfin par le retentissement sur le pavé du bâton ferré du bekchi ou garde de nuit, annonçant quelque accident ou incendie.

Du plateau où Péra est assis on découvre les perspectives les plus intéressantes, et d'abord le petit Champ-des-Morts, cimetière musulman adossé à Péra et qui sert de promenade ; la vue s'étend sur la forêt de cyprès qui ombrage les tombes musulmanes ; on aperçoit vers la hauteur opposée le palais du capitan-pacha ou grand-amiral ; puis une partie de Constantinople avec ses mosquées, et la colline de Job. A droite s'offre le palais d'Angleterre ; à gauche une série de maisons à deux ou trois étages, d'une construction récente, et habitées par des familles franques. En descendant la pente vers Kacim-Pacha, on trouve des corps-de-garde, et au bas de la montée une longue rue qui conduit à la caserne des saljoundji ou soldats de la marine. A droite est un marché, puis un petit pont jeté sur un ravin qui sépare la colline de Péra de celle de San-Dimitri. L'échelle de Kacim-Pacha contient un grand nombre de kaïks ou bateaux légers dont on se sert pour visiter le rivage du port de Constantinople, où se déploie la flotte turque, offrant dix à douze vaisseaux de ligne, dont un à quatre ponts, *le Semlin*, percé pour cent trente-deux pièces de canon. Plus loin sont les frégates, les corvettes, les bricks et les sloops de guerre. Les localités sont si favorables que les plus grands vaisseaux de ligne sont amarrés au quai, et que leurs proues touchent presque la terre.

On aime à contempler l'ensemble de ces immenses bâtiments ; puis les cyprès qui balancent leurs cimes majestueuses au-dessus du mur extérieur de l'arsenal, et forment un rideau sombre qui tranche agréablement avec les diverses constructions ; on admire tour-à-tour ces kiosques ou belvédères, ou pavillons de plaisance ; ces mosquées et ces minarets aux petites tours élancées qui s'élèvent par-dessus. Mais tandis qu'on est dans le ravissement à ce spectacle imposant et si varié, on ne se doute guère qu'on a près de soi le bagne, où une légère contravention fait jeter quelquefois un individu à côté du scélérat le plus endurci.

Plus au nord, et toujours sur la rive orientale du port de Constantinople, est le village de Has-Keuï, abrité par une colline au nord, et exposé dans toute sa longueur aux rayons ardents du midi ; c'est dans ce lieu insalubre qu'est l'édifice où l'argent est fondu et affiné par l'administration de la monnaie. Le Cydaris et le Barbysès grecs, deux rivières que les Francs appellent ordinairement les *Eaux-Douces*, et auxquelles les Turcs ont imposé d'autres noms, apportent peu loin de là leurs ondes limoneuses à l'extrémité septentrionale du port, qui les porte dans la Propontide. Plus haut est le village de Kiaat-Khana, fameux par son laitage aigri dont les Turcs font usage, et où les Francs qui ont eu la peste vont accomplir leur quarantaine. Ce village, en été, est aussi un but de promenade pour les familles franques.

A l'est de Péra est le grand Champ-des-Morts, avec les hôpitaux pour les pestiférés. Un peu au nord de ce point se dessine le joli village de San-Dimitri, dont l'esplanade réunit une foule de Grecs et d'Arméniens qui vénèrent l'image de la Panagia ou la Vierge toute-sainte, comme l'indique le sens de ce mot. Le grand Champ-des-Morts contient plusieurs cimetières qu'aucun mur ne sépare, et où les catholiques, protestants et schismatiques reposent en paix, les uns près des autres. La beauté de la situation et les frais ombrages de ces lieux voisins de Péra en ont fait la promenade favorite des Francs. A une trentaine de mètres plus loin est un petit édifice que les Francs ont appelé Maisonnette, et qui est un réservoir où les eaux arrivent par un canal recouvert de dalles. On a de ce point la perspective la plus admirable qu'il y ait dans un pays où il y en a tant.

Dans une autre excursion, on dirige ses pas vers le château des Sept-Tours. On trouve d'abord la douane du tabac, où se tiennent les émirs, regardés comme les descendants de Fatimah, fille de Mahomet, et qui ont la réputation de guérir les érysipèles, très communs à Constantinople. De là on suit une longue rue bordée de chaque côté par des boutiques de marchands fruitiers. Au bout se trouvent l'échelle aux fruits et la douane sur cet article. On arrive ensuite à Zeudan-Kapou, mot qui signifie porte de la prison ; c'est la Sainte-Pélagie ou le Clichy de Constantinople. On la laisse à gauche et l'on se rend au Fanar, où, jadis, résidait, dans un palais de bois, le patriarche des Grecs dits orthodoxes. Après le Fanar on trouve Balata, quartier très populeux, habité par des Juifs, et aussi extrêmement sale et misérable. Peu après on a en face Eyri-Kapou, ou la porte oblique, d'où part la chaussée parallèle au mur d'enceinte qui protége Constantinople du côté de la terre. En parcourant l'espace qui sépare Eyri-Kapou de la mer de Marmara, on rencontre cinq portes dont la plus remarquable est Top-Kapou, la porte du canon, par où les Turcs entrèrent dans Constantinople lorsqu'ils en firent la conquête, il y a quatre siècles. Enfin l'on arrive au château des *Sept-Tours*, à l'extrémité sud-ouest de Constantinople, sur le bord de la Propontide ou mer de Marmara, lieu où la Porte renfermait jadis les envoyés européens lorsqu'elle en était mécontente.

Si du château des Sept-Tours, en longeant la Propontide, on revient vers l'est, on trouve bientôt Narli-Kapou, qui offre un bel hôpital arménien et une maison d'aliénés. On a ensuite Psamatia-Kapou, faubourg de Psamatia, peuplé en grande partie de Grecs ; puis celui de Yéni-Kapou, habité par les Arméniens, et rendez-vous des bateaux chargés de fruits et de légumes qui viennent de la côte opposée d'Asie. Des kiosques élevés sur la rive, on jouit d'une vue délicieuse qui présente les eaux bleuâtres de la mer de Marmara, le petit archipel des îles des Princes, le faubourg de Scutari et la pointe d'Asie, le golfe d'Isnik ou de Nicomédie, et enfin le mont Olympe, se détachant difficilement des nuages qui l'environnent.

Koom-Kapi, ou la porte aux Sables, vient après Yéni-Kapi ou Kapou. La partie de ce quartier située entre le mur d'enceinte et la mer offre un aspect presque aussi animé que Yéni-Kapi ; tout près de là est l'édifice où se réunissent les imprimeurs sur toile de coton. Tchallade-Kapou, porte de la Crevasse, vient ensuite ; puis les écuries du grand-seigneur, et Arab-Kapoucou, la porte des Noirs. Ici commence le sérail ou palais du souverain, avec les terrains qui en dépendent. On gagne la pointe du Sérail ou Séraï-Bournou, sur laquelle est placée une batterie servant à tirer les saluts. Le kiosque du grand-seigneur est voisin de cette batterie, d'où regarde Scutari, sur la côte asiatique, et à peine a-t-on dépassé Sérai-Bournou que l'on entre dans le port, où les eaux sont plus tranquilles.

Dans l'intérieur de Constantinople on distingue plus particulièrement : 1° la belle rue qui mène au sérail, et où se trouvent plusieurs grandes pharmacies ; 2° un immense palais où la foule entre, d'où la foule sort, palais nommé la Sublime-Porte, et où se tiennent les ministres du sultan pour donner audience, recevoir les drogmans, et juger les individus coupables de contraventions ; 3° la mosquée de Sainte-Sophie et la porte Impériale, dans le voisinage de laquelle se trouve l'ancien hippodrome, la place la plus vaste de Constantinople. Au sud de l'hippodrome est la mosquée du sultan Bajazet, sur une des collines de la capitale. Dans le vieux sérail se tient le séraskier ou général en chef de l'armée. Enfin l'on arrive devant Suleïmanié, la mosquée du sultan Soliman, édifice dont l'élégante symétrie attire sur les regards de l'étranger, qui remarque aussi près de là les thériakis ou preneurs d'opium.

En descendant la colline qui de Galata-Séraï conduit à Top-Khana, on découvre à sa droite l'ancien palais de Venise, occupé par l'internonce et la chancellerie d'Autriche. La grande place de Top-Khana, qui sert de marché aux fruits et aux légumes, est ornée de platanes magnifiques. De cette échelle, la plus propre, la mieux entretenue et la plus commode de Constantinople, partent d'ordinaire les Francs qui vont à Scutari, aux îles des Princes ou pour visiter le Bosphore.

De Top-Khana on se rend à Dolma-Bagtché, lieu de plaisance où le sultan va quelquefois passer la belle saison. Vers le milieu de la longue façade du palais qui donne sur la mer, presque au niveau de l'eau et construit sur des pilotis, est le kiosque où le grand-seigneur se tient, dit-on, habituellement. Une rangée de poteaux blancs, élevés sur des échafaudages flottants, mais retenus par des ancres, indique la distance à laquelle on doit s'en tenir éloigné ; il est sévèrement défendu de la franchir. La décence musulmane exige également qu'en passant devant la demeure du souverain on ferme son parapluie quand même il pleuvrait à verse, et son ombrelle lors même que le soleil serait au zénith et vous rôtirait ; il est interdit de cracher du côté de Sa Hautesse, de laisser voir ou de lâcher une arme à feu, de faire entendre la voix, le rire ou un instrument quelconque, et surtout de montrer du doigt la résidence impériale.

Près de cette résidence on trouve à l'est le beau village de Béchik-Tach, presque entièrement habité par des familles grecques. Sa rade profonde et sûre est le premier point de réunion des navires qui n'attendent plus que le vent du sud pour se rendre dans la mer Noire. C'est là que se rassemble la flotte que le capitan-pacha mène dans l'Archipel. Plus à l'est on attein Orta-Keuï, le plus populeux des villages situés sur les rives du Bosphore ; puis Kourou-Tchesmé, autre village également sur le Bosphore ; Arnaout Keuiu, village des Arnautes ou Albanais ; enfin le petit port de Thérapia et Buïuk-Déré, séjour d'été de la plupart des ministres européens. Le golfe de Buïuk-Déré, sa vallée profonde et l'extrémité méridionale forment ici un tableau ravissant pour l'œil.

Suffisamment édifiés par ces détails sur la Turquie d'Europe et sur Constantinople, nos lecteurs pourront suivre maintenant avec plus de fruit le voyageur anglais Walsh, qui partira de cette capitale pour entreprendre ses explorations.

ALBERT-MONTÉMONT.

RELATION DE WALSH.

Etat des routes en Turquie. Manteau turc. Juifs de Constantinople. Leur langue. Piliers hydrauliques. Murs de Constantinople. Brèche où tomba Paléologue.

La route que je vais décrire est celle que suivit Darius lors de sa mémorable expédition contre les Scythes, il y a deux mille trois cents ans, et c'est celle que les Russes ont déjà prise pour marcher sur Constantinople. Ce pays, quoiqu'en diverses circonstances traversé par les Européens, est encore peu connu, et l'on pourra trouver dans ma narration quelques détails à glaner.

Les idées de voyage que l'expérience nous a données s'associent entièrement avec une perspective de routes commodes, de bonnes voitures, d'auberges propres, de soupers confortables et de lits chauds. Dans les pays où l'on peut espérer trouver ces choses, toutes les saisons de l'année sont à peu près indifférentes au voyageur ; mais que l'on conçoive ce que c'est que voyager l'hiver dans une contrée où, généralement parlant, il n'y a ni routes, ni voitures, ni auberges, ni soupers, ni lits, etc. ; où les routes sont des sentiers battus que trace un cavalier et qu'un autre suit, sans que rien empêche à qui que ce soit d'en faire un pour lui seul si tel est son plaisir. Il n'y a pour voitures que des planches posées sur des roues grossières, que l'on appelle *aroubas*, et que tirent, au moyen de cordes, des buffles, que l'on emploie rarement à autre chose qu'à porter des fardeaux. Les auberges sont de grandes écuries où l'on ne peut se procurer que de la paille hachée. On ne doit compter sur d'autres soupers que sûr ce que l'on peut ramasser chemin faisant, si l'on a ce bonheur, pour le rapporter au lieu de halte. Pour tout lit enfin, on n'a que la paille coupée des écuries et une planche de sapin, dans un grenier au-dessus. Il est même beaucoup d'endroits où l'on ne trouve pas cette chétive aisance. Il existe sans doute des exceptions à ce tableau général, comme je l'ai éprouvé moi-même, mais, à tout prendre, il est exact. Tel est l'état actuel de la circulation dans la plus grande partie de l'empire turc, soit en Europe, soit en Asie.

Le compagnon que je m'adjoignis était mon vieil ami Mustapha, Tartare janissaire attaché au palais anglais. Il était né en Suisse, et très jeune il entra au service d'un marchand de Livourne. Étant en voyage avec lui sur la Méditerranée, il fut pris par un corsaire africain et vendu au Caire. Après avoir passé par les mains de plusieurs maîtres, il se fit turc, mais sans prendre, comme ses confrères rénégats, de la haine et un esprit de persécution pour sa première croyance. Il parlait un peu anglais, et fut l'intermédiaire au moyen duquel j'obtins beaucoup d'informations locales. Je me mis entièrement entre ses mains, et je trouvai en lui, en toute occasion, non-seulement un compagnon utile, mais encore attaché et fidèle. Comme il avait traversé la Turquie dans tous les sens en qualité de courrier tartare, il était parfaitement familier avec toutes les dispositions nécessaires au voyage que j'entreprenais, et le matin, à notre départ, je trouvai les préparatifs suivants :

Un manteau de janissaire qui devait servir à tout ; ce vêtement, le plus utile qu'on puisse trouver, est fait de poil de chèvre et de chameau, et il est filé un tissu aussi épais et aussi ferme qu'une planche de sapin. Quand vous entrez dedans, il se tient droit autour de vous comme une guérite et vous protége contre le vent et la pluie. Les janissaires tartares, quand ils traversent les chaînes de montagnes de l'Asie, couvertes de neige, restent souvent dehors quinze ou vingt jours avec leurs dépêches, sans cesser d'être à cheval, au galop, jour et nuit. A l'abri sous ce raide manteau, comme sous un dais, ils chevauchent la nuit dans un profond repos, se fiant tout-à-fait à l'instinct du cheval qui les porte. Mustapha m'avait ensuite procuré une boîte de café moka. La plus grande partie du café dont on fait usage en Turquie y est importée de nos Indes orientales, et le café moka est à Constantinople en aussi grande rareté qu'à Londres. Mais ce que je trouvai de plus précieux dans mes provisions, ce fut un sac de tabac de Chiraz. Je ne m'étonne pas de l'usage général de cette denrée, qui forme le luxe le plus indispensable d'un Turc, et accompagne toujours le café. Quand on les emploie l'un et l'autre, à la mode du pays, ce régime est singulièrement agréable au goût et restaurant; il réagit contre la fatigue et le froid, et apaise, ainsi que je l'ai souvent éprouvé, les tourments de la faim Je trouvai en outre à la porte quatre chevaux, un pour un serrodji ou guide armé, l'autre pour le bagage, les deux autres pour Mustapha et moi. Ils coûtaient ensemble quatre piastres par heure, et comme une heure peut équivaloir à trois milles, c'était environ 2 pence (20 centimes) par mille que je payais pour chaque cheval.

Nous partîmes le 28 octobre. Notre route directe était de traverser le port, puis Constantinople, et de sortir par la porte de Sylivria; mais comme nous prenions nos chevaux à Péra, nous fûmes obligés de faire un détour de plusieurs milles et de passer par le Kiat-Khané-Sou, à l'entrée du port. Notre chemin traversait le faubourg dans lequel résident les Juifs, et peut-être ne sera-t-il pas sans intérêt de dire quelque chose de ce débris d'un peuple extraordinaire tel qu'il existe à Constantinople.

Il serait tout naturel de supposer que ces gens vinrent s'établir dans cette ville ou dans quelque contrée de l'Orient, en y apportant leur idiome : tel n'est point le cas. Après la destruction des Vaudois, sous le règne de Ferdinand et d'Isabelle, la fureur de l'inquisition se tourna contre les Juifs d'Espagne, et, à la suite de diverses persécutions et d'un édit qui les bannit du pays au nombre de huit cent mille, ils allèrent chercher un asile dans l'Orient, car tout l'Occident partageait alors les mêmes préjugés à leur égard. Ils s'établirent à Salonique, à Smyrne, à Rodosto, et dans d'autres grandes villes, où ils forment, de nos jours, une grande partie de la population. A Salonique, ils n'ont pas moins de trente synagogues. La principale division de ces fugitifs vint à Constantinople, où on leur assigna un grand quartier nommé *Hassa-Koui*, où ils composent une communauté de cinquante mille individus. Ces Juifs sont beaucoup mieux traités que les raias ou sujets grecs et arméniens : on les nomme *mousafirs* ou *visiteurs*, parce qu'ils sont venus en ce pays chercher un asile, et on leur accorde, à ce titre, une bienveillante hospitalité.

Sur une éminence, derrière le quartier de Hassa-Koui, ils ont un grand cimetière avec des tombes en marbre, dont quelques-unes sont parfaitement bien sculptées en relief. Les maisons des gens riches sont opulentes et meublées avec toute la magnificence orientale. Toutefois les basses classes portent cette empreinte toute particulière qui les distingue dans quelque pays que ce soit, c'est-à-dire la saleté la plus dégoûtante sur leurs personnes et dans leur intérieur, des mœurs très relâchées, et une disposition complète à se mêler de toute affaire ignoble qui répugnerait aux hommes les moins délicats. On les reconnaît, comme toutes les classes diverses en Turquie, à leur costume particulier. Ils portent un turban pareil à celui d'un Turc bien élevé, mais plus bas, et au lieu d'être entouré d'un riche châle, ils roulent également à l'intérieur un mouchoir à carreaux très commun. Quant à leurs pantoufles, dont la couleur est spécialement prescrite à tous les sujets turcs, elles sont bleues. La façade de leurs maisons est de couleur de plomb.

Les Juifs haïssent tellement les chrétiens, et particulièrement les Grecs, qu'ils s'accusent mutuellement des pratiques les plus atroces. Les chrétiens espagnols accusaient autrefois les Juifs de crucifier des adultes le jour du vendredi-saint; et à Constantinople, aujourd'hui on assure qu'ils enlèvent des enfants et les sacrifient en guise d'agneaux pascals, lors de leur pâque. Un jour on trouva dans le Bosphore le corps d'un enfant qui, suivant la rumeur publique, avait été pris par les Juifs à un marchand de Galata. Il avait les jambes et les pieds liés, et certaines blessures au côté décelaient qu'il avait été mis à mort d'une manière extraordinaire et dans une intention tout aussi étrange. Ce qu'il y a de certain, c'est que les Juifs de Constantinople sont une race féroce et fanatique. Leur langage, outre une espèce d'hébreu rabbinique, est de l'espagnol corrompu en *langue franque* par quelques mots hébreux et étrangers.

Après avoir dépassé cette colonie juive, nous arrivâmes au pont qui traverse l'entrée du port à Kyat-Khané. Ce nom, qui signifie littéralement *maison du papier*, est la tradition d'une papeterie que Sélim y avait fondée et qui n'existe plus.

Le pont sur lequel nous passâmes est près de la jonction de deux petites rivières qui se réunissent à ce pont pour tomber dans la partie du port que les anciens appelaient, à cause de l'accumulation d'immondices que l'on y déposait sans cesse, *Marcidum mare*, ou *mer Putride*. La première de ces rivières se nomme *Ali-Bey-Sou*, et la seconde *Kyat-Khané-Sou*. Comme ces deux ruisseaux, les seuls qui coulent dans le voisinage de la ville, ne donnent en tout temps que peu d'eau, et en été sont à peu de chose près secs; comme, d'un autre côté, le sol de la ville ne fournit que peu d'eau de source, il eût été entièrement impossible à une grande cité de subsister sur cet emplacement, si l'emploi de quelques moyens artificiels n'avaient suppléé aux défectuosités naturelles du lieu. Le premier de ces moyens consiste en puits et citernes creusés derrière les maisons, comme des réservoirs, pour recueillir l'eau de pluie qui tombe en hiver; mais chez un peuple comme les Turcs, où l'eau est une nécessité aussi bien de religion que d'existence, il était indispensable de s'assurer une source beaucoup plus abondante d'approvisionnement, et on l'a trouvée dans les *bendts* ou étangs, qu'ils ont pratiqués dans les montagnes, près des rivages de la mer Noire. Ces montagnes sont la région des pluies et des torrents, et partout où l'on trouve un filet d'eau qui descend dans un vallon, on élève un monticule en travers du bas du courant, et l'eau ainsi obstruée est rejetée en arrière, et s'accumule au point de former un lac, grand, profond et de forme triangulaire. Ce monticule est ordinairement revêtu de marbre, couvert de sculptures dans le goût oriental, et l'aspect en est très grandiose. Des tuyaux de tuiles conduisent l'eau à travers les montagnes, et dès qu'une vallée vient à s'interposer, on y construit un aqueduc; et il en est quelques-uns qui sont d'un très bel effet dans la perspective.

Les habitants de Constantinople ont été récemment témoins d'un essai hydrostatique, et au lieu de ponts dispendieux pour conduire l'eau, ils ont construit des souterrains, c'est-à-dire des piliers quadrangulaires isolés, sur la surface desquels sont attachés plusieurs tuyaux en tuiles qui montent au faîte où se trouve un petit réservoir carré. L'eau monte d'un côté, est reçue dans le réservoir, et descend de l'autre, au moyen des tuyaux; le pilier suivant est de six pouces en dessous du premier, de sorte qu'il se forme un plan incliné pour l'eau qui se trouve sur le sommet de ces piliers, et qu'elle descend ainsi des montagnes à la ville, où elle monte avec une telle force quelquefois, qu'elle forme un fort jet qui la lance à une distance considérable. Ces piliers, qui sont des objets très pittoresques, et dont il est impossible d'expliquer le but à qui n'en connaît pas la destination, se voient çà et là sur tout le pays qui sépare Constantinople du voisinage de la mer Noire.

Les bendts ou reservoirs d'eau dans les montagnes furent, dans l'origine, construits par des empereurs grecs, et se nommèrent *hydralia*. Leur conservation était d'une telle importance, que plusieurs édits impériaux furent promulgués pour régler les plantations d'arbres à l'entour, ou pour défendre de puiser de l'eau pour des usages privés : un de ces édits, portant la date de l'an 404, fixe l'amende à payer par once d'eau à une livre d'or. Ces lois ont été remises en vigueur, et plus rigoureusement encore, par les Turcs, auxquels l'eau est plus nécessaire qu'aux Grecs.

Les bords sont plantés d'arbres pour les rendre solides, et il est interdit, sous les peines les plus sévères, à qui que ce soit, non-seulement de prendre de l'eau dans ces bendts, mais même de couper ou de déraciner un arbre du bord.

On comprendra la nécessité de cette rigueur quand j'aurai cité le fait suivant. Je passai l'automne de 1822 à Belgrade, ville dans le voisinage de laquelle est situé l'un des plus grands et des plus importants de ces réservoirs. L'été avait été remarquablement sec; car, à l'exception de quelques ondées, il n'était pas tombé une goutte d'eau du 2 avril au 2 novembre. L'eau contenue dans les bendts devint basse et fangeuse, et les Turcs prirent l'alarme. Les sous-iologis ou ingénieurs hydrauliques furent envoyés, et j'en accompagnai quelques-uns aux bendts. Ils mesurèrent l'eau et trouvèrent qu'il n'y en avait plus que pour alimenter la capitale pendant une quinzaine de jours. Que l'on juge de la consternation de sept cent mille habitants, tout-à-coup privés d'un élément nécessaire aux besoins de la religion et de la vie. On disait des prières dans toutes les mosquées, et le ciel était un point constant d'observations inquiètes. Enfin un nuage parut sur l'Euxin ou la Propontide, et la pluie tomba.

Afin de se mettre à l'abri d'une telle privation imposée par la nature ou par l'ennemi, les empereurs grecs creusèrent le sol de la ville, et formèrent sur différents points d'immenses citernes qui existent encore, mais non plus comme citernes : quelques-unes qui étaient exposées à l'air se sont remplies de terre graduellement, et sont à présent des jardins. Une de ces constructions, nommée *Philoxenos* (l'ami de l'étranger), parce qu'elle était un réservoir public, est un vaste édifice souterrain, porté par des colonnes de marbre blanc, et dont le nombre de mille et une lui a fait donner par les Turcs le nom de *Bin-bir-Derek*. Quoiqu'il soit comblé de terre, ce réservoir est encore d'une grande profondeur, car il a un toit voûté soutenu par 672 colonnes de marbre, et dont chacune en a deux autres posées au-dessus d'elle. La cavité, qui pourrait contenir un approvisionnement de soixante jours pour toute la ville, est maintenant à sec et occupée par nombre de tisseurs de soie qui travaillent au fond, dans des ténèbres presque absolues.

J'en découvris un jour un autre dans une maison particulière. Après avoir descendu une longue suite de degrés, nous nous trouvâmes sur les bords d'un lac souterrain qui s'étend sous plusieurs rues. Le toit était voûté et supporté par trois cent trente-six magnifiques colonnes de marbre. Une grande quantité de tuyaux plongeaient dans l'eau et approvisionnaient les rues de dessus, dont les habitants ignoraient d'où cette eau leur venait. Le Turc par la maison duquel nous y arrivâmes l'appelait *Yérébatan-Séraï* (le palais souterrain), et il me dit que les voisins qui logeaient au-dessus n'en savaient rien.

Après avoir traversé le pont, nous suivions le bord opposé de la rivière, quand nous tressaillîmes tout-à-coup à l'explosion d'un canon tiré très près de l'eau, et notre effroi fut plus grand encore quand nous entendîmes le sifflement du boulet à nos côtés. Nous découvrîmes alors que quelques topgis ou artilleurs s'exerçaient à une batterie qui dominait la rivière. Ils avaient placé une cible sur le tertre qui s'élevait au-dessus de nos têtes, et sans nous donner le moindre avertissement ou attendre un instant que nous fussions passés, ils déchargèrent toute cette batterie, composée de huit ou dix canons, pendant que nous étions directement placés entre eux et leur but. Ce fut une preuve encore à ajouter à celles que j'avais déjà recueillies sur leur indifférence pour la vie d'un homme. Il n'est peut-être pas de nation où l'on tue un homme avec moins d'émotion; et si un meurtre arrive accidentellement, les Turcs attribuent ce malheur à la destinée de la victime et non à leur négligence.

De cet endroit à la porte de Sylivria, notre chemin était de suivre la muraille de Constantinople, et je revis avec plaisir, pour la dernière fois, ces ruines magnifiques. La ville de Constantinople est bâtie, comme on le sait, sur un promontoire triangulaire qui avance dans la mer de Marmara. Deux côtés sont baignés par la mer, et le troisième est celui qui joint le triangle au continent. Ces côtés sont fortifiés de murailles encore debout, quoique sur plusieurs points elles soient incapables de se défendre, à moins de grandes réparations. Tout le circuit est estimé devoir être de douze milles, et le côté du port de trois milles. Quant à la base que nous longions, elle peut avoir cinq milles de la mer à la mer, en se terminant aux Sept-Tours. Nous arrivâmes à cette muraille par le faubourg appelé *Blacherne*, où le mur s'appuie sur le port; il s'élève à une hauteur extraordinaire au-dessus de la plaine, comme la face perpendiculaire d'une montagne.

Le chemin que nous longions date de neuf cent soixante-dix-huit ans et est du règne de Constantin. Théodose, et d'autres empereurs dont les noms sont rappelés sur diverses parties de cette construction, l'ont réparée. Directement en face de nous était un palais sur le sommet, qui aujourd'hui porte le nom de *Tekir-Seraï*, et c'est le palais d'un Constantin : il me parut contemporain de la muraille, et son état de délabrement y répondait parfaitement. Vu d'en bas, c'est un objet très remarquable et très pittoresque; et d'en haut, il commande un splendide point de vue. Ici le mur est dans un surprenant état de conservation, et malgré sa grande hauteur, il n'en est tombé aucun débris. Comme c'était la partie la plus inaccessible de la ville, elle ne fut jamais l'objet d'une attaque, et elle n'a souffert d'outrages que de la main du temps, et encore sont-ils masqués par les vastes masses de lierre qui couvrent sa surface jusqu'à la cime du feuillage le plus abondant.

Comme plusieurs brèches s'offrirent à moi, et que le mur était bas, en général, il fut aisé de le gravir, et c'est ce que je fis pour en examiner la structure. C'était une muraille double, avec double fossé, qui commençait à Egri-Capoussi (la Porte-Tortue), et s'étendait jusqu'aux Sept-Tours sur la mer de Marmara. Comme la ville est bâtie sur sept collines, la fondation du mur tient de l'inégalité de la surface.

Nous étions alors arrivés à Top-Capoussi (la Porte-du-Canon), par laquelle Mahomet entra dans la ville conquise. Elle est ainsi nommée, parce que les Turcs y ont placé quelques énormes blocs de granit, qui servent de boulets à leurs immenses canons. Ils les ont placés là pour conserver le souvenir de ce qu'ils traversèrent pour venir prendre possession de cette capitale du monde chrétien. A quelque distance, et vis-à-vis de cette porte, est une éminence artificielle, appelée *Maltepih*, sur laquelle je montai. De là on jouit d'une vue magnifique de la cité, de la mer de Marmara et d'une grande étendue du pays à la lentour. C'est là que Mahomet déploya l'étendard du prophète, et de ce côté qu'il dirigea l'attaque. Les vastes brèches qui existent dans le mur près de cette porte, que les Turcs n'ont jamais réparées, attestent la vigoureuse résistance qui fut faite. C'est dans une de ces brèches qu'on trouva le corps de Paléologue, qui s'y était placé comme une dernière et impuissante barrière, et maintenant un arbre magnifique, le *pistaccia terebinthus*, y croît pour marquer le lieu où tomba le dernier des Paléologues.

Ce même passage qui s'ouvrit pour le croissant pourra un jour se rouvrir pour la croix. Personne n'ignore que c'est un événement auquel les Turcs s'attendent, et ces prévisions ne se bornent pas à des préparatifs militaires. Leur grand cimetière s'étend sur la côte d'Asie, et on voit leurs sombres bosquets de cyprès à une distance considérable dans les environs de Scutari. Ce cimetière est peut-être le plus grand qui soit au monde, car il a une heure de marche, ou trois milles de long. Le plus grand nombre des morts à Constantinople sont transportés par leurs amis sur la rive asiatique, où ils se regardent comme destinés à être repoussés un jour. Les degrés ou marches auxquels ils embarquent ces corps portent pour cette raison le nom de *Meit-Iskelli* (échelle des morts). Cette opinion est confirmée par d'anciennes prophéties, et par une coïncidence de noms qui est assez curieuse. La ville de Constantinople fut enlevée et perdue à différentes reprises par des personnes qui portaient le même nom. Les latins s'en emparèrent sous un Baudouin, et c'est sous un Baudouin qu'ils en furent chassés. La cité rebâtie devint le siège de l'empire grec sous un Constantin, fils d'Hélène, un Grégoire étant patriarche; elle fut prise, et l'empire des Grecs périt sous un Constantin, fils d'Hélène, et le patriarchat d'un Grégoire. Les Turcs s'en rendirent maîtres sous un Mahomet, et ils sont fermement convaincus qu'ils le perdront sous un Mahomet, et que c'est le Mahomet qui règne en ce moment. Pour compléter cet enchaînement de noms, quand éclata l'insurrection grecque, un Constantin était l'héritier présomptif du trône de Russie, et un Grégoire était patriarche à Constantinople.

Tombes d'Ali-Pacha et de ses fils. Baluklu, *église des poissons*. Pays désert près de Constantinople. Cailles. *Ames damnées*. Brados Erekli. Mauvais œil. Kinflkli.

Après avoir contemplé toutes ces choses, en méditant, du haut de cette éminence, je descendis, et nous nous dirigeâmes vers Sylivri-Capoussi, porte de Sylivria, par laquelle nous allions entrer dans la campagne. Immédiatement vis-à-vis cette porte sur un parapet élevé du côté du chemin, étaient cinq tombeaux turcs sur une seule ligne, et formant des objets remarquables dans un petit cimetière situé en ce lieu. Ils étaient de marbre blanc et surmontés des turbans par lesquels les Turcs distinguent toujours le rang et la qualité des morts. J'appris que c'étaient les monuments d'Ali-Pacha, de ses trois fils et de son petit-fils, dont les pierres tumulaires portent chacune une inscription, un bref détail de leur vie et de leur mort.

A un quart de mille de la porte de Sylivria, nous arrivâmes à Baluklu, *l'église des poissons*. Elle tient ce nom d'une tradition qui l'a rendue très célèbre parmi les Grecs. Il existait en ce lieu, quand Mahomet mit le siège devant Constantinople, un petit monastère de caloyers grecs, qui ne furent pas, à ce qu'il paraît, inquiétés par son armée. Le jour de l'attaque décisive, un moine était occupé à faire frire du poisson, quand arriva tout à coup la nouvelle que les Turcs avaient pénétré dans la ville par une brèche. « Je croirais aussi volontiers, dit-il, que ces poissons frits peuvent sortir de la poêle et revenir à la vie. » Pour donner une leçon de l'incrédule moine, le poisson sauta hors de la poêle, dans un vase d'eau qui était à côté, et nagea comme s'il n'était jamais sorti de cet élément. En commémoration de ce miracle, une église fut construite sur le lieu même, et l'on y creusa un réservoir où le poisson encore vivant fut placé.

Les églises grecques sont sales et petites. Leurs peintures sont les plus grossiers essais que l'on puisse voir, et l'on ne saurait entendre une musique plus dissonante et plus intolérable que celle que qu'on y exécute. Cependant elles ont une grande ambition de splendeur. L'intérieur de chaque église est rempli de peintures, et les murs sont couverts de tableaux qui ont peu de ressemblance avec l'objet qu'ils veulent représenter; mais ils sont à profusion chargés de clinquant et d'oripeaux. Ces représentations leur inspirent une vénération si profonde qu'ils les baisent à genoux. Il est singulier que ces gens, qui regardent avec horreur une figure de bois ou de pierre, la prenant pour une image sculptée, s'inclinent sans scrupule devant la toile chargée de couleurs.

Nous venions d'entrer dans la plaine qui entoure Constantinople, et passâmes devant le kiosk impérial de Daoud-Pacha, où s'assemblent ordinairement toutes les expéditions dirigées contre les chrétiens, et c'est là aussi qu'elles sont licenciées par le sultan en personne. Près de ce lieu, on jouit d'une vaste perspective sur tout le pays. La première impression que nous éprouvâmes, c'est le sentiment de cette solitude profonde qui régnait autour de nous. Nous étions là, à quelques cents pas des murailles d'une métropole immense, où vivaient agglomérés sept cent mille habitants; mais, à la même distance des ruines de Palmyre, nous n'eussions pas trouvé plus de désolation et de silence. Les maisons de campagne que l'on voit ordinairement éparses dans le voisinage des faubourgs des grandes villes n'existaient d'aucun côté, et il n'y avait point de ces foules qui se pressent ordinairement aux abords des grandes cités. Un attelage isolé de buffles, tirant un arouba, ou un cavalier solitaire, à peine visibles à l'horizon, étaient les seuls objets qui indiquassent l'existence de la vie sociale, près de cette immense réunion d'hommes. Il n'est rien qui caractérise mieux que ce fait l'indolence et l'inactivité naturelles des Turcs. Les rives du Bosphore sont très populeuses, et de Constantinople au voisinage de la mer Noire, ce n'est qu'un village continuel. Les relations ont une activité proportionnée, et la surface de l'eau est un tableau mouvant de bateaux qui passent et repassent. Ce genre de mouvement est particulièrement approprié à la nonchalance orientale. Le Turc, couché à demi sur un coussin, fumant sa pipe, est ainsi transporté sans le moindre embarras et la plus légère fatigue à la distance où il veut aller. Si, au contraire, de l'autre côté de la ville il avait une résidence, il ne pourrait y aller qu'à pied ou à cheval, puisqu'il n'existe, à vrai dire, ni voiture, ni routes praticables à ces moyens de transport. C'est pourquoi les maisons de la ville du côté de la terre sont abandonnées, et forment, à l'exception de quelques fermes très clair-semées, un complet désert.

Au bout de quatre heures environ, nous avions dépassé sur le rivage *San-Stephano*, résidence habituelle des Francs, des Anglais surtout, pendant les mois d'automne. Ce château est bâti sur une pointe de terre qui s'avance dans la mer; et ce promontoire est le rendez-vous favori des cailles, qui en font leur point de départ lors de leurs migrations. L'immense quantité de ces oiseaux que l'on trouve dans différentes contrées de l'Orient a toujours été un objet de remarque, et l'île d'Ortygia, dans la mer Egée, a tiré son nom des volées qui y abondent. Les cailles se montrent d'abord, m'a-t-on dit, sur un promontoire près de Derkon, sur la mer Noire, et ensuite sur le cap de San-Stephano, dans la mer de Marmara. Il semblerait donc que leur migration se dirige de la Russie vers l'Afrique. Quand elles touchent terre, et avant de prendre leur volée, le sol en est couvert, et elles partent devant chacun de vos pas du milieu des buissons et des broussailles, puis, le lendemain, il n'y en a plus. Il est très digne d'attention que, bien que chaque année offre le retour de ce phénomène, toujours sur le même point, cependant personne ne peut dire d'où viennent ni où vont ces oiseaux. Malgré toutes mes recherches, je n'ai jamais pu découvrir quelqu'un qui en ait vu une volée traverser la terre ou la mer; pour expliquer ce fait, on a affirmé qu'ils partent la nuit; mais s'ils traversaient la mer Noire, ils devraient encore se trouver en l'air pendant le jour, car ils n'ont point de lieu où ils puissent se poser jusqu'à leur arrivée à Derkon.

Les sauterelles sont des insectes voyageurs, mais on peut constamment suivre leur marche. En 1823, je traversais une plaine étendue près de Broussa dans l'Asie-Mineure, et la terre en était couverte à une épaisseur de cinq pouces. Leurs larves y avaient été déposées l'année précédente par un essaim qui passait, et à l'époque où je les vis, elles n'étaient pas assez avancées pour voler.

Deux mois après environ, elles partirent, se dirigeant vers le nord-est; on voyait le nuage partout où il passait, et il semblait un épais voile de gaze sur tout Constantinople. Le corps principal poussa en avant, mais d'immenses quantités de traînards s'abattirent et remplirent les rues et les jardins de Péra. Le jardin du palais anglais en était tellement couvert, qu'ils en avaient la possession exclusive. On ne pouvait traverser les allées sans passer à gué, en quelque sorte, au milieu de ces insectes, et ils eurent bientôt dévoré tout ce qui était verdure. Un matin, ils furent saisis d'une impulsion soudaine et simultanée ; ils partirent et disparurent du côté de la mer Noire. Là, ils furent assaillis par un vent contraire, auquel il leur fut impossible de résister, et ils périrent à l'entrée du Bosphore. Le courant emporta leurs corps, et les jeta sur les rivages de Thérapia et de Buyukdéré, où je les vis par milliers, morts ou mourants ; mais la grande masse était à flot, en face de Péra, où elle formait un quai immense, d'un mille de longueur environ, marquant les divisions des courants, jusqu'à ce qu'elle allât se perdre et se disperser dans la mer de Marmara.

Il y a une espèce d'oiseau de ce pays qui a souvent excité ma surprise et ma curiosité, et qui est, je le crois, particulier à ces parages. Chaque jour on voit par nombreuses volées ces oiseaux, qui ne sont pas si gros que des pigeons, ont le dos noir et le ventre blanc, et montent ou redescendent le Bosphore avec la plus grande rapidité. Quand ils sont arrivés, soit à la mer Noire, soit à la mer de Marmara, ils font volteface et recommencent à parcourir la longueur du canal (1). On ne les voit jamais se poser sur terre ou sur l'eau, dévier de leur direction, ou ralentir leur vol ; on ne les a jamais surpris à chercher ou à prendre quelque nourriture, et tant que dure le jour, ils continuent sans relâche ce manége. Il n'est aucune cause visible à laquelle on puisse attribuer l'instinct extraordinaire et sans repos dont ils sont possédés. Les Français les nomment *les âmes damnées*, et certainement si l'idée de l'absence de toute tranquillité est renfermée dans cette image, elle n'est point fausse. Ces oiseaux volent très près de la surface de l'eau, et si un bateau vient à en rencontrer une volée par le travers, ils s'élèvent à quelques pieds au-dessus ; mais quand l'embarcation fend l'eau dans le sens de leur vol, elle les sépare comme ferait un coin. Quelque nombreux qu'ils soient, on n'entend jamais le battement ou le sifflement de leurs ailes. J'aurais souvent voulu en tuer un pour l'examiner ; mais les Turcs ont des égards si tendres et si consciencieux pour la vie de tout animal autre que l'homme, que personne ne peut, sans courir le risque de leur mécontentement, tuer un oiseau sur le Bosphore.

La rareté de rivières dans la Thrace est une de ses notables particularités, et les anciens géographes l'ont mentionnée. Nous étions alors près d'un de ces rares ruisseaux qui traversent les vastes plaines pour rejoindre la mer ; les Turcs y ont élevé en travers une plate-forme de bois qu'ils appellent *Koutchouk-Tchekmadjé* (le Petit-Pont), pour le distinguer d'un autre qui n'en est pas éloigné et que nous trouvâmes au bout d'une lieue environ, et qui a certainement l'aspect le plus extraordinaire. Je traversai une petite rivière que les Turcs nomment *Boyouk-Tchekmadjé-Sou* (la rivière du Grand-Pont), à cause de la longueur extraordinaire de cette construction. Le ruisseau s'étend et devient baie au point où il se joint à la mer, et le pont est en effet nécessaire pour le traverser : il consiste réellement en quatre ponts, qui forment ensemble vingt-six arches. A Boyouk-Tchekmadjé nous trouvâmes des bateaux à chaque extrémité du pont. Cet endroit abonde en poisson excellent, et Moustapha acheta deux kalkans, espèce de turbot, pour une piastre. Kalkan signifie *bouclier*, et c'est effectivement la forme du poisson, dont le dos est couvert d'os durs et cartilagineux qui ressemblent aux larges têtes de clous qui couvrent un écu. A l'extrémité de ce pont si extraordinaire, et sur une éminence du côté de la mer, est située une autre ville habitée par des Grecs. Son site est très agréable sur la pente d'une colline, et le mélange des arbres et des maisons est riant et pittoresque.

Nous étions en ce lieu quand la pluie nous surprit avec violence ; les chemins étaient trempés, et nous allions nous embourbant et nous égarant, jusqu'à l'heure où nous arrivâmes au bord de la mer. Nous suivîmes ensuite le rivage jusqu'à *Koum-Bourgáz* (Bourgás du Sable), pour distinguer cette ville de deux autres qui portent le même nom. De là jusqu'à Brados, que nous gagnâmes à neuf heures par la nuit la plus extraordinaire, nous fûmes continuellement assaillis de neige, de givre, de pluie et de vents. Tel fut, dès le premier jour du voyage, l'échantillon de ce que j'avais à attendre à cette époque de l'année sur la longue et effrayante route qui sépare Constantinople de Vienne. J'avais déjà appris tout le mérite de mon manteau de janissaire.

Nous trouvâmes toutefois dans ce village un excellent khan tenu par un Grec et très fréquenté. Quatre chambres au premier étage, meublées dans un style supérieur à ce que j'avais vu jusqu'alors dans quelque khan que ce fût, étaient pleines de Turcs qui se rendaient à Salonichi, de façon qu'il fallut nous contenter, pour logement, du café situé au-dessous. Il y a ordinairement dans les cafés attachés aux khans une plate-forme exhaussée, couverte d'une natte et de tapis, qu'occupent les voyageurs quand les chambres du khan sont occupées, et nous en prîmes possession de très bon cœur. Il n'est pas en Angleterre de café plus propre et plus frais, car il venait d'être tout récemment peint. Notre hôte était un Grec, qui nous traita avec un empressement et une politesse qui n'étaient point de ce pays. Outre l'éternel pilau, je fis bouillir les kalkans, et avec l'aide du punch de raki, j'en combattis les effets du froid et de l'humidité. Le raki est un extrait des peaux de raisin passé, et que l'on aromatise avec de l'angélique et de la gomme mastic. C'est une liqueur très agréable et de très bon goût ; mais les Grecs la dédaignent, et préfèrent le rhum le plus commun ou la plus mauvaise eau-de-vie.

Le matin, nous partîmes avant le jour, à la clarté des étoiles. A une heure environ de Brados, nous trouvâmes un petit pont dans une vallée où, il y a seize ans, un courrier allemand fut assassiné par des déserteurs : on y voit encore son tombeau. A huit heures, nous arrivâmes à *Sylivria* et y déjeunâmes. Il n'est pas d'endroits, fussent-ils des plus pauvres, où le voyageur ne puisse pas se procurer du café, du pain et des œufs, que l'on trouve ordinairement chez les baccals ou fruitiers ; cependant, s'il veut déjeuner à la mode anglaise, il manquera toujours de beurre. Il est en vérité étonnant que chez les Turcs, peuple pasteur, riche en bétail noir, qui vit sous un climat tempéré, et fait tous les jours des fromages, du *youart*, des *kurdes*, du *kaimac*, et autres préparations de lait, l'art bien simple de séparer la crème et de la transformer en beurre soit inconnu. Le beurre qu'ils emploient vient encore, ainsi que dans les anciens temps, de Scythie, et quoiqu'ils possèdent les moyens d'avoir chez eux du beurre frais et pur, ils se contentent d'une substance grossière, rance et pareille au suif, qui leur arrive de Russie dans des peaux de buffle.

De quelque côté que vous approchiez de cette vieille ville, soit par terre, soit par mer, on voit sur une éminence des ruines d'un aspect vénérable. Les mu-

---

(1) Ces oiseaux poussent leurs excursions jusqu'à *Gallipoli*, ville turque et petit port sur le détroit des Dardanelles, où s'est formé en 1854 le camp de l'armée française d'Orient. Cette ville, peuplée de 20,000 habitants, à ses maisons couvertes en tuiles rouges, et ses hauts minarets s'élèvent dans les airs comme pour indiquer sa position en amphithéâtre aux vaisseaux qui arrivent. Les rues de Gallipoli sont sales, étroites, tortueuses et mal pavées ; sa population se compose de Turcs, de Juifs et de Grecs, ennemis les uns des autres. A. M.

Le Danube.

railles sont encore intactes : elles forment trois faces d'un vaste carré, la quatrième étant un précipice haut, raide et inaccessible. Les murs latéraux s'arrêtent à ce précipice, laissant découverte sur la mer une magnifique esplanade, beaucoup mieux gardée qu'elle ne pourrait l'être par leurs moyens de défense dus à l'art. L'espace contenu dans l'enceinte des murailles est rempli de chétives maisons, de quelques rues sales, que les Juifs et les Grecs habitent principalement. Les murs sont bâtis en pierres taillées, où s'entremêlent de couches de briques romaines, aussi larges que celles qui servent à carreler les appartements. Il y a encore debout cinq portes que l'on ferme à la nuit. Sur l'une d'elles se voit une inscription grecque très parfaitement conservée, et gravée en relief sur plusieurs blocs de pierres.

Parmi les restes de Sylivria est une très ancienne église grecque tenue aujourd'hui en grande sainteté, et qui fut, me dit mon guide, construite par Théodora, régente en 842.

De cette ville haute, la ville moderne s'étend vers le bas jusqu'à la mer et est presque entièrement habitée par les Turcs. Elle a un petit port où je vis à l'ancre quelques barques. Plusieurs des habitants de la ville basse parlent italien, et je fus plus d'une fois salué par des voix sorties des boutiques comme je passais : *Ben venuto, capitani, donde bastimente.* On supposait que j'arrivais dans un navire. Le seul idiome occidental que parlent les Turcs est l'italien, qui fut répandu parmi eux par les Vénitiens, les Génois surtout, qui s'établirent à Galata, sous les empereurs grecs.

Sylivria est bâtie sur un promontoire qui forme une des extrémités d'une baie que nous longeâmes, pour aller traverser celui qui formait l'extrémité opposée. Nous entrâmes ensuite dans quelques plaines, au bas desquelles est située Erekli sur une éminence. Les maisons, très tassées et remarquables par leur hauteur, s'élèvent l'une au-dessus de l'autre, de sorte que la ville présente l'aspect d'un amphithéâtre. Quoique le port soit magnifique et que la rade s'étende en forme de fer à cheval, il paraît aussi négligé que Sylivria. En effet, toutes les villes maritimes de cette côte si commerçante autrefois existent encore, mais réduites à l'état de rares bourgades, dont les habitants n'ont guères d'autres occupations que la pêche. *Rodosto* est le seul lieu qui mérite le nom de ville de commerce, et elle est redevable de sa prospérité aux descendants des Francs que les Turcs ramenèrent de leurs diverses excursions en Autriche et en Hongrie.

Du promontoire d'Erekli, notre route était dans les terres, et là nous quittâmes la côte. Rien ne saurait égaler la beauté des prairies où nous entrions, et leur fertilité apparente ; mais elles sont tout-à-fait solitaires et négligées ; sur les rares points où la terre avait été re-

Constantinople.

tournée, le sillon tracé montrait un sol riche et une abondante moisson; mais, je le répète, ces endroits étaient très rares. La terre est répartie en *tchifliks*, ou domaines appartenant aux Turcs importants résidant à Constantinople. Ces maîtres du sol sont souvent impliqués dans les troubles constants et les changements continuels qui s'opèrent, et par suite desquels ils sont étranglés ou bannis.

Le chemin qui conduit à travers ces plaines n'est pas autre chose qu'un sentier battu sur l'herbe, et chaque voyageur suit celui qu'il préfère. Il est en été d'une largeur limitée; mais l'hiver, quand la pluie arrive, le passage ordinaire est impraticable, et chacun s'en fait un à côté du premier, de sorte qu'il est des points où la route est large de trois ou quatre cents pas. Toutefois le voyageur a certaines marques pour se diriger. A de longs intervalles s'élèvent de petits monticules, un peu moins forts que des meules de foin, entre lesquels le chemin passe; on les nomme *Sandjak cherif tepeh* (Éminences de l'étendard sacré). Lors de toutes les expéditions contre les infidèles, en Europe, toutes les fois que l'armée campait pour la nuit, on construisait deux monticules, sur l'un desquels on arborait l'étendard de Mahomet, qui formait le centre du campement. Cependant, comme ces indications sont à de très grandes distances, il est besoin d'autres directions. En janvier et en février, un vent glacial venu de la Scythie passe sur ces plaines, avec d'immenses masses de neige qui effacent bientôt toute trace de chemin. Alors les voyageurs s'égarent, et on en trouve tous les ans un certain nombre de morts dans la neige. Il y a dix ans qu'un Selibtar, qui faillit périr de cette façon en allant de Choumla à Constantinople, a élevé sur toute la ligne des piliers de pierre disposés à des distances raisonnables; mais il y en a déjà une grande partie en ruines. C'est la seule chose qui ait, en Turquie, quelque analogie avec les bornes milliaires.

Nous arrivâmes à deux heures à *Kinlikli*. Il y a vingt ans que cette ville était considérable et florissante; mais elle fut, lors de la révolution de 1807 à 1808, le théâtre d'un conflit, qui d'une grande ville a laissé debout seulement trois maisons et des ruines à peine visibles.

Là nous fûmes rencontrés par quelques aroubas qui transportaient des balles de marchandises d'Andrinople. Les seules bêtes de somme que l'on emploie pour le trait dans tout ce pays sont des buffles et une race de bœufs de couleur de crème. Le buffle est un animal d'une force puissante et de haute taille. Ses membres trapus, son poil épais et grossier, ses cornes renversées, ses yeux de faïence et son air stupide, indiquent une race de bétail très inférieure au bœuf. Les Turcs mettent un scrupule religieux à tuer un buffle, et n'emploient jamais sa chair que dans une circonstance. Quand le terme d'une femme enceinte a été au-delà de neuf mois, la sage-femme qui la garde prend de la chair d'un jeune buffle-veau, et la faisant bouillir dans la crème du lait de sa mère, ou toute autre, elle le donne à la patiente, qui ne manque jamais, assurent-ils, d'être heureusement délivrée peu de jours après. Les Turcs ornent avec assez de soin cette bête lourde et informe. Le poil est noir, à l'exception d'une place blanche sur le front, entre les cornes. Ils teignent ce poil banc de différentes couleurs, mais le plus souvent d'un rouge brun, avec la poudre de *henné* qui sert à leur teindre les ongles. Outre cela, ils lui suspendent ordinairement aux cornes ou au cou un chapelet de grains bleus que l'on nomme *boutchouk*, qui n'est point seulement un ornement, mais un préservatif contre les effets d'un mauvais œil. Ils attachent une vertu particulière au bleu, comme étant la couleur qui attire les premiers regards fascinateurs et en absorbe l'influence.

Les Turcs poussent cette superstition à un degré extrême. Nous rencontrâmes en ce lieu un homme qui portait une gourde à sa ceinture et une perche à la main : c'était le postillon chargé des dépêches. La gourde servait à porter de l'eau dans les plaines où elle est rare, et à sa perche était attaché un de ces chapelets bleus, comme l'amulette protectrice de la correspondance, et qui gardait en même temps les expéditeurs et les destinataires des lettres. On trouve dans les boutiques de chaque baccal de petites boîtes en graines bleues, ayant la forme d'une main, et que l'on achète pour les suspendre autour de la tête des enfants. Leur anxiété ne se borne pas aux êtres animés. On suspend des guirlandes d'amulettes aux mâts, aux proues et aux gouvernails des vaisseaux ; enfin, ces talismans sont placés sur les façades des maisons pour attirer le premier regard de ce mauvais œil, et lui enlever sa malignité.

A cinq heures nous arrivâmes à *Tchorlu*. Cette ville, ainsi que la précédente, avait aussi été récemment la scène d'une lutte sanglante entre les factions, et des marques de leurs dévastations étaient visibles. Là est une belle mosquée, finie avec toutes les recherches de la sculpture des Turcs. Il y en avait une partie en ruines, et le dôme, ainsi que les minarets, étaient criblé de balles et de trous de boulets. Comme nous étions arrivés de bonne heure avec l'intention de coucher en cet endroit, je parcourus la ville, dont la population est presque exclusivement turque ; elle n'a d'autre industrie que la préparation d'une confiture très estimée des Turcs. Ce sont des noisettes renfermées dans une substance douce et gélatineuse, faite du suc coagulé du raisin : on en fait de longs rouleaux cylindriques, pareils à des boudins noirs, et que l'on transporte en cet état à Constantinople, où l'on en mange en grande quantité.

Comme nous ne pouvions rien nous procurer à notre auberge, nous entrâmes dans la boutique d'un traiteur turc, et fîmes apporter un souper au khan. Il consistait en un plat de côtes de mouton bouillies, des dolmas ou jeunes citrouilles farcies avec de la viande bouillie, un plat de pieds de mouton et la partie cartilagineuse de la tête, le tout cuit à l'étuvée, et enfin un ragoût de choucroute et de concombres confits. Tout était bon dans son genre, et nous payâmes le repas 70 paras ou environ 10 pence sterling (60 cent).

Je passai une nuit de fièvre et d'insomnie, que j'attribuai à l'usage de la viande et des liqueurs fortes après un exercice violent ; mais la cause principale de cette souffrance était la foule de Turcs fumant toute la nuit autour de nous. Les Turcs de cette classe sont d'une familiarité très offensante. Ils ne nous faisaient aucune excuse, et le braisière de charbon où ils allumaient leurs pipes et faisaient chauffer leur café était à quelques pouces de ma figure. Après une nuit passée dans ce trou suffocant, sur des planches nues, et à tout moment coudoyé par ces Turcs grossiers, je me levai las et malade pour partir à cinq heures, et le vent frais me remit.

Nous étions alors dans le Tchorlukour (désert de Tchorlu). C'est une plaine onduleuse, d'une étendue incommensurable. La terre est d'une qualité excellente tant pour le labour que pour le pâturage. Le climat était alors délicieux, et tout semblait combiné pour soutenir et rafraîchir la vie ; mais on ne voyait aucune trace d'êtres humains. Enfin, nous vîmes à distance, à travers la plaine, quelques hommes qui semblaient s'efforcer de se cacher dans un renfoncement du sol, et nous prîmes immédiatement l'alarme. Le souvenir de plusieurs vols ou meurtres assez récemment commis dans le pays avait rendu les gardes et les guides des voyageurs extrêmement méfiants. La Turquie est ordinairement un pays très sûr pour les voyageurs, et l'on y éprouve en route un sentiment de sécurité que justifie l'expérience générale. L'honnêteté naturelle des habitants, leurs besoins peu nombreux, leur abstinence de toutes liqueurs irritantes, qui, chez nous, sont la cause de tant de violations de la loi, contribuent à produire ce résultat. Le vol furtif est presque inconnu chez les Turcs, et un homme pris à dérober en public, si c'est dans un incendie, est jeté au milieu des flammes ; si c'est sur une grande route, il est empalé. Ces circonstances font de la Turquie, en temps de calme, un pays très sûr ; mais les troubles avaient relâché tous les liens, et l'on avait tout à craindre.

Le serrodji et le janissaire tirèrent de leur ceinture leurs pistolets et allèrent en avant avec précaution, toujours guettant et sur leurs gardes ; mais enfin les maraudeurs sortirent des creux où ils avaient disparu, et nous reconnûmes en eux, non point des voleurs, mais des fauconniers. Ils avaient des faucons au poing et chassaient des lièvres que ces oiseaux poursuivent avec adresse. La plaine était couverte d'alouettes d'une très grande espèce, sur lesquelles les faucons couraient dans toutes les directions : nous voyions à tout instant ces pauvres oiseaux frappés par leurs ennemis. Ces faucons étaient parfaitement dressés, et ne montraient pas la moindre inclination à reprendre leur liberté.

Nous trouvâmes plus loin, sur le bord de la route, une fontaine et un arbre solitaire ; puis, à midi, nous arrivâmes au pont de *Carlstran*. La ville est à quelques centaines de pas, à droite de la grande route ; mais nous n'avions aucun motif d'y entrer, et nous passâmes à côté. Au pont, nous trouvâmes une cabane où un vieux Bulgare vendait du café et du youart : cette dernière préparation n'est autre que du lait caillé épais que l'on vend dans des tasses de grosse poterie, et est très rafraîchissante. On nous tendit une natte sur un tertre de verdure, et nous fîmes un déjeuner cordial.

En quittant cet endroit, nous vîmes devant nous, à l'horizon, un immense tumulus, au pied duquel nous fûmes au bout d'une heure. Cet énorme monticule de terre fut élevé par l'armée de Soliman Ier, qui campa sur cette plaine, en 1528, quand elle marchait sur Bude. Ce monument est une commémoration de l'expédition, et sur la pointe du cône Soliman arbora l'étendard de Mahomet : c'est pourquoi les Turcs nomment ce tumulus *Bouyouk sandjak tépeh* (grande montagne de l'Étendard). Nous en vîmes plus loin deux autres, et un grand nombre çà et là sur l'horizon ; ils s'étendent aussi le long des rives de la mer Noire, dans les plaines de Pologne et de Russie. Ces monuments donnent à la contrée un caractère tout particulier.

Bourgaz. Poterie de terre. Kirklesi. Doulath-Haghe. Première chaîne des Balkans. Rousou-Kestri. Bini. Hospitalité.

Aux approches de la ville de *Bourgaz*, nous trouvâmes des restes de routes pavées en larges pierres plates. Les routes turques et les voies romaines sont tellement semblables, qu'il n'est pas aisé de distinguer le moderne de l'antique : elles me semblent également incommodes et dangereuses. Une partie de cette chaussée, qui est hors de la ligne actuelle et s'élève au-dessus, est couverte d'herbe et de mousse, et remonte évidemment à une époque reculée; mais le reste, qui fait partie de la route actuelle, est l'œuvre des Turcs. Cependant ils ne diffèrent que par la date et sont également hors d'usage. Les Turcs ne font jamais une route qu'à travers quelque portion de terrain inondé ou marécageux; c'est une chaussée de pierres larges, non polies et raboteuses, si mal jointes qu'elles sont séparées par des intervalles dans lesquels le cheval glisse constamment jusqu'au-dessus du sabot, et marche avec précaution et lenteur, au hasard toujours imminent de rompre le cou de son cavalier et le sien. C'est pourquoi les voyageurs préfèrent aller à gué à travers l'eau et la bourbe, qui montent jusqu'au ventre du cheval, au péril de ces routes qui se ressemblent toutes.

Nous arrivâmes à quatre heures à Bourgâz, et nous entrâmes dans la ville par une de ces malheureuses chaussées qui continuait dans toutes les rues. Bourgâz est un nom très commun donné aux villes turques. Il paraît, d'après Cantemir, que c'est une corruption du mot *purgos* (1) (tour), et que cette ville était sous les Grecs un château-fort. La ville a un aspect élégant et propre, dont elle est redevable à sa manufacture de poterie. On trouve pour cette fabrication, dans le voisinage, une terre fine dont on fait des réservoirs à pipes, des tasses et d'autres ustensiles. Ces objets ne sont point vernissés, mais on leur donne un très beau poli, et on les orne de dorures. On les expose ainsi en vente dans les boutiques ou bazars qui forment la principale rue de la ville; et comme ces boutiques sont pourvues de nattes et tenues proprement, l'ensemble a une apparence agréable et riche. Les habitants s'enorgueillissent de la petite industrie de leur ville et en vendent proportionnellement cher les produits. Il est peu de voyageurs qui passent sans en acheter un échantillon.

Pendant que je me promenais dans les rues, un détachement de Tartares arriva au grand galop avec huit chevaux chargés du baratch ou capitation d'Andrinople, que l'on perçoit à cette époque de l'année. La recette était renfermée dans des sacs de toile contenus dans un filet de grosse corde; chaque sac pesait cent livres environ. Un des sacs avait un morceau de bois, et l'autre un fort nœud coulant, et de toute façon les sacs étaient en travers de la selle. Chaque cheval en portait deux qui se contrebalançaient. Dès qu'on eut déchargé les chevaux de leurs précieux fardeaux, on les arrangea dans la cour du khan, et l'on jeta dessus plusieurs cruches d'eau. Cette opération avait pour but d'empêcher l'effet du frottement, qui échauffe le métal à un tel point qu'il siffle quand on l'arrose ainsi.

Nous quittâmes Bourgâz le lendemain à quatre heures, par un ciel sombre et assez menaçant. Le pays était comme la veille, une plaine nue. A environ neuf heures, cependant, nous vîmes un bois dont les arbres étaient les premiers que nous eussions aperçus depuis Constantinople, distant d'environ cent milles. Nous parcourûmes pendant trois heures l'étendue de ce bois, agréablement varié, et qui se termine près de Kirklesi, ou nous entrâmes à midi environ.

Le nom de *Kirklesi* est composé d'un mot turc qui signifie *quarante*, et d'un mot grec qui veut dire *église*, et c'est ainsi que toutes les nations franques, dans leurs divers dialectes, la nomment ville des quarante églises; mais je n'ai pu découvrir pourquoi. Kirklesi est un grand endroit sale et délabré, qui contient environ quatre mille maisons habitées par des Turcs très grossiers, et une respectable population grecque de quinze cents familles. Quand la contrée était ravagée par des bandes de pillards militaires, les habitants de plusieurs petites villes jugèrent nécessaire de s'entourer de retranchements pour se défendre d'une attaque

(1) C'est de ce mot que vient *bourg*, et le mot *burg* en allemand, qui signifie *un château fortifié*. A. M.

soudaine, et c'est ce que l'on voit dans plusieurs villages. Les places les mieux protégées furent choisies pour asile par les habitants des lieux moins garantis, et c'est ainsi que les Grecs de plusieurs villages se réunirent à Kirklesi, où ils forment actuellement une communauté importante et riche. Ils y ont établi une école d'enseignement mutuel où l'on montre le grec hellénique, et dans une autre école plus considérable on apprend le romaïque. La signification du nom de Kirklesi est si opposée à l'état actuel des choses, que bien que les Grecs aient une population nombreuse, ils n'y possèdent pas une église et n'ont pu obtenir encore la permission d'en construire.

Nous passâmes par beaucoup de rues irrégulières et sales, pour arriver à la maison de poste, plus sale et plus délabrée encore. Là nous ne pûmes nous procurer des chevaux frais, car l'engagement de notre serrodji de Constantinople était à son terme. A partir de ce point on rencontre de dix en dix heures à peu près des relais de poste où l'on change de chevaux, et la rapidité du voyage est aussi grande que le vent. Pour cela, le voyageur n'a qu'à payer par cheval et par heure vingt paras ou une demi-piastre, c'est-à-dire qu'il a quatre chevaux et un guide armé pour aller au train qu'il lui plaît, pour environ quarante centimes par mille ou dix centimes par cheval. La maison de poste est une misérable cabane de terre avec des fenêtres de papier. Toutefois l'intérieur a un café, au fond duquel le maître de poste et quelques Turcs de bonne apparence fumaient et prenaient le café. Je jetai bas à l'autre bout ma valise et mes manteaux et je me couchai dessus, attendant le déjeuner. Quand Mustapha entra je lui adressai, en anglais, quelques questions auxquelles il ne répondit pas, et moi, supposant qu'il n'avait pas entendu, je répétai en élevant la voix. Il fut alors saisi d'un étrange accès de frisson. Il se leva sur-le-champ et quitta la chambre. Je le trouvai plus tard dans la cour, essayant de donner un pour-boire ou *bakhchich* à quelques meuniers, mais sa main était si tremblante qu'il semait à terre les paras. Alors il m'attira à la hâte, et se jetant sur son cheval il partit au galop, me laissant le rattraper comme je le pourrais. Je le poursuivis jusqu'aux faubourgs de la ville, où il s'arrêta devant un cabaret bulgare; là, se trouvant dans un lieu chrétien, son tremblement commença à se calmer. Il essaya alors de me l'expliquer. Les Turcs de cette ville sont si ignorants et si grossiers, qu'ils regardent comme déshonoré l'homme qui entend une autre langue que le turc; c'est pourquoi, quand je lui parlai anglais à la porte, il ne put me répondre, parce que je l'aurais exposé aux insultes et au mépris de tous ceux qui nous entouraient. Une pareille chose lui était arrivée avec un autre voyageur; ils furent assaillis et coururent un grand danger.

Cette guerre ouverte déclarée au savoir est peut-être le trait le plus extraordinaire du caractère turc, et il est difficile de concevoir un peuple qui se fasse gloire d'être ignorant et de mépriser ceux qui ne le sont pas. L'importante charge de drogman de la Porte était toujours confiée à un Grec, jusqu'à la dernière insurrection; et quand les Turcs reconnurent qu'ils ne pouvaient plus y employer avec confiance cette nation, on ne put trouver dans tout l'empire quelqu'un qui eût les moyens ou la volonté de communiquer en une langue étrangère; on fut donc obligé de donner ces fonctions à un Juif. On a toutefois, depuis peu, établi une école où quelques jeunes Turcs s'instruisent dans différentes langues franques, pour être à même de s'acquitter de fonctions si importantes et si confidentielles.

Comme nous commencions à courir la poste pour le compte du gouvernement, il n'y avait plus aucun égard pour les malheureux chevaux. La règle veut que s'ils meurent d'une poste à l'autre, le voyageur doit les payer, mais il peut, sans scrupule, les pousser jusqu'à extinction. La poste vers laquelle nous nous dirigions est Fakih, à une distance de douze heures, et nous nous décidâmes à regagner le temps perdu et y arriver en moitié de temps. Au bout de quatre heures nous étions à Erekler, village habité par les Bulgares. La province vulgairement nommée *Bulgarie* est, à proprement parler, la contrée qui s'étend entre les monts Balkans et le Danube; mais la race industrieuse a traversé le Balkan et commence à se répandre dans la Romélie.

Le soir, après le lever de la lune, nous arrivâmes à Doulath-Haghe, autre village entièrement peuplé de Bulgares, et nous devions y passer la nuit. Le lieu de réception destiné aux voyageurs est la maison de poste; mais le misérable dénûment de cette auberge, chez les Turcs, m'a déterminé à préférer la cabane d'un berger bien humble et bien dépourvue. Nous nous rendîmes dans un espace vaste, au milieu du village, où les bestiaux des habitants étaient réunis. Là, le serrodji éleva la voix, et sur un ton cadencé, il répéta à trois reprises différentes : Ki-a-i-â! Dans tous ces villages il n'y a qu'un Turc qui est soubâchi ou gouverneur, et le kiaya est le Bulgare qui agit en qualité de son lieutenant. Le premier est le collecteur du haratch et des autres taxes, et le second règle les autres intérêts du village. Au troisième appel, une voix répondit du haut d'une éminence, et aussitôt après le kiaya parut, portant un seau d'eau qu'il avait puisé à la rivière. Nous lui déclarâmes notre intention de coucher dans son pays; et continue il n'y a point de khan, il est de son devoir de procurer une cabane pour logement.

Il nous conduisit d'abord à une cabane, d'où plusieurs femmes sortirent et se mirent à parler toutes à la fois. Quand nous pûmes débrouiller ce qu'elles disaient, nous comprîmes que les hommes de la famille étaient absents, et comme il n'y avait que des femmes dans la maison, elles ne regardaient pas comme prudent ou convenable d'y admettre des étrangers. Nous respectâmes leurs scrupules, et continuâmes nos recherches.

Nous trouvâmes enfin une double cabane ayant deux chambres, l'une occupée par la famille et l'autre vide. Dans cette dernière chambre était un âtre, où un feu flambant fut tout aussitôt allumé; on balaya le plancher, on y étendit quelques nattes grossières, et au bout d'une demi-heure nous nous trouvions infiniment plus à notre aise que dans le meilleur khan turc ou le premier café de l'empire. Nous nous enquîmes alors de ce que nous pouvions avoir pour notre souper. « Rien ! » nous répondit-on Un détachement considérable de toptchis y avait campé la veille, et ils avaient tout consommé. Cependant le kiaya nous apporta du mouton, du vin et du raki, et alors la roba ou bonne femme du logis nous servit un souper très suffisant. Notre dépense fut, pour la nourriture, de 60 paras, et le logement des chevaux, de 100 paras; ce qui, pour l'entretien de trois personnes et de quatre chevaux, ne coûta au total que 4 piastres ou environ 2 schellings et 8 pence (3 fr. 30 cent.).

Nous partîmes le lendemain à cinq heures, éclairés par les étoiles. Les coqs du village formaient un concert qui attestait que les déprédations des Turcs ne les avaient pas atteints. Il nous parut qu'il y en avait plusieurs dans chaque maison. Au premier signal, ils se répondaient tous dans une succession rapide, et finissaient par chanter tous à la fois. Ce chœur joyeux avait quelque chose d'agréable, et je m'arrêtai quelques minutes pour l'écouter.

A partir de Doulath-Haghe, le pays est boisé et s'élève en collines. C'est là que, pour la première fois, Mustapha jugea à propos de galoper, parce que la route n'était plus découverte et unie, mais bien encombrée, raboteuse et pleine de périls. Je m'y opposais de tout mon pouvoir, car je me sentais très raide, et le moindre mouvement était douloureux. Après plusieurs jours de suite à cheval, et plusieurs nuits passées tout vêtu, couché à terre, n'ayant pour me faire oublier le plancher dur et inégal qu'une natte ou un tapis, je n'étais pas disposé à un violent exercice tout gratuit, et je repoussai donc la proposition très positivement. Quoi qu'il en soit, le serrodji hâta le pas par degrés; le Tartare suivit, et telle est l'habitude irrésistible des chevaux, que le mien ne voulut pas rester en arrière. Au bout de quelques minutes nous fûmes donc tous au grand galop, sur une route où il fallait de la précaution pour aller au pas. Nous franchissions à toute bride les montées, les descentes, butant contre les rochers et les troncs d'arbres renversés, nous déchirant dans les broussailles et les branchages, traversant à gué les bourbiers, et les torrents de montagne qui nous inondaient. C'est ainsi qu'au bout de douze milles, nous arrivâmes à Fakih. Je pensais que cette course m'aurait mis à bas et dans l'impossibilité de pousser plus avant, mais Mustapha me certifia, d'après l'expérience d'autres voyageurs qu'il avait accompagnés, que l'effet serait totalement le contraire. Il en fut ainsi. Cet exercice violent avait été comme le massage du bain à vapeur turc. Les muscles étaient détendus, les jointures assouplies, et en mettant pied à terre, je me trouvai aussi dispos que quand j'étais parti.

Le village de *Fakih*, situé dans une vallée, est entièrement habité par des Bulgares. C'était le seul village que je visse au jour, et son aspect me frappa comme celui d'un pays chrétien. Dans la prairie qui faisait face aux maisons était un puits, où les hommes et les femmes sans voile étaient pêle-mêle, et les portes ouvertes laissaient apercevoir des images de la Vierge, avec des lampes allumées devant. Toutefois, comme les rares Turcs de ce lieu étaient polis, je m'établis sur la natte de la maison de poste, où l'on m'apporta du pain et du lait. Nous partîmes à midi environ, et, comme nous quittions la ville, nous fûmes entourés par des groupes de jeunes filles et de jeunes garçons qui portaient des tamis remplis de blé, qu'ils prenaient par poignées et répandaient devant nous à mesure que nous avancions. Cette action signifiait que c'était par leurs soins que le blé était cultivé et recueilli pour nous. En retour, nous répandîmes devant eux quelques paras qu'ils ramassèrent, et nous passâmes.

Nous entrions alors dans une chaîne de montagnes basses qui est, dit-on, le commencement des *Balkans*; aussi Fakih est-il regardé comme le premier village sur la montée. Nous traversâmes quelques sites pittoresques et agrestes, mais d'un caractère doux et simple, pour arriver à deux heures environ à une plaine immense qui s'étend entre les rangées hautes et basses de la chaîne. Sur quelques points, de purs ruisseaux d'une eau limpide coulaient sur des lits de sable bordés de tapis du plus riche gazon, et au milieu desquels était notre chemin ; ou bien la plaine se couvrait de moutons et de bêtes à cornes qui paissaient, ou de champs où le blé venait d'être semé. Au milieu de ce paysage pastoral et de ce riche pays, on voit le village, ou plutôt les villages de Rousou-Kestri, où nous arrivâmes au grand galop vers trois heures.

Cet endroit ressemblait parfaitement à l'idée que je m'étais faite d'une ville tartare ou scythe. Dans une vaste plaine verdoyante, étaient des cabanes éparses çà et là, sans le moindre égard à la division par rues ou autres arrangements réguliers. Je vis plusieurs de ces cabanes en cours de construction. On trace d'abord un emplacement oblong, circulaire à une extrémité, et carré à l'autre. Tout autour de cette délimitation on fiche en terre des lattes ou des perches de quatre pieds de haut, auxquelles on entrelace de forts osiers comme pour faire un grand panier. Sur cet entrelacement on assujétit des perches destinées à former le toit, et quelquefois on emploie des lattes assez longues pour qu'elles forment la toiture; alors on la couvre avec de la paille, et l'on enduit de terre délayée le treillis d'osier. L'entrée est toujours à l'extrémité carrée, et comme elle est soutenue par des pilliers de bois, cette entrée forme un porche ou colonnade rustique. Le foyer est au même bout que la porte, et c'est une grande cheminée qui avance dans la chambre. Le plancher est couvert d'épais et grands tapis de laine sur lesquels la famille s'assied le jour et dort la nuit. Chaque maison est entourée d'un enclos d'osier qui renferme du blé, du foin et le bétail. Ce village s'accroît journellement et compte en ce moment quarante maisons.

En sortant de ce pays, nous traversâmes de riantes contrées, avec des bosquets de bois taillis, semblables à de jeunes plantations, et dont la route était bordée : j'y vis une grande variété de plantes dont les graines, utiles à la médecine ou à la teinture, sont récoltées tous les ans par des émissaires envoyés d'Andrinople.

Nous arrivâmes à six heures au village de Bini, où nous fîmes halte pour la nuit. Il ne s'y trouvait point de khan, et le kiaya nous logea, comme précédemment, dans une maison particulière. Celle-ci n'avait point de seconde chambre, et nous fîmes ménage avec la famille. Elle se composait du *tchorbadji*, ou homme de la maison, ainsi appelé parce que c'est lui qui donne la soupe et dispense l'hospitalité, de la boba, ou femme; de trois enfants et de deux bergers. La maison était d'osier comme les autres, mais elle avait des murs si bas que je ne pouvais me tenir debout au milieu, ou couché de mon long tout près des côtés, ce qui n'empêchait point que l'intérieur ne fût propre. On balaya le plancher, on étendit les tapis et un grand feu flamba dans la cheminée. Nous avions apporté de Rousou-Kestri du mouton que la boba nous fit rôtir, et mettant de l'autre côté du feu une poêle ronde, elle y répandit un mélange d'eau, de farine et d'œufs, comme pour faire une crêpe : celle-ci étant cuite, elle en fit plusieurs autres, entre lesquelles elle mit du beurre et du fromage ; à cela elle ajouta un plat de choucroute, une cruche de vin et un pot de raki. Après ce souper, la bonne femme me fit du café que Mustapha m'avait procuré, puis nous nous couchâmes tous pour la nuit. Le mari, la femme, deux bergers, trois enfants, le sarrodji, le Tartare et moi, nous étions amicalement côte à côte, roulés dans le tapis, nos pieds au feu, et nous reposâmes en paix. Quand je me réveillai le matin, je trouvai déjà la laborieuse femme et l'une de ses filles qui filaient du coton sur leurs quenouilles, à la lueur du feu. Elles me regardaient en chantaient à voix basse un air simple. Cette scène me rappela une anecdote pareille, rapportée par Mungo-Park, et comme lui, j'en fus touché presque jusqu'aux larmes.

Haydhos au pied des hauts Balkans. Habitudes toutes contraires des Turcs et des Européens. Belles plaines. Passe magnifique. Pont dangereux. Il se brise. Topenitza. Hospitalité. Choumla.

Nous partîmes le matin à la clarté des étoiles et par un léger froid. Nous traversâmes plusieurs villages bulgares, répandus sur cette terre fertile, avec abondance de moutons, de chèvres, de bœufs et de buffles ; mais pas un seul cheval à dix heures. Nous arrivâmes à *Haydhos*, et prîmes des chevaux frais à la poste. C'est une grande ville turque, au pied des hauts Balkans. Tandis qu'assis sur la plate-forme devant la poste, j'attendais Mustapha qui avait disparu, j'étais tombé endormi, quand un Turc me réveilla par un fort coup de poing. Je me sentais assez disposé à me mettre en colère contre cet homme grossier, quand je m'aperçus qu'il m'apportait un large bassin d'étain, rempli de lait chaud, avec un petit pain frais et des œufs qu'il me présentait, tout en me secouant assez rudement par l'épaule.

Il y a dans les manières des Turcs une grosse bienveillance, et je remerciai le donateur en acceptant. Il passa le doigt le long de son menton, en faisant le geste du rasoir, et en réponse à la question que je lui adressai pour savoir ce qu'était devenu Mustapha. Je compris qu'il était allé se faire raser. Je pris donc mon lait à la hâte, et accompagné de mon Turc bourru, je sortis pour voir la ville et chercher Mustapha. La ville est célèbre pour ses bains chauds. Cette région élevée est la source de plusieurs petites rivières, dont les unes vont droit à l'Euxin, et les autres, prenant un cours plus long et plus sinueux, se promènent en serpentant dans une direction opposée, et se perdent enfin dans les branches de la Maritza, qui se jette dans l'Archipel.

Je découvris bientôt que Mustapha s'était donné la jouissance des bains chauds, et maintenant était entre les mains du barbier, et j'eus en cette circonstance l'occasion de remarquer l'étrange aptitude qu'a un Turc à différer d'un Franc, même dans ses habitudes les plus insignifiantes. Toutes les personnes que je vis à une occupation quelconque s'en acquittaient d'une façon tout à-fait contraire à nos usages. Le barbier poussait le rasoir devant lui, tandis que les nôtres font entièrement l'opposé. Le maçon posait sa pierre assis ; chez nous ces ouvriers ne travaillent que debout. L'écrivain n'avait d'autre pupitre que sa main, et allait de droite à gauche ; il faut chez nous une table pour y écrire de gauche à droite. Mais la différence la plus ridicule consiste dans la construction d'une maison. Nous commençons par le bas pour finir par le faîte; une maison que je vis en cours de construction n'était qu'une carcasse de charpente, que les Turcs commençaient par le haut, et les chambres supérieures étaient achevées et habitées, tandis que tout le dessous était à jour comme une lanterne. Quelque frivoles que ces minuties puissent paraître, ce sont des traits du caractère turc, qui forment une frappante singularité.

Nous nous remîmes en route, et bientôt nous gravîmes la première crête du *haut Balkan*, et nous eûmes alors un échantillon de sa nature pluvieuse; le vent était au sud et d'épaisses et sombres masses de brouillard passaient sur la montagne. Après une heure employée à la montée et à la descente, nous trouvâmes encore une des fertiles et paisibles plaines qui abondent dans le sein de ces montagnes; elle avait dix à douze milles de long et trois ou quatre de large, avec une rivière serpentant au centre. Elle était couverte de bétail, de champs de blé, de villages, de vignobles et d'arbres à fruits, le tout dans le plus bel état possible. Les arbres n'avaient pas perdu une feuille, le blé d'hiver se montrait au-dessus de la terre, et le pâturage était riche et verdoyant; mais les circonstances les plus frappantes du paysage étaient les montagnes inaccessibles dont cette plaine était entourée. En regardant autour de moi, je ne pouvais découvrir par où nous étions entrés, et comment nous sortirions. Nous suivîmes toutefois le cours de la rivière, jusqu'à l'instant où nous arrivâmes à la face perpendiculaire de la chaîne qui s'élève de l'autre côté de la vallée. Ici, la face de la montagne, semblant s'entr'ouvrir comme si elle venait d'être déchirée en deux, nous présenta une fente étroite dans laquelle nous entrâmes en suivant la rivière.

Cette ravine est peut-être une des plus magnifiques et des plus pittoresques qui existent en Europe, et dépasse de beaucoup par sa beauté les Trosachs du Loch-Catherine. Ses flancs perpendiculaires, qui atteignent à une immense hauteur, sont couverts de bois du haut au bas, et laissent visible une très étroite bande d'un ciel bleu. Pendant quelque temps, nous suivîmes le lit de la rivière en descendant plus avant encore dans la gorge, et je supposais que nous allions la suivre jusqu'à l'autre côté de ces montagnes; mais bientôt après nous la quittâmes, et montâmes graduellement jusqu'au sommet de la seconde crête. Nous trouvâmes ici les masses de nuages, qui s'étaient d'abord montrées si pittoresques, transformées en une brume uniforme qui bornait notre vue à une très courte distance, et nous inondèrent de torrents de pluie. La route était devenue très désagréable et très dangereuse ; elle était quelquefois très désagréable et très dangereuse ; elle était quelquefois très rapide et si glissante, que les chevaux, ne pouvant tenir pied, tombaient continuellement. Nous franchîmes plusieurs ravins sur des ponts chancelants de minces planches si mal jointes qu'elles se levaient à une extrémité quand de l'autre un poids pesait sur elles.

Nous allâmes ainsi jusqu'à l'heure où les ombres du soir nous avertirent de nous hâter. Nous descendîmes donc, avec la rapidité ordinaire aux Turcs, sur les terrains difficiles, et nous traversions un de ces fragiles ponts de bois jetés sur un ravin profond, quand tout-à-coup il craqua, et le serrodji, qui chevauchait devant nous, disparut avec son cheval. Le serrodji fut jeté en avant, et se cramponnant aux planches brisées, grimpa de l'autre côté, mais le cheval passa à travers. Toutefois ses pieds de derrière s'embarrassèrent dans la charpente qui soutenait le pont, et il y resta suspendu. Nous mîmes alors pied à terre, et après tous nos vains efforts pour délivrer la pauvre bête qui poussait de lamentables gémissements, nous allions lui tirer un coup de fusil, tant pour le débarrasser des douleurs qu'il devait souffrir que pour passer sur son corps le pont brisé, quand vint à ce même endroit un janissaire qui réussit à le dépêtrer : ce fut alors avec autant de surprise que de joie, que nous vîmes le pauvre animal sur ses pieds et sans aucune fracture. Nous réparâmes ensuite la brèche avec des fragments de planches, le mieux que nous le pûmes, et poursuivîmes notre chemin, laissant derrière nous le misérable pont où le premier passant devait nécessairement périr. La nuit était presque venue quand nous arrivâmes dans une pittoresque vallée, au fond de laquelle est situé le village de Lopenitza, où nous comptions passer la nuit. Ce village est au pied de la descente du haut Balkan, et ceux qui y arrivent se félicitent d'avoir traversé les montagnes. Nous avions encore d'autres raisons de le bénir, car nous étions mouillés, transis, affamés et las. Nous allâmes dans une cour de ferme, entourée d'un enclos de claies, où se trouvaient plusieurs bâtiments ; mais il y en avait un à part qui paraissait le plus agréable. Il était neuf, frais et propre, car il avait été récemment peint en gris. Il était du reste entièrement rempli ; tout était en mouvement, un grand feu flambait dans la cheminée, et l'on ne pourrait trouver en Angleterre un cottage plus confortable. Je quittai bientôt mes vêtements trempés, et je m'étendis devant le feu ; je n'éprouvai jamais de plus agréables sensations.

Pendant que j'étais ainsi couché, je vis nombre de jeunes filles entrer. Alors la plus grande et la plus jolie, avec un mouchoir blanc à la main, partit la première et le reste venant à sa suite, elles commencèrent une danse, accompagnée d'un chant très doux, où leurs voix se confondaient en un agréable mélange. Cette danse consistait en un mouvement où elles se dépassaient l'une l'autre avec grâce et ensemble. Quant au chant, c'était un hymne de bienvenue à l'étranger, et l'on y célébrait sa beauté et ses qualités diverses. Ces filles avaient des vestes et des jupons de drap vert, avec de grandes chemises qui se repliaient sur le cou et les bras. Leur chevelure était nattée, et chaque natte portait une monnaie d'or et d'argent. Elles avaient de longs pendants d'oreille, et deux larges bracelets d'argent leur entouraient les bras. Quand la danse et la chanson furent terminées, la beauté qui conduisait la troupe me jeta son mouchoir blanc, et elles se retirèrent toutes. Ne comprenant pas bien la nature de ce défi, j'hésitais, quand Mustapha m'apprit que c'était une manière de me demander quelques paras. Je les plaçai immédiatement dans le mouchoir et suivis les danseuses sous le porche ; là, je leur distribuai le contenu du mouchoir, et elles partirent alors très contentes et avec une grande modestie.

La boba tua pour nous deux volailles ; elle en fit rôtir une, et mit l'autre à l'étuvée, en ajoutant à cela des gâteaux, du raki et du vin : nous eûmes un excellent souper. Parmi les actes de bonne hospitalité de ces braves gens, il faut placer un feu énorme. Ils mirent de longues bûches debout sur l'âtre, et bientôt elles devinrent un bûcher flambant de six pieds de haut : ils semblaient comme les Russes jouir de la chaleur intense que le foyer répandait, et ils furent fort surpris de m'entendre les prier de retirer ce feu, car je le trouvais intolérable.

Le lendemain avant le jour, nous quittâmes nos hôtes, par une matinée sombre et des frimas, et nous cheminâmes avec difficulté entre des montagnes basses, tombant à tout moment dans les ravins, et appelant de tous nos vœux la lumière du jour. Il parut enfin, accompagné d'un vent perçant du nord-est qui nous ôta toute espèce de force en nous engourdissant ; nous traversâmes alors les dernières crêtes des Balkans, entremêlées de plaines, dans l'une desquelles nous retrouvâmes la rivière avec laquelle nous étions entrés dans ces montagnes. On l'appelle en cet endroit *Bouyouk-Kametchi*, et elle va, parallèlement aux Balkans, se jeter dans la mer Noire. Après avoir traversé cette rivière, nous nous dirigeâmes vers *Choumla* (1), où nous arrivâmes, après une journée longue et fatigante, à trois heures. N'étant pas au fait du résultat de ce froid, j'essayai de descendre de cheval ; mais j'étais si complètement dépourvu de sentiment ou de mouvement, que je tombai à terre comme un sac de blé.

Nous nous arrêtâmes à la maison de poste, et pendant que l'on attendait des chevaux, j'allai me réchauffer. Cette poste est un établissement considérable, car il est le centre de communication de tous les points du Danube ; et bien que le nombre des chevaux soit immense, les voyageurs sont souvent contraints d'attendre plusieurs jours pour continuer leur route. On y a toutefois plus de commodité que dans la plupart des autres maisons de poste turques. Après avoir monté un étage, on trouvait une galerie sur laquelle donnaient plusieurs chambres, dont une assez grande avait tout à l'entour des coussins et un divan, mais avec le désordre des Turcs : elle manquait de vitres aux fenêtres, de façon que le froid me chassa dans une autre pièce sale qui avait des fenêtres de papier ; mais il s'y trouvait du feu, près duquel je m'assis sur ma valise.

Parmi d'autres personnes qui étaient là j'y vis un vieillard très légèrement vêtu d'un caleçon de toile ; il se tenait très près du feu, poussait de gros soupirs, et répétait souvent : *Sakar alleh*. Quand il changea de position j'entendis le bruit du fer, et ayant regardé d'où cela venait, je vis qu'il était enchaîné. Un grand Turc, à l'aspect formidable, entra bientôt ; et jetant sa pelisse au bout de la chambre, il s'assit d'un air de commandement, et se mit à fumer. C'était le djaouch turc qui conduisait le vieillard en exil à Rasgrad. Il me faisait pitié avec les vêtements de toile d'un pays chaud dans ces régions froides, où je mourais de froid avec tout ce dont je pouvais me couvrir.

Ce djaouch, n'ayant pu se procurer de chevaux, resta avec nous, et le maître de poste nous servit, pour nous dédommager, un souper à ses frais. Autour d'un grand cabaret de métal, sur les bords duquel étaient disposées des cuillers de bois, nous nous accroupîmes tous sur le plancher, le djaouch, Mustapha, le prisonnier, et quelques sales hommes appartenant à l'établissement. D'abord le djaouch, qui agissait comme le maître du festin, prit un pain mince qui se ployait comme une feuille, et le brisant, ou plutôt le déchirant en deux, il en jeta les morceaux à chacun des hôtes. Ensuite une tasse de métal pleine de soupe fut placée devant nous, et elle fut bientôt vidée avec des cuillers de bois. On desservit, et, à la place, on apporta un large plat de viande très savoureux, avec une sauce épaisse. Chaque main se plongea alors dans le plat avec un morceau de pain entre le doigt et le pouce,

(1) Ou *Shoumla*, ville forte, peuplée d'environ 80,000 habitants, et située au pied des Balkans, ou du mont Hémus.
A. M.

qu'elle ramenait ensuite à la bouche. Cette manière de manger est encore une preuve de l'immuabilité des coutumes de l'Orient. C'est ainsi que les disciples soupèrent quand le Christ rompit le pain et le leur donna ; c'est ainsi que Judas fut désigné par la circonstance de tremper avec lui dans le plat. On mangea ensuite de cette façon un grand plat de dkolokythias, ou gourdes bouillies, et un quatrième mets de choux bouillis également ; et le repas fut achevé en six minutes. On n'y but rien, pas même de l'eau.

Nous couchâmes comme nous avions dîné, tous sur le même plancher, et comme j'étais très las, je m'en dormis bientôt ; et le matin, l'écurie étant pleine de chevaux, nous partîmes au point du jour.

Les montagnes voisines de Choumla forment un amphithéâtre demi-circulaire sur le flanc duquel des jardins et des plantations s'étendent jusqu'au sommet et dominent la ville, avec une perspective très riche et très belle. Au-dessous, à l'extrémité des chaînes, commence une immense plaine qui va jusqu'au Danube dans le nord, et, dans l'est, jusqu'à la mer Noire. C'est là qu'on voit la ville et le port de *Varna*, entre deux promontoires (1). Choumla est une ville très grande et très peuplée, qui est divisée en deux parties, la turque et la chrétienne. La ville turque est haute ; elle est remplie de mosquées, dont les dômes et les minarets sont couverts de plaques d'étain bruni qui produisent au soleil une splendeur éblouissante. Il s'y trouve, en outre, une nouveauté extraordinaire dans une ville de Turquie : c'est une grande horloge qui dit l'heure à toute la ville, et remplace, pour régler le temps, la voix des moezzins proclamant l'heure du haut des minarets. Détachée de cette ville haute par un intervalle, se trouve la petite ville de Waresch, qui s'étend dans la plaine, et où résident les raïas juifs ou chrétiens. C'est là que se trouvent les taillandiers et les chaudronniers les plus renommés de l'empire turc, et c'est à eux que leurs propres mosquées doivent leurs revêtements de cuivre ou d'étain. Choumla a de grandes fortifications récemment réparées, et nous entrâmes dans la ville après avoir traversé un fossé profond, des remparts de terre, et des murailles de briques flanquées sur certains points de tours solidement construites.

Réception dans un village turc. Arnaut-Koui. Rasgrad. Byzants. Première vue du Danube. Routschouk, Balkans.

Nous fûmes alors rejoints par le djaouch et son prisonnier qui, ainsi que nous, se rendaient à Rasgrad. Soit que l'infortuné captif fût trop pauvre, soit que le djaouch, qui me parut une bonne nature de Turc, fût trop humain pour le traiter comme on traite les prisonniers, il ne le rendait point malheureux afin de tirer de l'argent de lui. C'est un moyen d'extorquer de l'argent toujours employé par les Tartares, et le transport des exilés est peut-être un des actes les plus oppressifs du gouvernement. Si l'exilé est riche, et principalement il est raïa, le janissaire ou le djaouch qui est chargé de lui choisit un cheval au trot dur, sur lequel il met une selle de bois dont on se sert pour transporter des fardeaux. Sur cette selle il place le malheureux exilé, et son conducteur, prétendant qu'il agit d'après ses ordres et qu'il doit user de diligence, fait allonger le pas à la monture. Bientôt ce mouvement devient intolérable pour le prisonnier souffrant, blessé, qui passe par toutes les transactions qu'on lui impose pour mettre fin à sa torture. C'est ainsi que l'on extorque quelquefois trois ou quatre mille piastres pour faire usage d'une selle ordinaire. Cette oppression est comme une affaire de droit, que le plus humain de ces Tartares met à exécution sans le moindre remords. Mustapha m'avoua qu'il avait en dernier lieu tiré 500 piastres d'un Juif d'Alep, pour prix d'une semblable tolérance.

Après quatre heures de marche nous arrivâmes à un village turc, où l'on venait de bâtir une cabane pour la commode réception des voyageurs. C'est un exemple rare et unique peut-être, et, du reste, l'établissement était de peu d'utilité. L'homme de la ferme n'était point chez lui, et nous ne pûmes nous faire admettre. Nous n'avions rien, pas même du lait pour déjeuner, et nous ne pouvions rien nous procurer. Personne de nous n'osait même demander à la porte de la ferme, de peur de recevoir pour toute réponse un coup de pistolet ou de fusil. Cette brutale inhospitalité des paysans turc est tellement notoire, que nul n'ose approcher de leurs demeures, excepté dans le cas d'une nécessité impérieuse. Il arrive quelquefois que les Tartares, ou courriers, s'égarent dans les chutes de neiges qui souvent en hiver couvrent les traces des chemins. Lorsque dans ces occasions ils s'adressent, pour être assistés, à une maison turque, on les chasse, avec des menaces ; quelquefois ils sont déchirés par les chiens ou blessés par les coups de feu qui leur viennent de l'intérieur. C'est ainsi que souvent on trouve des voyageurs inanimés près de la porte ; ils sont morts de froid, ou victimes de l'inflexible dureté des Turcs.

A quatre heures de là, nous trouvâmes le village d'Arnaut-Kouï, ou des Arnautes, où je fis halte. Je m'assis devant la boutique d'un baccal (revendeur), où l'on m'apporta du pain, des saucisses grillées et du lait chaud. Ce lieu avait été autrefois une ville de quinze cents maisons ; mais elle avait été entièrement détruite par les Russes, et cent cinquante maisons seulement restaient habitées.

Une heure de plus nous conduisit à *Rasgrad*, qui compte environ trois mille maisons, dont deux mille sont turques. Après avoir pris des chevaux dans cette ville, nous nous rendîmes en sept heures au village bulgare de Byzants, où nous entrâmes à neuf heures du soir, quand tout le monde était au lit. Le serrodji recommença alors son *ki-a-y-a !* à plusieurs reprises, mais aucune voix ne répondit. Après avoir longtemps attendu, nous crûmes qu'il nous faudrait nous établir avec quelques Bohémiens qui étaient tapis dans un creux près du village, et dont les petites tentes et les feux flambants étaient gais et attrayants. Enfin le kiaya parut, et nous conduisit à une maison où nous entrâmes dans une chambre confortable, que les bonnes gens avaient préparée pour les étrangers, et dont ils faisaient usage quand ils étaient seuls. Nous trouvâmes la propreté, le bon feu et l'excellent accueil qui nous avaient séduits jusqu'alors. Toute la famille, réveillée, quitta ses lits sans le moindre signe de mauvaise humeur. Il n'y avait pas de pain, mais la bonne boba se mit en mouvement, bien qu'elle eût à soigner un enfant malade. Elle pétrit promptement un gâteau et le fit cuire sous les cendres chaudes ; elle y ajouta des crêpes, du mouton qu'elle mit à rôtir sur une broche de bois, et composa un plat avec du blé d'Inde ; le tout avec une bonne volonté et une dextérité qui faisaient plaisir. Nous nous étendîmes ensuite tous sur nos tapis et dormîmes, les pieds au feu, jusqu'à ce que le concert ordinaire des coqs vînt nous réveiller.

Byzants était le dernier village bulgare que nous dussions rencontrer, et je quittai avec chagrin la demeure de ces bonnes gens. Les Bulgares, qui ont donné à cette contrée son nom moderne, étaient une de ces hordes du Nord qui, au VIIe siècle, quittèrent leurs plaines désolées et leur rude climat, pour une plus douce résidence au sud.

Après la ville principale, Choumla, vient en seconde ligne *Ternova*, siège d'un évêque grec, et située dans

(1) Varna est un joli port sur la mer Noire, et cette ville contient plus de 20,000 habitants. On sait que la *mer Noire* ou l'ancien *Pont-Euxin*, formait d'abord l'étroit canal de Constantinople ou le *Bosphore de Thrace*, suivi d'une petite mer appelée jadis la *Propontide* ou *mer de Marmara*, qui prend au sud-ouest la forme d'une large rivière, sous le nom d'*Hellespont* ou *détroit des Dardanelles*. A. M.

une des passes du Balkan inférieur. Les habitants ont maintenant mis de côté le caractère militaire qui les distingua autrefois. Ils vivent pour la plupart en pasteurs, dans de petits hameaux qui forment des groupes de maisons sans aucune régularité. Il y en a toutefois quelques-uns qui se livrent au commerce ou aux arts manufacturiers.

La ville de *Selymnia*, au revers sud du Balkan, contient vingt mille habitants environ, Bulgares en grande partie. Là, ils fabriquent plusieurs articles en grande réputation en Turquie, soit de gros draps de laine, soit d'excellents canons de fusil de chasse; mais ce qu'ils préfèrent comme se rapportant davantage à leurs habitudes rurales, c'est la préparation de l'huile essentielle de roses, nommée *otto* ou *attar*. Il existe dans le voisinage de Selymnia un grand district entièrement composé de jardins pour cette fabrication, et l'abondance des rosiers donne encore du charme à ce pays déjà si beau.

De tous les paysans que j'aie jamais vus, les Bulgares m'ont paru les plus simples et les plus affectueux, formant un complet contraste avec le Turc grossier et brutal. Les Bulgares ont des bonnets de peaux de mouton brun, des vestes de drap fait avec de la laine en nature, que leurs femmes filent et tissent. Ils ont des culottes de drap blanc, et des sandales de cuir non préparé, liées sur le coude-pied avec des courroies. Quant à des armes, ils n'en portent jamais. La bienveillance est dans leur physionomie, aussi bien que dans leur caractère. Quand leurs buffles ou leurs aroubas nous barraient la route, ils se hâtaient de les écarter, bien loin en cela de la méchanceté des Turcs, qui étaient ravis s'ils nous poussaient dans quelque bourbier bordant l'étroit chemin, ou dans des broussailles où nous nous embarrassions. Nous ne vîmes jamais de femmes turques; mais les femmes bulgares agissaient envers nous avec la confiante cordialité qu'elles eussent pu témoigner à des frères. Leur costume est joli, propre et commode; il se compose en général d'un corsage et d'un jupon de drap bleu foncé, ayant une lisière de couleur voyante aux bords ou sur les coutures, et enfin d'une chemise de lin ou de coton très large, qui dépasse de beaucoup le bas du jupon, et se ramasse en plis autour du cou et des bras. Les femmes mariées portent sur leur tête un mouchoir avec une longue bande qui leur descend sur le dos : les filles ont la tête nue, et la chevelure nattée et ornée de diverses monnaies. Elles portent toutes des bracelets, des pendants d'oreilles et des bagues aux doigts, sans en excepter les petites filles de trois ou quatre ans, et elles vont toutes les pieds nus. Elles sont extrêmement laborieuses, et on ne les voit jamais sans leur quenouille et leur fuseau. Elles me demandèrent souvent des aiguilles, et je regrettai beaucoup de n'avoir pas emporté de ciseaux ou d'autres ustensiles de femme qui leur eussent été fort agréables.

Il y a généralement un prêtre par deux ou trois villages, qu'il dessert alternativement; mais à l'exception de quelques rares endroits, ils n'ont ni églises, ni écoles, ni livres, et il est probable que dans tous les villages que nous traversâmes, il n'y avait que le baccal ou revendeur grec capable de lire et d'écrire.

Nous partîmes le matin par le clair de lune, et à dix heures environ nous étions sur les hautes terres qui dominent le Danube. Au-dessous de moi était la ville de *Routchouk*, laquelle couvrait à une distance considérable les terres basses qui bordent le fleuve. Devant cette ville se déployait, sur une largeur de deux milles, le vaste cours de l'Ister, qui coulait à travers un pays plat et inanimé, aussi loin que le regard pouvait atteindre. Sur le bord opposé était la ville de *Giurgevo*, dans les marécages désolés de la Valachie. Après avoir descendu une pente rapide, nous entrâmes dans la ville de Roustchouk par une belle porte chargée de blasons et de pierres en couleur. De chaque côté était une muraille bordée d'un fossé. Après avoir traversé un marché couvert de bestiaux et de maïs, nous trouvâmes une palissade qui formait une seconde enceinte de fortification, et une porte, après laquelle nous vîmes des rues très dépeuplées et très irrégulières qui nous conduisirent au quai, ou pour mieux dire, au lieu découvert où l'on s'embarque sur le fleuve. Nous allâmes de là au grand galop, comme des courriers, suivis par une centaine de chiens qui hurlaient derrière nous, et nous fîmes halte à la maison de poste du bac. C'est là que finit la poste turque, et que nous renvoyâmes le serrodji et les derniers chevaux.

La ville de Routschouk est très considérable, et contient, dit-on, de seize à vingt mille maisons que l'on aperçoit de très loin à cause de leurs hautes cheminées blanches (1) : sept mille de ces maisons sont habitées par des Grecs, des Juifs et des Arméniens, qui font un commerce très actif avec la Valachie.

Dépopulation de la Turquie. Singulières voitures de poste en Valachie. Peste. Description de Bukharest. Bolentine. Pitechti. Corte-d'Argish et sa célèbre église.

J'avais alors fait plus de trois cents milles dans le domaine de l'empire turc en Europe, depuis sa capitale jusqu'à la dernière ville en sa possession, et la circonstance qui me frappa le plus vivement, ce fut son état de dépopulation. On voit à chaque pas des ruines où furent des villages, et des jachères là où la terre fut cultivée. Les révolutions, les pestes, les révoltes y ont contribué; mais les habitudes permanentes des Turcs sont aussi très contraires à la population. Leur vie sédentaire, la polygamie, l'usage immodéré de l'opium, le café, le tabac, et d'autres excès plus hostiles encore à la propagation de l'espèce, arrêtent l'accroissement des familles; et c'est tout au plus si le nombre des naissances peut compenser la mortalité ordinaire.

Les bateaux passent ordinairement de Routchouk à l'autre bord deux fois par jour, soir et matin; mais ils ne partent que quand ils ont réuni des passagers jusqu'à la concurrence de 16 piastres; je les lui donnai, et nous partîmes sur-le-champ. Le Danube est un fleuve très bourbeux; ses bords sont pour la plupart composés d'une argile blanche qui délaie et enlève constamment le courant. Quand nous fûmes au milieu du fleuve, pouvant par conséquent avoir une vue distincte de l'un et de l'autre bord, je fus vivement frappé du contraste. Au sud, rien ne pouvait être plus beau et plus champêtre que la perspective. Les coteaux qui s'élèvent au-dessus de la rivière étaient couverts de vignes, de pâturages et de bois, de bestiaux et de champs de blé. Les villages de paysans étaient épars dans ces montagnes, et partout, aussi loin que le regard pouvait s'étendre, on n'apercevait que paysages riants et bien propres à tenter les tribus errantes. Dans le pays situé au nord, tout était nu, monotone et plat; pas un arbre, une éminence, une clôture, un village. On ne distinguait sur plusieurs points que d'épais et sombres brouillards qui n'annonçaient que stériles fondrières.

Il nous fallut une heure à peu près pour toucher l'autre bord, où nous débarquâmes à Giurgevo. Cette ville est derrière la grande île de Slobodsé, un peu plus bas que Routchouk (2). Nous prîmes terre sur un quai, ou plutôt une esplanade de terre battue, qui forme le lieu d'embarcation au devant de la ville. Il

(1) Routchouk ou Roustchouk sur la rive droite du Danube, avec de nombreuses manufactures, contient au moins 30,000 habitants. A. M.

(2) La contrée qui s'étend de Routchouk, Shoumla et Silistria, entre le Danube et la mer Noire, s'appelle la *Dobrudsha*. C'est par là que les Russes viennent de passer le fleuve, pour menacer Varna. A. M.

Les Balkans.

s'y trouvait un grand nombre de scampavias et de charriots valaques qui y déchargeaient les produits du pays pour approvisionner l'autre bord. Ces articles étaient des tranches de chair de buffle, séchée au soleil, que l'on nomme *bastermans*; une espèce de saucisse plate, pareille à un fer à cheval, et des blocs de sel de roche que plusieurs bateaux prenaient à leur bord : ce sel fossile est d'une espèce très pure ; il a, en masse, une transparence bleuâtre, ainsi que la glace; mais quand il est pilé, le grain est blanc comme la neige.

Quand Mustapha eut exhibé son firman au pacha, nous commençâmes à courir la poste la plus singulière : une charrette, formée de douves jointes, ayant trois pieds de haut environ et deux de large, fut notre voiture; elle était revêtue à l'intérieur de claies d'osier remplies de foin, et roulait sur quatre petites roues pleines, de douze pouces de diamètre. A l'arrière de cette charrette à chien, j'attachai mon porte-manteau pour me soutenir le dos; et après y être entré avec difficulté et m'être enfoncé dans le foin, mes genoux seraient restés à la hauteur de mon menton, si je n'avais mis mes jambes en dehors entre les roues de devant, au risque de les voir briser. Quatre grands chevaux étaient attelés à cette petite machine, avec une corde qui n'était guère plus grosse que du fouet. Un postillon ou serrodji, vêtu d'une étoffe blanche pareille à de la flanelle, montait le cheval voisin de la roue ; il n'avait d'autre rêne qu'une corde très mince attachée d'un bout à la tête du cheval de devant, et de l'autre, passée à son propre cou; alors, tendu en avant et faisant claquer son fouet, il partit au galop le plus emporté, poussant en même temps un cri violent, terminé par une longue et sauvage cadence. Mon Tartare suivait dans une machine semblable traînée par quatre chevaux. Nous faisions ainsi de huit à neuf milles par heure.

Le pays que nous traversions avait le même aspect monotone et désolé, et nous arrivâmes au bout de deux heures à Bangaska, village où nous fîmes halte. Ce lieu me donna parfaitement l'idée de la résidence d'hiver d'une horde de Sarmates. Les habitants portaient des peaux chargées de leur laine, comme quand elles étaient sur le dos des moutons. Leurs cabanes étaient éparses sur un terrain commun, dépouillé, sans arbres, sans buissons, sans la moindre apparence de labour. Chaque cabane était, comme en Bulgarie, entourée de claies; mais la hutte en elle-même n'était qu'une excavation en terre, et rien ne paraissait au-dessus du sol, hormis le faîte des toits qui faisait partie du sol de la cour. Il s'y trouvait quelques ouvertures qui permettaient à la fumée de sortir, et à l'air d'entrer avec la clarté. On y pénétrait par une descente creuse, en dehors de l'enclos.

Une des maisons dans lesquelles j'entrai était un cabaret. Il s'y trouvait un cellier plein de tonneaux, avec plusieurs chambres à la même profondeur. Ces demeures souterraines sont bien calculées pour défendre les Samoïèdes des rigueurs d'un hiver de Sibérie, sur les bords de l'Obi ; mais je ne m'attendais pas à les trouver sur les rives du Danube. Une circonstance qui distingue aussi les paysans de cette contrée de ceux du bord opposé, c'est la multitude des chevaux. En Bulgarie, nous n'en rencontrâmes nulle part, excepté dans les maisons de poste ; en Valachie, le pays en semble rempli. C'est encore un trait de ressemblance avec leurs ancêtres sarmates. On assure de plus qu'ils sont dans l'habitude de saigner leurs chevaux et d'en boire, comme leurs pères, le sang chaud avec du lait. Le terrain sur lequel ce village est bâti, quoiqu'il ne soit point montagneux, est cependant élevé et domine le Danube, qui était au-dessous de nous, à la distance de cinq ou six milles. De ce point le fleuve était visible à une grande distance, tournant une très vaste île plate couverte d'arbres, et c'étaient les seuls que l'on pût voir dans cette direction.

Il y a trois postes de cinq heures chacune, entre Giurgevo et Bukharest. Il faut quinze heures pour parcourir cette distance à un train ordinaire ; mais nous voyagions alors comme courriers, j'étais porteur d'un ordre en cette qualité, et les chevaux furent prêts en conséquence.

A cinq heures nous traversâmes la ville de Koman, et nous entrâmes dans *Bukharest* le même soir, à huit heures, après avoir fait quarante-cinq milles. Ce qui nous annonça d'abord que nous entrions dans la capitale fut le bruit des roues de nos charrettes sur les larges rues. Elles roulaient comme dans une chambre ; mais l'auberge était fermée, et j'appris bientôt que la peste était dans la ville. Ayant reçu l'avis de partir sur-le-champ pour ce motif, je me rendis le lendemain matin au consulat pour me faire expédier.

La première chose qui me frappa dans les rues, ce fut le nombre de brillants équipages qui roulaient dans toutes les directions ou stationnaient aux portes. Ils étaient aussi frais et aussi gracieux que des vernis et des dorures pouvaient les faire. Cette vue était entièrement nouvelle pour moi, qui depuis longtemps n'avais vu autre chose qu'un arouba passant çà et là dans les rues de Péra. La vanité favorite des boyards consiste à étaler ces marchandises, auxquelles ils dépensent de fortes sommes, qui, n'étant pas faites que pour la parade, tombent en débris au bout d'un an ou de deux, et exigent une dépense constante pour s'en procurer de nouvelles. Dans un de ces chars fastueux est étendu un gras boyard, enveloppé d'une riche pelisse, et coiffé d'un énorme kalpack, bonnet d'une forme curieuse, composé de deux lobes renflés l'un au-dessus de l'autre, et couvert de velours écarlate ou vert. Sur le devant est le conducteur, qui forme un parfait contraste avec son maître. C'est en général un grand gaillard, sale, déguenillé, ayant un grand manteau gris, et la tête couverte d'un grand chapeau tombant de feutre de renard, lié avec une corde, et sous lequel sa chevelure éparse et nattée tombe le long de sa figure et de ses épaules. Ce mélange barbare de luxe élégant et de haillons semble avoir passé des Russes aux Valaques. A voir le nombre de ces équipages dans les rues, je crus qu'il y avait quelque grand lever à la cour ; mais j'appris, au contraire, que toute relation était en ce moment suspendue ; mais telle est la vanité de ces boyards, qu'ils ne peuvent résister au désir de faire étalage de leur luxe, même en temps de peste.

On divise ces boyards en megalo et en mikro : aux premiers on fait un salut profond ; aux autres un salut de familiarité. Les maisons où la peste se trouvaient déjà en grand nombre, et on les distinguait aux portes et aux fenêtres qui étaient hermétiquement fermées.

Je ne fus admis au consulat qu'après une longue succession de fumigations, et l'on me délivra la pièce dont j'avais besoin, au bout d'une cuillère et dans un morceau de drap huilé.

La ville de *Bukharest*, capitale actuelle de la Valachie(1), est bâtie sur la rivière Domnitza, qui tombe dans le Danube au-dessous de Routchouk, et est ici comme un ruisseau. Elle contient environ quatre-vingt mille habitants, et c'est le point de jonction où entrent en contact les mœurs orientales et européennes. La moitié des habitants porte des chapeaux et des fracs, l'autre des kalpacks et des pelisses. Ici, ce sont de légers carrosses, supérieurement vernis, montés sur ressorts d'acier, tirés par des chevaux ; là, de pesants aroubas, dans des harnais de corde, et traînés par des buffles : il n'y a point de mosquées, du haut desquelles les mouezzins appellent le peuple à la prière ; ce sont des églises grecques, ayant des dômes comme les mosquées, et des papas qui annoncent le service divin en frappant une planche avec un marteau ; mais certainement le trait le plus saillant de la ville, ce sont les rues planchéiées. Du Danube à Bukharest, il y a à peine une pierre plus grosse qu'un caillou, ou un arbre de la hauteur d'un buisson ; mais de là aux monts Carpathes, la plus grande partie des pays est couverte de rochers et de bois. Quand ils ont le choix des matériaux, il est difficile de s'expliquer pourquoi ils ont préféré le bois périssable à la pierre qui résiste, et planchéié leurs rues quand ils pouvaient les paver. Peut-être que les boyards préfèrent se sentir rouler sur un parquet.

Bukharest contient trois cent soixante-six églises, vingt monastères, et trente grands khans ou auberges orientales. La nature primitive du sol marécageux n'a pu être changée, et sous le plancher des rues sont de grands canaux dégoûtants d'une bourbe en stagnation, qu'on avait eu l'intention de conduire à la rivière ; mais par suite de la parfaite égalité du sol, et aussi de la paresse des habitants, toute la boue des rues s'accumule sous les planches ; c'est pourquoi les habitants nomment les rues *ponti*, car ce ne sont réellement que des ponts flottants sur des rivières de fange. En hiver, cette boue rejaillit continuellement à travers les interstices des planches mal jointes, et en été, elle s'élève en nuées de poussière noire. Dans toutes les saisons, il s'en émane une odeur sale et malsaine qui engendre des fièvres putrides et d'autres maladies qui résultent des miasmes, et entre autres la peste.

Les maisons sont généralement bâties en briques, couvertes de plâtre en dedans et en dehors ; mais bien qu'ils sachent faire des briques pour leurs murailles, ils ne connaissent pas la manière de faire des tuiles pour leurs toits. Les maisons sont donc couvertes en lattes.

A Bukharest, il existe dans toutes les classes une extrême dissolution de mœurs. La ville abonde en cabarets, et pour y attirer les chalands, on entretient un certain nombre de femmes dans chaque maison, et elles sont toujours prêtes à danser et à chanter au premier signal de leurs hôtes. Les boyards quittent leurs familles pour se rendre dans ces maisons, et passent leurs soirées entre les femmes les plus éhontées qui puissent déshonorer leur sexe.

Nous étions à peine sortis de la ville, quand une pluie battante, mêlée de givre, nous saisit, et la nuit vint ajouter à ces misères ; je recommençai alors à reconnaître tous les inconvénients de notre misérable voiture de poste. Les routes étaient inondées et transformées en un bourbier où nos chevaux allaient au grand galop ; et comme j'étais tout-à-fait près de leurs pieds de derrière, les éclaboussures me couvraient la face ou tombaient à flots dans ce char. Je devins donc

(1) La Moldavie, bornée par le Pruth, affluent du Danube, a pour capitale *Jassy*, sur la rivière de Baklouï, avec environ 40,000 habitants. A. M.

bientôt une masse de boue. A cela, ajoutez que le mouvement de cette dure petite machine me secouait avec une violence qui me causa bientôt une douleur intolérable. Une pierre ou le moindre obstacle venait-il à faire sauter la roue, j'éprouvais dans la tête une commotion et des vertiges effrayants. Je me déterminai donc à faire halte à la première maison capable de nous abriter.

Au bout de trois heures, nous arrivâmes au village de Bolentine, où il y a une maison de poste et un relais. Je voulais m'y reposer, mais j'appris que la peste y était très violente : or, comme il en était ainsi dans tous les villages de la route, nous fûmes contraints de pousser en avant toute la nuit.

Enfin, à six heures du matin, nous arrivâmes près de la ville de Pitechti ou Petisch, et nous nous y vînes arrêtés par une sentinelle et une barrière. Une quarantaine y était établie; car la peste n'y avait pas encore pénétré. Cependant, grâce à notre droit de courriers, on ne nous arrêta pas; je trouvai une chambre commode dans la boutique d'un baccal grec, et après avoir pris un peu de café, je m'étendis près du poêle, et un sommeil d'une heure me rétablit.

La ville de *Pitesch* se compose d'un millier de maisons à peu près, dont quelques-unes, la propriété des boyards, sont au milieu de cours entourées de palissades, et ont une apparence d'élégance et de grandeur. Pitesch est à l'entrée d'un pays où l'aspect et les traits de la contrée subissent un changement total. Nous étions arrivés aux pieds des monts Carpathes. Des plaines dépouillées étaient devenues des collines boisées s'élevant de toutes parts et revêtues d'arbres jusqu'à leur sommet; elles étaient entremêlées de châteaux à tourelles, de monastères et d'églises à clochers ou à dômes. Les paysans aussi avaient changé de tournure et de costume, et ils avaient un air tout européen de bien être et d'indépendance.

Nous traversâmes dans la soirée la rivière Argish, qui, se réunissant à la Domnitza au-dessous de Bukharest, tombe dans le Danube. Sur ses bords est la ville de *Custo* ou *Corte-d'Argish*, ancienne résidence des princes de Valachie. Les monts Carpathes forment ici deux chaînes qui, allant en divergeant, laissent entre elles un vaste territoire qui compose la contrée pittoresque de la haute Valachie. C'est à l'angle où les montagnes se divisent qu'est située cette ancienne capitale, réduite aujourd'hui à l'état de petite ville, et qui ne conserve de sa première splendeur que la beauté de son site et son église. Près de la ville, sur une éminence, est un grand monastère bâti en forme de carré. Au centre est une église construite et décorée par les anciens princes de Valachie, et qui est maintenant l'orgueil et l'ornement de la contrée : elle est sur le modèle de toutes les églises grecques, carrée, avec un dôme au centre, mais le dôme s'élève en forme d'obélisque. Aux angles de l'édifice sont quatre petits dômes qui semblent sur le point de tomber. Cette singulière illusion est produite par une bande en spirale qui les entoure du bas en haut et leur donne l'apparence d'être inclinés, bien qu'ils soient parfaitement perpendiculaires. L'intérieur est très propre, et les murs sont revêtus de cette sculpture dorée et de ces saints couverts de peinture dans le style grec. Il y a de ces ornements jusqu'au sommet des dômes. Rhado et d'autres vayvodes près de leurs femmes y sont confondus avec les saints et les vierges martyres. Parmi ces saints, Démétrius, à qui l'église est dédiée, occupe un rang distingué.

Salatrouk. Prépora. Goîtres et crétins Paysans qui parlent latin. Croix sur les routes. Etendue du pays. Religion. Langue.

Il était très tard quand nous arrivâmes au village de Salatrouk, au commencement de la passe qui traverse les monts Carpathes. La poste n'avait pas pris cette direction, et nous allâmes passer la nuit dans la maison de poste, où je couchai sur deux bottes de foin. Comme nous avions douze heures de chemin à faire pour arriver au lieu de quarantaine, je désirais y être de bonne heure afin de gagner un jour. Nous partîmes avant l'aube et à la clarté de la lune; nous étions dans la grande passe de Rothenthurn (la Tour Rouge) qui, à travers la chaîne carpathienne, conduit de Valachie en Transylvanie. Le paysage, au lever du soleil, était vraiment sublime. De très hauts précipices, couverts de bois jusqu'à la cime, dominaient la vallée sur laquelle ils étaient suspendus. Quelquefois une face à pic et couverte de neige apparaissait tout-à-coup, et était suivie d'une sombre masse de bois où le soleil était invisible. On y distinguait le bouleau, le hêtre, l'aune, et dans les hautes régions des bouquets de pin, d'un vert sombre.

A huit heures, nous trouvâmes le village et la poste de Prépora, sur une haute montagne que l'on nomme *Kosay*, et qui s'élève à une immense hauteur au-dessus du vallon; elle est sillonnée de plusieurs landes perpendiculaires, couvertes alternativement de neige et de bois, ce qui donne aux flancs des montagnes un singulier aspect bariolé. Nous déjeunâmes à la poste, et comme je prenais mon grand manteau, un homme se présenta pour m'aider. J'avais ouï dire que la peste était dans le village, et quand je vis sous les mâchoires de cet homme une immense tumeur grosse comme une tête d'enfant, et qui me paraissait prête à percer, je me reculai devant le contact d'un pareil aide Quand le kiaya ou maître de poste lui dit en un latin très distinct : *Se pone;* l'homme se tint éloigné Alors le kiaya se tourna vers moi et me dit avec la même clarté : *Tumor non esti pesti, domini, esti gunscha.* J'appris alors non-seulement que les paysans parlaient latin, mais qu'ils étaient affligés de tumeurs semblables aux goîtres des Alpes : cinq personnes sur sept dans la maison en avaient. Un très petit homme, pareil à un nain, vint ensuite à moi; il avait l'air idiot, hébété, incapable, en apparence, de tirer des sons articulés, et mettant son doigt dans sa bouche, il me fit signe qu'il avait faim. Je demandai s'il se trouvait beaucoup de pareils nains dans le pays, le kiaya me dit : *Sunt multi innumerabili.* Ils abondent dans tous les villages, en ces montagnes, et on les regarde comme à moitié fous. Je retrouvais donc dans cette région les goîtres et les crétins des Alpes. On n'en voit point dans les chaînes des Balkans, où l'humidité de l'atmosphère descend en pluie; mais on en trouve en abondance dans une chaîne de montagnes qui n'en est pas éloignée de deux cents milles, où les vapeurs se transforment en neige. C'est encore une présomption en faveur de l'opinion populaire sur cette excroissance et ses causes. Ces gens eux-mêmes l'attribuaient à l'usage de l'eau de neige comme boisson.

La maison de poste de ce lieu était extrêmement sale et misérable, contraste parfait avec nos confortables lieux de halte en Bulgarie. Une foule de gens, avec leurs vestes de peau de mouton et leurs cous gonflés, préparaient leur déjeûner, composé de quelques os de mouton et de morceaux de maïs bouilli qui formaient une gelée jaune très épaisse, et qu'ils servaient sur des morceaux de planche Mustapha, qui connaissait le dénûment du pays, avait apporté un jambon de Bukharest, et comme j'avais du café et du sucre, je fus bien traité. Une jeune femme était venue à moi avec une assiette de pommes et de poires, et lui versai une tasse de café, qu'elle reçut très gracieusement après m'avoir baisé la main. Ce café était le premier qu'elle eût jamais goûté, et toute sa déférence ne put l'empêcher de le rejeter de sa bouche. Je demandai au kiaya si cette femme était sa sœur : *Non soror*, répliqua-t-il, *domini, est uxor*. Je dis à Mustapha de lui donner quelque chose de plus agréable que le café, pour la remercier de ses fruits, et le mari de répondre : *Ago tibi gratias, domini.* Je me préparai ensuite au départ, et ne trouvant pas assez de foin dans la petite carriole, je fis un signe pour en demander davantage : *Pone fen,* dit l'homme; et la charrette fut remplie. Je m'y fourrai alors; mais ne sentant point, comme à l'ordinaire, la corde qui me soutenait les pieds, j'indiquai ce qui me manquait, et l'homme montrant l'endroit dit à un serviteur : *Ligate fune haich,* et ce fut fait immédiatement.

Le costume de ces paysans est une nouvelle confirmation de leur origine : c'est une tunique ou chemise qui descend aussi bas que le genou, et est retenue à la ceinture par une zône ou un ceinturon de cuir. Les pieds sont munis de sandales liées sur le coude-pied et les chevilles par des courroies; enfin un pallium ou manteau est porté sur l'épaule, et se roule autour du corps quand le temps est froid et humide.

Je pris congé de ces descendants des Romains par le mot *valete,* qu'ils répétèrent, et nous continuâmes à traverser le vallon. Au bout d'une heure nous arrivâmes à un espace plus découvert, et fûmes convaincus que nous étions encore en Valachie par les croix de bois que nous voyions de tous les côtés. Ces monuments singuliers et frappants commencent au Danube, et continuent jusqu'à l'extrémité des monts Carpathes. Ces croix ont dix ou douze pieds de haut, et sont couvertes d'inscriptions taillées en relief en grec slavonien. Sur les bras et au centre sont les monogrammes du Christ et de la Vierge, avec des figures de saints. Quant au pied, il était chargé d'inscriptions sur le devant et les côtés. Quelquefois il y en a dix ou douze autres ensemble sur une ligne, au bord du chemin, et quelquefois une seule est enclose par un petit temple de bois. Tout Valaque pie dans une situation critique, fait vœu de construire, avant sa mort, un pont, une fontaine ou une croix. De même, quand un homme a succombé à une mort violente, on élève une croix sur le bord de la route pour conserver le souvenir du lieu où l'événement arriva, et aussi pour empêcher le mort de devenir vampire.

Nous arrivâmes à deux heures sur le bord d'une rivière, et j'appris que c'était l'Oulta qui, prenant sa source dans la Transylvanie, se fraie un passage à travers la vallée des Carpathes, et traverse la Valachie pour aller tomber dans le Danube. Nous la traversâmes au moyen d'un bac, et un quart d'heure après nous étions à Kimeni, dernière poste de la Valachie.

De là on suit, pendant deux heures, les bords de l'Olt ou Oulta, en remontant vers sa source. La plus grande partie de cette route est un précipice qui est suspendu sur la rivière. Dans plusieurs endroits elle était dégradée, et n'était praticable qu'avec beaucoup de fatigue et de danger. On réparait ces avaries, mais à la mode du pays, en bois. On peut dire que l'on fait six milles sur un échafaud de bois, vacillant au-dessus d'un abîme.

Suivant toujours le cours de l'Olt, nous arrivâmes à quatre heures environ à une petite rivière qui vient y tomber d'une étroite vallée. Nous la traversâmes, et nous étions dès lors sur le territoire autrichien. Là, nous trouvâmes un poste de soldats, et quelques maisons destinées à y faire la quarantaine.

Les provinces de Valachie et de Moldavie sont entre le rivage septentrional du Danube, et les monts Carpathes, ayant du Pruth à Orsova une longueur de trois cent soixante milles, et cent cinquante des montagnes au fleuve. La surface du pays est extrêmement diverse. La partie haute contiguë aux montagnes est belle et pittoresque; la partie basse qui borde le Danube est tout opposée, et à une grande distance dans l'intérieur n'est autre chose qu'un marais, surtout en Moldavie, où les eaux qui descendent de la chaîne carpathienne se creusent différents passages dans la terre molle, et laissent derrière elles, dans leur cours, de grands étangs. Le climat n'est pas moins varié que la surface de la contrée, et est sujet à de grandes et soudaines transitions de température; pendant une moitié de l'année ces changements sont toujours du froid à la gelée, et de la gelée au froid, malgré sa latitude

méridionale, dans le 44e degré du nord. Le Danube et ses affluents sont gelés pendant six semaines, au point de pouvoir porter tous les fardeaux, fût-ce de la grosse artillerie. Les taillis de petit bois qui couvrent les branches inférieures des Carpathes, dans la haute Valachie, sont des repaires d'ours et de loups, mais ils sont d'une nature très timide. Les animaux domestiques sont même plus doux que ceux des autres pays, et leur chair est moins savoureuse.

On estime la population des deux provinces à un million cinq cent mille habitants (1) dont le tempérament subit l'influence délétère du sol et du climat. Les paysans que je vis étaient en général d'une taille basse, faibles de corps, avec une chevelure blonde, douce et soyeuse. Bien que leurs membres fussent gros, les muscles y étaient mous, et ils avaient des mouvements indolents et flasques. Tel est le caractère général que j'observai depuis le boyard étalé dans son carrosse doré, jusqu'au Bohémien poussant son chariot.

Avec cette indolence et cette faiblesse on s'explique pourquoi ils préfèrent au rude travail de la terre le soin oisif des pâturages. Aussi envoient-ils de deux à trois cent mille moutons, et de trois à quatre mille chevaux tous les ans à Constantinople; et d'immenses quantités de porcs et de bêtes à cornes entrent dans la Transylvanie et la Hongrie par les passes des Carpathes.

Le costume des hautes classes est entièrement oriental; quant au costume des classes inférieures, il est tout romain, et a été décrit plus haut. L'habillement des femmes est remarquable par le soin avec lequel elles se boutonnent dans une longue robe de coton grossier qui va du menton jusqu'à terre, et cache leurs pieds qui sont nus. Elles s'attachent autour de la tête un mouchoir où pendent des paras et d'autres monnaies.

La religion du pays est celle de l'Église grecque, et le clergé est extrêmement illettré, très peu de prêtres qui sachent lire ou écrire; ils se distinguent des paysans par une longue barbe et l'exemption des impôts, hormis un tribut de 15 piastres qu'ils paient à leur évêque. Ils se livrent du reste aux mêmes occupations que les paysans, quand ils n'ont pas de devoirs ecclésiastiques à accomplir. Le métropolitain réside à Bukharest, et a sous son autorité plusieurs évêques. Il y a dans les principautés beaucoup de monastères, dont quelques-uns sont très riches par l'effet des legs qui leur ont été faits.

La grande masse du peuple, y compris les boyards, est très ignorante malgré les écoles publiques qui existent dans les capitales, et qui sont suivies par plusieurs centaines d'enfants qui appartiennent aux marchands de la ville. Les fils des boyards sont élevés par des précepteurs particuliers qui sont en général des prêtres grecs, et qui leur enseignent la langue du pays, ainsi que le grec ancien et moderne.

Première station autrichienne. Quarantaine. Énorme captivité. Excursion. Tour rouge. Détails sur les Bohémiens.

La première station autrichienne où nous arrivâmes était la quarantaine du bétail; les troupeaux de moutons, de chèvres et de bœufs, avec des porcs en grande quantité, couvraient les bords verdoyants de la rivière. Les porcs étaient de petite race, avec de très longs poils comme les chèvres, et des queues touffues. Ils avaient l'air féroce des sangliers des montagnes du voisinage. Les paysans étaient venus de bonne heure en cet endroit, tant de Transylvanie que des environs d'Hermanstadt, et c'est là que le mercredi et le vendredi les gens de Valachie amènent leur bétail au marché.

Sur la ligne de la frontière, il existe un bâtiment

(1) Ce chiffre est à peine la moitié de la population actuelle des deux provinces Valacho-Moldaves, qui en effet comptent 3,800,000 habitants. A. M.

dont un côté est sur le territoire turc, l'autre sur le territoire autrichien. L'intérieur de cet édifice est divisé par une table ou comptoir qui sépare les vendeurs des acheteurs. Quand le marché est conclu, l'argent est déposé sur la table, et tout ce qui a été dans les mains des Valaques passe par un pot plein de vinaigre : ensuite on jette le bétail acheté dans un étang, et les acquéreurs le ramènent tout trempé au village.

En remontant le vallon, nous arrivâmes à une batterie de terre gazonnée qui commande toute la route et le lit de la rivière à une distance considérable; et au bout d'une demi-heure nous arrivâmes à la seconde quarantaine, qui est un des points de ce cordon immense que les nations de l'Europe ont tracé autour de l'empire turc, tant par mer que par terre. Les montagnes qui séparent les provinces des territoires autrichiens forment une barrière naturelle que l'on peut traverser en trois endroits, savoir : à la passe de Volcan, de Tergoschie à Deva; à la passe de Timosk, de Tirgovist à Kronstadt, et à la passe de Rothenthurn, de Corte-d'Argish à Hermanstadt. Ce fut ce dernier passage que nous prîmes : on le nomme *Rothenthurn* ou *la Tour-Rouge*, à cause d'un château de cette couleur, situé environ à quatre milles au-delà. L'établissement de la quarantaine est situé au fond d'un vallon pittoresque sur les bords de l'Olt. Il consiste en une vingtaine de maisons, qui forment un village qu'enveloppent de hautes montagnes boisées. Six de ces maisons sont destinées à retenir les personnes qui viennent de Turquie, et le reste compose les logements des personnes attachées à ce lazaret. Les maisons de la quarantaine sont des cabanes détachées du reste, et qui sont de bois enduit de plâtre blanchi. Chacune est située au milieu d'une cour sale, entourée d'une palissade de huit à neuf pieds de haut. On ne saurait rien concevoir de plus révoltant et de plus dégoûtant que la manière dont on est traité et claquemuré. Quant à moi, j'étais dans une chambre de trois ou quatre pieds carrés, qui n'avait jamais été nettoyée depuis qu'elle était bâtie. Comme je n'avais plus besoin de Mustapha, je le renvoyai, et je me trouvai bientôt seul, ou plutôt avec la compagnie d'un gardien allemand qui ne me quittait pas, fumait sans cesse près de moi, et avait son lit à côté du mien.

Cette prison était d'une désolation inexprimable; quelquefois il survenait de si violents orages que toutes les cabanes tremblaient comme si elles allaient tomber en débris. Les vapeurs élastiques de l'atmosphère, se formant au-dessus de ces montagnes, refoulent dans la vallée une chaleur suffocante et malsaine. Quelquefois des brouillards épais enveloppent la vallée, et la couvrent comme un dais impénétrable; souvent ils descendaient sur le village assez près pour nous donner à midi un crépuscule effrayant. Il arrivait quelquefois qu'un rayon de soleil perçait cette voûte et venait illuminer les objets au-dessous d'une lueur livide, pareille à celle d'une torche dans un sépulcre.

Je réussis pendant ma détention à décider mon gardien à me laisser sortir pour faire un tour dans la campagne, mais à la condition qu'il m'accompagnerait. Rien ne saurait être plus pittoresque et plus grandiose que le côté vers lequel nous nous dirigeâmes. De chaque côté du chemin, qui passait sur la plus haute crête, se creusaient de profonds précipices boisés, et au-dessous une infinité de petits vallons, serpentant dans tous les sens, renfermaient d'étroites rivières. Les bois dont les montagnes étaient revêtues contenaient l'orme, le tremble, le hêtre, le bouleau et le peuplier; le hêtre surtout acquérait un port magnifique sur la cime des montagnes. Les broussailles consistaient en ronces et en églantiers. Quant au rocher, c'était un schiste, et des veines de quartz sillonnaient les couches lamellées; tandis qu'une ardoise micacée, très scintillante, était éparse sur le sol. Ces micas glissent continuellement dans le lit de l'Olt, et le frottement du courant où elles roulent les arrondit, ce qui les fait ressembler à des globules d'argent, d'où sans doute est venue l'opinion générale que cette rivière est argentifère, et que l'argent y est abondant autant que l'or. Nous suivîmes ce beau chemin jusqu'à une distance considérable, marchant quelquefois sur une arête aussi étroite que le faîte d'un toit, et dont en effet les versants descendaient comme ceux d'un toit à droite, ici vers la Turquie, là vers l'Allemagne; je me rappelai alors le rocher de Gibraltar, sur le bout duquel on peut se mettre à califourchon, ayant une jambe au-dessus de l'Atlantique, l'autre au dessus de la Méditerranée. Çà et là, nous traversions de petits plateaux entourés de bois, qui dans cette région élevée et rude étaient le séjour des bergers pendant les mois d'été; les cabanes qu'ils habitaient étaient en ce moment abandonnées. Même dans cette saison, cependant, j'y avais vu d'en bas des pâtres. Ils faisaient un feu le soir; leurs troupeaux se rassemblaient autour d'eux; les chiens restaient en dehors, tandis que, revêtus de leurs peaux de mouton, ils faisaient face à toute l'inclémence d'une nuit d'hiver. Quelquefois ils étaient attaqués par un ours ou un loup, et nous entendions distinctement les cris des hommes et les hurlements des chiens qui les chassaient. Rien de plus pittoresque que ces groupes suspendus aux flancs des montagnes, à une distance considérable au-dessus de nos têtes.

Nous rencontrâmes de ce côté deux garçons gardant des moutons et des chèvres, et une jeune fille avec une grande gourde qu'elle venait de remplir du lait d'une petite vache qu'elle avait dans les montagnes. Tous ces êtres étaient d'une taille de nains, et la femme était d'une simplicité remarquable; elle avait un mantelet de drap brun qui lui descendait aux genoux, et sous ce vêtement une chemise de grosse toile qui lui venait jusqu'à mi-jambes. Les hommes et les femmes portent la chemise plus longue que les autres vêtements, par-dessous lesquels on la laisse voir.

Les jambes de cette femme étoient entourées de flanelle, et à ses pieds étaient des sandales de cuir de vache non préparé, tout simplement réuni sur le coude-pied et les chevilles par des lanières. Un des hommes avait le teint basané et une épaisse crinière, de longs cheveux noirs pendant sur le visage et les épaules. L'autre était *gunscha*, c'est-à-dire qu'il avait au cou une énorme tumeur. Ils parlaient tous un dialecte latin; l'un d'eux prit un chalumeau d'une construction très grossière, à quatre trous, et au bout un roseau coupé d'abord en travers, puis en long; il s'en servit pour jouer un air sauvage, et le son de l'instrument était celui du hautbois.

Il était nuit quand nous descendîmes de la montagne, et bientôt je fus délivré d'une captivité de trois semaines. Enfin le long charriot que j'avais loué était à la porte : il était capable de recevoir tout le bagage d'une compagnie de soldats, et je n'avais qu'un portemanteau. Il n'y avait pas toutefois de milieu entre cette voiture et le petit charriot dont j'avais tant souffert, et j'y montai. Je passai alors, pour la première fois, sur le petit pont qui traversait un torrent au bout du village. A l'extrémité de ce pont mon fourgon s'arrêta, et une jeune paysanne, ayant un enfant à la mamelle, me pria de lui permettre d'y monter pour aller à la ville prochaine; elle était très petite et très brune, avec des yeux et des cheveux noirs. Elle avait pour costume une veste de peau de mouton, la laine en dehors, et très proprement brodée sur les coutures; elle portait aux jambes de grandes bottes larges de postillon. Un court tablier noir lui descendait à peine aux genoux, et sa chemise lui tombait à mi jambes; elle n'avait ni manteau ni jupon, malgré la sévérité de la température. Elle était coiffée d'un grand chapeau de feutre blanc sans fond et comme une planche : il était assujéti sur sa tête avec un mouchoir de mousseline attaché sous le menton. Son enfant était enveloppé dans des langes de toile aussi serré qu'une balle de coton, au point que je ne pus passer mon doigt sous les bandes, et je m'étonne que l'enfant n'ait pas été pressé à mort Néanmoins il paraissait tout-à-fait à l'aise, et comme sa tête était la seule partie libre de son corps, elle était dans un mouvement continuel.

Notre route suivait l'eau de très près, et nous avions, de l'autre côté, une roche perpendiculaire. Au bout d'une heure environ, nous arrivâmes aux ruines d'un château près de la rivière, et qui défendait autrefois la passe contre les Turcs. A une demi-heure de là, nous trouvâmes la forteresse considérable de Rothenthurn, qui est au bout de la vallée Cette forteresse, bâtie sur une éminence, commande toute la rivière et la vallée du côté de la Turquie. C'est une tour carrée peinte en rouge, où je payai une taxe à la douane. Pendant que le gouverneur examinait mon passe-port, je fis le tour de la forteresse. D'un côté, elle présente à la vallée qui s'étend au-dessous une immense pointe de roc, hérissée de plusieurs rangées de canons, de l'autre, elle domine un village considérable et les plaines de Transylvanie, qui commencent où finissent ces montagnes. La longueur de la passe de Salatruch en Valachie, à Rothenthurn en Transylvanie, est de trente milles environ; c'est la largeur commune de la grande chaîne des Carpathes.

Après être rentré dans ma charrette, je descendis par un sentier pierreux, raboteux et étroit, au village situé au-dessous, et après l'avoir traversé, nous arrivâmes à une espèce de faubourg composé de huttes basses et à moitié sous terre. Je découvris qu'elles étaient habitées par des Bohémiens un peu revenus de leur vie vagabonde, et c'est là que ma compagne de route et son enfant me quittèrent. Ainsi j'avais voyagé avec une jeune Bohémienne. Je pensai tout de suite qu'elle avait peut-être exercé les talents de sa tribu sur ce qui avait pu lui tomber sous la main; mais c'était une honnête fille et qui me parut très bonne mère. Avant que je me remisse en route, elle vint avec quelques autres compagnes me remercier et prendre congé de moi.

Je me trouvais alors dans le pays où est le plus nombreux ce peuple extraordinaire et où il parut pour la première fois en Europe, en l'an 1408. Ces vagabonds se montrèrent en Hongrie et en Bohême, où on les appelait *Zingarier* ou *Czingarier*; mais quand ils émigrèrent de Bohême, ils reçurent leur nom actuel. Leur nombre en Valachie, Moldavie et Transylvanie, s'élève à deux cent vingt-deux mille. On les y appellent généralement *Czingaris*, mais quelquefois *Djaroner*, ou sujets de Pharaon, ce qui se rapporte à l'opinion commune qui les a fait sortir d'Egypte. Ils sont, ainsi que les Juifs, reconnaissables à des traits indélébiles : yeux noirs, teint basané, cheveux noirs aussi; ils sont également marqués au moral d'un type invariable, l'aversion de tout travail et un penchant au larcin. Ils n'admettent aucune religion qui leur soit propre; mais ils professent en général les rites grecs, dont ils n'ont qu'une intelligence imparfaite. Ils baptisent leurs enfants, mais ils s'acquittent ordinairement de cette cérémonie eux-mêmes dans une maison publique, avec un mélange de débauche. Ils n'ont aucune idée d'une résurrection future, et forment entre eux des unions avant l'âge de nubilité; puis ils changent au gré de leurs inclinations Les mères se trouvent souvent au milieu d'enfants nés de différents pères, et qui jusqu'à un certain âge vont entièrement nus, même par le temps le plus rigoureux. Quand ils se décident à la vie sédentaire, plusieurs familles s'entassent ensemble avec les cochons et d'autres animaux, dans une étroite enceinte qui rend très insupportable leur entière négligence de toute propreté.

Ils sont d'un tempérament irascible jusqu'à la rage et vivent entre eux dans un état constant de discorde, que redouble leur penchant à l'ivrognerie. Malgré leur situation humble et dédaignée dans l'ordre social, ils sont vains et importants, très bavards, très hâbleurs, très fanfarons. Ils ont entre eux certaines familles qu'ils entourent de respect, qu'ils traitent de vayvodes, et desquels ils tirent un chef nominal auquel ils témoignent un simulacre d'obéissance. Ils le portent trois fois autour de leurs huttes avec des cris et des vociférations, et alors l'inauguration est complète ; ces chefs sont les gardiens de quelques priviléges, qui leur ont été concédés par la famille Bathory, en l'an 1600, et dont les Czingaris de Transylvanie sont encore très fiers et très entêtés. Malgré leur dépravation générale, il est cependant parmi eux des degrés d'abaissement, et il en est de tellement bas que le reste les repousse. De ce nombre on tire les exécuteurs, qui se chargent de ces fonctions avec plaisir, préparent des instruments de torture extraordinaires, et éprouvent de féroces délices à détailler à la victime le supplice qui lui est réservé et la douleur qui en résultera.

Les Czingaris ont pour principale occupation la fabrication des ustensiles de fer, des cuillères de corne, des paniers et d'autres objets. Dans les provinces, il y en a beaucoup qui se livrent à l'exploitation des rivières aurifères. Il en est d'autres qui s'élèvent à des occupations plus distinguées et plus agréables. Ils sont tous naturellement doués d'une perception exquise des sons, d'où vient une disposition et une aptitude remarquables pour la musique; aussi cultivent-ils ce talent avec ardeur, et sont les seuls musiciens du pays, principalement pour les instruments à vent Je les ai souvent entendus avec plaisir.

Leur langue est une collection de mots hongrois et bulgares, mêlés d'arabe et d'autres langues orientales. Ils apprennent aussi et adoptent le dialecte de la nation chez laquelle ils vivent, quand ils se sentent disposés à la vie sédentaire. Ils n'ont point d'écoles, et on les regarde comme incapables d'éducation et d'instruction. Grâce à la délicatesse de leur oreille, ils saisissent très vivement la mélodie et font leur partie dans l'ensemble d'un concert ; mais j'ai appris qu'ils ne pouvaient apprendre à lire une note.

Leur situation civile en Transylvanie est beaucoup meilleure que dans les provinces En Transylvanie, ils jouissent de priviléges et d'immunités qui les élèvent en quelque sorte au niveau des citoyens; mais en Valachie et en Moldavie, ils sont esclaves. Une partie est la propriété du gouvernement, l'autre celle des individus. On en trafique au prix de 5 à 600 piastres. Ceux qui appartiennent au gouvernement ont la faculté de se livrer à leurs inclinations vagabondes, en s'engageant à ne pas quitter le pays et en payant une capitation de 40 piastres par individu âgé de plus de seize ans. Ils se procurent ordinairement l'argent nécessaire à acquitter cet impôt en cherchant l'or dans le lit des rivières. Ceux qui appartiennent aux boyards sont employés la plupart en qualité de sommeliers ou de maîtres-d'hôtel ; et tel est l'état de dégradation auquel ils sont réduits, que si l'un d'eux est tué par son maître, on n'y prend pas garde ; si le meurtre a été commis par un étranger, il est vengé par une amende de 80 florins. Ils commettent rarement des crimes atroces ; mais ils sont très enclins à des délits ordinaires. Les plus sérieux autorisent leurs maîtres à leur faire administrer à leur discrétion la bastonnade sur la plante des pieds, et les fautes légères sont punies au moyen d'un masque de fer où on leur enferme la tête pour un temps plus ou moins long. Ce châtiment, outre le malaise qu'il cause, empêche de manger et de boire. Ils ont quelquefois, dans cet état, une très grotesque apparence. Pour les larcins, ils subissent une autre punition un peu différente. Leur cou et leurs bras étendus sont assujétis dans une planche fendue qu'ils portent avec eux. C'est ce que l'on appelle en Transylvanie *enfedt*, et l'on doit y voir des traces de la *furca* romaine décrite par Dyonisius.

Plaines de Transylvanie. Hermanstadt. Description. Pays des Saxons. Christiana. Reis-Markt. La rivière Marosch. Izosvaros.

Maintenant les plaines de Transylvanie s'ouvraient devant moi, et les montagnes s'éloignaient à droite et à gauche. A droite coulait l'Olt (1), et derrière s'élevaient les plus hauts monts des Carpathes, extrêmement raides et escarpés, et chargés de neige à une distance considérable. Le pays au-dessous était couvert de villages, et chaque éminence avait son clocher. En moins d'une heure, nous traversâmes deux villages considérables, non point bâtis comme ceux de la Valachie et de la Bulgarie, en maisons éparses, mais disposés en rues régulièrement tracées. Les maisons étaient toutes de charpente plâtrée et blanchie, et l'apparence était fraîche. Les fenêtres étaient de papier huilé, car les habitants ne sont point arrivés au luxe du verre, quoique, sous d'autres points de vue, ils paraissent très opulents. A chaque maison est attenante une grande cour de ferme bien remplie, et les charrettes sont traînées par six chevaux, au lieu de taureaux ou de buffles. A une demi-heure de ce lieu, nous trouvâmes une haute montagne sur le sommet de laquelle étaient les ruines pittoresques d'une grande forteresse que les Romains auraient pu élever pour tenir en respect les Daces; elle était cependant d'une date plus récente, et l'on y trouve un des nombreux châteaux que les chevaliers du Temple possédaient, il y a quatre siècles, dans ce pays. De là, nous allâmes traverser encore deux villages très populeux, l'un tout près de la montagne, l'autre dans un bois de saules. Les paysans émondent ces arbres tous les ans pour bâtir des constructions accessoires qu'ils font en claies. Nous vîmes ici, pour la première fois, les tours d'Hermanstadt, et à midi, nous y arrivâmes, entrant en ville par une vieille porte, au bout d'une avenue qui borde des deux côtés une très haute muraille.

J'y couchai, et le lendemain matin je fus éveillé par un homme qui me présentait un verre d'eau-de-vie, en disant : *Vis ne schnaps, domine?* puis je partis, avec d'autres voyageurs, dans un grand fourgon qui était à moitié rempli par les produits de la contrée que les paysans transportent ainsi à Vienne, en traversant la Hongrie. C'était une énorme charrette couverte d'un toit de nattes ou de paille, tirée par dix chevaux, et conduite par trois paysans valaques vêtus de peaux de mouton. A l'arrière était notre bagage, et le devant renfermait une espèce d'appartement où nous pouvions être debout, nous asseoir ou nous coucher, de telle façon que c'était par le fait une maison mouvante comme les Scythes en avaient dans les mêmes lieux, deux mille ans auparavant.

La ville d'*Hermanstadt* est située sur une plaine qui s'étend à la base de la chaîne carpathienne, formant ici un demi-cercle qu'interrompt seulement l'ouverture de la passe de Rotherthurn, qui est à environ six milles au sud-est d'Hermanstadt. Cette ville contient quatorze mille habitants, luthériens, valaques, grecs et catholiques, qui tous jouissent d'une tolérance et d'une liberté parfaites. Le principal édifice est la cathédrale, qui occupe tout le côté d'une place où aboutissent les rues larges et commodes de la ville ; il s'y trouve aussi un excellent muséum et une bibliothèque. Le muséum a été dernièrement enrichi par suite d'une circonstance curieuse. En explorant les mines, antérieurement exploitées par les Romains, dans un district qui porte de nos jours le nom de *Caracalla*, on découvrit la maison qu'habitait probablement le maître de la Monnaie. C'était un édifice romain parfait, et aussi complet que ceux d'Herculanum, avec un pavé en mosaïque et des statues d'une belle conservation. Dans quelques chambres étaient des amphores remplies de monnaies, surtout des empereurs romains. La chaîne des monts Carpathes des deux côtés abonde en mines où se trouvent de riches veines d'or, d'argent et de mercure, ainsi que du fer et du cuivre. Le versant du côté de la Turquie est entièrement négligé ; celui qui appartient à l'Autriche est encore exploité, et chaque jour amène des découvertes d'une grande importance.

Les boutiques d'Hermanstadt déploient beaucoup de luxe, et sont pleines d'articles pour lesquels le voisinage est renommé. Helta fournit les instruments de l'agriculture, et Hermanstadt fabrique le savon et la chandelle, qui est si bonne qu'elle va à Vienne en grandes quantités ; enfin Wizagna produit le sel fossile.

Nous quittâmes Hermanstadt par la porte nord-est, et entrâmes dans un pays riche, d'une très belle culture, et qui fourmille d'habitants qui ont un air remarquable d'indépendance et de richesse. J'étais alors au centre de l'heptarchie saxonne, et qui est si intéressante que vaguement l'existence. Il existe dans cette partie de la Transylvanie une colonie dont le langage, les mœurs et les traits extérieurs diffèrent essentiellement de l'aspect, des coutumes et de l'idiome des peuples qui les entourent ; mais ils sont encore plus remarquables par les priviléges dont ils jouissent, la religion qu'ils professent, et le haut degré de prospérité qu'ils ont atteint. On nomme ces gens *Saxons*, et une des circonstances extraordinaires qui se rattachent à leur situation, c'est le mystère qui enveloppe leur origine, ainsi que l'époque et le mode de leur transplantation dans cette partie reculée de l'Europe. De graves et savants écrivains ont même eu recours aux influences surnaturelles pour en donner l'explication. Ce qu'en dit Haner, dans son *Histoire ecclésiastique*, n'est guère plus satisfaisant que les fables mises en avant par Kircher et Erichius. Suivant cet historien, Bela-Geysa, qui occupait le trône de Hongrie dans le XIIIe siècle, ayant été menacé par Conrad, empereur des Romains, et Henri, duc d'Autriche, eut recours aux Szaszones, anciens colons de Transylvanie, et ayant avec leur aide obtenu une victoire signalée sur les assaillants, il accorda en récompense aux Szaszones une diversité de priviléges, dont ils jouissent encore. Bonfinius dit que ces peuples sont des Saxons, transférés du nord de la Germanie par Charlemagne, et d'autres auteurs prétendent y reconnaître les Sachi, anciens habitants de la Dacie.

Un de ces Saxons me dit, à Hermanstadt, qu'ils sont les descendants de plusieurs familles réfugiées dans ces contrées aux premiers jours des persécutions de la Réforme. Les nations catholiques ne voulurent leur donner d'asile que sur les limites que la Turquie attaquait sans cesse ; et ces frontières, ils les défendirent avec une intrépidité qui leur valut un grand nombre de priviléges et d'immunités. Ils eurent leurs municipalités, l'élection libre de leurs fonctionnaires publics. On leur permit l'exercice plein de leur religion et le choix de leurs pasteurs ; ils furent déchargés de toutes taxes, hormis celles dont ils voudraient se frapper dans leur intérêt de localité ; et on les dispensa de tout service militaire, excepté contre les Turcs. Ces priviléges ont été augmentés et confirmés à plusieurs reprises, et les ont fait prospérer jusqu'à ce jour.

Outre leurs villages et leurs villes gouvernés par leurs propres lois, les Saxons sont abondamment répandus dans tous les autres lieux habités de la Transylvanie, de façon que la population réformée de cette seule province monte à environ un demi-million d'âmes. Ces hommes ont conservé tous les caractères distinctifs de leurs ancêtres, et leur air, leurs manières, leur costume, diffèrent peu de ceux des premiers réformateurs. Ils ont la démarche très grave, la figure sérieuse et pensive, le nez généralement aquilin, la physionomie sombre et qu'assombrissent encore leurs moustaches noires. Ils sont grands et robustes ; leur

---

(1) Ou l'*Aluta*, rivière au cours très sinueux, affluent du Danube.   A. M.

Omer Pacha.

port a un certain air de rude indépendance. Ils portent de grands chapeaux de feutre ronds, sous lesquels leurs cheveux longs et droits tombent et couvrent leurs joues et leurs épaules. Leurs habits sont courts et leurs culottes larges; enfin ils ont quelque ressemblance avec les images qui représentent les fondateurs de la Réforme. Les semelles de leurs bottes ou de leurs souliers sont revêtues de fer, qui produit un bruit retentissant quand ils marchent sur le pavé.

Je remarquai dans toutes celles de leurs maisons que je visitai les traits caractéristiques des habitations du nord de l'Allemagne, les croisées très élevées au-dessus du sol, les toits hauts et étroits, et cet air de propreté, de bien-être et d'indépendance qui distingue les progrès de la Réforme sur le continent. Sur l'extérieur de ces maisons qui paraissait tout récemment blanchi, on lisait en général quelques sentences morales ou religieuses extraites de la Bible, et proprement peintes en lettres dorées ou noires, et en caractères allemands. Dans l'intérieur, on voyait cette uniformité d'aisance et même un certain degré de richesse qui attestent une heureuse égalité dans les positions; elles n'étaient ni mesquines, ni fastueuses. Nous ne vîmes dans le pays ni un palais ni une cabane. Les fermiers sont tous propriétaires du sol, et leurs terres sont sans clôture, comme s'il existait chez eux une communauté de biens. Leurs propriétés sont cependant divisées par certaines marques qui ne sont pas visibles. A l'arrière de leurs maisons est une vaste cour de ferme, couverte de meules de blé et d'autres produits de leurs terres; et vis-à-vis ou sur les côtés sont les jardins, les vergers ou les parterres. L'objet le plus remarquable dans toutes ces villes est l'église, qui est toujours très grande, très ornée, et surmontée d'un haut clocher. Elle est d'ordinaire sur une éminence au centre de la population, comme pour témoigner que cet édifice a été le point de ralliement de la congrégation.

Le premier de ces grands villages que nous trouvâmes après Hermanstadt était Christiana, dont le nom indique qu'il a été peuplé par une secte religieuse et grave. La contrée est une plaine riche et vaste, entre deux chaînes de montagnes qu'entrecoupent des bois et des rivières. On trouve à intervalles rapprochés des puits abondants d'eau douce. Une heure au delà, nous vîmes Saleste, qui était située au-dessous de nous dans les bois, sur le bord d'une rivière au pied des montagnes. Dans l'espace de six heures, nous comptâmes six de ces villes ou villages considérables. Cependant les progrès de la Réforme furent, ici comme partout, marqués par de grands excès; les paysans ayant refusé la dîme, on employait pour les y contraindre un châtiment d'une singulière cruauté. Les volailles ou les autres objets en nature, que l'on de-

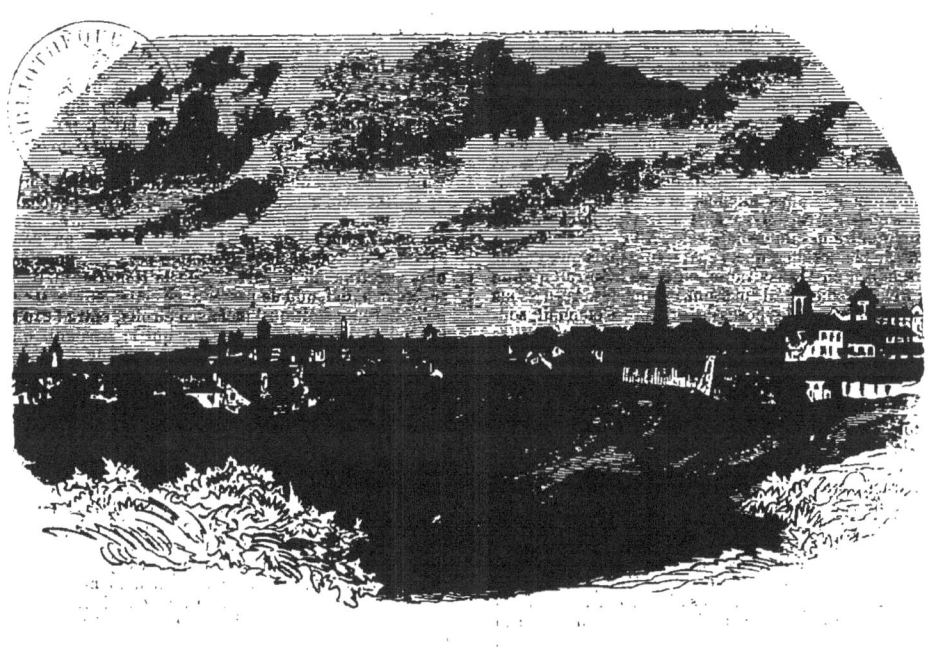

Bucharest.

vait, à titre de redevances, étaient suspendus autour du corps du réfractaire, puis on le laissait aller et courir devant des chiens qui le pourchassaient, et en s'emparant pour le dévorer de ce que portait cet homme, lui déchiraient misérablement le corps. Nous arrivâmes bientôt à un obélisque sur le bord de la route, portant une inscription qui indique que cette route a été tracée en 1817 : elle est certainement la plus belle que nous ayons vue depuis Constantinople; mais elle est l'ouvrage des paysans. Chaque village prend soin d'une certaine étendue de cette route sur son district : on voit par intervalles des piliers de bois, peints avec des bandes noires, et sur lesquels est inscrite la distance de chaque point à Hermanstadt. Un de ces poteaux nous annonça *Reis-Markt*, ville saxonne où nous arrivâmes au bout de trois heures. Là nous donnâmes à manger à nos chevaux et nous dînâmes en leur compagnie. Le soir nous arrivâmes à *Mullenbach*, longtemps après la nuit close; nous y entrâmes par une porte ruinée qui gardait autrefois la ville, mais tout-à-fait inutile aujourd'hui. Mullenbach est situé en plaine, dans une vallée profonde, et dans son voisinage et sa juridiction se trouvent deux villes qui appartenaient autrefois aux vayvodes de Valachie. Tout le sel, qui est à l'empereur, est amené de la mine dans les environs, et descend la Marosch pour passer la Hongrie.

Nous quittâmes Mullenbach le lendemain matin par une porte démantelée pareille à celle que nous avions vue la veille, et à neuf heures nous trouvâmes la rivière Marosch. Cette rivière était très belle et très navigable; elle coule avec calme, courant à travers un des pays les plus riches et les mieux cultivés de l'Europe, pour aller se jeter dans la Theiss, par le canal de laquelle les marchandises passent dans le Danube, et ainsi dans tout l'empire. Nous suivîmes longtemps les bords de la Marosch, jusqu'au village très peuplé de Szosvaros.

Deva. Braniska. Dobra. Banat de Temeswar. Boursouck. Saborah. Radna. Couvent célèbre. Lippa. Vue superbe.

Nous quittâmes ce lieu à deux heures, et sortîmes de la ville en passant sous un arc récemment élevé pour conserver le souvenir d'un monument analogue qui existait primitivement en cet endroit. Nous continuâmes à neuf heures dans la ville de *Deva*, où je couchai; le lendemain matin j'eus quelque peine à obtenir de l'eau pour mes ablutions, et cette coutume paraissait tout-à-fait étrange aux Allemands de l'auberge. Le matin était brumeux, et le premier objet qui me frappa, quand je levai les yeux, ce fut un château qui me sembla suspendu en l'air, à une hauteur immense, précisément au-dessus de nos têtes. Il était bâti sur la pointe extrême d'un mont conique très rapide et très élevé qui domine Deva, et dont les flancs sont couverts de bois jusqu'au château. Tout était alors enveloppé d'une brume très sombre et très dense, ne laissant apercevoir sur le ciel bleu que la pointe et le château, qui est encore un des anciens monuments des templiers dont j'ai parlé. La tour est en ruines, mais le mur d'enceinte est en bon état, et une compagnie de soldats y tient garnison. Toute la montagne est une forteresse ; sa base est entourée de bastions et de retranchements de terre où l'on passe de la ville par de solides portes voûtées.

De Deva nous avançâmes dans une belle et riche plaine, que nous traversâmes jusqu'à un endroit où les montagnes rapprochées graduellement semblaient nous fermer le chemin, et formaient une barrière naturelle ; toutefois nous suivîmes le cours de la Marosch, qui s'était ouvert un passage à travers la chaîne, et nous y entrâmes immédiatement. A l'entrée s'élève un château, le premier que j'eusse vu depuis que j'avais mis le pied en Transylvanie, où ne se montrait qu'une heureuse médiocrité de maisons commodes. Au-dessous de ce château, sur les bords de la rivière, s'étendait, souriant au soleil du matin, la belle ville de *Braniska*. Elles avaient une apparence de bien-être parfait et de félicité rurale, les blanches et fraîches maisons de ce joli lieu, éparses sur une belle prairie ombragée d'arbres et réfléchie par la large rivière qui coulait paisiblement à côté. Un peu plus loin, les rochers s'approchaient du lit de la rivière et y entraient ; puis un haut précipice nous présentait sa face perpendiculaire. La route avait été tracée autour de ce promontoire, sur une plateforme de roc suspendue au-dessus de l'eau, et une inscription de pierre blanche rappelle la date (1705) de ce travail difficile.

Quand nous eûmes passé cette saillie hardie, le roc devint une pierre de sable poreuse. Une petite rivière s'était frayé un passage sous sa base, et, rongeant la pierre molle et soluble, avait complétement miné la fondation sur laquelle posait la montagne. Il y a six ans qu'elle s'abîma avec un fracas épouvantable, enterrant maisons et passants, et la route est encore encombrée de ses débris.

A dix heures environ, nous arrivâmes à la ville d'*Iléa*, située sur le bord opposé de la rivière ; elle avait le même aspect de bien-être et de propreté que Braniska ; mais la rivière y était beaucoup plus large. Elle avait acquis la dimension d'un lac, et coulait avec un courant doux, profond, et roulant des parcelles d'or.

A une heure, nous dînâmes au village de Dobra, et à trois heures nous arrivâmes à un embranchement où se croisent deux routes qui vont également à Vienne. Là nous tînmes conseil. L'une allait à droite devant elle, à travers le banat de Temeswar ; l'autre, tournant à droite et conduisant à la rivière et aux montagnes du côté opposé, allait directement à Arad, et évitait un angle considérable que fait la route de Temeswar. Nous préférâmes cette dernière, non-seulement comme étant la plus courte, mais encore parce qu'elle nous menait sur une ligne de pays peu fréquentée, et que n'a décrit aucun voyageur. Alors nous traversâmes la rivière au moyen d'un radeau que l'on poussait avec de longues perches, car l'eau avait dix pieds de profondeur sur cent cinquante pas de large.

Nous avions depuis quelque temps quitté la Transylvanie pour entrer dans le banat de Temeswar, dont le sol est marécageux, l'air humide et le climat malsain, très sujet aux fièvres intermittentes. Les habitants étaient pâles, jaunes, et les femmes étaient particulièrement d'apparence boursoufflée et hydropique.

De l'autre côté de la rivière, nous étions en Hongrie, et la première réception qui nous fut faite sur cette terre n'était pas très rassurante. Nous avions à peine débarqué quand nous fûmes entourés d'un corps tumultueux de gaillards à la mine farouche, vêtus de peaux de mouton, armés de pieux et d'autres armes, qui s'emparèrent des chevaux, et nous semblaient tout disposés à piller le fourgon. Comme nous nous trouvions dans les montagnes d'un pays désert et mal famé, nous conclûmes que c'était là une bande de maraudeurs, et nous nous arrangeâmes en conséquence. Notre inquiétude cessa bientôt cependant, quand nous vîmes qu'ils nous demandaient seulement un petit tribut que l'on exige de tous les voyageurs, en échange de la permission de traverser ce district, et, après quelques altercations avec nos conducteurs, ils nous laissèrent aller. Nous suivîmes alors les montagnes au-delà de la rivière, par un très mauvais chemin et dans l'obscurité. Après deux heures d'un voyage fatigant et assez dangereux dans ce fourgon énorme, le long des précipices, nous arrivâmes à sept heures au petit village de Boursouk, où nous couchâmes.

Le lendemain nous marchâmes encore sur les bords de la Marosch, et par une route étroite sur le penchant d'une chaîne de montagnes, puis à huit heures nous étions à Zaam, village que baigne la rivière ; on nous arrêta pour voir si nous avions du sel, car nous venions de franchir la barrière de la Hongrie, qu'il est sévèrement défendu de passer avec cette denrée. De ce point la route était quelquefois si étroite, entre l'eau et les montagnes perpendiculaires qui la bordent, que deux voitures ne pouvaient y passer l'une à côté de l'autre au risque de se précipiter. Çà et là la montagne s'était écroulée emportant dans sa chute la route au milieu de la rivière, laissant l'intervalle comblé par les débris. Il était merveilleux de voir avec quelle dextérité nos grossiers, simples et timides Valaques conduisaient leur massive voiture et leurs chevaux mal attelés dans des chemins et des défilés qui auraient fait pâlir tout charretier ou postillon anglais. Le lit de la rivière était vaste et profond, d'un niveau parfait. Cependant nous n'y vîmes pas trace de navigation.

A une heure nous fîmes halte pour déjeuner au village de Saboraz, devant la maison d'un noble hongrois. La maison et le domaine ressemblaient à ce que nous voyons en Angleterre en ce genre ; et attenant à cette propriété, s'élevait un clocher rouge. Nous vîmes le propriétaire de ce château, qui était un homme grand, de bonne mine, à l'air hautain dans sa riche pelisse, et qui répondit d'un air dédaigneux à notre salut.

A neuf heures environ nous quittâmes le bord de l'eau pour passer dans le village peuplé d'Odevasa. Nous voyions bien que nous avions quitté la colonie saxonne, car depuis deux jours nous cherchions en vain la propreté et le bien-être dans les villages que nous traversions. Enfin, après avoir franchi une chaîne de montagnes, nous retrouvâmes toutes ces riantes apparences qui nous avaient séduits précédemment. Nous rentrions alors dans le pays réformé ; et la contrée que nous vîmes ensuite s'appelait *Mélova*, colonie de tonneliers luthériens venus de Saxe.

Cependant un impôt mis sur les futailles que ces industrieux paysans fabriquent dans la perfection commence à faire déchoir leur industrie. Après avoir quitté Métova, et franchi quelques montagnes, nous revînmes sur le bord de l'eau et rentrâmes dans la grande vallée où coule la Marosch. Nous vîmes sur un haut rocher qui commande toute la vallée des restes d'un château de templiers, et des moulins à eau construits sur des radeaux amarrés par une forte chaîne au milieu du courant. Au-delà est la ville de *Radna* où nous dînâmes.

Près de cette ville, sur une éminence, est un couvent de franciscains, célèbre pour les miracles qui s'y sont opérés par la vertu d'une image de la Vierge ; l'église avec ses flèches élancées est un objet très pittoresque. Toutes les galeries et tous les corridors du couvent sont chargés de peintures offertes à la Notre-Dame de Radna. Ce sont des *ex-voto* d'un pied carré qui représentent les accidents auxquels chaque dévot a échappé par cette sainte intercession.

Cet immense couvent n'a pas plus de cinq moines, qui nous firent admirer le charmant panorama dont ils jouissent des fenêtres des étages supérieurs. On découvre toute la riche plaine que la rivière arrose; sur un de ses bords est Radna, et vis-à-vis, la ville de Lippa ou Lippora. Les maisons de ces villes étaient, comme à l'ordinaire, fraîchement peintes et blanchies, et entrecoupées par des jardins, de sorte que ces villes champêtres couvraient, à elles deux, une étendue aussi considérable que celle que Londres occupe. Le tout était entouré de collines boisées, dont les douces pentes présentaient sous le soleil couchant de beaux effets de lumière et d'ombre.

Grande steppe de Hongrie. Arad. Domitia. Theiss, magnifique rivière. Berzel. Vechech.

Nous arrivâmes dans la soirée sur les confins de la grande steppe de Hongrie, qui forme au-delà une plaine immense, sans le moindre mouvement de terrain, jusqu'au pied des murailles de Pesth. Quand nous fûmes dans cette plaine, nous perdîmes bientôt notre chemin pour nous enfoncer dans des sables et des marécages; et comme le jour devenait sombre, il nous semblait impossible de rejoindre la route et d'éviter de passer la nuit sur notre fourgon dans ce lieu désolé. Nous nous préparions donc à ne dormir qu'alternativement, car il est nécessaire d'être aux aguets dans ce district, habité par une race de Tartares qui a conservé toutes ses habitudes de rapine qu'elle exerce surtout sur les chevaux. Enfin à minuit, contre toute espérance, nous arrivâmes à la vieille *Arad*, ville grande et opulente qui borde la Marosch des deux côtés, une portion étant dans la juridiction de Temesvar, l'autre de Hongrie. Les juifs, qui y sont très nombreux, en sont les plus riches habitants, et ils y jouissent de certains monopoles sur le tabac, le blé et d'autres marchandises. Cette ville est un grand entrepôt. Nous partîmes le matin longtemps avant le jour, les rues étaient pleines de gens qui portaient des lanternes. C'était le samedi, et les juifs se rendaient à la synagogue. Nous passâmes sous une forteresse très considérable, qui est la Bastille de l'Autriche, et où elle met au secret ses prisonniers d'État.

Le pays faisait toujours partie de cette même steppe de la veille, et nous traversâmes dans le nord-ouest, après avoir quitté la rivière. Les villages devenaient très fréquents, et avaient tous l'apparence d'être de nouvelle fondation. Les maisons étaient bâties de briques cuites au soleil, et enduites à l'extérieur d'une composition faite avec de la bouse de vache. Les toits étaient couverts en jonc ou en tiges de maïs. Ils s'étendaient sur deux lignes parallèles, longues d'un mille quelquefois, avec un passage entre. Ce passage n'était ni une route, ni une rue, mais seulement un chemin à charrette sur l'herbe. Les habitants n'ont ni jardins, ni enclos, ni rien de ce qui marque une propriété distincte ou un intérêt dans le sol. Le blé, quoique abondant, n'était pas en meules dans des enclos derrière chaque maison, mais rangé en longues files au milieu de la plaine comme les habitations, toutes de construction uniforme, savoir: un édifice long comme une étable; une fosse pour recevoir l'eau de pluie devant chaque maison, mais pas un arbre, un arbuste, une fleur qui indiquât dans les habitants du goût ou de l'inclination pour rien au-delà des pures nécessités de la vie animale. Les hommes et les femmes, vêtus de peaux de mouton, marchaient toujours accompagnés de chiens à l'air tout aussi sauvage que leurs maîtres, qui semblaient en effet aussi stupides que le bétail qu'ils gardaient. Cet état de torpeur et d'indifférence s'explique: ces paysans appartiennent à des nobles qui en disposent comme d'un mobilier. Voici comment leur vie est arrangée dans cet état de servitude: la semaine est divisée en deux parts, trois jours de travail pour le maître, et le reste pour l'entretien de leur famille; mais il faut déduire du nombre de leurs jours les dimanches et les jours de fête, et, comme ils ont dans leur calendrier un nombre prodigieux de journées où ils s'abstiennent de tout travail, il arrive souvent qu'ils n'ont pas plus d'un jour par semaine pour eux, et encore faut-il que, sur ce travail, ils paient la dîme au prêtre qui dessert souvent deux ou trois villages à la fois. Bien qu'ils aient une habitation locale, ils diffèrent des tribus qui erraient autrefois sur ces plaines, seulement en ce qu'ils ne sont pas libres. Leurs villages ne sont que des demeures temporaires: quand le sol est fatigué, on l'abandonne jusqu'à ce qu'il se soit rétabli, et les parties nécessaires des cabanes sont transportées sur un autre point avec autant de facilité que les tentes des Scythes. C'est de là que vient l'apparence de fraîcheur et de nouveauté qu'avaient les maisons.

A midi environ nous déjeunâmes au village de Domitia, et nous couchâmes à Orsé, dont toute la population est protestante, à l'exception de quelques habitants fidèles à la croyance catholique, et d'un juif qui est le barbier du pays. Nous ne quittâmes Orsé qu'à huit heures à cause d'un épais brouillard qui nous fit craindre de nous égarer sur cette morne steppe, qui devenait très aride et était couverte çà et là de mares d'eau stagnante; c'est là que prend sa source la fièvre intermittente qui est si fatale, nommée *morbus hungaricus*. Nous déjeunâmes à Fabian, et à huit heures nous arrivâmes au village de Saint-Martin où nous passâmes la nuit.

Le lendemain à sept heures nous quittâmes cette ville, et nous arrivâmes sur les bords de la Koresch. La rivière forme ici une péninsule, et la ville de Saint-Martin est bâtie sur l'isthme. Nous poursuivîmes le long de la rivière, et la ville avec son beau clocher offrait un magnifique point de vue à chaque coude de la rivière.

La Koresch, nommée sur les cartes allemandes *la Koros*, a deux branches, la blanche et la noire, qui se rejoignent et tombent dans la Theiss, beaucoup au-dessus de Marosch. Cette rivière serpente dans une plaine couverte de moutons de la race des mérinos, que l'on suppose y paître au nombre de quatre cent mille. A dix heures environ nous trouvâmes la belle et large rivière de Theiss, sur les bords de laquelle est la grande ville de *Sibourkatch*.

Cette ville est entourée d'un vaste enclos, composé tant d'une muraille de terre que d'une haie vive, comme les pettas des Indes orientales. Le sol de la ville est sablonneux, et des troupeaux de mérinos des plaines environnantes se réfugient en hiver derrière les murailles et les haies, dans de vastes espaces vagues. Le sable de la ville était le commencement de la grande steppe, qui s'étend d'ici aux murs de *Pesth*. Arrivés sur les bords de la Theiss, nous traversâmes la ville sur un large radeau. La rivière avait en cet endroit quatre cents pas de large, et un courant très fort ; l'eau en est limpide et de beaucoup supérieure au fangeux Danube.

La steppe du côté opposé nous parut couverte d'habitants, et à l'horizon était un grand cercle de maisons et des meules de blé ou de foin entremêlées d'arbres. Après une marche de quelques milles le long de la rivière, nous entrâmes dans les terres, et à midi nous arrivâmes à une maison isolée où les chevaux mangèrent pendant que nous déjeunions. La maison et la cour étaient autrefois entourées d'une muraille qui nous parut pleine de force et de durée. Il en était tombé une partie, et les grands blocs oblongs dont elle était composée ressemblaient à ceux d'un travail cyclopéen. En examinant de plus près néanmoins, nous découvrîmes que ces blocs n'étaient point de la pierre, mais de la terre durcie que la première grosse pluie mettait en dissolution. Des croix de pierre très bien travaillées avaient remplacé les croix de bois. Dans la soirée nous arrivâmes près de Czegled-Koros, ou la petite rivière de Koros.

Le lendemain nous trouvâmes le grand village de Berzel, qui jouissait évidemment de privilèges tellement étendus, que chaque habitant avait la propriété du sol et l'ornait en conséquence. Chaque maison avait son jardin et ses arbres d'ornement. Entre autres particularités qui distinguaient ce village de ceux habités par des serfs, nous vîmes nombre de garçons et de filles qui se rendaient à l'école avec leurs livres, et nous aurions conclu à coup sûr de ce fait que nous étions dans un village réformé, si des croix dressées de côté et d'autre ne nous avaient appris le contraire. Nous découvrîmes que ce village était un de ceux que la société de Vienne a fondés pour réussir contre les progrès de la réforme; cette société, alarmée au nombre de prosélytes qui croît journellement en Allemagne, a été établie pour arrêter les progrès de l'hérésie. Ainsi, quand une partie d'un village, comme à Orsé, s'était faite protestante, ils avaient le soin d'en éloigner ceux qui n'étaient pas convertis, pour former entre eux un nouveau village. Pour les décider à consentir à cette mesure, on leur accordait certaines exemptions de taxe et d'autres immunités. C'est de cette manière que le village de Berzel fut colonisé il y a trente ans.

A neuf heures environ nous arrivâmes à Micresch, principalement habité par des serfs. Là pour la première fois, nous vîmes ces grandes roues horizontales qui font aller des moulins et d'autres machines. A chaque côté des roues nous voyions de grands hangars circulaires, ouverts sur les côtés, soutenus par des poteaux et couverts d'un toit conique. Sous chacun tournait une immense roue horizontale de cent pieds de diamètre. Sa puissance motrice n'était guère que celle d'un cheval; et le levier était si long, la roue si bien équilibrée, que toute la machine tournait avec la plus grande aisance et sans bruit de frottement. La roue n'était pas à plus de trois pieds de la terre et le cheval était attaché à sa périphérie. Ces roues basses avec des rais allongées, ces larges roues avec de longs axes, sont d'un usage immense dans le pays plat, où l'on ne rencontre ni moulin à eau ni moulin à vent. Nous arrivâmes ensuite au village de Vechech, où deux grandes églises forment à distance des objets remarquables : une des églises est catholique et l'autre est luthérienne; enfin, à minuit nous arrivâmes à Pesth.

Pesth. Bude. Hongrois et Autrichiens. Pilori. Vienne. Retour.

La ville de *Pesth* est d'une date récente relativement. Il y a peu d'années qu'elle ne se composait que de quelques maisons sur la rive orientale du Danube et d'une muraille qui les entourait. C'est maintenant une grande ville de quarante mille habitants. La carrière d'où les pierres furent tirées est une pierre à chaux où abondent les chamites, les turbinites et les pectinites; de façon que la ville est bâtie de ces coquillages pétrifiés. Les maisons sont élégantes, à façades ornées de corniches et de moulures, et les rues sont larges et régulières. L'édifice le plus remarquable de la ville est son immense caserne bâtie par l'empereur Joseph, et qui peut contenir seize mille hommes, à ses angles sont des batteries, et elle ressemble à une grande forteresse placée au milieu de la ville, afin d'intimider les habitants. Outre huit églises catholiques et deux réformées, on y voit une église valaque et une église grecque qui réunit trois mille individus de cette croyance, tous commerçants.

Bude est le grand foyer et l'athénée de la province; c'est là que se publient tous les livres, et que se forment et s'exécutent toutes les entreprises littéraires. Cette ville est sur les bords élevés et escarpés du Danube, vis-à-vis de Pesth, et de ce côté du fleuve le pays prend un aspect tout différent, car il s'élève en rochers et en hautes collines, sur l'une desquelles la ville est bâtie. Nous y passâmes de Pesth au moyen d'un pont de soixante-trois grands bateaux qui traversent le fleuve, large en cet endroit de cinq cent trente pas. C'était le premier pont que je vis sur le Danube ou sur ses affluents. Nous gravîmes les rues rocailleuses pour arriver au palais du palatinat, habité par le prince palatin. A côté est l'édifice où se réunit la diète de Hongrie; sur la base sont quelques bonnes sculptures en relief représentant l'empereur couronné et ses sujets lui offrant d'un côté des chevaux, de l'autre un cerf mort. Entre les palais est une magnifique plate-forme suspendue au-dessus du fleuve et qui commande la vue la plus étendue du pays que nous venions de parcourir, c'est-à-dire une plaine sans vie de tous les côtés.

Parmi les établissements les plus considérables sont les bains et la bibliothèque fondés par Mathias Corvinus, qui employa trois cents écrivains en Italie pour faire des copies des meilleurs auteurs; puis il acheta cinquante mille volumes qu'il déposa à Bude dans une tour où trente mille copistes étaient sans relâche occupés à augmenter cette bibliothèque. Quand Bude fut prise par les Turcs, on la regardait comme le dépôt de la plus riche bibliothèque de l'Europe, et le cardinal Rosmani offrit deux cent mille ducats pour sauver les livres; mais ces croisés contre les lumières européennes refusèrent l'argent et détruisirent la bibliothèque. Elle a été rétablie depuis, et l'université de Bude est très florissante.

Ses bains sont renommés à juste titre, et c'est le seul établissement que les Turcs n'aient pas détruit. Adonnés comme ils le sont à ce régime, ils estimaient plus que toutes les autres possessions de Bude les sources chaudes qu'elle renferme. Ils firent une excavation dans le rocher d'où sortent les sources, puis, élevant au-dessus un édifice de marbre, ils le couvrirent de plomb, et cette construction reste comme un modèle de luxe turc.

Bude et Pesth renferment ensemble soixante-dix mille habitants. Chaque ville a sa juridiction séparée. On y trouve des théâtres avec les autres amusements des villes d'Europe, et surtout une excellente musique. La population protestante est plus nombreuse que la population catholique; mais la tolérance la plus parfaite règne dans ce pays.

C'est là que nous pûmes remarquer la complète différence qui existe au physique entre l'Autrichien et le Hongrois. Les Autrichiens sont en général petits, trapus, à large poitrine, et ils ont le cou et les épaules tellement forts, qu'ils paraissent être bossus, et beaucoup le sont en effet. Ils ont la tête grosse, la face large, et une physionomie bienveillante, bien qu'un peu rude. Les Hongrois, au contraire, sont sveltes et grands, aux épaules étroites et aux membres grêles. Ils ont le cou mince et la taille droite; leurs têtes, qui sont petites et aux traits pâles, ont des yeux noirs dont le regard a quelque chose de sauvage, comme si le caractère scythe ou tartare s'y montrait encore. Il en était de même des habitudes des deux nations : l'Autrichien est lent et flegmatique, le Hongrois vif et irritable; et quand ils s'entretiennent d'un sujet quelconque, ils ne sont jamais du même avis.

De Bude nous nous dirigeâmes, à travers un pays montagneux, vers la ville de *Bia*, où nous passâmes la nuit, et le lendemain nous traversâmes un district très populeux et très fertile, occupé par des paysans qui n'étaient point serfs, parce que le domaine auquel ils appartenaient avait été vendu par leurs propriétaires féodaux à des commerçants qui n'avaient pas le droit de les tenir en servitude. De là nous allâmes à Bobalina, où est un immense haras, avec des écuries pour la cavalerie de l'empereur Joseph; et de ce lieu nous passâmes à *Raab*, ville située sur un fond sablonneux, dans un pays plat, de façon que ses tours semblaient sortir de terre à mesure que nous en approchions. La moitié des fortifications à peu près est encore debout, et les remparts forment une délicieuse promenade ombragée d'arbres. La rivière Raab coule au bas de ces murailles, et va joindre, à peu de distance, un bras du Danube. Toutes les rues aboutissent à une place au centre de la ville, et où s'élève un immense couvent de Capucins, surmonté de deux clochers très élevés.

Notre prochain relais était à Weisemberg, ville qui

se compose d'une seule rue longue. En face de notre auberge était un homme au pilori. Ce mode de punition consiste en une haute pierre, où sont scellées des menottes et une grosse boule qui est suspendue au-dessus ; le délinquant a le dos appuyé à cette pierre, son cou est passé dans un anneau de fer et ses mains aux côtés, tandis que la boule pesante le menace. Les chambres de l'auberge étaient tendues d'images qui représentent diverses cruautés commises par les Turcs sur des enfants chrétiens. Notre hôte nous dit que nous ne verrions probablement plus de ces peintures, car elles sont défendues de l'autre côté de la frontière autrichienne.

Nous partîmes par une tempête de vent et de neige, ensemble d'intempéries qui indiquent toujours à cette époque de l'année l'approche de la capitale ; nous ne pouvions faire qu'un mille à l'heure. C'est ainsi que nous traversâmes Thrausbourg, et, laissant *Presbourg* à une distance considérable sur la droite, nous arrivâmes sur les bords de la Leitha, qui est ici la limite entre la Hongrie et l'Autriche. Là nous aperçûmes tout de suite que nous avions passé la frontière à l'examen que nous firent subir des agents au milieu de la rue, où ils nous arrêtèrent. Ils nous demandèrent, entre autres choses, si nous avions des almanachs ou des cartes à jouer, et j'appris que leur anxiété en ce point tient à ce que les Hongrois ont l'habitude de glisser dans leurs almanachs des anecdotes et dans leurs cartes des caricatures qui ne sont point du goût de la cour de Vienne.

A mesure que nous avancions, les routes devenaient meilleures, nous traversâmes Sukmeisen, et les montagnes lointaines couvertes de masses de neige nous annonçaient la capitale, située à peu de distance de la base de ces hauteurs. Notre route passait au milieu de haies et de vignobles dans lesquels sont creusés des celliers pour y déposer le produit de la vendange. Malgré tous les soins de l'industrie rurale, le pays était complétement nu, et on n'y voyait pas un arbre d'ornement. Il ne nous fut pas possible d'arriver le soir à Vienne, et nous passâmes la nuit à quatre milles en avant, dans la ville de Scavedget.

Le premier point de la ville que nous aperçûmes le lendemain fut le clocher de Saint-Stephano, qui penche évidemment d'un côté ; derrière s'élèvent des montagnes que couronnent deux monastères, et à droite, sur les bords du Danube, d'épaisses masses d'arbres indiquent le Prater ou promenade publique.

Après un court séjour à *Vienne*, je passai à Munich, et de là à Augsbourg pour aller à Francfort, où je m'embarquai sur le Mein, et descendis à Mayence. Ensuite une navigation de trois jours m'amena à Coblentz, et je me rendis par Cologne et Aix-la-Chapelle à Bruxelles, d'où je passai en Angleterre.

ALBERT-MONTÉMONT.

HOMMAIRE DE HELL.

(1838-1843.)

—

VOYAGE AU CAUCASE, EN CRIMÉE, DANS LA RUSSIE MÉRIDIONALE, ET DANS LES STEPPES DE LA MER CASPIENNE.

Le voyage de M. Hommaire de Hell dans les steppes de la mer Caspienne, le Caucase, la Crimée et la Russie méridionale, embrasse une période de cinq années, pendant lesquelles l'auteur a sillonné dans tous les sens les divers pays qu'il a parcourus. Il a étudié toutes les vastes contrées qui s'étendent entre le Danube et la mer Caspienne, jusqu'au pied du versant septentrional du Caucase ; il a exploré le cours des fleuves et des rivières, et visité toutes les côtes russes de la mer Noire, de la mer d'Azof et de la mer Caspienne. Deux fois chargé par le gouvernement russe d'importantes missions, il a été entouré dans ses voyages d'une protection et d'une assistance tout-à-fait spéciales, ce qui lui a permis d'observer à son aise et d'approfondir les différents sujets qu'il avait à traiter. Il était, de plus, accompagné d'une épouse aux connaissances très variées, et qui s'est chargée de la rédaction relative à la partie pittoresque du voyage.

Parti de Constantinople le 15 mai 1838, notre explorateur se rendit à Odessa, ville qui repose sur la mer Noire, et par laquelle commencera son voyage.

Odessa et Kherson.

Du port de la quarantaine, où les navires jettent l'ancre, Odessa se présente sous un aspect très avantageux. On peut, dit M. Hommaire de Hell, embrasser d'un regard la bourse, le boulevart, l'hôtel du comte Woronzof, le port de pratique, la douane ; et, sur le second plan, on voit quelques églises et le théâtre, puis de grandes casernes, qui ressemblent par leur architecture grecque à d'antiques monuments. Derrière la douane s'élève la forteresse couronnant la hauteur et protégeant la ville. Le dimanche, on entend le bruit des droskys ou voitures légères du pays, et des équipages à quatre chevaux qui roulent dans toutes les directions ; à ce fracas se mêle la musique militaire stationant au milieu de la promenade. Odessa est bien une ville européenne par sa physionomie et par ses constructions. Son port a un grand mouvement de marchandises et de passagers. Toute la ville est remplie d'acacias dont les fleurs embaument les rues et les places publiques. Les rues sont larges et ont des trottoirs en pierre de taille. Sa position sur la mer Noire, l'accroissement rapide de sa population, ses richesses commerciales, sa brillante société, tout semble concourir à lui assigner en Russie le premier rang après Pétersbourg et Moscou, les deux capitales de l'empire des czars. Quoique d'une origine récente, elle a laissé loin derrière elle la grande Novogorod, Wladimir et Kief-la-Sainte. On parle à Odessa toutes les langues ; on y suit tous les usages, excepté ceux du pays ; on y jouit d'une liberté très étendue ; les dames russes et polonaises y exercent tout l'empire de leurs charmes, et, sous ce rapport, Odessa rappelle bien Paris. Du reste, toutes ces dames veulent voir au moins une fois en leur vie Paris, cette capitale des modes par excellence, nonobstant l'éloignement qui en sépare le beau sexe d'Odessa. La réputation de cette cité, reine de la Crimée, a même franchi les limites russes, et elle a reçu le nom de Florence moscovite, bien qu'elle n'ait ni arts ni artistes, et bien que l'esprit de négoce qui y domine laisse peu de place au sentiment du beau. Quoi qu'il en soit, Odessa tient un rang distingué dans le monde élégant, et le nombre des voyageurs qui s'y rendent s'accroît de jour en jour. Quant aux Russes, leur engoûment pour Odessa est porté au plus haut degré, et ils ne peuvent comprendre qu'on ne le partage point, surtout en songeant que cette ville possède un opéra italien, des magasins de modes, de larges trottoirs, un club anglais, un boulevart et quelques rues pavées. Pour les Russes, habitués à leurs déserts de neige et de boue, Odessa est en effet une sorte de merveille : cela n'empêche pas qu'il n'y fasse très froid en hiver, et que la mer alors ne soit qu'une glace polie ; il faut des doubles fenêtres, des poêles et des pelisses à Odessa, tout aussi bien qu'à Pétersbourg et à Moscou ; et dans la belle saison il règne des ouragans qui désolent souvent la contrée, outre que, dans cette même saison, la poussière que soulève le vent dans les rues est fort incommodante.

Pendant l'hiver, dit M. Hommaire de Hell, cette poussière se change en une boue liquide où l'on enfonce jusqu'à mi-jambes, et où l'on pourrait même se noyer dans certaines rues. Il y a quinze ans, les dames d'Odessa, cité aujourd'hui presque française, allaient au bal dans des charrettes attelées de bœufs ; maintenant que les principales rues sont pavées et éclairées, on va aux soirées en équipage ; mais le pauvre piéton n'en est pas moins embarrassé pour se tirer de toute cette fange qu'il trouve sur son passage ; aussi, quiconque n'a pas de voiture à Odessa doit renoncer au monde. Les distances y sont aussi grandes qu'à Paris, et pour les franchir on n'a guère qu'une espèce de selle portée sur quatre roues et sur laquelle on se met comme à cheval. Cette espèce de voiture s'appelle *droschky*; elle ne garantit ni de la boue, ni de la pluie, et elle n'est guère employée que par les gens d'affaires, qui ne sortent jamais sans leur manteau, même au plus fort de l'été.

Odessa ne renferme aucun édifice bien remarquable, mais le style grec y est employé pour les maisons particulières et pour beaucoup de magasins. La cathédrale est à l'intérieur éclatante de peintures et de dorures qui rappellent le faux goût du Bas-Empire. Enfin, cette ville renferme quelques synagogues, une église catholique et deux temples protestants. Le boulevart est son unique promenade ; il domine tout le port, et c'est dans son voisinage que se trouvent les plus brillants quartiers de la ville.

La société d'Odessa se compose d'éléments fort hétérogènes : Français, Allemands, Russes, Anglais, Grecs Italiens, tout s'y mêle ; le langage et les habitudes se diversifient à l'avenant. La troupe du théâtre italien est assez bien composée ; on y joue aussi des pièces françaises.

Après quelques mois de séjour à Odessa, M. Hommaire de Hell partit pour le port de Kherson. Avant d'y arriver, il s'arrêta à *Nicolaief*, jolie ville devenue depuis peu le siège de l'amirauté russe ; elle est située sur le Boug, et offre un superbe chantier pour la marine. Quatre à cinq lieues au-dessous de Nicolaief, sur la rive droite du Boug, vers son embouchure dans le Liman ou port du Dnieper, se voient les ruines d'Olvia ou Olviopolis, colonie milésienne fondée environ 500 ans avant Jésus-Christ. Près de là s'élève, non loin de la mer, la forteresse d'Otschakof, qui fut fondée par un khan de Crimée.

Kherson, où notre voyageur arriva ensuite, est bien déchue de la splendeur qu'elle présentait avant la fondation d'Odessa et de Nicolaief ; elle n'a plus guère aujourd'hui pour habitants que des Israélites fort sales et d'un aspect hideux, un seul Juif dans un appartement suffit pour en vicier l'air. Ils ont la barbe dégoûtante, la figure blême et les cheveux en désordre ; ils sont à peine vêtus, ils encombrent les rues, où ils exercent toutes sortes de métiers ; ils sont bas et rampants, et leur misère est si grande que pour une chétive somme il vous sera loisible de les envoyer d'un bout de la ville à l'autre. Dès qu'un étranger arrive à Kherson, il y est assailli par une multitude de Juifs officieux qui viennent lui offrir leurs marchandises, leurs personnes, tout ce qu'ils ont, et même ce qu'ils n'ont pas. L'aspect de Kherson est aussi triste que celui de Nicolaief est animé. Le Dnieper, vu de Kherson, ressemble à un grand lac parsemé d'îles.

Durant son séjour à Kherson, notre voyageur visita quelques-unes des localités environnantes ; il fit des promenades en traîneau, et se mit en relations fréquentes avec la population indigène, principalement avec le clergé russe. Il paraît qu'ici les moines et les prêtres passent leur vie dans une honteuse ivresse ; les popes ou curés ont une barbe inculte, un vêtement sale et une figure constamment avinée, outre qu'ils sont d'une démoralisation proverbiale.

Notre voyageur eut occasion de remarquer que les Russes de ces contrées sont généralement d'une extrême gloutonnerie ; l'âpreté de leur climat et leur faculté digestive paraissent leur commander une nourriture continuelle ; ils font par jour cinq repas tellement copieux qu'un seul suffirait pour nourrir largement un homme du Midi. Ils aiment avec passion la musique, et ont des chanteurs ou des chanteuses qui se font surtout entendre au moment des festins et dans les fêtes de famille. Une chose à remarquer à la louange des Russes, c'est que, lorsqu'ils sont ivres, il est bien rare de les voir se quereller et en venir à des coups.

Arrêtons-nous un moment sur les diverses conditions de la société en Russie, sur les mœurs et coutumes de ses habitants et sur les formes de son gouvernement.

Conditions de la société russe. Mœurs et coutumes. Constitution de l'empire.

La nation russe offre deux grandes divisions : l'aristocratie et le peuple. La première jouit de tous les privilèges, et la seconde supporte toutes les charges. La noblesse russe ne ressemble pas toutefois à celle des autres États de l'Europe, où elle résulte de la naissance : en Russie, chaque homme libre peut devenir noble en servant l'État, soit dans le civil, soit dans l'armée ; seulement, le fils d'un noble obtient un grade peu de temps après son entrée au service, tandis qu'au fils d'un roturier on ne l'accorde qu'après douze ans, à moins qu'il n'ait eu l'occasion de se distinguer.

Par le grade d'officier dans le militaire, on acquiert le titre de gentilhomme, c'est-à-dire la noblesse héréditaire ; mais dans le civil cette qualité n'est que personnelle jusqu'au rang d'assesseur. La même hiérarchie se retrouve dans les deux carrières. M. Hommaire de Hell indique de la manière suivante les rapports qu'ont entre eux les grades de ces deux classes.

Le rang de régistrateur de collége (celui de la quatorzième classe, qui est la dernière) équivaut au grade d'enseigne ; celui de secrétaire du gouvernement correspond au grade de sous lieutenant ; le secrétaire de collége est assimilé au lieutenant ; le conseiller honoraire, au capitaine ; l'assesseur au major ; le conseiller de cour, au lieutenant-colonel ; le conseiller de collége, au colonel ; le conseiller d'État, au brigadier ; le conseiller d'État actuel, au général major, le conseiller privé, au lieutenant général ; le conseiller privé actuel, au général en chef. Une fois admis dans la quatorzième classe, on jouit de tous les privilèges accordés à la noblesse et l'on est sur le même pied qu'un comte de l'empire, à cela près qu'on ne peut avoir d'esclaves à soi avant d'être parvenu au grade d'assesseur de collége, à moins qu'on ne soit né gentilhomme.

Il suit de cette organisation qu'en Russie la considération s'attache au grade que l'on occupe ; on monte de l'un à l'autre après un certain temps fixé. Néanmoins les anciennes familles ont plus de chances d'avancer que les nouvelles. D'un autre côté, la classe des employés forme à elle seule une aristocratie subalterne aussi tyrannique, et tout Russe qui n'est pas serf cherche à servir pour obtenir la quatorzième classe ; autrement il serait opprimé comme les esclaves.

Après la noblesse viennent les marchands et les bourgeois, lesquels forment le premier noyau du tiers-état. La noblesse professe pour eux presque autant de mépris que pour les esclaves ; mais le marchand russe, étant très calme, souffre patiemment ce dédain, et en considérant l'esclavage du peuple et la triste condition du soldat, il se regarde encore comme très heureux.

Les marchands russes et étrangers établis dans l'empire sont partagés en trois catégories bien distinctes appelées *guildes*. Ceux de première guilde doivent justifier d'un capital de 50,000 roubles. Ils ont le droit de posséder des manufactures, des maisons de ville et de campagne ; ils peuvent commercer avec l'intérieur et l'extérieur ; ils sont affranchis des peines corporelles, et, comme les nobles héréditaires, ils ont la liberté d'atteler quatre chevaux à leur voiture; mais il leur faut payer 3,000 roubles de patente. La deuxième guilde est tenue de justifier d'un capital de 20,000 roubles; elle ne peut commercer que dans l'intérieur de l'empire; elle peut avoir des fabriques, des hôtels, des bateaux, et une voiture attelée de deux chevaux. La troisième guilde doit avoir un capital de 8,000 roubles; elle fait le commerce de détail dans les villes et les campagnes; elle tient des auberges et des métiers de fabrication, et fréquente les foires où elle peut tenir boutique. Les paysans russes qui se livrent au commerce ne sont astreints à payer aucun capital.

Les esclaves forment la classe la plus considérable de la population russe, car ils dépassent le nombre de 45 millions d'individus, tant paysans de la couronne et des apanages que serfs des terres seigneuriales. Les esclaves de la couronne sont sous l'obéidence d'un ministère spécial, dit des domaines de la couronne; les autres dépendent des seigneurs ou particuliers.

Les esclaves de la couronne jouissent de plus de liberté que ceux des terres seigneuriales; leur condition est de beaucoup meilleure; simplement attachés au sol, ils sont maîtres de leur temps, et peuvent même obtenir la permission d'aller dans les villes et chez les propriétaires exercer une industrie quelconque. Mais les esclaves des terres seigneuriales sont exposés à de nombreuses vexations, surtout lorsqu'ils appartiennent à de petits propriétaires, ou qu'ils sont sous l'obéissance immédiate d'un intendant. Tous les colporteurs qui vont de village en village, de château en château, depuis les bords de la Néva jusqu'en Sibérie, sont des esclaves qui trafiquent au profit de leurs maîtres. Un esclave ne peut se marier qu'avec le consentement de son seigneur.

En Russie, chaque village a son maire, appelé *golova*, et ses *starostes* ou adjoints; tous sont élus par la commune, et agréés ensuite par le gouvernement; ce sont eux qui règlent les différents travaux, ainsi que la répartition, la levée des impôts et la corvée. La seule corvée que redoutent les serfs russes est le service militaire; la conscription n'existe pas, et le recrutement de l'armée se fait au moyen d'un oukase ou décret de l'empereur.

Le peuple russe est entretenu dans une sorte d'abrutissement par l'usage immodéré de l'eau-de-vie; cet usage est suivi par les femmes aussi bien que par les hommes, et dans les cabarets on rencontre souvent des femmes ivres-mortes; ces malheureuses vendent quelquefois jusqu'à leur dernière nippe afin d'avoir de l'eau-de-vie. Cet usage si funeste des liqueurs spiritueuses chez les femmes aussi bien que chez les hommes est malheureusement toléré, favorisé même par le gouvernement impérial de la Russie, parce qu'il y trouve la source de son revenu le plus important.

M. Hommaire de Hell présente ainsi qu'il suit le tableau général de la population russe, d'après le dernier document officiel publié par le ministère.

CLERGÉ.

Clergé grec orthodoxe	494,805	
Clergé grec-uni	15,141	
Clergé catholique	2,497	
Clergé arménien	817	530,007
Clergé protestant	2,046	
Mollahs mahométans	15,551	
Lamas bouddhistes	150	

NOBLESSE.

Noblesse héréditaire	538,160	
Noblesse personnelle	153,195	1,115,775
Employés	424,420	

DIVERS.

Cosaques	1,942,165
Marchands	232,061
Bourgeois	2,787,004
Grecs et autres	135,006
Serfs	46,826,589
Nomades	5,516,353
Total	59,095,665

A ce total, il faut ajouter les soldats et les matelots en activité, leurs femmes ainsi que leurs enfants, et l'on aura pour total de la population de l'empire près de 61 millions d'habitants.

Le peuple est très superstitieux; on le voit pâlir à la vue de deux fourchettes en croix ou d'une salière renversée. Il y a des jours néfastes où tout l'or du monde ne déciderait pas un Russe à entreprendre un voyage ou une affaire; le lundi est surtout marqué d'une croix rouge dans son calendrier, et malheur à celui qui voudrait en braver l'influence.

En Russie, il est d'usage de se saluer réciproquement en sortant de table; les enfants baisent respectueusement la main de leurs parents. Dans toute réunion, les jeunes filles, au lieu de se rendre au salon, doivent rester entre elles dans une salle voisine, et aucun jeune homme ne peut leur tenir compagnie. Si on danse, une personne âgée va les chercher et les amène dans la salle de bal.

Mais ces jeunes filles, une fois mariées, acquièrent presque le droit de se conduire comme bon leur semble, et le mari serait fort embarrassé de contrôler leurs faits et gestes. Bien que le divorce s'obtienne très difficilement, il ne s'ensuit pas, dit notre voyageur, que toutes les femmes restent avec leurs maris; il y a entre les époux des arrangements à l'amiable. D'un autre côté, il n'est pas sans exemple de voir une femme unie à deux maris, et un mari possédant deux épouses légitimes; M. de Hell en trouva des exemples à Kherson.

Les Russes, dit-il, tiennent beaucoup à avoir un grand nombre de domestiques autour d'eux; le plus mince propriétaire n'en a jamais moins de cinq ou six, et ses gens passent à dormir une partie de la journée. Les coups de bâton qu'ils reçoivent fréquemment ne semblent propres qu'à entretenir leur bonne humeur. Ces domestiques sont mal nourris et n'ont d'autre lit que le sol; mais ils supportent facilement les plus grandes privations, et pourvu qu'ils aient des concombres salés, des arbouses et du kach, ils n'envient pas la succulente nourriture de leurs maîtres.

Sous le rapport de la constitution politique, l'empire de Russie est divisé en cinquante-six gouvernements, qui représentent nos départements, comme leurs districts nos sous-préfectures. Chaque gouvernement a son chef-lieu, où résident les différentes administrations civiles et militaires.

Le gouverneur a un pouvoir en quelque sorte illimité: cependant la bureaucratie subalterne le paralyse bien souvent par des écritures et des intrigues multipliées à l'infini. De leur côté, les employés s'appliquent à se tromper mutuellement, et il règne parmi eux non-seulement une jalousie vivace, mais encore une dissimulation profonde.

Chaque chef-lieu de gouvernement a une cour de justice qui décide en dernier ressort dans toutes les affaires où la somme en litige ne dépasse pas 500 fr. Pour les sommes supérieures, on peut en appeler au sénat dirigeant, qui siège une partie à Saint-Pétersbourg et l'autre à Moscou. Cette cour se compose d'un président et de quatre assesseurs, avec deux nobles et deux paysans. Le chef-lieu du gouvernement a aussi un personnage très influent: c'est le colonel de la gendarmerie, lequel est indépendant du gouverneur; il est le chef de la police secrète, et il correspond directement avec le ministre de la police générale de l'empire.

L'organisation judiciaire en Russie est assez libérale au premier abord; mais au fond les tribunaux résident plutôt dans la bureaucratie que dans les juges eux-mêmes; le secrétaire local rédige la sentence au gré du plaideur qui a pu le rétribuer le mieux. La sévérité des formes et la multiplicité des écritures sont le fléau du pays; rien ne se traite verbalement; tous les procès se débattent avec force papier timbré; il n'y a point de débats publics, et les arrêts sont rendus secrètement. La principale cause de la vénalité de la justice existe dans l'insuffisance des traitements et dans l'absence d'un corps spécial de magistrats. D'ailleurs, toutes les administrations publiques sont encombrées d'employés, la plupart sans fortune patrimoniale, ce qui les détermine à recourir à des expédients peu honnêtes pour subvenir à leurs besoins.

D'après un rapport du ministère de l'intérieur, l'empire russe comptait, à la fin de 1840, environ 3,230 établissements placés sous la direction du ministère de l'instruction publique. Les jeunes gens qui suivent les cours universitaires ont à subir des examens peu rigoureux, et leur unique but est d'arriver à un grade de noblesse. Quant aux administrations civiles, il suffit de savoir lire, écrire et calculer pour devenir employé, et un simple copiste s'élève quelquefois au premier grade d'officier civil, pour arriver ensuite aux plus hauts échelons de la carrière du service. Généralement les études sont fort incomplètes, et les professeurs, s'ils ne viennent pas de l'étranger, n'ont presque jamais les connaissances suffisantes pour former des sujets. D'ailleurs, la généralité des Russes a pour les sciences et les arts une grande indifférence, parce que les arts et les sciences ne mènent pas à la fortune, et qu'en Russie on songe d'abord au positif.

Après cet aperçu sommaire de la justice et de l'administration en Russie, continuons à suivre notre voyageur dans le cours de ses explorations.

Ekaterinoslaw. Marioupol. Berdiansk. Taganrok. Tsiganes. Nouvelle-Russie. Novotscherkask.

M. de Hell, quittant les steppes de la mer Noire, remonta le Dnieper pour visiter *Ekaterinoslaw*, ville fondée en 1784 par la grande Catherine. Cette ville est bâtie sur un plateau gigantesque; ses rues sont larges et bien alignées, mais à peine bordées de quelques habitations jetées de loin en loin, et il faudra longtemps encore pour combler les espaces restés vides. On remarque de nombreuses églises, des bazars et des jardins délicieux. Le palais et le jardin Potemkin, élevés aussi par Catherine II, sont presque dans un état de ruine; on y voit des colonnades, des portiques et des corniches dans le style italien de l'époque; mais rien n'attriste la vue comme ces squelettes de monuments. Ekaterinoslaw possède deux beaux parcs, dont un sert de promenade publique.

En quittant Ekaterinoslaw, M. de Hell se dirigea sur la mer d'Azof, et gagna d'abord *Marioupol*, chef-lieu d'une importante colonie, fondée sur les bords de cette mer, à l'embouchure du Kalmious. Les colons de ce lieu sont au nombre de plus de 30,000 individus disséminés dans vingt-quatre villages, dont Marioupol est le principal.

De ce point il gagna *Berdiansk*, nouveau port placé à l'embouchure de la Berda, et aujourd'hui le meilleur de la mer d'Azof. Cet entrepôt général du sel de la Crimée compte aujourd'hui près de 1,500 habitants.

M. de Hell arriva ensuite à *Taganrok*, ville située sur le golfe du même nom, à l'extrémité septentrionale de la mer d'Azof. Les eaux de ce port sont basses et il n'est accessible qu'aux petits navires. La ville compte environ 16,000 habitants. Là est mort l'empereur Alexandre, qui avait pour cette ville une grande prédilection et qui était venu s'y reposer des ennuis pompeux de la cour. C'est là aussi que notre voyageur eut occasion de se lier avec le général Kersanof, qui lui présenta ses deux femmes légitimes; car il en avait deux à la fois, sans que personne trouvât à redire à cette double union, qui, du reste, passait pour être tout-à-fait exemplaire. La population de Taganrok est composée en grande partie de Grecs et d'Italiens.

En s'éloignant de ce riant séjour pour gagner les rives du Don, M. de Hell rencontra sur sa route une troupe de Bohémiens *Tsiganes*, qui mènent une vie nomade et misérable. L'insouciance, dit-il, est le fond de leur caractère; ils sont heureux dans leur indigence.

Hommes, femmes, enfants, vieillards, tous fument à qui mieux mieux, et ce plaisir égale pour eux celui de boire de l'eau-de-vie. Continuant de s'avancer, il s'approchait de plus en plus de la capitale des Cosaques du Don; mais auparavant il jette un coup d'œil sur la *Nouvelle-Russie* qu'il vient de parcourir.

Elle se compose des trois gouvernements de Kherson, de Tauride et d'Ekaterinoslaw. Elle renferme près de 1,350,000 habitants. Cette population est très mélangée; les Petits-Russiens, autrefois connus sous le nom de l'Ukraine, en constituent le noyau principal. Viennent ensuite de nombreux villages de Grands-Russes ou Russiens, qui appartiennent à la couronne et à des particuliers, et qui sont formés de colonies allemandes, grecques, arméniennes, juives et bulgares.

Toute la Nouvelle Russie, depuis les bords du Dniester jusqu'à la mer d'Azof et au pied des montagnes de la Crimée, ne présente que de vastes plaines, appelées *steppes*, dont le plateau s'élève de 40 à 50 mètres au-dessus du niveau de la mer. Le sol y est complètement dénué de forêts; il y a seulement quelques bois de chênes et de bouleaux le long des rives du Dnieper et des autres fleuves. La culture des céréales et l'élève du bétail constituent les éléments de richesse de ce pays productif, auquel il manque seulement des moyens de transport. Le Dniester et le Dnieper sont autant d'admirables canaux qui, après avoir traversé les parties centrales et les contrées les plus fertiles de l'empire, viennent aboutir au littoral de la mer Noire.

Arrivons maintenant avec notre voyageur à *Novo-Tscherkask*, capitale des Cosaques du Don et siège en même temps de toutes les administrations du pays. Cette ville est située à 12 kil. du Don, sur une hauteur entourée de tous les côtés par l'Axai et le Touzlof, petites rivières qui se jettent dans le fleuve. L'etman Platof, qui a fondé cette ville en 1806, avait choisi ce lieu dans la vue d'y créer une place forte, projet qui n'a pu être exécuté. Un autre inconvénient du lieu est le manque absolu de bonne eau. Les gens aisés s'y servent de glace fondue pour préparer le thé. Sur la grande place de la ville s'élèvent deux immenses bazars couverts en bois, où l'on trouve toutes sortes de marchandises, et notamment une collection d'équipements militaires à l'usage des Cosaques. La population de Novo-Tscherkask est d'environ 10,000 habitants. Ce qui surprit agréablement M. de Hell fut de trouver là un excellent hôtel tenu par un Français, lequel, encouragé par la noblesse locale, y a aussi établi un casino où se donnent de nombreuses fêtes pendant l'hiver. M. de Hell ajoute que, partout dans ces lieux, il trouva le portrait de l'empereur Napoléon, tant les Cosaques ont de vénération pour ce grand capitaine, le plus fameux génie des temps modernes.

L'etman ou ataman (*locum tenens*), ayant le rang de lieutenant général, est le chef militaire et civil des Cosaques du Don, et en même temps le président des différents tribunaux de la capitale. La province est partagée en sept districts militaires et sept arrondissements civils; la hiérarchie des tribunaux est la même que celle des autres gouvernements de l'empire. L'effectif de l'armée est de cinquante-quatre régiments de chacun 850 hommes (sans compter les deux régiments de l'empereur et du grand duc) et de 9 batteries d'artillerie. Tous les Cosaques sont soldats de naissance : leur service légal est de 20 ans hors du pays et de 25 chez eux. La population des Cosaques du Don est d'environ 600,000 habitants.

Le pays des Cosaques du Don est borné, au nord, par les deux gouvernements de Voronèje et de Saratof; à l'est, par le gouvernement de Saratof et celui d'Astrakhan; au sud, par le gouvernement du Caucase, la contrée des Cosaques de la mer Noire et de la mer d'Azof; à l'ouest, par les gouvernements de Voronèje et d'Ekaterinoslaw et les Slobodes de l'Ukraine. Les haras les plus célèbres des Cosaques sont vers les rives du Khoper et de la Medveditza. Les steppes s'étendent

Valaques.

sur la rive gauche du Don jusqu'aux confins du gouvernement du Caucase et le long du Manitsch jusqu'à la frontière d'Astrakhan. Ici, point d'accident de terrain; c'est le désert de la Russie dans toute son uniformité. Toutefois, ces plaines ne sont point stériles : on y élève d'innombrables troupeaux de chevaux et de bétail.

Les Cosaques ont aussi la culture de la vigne dans la partie méridionale de la contrée, sur les bords du Don et sur ceux de l'Azaï. Ils fabriquent du vin mousseux dont on exporte plus d'un million de bouteilles par an. Ces vins remplacent, jusqu'à un certain point, le champagne, qui est fort cher dans la contrée.

De Novo-Tscherkask, M. de Hell se dirigea le long de la rive droite du Don. Il traversa de nombreux *stanitzas* ou villages cosaques, dont les maisons n'ont que le rez-de-chaussée, et où l'on ne rencontre guère que des femmes et des enfants, excepté quelques vieux vétérans, qui comptent plus de quarante ans de service. Il vit ensuite la jolie ville de *Sarepta*, colonie morave, cachée dans un pli du Volga, fleuve dont il allait suivre pendant quelque temps le cours.

Aspect du Volga. Astrakhan. Littoral de la mer Caspienne. Kalmouks. Turcomans.

En quittant Sarepta, ville toute allemande, notre voyageur ne tarda pas à découvrir le cours du *Volga*, aux flots majestueux, aux tranquilles méandres, aux îlots couverts d'aunes et de trembles, et coupés de canaux. De l'autre côté du fleuve s'étendaient à perte de vue les steppes immenses où campent les tribus kirghizes et kalmoukes, et dont la ligne à l'horizon est unie comme les eaux de l'Océan. La route qui côtoie le fleuve est pénible et dangereuse; mais les stations de la poste aux chevaux sont mieux servies que partout ailleurs. A mesure qu'on approche d'*Astrakhan*, les collines de sable qui emprisonnaient la vue s'abaissent peu à peu, et le regard se promène sur un vaste horizon. Enfin l'on a devant soi la grande cité, avec ses églises, ses coupoles, ses forts ruinés. Située dans une île au milieu du Volga, ses alentours ne peuvent être, comme ceux des autres villes, couverts de villages et de cultures; elle est seule, entourée de sable et d'eau, et cet isolement l'a fait surnommer par les poètes orientaux l'étoile du désert.

Aujourd'hui l'ancienne capitale d'un royaume tatar est simplement le chef-lieu d'un gouvernement de l'empire de Russie. Elle renferme un grand nombre de places, d'églises et de mosquées. Ses vieilles tours crénelées et ses pans de muraille qui embrassent encore, dit M. de Hell, un espace considérable de terrain, rappellent aux voyageurs ses anciens souvenirs guerriers. Sa population, mélangée de toutes les races de l'Asie, s'élève à 45,703 habitants. Les Arméniens y sont boutiquiers; ils ont l'esprit de négoce et d'usure comme les Juifs. Le manteau brun des Arméniennes de Constantinople est remplacé à Astrakhan par des voiles blancs, qui dessinent les formes du corps et retombent en draperies gracieuses jusque sur le bout des pieds, ce qui rappelle les lignes élégantes de certaines statues grecques.

Astrakhan possède depuis quelques années un lazaret aux embouchures du Volga, à 75 verstes de ses murs. Le pavage est un luxe que cette ville ignore; ses rues sont sablonneuses comme le sol des environs; elles sont désertes dans la journée, à cause de la chaleur qui s'y concentre, et qui dépasse 32°; mais le soir elles s'animent, et toute la ville prend un air de fête. La cathédrale est un vaste et bel édifice du XVII° siècle; l'intérieur est tapissé de tableaux.

Un inconvénient très grave pour les Astrakhanais, et surtout pour l'étranger, c'est la multitude de cousins et autres insectes qui envahissent l'air à certaines époques de l'année. Toutes les précautions, dit M. de Hell, sont infructueuses devant leur acharnement; on a beau s'entourer de gaze pendant la nuit, et se priver de lumière pendant le jour, ces insectes ne se font pas moins sentir.

Les jardins d'Astrakhan, que vantent les voyageurs, se réduisent à 75, et ce n'est qu'à force d'irrigation au moyen de machines à chapelet qu'on parvient à les rendre productifs. On y récolte des fruits et d'assez bons raisins, ainsi que des melons. Les environs de cette ville sont très arides, comme presque tout le territoire de ce gouvernement, qui ne rend qu'un peu de maïs et d'orge; toutes les provisions de bouche arrivent à Astrakhan de la province de Saratof par la voie du Volga.

Une chose qui frappe le voyageur, c'est, dit M. de Hell, l'influence morale qu'exerce la France dans tous les pays du monde où l'on rencontre un peu de civilisation. Cette influence est visible surtout à Astrakhan. Tout ce qui représente la Russie y parle français et reçoit nos ouvrages nouveaux; les dames russes lisent beaucoup et elles ont de l'esprit naturel; Pigault-Lebrun et Paul de Kock sont leurs romanciers favoris. Nos modes sont adoptées avec le même empressement que notre littérature; nos quadrilles font fureur, et l'on chante nos romances dans les meilleurs salons. On aime aussi le spectacle; mais Astrakhan n'a qu'un mauvais théâtre.

Située à l'extrémité inférieure du plus grand fleuve de l'Europe, cette ville communique d'un coté par la mer Caspienne avec la Turcomanie et les contrées septentrionale de la Perse; de l'autre, par le Volga et le Don, avec les provinces du centre de la Russie et tout le littoral de la mer Noire. Cependant son port ne compte guère qu'une cinquantaine de navires. Ceux de la mer Caspienne portent le nom de *chkoouttes*, et ressemblent assez aux navires hollandais pour la forme de leur coque; ils transportent les marchandises. Il y a aussi des *raschevas*, qui servent au transport des objets secondaires. Ils font le voyage de Kisliar, ville célèbre pour ses eaux-de-vie, et située sur la mer Caspienne, à l'embouchure du Terck; de Gourief, ville à l'embouchure de l'Oural, dans la mer Caspienne, et appartenant aux Cosaques de l'Oural; de Tchelchenze, île située non loin du golfe Agrakhan. Le nombre de ces petits bâtiments ne dépasse pas cinquante; ils font jusqu'à cinq voyages par année.

M. de Hell partit d'Astrakhan pour aller visiter le littoral de la mer Caspienne. Il passa par Houidouk, ville située à l'embouchure de la Kouma. Toute la contrée jusqu'à la mer Caspienne est, dit-il, d'une extrême aridité, uniquement accidentée par quelques étangs d'eau saumâtre, qui sont peuplés d'une multitude de hérons blancs. Arrivé sur la plage, il vit des côtes basses et découpées s'unissant à la mer; les chameaux, errant le long du rivage, mêlaient leurs cris au bruit des vagues. Une nuée d'insectes noirs, appelés turakames dans le pays, et amoureux de lumière et de chaleur, incommodèrent beaucoup M. de Hell, forcé la nuit de se passer de flambeau. Dans le trajet de l'Astrakhan à la mer, il avait remarqué que la steppe est comme la mer, en ce sens qu'il ne garde nulle trace de ceux qui la traversent.

Notre voyageur eut occasion bientôt d'observer les tribus qui parcourent les steppes voisins de la mer Caspienne, entre autres les *Kalmouks*, anciens Eleuthes, venus primitivement du Koukhou-Nohr et du Thibet. C'est à la dissolution de la puissance mongole que remonte la division du peuple kalmouk en quatre grandes tribus ayant chacune leur prince indépendant; ces tribus sont les Koschotes, les Derbètes, les Soongars et les Torghoutes. Le prince qui commande aux Koschotes prétend que sa famille est issue d'un frère de Tschinkis-Khan, ou Gengiz-Khan.

Outre les Kalmouks, il y a les *Turcomans*, que les Russes nomment *Trouchménes*, et qui habitent dans le gouvernement du Caucase, entre la Kouma et le Terck. L'innombrable quantité de moucherons qui envahit cette contrée en été force les Turcomans à passer la Kouma pour aller camper au milieu des Kalmouks, entre cette rivière et la Manitch. Les Turcomans sont très mélangés de Nogaïs, et comme ceux ils professent la religion mahométane. C'est le peuple le plus pillard des steppes et le seul dont il faille réellement se défier.

Les hordes kalmoukes ont leurs campements d'été dans les parties les plus septentrionales de la contrée, où se trouvent les plus riches pâturages, et où les troupeaux ont le moins à souffrir des insectes et des moucherons pendant la chaleur. L'éducation des bestiaux est leur seule et unique richesse; ils élèvent des chameaux, des bœufs, des moutons, et principalement des chevaux dont la race est excellente.

Chez les Kalmouks, comme chez la plupart des autres peuples, la nation a trois ordres, la noblesse, le clergé et le tiers-état. Ceux qui font partie de l'aristocratie s'appellent os blancs, et les gens du peuple os noirs. Les prêtres appartiennent indifféremment à l'une ou à l'autre de ces deux castes; mais ceux qui sortent des rangs du peuple sont moins considérés. Les Kalmouks sont généralement petits, svelte et dégagés; on en rencontre fort peu de contrefaits. A peine les enfants savent-ils marcher qu'ils montent à cheval et s'adonnent avec passion aux exercices de la lutte et de l'équitation, principaux divertissements de ces hordes mongoles. Ajoutons que les Kalmouks, comme tous les habitants des grandes plaines, ont la vue très perçante; une heure après le coucher du soleil ils savent encore, dit M. de Hell, reconnaître un chameau à cinq ou six kilomètres de distance.

Le costume des Kalmouks n'a rien de bien tranché, sauf le bonnet, qui est invariablement en drap jaune, garni d'une fourrure de peau d'agneau noire, et également porté par les hommes et par les femmes. Le pantalon national est large et ouvert à sa partie inférieure. Les gens aisés portent deux longues tuniques dont l'une est serrée autour de la taille. Les hommes ont une partie de la tête rasée, et le reste de leurs cheveux, réuni en une seule natte, retombe sur leurs épaules. Les femmes font deux tresses, et c'est là l'unique marque distinctive de leur sexe. La chaussure se compose de bottes rouges montées sur des talons très hauts. Les Kalmouks tiennent à avoir les pieds extrêmement petits; alors ils se tortillent dans leurs bottes et ils sont mauvais piétons; du reste, ils vivent continuellement à cheval.

Les Kalmouks ne se mettent jamais en route sans être armés d'un poignard et d'un fusil; le chameau est leur monture habituelle: une corde passée dans la narine de cet animal suffit pour le guider et s'en rendre maître. Les Kalmouks vivent très frugalement, le laitage est leur principale nourriture, le thé leur breuvage de prédilection. Ils mangent aussi de la viande, surtout de la chair de cheval, qu'ils préfèrent à toute autre, mais cuite et non crue, comme l'avaient prétendu certains voyageurs. Quant aux céréales, ils n'en font presque pas usage. Les femmes sont exclusivement chargées des soins du ménage ; les hommes daignent à peine soigner leurs chevaux ; ils vont à la chasse, boivent du thé ou de l'eau-de-vie, s'étendent sur leurs couvertures de feutre, fument leur pipe et dorment; quelquefois ils jouent aux échecs et aux osselets. Ces peuples sont très pacifiques et très hospitaliers; ils aiment les réunions et se régalent souvent les uns les autres. Avant de goûter à leurs mets, ils ont l'habitude d'en offrir une petite partie à des étrangers, ou, à leur défaut, à des enfants.

Les habitations des Kalmouks sont des tentes de feutre, auxquelles les Russes ont donné le nom de *kibitka*. Ces tentes sont surmontées d'un toit conique, percé d'une ouverture destinée à laisser échapper la fumée. Elles sont assez légères pour que deux chameaux suffisent à les transporter. Une kibitka abrite une famille tout entière : hommes, femmes et enfants s'y couchent pêle-mêle sans aucune espèce de séparation. Au centre est un trépied sur lequel repose une marmite qui sert à la préparation du thé et de la viande. Le sol est en partie recouvert par des feutres, des tapis et des nattes; les parois de la tente sont tapissées d'armes, d'outres en cuir et d'ustensiles de ménage.

Quant à l'instruction elle est peu avancée chez les Kalmouks; il n'y a guère que les prêtres et les princes qui se piquent d'en avoir un peu ; une ignorance pour ainsi dire complète est le partage du peuple, et rien chez lui n'annonce aucun progrès.

Les Kalmouks sont bouddhistes, ou plutôt lamites, comme la plupart des peuples qui appartiennent ainsi qu'eux à la race mongole. On sait que le grand-lama est le chef de ce culte, et qu'il demeure au Thibet. Tous les livres des Kalmouks parlent de l'existence de quatre grandes terres : la première, située à l'orient, est occupée par des géants qui vivent cent cinquante ans; la seconde, vers l'occident, est peuplée d'individus encore plus grands qui vivent cinq cents ans; la troisième, placée au nord-est, est peuplée d'habitants qui sont plus grands encore, exempts d'infirmités et qui vivent mille ans ; enfin la quatrième est celle que nous habitons ; et qu'il dépend de la Divinité de combler de faveurs.

Au milieu d'une des montagnes du Thibet, les Kalmouks supposent qu'il existe un éléphant long de deux lieues, et blanc comme la neige. Ce fabuleux animal à trente-trois têtes rouges, munies chacune de six trompes, d'où jaillissent un même nombre de fontaines surmontées de six étoiles, et sur chaque étoile se tient assise une vierge, toujours jeune et toujours belle. Ces vierges sont filles des esprits aériens, dont un, le plus puissant, se met à cheval sur le milieu de la tête de l'éléphant quand cet intelligent animal veut changer de place.

Les Kalmouks ont des divinités terrestres appelées bourkhans, qu'ils vénèrent comme des génies bienfaisants. Après ces bourkhans viennent les esprits aériens qui sont ou bienfaisants ou méchants. Les Kalmouks adorent de préférence ces derniers comme pouvant leur nuire, tandis que les autres ne peuvent leur rendre que de bons offices. Ces mauvais génies enfantent les orages, et lorsque les Kalmouks entendent le tonnerre, duquel ils ont si grand'peur, ils se hâtent de tirer des coups de fusil pour éloigner les démons qui planent au-dessus d'eux.

Il y en a outre, dans la religion lamite, un grand nombre d'idoles monstrueuses, et qui n'ont généralement que des figures de femme. Les Kalmouks adressent des hommages à ces divinités secondaires, et ils croient également à la transmigration des âmes, ainsi qu'à un enfer, dont le grand juge passe en revue toutes les âmes au sortir de la vie. Ce roi des enfers est, du reste, assez bon pour permettre à un malheureux pécheur un peu repentant d'aller vivre de nouveau sur la terre sous sa première forme.

Erlik-Khan, ce juge des trépassés, est en même temps souverain absolu du royaume des damnés, habite un palais où l'on fait continuellement retentir des timbales; ce palais est situé dans une grande ville entourée de murs blancs, en deçà de laquelle s'étend une vaste mer d'urine et d'excréments, séjour des maudits. Un sentier de fer traverse cette mer, et, ainsi que le rapporte M. de Hell, lorsque les coupables tentent de le franchir, il s'amincit sous leurs pas jusqu'à présenter à peine l'épaisseur d'un cheveu, puis il se brise, et les âmes dépravées ainsi reconnues sont aussitôt précipitées dans les enfers sans autre forme de procès. Non loin de ce lieu d'horreur on remarque une mer de sang, au-dessus de laquelle surnagent de nombreuses têtes humaines : c'est là que sont torturés ceux qui ont excité des querelles, et donné lieu à des meurtres entre parents et amis. Plus loin se trouve renouvelé le supplice de Tantale : sur un sol blanc et aride une foule de damnés souffrent la faim et la soif. Ils creusent et fouillent incessamment la terre, et leur travail n'a d'autre résultat que d'user peu à peu leurs bras jusqu'aux épaules ; puis leurs membres ainsi rongés repoussent bientôt pour que leur tourment recommence. Telle est la punition infligée à ceux qui ont négligé de pourvoir aux besoins et aux habitudes de bonne chère du clergé lamite, lequel, au moyen de ces fables, tient sous sa domination les petits et les grands ; ce qui démontre que l'esprit humain est partout à peu près le même.

Les prêtres kalmouks font vœu de chasteté et de continence, mais cela ne les empêche pas d'avoir des relations avec des femmes mariées; du reste, lorsqu'un mari kalmouk s'en aperçoit, il accepte avec résignation sa mésaventure, et la regarde même comme un honneur, tant il vénère ses chefs religieux. Les princes partagent avec les prêtres ces sortes de privilèges; ils vont même plus loin : lorsqu'une femme leur plaît, ils la font enlever sans façon, puis ils la renvoient quand ils en sont fatigués. Le mari endure tout cela d'une manière très philosophique ; il a d'ailleurs l'espoir de se faire, par ce moyen, absoudre de bien des peccadilles à venir.

Lorsqu'un Kalmouk tombe malade, son premier soin est de recourir aux prières et aux invocations de ses prêtres. S'il est pauvre, il en est quitte pour une pelisse ou un manteau, que le ghelung ou prêtre subalterne lui enlève, sous prétexte qu'il s'y est logé un mauvais génie. Si le malade est riche, le génie est censé l'avoir ensorcelé, et on fait venir un pauvre diable auquel on donne le nom du richard ou du prince, afin que le mauvais génie lui passe dans le corps; puis on le chasse de l'oulousse, c'est-à-dire de l'agglomération des tentes qui ailleurs s'appellerait village. Le fuyard peut aller s'établir dans une autre oulousse, mais il est obligé de dresser sa tente un peu loin du campement général.

Dans l'année, les Kalmouks célèbrent trois grandes fêtes qui durent chacune au moins quinze jours dans les oulousses, à une certaine distance desquelles se tiennent les prêtres qui leur sont attachés. On fait en famille la prière, qui consiste en des chants plus ou moins harmonieux. Les Kalmouks ont aussi des chapelets dont les grains se déroulent dans un cylindre au moyen d'une corde, ce qui tient lieu de prière et n'occupe en rien l'esprit : aussi ce mode de dévotion n'empêche-t-il pas les Kalmouks de causer, de fumer, de se disputer, et même de s'injurier, pourvu que le cylindre tourne. Les princes ont une méthode encore plus simple : ils se contentent, lorsqu'ils ne peuvent réciter leurs prières, de faire planter devant leur tente une bannière sur laquelle sont-inscrits plusieurs versets sacrés, et le vent qui la balance se charge de transmettre leurs hommages à la Divinité.

Les Kalmouks ont des jours néfastes comme des jours fortunés. Si un homme du peuple meurt un jour heureux, on l'enterre à peu près comme chez nous, et l'on plante sur sa tombe une petite bannière avec une espèce d'épitaphe; s'il meurt un jour néfaste, on étend simplement son corps sur la terre en le recouvrant d'une natte, et on l'abandonne ainsi à la faim des animaux carnassiers : seulement quelqu'un de la famille se tient aux aguets, et suivant la nature de l'animal qui porte les premiers coups de bec ou de dent au cadavre, on juge du sort qui attend dans l'autre monde l'âme du défunt. Si c'est un prince qui soit décédé un jour néfaste, on se borne à enterrer son corps; si, au contraire, il est mort un jour fortuné, on brûle ses restes en grande pompe, et on lui érige une petite chapelle où l'on dépose ses cendres. Enfin, les prêtres sont encore mieux partagés que les princes; quel que soit le jour de leur décès, on leur fait l'honneur de les brûler, et on dépose leurs cendres dans un petit temple appelé zatza, en en formant une statuette pour laquelle les Kalmouks ont une grande vénération. On entretient dans ces petits temples, autant que possible, une lampe allumée; si le feu s'éteint, le premier passant est obligé de le renouveler.

Le mariage parmi les Kalmouks se conclut au moyen de présents. Quand le marché est réglé, le fiancé part à cheval pour enlever sa future, il éprouve toujours un simulacre de résistance, mais bientôt il disparaît avec la jeune fille. L'heureux époux est béni par un prêtre, et le cheval qui avait servi de monture à la jeune femme est débarrassé de sa selle et de sa bride pour recevoir la liberté et appartenir ensuite au premier Kalmouk qui aura pu s'en emparer. Si la jeune fiancée est riche, elle s'est choisi une espèce de demoiselle d'honneur qui l'accompagne pendant son enlèvement; puis, lorsque les deux époux sont arrivés à l'endroit où doit s'élever la tente, la jeune femme jette son mouchoir, et celui des Kalmouks qui le saisit devient forcément le mari de la suivante. L'hymen terminé, l'épouse reste enfermée chez elle pendant un an, et ne reçoit de visites que sur le seuil de sa kibitka; mais ensuite elle jouit d'une émancipation complète.

La polygamie et le divorce existent chez tous les Kalmouks. La femme infidèle est répudiée publiquement si le mari l'exige; on prend alors une rosse, on lui coupe la queue; puis la coupable, forcée de monter sans selle sur la bête, est chassée de l'oulousse au milieu des huées de toute la populace. Au reste, de pareils scandales sont assez peu fréquents, et le mari trompé se contente de renvoyer sa femme sans éclat, après lui avoir donné quelques têtes de bétail pour vivre. Cependant, si la polygamie est permise aux Kalmouks, elle est rare, et d'ailleurs les femmes kalmoukes ne sont pas, comme en Turquie et dans une grande partie de l'Asie, renfermées au harem; jeunes filles ou épouses, elles jouissent de la plus grande indépendance et peuvent se montrer librement à leurs compatriotes ainsi qu'aux étrangers.

En faisant ses adieux aux Kalmouks, notre voyageur se dirigea vers le Caucase, en commençant par visiter les rives de la Kouma : nous allons donc le suivre dans ses nouvelles explorations.

Caucase. Géorgief. Piatigorsk. Kislovodek. Sévastopol. Baghtché-Séraï. Simphéropol. Crimée. Bessarabie.

La première ville que M. de Hell rencontra sur sa route fut *Géorgief*, ancienne capitale du gouvernement du Caucase. De ce point, il se rendit à *Piatigorsk*, principal établissement d'eaux thermales et minérales dans le Caucase. C'est un endroit fort pittoresque; c'est moins une ville qu'une réunion de délicieuses maisons de campagne, habitées pendant quelques mois par une aristocratie riche et puissante. Tout y est coquet, dit M. de Hell, tout y porte l'empreinte du luxe dont les Russes nobles donnent partout le spectacle. Là, rien ne vient attrister les yeux ni resserrer le cœur : point de classe pauvre, point de métiers pénibles, point de cabanes, point de misère; c'est un lieu fortuné qui n'offre que des images riantes, choisies dans tout ce que la nature et l'art ont de plus séduisant.

En quittant ce séjour de plaisirs, M. de Hell pénétra dans les gorges du Caucase. Il passa d'abord à *Kislovodek*, lieu célèbre par sa source d'eau acide, et qui se compose de petits palais asiatiques, ornés de longues galeries à jour, de terrasses, de jardins et de vestibules remplis de fleurs. Tous les baigneurs de Piatigorsk viennent y finir la saison des eaux. Entre ces deux points on compte une quarantaine de verstes.

La chaîne du Caucase présente, dit M. de Hell, une constitution toute particulière, qui n'a rien de commun avec celle des chaînes européennes. Les Alpes, les Pyrénées, les Carpathes, sont accessibles que par les vallées. C'est dans ces vallées que les habitants du pays trouvent leur subsistance et que l'agriculture développe ses richesses; le contraire a lieu dans le Caucase. Depuis la forteresse d'Anapa, sur la mer Noire, jusqu'à la mer Caspienne, le versant septentrional n'offre partout que d'immenses plaines inclinées, s'élevant en gradins jusqu'à 3 et 4,000 mètres au-dessus du niveau de l'Océan. Ces plaines, déchirées dans tous les sens par de profondes et étroites vallées, et sillonnées d'escarpements, forment de véritables steppes et possèdent sur leurs plus grandes hauteurs de magnifiques pâturages, où les habitants, à l'abri de toute attaque, trouvent pour leurs troupeaux une herbe abondante pendant les plus fortes chaleurs de l'été. Quant aux vallées, ce sont d'épouvantables abîmes dont les flancs escarpés sont couverts de broussailles, et au fond desquelles roulent des torrents écumeux.

Le midi du Caucase offre d'autres caractères. D'Anapa à Gagra, on trouve d'impénétrables forêts habitées par les Circassiens. A Gagra commence la grande chaîne; mais les montagnes se retirent du littoral, et jusqu'en Mingrélie on ne découvre plus, le long de la mer Noire, que des collines secondaires, dominées au nord de d'immenses escarpes qui ferment complétement l'accès de la partie centrale du Caucase. Cette contrée est l'Abkhasie, dont les habitants, faiblement protégés par la nature du pays, ont dû se soumettre à la Russie. Au nord sur le versant septentrional, à l'ouest de la route militaire de Mosdok à Tiflis, habitent des tribus régies, les unes par une espèce de système féodal, les autres par une sorte de républicanisme. Les Nogais habitent les plaines de la rive gauche du Kouban, et sont à peu près tributaires du czar. Au centre, au pied de l'Elbrouz, vivent les Souanèthes, tribus indomptées, puis les Ossètes, vers le défilé du Dariel. Enfin, à l'est de la grande route de Tiflis, on a les Koumicks, les Leghis, et quelques autres peuplades plus ou moins sauvages.

En réalité, le Kouban et le Térek, qui partent de la chaîne centrale du Caucase pour aller se jeter, l'un dans la mer Noire, l'autre dans la mer Caspienne, peuvent, dit M. de Hell, être considérés comme formant au nord des limites politiques du Caucase indépendant : c'est le long de ces deux fleuves que la Russie a organisé sa grande ligne armée.

Ainsi limité, le Caucase, y compris le territoire occupé par les tribus soumises, présente à peine 5,000 lieues de surface, et c'est dans cette étroite région, dit M. de Hell, qu'une nation vierge, aux habitudes chevaleresques, s'élevant au plus à 2 millions d'âmes, maintient fièrement son indépendance contre les forces moscovites; cette lutte, qui dure depuis plus de vingt ans, est une des plus opiniâtres des temps modernes, lutte que soutiennent admirablement les montagnards circassiens.

Du Caucase, M. de Hell revint dans la Crimée et s'arrêta au port de *Sévastopol* ou *Sébastopol*, un des plus remarquables de l'Europe. La nature y a creusé une magnifique rade, formant de nombreux bassins, admirablement appropriés aux besoins d'une flotte militaire. La ville est bâtie en amphithéâtre; les rues sont larges, les maisons d'un aspect agréable, et sa population, depuis qu'un oukase impérial en a exclu les Juifs, est assez remarquable. La grande rade, dirigée de l'ouest vers l'est, et s'avançant jusqu'à 7 kilomètres dans l'intérieur des terres, avec une largeur moyenne de 1,000 mètres, sert de station à toute la partie active de la flotte. A l'est se prolonge, sur plus de 3,000 mètres de longueur, la baie du Sud, sur laquelle se trouvent de vastes magasins. La baie de l'Artillerie a trois étages de batteries et quatre forts.

De Sévastopol, M. de Hell se rendit à *Bagtché-Seraï*, riche et ancienne cité de la Crimée, et renommée par son palais et ses fontaines, objets des chants de Pouschkine, surnommé le rossignol russe. Le palais de cette ville occupe une enceinte considérable qu'entourent de hautes murailles et une petite rivière profondément encaissée; ce palais a de larges galeries et des peintures brillantes; l'intérieur offre par sa magnificence une véritable page des *Mille et une Nuits*; la salle du Divan a une pompe toute royale, et les autres salons qui s'y joignent sont à l'avenant. Plusieurs pavillons isolés contiennent les tombeaux des anciens khans de la Crimée.

De cette ville notre voyageur se rendit à *Simphéropol* ou *Sinféropol*, chef-lieu du gouvernement de la Tauride, et autrefois la seconde ville de la Crimée. Cette ville servait jadis de résidence au kalgasultan, c'est-à-dire au second khan; elle était alors ornée de palais, de mosquées, de beaux jardins, dont il reste aujourd'hui peu de traces. Aux rues tortueuses, aux murs élevés, aux bosquets de rosiers de l'antique cité a succédé la froide monotonie des villes russes. Le plan de Simphéropol est assez vaste pour contenir dix fois autant de maisons qu'elle en possède. Elle est baignée par le Salghir, rivière dont les bords sont couverts des plus riches vergers de la Crimée. En un mot, Simphéropol repose sur un immense plateau où ses rares maisons et ses rues très larges n'offrent point de caractère particulier; mais les environs de cette ville sont charmants.

Revenant sur lui-même, et voulant offrir une idée de l'ensemble du pays, M. de Hell résume en quelques mots ses remarques sur la Crimée. Cette vaste contrée de la Russie méridionale est située par $30°\ 15'\ —\ 34°\ 2'$ long. E., et $44°\ 24'\ —\ 46°\ 0'$ lat. N.; elle présente une superficie à peu près 1,100 lieues carrées géographiques. Cette presqu'île a pour limites, au sud et à l'ouest, la mer Noire; à l'est, la mer d'Azof et le Sivache, appelé aussi mer Putride, et enfin, au nord, de grandes plaines ou des steppes. Deux régions distinctes se partagent le sol de la Crimée: la première, qui est montagneuse, forme, le long de la côte méridionale, une lisière d'environ 150 kilomètres d'étendue, avec une largeur moyenne de 20 à 25 kilomètres; la seconde, qui est la région des plaines, offre tous les caractères des steppes de la Russie méridionale, et s'étend au nord jusqu'à l'isthme de Pérécop, langue de terre qui joint la Crimée au continent. Nous venons de dire que la Crimée fait partie du gouvernement appelé la Tauride, dont le territoire s'étend au-delà de l'isthme de Pérécop, entre le Dnieper et la mer d'Azof, jusque par 47° lat. N.

La Crimée, par sa position presque centrale dans la mer Noire, commande à la fois aux côtes de l'Asie, aux bouches du Danube et à l'entrée du Bosphore de Constantinople. Il y a en Crimée des voies praticables aux voitures: 1° entre Simphéropol et Sévastopol, en longeant le versant septentrional de la chaîne tauri-que; 2° entre Simphéropol et Ialta, en traversant les montagnes du Tchatir-Dagh; 3° de Ialta à Balaklava, en suivant la côte méridionale.

M. de Hell ajoute quelques détails sur la Bessarabie, province bornée au midi par le Danube; au nord et à l'est par le Dniester et la mer Noire; à l'ouest par le Pruth, qui la sépare de la Moldavie, et par la Boukovine, dépendance de l'Autriche. La Bessarabie forme ainsi, entre le Danube et le Dniester, une province de plus de 600 kilomètres de développement, sur une largeur moyenne de 80 kilomètres. Cette largeur augmente à mesure qu'on se rapproche du littoral maritime. La partie méridionale, que les Tatars appellent Boudjiak, se compose du pays plat qui s'étend au bord de la mer, entre les embouchures du Danube et le cours inférieur du Dniester; cette partie n'a qu'un petit nombre de ruisseaux, et elle est peu propre à l'agriculture; mais la région septentrionale, couverte de superbes forêts, donne les produits des climats tempérés les plus favorisés.

La Bessarabie compte aujourd'hui neuf districts, dont les chefs-lieux sont, en partant du midi, Ismaïl, Ackerman, Kahoul, Bender, Kichener, Orgeier, Beltz, Soroka et Khotin. Kichener est la capitale du gouvernement; elle formait autrefois un mauvais bourg situé sur le Bouïk, petite rivière qui se jette dans le Dniester: on lui a donné la préférence, à cause de sa position centrale dans le pays. Sa population s'élève aujourd'hui à 42,636 âmes, parmi lesquelles les Juifs seuls comptent pour 15 à 18,000.

Des colonies allemandes et bulgares sont établies le long des bords du Dniester et du Danube. Les colonies bulgares comptaient en 1840 plus de 10 000 familles, et les colonies allemandes environ 1,700 familles. La population réunie de la Bessarabie est d'environ 470,000 habitants.

Reprenons avec M. Hell la description topographique des parties principales de la Russie méridionale qui n'ont pas encore passé sous les yeux de nos lecteurs.

Aspect général des steppes. Climatologie. Mer Noire. Mer d'Azof. Mer Caspienne. Fleuves principaux de ces trois mers.

Rien de plus triste et de plus saisissant au premier abord, dit notre voyageur, que l'aspect général des steppes de la Russie méridionale. On ne découvre partout qu'une ligne droite et unie, sauf quelques points saillants qui ne sont bien souvent que les résultats trompeurs du mirage. Ces plaines, pour ainsi dire nues, et sans végétation forestière, comprennent la région qui se développe entre le fleuve Oural et les embouchures du Danube, en descendant au midi jusqu'aux pied des montagnes du Caucase et de la Tauride. Sur toute cette étendue, qui embrasse près de 22° de longitude et plus de 4° de latitude, le sol garde la même physionomie, c'est-à-dire une complète uniformité, sauf les grandes lignes que viennent tracer les fleuves qui découpent le pays. Deux pentes se partagent ici les eaux, et forment deux bassins différents: celui du Volga et de l'Oural, fleuves tributaires de la mer Caspienne, et celui du Dniester, du Boug, du Dnieper et du Don, fleuves qui se jettent dans la mer Noire et ses dépendances.

En partant des bouches du Danube pour aller vers le nord-est, on traverse d'abord les plaines de Boudjiack, partie méridionale de la Bessarabie qui se termine à la mer Noire. Au-delà du Dniester, cessent toutes les contrées accidentées de l'Europe continentale, et alors commencent réellement les steppes de la Russie méridionale, qui vont se perdre au-delà de la mer Caspienne, dans les contrées inconnues ou peu fréquentées de l'Asie centrale. M. de Hell indique l'élévation des diverses régions voisines des fleuves et des mers; c'est un savant travail que les hommes spéciaux ne manqueront point d'apprécier, et qui sortirait des limites que nous nous sommes tracées.

Sous le rapport de la climatologie, la Russie méridionale, située entre le 46e et le 48e degré de latitude nord, sous les mêmes parallèles que la France centrale, éprouve cependant des chaleurs tropicales et des froids rigoureux, phénomène qui tient principalement à la configuration du sol. M. de Hell déduit les diverses causes de ces anomalies, et surtout celle du passage sans transition du froid glacial de l'hiver aux fortes chaleurs de l'été. Le même voyageur indique également les causes de l'uniformité de la végétation dans les steppes russes; puis il arrive à la description générale des côtes de la mer Noire, de la mer d'Azof et de la mer Caspienne. Suivons-le un moment dans cette exposition géographique.

La *mer Noire* est située d'une part, entre le 40° 50' et le 46° 37' de latitude septentrionale, et de l'autre, entre le 25° 5' et le 39° 26' de longitude orientale du méridien de Paris. La péninsule de la Crimée, qui avance sa pointe méridionale jusque sous le parallèle 44° 22', la partage en deux parties distinctes, le bassin européen ou occidental, caractérisé par des côtes généralement basses, où viennent déboucher de grands fleuves, et le bassin oriental ou asiatique, bordé par les montagnes de l'Anatolie et par la plus haute chaîne du Caucase. La plus grande largeur de la mer Noire est de 330 milles géographiques, de 60 au degré, depuis le petit golfe de Pendéraklia (Héraclée) en Anatolie, jusqu'à l'embouchure du Dnieper. Sa longueur, du golfe de Bourgas au Phase ou à Poti, est de 629 milles. Sa surface est de 3,970 myriamètres.

Les côtes de la mer Noire présentent presque partout de bons mouillages. Cette mer a un courant qui est dû aux eaux du Dnieper, jointes à celles du Dniester et du Danube; ce courant, qui longe les côtes de la Bulgarie et de la Roumélie, se dirige vers le canal de Constantinople. Les vents sont très variables dans la mer Noire; mais le nord-est amène toujours un temps clair et un froid piquant, et le nord-ouest est d'ordinaire accompagné de brouillards et d'humidité. La profondeur des eaux de cette mer varie aussi d'après la nature des côtes : près d'Odessa, elle est peu considérable; mais au midi et à l'est, où existent de véritables chaînes de montagnes, elle n'est pas encore bien connue : les sondes n'ont pu la trouver. D'un autre côté, les hivers sont très rigoureux dans la mer Noire, surtout vers les côtes nord-ouest, et la navigation, si elle n'est pas tout-à-fait interrompue, devient dans cette saison aussi pénible que dangereuse.

La *mer d'Azof*, véritable marais, et à laquelle les anciens avaient donné avec raison le nom de Palus-Méotide, est située par 45° 20' — 47° 10' lat. N et 32° 42' —36° 40' long. E. Sa longueur, depuis le détroit de Kertch jusqu'à l'embouchure du Don, est de 31 myriamètres, et sa plus grande largeur de 22 myriamètres. Elle a une surface de 357 myriamètres carrés. Sa plus grande profondeur ne dépasse pas 15 mètres; elle diminue encore dans la partie septentrionale, resserrée qu'elle est par un grand nombre de bancs de sable; en face de Taganrok, elle ne va nulle part au-delà de 4 mètres.

En sortant du détroit de Kertch, le navigateur trouve à sa gauche le littoral garni de falaises. Il voit ensuite, près d'Arabat, un château-fort que les Turcs avaient élevé pour défendre l'entrée de la Crimée, à l'endroit où commence un long ruban de sable appelé Toncka ou langue d'Arabat. A l'ouest de cette langue sablonneuse s'étend le Sivache, autrement nommé mer ou lac Putride, communiquant avec le Palus-Méotide par une large ouverture : c'est tout-à-fait un marais, traversé en tous sens par des bancs de sable, et complètement impraticable pour les navires.

Après avoir parcouru le Pont Euxin et les Palus-Méotides, M. de Hell nous transporte sur la mer Caspienne, et voici la substance de son travail à cet égard.

La *mer Caspienne* est située, d'une part, entre 47° 20' —36° 29' lat. N., et, de l'autre, entre 44° 22' —52° 0' long. E. Sa plus grande longueur, dirigée du nord au sud, présente, entre les embouchures de l'Oural et du littoral d'Astrabad, environ 1,200 kilomètres de développement. Sa largeur est de 95 à 100 kilomètres dans la partie septentrionale, de 260 à 280 dans celle du milieu, et de près de 380 kilomètres dans celle du sud. Sa surface est d'environ 313,900 kilomètres carrés.

La mer Caspienne peut ainsi se partager en trois bassins distincts, dont chacun est caractérisé par une configuration, une topographie et des conditions hydrographiques qui lui sont propres.

Le bassin du nord, le moins considérable des trois, s'étend sur une ligne d'environ 315 kilomètres; au midi, il se trouve naturellement limité par l'étranglement résultant du rapprochement des deux pointes ou caps d'Agra-Khan et de Touk-Karakhan ; la distance entre ces deux caps est d'environ 225 kilomètres C'est dans le sein de ce premier bassin que viennent déboucher les plus grands fleuves qui alimentent les eaux de la mer Caspienne. Ces fleuves sont, en partant de l'est, l'Emba, l'Oural ou Jaïk, le Volga, la Kouma et le Térek. Ces deux derniers fleuves descendent du Caucase; la Kouma se perd au milieu des sables et des roseaux sans pouvoir arriver jusqu'à la mer, si ce n'est dans le moment des crues printanières, où ce fleuve s'ouvre un passage à travers ces sables encore consolidés par le froid.

Le bassin central, que limite au sud la ligne qui joint la presqu'île d'Apchéron au golfe du Balkan, se développe sur une longueur d'environ 530 kilomètres. Ce bassin, dans lequel ne se rend aucun grand fleuve, mais seulement les deux rivières de Soulak et de Samour, se trouve bordé par la grande chaîne du Caucase, et son littoral occidental offre un sol riche et fertile; c'est sur ce littoral qu'est située la ville persane de Derbend, près de laquelle est le fameux défilé indiqué par Ptolémée sous le nom de portes Albaniennes. Le littoral opposé offre le plateau de l'Oust-Ourt, et près de là débouche la principale branche de l'Oxus.

Le troisième bassin, d'une forme quadrangulaire assez régulière, de près de 400 kilomètres de côté, présente, entre ses côtes occidentale et orientale, les mêmes contrastes que le bassin central ; il se distingue néanmoins de ce dernier par une plus grande abondance de fleuves. A l'ouest, au-dessus de Bakou, port situé sur la côte méridionale de la presqu'île d'Apchéron, se trouve l'embouchure du Kour ou Cyrus, grossi par le mystérieux Araxe, embouchure à laquelle plusieurs géographes donnent le nom de Koura ou Kura. Sur le littoral oriental, la nature prend un caractère sauvage, tandis qu'elle était si riante et si pittoresque à l'ouest; aux riches provinces persanes succèdent des steppes arides, et bientôt au-delà du fleuve Atrek, qui prend sa source dans les montagnes du Koraçan, apparaissent les populations inhospitalières et nomades de la Turcomanie.

Enfin, comme dernier trait sur la mer Caspienne, il paraît, d'après les recherches de M. de Hell, qu'elle a une élévation ou différence de niveau d'environ 19 mètres au-dessus de la mer Noire. L'eau de la mer Caspienne, quoique sans issue apparente, est de plus réellement salée, et même plus salée que l'Océan.

Nous terminerons par quelques mots encore sur les principaux *fleuves* qui alimentent la mer Noire et la mer Caspienne.

En examinant la constitution générale des pays qui avoisinent la mer Noire et le bassin de la mer Caspienne, on voit qu'il existe cinq régions distinctes, servant de points de départ aux principaux fleuves tributaires de ces mers. A l'ouest, les Carpathes donnent naissance au Dniester, et s'ils ne possèdent pas précisément les sources du Danube, ils lui sont redevables au moins d'un grand nombre d'affluents. Au nord, les plaines de la Russie septentrionale voient s'échapper du sein de leurs marais les fleuves les plus remarquables de l'empire moscovite. Du gouvernement de Smolensk, à peu près sous le 56° de latitude, sort le Dnieper qui va porter le tribut de ses ondes au Pont-Euxin.

Non loin de là, un peu plus au nord, dans le voisinage même des sources de la Dwina, le Volga commence sa longue course vers la mer Caspienne ; puis entre les deux, mais en se rapprochant du côté du midi, le Don ou Tanaïs part du lac Ivan-Ozero, dans le gouvernement de Toula, pour aller alimenter les marais Méotides, appelés mer d'Azof. Les régions où naissent ces derniers fleuves n'ont pas plus de 300 mètres d'élévation au-dessus du niveau de la mer ; mais, les plaines de la Russie s'inclinant vers le sud, ils peuvent s'avancer et se déployer sur cette surface immense.

La chaîne de l'Oural constitue la troisième région alimentaire ; mais, allongée dans le sens du méridien, et plutôt inclinée vers le nord que vers le sud, elle ne fournit du côté de l'ouest que des affluents au Volga, tels que la Kama, le Rha oriental de Ptolémée ; tandis que du côté de l'est elle déverse toutes ses eaux dans le bassin de la Koly, qui les conduit à l'océan Glacial. Au midi seulement s'échappe le fleuve Oural, qui arrive à la mer Caspienne.

Au sud-est du lac Aral, tributaire ou voisin de la mer Caspienne, les montagnes inexplorées qui enveloppent la Turcomanie et la séparent de l'empire chinois et de l'Afghanistan servent de réservoirs à deux fleuves célèbres, l'Iaxartes et l'Oxus, appelés aujourd'hui Syr-Daria et Amou-Daria. Enfin, au centre de la vaste région décrite par notre voyageur, s'élève le Caucase, dont les deux versants envoient leurs fleuves, savoir : le Kouban et le Phase ou Rion à la mer Noire, et le Kour et le Térek à la mer Caspienne.

Le *Dnieper* ou *Borysthène* des anciens a cela de commun avec le Nil, que ses sources ne sont pas encore connues ; on sait seulement qu'il arrive du sein des marais couverts de forêts situés dans le gouvernement de Smolensk. Après avoir traversé les provinces de Mohilev, de Minsk, de Tchernikof et de Kiev, il entre dans le gouvernement d'Ekatérinoslaw, et rencontre bientôt une roche granitique dont les hautes escarpes encombrent son lit sur un espace de plus de 70 kilomètres, et interrompent sa navigation pendant la plus grande partie de l'année. A l'époque des crues printanières seulement, les barques et les bateaux se hasardent à franchir ces périlleux passages.

Parmi quelques affluents du Dnieper, il faut citer le *Boug*, l'*Hypanis* d'Hérodote, qui sort des plaines septentrionales de la Podolie, et qui rencontre aussi la chaîne granitique dont il vient d'être question.

Au pied de l'Elbrouz, le Mont-Blanc du Caucase, naît le *Kouban*, avec ses deux grands affluents, l'Ouroup et la Laba ; ce fleuve, après sa sortie des montagnes, ne reçoit aucun tributaire sur sa rive droite ; les ruisseaux, qui prennent leur source à quelques centaines de pas de lui, courent tous directement vers la mer d'Azof, tandis qu'il s'avance vers la mer Noire. Ce fleuve, depuis le règne de Catherine II, forme la limite entre la Russie et les populations du Caucase occidental. C'est le long de sa rive droite que s'est établie la ligne armée protégeant la frontière impériale contre les invasions continuelles des montagnards circassiens. Arrivé à l'entrée de la presqu'île de Taman, le Kouban se partage en trois branches : la première, le Kara Kouban ou Kouban noir, se rend dans la mer d'Azof ; les autres, au contraire, réunies dans un même lit, après un parcours d'une cinquantaine de kilomètres, se déversent dans le Pont-Euxin par le canal de Boughaz, après avoir alimenté le vaste liman de Kiziltache. Le Kouban, moins heureux que les autres fleuves de la mer Noire, paraît n'avoir jamais été utilisé pour les relations commerciales.

Le *Don* ou *Tanaïs*, qui sort, comme nous l'avons dit, du lac Ivan-Ozero, situé dans le gouvernement de Toula, à peu près sous le 54° de latitude, court du nord au sud, puis va au sud-est, en dessous de Voronéje, et à l'est dans le gouvernement des Cosaques.

Il arrive ainsi jusqu'à 60 kilomètres du Volga, pour changer brusquement de direction et passer au sud-ouest, puis à l'ouest, et se déverser par trois bouches dans les Palus-Méotides. De tous les fleuves qui traversent les steppes de de la Nouvelle-Russie, le Tanaïs est celui dont la navigation est la plus active ; c'est par son intermédiaire que la majeure partie des provinces méridionales reçoivent les productions de la Sibérie et les objets manufacturés de l'intérieur de l'empire, qui leur arrivent par la voie du Volga. Cette navigation est presque exclusivement descendante, et n'a guère lieu que pendant les crues printanières ; mais elle est régulière et sûre. Le Donetz et le Manitch sont les deux principaux affluents du Don.

Le *Donetz*, qui rivalise avec le Don en longueur et en profondeur, prend sa source dans le gouvernement de Koursk, va du nord au sud, et après quelques sinuosités coule directement au sud avant d'aller mêler ses eaux avec celles du Don, à 120 kilomètres environ de l'embouchure de ce dernier dans la mer d'Azof, et après un cours d'environ 700 kilomètres.

Le *Manitch* ne possède véritablement pas de sources ; il n'existe à son origine aucune eau jaillissante, aucune fontaine limpide ; il ne résulte que du trop plein des eaux que la dépression du sol dirige vers le Don, à travers une vallée dont la longueur ne compte pas moins de 380 kilomètres.

Cette vallée est dans la partie centrale des steppes comprise, à 120 kilomètres du littoral occidental de la mer Caspienne, au pied d'un plateau, entre l'embouchure du Volga et celle du Térek. La partie supérieure du Manitch, privée de tout affluent, se dessèche complétement en été, et il n'y existe plus aucune trace de courant après les crues du printemps. Mais à la suite d'un parcours de près de 160 kilomètres, le sillon du Manitch reçoit à sa gauche le Kalaous, faible ruisseau sortant des collines du gouvernement du Caucase ; plus loin le Manitch se grossit de l'Egorlik, tout aussi peu important que le Kalaous, et de là jusqu'à son embouchure dans le Don, à Manitchkaia, situé à 70 kilomètres de la mer d'Azof, il n'offre de distance en distance que de vastes marais, communiquant entre eux par des canaux.

Quant au *Volga*, ce roi des fleuves européens, il prend, avons-nous dit, sa source dans le centre de la Russie, aux environs d'Ostaschkof, gouvernement de Tver, à peu près sous le 57° degré de latitude. Il se dirige du nord au sud, sauf quelques circuits dans son cours indécis sur un sol très peu incliné. Lorsqu'il a parcouru environ 200 kilomètres, il tourne brusquement vers le nord-est. Au centre du gouvernement d'Iaroslav, après une course de 450 kilomètres, nouvelle direction, celle de l'est, pendant 1,000 kilomètres ; arrivé à Kasan, il reçoit la Kama, puis court au sud pendant 1,200 kilomètres jusqu'à son entrée dans le gouvernement d'Astrakhan, où il tourne au sud-est pour aller joindre la mer Caspienne, après un parcours d'environ 4,000 kilomètres.

A l'est du Volga, les autres fleuves tributaires de la mer Caspienne sont l'Oural ou Jaïk et l'Emba. L'*Oural* naît aux monts Ourals, sous le 54° degré de latitude, court du nord au sud, tourne à l'est, pénètre dans les steppes des Baschkirs et des Kirghiz, arrive à 120 kilomètres du Volga, puis coule au sud pour se déverser dans la mer Caspienne, après un cours de 2,500 kilomètres. Les pêcheries de l'Oural constituent la principale ressource des colonies cosaques échelonnées sur les rives du Jaïk pour s'opposer aux incursions des Kirghiz.

L'*Emba*, beaucoup moins considérable que l'Oural, prend sa source dans les monts Mougodjar, point de départ du plateau élevé qui sépare la mer Caspienne du lac Aral. Cette rivière se rend directement à la mer en suivant la direction sud-ouest. Les pêcheurs d'Astrakhan font chaque année des expéditions aux embouchures de l'Emba, et en rapportent d'abondants produits.

La Russie a établi sur les rives de l'Emba un fortin

Entrée des Français à Gallipoli.

pour contenir les Kirghiz de la petite horde, dont la soumission est purement nominale.

Nous avons parlé de la *Kouma*, qui prend sa source dans le Caucase, et qui se perd dans les roseaux en pénétrant sur le territoire des Kalmouks; elle reparaît une dernière fois à Vladimirofka, pendant une dizaine de kilomètres, pour être ensuite envahie derechef par les roseaux et les sables.

En partant des rives de la Kouma pour se diriger vers le sud, on ne tarde pas à joindre les embouchures du Térek, qui forme avec le Kouban les deux seuls cours d'eau importants descendant du versant septentrional du Caucase. Le Térek prend sa source au pied du mont Kazbeck, massif le plus élevé du Caucase après l'Elbrouz. Il coule d'abord du sud au nord; puis lorsqu'il a reçu la Malka et le Backchan, deux rivières qui naissent au pied de l'Elbrouz, il court à l'est et s'avance à travers une large plaine, presque toujours ravagée par les débordements du printemps. A 150 kilomètres au-dessus de Mozdok, au confluent de la Soundja, le Térek remonte vers le nord jusqu'à Kizliar, où il se partage en différentes branches qui débouchent dans la mer Caspienne, après avoir formé un delta sablonneux et marécageux dont la base n'a pas moins de 100 kilomètres de développement. Le Térek sert, comme le Kouban, de limite entre la Russie et les montagnards. Immédiatement après le Térek, on rencontre le Soulak, rivière dont le delta se confond avec celui du fleuve.

ALBERT-MONTÉMONT.

FIN DES VOYAGES DE WALSH ET DE HOMMAIRE DE HELL.

Carte de la Baltique.

THOMAS ET LYALL.

(1822-1844.)

VOYAGES EN RUSSIE.

PRÉLIMINAIRE.

Avant de présenter la relation de ces voyages à nos lecteurs, il nous paraît indispensable de leur offrir une esquisse générale du vaste empire où les auteurs nous conduiront. Voici donc en peu de mots l'ensemble géographique de la Russie d'Europe.

L'empire russe a pour limites, au nord, l'océan Glacial arctique; à l'ouest le golfe de Bothnie et la mer Baltique, qui le séparent de la Suède; au sud-ouest, la Pologne et l'Autriche; au sud, la Turquie et la mer Noire; à l'est, la mer Caspienne et les monts Ourals. Voilà ses bornes européennes; il les franchit pour entrer en Asie et y occuper toute la partie nord de ce continent connue sous le nom de Sibérie.

Les pays soumis à la domination russe s'étendent depuis le 15° à l'est du méridien de Paris, jusqu'au 135° à l'ouest du même méridien, c'est-à-dire sur une longueur de 210° de l'ouest à l'est, y compris l'Amérique russe. Du nord au sud, cette étendue varie: en certains points, elle commence au 47° et finit au 71° lat. N.; en d'autres, au 60°, au 45° et même au 55°, et se termine au 73° ou 76°; sa plus grande étendue, depuis le 40° N., limite méridionale des provinces du Caucase, jusqu'au 76°, limite septentrionale de la Sibérie,

offre une largeur de 38°, dans la direction sud. En lieues de 25 au degré, la moyenne longueur de toutes les possessions russes, de l'ouest à l'est, sans y comprendre l'Amérique russe, est de 3,400 lieues, et leur plus grande largeur du nord au sud, de 950 lieues.

Dans cet espace immense de territoire, la Russie d'Europe, qui s'étend de 15° à 62° long. E., et de 38° à 72° lat. N., figure pour 47° de longitude ou 1,175 lieues de l'ouest à l'est, et pour 32° de lat. ou 800 lieues du nord au midi. Cette surface européenne est de 249,897 lieues carrées; il y en a 702,293 pour la Sibérie, et environ 100,000 pour l'Amérique russe: ce qui présente pour tout l'empire de Russie plus d'un million de lieues carrées. La population totale de cet empire est de 61 millions d'habitants; il y en a environ 50 millions pour la Russie d'Europe.

La Russie d'Europe est une sorte de prolongation de plaines ou steppes d'une immense étendue, un peu plus élevées dans les contrées méridionales, très saines en général; plus basses au nord et à l'est, et en quelques endroits marécageuses. La partie centrale de cette vaste surface généralement unie offre un léger soulèvement de terre en forme de plateau d'environ 400 à 600 mètres au-dessus du niveau des parties extrêmes, baignées par quatre mers différentes, la Baltique à l'ouest, la mer Glaciale au nord, la mer Caspienne à l'est, et la mer Noire au sud.

Le climat est très varié, eu égard à l'étendue du territoire; l'hiver est très rigoureux dans la partie septentrionale, et très doux dans certaines contrées de la Russie méridionale. Les fleuves, qui sont assez nombreux, ont leurs eaux souvent gelées une partie de l'hiver, surtout dans le nord, comme la Néva, à Pétersbourg. Les arbres les plus répandus dans le Nord sont le pin, le sapin et le bouleau ; l'orme et le sycomore habitent la Russie centrale ; le frêne est sur toute l'étendue du territoire. Le gibier y abonde, ainsi que le poisson. Le riz, l'orge et l'avoine forment la culture principale des gouvernements du Nord ; le tabac et le maïs enrichissent les régions méridionales ; le chanvre et le lin sont communs à presque toutes.

La Russie d'Europe est divisée en 54 gouvernements ou provinces. Il y en a 17 au nord, dont les principaux sont ceux de Grodno, Vilna, Courlande, Pétersbourg, Finlande, Novogorod et Witepsk. Ceux du centre se rattachent principalement au bassin du Volga, tels que Perm, Kazan, Kostroma, Moscou et Tver. Ceux du sud dépendent du bassin de la mer Noire, comme Kherson, qui a pour villes principales Kherson et Odessa ; Ekatherisnoslaw, qui a pour villes principales Taganrog ou Taganrock, Donesk ; la Tauride, qui renferme Sébastopol, le Toulon de la Russie ; la Bessarabie, qui comprend Bender et Ismaïl.

Sur la *mer Baltique*, aujourd'hui théâtre d'une guerre maritime de la France et de l'Angleterre avec la Russie, il faut signaler les îles *OEsel*, qui dépendent du gouvernement de Riga ; l'île *Dago*, qui relève du gouvernement de Revel ; *Kronstadt*, au fond du golfe de Finlande, le Gibraltar de la Russie ; l'archipel d'*Abo*, qui se développe devant la ville de ce nom, et l'archipel d'*Aland*, situé à l'entrée du golfe de Botnie ou Bothnie. Riga, Revel et Kronstadt sont les trois ports principaux de la Russie sur la Baltique, cette mer intérieure où débouchent plusieurs fleuves, tels que la Vistule, sous Dantzick ; le Niemen, près de Memel ; le Duna ou Dwina, près de Riga ; et la Néva qui baigne Saint-Pétersbourg.

Quelques traits sommaires sur la Baltique, ses aboutissants et ses ports, nous semblent nécessaires dans les circonstances actuelles de la guerre, avant de commencer les récits de voyages qui ont rapport aux contrées russes dont nous devons parler.

En quittant la mer du Nord ou d'Allemagne pour se diriger vers la *Baltique*, on entre dans un large canal dit de Norwége ou de *Jutland*, on passe devant la pointe de *Skager-Rack* ou le cap *Skagen*; puis on trouve un second canal plus resserré, qui sépare le Jutland de la Suède : c'est le *Katte-Gat*, qui se termine par les trois détroits appelés le *Sund*, le *Grand-Belt* et le *Petit-Belt*, dont les nombreux embranchements baignent l'archipel danois. Ces détroits mènent dans la mer Baltique, où s'écoulent une infinité de rivières. Devant la capitale de la Suède, la mer Baltique envoie au nord un de ses bras sous le nom de *golfe de Botnie*, et l'autre vers le nord-est sous le nom de *golfe de Finlande* dont l'extrémité avoisine Saint-Pétersbourg.

En face du cap Skagen est *Gothembourg*, seconde ville de la Suède, avec un bon port sur le Katte-Gat ou Cattégat, et une population de 24,000 âmes. Nous trouvons ensuite *Elseneur*, ville de 7,000 habitants, sur le bord occidental du Sund, chenal d'entrée et de sortie de la Baltique, vis-à-vis d'Helsinbourg, ville suédoise ; puis *Copenhague*, capitale du Danemarck, sur la côte orientale de l'île de Sélande, avec 110,000 habitants ; sur la jonction des deux golfes de Botnie et de Finlande se présente *Stockholm*, capitale de la Suède, qui a un port spacieux et 70,000 âmes. Plus en avant est *Carlscrona*, bon port suédois sur la Baltique.

Le golfe de Finlande a les ports russes de *Riga*, chef-lieu de la Livonie, jolie ville sur la rive gauche et près de l'embouchure de la Duna ou Dwina ; *Revel*, chef-lieu de l'Esthonie, ville fortifiée ; *Kronstadt* ou *Cronstadt*, jolie ville, très forte, sur la petite île Codlin, qui domine le golfe de Finlande, sur lequel on voit également *Helsingfors*, petite ville avec un beau port.

Après ces idées générales, suffisantes pour édifier nos lecteurs à l'égard des contrées visitées par les deux voyageurs Prosper Thomas et Lyall, nous pouvons maintenant donner successivement leurs relations. Nous commencerons par le premier, quoique postérieur en date au second ; notre motif est que le premier est parti du Havre, tandis que le second part de Moscou.

ALBERT-MONTÉMONT.

PROSPER THOMAS.

VOYAGE EN RUSSIE PAR LA MER BALTIQUE.

En 1845, notre voyageur s'embarqua au Havre et se rendit par la mer du Nord, le Sund et la Baltique, à Saint-Pétersbourg. Nous allons le laisser parler lui-même.

Saint-Pétersbourg.

Jamais je n'oublierai l'impression que fit sur moi la vue de deux marins qui vinrent à se rencontrer sur le port de Cronstadt, au moment où nous débarquions pour nous rendre sept lieues plus loin à Saint-Pétersbourg. L'un était une espèce de géant ; de longues moustaches ombrageaient sa figure, et une ample redingote en drap grossier lui descendait presque jusqu'aux talons ; il paraissait avoir passé la quarantaine. L'autre était encore un enfant imberbe et à la face blanche et rosée ; on lui aurait donné tout au plus dix-huit ans. A cinq pas de l'enfant, l'homme géant se rangea de côté dans une pose militaire, ôta sa toque et resta immobile jusqu'à ce que l'enfant l'eût dépassé de cinq pas. Ce dernier, pincé comme une guêpe, passa sans y prêter la moindre attention, et ne lui répondit par aucun signe extérieur. J'appris alors que le géant était un simple soldat et l'enfant un officier ; l'un était noble et l'autre esclave..... En ce moment je compris, comme par instinct, toute l'horreur de l'esclavage ; le ciel russe me parut plus sombre, les visages plus farouches, et j'eus froid au cœur.

Cronstadt est un port fortifié où les empereurs russes ont entassé canons sur canons, et pierres sur pierres, afin de fermer l'entrée de la Néva aux flottes ennemies.

Je ne connais rien de plus grandiose que l'entrée à *Saint-Pétersbourg* par la Néva. Dans toute autre ville, l'œil de celui qui arrive est fatigué par les faubourgs et les petites rues qu'il est obligé de traverser avant d'arriver au centre ; mais quand arrivant de Cronstadt, on fait son entrée par la Néva dans la belle capitale russe, la Palmyre du Nord, on ne peut s'empêcher d'être saisi d'admiration.

Le bateau à vapeur vous conduit jusqu'au cœur de la cité, à travers une innombrable quantité de navires de toute sorte, entre deux quais magnifiques, bordés d'abord de chantiers de constructions navales, puis d'hôtels et de palais somptueux. Devant vous s'étend le pont d'Isaac, un peu plus loin, à gauche, s'élèvent la Bourse, les phares, l'imposante forteresse ; à droite, au-delà du pont, l'Amirauté, le sombre Palais-d'Hiver, demeure des tsars ; puis, couronnant le tableau, viennent se dessiner sur l'horizon le dôme doré de l'église de Saint-Isaac, les sommets de la cathédrale de Kazan, et la flèche si frêle et si élégante de l'Amirauté.

Saint-Pétersbourg est une ville d'hier ; elle n'a rien

qui intéresse l'antiquaire et fasse rêver l'historien des siècles passés ; mais l'œil y est charmé par la régularité et la longueur des rues, par l'immensité des places et la beauté des maisons ; et si parfois le poète désire un peu plus de variété et des rues plus tortueuses, il admire en revanche cette rare propreté, où, sans crainte des accidents ni des éclaboussures, il peut se laisser aller à tout le charme de ses rêveuses distractions.

Otez à Saint-Pétersbourg ses portiers, quelques misérables marchands ambulants, ses cochers et ses droschkys, petits équipages russes de louage qui se rencontrent presque à chaque pas, et rien, pendant l'été, vous indiquera que vous êtes dans une ville russe : vous voyez que la civilisation a passé par là, enlevant à la ville de Pierre-le-Grand son cachet d'originalité ; mais l'hiver qui ne se civilise pas, le lui rend bien vite. Aussi Pétersbourg n'est-il vraiment intéressant que pendant cette saison pour le voyageur qui veut observer et s'instruire. Mille traîneaux ou voitures montées sur patins glissent rapidement au milieu d'un silence interrompu par le grincement de la neige et par les cochers qui jettent en passant leur cri aigu de padi (gare!). Chacun est chargé de fourrures plus ou moins riches, depuis l'humble peau de mouton (touloup) jusqu'à la moelleuse zibeline ; le paysan, le marchand russe, reprennent leurs pelisses et leurs hauts bonnets fourrés (chapka) ; tout change d'aspect : la Néva et tous les canaux, quelques semaines auparavant encore chargés de barques et de riches navires, ne portent plus que des traîneaux qui les sillonnent en tous sens.

Le froid talonne hommes et chevaux ; il semble donner des ailes à tous, et c'est un spectacle vraiment fantastique que celui de Pétersbourg par une belle nuit d'hiver, quand le ciel si limpide du Nord a allumé toutes ses étoiles, et que les rues et les riches magasins de la perspective de Newski (1) se sont éclairés. On voit alors circuler comme des ombres, dans les rayons de lumière qui arrivent de tous côtés, le piéton hâtif, le modeste traîneau de louage et les somptueux équipages des seigneurs avec leurs lanternes, dont les feux courent et se croisent sans cesse Le bruit, amorti par la neige, n'est plus qu'un sourd frottement au milieu duquel se font parfois entendre les cris et les jurements des cochers.

L'été étant très court, tous les seigneurs vont le passer, les uns dans leurs terres, et les autres dans les riches maisons de campagne qu'ils possèdent aux environs de Saint-Pétersbourg. C'est aux îles et dans les résidences impériales que se rendent les plus grands seigneurs. Ces îles n'étaient, il y a cent ans, que des dunes et des marais formés par la Néva, à son entrée dans le golfe de Finlande ; mais l'omnipotence du despotisme en a fait un lieu de délices où la voluptueuse mollesse des grands de la Russie. Entrecoupées de canaux que parcourent sans cesse des barques aux couleurs variées, unies entre elles par des ponts élégants, parsemées de cottages étincelants de fraîcheur et de coquetterie, ces îles, pendant le mois de juin, où la nature, en s'éveillant tout-à-coup dans ces contrées septentrionales, semble vouloir se dédommager de son long sommeil, sont bien le séjour le plus délicieux qui se puisse rêver sur terre. Joignez à cela que chaque maison est entourée de plantes exotiques les plus rares, conservées à grands frais pendant neuf mois dans des serres les plus riches du monde après celles de Moscou, vous aurez à peine une idée de ces beautés que ces îles, vrai paradis des sens pendant deux ou trois mois de l'année, étalent aux yeux émerveillés du voyageur, près du 60e degré de latitude, à quelques pas de la zone glaciale.

La pensée qui domine l'esprit lorsqu'on se promène

(1) La plus belle rue de Pétersbourg, comme Regent Street à Londres et la rue Rivoli à Paris.   A. M

dans les rues si larges et si propres de Pétersbourg, au milieu de ces palais de la ville monumentale, comme l'appellent les poètes russes, c'est la pensée de Pierre-le-Grand, de ce rude et puissant génie qui fit surgir tant de merveilles du milieu des marais impraticables de l'Ingrie. Aussi parlerai-je avant tout du monument que lui fit ériger la grande Catherine.

Il fallait à Pierre Ier un monument simple, mais imposant et sauvage comme lui, durable comme ses œuvres, impérissable comme sa renommée ; telle était la pensée de Catherine II, cette femme toujours grande, même jusque dans ses vices. Falconnet, artiste français, appelé par l'impératrice, comprit cette pensée ; il se rendit dans les montagnes de la Finlande, cette Suisse du Nord, arracha de leurs flancs un immense rocher, et le jeta presque brut au milieu de la place d'Isaac, pour servir de piédestal à la statue équestre du héros. Dans le roc, Catherine fit graver cette inscription ambitieuse, mais qu'ont justifiée les grands événements politiques accomplis sous son règne : « A Pierre premier, Catherine seconde. »

Sur la même place, à l'autre bout, entre le palais d'hiver et l'hôtel de l'état-major, s'élève la colonne Alexandrine, érigée par l'empereur Nicolas à son frère Alexandre. Cette colonne, d'un beau granit rouge, pris aussi dans les riches carrières de Finlande, est d'un seul bloc monolithe ; elle est surmontée d'un ange qui tient une croix, et auquel l'artiste a voulu faire courber la tête ; malheureusement il n'a réussi qu'à lui donner l'air d'un bossu. L'élévation totale du monument, depuis la base jusqu'à la partie supérieure de la croix, est de 51 mètres.

L'église de Saint-Isaac, située à l'angle sud-ouest de la place du même nom, a été commencée en 1819 par Alexandre, et a dû être consacrée en 1846. C'est un des beaux monuments de la chrétienté. M. Monferrand, artiste français d'un grand mérite, en traça le plan et fut chargé de l'exécution. La coupole dorée, soutenue par vingt-quatre colonnes de granit, qu'on s'étonne de voir transportées à une telle hauteur, domine tous les autres monuments de la capitale. Le péristyle principal est aussi soutenu par d'immenses colonnes en granit d'une seule pièce, surmontées de chapiteaux en bronze. L'habile statuaire Lemaire, à qui la Madeleine doit les sculptures qui décorent son fronton, a terminé le fronton du nord de la cathédrale de Saint-Isaac, et cette œuvre est un nouveau titre de gloire pour ce célèbre artiste.

La cathédrale de Kazan a été construite sur le modèle de l'église de Saint-Pierre de Rome ; mais ses proportions sont moins colossales : la grande colonnade qui en précède l'entrée est en briques plâtrées ; l'intérieur seul serait digne de notre curiosité, si les colonnes de marbre qui en soutiennent la voûte ne portaient pour trophées les drapeaux français trouvés sur la neige ou enlevés aux mains glacées de nos soldats. Le bâton du maréchal Davoust y est suspendu dans une boîte en verre, surmontée d'une inscription que je ne pus lire : d'amères pensées m'arrivaient en foule, et des larmes me troublaient la vue !...

C'est du portail de cette cathédrale que l'empereur Nicolas calma l'orage populaire soulevé en 1831 par les ravages du choléra. *A genoux!* s'écria-t-il à la populace qui vociférait des cris de mort contre les médecins et les employés du gouvernement ; *a genoux! priez Dieu de chasser le fléau, lui seul en a le pouvoir!...* Au même instant les portes de la cathédrale s'ouvraient ; tout le haut clergé, couvert de ses riches habits de cérémonie, s'avançait en chantant des hymnes sacrées pour apaiser la colère du Très-Haut, et le peuple, à ce spectacle de son empereur, de ce dieu terrestre qui courbait la tête devant le Dieu du ciel, s'humilia... Tous, comme frappés par le doigt de Dieu, se mirent à genoux, implorant leur pardon !...

Un seul resta immobile : c'était un individu coiffé d'un chapeau blanc ; depuis ce moment, dit-on, l'empereur n'aime pas les chapeaux blancs.

Parmi les édifices curieux de Saint-Pétersbourg, il faut mettre en première ligne le Palais-d'Hiver, ainsi nommé parce qu'il sert de résidence à la cour pendant cette saison. Consumé en 1837 par un incendie, il fut rétabli l'année suivante, en un an, comme l'avait voulu le tsar; mais dix-huit mois après, une salle entière s'affaissa sur elle-même ; c'était la salle du trône: les mécontents se déridèrent; ils acceptaient l'augure. . Une fois par an, dans la nuit du 31 décembre au 1er janvier, les salles de cet immense et riche palais s'ouvrent au peuple, tous, munis de billets dont il se distribue plus de trente mille, peuvent circuler à leur aise dans la somptueuse demeure de leur souverain. Le tsar reçoit son peuple; les gentilshommes de la chambre, en grande tenue, sont chargés d'en faire les honneurs, et jamais cette fête n'a été troublée par aucun accident, malgré la foule compacte qui se presse dans toutes les parties de ce vaste édifice. C'est qu'en Russie encore, de la part du peuple, tout ce qui tient au souverain est sacré; ce n'est plus du respect, c'est une religion; ce n'est pas seulement le tsar, c'est leur dieu terrestre, comme ils l'appellent.

L'empereur le sait bien, et jamais il ne manque l'occasion de se mêler au peuple. Préoccupé par l'idée de tyran attachée à la personne du souverain russe, le voyageur est tout surpris de voir le despote se promener seul à pied, dans les rues de sa capitale, en simple costume de général.

Le tsar n'ignore pas en effet qu'il n'a rien à craindre dans la rue, car lui est le peuple qui l'adore fatalement, quel qu'il soit; ce n'est donc pas là qu'est le danger; c'est plus haut, dans les régions supérieures de l'aristocratie plus éclairée, et par suite plus impatiente du joug; c'est dans son palais impénétrable à l'œil du peuple.

Un peu au-dessus du Palais-d'Hiver est l'Ermitage, autre palais où se trouve la collection de tableaux la plus riche de la Russie. Plus haut encore est situé le Jardin-d'Été, dont la grille en fer est d'une magnificence digne de sa renommée. En face du Palais-d'Hiver, de l'autre côté de la Néva, sur une île formée par la grande et la petite Néva, s'élève la sombre forteresse de Petrofski, la Bastille et le Saint-Denis de la Russie.

Parlerai-je du vieux palais Michel, où fut étranglé le fantasque et malheureux Paul; du palais d'Amtchkoff, propriété du grand-duc Michel, frère de Nicolas; du jardin de Tauride, de l'arsenal, des théâtres, des superbes casernes construites sous le règne actuel, de l'académie, de la Bourse, des bazars (Gastinni-Dvor), etc?... Mais je suis obligé de faire un choix.

Séjour de la cour la plus fastueuse de l'Europe, cœur de l'empire l'activité d'un vaste monde, où viennent se concentrer les forces d'un hémisphère, habité par tous les grands fonctionnaires de la Russie, possédant dans son enceinte des corporations savantes, des écoles militaires pour toutes les armes et une garnison de 80,000 hommes, dont les chefs sont la fleur de l'aristocratie russe, Saint-Pétersbourg est sans contredit l'une des villes les plus remarquables de l'Europe. Qu'on joigne à tous ces éléments de prospérité l'activité d'un port très commercial, un concours immense d'étrangers qu'attire et retient l'amour du lucre, les relations si actives du corps diplomatique avec toutes les contrées du globe, et l'on comprendra comment la ville de Pierre-le-Grand, sortie des marais glacés de l'Ingrie en 1710, qui, en 1750, n'avait encore que 60,000 habitants, en compte maintenant près de 500,000 (1).

A chaque instant, des courriers se croisent dans les rues : celui-ci arrive de Tobolsk, cet autre du Caucase, celui-ci d'Astrakhan, celui-là de Constantinople; d'autres portent les ordres du maître aux points les plus reculés de l'empire pour leur donner le mouvement et la vie. De brillants magasins, qui soutiendraient sans honte la comparaison avec les plus élégants de Paris, étalent leurs richesses dans la perspective ou rue de Newski, la plus longue et peut-être la plus belle rue de l'Europe. Aussi le luxe y est-il effréné, ainsi que la corruption, sa compagne inévitable.

La Russie ne trouverait pas dans ses tribunaux assez d'hommes intègres pour juger les coupables avec impartialité; la gangrène de la corruption, de la vénalité, empeste également toutes les branches de l'administration, depuis l'employé le plus infime jusqu'au fonctionnaire le plus élevé, et les tribunaux sont encore la partie la plus malsaine de l'empire. Malheur à celui qui ignore la marche à suivre dans les bureaux russes afin d'obtenir l'objet de sa demande!... Les moyens employés par certains secrétaires pour attirer la manne du pot-de-vin dans leurs coffres rappellent souvent les tours les plus subtils de nos larrons de foire...

Mais tirons un voile sur ces turpitudes dont on ne s'étonne plus en Russie, parce qu'elles sont dans les mœurs des bureaucrates, et transportons-nous dans une de ces réunions où l'on peut juger, superficiellement il est vrai, des hautes classes de la population d'un pays. Allons au théâtre Michel un des trois jours de la semaine réservés aux représentations de la troupe française.

L'étude de notre langue étant un des apanages de l'aristocratie, nous sommes sûrs de n'y trouver que l'élite de la société russe et quelques étrangers établis à Saint-Pétersbourg. Dès l'entrée, le théâtre respire un parfum de comfort et de bonne compagnie qu'on ne peut retrouver dans aucun théâtre de Paris, où le public est toujours plus ou moins mêlé. Les précautions les plus minutieuses ont été prises pour que le spectateur n'y éprouve aucun de ces petits désagréments qui ne sont que trop fréquents dans nos théâtres. Ainsi, la salle est parfaitement close et chauffée en hiver, dès le vestibule, à une température de 13 à 14°; toutes les places sont numérotées; chacun, au parterre même, a son fauteuil ou sa chaise particulière. Le billet d'entrée portant le numéro de la place que vous devez occuper, vous êtes bien sûr que cette place est à vous et que nul ne viendra vous l'enlever; puis l'administration, n'ayant qu'un nombre de billets égal à celui des places, ne s'avisera pas d'entasser 1,000 individus dans un espace suffisant à peine pour 500.

Dès vos premiers pas dans la salle, vous comprenez que ce théâtre n'a été construit que pour le riche; le peuple n'oserait pas s'y montrer; il craindrait de salir de ses habits de travail ces banquettes en velours et ces dorures si fraîches; il y serait gêné, et le peuple ne va pas volontiers où il est gêné. Aussi, de quelque côté que vous vous tourniez, vos yeux éblouis ne rencontrent que de brillants uniformes surchargés de croix, et tout chamarrés d'or et d'argent, ou les toilettes les plus élégantes, calquées sur les dernières modes de Paris. Autour de vous, on ne parle que la langue de Racine et de Molière, vous ne prenez à ne plus savoir si vous êtes en France ou en Russie, ce pays que nous ne pouvons pas nous déshabituer d'appeler barbare, et que dans les hautes classes on est forcé de reconnaître comme très civilisé.

La toile se lève, et les artistes choisis parmi les meilleurs de Paris, attirés à Saint-Pétersbourg par la munificence impériale, transmettent aux Russes les œuvres de notre scène dramatique. A ces applaudissements spontanés, à ce fou rire qui gagne toute la salle, vous voyez que le spectateur n'est étranger ni aux beautés les plus mâles, ni aux subtilités les plus délicates de notre langue : aussi l'illusion est-elle complète, et si ce ne sont pas là les dehors d'une civilisation en progrès, je ne sais plus où les trouver.

---

(1) M. Thomas ne donne en 1844 à Pétersbourg que 450,000 habitants, mais aujourd'hui 1854, cette population dépasse 500,000 âmes.   A. M.

Mais pourquoi tout ce parterre de généraux et d'officiers vient-il de se lever en inclinant respectueusement la tête vers la première loge d'avant-scène, à gauche du spectateur ?... C'est qu'un homme en uniforme de général vient de s'y montrer ; une seule étoile brille sur sa poitrine, mais c'est celle de l'ordre de Saint-George. D'une stature colossale, il semble avoir été taillé sur le modèle d'une belle statue antique. Quelques cheveux blonds couvrent encore les côtés de la tête, lorsque déjà le sommet en est dégarni, ainsi que le front vaste et plein d'intelligence où se dessine une large raie que le soleil des camps y a fortement imprimée. Toute cette figure, haute et fière, porte l'empreinte de la fermeté ; les yeux, d'un bleu vif, doivent recevoir tout leur éclat d'une âme forte et énergique. Cet homme, c'est l'empereur de toutes les Russies, source de tout bien et de tout mal pour 60 millions d'hommes, dispensateur de la vie et de la mort dans le plus vaste empire du monde. Pour soutenir cette puissance, qui effraie la pensée, on sent qu'il fallait une aussi puissante organisation ; à ce monde il fallait cet Atlas !... On dit que, dans les moments d'orage, quand la colère fermente dans le cerveau de Nicolas, sa figure s'assombrit ; de sévère, elle devient dure, et les plus braves n'en peuvent soutenir le regard !...

Pendant l'hiver, tous les jours sont marqués par de brillantes soirées où s'étalent toutes les richesses d'un luxe souvent extravagant. Il n'est pas rare de voir figurer à un dessert d'énormes plateaux de cerises dont chacune coûte 1 franc. Le noble russe, plein d'ostentation, se ruine avec sang-froid pour ne pas le céder en magnificence à un de ses pairs.

Tout le monde s'accorde à vanter l'hospitalité des Russes ; mais à Pétersbourg il y perce toujours un désir de briller qui en détruit tout le charme pour l'étranger de distinction envers lequel on l'exerce d'une façon si obséquieuse. Dans la ville de Pierre-le-Grand, les mœurs nationales sont altérées par les séductions de la cour, par un contact continuel avec les mœurs étrangères, par une ambition et une cupidité sans bornes ; c'est à Moscou, dans quelques familles de la haute aristocratie, qu'il faut aller pour retrouver cette hospitalité cordiale, franche, pleine de grâce et de simplicité, qui nous rappelle les habitudes généreuses des anciens boyards.

Si Lyon craint le Rhône et Roanne la Loire, Pétersbourg ne craint pas moins la Néva, source cependant de tant de richesses. En automne, lorsque le vent d'ouest souffle avec violence, il refoule les vagues du golfe dans la Néva, dont les ondes, refluant vers leur source, inondent la ville et la menacent d'une destruction complète. Des vingt inondations à peu près qui eurent lieu depuis la fondation de Pétersbourg, celle du 7 novembre 1824 a été la plus terrible. Toute la ville, à l'exception de trois quartiers, fut sous les eaux, qui s'élevèrent à 13 pieds au-dessus de leur niveau. Des vaisseaux furent lancés au milieu des rues ; 482 maisons furent détruites de fond en comble, près de 400 plus ou moins endommagées, et tous les ponts emportés, excepté ceux en pierres. En voyant sur les maisons des quais la ligne rouge indiquant la hauteur des eaux en 1824, on ne peut s'empêcher de frémir en pensant que, chaque automne, cette cité si populeuse et si fière est menacée d'être engloutie sous les flots. Et cependant la crainte d'une pareille catastrophe ne chasse personne de la ville... Ne dort-on pas au pied du Vésuve ?...

Dès le mois de novembre et quelquefois en octobre, la Néva est gelée à deux pieds de profondeur, malgré la rapidité de son cours ; la navigation est fermée jusque vers le commencement d'avril. En décembre et au commencement de janvier, le soleil n'apparaît au-dessus de l'horizon que vers onze heures ; son disque est d'un rouge sanglant, toujours enveloppé de brouillards, et ses rayons pâles et obliques sont entièrement privés de chaleur. A dix heures du matin on est encore obligé d'avoir de la lumière, et dès deux heures et demie les magasins allument leurs lampes. En revanche, la dernière moitié de juin est sans nuit ; les rayons du soleil couchant se confondent avec ceux de l'aurore, et font de quinze jours un seul jour sans nuit. Rien de plus bizarre que Pétersbourg à cette époque, vers minuit ou une heure du matin. Les rues sont désertes, les boutiques fermées, et cependant il fait grand jour ; on se croit transporté dans une ville enchantée dont une baguette de magicien aurait frappé de mort tous les habitants au milieu de leur sommeil.

Moscou.

Il est peu de villes en Europe dont un Français approche avec autant d'émotion que de Moscou. Souvenirs de gloire et de malheurs, pensées d'avenir et de crainte, puis je ne sais quoi de mystérieux qui se rattache à l'originalité et à l'éloignement de cette ville, tout contribue à faire battre le cœur à la première vue des dômes qui couronnent le Kremlin comme une auréole d'or. Les Russes eux-mêmes ne peuvent se défendre de cette vive émotion, soit qu'ils arrivent à Moscou pour la première fois, ou qu'ils la revoient après une longue absence. Dans leur langage naïf, mais souvent énergique, ils l'appellent la *ville sainte*, la *cité aux blanches murailles*, la *mère de la Russie*. Transportez-vous un instant sur la *Montagne des Moineaux* (Vorabiôvaïa gara), le point le plus élevé des environs de Moscou, et voyez si, le soir, au coucher du soleil, le spectacle magnifique de la grande cité n'est pas digne de l'admiration que professent pour Moscou tous ceux qui l'ont vue.

Charmés d'abord par l'immensité du tableau, les yeux n'en aperçoivent que l'ensemble, puis insensiblement on s'enquiert des détails... A vos pieds coule lentement la *Moskva*, rivière tortueuse qui, dans ses caprices, semble entrer dans la ville près du couvent de Diévitchié, puis s'en éloigne tout-à-coup comme si l'entrée était indigne d'elle, fait encore un long détour, vient baigner le pied de la montagne où vous êtes, les jardins attenant à un palais de l'impératrice, les superbes hôpitaux de la ville, se décide enfin à entrer dans la ville et va caresser de ses ondes le quai du Kremlin. Devant vous, de l'autre côté de la Moskva, s'étendent de vastes prairies jusqu'aux murs crénelés et flanqués de tours qui, dans le moyen-âge, défendaient le couvent de Diévitchié contre les attaques des Tatars. C'est dans ce couvent, dont le clocher rouge est si élevé, que sont renfermées plusieurs grandes dames polonaises atteintes et convaincues d'un excès de patriotisme. Au-delà, sur la même ligne, c'est la ville avec ses toits verts, ses vastes jardins, ses clochers nombreux, aux formes si bizarres, aux dômes multiples, dont les couleurs variées brillent au loin sous les rayons d'un beau soleil. Mais c'est un peu à droite que le spectacle est réellement magnifique, digne d'un grand peintre ou d'une plume plus habile que la mienne. De beaux édifices entourés de verdure, de coquettes maisons s'avancent jusqu'aux murs du Kremlin. Ce dernier, fort heureusement situé au sommet d'une éminence, se dessine vivement sur l'horizon avec ses tours bleues ou grisâtres, ses murailles blanches et crénelées, avec son arsenal, son palais des tsars, moderne et grave construction, son Térèma, antique demeure et harem des grands princes ; puis enfin s'élève comme un géant le clocher d'Ivan-Vèliki (Jean-le-Grand), surmonté d'un dôme doré semblable à une couronne et d'une croix d'or, emblèmes de la double puissance temporelle et spirituelle des tsars. La cité tout entière, qui va se prolongeant dans l'horizon, derrière le Kremlin, aussi loin que la vue peut s'étendre, ne semble être là que pour lui servir de piédestal. Et puis que de grands et tristes souvenirs viennent à la pensée !... Napoléon, la grande armée, l'incendie de Moscou, ce premier anneau de la ongue chaîne de malheurs qui aboutit à Sainte-Hélène !

Un monument a été élevé par l'empereur Alexandre au brave boucher Minine et au noble Pagearski, qui avaient sauvé Moscou, lors d'une attaque et d'un incendie, le 24 août 1612. Ce monument est situé sur la place Rouge (Krasnaïa), entre le sénat et le grand bazar de Moscou. Pagearski, plongé dans le désespoir et affaibli par ses blessures, est assis et appuyé sur son bouclier. Minine, debout devant lui, cherche à le ranimer, et semble, en levant le bras, l'appeler à la défense de la patrie en danger. Mais l'expression de ce monument n'est pas assez nette ; les deux statues, en fonte, de grandeur plus que naturelle, sont lourdes, sans grâce, sans énergie, et le costume gréco-romain qui couvre à demi les deux héros est du dernier ridicule. C'est cependant le seul monument que l'on trouve dans cette vaste et antique cité, la mère de la Russie, la nourrice de Pierre-le-Grand.

Moscou n'est réellement beau que dans l'ensemble. Ville de clochers et d'églises aux formes tantôt byzantines, tantôt asiatiques, entrecoupée çà et là de vastes jardins, d'étangs, de boulevards, de promenades, située sur un terrain très accidenté, elle offre à chaque pas des points de vue divers, toujours pittoresques et d'un aspect original ; quelques édifices même peuvent attirer la curiosité de l'artiste, mais aucun n'excite son enthousiasme ou son admiration.

Le Kremlin, cet objet de l'intérêt général, devenu encore plus célèbre depuis la grande catastrophe de 1812, est un carré d'un demi-kilomètre, fermé de tous côtés par des murailles qui le défendaient contre les invasions des Tatars, avant l'invention de la poudre à canon. Forteresse autrefois imposante, le Kremlin maintenant ne pourrait pas tenir une heure contre quelques boulets d'un calibre ordinaire. Ces murs, que le mauvais goût russe badigeonne tous les ans à neuf, au lieu de leur laisser cette couleur grisâtre qui plaît tant à l'antiquaire et à l'historien, sont flanqués de hautes tours et coupés de créneaux qui en rompent la monotonie. Il y a vingt-cinq ans encore, un canal d'eau croupissante et malsaine entourait le Kremlin ; mais depuis, ce canal a été desséché, et de beaux jardins publics, aux allées toujours propres et bien sablées, même en hiver, ont remplacé ce cloaque impur, d'où s'exhalaient des miasmes nuisibles à la salubrité publique.

Le Kremlin est divisé en deux parties, séparées l'une de l'autre par un mur extérieur. Dans l'une, celle qu'on appelle proprement Kremlin et qui aboutit à la Moskva, sont situés la cathédrale, l'arsenal, bordé d'une triple ligne de canons étrangers provenant de la campagne de 1812, le corps du sénat, les tribunaux, le palais impérial que l'on reconstruit maintenant, et l'ancien château des grands-princes, restauré par l'empereur Nicolas et rétabli tel qu'il a dû être sous ses ancêtres : toutes les traditions y ont été religieusement conservées, et c'est vraiment une des curiosités les plus intéressantes de Moscou. C'est entre la cathédrale et le palais qu'est la fameuse cloche de Moscou, pesant 180,000 kilog. C'est aussi dans cette partie du Kremlin que se trouve un vaste bâtiment appelé en russe Granavitnaïa palata, et que nous pouvons appeler musée national, à cause de sa destination. On y conserve tous les objets précieux appartenant à l'histoire de la Russie. Il s'y trouve une très riche collection d'armes, la chaise sur laquelle on portait Charles XII à la bataille de Poltava, le grand drapeau des strélitz, cette milice insolente anéantie par Pierre-le-Grand, les bottes de ce dernier, la couronne et le sceptre envoyés à Vladimir Monomaque par Alexis Comnène, travail grec d'une délicatesse et d'un fini admirables ; des armoires vitrées laissent briller quantité de vaisselle en or et en argent de toutes les époques, et plusieurs housses enrichies de pierreries, présents offerts par la pusillanimité des sultans et des schahs aux souverains plus adroits et plus heureux de la Russie. Le vestibule est garni des bustes des grands hommes de la Pologne, enlevés au musée de Varsovie.

L'autre partie du Kremlin est appelée quartier central (Kitaïe), mot tatar qui signifie milieu, centre. C'est là que se trouve le grand bazar de Moscou, immense carré entrecoupé d'arcades dont les voûtes vitrées laissent pénétrer la lumière dans ce labyrinthe de boutiques. Il est divisé en lignes ou galeries dont chacune est consacrée à une sorte de marchandise. Ainsi il y a la ligne de la coutellerie, celle de la quincaillerie, de la draperie, de l'épicerie, etc. Jamais on n'y fait de feu, même en hiver. Les marchands russes ne s'y tiennent que pendant la journée ; tous les soirs, au coucher du soleil, on ferme solidement toutes les portes du bazar, et chaque marchand revient au logement qu'il occupe en ville. Enveloppés dans leur peau de renard recouverte de drap, ils se promènent devant leur petite boutique et battent la semelle en attendant les chalands. Le passant est arrêté à chaque pas par les sollicitations les plus obséquieuses et les plus polies. « Entrez dans ma boutique, » dit le Russe, qui, malgré le froid, tient sa casquette ou son chapeau à la main, « entrez, je vous en prie, monsieur, vous y trouverez tout ce que vous voulez et vous serez content de moi. » Mais il faut entendre cela dans la langue russe qui abonde en diminutifs caressants et en formules pleines de politesse. Qui ne se laisserait pas tenter ? Prenez garde cependant ; ce marchand si poli ne manquera pas de vous demander le triple de la valeur de ce que vous voulez acheter, et si vous ajoutez foi à toutes ses protestations de conscience et de probité, vous êtes volé. Offrez hardiment le tiers du prix demandé, le marchand russe ne s'en offusque pas, il s'y attend, et c'est alors qu'il commence avec vous une lutte de paroles et de serments qui se termine toujours à son avantage.

En voyant ces marchands, qui ont toujours l'air de s'imposer un sacrifice pour plaire à l'acheteur, j'ai souvent songé à la diplomatie russe, qui, dans toutes ses négociations, élève ses prétentions bien au-dessus de ses désirs réels, cède sur beaucoup de points et finit toujours par obtenir ce qu'elle désirait, tout en conservant aux yeux des diplomates à courtes vues sa réputation de magnanimité et de désintéressement.

Le trait le plus saillant du Russe, c'est la ruse ; aussi Pierre-le-Grand, discutant s'il permettrait aux Juifs d'habiter son empire, disait : « Je ne les crains pas ; le dernier de mes paysans est bon pour deux Juifs. » En effet, avec son air doux et patelin, ses yeux petits et caressants, sa politesse servile, le Russe qui vous parle d'affaires semble plutôt votre esclave que votre ouvrier ou votre marchand ; mais tout ce luxe de formules et de gestes respectueux n'est qu'un leurre dont il se sert pour vous soutirer vos roubles. Le grand seigneur, qui les connaît, ne traite jamais une affaire avec l'un d'eux sans lui prodiguer les douces épithètes de filou, de brigand, de voleur, etc. ; à quoi le rusé coquin ne répond que par des excuses et les plus vives protestations de sa bonne foi.

Après le marchand vient le bourgeois (mestchanine). On conçoit bien que ce mot a en russe une acception bien moins générale qu'en français. Le bourgeois est libre ; il provient ordinairement de serfs affranchis ou d'ouvriers étrangers naturalisés. C'est parmi les bourgeois que se recrutent la classe ouvrière et les petits boutiquiers.

Le pope ou simple prêtre est à peu près au niveau du marchand ; dans les campagnes, sa condition n'est guère au-dessus de celle du paysan ; mais le haut clergé est assimilé aux rangs les plus élevés de la noblesse.

Au bas de l'échelle est le paysan ou serf, attaché à la glèbe et appartenant, soit à l'État, soit aux nobles, qui, seuls, ont le droit de le posséder. Le seigneur a deux moyens de faire valoir ses terres et ses paysans : 1° il peut abandonner toutes ses terres à cultiver aux paysans, en donnant à chaque famille une certaine quantité de terrain proportionnée au nombre des travailleurs qu'elle renferme; dans ce cas, il fixe la somme annuelle que chaque travailleur (téglo) doit lui payer : 2° il partage ses terres en deux parties : l'une est distribuée aux paysans, l'autre lui reste. Dans ce cas, le paysan emploie trois jours à cultiver son propre champ; les trois autres appartiennent au seigneur, qui en dispose comme bon lui semble et qui abuse plus ou moins de son pouvoir absolu.

Le système hiérarchique russe n'est pas toutefois aussi exclusif qu'on pourrait le croire; à l'exception du serf, les diverses classes peuvent également parvenir aux postes les plus élevés. Ainsi, le fils du marchand, du prêtre et du bourgeois, qui, après de bonnes études, entre au service civil ou militaire, peut y devenir un noble et puissant seigneur. Tel noble en Russie, tout rayonnant de broderies et de décorations, est né dans les rangs les plus infimes de la société. L'empereur Nicolas a plus que tout autre favorisé ces subites élévations. Les grands noms l'offusquent, il leur préfère des créatures de sa façon; comme elles lui doivent tout, il a plus de raisons pour compter sur leur dévoûment. C'est surtout parmi la petite noblesse de ses provinces allemandes de la Baltique qu'il va les choisir : aussi plus d'un grand seigneur ronge son frein dans l'ombre, impatient de s'en débarrasser.

Rien de plus complexe que les mœurs russes. Les sommités sociales jouissent de toutes les ressources d'une civilisation fort avancée, tandis que les dernières classes sont encore plongées dans les ténèbres de la barbarie.

Les nobles ont presque tous voyagé et sont devenus, les uns gallomanes, d'autres anglomanes, teutomanes, etc. Il est peu de personnes en Russie, passablement élevées, qui ne parlent deux ou trois langues, et toutes avec une pureté remarquable. C'est ce qui donne tant de prépondérance aux diplomates russes, qui connaissent toujours la langue, les mœurs et l'histoire du pays où ils ont reçu la mission de représenter leur souverain. Avant 1812, on se faisait gloire de savoir à peine parler russe; mais depuis, la nationalité s'est ranimée. Déjà elle a créé un parti qui s'est jeté dans un extrême contraire, et veut, de cet amalgame de mœurs et d'idées européennes, constituer une civilisation particulière, la civilisation slave, dont le peuple russe serait le principal agent.

A Moscou, comme à Pétersbourg, comme dans toute la Russie, l'ostentation est le défaut général, avec cette différence que le Pétersbourgeois veut briller par son faste, si les honneurs et les croix dont le gouvernement est si prodigue, tandis que le Moscovite, vieillard blanchi dans les emplois, ou bien grand seigneur disgracié et mécontent, veut que l'on cite le comfort de son hôtel, l'éclat de ses fêtes, la succulence de ses dîners et parfois l'étendue de ses connaissances.

Un beau nom ou du mérite procure toujours à l'étranger un accueil plein de grâce et une hospitalité généreuse qui rendent le séjour de Moscou cher à tous ceux qui l'ont habité pendant quelque temps. Une société brillante et choisie rivalise dans les soirées et aux spectacles de bon goût et d'élégance avec les meilleures sociétés de l'Europe. Nos modes et nos livres arrivent à Moscou quelques mois après leur apparition à Paris, et nos ingénieuses modistes ne trouveraient pas leurs plus sublimes inventions compromises en les voyant adoptées par certaines belles et gracieuses Moscovites. Plus d'un de nos jeunes poètes, entendant ses œuvres plus avant intelligence par d'aussi jolies bouches, se prendrait d'enthousiasme et oublierait bien vite toute l'amertume des critiques de Paris. Qu'on ne vienne pas dire que les idées manquent en Russie, que la conversation est toujours nulle! Il est vrai qu'en public l'esprit ombrageux du gouvernement, qui poursuit partout sa bête noire, jette de la crainte dans les relations qui ne peuvent plus être que futiles, mais il ne s'ensuit pas que les idées manquent : elles ne courent pas les rues comme en France, où la presse en répand à foison; mais elles existent, elles grandissent à l'écart; il ne s'agit que de savoir les trouver.

Ces dehors brillants d'une civilisation avancée, je le répète, ne sont encore que le privilège des hautes classes. Quelques degrés plus bas, chez les petits employés, tout change : au fond, l'hospitalité s'y retrouve encore, elle descend même jusqu'au dernier degré de l'échelle sociale; mais elle prend des formes plus grossières : le sourire n'est plus aussi simple, aussi cordial, il est un peu plus empreint d'insolence ou de servilité. Que voulez-vous? ce malheureux peuple a courbé sa tête pendant deux cents ans sous le joug tatar. Quand une nation a usé toute son énergie dans une lutte où elle a succombé, la ruse devient son unique défense, et cet organe, le seul dont l'esclave puisse faire usage, prend alors un immense développement au détriment des autres. Le serf russe est cependant doué parfois d'une rare énergie, d'une patience à toute épreuve. Il supporte souvent avec le plus grand stoïcisme la faim, le froid, les privations de toute sorte et la mort. C'est qu'alors il est soutenu par le fatalisme, la pierre fondamentale du despotisme. *Dieu l'a voulu,* dit-il; et il courbe la tête sans se plaindre.

La classe marchande elle-même n'est pas exempte de cette ostentation que nous avons signalée dans les hautes classes. Le marchand de première guilde a une maison divisée en deux parties : l'une, qu'il habite, est sale, enfumée, peu commode; dans l'autre, au contraire, qu'il n'ouvre qu'aux grands jours de fête, sont étalées sans goût des richesses qu'il craint d'user en les employant tous les jours. Vivant ordinairement de thé, de petits gâteaux, de saucissons qu'apportent au bazar des marchands ambulants, il y a des jours où il entasse sur ses tables des viandes, des pâtisseries et des boissons à régaler dix fois plus de monde qu'il n'en a invité. Alors on s'enivre patriarchalement, au sein de sa famille et de ses amis. Le champagne joue le plus grand rôle dans ces sortes de réunions; pour le Russe un peu fortuné, un grand repas sans champagne n'est pas une fête. C'est au champagne aussi qu'on boit à la santé les uns des autres, avec des salutations pleines de tendresse et les plus chaudes protestations d'éternelle amitié. Il faut voir, à certains jours de grande promenade publique, le 1er mai, par exemple, ou dans la semaine de Pâques, la gravité comique du gros marchand russe. Assis auprès de sa compagne fardée, blanchie et affublée de tous ses plus beaux atours, dans un riche équipage attelé de chevaux magnifiques réservés pour les grands jours, comme il trône, comme il se prélasse dans son beau manteau neuf, avec sa longue barbe si bien peignée! Le Grand-Lama ne doit être ni plus beau, ni plus grave; certainement il n'est pas plus heureux. La plupart de ces marchands de première guilde sont extrêmement riches; il en est dont la fortune est vraiment colossale.

Au fur et à mesure que la noblesse s'appauvrissait par son luxe et ses folles prodigalités, le marchand s'élevait peu à peu, ramassant avidement les roubles qu'on lui jetait avec dédain. Maintenant ce marchand, naguère encore méprisé comme un esclave, est devenu par ses richesses une puissance que ne dédaignent ni le gouvernement, ni les grandes familles de l'aristocratie. Déjà même ces dernières ne craignent plus de compromettre leur blason par une mésalliance; elles cherchent au contraire à en relever l'éclat par leur union avec la fortune des marchands enrichis.

La civilisation, du reste, a frappé de sa baguette enchantée le marchand russe : déjà le costume et les préjugés nationaux s'en vont; le long caftan fait place à l'habit et à la redingote; le bonnet en soie ne se voit plus que sur la tête des vieilles femmes, et la jeune fille apprend l'allemand, le français, la danse et la musique.

Il nous resterait encore à parler du pauvre habitant

des campagnes, du serf et du simple ouvrier, presque toujours esclave aussi, auquel le maître a fait apprendre un métier parce qu'il espère en tirer meilleur parti; mais l'esclavage n'est-il pas le même dans tous les pays? N'y retrouve-t-on pas toujours bassesse envers le maître, insolence envers le faible, malpropreté, paresse, ivrognerie, abrutissement et corruption? Cependant, du milieu de tous ces vices surgit encore, chez le Russe que le vodki (eau-de-vie de grain) n'a pas abruti, une merveilleuse aptitude à tirer parti des moindres ressources. Le paysan russe est excellent charpentier; tous, à l'aide de la scie et d'une simple hache, qu'ils manient avec une dextérité rare, sont en état de se construire une maison (izba), sinon élégante, du moins conforme à leurs besoins.

Il y a à Moscou deux théâtres, le grand et le petit. Le premier, du milieu de tous les plus spacieux et des plus beaux de l'Europe, est destiné aux représentations de la troupe russe. Tous les genres y sont admis, depuis le vaudeville jusqu'à l'opéra. Malgré les soins et la générosité du gouvernement, ce théâtre est très pauvre en artistes de talent. Il s'y joue plus de traductions que de pièces originales; notre scène est celle que les auteurs russes mettent le plus à contribution.

Le petit théâtre, reconstruit par ordre de l'empereur, en 1840, est réservé à la troupe française. Il ne le céderait en rien au délicieux théâtre Michel, à Pétersbourg, si les artistes de Moscou avaient autant de talent que leurs camarades de Pétersbourg; tel qu'il est cependant, il est très fréquenté par la meilleure société de Moscou et par les étrangers, qui y trouvent un plaisir d'autant plus vif qu'ils s'y voient, pour ainsi dire, transportés au sein de leur patrie.

Moscou, ville de 350,000 âmes, renferme un grand nombre d'établissements d'instruction publique. À leur tête est placée l'Université, avec ses quatre facultés de droit, de médecine, des sciences et de philosophie. L'organisation en est calquée sur celle des universités allemandes. Il est inutile de dire que les règlements sont beaucoup plus sévères, quant à la liberté des étudiants et à celle de l'enseignement. Les cours du professeur de philosophie doivent avoir préalablement passé sous l'éteignoir de la censure: aussi cette chaire est-elle presque toujours vacante. Après l'Université viennent trois gymnases (collèges) où on enseigne la religion, les mathématiques, l'histoire, la géographie, et les langues mortes et vivantes (l'allemand et le français). Le seul reproche qu'on puisse faire aux Russes, c'est d'affecter une allure militaire. On dirait qu'en Russie le gouvernement veut aligner les intelligences comme ses soldats. Il y a encore l'institut noble, véritable gymnase, où, pour toute différence, on ne reçoit que des pensionnaires nobles et point d'externes; des corps de cadets fournissant des officiers à l'armée; un hospice des enfants trouvés, où chaque enfant reçoit une éducation plus ou moins recherchée, suivant les capacités dont il a fait preuve avant l'âge de dix ans, époque où on les distribue dans les diverses sections de la maison.

Outre les pensionnats particuliers, qui sont nombreux à Moscou, l'éducation est donnée aux demoiselles dans de superbes établissements ressortissant au ministère de l'instruction publique. Un des professeurs de l'Université est chargé d'inspecter et de surveiller les uns et les autres.

L'enseignement primaire est donné *gratis* dans les écoles appelées écoles paroissiales. On y reçoit les enfants de toutes les classes sans aucune distinction. Ces écoles n'existent que dans les villes. Le paysan est encore privé de tout moyen d'instruction, excepté dans quelques propriétés particulières où le seigneur philanthrope tâche de décrasser ses esclaves.

Les deux principales sociétés savantes de Moscou sont la Société d'archéologie et la Société d'économie rurale. La première, par ses travaux sur les antiquités de Moscou, en Crimée et sur les bords de la mer Noire, a déjà rendu de très grands services à l'étude de l'histoire. Elle envoie souvent des rapports fort intéressants à la Société archéologique de Rome. La seconde est en correspondance avec nombre de sociétés savantes de l'Europe. Située entre l'Europe et l'Asie, elle est appelée à relier un jour ces deux belles parties du monde, qui semblent devoir se relayer sans cesse dans le grand travail de la civilisation.

Comment parler de Moscou sans parler de la campagne de 1812, cette plaie saignante encore du plus pur sang de la France? Si le souvenir de cette fatale année est encore si frais dans notre pensée, il n'est pas moins vivace dans l'esprit des Russes. *C'était avant le Français ou depuis le Français*, disent-ils souvent pour rappeler un événement ayant eu lieu avant ou après 1812. Ainsi 1812 est une ère pour eux comme 89 pour nous.

L'impression de cette campagne est encore si puissante sur l'imagination du peuple russe, que souvent des hommes, trompés par ces bruits de guerre qui se répandent parfois dans le peuple, me disaient avec effroi: « Est-il vrai, monsieur, que le Français marche, que le Français se remue!..... » Quel énergique sentiment nous exprime cette personnification de tous les Français en un seul! Comme elle peint bien la grande idée que l'armée française a laissée d'elle dans ces contrées lointaines!

Longtemps les Russes ont soutenu par tous les moyens que nous avions brûlé Moscou, calomnie dont le gouvernement s'est servi pour soulever toute la nation contre nous. Aucun auteur russe, il y a une dizaine d'années, n'aurait osé dire la vérité à ce sujet; Rostopchine lui-même publia une relation mensongère pour égarer l'opinion sur son œuvre de destruction. Mais depuis, voyant les écrivains étrangers s'extasier devant cet acte d'héroïsme sauvage, ils en ont compris toute la grandeur, et ils avouent maintenant qu'ils sont les auteurs de cet immense incendie qui entraîna la perte de la grande armée.

Toute la vérité n'a pas encore été dite sur cette malheureuse campagne. On se figure généralement que les Russes ont été unanimes dans leur patriotisme contre les Français; beaucoup cependant m'ont avoué qu'ils étaient sur le point d'aller trouver Napoléon, si l'incendie n'avait rendu indispensable la retraite de notre armée. De vieux paysans m'ont aussi raconté, dans mes parties de chasse, qu'ils n'auraient pas demandé mieux que de rester dans leur village et d'attendre les Français pour leur vendre leurs denrées: « Mais les Cosaques nous chassaient de nos maisons, disaient-ils; ils nous poursuivaient au loin, dans les bois, puis pillaient et brûlaient notre village pour nous empêcher d'y revenir. Tous ceux de nôtres qui ont pu rester et sont venus avec les Français à Moscou ont été bien traités. Les vôtres ne mangent pas les enfants, comme on nous le racontait: ils sont doux, humains, et ne faisaient aucun mal aux pauvres paysans comme nous. »

Le Russe est loin de nous mépriser; il a, au contraire, une haute idée de notre bravoure, de notre intelligence, et jamais, dans sa bouche, l'épithète de Français n'est une injure comme celle de Nicmetz (Allemand).

Avant nos guerres avec les Russes, aucun grand souvenir de gloire ne se rattachait à leur patrie; le sentiment de la nationalité, fortement ébranlé par les réformes de Pierre-le-Grand, vient de se réveiller plus vigoureux, plus égoïste que jamais. On est fier maintenant de se dire Russe; on est glorieux de faire partie de ce peuple « qui chassa les quatorze nations étrangères de son territoire envahi, qui battit le Français et s'empara de Paris; » paroles que je n'ai que trop souvent lues et entendues!... On ne craint plus de grandir Napoléon, d'élever sa gloire jusqu'aux nues, chaque famille a plusieurs portraits du grand homme; mais cette gloire dont ils font tant de bruit, c'est un piédestal qu'ils se dressent; n'ont-ils pas soin de proclamer bien haut: « Napoléon, ce héros, ce grand capitaine, nous l'avons vaincu! »

Saint-Pétersbourg.

De Saint-Pétersbourg à Kiof.

La Russie est vraiment le pays des contrastes. Le palais abrite l'humble cabane, l'extrême richesse étale son orgueil auprès de la misère, et la civilisation la plus raffinée coudoie à chaque instant la barbarie. Ainsi, le voyage de Saint-Pétersbourg à Moscou (800 verstes) (1) n'est qu'une charmante promenade. D'excellentes diligences à l'européenne vous y mènent en trois jours et demi par une chaussée magnifique. A chaque relai, de bons hôtels vous offrent, pour réparer vos forces, des mets et des vins dont les prix sont fixés par le gouvernement, désireux de rogner les ongles rapaces du Russe au profit de votre bourse. Mais là, pour ainsi dire, s'arrêtent les bienfaits de la civilisation. Sur tout autre point, le voyage est une affaire difficile, même dangereuse : c'est l'extrême opposé. Plus de chaussée, plus de diligences, plus d'hôtels. Les routes ne sont plus des routes que parce que les voyageurs ont l'habitude d'y passer ; en revanche, elles sont très larges. Qu'un passage, en effet, soit devenu impraticable, l'iemchtchik (postillon) prend à côté, à travers champs, ce qui rend en quelques endroits la route d'une immense étendue. L'habileté du cocher consiste à choisir le passage le plus facile. Six chevaux suffisent souvent à peine à un équipage que deux chevaux traîneraient facilement sur une de nos routes.

L'hiver seul aplanit en quelque sorte ces difficultés, la gelée durcit tout ; mares, ruisseaux et rivières disparaissent sous le même tapis de glace, et le commerce lointain, impossible en été, ne se fait qu'en hiver. C'est malgré le froid la moins mauvaise saison pour voyager en Russie lorsqu'on veut aller vite (1).

Que d'ennuis avant de se mettre en route, surtout pour un étranger ! Il faut acheter son traîneau, prendre un padorôgené (feuille de route), qu'on n'obtient pas sans de nombreuses et pénibles démarches, et sans lequel il est impossible de se faire délivrer des chevaux de poste. Puis vient le chapitre des provisions ; malheur

---

(1) La verste russe vaut à peu près un kilomètre. Il y a aujourd'hui 1854 un chemin de fer établi de Saint-Pétersbourg à Moscou ; et ce trajet d'environ 200 lieues se parcourt en moins de 20 heures.   A. M.

(1) Dire cependant qu'il n'y a pas d'autre chaussée que celle de Saint-Pétersbourg à Moscou serait une erreur. L'empereur Nicolas en a fait commencer d'autres, mais il n'y a encore que des tronçons achevés : telles sont la chaussée du midi, de Moscou à Kiof, et celle de l'est de Moscou à Kasan.   A. M.

en effet à celui qui s'aventurerait sans sucre, thé, pâtés, pain, etc... A peine trouverait-il çà et là, excepté dans les villes si clair-semées en Russie, du pain noir, un mauvais gruau d'avoine ou de sarrasin, et une espèce de brouet sale fait avec des choux aigris, qu'ils décorent du nom de soupe aux choux (chtchi).

C'est le 12 décembre que je partis pour Kiof. J'étais seul, sachant à peine quelques mots russes, juste ce qu'il fallait pour demander le nécessaire, et j'avais 1,580 verstes, à peu près 400 lieues, à parcourir. Il y avait en quelque sorte du danger à partir ainsi dans une pareille saison; mais le temps s'était maintenu jusque-là assez doux, et puis n'avais-je pas des armes et vingt-trois ans? Avec cela et ma passion pour les voyages, qui pouvait m'effrayer?...

De Saint-Pétersbourg à *Novgorod* (180 verstes), le voyage est facile; on suit la grande et belle chaussée de Moscou; mais à partir de Novgorod jusqu'à Kiof même, les routes sont dans le plus pitoyable état. Novgorod est situé sur le Volkhoff, qui, sorti du lac Ilmène, va, après un cours de 170 verstes, verser ses eaux dans le lac Ladoga. Un assez beau pont en bois sert de communication aux deux rives. Qui croirait, si l'histoire n'était là pour nous l'affirmer, que cette bicoque, où végètent à peine 3,000 habitants, était autrefois la grande Novgorod, république puissante dont le commerce s'étendait des rives de la Baltique aux bords de la mer Noire, qui dicta des lois aux pays voisins, lutta longtemps contre les Russes, les Polonais, les Suédois, et ne succomba définitivement que sous la main dévastatrice de Jean-le-Terrible, en 1579, après une lutte de onze ans! Voilà le fleuve où cet autre Timoor-Lang précipita les boyards et les *glttie lioudi* (notables). Voilà la place où la *vetcha* (cloche transportée à Moscou) appelait les habitants au conseil. Ces murs décrépits, ce kreml (fort) noirci et lézardé, tels sont les restes de son ancienne splendeur. Pour surcroît de misère, Novgorod, avec ses 3,000 habitants, entretient deux couvents et soixante-deux églises. Misère, superstition et despotisme, n'allez-vous pas toujours ensemble, l'un portant l'autre!...

Où sont-ils ces temps où, libre et républicaine, Novgorod élisait annuellement ses magistrats, où le *stépennoie possadnik*, premier magistrat, n'osait rien entreprendre sans appeler au conseil, au son de la *vetcha*, les *tissiatskoie glavoui*, députés chargés par un mandat de leurs concitoyens de veiller à l'inviolabilité de leurs droits et de leurs personnes?... Tout ce passé si beau, qu'on ne peut s'empêcher de comparer aux beaux jours de la Grèce, n'est plus qu'un vague souvenir à Novgorod, et l'on a besoin de s'entourer de toutes les autorités de l'histoire pour y ajouter foi.

De Novgorod à *Staraïa-Roussa*, il y a 120 verstes; c'est une ville assez importante par son commerce. On y compte environ 6,000 habitants; neuf salines y cuisent 60,000 quintaux de sel par an. Mais ce qui intéresse le plus à Staraïa-Roussa, ce sont les colonies militaires. Ces maisons en bois, si bien alignées le long de la route, abritent les paysans colonisés, tout à la fois soldats et cultivateurs. C'est sans doute une grande idée que d'entretenir ainsi à peu de frais une armée forte et aguerrie, qui se recrute et se nourrit d'elle-même; mais qu'un jour une pensée de liberté vienne à animer ces hommes, que la baïonnette se mette à penser, et gare à l'autocratie! En 1831, Staraïa-Roussa a été le théâtre d'une révolte qui a donné l'éveil au gouvernement sur le danger des colonies militaires. Le choléra y régnait. Les colons, égarés par quelques malveillants, s'en prennent à leurs chefs; ils courent aux armes, s'emparent des officiers et les massacrent au milieu des plus horribles tortures. Le Russe, ce mouton de douceur et d'humilité, devient un tigre dès qu'il a flairé l'odeur du sang. Il n'est pas de supplices qu'ils ne fissent endurer à ceux qui leur tombèrent sous la main. On trembla à Saint-Pétersbourg. Enfin la mitraille de la garde eut raison d'une partie des mutins, et la Sibérie reçut le reste.

Je passerai rapidement de Staraïa-Roussa à *Veliki-Louki*, célèbre dans les chroniques russes par l'entrevue du grand duc de Kiof Rostislaf avec son fils Sviatoslaf, qui régnait alors à Novgorod, en 1153.

Le froid venait de prendre avec violence; plusieurs fois déjà j'avais été obligé de me dégeler les pieds et le nez par des frictions de neige ; quelques postillons avaient eu les joues gelées. On m'en cita deux à Veliki-Louki qui étaient couchés et très malades des suites du froid. Au relais qui précède cette ville, aucun n'avait voulu se mettre en route ; un seul y consentit, alléché par la promesse d'un bon pourboire. En arrivant, vers deux heures du matin, le pauvre diable avait les joues et les oreilles gelées. On le lui dit, mais il n'y fit pas la moindre attention ; il détela ses chevaux et les mena à l'écurie avant de songer à se frictionner : c'était pour lui chose ordinaire.

A partir de là, mon voyage devint un vrai martyre. A chaque relai où j'arrivais, j'étais raide de froid. Ma respiration, cristallisée autour de moi, pendait en longs glaçons sur mes fourrures ; une épaisse poussière de neige et de glace, envoyée par les pieds des chevaux, me couvrait tout entier et me métamorphosait en véritable enfant du Nord.

Il était peut-être imprudent de voyager pendant la nuit, par 28 et 30° de froid, dans un traîneau où je n'étais garanti du contact de l'air que par quelques nattes d'écorce de tilleul ; mais à moins de passer trois semaines ou un mois en route, il faut bien se résigner à voyager de nuit dans un pays où, à cette époque, la nuit dure trois fois autant que le jour. D'ailleurs, c'est le mode de voyage des Russes; pourquoi n'aurais-je pas fait comme eux?... Si du moins en arrivant j'avais trouvé bon feu et copieux repas, ce n'eût été que des roses. Que de fois, après une heure ou six heures, d'une course pénible, par une route à peine frayée, j'arrivais le cœur plein d'espoir à l'hôtel de la poste, ou plutôt à la baraque qui en tient lieu, pour n'y trouver que le plus affreux désappointement! La chambre des voyageurs était sans feu, sans lumière ; des carreaux brisés y laissaient pénétrer la bise et la neige. Appelez, criez, aucune voix ne répond. Et cependant il vous faut bien vite des chevaux pour aller plus loin chercher un gîte moins sauvage. Enfin vous faites tant de bruit que vous entendez quelque chose s'agiter dans la chambre voisine ; vous y pénétrez à tâtons, et là, à la lueur borgne et sinistre d'une mauvaise lampe, vous apercevez dans un coin un tas de peaux de mouton qui se remue : c'est le surveillant de la poste qui se réveille, bâille, se secoue pour déranger momentanément dans leur repas les insectes qui le rongent ; puis, regardant en dessous, vous demande d'un ton dolent ce qu'il vous faut. « Des chevaux ; voilà ma feuille de route. » Il lit ; mais, hélas! vous n'êtes qu'un étranger ; voilà pour lui une fameuse aubaine dont il saura profiter. « Je n'ai plus de chevaux, répond-il ; ils sont tous en route » Implorez, criez, fâchez-vous, peu lui importe; l'ours s'enfuit de nouveau sous ses fourrures ; il s'endort, et bientôt vos jurements sont accompagnés du sonore mouvement de va-et-vient de sa poitrine, qui va *crescendo* avec votre fureur. Souvent, dans un accès de rage bien naturel, il m'a pris envie d'écraser de ma botte la face immonde de ces rustres. Mais ils ont rang d'officiers, et malheur à vous si vous les touchez, à moins que vous ne soyez au moins colonel ou courrier de Sa Majesté. Il y a bien à chaque relais un livre appelé le *livre noir*, où chaque voyageur a le droit d'inscrire ses plaintes. D'abord, pour en faire usage, il aurait fallu savoir écrire en russe; puis on m'avait prévenu de redouter la vengeance de ces misérables.

Le seul moyen efficace est de promettre un gros navodki (pourboire) ; aussitôt que cette promesse est sortie de votre bouche, le ronflement cesse, les peaux de mouton s'agitent de nouveau, et bientôt vous avez des chevaux, si toutefois il n'y avait que mauvaise volonté et non impossibilité de vous en donner, ce qui arrive aussi fort souvent. Ces inspecteurs ou surveillants (smotriteli), loin des grandes villes, et surtout en Petite Russie, sont bien les gens les plus rapaces et les plus insolents que je connaisse en Russie. Jadis ils n'avaient aucun rang; chaque voyageur pouvait les frapper impunément : aussi le seigneur russe ne leur épargnait-il pas les horions. Mais des abus graves s'ensuivaient; les courriers souvent manquaient des chevaux qui doivent leur être toujours réservés, parce qu'on les avait pris de force, et l'empereur Nicolas, pour y remédier, se vit obligé d'investir ces surveillants d'un rang équivalent à celui d'officier inférieur : dès lors, celui qui les frapperait serait passible de la peine infligée à celui qui frappe un noble. Cela n'empêche pas les puissants de le faire. A qui se plaindrait le pauvre battu? Les grands ne sont-ils pas tous frères? dit le proverbe russe.

La première ville passable qu'on rencontre après Veliki-Louki est une ville polonaise, *Vitebsk*, à 689 verstes de Saint-Pétersbourg; là du moins je fis un bon repas. C'est à partir de ce gouvernement qu'on trouve des Juifs, auxquels un séjour prolongé en Russie est interdit. A peine les plus riches d'entre eux obtiennent ils, à force d'argent, de séjourner à Moscou et à Saint-Pétersbourg pendant six semaines pour y vaquer à leurs affaires; encore sont-ils obligés de coucher hors de la ville dans un hôtel qui leur est spécialement destiné. Cela me rappelle que certaine publication récente dit qu'il y a une grande quantité de Juifs à Moscou!... Le Juif polonais est sale, criard, aussi poltron que vantard; il bavarde sans cesse, avec une volubilité incroyable, il vous étourdit de son langage mi-polonais, mi-russe, saupoudré de mauvais allemand. Toute carrière libérale lui étant interdite, il est forcé de ne vivre que de petites filouteries qu'il appelle commerce. Beaucoup d'entre eux, cependant, sont très riches et font le commerce en grand. Une misérable calotte en velours noir lui couvre le sommet de la tête, d'où pendent de chaque côté de longues boucles de cheveux semblables à des tire-bouchons. Là, plus que partout ailleurs, il est impossible de le confondre avec le reste de la nation. Le type s'y conserve d'autant mieux que la loi est plus dure pour ce malheureux peuple.

La Dvina arrose Vitebsk. C'est cependant à la petite rivière Vitéba, qui se jette dans la Dvina au-dessous de la ville, après l'avoir traversée, que Vitebsk doit son nom. Dès le Xe siècle, elle était déjà connue des historiens grecs; c'est près de là que passaient les peuples du Nord pour aller en Grèce. La partie de la ville située sur la rive gauche de la Dvina est la plus importante; le château s'y trouve au-delà de la Vitéba; il est entouré d'un rempart de terre très élevé. Il y a, je crois, au moins neuf couvents à Vitebsk pour une population de 13,000 habitants. Cela seul doit suffire pour donner une idée de la misère du pays. Tout à la fois russe et polonaise, on y trouve des moines grecs de l'ordre de Saint-Marc, des Bernardins, des Basiliens, dont le couvent est magnifique; des Trinitaires, des Dominicains, et jusqu'à des Jésuites. Les Grecs-Unis, récemment rentrés dans le sein de l'Eglise grecque proprement dite, y ont onze églises et deux couvents de religieuses.

Les routes de ce gouvernement sont un peu meilleures; elles se ressentent du grand commerce que font les habitants avec la Baltique par la Dvina, et avec la mer Noire par le Dniéper. Quelle magnifique ligne de navigation intérieure offrirait à la Russie la situation si heureuse de ces deux fleuves, si le gouvernement employait à améliorer ses vastes possessions actuelles l'énergie qu'il met à les augmenter! La mer Baltique unie à la mer Noire, le Nord joint au Midi, Riga donnant la main à Odessa à travers 600 lieues d'un pays fertile; quelle activité, quelle vie donnerait à toutes ces contrées une aussi puissante artère!... Il est vrai que les ingénieurs russes y travaillent depuis longtemps, déjà on cherche à tourner les cataractes du Dniéper du côté d'Ekaterinoslaw ; mais tout cela se fait avec la lenteur et la rapacité propres à tous les employés russes.

Le gouvernement (province) de Vitebsk est très boisé, ainsi que celui de Smolensk; la marine en tire ses meilleurs et ses plus beaux bois de construction. Les routes sont bordées de ces bouleaux dont le feuillage est si délicat, si mobile en été, mais dont l'aspect est si triste et si monotone en hiver. En suivant ces lignes d'arbres qu'on aurait crus frappés de mort comme le reste de la nature, au milieu de ces plaines couvertes d'un linceul de neige, je ne pouvais m'empêcher de songer à nos soldats de 1812, alors qu'ils revenaient de Moscou. Mon imagination me les montrait exténués de misère et de froid, marchant la tête basse, l'œil morne et sans vie, vers un but qu'ils n'espéraient plus atteindre. Çà et là, je croyais voir leurs cadavres glacés gisant sur la neige, et certes, en ce moment, par un hiver presque aussi rude, quoique bien couvert de fourrures, je comprenais à mes souffrances toute l'horreur de leur position, et il me semblait que les peintres de cette époque avaient plutôt affaibli qu'exagéré les couleurs du tableau.

Je n'étais pas loin moi-même de me trouver à une terrible épreuve. J'étais à vingt verstes environ de Mohilef, vers onze heures du soir. Assoupi depuis un instant, je fus tiré de ma torpeur par les cris du postillon qui se démenait comme un diable pour faire avancer ses chevaux. Nous gravissions lentement une côte qu'un degel précédent avait mise à nu; la route n'était plus qu'un sable glacé où s'arrêtaient les patins de mon traîneau, et mes chevaux épuisés finirent par s'arrêter à mi-côte. J'eus beau descendre pour aider le postillon et frapper les pauvres bêtes; elles avaient fait leur dernier effort, et rien ne pouvait plus les obliger à avancer. Que faire en pareil cas? Dételer un cheval et aller chercher des chevaux d'aide au village voisin, qui était encore à deux lieues de distance, c'était laisser à la merci du postillon tout mon petit bagage; autant valait le lui abandonner tout-à-fait. Attendre le passage de quelque convoi de marchandises? Il était probable que je n'en verrais pas avant le jour. Mon postillon me proposa d'aller lui-même me chercher des chevaux; ce moyen me paraissait le plus raisonnable, je le laissai partir au galop. Je pensais qu'il pouvait être de retour au bout de trois heures. Pour l'exciter à revenir plus vite, je n'avais pas épargné les promesses. J'étais donc seul au milieu de la route, à deux lieues au moins de toute habitation. Malgré l'absence de la lune, la nuit n'en était guère moins resplendissante de lumière. Des milliards d'étoiles scintillaient au firmament. Nulle part on n'en voit autant que dans le Nord par une belle nuit d'hiver. L'âpreté du froid me forçait à me tenir éveillé; je sautais autour du traîneau pour maintenir la circulation de mon sang. J'avais tout à redouter et de la nature, et des hommes, et des animaux. Des charretiers, en me trouvant seul au milieu de la route à une pareille heure, se seraient facilement débarrassés de moi pour profiter de mes dépouilles.

D'un autre côté, je ne craignais pas moins les loups, qui abondent en Russie, comme on le sait. Quant à ces derniers, j'avais un moyen de les tenir à l'écart, et je m'en servais largement. A l'arc en bois (douga) qui couronne la tête du cheval, suivant le mode d'attelage propre aux Russes, est suspendue une clochette qui, mise en mouvement par la course du cheval, retentit au loin et effraie les loups affamés. Je crois ce moyen très efficace; car, dans mes nombreux voyages en Russie, je n'ai jamais vu qu'un loup encore; était-ce sur la route de Saint-Pétersbourg à Moscou, où les diligences n'emploient pas de clochettes à cause du nombre des voyageurs qui rend le danger nul. De temps en temps alors, je montais à cheval et j'interrompais le silence effrayant de la nuit par les sons aigres de ma clochette. Si quelque loup, pressé par la faim, m'examina dans l'ombre, alléché par l'odeur de la chair fraîche et l'espoir d'un copieux régal, mon bizarre carillon le tint à une distance respectueuse et me débarrassa de sa fâcheuse connaissance. Les plus rapprochés se contentèrent vers le matin de m'annoncer leur présence par de lugubres hurlements. C'est ainsi que je passai, non pas trois heures, mais toute la nuit, jusqu'à huit heures du matin.

Des voituriers qui vinrent à passer consentirent, à force de prières et d'argent, à me prêter quelques chevaux d'aide, et j'arrivai au village voisin à demi mort de froid et de faim; mes provisions étaient converties en glaçons où n'aurait pas même pénétré la dent aiguë de mes camarades de nuit. Quant à mon postillon, on ne put me le retrouver. Probablement qu'à son arrivée au village, le drôle était allé se coucher chez un moujik de sa connaissance, sur un poêle bien brûlant, où, bientôt endormi, il avait oublié et le froid, et ses chevaux et son pauvre voyageur. Mes pieds et mon nez étaient gelés; je ne m'en aperçus qu'à mon arrivée, parce qu'ils avaient perdu toute sensibilité. Des frictions de neige rappelèrent bientôt le sang au visage; mais les pieds, serrés dans des bottes trop étroites, ne purent être dégelés par le même moyen. Je ne sais ce que je serais devenu si une bonne vieille ne m'avait pas dit de les mettre dans de l'eau dont la surface serait glacée. Ce moyen me réussit complètement, et quelques heures après, arrivé à *Mohilef* chez le maréchal de la noblesse, pour lequel j'avais une lettre de recommandation, il ne me resta plus de cette triste nuit que le souvenir d'un grand danger passé.

Je fus reçu chez ce grand seigneur, propriétaire de 6,000 paysans et l'un des premiers dignitaires du pays, avec cette gracieuse hospitalité commune à tous les rameaux de la nation slave. Polonais lui-même, sa femme était russe: aussi sa conduite politique ne l'ayant pas compromis dans la dernière révolution, il s'était maintenu à son poste, qui est purement honoraire. Du reste, le mouvement insurrectionnel de 1831 n'avait eu que peu de retentissement à Mohilef. Sa maison était le rendez-vous de tous les gentilshommes fortunés du pays. On dansait le soir de mon arrivée, et je m'en donnai de tout mon cœur. Mon aventure, à laquelle les dames surtout prirent une part très vive, inspirait de l'intérêt à tous. Ainsi je me trouvais transporté d'un désert glacé, où j'avais failli périr, au milieu de tous les enchantements de la civilisation.

Les seigneurs de la province partagent leur temps entre la table, le jeu et la chasse. Le pays abonde en ours et en loups. Pendant les deux jours que je passai à Mohilef, j'appris qu'un gentilhomme venait de mourir dans d'horribles souffrances des suites de la morsure d'un ours. Sur les indications d'un chasseur qui avait trouvé un repaire, on traquait deux ours, le mâle et la femelle. Il paraît qu'en ce moment cette dernière était absente. Attirée par les hurlements de détresse de son compagnon, elle accourt. La neige amortissant le bruit de ses pas, elle put s'avancer sans être entendue. Tout-à-coup un cri horrible retentit; on se retourne, et les chasseurs aperçoivent un des leurs aux prises avec l'ourse; déjà les griffes de l'animal s'enfonçaient dans les yeux du malheureux pour lui arracher le crâne. Au même instant, six coups de fusil partent, et la bête farouche roule palpitante sans qu'aucune balle atteigne sa victime, tant Polonais et Russes sont habiles chasseurs.

On me proposa aussi une chasse au loup que je me gardai bien de refuser. J'avais à cœur de prendre ma revanche sur ces gaillards-là, et de voir s'ils auraient aussi peur de moi que j'avais eu peur d'eux.

Vers huit heures du soir, on attelle deux traîneaux et nous partons. Le ciel était pur; le baromètre marquait 28° Réaumur; tout nous présageait une bonne chasse. Arrivés dans la forêt, à une demi-lieue de la ville, nous fîmes halte pour vaquer à nos préparatifs. Dans le premier traîneau se trouvaient le cocher et un domestique chargé de faire crier un jeune cochon vivant qu'il tenait entre ses jambes. A ce même traîneau était attaché un cochon empaillé debout sur une planche qui glissait sur la neige à vingt pas à peu près derrière le traîneau. Le second était occupé par le cocher, puis par un comte Tolstoï, excellent tireur, et par moi.

Aussitôt que nous fûmes prêts, ainsi que nos aides, nous nous mîmes en route; les deux traîneaux allaient au pas à dix mètres l'un de l'autre et presque de front Nous avions la face tournée du côté du cochon empaillé. Notre cochon vivant seul, vivement secoué par le domestique chargé de l'opération, interrompait notre profond silence et faisait retentir les bois de ses cris plaintifs. Au bout de dix minutes de marche: « Attention! me dit mon voisin, en voilà un. — Où? lui dis-je; car je ne voyais encore rien. — Là-bas, à travers les arbres, voyez-vous ces deux tisons immobiles? Il est seul et n'ose pas avancer; mais patience! il aura bientôt des camarades, et il sera plus hardi »

En effet, un instant après, des hurlements se firent entendre; multipliés par les échos, ils semblaient partir de tous côtés. Presque aussitôt le comte mit en joue par-dessus mon épaule; le coup partit, et je vis rouler dans la neige, dans la direction du feu, un loup énorme qui n'était pas à plus de trente pas de nous. Les hurlements avaient cessé, je croyais la chasse finie, et déjà je me préparais à descendre pour aller voir notre victime; mais le comte m'arrêta en me disant: « Gardez-vous en bien! Ils sont aujourd'hui trop nombreux; nous allons les voir reparaître, et je ne répondrais pas de vous si vous vous écartiez un peu. » Quelque temps après, les hurlements recommencèrent. J'eus bientôt l'occasion de tirer mes deux coups de fusil; je n'oserais affirmer s'ils portèrent ou non: ému par l'étrangeté du spectacle, du lieu, par le sentiment du danger auquel je n'étais pas habitué, j'avais tiré avec trop de précipitation pour être sûr de mes coups.

« C'est assez, me dit le comte; il vaut mieux revenir. Il y en a trop aujourd'hui, ce grand froid les a affamés, et nous ne sommes pas ici sans danger. » On délia les clochettes de nos traîneaux; puis nos chevaux furent mis au trot, et nous revînmes à la maison, toujours accompagnés par ces affreux hurlements, que nous entendîmes presque jusqu'aux portes de la ville.

Le lendemain je dis au comte: « Eh bien! nos loups, est-ce que nous n'allons pas les chercher? — Ah! bien oui, les chercher, me dit-il; c'est tout au plus si nous en retrouverons quelques débris épars sur la neige. — Qui donc les a mangés? — Leurs frères. — Mais les loups ne se mangent pas, dit la sagesse des nations. — Vous ressemblez donc à votre patron l'incrédule? Venez alors, et vous mettrez le doigt dessus. »

Une heure après, nous étions sur le théâtre de notre fusillade de la veille, et j'acquis la certitude, à la vue des taches de sang, du poil que je trouvai çà et là, que les loups s'étaient mangés. « Le proverbe a-t-il menti? dis-je au comte. — Non, tant que les loups sont debout; mais morts, c'est différent, vous le voyez. — C'est donc comme parmi nous et nous devrions modifier un peu le proverbe, afin qu'il reste toujours vrai. »

Le Dniéper arrose la partie occidentale de la ville. Charles XII traversa ce fleuve, le 5 août 1708, au-dessous de la ville, avec toute son armée, pour courir à sa perte, sous Poltava. Plus polonaise que russe, Mohilef a souvent été reprise par ces deux peuples. Enfin, le partage opéré sous Catherine, en 1778, l'incorpora définitivement à l'empire. On y trouve une grande quantité de Juifs qui y exercent toutes sortes d'industries. Les tanneries y sont en grand nombre. Il y a environ 9 à 10,000 habitants. Après avoir visité le palais de l'archevêque grec et l'archevêque catholique, je demandai à voir ce qu'il y avait d'intéressant dans la ville. « Hélas! me dit celui qui m'accompagnait, vous avez tout vu »

Telles sont à peu près toutes les villes russes de province. Sauf quelques exceptions, ce sont partout les mêmes rues, larges et mal pavées, formées par de rares maisons en bois et quelquefois en briques, séparées l'une de l'autre par des cloisons et des jardins. Quelques quartiers, ceux où se trouvent les boutiques, où se tiennent les marchés, sont plus populeux, plus animés. Les édifices du gouvernement, les églises, les couvents, tranchent un peu sur le reste, et voir une seule de ces villes de second et de troisième ordre, c'est pour ainsi dire les avoir vues toutes. C'est entre Mohilef et *Tchernigof*, autre ville de gouvernement, la seule un peu considérable entre Mohilef et Kiof, que la *Bérésina* se jette dans le Dniéper. Je traversai de nuit, sur la glace, cette rivière fameuse dans nos annales par tant de malheurs et de courage. Comme je désirais beaucoup la voir j'appris, non sans regret, que, plus heureux que mes pères, je l'avais passée sans m'en apercevoir.

Le gouvernement de Tchernigof est très fertile et produit une grande quantité de blé. On y récolte beaucoup de lin, de chanvre et de tabac d'une médiocre qualité. L'éducation du bétail et des abeilles est aussi une des principales branches d'industrie. Le climat est plus doux qu'à Saint-Pétersbourg; les hivers, quoique moins longs, sont cependant presque aussi rudes.

Des guerres fréquentes, un massacre général des habitants par les Tatars en 1239, ont entièrement ruiné la ville de Tchernigof, qui fut longtemps libre et gouvernée par ses propres souverains. Il ne lui reste plus de son ancienne grandeur qu'un mur de terre et une espèce de citadelle, entourée d'un fossé et de palissades, dans laquelle on voit l'église cathédrale bâtie en pierres dans le XIe siècle, une autre église en bois et un couvent de moines.

Enfin après dix jours d'un voyage assez pénible et non sans danger, j'arrivai sain et sauf à *Kiof*, et certes il était temps. J'étais las de la barbarie, du froid, de la neige, de mon traîneau, qui m'avait toujours servi de lit, excepté à Mohilef. J'étais fatigué de mes luttes avec les postillons pour les faire avancer au gré de mon impatience, et surtout de mes querelles avec les maudits inspecteurs des postes, toujours plus avides et plus stupides au fur et à mesure que je m'avançais dans le pays. Les paysans de la Petite-Russie parlent une langue intermédiaire entre le russe et le polonais que je ne comprenais plus. Les sons gutturaux y abondent. Ces paysans sont mous, très lents et d'un entêtement si apathique que vingt fois j'eusse pris un bâton pour les stimuler, si je n'avais redouté qu'ils ne me fissent un mauvais parti.

Kiof

La situation de *Kiof* ou *Kief*, sur la rive occidentale du Dniéper, entre le nord et le midi de l'Europe, serait déjà une preuve suffisante de son antiquité, lors même que l'histoire ne nous en aurait pas conservé d'autres preuves encore plus positives. C'est dans ces plaines, arrosées par l'antique Borysthène (Dniéper), qu'ont dû lutter entre eux tant de peuples barbares avant de tourner leurs efforts contre l'empire, pour retremper dans leur jeune et audacieux génie une civilisation décrépite et corrompue. C'est d'ici que couraient au pillage de Constantinople, entraînant avec eux les nations qui se trouvaient sur leur passage, ces terribles Normands dont l'esprit aventureux n'épargna aucune des côtes de l'Europe : Rurik, Oleg, Igor, Sviatoslaf, barbares auxquels il ne manqua qu'un Homère pour être des héros! Que de peuples aux noms bizarres, aux mœurs plus ou moins farouches, poussés les uns sur les autres par une force irrésistible, le besoin des aventures, ou la soif de la guerre et de la dévastation, sont venus planter leurs tentes sur les coteaux qui dominent la vallée du fleuve!

Kiof est la plus ancienne des capitales de la Russie, qui en eut deux ou trois avant Moscou (Vladimir, Yaroslaf). Quelques historiens russes affirment qu'elle est antérieure à l'ère chrétienne. Son nom vient du mot sarmate *kiovi* ou *kii* (haut, montagne), et ses habitants se nommaient *Kivi* (montagnards). Les Slaves qui habitaient sur le Danube ayant été chassés par les Romains, quelques-uns d'entre eux vinrent jusqu'au Dniéper, soumirent les Sarmates, s'y établirent et adoptèrent les dénominations de ces derniers, qu'ils traduisirent dans leur langue. C'est pourquoi les Kivi s'appelèrent Ghoriani, montagnards; ceux de la plaine, Poliani, de *polé*, champ (d'où Polak, Polonais); ceux qui allèrent plus au nord, Sévériani ou du Nord. Les chroniques russes ne commencent à donner des notions justes de l'histoire de cette contrée que depuis le milieu du XIe siècle (860). Askold, envoyé de Novgorod par Rurik pour délivrer les Kioviens du joug des Khozars, fut leur premier souverain.

Jusqu'au XIIe siècle, elle resta la capitale de la Russie. Le grand prince André Bogolubski (aimé de Dieu) ayant transféré le siège de la grande principauté de Kiof à Vladimir, elle déchut beaucoup de sa grandeur et changea si souvent de maîtres qu'à la fin les princes de Lithuanie et les Polonais s'en emparèrent en 1203. En 1239, le fameux Batu, khan des Mongols, s'en rendit maître, et elle resta quatre-vingts ans sous le joug des Tatars. En 1320, elle fut prise par les Lithuaniens, et en 1481 Monghi-Ghirey, khan de Crimée, la reprit, la saccagea et emmena les habitants prisonniers avec leur voïvode lithuanien. Pendant le gouvernement polonais, les catholiques romains y avaient un évêque, un collège de Jésuites et un couvent de Dominicains, ainsi que plusieurs églises; leurs rites ayant été abolis dans la suite, elle furent changées en églises grecques La paix d'Androussof, en 1667, laissa Kiof pour un certain temps aux Russes; elle leur fut définitivement assurée en 1686, et depuis elle est toujours restée en leur possession.

En 1710, lors de la division de l'empire en gouvernements, Kiof fut un chef-lieu de gouvernement, et ses gouverneurs généraux commandaient à Tchernigof, Néjine, Péreïaslaf, ainsi que sur toute la frontière de l'empire, du côté de la Pologne, de la Turquie et de la Crimée.

D'après la nouvelle division de 1796, Kiof resta chef-lieu d'un gouvernement; mais les villes annexées alors à sa juridiction furent presque toutes sur la rive droite du Dniéper, et prises parmi celles qui venaient d'être enlevées à la Pologne.

La ville de Kiof actuelle est divisée en trois parties bien distinctes : le Petchersk, la Crechtchatka et le Padol. Chacune de ces parties forme, pour ainsi dire, une ville à part; elles sont séparées l'une de l'autre par un assez long espace inhabité : le Petchersk couronne la montagne qui borde le Dniéper, au midi; le Crechtchatka, ou vieux Kiof, est situé sur le flanc de cette montagne et assez loin du Dniéper, et le Padol dans la plaine, comme l'indique son nom, et tout-à-fait sur le bord du fleuve. La forteresse, à laquelle on travaillait activement pour l'augmenter lors de mon séjour dans cette ville, devait englober dans son enceinte presque tout le Petchersk. C'est là que se trouvent les plus beaux bâtiments et les monuments les plus intéressants de Kiof. La Lavra, cette belle cathédrale, à laquelle tient le monastère de Petcherskoïe, fondé dans le XIe siècle, est l'objet de la plus grande vénération de la part de tous les Russes. Un bon Russe ne mourrait pas tranquille s'il n'avait fait au moins une fois dans sa vie le pèlerinage de Kiof. Tous ces pèlerins, lors de la fête patronale de l'église, sont réunis dans la vaste enceinte qui sépare la cathédrale du couvent. On en compte souvent jusqu'à 6,000. C'est un spectacle vraiment curieux au plus haut degré que celui de tous ces hommes qu'ici la foi amène là, à une même heure, dans une même pensée, des points les plus reculés du vaste empire russe. Quelle singulibre étude de coutumes, de mœurs et de langage on pourrait y faire! Mais aussi que de tristes pensées vous assaillent à la vue des figures hâves, des pieds ensanglantés de ces malheureux, qui souvent ont fait 2 ou 300 lieues en vivant d'aumônes pour apporter leur prière et leur offrande à la Lavra!

C'est ainsi que devaient être les premiers croisés. Mais alors une grande pensée les soutenait; ils voulaient délivrer le tombeau du Christ, sauveur du monde, tandis qu'ici ils ne sont entraînés que par un esprit de superstition nécessaire au despotisme pour conserver son ascendant sur ces malheureux. Moines vaniteux, quelle doit être votre satisfaction à la vue de ces infortunés épuisés de fatigue, accourus de si loin pour témoigner de votre domination sur ces faibles intelligences!

Aucun de ces pèlerins ne manque de visiter la petite église en bois de Saint-Nicolas le Thaumaturge, située à l'endroit où était le tombeau du célèbre Askold, sur une hauteur, près des bords du Dnièper. Cette église est le monument le plus ancien de la chrétienté en Russie; elle fut construite par les premiers chrétiens, qui longtemps furent obligés de se cacher dans des souterrains ou catacombes qu'ils creusèrent eux-mêmes, et dont le nom russe, *pestchéra*, a été donné au couvent de Pestcherskoïe et à cette partie de la ville.

Lorsque je visitai ces catacombes, remplies de tombeaux de moines, de reliques et d'objets miraculeux, j'étais avec deux jeunes seigneurs, l'un polonais, l'autre russe élevé à Strasbourg. Après avoir été demander la permission au supérieur, on nous donna, pour nous accompagner, un moine au teint jaune, au front sévère, dont nous ne remarquâmes pas les traits d'abord, tant nous étions préoccupés par la visite que nous allions faire. Il nous fit passer par une petite porte située dans le mur de l'église du couvent, à gauche de la grande porte d'entrée. Nous étions dans le grand souterrain, celui qu'on appelle Crypta Antonia, du nom de son premier abbé Antoine.

On descend aussitôt par une pente insensible, en tournant en tous sens, comme dans un labyrinthe, entre des murs gris assez rapprochés l'un de l'autre pour qu'il soit presque impossible à deux hommes d'y marcher de front. Notre moine nous précédait, portant un flambeau allumé. De temps en temps nous remarquions à droite et à gauche, pratiquées dans le mur, des portes étroites et basses, solidement verrouillées; ce sont probablement les casemates du monastère. Comptant sur l'ignorance de notre compagnon enfroqué, nous nous permettions à ce sujet, mais en français, toutes les folles suppositions qui peuvent venir à l'esprit de trois jeunes étourdis. Enfin, au bout de dix minutes, nous arrivâmes dans les caveaux où se trouvent les tombeaux des bienheureux et les reliques de quelques saints. Nous étions à environ 50 mètres sous terre. Le moine nous montra dans une cellule grillée les tombeaux de sept frères, qui, par un excès de piété, s'étaient laissés mourir de faim; puis beaucoup d'autres tombes sans aucun intérêt, si ce n'est celle de Nestor, moine qui a laissé une chronique sans laquelle l'histoire russe aurait une lacune de plusieurs siècles. Enfin arriva la partie miraculeuse. C'était d'abord une tête noire, placée sur un plat d'argent dans une petite niche, et d'où suintait une huile regardée comme sacrée, et que les moines vendaient pour remède souverain contre diverses maladies. Rien d'aussi grossièrement imaginé que ce miracle; il est très facile de voir que cette huile arrive par derrière, d'une chambre où pénètre seul l'auteur du miracle. Inutile de dire les folies que nous débitâmes à ce sujet et les rires étouffés qu'elles excitèrent. Puis vint, pour combler notre joie, une tête enfoncée dans la terre jusqu'au menton; elle était là depuis un temps immémorial, s'enfonçant tous les ans un peu plus, et le moine nous dit que la fin du monde devait arriver quand cette tête aurait entièrement disparu sous la terre. Je voulais que le monde, pour reculer sa fin, priât le supérieur de consolider le terrain sous cette tête, afin d'en arrêter la complète disparition. Le Polonais désirait, au contraire, l'enterrer sur-le-champ pour assister à la fin du monde et vérifier l'exactitude du fait.

Tout-à-coup notre moine, se retournant vivement avec une sorte d'impatience, nous dit en très bon français : « Messieurs, désirez-vous aller plus loin ? » Qu'on juge de notre stupéfaction. La figure de ce moine, à la lueur vacillante de son flambeau, nous parut terrible. Nous restâmes interdits et confondus. Enfin l'un de nous, probablement le plus effrayé et le plus désireux de quitter ces lieux où nous étions à la merci du moine, lui répondit que cela suffisait ainsi. Nous remontâmes dans le plus profond silence, et la respiration ne nous revint complètement que sur le seuil de l'église, où le moine nous reconduisit, et nous salua de nouveau en bon français, très poliment et avec le plus grand calme.

Ce qui avait causé notre erreur, c'est l'opinion généralement vraie de l'ignorance du clergé en Russie, surtout des moines; celui-ci pouvait être un homme du monde qui avait pris le froc, soit par conviction, soit pour fuir un monde où il ne pouvait plus vivre. Ce couvent renferme une bibliothèque très riche en manuscrits grecs et autres. Qui sait les trésors qu'un bibliophile érudit pourrait y retrouver?

Le commandant de la forteresse, le gouverneur général et toutes les autorités habitent le Petchersk, qui est, sans contredit, la partie la plus importante de la ville.

Le nom de Crechtchatka vient, je crois, de ce que les premiers chrétiens russes y furent baptisés. On voit, à droite de la route qui conduit de Crechtchatka au Padol, une petite chapelle très modeste; elle abrite une fontaine où, dit-on, sous Vladimir Monomaque, furent baptisés les premiers Russes qui se firent chrétiens ostensiblement, et qui, se dépouillant des préjugés de leur culte barbare, embrassèrent les vérités de l'Évangile.

Au centre de Crechtchatka, sur une éminence qu'entoure encore un vieux rempart, est située la cathédrale de Sainte-Sophie, fondée en 1037 par le grand-duc Yaroslaf Vladimirovitch, à l'endroit même où il remporta une victoire sur les Petchénègues. Elle est remarquable par sa construction, sa magnificence, et surtout par la richesse des vases sacrés et des habits sacerdotaux qu'elle possède.

Je m'y trouvai le jour de Pâques pour assister à l'office divin. Chez les Russes, la messe, ce jour-là, se dit à minuit. Jusqu'à cette heure, tout est morne et silencieux; les fidèles glissent dans l'ombre pour se rendre aux églises; un jeûne prolongé et très sévère (1) a creusé les joues, éteint les regards. Tout le clergé se tient derrière le maître-autel, qui, dans le rite grec, dérobe une grande partie de la cérémonie aux regards des assistants; et ne laisse pénétrer jusqu'à eux que les chants et la fumée odorante des encensoirs. La ville entière, l'intérieur des maisons, l'église elle-même, tout est dans le deuil et l'obscurité. Tout-à-coup, vers trois heures du matin, les portes du maître-autel s'ouvrent; le métropolitain, accompagné de tout le haut clergé, dont les riches habits ruissellent d'or et de pierreries, s'avance en disant d'une voix ferme : *Jésus-Christ est ressuscité;* son diacre lui répond : *En vérité, il est ressuscité.*

Au même instant, tous les fidèles s'embrassent en répétant ces paroles; des flots de lumière inondent l'église, la ville entière s'illumine, le canon de la forteresse gronde, toutes les cloches s'ébranlent, et l'on croit réellement assister à la résurrection du Sauveur des hommes.

Jamais spectacle ne m'a aussi vivement ému. Tout,

(1) Le carême grec prohibe jusqu'au laitage, et souvent même le poisson.　　　　　　　　　　　A. M.

comme par enchantement, a pris un air de fête et de joie qui doit durer huit jours. Cette cérémonie seule mériterait de la part d'un touriste le voyage de Moscou, où elle se passe encore avec plus de grandeur et de solennité.

Malheureusement, vu l'état d'ignorance et de dépendance où l'on tient le clergé, toute cette piété n'est qu'extérieure. De même que la loi, la religion n'est pas un frein ; c'est, au contraire, le moyen de gagner l'impunité pour le passé et l'avenir. Ce marchand qui fait cent génuflexions à la seule vue d'une église, qui baise dévotement toutes les reliques et images, et donne un cierge à quelque saint, s'en retourne ensuite la conscience débarrassée de ses fraudes, et pense à en commettre de nouvelles avec la plus grande tranquillité d'âme et d'esprit. Que les Russes ne viennent donc pas nous parler de leur piété ! Nous avons vu des femmes qui, vendues au poids de l'or, refusaient de prendre une tasse de thé au lait, parce qu'on était dans le carême. A Saint-Pétersbourg, le grand-maître de police me raconta qu'un mougik, propriétaire d'un petit traîneau de louage, venait d'être pris conduisant dans la Néva le cadavre d'un vieillard. « Où devais-tu le conduire? lui dit-on. — A l'hôpital. — Qui l'a tué ? — Moi. — Pourquoi ? — Je croyais qu'il avait de l'argent. — Lui en as-tu trouvé? — Il n'avait que quelques sous et des petits pâtés à la viande. Je n'ai pris que l'argent. — Et les petits pâtés, tu les as mangés ? — Suis-je donc un Tatar pour manger gras en carême ? » répliqua-t-il indigné.

Telle est, en général, la religion des Russes. Dans les basses classes, et souvent même plus haut, on croit à la théurgie, à la magie, enfin à toutes les erreurs du moyen-âge.

Le Padol, partie basse de Kiof, n'est habité que par les marchands et les ouvriers de tout état. Cette partie est la moins intéressante de la ville. Elle est dominée par un beau couvent, celui de Saint-André, dans une position très pittoresque, d'où l'on découvre les trois étages de la ville et une immense étendue de la vallée septentrionale du Dniéper.

L'université de Saint-Vladimir, à Kiof, fut fondée après l'abolition de l'académie polonaise de Krzemeniec. Tous les fonds, la bibliothèque, et même celle de Vilna, furent transportés à Kiof. Les jeunes Polonais de ces provinces sont obligés, pour terminer leur éducation et entrer au service, de venir étudier à cette université. L'empereur les aime mieux là, sous sa main, qu'au centre de la Pologne, au milieu d'une population dont il n'est pas sûr.

De mon temps, il arriva une troupe ambulante d'acteurs français qui s'établit à Kiof; ils donnèrent quelques représentations qui furent assez suivies. Les fêtes, les bals étaient aussi fréquents qu'à Saint-Pétersbourg ; enfin, on ne parlait plus de Kiof que comme de la troisième capitale de la Russie.

Le climat de Kiof est doux et généralement sain ; le pays est extrêmement fertile ; la grasse Ukraine, comme on le sait, nourrit d'innombrables troupeaux de bœufs qui approvisionnent Moscou, Saint-Pétersbourg, et vont même jusqu'en Suisse, en traversant l'Autriche. Les productions, vu la conformité du climat, sont à peu près les mêmes que dans le nord de la France. J'y ai vu de la vigne le long des murs du couvent de Petcherskoïe ; mais le raisin n'y mûrit pas tous les ans. On y fait un grand commerce de confitures sèches ; celles de Kiof sont si célèbres qu'on n'oserait pas en revenir sans en rapporter une copieuse provision.

Le paysan petit-russien est sobre, mais nonchalant, ignorant, superstitieux et têtu ; il est parfois, en fait de calcul, d'une stupidité incroyable et qui me l'a fait donner souvent à tous les diables. Il ne porte pas toute la barbe comme le paysan russe, mais il la coupe avec des ciseaux, ce qui lui fait sous le menton une brosse hideuse à voir. On le reconnaît facilement à son large pantalon de toile, toujours couvert de taches de cambouis, et dont il replie la partie inférieure dans ses bottes, à la mode des Turcs. Son habitation est malpropre, incommode et malsaine. Quelques anecdotes qu'on se raconte à Kiof achèveront de prouver combien il est sournois, peu communicatif, taciturne et stupide.

Deux paysans de l'Ukraine se rencontrent. Ils sont du même village, voisins, et ne se sont pas vus depuis plus de huit jours. L'un arrive de la foire, l'autre y va. Le second dit au premier : « D'où ? — De la foire, répond celui-ci. — Quoi ? — Ce bœuf, et il le lui montre. — Combien ? — Soixante roubles. — Hum ! hum !... » Puis ils se saluent poliment et continuent gravement leur chemin.

On disait à un Petit-Russien : « Que ferais-tu si tu étais empereur ? » Après mûre et longue réflexion ; il répond : « Je me frotterais mes bottes de goudron et je me coucherais sur le poêle. » C'est pour eux la suprême jouissance. Cela me rappelle ce pâtre français qui voulait être roi pour garder ses moutons à cheval.

On demandait à un autre : « Que ferais-tu si on te donnait la caisse de l'empereur? — Je volerais 100 roubles (environ 115 francs), et je me sauverais. » Cent roubles sont pour lui le plus grand des trésors.

La seule chose qui me plaisait dans les campagnes, c'étaient les chants nationaux ; ils sont si beaux, si empreints d'une douce mélancolie qu'ils m'allaient droit au cœur. Musique et paroles semblent regretter des temps plus prospères, une vie plus libre ou une patrie perdue. Il y aurait là de belles études à faire pour un habile compositeur. Beaucoup de ces chants ont déjà été reproduits dans des opéras russes et y ont obtenu presque aussitôt un succès populaire.

Qu'on ne croie pas que ce peuple a toujours été aussi barbare, aussi malheureux ! L'Ukraine, la patrie des Cosaques (1), a conservé les traditions de ses beaux jours passés. N'a-t-elle pas eu ses temps de gloire ? N'a-t-elle pas joui d'une mâle et fière indépendance ? Ses cavaliers si agiles, si braves, n'ont-ils pas lutté longtemps contre les Russes, les Lithuaniens, les Polonais ? Traditions saintes, vous êtes la conscience des peuples ! Aussi l'Ukraine conserve-t-elle religieusement les siennes ; elles se transmettent d'âge en âge, de génération en génération ; elles fermentent dans quelques têtes, et un temps viendra peut-être où la steppe retentira des cris de ces guerriers soulevés pour voler à la conquête de la liberté !...

De Moscou à Kazan.

Kazan, avec ses Tatars, ses Tchouvackes, ses Tchérémisses, etc., excitait depuis longtemps ma curiosité. Je m'étais bien promis de ne pas quitter la Russie avant d'avoir visité ce vaste gouvernement, si intéressant à tant d'égards. Enfin, le 2 janvier 1842, je me mis en route.

De Moscou à Kazan (800 verstes ou kilomètres), il n'y a que deux villes qui méritent d'être citées : c'est *Vladimir* et *Nijni-Novgorod* ou *Novgorod l'inférieure*. La première, comme la plupart des villes de l'empire russe, fut autrefois puissante et riche ; mais, deux fois mise à feu et à sang par les Tatars, il lui reste peu de souvenirs de ce qu'elle fut dans les XIIᵉ et XIIIᵉ siècles, jusqu'en 1328, époque où le grand-prince Ivan-Danilovitch-Kalita transféra le siège de son gouvernement à Moscou. Vladimir n'a que 3,000 habitants ; elle est située sur la rive gauche de la Kliazma. Que de fois, sur cette route de l'est, qui est celle de Sibérie, il m'arriva d'être attristé par un bruit lointain de ferrailles ! Habitué que j'étais à ce bruit pour l'avoir souvent entendu, je savais que c'était la chaîne des

(1) Il ne faut pas confondre le Cosaque de l'Ukraine avec les Baschkirs, les Kirghiz, ces hideux cavaliers armés de carquois, dont la vue, en 1815, nous obligea à faire du mot Cosaque le synonyme de sauvage.   A. M.

La Néwa.

condamnés à la Sibérie qu'on entraînait lentement vers leur froide et immense prison. J'eus cet horrible spectacle à la pointe du jour, en sortant de Vladimir. Nous fîmes quelque temps route côte à côte avec eux. A notre passage, ils saisissaient bien vite de la main restée libre leur bonnet, qu'ils tendaient vers nous en implorant notre pitié. Leur tête, rasée tantôt en croix, tantôt seulement sur les tempes, sur la nuque, ou d'un seul côté, nous indiquait la nature du crime pour lequel ils étaient condamnés. Soldat déserteur, juif voleur ou contrebandier, paysan révolté, incendiaire, sacrilége ou meurtrier, tous étaient unis par le même lien de fer et confondus dans la même destinée. Avant d'arriver là, chacun d'eux avait préalablement subi la peine du knout. En général, nous nous faisons en France une fausse idée de ce terrible châtiment, et nous croyons qu'on l'inflige à tout propos. Quelques mots suffiront pour détruire cette erreur.

Le *knout* est un instrument composé d'un manche très court et d'un nerf de bœuf beaucoup plus long, terminé par de minces lanières en cuir; ces lanières sont elles-mêmes armées au bout de crochets en fer. Le patient est nu et lié à une planche horizontale. L'exécuteur des hautes œuvres, presque toujours quelque grand criminel reconnu apte à cet emploi, recule de quelques pas derrière le condamné, puis s'élance, lève son knout, qui siffle dans l'air, et frappe le malheureux, dont les chairs, labourées sur toute la longueur du corps, restent pantelantes aux petits crochets en fer. Dix coups appliqués vigoureusement, quand le bourreau n'a pas été gagné par les parents du supplicié, comme il l'est presque toujours, suffiraient pour lui donner la mort. Les condamnations vont rarement jusque-là. Après le supplice du knout, on guérit le malheureux dans un hospice, puis on l'envoie en Sibérie. Il y a vingt cinq à trente ans, on arrachait les narines, on marquait sur les joues et sur le front, on coupait les oreilles; mais, heureusement pour l'humanité, ces infâmes exécutions ne se font plus. On se contente du knout et de l'exil en Sibérie pour les grands criminels; d'autres punitions corporelles, telles que les coups de corde, les verges, le bâton, punissent les délits moins graves. J'oubliais que, par un privilége tout particulier, les chefs de l'insurrection de 1825 ont été pendus. Cette barbare pénalité est une des plus horribles plaies de la Russie. « Mais, disent les Russes, notre peuple ne comprendrait pas d'autres punitions. » Oh! messieurs, voilà une bien grande vérité qui vous échappe! Votre peuple est donc bien abruti, bien démoralisé, puisque, semblable aux bêtes de somme, il ne marche qu'à coups de fouet?

J'ai hâte de détacher mon esprit de toutes ces misères, et, heureusement pour nous, nos rapides traî-

Costumes russes.

neaux ont bientôt dépassé la chaîne; et la nature, par un de ces tableaux propres au climat du Nord, vient récréer mon imagination en l'arrachant à la réalité pour la jeter dans le monde des illusions et des fantaisies.

Nos chevaux semblent voler sur une légère couche de neige tombée de la veille. Le cocher, joyeux de leur bonne volonté, leur adresse une chansonnette qui, selon lui, doit leur inspirer de l'émulation. Le ciel est bleu comme une mer calme, et l'air rempli de ces petits cristaux qui, arrêtés à tous les objets, y prennent le nom de givre. Sapins, bouleaux, trembles, toute plante, tout fétu en est surchargé et semble écrasé sous le poids de cette parure blanche d'hiver. Mais rien encore n'attire vivement l'attention jusqu'à l'instant où le soleil, animant peu à peu le tableau, fait étinceler les arbres de mille diamants, puis, pénétrant à travers les rameaux, convertit la forêt en châteaux fantastiques, en souterrains aux voûtes d'argent, donnant à tout de la vie, de la couleur : à la fumée, qui monte en spirales vers le ciel; aux colombes, qui glissent en miroitant dans l'espace : à l'horizon, qui, illuminé tout-à-coup, semble noyé dans un océan d'or et de lumière... L'esprit alors jette instinctivement des êtres surnaturels au milieu de cette bizarre nature; on y croit voir circuler les fées, les enchanteresses, les védmas (1), tous ces produits de l'imagination rêveuse des peuples du Nord. Et puis, qui sait? cette branche de sapin aux contours si frêles, si élégants, où le givre se dessine en découpures d'une finesse qui échappe à l'œil, a peut-être inspiré à l'homme une de ses plus belles pensées, celle de l'architecture gothique...

On trouve des Tatars dès le gouvernement de *Nijni-Norgorod*. Ce sont les restes de ces hordes si fières, qui sous les ordres de Bati, soumirent pour deux cents ans les Russes au joug le plus humiliant, puis finirent, après de longues et terribles luttes, par tomber au pouvoir de leurs anciens tributaires. Leur soumission, commencée sous le grand-prince de Moscou Vassili-Dmitriévitch, en 1397, fut enfin terminée, après bien des vicissitudes, sous le tzar Jvan-Vassiliévitch II, en 1552.

L'histoire de ce temps nous montre déjà la Russie s'immisçant en protectrice aux guerres civiles de ses voisins, guerres que souvent elle excite, reculant parfois pour mieux cacher ses desseins et viser plus juste, puis enfin, quand l'heure a sonné, frappant le coup décisif qui établit à jamais sa domination. Cette marche de la politique russe, lente, mais progressive et toujours certaine dans ses envahissements, a-t-elle

(1) Sorcières russes.

A. M.

changé de nos jours? Hélas! les événements de ce siècle et ceux du siècle dernier prouvent avec trop d'évidence combien la puissance russe est éloignée d'avoir terminé sa période d'accroissement.

Le Tatar soumis à la Russie est musulman ; il exerce librement son culte et jouit presque d'une complète autonomie ou liberté absolue ; seules, les autorités supérieures sont russes. En un mot, on a cherché à lui rendre le joug aussi léger que possible : aussi, depuis la prise de Kazan, il n'a fait aucune tentative pour recouvrer son indépendance.

Industrieux, actif et robuste, le Tatar cultivateur est bien supérieur aux Tchouvaches, aux Tchérémisses et même aux Russes qui l'entourent. Les chevaux sont excellents et renommés par toute la Russie. On s'aperçoit bien vite, à la qualité des chevaux, à l'intelligence et à la douceur des cochers, qu'on n'a plus affaire aux Russes. Les Tatars négociants sont les courtiers les plus actifs du commerce russe avec l'Asie. Leur conformité d'origine, souvent même de langage, de costume et de religion, avec quantité de peuples limitrophes de la Russie d'Asie, les rend à cet égard très précieux au gouvernement.

Le Volga fait un coude au nord vers Nijni-Novgorod ; la route d'hiver, par cette raison, ne traverse pas cette ville ; on laisse Nijni à gauche et l'on fait route à travers la plaine jusqu'au Volga, au-dessous de Nijni.

Cette ville, où je passai quelques jours à mon retour de Kazan, est remarquable par la foire immense qui s'y tient tous les ans au mois de juillet. Sa situation, au confluent de l'Oka et du Volga, en a fait une ville très commerçante. L'Oka lui apporte les produits des provinces méridionales, et le Volga ceux du sud-ouest, de l'est et du sud-est. Un système de canaux peu considérable unit le Volga au lac Ladoga et forme une navigation intérieure non interrompue depuis Astrakhan, dans la mer Caspienne, jusqu'à Saint-Pétersbourg, environ 1,000 lieues.

Nijni n'a ordinairement que 10,000 habitants ; mais à l'époque de la foire, qui dure un mois, ce nombre s'élève souvent au-dessus de 80,000. Vraie tour de Babel pour le langage, on y rencontre les marchands des nations les plus éloignées : le Chinois de Kiackhta apporte son thé, l'habitant de la Bokharie des pierres précieuses, et le Sibérien ses fourrures ; le gros marchand russe y fraternise avec le Lyonnais ou le Parisien établi à Moscou ou à Saint-Pétersbourg. A chaque instant vous êtes coudoyé par un Indien, un Grec, un Persan ; et cette foire, où l'Europe et l'Asie se réunissent pour échanger leurs produits, est sans contredit l'une des plus intéressantes de l'Europe.

Au-dessous de Nijni, le chemin d'hiver suit, non pas la rive, mais le cours même du Volga, dont l'onde unie, solidifiée par le froid et recouverte d'une épaisse couche de neige, se trouve convertie en une large route qui vous mène presque sans interruption jusqu'à Kazan. Le pays étant très plat, surtout sur la rive gauche, le fleuve a parfois un kilomètre de largeur, et il est très important de ne pas s'écarter de la ligne jalonnée par les petits sapins que l'administration fait planter dans la glace. Souvent des sources jaillissant du sein même du Volga empêchent la glace de s'y former. La neige ne recouvre le gouffre qu'imparfaitement, et malheur à celui qu'égare un cocher aveuglé par l'eau-de-vie, ou par le *métiel* (chasse-neige) : hommes et chevaux, tout disparaît dans les flots où va servir de pâture aux esturgeons.

Dans un pareil voyage, tout contribue à impressionner vivement le voyageur parcourant ainsi pour la première fois les 100 lieues qui séparent Nijni de Kazan. Ces petits chevaux noirs, trapus, à l'œil sanglant, à la longue crinière, au poil hérissé, appartiennent aux Tchouvaches ou aux Tchérémisses, tribus finnoises dont je parlerai plus bas. Qui n'admirerait la rapidité de leur course ? Qui croirait, à les voir lorsqu'on les attelle, que ces petits animaux, gros tout au plus comme des ânes, sur le dos desquels l'étrille n'a jamais passé, vont parcourir à bride abattue 30 ou 40 kilomètres ? C'est surtout au moment d'arriver que leur course devient pour ainsi dire infernale. Leur conducteur et maître, jusque-là impassible, qui s'était contenté de soutenir leur ardeur du geste et en fredonnant un air monotone et triste comme son pays, s'anime alors, secoue violemment les rênes, et bientôt tout se confond autour de vous dans un tourbillon de neige et de glace réduite en poussière.

Le Volga, ce fleuve immense, tant aimé des Russes qu'il se retrouve presque dans tous leurs chants populaires, est alors dompté par l'âpreté du froid ; mais à ces coteaux de la rive droite, arides et rongés par les débordements, au bruit souterrain qui parfois mugit autour de vous, à ce brouillard qui s'élève au-dessus des sources, vous pressentez que le même fleuve redeviendra libre un jour, et que, brisant ses liens, il sera d'autant plus terrible qu'il a été plus longtemps enchaîné... Le chasse-neige, cet ouragan du Nord, vient quelquefois aussi vous surprendre au milieu du voyage. La neige, chassée avec une violence incroyable, pique, glace et aveugle les hommes et les chevaux. En plein midi, on ne voit plus à quatre pas devant soi. Toute trace de route disparaît ; tout s'efface et reste enseveli sous le même linceul. L'unique ressource alors est de s'arrêter, de dételer les chevaux, qu'on place tous en cercle et le plus près possible, la tête tournée vers le même point ; puis on renverse le traîneau sur soi, et l'on reste ainsi pendant toute la durée de l'ouragan. Malheur à vous s'il se prolonge au-delà de vos forces !... Heureusement pour nous, cette situation ne dura que quelques heures ; le vent s'apaisa, et nous pûmes courir le reste de la poste sans autre mal qu'une horrible peur.

Les relais, placés en été sur les hauteurs, au midi du Volga, sont transportés en hiver dans les villages adossés à la rive droite du fleuve. Les cochers sont d'une témérité incroyable ; secondés par la force et la hardiesse de leurs petits chevaux, je les ai vus gravir ou descendre presque à pic des coteaux de plus de 10 mètres de hauteur, soit à l'entrée, soit à la sortie des villages. Je suis encore à me demander comment il se fait que des quatre traîneaux occupés par mes compagnons de route et moi, un seul ait versé, et cela même sans aucun accident ; la Providence évidemment était intervenue en cette circonstance.

Les villages tchouvaches et tchérémisses deviennent plus fréquents dès le district de Kozmadémianski, dans le gouvernement de Kazan. Ces tribus, très intéressantes sous le rapport ethnographique, ont souvent déjà attiré l'attention des voyageurs ; mais les notions qu'ils ont recueillies sont pour la plupart entachées d'erreur ; presque toutes elles se contredisent. Rien en effet n'est plus difficile à bien approfondir que les mœurs et la religion de ces peuplades païennes et à demi sauvages. Persécutées dans leurs croyances par le clergé russe, elles sont forcées de n'exercer leur culte qu'en secret, dans les ravins, au milieu des immenses forêts qui les entourent.

Peut-être trouvera-t-on quelque intérêt dans les notions que m'a permis de recueillir mon séjour dans le pays ; je les dois en grande partie aux confidences du vieux docteur Fuchs, ancien recteur de l'Université de Kazan et qui, établi depuis quarante ans dans ces contrées, a souvent visité les Tchouvaches pour les soigner dans leurs maladies. Son extrême bonté, les services qu'il leur a rendus, l'ont fait l'ami de ces peuples, qui n'ont plus de secrets pour lui.

Il y a de 2 à 300,000 Tchouvaches dans le gouvernement de Kazan ; ceux de Simbirsk, d'Orenbourg, de Viatka et de Penza en renferment encore un plus grand nombre.

Leur origine est incertaine ; cependant voici ce qu'en disent les historiens russes. Vers le premier siècle de notre ère, les nombreuses tribus des Finns ou Finnois occupaient toute la Scandinavie, la Finlande, la Russie centrale et septentrionale, jusqu'aux monts Ourals et à l'Obi, sous différents noms, entre autres ceux de Tchouvaches et Tchérémisses. Elles s'étendaient même dans le midi, au-delà de Moscou Leur principale occupation était la chasse et le commerce des fourrures. Il paraît aussi qu'ils étaient déjà célèbres comme sorciers, réputation qu'ils ont conservée de nos jours parmi leurs voisins les Suédois et les Russes. Plus tard la race lithuanienne, qui habitait les bords de la mer Baltique, ayant été refoulée vers l'est par les Slaves, vint s'établir au milieu de la zone occupée par les Finns, qui furent rejetés, les uns à l'ouest (Esthonie, Livonie, Courlande); les autres à l'est, dans les gouvernements cités plus haut. Des études d'anatomie comparée font présumer qu'ils sont d'origine mongole. Toujours opprimés par les Bolgares ou Volgares, riverains du Volga, qui, jusqu'au XIIIe siècle, avaient un empire puissant dans ces contrées, puis par les Tatars et enfin par les Russes, ils sont restés isolés au milieu des nations qui les possédaient; leurs mœurs se sont peu modifiées, et leur religion porte le cachet de la plus haute antiquité. Depuis quelque temps, les efforts des Russes et leurs persécutions ont forcé une grande partie des Tchouvaches et des Tchérémisses à se convertir au christianisme; mais cette conversion n'est qu'apparente : la religion des soi-disant convertis n'est qu'un bizarre mélange des deux cultes

Le iomsa, ou prêtre, est en même temps sorcier; on le consulte dans tous les graves accidents de la vie. Il leur dit quel est le Dieu qu'ils doivent apaiser et comment; leur ordonne de sacrifier soit un cheval, soit une vache, une brebis ou une volaille quelconque, achetée au prix demandé par le vendeur; sans cette dernière précaution, le sacrifice reste sans résultat. Les Tchouvaches baptisés commencent d'abord dans une maladie par avoir recours au iomsa, s'ils ne guérissent pas, ils vont à la première église porter une chandelle au *dieu russe* et à saint Nicolas. Ils croient que l'homme riche dans ce monde le sera encore dans l'autre, et qu'il exercera la même industrie ou profession. Selon eux, tous les morts, petits et grands des deux sexes, se réunissent dans sept cimetières, passent d'un cimetière dans l'autre en chantant et en jouant de divers instruments, et célèbrent des mariages, mais de telle sorte que les hommes ne peuvent pas les voir, tandis qu'ils sont vus des chevaux et des chiens. Si par malheur un homme ou quelque animal les rencontre dans leur course et ne parvient pas à s'en écarter, il meurt, à moins qu'il ne se dépêche de les apaiser par des sacrifices.

Voici comment ils procèdent aux enterrements : ils placent dans le cercueil, près du défunt, sa faucille en été et son couteau en hiver; ils y ajoutent l'instrument principal de sa profession. La pipe, le tabac et le briquet sont indispensables. Debout dans la maison du défunt, et leur petit chapeau sous le bras gauche, ils en sortent pour le conduire à l'église, s'ils sont baptisés, ce qu'ils ne font qu'avec des marques visibles d'impatience et de mauvaise volonté. Au sortir de l'église, ils mènent le corps dans la fosse, toujours en traîneau, même en été, puis ils jettent le traîneau dans un ravin et ne s'en servent plus. Avant de prendre congé du mort, ils sèment sur son tombeau des mies de pain et y plantent non pas une croix, mais une pique. Chaque jeudi, pendant six semaines, ils disent des prières pour le défunt, puis ils lui sacrifient un jeune étalon, si c'est un homme, et une génisse si c'est une femme. La chair des victimes leur sert de nourriture; la tête seule est laissée sur le tombeau avec une tasse de bière et une cuiller. Cette cérémonie a lieu la nuit, à la lueur d'un grand feu, avec une musique lugubre et des danses qui durent presque jusqu'au jour, ils ont soin de jeter dans un ravin profond les vêtements du défunt et le plumon sur lequel il couchait.

Voici la description détaillée d'un mariage tchouvache auquel j'assistai avec le docteur Fuschs. Rien n'est plus drôle; un mariage russe ou tatar n'est rien en comparaison.

Partis de Kazan à cinq heures, nous étions dans le village à neuf. Tout était déjà prêt pour la cérémonie chez le père de la future. La cour de l'*izba* était, contrairement à la coutume, propre et bien balayée; des bancs semblables à ceux que dressent à la hâte nos acrobates ambulants régnaient tout autour de la cour. L'un de ces bancs était surmonté de deux jeunes bouleaux secs, à l'un desquels pendait une chemise brodée en laine : c'est dans la chemise qu'ils mettent toute coquetterie. Cette place était occupée par les parents de la mariée, lesquels, gravement assis, restaient immobiles et ne détournèrent pas même la tête à notre arrivée. J'ai observé en général que ces peuples, bien différents des Russes ne voient des femmes tatares, sont très peu curieux. Quantité d'hommes et de femmes buvaient la bière sur les autres bancs. Je remarquai surtout la coiffure de ces dernières Celle des femmes mariées se nomme *kaschpa*, et celle des filles, un peu différente de la première, *toufia*. C'est une sorte de bonnet très élevé et très large, formé avec de petites planches recouvertes de mouchoirs blancs bordés de rouge, à ces mouchoirs sont suspendus des chapelets, de petites pièces de monnaie et des morceaux de métal.

La future était absente depuis trois jours; elle courait en charriot les environs pour faire ses adieux à ses amis et connaissances, ce qui dure ordinairement jusqu'au moment même du mariage Tout resta silencieux pendant une demi-heure. Tout à coup un grand tumulte se fit entendre; les clochettes des charriots, les grincements de cordes tendues sur des vessies gonflées, les cris sauvages des cochers, firent un épouvantable charivari, et une troupe bruyante pareille à une bande d'ennemis se précipita dans la cour. C'était le marié qui venait avec sa suite chercher sa fiancée. Il y avait au moins vingt-cinq cavaliers derrière eux ; on conduisait pour cadeau aux parents un tonneau de bière et une petite barrique de vin russe fait avec du seigle. Tous firent par trois fois le tour des bancs au galop puis s'arrêtèrent. Le compère du marié, ou garçon de noces, parla au beau-père et lui offrit le cadeau. Celui-ci montra la place réservée à son beau-fils dans une remise nouvellement construite. Le marié descendit de cheval et alla prendre place, puis on se remit de plus belle à boire la bière et le vin. Quelque temps après, un tumulte semblable au premier se fit entendre, et la future, en long kaftan bleu, recouverte d'un voile, entra au son de la musique sauvage dont j'ai déjà parlé.

A sa vue, le fiancé se précipita au devant d'elle et la transporta sur ses bras dans la maison; toutes ses compagnes la suivirent. Il revint aussitôt reprendre sa place. Je m'approchai alors de l'izba, et quel fut mon étonnement! la jeune mariée pleurait et hurlait si fort que je fus obligé de me boucher les oreilles; ses parents, au contraire, chantaient et dansaient autour d'elle pour la consoler; elle embrassait tout le monde et gémissait de son mieux en offrant de la bière dans une tasse jusqu'à ce qu'on y eût déposé une petite pièce de monnaie, ce qu'on se dépêchait de faire bien vite pour s'en débarrasser. Enfin, quand elle eut assez poussé de gémissements et recueilli assez de *kopecks* (sous russes), ses compagnes la menèrent près de ses parents pour qu'elle leur dît adieu.

Le fiancé alors, qui venait d'orner un cheval aussi bien qu'il l'avait pu, y plaça sa future, que les autres jeunes filles couvrirent d'un voile immense qui pendait jusqu'aux pieds du cheval. Au même instant, deux vieilles commères et une trentaine d'individus montèrent à cheval et se mirent en route, toujours accompagnés de leur singulière musique. A la sortie du village, la troupe fit halte, et le marié appliqua à sa nouvelle compagne trois coups de fouet si violents qu'elle en poussa des cris de douleur : c'était pour lui faire perdre ses habitudes de jeune fille et l'habituer aux douceurs du mariage. Comme ils devaient s'arrêter dans chaque village, nous arrivâmes chez le père du futur avant eux. Tout y était disposé comme dans l'izba que nous venions de quitter. L'arrivée de la noce, quoique bruyante et tumultueuse, n'excita aucune attention ; la jeune fille, toujours couverte de son immense voile, alla s'asseoir tranquillement dans un coin. Un jeune garçon entra brusquement, tenant en main un long bâton armé d'un grand crochet. Il fit en courant trois fois le tour de la salle, puis arracha avec son crochet le voile de la mariée. Les vieilles commères l'enlevèrent aussitôt et la portèrent sur le lit conjugal, dans une espèce de remise.

Elle en revint après une assez longue absence, portant des cadeaux d'une main et ayant l'autre enveloppée d'un linge. Son beau-père lui ayant ordonné sur-le-champ d'aller chercher de l'eau et de cuire le *salma*, sorte de ragoût, je remarquai qu'une grande inquiétude se peignait sur tous les visages. Elle prit les seaux et se rendit à la rivière. Sa propre sœur puisa elle-même de l'eau et posa les seaux devant elle, mais deux fois elle les renversa d'un coup de pied. A la troisième fois, feignant d'être fâchée, la sœur porta elle-même les seaux. La mariée alors courut après elle, les lui prit en l'embrassant et les porta jusqu'à l'izba, puis elle se mit à préparer son ragoût, avec l'aide de toutes les jeunes filles. Quand il fut prêt, elle le servit dans les tasses. L'anxiété, qui jusque là n'avait pas cessé, redoubla. Enfin, le beau-père d'abord, puis tous se mirent à dévorer le *salma*, comme le plus succulent des mets, et la joie revint sur tous les visages. Cela signifiait que la jeune mariée était restée pure jusqu'à son mariage. Dans le cas contraire, le beau-père aurait ordonné de jeter le *salma* aux chiens.

Après ces cérémonies, tous, vieux et jeunes, hommes et femmes, se mirent à boire, à danser et à hurler. Les vieilles femmes, qui ne pouvaient plus ni danser, ni chanter, frappaient dans leurs mains et criaient à tue-tête. Je croyais assister à une scène du sabbat. Désireux alors de me sauver, et sachant, du reste, que cela devait se terminer, comme toutes les fêtes de ces peuples, par une ivresse dégoûtante et générale, je m'approchai d'un vieux *tomsa* qui parlait un peu russe, et je lui criai : « Qu'y aura-t-il encore ? — Oh ! ce n'est pas fini, il y aura encore de belles choses, me dit-il d'un air qui signifiait : voilà seulement que cela commence. — Mais quoi ? — Il y aura des œufs, des gâteaux, de la viande... » Ceci n'étant plus de notre goût, nous revînmes bien vite à Kazan.

Les Tchouvaches et les Tchérémisses, qui leur ressemblent beaucoup, ont une fête qu'ils célèbrent dans les bois pendant la floraison du blé ; ils la nomment, les uns : *Sourem* ou *Chouram*, les autres, *Sinsia*. Elle dure ordinairement quinze jours, et se termine par de grands sacrifices et des orgies : ils croiraient impie de remuer la terre pendant qu'elle accomplit pour eux son plus beau travail.

Le lieu sacré des Tchérémisses, *Kérémett*, est au fond des forêts. Ils choisissent les plus beaux tilleuls ou chênes, y suspendent à 3 ou 4 mètres de hauteur des rameaux dont ils forment une sorte de niche, dans laquelle ils placent la petite figure d'étain dont nous avons déjà parlé. N'est-ce pas une curieuse ressemblance avec nos ancêtres les Gaulois ?

Ils sont chez eux d'une malpropreté incroyable ; je n'aurai besoin, pour en donner une idée, que de décrire l'habitation du meunier chez lequel nous fûmes obligés de nous arrêter, dans le district de Tchéboksar, à une centaine de verstes de Kazan. Dès l'entrée dans la seule chambre de l'izba, une odeur infecte vous saisit l'odorat à vous renverser. Le plancher a disparu sous une couche épaisse de crasse, il ressemble à un fumier durci sous les pas. Les murs, le plafond se confondent dans la même teinte enfumée, ainsi que les tables et les bancs, qui, de plus, sont saupoudrés de la poussière du moulin délayée dans les restes des repas. La meunière, assise dans un coin et vêtue d'un sale paquet de haillons, aspire avec insouciance une large prise puisée dans une tabatière d'écorce de bouleau. Elle n'a pas l'air de voir qu'un petit enfant dans une auge se vautre sur le plancher, portant à sa bouche la nourriture préparée pour les poulets. Un autre plus petit est suspendu au plafond dans une espèce de boîte qui lui sert de berceau. Des tasses, des cuillers en bois et des gamelles sont éparses çà et là sur le plancher, sur la table, partout ; un mauvais coffre, contenant tout le butin, est ouvert, et, pour animer le tableau, des poules, les véritables maîtresses du logis, s'y promènent gravement, déposant partout d'abondantes traces de leur passage. Il me fut impossible d'y rester plus de deux minutes. Qu'on se figure ce que doit être l'izba des pauvres Tchérémisses, lorsqu'on saura que celui-ci, comme meunier, passait pour avoir quelque aisance. On m'a dit cependant que ceux qui habitent la rive montueuse du Volga sont plus propres ou plutôt moins dégoûtants.

Le Tchouvache et le Tchérémisse riverain du Volga se plaisent surtout au milieu des forêts. Chasseurs intrépides, ils entretiennent les marchés de Kazan et de Nijni de cette immense quantité de gelinottes, de coqs de bruyères, qui, gelés, se transportent en hiver dans toute la Russie. Les lièvres y sont si nombreux qu'ils se vendent tout au plus 50 kopecks, environ 60 centimes ; ils prennent au piège les écureuils et les martres. En été, une multitude effroyable de moustiques, de cousins, engendrés dans les vastes marais du Volga, dévorent ces malheureux chasseurs, qui souvent reviennent meurtris et le visage enflé des piqûres de ces insectes. Leur malpropreté, leur amour effréné pour l'eau-de-vie et leur insouciance les tuent de bonne heure. Maigre, pâle, l'œil éteint, le Tchouvache ne va guère au-delà de cinquante ans. Ils meurent presque tous poitrinaires ou phthisiques. Cette race semble diminuer tous les jours avec les forêts qui lui servent d'habitation.

Seul, le Tchérémisse des hauteurs se livre à l'agriculture ; il est plus actif, plus laborieux et beaucoup plus robuste que ses frères de la plaine. En hiver, il fait avec l'écorce du tilleul découpée en minces lanières des sacs, des souliers de paysan (lapti) et des nattes, dont l'usage est si répandu en Russie. C'est de cette écorce aussi, découpée plus finement encore, qu'on se sert pour la friction dans les bains russes. On distingue le Tchérémisse du Tchouvache à sa chaussure, qui est noire, tandis que celle du Tchouvache est grise. Les femmes ont la manie de porter d'énormes souliers : plus une Tchérémisse est riche, plus son pied doit être gros ; j'en ai vu dont le bas de la jambe et le pied étaient vraiment monstrueux.

Kazan.

Kazan, en tatar, signifie *chaudron*. Que ce nom lui vienne d'un chaudron perdu par un chef tatar dans la Kazanka, petite rivière qui en arrose les murs, ou de la situation du centre de la ville entre des collines élevées, peu nous importe. Que ce chef tatar soit Sayn, roi de la grande horde, ou le khan Altin-Beg, ceci est encore une question qu'il faut laisser débattre aux érudits du pays.

Pour être convaincu de l'origine tatare de Kazan, il suffit de monter au sommet du magnifique observatoire construit par l'empereur Nicolas, à côté des bâtiments de l'Université, sur le point le plus élevé de Kazan. A vos pieds s'étend la ville basse, peuplée principalement par les Russes, marchands et ouvriers ; vous le reconnaissez aux églises, dont les dômes nombreux sont surmontés de la croix. Mais un peu plus à gauche, vers l'est, voyez-vous ces tourelles dont le sommet est terminé par une galerie : c'est de là que les mullahs au turban blanc appellent les fidèles à la prière.

Au-dessus des *metchets* (1), l'aigle à double tête tient dans ses serres le croissant renversé, symbole de la domination russe. Puis, les surpassant de bien haut, s'élève sur le clocher de l'église grecque la croix triomphante, qui semble témoigner de la victoire remportée par le génie du Christ sur celui de Mahomet.

Le Volga passe à 7 kilomètres environ au sud de Kazan ; mais, pendant le débordement du printemps, qui arrive vers le milieu de mai et dure près de deux mois, tout cet espace se trouve couvert d'eau. Le Volga et la Kazanka confondent leurs ondes ; on ne peut plus entrer dans Kazan par terre que du côté de l'est, par la porte de Sibérie. Des vaisseaux chargés de marchandises arrivent jusque sous les murs de la forteresse ; les villages, construits sur des hauteurs, paraissent sortir du sein des flots : c'est ainsi que je me figure l'Egypte pendant le débordement du Nil. A cette époque, Kazan ressemble à un port de mer ; la plus grande activité règne dans la ville ; c'est plus qu'une foire, c'est une véritable fête.

Le plus beau bâtiment est l'Université, immense édifice, qui comprend une bibliothèque très riche, surtout en manuscrits orientaux et chinois ; une superbe clinique récemment construite, et un bel observatoire doté depuis quelques années d'un réfracteur de la plus grande dimension.

La citadelle, bâtie en briques, est formée par une enceinte entourée de hautes murailles flanquées de treize tours, dont deux sont remarquables par leur hauteur. C'est là que se réfugièrent les habitants de Kazan lorsque Pougatchoff s'empara de la ville et la saccagea en 1774. Ce brigand, à la tête d'un ramassis de Cosaques et de vagabonds, mit tout l'est de la Russie à feu et à sang, et fit même trembler Moscou. La trahison seule put en finir avec lui : il fut pris et exécuté à Moscou.

Ce kreml ou forteresse renferme la cathédrale de l'Annonciation, premier édifice chrétien élevé à Kazan. Elle fut bâtie d'abord en bois, puis plus tard en briques par le tsar Ivan Vassiliévitch, en 1552. On y voit aussi la fameuse tour de Tsioumbeka attenante à un ancien palais des khans de Kazan.

Pendant mon séjour dans cette ville, on y comptait 35,000 habitants, 41 églises et 4 couvents. Tout vous y annonce le voisinage de l'Asie. Outre les cours supérieurs de langues orientales professés à l'Université par des Persans érudits en costume national, les éléments de ces langues sont enseignés à la jeunesse dans un institut spécial. Le gouvernement, pour compléter l'éducation de ces jeunes gens, fait voyager à ses frais dans tout l'Orient et pendant quelques années, les plus distingués d'entre eux, qu'il emploie ensuite dans les consulats et les ambassades. Deux ans avant leur départ, ils portent le costume oriental, afin que rien en eux, ni le langage, ni les habitudes, ni la tournure, ne les empêche de fraterniser avec les habitants du pays.

A ces minutieuses précautions, on jugera sans peine du génie adroit et prévoyant de la politique russe. Qu'on ne s'étonne donc plus si la diplomatie russe passe pour être la plus habile de toutes les diplomaties de l'Europe.

A chaque pas on rencontre des Tatars aux bas de cuir, aux manches pendantes et à la tête rasée, à l'exception d'une légère touffe de cheveux qu'ils laissent croître au sommet. Leurs yeux petits, mais noirs et très vifs, leur front dégagé, annoncent de l'intelligence. Ils sont bien supérieurs aux Russes de la basse classe. Chacun d'eux sait lire et écrire l'arabe, de plus ils apprennent soigneusement l'arithmétique, qu'ils regardent comme un péché d'ignorer. Les plus riches d'entre eux envoient leurs enfants étudier dans les grandes écoles de la Buckharie. Les femmes,

(1) Mosquée tatare. A. M.

excepté les plus pauvres, ne sortent que voilées. Leur costume est le même que celui des hommes ; seulement il est mieux ajusté et dessine plus élégamment les formes. Leur tête et leur poitrine sont ornées de colliers de pièces de monnaie, de médailles, de coraux, et quelquefois de petites boules creuses remplies de parfums exquis.

Riches et pauvres, tous s'adonnent au commerce ou exercent quelque industrie. Ils sont excellents ouvriers en tout genre. Leurs cuirs et leurs savons sont renommés par toute la Russie. La parole d'un Tatar est sacrée, et ils n'emploient ni contrat, ni aucune transaction écrite, excepté avec les Russes, dont ils se méfient avec raison.

La femme, comme dans tout l'Orient, est leur propriété. Une fois achetée, elle ne s'appartient plus. Le voisinage des Russes n'a encore rien enlevé aux mœurs tatares de leur cachet original.

Je demeurais en face des prisons de la ville. Depuis plusieurs jours, je trouvais, en rentrant chez moi, une pauvre femme tatare, qui, assise sur notre seuil, se lamentait en regardant la porte de la prison. La pitié m'engagea à lui demander quel était le motif de son chagrin. « Hélas ! monsieur, me dit-elle en mauvais russe, mon mari est en prison. — Qu'a-t-il donc fait ? — Oh ! monsieur, presque rien : il a pendu une de ses femmes qui m'avait battue par jalousie. — Mais, lui dis-je, pendre une femme, c'est un grand crime. — Comment, un grand crime ! c'était cependant bien la sienne et il n'avait pas volé la corde pour la pendre... » Ma pensée alors se reporta sur les principes proclamés en France par quelques bas-bleus au sujet de l'émancipation des femmes ; je me plaisais ainsi à rapprocher les deux extrêmes.

La haute société est composée comme dans les grandes villes de la Russie. J'y fis une observation qui, à la vérité, n'était pas nouvelle pour moi, mais qui se fortifia encore à Kazan. Presque tous les seigneurs se connaissent d'un bout à l'autre de la Russie. Chacun d'eux me parlait de Moscou, de Saint-Pétersbourg, de Kief, d'Odessa, comme s'il eût habité ces villes et qu'il eût été en relation avec les personnes de ma connaissance. C'est qu'en effet les Russes sont encore à demi nomades. Rien de plus ordinaire pour eux que les voyages. Ils vont se voir à 2 ou 300 lieues de distance, et cela malgré le mauvais état de leurs routes. Que serait-ce donc s'ils avaient les mêmes facilités que nous pour se transporter d'un lieu dans un autre ?

Le carnaval est à Kazan un moment de réjouissances. Ce qui lui donne un aspect original, c'est l'arrivée de 5 ou 6,000 Tatars qui s'y rendent avec un petit traîneau attelé de deux chevaux. Pour 2 ou 3 sous, ils vous font faire au galop le tour de la ville, plaisir que chaque habitant, même le plus pauvre, ne manque pas de se donner.

La position de Kazan sur le point le plus élevé de toute la vaste plaine qui commence à la mer Glaciale, en rend le climat plus froid que celui de Moscou, quoique sous la même latitude. Il y règne en tout temps un vent furieux. Le thermomètre y descend parfois jusqu'à 40°. Alors les administrations ferment leurs bureaux et l'Université ses cours ; chacun reste chez soi, car il y va de la vie à sortir par de pareilles gelées. L'été y est brûlant, et dès le mois de mai des millions de moustiques et de cousins, engendrés par les marais du Volga débordé, viennent vous dévorer jusque dans l'intérieur des maisons.

Chaque printemps, des fièvres endémiques retiennent au lit le quart des habitants. Un fait remarquable et que m'ont affirmé les médecins les plus habiles de Kazan, c'est que depuis le passage du choléra en 1831, ces fièvres avaient presque totalement disparu, mais il y avait un principe cholérique dans toutes les maladies graves. Cette influence cessa en 1842, l'année de mon séjour, et les fièvres reprirent avec plus de violence. En six semaines, sur une garnison de 4,000 hommes, il en mourut 1,345. Le tiers des habitants au moins était au lit. Moi-même j'en fus atteint deux fois ; alors je résolus de rentrer en France.

Tel est le récit que nous a laissé M. Thomas de son voyage et de son séjour en Russie. Les jugements de l'auteur sont empreints de modération ; les aperçus respirent l'étude consciencieuse et des hommes et des choses, et le style de M. Thomas ne semble pas non plus dépourvu d'élégance. Passons maintenant au voyage de Lyall.

LYALL.

(1822.)

VOYAGE EN RUSSIE.

DE MOSCOU A ODESSA ET A TAGANROG, SUR LA MER NOIRE.

Départ de Moscou. Podolsk. Lapasna. Marché du dimanche. Coutumes curieuses. Tula. Mzensk. Petite-Russie ou Marlo-Russie. Le Dniéper. Première vue de Kief.

En 1822, trois voyageurs, qui se préparaient à quitter Moscou pour parcourir les provinces méridionales de la Russie, m'adjoignirent à eux en qualité de médecin. Nous partîmes donc le 10 avril, après avoir fait enregistrer à la maison de poste notre *podorodjné* (ordre pour prendre des chevaux de poste), et avoir, suivant l'usage, donné au *smotritel* (maître de poste) une gratification pour ses peines. Quand nous fûmes arrivés à la barrière de Serputchof, la sentinelle fit descendre le *schlagbaum* qui nous barra le passage, et il ne fut relevé que quand notre podorodjné fut enregistré sur un livre spécialement tenu à cet effet ; alors nous laissâmes Moscou derrière nous.

Le village Danilovskoyé, qui se trouve immédiatement en dehors de la barrière, avertit le voyageur qu'il est tout-à-coup transporté de la capitale dans la campagne. Comme la neige n'était que tout récemment fondue, nous trouvâmes la route très mauvaise sur plusieurs points et quelquefois extrêmement sinueuse. Nous vîmes, à la longueur de trois verstes et ensuite de six, et du haut de deux montagnes, de magnifiques vues à vol d'oiseau de l'immense et fastueuse capitale des anciens czars : Là le spectateur a toute la ville étendue devant lui en forme de croissant, avec le monastère de Donskoï à l'ouest, tandis qu'au centre s'élève le Kremlin avec le palais impérial, le haut Ivan Veliki, une foule de monastères et d'églises que surmontent de nombreux dômes resplendissants, peints ou dorés, et à droite est le monastère Semeonovskoye ; puis c'est la rivière Moskva ou Moskova qui traverse la cité, et d'innombrables tours, clochers, flèches ou dômes où brillent les peintures et les dorures. Au-dessus, c'est une immensité d'édifices grands ou petits, avec leurs murailles blanches, jaunes, bleues, vertes ou pourpres, et leurs toits rouges et verts, bleus et noirs, entremêlées de petites maisons de bois, à l'aspect sombre et entourées d'espaces libres, arbres, jardins et parcs. Cet ensemble est enveloppé du feuillage et de la verdure des environs, qui sont très variés. C'est, on le voit, un panorama enchanteur.

Kolomenskoyé, avec ses vieilles églises et ses tours pyramidales, qui occupe une situation charmante parmi des jardins et des arbres au bord de la Moskva, est à gauche. Nous traversâmes la route qui mène à Tsaritsin, et bientôt après les sombres pavillons de cette belle retraite impériale nous apparurent à une distance considérable. Nous remarquâmes sur la droite et sur la gauche plusieurs résidences de grands seigneurs, et traversâmes nombre de villages, comme Trubetskoyé et Molotsi avant d'arriver au premier relais. La route était alors sillonnée de creux profonds et très sinueuse. Près de Podolsk, et à trente-trois milles environ de l'ancienne capitale de la Russie, est une forte colonne carrée qui indique les limites des districts de Moscou et de Podolsk. Ici les bords de la Pachra sont boisés et pittoresques. Comme le pont flottant que l'on trouve dans ce village en été n'avait pas encore été rétabli, nous traversâmes la rivière sur un radeau et débarquâmes vis-à-vis de la poste.

Podole ou *Podolsk* fut primitivement réputé *Selo* ou village à église : mais sous le règne de Catherine II on en fit une ville de district. La Pachra, rivière considérable, au printemps des neiges, coupe Podolsk en deux parties entre lesquelles les communications ont lieu, en hiver au moyen de la glace, et en été par un pont flottan[1].

Bien que cette ville de district ne soit qu'à trente-trois verstes de Moscou et dans le voisinage d'une grande population, elle ne consiste guère qu'en une seule rue qui ne renferme pas plus de cent maisons, dont un petit nombre est bâti en pierre, et qui ont toutes une pauvre apparence. Le grand édifice consacré aux tribunaux du district, une église dédiée à la résurrection et un autre beau temple attirent principalement l'attention. Je suppose que le nombre de ses habitants est exagéré quand on les porte à mille.

En conséquence de l'attention que j'apportais à examiner tout ce qui avait rapport à la religion des Russes et surtout au culte qu'ils rendent aux images gravées, non aux peintures, deux petites chapelles me frappèrent particulièrement : une de ces édifices (Tchasovnya) est situé sur la rive nord-ouest de la Pachra et renferme une représentation exacte du crucifiement, entourée de petites statues de la Vierge Marie et des saints ; l'autre chapelle, au sud-ouest de la rivière, contenait un bas relief représentant saint Nicolas. Le tombeau du Christ, entouré de saints, et le cachot dans lequel il est assis tristement avec un manteau noir sur le dos, entre deux gardes armés, forment une espèce d'*ikonostos* qui n'appelle l'attention que parce que toutes les figures, qui paraissent avoir un pied de haut, semblent de bois ou de quelque autre matière solide, et reçoivent des paysans qui passent un *hommage*, et tout au moins une *révérence* des nobles et du clergé. Cette dernière classe est souvent d'une notoire ignorance. J'ai causé avec quelques prêtres qui avaient des idées fort confuses relativement au respect et au culte que l'on rend aux saintes images, tandis que quelques autres avaient la franchise de m'avouer que les paysans faisaient de ces représentations leurs divinités. Après avoir quitté Podolsk, nous passâmes devant le beau et immense domaine du comte Momonof, que l'on nomme *Dubrovitsi*.

A dix-sept verstes au-delà de Podolsk est *Molodi-Selo* ou *le village à église Molodi*. Cette église est remarquable à une certaine distance par ses peintures en couleurs éclatantes, et son architecture qui n'est pas sans élégance. La maison à deux étages du propriétaire, les jardins fantastiques et les nombreux piliers qui bordent la route de chaque côté et entre lesquels nous passâmes en quittant le village, quoique en assez mauvais état, forment avec les sombres demeures en bois des paysans un contraste qui délasse l'œil, ne fût-ce que par la variété. Au-delà de ce lieu, la route continue d'être aussi mauvaise et toujours tellement sinueuse que la distance de la station prochaîne est fort doublée et même triplée. A treize verstes environ de Saphonava, une des voitures fut entièrement arrêtée dans un de ces bourbiers presque infranchissables qui empêchent les progrès du voyageur au printemps, surtout sur la route de Moscou à Serputchof. De tous les équipages, le *télega* est le mieux adapté aux chemins de la Russie. La rapidité avec laquelle les courriers voyagent au moyen de ce simple mode de transport est vraiment surprenante.

Après une route ennuyeuse, nous arrivâmes dans la nuit à *Lapasna*, village situé sur les deux bords de la rivière de ce nom : elle est très peu profonde et très étroite en été, et bien qu'elle soit sur le grand chemin de Moscou à l'Ukraine, il ne s'y trouve pas même un pont flottant, on la traverse dans le printemps sur un radeau et sur la glace en hiver. Lapasna est un très grand village composé d'une longue rangée de maisons de chaque côté de la route, outre des rues de derrière où il y a un seul rang de maisons. Elles sont principalement de bois, quoique nous en ayons vu quelques-unes bâties en briques, et entre autres le *kabak* ou cabaret qui existe actuellement dans le moindre village de l'empire.

Là je fus présent, en été, à un marché du dimanche, et je m'arrêtai pour examiner cette scène de bruit et de confusion. Des groupes de paysans, grossièrement vêtus, hommes et femmes, étaient occupés à acheter et à vendre toutes sortes de provisions pour les hommes et les animaux. Du gros drap, des *schoubs* de peau de mouton, de la laine, de la viande de boucherie, du sel, des fruits, des légumes, des gâteaux d'épices, des confitures et des melons d'eau y étaient en abondance. Des plats de terre, des fenêtres toutes faites, la quincaillerie, les plats de bois, les *lapti* ou souliers faits de l'écorce de tilleul et les animaux vivants, étaient tous entassés pêle-mêle dans la plus grande confusion ; mais ce qui était d'un effet assez désagréable, c'est qu'un certain nombre de cercueils peints ou non, étalés sur une charrette, s'y vendaient rapidement. Ce tableau donne une idée assez exacte des marchés de toute la Russie.

A sept verstes au-delà de Lapasna, le village de *Saphonava* est remarquable seulement par une petite colonne qui s'élève à son extrémité septentrionale pour indiquer au voyageur la route de *Semeonoskoyé*, l'un des plus délicieux domaines que j'aie vus. A douze verstes de Serputchof, et précisément au-delà du village Moskovka, apparaissent l'élégante église et les tours de cette belle ville. Le village de Seméonovskoyé a deux sources d'eaux minérales.

A gauche est le domaine de la famille Gurief, qui présente à la vue un tableau riant : c'est l'élégante église, la maison du Seigneur, et le village enveloppé d'arbres vigoureux et de champs verdoyants où mugissent les troupeaux et où s'agitent les actifs paysans. Un trajet de dix verstes, à travers des bois qu'entrecoupent des plaines découvertes et onduleuses, nous amena à *Serputchof*.

Cette ville est la capitale d'un district du même nom dans le gouvernement de Moscou, qui n'en est éloigné que de quatre-vingt-treize verstes; son site est élevé et pittoresque, et commande une vue étendue sur un très beau pays que traverse l'Oka avant d'aller se jeter dans le Volga. La ville est principalement sur le penchant d'une colline, ou plutôt, ce semble, de plusieurs collines séparées par de profonds ravins, ce qui lui donne une apparence singulière. La Nara, petite rivière, passe à travers la ville, et tombe dans l'Oka, à quatre verstes de là. Les nombreux clochers que nous avions remarqués de loin en approchant de Serputchof nous avaient autorisés à espérer une ville plus peuplée et plus belle que celle que nous trouvâmes en réalité. Cependant c'est une des plus jolies de la Russie. Elle est de forme oblongue, nullement régulière, et la Nara, ainsi que le ruisseau de Serpeika, en fait trois quartiers. La plupart des maisons sont de bois, et les autres en pierre.

Les églises, qui sont au nombre de dix-huit, toutes situées d'une manière pittoresque, peintes en couleurs éclatantes et ayant le dôme doré, ajoutent beaucoup à la beauté de la ville. La *Plostchad* (place du marché) est un immense carré oblong, entouré de boutiques où se vendent des marchandises de toute espèce. Le vaste édifice qui renferme tous les tribunaux et les bureaux publics du district mérite l'attention du voyageur. L'ancienne forteresse située sur une éminence isolée, bien qu'elle tombe en ruines, a un aspect vénérable et varie le paysage.

La population de Serputchof, ville active et industrieuse, est de cinq à six mille habitants, sans compter les troupes qui y tiennent toujours garnison. Un pont de bois sert en été de communication entre les deux rives de la Nara ; mais au printemps, avant la débâcle, on le charge de charretées de pierres pour empêcher qu'il ne soit emporté par l'eau qui grossit au point de l'inonder entièrement. Alors on établit un radeau, et il est très amusant de voir hommes, femmes et chevaux, allant à gué jusqu'aux genoux dans la vase avant de rejoindre et après avoir quitté ce train de bois.

En me promenant dans les rues de Serputchof je remarquai des images, telles que des peintures du Christ, de la Vierge ou des saints, plusieurs dans des cadres au-dessus des portes de la plupart des maisons, coutume qui n'est pas, que je sache, aussi commune dans les villes. Un autre usage curieux existe, au moins chez les marchands et les bourgeois : les femmes ne vont à l'église ni les jours de la semaine, ni même le dimanche, excepté quand il y a une grande fête, avant d'être mariées. Je n'en pus apprendre la raison.

Ayant déjeuné le 11 à Serputchof, nous continuâmes notre chemin. Bientôt après avoir passé la *Zastava*, ou barrière, nous vimes un pilier de pierre dont nous trouvâmes le pendant sur la rive méridionale de l'Oka. Cette rivière forme la limite respective du gouvernement de Moscou et de Tula, et est une des plus grandes qui arrosent la Russie d'Europe. Après l'avoir traversée, nous suivîmes ses bords pendant quelques verstes, admirant les vastes et riches prairies qu'engraissent les débordements du printemps. Tournant ensuite au sud, nous traversâmes le village de Lipetski, et nous dirigeâmes vers *Zavodi*, le relais de poste, par un pays riant et onduleux, bien que dépourvu de bois et montrant un sol d'argile blanchâtre.

Zavodi est un village d'une étendue considérable avec des maisons couvertes en paille, et situé dans un fond. Depuis que nous avions traversé l'Oka, la route étant bonne, nous allâmes rapidement de là à Voschan, et de Voschan à Volotya, où nous arrivâmes le soir, et après y avoir pris des chevaux nous allâmes coucher à *Tulu* ou *Toula*.

Nous y passâmes deux jours qui furent très activement employés, car, après les deux capitales, Tula est une des villes les plus intéressantes de l'empire russe. Elle est la capitale d'un gouvernement de ce nom, et s'étend sur les deux rives de l'Upa à neuf cents verstes de Pétersbourg, et à cent quatre-vingt-cinq de Moscou. On la regarde comme étant une très ancienne ville fondée par les premiers habitants des régions voisines, les Sarmates et les Tchouds. Une citadelle construite en 1514 y existe encore : c'est un carré oblong d'une grande dimension, avec des tours aux angles et des portes au milieu des murailles. Dans l'intérieur nous y remarquâmes la cathédrale de l'Assomption, une salle d'exercices en bois, et quelques magasins à sel.

Tula est en partie basse, en partie un peu élevée, et est formée de trois grandes divisions. La première, sur la rive gauche de la rivière et autour de la citadelle, se nomme *Posadskaya-Sorona*; le second quartier, qui s'étend sur la rive droite est le *Zaretskaya-Storona*, et le troisième du même côté, vis-à-vis la forteresse, s'appelle *Tchulkora-Sloboda*. Il y a en outre deux faubourgs habités par les paysans de poste.

La population permanente est évaluée à trente ou trente-cinq mille âmes, pour laquelle s'élèvent vingt-six églises, toutes de pierre, un monastère et un couvent de femmes. Les édifices les plus remarquables sont la manufacture d'armes, le gymnase du gouvernement de Tula, l'école d'Alexandre, l'hospice des Enfants-Trouvés, la maison de correction, l'*Ostrog* ou prison, l'arsenal et les boutiques ou bazars qui sont au nombre de sept ou huit mille. La fabrique d'armes, la coutellerie et la quincaillerie de Tula sont célèbres. Pour l'exploitation de ces divers industries on emploie le charbon des mines qui avoisinent la ville.

L'arsenal se compose d'un bel et grand édifice central, flanqué de bâtiments étendus qui renferment une cour immense. Cet édifice est capable de contenir des armes à feu et des armes blanches pour cent mille hommes. On garde dans une armoire des fusils que l'on dit avoir été fabriqués *pendant les visites* des membres de la famille impériale à la manufacture d'armes et leur avoir été présentés avant leur sortie de l'arsenal. Ils sont si parfaitement exécutés que l'on est porté à suspecter la sincérité de ce fait.

Le 13 avril, dans la soirée, nous quittâmes Tula, et arrivés à la barrière, nous eûmes une belle vue de la ville. Une église, dans une situation élevée, au milieu du cimetière, était devant nous. Elle est ronde, ornée de colonnes, surmontée d'un dôme, et présente un étrange modèle d'architecture ecclésiastique. Elle ressemble beaucoup plus au palais d'un grand qu'à un lieu de culte.

Bientôt après avoir quitté Tula, nous fûmes frappés de la qualité noire du sol et de l'aspect de nudité de la campagne. Au bout de douze verstes cependant, nous la trouvâmes onduleuse et boisée. Au sud de Tula on ne remarque point dans la construction des maisons des paysans ce prodigue emploi de la charpente que l'on observe près de Saint-Pétersbourg, par la raison qu'elle est ici beaucoup plus chère. La plupart de ces maisons, au lieu d'être bâties avec d'énormes poutres ou de véritables troncs d'arbres, se composent d'un treillis d'osier entremêlé de lattes. Les habitations, ou pour mieux dire les huttes des paysans qui règnent des deux côtés de la route, sont plus chétives dans leur aspect et plus simples de construction que celles qui séparent les capitales. En effet, plus nous allons au sud, plus nous les trouvons misérables, jusqu'au pays où la pierre est abondante.

Yasnaya-Polyana est qualifiée de *Seltzo*, ou petit village à église. De cette station à Solova le paysage est de la même nature, le sol plus noir encore, et les champs de blé étendus au point de paraître sans limites. Tel est, à peu de variations près, l'aspect de la contrée jusqu'à Mzensk. Sur cette route on rencontre beaucoup de superbes villas et de magnifiques domaines.

A seize verstes de *Mzensk* nous entrâmes dans le gouvernement d'Orel, comme nous l'annonça une massive colonne carrée. Mzensk est la ville principale d'un des districts de ce gouvernement, et s'étend sur les deux rives de la Zuscha, et à l'embouchure de la Mzena d'où elle tire son nom. Elle est située dans une plaine bordée de chaque côté par des montagnes. Son voisinage est riche en prairies et en terres labourables, mais nullement en bois : comme la plupart des villes de Russie, elle promet plus en apparence qu'elle ne tient, et cet effet provient du nombre d'églises et de monastères qui y déploient leurs peintures vives et leurs dômes dorés. On porte la population de trois mille cinq cents à cinq mille âmes, et pour cette population il y a douze églises et un monastère où se célèbre chaque jour le service divin. Le principal commerce de cette ville consiste en blé et en chanvre que l'on embarque sur la Zuscha, et qu'au moyen de l'Oka, où tombe cette rivière, on transporte au centre de l'empire.

Après avoir quitté Mzensk, nous avançâmes rapidement par un pays sans ornement, mais fertile, vers *Orel*, où nous entrâmes dans l'après-midi. C'est la principale ville du gouvernement de ce nom; elle est située sur les bords de l'Oka et de l'Orlik, qui se confondent dans la ville, à la distance de trois cent soixante-sept verstes de Moscou. Elle s'étend sur une vaste plaine, entre de petites éminences qui, étant entièrement dépourvues de bois, ont un triste aspect de nudité. La terrasse formée par le palais du gouverneur, la maison du sous-gouverneur, le bureau de poste, la demeure du général commandant, et l'*Ostrog* ou prison avec ses tours et ses murs blancs qui la font ressembler à une petite ville, c'est là le principal ornement d'Orel, qui compte en outre dix-huit églises et douze couvents pour une population de quinze mille habitants.

Le sol qui environne la ville est noir, et produit de très abondantes récoltes. Cette ville peut être regardée comme le foyer du commerce entre la Russie, la petite Russie et la Crimée, et elle est le dépôt des blés qui proviennent tant de son propre territoire que des fertiles gouvernements adjacents.

Nous quittâmes le soir Orel, et le lendemain nous arrivâmes dîner à *Sevsk*, après avoir tout le jour vu le même sol noir et quantité de villages; nous n'avions rencontré de remarquable que *Kromy*, ville de district du gouvernement d'Orel, située au confluent de la Medna et de la Kroma. Sa population s'élève à cinq mille âmes environ. *Dmitrovsk* est également une ville de district du même gouvernement, et est située sur le ruisseau Obstcheritsa.

Sevsk est une autre ville de district du gouvernement d'Orel, située sur la rive gauche de la Seva. On évalue sa population à quatre mille cinq cents âmes. Nous y vîmes avec étonnement qu'un forgeron, que l'on avait envoyé chercher, ne voulut pas entreprendre quelques légères réparations à une de nos voitures, attendu qu'il était six heures du samedi soir, et que c'est à cette heure que commence le dimanche russe. En effet, le samedi soir est souvent observé avec autant de sévérité que le dimanche, et même plus.

Nous quittâmes Sevsk dans la soirée, et voyageâmes toute la nuit ; puis le 16 au matin, à une verste au-delà de Tolstudubova et à cent quatre-vingt-quinze d'Orel, nous remarquâmes un pilier de bois portant les armes impériales, qui nous annonçait l'entrée de l'Ukraine ou petite Russie et du gouvernement de Tchernigof.

La plupart des villages du pays que nous quittions ont une apparence très misérable, et ne sont composés que de cabanes couvertes en paille où l'on trouve des poêles sans cheminées, et qui sont complètement remplies de fumée toute la nuit, parce qu'elle n'a pour s'échapper que la porte et un trou dans la muraille que l'on ferme le soir. Les toits et la partie supérieure des murs sont donc couverts de suie. Toute la saleté des paysans russes se montre à nu sur les frontières de l'Ukraine. La première station est *Jerman*, et bien que ce ne soit qu'à dix-neuf verstes au-delà du pilier dont je viens de parler, il semblait que nous fussions dans une autre région. Les maisons, au lieu de présenter à la rue leur partie postérieure, comme dans la Russie propre, y font face et sont blanchies à l'extérieur. Quant à l'intérieur, il est divisé en cuisine, chambre à coucher et une autre chambre, même dans les plus petites maisons. Les chambres sont meublées de tables, de chaises et de couchettes de bois de sapin blanc, et nous remarquâmes des couvertures blanches sur les lits. Ici tout est propre, et l'on ne peut attribuer une différence si frappante entre les habitants de la Russie et ceux de la petite Russie, séparés par quelques milles seulement, qu'à leur indépendance et aux immunités dont ils jouissent.

Il nous fallut un peu plus de douze heures pour nous transporter à *Gluchof*, petite ville très riante et

Incendie de Moscou.

très animée, qui occupe un site élevé sur le Yerman et à côté d'un petit lac. Ses rues sont régulières, et la principale, qui n'est pas longue, a à chacune de ses extrémités une porte en arc qui d'un côté conduit à Moscou, de l'autre à Kief. Cette ville compte sept ou huit églises et deux couvents. De Gluchof à Tuligoliva, la route est plus unie et le pays mieux boisé. Nous fûmes frappés de l'habileté avec laquelle les paysans couvrent leurs maisons, en nous rappelant les toitures de la Russie : les habitants de la petite Russie y mettaient un peu d'art et de soins, tandis que les Russes se bornent à entasser sur leurs toits des masses de paille qu'ils y assujétissent au moyen de jeunes bouleaux qu'ils y placent dans tous les sens. Les conséquences en sont terribles, surtout dans les nuits de tempête de l'hiver. Des villages entiers sont alors découverts et les matériaux emportés çà et là ; mais l'expérience n'enseigne rien aux Russes, et ils recouvrent de nouveau leurs huttes de la même façon. De Tuligova à Krolovets la route est sablonneuse et difficile, et bordée des deux côtés de hauts et vieux saules. *Krolovets* est situé sur le ruisseau *Debroyé rodi*, c'est-à-dire *Bonnes eaux*. On dit qu'avec quelques villages ottomans, celui-ci contient dix mille habitants, mais il a un très pauvre aspect. De Krolovets à Altinovka, la route qui traverse les bois est sablonneuse et difficile : elle est également, sur certains points, bordée de saules. Nous remarquâmes dans ce trajet beaucoup de bois, d'immenses champs de blé entremêlés, quantité de petits lacs et d'étangs; et à trois verstes de la première station, au sortir d'une forêt de hauts pins, *Balurin* nous apparut.

Le palais du dernier hetman de l'Ukraine, situé sur le sommet d'une hauteur, une élégante église y attenante, et les nombreuses maisons des paysans, avec la Seima, qui à cette époque de l'année ressemble plus à un lac parsemé d'îles qu'à une rivière, formaient un ensemble imposant. Balurin se trouve dans le district de Nedjin qui fait partie du gouvernement de Tchernigof. Ce n'est qu'un village irrégulièrement bâti, qui cependant renferme un couvent et quatre paroisses. La population peut être portée à quinze cents âmes. Le palais est un bel édifice dont la façade est ornée de colonnes doriques et dont les ailes sont détachées. Il semble tomber en ruines à défaut de réparations.

Nous quittâmes Balurin dans la soirée, changeâmes de chevaux à *Borzna*, petite ville remplie d'églises, et entrâmes dans le grand village de Komarovka, avec les vaches, les veaux, les moutons, les chèvres et surtout les porcs des habitants qui y revenaient pêle-mêle. Il était très divertissant de voir les femmes malo-russes se précipitant hors de leurs maisons, séparant, à force de cris et de coups, chacune leur part du troupeau commun, et la conduisant au logis, tandis que le pasteur se reposait, indolemment couché, parce que son devoir était accompli.

Nous arrivâmes par une très riante campagne à Nedjin, qui passe pour la plus jolie ville de la petite Russie. Elle est à soixante-quatorze verstes au sud-est de Tchernigof, et occupe la rive gauche de l'Oster. Son site est à peu près uni, et ses nombreuses rues sont coupées de grands jardins où les arbres fruitiers étaient alors en pleine fleur. Sa rue principale, qui fait partie de la route que nous suivions, est extrêmement étroite, et a tout-à-fait l'aspect européen, car elle est bordée de boutiques et est très populeuse. Nedjin est entourée d'un rempart de terre, et la rivière est très proprement encaissée avec du bois. Elle contient environ mille maisons, deux couvents et seize églises. Outre les Russes et les Cosaques, plusieurs familles grecques qui y jouissent de grands privilèges, ainsi que des Arméniens, composent la population de la ville que l'on estime être de douze mille âmes. Les Grecs et les Arméniens, qui sont en possession de la plus grande partie du commerce florissant de Nedjin, ont des rapports avec la Turquie, la Pologne et la Silésie.

De tous les édifices de Nedjin, le plus remarquable est le gymnase de Bozborodko, fondé, il y a quelques années, pour l'éducation des jeunes nobles et des bourgeois. C'est un très grand bâtiment orné d'une colonne d'ordre ionique et entouré de hauts arbres.

La route de Nedjin à Nosovka est plate, sur quelques points sablonneuse et bordée d'énormes champs de blé ou de vastes pâturages qu'entrecoupent des bois. Comme cela arrive fréquemment dans le sud de la Russie, nous traversâmes plusieurs ruisseaux et marécages sur des ponts de bois, et quelquefois à gué, tandis que l'on avait peine à faire avancer les voitures.

De *Mosovka*, village cosaque, nous allâmes à *Kosari*, station cosaque, à dix milles de distance. La maison du maître de poste était très propre, et les écuries, on ne peut mieux tenues, renfermaient une douzaine de très forts chevaux en bon état; ils appartenaient au maître. D'après l'avis qui nous fut donné, nous en prîmes six pour chaque voiture, et nous nous en félicitâmes, car avant d'arriver à Kozelets, nous eûmes douze verstes à faire dans un sable profond, à travers de nombreux marécages et sur de mauvais ponts. *Kozelets* est une ville de district du gouvernement de Tchernigof et qui n'a de remarquable que son église qui est très belle. Puis nous arrivâmes à *Semipolki* par une route tracée et découverte de seize milles de longueur. C'est un petit village où notre route se croisa avec celle de Saint-Pétersbourg. C'est à travers le même paysage que nous gagnâmes *Brovari*. Notre intention avait été d'arriver à Kief dans la soirée, et à cet effet nous avions mis six chevaux à chaque voiture pour pouvoir traverser le Dniéper avant qu'il fît nuit, mais on nous détourna de ce projet en nous en représentant l'exécution comme dangereuse, et le lendemain matin nous reconnûmes que l'avis était bon, car la route était très difficile. Nous traversâmes plusieurs bois épais et beaux. En effet, autrefois le pays que nous traversâmes n'était qu'une immense forêt, repaire de brigands qui attaquaient et pillaient les voyageurs. Pour obvier à ces inconvénients, le gouvernement a fait abattre une partie de cette forêt, surtout sur les bords de la route, de façon qu'il n'y a pas moyen de se mettre en embuscade.

Le Dniéper n'était pas encore rentré dans son lit après les débordements du printemps, et il nous fallut traverser plusieurs lacs, pour ainsi dire, entre des îles, jusqu'au ventre de nos chevaux, avant d'arriver au lieu d'embarcation sur la véritable rivière que nous passâmes sur un train. A deux verstes environ de Brovari, un des clochers de Kief, et bientôt la ville entière, nous apparurent. Les aspects de Kief, quand on en approche, sont extrêmement variés et beaux. Celui dont l'on jouit, quand on traverse la rivière, est particulièrement pittoresque. La ville s'élève à une grande hauteur sur la cime des collines qui forment, pour ainsi dire, un magnifique amphithéâtre au-dessus du bassin du Dniéper, dont les bords sont coupés de ravins couverts de bois qui descendent par de douces pentes jusqu'au bord de l'eau ; les coteaux aussi bien que les sommets sont couverts de nombreuses maisons, de monastères et d'églises, dont les dômes d'or, réfléchissant à plein les rayons d'un soleil radieux, formaient devant nous un ensemble enchanteur. Cette splendeur extérieure ne fait que rendre plus complet le désappointement que l'on éprouve en entrant dans la ville.

Kief, l'ancienne capitale du grand-duché de Russie, et maintenant capitale du gouvernement du même nom, s'étend sur la rive occidentale du Dniéper par le 30e degré 27 minutes de longitude est, et le 50e degré 27 minutes de latitude nord. Elle est à soixante-dix-huit verstes de Moscou et à douze cent quatre-vingt-six de Pétersbourg. Les voyageurs de goûts divers peuvent se satisfaire également à Kief. L'amateur du beau paysage et le peintre se rendront à la forteresse et sur les bords du Dniéper. Le dévot et le moine se claquemureront dans les cavernes bénies avec les *restes incorruptibles* des saints et dans les églises. Pour le militaire, il y a le château et les arsenaux. Quant à l'antiquaire, il trouvera de quoi lui plaire dans le vieux Kief et les environs.

Pour nous, nous commençâmes, en arrivant à Kief, par nous établir dans une très petite maison fastueusement appelé *Hôtel de Londres*, où nous fûmes bien traités.

Description de Kief ou Kiof. Vassilkof. Singulier usage des Juifs. Uman. Boghopola. Colonies militaires. Arrivée à Odessa.

Le matin qui suivit notre arrivée à Kief, nous apprîmes que quelques malfaiteurs allaient recevoir le *knout* dans une place qui faisait face à l'auberge, et une foule immense s'y était assemblée. Un cercle avait été formé par les militaires, et le chef de la police, voyant que nous étions étrangers, nous invita poliment à entrer. Quand les prisonniers eurent entendu la lecture de leurs sentences, le châtiment leur fut infligé. Un homme reçut vingt coups, et une femme quinze de ce terrible knout. Quand l'homme eut reçu sa part, on lui présenta un *schtopto* (bouteille carrée) ; il la porta alors à sa bouche ; mais tout aussitôt il la jeta à terre avec une extrême indignation, et s'écriant que ce n'était que de l'eau. On le marqua ensuite au fer brûlant sur le front et les joues; tandis que le sang coulait de ses blessures, on les couvrit de poudre à canon, afin de rendre les marques circulaires presque aussi grandes qu'un sou, entièrement indélébiles, à moins d'incision.

La femme poussa des cris et de terribles gémissements pendant le supplice, et quand on la détacha, elle parut tomber en défaillance ; on la coucha à terre, puis on la couvrit d'un *schoub* ou pelisse de peau de mouton.

Ensuite deux jeunes garçons et une femme reçurent le fouet ou le *pleti*; on leur découvrit une partie du corps, et pendant que de nombreux aides les tenaient la face contre terre, l'exécuteur appliqua d'abord un nombre de coups sur le côté droit, puis autant sur le côté gauche. Ce supplice est très cruel.

Kief est, à bien dire, composée de trois grandes divisions, la forteresse de Petchersk avec son faubourg, l'ancienne Kief et le Podole. Chacune de ces sections a sa propre fortification, et le tout est entouré d'un rempart de terre, et a une garnison sous les ordres du commandant de la ville. La forteresse occupe une belle et haute colline sur la rive occidentale du Dniéper qui roule son majestueux courant à trois cents pieds au-dessous du spectateur. Ce château est une des nombreuses traces qu'a laissées Pierre-le-Grand.

L'arsenal renfermé dans les limites de la forteresse a été fondé par Catherine II, et est incontestablement le plus bel édifice de Kief. Il est bâti en carré, avec des briques blanchâtres, et est élevé de deux immenses étages avec des fenêtres cintrées. Au centre de chaque façade est une haute et belle porte. Une promenade d'une demi-verste entoure cet édifice. L'intérieur est très beau, et le plafond du premier étage est très élevé. Cet arsenal peut contenir un matériel immense. Nous visitâmes ensuite l'*Institution pour les orphelins des soldats*, qui touche à l'arsenal et contient dix huit cents enfants On les y élève pour être sous-officiers, secrétaires, etc., dans l'armée régulière.

Dans l'enceinte de la forteresse, outre les maisons des agents militaires, les casernes et les magasins, on voit quelques églises et le célèbre couvent de Petchersk. Parmi les églises, la plus remarquable est celle de Saint-Nicolas, bâtie sur une colline près des bords du Dniéper, et où fut enterré Oskold, par l'ordre de la princesse Olga, lors de la réception du christianisme. Il y a aussi celle de la Transfiguration élevée par saint Wladimir, mais on ignore quand et à quelle occasion.

Le monastère de Petcherskoi, avec la cathédrale de l'Assomption, quelques autres églises, un bureau d'imprimerie, la maison des métropolitains de Kief et celles des moines, sont entourés d'une haute muraille de pierre avec des tours à ses angles, comme une forteresse. Les sept dômes d'or de la cathédrale, avec ceux des autres églises et celui du beffroi qui s'élance à environ trois cents pieds au-dessus de la montagne, et à cinq cent quatre-vingt-six au-dessus du Dniéper, produisent un effet magnifique. Les Russes regardent le beffroi comme un chef-d'œuvre d'architecture : c'est l'ouvrage d'un architecte italien. A la cathédrale appartient une bibliothèque que l'on dit riche surtout en manuscrits grecs.

Ce monastère se nomme *Petcherskoi*, parce que les moines habitaient primitivement deux cavernes (*pestchera*). Elles sont actuellement derrière le monastère, séparées par un ravin profond, et s'étendent vers le Dniéper. Ce sont des labyrinthes souterrains, voûtés, avec différentes branches, des chapelles et des cellules où reposent les reliques incorrompues des saints, des martyrs et des hommes pieux. L'une de ces cavernes est celle d'Antonius, le premier abbé, mort en 1073 ; l'autre celle de Théodosius, le second abbé.

Conduits par un moine, nous visitâmes ces catacombes de Kief où les dévots passent des heures, des journées et même des semaines. Les corps, ou plutôt les formes des corps, ressemblent aux momies d'Egypte, et sont rangés des deux côtés des cavernes. A en juger par les échantillons que nous vîmes là, presque tous les saints sont de petite taille. Leurs noms sont indiqués par des légendes au-dessus des cellules ou attachés à leurs tombes. Leur nombre monte à environ cent cinquante. J'ai résumé dans une courte nomenclature l'état de la société mélangée qui se trouve dans ces cavernes. Elles renferment des reliques d'archevêques, d'évêques, d'archimandrites, de hégumènes, de moines, d'anachorètes, de diacres, de faiseurs de miracles, de saints, de martyrs, de princes, de princesses, de médecins, d'historiens, de dévots, de soldats, de boulangers de pains pour la consécration, de fabricants de pains à chanter, d'enlumineurs d'images, de jeûneurs et de fossoyeurs. Je ne compte pas les obéissants, les silencieux, les patients, les pénitents, les illettrés, les intelligents, les spirituels, les vénérables, les généreux, les actifs et les laborieux, plus douze maçons qui construisirent la cathédrale. On nous y montra aussi plusieurs *têtes odoriférantes*, et celle d'un des enfants qu'Hérode fit mourir. On conserve aussi dans la cathédrale la tête du grand-duc Wladimir.

Le faubourg de la forteresse, ainsi qu'on le nomme, est d'une étendue considérable, et l'on y trouve, outre de beaux édifices, un délicieux boulevard et les jardins impériaux qui font la promenade élégante du soir. L'Hôpital militaire est à quelque distance du monastère.

Un petit édifice qui est à ce point où se joignent les routes du vieux Kief et du Podole sert de théâtre temporaire, et une troupe russe y vient jouer pendant l'hiver.

La prison ou *ostrog* et l'hôtel des Invalides, édifices situés près de la barrière du sud, méritent une visite.

Le vieux Kief est situé sur une colline entre le quartier de Petchersk et le Podole, mais plus à l'est ; ses fortifications sont maintenant en ruines. On peut à peine dire qu'il s'y trouve une rue régulière ; et quant à ses églises et à ses couvents, leur splendeur si vantée est tout-à-fait éteinte.

Du quartier Petcherskoi au Podole la route descend la pente d'une colline très rapide ; sur la droite s'élève la haute colonne surmontée d'une croix, nommée *Krestchatik* : c'est là qu'était la fontaine où les enfants du grand-duc Wladimir furent baptisés.

Les rues du Podole ne sont pas très régulières, et il est peu de maisons en bon état ; l'encaissement de bois de la rivière va se délabrant, et le tout a une chétive apparence. Ce quartier est en partie inondé par les débordements du Dniéper au printemps. Le quai est le seul lieu animé de Kief, et le Podole contient aussi, outre l'Académie, l'Ecole ecclésiastique et le bureau de poste, une foule d'églises et de couvents.

En résumé, on peut dire de Kief que ses rues sont extrêmement irrégulières, et pour la plupart non pavées ou planchéiées. Il en est quelques-unes qui ont des trottoirs de bois. On y compte trente-deux églises, outre celles des couvents ; et comme il existe douze de ces derniers établissements, dont chacun possède deux, trois églises et plus, on peut sans crainte d'exagération porter le nombre des lieux du culte à quatre-vingts pour une population de mille habitants, parmi lesquels beaucoup de Juifs, quelques Polonais, et quelques Malo-Russes, mais la masse des habitants est russe réellement.

Nous quittâmes Kief le 21 avril. Le pays jusqu'à Véta et de là à Vassilkof est montueux, aride et couvert de broussailles. On y voit peu de champs à blé, et le sol est argileux et sablonneux ; mais dans le voisinage de Vassilkof la terre devient noire et excellente. *Vassilkof* est une petite ville, sur le ruisseau de Stugna, à trente-cinq verstes de Kief, et elle est en partie dans une situation pittoresque. C'est la capitale d'un district de ce nom, mais ce n'est réellement qu'un grand village de deux mille cinq cents âmes.

De là nous voyageâmes toute la nuit. La route à partir de Karapischi est montagneuse, avec d'immenses champs de blé de chaque côté. Le sol est en terreau noir excellent. Des bois nombreux çà et là de hauts arbres rendent le paysage très riant. *Boghorlavle* est une petite ville de district qui a toujours appartenu à la principauté de Kief, et dont la population est surtout juive. Elle est entourée de bois qui s'élèvent en amphithéâtre et de champs cultivés. La rivière Rossa, dont le courant est encombré de nombreuses masses de granit, la traverse, et les rives en sont très pittoresques. Au-delà de Moskalenski le paysage est varié, et il devient très beau à *Korsun*, petit village dans une situation magnifique et entouré d'un pays délicieux. Entre Korsun et Olchana, le sol est extrêmement fertile. Les pâturages, les champs de blé, les bois et les petits lacs, semés de villages, se succédaient. La route est large et excellente, et nos voitures allaient au grand galop. Il fallait, dans ces terres, six bœufs et trois hommes pour chaque charrue. *Olchana* est un village d'une dimension considérable, et son aspect animé est grandement déparé par le voisinage de deux églises de bois à l'aspect sombre, comme elles abondent dans l'Ukraine.

Nous étions arrivés à cette partie de l'empire russe, peuplée principalement de Juifs et de Polonais, qui les uns et les autres parlent le russe très rudement et d'une manière très incorrecte. Les Juifs ont un jargon composé de polonais, de russe et d'allemand qu'ils emploient avec les étrangers de tous les pays.

Nos chevaux nous conduisirent rapidement à *Zvenigorodka*, petite ville misérable du gouvernement de Kief, qui est sur le ruisseau de Gniloi-Tikitch. En voyageant dans la Russie méridionale on remarque un singulier usage qui existe entre les Juifs. Des cordes attachées à de hautes perches et traversant les rues dans toutes les directions, mettent pour ainsi dire les maisons en rapport les unes avec les autres. Tant que l'on voit ces cordes ainsi étendues entre les perches, c'est que les relations entre voisins sont permises; mais dès qu'elles sont détachées (le jour du sabbat, par exemple) il est défendu à un Juif, s'il quitte sa maison, de rien porter à la main, ou qui ne tienne pas à sa personne; il ne faut pas non plus qu'il ait dans sa poche de tabatière ni de mouchoir. On dit que cette étrange coutume s'appuie sur le Talmud.

Nous traversâmes pendant toute la nuit de beaux et fertiles districts que n'animaient toutefois ni belles maisons de campagne ni villages florissants. Nous passâmes par *Iekaterinopole*, petite ville sur les bords de la Gnilaya, et le 23 avril à huit heures du matin, nous gagnâmes *Uman* par une route unie et excellente. Cette ville tire son nom de la rivière sur laquelle elle est située, et est la capitale d'un district du gouvernement de Kief, dont elle est éloignée de trois cent deux verstes. Elle est petite et mesquine, malgré le nombre de ses églises presque toutes en mauvais état. Un officier nous fit remarquer que les habitants ne bâtissaient pas de bonnes maisons, parce qu'elles étaient prises par eux, militaires, et tel est le cas dans plusieurs autres villes de l'empire. Uman peut avoir trois à cinq cents habitants, surtout Juifs mêlés de quelques Polonais et de quelques Russes. Le comte Polosky y a fondé, pour les enfants des nobles Polonais pauvres, un gymnase où ils sont élevés, nourris et vêtus : trois cent soixante autres y reçoivent l'éducation gratuitement.

Nous allâmes visiter Sophievka, principal objet qui fixe l'attention sur Uman, et le voisinage de cette ville est tellement dépourvu de bois et de toute beauté pittoresque que nous ne pouvions d'abord concevoir où ce lieu était situé. Cependant, en approchant, nous vîmes un vallon boisé s'ouvrir devant nous, et bientôt nous y trouvâmes des jardins à larges allées, des terrasses, des pavillons d'été, des parterres et des statues avec un canal entre des collines où l'on a apporté d'immenses masses de roc, sur lesquelles l'eau roule quelquefois en cascades écumantes. Quoique ce lieu ne puisse atteindre à la beauté d'un paysage naturel, cependant il est agréable et charmant, surtout par le contraste que l'environne.

Le 24 avril nous arrivâmes à *Kholovinska*, à quarante verstes de distance : ce misérable village est peuplé de Juifs dont les haillons attestent la pauvreté, et, en le quittant, nous entrâmes dans une plaine où l'on voyait à peine un village, un arbre, un animal, un être humain; après quarante verstes à travers cette steppe(1), nous arrivâmes à *Boghopole*. C'est une petite ville de très chétive apparence, dans le gouvernement de Podolie : elle occupe l'angle qui est formé par le confluent de la Sinyoucha et du Boug, et des Polonais, des Russes et des Juifs l'habitent. *Olviopole*, situé sur l'autre bord du Boug, est une petite ville de district dans le gouvernement de Kherson, et qui paraît, par l'importance et la population, être au niveau de Boghopole. Après avoir quitté cette ville, nous traversâmes la Sinyoucha sur un bon bac, et nous allâmes à Kholte, village insignifiant. La route est montagneuse et traverse des steppes dont l'aspect est morne et désolé, et l'on voit peu de villages, parce qu'ils se trouvent surtout dans les fonds et sur les bords des rivières. Nous passâmes par Romanovska et Zverniva, deux petits villages, et retrouvâmes le Boug que nous traversâmes au moyen d'un bac. Au-delà d'une colline, nous vîmes avec plaisir le cours de la rivière animé par un paysage de montagnes, puis nous arrivâmes à *Konstantinovka*, la première des colonies militaires dans cette direction. C'était autrefois un village misérable, mais ses rues, ses maisons et ses jardins ont été réparés, améliorés, et l'on a construit beaucoup de nouveaux édifices, tels que des écuries commodes pour les chevaux de tout un régiment, un manège assez grand pour dresser la cavalerie, des magasins et des logements pour les officiers. Nous partîmes de Konstantinovka en poste militaire, c'est-à-dire avec les chevaux appartenant à la colonie, des soldats en uniforme pour conducteurs et d'autres pour postillons. La route étant unie comme un jeu de boule; nos six chevaux nous eurent bientôt transportés à *Alexandrovna*, autre station militaire, et nous avions à peine eu le temps de l'examiner, que les voitures étaient prêtes. Alexandrovna est un petit village qui a fait les mêmes progrès que Konstantinovka. Il a une apparence assez agréable et est animé par une place verte au milieu de laquelle est une petite église.

Nous arrivâmes le soir à *Vosnesensk*, ville sur le Boug, qui est le chef-lieu des Cosaques de ce pays. « Cette petite tribu guerrière, de six ou sept mille hommes, forme plusieurs régiments. Ce sont les restes des Moldaves et des Arnoutes qui prirent les armes pour la Russie dans ses guerres contre les Turcs. » Vosnesensk est maintenant une des plus grandes colonies militaires du sud, et est le quartier-général du premier régiment des Hulans du Boug. En effet, deux escadrons y sont colonisés. Cette ville contient de belles et larges rues, toutes de nouvelle construction. Toutes les vieilles maisons ont été réparées et recrépies. Plusieurs beaux manèges, une école mutuelle pour les jeunes soldats *cantonistes*, une autre pour les filles, des magasins militaires, de nombreuses maisons pour les officiers, et un hôpital militaire entouré d'un vaste jardin, attirent tour-à-tour l'attention. Plusieurs de ces édifices sont bâtis avec cette pierre à chaux, pleine de coquillages, que nous vîmes ensuite à Odessa, et qui abonde dans ce voisinage et sur une vaste étendue du pays. La date de la conversion de Vosnesensk en colonie militaire est gravée sur un pilier de l'école : c'est le 24 décembre 1817, jour que les habitants commémorent avec un regret profond et des plaintes amères.

Le principal trait du système des colonies militaires est l'organisation des paysans de la couronne en une armée immense qui, en temps de paix, se livre aux travaux de l'agriculture, et compose en temps de guerre presque entièrement les forces de terre de l'empire. Il ne s'agit, en fait, d'autre chose que d'avoir un soldat-agriculteur, qui se nourrit et s'entretient, ou du moins ne coûte que peu de chose à la couronne une fois qu'il a ses armes.

Le 26 avril, à une heure du matin, nous quittâmes Vosnesensk pour aller à Odessa, qui en est éloignée de cent vingt-cinq verstes. La route était excellente, et nous allâmes très rapidement entre les relais : mais à chaque station nous étions retardés par la nécessité de ramener les chevaux qui paissaient à quelque distance dans la steppe, usage très commun dans le midi de la Russie. A l'arrivée d'un équipage, on envoie un homme

---

(1) Steppe est un mot d'une signification très vaste, mais il donne le plus souvent l'idée d'une immense étendue de terre inculte et sans habitants ni arbres; on voit beaucoup de ces steppes dans le sud de la Russie et le Kouban. Elles sont généralement unies, et paraissent illimitées, mais ce ne sont point cependant des déserts. Il en est beaucoup dont le riche sol produit de très abondantes récoltes d'herbes qu'émaillent de leurs plus belles nuances des fleurs sauvages en quantité, et qui se renouvellent de leurs graines et sans le secours de la main de l'homme. A. M.

à cheval à une demi-verste, une verste ou quelquefois deux de distance, qui amène à la maison de poste le nombre de chevaux demandé. Le délai est ainsi d'une heure, quelquefois de deux; néanmoins, comme on l'a dit, *on court la poste en France et en Angleterre, on la vole en Russie;* et malgré les haltes à chaque relais et les retards occasionnés par les fréquents rajustements à faire aux harnais des chevaux, on parcourt au moins deux cents milles en vingt-quatre heures; mais pour parcourir ce trajet et regagner le temps perdu, il faut toujours être au grand galop.

La contrée qui sépare Vosnesensk d'Odessa a peu d'intérêt. Le pays est généralement plat et animé par peu de villages. A vingt-cinq verstes d'Odessa les champs de blé et les maisons de campagne attirèrent notre attention; et plus nous approchions, plus s'accroissaient les signes de population et de culture. A dix verstes de distance, nous vîmes, pour la première fois, la ville et la mer Noire avec un petit *Liman* ou lac salé sur la rive droite. Sur une vaste étendue de cette route, nous remarquâmes de chaque côté et à de courts intervalles de grands cônes de terre gazonnée. De semblables cônes, mais un peu enduits de plâtre et blanchis, se voient près d'Odessa. Worms, petite colonie allemande, et Maloï-Bujalok, que l'on dit renfermer beaucoup de Bulgares, mais que nous trouvâmes habitée par des Juifs, ne méritent aucune attention.

Notre route était par des roches nues et du sable profond autour de la baie, puis nous entrâmes dans les faubourgs d'Odessa, à travers un rang de colonnes qui forme la barrière. Ensuite le faubourg *Perrip* nous conduisit à une colline assez raide que nous montâmes entre deux colonnes que l'on nomme *la barrière de Kherson,* et nous entrâmes alors dans la ville d'Odessa.

Odessa. Description. Commerce. Nicolaïf. Description. Kherson Costumes des Tartares Village et café tartares. Arrivée à Bagthiseraï.

Odessa, ville qui s'est élevée comme par enchantement du sein d'un désert sur le bout de la mer Noire, occupe le site d'un petit village tartare nommé *Hadji-Bey,* dont la rade ou le port était de temps immémorial un refuge en hiver ou en tourmente pour les vaisseaux naviguant sur l'Euxin. En 1796, l'impératrice nomma ce lieu *Odessa,* et lui conféra quantité de privilèges. Une colonie de Grecs s'y établit et l'on y institua un maire. On dépensa ensuite plusieurs millions de roubles à la construction des casernes, d'une forteresse et d'autres établissements publics; mais ces dépenses restèrent presque sans fruit, et nul n'osait y bâtir sa demeure, de peur de voir le projet de ville abandonné. Odessa était alors peuplée du rebut des pays adjacents. Ce n'est qu'à la suite du traité d'Amiens, qui ouvrit la mer Noire à tous les navires européens, qu'Odessa devint le rendez-vous de toutes les nations commerçantes. Alors, et dès 1802, la situation de cette ville fut magnifique, et son importance croissante décida l'empereur Alexandre à y placer un gouverneur général, le duc de Richelieu, avec des pouvoirs très étendus: le duc changea la face des affaires, fixa la confiance publique, et par lui se réalisèrent les plans dressés depuis longtemps avec une rapidité merveilleuse.

Odessa est située dans le gouvernement de Kherson, par les 29° 24′ de longitude est, et les 46° 28′ de latitude nord. Sa distance de Pétersbourg est de dix-huit cent soixante-seize verstes et de quatorze cent deux de Moscou. Les rues sont toutes régulières, droites, spacieuses et se coupent à angles droits; il en est qui ont un mille de long, et quelques-unes sont bordées par des rangées d'arbres. Elles ne sont cependant point pavées, ce qui les rend horriblement boueuses au printemps et en automne. Les trottoirs ne sont pas bons. Tantôt les maisons se tiennent, tantôt elles sont séparées par des jardins et des cours. Les édifices sont en général de pierre enduite de plâtre, que l'on peint de diverses couleurs. Les toits sont de bois ou de feuilles de fer peintes d'une manière éclatante; quelquefois ce sont des tuiles ou des ardoises de Crimée. Comparativement parlant, il est peu de maisons basses. Odessa est bâtie sur cette même roche calcaire dont sont construites ses maisons, matière que l'on peut réellement appeler un amas de coquillages qui bientôt se divise.

Les jardins publics, grâce à leur position centrale, sont un grand ornement pour la ville et une source de plaisirs pour les habitants d'Odessa. Le dimanche soir, pendant la belle saison, l'on y voit les costumes de tous les pays, on y entend toutes les langues, et une musique militaire anime le tout. Les hôtels d'Odessa sont tous très chers. Le *Lycée Richelieu* contient cent trois pensionnaires, et l'*Institut des demoiselles*, de *madame Chef-d'Œuvre*, est parfaitement tenu. Il y a en outre l'*École des demoiselles* au rang des écoles de district, où cent filles externes viennent recevoir une bonne éducation de femme.

Le *Gradskoi goshpitâl*, hôpital civil, l'un des objets les plus remarquables d'Odessa, occupe une position élevée, aérée, près de la barrière de Kherson; c'est un bel édifice, haut de deux étages, et ayant pour façade une colonnade, mais il est étrangement défiguré par les ventilateurs ouverts dans les murs.

La prison est élégante et fraîche à l'extérieur; mais entrez-y et vous y trouverez une saleté repoussante. Quant au théâtre, ce n'est qu'une construction temporaire. Il y a quelques années que *des salles d'assemblées* ont été ouvertes, et la plus grande, qui est ovale et entourée d'une galerie, sert de lieu de bals et de bourse.

La cathédrale, dédiée, je crois, à saint Nicolas, est au centre de la ville et dans une place carrée immense; elle est entourée d'arbres et d'une balustrade, dans laquelle s'ouvrent quatre portes qui correspondent à chacun des points cardinaux. Cette église est d'une dimension considérable, bâtie en croix et surmontée d'une vaste coupole. Deux de ses façades présentent de beaux portiques, chacun avec un rang de colonnes. L'intérieur en est très orné, spacieux et élégant. Quant au pavé, il est de marbre blanc et gris. Nous remarquâmes quelques autres églises grecques, aussi bien que des églises catholiques romaines, celle des raskolniks ou schismatiques, et la synagogue. Le lazaret dans la forteresse est un établissement considérable et parfaitement entretenu. L'*établissement impérial d'agriculture*, qui est à une courte distance de la ville, est réellement une pépinière de beaux arbres fruitiers et forestiers.

De tous les peuples qui entrent dans la population d'Odessa, les Grecs sont les plus nombreux, et forment principalement le commerce de détail. Il s'y trouve peu de Russes marchands, mais beaucoup sont charretiers, conducteurs de voitures (*isvostchik*), et ouvriers. Les Polonais y occupent des positions serviles. Les Italiens ont établi plusieurs maisons de commerce, et quelques-uns sont détaillants et artisans. Les Français, les Allemands, les Espagnols et les Anglais ne sont pas nombreux, mais à coup sûr ils sont les plus riches et les plus influents de la ville. Les Juifs y sont en abondance, mais il en est peu qui soient dans une position opulente; quelques-uns sont cabaretiers, artisans, boulangers ou usuriers. La population d'Odessa et de ses dépendances, que l'on porte à quarante mille âmes, renferme aussi quelques Arméniens, quelques Juifs karaïtes, quelques Tartares et quelques Moldaves. Les environs sont riants, et l'aride steppe qui s'étendait naguère inhabitée, est couverte de trente ou quarante villages dans un rayon de cent verstes d'Odessa.

Le 4 mai nous quittâmes Odessa avec le gouverneur général qui allait à Phédorovka, et nous examinâmes en détail avec lui cette colonie militaire. Un régiment de la cavalerie de Boug s'exerçait avec une célérité et une précision remarquables. Un autre régiment manœuvrait à pied avec une précision surprenante; la manière d'employer la pique ou lance cosaque, en chargeant ou en poursuivant au galop, leur est une occasion de montrer beaucoup d'habileté, surtout quand ils la lancent en l'air en la faisant tourner et la rattrapant comme ferait de sa canne un tambour major. Nous apprîmes alors avec étonnement que ces soldats n'étaient quelques instants auparavant que des garçons de charrue. Nous partîmes ensuite et après avoir traversé l'Ingul sur un pont flottant, nous montâmes une éminence et entrâmes dans Nicolaïf, où nous logeâmes chez un marchand grec dont la maison avait été désignée par la police pour nous recevoir : tel est l'usage dans le sud de la Russie, dans le Kouban et la Géorgie. Les habitants qui donnent ainsi leurs maisons pour y accueillir les voyageurs, sont dégrevés de quelques charges publiques, et de plus reçoivent ordinairement des présents de leurs hôtes, des étrangers du moins, car les Russes les quittent souvent sans la moindre marque de gratitude.

La ville de Nikolaïf est construite dans une belle plaine située sur le bord méridional de l'Ingul, près de son confluent avec le Boug, par le 30e degré 46 minutes de longitude est, et le 46e degré 58 minutes de latitude nord : à soixante-dix sept milles environ d'Odessa, quarante milles de Kherson, huit cent soixante-dix-sept milles de Moscou, et treize cent soixante deux milles de Pétersbourg. A considérer le nombre de ses édifices, elle couvre un vaste territoire. Toutes ses rues sont très larges et très régulières, et un grand nombre plantées d'arbres des deux côtés. Presque toutes les maisons, construites en pierre, sont séparées par des cours et des jardins. Les principaux objets qui méritent l'attention sont la nouvelle église bâtie dans la place publique, l'hôtel-de-ville orné de colonnades, les chantiers, le port, le dépôt de cartes, la douane, les casernes de marins, l'immense hôpital naval, l'école des pilotes et un observatoire portant le spaskii.

Il y a beaucoup de vaisseaux dans le port de l'Ingul. Nous vîmes sur les vastes chantiers une frégate de soixante-quatre, et une autre de quarante-quatre canons. Le spashli, maison de campagne de l'amiral, est délicieusement situé sur le Boug, qui est en cet endroit très majestueux. Comme celui-ci est presque caché par le feuillage d'arbres élevés et à larges branches, il faut en être prêt pour le voir apparaître. Dans un pays si désolé, il a l'air d'un enchantement. Le dimanche soir, on va s'y promener, et un corps de musique navale, placé dans un des bâtiments qui sont sur le Boug, égaie les promeneurs.

En entrant dans la ville, et non loin de la barrière, nous vîmes une source d'excellente eau qui est maintenant amenée à Nikolaïf. Cette source est inappréciable, puisque ici, comme à Odessa, on ne peut avoir de bonne eau dans les puits. Nikolaïf contient six mille habitants, dont quatre mille matelots.

Nous en partîmes le 7 mai. Le pays qui le sépare de Kherson et qui embrasse environ quarante milles est principalement une steppe, et çà et là sont quelques petites éminences ou tumuli, que l'on dit être des tombeaux tartares. Les environs de Nikolaïf abondent en bons pâturages, et il en est de même de ceux de Kherson.

Kherson est une des principales villes de la Russie méridionale, dont la position est par le 31e degré 26 minutes de longitude est, et le 44e degré 27 minutes de latitude nord. Elle est sur la rive droite du Limon ou immense embouchure du Dnieper, qui est ici large de six verstes quand ses nombreux bas-fonds sont couverts d'eau, comme il arrive souvent, car autrement sa largeur réelle n'excède pas une verste.

Kherson a été fondée en 1778 et fortifiée en 1780. La forteresse est entourée de fossés et de remparts, et contient l'arsenal, beau et grand édifice, les tribunaux, la maison des gouverneurs tant civils que militaires. Une élégante église, quoique petite et neuve, qui est au milieu d'un cimetière fermé, fait partie du quartier de la forteresse.

Le second quartier de la ville, qui sert de citadelle à la forteresse, l'amirauté, ne contient que des docks et des magasins.

Le faubourg grec est habité par les bourgeois, et renferme trois églises, une grecque, une catholique romaine et une grecque russe, puis un grand marché et quelques auberges que l'on ne peut guère qualifier que de cabarets.

Le faubourg militaire n'a que trois rues et une église, et est principalement habité par des matelots et des artisans. Il n'y a d'activité et d'animation à Kherson que sur le port et les chantiers.

Nous traversâmes le Dniéper à Berislaf et fûmes rapidement transportés vers une des portes d'Ingulets, ainsi nommée d'une belle rivière sur les bords de laquelle elle se trouvait. Ses bords sont couverts, ainsi que tout l'espace au-delà, d'abondants roseaux panachés ; c'est ce qui explique l'usage très commun chez les charretiers et paysans russes, de décorer leurs fourgons, leurs charrettes, leurs chevaux, avec de nombreuses touffes de ce roseau qui couvre les champs de la nouvelle Russie, du Kouban, et même de la Géorgie. Les sauvages solitudes de Kherson étaient animées par quelques riants aspects des rives de l'Inguiets, et ensuite par les vues beaucoup plus pittoresques qui bordent le Dniéper. Deux Tartares que nous rencontrâmes à cheval, et dont l'un portait un burcha noir, l'autre un blanc, excitèrent notre surprise par l'étrange nouveauté de leur accoutrement. Par burcha, on ne peut entendre qu'un manteau de feutre, épais en général d'un demi-pouce, couvert souvent d'un long poil, et dont la couleur est brune ou blanche. C'est le vêtement inséparable du Tartare et du montagnard en Crimée ou Géorgie, dans le Caucase et même en Perse. Il sert de lit, de toit, et garantit également de la chaleur et du froid.

Berislaf ou Berislarl est situé sur le bord élevé et en pente du Dniéper, au milieu de bonnes terres cultivées et de beaucoup de moulins à vent. C'est une pauvre et laide ville de deux mille quatre cents habitants. L'aspect du Dniéper et de ses îles en approchant de Bérislaf est grand et beau. Cette ville a surtout de l'importance comme étant un des passages du Dniéper, par lequel le blé passe en Crimée, et qui sert à ramener le sel tiré par des bœufs dans des télégas. On voit continuellement dans cette contrée des caravanes immenses de cette espèce.

Après avoir traversé le Dniéper sur un bac, nous montâmes une colline sur laquelle est située Kachowka, où nous prîmes des chevaux ; et le 9 mai, à trois heures du matin, nous nous dirigeâmes grand train, par des plaines désolées, vers Pérékop, située sur une plaine qui est la principale route d'entrée et de sortie pour la Russie et la Crimée ; car, en été, le passage de Yenitche, par le détroit de Sévach et une langue de terre longue de soixante-treize milles, n'est fréquenté que par les charrettes des paysans. Cette ville se compose de deux rangées de maisons qui bordent la grande route d'une énorme largeur sur ce point. A l'exception de quelques maisons blanchies, le reste est dans une sombre harmonie avec cette région nue et stérile. Cette ville de district ne contient que trente huit maisons, mais en été elle est un passage immense, et on peut le concevoir, en apprenant que vingt mille charrettes de sel passent annuellement ses portes pour aller approvisionner le midi de la Russie.

La population de Pérékop est composée de Russes, de Grecs, d'Arméniens et de Tartares, auxquels s'adjoignaient, à l'époque de notre visite, un campement de Tsingaris ou Bohémiens que les Tartares soutiennent beaucoup.

A quatre verstes de Pérékop nous entrâmes dans Armianskoï-Bazar (le bazar des Arméniens), très grand village qui contient beaucoup de ruelles étroites, au milieu desquelles s'élève des mosquées à minarets de bois, un temple grec et une église russo-grecque. Les maisons sont en pierre ou en terre enduite de plâtre : leur apparence est très mesquine, et les murailles qui les entourent forment les façades des rues. Le village annonce partout une extrême saleté. La conduite des habitants nous annonçait que nous étions chez un nouveau peuple. Les hommes, les femmes et les enfants, du moment où ils nous apercevaient, se retiraient dans leurs cours et fermaient leurs portes. Quelques hommes se hasardèrent enfin à nous parler, mais nous ne pouvions entrevoir les femmes qu'en entrant à l'improviste dans quelque chemin où les habitants ne nous attendaient pas; et comme leurs traits généraux, leurs manières et leur habillement déguenillé, sale, indécent même, nous dégoûtaient, nous ne fûmes pas tentés de pousser plus avant nos relations.

Entre les bazars des boutiques qui bordent la route, il s'y trouve un bazar oriental, ou carré planté d'arbres et entouré de petites boutiques. Sur le chemin de poste nous remarquâmes plusieurs belles colonnes de pierre qui indiquent les verstes, et qui furent construites lors du voyage de Catherine II en Crimée dans l'année 1787. Ce fut un des moyens qu'employa le favori d'alors, Potemkin, pour faire croire à sa souveraine que, même tandis qu'elle traversait d'arides solitudes, elle voyait un pays fertile, peuplé, florissant et heureux.

Nous fîmes exprès un détour pour visiter les lacs salés, qui sont à douze milles environ de Pérékop, et portant divers noms tels que *Krasnoyé ozero*, le lac rouge; *Staroyé ozero*, le vieux lac, etc. Comme l'un de ces lacs n'était pas suffisamment évaporé, nous n'eûmes pas l'occasion de les voir couverts de leur abondante récolte de sel. L'eau de Staroyé ozero, saturée de cette manière, était extrêmement forte et piquante à la langue. On peut regarder le produit des lacs de la Crimée en sel comme inépuisable, si le *pristaf*, surintendant, nous a dit vrai en affirmant que plus leurs parties solides en sont retirées plus ils en acquièrent de nouvelles.

Près de Staroyé ozero est le village de *Guzla*, qui contient soixante-dix maisons ou cabanes. C'est le premier village tartare où nous entrâmes, au grand effroi des hommes, des femmes et des enfants. L'influence du *pristaf* nous fit admettre chez un habitant, et bientôt, grâce à quelques libéralités, les voisins nous invitèrent à l'envi à les visiter. Nous saisîmes avec empressement cette occasion, et vîmes dans plusieurs maisons leurs femmes jeunes et vieilles, mariées ou non. J'appris d'un homme marié que, bien que chaque Tartare pût avoir quatre femmes, il ne lui était permis de coucher qu'avec une dans une nuit. Il me dit aussi que jusqu'à ses quarante ans, il pouvait se raser la barbe; mais que, plus tard, une telle action était expressément condamnée. Nous remarquâmes que les Tartares avaient la tête rasée entièrement, même les jeunes gens, à l'exception d'une touffe de cheveux sur le sommet. Un des Russes ayant fait remarquer que c'était par cette touffe que Mahomet prendrait les musulmans après sa mort pour l'emporter au paradis : « Et vous, Russes, répondit-il, vous laissez croître vos cheveux épais et longs pour que votre prophète ait plus de prise afin de vous traîner au ciel. »

Après un repas de crème et de pain, servi sur une table assez basse pour que, accroupis sur des coussins comme les Tartares, nous pussions en prendre notre part, nous partîmes pour arriver à travers de longues et arides steppes à Dyurmen où nous reposâmes jusqu'à quatre heures du matin, et allâmes ensuite déjeuner à Sérabouze. La route, aussi triste que possible, est presque plate. Après avoir quitté Aïbar, le Tchaïirdagh, la montagne la plus haute de la Crimée, nous apparut, et bientôt après ce fut la chaîne entière des montagnes de cette péninsule qui anima la perspective et redonna du ton au paysage. Là, nous rencontrâmes une troupe de Bohémiens que transportaient des charrettes d'osier traînées chacune par deux petits chevaux. Les villages sont à cinq ou six verstes de chaque côté dans les terres, car le Tartare aime la retraite ; il veut être isolé et regarde les visites d'un étranger comme un empiètement sur son repos, sa propriété et son bonheur.

Ayant atteint *Sérabouze* par une douce descente, nous fûmes enchantés du changement de paysage. Derrière nous était une monotone plaine de cent milles d'étendue, et devant nous s'élevait dans une majestueuse grandeur, une vaste chaîne de montagnes, tandis que le pays qui nous en séparait était varié par des collines, des bois, des villages; il coupé de ruisseaux et de rivières. L'auberge de Sérabouze se faisait remarquer par la propreté et l'ordre. Un Tartare monté sur un misérable cheval s'étant présenté à la porte, je lui donnai un grivnik, petite monnaie, qu'il mit dans son sein. Je lui dis en russe qu'il la perdrait. « Non pas, » répondit-il dans sa langue, et autant que je pus comprendre à ses gestes, comme il touchait une de ses dents de devant : « je perdrais plutôt ceci. » Cette réponse nous rappelle la descendance orientale des Tartares.

Nous descendîmes de Sérabouze par une douce déclivité, passâmes entre des maisons de campagne entourées d'arbres, de jardins et de terres cultivées, traversâmes un cimetière couvert de monuments funéraires des Tartares; puis nous entrâmes dans Symphéropole, où je trouvai ma vieille connaissance le sultan Katti-Gherry Krin-Gherry, descendant des khans de Tartarie, et très connu en Angleterre pour s'être fait chrétien et avoir épousé une Écossaise qui est très aimable et qui lui a donné deux ou trois enfants.

Simphéropol est une appellation grecque; les Tartares ont toujours nommé et nomment encore cette ville *Akmetchez* (la Mosquée blanche) : c'est la capitale de la Crimée et la résidence du gouverneur civil. Elle se trouve dans une belle vallée, à la base des montagnes tauridiennes et sur le Salghir, petite rivière qui est fortement imprégnée de chaux, hormis dans le printemps ou après les grosses pluies. Cette ville est à neuf cent soixante-trois milles de Moscou et à quatorze cent cinquante-huit de Pétersbourg. Elle consiste en deux parties : la partie européenne, bâtie par les Russes depuis la prise de possession de la Crimée en 1783, et la partie tartare ou asiatique. De nombreux jardins, des groupes d'arbres et de vastes champs donnent à Simphéropol un aspect riant en été; mais je sais que c'est une triste résidence en hiver. La ville neuve a des rues larges, et, outre les édifices publics, contient beaucoup de maisons particulières. Il n'y a pas toutefois d'autres constructions remarquables que la cathédrale, fondée sur le terrain où Suwarof gagna sa victoire. Elle est de forme oblongue et d'une hauteur proportionnée ; ses façades nord et sud et son extrémité ouest sont ornées d'un portique, et à l'est est une forme semi-circulaire pour l'autel, qui présente un péristyle avec de nombreuses colonnes. C'est le plus bel édifice religieux que j'aie vu en Russie.

Comme tous les villages tartares de la Crimée, la portion tartare d'*Akmetchez* a un aspect très chétif et très dégoûtant, et les rues sont pour la plupart étroites et irrégulières; cependant l'uniformité sombre d'une ville tartare est partout rompue par des constructions européennes, et à Simphéropole l'étranger ne peut plus se faire une idée exacte d'une ville ou d'un village tartare.

Dans ce quartier est le Gostinnoï-Dvore ou boutiques à marchands, que tiennent les naturels, des Grecs, des Arméniens ou des Russes. Nous achetâmes des bottes brodées de toutes les couleurs de l'arc-en-ciel : cette ville est dans un état de prospérité croissante, et le luxe des Russes commence à y pénétrer. Nous avons appris que les habitants distingués se servent de chaises au lieu de divans peu élevés, et mangent avec des fourchettes et des couteaux. Outre

Bombardement d'Odessa.

quatre mosquées aux minarets élancés, Akmetchez contient une église grecque, une arménienne, un temple catholique romain, et une synagogue.

Tandis qu'un soir nous errions dans les rues de la partie tartare d'Akmetchez, les sons retentissants mais rudes de la musique dans un café nous décidèrent à y monter par un étroit escalier ; là une scène toute nouvelle se présenta à nous. Une seule grande chambre était divisée, par de basses cloisons de bois, surmontées de balustrades pour ornement, en quatre compartiments, dont les planches formaient des estrades élevées de quelques pouces au-dessus du niveau du passage qui les séparait. Dans chacune de ces divisions était une table basse portant un immense plat rempli de charbons ardents, entourée de groupes de Tartares et de Grecs revêtus de leurs costumes, et qui, les jambes croisées sur le plancher, buvaient le café et fumaient avec leur gravité et leur taciturnité habituelles, aussi peu touchés en apparence du tonnerre des musiciens que s'ils avaient été dans le désert le plus reculé.

Ils portaient tous des bottes lâches, de couleur jaune ou rouge, à la mode orientale, et avaient laissé leurs pantoufles à la porte. Ils étaient tous coiffés de petits bonnets, à l'exception des *Hadjis*, pèlerins de la Mecque ou de Médine, dont en signe d'honneur la tête était surmontée de hauts turbans blancs. Après avoir regardé autour de nous, tandis qu'on nous contemplait avec ébahissement, nous nous installâmes à la mode tartare, bûmes le café et fumâmes notre pipe. Nous essayâmes tous du *kalioum*, dont nous trouvâmes l'usage fort difficile, sans aucun doute par le défaut d'habitude, car les Tartares et les Grecs en émettaient des masses de fumée avec autant de facilité apparente que d'une pipe ordinaire.

Nous acceptâmes avec joie l'offre que nous fit le sultan Hatti-Gherri Krim-Gherri de nous accompagner dans le voyage que nous nous proposions autour de la côte sud de la Crimée. Comme nous avions résolu d'aller en voiture jusqu'à Sévastopol, nous nous procurâmes un firman.

Nous étions à peine hors de Simphéropol qu'à notre grand regret nous nous retrouvâmes dans le pays des steppes couvertes d'asphodèles de Tauride (*tauricas asphodelus*), qui s'élevaient comme des plumets au-dessus d'une herbe courte. Toutefois ce paysage désolé fut bientôt remplacé par des prairies, des arbres, des ruisseaux, et surtout le Bulghanak qui animait la perspective. La route était assez bonne et couverte de grandes pierres, puis bientôt elle devint coupée de montées et de descentes. Nous dînâmes dans le château de Sebla, habitation charmante, près de la rivière du même nom qui à peu de distance de là se décharge dans l'Alma. Il est un point extrême-

Sébastopol.

ment pittoresque où ces deux rivières serpentent entre des montagnes, des rochers, des vallons, des ravins et des plaines, le tout magnifiquement revêtu de haute futaie et de taillis.

Après avoir traversé l'Alma, nous arrivâmes sur la lisière de la vallée étroite où se trouve Bacgtchiseraï. Nous avions marché lentement, et l'obscurité qui nous avait surpris contribuait beaucoup à l'effet brillant des minarets illuminés de la ville. Les Tartares de service dans les mosquées ou *melchets*, une suite de foyers flambants où des forgerons basanés travaillaient dans leurs boutiques ouvertes, et une foule d'habitants errants dans les lieux de marché fixèrent notre attention, ainsi qu'un arc-de-triomphe élevé pour l'entrée de Catherine II en 1787. Bientôt nous atteignîmes le palais des anciens khans de Crimée, dont la sombre solitude n'est interrompue que par les étrangers qui y habitent, en passant, les plus beaux appartements, car il n'y a pas une auberge commode dans la ville. Ayant traversé un petit pont, nous entrâmes par un grand portail et arrivâmes par une vaste cour à la partie qui nous était destinée pour logement. Il s'y trouvait tant de lumières que nous nous rappelâmes les contes arabes qui étonnaient notre jeunesse, et ils semblaient se réaliser pendant que nous montions de vastes escaliers, parcourions de hautes salles où nous couchions sur les verts divans et les oreillers d'écar-late qui entourent le grand salon des anciens khans de Crimée.

Description de Bagtchiseraï. Tchift-Kalé. Costume des Juifs. Cavernes d'Inkerman. Sévastopol; sa description. Vallée de Balaklava-Baidar. Villages tartares. Amusements, Galta-Ouskout.

La matinée qui suivit notre arrivée à Bagtchiseraï fut employée à l'examen du palais. Le parterre, le jardin fruitier, de nombreuses fontaines et des bassins de marbre, le kiosque où le khan entretenait ses faucons, le harem, la grande et fastueuse salle de justice, et surtout le magnifique appartement où nous avions passé la nuit, fixèrent tous notre attention.

Bagtchiseraï signifie littéralement *jardin du palais*, et était autrefois la capitale de la Crimée. Cette ville est singulièrement située dans une vallée étroite, et occupe les flancs escarpés d'un prodigieux fossé naturel entre deux hautes montagnes.

La rivière *T'chourouk-Dou* (eau puante) traverse la ville, dont les maisons s'élèvent en terrasses l'une au-dessus de l'autre et sont entremêlées de jardins, de vignes, de bouquets d'arbres, et surtout de peupliers de Lombardie qu'arrosent quantité de sources et de canaux qui descendent des montagnes environnantes.

Les nombreux minarets des mosquées, l'ancien palais avec les dômes des mausolées adjacentes, et une profusion de cheminées blanches qui s'élèvent au milieu du plus riche feuillage, produisent un effet pittoresque des plus remarquables. Quant à l'intérieur, la ville est misérable, coupée de rues étroites, tortueuses et sales; les maisons sont petites en général, et les Tartares regardent sans doute comme un grand ornement l'abondance de leurs cheminées blanchies, car il y en a la moitié au moins d'inutiles. Les boutiques qui bordent chaque côté de la rue principale ont une très chétive apparence.

Catherine II ayant entièrement abandonné Bagtchiseraï aux Tartares, il ne s'y trouve point de bourgeoisie russe. Ce pays n'y envoie que des bourgeois salariés ou des fonctionnaires retraités, qui ont choisi cette résidence comme étant une retraite agréable. Les Tartares et les Juifs y ont leurs magistrats respectifs. La population peut s'élever à douze mille âmes.

Quoique la distance qui sépare *Tchift-Kalé* de Bagtchiseraï ne soit que de quatre verstes, nous louâmes des chevaux pour aller visiter ce village remarquable. Aux portes de Bagtchiseraï nous nous arrêtâmes pour jeter un regard sur la scène sauvage qui nous entourait : ce n'étaient que précipices escarpés et menaçants, masses de rocs détachés et de ravins profonds. La route, qui était d'abord une pente assez douce, devint de plus en plus rapide aux approches de Tchift-Kalé. Ce lieu, quoique de pauvre apparence, est singulier et pittoresque et un peu en harmonie avec la grandeur du paysage qui l'environne. Il occupe un rocher triangulaire qui s'avance brusquement entre deux ravins profonds qui sont en quelque sorte des murailles que la nature lui a données de chaque côté pour fortifications, et la base de ce rocher se joint à une montagne voisine au nord. Les rues sont étroites et irrégulières, mais propres, et le roc nu en forme le pavé. Les maisons, au nombre de deux cents, sont entourées de hauts murs construits de masses grossières de pierre calcaire, cimentées avec de l'argile. La population est de mille habitants. Nous avions une lettre pour un rabbin juif, qui nous régala d'une goutte de *vodtki*, de pain et de conserve de roses, tandis que nous étions assis sur un divan dans une petite chambre où le vent avait un libre accès, parce que nous étions en été, par les fenêtres que l'on couvre en hiver de papier huilé. Les filles et la femme du rabbin s'enfuirent à notre arrivée dans un coin de la chambre : l'un de nous ayant touché un des ornements que portait la fille aînée, bien que ce fût avec la permission de sa mère, elle en parut saisie à un tel point que nous craignîmes de la voir tomber dans une crise hystérique. Leur costume n'était pas fait pour donner du relief à leurs traits; elles avaient la tête coiffée d'un petit bonnet rouge qui laissait tomber leurs cheveux nattés le long du dos; leurs vêtements extérieurs étaient de belles pelisses de soie qui cachaient à peu près une sorte de jupon court porté par dessus leurs pantalons, sous leurs pelisses étaient de larges ceinturons de cuir dont les bouts se joignaient en devant au moyen de plaques de cuivre en guise de serrure, cette ceinture passait, non pas autour de la taille, mais immédiatement au dessus des hanches, ce qui détruisait toute la symétrie de leurs formes.

Le trajet de Bagtchiseraï à Sévastopol est réellement délicieux par un beau temps. A six verstes de la première ville nous traversâmes la Katcha, qui coule dans une vallée délicieuse, et bientôt après nous entrâmes dans une belle et vaste vallée où la route suit le cours du Belbek ou Kabarsa, jusqu'à trois ou quatre verstes de la baie de Sévastopol. Nous marchions au milieu d'un contraste étonnant : à droite des montagnes calcaires et des rocs escarpés et nus; à gauche, une plaine de la plus riche verdure, bordée de montagnes et de collines boisées. Au sortir de cette délicieuse vallée, nous eûmes la vue d'une belle baie de la mer Noire, et du haut d'une colline nous aperçûmes Sévastopol et son célèbre port. Après nous y être installés dans une auberge, nous partîmes dans un bateau à quatre rames pour examiner les cavernes bien connues d'Inkerman, et ayant ensuite traversé la baie, puis un petit pont sur le Bijuk Ouzen, nous arrivâmes à une montagne, que couronne un vieux château, et qui est tellement remplie de grottes ouvertes et arrangées en étages l'une au-dessus de l'autre, qu'on l'a comparée à une immense ruche. Le roc, dont la base est minée par de profondes cavernes, se dresse perpendiculairement, paraît suspendu et sur le point de tomber. Deux grottes qui ont des escaliers correspondants forment l'entrée d'une petite chapelle. A travers une succession de cavernes et de passages étroits, nous arrivâmes au sommet de la montagne, d'où nous eûmes une belle vue de la Crimée, et examinâmes l'ancien château d'Inkerman, dont les murailles épaisses et les tours paraissent cimentées avec une espèce de marne.

Nous traversâmes une magnifique baie pour nous rendre à *Sévastopol*, que l'on appelle souvent *Akhtiar*, du nom d'un village tartare qui était sur la rive droite de la baie, à la distance de trois verstes d'Inkerman. La baie de Sévastopol, avec ses ports divers, est un des plus beaux hâvres de l'Europe, ou pour mieux dire du monde.

De l'auberge que nous occupions, Sévastopol nous paraissait être tout-à-fait en amphithéâtre sur le rivage sud du port, et avait une très riante apparence par l'effet de ses murs blancs et de ses dômes peints de couleurs éclatantes qui s'élancent du milieu des arbres verdoyants, avec cette majestueuse nappe d'eau couverte de vaisseaux nombreux sur le premier plan.

Les rues sont toutes larges, régulières, et se coupent à angles droits, mais il n'y en a aucune de pavée. Les maisons sont très solides, et dans le style moderne de l'architecture italienne. Un jardin public, avec diverses terrasses qui s'élèvent l'une au-dessus de l'autre, a été récemment planté au milieu de la ville : l'effet en est très riant, et il domine tous les environs. Les édifices les plus dignes de remarque sont trois églises, l'amirauté, l'arsenal, l'hôpital, les magasins, les casernes de la marine et des troupes de terre. Cette ville contient dix-sept cent cinquante maisons, et en 1822 on portait la population à vingt deux mille âmes.

Bientôt après avoir quitté Sévastopol, nous arrivâmes au lazaret, bien situé sur une petite baie, et nous fîmes ensuite un détour de la route pour aller visiter le site de l'ancienne Chersonèse, d'où nous allâmes au monastère de Saint Georges sur le bord de la mer. Le supérieur nous traita plus élégamment que nous ne l'eussions espéré dans cet ermitage. Au-dessus du couvent et sur la cime élevée d'une montagne est une petite chapelle où est le groupe de Saint-Georges et le dragon taillé dans la pierre.

En sortant du monastère nous tournâmes au nord-est, nous traversâmes une plaine, ayant à notre droite une chaîne de montagnes, et ensuite nous passâmes par la vallée de Balaklava. Cette vallée est en général entourée de montagnes arides et d'un paysage triste. La forteresse de Balaklava, avec ses nombreuses tours, s'élève sur un roc presque inaccessible; l'aspect en devient de plus en plus pittoresque et sublime, par suite de la chute fréquente de quelques-uns des créneaux ou de fragments de murailles. Deux phares construits au milieu des ruines de chaque côté de l'entrée de la baie ont le même destin. Le port est entièrement abrité par de hautes montagnes escarpées, et le goulet étant étroit, ses eaux sont unies comme celles d'un lac quand la mer est grosse au dehors. Il n'a pas plus d'un mille de long et de deux cents brasses de large.

Prenant la direction de Muchalatka, nous montâmes par un riant vallon et traversâmes des bois. Des chênes, des frênes, des merisiers abondaient sur les flancs et au sommet des montagnes. La route était quelquefois découverte; quelquefois c'étaient d'immenses avenues ombragées par le riche feuillage des arbres, et partout nous pouvions aller au galop. Ayant atteint la plus haute qui fût sur notre chemin, la belle et souriante vallée de Varnutka se présenta à nous, formant en quelque sorte le commencement de la célèbre vallée de Baïdar, dont elle est séparée par une chaîne de rochers.

Cette dernière vallée a environ dix milles de longueur, et varie de cinq à six en largeur. Elle est bornée au sud par les montagnes boisées qui s'étendent le long de la mer; à l'est, par la rapide pente du Djaïe, de Usundhi; au nord, par une chaîne de rochers qui la séparent de la vallée où prend sa source la rivière Usenbach, ainsi que par les montagnes de Kokulos et de Aïtheodov couvertes de forêts; à l'ouest enfin elle a pour limite les rochers de Varnutk. Sur cette vallée sont répandus des bois, des bosquets, des jardins, des vignobles, des champs cultivés et des pâturages qui sont abondamment arrosés par quantité de ruisseaux et de rivières. Le feuillage est si abondant que des rangées de maisons tartares sur les flancs des collines et éparses dans la plaine sont à peu près cachées à la vue, ou que l'on n'en aperçoit que les faites rustiques au milieu des masses de verdure. Les beaux chênes et les énormes châtaigniers sont, par-dessus toutes choses, remarquables pour le voyageur. L'un de ces derniers arbres est cité comme ayant produit de quatre vingts à cent mille châtaignes.

Nous passâmes la nuit du 16 mai dans le village de Baïdar, qui est à cinq verstes de la côte, et dont les maisons ont la plupart deux étages. Nous logeâmes dans la chambre supérieure d'une de ces maisons qui était entourée d'un balcon de bois, et nous couchâmes, pour la première fois, sur les divans des paysans tartares. Le 10 mai nous partîmes après avoir pris d'excellent lait des vaches qui paissent les pâturages de cette riche vallée. Nous eûmes une charmante route jusqu'à la passe de Mirdvin, qui est assez difficile à descendre; deux hautes montagnes escarpées forment pour ainsi dire les murailles de cette passe alpine, et entre elles est une énorme masse de rocs éboulés, et qui est suspendue sur le précipice qui se creuse au-dessous. Nous nous reposâmes une demi-heure sur ce rocher, jouissant là d'une des perspectives naturelles les plus frappantes. Mirdvin en tartare signifie *escalier*; en effet, on descendait autrefois par des degrés pratiqués dans le roc: à présent on descend par de nombreuses sinuosités.

De Balaklava jusqu'à Kaffa ou Théodosia, la chaîne tauridienne forme une immense terrasse qui est quelquefois à pic, et quelquefois surplombe sur la mer, ou bien descend par de douces pentes aux vignes et aux belles baies qui s'ouvrent fréquemment dans la côte. La distance entre les montagnes et la mer varie de deux et trois à six ou huit milles, et l'intervalle est rempli par de belles vallées qui vont de Laspi à Sudak. L'imposante limite est nue çà et là, mais en général elle est couverte de bois ou d'arbres clair-semés, et plusieurs rivières transparentes sortent d'entre les rochers, et parfois se gonflent en cascades et vont rouler vers l'Océan, arrosant dans leur cours les terres basses.

Le village de Mouchalakta ne mérite aucune mention particulière. De ce lieu la route tourne le long du pied des montagnes à une distance considérable du niveau de la mer. Nous entrâmes dans Koutchouk-Koï, à l'ombre de châtaigniers, de figuiers et de grenadiers qui nous entouraient; puis nous arrivâmes à Kikenis par une route semblable. Ce village est peu grand, mais il est agréablement situé entre des châtaigniers, des pommiers, des cerisiers et des vignes. Il domine une très belle perspective. Là nous eûmes le spectacle d'une lutte de Tartares. Au lieu de se saisir à bras-le corps, ils se prenaient tranquillement les uns les autres par les pantalons, au-dessous des hanches, et alors la lutte commençait. Tantôt ils renversaient leurs antagonistes en tirant par saccades de côté et d'autre, tantôt en les soulevant de terre. Ils chantaient en s'accompagnant d'une espèce de guitare, dont ils jouaient sans beaucoup de grâce et d'harmonie. Leur danse n'était guère plus que des sauts et des bonds. Les femmes, entassées sur les toits plats de leurs maisons, regardaient ces divertissements. Elles n'avaient rien d'engageant dans leur mine ou leur costume.

Un chemin tournant nous conduisit à Siméus, qui est à six milles de Kikenis. Entre ces deux villages, nous remarquâmes, ce qui n'est pas rare sur la côte sud de Crimée, des masses énormes de rochers ayant un peu la forme d'un navire, et qui, à une époque reculée, ont roulé du haut du promontoire dans la mer. L'aspect formidable des rocs à pic et escarpés du nord, et la vue d'un bleu foncé et calme au sud, avec la souriante vallée de Siméus au milieu, étaient un tableau ravissant.

Le chemin de Siméus à Alinpka continuait de serpenter à travers le plus charmant paysage, une véritable terre de féerie; et nous entrâmes au soleil couchant à Alinpka, un des plus délicieux villages de la côte sud. Je vis la vigne sauvage grimper, comme le lierre, le long des murailles, et couvrir les arbres au point de ne laisser à nu sur les branches ou le tronc que ce qu'il faut pour trahir la présence de la plante parasite.

Alinpka n'a que trente maisons, comme nous l'annonça une inscription placée à l'entrée sur un poteau de bois. C'est l'usage qui existe dans la Russie propre. Chaque hameau doit avoir son inscription qui indique le nom du propriétaire, s'il appartient à un individu, le nom du lieu et sa population.

Les villages tartares de la côte sont en général bâtis sur le penchant des montagnes, et les maisons sont disposées comme des terrasses s'élevant l'une au-dessus de l'autre, quelquefois régulièrement comme les marches d'un escalier, quelquefois sans aucune régularité, çà et là. Il est quelques lieux où ces maisons ne sont autre chose que le creux d'un roc, et il n'est besoin alors que d'une façade et d'un toit plat fait de fortes planches recouvertes de terre argileuse qui durcit au soleil et devient impénétrable à l'eau : les habitants se promènent, fument et couchent sur ces toits tout-à-fait à l'orientale Il n'est même pas rare d'y voir des vaches, des moutons et des chèvres. L'intérieur est, en général, un carré parfait de huit, douze ou quinze pieds en tous sens. Deux petites fenêtres, sans vitres ni volets, éclairent ces cabanes. Quand vient l'hiver ou dans les mauvais temps, des planches ou des lattes bouchent ces ouvertures; car il est peu d'habitants qui prennent la peine d'employer du papier huilé au lieu de verre. D'un côté de l'appartement est un grand foyer, et au bout opposé est une espèce de niche ou de plate-forme sur laquelle sont entassés des coussins de couleurs voyantes qui servent pour la parade, ou sont pendant le jour des sièges, et des lits pendant la nuit. La plupart des maisons n'ont qu'une chambre. Nous passâmes la nuit à Alinpka, que plusieurs regardent comme un des plus charmants sites de la Crimée; et je n'en, en effet, nulle plume ne saurait faire concevoir l'idée de la beauté et de la grandeur du paysage qui l'entoure.

Avant d'arriver à Galta, nous nous baignâmes dans une belle baie dont les eaux en cet endroit sont peu saumâtres; puis nous traversâmes Derekoi, et à une courte distance de Nikita, nous vîmes les ruines d'un petit monastère grec. Bientôt au-delà de ces ruines, la régularité des jardins et un petit temple, outre nombre de maisons adjacentes, indiquent la situation de *Nikita* sur le bord de la mer. On y descend par une pente très rapide, et ce village renferme vingt-cinq maisons.

Bientôt après avoir quitté Nikita, nous jouîmes d'une vue superbe. La majestueuse baie, bornée par le promontoire Nikita-Bouroun d'un côté, et la montagne Aïu-Dagh de l'autre; deux rocs isolés qui s'élancent brusquement de la mer comme des ruines de châteaux : le village pittoresque de Yoursouf, et l'Euxin d'un bleu foncé qui baigne le pied de la montagne, tout se joint pour former un beau panorama.

Nous passâmes *Aiu-Dagh* qui s'élevait sur notre droite entre nous et la mer, et nous arrivâmes par un beau clair de lune à *Koutchek Lambat*, situé à peu près au milieu d'une baie mi-ovale. Le lendemain matin, après nous être remis en route, nous trouvâmes bientôt le petit ruisseau de Lambat, appelé *Bidjouk-Lambat*, près duquel sont quelques maisons et un petit moulin à vent tartare. En traversant la côte, l'attention des géologistes est fortement fixée par les couches de schiste qui la composent, elles sont horizontales, onduleuses, et se croisent souvent en serpentant, ou sont presque perpendiculaires, allant de l'est à l'ouest; elles forment aussi toutes sortes de demi-cercles, de demi-ovales et de zigzags. En supposant que ces couches aient été détachées à quelque époque reculée d'une haute montagne au nord, il est difficile de concevoir comment elles ont pu acquérir l'apparence actuelle; car si on devait attribuer l'événement à quelque soudaine convulsion de la terre, elles ne présenteraient pas la régularité qu'on y observe.

A quatre verstes environ d'Aluchta, nous vîmes une belle vue du paysage alpestre de la Tauride. Celui-ci est situé sur une colline isolée entre Temerdschi et Mesorlik. Les restes de trois tours et une haute muraille datent de l'époque de Justinien. Cette forteresse contient la plus grande partie des maisons du village, qui manque entièrement d'arbres.

Nous eûmes ici une vue complète de la vallée d'*Aluchta*, à travers laquelle une route conduit à Simphéropol, seule passe des montagnes réellement praticable que nous eussions vue depuis notre départ de Balaklava. Quand nous quittâmes Koutchek-Lambat, nous avions fait nos dispositions pour gravir le Tchadir-Dagh, montagne la plus élevée de la Crimée, car elle a de douze à treize cents pieds au-dessus du niveau de la mer, à cause de sa forme, on l'a nommée le *mont Trapesus*; mais quand nous arrivâmes à Aluchta, cette montagne était voilée de nuages, et comme alors il pleuvait, il nous fallut renoncer à notre projet. Nous prîmes donc le parti de continuer notre route le long de la côte. Entre Aluchta et Kourou-Ouzen, nous vîmes encore des couches schisteuses comme celles dont il a été parlé.

Kourou-Ouzen est un petit village tartare de très faible importance, sur une éminence qui avance sur le bord de la mer; puis de là nous allâmes dîner à Koutchek-Ouzen, chez un Allemand retiré du service de Russie, et qui connaissait le sultan.

Le chemin de Koutchek-Ouzen à Ouskout quitte bientôt le bord de la mer et conduit aux montagnes. A Ouskout on nous servit du thé et du lait chaud, et il me parut que tout le village se réunissait autour de notre demeure. De tous les Tartares que la chambre put recevoir, nous fîmes une troupe musicale et dansante. L'instrument dont ils se servaient ressemblait à une guitare et avait cinq cordes de métal, sur lesquelles on jouait avec un morceau d'écorce de cerisier poli, ayant la forme d'un ongle, et que l'on tient entre le pouce et le doigt. Les naturels nomment cet instrument un *sas*, et nous dirent qu'il venait de Constantinople. La musique instrumentale ne possédait ni régularité ni harmonie. Quant à la musique vocale, ce n'étaient que de forts accents du nez qui nous affligeaient cruellement l'oreille. La danse était semblable à celle des Kikenis.

Dans la soirée, j'allai avec un de mes compagnons de voyage visiter une mosquée tartare où nous avions vu des lumières. Le silence, l'attention extrême des Tartares et leurs mouvements d'adoration nous frappèrent. Un de ces mouvements était surtout remarquable. Ils se tenaient sur leurs pieds, non sur leurs genoux, et leur tête touchait presque le plancher.

Ouskout est, comparativement, un grand village, car il renferme soixante-dix maisons, et est situé dans un vallon au fond duquel coule le ruisseau d'Ouskout et que ferment de tous les côtés de hautes montagnes.

En quittant Ouskout, nous montâmes par des paysages alpestres; puis ayant descendu dans une vallée, nous approchâmes du château ou de la tour de Tchoubankalé, situé sur un roc à demi isolé qui s'élève sur la côte. La vue est bornée par l'Aiu-Dagh et un autre promontoire au-delà de Soudah. La tour est très haute et ronde; ses murailles sont épaisses, et son toit est un peu voûté en forme de coupole.

La montagne stérile et le voisinage nu de Tchoubankalé formaient un contraste frappant avec le délicieux paysage que nous étions habitués à voir depuis quelques jours. En allant de Tchoubankalé à Kapsochor, il semblait que nous fussions dans un autre pays. Bientôt, en nous éloignant de la côte, nous entrâmes dans le village de Kapsochor, et dans la vallée de ce nom qui est couverte de jardins et de vignobles, et entourée de montagnes à pentes douces; puis nous allâmes changer de chevaux à Kutlak.

Vallée de Soudak. Vignes impériales. Littérature des Tartares. Poésie Géographie. Médecine. Kaunsson-Bazar, cimetière tartare Kaffa. Description. Kertch. Yékaterinodar. Princes circassiens Cosaques. Georgievsk.

Du village de Kutlak nous entrâmes dans la célèbre vallée de *Soudak*, que nous traversâmes en admirant plusieurs vues charmantes. Ici le sol est blanchâtre et argileux. Des vignobles et des bosquets d'arbres abondent de toutes parts entremêlés de beaux peupliers. A quatre verstes du château de Soudak sont les vignes impériales, dont le revenu est d'environ 200,000 roubles. La principale tour est carrée et le toit est de forme gothique. A notre retour nous vîmes quelques fontaines, sur l'une desquelles est la curieuse figure d'une déité tutélaire, qui ressemble un peu à une chauve-souris étendue et à un serpent enlacé. Les maisons sont misérables et plusieurs n'ont point de toits plats.

La population de la Crimée, qui a toujours été en décroissant, est actuellement de cent cinquante-sept mille âmes. Les traits les plus remarquables du caractère tartare sont la sobriété et la chasteté. La loi tartare, n'a-t-on dit, condamne, dans le cas d'infidélité, le coupable à se placer dans une fosse creusée à cet effet, et alors tout le voisinage étant assemblé de plusieurs verstes à la ronde, chaque personne présente lance une pierre, et le délinquant est ainsi sacrifié. Les Tartares de Crimée, actuellement soumis au gouvernement russe et à ses lois, ont été obligés de renoncer à leurs usages; aussi tombent-ils en désuétude.

Il est très ordinaire de voir les Tartares fendre du bois la pipe à la bouche, et s'acquitter de cette double opération avec le surcroît de vêtement d'une pesante pelisse.

Quant à la littérature, il n'en faut point parler, et la pensée n'est rien autre chose qu'un cliquetis de rimes. Ils ont beaucoup de chansons d'amour, et quelques-unes très licencieuses. Ils sont très déplorablement ignorants en géographie; et dans l'opinion qui leur est commune avec tous les peuples ignorants que la terre n'est qu'une vaste plaine, ils supposent qu'elle est portée sur la corne d'un bœuf, et que quand il est fatigué de soutenir le monde sur l'une, il le passe sur l'autre. C'est par ce mouvement qu'ils expliquent les tremblements de terre.

Les Tartares n'ont d'autres médicaments que quelques simples, et l'art de guérir est pratiqué par de vieilles femmes, *hari hakim*, ou femmes-docteurs, qui sont en grande réputation de sagacité. On compte trois écoles mahométanes attachées à autant de mosquées, où l'on suit dans les mois d'hiver. Il y a encore plusieurs écoles inférieures nommées *mectoub*, dont deux, tenues par des femmes, sont consacrées aux enfants de ce sexe.

Nous changeâmes de chevaux au-delà de Soudak, à

Taraktasch, dont la vallée a plusieurs verstes de longueur et est traversée par un ruisseau du même nom. C'est un de ces sites charmants dont la description ne saurait donner qu'une faible idée. De douces éminences, rondes ou coniques, et des chaînes de montagnes couvertes jusqu'à leurs sommets, décorent les côtés de cette vallée, dont les extrémités sont bornées par de hautes collines derrière lesquelles s'élèvent de superbes pins. Le soir nous couchâmes au misérable village de Snouksou.

Le lendemain, nous continuâmes notre route par une belle vallée et au milieu d'une nature plutôt belle que grande et sublime. Nous remarquâmes sur un point une chaîne de rochers dans la direction de la route, dont les flancs sont perpendiculaires comme les côtés d'un mur, et dont le sommet est brisé, irrégulier, dentelé de façon que l'ensemble rappelle une crête de coq. Nous traversâmes le village d'*Elbouzli*, qui n'est remarquable que par sa mosquée et son minaret, et bientôt après avoir quitté Elbouzli, nous sortîmes de la vallée, et en même temps des paysages boisés et alpestres de la Crimée. Une plaine étendue était devant nous; on voyait des rochers à pic à quelque distance sur la droite, et à gauche, direction que nous prîmes, la route formait pour ainsi dire la limite entre une campagne découverte et de nombreux vallons boisés, bornés par les montagnes de Crimée.

Plus nous approchions de Karassou-Bazar, situé sur une plaine, plus sa belle apparence nous portait à croire que cette ville était beaucoup plus importante qu'elle ne l'est en réalité. De nombreuses mosquées avec leurs gracieux minarets, et une surtout avec un balcon double, les églises chrétiennes, les maisons avec leurs blanches cheminées pyramidales, un immense *khan* semblable à un château, le tout semé de jardins et de peupliers élégants, pouvaient faire naître cette illusion. Nous n'eûmes pas plus tôt passé à gué la *Karassou* (rivière noire), que nous entrâmes dans des rues étroites, tournantes, irrégulières et sales, tout-à-fait défigurées par les murailles basses qui entouraient les maisons.

Karassou-Bazar occupe une position centrale en Crimée, et est sur la route de poste de Bagtchiseraï à Kaffa et à Kertch. C'est le grand marché de la Crimée pour les vins, et surtout les fruits. Les cafés abondent à Karassou-Bazar et l'on y prépare le café à l'orientale, c'est-à-dire qu'on le sert tout-à-fait épais et sans crème. Sa population totale peut être portée à trois mille âmes. C'est le dimanche de la Trinité que nous entrâmes pour la première fois dans Karassou-Bazar, et suivant l'usage russe, les rues et les maisons étaient ornées d'arbres et de fleurs. La coutume du conquérant était imposée au vaincu.

En Crimée, comme dans tout l'empire russe, chaque gouvernement a un *uprava*, que l'on peut appeler son état-major civil médical, et qui se compose d'un inspecteur, d'un opérateur et d'un accoucheur, et chaque district a son chirurgien. Tous ces chirurgiens sont dans la dépendance des *upravas*, lesquels sont subordonnés aux chefs du département civil médical de Pétersbourg.

Les cimetières des Tartares à Karassou-Bazar, comme en beaucoup d'autres lieux, sont dilapidés par les Russes, qui, depuis leur entrée en possession de la Crimée, ont pris les pierres mortuaires accumulées sur leurs sépultures pour bâtir des édifices publics et des maisons. Cette profanation a surtout eu pour but la construction de Karassou-Bazar.

Comme il n'y a pas de bonne auberge à Karassou-Bazar nous nous arrangeâmes de quelques chambres dans une maison particulière, mais personne ne voulait se charger de nous faire à dîner, et cette circonstance nous surprit beaucoup. Enfin, une personne à laquelle nous nous étions adressés répondit que, si nous n'étions pas Russes, il nous ferait un bon dîner. L'affaire s'arrangea alors facilement à la suite de l'explication que cette réponse amenait, et qui nous apprit que souvent les Russes s'impatronisent dans les chambres, dînent, prennent le café et le thé, demandent du vin, etc., à discrétion, puis, au lieu de payer leur écot, donnent la bagatelle qu'il leur plaît, et partent. Cette pratique existe dans toutes les dépendances de l'empire russe.

Au lieu de continuer notre route à cheval, en sortant de Karassou-Bazar, nous voulûmes essayer du plus rapide moyen de transport qui existe, le *téléga*, qui est un petit charriot à quatre roues. Nous partîmes donc portés par trois de ces voitures, à raison de vingt verstes (treize milles) par heure, à Symphéropol. Nous avions, avant de partir arrangé de la paille et des coussins pour amortir les cahots, et disposé des courroies pour nous y retenir. La route était en général unie et excellente, de façon que nous quittions rarement le grand galop. Les conducteurs russes étaient possédés d'un esprit d'émulation, et une course de *téléga* s'établit en règle. Peu leur importait le danger. Après avoir descendu une montagne près de Zuiskaya aussi rapidement que possible, nous plongeâmes dans un ruisseau, et le traversâmes tout aussi rapidement. La vue de cette eau nous avait inspiré des craintes; car il était impossible de retenir les chevaux. Nous nous cramponnâmes aux courroies, mais malgré tous nos efforts, les cahots nous jetèrent en l'air pour aller tomber sur le bord de la rivière. Nous restâmes deux jours à Symphéropol, d'où nous espérions monter sur le Tchadir-Dagh; mais le mauvais temps et un orage de grêle nous en empêchèrent encore. Nous revînmes donc prendre nos voitures dans la soirée du 23 à Karassou-Bazar, d'où nous nous dirigeâmes vers Kaffa par le chemin de poste, qui est partout uni et bordé de collines à droite et à gauche.

Quelques anciennes tours carrées dans le lointain nous annoncèrent *Kaffa*, et comme nous entrions dans la ville une pyramide entourée d'arbres et d'une balustrade basse fixa notre attention. Nous apprîmes que c'était une fontaine, mais une fontaine sans eau, car on en cherchait alors.

En suivant le contour d'une belle baie nous passâmes par un boulevard vis-à-vis duquel sont deux édifices remarquables, les tribunaux et le bureau de poste. Dans la place où était notre auberge nous vîmes une ancienne mosquée qui est devenue église catholique, malgré les croissants qui s'y montrent encore, et le clocher qui n'est autre chose que le minaret. Cette ville si vantée, l'ancienne *Théodosia*, la petite Constantinople, occupe maintenant un petit espace entre la baie et un demi-cercle de montagnes. Il n'y a que quelques rues, et à peine une de régulière. On n'y voit que ruines d'anciens monuments, et les édifices publics de la couronne ne font d'autre effet que celui de quelques rayons de soleil dans un nuage noir, et qui servent seulement à faire ressortir l'humiliant contraste que la Kaffa d'à présent présente avec celle d'autrefois. A peine si l'on voit dans son enceinte un arbre, une feuille verte. Le gazon et les fleurs des champs étaient déjà fanés et desséchés, tandis que les montagnes, stériles comme l'imagination peut se le figurer, s'élevant en amphithéâtre, semblaient réfléchir sur toute la ville une majestueuse tristesse, que, ne contribuaient pas peu à accroître les murailles ruinées et les tours des anciennes fortifications. Le regard se reportait avec plaisir sur la belle baie de Théodosia, dont les eaux à peine troublées maintenant étaient autrefois couvertes de flottes, à l'époque où la ville renfermait trente-six mille habitants et ses faubourgs quarante-quatre mille environ. La population actuelle peut être de trois mille âmes pour sept cent vingt huit maisons. Taganrok et Odessa sont deux formidables rivaux de commerce pour Kaffa.

Le lendemain matin nous arrivâmes à *Kertch*, où le nom de Mithridate s'associe à nombre d'objets. On nous montra sa tombe, sa montagne, son siège: la montagne de Mithridate s'avance sur la ville, et au sommet est taillé dans le roc un siége immense nommé le *fauteuil de Mithridate*.

On nous avait fait des rapports tellement extraordinaires sur la difficulté ou la facilité du passage du Bosphore, que nous étions tout-à-fait à nous demander si nous devions le tenter ou aller de Kertch à Taganrok et de là au Caucase. Nous nous décidâmes cependant à traverser le Bosphore et le maître du port fit embarquer nos voitures sur une chaloupe qui partit dans la nuit, bien que le vent fût contraire.

Quant à nous, nous partîmes par *Yénikalé*, misérable ville qui se compose d'un rang de boutiques du côté de la mer, et qui est presque entièrement peuplée de Grecs. Sa population n'excède pas le nombre de trois ou quatre cents ; quelques très belles femmes, aux yeux et aux cheveux noirs, sortirent sur leurs portes pour nous regarder d'un air étonné. Quant aux hommes, ils ont l'air robuste de la santé ; ils sont obligés de transporter tous les voyageurs et les soldats à Taman. Cette charge les exempte de toutes autres taxes ; en effet, un bateau à six rames et dirigé par un pilote nous débarqua au bout de deux heures et demie à Taman, où nous trouvâmes nos domestiques et nos voitures.

Taman, bien que quelques auteurs la qualifient de péninsule, est décidément une île ; les remarques suivantes le prouvent. Le *Kouban* (l'Hypanis des Grecs), une des plus grandes rivières du Caucase, prend sa source dans la plus haute montagne de cette partie du globe, le *Chat* ou *Elbourz*, et trace la limite entre l'empire russe et la chaîne caucasienne. Après un long cours, le Kouban se divise en une branche près de Kopil ; elle porte le nom de *Tchernoï-Protok*, et va tomber dans la mer d'Azov, tandis que le Kouban se décharge dans la mer Noire. Taman est donc complétement isolée entre le fleuve principal et sa branche ; l'inspection seule d'une bonne carte l'indique.

Nous allâmes d'abord visiter la forteresse de Phanagorie, qui est à un mille environ de la ville est de *Taman*. Cette forteresse fut bâtie par Souvarow ; elle couvre un espace immense, et est entourée d'un fossé, ainsi que d'un rempart de terre plus élevé sur lequel sont montés de nombreux canons. Elle renferme environ vingt édifices qui servent de caserne, de logements d'officiers, de magasins, d'hôpitaux, etc. : c'est le quartier-général de l'île de Taman.

Après le dîner nous allâmes visiter l'église grecque de Taman, qui est un véritable musée d'antiquités : tout ce que l'on a pu trouver de marbre et d'inscriptions antiques y est réuni. Taman, qui était, dit-on, autrefois une très grande ville, ne contient plus que cent dix-sept maisons. Un régiment de Cosaques Tcherno-Morski y est établi.

Le 20 mai nous quittâmes la ville de Taman pour aller à Bughas, où est une petite baie demi-circulaire qui forme une partie du *Liman* ou de l'embouchure de la rivière Kouban. Cette baie communique par le détroit de Bughas avec la Circassie et la mer Noire. Sur la côte opposée les pêcheurs circassiens trouvent beaucoup de poissons dans le golfe ; d'autres de ces hommes apportent du grain et du mil à Bughas pour prendre du sel en échange. Nous vîmes plusieurs des agents de ce trafic, mais il ne leur était pas permis de quitter leurs bateaux pour venir à terre. Leur air de férocité et de barbarie était bien fait pour inspirer le dégoût et la crainte, et les haillons qui les recouvraient annonçaient le dernier degré de misère.

Bughas est un petit village, mais sa position si près des frontières de la Circassie lui donne de l'importance. La plus étroite partie du détroit de Bughas n'a qu'un demi-mille de largeur. Dans le voisinage de Bughas est une de ces sources de pétrole si communes dans l'île de Taman.

Nous allâmes ensuite à *Sennaye*, la première poste régulière après Taman. Ce n'est qu'une maison de pisé, située dans une plaine immense, ayant d'un côté la mer d'Azof. Ce lieu était bien désolé, mais rien ne saurait donner l'idée de la tristesse de la contrée que nous traversâmes pour gagner Pérépiska, qui était la station suivante. De vastes plaines sans bois, des pâturages à peine et de rares bestiaux, excepté autour de quelques petits villages, voilà ce que nous vîmes. La route traversait un marais dont l'eau atteignait souvent le moyeu des roues ; et pour compléter le tableau, la mer d'Azof, secouée par un vent impétueux, mugissait à notre gauche. Cependant le sol doit être riche : les mauvaises herbes qui couvraient abondamment ces plaines et avec un luxe extraordinaire de végétation en sont la preuve.

Près de Temrouk le jour commença à nous manquer, et le chemin devenait extrêmement mauvais. Nous logeâmes à *Temrouk* chez le *smotritel*. C'est un grand village bâti sur un golfe de la mer d'Azof, ayant au centre une église blanche, qui avait été le seul point de repos pour nos regards pendant le trajet de la ville. Temrouk est fortifié et fait partie de la ligne de défense du Kouban.

Après avoir quitté ce lieu nous voyageâmes par une route excellente sur une plaine sans mouvement ; mais avant d'arriver à la station suivante, le paysage était entièrement changé à son avantage à l'ouest du Kouban. Les montagnes de la Circassie s'élevant derrière une vaste plaine verte et couverte de bois ou d'arbres épars étaient du plus délicieux effet, après les marais et les steppes que nous venions de traverser.

En approchant de la station que l'on nomme *Kourtchanskaya*, un redoute *Andrievskoi*, une sentinelle, placée sur une tour de guet ou observatoire que l'on nomme *vichka*, ne nous surprit pas médiocrement. Le vichka est d'une construction très simple. On fait une plate-forme ou plancher de quatre à cinq pieds carrés, que l'on entoure d'une grossière balustrade peu élevée ; puis on élève ce plancher en l'air, à la hauteur de trente ou quarante pieds, sur quatre poteaux ou arbres. Dix échelons servent à y monter. On trouve de ces tours de guet à chaque station, et leur accompagnement accoutumé est un immense fagot de chaque côté, qui, étant entouré de foin pendant le mauvais temps, ressemble à un tronc d'arbre mort. On y met le feu dès que l'on aperçoit un ennemi. Ce doit être un véritable supplice qu'une faction de quatre heures sur ces observatoires, par le temps froid et dur ; mais l'obéissance passive des Cosaques nous étonna peu. Notre route passait de très près à côté des vichkas, et jamais nous n'attirions un seul des regards des sentinelles qui se tenaient droites comme des statues. Le dos tourné vers nous, et l'œil du côté de la Circassie, comme si une horde de pillards des montagnes s'avançait.

La redoute Andrievskoi n'est qu'une faible forteresse, elle consiste en un grand carré entouré de remparts de terre, d'un fossé profond, et renferme des casernes, des écuries et des magasins. L'artillerie ne se compose que d'une pièce de deux, qui fait grande peur aux tribus des montagnes du Caucase. De semblables forteresses s'élèvent du côté est du Kouban, à la distance de dix-huit, vingt et vingt-cinq verstes.

De Temrouk à Karakoubanskaya, la route traverse une plaine et un marais couvert de roseaux. Les montagnes de la Circassie et le Kouban à l'ouest distraient le regard, à l'est, l'œil, en errant sur des plaines sans limites, ne s'arrête que sur l'horizon. Médredovskoyé, grand village très peuplé et dont l'église est peinte, est au milieu des champs.

A Kopil, nous traversâmes le Tchernoï-Protok (Protok noir), que l'on eût beaucoup mieux nommé *le Protok bourbeux*, car son eau était exactement comme celle des marnières. Cette rivière n'est pas très large, mais elle est très profonde. Nous la passâmes sur un bac. Nous fûmes ensuite à Mischatovskaya, et n'arrivâmes que très tard à une misérable station où nous fûmes contraints de passer la nuit. La chambre où nous étions fourmillait d'une quantité variée d'insectes détestables. Elle était pleine de Cosaques endormis, couverts de *schoubs*, de couvertures et de haillons. Nous préférâmes dormir dans nos voitures.

Le lendemain, dès que nous fûmes à *Yékatérinodar*, nous allâmes à la quarantaine, pour y visiter un prince circassien et sa suite. Le message que nous lui adressâmes eût singulièrement retenti à certaines oreilles de prince L'interprète fut chargé de dire que quatre voyageurs italiens et anglais désiraient avoir une entrevue avec lui, et lui *offrir quelques légers présents*. Le lendemain, il vint. Ce prince, nommé *Pchi Mahmet-Khadjimko*, avait deux garçons de sept et de huit ans, Scheret-Luk et Alant Cherai ils l'accompagnaient ainsi que son molle, ou prêtre, deux de ses *mirzas* ou nobles, et environ une douzaine de gens de sa suite, tous en uniforme et bien armés. Après les salutations d'usage, nous causâmes quelque temps avec ce prince au moyen de notre interprète. Le bonnet du prince Khadjimko était en forme de dôme, fait de cuir et bordé de peau de mouton noir. Sa veste était de couleur sombre, bariolée, et par-dessus il avait une espèce de cotte de mailles, puis une tunique de toile blanche. Les bras étaient protégés par une armure d'acier, argentée, dorée, et diversement ornée aux poignets. Au dessous, une espèce de manche arrivait jusqu'au milieu de la main. Son pantalon bleu était brodé en argent, et ses bottes de cuir rouge et jaune étaient extrêmement longues, pointues, et serrées contre la jambe et le pied par des lacets Il tenait de la main droite un fouet de Circassie, dont le manche long était couvert de cuir, et au lieu d'une lanière se terminait par une spatule en forme de cœur, rouge d'un côté et jaune de l'autre. Un pareil instrument est parfaitement propre à faire du bruit sur les flancs d'un cheval. Son sabre de Damas était très beau, mais il avait sa poignée d'ivoire tellement revêtue de longues pointes pareilles à des dents, que nous fûmes obligés de mettre nos gants pour le saisir. Les fils du prince étaient très simplement vêtus à la circassienne. Le molle avait un turban blanc, une large robe flottante d'écarlate, et des bottes jaunes. Il portait aussi un sabre. Les gens de la suite étaient fort simplement vêtus; mais ils étaient tous bien armés, et leurs fusils étaient, comme à l'ordinaire, dans des étuis de peau de mouton dont le poil était en dehors

Après avoir offert quelques légers présents, nous dîmes adieu au prince, qui traversa avec ses gens la rivière en canot. A notre grand étonnement, au bout de quelques minutes toute la bande, montée à cheval, sortit d'un enclos de l'autre côté du Kouban. Le prince était en tête sur un cheval blanc; celui du molle était gris Cette cavalcade parada sur les bords de la rivière; le fils aîné du prince allait et venait au galop, et tous semblaient occupés à des préparatifs dont nous ne comprenions pas le but; mais nous vîmes ensuite que ces manœuvres étaient l'adieu qu'ils nous disaient.

Au centre de la forteresse est une très grande cathédrale massive, à toit vert, avec cinq dômes outre celui du beffroi Le trésor public est conservé dans son enceinte, et cet usage est commun dans la Crimée, le Caucase et la Géorgie, parmi les chrétiens et les mahométans il se fonde sur la croyance que la sainteté du lieu éloignera des caisses publiques les mains même les plus perverses.

Yékatérinodar, ou le *don de Catherine*, est la capitale des territoires que l'impératrice concéda en 1792 aux Cosaques de l'Euxin, et la résidence de leur hetman Cette ville couvre un espace immense.

Les rues, *dont beaucoup n'ont pas* une maison, sont droites et extrêmement larges. Quant au pavé, il n'y en a point, mais les jardins et les arbres qui entourent la ville l'égaient un peu. On y compte trois mille habitants.

Les Cosaques se divisent en deux grandes familles: 1° Les Cosaques du Don, desquels sont sortis plusieurs tribus, telles que celles du Volga, des monts Ourals, de la Sibérie, etc., 2° les Cosaques de l'Ukraine, qui ont donné naissance aux Cosaques *Zaporoghiens*, aujourd'hui Cosaques Tcherno-Morski, ou de la mer Noire. Ils étaient autrefois très indisciplinés; mais aujourd'hui ils sont fidèles et jouissent des privilèges des Cosaques du Don, et sont vêtus de même.

Le pays des Tcherno-Morski, au sud, s'étend de l'embouchure de la rivière Laba à celle du Kouban dans la mer Noire. Vers le nord à l'est, il est borné par la rivière Yea, qui le sépare du gouvernement de Yékatérinoslaf et du pays des Cosaques du Don. A l'ouest, il a pour limites la mer Noire, le Bosphore et la mer d'Azov. Ainsi l'étendue de leur territoire est de cent milles carrés. Ils sont sous la surveillance du gouvernement russe du Caucase.

Le nombre des Cosaques qui s'établirent dans le Kouban en 1792 montait environ à quinze mille hommes, et il semble être resté stationnaire depuis vingt ans. Depuis leur établissement dans ce pays ils ne jurent plus, comme autrefois, de vivre dans le célibat, et l'on voit parmi eux des femmes et des mères; mais le nombre en est peu considérable, et par conséquent la population ne fait que de lents progrès. Le pays est fertile, mais peu cultivé, et il a de nombreux villages.

Nous quittâmes Yekatérinodar le 1er juin à deux heures du matin, et voyageâmes sans nous arrêter jusqu'au soir; nous dînâmes alors à Timijheskaya. Les villages situés à l'ouest, Labinskaya, Ladojskaya, Tiphliskaya, Kazanskaya, Karskaskaya, et Timijheskaya, se ressemblent tous. La route était en général unie, et nous remarquâmes à droite et à gauche de nombreux *tumuli*, dont quelques-uns sur les bords de la rivière servaient aux sentinelles d'observatoires ou *vichkas*, tandis que les arcades intérieures étaient converties en écuries.

La défense de la ligne du Caucase cesse d'être confiée aux Cosaques de la mer Noire à Redutskoi-Karentin, et passe aux Cosaques Grebenski, qui descendent des Cosaques du Don. Nous trouvâmes chez eux les mêmes forteresses, des piquets également répartis et des *vichkas*

La forteresse *Labinskaya*, à l'ouest, est l'une des plus grandes et des plus importantes sur les bords du Kouban, et sa construction est semblable à celle du Yekatérinodar.

Le 2 juin nous traversâmes une contrée monotone et des villages tristes, dont l'église était le seul ornement Il existe trois routes par lesquelles nous pouvions nous diriger vers Stavropol, et la plus courte, que nous primes, nous éloigna des bords du Kouban. L'intérieur du pays, plus à l'abri des pillards, était couvert de troupeaux et bien cultivé. Au-delà de Novo-Troïskoyé, le paysage devint plus varié, et nous présenta bientôt des collines et des vallons semés d'arbres nains, de chênes et d'érables surtout. Plus nous approchions de Stavropol, plus le paysage devenait varié.

Stavropol est le chef-lieu d'un district, et est bâti sur la rive gauche de la Taschlé, qui se jette dans le Kalaoueis, et le site en est très riant Le sol qui l'environne est riche et les récoltes de foin sont d'une abondance remarquable. Il y a dans la ville deux ou trois bonnes rues composées de maisons de pierre et de bois. Il y a un certain nombre d'édifices dignes d'attention. Stavropol contient de deux à trois mille habitants, tant Russes que Cosaques, sans compter quelques étrangers.

Après avoir traversé Nadejda et Bechpâgir, nous arrivâmes le soir à *Géorgiesvk* Quand on approche de ce dernier lieu, les vues du Bechtau et des montagnes environnantes qui s'élèvent du fond d'une plaine immense sont très belles. Le temps ne nous avait pas encore permis de voir la chaîne du Caucase, que l'on aperçoit de Stavropol quand le ciel est serein. Les montagnes circassiennes que nous voyions en longeant le Kouban n'étaient que d'une importance secondaire, et aucune n'était couverte de neige au sommet.

Les anciens Russes qualifient Géorgiesvk de *ville fortifiée*; mais c'est plutôt un grand village qui est sur la rive nord de la *Podkouma* (petite Kouma), à huit verstes de sa jonction avec la grande Kouma, et à la distance de deux mille quatre vingt-quatorze verstes de

Moscou. Géorgievsk est divisée en trois quartiers, dont l'un, renfermé dans la forteresse de Saint Georges, est entouré de fortifications basses. Les églises, les casernes, les hôpitaux, sont les principaux édifices de cette ville qui compte deux mille habitants, plus un village ou *stanitza* de Cosaques qui en contient mille, et situé à une courte distance.

Le 5 juin nous nous rendîmes par une vallée le long des bords de la Kouma, à Karass, colonie écossaise.

Description de Karass. Montagne de Bechtau. Vue du mont Caucase. Konstantinogorsk. Mont Elbourz. Village circassien. Mozdok. Le Terek. Novo-Tcherkask.

Karass, colonie écossaise, est agréablement située sur une pente douce, à deux milles environ de la base du Bechtau ou des cinq montagnes et à l'extrémité est d'une belle forêt. Ce lieu se compose de deux grandes rues qui se coupent à angles droits. Au milieu de la principale coule un limpide ruisseau qui fournit de l'eau en abondance dans toutes les saisons de l'année. Les jardins dont ce village est entouré et entrecoupé lui donnent un aspect riant. Au centre de cet endroit est un corps-de-garde, devant lequel une sentinelle allait et venait. Un canon chargé et une torche immense allumée étaient à côté. Cet appareil a pour but d'effrayer les Circassiens. La population se composait seulement de trois familles écossaises, y compris celle du ministre, plus vingt ou trente ménages allemands. Le temps était d'une beauté remarquable, et au moyen de larges présents aux Cosaques, nous obtînmes un assez grand nombre de chevaux pour gravir le Bechtau (les cinq montagnes), une des plus célèbres montagnes du voisinage. Nous traversâmes de belles forêts, puis nous entrâmes dans un vallon dont la montée était difficile. De là, nous continuâmes à pied. Le Bechtau a trois mille pieds de haut, et du vallon au sommet il nous fallut deux heures de marche.

Avant d'arriver à Géorgievsk nous avions vu le mont Caucase, ce berceau de la race humaine, et ce fut avec un sentiment de vénération, qui s'accrut quand nous fûmes en face du majestueux tableau qui se déroula tout-à-coup à nos yeux lorsque nous fûmes au sommet de cette montagne : toute la chaîne des montagnes couronnées de neige, qui sépare l'Euxin du Palus-Méotide, s'élevait jusqu'aux nuages et réfléchissait sous le soleil toutes les teintes de l'iris. Au-dessous s'étendaient, comme sur une carte, la grande et la petite Cabardie et l'Albazic ; les quatre autres montagnes qui avec celle sur laquelle nous étions forment le Bechtau, Konstantinogorsk et le Podkouma, qui sont des montagnes voisines de Kidslavodski. Si nous nous tournions au nord, c'était la colonie écossaise, nombre de montagnes isolées, les villages à habitations faites de claies, des Tartares Nogays et des Circassiens ; puis, dans le lointain Géorgievsk et Stavropol.

Le 6 juin nous allâmes à *Konstantinogorsk*, d'où nous allâmes visiter Kidslavodski qui est au-delà de la ligne des possessions russes ; mais ils se sont emparés des districts voisins, à cause des eaux minérales, et y ont élevé une petite redoute sur une situation élevée pour protéger les visiteurs contre les incursions des Circassiens, des Albazes et des autres tribus des montagnes.

Les sources acides qui coulent des montagnes voisines sont connues et en réputation depuis longtemps parmi les naturels, qui les nomment *narzane*, boisson des héros ; les Tartares les appellent *atchi sou*, ou eau acide.

De là nous voyions le mont Elbourz, la montagne la plus élevée du globe, tantôt apparaissant isolé, tantôt montrant deux sommets coniques, l'un beaucoup plus haut que l'autre, et obscurci par les nuages qui y passaient. De récentes observations lui donnent deux mille pieds au-dessus du Mont-Blanc.

Konstantinogorsk est une des redoutes de la ligne du Caucase, et renferme des casernes de bois et de terre, ainsi que quelques maisons pour les officiers supérieurs. Un fossé l'entoure et douze canons défendent ses remparts. A une courte distance est le *slobode* ou faubourg, qui contient un certain nombre de pauvres maisons couvertes en argile. Le nombre des malades qui fréquentent les eaux l'été est de deux à trois cents tous les ans.

A quatre verstes de Konstantinogorsk, nous allâmes visiter un village de *Circassiens amis* au pied du Bechtau ; il était entouré d'une palissade de claies et nous entrâmes par un guichet. Les femmes, misérablement vêtues, prirent la fuite : mais les enfants dans un état de nudité presque complet, restèrent quelques minutes à nous regarder en face. Une fille aux yeux noirs, très brune, couverte de quelques haillons et tenant dans ses bras un enfant nu, me rappela les sauvages de l'Amérique et de l'Inde. L'uzdin ou noble, qui était mis bien et proprement, nous conduisit chez lui entre des rangs de maisons de claies enduites de plâtre et que le vent renverse fréquemment. La femme de notre hôte s'était retirée, et il n'y eut pas moyen de la décider à nous la présenter. Nous causâmes toutefois avec sa mère, vieille de très bonne mine. La chambre où il nous reçut était petite : d'un côté était le foyer, et de l'autre un sofa de soie avec des coussins. Quant aux murs, ils étaient tapissés de paille tissue, que recouvraient des armes à feu circassiennes, des épées et des poignards. Toutes les tribus des montagnes du Caucase semblent avoir quelque affinité et vouloir continuer la vie de leurs ancêtres. Peu livrés à l'agriculture, ils se soutiennent en chassant, pillant et nourissant des bestiaux ; ils se placent en embuscade pour s'emparer de leur proie, ou attaquent les petits détachements quand ils sont sûrs de triompher : ils enlèvent hommes, femmes, enfants, provisions, bétail et tout objet portatif qui tombe sous leurs mains. Leur principal but est de faire des prisonniers de haut rang pour en tirer une forte rançon ; et pour qu'elle soit la meilleure possible ils les traitent avec cruauté.

Le 9 juin nous allâmes de Géorgievsk à Mozdok ; et de là à Prochladnaya et Yékatérinograd ; puis nous passâmes à gué la Podkouma. Près de Pavlovskaya, nous traversâmes une petite rivière ; puis il y a une montée rapide à franchir, et pour laquelle il fallut mettre pied à terre. Nous fûmes frappés de la beauté d'un petit vallon à gauche, au milieu des steppes environnantes, dont les bords en pente étaient couverts de bois, et qui avaient des jardins au centre. *Yékatérinograd* est une petit village avec une forteresse ; mais les *tribunaux, non achevés*, tombent en ruines. La Malka est une rivière considérable, mais l'eau en est extrêmement bourbeuse.

Nous logeâmes à *Mozdok*, chez un marchand arménien. Cette ville, située sur la rive droite de la Terek, est une des plus grandes villes qui se trouvent dans le sud de l'empire russe. La population, évaluée à cinq mille âmes, se compose principalement de Géorgiens, de Circassiens et d'Arméniens. Les rues sont droites et régulières. Des fossés avec des arbres qui croissent au milieu bordent les rues de chaque côté. Les maisons, qui ont en général un étage, sont bâties en bois ou en paille revêtue de terre glaise. La ville entière aurait donc un grand aspect de tristesse, si les jardins qui entourent chaque habitation n'égayaient l'ensemble.

Le 10 juin nous quittâmes Mozdok, et à six verstes de là nous trouvâmes le bac du Terek, où étaient réunis des individus de diverses nations, avec de nombreux équipages. Le *Terek* prend sa source dans les ravins du Caucase, près d'une de ses plus hautes montagnes, le Kazbek ; et grossie par des ruisseaux et rivières qui y affluent, il passe sur un lit en pente, jusqu'à une surface plus plane. Au bac, le Terek est une rivière profonde, large et rapide, qui, suivant les géographes modernes, est la limite qui sépare l'Europe de l'Asie. Le Terek, prenant de ce point la direction de

Les flottes dans la Baltique.

l'est, va se jeter dans la mer Caspienne par plusieurs embouchures, près de Kislar.

Nous traversâmes le bac du Terek le 10 juin, pour aller à Tiflis, et le 7 juillet suivant nous le passions en retour à Moscou. Le 11 nous déjeunâmes à Stavropol, d'où nous prîmes une nouvelle route vers la capitale. Jusqu'à Moskovs-Kaya, le chemin est assez bon ; mais au-delà de ce village, c'est une steppe immense jusqu'à Srednoyé-Yégorlitskoyé, où nous arrivâmes le 12 juillet à huit heures du matin.

Là est une quarantaine où il nous fallut rester trois jours dans le séjour le plus désolé que l'on puisse se figurer. Enfin, le 14 nous traversâmes sur un petit pont la Yégorlik, et fûmes de nouveau en route. Le chemin était du reste mauvais, ainsi que les chevaux et le conducteur qui était stupide. De plus la nuit était très épaisse. Nous nous perdîmes en conséquence bientôt dans les champs, et la voiture s'embourba dans un trou. Il nous fallut alors descendre et chercher à tâtons la route. Enfin nous rejoignîmes le relais de Nijni-Yégorlitskoyé, et le 15 nous arrivâmes à Novo-Tcherkask.

La route de Srednoyé-Yégorlitskoyé, jusqu'aux bords du Don, est principalement une steppe avec des mouvements de terrain assez prononcés toutefois, et le sol est fertile ; ils sont couverts de maisons de plaisance, de jardins et de plantations.

Après avoir traversé le Don sur un excellent pont flottant, nous gagnâmes bientôt Aksaï, quoique ce lieu porte le nom de *stanitza*, ou village cosaque ; il mérite en réalité le nom de ville plus que beaucoup d'autres ainsi qualifiées en Russie. Il est situé sur le penchant d'une montagne, et au printemps, quand le Don déborde et a dix milles de large, il doit avoir de loin un aspect magnifique. Ses rues sont extrêmement irrégulières, mais elles se composent de beaucoup de très bonnes maisons, dont quelques-unes sont bâties en briques.

La route d'Aksaï à Novo-Tcherkask traverse une contrée montagneuse, dépourvue de bois en général, mais où abondent des pâturages et des champs de blé ; le Don forme en quelque sorte la ligne de démarcation entre le pays montagneux du nord et les steppes du sud.

Après avoir passé la nuit à *Novo-Tcherkask*, nous fîmes une excursion pour aller voir Staro-Tcherkask (le vieux Tcherkask), qui fut autrefois florissant quand il était le chef-lieu des Cosaques du Don et la résidence de leur hetman : il n'a pas à présent plus de deux mille âmes. Il s'y trouve quelques belles maisons, mais les rues sont sales et irrégulières. Les églises qui restent, et dont quelques-unes ont des dômes dorés, sont les seuls objets qui animent la vue de la ville.

Novo-Tcherkask a tout-à-fait remplacé cette ville en

importance, et s'accroît de ses ruines. Elle est située sur une hauteur qui domine la rive droite de l'Aksaï et les bords d'une petite rivière nommée *Touslof* qui s'y jette. Elle a une très belle vue qui embrasse la vaste plaine qu'arrosent le Don et l'Aksaï, avec les villes de Staro-Tcherkask, Aksaï, Rostof et Naktchivan. Cette ville a cinq verstes de long, et aux extrémités de la rue principale s'élèvent deux portes triomphales de pierres de taille : toutes les rues sont en droite ligne, mais elles ne sont ni pavées ni éclairées. Une partie de la ville s'étend sur la pente de la montagne, mais la plus belle portion est sur le sommet. Les maisons, éloignées les unes des autres, sont en bois ou en briques ; les églises sont en bois. La population peut s'élever à huit mille âmes.

Le pays des Cosaques du Don compose un des gouvernements de Russie, et l'on porte sa population à trois cent dix-huit mille âmes. Bien que soumise à la Russie, cette contrée conserve ses anciens privilèges. Les Cosaques ne paient point d'impôts, mais ils fournissent des troupes qu'ils entretiennent à leurs dépens, hormis en pays étranger. Presque tous les individus employés dans le gouvernement du Don sont natifs de cette province, et l'hetman les nomme.

On peut considérer les Cosaques du Don, ainsi que les autres tribus, comme une sorte de colonie militaire. C'est un peuple militaire et pasteur qui, outre la garde de son propre territoire, est répandu sur divers points de l'empire, là surtout où est requis un mélange de fonctions civiles et militaires.

Description de Taganrok. Beau pays Voronedje Un eunuque. Milenets. Wladimir ; sa description. Ludogda et Murong. Arrivée à Nijni-Novogorod.

Le 16 juillet nous quittâmes Movo-Tcherkask, et le 17 au matin nous étions à *Taganrok*. Le pays est montagneux, et à mesure que nous approchions de cette ville, des apparences de culture, des plantations et des champs de blé donnaient un aspect riant à ses environs. Nous n'eûmes pas l'occasion d'examiner Nahtchivan, habitée par des Arméniens qui émigrèrent de Crimée en 1780.

Taganrok est situé sur un promontoire qui s'avance dans la mer d'Azov par le 42e degré 6 minutes de longitude est et le 47e degré dix minutes de latitude nord. Son nom se compose de deux mots russes, *tagan* (trépied), et *rog* (corne). Autrefois un fanal était placé sur la pointe du promontoire, et l'on conjecture qu'il était porté par un trépied.

Taganrok est devenu une ville importante, et elle est réellement belle, bien que petite ; les rues sont très larges et régulières, mais sans pavé. Les maisons, bâties en pierre, en bois, sont peintes avec goût ; cependant les édifices que renferme la forteresse sont de mesquine apparence. Le nombre total des maisons était en 1820 de deux mille. Les bazars, la cathédrale et deux églises russes, sont ce qu'il y a de plus remarquable. La population est de neuf ou dix mille habitants (1).

Le 18 juillet nous quittâmes Taganrok. A l'exception de quelques champs de blé contigus à la ville, les environs sont désolés et arides. A la première station, nommée *Korovyé-Brode*, nous traversâmes la Mious sur un excellent bac. Le pays que nous traversâmes au-delà est doucement ondulé, mais tout-à-fait de la nature de la steppe, mais il perd cette physionomie à mesure que l'on s'éloigne de Taganrok. Entre Ivanoskoyé et Ouspenskoyé, on trouve de nombreux champs de blé et plusieurs villages entourés d'arbres. Dans le village d'Ivanoskoyé, on voit deux énormes et grotesques idoles des Kalmoucks. A gauche de la route qui mène d'Ouspenskoyé à *Lugan*, est une vallée d'une

(1) A Taganrok est mort de mort naturelle ou violente en 1821 l'empereur Alexandre, auquel a succédé son frère l'empereur Nicolas, le czar actuel. A. M.

longueur considérable qui était couverte de belles récoltes de blé et de foin. Des villages aux maisons blanches, épars sur la contrée et entourés d'arbres, lui donnent un aspect de gaîté et de bien-être qui contraste vivement avec les mornes demeures des paysans russes plus avancés dans le nord.

La forge et la fonderie de canons de Lugan sont les établissements de ce genre les plus considérables de l'empire, et sont approvisionnés de minerai par la Sibérie. Le village adjacent de Kamennoi-Brode, situé sur la rive nord de la rivière Lugan, est très considérable. Tous les habitants sont Malo-Russes, et employés à la fabrique.

A Lugan, nous quittâmes le chemin ordinaire et arrivâmes dans la soirée à Jeltoyé-Selo, et à moins d'une verste, nous trouvâmes les bords sablonneux du Donez. *Jeltoyé-Selo* est un riant village entouré d'un pays fertile, qui devenait de plus en plus intéressant à mesure que nous avancions vers Starobelsk. Une succession illimitée de champs de blé, mêlés de chanvre et de lin, des pâturages étendus couverts de troupeaux, et de nombreux villages blancs au milieu des arbres sur une surface onduleuse de collines et de vallons, formaient une perspective agréable et variée. La rivière *Aïdara*, que nous trouvâmes plus d'une fois sur notre chemin, ajoutait beaucoup à la beauté du paysage, et une chaîne de montagnes calcaires d'une très grande blancheur lui donnait un effet pittoresque. Il en est de même du district qui sépare Starobelsk de Schultchinka. Nous fûmes divertis dans un de ces villages, par des paysans qui dansaient au son de la *balaleïka*, ou guitare nationale.

Starobelsk, petite ville de district dans le gouvernement de Voronedje, sur la rive gauche de l'Aïdara qui tombe dans le Donez, est une des plus jolies que j'aie vues en Russie. Ses rues sont propres, larges et régulières : les maisons blanches sont entremêlées d'arbres ; et deux églises confondent leurs vives couleurs au paysage.

Nous quittâmes Starobelsk le 21, et arrivâmes à *Ostrogojsk* par un pays de plus en plus gracieux. Cette ville est bâtie au confluent de ce nom et de la Sosha. Elle occupe un site élevé, dépend du gouvernement de Voronedje et contient onze mille âmes. Il s'y voit six églises, dont deux sont réputées cathédrales. Beaucoup de maisons sont bâties en pierres, mais il y en a plus encore en bois, et quelques rues sont tracées sur un plan régulier.

A treize verstes d'Ostrogojsk, et sur les bords de la Sosha, est une colonie allemande, composée de trois cents individus, dont plusieurs sont marchands, mais le plus grand nombre se livre aux travaux des champs. Cette colonie forme une longue rue, avec une église au milieu, mais elle n'avait pas l'aspect riant que nous espérions ; rues et maisons, rien n'était propre et rangé comme dans d'autres colonies allemandes.

Le pays qui sépare Ostrogojsk de Voronedje est réellement le grenier de la Russie, à en juger par la profusion de blé que nous vîmes. La route devient plus unie à quelque distance de *Voronedje*, et près de la ville c'est un marais complet.

En approchant de cette ville, le matin, nous fûmes frappés de l'aspect magnifique qu'elle présente sur les bords élevés de la rivière d'où elle prend son nom, et à quelques verstes du point où elle tombe dans le Don. Au printemps, par l'effet des débordements de la rivière, les deux tiers de la ville sont entourés d'eau, et c'est alors qu'on la voit à son plus grand avantage, s'élevant isolée au milieu de cette plaine d'eau. C'est une des plus grandes, des plus belles et des plus populeuses villes de l'empire. Elle passe en outre pour être une des plus anciennes ; elle compte vingt mille âmes de population, et des rues très spacieuses composent la pauvre apparence du plus grand nombre. Les faubourgs sont noirs et tristes comme un village. La rue principale a l'air majestueux, par l'effet de beaux et massifs édifices qui la bordent à droite et à gauche. La

Moskocskaya-Ulitsa, ou rue de Moscou, est aussi très belle, et elle contient le palais archiépiscopal et la cathédrale qui y est attenante. Les colonnes de la cathédrale sont d'une telle longueur qu'il est impossible de les ramener à un ordre d'architecture quelconque : les boutiques ou bazars sont aussi très considérables.

Après le dîner, nous fîmes visite à un singulier personnage, M. Barberini, eunuque italien, âgé de cent quatorze ans, qui fut employé par Catherine II et nombre de grands seigneurs dans leurs orchestres, mais qui, à cause de son grand âge, tenait actuellement une auberge *sans paiement de licence*. La vivacité, la gaîté et les manières de ce vieillard nous étonnèrent beaucoup.

A quelques verstes de Voronedje, est le domaine et village de Milenets, entre Khlebnoyé et Zadonsk. La maison d'habitation est très grande et de forme carrée, avec quatre façades pareilles, et les terres qui l'entourent sont plantées avec goût. Sa situation est agréable et en belle vue; mais ce qui mérite le plus grande attention, c'est le village qui touche la maison et borde les deux côtés de la grande route. Des maisons hautes d'un étage et uniformes ont remplacé les huttes des paysans : chacune a trois fenêtres et est séparée de la maison voisine par une cour.

Nous gagnâmes bientôt *Zadonsk*, petite ville remarquable par son joli aspect et ses riants environs. Elle est située à une demi-verste du Don, et son monastère est bien digne d'attention. Deux mille habitants, principalement agriculteurs, composent la population.

Au moyen d'un bac, nous traversâmes le Don, qui, même jusqu'à Zadonsk, est une belle et grande rivière. Quand on approche Yelets, du côté du sud, on voit cette ville tout-à-fait à son avantage, à cause de sa situation élevée qui la fait apparaître à quelques verstes de distance ; ses nombreuses églises et plus encore ses grandes maisons blanches, peintes en jaune, en violet ou en rouge, et au toit de diverses couleurs, lui donnent un air de magnificence que possèdent réellement peu de villes russes. On arrive à la ville par une montée très difficile, et bien que beaucoup de maisons soient grandes et éclatantes, jamais je n'ai vu dans un espace donné les règles de l'architecture plus complètement violées ; des colonnes et des pilastres hors de proportion, et ceux-ci chargés d'ornements frivoles, sont les vices capitaux. Ses rues sont régulières et ont des trottoirs. Les environs d'Yelets sont beaux et très fertiles. Cette délicieuse petite ville compte huit mille habitants.

La contrée jusqu'à Yephrémof était également très fertile, et ce dernier lieu, qui a trois mille habitants, est construit tout-à-fait en bois, sur une hauteur.

Boghorodosk est considérée comme *ville*; elle se trouve à la jonction de deux petits ruisseaux, le *Tesnoï Uperte* et la *Jiasorka*. Elle compte également trois mille âmes. De là à Tula le pays est superbe. De Tula, nous entrâmes dans Moscou le 27 juillet, et le lendemain nous quittâmes la capitale pour Nijni Novogorod. Nous voyageâmes toute la nuit, et le matin, de bonne heure, nous déjeunâmes à Boghorodosk, petite ville de district dans le gouvernement de Moscou, qui est sur la rive droite de la Kliasma et contient environ cinq cents habitants. A neuf verstes au-dessus nous traversâmes sur un très mauvais bac la Kliasma ; puis nous entrâmes dans le village de Bunkova, et nous passâmes à Pokrof, habitée par cinq cents âmes et bâtie, comme Boghorodosk, en pierres et en bois.

Le 30 juillet nous gagnâmes, dans la matinée, le relais de Wladimir, qui est à deux verstes de la ville. *Wladimir*, comme on le sait, était autrefois la capitale de la Russie. Sa situation est très pittoresque sur les bords élevés de la Kliasma, où le ruisseau de Lib-d la traverse. Elle est entourée d'un fossé et d'un rempart de terre. Sa rue principale est très longue et très large, et ses maisons, de pierres et de bois entremêlés, sont excellentes et d'un très bon style. Ses rues transversales sont laides pour la plupart.

Le palais de l'archevêque, qui était autrefois un couvent et où l'on conservait le corps de saint Alexandre Newski avant de le transporter à Saint-Pétersbourg, est regardé avec un sentiment d'intérêt profond, même par le bas peuple. Toutefois, le principal monument est la cathédrale de l'Assomption, qui fut autrefois magnifique : c'est un édifice carré, qui, comme les cathédrales de Moscou, est surmonté de cinq dômes. A ses coins, les murailles sont soutenues par de massifs arcs-boutants, qui ont un aspect très lourd et sont d'un effet très désagréable. L'intérieur est richement orné, mais sa splendeur primitive a disparu. Elle occupe un site très beau et très élevé, et son apparence est encore relevée par une espèce de terrasse ou de boulevard qui s'étend jusqu'au sommet de l'éminence que ce bâtiment couronne. Wladimir a une douzaine d'autres églises.

Wladimir n'est pas regardée comme une ville riche, quoiqu'elle soit le siège de l'archevêque de Wladimir et de Suzdal. Le voisinage de Moscou et la distance de toute rivière navigable s'opposent toujours à sa prospérité. On peut estimer le nombre de ses habitants à quatre ou cinq mille. Ses énormes jardins produisent des cerises, dont quatre espèces passent pour supérieures. L'étranger est frappé en été de l'aspect que présentent ces jardins, notamment sur les bords de la Kliasma. De nombreuses tours d'observation, dont quelques-unes ressemblent assez aux vichkas des Cosaques Tchernoworski, s'élèvent parmi les arbres entre des cordes qui s'étendent dans toutes les directions. Dans ces constructions, on voit des enfants, et même des hommes et des femmes, occupés principalement à tirer les cordes quand un oiseau se pose sur un arbre pour l'effrayer.

Au sortir de Wladimir, nous descendîmes une montagne très rapide; nous traversâmes alors la Kliasma sur un excellent pont flottant. Après avoir parcouru un pays semblable à celui que nous avions vu les jours précédents, nous arrivâmes à la ville de Murong, avant laquelle on ne voit que Sudogda.

Murong est plus grande que Wladimir et est très bien située sur la rivière de l'Oka. La cathédrale, bâtie au VIe siècle, est dans l'enceinte du Kremle. La ville n'a pas moins de dix-sept églises, outre deux monastères et un couvent de femmes. La population ne va pas au-delà de cinq mille âmes. Il s'y trouve beaucoup de fabriques de toile et de cuir que l'on transporte à Saint-Pétersbourg. A vingt-cinq verstes au-dessous de cette ville, et sur la rive orientale de l'Oka, il y a nombre de riches mines de fer où se sont faites de grandes fortunes. Tixa, une des plus grandes forges qui existent en Russie, est située dans la forêt de Murong qui a plus de cinquante verstes de long.

Quand nous eûmes quitté Murong, nous descendîmes par une pente très rapide vers l'Oka que nous traversâmes ; puis nous eûmes vingt-neuf verstes de sable à parcourir péniblement jusqu'à Monakovo. De ce dernier lieu à Nijni-Novogorod le pays est très agréable, et les terres, qui ont beaucoup de mouvements, se couvrent de blé et de pâturages. Nous arrivâmes le 1er août à Nijni-Novogorod, et nous nous établîmes dans une maison qui avait une très belle vue sur le confluent de l'Oka et de la Volga. Ce fleuve, un des plus célèbres de l'Europe, prend sa source dans le gouvernement de Tver, et, après un cours de quatre mille verstes dans les gouvernements de Yaroslaf, Kostrom, Nijni Novogorod, Kazan, Simbirsk, Saracof, et Astracan, il se jette dans la mer Caspienne par soixante-dix branches qui forment une multitude d'îles. Quant à l'Oka, elle vient du gouvernement d'Orel, et traverse ensuite les gouvernements de Kalouga, Moscou, Tula, Riazan, Tambof et Wladimir.

Nijni-Novogorod est la capitale du gouvernement de ce nom : on la nomme souvent *Nijni*, mot qui signifie *petit*, pour la distinguer de Novogorod, quelquefois appelée *Veliki* ou *la grande*.

La position géographique de Nijni-Novogorod est par

le 44e degré 18 minutes de longitude est, et le 56e degré 16 minutes de latitude nord, à onze cents verstes de Saint-Pétersbourg et à trois cent quatre-vingt-dix de Moscou. Son site est pittoresque, puisqu'elle occupe une élévation triangulaire qu'on pourrait appeler promontoire, au confluent du Volga et de l'Oka. Cette éminence est extrêmement rapide, et s'élève droit au-dessus du bord de l'eau, dont il domine de quatre cents pieds le niveau ordinaire. Cette hauteur est coupée de profonds ravins, même dans le centre de la ville. Cette position, on le conçoit, est extrêmement favorable au commerce.

La ville se divise en *haute* et *basse*, dont la première partie contient quelques belles rues, dans la principale desquelles est la demeure du gouverneur civil : on trouve aussi dans ce quartier le Kremle, situé en partie sur le penchant de la montagne. Le Kremle fut entouré de fortes murailles et de tours en 1508 Du haut de ses remparts on jouit de fort belles vues sur le Volga, l'Oka et les pays environnants. Il renferme deux cathédrales, l'une dédiée à la Transfiguration, l'autre à Saint-Michaïl : ces deux édifices sont sur le modèle de celles de Moscou.

La communication entre les hautes et basses parties de Nijni-Novogorod est d'une incommodité excessive. La grande rue par laquelle la porte donne entrée dans la ville est *pavée*, ou plutôt *planchéiée*, ce qui la rend très glissante et très mauvaise pour les chevaux ; et attendu la rapidité de la descente, une voiture, même vide, y court des dangers. La porte basse de la ville se compose principalement d'une longue rue parallèle au cours du Volga, et qui est très sale dans les temps d'humidité. Un pont élégant traverse l'Oka sur trente pontons.

A Nijni-Novogorod, il y a trois couvents et vingt-six églises qui lui donnent une très noble apparence; car beaucoup d'entre elles sont en belle situation, et ornées de dômes d'or. La ville est la résidence d'un archevêque. Sa population ordinaire est de vingt ou vingt-cinq mille âmes; mais à l'époque de ses célèbres foires, elle s'élève de cent quarante à cent cinquante mille âmes. Cette foire a d'abord été à Macarief, ville dont le nom est tiré de celui d'un monastère voisin qui a été bâti au XIVe siècle.

Macarief est sur la rive droite du Volga, près du lieu où la rivière de Kurgenets y tombe, et à quatre-vingt-quatre verstes de Nijni-Novogorod. La plaine aujourd'hui occupée par les magnifiques bazars sur la rive de l'Oka et vis-à-vis de Novogorod est une alluvion, ou une sorte de delta formé par l'Oha, et est sujette aux débordements de ces deux rivières. Ces bazars sont, je le crois, les plus beaux établissements de ce genre dans le monde. La situation qu'ils occupent a été exhaussée de dix, de quinze et même de vingt pieds, et on n'a pas planté en terre moins de cinquante-six mille piles pour former une fondation solide à de vastes bâtiments. Les bazars sont entourés de trois côtés par des canaux et du quatrième par une baie de l'Oka, où entrent les barges chargées. Le nombre de boutiques comprises entre les canaux et le carré oblong des bâtiments du gouvernement va à trois mille. La rue principale, qui est entre ces derniers bâtiments et l'église, est très spacieuse, très élégante, et toutes les autres sont d'une bonne largeur. Les maisons ont deux étages : l'inférieur sert de boutique, le supérieur de magasin ; mais les marchands s'en font des logements pour leur séjour temporaire. Chaque boutique fait face à deux rues. Rien de plus simple que le style d'architecture qui va bien avec l'utilité des constructions. La *Kistaïskia linia*, ou *ligne chinoise*, est ainsi nommée parce qu'elle est ornée de pagodes et d'autres décorations orientales. On y trouve du reste toutes les denrées de l'Europe. Toutes les boutiques sont revêtues de stuc et peintes en jaune, avec les toits verts ou rouges. Outre ces constructions, toutes en pierre, on compte deux mille deux cent vingt boutiques en bois.

Parmi les articles qui fixèrent particulièrement notre attention dans ces bazars était une immense rangée de boutiques ou d'étaux de marchands de fer, nommés *balgans*, où l'on vendait du fer en barres ou ouvré. La vente de cette denrée, tant brute que préparée, produit environ 40,000,000 de roubles. Les boutiques de fourreurs méritent également une attention particulière, et le lecteur verra avec étonnement quelle est la valeur de ce qu'elles contiennent, puisqu'elle s'élève à l'énorme somme de 36,000,000 de roubles. La quantité de peaux de moutons tartares, tant noires que grises, est étonnante. Les boutiques des Boukhariens sont visitées par tous les étrangers leurs ceintures de soie, et leurs robes de chambre de même étoffe, sont très admirées, et se vendent 100, 120 et même 200 roubles chaque. Un rang de petites boutiques déploie une quantité énorme de perles, tant grandes que petites, dont beaucoup sont toutefois d'une qualité inférieure. Il s'en vend beaucoup pour parer les images saintes. On ne peut donner une idée plus exacte du degré auquel est poussé le culte des images en Russie, qu'en disant que leur *valeur approximative* à Nijni-Novogorod était de 13,000,000 de roubles. La porcelaine russe, qui a atteint une assez grande perfection, s'y voit aussi en abondance. Elle se distingue tant par la qualité de la matière que par l'exécution des peintures, la dorure et les autres ornements. Mais les Russes ne donnent jamais une forme parfaitement régulière à la plupart des objets, et il est très difficile de se procurer un service parfaitement semblable. On peut en trouver la cause dans l'usage des maisons des grands seigneurs russes; car aucune tasse et aucune soucoupe ne se ressemble, tandis que l'on en sert de très ornées au maître et à la maîtresse du logis. A dîner l'on voit devant eux des flacons à vin et à eau supérieurement ciselés et dorés ainsi que les verres, et le reste de la famille, même les convives invités, fussent-ils du plus haut rang, n'ont que des objets inférieurs. Ainsi ce qui serait regardé comme une impolitesse dans certains pays est dans d'autres sanctionné par l'usage. Les boutiques de modes étaient très élégamment approvisionnées.

Après avoir passé quelques jours à Nijni-Novogorod, je me dirigeai vers Moscou par une route en partie nouvelle pour moi, qui prennent les marchands, et que l'on dit plus courte que celle que suit la poste. J'étais en compagnie de marchands, et comme ils voyageaient dans des équipages très légers, les fréquentes montées et descentes de cette route leur importaient peu.

Le pays était aussi varié et plus riant que celui que suivait la ligne parallèle de la route que nous avions tenue jusqu'alors. Bientôt après avoir traversé l'insignifiante ville de Grebatof, nous passâmes l'Oka que nous trouvâmes plus large qu'à Murong, et continuâmes notre marche jusqu'à *Gorochovets*, autre ville de district du gouvernement de Wladimir, sur la rive droite de la Kliasma, et entourée de bois. Elle renferme un monastère et trois églises · ses habitants s'élèvent à quinze cents, et les femmes y filent, dit-on, avec une perfection égale à celle des Hollandaises.

Le seul lieu digne d'attention était *Ianiski*, qui est aussi sur la Kliasma, et occupe la pente et la base d'une montagne rapide : elle est animée par un couvent, deux églises et plusieurs fabriques d'où sort une toile excellente. Cette ville a mille habitants A dix-sept verstes de Moscou, nous eûmes l'occasion de voir *Gorenki*, célèbre dans toute l'Europe pour son jardin botanique, où l'on trouve de neuf à dix mille plantes. Il y a onze serres chaudes dans six bâtiments séparés sur deux lignes. Quelques-unes sont extrêmement grandes, et la façade du tout peut couvrir un espace de onze cent quarante-huit pieds. Là, on jouit des délices de l'Asie sous la rude climat russe, et l'on se promène dans des bois et des bosquets de la végétation des tropiques, même quand le froid est à 30° Réaumur. Cet établissement est un des plus magnifiques de cette espèce qui soit dans le monde.

Le 21 août, j'étais de retour à Moscou.

Etat politique de la Russie. Superstition des Russes. Tables russes. Palais de glace. Portrait physique des Russes

Quand on regarde avec inquiétude l'état militaire de la Russie, et que l'on réfléchit sur la politique probable, il faut se rappeler que cet empire est composé des éléments les plus hétérogènes ; que la *Russie propre* est entourée de territoires qui étaient autrefois des royaumes indépendants ou des portions attachées à d'autres Etats : c'est Kazan, Astrakan, la Sibérie, le Kouban, le mont Caucase, la Géorgie, les provinces Persanes, la Crimée, les provinces Baltiques, mais surtout la Finlande, la Pologne et les provinces Turques. La plupart de ces contrées, si elles ne sont point préparées à une révolte immédiate, n'ont du moins aucun attachement pour la Russie, qui ne les contient que par la terreur de nombreuses armées, ou une politique indulgente, tolérante et rusée. La Russie est en effet entourée d'ennemis sous le nom d'amis acquis par la victoire.

Avant de terminer cette narration, et pour lui donner de la couleur et de la vie, je rapporterai sur le caractère et les mœurs des Russes quelques traits qui pourront plaire au lecteur.

Le petit peuple de Russie est composé de purs idolâtres, et dans les parties septentrionales telles qu'Archangel et Kola, on ne connaît d'autre dieu que saint Nicolas, qui passe évidemment pour le dominateur des mondes. Leur liturgie, empruntée à l'église grecque, est écrite en esclavon, langue de l'Eglise, comme le latin chez les catholiques romains. Ils célèbrent les fêtes de leurs propres saints avec beaucoup plus de pompe que celles des apôtres ; car, disent-ils, saint Nicolas est *natcha bradt* (notre frère), et a pour nous ses compatriotes plus d'affection que saint Pierre et saint Paul qui ne nous ont jamais connus.

Ce n'est pas dans les églises seulement que l'on conserve des images saintes. Il n'est pas une chambre dans tout l'empire qui n'ait une peinture, grande ou petite, que l'on nomme le *Bogh* ou le Dieu, et que l'on place dans un coin. Toute personne qui entre va y faire sa révérence avant de saluer les maîtres de la maison ; cette adoration consiste en un mouvement rapide de la main horizontalement, et la tête se courbant en même temps avec une brusquerie qui rappelle plaisamment ces images de mandarins chinois que l'on voit sur les cheminées meublées à l'antique, et dont la tête branle continuellement quand on a monté le ressort.

Je vis chez des paysans une autre espèce d'hommage rendu au Bogh. La femme du logis préparait à dîner pour la famille qui était à l'église. Ce n'était que de la soupe. Bientôt son mari, vrai rustre, entra suivi de ses filles, avec quelques petits pains blancs gros comme un œuf de pigeon, qui avaient sans doute été consacrés par le prêtre, et ils les placèrent avec grand soin devant le *Bogh*. Alors ils se prosternèrent et se signèrent, puis ils allèrent dîner dans la même tasse. Le dîner fini, ils allèrent au lit comme pour se coucher tout-à-fait, mais au bout d'une heure de sommeil une des jeunes femmes, conformément à la coutume, appela son père, et lui présenta un pot de vinaigre ou de *quass*, qui est le breuvage russe. Alors cet homme se leva, et un véritable accès de signes de croix et de prosternations parut le saisir : la scène était si bouffonne qu'il était difficile de tenir son sérieux ; c'étaient des murmures intérieurs, puis des éructations, à intervalles marqués ; il apostrophait sa femme, lui-même et son Dieu, en expressions que l'on pourrait donner en latin, mais jamais en langue vulgaire.

Quelques Russes observent tristement le jeûne, surtout aux grandes époques marquées pour l'abstinence, tandis que d'autres y tiennent fort peu. Il y a quelques années que je dînais chez une famille anglaise, avec deux grands seigneurs russes. Un des plats fut particulièrement goûté par tous les convives, et par ces deux derniers surtout. J'allais compromettre la maîtresse de la maison par une observation sur les *jeunes lapins*, ainsi qu'ils nommaient les délicats animaux que l'on célébrait, quand mon voisin me pria de ne pas dire un mot des *pigeons* que nous venions de manger, sous peine de voir s'élever un grand tumulte : « Car, dit-il, le Saint-Esprit ayant au baptême du Christ pris la forme d'un pigeon, les Russes regardent cet oiseau comme sacré. »

L'administration est très vénale ; aussi la police, fort oppressive pour ceux qui ne donnent rien à ses agents, est-elle extrêmement facile à la main qui offre le *denji na vodtki* (le pourboire). Dans toutes les villes de Russie, au moyen de certains arrangements, les propriétaires de maisons s'exemptent du logement militaire. Toutes les maisons qui ont acquis ce privilége portent une enseigne avec ces mots : *Svoboda ol post* (exempte de loger les soldats). Ceux qui n'ont pas cette exemption et quelquefois ceux qui en jouissent sont traités par les militaires avec un despotisme vraiment révoltant. Tout est au pillage alors dans la maison, et les hôtes y font la plus grande dépense sans qu'il soit utile de se plaindre à la police, à moins qu'un présent plus coûteux que le logement militaire n'appuie encore la réclamation.

Les degrés de la hiérarchie nobiliaire sont très nombreux en Russie, et les insignes de décorations y sont tellement abondants que l'étranger croit à chaque pas avoir affaire à un grand personnage. Malgré leurs cordons et leurs croix, il n'y a probablement pas cent des membres de la haute noblesse dont les affaires soient en ordre. Je n'ai jamais connu plus de deux individus qui me parussent savoir leur vraie situation ; et, à mon grand étonnement, l'un des deux, qui a environ un revenu annuel d'un million de roubles, fut dernièrement dans la nécessité d'avoir recours au *lombard*, par suite d'une mauvaise spéculation et de constructions folles. La noblesse russe est connue pour s'endetter et hypothéquer ses biens.

Le clergé a ses métropolitains, ses archevêques, ses évêques, ses archimandrites, ses moines, ses prêtres, etc., dont beaucoup portent des décorations civiles. Quant aux marchands, ils se divisent en trois corporations. Le plus distingué prend le titre de *kommertcheski sovetnik*, ou conseiller de commerce, et porte son médaillon d'honneur suspendu au cou par un ruban bleu. Quand on parle à tous les marchands, on les appelle *gospodins* (messieurs), ainsi que les bourgeois.

Aux paysans on s'adresse ainsi : « Jean, fils de Jacques » (Yvan-Yakovlevitch) ; mais malgré l'assertion de quelques voyageurs ils ont des noms de famille qui servent dans des circonstances impérieuses, comme les actes de loi, les contrats, etc. On peut s'adresser à l'empereur en l'appelant *Alexander Barlovitch* (Alexandre, fils de Paul). Les Russes de tout rang aiment cette formule.

L'étiquette de préséance, que l'on observe si rigoureusement à une table russe, se glisse jusque dans la disposition des plats et des bouteilles préparés pour les convives. Les plats choisis sont avec soin placés au haut bout, et on les passe aux convives qui se trouvent près du maître de la maison suivant l'ordre qu'ils occupent ; ensuite, s'il en reste, ils vont graduellement trouver le bas de la table. Ainsi un degré de préséance constitue toute la différence qu'il y a entre avoir quelque chose ou n'avoir rien à manger : il arrive souvent que les personnes placées au bas bout de la table doivent se contenter d'un plat vide. Il en est de même pour les vins. Les meilleurs occupent le haut de la table, mais à mesure que les convives s'éloignent de la place d'honneur, le vin qui se trouve devant eux perd en qualité jusqu'à ce qu'il dégénère en simple *quass*. Il est peu de choses qui puissent être plus pénibles pour un étranger, que tel riche gourmand se confondant en éloges sur les vins de choix qu'il a placés devant cet étranger par ostentation, tandis qu'il ne peut en offrir à nombre de braves officiers et d'inférieurs assis à côté de lui. J'ai quelquefois essayé d'enfreindre cette coutume sauvage, en prenant la bouteille placée devant moi pour remplir les verres de ceux qui me suivaient; mais cette offre était en général refusée, de peur de choquer en l'acceptant, et je découvris que, même chez l'hôte le plus libéral, on ne pouvait admettre cette manière de se conduire. A une table russe, deux soupières sont ordinairement servies; mais si un étranger s'avise de demander de celle qui est au bas bout, le maître le regarde avec effroi tout le reste avec étonnement, et lui, quand il goûte ce qu'on lui a servi, recule devant un bouillon dégoûtant et abominable, destiné à ceux qui ne se risquent pas à demander le potage du haut bout. Cette soupe est le *stchi*, ou soupe à la choucroute, à laquelle on s'habitue du reste facilement.

Les voyages de Parry, de Lyon et autres ont fait connaître au public les maisons de glace des habitants des régions polaires. Le palais de glace qui fut construit à Saint-Pétersbourg n'a pas encore été décrit : je vais donc en donner ici le détail qui amusera sans doute le lecteur.

Cette construction eut lieu, lors du mariage du prince Gallitzin, avec des blocs de glace de deux ou trois pieds d'épaisseur, suivant la nécessité, qui furent enlevés sur la Néva. Après avoir bien ajusté ces blocs, on versa de l'eau entre, et une fois gelée, elle fit l'office de ciment. Tout l'édifice et son mobilier était de glace.

La longueur de l'édifice était de cinquante six pieds, sa largeur de dix-sept et demi, et sa hauteur de vingt-un. Il était construit suivant les plus sévères préceptes de l'art, et orné d'un portique, de colonnes et de statues. L'étage unique présentait quatorze fenêtres de front, dont les châssis et les vitres étaient tous de glace.

De chaque côté de la porte était un dauphin qui lançait par la bouche, au moyen de naphte, des tourbillons de flamme. Près de ces dauphins étaient deux mortiers de gros calibre qui lancèrent plusieurs bombes, et chaque charge était d'un quart de livre. A droite et à gauche des mortiers étaient trois canons chacun du calibre des pièces de trois, montés sur des affûts et sur des roues, et dont on faisait fréquemment usage. En présence de nombre de personnes attachées à la cour, un boulet fut lancé, et perça une planche de deux pouces d'épaisseur. La charge était aussi d'un quart de poudre.

L'intérieur de l'édifice se composait d'une galerie et de deux grandes chambres, une de chaque côté : le tout était meublé avec la plus grande élégance, tout en glace, tables, chaises, statues, miroirs, flambeaux, pendules et autres ornements, outre les tasses à thé, les verres, les carafes, et même des assiettes avec des provisions, étaient dans un appartement, et toutes ces provisions étaient en glace, peintes de leurs couleurs naturelles. Dans une autre chambre on voyait un lit de parade avec des couvertures, des matelas, des draps, des oreillers, deux paires de pantoufles, et deux bonnets de nuit de cette même matière.

Derrière les canons, les mortiers et les dauphins, s'élevait une balustrade peu élevée. De chaque côté de l'édifice, il y avait une petite entrée, des pots de fleurs et des orangers, partie en glace, partie naturels, sur lesquels perchaient des oiseaux. Au-delà s'élevaient deux pyramides de glace. A droite de l'une d'elles était un éléphant creux, et construit de manière à jeter du naphte brûlant, tandis qu'une personne qui y était renfermée, imitait, à l'aide d'un tube, les cris naturels de cet animal. A gauche de l'autre pyramide, était l'annexe inséparable de toutes les demeures des princes en Russie, un *banya*, ou bain.

La vue de ce palais de glace était très remarquable et très splendide; quand le soir il était illuminé, on suspendait ordinairement des transparents plaisants pour en accroître l'effet, et l'émission des flammes par les dauphins et l'éléphant augmentait l'éclat de cette masse de cristal. Cette construction fantastique resta debout du commencement de janvier à la moitié du mois de mars. Toutefois, à la fin de ce dernier mois, la fabrique transparente commença à se dissoudre, et bientôt elle tomba en morceaux que l'on porta à la glacière impériale.

Je terminerai par le portrait physique des Russes. Leurs traits généraux et caractéristiques sont une petite bouche, des lèvres minces, des dents blanches, de petits yeux et un front bas. Le nez a une grande variété de forme, mais il est le plus souvent petit et relevé. La barbe est presque toujours très touffue, et la couleur de la chevelure parcourt toutes les nuances du brun foncé au rouge, mais est rarement noire. L'expression de la physionomie est la gravité, la bonne humeur et la sagacité. L'ouïe et la vue sont ordinairement très fines; mais les autres sens sont plus ou moins obtus par l'effet du genre de vie et du climat. Les habitudes du corps ont une vivacité particulière et souvent passionnée, qui, même chez le simple paysan, est très agréable. Les costumes du peuple rappellent les habitudes de certaines villes d'Asie : mais en été, quand on a mis de côté les robes, les pelisses et les bonnets, l'effet est tout différent.

Le caractère le plus frappant des Russes est un goût pour la vie et les distinctions militaires qui fait disparaître toute autre considération, et il n'est pas rare d'entendre ces mots dans la salle du palais impérial : « Quand je vois un officier civil, il me donne mal au cœur. »

(Albert-Montémont.)

FÉLIX FONTON

(1840.)

VOYAGE AU CAUCASE.

Un autre voyageur, qui a visité en 1840 les diverses contrées du Caucase, donne sur les habitants quelques détails intéressants que nous allons reproduire d'une manière très succincte.

Les pays resserrés d'une part entre les plages de la mer Noire et la mer Caspienne, et de l'autre entre les 37°—45° lat. N, présentent deux nœuds de montagnes qui se distinguent par leur élévation : celui de l'Elbrouz au nord, et celui de l'Ararat au midi. Le premier est ce qu'on appelle proprement la chaîne du Caucase.

Elle s'élève subitement et pour ainsi dire du sein même des steppes de la Russie méridionale. A dix lieues au sud de Ghéorghievsk commencent plusieurs hauteurs, entre lesquelles se distingue le *Bechtau*, mot qui signifie cinq montagnes, et dont le sommet dépasse 4,000 pieds. La plaine ondulée sur laquelle il repose est une sorte de plateau déchiré que de profondes vallées riches en pâturages, mais où l'œil ne rencontre aucun arbre, aucune habitation. A mesure qu'on se rapproche de la grande chaîne, la forme des montagnes varie. A partir de Taman, le Caucase traverse successivement d'abord le pays des Adighes; puis, séparant les Abadzas des Abkhazes, les Kabardiens des Svanètes, pénètre chez les Ossètes, pays d'où il débouche, afin de courir vers le sud-est chez les Lesghes, et de gagner la mer Caspienne par la cime du Bechbarmak.

L'*Elbrouz* ou Elbruz est le produit le plus colossal de l'éruption qui a soulevé le Caucase; il offre un plateau allongé de 8 à 10,000 pieds de hauteur. déchiré en tous sens par des vallées étroites. et traversé dans sa longueur par une crête de rochers escarpés d'un aspect pittoresque et couverts de neiges éternelles; sa cime la plus élevée a 15,400 pieds au dessus du niveau de la mer. La neige tient facilement sur ses pentes peu rapides.

Du *mont Iless*, en Ossétie. à 3 verstes ou kilomètres du village de Chivralté, situé à 2,400 mètres au-dessus de l'Océan, et dès lors un des endroits les plus élevés du globe, s'échappent des ruisseaux ou torrents qui forment le *Térek*, dont les eaux se fraient un chemin à travers d'immenses décombres de rochers et de masses neigeuses, qu'il laisse suspendus au-dessus de son lit en arcade jusqu'au débouché de la vallée de Tirsof, où, tournant brusquement vers le nord, il pénètre dans la vallée du Kew.

Le *mont Mna*, dont la cime n'est fréquentée que par quelques bergers audacieux, est remarquable. dit M. Fonton, par l'existence du seul glacier connu jusqu'à présent au Caucase. Des avalanches encombrent les vallées et les flots écumeux de Mna-Don, jusqu'au sommet de la montagne, dont la cime argentée est flanquée à l'est par vingt-cinq aiguilles auxquelles leur position donne l'aspect d'un village ossète.

La montagne *Krestovaïa* ou la Sainte-Croix, ainsi nommée à cause d'une croix en marbre élevée sur son sommet, est traversée par la route militaire de Géorgie. C'est resserrée dans des gorges étroites et sombres que cette route pénètre, en remontant le cours du Térek, dans la vallée de Kew près de Dariel. Ces défilés sont les *pilæ caucasicæ* ou portes caucasiennes; à travers lesquelles ont passé les différents peuples qui visitèrent ces contrées. De Dariel le chemin suit le bord escarpé de Térek, puis il remonte la vallée et s'élargit en s'élevant, mais devient de plus en plus aride et sauvage. La route arrive ensuite au poste de Kobi, au pied même de la montagne de Krestovaïa, pour la gravir en totalité. A six verstes de Kobi, on atteint le hameau de Beïdar, habité par quelques Ossètes, qui, au milieu de ces gorges incultes, secourent les voyageurs égarés dans les neiges et dans les tourmentes. La descente vers la Géorgie est assez pénible et bordée de précipices jusqu'à la vallée Mliuleti, où la route devient plus praticable pour se diriger vers Tiflis.

Le mont *Arkhot* est placé à l'extrémité orientale de la chaîne du Caucase, dans le pays des Ossètes. Le mont *Barbala*, dans le Leghistan, une des fertiles et riches provinces du royaume de Perse, est constamment couvert de neiges.

La chaîne du Caucase embrasse dans son développement de l'est à l'ouest une étendue de 1,300 verstes, et voit ses sommets atteindre et dépasser partout la limite des neiges éternelles. Les principaux rameaux des deux versants, en partant de l'est à l'ouest, sont : 1° le rameau que l'*Elbrouz* projette vers le nord, qui sépare la vallée du Térek de celle du Kouban ou Kuban, et se termine par le sommet de Bechtau; 2° le rameau de Nigodiri, qui prolonge le cours supérieur du Rion ou Phase; 3° les monts *Dvaletti*, nés du mont Zikar, et qui se développent vers le sud-ouest, entre le bassin du Rion et celui de la Kura ; 4° les rameaux de *Karlalinie*, que projette le mont *Knot* ; 5° les monts *Lomissa*, émanés du mont *Gud*, et qui scindent le ksan de l'Argva ; 6° les monts du Daghestan, qui étendent leurs ramifications entre les lits du Samur et du Koï-Su jusqu'à la mer Caspienne. C'est par là que se trouve le passage étroit entre la mer et les montagnes connu des anciens sous le nom de portes d'Albanie, *pilæ albaniæ*, et que domine la forteresse de *Derbent*, mot persan qui lui-même veut dire passage étroit ; les Turcs l'appellent Demir-Kapi ou les portes de fer. C'est là aussi que commence la grande muraille qui servit, dit-on, de barrière contre les incursions des peuples sauvages du Nord.

Le nœud de l'*Ararat*, qui est le point culminant de la barrière méridionale des pays caucasiens. se trouve par 39° 42' 24" lat. N., et 2 heures 47' 50" long. E. C'est un cône de 4,120 mètres au-dessus de la plaine sur laquelle il repose, et de 4,938 mètres au-dessus du niveau de l'Océan. La crête des hauteurs qui se développent de ce point vers la mer Caspienne et la mer Noire suit une direction à peu près parallèle à celle de la chaîne du Caucase. Toutefois ce n'est que dans les cols de l'Agri-Dagh et de l'Allah-Dagh qu'elle atteint et dépasse la limite des neiges éternelles. Dans son développement de l'est à l'ouest, cette chaîne sert d'abord de limites entre le Ghuriel et le pachalik d'Akhaltsikh qu'elle scinde du nord au sud: puis serpentant entre le pachalik de Kars et celui d'Arzerans, entre le pachalik de Baïazeth et la province russe d'Arménie, elle pénètre en Perse et se dirige vers la mer Caspienne en côtoyant la rive droite de l'Araxe.

Ces diverses chaînes de montagnes donnent naissance à de nombreux *cours d'eau*, mais n'alimentent que peu de rivières ou fleuves considérables. Le Caucase nourrit le Kouban et le Térek; et de l'Ararat descendent la Kura, l'Araxe et l'Euphrate. Le Kouban débouche dans la mer Noire; le Térek et le Kura dans la mer Caspienne, et l'Euphrate dans le golfe Persique.

Le Térek a un cours de 350 verstes, jusqu'à Kizliar, où il se divise en plusieurs bras qui vont se jeter séparément dans la mer Caspienne ; ses eaux ne gèlent pas toujours, mais elles charrient annuellement des glaçons.

Le Kouban, après un cours de 500 verstes, se partage en deux bras, dont l'un va au nord-ouest gagner la mer d'Azov, l'autre, continuant de couler à l'ouest, rejoint, sous le nom de Karakouban, la mer Noire, après avoir détaché un troisième bras, qui, en gagnant aussi la mer d'Azov, dans le golfe de Temruk, forme avec le Karakouban l'île de Taman, où était située l'antique Phanagorie.

La Kura, qui naît dans le Saganluk, un des cols de l'Ararat, et dont le cours est de 230 verstes, pénètre en Géorgie, côtoie parallèlement la chaîne du Caucase, et, après avoir reçu l'Araxe, se jette dans la mer Caspienne par plusieurs bras, qui forment l'île de Saliam. L'Araxe ou Arax, côtoyant le versant nord de l'Ararat, va servir de limite au sud, entre la Russie et la Perse, jusqu'à sa jonction avec la Kura, après un cours de 90 verstes.

Enfin l'Euphrate ou Frat, qui a deux bras, le Kara-Su ou bras nord, et le Murad-Thaï ou bras sud, ou Tigre, les réunit dans le pachalik de Maydan, pour couler ensuite, sous le nom de *Chat-el-Arab*, ou rivière des Arabes, vers le golfe Persique, où le fleuve engloutit ses eaux.

Nous ne citerons qu'en passant, parmi les autres rivières des pays du Caucase, l'Inguri, qui pénètre en Mingrélie et atteint la mer Noire à Anaklia, et le Rion ou Phase, qui traverse l'Imérethi et le Koutaïs, et va arroser la Mingrélie et le Ghuriel se jeter dans la mer Noire près de Poti, après un cours de 200 verstes, trajet qui est encore doublé par les sinuosités de ce petit fleuve.

Après les montagnes et les cours d'eau, M. Fonton décrit les divers *climats* des pays du Caucase. Ils offrent d'infinies variations qu'éprouve le voyageur qui, partant du midi de la Russie, traverse ces pays montagneux pour se rendre en Perse et en Turquie. Tandis que l'Ossète grelotte, le Géorgien étouffe ; le Cosaque de Samiska gèle pendant que l'habitant d'Erivan, accablé de chaleur, est obligé d'aller chercher un peu de fraîcheur dans les montagnes. La récolte s'achève dans les pays bas lorsque le froment germe à peine dans les hautes vallées. En général, plus on remonte vers les sommités des chaînes, plus le climat est vif et rude, mais aussi plus il est salubre. Au contraire, à mesure qu'on descend vers les vallées, si la chaleur et la végétation augmentent, l'atmosphère s'épaissit et l'air devient plus lourd; la nature semble donc n'accroître ici les forces végétales que pour diminuer celles du règne animal.

Costumes tartares.

Les bassins du Kouban et du Térek abondent en pâturages : aussi les montagnards y sont-ils pasteurs. Les vallées inférieures sont très fertiles; on y cultive la vigne, le chanvre et les céréales. Les vallées supérieures offrent de belles prairies. Les bassins du centre sont très productifs, surtout vers le littoral de la mer Noire. Les plus riches vallées de la Géorgie sont dans la Kakétie, province qui est également couverte de vignobles. Le bassin du Daghestan se distingue par ses immenses plaines de froment. En un mot, les pays caucasiens peuvent être classés parmi les plus fertiles du globe. Passons maintenant à leurs habitants.

Peuples du Caucase.

Longtemps, comme le remarque avec raison M. Fonton, le Caucase a passé pour le berceau des hordes barbares qui, dans les premiers âges de l'ère chrétienne, ont inondé l'Europe. Cette erreur provenait surtout de l'ignorance où l'on était de la topographie du pays, qu'une barrière pour ainsi dire infranchissable scinde en deux zônes distinctes et presque sans communication entre elles. Les peuples des vallées méridionales n'ont jamais franchi l'arête neigeuse qui les sépare du versant nord, où l'inertie intellectuelle des indigènes tient à l'âpreté de leur climat. D'un autre côté, toujours en armes pour leur défense, les peuples du Caucase, en butte à des tiraillements éternels, ont pu être arriérés dans leur essor vers la civilisation.

Les peuples montagnards du versant septentrional du Caucase sont notamment les *Adighes*, dans le bassin du Kouban; les *Ossètes*, entre le Kouban et le Térek, et les *Kistes* dans le bassin du Térek. Les Adighes se divisent en peuplades soumises, telles que les Besléneï, au pied des montagnes, et en peuplades indépendantes, comme les Abazeks et les Abazas. Toutes ces peuplades adighes comptent environ 120,000 individus mâles. Les Ossètes sont réduits à 15,000, et les Kistes peuvent s'élever à 198,000 âmes.

ALBERT-MONTÉMONT.

FIN DES VOYAGES DE PROSPER THOMAS, LYALL ET FÉLIX FONTON.

Pesth et Bude.

QUIN.

(1834.)

VOYAGE SUR LE DANUBE.

Départ de Londres pour Constantinople. Arrivée à Pesth; cette ville. Bude ou Ofen. Je m'embarque sur un bateau à vapeur pour descendre le Danube. Aspect de ses rives. Société à bord. Peu de profondeur du fleuve. Détails sur le commerce et les productions de la Hongrie. Halte au village de Tolna.

Vers le milieu de 1834, je quittai Londres pour me rendre à Constantinople. Je pensais avec frayeur, lors de mon départ, qu'il me fallait accomplir cette longue et fatigante excursion par la voie habituelle, c'est-à-dire par terre; mais en traversant Paris, j'eus la satisfaction d'apprendre qu'on venait d'établir un service régulier de bateaux à vapeur sur le Danube, et que je pourrais ainsi descendre ce fleuve jusqu'à la mer Noire, puis de cette mer passer dans le Bosphore. La possibilité d'atteindre le terme de mon voyage par une route si nouvelle, si curieuse et si commode, était trop attrayante pour que je n'en profitasse pas. Je me hâtai donc de gagner Vienne. Toutefois, comme les rives du Danube n'offrent que peu d'intérêt entre Presbourg, où commence la navigation par la vapeur, et Pesth, la moderne capitale de la Hongrie, j'aimai mieux m'embarquer seulement à cette dernière ville. J'y arrivai le 24 septembre, entre deux et trois heures du matin, par un magnifique clair de lune; et comme, chemin faisant, j'avais recueilli certaines rumeurs fâcheuses, par exemple: selon les uns, que le *steamer*, ou, pour me servir de l'expression consacrée en Hongrie, le *dampshiffe* sur lequel je comptais, avait été la veille mis en pièces par l'explosion de sa machine; selon les autres, qu'il s'était brisé contre des rocs ou engravé faute d'eau, de manière à ne pouvoir bouger, ce ne fut pas sans un vif plaisir que je l'aperçus tranquillement mouillé près du pont de bateaux qui forme encore la communication entre les deux villes de Pesth et de Bude. Ne trouvant aucune auberge ouverte, je fus obligé d'aller, sans plus de cérémonie, chercher un asile à bord, et je n'y parvins qu'à travers une multitude de voitures, de ballots et de caisses en tout genre qui, entassés pêle-mêle sur le quai, devaient le lendemain voyager avec moi. Les gardiens du paquebot étaient tous plongés dans un si profond sommeil, que je ne pus aviser personne qui m'indiquât l'escalier descendant à la cabine. Le hasard, néanmoins, me le fit bientôt rencontrer; et vu que je n'avais pas dormi moi-même depuis trente-quatre heures, je n'hésitai pas à suivre l'exemple de ces dignes sentinelles. Je me gênai d'autant moins, que la salle où je pénétrai était presque entièrement remplie de voyageurs qui, couchés sur les banquettes, au milieu d'une étonnante confusion de malles, de valises, de sacs de nuit, de manteaux, de châles, de paniers, de cartons, de tabourets et de tables, s'enivraient à longs traits des douceurs du repos. A la lueur douteuse d'une lampe suspendue au plafond, je découvris enfin une place vide, d'un coussin je me fis un oreiller, et, boutonnant ma redingote, je me flattai de l'espoir d'un bon somme. Mais à peine avais-je clos les paupières, soudain un tel vacarme de voix, de tels éclats de rire résonnèrent autour de moi, que je me crus un moment emprisonné, en punition de mes péchés, dans quelque chambre enchantée où le sommeil était particulièrement défendu. C'était une bande de nouveaux passagers, habitants de la ville, qui nous arrivaient, et qui, assez heureux pour avoir passé la première partie de la nuit dans leurs lits respectifs, tout contents de la traversée pittoresque qu'ils allaient entreprendre, ne pouvaient modérer les élans de leur joie. Cependant, l'aurore n'était pas encore près de paraître, et j'espérai d'abord que les nouveaux venus imposeraient au bout de quelque temps silence à leur incommode gaîté, mais, vain espoir! le tapage continua jusqu'au jour; et alors, Dieu me pardonne! .. je comptai, parmi les intrus que j'avais tous envoyés mille et mille fois au diable, une moitié au moins de très jolies Hongroises.

Du Danube, la ville de Pesth présente un fort bel aspect. Elle est généralement bâtie dans un style d'architecture moderne, et beaucoup de ses édifices publics, beaucoup de ses habitations particulières ne manquent pas de splendeur. *Presbourg* est, quant au nom, la capitale de la Hongrie; mais cette cité, aux yeux d'un Hongrois, a un défaut qui ne rachète: elle est trop près de Vienne. Aussi ne peut-elle rivaliser avec Pesth pour tout ce qui concerne soit les sciences et les arts, soit les plaisirs et les amusements. C'est à Pesth que les gens du beau monde vont passer la saison fashionable, donner leurs bals, dépenser leur argent, et se livrer aux intrigues tant politiques que galantes. *Bude*, ou, comme les Hongrois l'appellent, *Ofen*, communique avec Pesth par un pont de quarante-sept grands bateaux, attachés avec des chaînes et couverts d'un parquet. Ce pont a, dit-on, trois cents verges de longueur, et est construit de telle sorte que deux ou trois des bateaux avec leur plancher peuvent se séparer des autres afin de laisser passage aux diverses embarcations qui montent ou descendent le Danube. Mais, en hiver, pour peu que le fleuve charrie, il devient nécessaire de garer le pont tout entier; et il en résulte que les communications entre les deux villes sont presque complétement interrompues jusqu'à ce que la rivière soit tout-à-fait prise et que la glace offre un passage sûr. Or, comme il n'y a guère moins de société, guère moins de fêtes à Bude qu'à Pesth, les dames de l'une et l'autre rive ont avec empressement donné leurs douces voix au projet de remplacer le pont de bateaux par un pont de pierre qui leur permettra de répondre en tout temps à leurs invitations réciproques. Pour subvenir aux dépenses que l'exécution de ce projet doit nécessiter, il paraît qu'il sera perçu de chaque passant un droit de péage dont nul ne pourra être exempt. Jamais on n'avait ouï parler en Hongrie d'une pareille innovation, depuis que le Danube coule. Un noble Hongrois est, en effet, dispensé par son rang de payer aucune espèce d'impôt. Mais les dames de Bude et de Pesth avaient résolu que les caprices de l'hiver ne devaient pas plus longtemps les empêcher de se réunir, et elles ont tellement intrigué près de leurs pères, leurs maris, leurs frères, leurs amants, qui se trouvaient membres de la diète, que la mesure a fini par être adoptée, et qu'elles auront bientôt leur pont de pierre.

Pesth, le *Transacincum* des Romains, est le siège du commerce de la Hongrie, et renferme environ quarante mille habitants. Elle est divisée en deux villes, l'ancienne et la nouvelle. Les rues sont gaies, bruyantes, toujours remplies de monde, surtout de paysans, quelques-uns vêtus de leurs habits de fête, mais la plupart enveloppés dans d'épais manteaux, qui viennent vendre leurs denrées ou faire des achats. Les marchands indigènes sont assis la pipe à la bouche, aux portes de leurs boutiques, entre une balle de tabac et une grosse tonne d'eau-de-vie. Des boulangers, portant sur l'épaule une élégante corbeille remplie de pains, trottent de toutes parts, et annoncent leur passage au son criard d'une petite trompette de bois. A chaque pas on rencontre des Juifs, des Arméniens et des Turcs, chacun dans le costume de leur pays; des voitures bourgeoises, des charriots rustiques traînés par des bœufs, une multitude de fiacres, vous barrent continuellement le chemin. Il y existe deux théâtres: l'un où se jouent des pièces allemandes, est fort vaste et bâti dans un style presque antique, l'autre, d'une architecture plus modeste, ne représente que des pièces hongroises. A ce dernier, dans les entr'actes, on exécute souvent des airs nationaux sur le *dudelsack*, qui est la cornemuse hongroise, et qu'accompagnent plusieurs autres instruments à clochettes, d'après la mode des Turcs. Un instrument non moins favori des Hongrois est le *langspiel*, qu'on a retrouvé en Islande; il a deux pieds de longueur, se pose sur une table, et l'exécutant frappe les cordes avec un bâton. Mais rien n'est plus curieux à Pesth que la foire qui, quatre fois l'an, s'y tient sur une vaste place au milieu de la ville, et où se vend une énorme quantité des produits de toutes les diverses manufactures d'Autriche. Aux mêmes époques, les richesses propres à la Hongrie, lesquelles consistent en des productions agricoles, sont aussi exposées en vente dans les principales rues des faubourgs. Laines, draps, fourrures, étoffes de soie, de lin et de coton; cuirs, fers, quincaillerie et poterie; cire, chanvre et suif; chaussures, chapeaux et habillements de toute sorte, objets de luxe et outils en tout genre, se donnent comme rendez-vous à cette foire. On y compte, d'autre part, les chevaux ou dressés ou sauvages par centaines, et les moutons, les bœufs par milliers.

Bude, ou Ofen, est le siège du gouvernement hongrois, et contient presque autant de population que Pesth. La forteresse, située sur des rocs qui s'élèvent au bord du Danube, renferme les palais de l'archiduc-palatin et de plusieurs nobles personnages, l'arsenal, le théâtre, plusieurs églises, et semble former elle-même une ville complète. Sur un rocher encore plus haut, qui les domine, et qu'on appelle *le Bloksberg*, est un observatoire. Un magnifique quai s'étend tout le long du Danube, et de belles rues, ornées d'élégantes maisons avec jardins et d'églises bien bâties, courent dans différentes directions. Les deux villes, quand on les regarde du fleuve, produisent un effet assez imposant. Outre leurs théâtres, elles ont des cafés, des jardins publics et de jolies promenades, qui, dès que le temps est beau, se couvrent de monde.

Au lieu de partir à quatre heures, comme on l'avait annoncé, notre dampschiffe ne partit qu'à sept, tant il y eut à embarquer de carrosses, de marchandises et de voyageurs! La matinée était superbe. Chemin faisant, nous dépassâmes plusieurs de ces curieux moulins à farine dont le Danube est encombré. Ces machines flottantes sont d'une construction fort simple. Une maison de bois est fixée dans une grande barque grossière, amarrée à l'endroit où le fleuve est le plus rapide. Distante de quelques pas et plus petite, il y en a une autre placée parallèlement à la première. Dans l'intervalle qui les sépare, est suspendue la roue que fait mouvoir la vélocité seule du courant. Ces moulins, dont dix ou douze quelquefois se suivent immédiatement, sont souvent très pittoresques et donnent de la vie aux scènes environnantes. Mais, quelque utiles qu'ils puissent être à la population des deux rives du Danube, où il n'existe pas de hauteur pour des moulins à vent, on doit reconnaître qu'ils apportent de sérieux obstacles à la navigation. Ils occupent généralement les meilleures parties du fleuve, et tendent à former ou accroître, dans leur voisinage, des bancs de sable qui, lorsque les eaux baissent, causent, ainsi que nous l'éprouvâmes plus loin, de graves inconvénients.

Je ne crois pas qu'aucune rivière d'Europe décrive autant de sinuosités que le Danube. Ses coudes nombreux, qui d'une certaine distance ont l'air de promontoires, ajoutent donc beaucoup aux difficultés des navigateurs, lorsqu'ils ont à lutter contre le courant. Rien ne m'amusait plus que de voir une barque du pays cherchant à doubler une de ces pointes. C'est, en général, une lourde et disgracieuse machine, construite de chêne, couverte d'un haut toit, et chargée jusqu'au faîte de tout ce qu'on désigne d'ordinaire dans cette contrée sous le nom de *fruit*, c'est-à-dire de vin, de poutres, de laine, de foin et d'autres productions de la campagne. La barque monte, remorquée par une force qui d'abord n'est pas très visible. Vous l'apercevez qui s'avance au bout d'une longue corde, sans trop savoir dans le premier moment par quoi ou par qui cette corde est tirée ; mais ensuite, si vos yeux peuvent distinguer un détour du fleuve à peut-être un mille d'éloignement, vous découvrez là une douzaine de paysans hongrois qui, robustes et demi-nus, attelés comme des bêtes de somme, suent sang et eau pour traîner l'énorme masse qui les suit. Les mariniers plus riches, cependant, emploient souvent des chevaux à cette besogne, et alors la scène est beaucoup plus animée. Vingt et quelquefois trente de ces animaux, à moitié sauvages, sont nécessaires pour produire une puissance motrice capable de vaincre la résistance terrible que le courant oppose sur certains points. Presque toutes les paires de chevaux appartiennent à des maîtres différents, qui ne céderaient pour rien au monde le droit de les fouetter eux-mêmes. Quoique paysans, ils sont très probablement nobles, et regardent comme un de leurs privilèges de conduire leurs chevaux à leur guise. Malgré un soleil brûlant, ces conducteurs gardent toujours leurs vastes manteaux, qui sont aussi essentiels à la dignité d'un noble paysan hongrois que leurs chapeaux à larges bords rabattus sur leurs visages basanés. La grande route, ou du moins le chemin qui traverse tantôt de verdoyantes prairies, tantôt des sables, et qui est le plus fréquenté dans cette direction, se rapprochait de temps en temps des bords du fleuve, et parfois nous donnait des échantillons du commerce intérieur de la contrée. Ici, une grossière charrette, chargée de toisons, au sommet desquelles était juché un grand paresseux qui fumait, et attelée par huit ou dix misérables chevaux, se mouvait avec la lenteur d'un colimaçon, l'essieu de bois produisant sans cesse une espèce de musique assez aigre pour réveiller un mort. Là, une voiture du genre moins imparfait, une sorte de charriot, rempli peut-être de melons aquatiques, de blé indien ou de légumes, et se rendant à quelque marché du voisinage, apparaissait sur la scène, traîné par des chevaux de beaucoup meilleure mine dont les harnais étaient luisants. Les conducteurs de ces charriots étaient en général les cultivateurs eux-mêmes du sol qui avait produit les denrées, et rien ne montrait mieux leur aisance que la finesse de leur costume, dont un gilet à boutons de métal et une profusion de broderies de soie formaient le principal ornement. Après eux venait, soit une troupe de cavaliers galopant sur d'ardentes et belles bêtes, soit une famille entassée dans une espèce de carriole d'osier qu'on retrouve dans toutes les parties de la Hongrie.

Je trouvai un compatriote dans le capitaine du bateau à vapeur, et il fut pour moi durant toute la traversée aussi communicatif que poli. Au contraire, il rudoyait à tout propos mes compagnons de voyage, et les traitait avec une hauteur vraiment comique. Il semblait croire que personne, à moins d'avoir pour patrie l'Angleterre, n'était digne de respirer le même air que lui. A dire vrai, nous avions à bord la compagnie la plus bizarrement mélangée qui jamais peut-être se soit trouvée réunie dans un même *steamer*. C'était, en premier lieu, une centaine de Tyroliens qui se dirigeaient vers la principauté de Transylvanie, où ils comptaient s'établir et travailler aux mines appartenant à l'empire d'Autriche. Parmi ces gens, il y en avait de tout âge et de tout sexe. A côté de vieillards à chevelure argentée, on voyait des enfants que leurs mères allaitaient encore. Les uns étaient couchés sur le pont et dormaient ; les autres se promenaient de long en large, parlaient, écoutaient, fumaient, sifflaient, chantaient, ou regardaient l'épais nuage que la cheminée du fourneau lançait vers le ciel ; d'autres, réunis en famille, et agenouillés en rond, se rendaient réciproquement, et sans se douter qu'un pareil spectacle pût être désagréable aux yeux des étrangers qui les entouraient, le service de se débarrasser les cheveux de leurs innombrables habitants ; tous enfin, hommes et femmes, portaient les costumes les plus splendides, mais sales et fanés : des pieds à la tête, ils n'étaient que pierreries fausses, plumes, rubans, broderies et galons ; mais ces ornements de l'état le plus pitoyable ne servaient qu'à trahir avec d'autant plus d'évidence la misère des pauvres exilés qui s'en allaient au hasard chercher une patrie. Il y avait ensuite une troupe de comédiens ambulants, un charlatan français, un poète italien, un petit homme qui devait être un espion russe, puis bon nombre de ces individus qui semblent n'exister sur terre que pour convertir en chair et en sang, pendant l'espace moyen de la vie humaine, les substances animales et végétales. A l'écart de tout ce monde qui s'agitait sur le pont, se tenaient un Juif déjà vieux, d'un extérieur très prévenant, et sa fille encore jeune, pâle, mince et intéressante personne. Ils étaient habillés à la turque. Comme je passais près d'eux, le père me souhaita le bonjour en espagnol, ce dont je fus passablement étonné. Mais, après plus intime connaissance, j'appris qu'il descendait d'une de ces familles juives qui expulsées d'Espagne sous le règne de Ferdinand et d'Isabelle, avaient été autorisées à s'établir en Servie, et dont la postérité y résidait encore. Or, la langue espagnole est parlée par tous ces Juifs, de préférence même à celle du pays de leurs pères, tant ils se transmettent les uns aux autres une vive affection pour les royaumes autrefois moresques de la péninsule ! Dans la cabine de l'avant, une trentaine de nobles Hongrois, groupés autour de diverses tables, jouaient aux cartes, et ils employèrent ainsi toute la matinée. Les enjeux étaient assez considérables, et parfois les gagnants les ramassaient avec des yeux pétillants de joie. Ces personnages, tous remarquables par leur air distingué et leurs bonnes manières, me témoignaient généralement beaucoup de politesse, mais par gestes plutôt qu'en paroles ; car des nombreux idiomes de l'Europe, ils ne parlaient que celui de leur propre pays, et nous ne pûmes un peu converser ensemble qu'en appelant de part et d'autre à notre secours les bribes de latin qui de notre éducation classique nous étaient restées dans la mémoire. Il se trouvait aussi là une dizaine de dames, mais il me fut tout-à-fait impossible d'échanger un seul mot avec elles, tant leur instruction était nulle sous le rapport des langues.

Vers une heure on servit le dîner. J'ignore si c'était le voyage qui nous avait aiguisé l'appétit, mais tous nous fîmes honneur aux plats nombreux qui successivement parurent sur la table. Que ne puis-je donner les mêmes éloges au vin qu'il nous fallut boire ! Il était aussi pâle de couleur qu'aigre de goût, et ne valait pas à beaucoup près la plus petite bière. La Hongrie, sans doute, produit quelques-uns des vins d'Europe les plus délicieux, mais ceux-là, je le dis, je n'eus jamais le bonheur de les y rencontrer, et habituellement on n'y boit que de détestable piquette. La cause en est que presque toutes les vignes du pays sont possédées par les paysans, qui visent bien plus à la quantité qu'à la qualité. Néanmoins, les vignobles qui entourent la ville de Tokai sont renommés à juste titre. Ils couvrent un espace d'environ sept lieues carrées. On laisse les raisins sur les ceps, jusqu'à ce qu'ils soient à demi desséchés et pleins de sucre. On les cueille alors avec le plus grand soin, et on les dépose dans un tonneau dont le fond est percé de petits trous, de manière à laisser échapper telle portion du jus qui veut en sortir sans qu'on les presse aucunement, et qui sous le nom d'essence de Tokai est si estimée. On vide ensuite les grappes dans un fouloir, et on les foule avec les pieds, mais légèrement. La liqueur ainsi obtenue forme ce fameux vin qui à Vienne coûte souvent 25 francs la bouteille, et que même on ne se procure pas sans peine à ce prix. Les vignes de Tokai appartiennent en majeure partie à l'empereur d'Autriche, quoique des nobles Hongrois en possèdent aussi quelques petits clos. Le vin de Meneser, au dire de certains connaisseurs, vaut celui de Tokai. Viennent ensuite les vins d'Adenbourg, de Ruszt, de Saint-Gyorgy et d'Ofen.

Le repas fini, je remontai sur le pont, et alors le mécanicien du bateau, qui était natif de Birmingham, me fit faire connaissance avec un jeune Anglais que je n'avais pas encore remarqué parmi la foule. Ce dernier était au service d'un seigneur qui possédait de vastes propriétés aux environs de Tolna (bourg que nous devions atteindre au coucher du soleil), et qui, comme la plupart des nobles du pays, mettait beaucoup d'importance à avoir un fils de la vieille Angleterre pour diriger son haras. Comme il occupait ce poste depuis quelque temps, je le trouvai à même de me donner sur la Hongrie des détails assez intéressants. Le souverain avait autrefois coutume de conférer un titre de noblesse à chaque individu qui dans une bataille tuait un ennemi. Ces titres malheureusement devinrent héréditaires, et il en résulte qu'une moitié à peu près des Hongrois qu'on rencontre ou sont réellement nobles ou prétendent l'être. La plupart de ces espèces d'aristocrates ont à lutter contre la misère la plus profonde. Ils sont trop fiers pour travailler, et, ne possédant rien, vivent de pillage. Chose incroyable! ils se rendent en plein midi à un champ de maïs, le plus beau qu'ils peuvent trouver dans le voisinage, avec des chevaux et des charrettes qu'ils ont empruntés ou volés exprès; ils coupent autant de gerbes que bon leur semble et les emportent, sans que le pauvre cultivateur qui regarde de loin ose l'empêcher; car s'il en faisait mine, sa vie courrait de grands risques. Les lois tolèrent de tels brigandages. Bien plus, ces maraudeurs se brouillent-ils avec quelqu'un, et le cas arrive souvent, vu qu'ils sont très querelleurs, ils l'attaquent et le tuent : ce crime restera impuni ; au lieu que si l'un d'eux reste sur la place dans une bataille, ils obtiennent immédiatement réparation. Ils se donnent le nom d'*Edelmen*, qui semble leur être un garant d'impunité pour toute sorte d'infamie. Il y a pire encore que ces Edelmen : ce sont des brigands plus désespérés qui errent par bandes dans tout le pays. Un beau soir ils arrivent chez vous au nombre de cinq ou six, et vivent à vos dépens aussi longtemps qu'ils le jugent convenable. Si vous ne faites pas bon visage à ces hôtes improvisés, si du moins vous ne leur donnez pas à manger en abondance, ne buvez pas avec eux, et ne prenez ainsi part à leur conversation, et enfin ne les traitez pas tout-à-fait comme les bienvenus, probablement après avoir consommé vos provisions, ils vous roueront de coups, puis ils échapperont aux poursuites en se cachant dans les bois. Il faut reconnaître, en même temps, que les Hongrois qui n'appartiennent ni à l'une ni à l'autre de ces deux classes de pillards sont, en général, de fort braves gens. Sans doute, quand ils veulent un objet quelconque, ils attrapent l'acquéreur s'ils le peuvent; mais, du reste, ils sont polis, affables, honnêtes : presque tous s'occupent d'agriculture. Les fermiers paient en nature aux propriétaires de leurs fermes le prix du fermage, qui d'ordinaire est fixé à une moitié de toute la récolte. Tous les ouvriers que les cultivateurs emploient sont payés de même. C'est ainsi que les batteurs sur cinq mesures de grains en reçoivent une pour leur salaire. Cette méthode est fort commode. Et de fait, je ne vois guère comment on en pourrait suivre une autre, tant il y a peu d'argent monnayé en Hongrie.

Cependant nous avancions grand train. Après avoir quitté Pesth, nous avions bientôt rencontré l'île immense de *Ratoykovi*, qui appartient au duc de Saxe-Teschen; elle est parsemée de villages qui de très loin me parurent dans un état d'heureuse prospérité, et couverte en partie de bois vigoureux et pittoresques. Au-delà de cette île, à droite, est le bourg d'*Adony* où se tient chaque semaine un important marché, et dont néanmoins les maisons n'ont que des toitures de chaume. D'Adony à *Foldvar*, la contrée paraît être une de ces vastes plaines, incommensurables à l'œil, qui abondent en Hongrie, et qui, en certains endroits, sont revêtues de gazon, en certains autres n'offrent que des sables, toutefois susceptibles de culture. Les pâturages qui s'étendaient ainsi à notre droite peuvent, à ce qu'il paraît, donner une idée exacte de la portion de pays appelée *le Banat*, qui se prolonge à l'est de la rivière de Theiss. Là paissaient de grands troupeaux de moutons et de bœufs, gardés par des bergers qui d'habitude se couchent à terre enveloppés dans leurs épais manteaux de laine, tandis que leurs bidets, sur lesquels ils suivent leurs bestiaux, broutent à côté d'eux. Au-dessous de Foldvar se montra une vaste étendue de terres à grains ; des vignobles s'élevaient aussi de toutes parts, séparés par des haies que décorent en été les fleurs du lilas et de l'épine-vinette. Passé Packs, le sol semble convenir parfaitement au tabac, dans les endroits du moins où il n'est pas envahi par des tourbillons de sable, car ils changent aussitôt, dès qu'ils s'y posent, la plaine en un désert.

A six heures du soir nous atteignîmes *Tolna*, nous y jetâmes l'ancre pour la nuit. Comme je témoignais au capitaine mon étonnement de ce que nous dussions ne pas nous remettre en route avant le lendemain, malgré la lune qui dans ce climat brille avec tant de splendeur. « Et les rocs, et les bancs, et les bas-fonds! » me répliqua-t-il. En effet, il n'existait pas encore, en 1834, pour le Danube, de carte qui indiquât aux navigateurs ces divers obstacles; nous avions touché deux ou trois fois pendant la journée; et il avait fallu que deux hommes restassent continuellement postés à l'avant pour sonder la route avec des bâtons. Nulle part ils n'avaient trouvé plus de six à sept pieds d'eau, et je craignais bien que nous ne vinssions à nous engraver, crainte que la veille je n'eusse certes pas songé à concevoir sur le Danube. Je m'étais plutôt imaginé qu'il nous serait surtout difficile d'y éviter la dangereuse rapidité du courant, car je me représentais ce fleuve à peu près comme une magnifique inondation qui se précipitait avec fureur vers l'Euxin. Mais, à mon extrême surprise, il était beaucoup plus bas que ses bords, et souvent d'une telle lenteur qu'il ressemblait plutôt à un lac qu'à la principale rivière d'Europe. Aussi, le Danube, pour peu qu'on nettoyât son lit, et de l'argent on y parviendrait sans peine, serait-il admirablement propre à la navigation par la vapeur. Dès lors, les avantages que la Hongrie en retirerait sous le point de vue commercial seraient incalculables. La moindre carte de ce pays montre en effet qu'il est coupé dans presque toutes les directions par des rivières dont la plupart sont ou navigables, ou propres à le devenir aisément, et communiquent avec le Danube. Un commerce intérieur, très considérable, existe déjà en Hongrie, par suite de l'extrême différence du climat de ses provinces du nord et du midi, et à cause de la grande variété de ses productions. En outre, de Pesth, comme point central, rayonnent différentes lignes de communication vers l'Autriche, la Moravie et la Silésie moravienne, la Gallicie, la Transylvanie, la Turquie, la Croatie, Trieste et Fiume. Si donc on purgeait le Danube des obstacles qui en gênent la navigation, nul doute que la Hongrie n'acquît bientôt une vaste importance commerciale. Ainsi, seulement ses fabriques pourraient prendre quelque étendue, car aujourd'hui elles n'en ont guère. Elles ne produisent encore que de grosses toiles, de méchants calicots, du mauvais papier, de l'eau-de-vie de grains, de raisin ou d'autres fruits, et de l'huile extraite de la graine de lin, de navet, de pavot et de soleil. Mais on prépare en quantités énormes le tabac à priser et à fumer A Edenbourg et à Fiume sont établies des raffineries de sucre. La fabrication des draps et des étoffes de laine est encore peu avancée, toutefois se fait des flanelles à Stulhweissenbourg et dans beaucoup de parties du Zips, et les Croates ainsi que les Esclavons tissent de grosses couvertures imperméables pour manteaux. On a tenté d'élever et de manufacturer la soie à Grosswardein, à Presbourg, à Altofen, à Pesth et en d'autres lieux, mais jusqu'à présent sans succès. Les orfèvres ne peuvent encore suffire au besoin de bijoux et de vaisselle. Les forges pour le fer abondent dans le Græmcer, le Zips et le Liptau ; l'acier de Dios-Gyor est excellent ; néanmoins presque tous ces produits se tirent de Vienne et de Styrie. Plusieurs manufactures de verre commun et de poteries sont répandues dans la contrée. Débretzin est fameux pour ses pipes, et la faïence d'Holitsch jouit d'une haute renommée ; mais là se termine la liste des objets de fabrication propres à la Hongrie, et ses principales ressources ses véritables richesses sont dans ses mines, dans ses vignobles, dans ses moissons et dans ses troupeaux. On trouve aussi du soufre en beaucoup d'endroits du pays. Des traces de charbon de terre y sont également disséminées partout ; mais les veines jusqu'à présent découvertes ne sont pas de grande valeur. Enfin la tourbe abonde en Hongrie, ainsi que le sel, la soude, le salpêtre et l'alun.

Profitant de l'occasion, je descendis à terre pour passer la nuit, s'il était possible, dans un lit ; mais quand j'arrivai au village de Tolna, et que je me présentai à l'unique auberge du lieu, je reconnus n'avoir pas assez fait diligence. Presque tous mes compagnons de voyage m'avaient devancé et s'étaient si bien établis dans la maison, qu'il n'y restait plus le moindre coin pour moi. Je m'adressai à l'hôtesse elle-même pour demander une chambre ; mais elle découpait avec tant d'ardeur un quartier de veau pour apaiser les cris faméliques de ses nombreux locataires, elle avait à donner tant d'ordres à ses filles, à surveiller tant de pots devant le feu et tant de casseroles sur les fourneaux, qu'après d'inutiles efforts je renonçai à obtenir son attention. Je m'en allai donc tout seul à la découverte, résolu, si je pouvais trouver un appartement vide, de m'y installer sans plus de cérémonie. Ma première tentative fut assez malheureuse ; car, ouvrant une porte, je me trouvai en face d'une dame qui allait se mettre au lit et de son époux qui se déshabillait pour l'y accompagner. J'entrai ensuite dans une pièce qui me parut servir de magasin à des provisions de toute sorte, raisins, farine, fèves, ognons, vin, foin, vieux meubles, chaises cassées ; puis, dans une autre occupée par une bonne avec trois ou quatre enfants qui beuglaient de toute leur force ; enfin, dans une salle où des officiers autrichiens jouaient au billard, et qui était tellement remplie de fumée que je n'y pus demeurer deux secondes. Ainsi repoussé partout, je repris, bon gré mal gré, le chemin du paquebot, où je dormis tant bien que mal sur une des banquettes de la cabine.

Tolna, avec une partie considérable du pays environnant, appartient tout entier à un seul seigneur. Ce n'est plus aujourd'hui qu'un village, mais c'était autrefois une ville de quelque importance. En 1518, le roi Louis II y tint une assemblée des états. Les habitants sont allemands pour la plupart et ne s'occupent guère qu'à cultiver du tabac, le plus beau, dit-on (je présume qu'on veut par-là dire le plus fort), que la Hongrie produise. C'est peut-être pour cette raison qu'on le préfère à celui de Szegedin, d'Arad et de Débretzin. On cultive aussi du safran dans le district de Tolna, mais en quantité de beaucoup inférieure au besoin de la consommation. Le safran d'Autriche, qui est célèbre, se récolte principalement aux environs d'Ulm, de Wagram, d'Herzogenbourg et de Ravelsback : il n'y a donc aucun motif, du moins par rapport au climat, pour que ce district n'en produise que si peu.

Continuation du voyage. Engravement de notre bateau. Villes de Vuckovar et de Kamenitz ; de Neusatz et Peterwardein, de Carlowitz et de Semlin. Belgrade ; Semendria ; magnifique largeur du Danube devant ces cités. Iles. Vipalanka et Rama. Nombreux détours du fleuve de Rama à Vidin. Moldava. Faute d'eau, nous quittons le steamer et nous poursuivons notre route sur un simple bateau plat. Chaînes de montagnes entre lesquelles coule le Danube. Aspect pittoresque de ses rives. Rapides. Bergères valaques. Village de Swinich. Arrivée à Orsova. Précautions contre la peste.

Le lendemain, dès la pointe du jour, nous continuâmes notre route. La rive droite du fleuve était garnie d'une haute et noire forêt ; sur la rive gauche, nous aperçûmes plusieurs longs villages épars, près desquels étaient de fort belles vignes. Certes, les raisins qu'on servait sur notre table étaient bien les plus délicieux dont j'eusse jamais goûté, et me confirmaient dans mon opinion qu'il faut attribuer l'infériorité du vin de Hongrie, en général, au mode défectueux de sa fabrication. Vers midi, nous fîmes une halte à Mohacs pour y prendre du bois et du charbon. Le dernier de ces deux combustibles se trouve à une courte distance du Danube, dans l'intérieur de la contrée ; les grains en sont petits et pierreux ; mais quand on les mêle avec le premier, il donne un feu très vif. Le bois et le charbon furent amenés au bateau dans des brouettes que manœuvrèrent de grandes et robustes filles. Des centaines d'hommes se promenaient, les bras croisés, au bord de l'eau ; mais par fainéantise, pas un d'entre eux n'eut la galanterie d'assister les pauvres travailleuses, de manière que, leur besogne devant durer quelques heures, nous eûmes le temps de descendre à terre et d'aller nous promener dans la ville. Quand le paquebot s'arrêta, la ville fut bientôt encombrée par les groupes de paysans, hommes et femmes, qui brillaient par leur bonne mine. Les premiers étaient vêtus d'une large chemise, d'un large gilet et d'un large pantalon, le tout fait de grosse toile. Leurs pantalons, principalement, avaient une telle ampleur, que de loin ils ressemblaient à des cotillons. Leurs chapeaux étaient de la dimension usitée en Hongrie, et généralement leur chaussure ne consistait qu'en des sandales sans bas. La coiffure des femmes se bornait, pour presque toutes, à un simple mouchoir bleu noué sous le menton ; elles ne portaient ni sandales ni bas. Leurs robes étaient de calicot ordinaire, bleu, rouge, vert, mal imprimé, et, je crois, de fabrication allemande. Plusieurs vingtaines de ces femmes, dont les plus jeunes étaient décorées d'une profusion de colliers de différentes couleurs en verre ou en corail, étaient assises en demi-cercle, vendant des fruits. Sur leurs corbeilles étaient entassés des noix, de magnifiques raisins, des pommes et les plus beaux melons que j'aie vus. Si insignifiant que *Mohacs* paraisse aujourd'hui, il fut autrefois en 1525, le théâtre d'une bataille très importante entre les Hongrois et les Turcs, commandés les uns par Louis II, les autres par Soliman-le-Magnifique. Les habitants l'appellent encore une ville ; mais on peut, suivant moi, plus justement dire que c'est un fort village, bâti avec la plus rustique simplicité. Les maisons, généralement, consistent en des murs de terre dont la toiture est fermée par de longs roseaux, et s'élèvent chacune au milieu d'un haut palis d'osier qui enclôt un espace de terrain assez considérable, où se trouvent une basse-cour, un puits et quelquefois un jardin. Des rangs de ces maisons ainsi détachées forment plusieurs rues irrégulières, de chaque côté desquelles sont plantés des arbres touffus. On entendait des coqs chanter dans toutes les directions; autrement, on aurait à peine pu croire que la place était habitée, tant il y régnait un profond silence. Les chiens mêmes étaient muets, endormis par l'excessive chaleur.

Nous ne repartîmes de Mohacs que vers les trois heures. Comme dans le courant de la soirée de ce jour j'aperçus pour la première fois quelques barques de pêche, je me flattai de l'espoir que nous commencions à entrer dans la partie la plus profonde du fleuve qui, large comme il était alors de tout un mille, ne ressemblait pas mal à une mer intérieure. Les bords, à dire vrai, étaient encore bas et sablonneux, ce qui ôtait à sa beauté; mais le commencement d'une forêt qui se montrait à gauche, et dans le lointain à droite une montagne conique qui s'élevait au-dessus d'une chaîne de collines, indiquaient un prochain changement de scène. Tandis que je rêvais, quoique en plein jour, aux spectacles nouveaux qui allaient sans doute se présenter à nos yeux, un choc soudain, peu violent toutefois, nous avertit que nous étions complétement engravés. En vain, pour nous sortir de ce mauvais pas, recourut-on à tous les expédients ordinaires. Il fallut se résoudre à débarrasser le bateau de son chargement, dans l'espérance qu'alors il se remettrait de lui-même à flot; mais comme cette opération devait durer quelques heures et que la journée tirait à sa fin, nous fûmes obligés de demeurer immobiles toute la nuit. Les Tyroliens contribuèrent beaucoup à nous consoler de notre infortune, car ils nous chantèrent en chœur quelques-unes de leurs mélodies nationales les plus délicieuses. D'ailleurs, la soirée était magnifique. Une vive teinte d'or embrasait l'atmosphère tout autour de l'horizon, tandis que dans l'azur transparent de la voûte qui recouvrait nos têtes resplendissaient des myriades de mondes, visités de temps en temps par des météores qui passaient, comme de séraphiques messagers, d'une région des cieux à une autre. La pâle lune se leva tard, et si bas dans le firmament, qu'elle sembla une apparition évoquée par quelque enchanteresse du sein des eaux qui nous environnaient. Dans la cabine, nous passâmes presque toute la nuit à jouer aux cartes.

Le lendemain 26, un vaste bateau à fond plat vint se ranger le long de notre steamer, et l'équipage, avec le secours de nos Tyroliens, transporta en une couple d heures la plus grande partie de la charge de celui-ci sur celui-là. Le paquebot, se trouvant ainsi allégé, ne toucha bientôt plus au banc de sable qui l'arrêtait, et rencontra, à une distance de quelques pieds, une profondeur d'eau suffisante. On le rechargea dès lors, et à une heure de l'après-midi nous reprîmes notre marche. Les deux rives du fleuve ne nous offrirent encore, le reste du jour, rien de plus intéressant que par le passé. La contrée était toujours garnie de forêts. A droite seulement j'observai les ruines d'une vieille fortification, dont une tour ronde et la principale redoute étaient debout çà et là; du même côté, nous remarquâmes des villages bâtis dans le même style que Mohacs. D'immenses compagnies de canards sauvages partaient de temps en temps, mais il nous fut impossible d'en tuer un seul. Pendant la soirée le gaillard d'avant se transforma en une boutique de barbier, où le rasoir était tenu par une Tyrolienne; et elle s'acquittait si bien de sa besogne que nous n'hésitâmes pas, les plus nobles Hongrois et moi-même, à lui confier notre menton. Quand cet indispensable soin de toilette fut terminé, des prières furent dites par les Tyroliens qui tous s'étaient réunis exprès, après quoi une vieille matrone les aspergea d'eau bénite, et on alla se coucher.

Les villes de Vuckovar et de Kamenitz que nous dé-passâmes sur notre droite, le jour suivant, mais sans les visiter, me parurent de loin n'être pas sans quelque importance. La première se glorifie d'un beau couvent de moines et de plusieurs églises, qui, pour moi du moins, me semblèrent d'une rare magnificence. Des arbres ombrageaient les rues comme de coutume. Plusieurs bateaux chargés de poteries noires étaient dans son petit port, et des groupes de jeunes filles s'occupaient, au bord du fleuve, à puiser de l'eau. Elles l'emportaient dans des cruches suspendues à l'extrémité d'un bâton élastique qui se balançait sur leur épaule droite. Non loin de Vuckovar, sur une montagne escarpée qui domine immédiatement le Danube, est un autre monastère. Cet établissement, qui appartient aux Franciscains, est si considérable qu'on dirait presque une ville tout entière. Le pays, à mesure qu'ensuite nous approchâmes de Peterwardein, s'améliora beaucoup d'aspect. A droite, d'onduleuses montagnes boisées d'arbustes, des villages occupant des positions pittoresques sur les hauteurs et les clochers de leur église, car tous en ont une, qui s'élevaient au-dessus des bois, annonçaient une portion de la Hongrie, plus fertile, plus populeuse et plus cultivée que nous ne l'avions encore vue depuis notre départ de Pesth.

Nous atteignîmes *Neusatz*, en face de Peterwardein, à deux heures. Comme le paquebot devait y faire halte jusqu'à trois, j'allai me promener dans la ville, qui consiste en de longues rues, récemment bâties et pleines de boutiques où se vendaient mille colifichets, des épiceries, des étoffes, des encensoirs, de la taillanderie, de la ferblanterie et de la poterie; des écuelles, des plats et des cuillers de bois, le tout du travail le plus grossier; enfin des bijoux de l'espèce la plus commune. J'y rencontrai plusieurs prêtres grecs, avec de longues soutanes de drap, de larges feutres et de grandes barbes. Ils étaient remarquables autant par la propreté de leur personne que par l'humilité de leur air. La principale église de la ville n'a presque rien qui mérite l'attention des étrangers, si ce n'est une série de drapeaux enlevés à l'ennemi pendant les guerres des Autrichiens contre les Turcs. Neusatz communique par un pont de bateaux avec la ville plus ancienne de *Peterwardein*, qui défend une des plus vigoureuses forteresses qu'on rencontre le long du Danube. Les ouvrages couronnent un roc élevé, d'un accès naturellement très difficile du côté du fleuve, et protégé de celui de la terre par une longue étendue de tours et de bastions qui présentent un formidable aspect. Un peu plus loin, et toujours à droite, nous remarquâmes la ville de *Carlovitz*, élégamment située sur le flanc d'un coteau et renommée pour ses vins. Les montagnes devant lesquelles nous passions augmentèrent peu à peu en hauteur, jusqu'à ce que la nuit vînt nous en dérober la vue, et alors nous jetâmes l'ancre au milieu du courant.

La matinée suivante, à neuf heures, nous commençâmes à distinguer les clochers de *Semlin*, et un peu plus bas, les coupoles et les minarets de *Belgrade*. C'est non loin de la première de ces deux villes que se livra, le 19 août 1691, la grande bataille de Salankement, qui frappa le premier coup décisif contre l'établissement de la puissance des Turcs en Europe. Nous y jetâmes l'ancre pour une heure, et aussitôt je descendis à terre pour en visiter les curiosités. Comme c'était un dimanche, les cloches des églises sonnaient dans toutes les directions, et le marché, qui était bien approvisionné en légumes et en fruits, fourmillait de gens qui, vêtus de leurs habits de fête, me donnèrent occasion de remarquer la différence des costumes hongrois, grec, turc et arménien.

Nous quittâmes Semlin à midi et passâmes devant Belgrade, en côtoyant toutefois, d'aussi près que possible, la rive hongroise du Danube, pour nous conformer aux règlements sanitaires dont la peste qui régnait alors à Constantinople nécessitait la plus sévère exécution. Cette cité de Belgrade, à laquelle se rattachent tant d'intéressants souvenirs de guerres entre l'Autriche et l'empire ottoman, semble n'être qu'un splendide assemblage de mosquées avec leurs blancs et hauts minarets, de palais avec leurs dômes, leurs jardins, leurs cyprès et leurs massifs de verdure. La citadelle qui est puissamment fortifiée, occupe le faîte d'une montagne qui domine toutes les parties de la ville et peut la protéger contre la plus terrible attaque. Le palais et le sérail du pacha de Servie me furent montrés par notre capitaine; ils couvrent un espace de terrain considérable, et offrent un aspect imposant.

La Theiss, rivière par laquelle on suppose que le choléra fut, il y a quelques années, amené de Russie en Hongrie, se jette un peu au-dessous de Semlin dans le Danube. Là, ce fleuve est en outre grossi par la jonction de la Save. Je m'attendais donc à lui voir déployer sur ce point quelques signes de grandeur et d'activité commerciale. Il présente, il est vrai, une magnifique nappe d'eau qui, si ce n'était la profondeur, pourrait servir de champ de manœuvres à plusieurs flottes nombreuses; mais à l'exception de quelques petits bachots, où de sales Turcs pêchaient nonchalamment au soleil, il y avait à peine un symptôme de vie autour de nous. Belgrade même ne ressemblait de loin qu'à une ville de morts.

Le côté hongrois du Danube était triste et désolé. Des huttes de liane, çà et là construites sur des piliers qui s'élevaient à trois ou quatre pieds du sol, indiquaient la hauteur à laquelle est quelquefois portée la force des inondations. Les cabanes que nous apercevions de temps en temps du côté servien n'étaient pas moins misérables, quoique la rive fût beaucoup plus haute et couronnée à quelque distance par des montagnes bien boisées. A quatre heures du soir, *Semendria* apparut à nos yeux cette ville fut jadis, entre les mains des Turcs, une importante station et une place forte de premier ordre; mais depuis beaucoup d'années on la laisse tomber en ruine. Élégamment située au bas d'une colline qui, peut-être, mérite le nom de montagne, elle est défendue, du côté du Danube, par des murs et des redoutes dans le vieux style de fortification, qui de loin ont l'air fort pittoresque, mais ne tiendraient pas longtemps contre l'artillerie moderne. Les redoutes semblaient servir d'habitations à de nombreuses tribus d'oiseaux. A peine eûmes-nous laissé Semendria derrière nous, que le fleuve devint encore plus large, et ressembla absolument à un vaste lac, capable, quant à l'étendue superficielle du moins, de contenir toutes les marines du monde. Là, il présentait sous tous les rapports un spectacle vraiment magnifique. Aussi, plus je continuais à faire avec lui connaissance, plus m'étonnais-je qu'on le connût si peu en Europe, et que jusqu'alors on l'eût si rarement utilisé dans des vues commerciales.

Après avoir dépassé *Kubin*, autre ville de Hongrie, nous aperçûmes le commencement de plusieurs groupes d'îles qui, quoique belles en elles-mêmes, gâtèrent le caractère majestueux qu'autrement le Danube aurait toujours conservé depuis Semendria jusqu'à Moldava. Elles divisent quelquefois les eaux comme en deux ou trois rivières séparées, dont aucune cependant ne peut sembler insignifiante, et le bras principal qui longe la rive hongroise garde uniformément beaucoup de la grandeur qui, en général, est propre au fleuve lui-même. Ces îles sont boisées d'oseraies épaisses et d'arbres verts touffus qui offrent un asile sûr à des oiseaux aquatiques de toute sorte. Souvent des oies et des canards sauvages s'élevaient par longues files jusqu'aux nuages et regagnaient à tire d'ailes leurs humides retraites, tandis que de temps à autre un aigle solitaire fendait l'air en se dirigeant vers les montagnes qui n'apparaissaient que bleuâtres à l'extrémité de l'horizon. Tout le temps que nous naviguâmes parmi les îles, nous ne pûmes nous lasser d'admirer en quel ordre pittoresque elles étaient disposées, et comme chaque arbre, chaque feuille, chaque brin d'herbe y déployait une verdure printanière, au lieu que les teintes brunes des bois et des champs partout ailleurs annonçaient l'époque avancée de l'année. Lorsque le soleil se coucha, la nuit devint bientôt tellement noire, que je ne sais comment nous serions parvenus à poursuivre notre route, si quelques pièces de chaume n'eussent par bonheur pris feu sur la rive gauche. La flamme projetait au loin sa lueur sur le fleuve, et réellement aida beaucoup le pilote à nous conduire.

Le lendemain, quand je m'éveillai, vers dix heures, notre bateau était arrêté devant le village de Vipalanka, et les Tyroliens y débarquaient pour de là se rendre par terre à leur destination. Le village était à certaine distance de la rive, et n'offrait qu'un aspect si misérable, que je ne le visitai pas. Presque en face, sont situées la petite ville et la forteresse de *Rama*, au faîte d'un raide et haut promontoire. Quoique ruinée en partie, la forteresse a l'air encore respectable; elle commande le Danube au point où commencent ces innombrables sinuosités qui, peut-être, forment le trait caractéristique le plus frappant de ce fleuve. La carte montrera, en effet, que si on ouvrait un canal en droite ligne de Rama à Vidin, il serait la corde d'un grand arc irrégulier et plein de détours qui indiquent les divers combats que ces eaux, avant et après s'être frayé un passage au cœur des montagnes qui surgissent au-dessous de Moldava, eurent à livrer dans les premiers âges du monde pour arriver jusqu'à la mer Noire. Un tel canal vaudrait au navigateur une économie des trois jours entiers qu'il perd actuellement à suivre les plis et replis que le Danube, semblable à un serpent immense, déroule dans cette partie de son cours. Mais ce qui compensa pour moi la perte du temps, ce furent les scènes absolument neuves qui alors se présentèrent soudain à nos regards. Toujours, depuis Vipalanka, nous glissâmes avec rapidité, non pourtant sans sonder avec soin, entre deux chaînes de collines boisées jusqu'au sommet et coupées çà et là par des vallées et des ravins où de jolies cabanes blanches étaient répandues, où l'on voyait des bergers mener leurs troupeaux paître. Les coudes du fleuve étaient si brusques, que parfois nous aurions pu croire être entrés dans un vaste bassin qui nous semblait ne pas avoir d'issue, jusqu'à ce que nous atteignissions l'espèce de cap autour duquel le Danube poursuivait son cours. Dès que nous avions doublé cette pointe, la nappe que nous laissions derrière nous disparaissait aussi complétement à notre vue que si un rideau de nuages fût tombé entre elle et le paquebot. Des champs de maïs, des collines profondément dentelées par les pluies, et tantôt présentant l'apparence de citadelles construites par des humains, tantôt se retirant à quelque distance et laissant sur le premier plan des monticules escarpés de formes les plus bizarres; des villages avec leurs églises et leurs clochers d'un côté, avec leurs mosquées et leurs minarets de l'autre; à droite, des Serviens qui pêchaient dans de si petites barques qu'on pouvait les prendre pour des coquilles de noix; à gauche, des Hongrois paissant des troupeaux de porcs; enfin, des montagnes qui montraient leur cime dans le lointain, occupèrent tour à tour notre attention jusqu'à l'instant où nous arrivâmes à *Moldava*, où l'ancre fut jetée vers midi. Là, si le plan des entrepreneurs de la navigation sur le Danube avait reçu son entière exécution, nous aurions laissé le *steamer*, qui ne peut aller plus loin, et continué immédiatement notre route sur une barque légère, menée à la rame par quatre robustes Valaques, et ne tirant guère que six ou sept pouces d'eau. Une jolie chaloupe, destinée à ce service, était effectivement amarrée près du bord; mais nous eûmes le chagrin d'apprendre qu'entre Moldava et Orsova, dont la distance est de neuf lieues, le Danube n'avait pas en beaucoup d'endroits six pouces de profondeur, ni même trois. Les marchandises que notre dampschiff transportait durent donc être expédiées par terre; quant à nous autres passagers, il nous fallut choisir, ou de les accompagner à pied, ou de poursuivre notre route par eau, dans une grossière barque à fond plat qui appartenait à un simple pêcheur. Quelques-uns de mes compagnons et moi, nous préférâmes cette dernière alternative; et comme il fut arrêté que nous partirions seulement le lendemain à la pointe du jour, je profitai de l'après-midi pour explorer et le village et les environs.

Moldava est dans son genre une petite place de commerce. Plusieurs barques, attachées au rivage, étaient chargées de foin, que des troupes de paysans s'occupaient à transporter sur de lourds et grands charriots construits en forme de V. Cinquante ou soixante bœufs, qui devaient traîner ces charriots, étaient couchés au bord du fleuve et ruminaient, ou erraient à pas lents pour se délasser. Le village, ou, devrais-je plutôt dire, la ville, est divisée en deux parties, la basse et la haute. La première, qui n'est presque habitée que par des pêcheurs, offre un aspect plus misérable même que Mohacs; les cabanes y ont toutes la toiture en bois, et les murs ainsi que les cheminées sont en osier recouvert de boue. La seconde renferme des habitations plus élégantes et des habitants plus aisés.

C'est un peu au-dessous de Moldava que les rives du Danube commencent à devenir si montagneuses et si pittoresques. Je ne pus résister à la tentation de gravir jusqu'à une certaine hauteur, pour avoir une vue panoramique du pays. J'étais seul, je n'avais ni fusil ni arme d'aucune espèce, et je ne sais trop s'il était bien prudent de m'engager ainsi dans une contrée encore à demi barbare; d'autant plus que je rencontrai de temps en temps des bûcherons à mine féroce sortant soudain des taillis avec leur hache sur l'épaule. Toutefois il ne m'arriva rien de mal. A mesure que je m'élevai, je m'aperçus que les montagnes dont j'atteignais successivement le faîte n'étaient en quelque sorte que les marches d'un escalier colossal menant à des chaînes de plus en plus hautes, qui surgissaient obscurément à l'horizon, et qui semblaient occuper une étendue considérable des deux côtés du Danube. Par quel moyen le fleuve s'était-il ouvert un passage entre elles? Avaient-elles été violemment séparées les unes des autres par une suite d'opérations volcaniques, ou bien les eaux seules s'étaient-elles creusé un canal en minant à la longue des masses de roc et en les entraînant? C'est ce qu'on ne saurait décider. Les chaînes ne prennent naissance qu'en cet endroit, où elles se dressent de chaque côté du courant presque comme des murs; mais les ondulations des collines que j'avais remarquées lorsque nous arrivions à Moldava, aussi bien que celles des montagnes inférieures jusqu'à quelque distance des bords, appuient fortement la supposition qu'une énorme masse d'eau s'était accumulée dans toute cette région, avant de trouver une issue pour aller se décharger dans l'Euxin. Quelques blanches chaumières étaient parsemées sur les versants; et çà et là je voyais des gardiens de pourceaux qui, aux approches du soir, ramenaient vers l'étable leurs troupeaux indisciplinés. Du côté de la Valachie j'étais, je fus précédé, quand je redescendis, par une file de charriots chargés de laine et tirés par des bœufs dont les sonnettes remplissaient l'air; mais du côté de la Servie tout était silence et désolation. Lorsque je regagnais le Danube, les toisons étaient déjà déchargées toutes sur le rivage, afin d'être embarquées, le matin suivant, sur le bateau à vapeur qui devait repartir sans délai pour Pesth. Les paysans qui étaient arrivés avec les charriots avaient, à ce que je trouvai du moins, une singulière toilette. Ils portaient une chemise de grosse toile, un pantalon de même étoffe et un bonnet de laine, sans rien de plus pour se défendre du froid ou de la pluie; quelques uns seulement y avaient ajouté une peau de chèvre, mais qui n'avait reçu aucune espèce de préparation. Je n'aurais pu distinguer les femmes des hommes, si les cheveux des premières n'eussent été tressés et rattachés sous une petite calotte de lin qui leur prenait le haut de la tête. Comme il n'y avait à Moldava rien de semblable à une auberge, je fus encore obligé d'accepter en guise de lit un des canapés de la cabine du steamer.

Le lendemain, on eût dit un jour d'été, quoique nous fussions déjà au 29 d'août. Malheureusement, au lieu de partir à cinq heures, suivant nos conventions, nous ne partîmes qu'à sept. Le patron de la barque que nous avions frétée était un petit vieillard hâlé, qui comptait plus de soixante dix hivers, borgne, et même n'y voyant guère de l'autre œil. Son gouvernail, qu'il dirigeait néanmoins avec justesse, était tout simplement une longue rame qu'il faisait mouvoir au besoin à droite ou à gauche de l'arrière. Le reste de notre équipement était du genre le plus simple, pour ne pas dire le plus grossier. Les rames, absolument pareilles à des pelles de cheminée, et avec de courts manches, étaient passées dans un nœud de corde ou de peau attaché à une cheville; or, il y avait toujours un nœud, une cheville, une corde ou un bout de peau qui partait chaque quart d'heure, et il en fallait un autre pour se raccommoder. Puis, comme nous n'avions que trois rameurs, le patron était sans cesse obligé de corriger avec son aviron l'excès de vitesse imprimé à un des côtés de la barque. Enfin, nous avions affaire aux gens les plus paresseux du monde. Les quatre cinquièmes du temps, au lieu de ramer, ils laissaient au courant seul le soin de nous entraîner, et mangeaient, buvaient, fumaient ou dormaient. Du moins pûmes-nous ainsi examiner à loisir le curieux spectacle que les rives du Danube nous présentèrent bientôt.

A l'entrée de la gorge dans laquelle le fleuve s'engage ici, s'élèvent les ruines du château de Kolubatz, masse de fortifications bâties sur un rocher presque inaccessible, qui, il y a un siècle, étaient occupées par une bande de brigands valaques, sous le commandement d'un certain Borichour, dont le nom est encore répété avec une sorte de terreur traditionnelle dans tout le voisinage. Ses déprédations, il les exerçait sur une échelle princière, car il affectait de se regarder comme le légitime souverain de la contrée environnante. Ces ruines sont très pittoresques, et par leur formidable position elles rendent probables les plus terribles histoires que les pêcheurs racontent au sujet de Borichour et de sa troupe. Sur la rive opposée, un corps-de-garde autrichien faisait une bien triste figure, quand on le comparait à ces restes de chevalerie. Il était bâti de pierres sans ciment, et n'avait qu'une toiture, même qu'une cheminée de bois. Une sentinelle regardait paresseusement à travers la porte, devant laquelle était un râtelier pour les fusils, mais vide. Non loin de ce poste, un pan de vieux château atteste que ce côté du fleuve aussi eut autrefois sa forteresse, quoique moins étendue que celle de Kolubatz. Tandis que nous suivions ce défilé romantique, dans lequel le Danube était pressé par des montagnes qui de part et d'autre s'élançaient à une hauteur considérable, je remarquai dans leurs flancs plusieurs cavernes, et j'appris que plusieurs des rocs qui dressaient vers le ciel les aiguilles les plus hardies et les plus fantastiques, étaient intérieurement creux et servaient parfois d'habitations à des pêcheurs. Dans les temps de brigandage, ils avaient servi de retraites à des pirates et à toute sorte de maraudeurs qui rendaient fort dangereuse la navigation de cette partie du Danube. De distance en distance apparaissaient au-dessus de nos têtes des blocs immenses qui ne se soutenaient que sur de grossières colonnes, au sommet desquelles on pouvait néanmoins distinguer des chapiteaux ciselés par les mains de la nature. Il y a surtout un énorme arc-boutant de la forme d'une tour ronde, et près du son faîte se voit une vaste grotte dont l'entrée est un portail naturellement voûté dans le style gothique. Les terribles piles de rochers qui s'élevaient de plus en plus haut à mesure que nous avancions, tantôt ne présentaient pas la moindre trace de végé-

Costumes hongrois.

taux, et tantôt étaient couvertes d'épines; mais toujours elles paraissaient avoir été le jouet de nombreuses convulsions volcaniques.

Cette gorge étroite et rocailleuse, entre les parois de laquelle nous naviguâmes pendant plus de deux heures, finit par s'ouvrir peu à peu en un canal plus large que bordaient d'irrégulières collines revêtues de ronces épaisses. Les sinuosités du Danube étaient si brusques et si fréquentes, parmi les belles montagnes qui forment ses rives au-dessous de la gorge dont il a été parlé plus haut, que souvent, en regardant derrière nous, il ne nous était pas possible de voir par quelle route nous étions venus, ni, quand nous regardions en avant, de deviner dans quelle direction nous allions passer. Nous semblions enfermés de toutes parts, comme sur un lac qui n'avait pas d'issue apparente, jusqu'à ce que, doublant un petit promontoire, nous retrouvions une seconde nappe d'eau, puis encore une troisième, et ainsi de suite. Cette succession de scènes charmantes ne cessa que quand nous approchâmes des rapides du Danube. Dès lors son lit est entièrement composé de rocs énormes, qui tantôt s'élèvent en masses presque jusqu'à la surface du fleuve, tantôt forment une muraille qui s'étend d'une rive à l'autre et produit dans le courant une chute apercevable. Nous étions toujours avertis à temps du péril qui nous attendait pour franchir un de ces mauvais passages, par le bruyant murmure des flots qui se faisait entendre d'assez loin. Les bords, d'ailleurs, ne tardèrent pas à reprendre un caractère rocailleux et sauvage, et à se resserrer tellement que, quand le fleuve est en crue, le volume d'eau qui se précipite à travers ce canal doit être terrible. Mais à cette époque, il était si bas que nous en touchions sans cesse le fond, et que nous aurions presque pu y marcher à pied sec sur les bancs de rochers qui coupaient son lit dans tous les sens. Notre patron nous assura à plusieurs reprises que, quoique âgé de soixante-treize ans, jamais il ne l'avait vu si peu profond. Dans la muraille presque perpendiculaire qui s'élevait à notre droite, la nature avait en s'amusant produit sur une échelle gigantesque quelque chose de bien bizarre ; c'était la figuration d'un moulin à eau, si exacte dans tous les détails, que vous en eussiez dit un véritable qui était pétrifié, et qu'avait comme écrasé légèrement un énorme quartier de pierre tombé dessus des rochers supérieurs. Les contours de ce bloc représentaient absolument un moine prêchant du haut d'une chaire. Un peu plus loin, mais du côté opposé, nous vîmes le trait le plus parfait possible d'un immense lion couchant; la tête, les yeux, la gueule, les pattes et les griffes étaient aussi correctement dessinés par le hasard, qu'ils auraient pu l'être par la main d'un artiste; plus loin encore, un groupe de rocs offrant toute l'apparence des ruines d'une cathédrale, avec ses tours et ses murs garnis de lierre, avec ses portes et ses fenêtres gothiques.

Cependant la journée s'avançait, et comme par la paresse des gens de l'équipage nous avions perdu l'espérance d'arriver à Orsova le soir, je proposai à mes compagnons de nous faire débarquer sur la côte qu'on regarde généralement dans la contrée comme dépendant de la Valachie, quoique sur les cartes elle soit toute hongroise jusqu'à Orsova. Les habitants, en effet, n'y diffèrent sous aucun rapport des véritables Valaques; ils en parlent la langue, ils en portent le costume, et, bien que sous la domination de l'Autriche, voient en eux des alliés, des parents et des compatriotes. Le pays devenant tout-à-fait plat dès que nous sortîmes de la dernière gorge, nous priâmes notre pilote de gouverner vers la rive, et nous y descendîmes, afin de gagner en nous promenant le village de Swinich, éloigné d'une dizaine de milles, mais situé le long du Danube, où nous devions passer la nuit. Chemin faisant, nous rencontrâmes de distance en distance des bergères qui chassaient devant elles des chèvres et des moutons Toutes, sans exception, elles avaient à la main une quenouille chargée de laine, et, tandis qu'elles marchaient, filaient avec ardeur; toutes aussi allaient nu-pieds, et en général, sur une chemise et un jupon de grosse toile, elles avaient une bande d'étoffe bigarrée par-devant et une autre par-derrière, avec de longs glands travaillés qui pendaient de dessous. Leurs cheveux étaient soigneusement tressés autour de leur tête, et quelquefois retombaient en longues nattes sur leurs épaules. Celles de ces bergères qui étaient mères, et qui nourrissaient encore, portaient leurs enfants dans de petits berceaux faits de branches flexibles, qui étaient suspendus par une corde à leur cou. Quand il fallait allaiter ou endormir le bambin, le berceau se portait par-devant, lorsqu'il était repu ou endormi, il retournait sur le dos de la mère, qui alors reprenait son fuseau et sa quenouille. Pour rien au monde, aucune de ces femmes ne nous eût touchés, craignant que nous ne vinssions de la rive opposée du Danube, où la peste régnait; et, pour nous laisser le passage libre, elles entraient plutôt dans les champs qui bordaient le chemin. Après trois heures de marche, nous arrivâmes vers sept heures du soir à Swinich, village de l'aspect le plus misérable, composé d'une ou deux douzaines de huttes bâties dans le style le plus primitif. Un escalier de quelques marches, mais tout délabré, menait à ce que je dois appeler, faute de nom plus convenable, l'auberge de l'endroit, où je trouvai des gens de toute sorte. Dans le nombre étaient le gouverneur du village qui, vêtu de son uniforme bleu et assis au bout d'une table, dégustait une chopine d'un vin que, tant au goût qu'à la couleur, on aurait pu prendre pour du cidre; et le prêtre de la paroisse qui, à l'autre extrémité, buvait, sans le secours d'un verre, à même une petite bouteille, d'une certaine eau-de-vie faible et pâle, que dans le pays on appelle *sleigovitch*. Il y avait dans l'appartement principal, où l'on m'introduisit bientôt, deux grands lits, quelques chaises à fonds de roseaux, et quelques tabourets de bois, un poêle en pierre, et une table placée près d'un des murs sur lesquels étaient accrochées de petites statues en cire et des images grossièrement coloriées de la Vierge, du crucifiement et de divers saints. Mais à peine y étais-je installé, que je reçus la visite d'un de mes compatriotes, un jeune Anglais qui, employé comme ingénieur par le gouvernement autrichien, surveillait la construction d'une route dans le voisinage, et logeait alors à Swinich chez un des principaux habitants. Les hôtes, le mari et la femme, l'accompagnaient, et tous trois me pressèrent de venir souper et coucher chez eux plutôt que de rester à l'auberge. J'acceptai, et ils m'emmenèrent à leur maison, qui ne se composait que d'une pièce, à laquelle encore il fallait monter par une échelle. Cette pièce unique servait à la fois de cuisine, de salle à manger, de salon, de magasin et de dortoir.

Lors donc que nous eûmes copieusement et joyeusement soupé, chacun de nous quatre, sans aucune cérémonie, se déshabilla et se coucha devant les autres. Que le pudique lecteur ne soit pas scandalisé! C'est là la coutume générale, dans cette partie de la contrée, de n'avoir qu'une seule et même chambre à coucher pour toute la famille, ainsi que pour les étrangers qui surviennent, et d'ailleurs ce relâchement apparent des mœurs, dont la nécessité est cause, a donné naissance à une sorte de sentiment chevaleresque, qui fait couvrir d'infamie toute personne se rendant coupable du moindre manque de respect envers les relations conjugales.

Pendant la soirée, notre barque était aussi arrivée à Swinich, de sorte que le lendemain nous pûmes continuer notre voyage par eau, dès la matinée. Elle était heureuse, et les montagnes avoisinantes, élevant leurs vertes cimes au-dessus des brouillards qui les entouraient, semblaient promettre un beau jour. Le village servien de Milanosch, récemment bâti sur la rive droite, presque en face de Swinich, était tout-à-fait pittoresque au milieu du voile de vapeurs qui l'enveloppait. A notre gauche, un roc qui se dressait du sein des eaux était couronné par les ruines de trois tours rondes et massives qui offraient une frappante ressemblance avec autant d'énormes sacs de grain. Le Danube continuait toujours de rouler entre des chaînes de hautes montagnes boisées et enfoncées les unes derrière les autres, plusieurs encapuchonnées de nuages, tandis que les sommets et les pentes des plus élevées resplendissaient des rayons du soleil levant. A mesure que nous avançâmes, les vertes montagnes firent place à d'énormes rochers qui se dressaient perpendiculairement aux bords du fleuve, tantôt comme des remparts, tantôt comme d'immenses colonnes que des Cyclopes seuls pouvaient avoir érigées. Une multitude de mineurs travaillaient à faire sauter ces masses, et dans toutes les directions on entendait le bruit du marteau et du ciseau, ou des détonations de mines. Le gouvernement, à ce que j'appris, voulait établir tout le long de la rive gauche du Danube une route assez large pour les voitures, et creuser des canaux parallèles aux rapides et autres passages embarrassés de rocs où le fleuve pourrait être de beaucoup réduit au-dessous de son niveau ordinaire pendant l'été et l'automne. Voulant examiner de plus près comment les ouvriers s'acquittaient de leur besogne, je me fis mettre à terre aux endroits où les rochers étaient perpendiculaires au Danube; on y creusait une galerie, haute de dix-huit ou vingt pieds, sans toucher en rien à la voûte qui se prolongeait au-dessus. Quand, au contraire, ils se présentaient qu'une surface inclinée, même rapidement, le travail d'excavation était beaucoup moins difficile. En travers des ravins qui de distance en distance formaient des tranchées inférieures au niveau général de la route, on jetait des ponts ou des terrasses d'une architecture solide et en même temps élégante, qui rappelait celle des anciens Romains. Sur la rive opposée du fleuve, les blocs de pierre étaient aussi jetés pêle-mêle dans une affreuse confusion; les uns se hérissaient vers le ciel aussi droits qu'une flèche, les autres étaient inclinés plus ou moins, et d'autres avaient une position horizontale. De quelque côté que je regardasse autour de moi, il me semblait être dans un coin ignoré du globe où le chaos régnait encore, et alors je frissonnais. Mais bientôt ma frayeur disparaissait à la vue de jeunes sapins qui çà et là s'élançaient d'entre les rocs, étendant en l'air leurs gracieuses branches; çà et là aussi une fleur sauvage montrait sa clochette bleue ou rouge; l'abeille bourdonnait tranquillement, le moineau gazouillait, de jeunes papillons voltigeaient au soleil, et l'araignée se balançait sur son mince et léger tissu.

Lorsque je remontai dans la barque, nous naviguâmes encore quelque temps parmi des scènes du caractère le plus magnifique, et formées par des rocs gigantesques qui, groupés tout-à-fait irrégulièrement, offraient une variété infinie de formes, celles-ci tellement bizarres, celles-là tellement effrayantes, qu'on se serait cru dans quelque pays à la fois infernal et enchanté. Vers trois heures de l'après-midi, il nous fallut, à notre extrême regret, dire adieu à ces magiques régions du Danube, et nous commençâmes à distinguer le village d'Orsova, qui, de loin avec ses maisons propres et blanches, son église et son clocher, présentait un fort joli aspect. Plusieurs barques de pêcheurs serviens étaient amarrées de l'autre côté du fleuve. Dès notre débarquement, l'agent de la compagnie pour la navigation par la vapeur vint nous prévenir qu'il mettrait le surlendemain (il était désolé de ne pouvoir le faire plus tôt) des voitures à nos ordres pour gagner Gladova, où le dampshiffe du Danube inférieur attendait les passagers. J'eus donc toute la soirée et tout le jour suivant pour voir les curiosités de l'endroit. Naturellement, comme il y avait foire au village, je n'eus rien de plus empressé que de m'y rendre, mais il faillit m'en coûter cher. Sous un vaste hangar que divisait en deux parties une barrière haute de plusieurs pieds, Hongrois et Serviens se livraient à leurs transactions commerciales, sans pouvoir, aux termes des règlements de quarantaine, se toucher les uns les autres. L'argent même qui sortait des mains serviennes était reçu au bout d'une paire de pincettes, et plongé dans un vase de vinaigre avant d'entrer dans les poches hongroises. Je sortis du marché sans avoir, pensais-je, attiré l'attention des sentinelles qui veillaient à ce que tout se passât dans l'ordre; mais quand j'eus fait environ cinq cents pas en me promenant aux bords du Danube, voilà que soudain un soldat courut après moi, et prétendant, j'ignore pour quel motif, que je m'étais échappé d'entre les Serviens, me commanda de retourner sur-le-champ parmi ces pestiférés; puis, comme je réclamais sans obéir, il menaça de me piquer avec sa baïonnette. A la fin pourtant, je fis comprendre au dur satellite qu'il se trompait fort, et ce fut heureux; car si par sa bévue il m'avait forcé à franchir le cordon sanitaire, j'aurais eu à passer dix jours au lazaret d'Orsova avant de pouvoir continuer mon voyage. Je visitai bien cet établissement, mais comme simple curieux. C'est un assez vaste édifice, agréablement situé en bon air à un mille environ du village, et tenu avec le plus grand ordre, avec la plus stricte propreté. La femme du médecin en chef était une des plus belles créatures que j'aie jamais vues. Elle se tenait assise près d'une croisée, solitaire et aussi mélancolique que si elle eût été captive. De fait, comment aurait-elle pu se plaire dans une demeure où, privée de toute chance de société, elle vivait dans une sorte d'exil? Aussi était-elle pâle, abattue; et l'éclat extraordinaire de ses yeux noirs indiquait que sa santé était profondément dégradée par la consomption. Jeune, et naguère encore pleine d'esprit, pleine de gaîté, la solitude semblait lui avoir ôté tout.

Séjour à Orsova. Abus criants qui subsistent encore en Hongrie ; efforts de quelques patriotes pour les réformer. Aperçu de la constitution hongroise. La bulle d'or. Privilèges des nobles. Prérogatives royales. Dignité de palatin. Magnats. Les villes libres. La diète. Revenus publics.

Le jour que je demeurai à Orsova, j'eus occasion d'entendre causer trois ou quatre Hongrois des plus nobles, et qui, néanmoins, initiés aux idées libérales du siècle, travaillaient à réformer les abus qui abondent partout dans leur pays. Un des plus graves, sans contredit, est le peu de sécurité dont jouit l'acquéreur d'une propriété foncière pour la tranquille possession de son immeuble. D'après la loi actuelle, ou plutôt en l'absence de toute loi, si un individu achète un bien, il peut le posséder vingt ans, et puis si quelqu'un vient avec un vieux morceau de parchemin lui dire qu'il a plus de droit que lui-même au domaine, alors tout de suite s'entame un procès, des années se passent en plaidoiries, en instances, en appels, devant les diverses juridictions; et les deux parties dépensent sans doute en frais de procédure deux fois la valeur de l'immeuble avant qu'un jugement définitif soit rendu en faveur de l'une ou de l'autre. En outre, quand une propriété est mise en vente, le voisin le plus proche est privilégié pour en devenir l'acquéreur à prix égal. Si elle est acquise par une autre personne, et qu'après un laps de trente ou même de quarante années on découvre que la formalité la plus légère a été omise dans les avertissements qui ont dû être donnés à ce plus proche voisin au sujet de la vente projetée, son privilége subsiste toujours, et il peut encore acheter la terre, quand bien même depuis le temps de nombreuses améliorations y auraient été faites, pour la somme que l'occupant l'a payée. L'institution de la noblesse a aussi besoin de réforme. Les classes des nobles, qui sont à présent déjà trop nombreuses, le deviennent et le deviendront chaque jour davantage; car, si un noble avait cinquante fils, ils seraient tous aussi nobles que lui. Or, nous avons vu à quels moyens ces nobillons, qui ne peuvent être que pauvres et qui sont trop fiers pour travailler, recourent forcément pour vivre. Un troisième inconvénient fort grave est que les lois et les arrêts des cours de justice sont uniformément rédigés en latin ; il y a même quelques années que tous les membres de la diète parlaient encore cette langue; ce qui a empêché celle de Hongrie, quoique très riche et très expressive, d'acquérir toute la perfection dont elle est susceptible. Ses racines, à ce qu'on croit, sont turques. Elle est on ne peut plus difficile à apprendre pour un étranger, mais en même temps elle sait aussi bien rendre les pensées nobles que se plier aux exigences de la conversation ordinaire.

Pour corriger d'abord ces abus et beaucoup d'autres qu'il est inutile d'énumérer, puis amener graduellement la Hongrie à prendre un rang honorable parmi les autres États de l'Europe, les réformateurs patriotes ne négligent de recourir à aucun de ces moyens secondaires, mais si efficaces, que la susceptibilité de l'Autriche s'en effarouche souvent. Par exemple, il s'est formé à Pesth, sous le nom de *casino national*, un club dont tous les magnats sont membres, ainsi que la plupart des députés et des gens qui méritent la dénomination de « comme il faut. » Ce club se réunit souvent, et on y discute sans se gêner toutes les questions politiques. On y trouve les journaux, les revues ou magazines, enfin les publications les plus populaires d'Angleterre, d'Allemagne et de France. On y prononce aussi assez souvent des discours sur les sciences et les beaux-arts, et de la sorte, les Hongrois commencent à particper au grand mouvement intellectuel. Un journal même se publie à Pesth, et, qui plus est, en langue hongroise; innovation prodigieuse et qui promet des résultats importants, car il n'existe pas de censure en Hongrie, et il n'est guère probable que la diète sanctionne jamais aucune proposition de ce genre. Enfin, Pesth possède une académie, dont la formation est assez analogue à l'Institut français, et qui publie ses travaux et ses séances dans une revue trimestrielle.

Comme la constitution de Hongrie n'est pas sans quelque ressemblance avec la nôtre, quoique infiniment plus compliquée et essentiellement aristocratique, peut-être le lecteur nous saura-t-il gré de la lui expliquer ici en peu de mots. Lorsque les Magyars s'établirent en Hongrie, vers la fin du IXe siècle, ils étaient gouvernés par une oligarchie, qui reconnaissait pour chef le fameux Arpad. Ses descendants héritèrent de son autorité, avec le titre de ducs, pendant plus d'un siècle, jusqu'à ce que Stephen, surnommé *le Saint*, gagnât par son zèle à propager le christianisme la faveur du pape, qui lui envoya en cadeau une couronne et une croix, et le proclama le roi et l'apôtre de la Hongrie. Il monta sur le trône, et après son couronnement, dirigea avec succès tous ses efforts à consolider dans ses États la religion qu'il y avait introduite. En l'année 1016, une assemblée de la noblesse et du clergé fut tenue à Gran, et rédigea un code de lois. Quand Stephen, après une longue et prospère carrière, sentit sa fin approcher, il désigna pour son successeur, car il avait perdu son fils unique, un neveu de sa femme, et foula ainsi aux pieds les droits reconnus d'autres parents plus proches, avec une autorité qui semble avoir été presque absolue.

Les Hongrois se divisaient à cette époque en deux classes principales; ceux qui servaient l'État en personne, et ceux qui s'acquittaient envers lui par des contributions en argent et en nature. Dans la première classe, il y avait des gens qui se consacraient exclusivement à servir leur pays, comme les officiers de la couronne, et de là l'origine d'un ordre de noblesse; il y en avait d'autres qui rendaient seulement au souverain des services déterminés et qui payaient aussi une part des impôts; enfin il y en avait qui, d'une classe plus inférieure, mais jouissant néanmoins de privilèges non à dédaigner, constituaient une espèce de corps d'élite, lequel gardait les frontières et certaines forteresses. On retrouve encore de ces miliciens dans plusieurs parties de la Hongrie; ils portent le costume ordinaire des paysans, mais sont toujours armés d'un fusil.

Les croisades permirent aux nobles d'étendre leur pouvoir. Tandis qu'Andréas II faisait la guerre en Terre Sainte, dans la première partie du XIIIe siècle, ils rédigèrent une charte qu'ils l'obligèrent de confirmer, lors de son retour, par un acte public généralement connu sous le nom de *Bulle d'or*, et daté de 1222. Les dispositions de cette charte étaient tout-à-fait aristocratiques. Elle dispensait la noblesse de toutes contributions en argent ou en nature, et les imposait exclusivement aux classes inférieures du peuple. Les privilèges ainsi extorqués donnèrent naissance à une longue suite de contestations entre le souverain et les nobles; ces derniers y furent presque toujours triomphants, et lorsque la maison d'Arpad s'éteignit, au commencement du XIVe siècle, ils élevèrent au trône un prince étranger. Les deux siècles qui suivirent furent marqués par de nombreuses commotions civiles pendant lesquelles la noblesse réprima tout effort tenté par le souverain ou le peuple pour abolir ces privilèges. La descente de Soliman sur la Hongrie, en 1526, amena un moment d'union parmi eux; mais la fatale bataille de Mohacs fut suivie d'une guerre intestine qui se termina par l'établissement de Ferdinand Ier d'Autriche sur le trône. Depuis cette époque, la couronne hongroise est restée à la famille autrichienne, quoique son droit à y succéder n'ait été formellement reconnu par les nobles qu'en 1687.

Les souverains d'Autriche ont tenté à plusieurs reprises d'apporter des changements aux articles fondamentaux de la constitution octroyée à la Hongrie par la Bulle d'or d'Andréas II, mais tous ces efforts ont seulement donné lieu à une longue suite de troubles qui ont décidé les nobles à se liguer contre la couronne pour la conservation de leurs privilèges. Ces privilèges, ils sont parvenus à les maintenir jusqu'aujourd'hui avec autant de jalousie que de succès. La monarchie hongroise est héréditaire, mais fort tempérée; sans doute le monarque a de grands et nombreux droits, de grandes et nombreuses prérogatives, mais les nobles en ont encore davantage, eux qui, dans la langue d'étiquette, sont seuls compris sous la dénomination de peuple hongrois. La constitution de Hongrie offre en effet tous les caractères de l'ancienne féodalité. Le peuple, dans le sens que nous attachons à ce mot, ne possède ni privilèges ni puissance d'aucune sorte. L'autorité du souverain est de tous côtés restreinte par les lois qu'il ne peut ni abroger ni suspendre, si ce n'est du consentement des États assemblés en diète. Quoique la justice se rende en son nom et qu'il soit censé présider à tous les tribunaux, le droit de grâce est réservé à lui seul. Mais il nomme à toutes les dignités de l'Église catholique, sous la sanction spirituelle du pape, et toutes les importantes affaires de l'Église sont sujettes à son contrôle. C'est encore par lui que sont nommés les professeurs dans les universités et dans les écoles publiques, dont les revenus sont tous à sa disposition. Il fait la guerre et la paix, négocie les traités, reçoit les ambassadeurs, est le chef suprême de l'armée, pourvoit à la défense des frontières et peut lever des contributions extraordinaires lorsque ses troupes sont en campagne. Il peut, en pareille occurrence, exiger aussi les services des nobles; mais l'autorisation des États lui est préalablement nécessaire. Seul il a droit de créer des nobles, de conférer des titres, des privilèges et des immunités, ou d'accorder des chartes à des villes libres. Mais ces villes ne peuvent envoyer de députés à la diète, qu'après avoir obtenu l'assentiment de ce corps. Le roi l'assemble et le proroge, non précisément selon qu'il lui plaît, mais d'après certaines coutumes. Il le préside par son représentant, lui propose les sujets de délibération, et approuve ou rejette ce qu'il décide.

Au monarque appartient encore la nomination de tous les officiers civils et militaires, excepté celle du palatin et des deux ministres appelés les *gardiens de la couronne*. Les villes libres élisent leurs magistrats et leur conseil, mais sans l'approbation de sa majesté, qui d'autre part est tenue de prendre exclusivement parmi les nobles tous les individus qu'elle appelle aux principaux emplois de l'État. Elle bat monnaie, comme unique propriétaire de toutes les mines qui donnent des métaux précieux et qui, d'ordinaire, sont exploitées à ses frais. En quelques endroits l'administration et le revenu des postes appartiennent aux seigneurs du territoire où elles sont établies; autrement elles dépendent de la couronne. Le sel est un monopole royal, le tabac aussi, de fait, quoique non légalement. Les propriétés héréditaires de nobles qui meurent sans postérité reviennent à la couronne, ainsi que tous les biens confisqués pour trahison ou pour d'autres grands crimes, excepté ceux des citoyens dans les villes libres et des paysans qui, dans le premier cas, retournent aux villes, dans le second, aux seigneurs du sol.

La charge de palatin est d'une nature particulière. Cette dignité, aussi ancienne que celle du monarque lui-même, investit le titulaire d'une puissance plus élevée que celle de vice-roi. Il est régent et protecteur du trône pendant la minorité du souverain; il préside la chambre des magnats dans la diète et le conseil, c'est sa prérogative d'intervenir comme médiateur, lorsque l'occasion l'exige, entre le souverain et les États; il nomme un vice-palatin, qui dans les temps de grand péril commande l'armée de réserve, ou, comme on l'appelle, *l'insurrection des nobles*; enfin, il est le principal magistrat exécutif du comitat de Pesth. Cette charge était autrefois temporaire; maintenant elle se confère pour la vie. Quand elle devient vacante, le roi propose quatre candidats à la diète, dont elle est obligée de choisir un dans l'espace d'un an. Après le palatin et le vice-palatin, viennent par ordre de dignité le président de la cour royale, le gouverneur de Croatie, de Dalmatie et d'Esclavonie, et le Tavernicus qui préside le tribunal auquel on en appelle des arrêts rendus par les magistrats des villes libres royales. Ces officiers, ainsi que plusieurs autres de différentes dénominations, par exemple les conseillers d'État et les membres du conseil des Sept, qui remplissent les fonctions d'une nature principalement judiciaire, connaissant des appels de toutes les autres cours, portent le titre de barons du royaume. Viennent ensuite les magnats, ou grands nobles, et les dignitaires de l'Église, qui sont individuellement convoqués à la diète; s'ils ne peuvent s'y rendre en personne, ils ont droit d'envoyer des représentants à leur place. La dignité de magnat s'acquiert par héritage ou par bénéfice de la charge qu'on occupe. Ainsi, les barons ci-dessus mentionnés sont tous magnats *ex officio*; de même les magistrats principaux qui dans le comitat ont le pouvoir exécutif, c'est-à-dire le palatin, les archevêques de Gran et d'Eslaw, les chefs de douze familles dans lesquelles la puissance exécutive est héréditaire, et les autres choisis par le roi. Les chefs des quatre familles princières de Hongrie, qui sont celles d'Esterhazy, de Batthyani, de Grassalkovitz et de Palfi, ceux de quatre-vingt-dix-neuf familles de comtes, et ceux de quatre-vingt-huit de barons, sont magnats par héritage.

Un noble hongrois ne peut être arrêté préventivement que pour haute trahison, et quand il est pris en flagrant délit de meurtre ou de vol. En tout autre cas, on lui envoie une simple sommation à comparaître, sans jamais user de force contre lui. Nul individu qui n'est pas noble ne peut obtenir directement justice d'une personne qui l'est. Cet individu est-il paysan? il ne peut la demander que par l'intermédiaire de son seigneur; citoyen d'une ville libre? que par celui de la ville où il demeure. Un plébéien qui attaque un noble peut être condamné à mort, ou à la confiscation de toutes ses propriétés personnelles et réelles; ces dernières cependant, il les peut racheter pour un dixième de leur valeur. Les nobles, ainsi que je l'ai dit, sont exempts de toutes taxes et de tous impôts. Comme les magnats assistent en personne à la diète, on s'y fait représenter; les représentants des comitats ne sont choisis que par les nobles de rang inférieur. Les citoyens des villes libres royales ont aussi certains privilèges, leur personne est inviolable et sacrée; ils ne peuvent être cités en justice que devant leurs propres tribunaux; enfin ils ont droit d'appel à la cour de Tavernicus, au conseil des Sept et au roi. En retour de ces privilèges, ils sont obligés au logement de guerre, doivent fournir un certain nombre de recrues, faire partie de l'insurrection des nobles et contribuer aux dépenses de la commune. Ils sont, du reste, exempts d'impôts, et susceptibles d'être nommés aux emplois civils et militaires. Une ville libre envoie son représentant à la diète; elle peut posséder des terres et des villages avec un droit seigneurial, et hériter des citoyens qui meurent sans héritiers ni testament. Elle choisit chaque année ses propres magistrats, qui administrent la justice et font des règlements locaux. Outre les villes libres royales, il y a certains districts, tels que ceux de Jazyga et de Cumanio, et les six villes Haiduck, Nanas, Dorog, Hathay, Varnos-Perts, Boszormeny, et Szobolso, qui, à la suite de services particuliers rendus au monarque, ont obtenu la prérogative d'envoyer à la diète leurs députés. Outre ceux-ci, il y a encore dix-huit chapitres de cathédrales qui en envoient chacun d'eux. Mais quoique les députés, aussi bien que ceux des villes libres des districts privilégiés et des villes Haiduck, aient le droit de siéger dans la chambre basse et d'émettre leur avis sur tous les sujets en discussion, les représentant des comitats ont seul le privilège de voter. Le représentant d'un magnat ne siège pas en place de son patron dans la chambre haute, mais dans la chambre basse, où, comme le député d'une ville libre, quoiqu'il puisse parler, il n'a point droit de vote. De l'année 1298 à l'année 1526 environ, la diète se tint en plein air près de Pesth. C'était alors un concile national plutôt qu'une assemblée représentative, et on y comptait plus de quatre-vingt mille personnes. Elle fut subséquemment réduite par le système de représentation, et put siéger dans l'intérieur de la ville. Le roi suivant son bon plaisir la convoque encore à Bude ou dans toute autre ville du royaume; mais le plus ordinairement c'est à Presbourg. La loi ordonne que la diète soit assemblée tous les cinq ans. A la mort du roi, une diète doit aussi être convoquée pour le couronnement du nouveau souverain, dans l'espace de six mois après le décès de son prédécesseur. Le nombre total d'individus qui ordinairement assistent à une diète est d'environ sept cents, savoir: le palatin, deux archevêques catholiques, seize évêques diocésains, dix évêques titulaires, un prélat bénédictin, un prélat præmonstratensien, deux cent quarante magnats, un légat de Dalmatie, de Croatie et d'Esclavonie, quinze membres de la cour royale de justice, deux députés du royaume de Croatie, trente-six députés de chapitres, sept abbés et prévôts, cent députés des cinquante comitats, quatre-vingts députés des quarante-huit villes royales libres, deux délégués des districts de Cumanio et de Jazyga, deux des six villes Haiduck, et environ cent quatre-vingt-dix représentants de magnats absents et de leurs veuves. Ces membres sont divisés en quatre états, dont le premier comprend le haut clergé catholique; le second, les barons du royaume; les simples barons et les comtes; le troisième, les représentants des comitats, et le dernier, ceux des villes libres. Les membres de la diète siègent en deux chambres séparées, celle des magnats et celle des représentants. La première est présidée par le palatin, la seconde par un représentant du roi, d'ordinaire président de la haute cour de justice qui siège en même temps que la diète. Il n'y a que deux sujets sur lesquels ce corps ne puisse innover rien: l'un est le droit de succession attribuée à la maison d'Autriche, et l'autre celui des nobles à être exemptés de toutes les taxes.

Les revenus de la couronne de Hongrie sont chaque année de 75 millions de francs. Ils proviennent d'un apanage de privilèges royaux et de contributions. Dans l'apanage n'est pas compris le domaine privé. Les privilèges du roi sont le monopole du sel, de la monnaie et des mines; les droits que paient les marchandises pour entrer en Hongrie, pour en sortir et pour la traverser; les amendes, le rapport des évêchés vacants, les taxes auxquelles les Juifs sont imposés, une retenue de tant pour cent sur certaines pensions concédées à des fonctionnaires publics, les contributions des évêchés et des abbayes pour la réparation des forteresses, la poste, la loterie, le Mont-de-Piété, quelques autres sources minimes de revenu. L'armée permanente de Hongrie se compose en temps de paix d'environ soixante mille hommes (1).

Départ d'Orsova par terre. Nous longeons le Danube en voiture jusqu'à Gladova. Aspect de la Valachie. Ruines du pont de Trajan. Nous reprenons à Gladova un autre bateau à vapeur. Nouvelles et incroyables sinuosités du fleuve. Cité de Viden. Visite à Hussein-Pacha. Autre engravement. Je suis obligé de prendre passage jusqu'à Routschouk sur une barque montée par des Zantistes qui regagnent leur île. Mes deux compagnons de route. Égards du capitaine de l'équipage. Litara-Palanka. Intérieur d'un caffiné. Beauté du soir. Khan turc. Description du nargileh. Absence complète de femmes. Pourquoi il nous faut nous rembarquer à minuit. Nicopoli. Nouvelle navigation nocturne.

Dans la matinée du 3 octobre, nous quittâmes enfin Orsova. Notre route le long du Danube était à peine praticable pour les voitures légères qui nous transportaient, car souvent nous avions à passer sur des rocs escarpés et étroits qui, inclinant vers le fleuve, nous offraient, dans le cas très probable où nous verserions, la douce perspective d'un bain froid, sinon même quelque bonne fracture. Après une heure de marche, nous franchîmes la frontière de Valachie, où, s'il était permis d'en juger sur les premières apparences, la misère semblait avoir placé son domicile favori. Les cabanes des pauvres habitants n'étaient construites que de claies, qui n'étaient seulement pas enduites à l'intérieur d'une couche de boue, de manière à être protégées du vent et de la pluie. Des troupes d'enfants absolument nus se montraient aux portes, en compagnie de cochons et de chèvres, de chiens, de coqs, de poules, et de canards, comme s'ils ne formaient tous ensemble qu'une vaste et même famille. Plusieurs de ces misérables habitations étaient tout-à-fait sous terre.

(1) La révolution qui a éclaté en 1848, et que l'intervention russe a pu seule arrêter, a de beaucoup modifié la constitution de la Hongrie, contrée plus que jamais retombée sous le joug de l'Autriche. A. M.

Bientôt nous arrivâmes au commencement de la fameuse *Porte de-Fer du Danube*. C'est une suite de rapides, ainsi nommée à cause de la difficulté extrême qu'ils présentent aux navigateurs; et aussi, sans doute, de la nature presque impénétrable et de la couleur ferrugineuse des rocs qui forment entièrement le lit du fleuve sur une longueur d'environ trois milles. Ces rocs, quoique incessamment lavés depuis des siècles par des eaux torrentueuses, sont encore aussi raboteux qu'ils devaient l'être quand pour la première fois ces eaux trouvèrent ou se frayèrent un passage entre eux. Ce sont d'énormes rocs, taillés de mille formes, placés de mille façons, et tous confondus pêle-mêle, qui, alors complétement visibles par suite de la sécheresse, offraient l'aspect le plus effrayant. Lorsque le Danube, rempli par ses nombreux tributaires, est à sa hauteur accoutumée, le rugissement de ses flots qui se précipitent à travers la Porte-de Fer est emporté sur l'aile des vents à plusieurs milles aux environs, et ressemble à des coups de tonnerre répétés.

Les rochers, qui dans cette partie obstruent le lit du fleuve, se divisent en trois bras : l'un, celui du côté de la Valachie, n'est jamais navigable; le second, celui du milieu, a une considérable largeur ; et le troisième, qui longe la Servie, aurait à peine pu dans l'état où je vis le Danube porter une barque tirant un pied d'eau. Le courant est là d'une rapidité extrême, qui ne s'élève pas à moins de huit milles par heure. Les bateaux du Haut-Danube, comme est appelé le fleuve depuis sa source jusqu'à la Porte-de-Fer, sont en général du port de cinq cents tonneaux. Ces embarcations descendent quelquefois les Cherdaps, nom qui sert à désigner toute cette partie rocailleuse du Danube, par le canal du centre; mais elles ne peuvent jamais le remonter, parce que les bras latéraux sont trop étroits et que le bras central est trop rapide. De là vient que tous les transports entre le Haut et le Bas-Danube se font par de très petites chaloupes, qui portent rarement plus de deux cent cinquante tonneaux.

Vers midi, nous atteignîmes *Gladova*, et nous y trouvâmes le steamer l'*Irgo* qui nous attendait. Mais comme les marchandises qui avaient été expédiées de Moldava par terre n'étaient pas encore arrivées, il me fallut mettre de nouveau à contribution ma provision de patience. Les matinées commençaient à devenir un peu froides, le lendemain, cependant, nous déjeunâmes de bonne heure sur le pont; après quoi, emmenant avec nous un inspecteur sanitaire et franchissant le fleuve dans un petit bachot, nous débarquâmes non loin de la Gladova servienne, qui est une ville fortifiée, de quelque prétention. Nous fîmes une promenade dans les alentours; mais notre inspecteur ne nous permit pas d'entrer dans la ville même, à moins que nous ne fussions tentés, lors de notre retour, d'aller prendre domicile dans le lazaret. La contrée environnante semblait d'une extrême fertilité, mais elle était presque entièrement laissée sans culture. Ceux des habitants que nous vîmes représentaient tous la paresse personnifiée; ils portaient pour la plupart le costume turc, quoique beaucoup aussi fussent vêtus à l'européenne. Nous n'aperçûmes qu'une femme dans le cours de notre excursion, et qui était rigoureusement voilée.

Il est question dans l'histoire romaine d'un pont que Trajan fit jeter sur le Danube ; mais personne n'avait pu jusqu'alors découvrir la moindre trace de cet édifice, depuis longtemps détruit. Seulement on supposait, et avec raison, comme on va le voir, que c'était sur quelque point du fleuve, alors peu distant de nous, qu'il avait dû exister. Comme jamais les eaux n'avaient été si basses, il nous vint à l'idée que peut-être, serions-nous, par ce motif, plus heureux dans nos recherches que tant d'autres voyageurs. Suivant donc à pied la côte valaque, nous arrivâmes, après quelque temps aux ruines d'une ancienne tour bâtie sur une éminence qui avait été évidemment élevée par la main des hommes. Cette tour était de construction romaine, et nous figurant qu'elle avait servi à défendre la tête d'un pont, nous gravîmes l'éminence avec la curiosité la plus vive. Puis d'en haut, abaissant nos regards vers le fleuve dont la largeur n'est pas très considérable en cet endroit, nous observâmes très distinctement que l'eau se ridait devant nous, comme si elle eût passé là par-dessus une suite d'obstacles qui s'étendaient en droite ligne d'un bord à l'autre. Aux deux extrémités de cette ligne nous aperçûmes à terre les ruines de deux piliers carrés; et approchant de celui qui s'élevait du côté où nous étions, nous le trouvâmes construit de blocs de pierre, avec la face qui regardait le fleuve garnie de briques romaines, et nous n'hésitâmes pas à penser qu'il ne formât l'arcboutant de la première arche de notre pont. Dans le courant même, nous comptâmes les restes de six ou sept piliers qui manifestement avaient dû soutenir autant d'arches et établir une voie de communication entre la rive de Valachie et celle de Servie. Nul doute, en conséquence, que là doive être placé le fameux pont de Trajan, ouvrage merveilleux pour l'époque où vivait cet empereur, surtout si on songe qu'il a été bâti sur une des frontières les plus éloignées de l'empire romain. Je calculai que ces ruines intéressantes étaient à environ une lieue de Gladova.

Autour de cette ville, la contrée présente une succession pittoresque de montagnes qui, vers la Danube, par une pente insensible, inclinée, reçoivent en plein midi toute la chaleur du soleil. Elles ne sont encore que cultivées à peine mais il ne faut pas douter qu'elles ne soient bientôt converties en vignobles; car le sol y est tout-à-fait propre. Nous fûmes invités le soir à aller prendre le thé chez le commandant militaire, ou plutôt sanitaire, de la place. Lorsque nous quittâmes notre bateau, le jour venait de finir. Il y avait une teinte d'or tout le long de l'horizon vers l'est, et la lune nouvelle déployait sur le ciel transparent de la Servie un délicat croissant d'argent. Je n'avais encore jamais vu notre satellite à un période si peu avancé de sa course nouvelle. Il semblait n'avoir reçu qu'à l'instant même et que sur le faîte de ces montagnes les premiers rayons du soleil. Je ne m'étonnai plus dès lors que son croissant ait été adopté dans ce pays comme emblème national. Vue comme je la vis ce soir-là, la lune méritait presque qu'on l'adorât comme une divinité.

Nous continuâmes enfin notre route le 6, à midi. Comme le Danube était extrêmement bas, nous fûmes obligés d'abord de naviguer avec précaution et lenteur, mais quand nous eûmes dépassé le pont de Trajan, l'eau devint beaucoup plus profonde. Chemin faisant, on me montra les cimes des plus hautes chaînes des monts Balkans qui se montraient à une distance infinie comme une vapeur bleue. De chaque côté du fleuve, le pays semblait complètement inculte, mais il était couvert de collines en pente douce qui, lorsqu'un jour la charrue en remuera les flancs, récompenseront sans doute avec usure le cultivateur de ses peines. L'herbe était partout rôtie à cause de la prolongation inusitée de la sécheresse qui n'avait été guère interrompue depuis sept ou huit mois que par quelques averses. Au printemps, ces collines, revêtues d'une fraîche verdure, doivent être fort belles, même nues et désolées, comme elles le paraissaient alors. Chaque détour du Danube, et ces détours étaient innombrables, ouvrait une perspective nouvelle et toujours variée. La rive valaque, exposée à tous les feux du soleil du midi, semblait particulièrement convenir à la vigne. Mais la totalité de cette province avait été si longtemps déchirée par l'anarchie, que les habitants qui avaient fui en Hongrie ne commençaient qu'alors à revenir. Leurs cabanes sont encore construites dans le style le plus simple et le plus temporaire, parce qu'ils n'osent croire à la durée de la paix domestique dont ils ont maintenant le bonheur de jouir. Le territoire servien, aussi à notre droite, paraissait produire beaucoup. Le sol avait l'air riche et mou, et la beauté d'aspect ne manquait pas à ses autres attraits.

Quelques heures après avoir quitté Orsova, le Danube, tant sont extraordinaires les sinuosités que décrit son cours, rétrograde véritablement vers Orsova, et j'aperçus de nouveau les montagnes au milieu desquelles j'avais navigué dans la barque de pêcheur. Cette chaîne se prolonge de manière à couper l'angle nord-est de la Servie, où elles forment un groupe comme les Apennins, et divise particulièrement cette principauté de celle de la Bulgarie.

Nous jetâmes l'ancre pour la nuit devant le village de Verve, et le lendemain 7, de bonne heure, nous passâmes en face de celui de Kalefat (1), dont le voisinage est célèbre par une sanglante bataille que les Turcs et les Russes s'y sont livrés dans la dernière guerre. Puis, bientôt nous commençâmes à distinguer l'importante cité bulgare de *Vidin*, qui de si loin présentait déjà un aspect très imposant. Tandis que nous approchions, je comptai vingt minarets qui dressaient leurs blanches aiguilles par-dessus les dômes de mosquées et entre les hauts cyprès qu'on trouve dans presque toutes les villes turques. Plusieurs régiments d'infanterie étaient campés dans une plaine voisine ; et l'activité qui régnait parmi les tentes, les marches, les contre marches, et plusieurs divisions en ordre de bataille, nous apprirent que le pacha de la province les passait alors en revue. Les soldats paraissaient bien équipés, et surtout s'acquittaient à merveille des manœuvres qu'on leur commandait. Plus nous avançâmes, plus la scène s'anima et devint pittoresque. De nombreuses barques montaient ou descendaient le fleuve entre la ville et le camp, ou stationnaient le long de la rive, sur laquelle un nombre prodigieux d'habitants, hommes et femmes, étaient réunis afin de voir le bateau à vapeur. Deux ou trois groupes de dames qui semblaient être des personnes de distinction, à en juger par le respect qu'on leur témoignait, aussi bien que par leurs longs voiles de mousseline d'une éblouissante blancheur et par leurs pelisses de drap vert et écarlate, étaient assis à l'écart de la multitude. Ces dames n'avaient près d'elle aucun domestique, aucun surveillant mâle, et de temps en temps elles se levaient, elles se promenaient, comme pour montrer qu'elles jouissaient d'une entière liberté.

Sur le steamer se trouvait avec nous un noble personnage hongrois, un comte Szechengi, qui obtint des autorités la permission de débarquer à Vidin pour y rendre visite au pacha, et qui me proposa de l'accompagner comme si j'étais de sa suite, son secrétaire, je crois. J'acceptai, car ce pacha à qui nous devions présenter nos hommages était le fameux Hussein, qui avait si bravement défendu Schumla contre l'armée russe, mais qui, battu ensuite deux fois en Syrie par Ibrahim, s'était vu ôter le commandement des troupes expéditionnaires, et, rappelé à Constantinople, calomnié par ses ennemis disgraciés, avait été exilé, sous le titre honorable pourtant de feld-maréchal, dans le pachalik de Vidin, où il s'efforçait d'oublier son revers de fortune en tâchant de former quelques régiments qui pussent être des modèles de discipline pour toute l'armée ottomane.

Avant de quitter le bateau, mon honorable patron changea ses vêtements ordinaires pour le grand costume de magnat hongrois, qui est aussi splendide qu'élégant : il ressemble à l'uniforme d'officier de hussards anglais, excepté que la jaquette et le court manteau sont de velours pourpre. L'épée et le ceinturon à large boucle d'or du comte étaient magnifiques. Il portait en outre la clef d'or de chambellan de l'empereur, et trois ou quatre colliers et croix d'ordres autrichiens. Dès notre débarquement, nous fûmes conduits au milieu d'une foule immense de peuple qui couvrait le quai et qui nous accueillit avec toutes les marques possibles de la politesse, vers le palais du pacha, qui est presque situé à l'entrée de la ville. Montant un escalier en plein air, on nous introduisit d'abord sur un large balcon qui commandait une belle vue du fleuve. Nous y trouvâmes le principal officier de Hussein cérémonieusement assis à la manière des Turcs sur une estrade de bois, recouverte d'un tapis ; il avait deux ou trois coussins pour s'appuyer le dos, fumait dans une longue pipe munie selon l'usage d'un bec d'ambre, et était entouré de huit ou dix domestiques presque tous misérablement vêtus à la grecque ou à l'européenne, nu-pieds, et portant sur leur tête un vilain bonnet de drap rouge avec un gland de soie bleue. Le comte avait oublié de se munir d'un interprète. On peut donc imaginer quel fut l'embarras de part et d'autre, lorsque le vice-gouverneur ne put nous demander ce que nous voulions ; et quand même il nous aurait adressé quelque semblable question, nous aurions été dans l'impossibilité d'y répondre. Nous restâmes une demi-heure à nous regarder sans dire mot ; mais enfin cette situation cessa par l'arrivée du médecin de Hussein, qui, né à Florence, parlait tant bien que mal l'italien et le français. Le comte lui expliqua en cette dernière langue qu'il était venu pour présenter ses respects au pacha ; sur quoi nous apprîmes que Sa Hautesse était allée avec son fils bien aimé passer en revue les troupes campées près de la ville, mais qu'on l'attendait d'un moment à l'autre, puisque la voiture qui devait le ramener était déjà partie, et qu'on allait dépêcher un courrier pour hâter son retour. Ce qui fut fait. Le médecin s'accroupit alors à un bout du sofa, la tête couverte, comme de fait nous l'avions aussi, d'après l'usage des Turcs. Toutes les fois qu'il avait besoin de parler au vice-gouverneur, il portait successivement la main à son front, à ses lèvres et à sa poitrine : tel est le mode consacré de salut. Nous demeurâmes en cette compagnie à peu près une heure, pendant laquelle le silence fut interrompu de temps en temps par une question adressée au médecin par le vice-gouverneur, puis traduite au comte qui répondait, et dont la réponse était à son tour transmise au vice-gouverneur qui branlait la tête, avait l'air surpris, et laissait échapper une bouffée de tabac plus qu'ordinaire de ses joues gonflées.

Cependant à force d'attendre, le bruit d'un carrosse qui entrait dans la cour du palais frappa nos oreilles. On nous annonça aussitôt que le pacha était revenu, et peu après on vint nous chercher pour nous conduire en sa présence. Traversant une haie formée par vingt ou trente officiers en guenilles, dont quelques-uns seulement portaient des turbans et des pelisses en soie à fleurs, nous entrâmes dans une vaste salle dont le plancher était recouvert d'un tapis bleu, mais qui ne contenait pas d'autre meuble qu'un divan de damas jaune, espèce de siège bas qui s'étendait tout autour de la pièce près des murailles. Dans un coin obscur, assis à la manière habituelle des Turcs, était Hussein, âgé, à ce qu'il semblait, d'environ cinquante-cinq ans, mais malgré cet âge, l'œil encore rayonnant du feu de l'intelligence, la figure profondément marquée de petite-vérole, basané, enfin tremblotant comme s'il faisait d'ordinaire usage d'opium. Il avait pour vêtement une pelisse de drap olive, bordée de martre zibeline, et pour coiffure le bonnet grec rouge. Il fumait quand nous arrivâmes, et continua de fumer tant que dura notre visite. A sa droite était assis, également sur ses jambes croisées, son fils chéri qu'il avait eu de sa favorite, et qui, entrant dans sa dixième année, vêtu absolument comme son père, était, sans aucune comparaison, le plus bel enfant que j'eusse jamais vu. Le ton de voix de Hussein, naturellement dur, fut sans doute adouci par l'influence qu'exerçait sur lui la présence de cette charmante créature ; car ce fut avec la plus grande affabilité que, par l'intermédiaire du médecin, il nous

(1) Ou Kalafat, lieu où l'armée turque a établi un camp retranché, qui a jusqu'ici (1854) résisté aux attaques des Russes.   A. M.

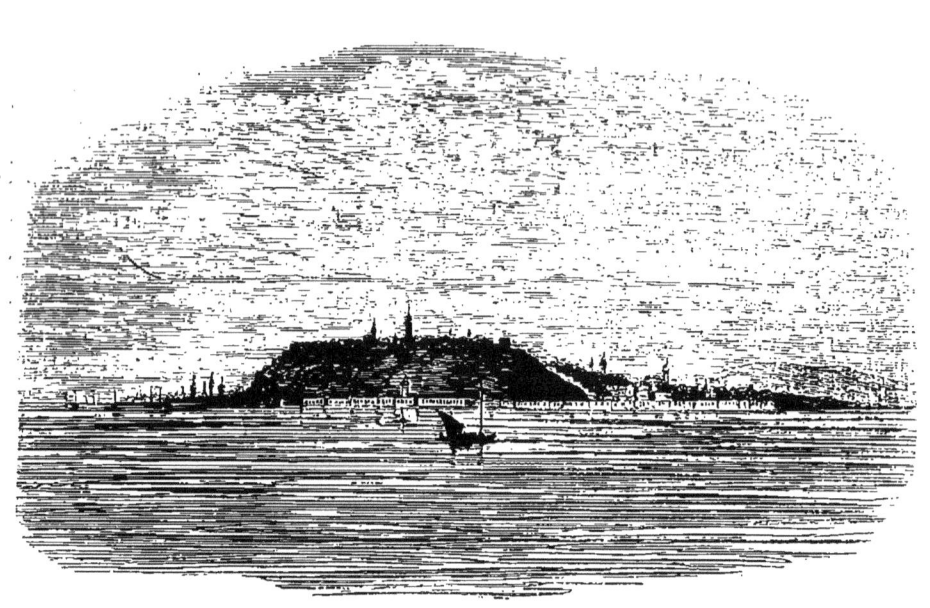

Bellegrade.

pria tout d'abord de nous asseoir. Quand les cérémonies de notre présentation furent ensuite terminées, le comte exposa qu'il était un noble Hongrois, désigné par l'empereur d'Autriche pour aviser à toutes les mesures qui devaient faciliter la navigation du Danube par des bateaux à vapeur qui, descendant de Presbourg à la mer Noire, pourraient de là gagner Constantinople; que cette entreprise, si elle réussissait, serait aussi avantageuse à la Turquie qu'à la Hongrie, et que, passant au bas de Vidin, il n'avait pu s'empêcher par conséquent de venir la recommander à la protection du pacha. Hussein répondit au comte qu'il était enchanté de le voir, mais il ne fit aucune allusion à l'objet de sa visite, qu'il parut ne pas bien comprendre. Il y eut alors une pause d'environ un quart d'heure, pendant laquelle nous eûmes tous l'air de nous torturer l'esprit à chercher comment rompre cet ennuyeux silence. Enfin le pacha, lorsqu'il eut vidé sa pipe, demanda si l'empereur turc était beaucoup aimé en Hongrie. Le comte (c'était d'obligation) répondit affirmativement; puis tenta de continuer l'entretien par une allusion aux rapports de paix actuellement établis entre les Turcs et les Hongrois qui avaient été si longtemps en guerre; mais Hussein y coupa court par la maxime, qu'il valait toujours mieux pour les hommes être amis qu'ennemis. Après l'énonciation de cette vérité qui fut admise par chacun, un second quart d'heure s'écoula dans une solennelle taciturnité, réellement fort embarrassante. Lorsque le laps de temps indispensable à la génération d'une autre idée se fut encore écoulé, le pacha ouvrit de nouveau la bouche pour observer que l'empereur, son maître, avait plusieurs officiers d'un haut talent à son service. Le comte approuva la justesse de cette remarque; et nous redevînmes muets, comme si un charme nous empêchait de remuer la langue.

Dans l'intervalle, toutefois, des esclaves apportèrent de superbes pipes à becs d'ambre, et nous les présentèrent. D'autres les suivirent avec des plateaux en vernis du Japon, sur lesquels des confitures étaient servies. Mais comme pour les porter à nos lèvres il nous aurait fallu faire usage de cuillers d'argent qui étaient sur le plateau, et que ce métal est, à ce qu'on suppose, un conducteur de la peste, les officiers sanitaires qui nous accompagnaient ne souffrirent pas que nous touchassions à rien. De petites tasses à café en porcelaine de Chine furent alors apportées par ordre du pacha sur un plateau d'or; et quoique renfermées chacune dans un grillage en filigrane d'argent, nous pûmes les en extraire sans nous mettre en contact avec les indigènes, et boire, en nous la versant nous-mêmes, l'odoriférante liqueur qui arriva dans une cafetière vernie, et qui fut avec le plateau déposée à terre. Hussein, ainsi que son fils, prit pendant ce

Smyrne.

temps-là un peu de sorbet, puis demanda soudain si les bateaux à vapeur allaient jusqu'à Stamboul. Le comte répondit que le service n'était pas encore en pleine activité, mais que, dès qu'un autre steamer qu'on attendait journellement de Trieste arriverait à Galacz, il serait possible d'accomplir dans une huitaine le voyage de Presbourg à Constantinople. Cette réponse arracha une exclamation de surprise à Hussein; ses officiers et ses domestiques en levèrent les mains au ciel; mais il était évident que lui-même n'approuvait pas trop un moyen si prompt de voyager, qui, pensait-il sans doute, ne promettait rien de bon à la Turquie. Le comte, trouvant que l'entrevue avait déjà duré assez long temps, se leva, et les adieux s'échangèrent. Avant de sortir, il donna à un des serviteurs du pacha, pour les partager avec ses camarades, 10 ducats d'or, conformément à la coutume turque qui ne permet à aucune personne de rang d'en visiter une autre sans lui imposer cette espèce de taxe au bénéfice des domestiques. Souvent même, elle forme les seuls gages qu'ils reçoivent.

Vers cinq heures du soir, nous vînmes en vue de *Nicopoli*, ville turque considérable, avantageusement située sur une chaîne de collines qui décrit un demi-cercle autour d'une petite baie que forme le fleuve. La côte valaque paraissait marécageuse et triste; mais, à notre droite, les collines, je devrais plutôt dire les montagnes, étaient escarpées et fort pittoresques; elles avaient de loin l'air d'une ligne de fortification. chaque groupe de rochers figurant des redoutes et des tours capables d'une résistance invincible. La ville est d'ailleurs ceinte de remparts en bon état, que garnissent de nombreux canons.

Sistow. Routschouk : bel aspect de cette ville vue de loin; sa laideur et sa tristesse quand on la voit de près. Mon ami Marcello. Détails sur le caractère, les mœurs, le genre de vie et le costume des Valaques Préparatifs pour gagner Constantinople par terre. Départ. Disposition momentanée de mon guide. Jeunes filles bulgares. Schumla. Les monts Balkans. Beauté des forêts qui les couvrent. Rencontre de Bohémiens. Arrivée à Karnabat.

Le 17 octobre et vers neuf heures, nous commençâmes à distinguer *Sistow*, que des vapeurs blanchâtres entouraient encore. Çà et là les rayons du soleil perçaient le brouillard et brillaient sur les flèches des minarets. A une ou deux lieues de la ville, du côté de l'ouest, commence une chaîne de superbes collines qui s'étend à une énorme distance le long de la rive droite du Danube. La ville elle-même, prenant naissance au bord de l'eau, se faufile à travers les ondulations de ces monticules, qui semblent destinés par la nature à recevoir des groupes d'habitations humaines. Après avoir grimpé pendant quelque temps, les maisons se perdent, puis elles réapparaissent plus haut, protégées toutes par une citadelle qui couronne le faîte. Les collines sont boisées et de l'aspect le plus pittoresque. En outre, le Danube présente devant Sistow une nappe d'eau si belle et si profonde, que cinq ou six navires marchands le remontaient sans difficulté.

À trois heures et demie du soir, ce qui me causa une joie extrême, nous vînmes en vue de Routschouk; mais deux heures s'écoulèrent encore avant que nous jetassions l'ancre parmi une multitude de vaisseaux, russes, turcs et grecs, les uns de commerce, les autres de pêche et de toute taille, qui donnaient au fleuve un air de vie que je ne lui avais vu nulle part. Le capitaine du steamer, que j'avais laissé près d'Argograd, m'avait remis une lettre de recommandation pour un habitant de Routschouk qui, selon lui, pouvait me faciliter les moyens de continuer mon voyage. Le pilote de la barque qui m'avait amené m'offrit ses services pour m'aider à découvrir la demeure de cet individu : j'acceptai; mais nous errâmes longtemps par la ville sans parvenir au but de nos recherches, sans même rencontrer personne qui nous donnât le moindre renseignement. Lorsque j'avais vu de loin Routschouk, avec ses mosquées et ses minarets innombrables qui brillaient au soleil, s'élever sur un noble promontoire au bord même du vaste bassin que formait le Danube, je m'étais figuré que c'était une riche, une populeuse, une propre et belle cité, et que j'aurais grand plaisir à l'examiner en détail; mais quelle n'était pas mon erreur! Il n'existe pas, je crois, même en Turquie, de ville plus misérable, plus déserte, plus triste, plus sale et plus mal bâtie. Toutes les habitations, si on excepte les boutiques, sont, à la lettre, sens devant derrière; c'est-à-dire que les rues ne présentent de chaque côté qu'une ligne de sombres murailles, sans une seule fenêtre. Ces rues, sauf que çà et là les portes interrompaient la fatigante monotonie de la pierre et du ciment, ressemblaient tout-à-fait aux passages de l'intérieur d'une citadelle.

Le 12, mon Grec vint me prendre à l'heure dont nous étions convenus, et me conduisit auprès du chef des Tartares, afin que je m'entendisse avec lui sur les moyens de gagner Constantinople. Après de longs débats, il fut enfin arrêté entre nous que, moyennant 2,500 piastres (environ 600 francs), somme dont Marcello devait sans doute avoir sa part, il me serait fourni, sans que j'eusse aucune autre dépense à payer le long de la route, un guide et cinq chevaux : le premier pour moi, le second pour mon guide, le troisième pour le postillon qui devait les ramener de relais en relais, le quatrième pour mes bagages et le cinquième de rechange. Je devais en outre avoir atteint le terme de mon voyage après trois jours de marche. Pendant que Marcello s'occupait à remplir les formalités nécessaires pour la délivrance de mon firman, j'allai de mon côté déjeuner d'abord, ensuite acheter une selle, une bride, un fouet, des cordes et une solide paire de bottes, choses qui m'étaient indispensables; puis, à dix heures sonnant, je montai en selle et traversai la ville au pas, suivi de ma petite caravane. Toutes les boutiques étaient alors ouvertes et déployaient un riche étalage de marchandises diverses : carabines damasquinées, pistolets à crosses d'ivoire et d'argent, ataghans brillants et poudrières de toute sorte, tapis de Perse, châles de Cachemire, écharpes, parasols, pipes de mille façons, bonnets grecs, jaquettes rouges, baboches jaunes pointues, cannes à tête d'or, draps magnifiques, bas de laine ou de coton; et encore des bijoux, des épices, des fruits, des légumes, des volailles, du pain, du poisson et des poteries. Les planchers de ces boutiques avaient en général une certaine élévation au-dessus du niveau des rues, et l'on y voyait dans l'intérieur les maîtres et leurs apprentis qui travaillaient assis à terre. Cependant je remarquai plusieurs magasins, et des mieux fournis, où il n'y avait personne.

Ils étaient ouverts sur la devanture; car une fois les volets ôtés aux fenêtres et à la porte, il ne reste pas derrière de carreaux qui empêchent le premier individu qui passe d'entrer si bon lui semble. J'en avais déjà fait l'observation à mon ami Marcello, et il m'avait répondu que telle était la coutume dans toute la Turquie, où il n'est jamais question de ces petits larcins si communs dans les autres contrées : il ajouta même que, à l'exception peut-être des forêts du Balkan, je pourrais parcourir seul tout l'empire turc, mon portemanteau rempli d'or, et que, ne fût-il pas fermé, on ne me tirerait pas seulement un ducat. Marcello ne disait que l'exacte vérité. Les Turcs, en effet, quand ils débattent un marché avec des étrangers ou entre eux, le font autant que possible à leur avantage; mais ils ne songent jamais à voler ni l'argent ni le bien d'autrui, quel qu'il soit.

Dès que nous eûmes dépassé la porte de Routschouk, nous piquâmes nos montures, et, jusqu'à une heure après midi, nous ne discontinuâmes presque pas d'aller successivement au grand trot et au galop. Nous cherchâmes alors un refuge contre l'accablante chaleur du jour dans une vallée qui offrait un spectacle très pittoresque. Elle était d'une étendue considérable, traversée par un joli ruisseau et entourée de tous côtés par d'immenses rocs à pic qui la remplissaient d'une ombre propice aux voyageurs. Aussi y trouvâmes-nous une caravane de vingt-cinq à trente charriots chargés de tous les produits de la campagne, avec autant de familles (hommes, femmes, enfants) qui se reposaient et prenaient leur repas. Quand nos propres bêtes se furent suffisamment rafraîchies, nous poursuivîmes notre voyage avec la même célérité qu'avant. Notre route, qui n'était indiquée à travers la pleine campagne que par des traces de roues et les pas des bœufs et des chevaux, franchissait de basses collines et des vallées çà et là garnies de broussailles. Vers trois heures nous fîmes halte pour dîner à un khan solitaire. L'hôte, qui était un Bulgare, nous accabla de politesses, étendit pour nous une natte sur un balcon grossier qu'un toit de roseaux abritait du soleil, et mit à notre disposition les nombreuses volailles qui remplissaient sa basse-cour. Mais mon guide, sur qui, d'après nos conventions, retombaient toutes les dépenses, prétendit que nous n'avions pas le temps d'attendre qu'on accommodât un poulet ou un canard, et nous fit simplement servir du pain, des œufs durs, des oignons et du sel. Tandis que nous mangions le frugal repas, d'un aussi bon appétit pourtant que s'il se fût agi des mets les plus délicieux, quelques paysans tout déguenillés, qui buvaient du rhum et de l'eau sous un hangar, voulurent s'approcher de nous et entrer en conversation; mais mon Tartare prit son fouet et leur en distribua sans se gêner de bons coups qui les firent docilement se retirer. Lorsque notre faim fut apaisée, nous recommençâmes notre course.

Peu à peu la contrée devint montagneuse, d'où je conclus que les monts Balkans ne tarderaient pas à surgir devant moi. Bientôt je rencontrai des bergers qui gardaient des chèvres, et en leur criant le mot Schumla, je leur montrai du doigt la direction dans laquelle je marchais, pour savoir si c'était la bonne; tous paraissant me répondre affirmativement, ce qui d'une part allégea mes inquiétudes; mais, de l'autre, le soleil qui se couchait déjà menaçait de rendre mon aventure assez romantique, lorsque, descendant dans une vallée, j'atteignis une fontaine autour de laquelle de jeunes filles bulgares étaient réunies avec des cruches. Elles eurent l'air fort étonnées de mon apparition, et je ne pus, malgré ma situation critique, me refuser au plaisir d'admirer leurs grands yeux noirs et leur belle chevelure brune, ornée de pièces d'argent, qui retombait en nattes sur leurs épaules. Quelques-unes portaient à leurs oreilles de semblables ornements, espacés par des grains de corail. Elles avaient pour vêtement des tuniques de toile ou de flanelle marquées d'une croix rouge sur le sein gauche, afin de montrer, je présume, qu'elles étaient chrétiennes, et à ce titre pouvaient ne pas porter voile. Elles semblaient néanmoins extrêmement timides, quoique la curiosité, qui dans tous les pays caractérise le beau sexe, leur fît de temps à autre jeter un regard en dessous au solitaire étranger. J'obtins d'une de ces demoiselles qu'elle me laissât boire dans sa cruche; mais aussitôt qu'elles eurent rempli leurs vases, et elles se hâtèrent le plus possible, elles prirent la fuite comme une volée d'oiseaux. J'allais me mettre à les poursuivre, pensant qu'elles demeuraient à quelque hameau voisin où je pourrais passer la nuit, quand je fus alarmé par deux détonations d'armes à feu qui retentirent à peu de distance. Levant les yeux vers une hauteur que je venais moi-même de descendre, je vis, à travers le crépuscule qui s'épaississait, un cavalier accourir comme s'il avait toute une bande de brigands à ses trousses. C'était mon Tartare! Sa figure était tellement bouleversée que j'eus peine à la reconnaître. Arrivé près de moi, il se laissa glisser de cheval, et resta parfaitement immobile et muet, la peur et la fatigue lui ôtant l'usage de toutes ses facultés. Peu après, parut le postillon qui menait le cheval aux bagages; mais le cinquième manquait. Quand ils eurent retrouvé leur voix, ils m'expliquèrent que cet animal, qui avait été monté tout le jour, était tombé sur la route non loin de l'endroit où nous avions dîné, qu'ils avaient tout tenté pour le remettre sur ses jambes, mais qu'après avoir perdu beaucoup de temps il avait fallu y renoncer pour courir sur mes traces; car il y allait de leur vie si, ne pouvant me rattraper, il était, en leur absence, arrivé malheur à un seul cheveu de ma tête.

Lorsque nous eûmes tous, hommes et bêtes, pris un peu de repos, nous remontâmes en selle par un brillant clair de lune, et nous atteignîmes vers huit heures la ville forte de Bagdad; nous y changeâmes de chevaux, et, après avoir bu quelques tasses de café, nous poursuivîmes notre route. Quatre heures de galop presque sans interruption nous amenèrent, à plus de minuit, près d'une hutte solitaire d'où s'échappait une vive clarté. Mon Tartare ne pouvait guère, au bout d'une telle course, se passer de dormir quelques instants, ou du moins de fumer une pipe; nous mîmes donc pied à terre. Comme la porte n'était fermée qu'au loquet, nous entrâmes. Une énorme poutre brûlait à terre au milieu de la chambre, et quatre ou cinq paysans dormaient à l'entour, car la nuit était froide; nous prîmes place autour du foyer, et, nous chauffant en silence, nous n'éveillâmes aucun des dormeurs. Mais lorsque le guide, au moment de repartir, commanda à l'enfant de nous donner à boire, sa voix un peu rauque troubla le sommeil d'un des maîtres du logis, et les autres eurent bientôt les yeux ouverts. Je ne saurais dépeindre quelle fut leur épouvante à tous, quand ils nous virent ainsi campés chez eux; car nous étions enveloppés des pieds à la tête dans nos manteaux, nos bonnets étaient rabattus sur nos visages, et la flamme se reflétait sur nos sabres, nos carabines et nos pistolets, déposés près de nous, et assurément ils nous prirent pour des bandits qui, au moindre mot, les eussent assassinés. Aussi n'ouvrirent-il pas la bouche, ne remuèrent-ils pas; mais quand nous repartîmes, un éclair de joie illumina leurs yeux.

Nous galopâmes encore deux heures; la nuit devint tellement noire, que nous ne pouvions plus nous voir les uns les autres, quoique marchant côte à côte. Apercevant alors quelques feux parmi des broussailles peu distantes de la route, et y dirigeant nos chevaux, nous trouvâmes là des hommes et des femmes qui dormaient près de bûchers bien entretenus, à l'abri des buissons et des ronces. Sur le second plan, était rangé un nombreux convoi de charriots, avec des bœufs qui en dépendaient. Nous fûmes accueillis avec bienveillance par ces voyageurs, qui même nous donnèrent pour souper quelques tranches d'un excellent pain bis. Nous ne fîmes cependant qu'une courte halte parmi

eux, car nous étions au pied des monts Balkans, et nous commençâmes à les gravir dès que les nuages qui obscurcissaient le ciel eurent, en se dispersant, laissé reparaître quelques pâles étoiles. La route était raide et tortueuse; mais nos montures y étaient habituées, et les lumières lointaines de *Schumla*, qui tantôt brillaient sur les hauteurs comme une torche solitaire, tantôt étaient disséminées dans différentes directions, ranimaient notre courage. Nous atteignîmes cette célèbre cité à quatre heures du matin, parmi les aboiements de plusieurs milliers de chiens que les pas de nos chevaux éveillèrent, et cherchant aussitôt une auberge, nous y goûtâmes avec délices, mais, hélas! pour peu de temps, les douceurs du sommeil.

Dès sept heures, en effet, nous gravissions de nouveau les montagnes. Je ne pus voir les fortifications qu'Hussein-Pacha avait, disait-on, construites du côté de la ville par lequel nous y étions entrés; mais de celui du Balkan, je n'aperçus absolument aucun vestige de travaux militaires, quoique les rocs escarpés qui dominent une certaine partie de notre chemin présentent les points les plus avantageux pour l'érection de redoutes qu'on pourrait, je crois, rendre presque imprenables; car, d'après la nature des lieux, il serait fort difficile d'établir des batteries qui les renversassent. Arrivant à une région plus découverte, nous la trouvâmes encore bien cultivée; les habitants y faisaient les vendanges de toutes parts, en sorte que tout le jour, pour obtenir de magnifiques raisins, nous n'eûmes que la peine de les demander. J'avais les membres un peu endoloris d'avoir si longtemps chevauché au grand trot; mais, comme alors nous montions constamment, nous fûmes obligés de ralentir notre pas, et j'éprouvai moins de fatigue que je ne l'avais craint. D'ailleurs, mon Tartare me donnait à espérer que nous atteindrions Stamboul dans la soirée du jour suivant, pourvu que nous trouvassions de bons chevaux; puis, ce qui me faisait encore oublier ma lassitude, rien au monde n'est aussi beau, surtout vers la fin de l'automne, que la variété des teintes qui colorent les arbres et les arbustes dont se composent les forêts du Balkan.

Enfin, nous parvînmes au sommet de la chaîne immense le long des flancs de laquelle nous avions grimpé tout le jour, et nous pûmes nous y reposer dans une hutte formée de planches perpendiculairement enfoncées en terre, et recouverte de toiles, qu'habitait un vieillard solitaire qui nous servit du café. Le soir, nous descendîmes vers les rameaux intérieurs du Balkan qui se succèdent les uns aux autres comme autant d'ondulations de hauteurs diverses, et qui sont presque tous dépourvus d'arbres, çà et là parsemés de ronces, quelquefois couverts de bruyères, mais absolument impropres à la culture. Mes deux camarades ne conservèrent donc plus aucune crainte. Nous rencontrâmes bien de temps en temps, au fond des gorges, des camps considérables de Bohémiens, car en quel pays ne se trouvent-ils pas? mais ces gens ne leur causaient aucune frayeur. De fait, ils semblaient partout songer bien plutôt à se livrer aux plaisirs de la musique et de la danse, ou à préparer leurs repas aux feux allumés près de leurs tentes, qu'à méditer des attaques contre les voyageurs. Les vallées septentrionales des monts Balkans paraissent être la demeure favorite de ce peuple vagabond, qui les occupe sans craindre qu'on ne vienne l y troubler. Mais comment leurs tribus qui jamais ne filent, jamais ne tissent d'étoffes, jamais ne cultivent la terre, pouvaient-elles toujours, comme je l'ai cent fois remarqué, être vêtues si bien, et avoir en si grande abondance des légumes, de la viande, des volailles et du rhum? C'est pour moi un mystère aussi inexplicable que leur origine et cet instinct qui les pousse à errer sans cesse, comme pour défier toute la puissance de la civilisation.

Quand vint la nuit, nos montures, qui avaient marché presque tout le jour, furent si fatiguées qu'elles s'arrêtèrent à chaque minute, et qu'au lieu d'arriver à *Karnabat* vers neuf heures, comme nous l'avions compté, nous n'y arrivâmes qu'à onze, quoique nous eussions vu toute la soirée les lumières de la ville. Je me flattais du moins d'y trouver un bon gîte ; car Karnabat est situé en Romanie, et la plupart des villes de cette province, habitées principalement par des Turcs, ne sont pas aussi misérables que celles de Bulgarie jusqu'alors visitées par moi. Le nombre des musulmans est, au contraire, peu considérable dans cette dernière contrée, et se partage entre Vidin, Nicopoli, Roustchouk et Schumla. La grande masse des habitants appartient à la race esclavonne, et professe le christianisme, mais paraît n'avoir que peu d'édifices consacrés à ce culte.

Mon guide m'arrêta bientôt devant une auberge; mais elle était de fort mauvaise mine, et quand la porte en fut ouverte, je vis qu'elle ne se composait que d'une seule chambre dans laquelle huit ou dix personnes étaient déjà couchées, outre qu'un immense feu flambait dans un four qui allait recevoir du pain. Si les renseignements qu'on m'avait donnés en Valachie au sujet du froid qui règne sur le Balkan eussent été exacts, je n'aurais pas sans doute accepté avec trop de répugnance le voisinage de ce four. Mais comme en franchissant ces montagnes non-seulement je n'avais vu ni neige ni glace, mais qu'encore il m'avait été impossible de supporter mon manteau, à cause de l'extrême chaleur, qui même à cette heure de la nuit était peu diminuée, je refusai net de m'exposer d'une part au péril de cuire, de l'autre à celui d'être empoisonné par l'atmosphère d'un grand nombre de compagnons. De plus, rien ne semblait me promettre un dîner tel que celui dont j'avais réellement besoin. Mais, de son côté, mon Tartare refusa d'abord de me conduire ailleurs, sous prétexte que nulle hôtellerie n'était alors ouverte, tandis qu'en réalité c'était crainte qu'il ne lui fallût faire plus de dépense pour ma nourriture. A la fin, cependant, lorsqu'il me vit décidé à m'en aller seul chercher un meilleur gîte, et surtout que je le menaçai d'instruire son chef de la manière inconvenante conduite à mon égard, il céda, et sut me mener à un khan de premier ordre, encombré aussi de voyageurs, mais où du moins je ne manquai de rien. Après avoir copieusement satisfait mon appétit, je m'étendis sur un divan où dormaient déjà quatre ou cinq Turcs, et je dormis moi-même d'un profond sommeil jusqu'à sept heures du matin.

Mes compagnons de nuit. La volaille dédaignée. Andrinople Burgas. Sylivria. Avarice de mon guide. Approches de Constantinople; les ponts et la chaussée. Vue de Stamboul au soleil levant. Entrée dans cette capitale La peste. Convois d'un Arménien et d'un Grec. Tolérance religieuse des autorités musulmanes.

Quand je m'éveillai et que je sortis de dessous mon manteau, j'eus l'honneur de voir tous les vénérables Turcs dont j'avais partagé la chambre et le coucher fixer curieusement leurs regards sur moi. Bientôt l'un d'eux me présenta sa pipe, et parut fort surpris de ce qu'en ouvrant les yeux je ne me conformais pas à l'usage universel de fumer. En place, cependant, d'un chibouke, je demandai une serviette et de l'eau; on m'en apporta dans un plat d'étain, et après avoir fait ma toilette de mon mieux, puis déjeuné, je poursuivis mon voyage avec mes deux compagnons ordinaires.

Nous continuâmes presque tout le jour à descendre les chaînes inférieures du Balkan, par les routes les plus périlleuses. Ces montagnes et les vallées qu'elles renferment sont pour ainsi dire absolument désertes. Les quelques huttes que nous rencontrâmes chemin faisant offraient l'aspect le plus misérable.

Après une halte si nécessaire, nous remontâmes en selle; et relayant vers neuf heures à un misérable hameau, nous pûmes poursuivre rapidement notre voyage toute la nuit. La lune nous éclaira jusqu'au matin, et alors nous vîmes Andrinople se dessiner à l'horizon. D'après les différentes descriptions que j'ai lues de cette cité, qui n'était inférieure qu'à Stamboul (1) même, je m'attendais à la trouver environnée d'une éblouissante splendeur. Les coupoles et les minarets de ses nombreuses mosquées offrent sans doute au voyageur, lorsqu'il est encore à quelque distance des murs, ample matière à croire qu'il va visiter une ville considérable, bien peuplée, en un mot florissante; mais sans être absolument désappointé dans son attente, il comprend qu'elle était fort exagérée, lorsqu'il arrive à son khan après avoir traversé les principales rues qui, à part la variété ordinaire des boutiques, ne présentent rien à l'admiration. Le Tartare voulait passer outre sans s'arrêter un seul instant; mais, bon gré mal gré, j'obtins de lui qu'il me laissât dormir une couple d'heures.

Nous repartîmes vers midi, et dans la soirée nous arrivâmes à *Bourgdz*, qui de loin m'offrit plus l'air d'une ville européenne qu'aucune des cités que j'eusse encore visitées en Turquie. Plusieurs mosquées et d'autres bâtiments publics de vastes dimensions lui donnent une apparence de grandeur; mais en me promenant par les rues, je les trouvai presque entièrement désertes: les édifices, que je m'étais attendu à voir habités comme palais ou consacrés à d'utiles institutions, étaient abandonnés au vent et à la pluie. Les fontaines, qui, à une époque plus ancienne, avaient été élégamment décorées de marbre, étaient alors renversées, desséchées. Les cloîtres des lieux saints, dont plus d'un était bâti sur une magnifique échelle, servaient de retraite sûre à des chats et des chiens sauvages, à des hiboux et des corbeaux, dont les cris divers n'ajoutaient pas peu à la désolation de la scène. Enfin aucune des mosquées n'était entretenue le moins du monde. Comme je me trouvais passer devant un de ces temples, un jeune enfant, du haut d'un des minarets, annonça aux fidèles l'office du soir dans les formes sacramentelles : « Dieu seul est Dieu, et Mahomet est son prophète! » La porte s'ouvrit aussitôt. Huit ou dix vrais croyants tout déguenillés arrivèrent par des chemins différents, se lavèrent les pieds à une fontaine en ruine, et, laissant leurs babouches sur le seuil, pénétrèrent pieds nus dans l'intérieur. Je ne jugeai pas prudent de les y suivre, car j'étais seul; mais je me tins, sans qu'on en fût scandalisé, à la porte qui demeura ouverte. Des lampes suspendues à la voûte, qui descendaient assez bas pour toucher à la tête d'un homme debout, et ressemblaient à celles dont il est fait usage dans les illuminations, étaient allumées. La maigre congrégation se rangea en demi-cercle, et récita la prière en chœur sur un ton de psalmodie analogue à celle des Juifs, mais moins bruyante, sinon avec une dévotion véritable, mais avec l'air de la plus profonde piété.

Nous dînâmes assez bien, quoique dans une auberge de très pauvre mine ; et l'hôte me procura, sans aucune sollicitation de ma part, le meilleur cheval qu'il y eût dans la ville. Nous remettant en marche à la tombée de la nuit qui ne cessa d'être belle et claire, nous cheminâmes huit heures durant sans aucune interruption, et nous atteignîmes le bourg de Cholu aux premiers rayons de l'aurore. Pour mon compte, tandis que mes compagnons fumèrent et burent du café, j'y dormis profondément jusqu'à sept heures. Nous fîmes alors un frugal déjeuner de pain bis et de raisin, et nous continuâmes notre route avec des montures fraîches, mais de beaucoup inférieures à celles qui nous avaient portés pendant la nuit. La matinée était brumeuse; mais le soleil perça bientôt le brouillard, et mon cœur battit de joie lorsque, gravissant au galop un petit monticule, je vis reluire dans le lointain sur ma droite les eaux de la mer de Marmara.

(1) Nom que les Turcs donnent à Constantinople.
A. M.

Excursion par mer à Térapia. Chaloupes du Bosphore. Retour à Constantinople. Cause de l'insalubrité de cette ville. Améliorations sanitaires indispensables. Déclin du fanatisme. Égalité de droits civils sans égard de religions. Moniteur ottoman. Départ pour regagner l'Angleterre.

Le 28 octobre, lendemain de mon arrivée, je me rendis au village de *Térapia*, où réside maintenant l'ambassade britannique; car le superbe palais qu'elle occupait autrefois dans Péra est devenu la proie des flammes, lors du vaste incendie qui ravagea ce faubourg il y a quelques années. Par terre, la distance de Constantinople à Térapia est, m'a-t-on dit, de cinq lieues; par le Bosphore, route qu'on suit le plus ordinairement, elle m'a semblé n'être que de neuf ou dix milles; mais on en parcourt quelquefois quinze ou vingt, à cause des louvoiements auxquels on est obligé pour prendre les vents qui sans cesse changent dans ce canal. Les barques qui vous transportent sont assez larges et très profondes; mais la coupe de la quille en est si mauvaise, qu'il faut que passagers et rameurs s'y établissent soigneusement selon les lois de l'équilibre avant de partir; sans quoi ils courent risque de chavirer bientôt. Pour cette raison, les voyageurs sont obligés, pendant le trajet, de se convertir en lest, et de s'asseoir à fond de cale où ils trouvent habituellement soit une natte, soit un tapis destiné à cet usage. Si le vent est favorable, on étend la voile, et alors rien de plus incommode que les changements de place qui, lorsqu'on ne peut courir droit devant la brise, deviennent nécessaires de temps en temps, afin de faire une nouvelle distribution du salon entre le côté droit et le côté gauche chaque fois qu'on vient à naviguer dans une direction nouvelle. L'inconvénient est encore beaucoup plus terrible quand il n'y a dans la barque qu'un seul passager, car incessamment on le prie d'avancer ou de reculer d'une ligne sans qu'il puisse imaginer pourquoi. C'est par expérience que j'en parle.

Mais à cet ennui quelle compensation! J'avais, certes, entendu vanter en termes bien pompeux les beautés que déploient et la rive asiatique et la rive européenne du Bosphore : eh bien! je dois dire qu'elles m'ont encore paru surpasser infiniment toutes les descriptions que j'en avais lues, toutes les peintures qui m'en étaient tombées sous les yeux et toutes les idées que je m'en étais faites. Le caractère toujours différent des montagnes qui s'élèvent de chaque côté; les magiques variations de lumière qu'y produisent la marche du soleil et leurs propres ombres; les bouquets d'arbres et les jardins dont elles sont parsemées; les châteaux et les fortifications du moyen-âge; la vieille architecture mauresque des maisons et des palais qui s'étendent à cinq ou six milles de ces montagnes, jusqu'auprès des eaux azurées; ces nouvelles résidences si splendides, bâties sur les deux bords par le sultan actuel ou par ses ministres, avec leurs légers frontons à l'orientale, leurs fenêtres à vitraux de couleur, leurs portes de bronze et leurs escaliers de marbre aussi blanc que la neige; les énormes vaisseaux de guerre turcs, mouillés devant l'arsenal; les bricks marchands qui montent ou descendent; les innombrables chaloupes qu'un but d'utilité ou de plaisir, que l'impulsion de la rame et du vent poussent en tout sens; le costume des Francs qui se mêle à ceux des Turcs, des Albanais, des Grecs, des Tartares, des sauvages montagnards du Caucase, des esclaves de la Circassie, des maquignons arabes, des marchands de soie et de tapis de la Perse, ou des derviches de l'Inde; enfin, les formes de femmes voilées qu'on aperçoit çà et là, tout se réunissait pour offrir à mes regards un tableau si animé de l'industrie des hommes, et un spectacle si imposant des merveilles de la nature, que vainement leur chercherais-je des pendants à travers le reste du monde.

Je fus retenu à Térapia toute la journée suivante du 19 par de grosses pluies et une affreuse tempête qui durèrent, sans un moment d'interruption, depuis le matin jusqu'au soir Pendant la nuit, des éclairs éblouissants et d'horribles coups de foudre furent accompagnés sans relâche des sifflements d'un vent impétueux qui soufflait de la mer Noire, et s'engouffrait entre les montagnes dont le Bosphore est bordé comme dans un entonnoir. Les eaux étaient encore très agitées le 20, quand je regagnai Péra; mais comme la direction du vent m'était favorable, je fis la traversée en une heure, et j'employai ce jour, ainsi que la semaine suivante, à explorer les nombreuses curiosités de Constantinople. Que le lecteur se rassure, cependant! Elles ont déjà été si souvent, si longuement et si bien décrites dans des extraits d'autres ouvrages, que je ne lui en donnerai pas une description nouvelle.

Je m'embarque pour Smyrne. L'Hellespont. Changement de climat. Le sirocco. Mitylène. Ville de Smyrne. Vourla. L'escadre anglaise. Iles de l'Archipel. Montagnes de Morée. Napoli.

Après avoir demeuré une quinzaine de jours à Constantinople, et terminé les affaires qui m'y avaient amené, je songeai à regagner l'Angleterre. Je pris donc passage pour Smyrne à bord du paquebot *le Spitfire*, qui, heureusement pour moi, avait été retenu par le vent contraire au-delà du terme fixé pour son départ. Le 26 octobre, lendemain du jour où je fis marché avec le capitaine, le vent tourna enfin du sud au nord, vers le soir. Comme tout était préparé depuis une semaine, nous levâmes bientôt l'ancre, et voguant à pleines voiles, nous traversâmes avec une incroyable rapidité la mer de Marmara. Lorsqu'en effet je m'éveillai le matin suivant, je m'aperçus avec plaisir que nous n'étions plus très éloignés de l'Hellespont. L'atmosphère était brumeuse; mais quand nous eûmes dépassé Gallipoli et que nous entrâmes dans le fameux détroit, le soleil, perçant le brouillard, nous laissa voir illuminés des plus brillantes couleurs les châteaux d'Abydos et de Sestos. Chemin faisant, les matelots me montrèrent l'endroit où lord Byron avait traversé le canal en nageant d'une rive à l'autre. Mon cœur battit à ce souvenir; mais les beautés de l'Hellespont ne peuvent être comparées à celles du Bosphore. Les montagnes qui le bordent sont de deux côtés basses et monotones; çà et là, néanmoins, une cabane occupant un asile pittoresque, un jardin cultivé avec soin, un ruisseau qu'on eût pris pour une mouvante écharpe d'argent, me ramenaient par la pensée à ces heureux jours de mon enfance, où j'avais Homère entre les mains. Le barde grec, soit dit en passant, qui maintes fois mentionne l'Hellespont, lui donne toujours l'épithète de *large* qu'on serait bien tenté de croire fausse, lorsqu'on y entre pour la première fois par la mer de Marmara. Effectivement, il est presque aussi étroit que le Bosphore jusqu'aux Dardanelles; mais là il s'ouvre en une magnifique nappe d'eau que sans doute le poète avait souvent contemplée du rivage troyen.

Avant midi nous côtoyâmes lentement la plaine, aujourd'hui tout-à-fait nue, où les géographes modernes placent la Troie qu'Alexandre fonda, à ce qu'il pensait, sur les ruines de la Troie d'Homère. Puis, quand les montagnes d'Ipsara, de Ténédos et de Mitylène se montrèrent à nos yeux, nous reconnûmes tous que nous avions atteint un climat nouveau dont la température était celle de la fin du printemps. L'atmosphère était pure et chaude. Le ciel, les eaux, les chaînes lointaines, tout autour de nous était comme recouvert d'une transparente gaze d'azur. De distance en distance cependant, à travers cette gaze nous distinguions des barques grecques qui, avec leurs voiles rayées si pittoresques, passaient de l'une à l'autre rive, ou longeaient les côtes dont le paysage était animé par des troupeaux de moutons et de chèvres. Il y a dans ces mers une miraculeuse beauté qu'on ne peut bien comprendre sans l'avoir vue. Les flots sont si limpides, que je distinguais parfaitement les poissons qui allaient et venaient à une certaine profondeur. L'air est si clair et la voûte céleste si sereine, que tout ce qui s'agitait sur les eaux ou apparaissait sur la terre se dessinait à nos yeux avec cette netteté de formes qui caractérise le pinceau d'un peintre habile. Le soleil se coucha derrière le pic de Ténédos, et nous n'avançâmes qu'avec des brises incertaines jusqu'à ce que nous eussions dépassé le cap Baba. Dès lors ce fut bien pire, car nous rencontrâmes le sirocco, ou vent du sud, avec qui j'eus l'honneur de faire connaissance pour la première fois, et que je trouvai fort incommode. Les étoiles ne tardèrent pas à briller dans tout leur éclat, et comme nulle vapeur ne traversait l'immense firmament, les montagnes et les divers promontoires qui nous entouraient ne cessèrent de se révéler distinctement à l'horizon.

Nous ne fîmes guère de chemin pendant la nuit, car le vent nous était absolument contraire. Nous parvînmes néanmoins à entrer le lendemain 28, à la pointe du jour, dans l'excellent petit hâvre de Sigri, qui est situé sur la côte occidentale de l'île de Mitylène.

Le 29, à huit heures du matin, nous levâmes l'ancre et poursuivîmes notre route vers Smyrne. Ipsara ne tarda guère à se montrer, mais disparut bientôt parmi des vapeurs qu'amena une bourrasque. Au bout d'une heure, toutefois, nous revîmes le soleil aussi brillant que jamais, et nous distinguâmes au sud les magnifiques chaînes des montagnes de Chios, tandis que celles de Mitylène dressaient encore à notre gauche leurs cimes sourcilleuses. Nous passâmes lentement à l'entrée du hâvre de Caloni, lequel s'enfonce dans le milieu de l'île ; car le temps demeura orageux et variable jusqu'au soir ; mais le vent du nord, triomphant enfin de tous ses ennemis, nous favorisa de nouveau, et nous naviguâmes alors en droite ligne vers le golfe de Smyrne. De celui de Sandarlick se précipitait une mer houleuse contre laquelle nous eûmes quelque temps à lutter ; nous parvînmes cependant à gagner les eaux tranquilles de l'autre golfe, et quoique la pluie tombât par torrents, quoique l'atmosphère fût chargée de brouillards, nous continuâmes notre route, tant que le vent nous le permit. Mais il nous fallut encore une fois vers dix heures, et il nous fallut jeter l'ancre jusqu'au lendemain.

Le 30, dès l'aurore, le *Spitfire* s'était remis en marche et voguait à pleines voiles. Malheureusement, les côtes de la baie de *Smyrne* étaient couvertes de nuages épais : de temps en temps néanmoins, ils s'éclaircirent par places et nous laissèrent admirer des vues qui, lorsqu'on les contemple dans toute leur étendue et toute leur beauté, ne sont guère inférieures, dit-on, à celles de la baie de Naples. La baie de Smyrne est entièrement ceinte par des montagnes dont quelques-unes offrent les pics les plus curieux ; et à leurs pieds, s'étendant vers la mer, sont des plantations d'oliviers, des jardins, des bois, des villes, des mosquées et des minarets disséminés d'une manière tout-à-fait pittoresque. La ville elle-même se présenta bientôt à nos regards, et vers dix heures nous mouillâmes dans son port parmi des centaines de vaisseaux de toutes les nations ; mais la mer était tellement agitée que nous débarquâmes seulement à midi.

Smyrne, ou Umir, capitale de l'Anatolie, est une cité belle, grande et riche, qui ne renferme pas moins de quatre-vingt mille habitants. On y rencontre un concours prodigieux de marchands du pays, qui apportent par caravanes coton, soie et tapis de Perse, fil de chanvre, éponges, laines de chevreaux et térébenthine. Elle fait en outre un commerce considérable de noix de galle que produit son territoire, de storax, de savon, de diamants, de perles, de cochenille, de tartre, de verdet, d'indigo, d'étain, de bois de teinture,

d'épiceries et de sucre. De Smyrne, mon dessein était de passer en Grèce, si la chose était possible.

Napoli, à l'époque de mon voyage, était encore le siège du gouvernement, et, par cette raison, la résidence la plus agréable pour un étranger. Aussi trouvai-je que le temps y passait avec une surprenante vitesse ; mais il me fallait l'économiser, car je désirais atteindre Corfou de manière à profiter du bateau à vapeur d'Ancône, pour repasser de cette ville en Angleterre. Cependant, quitter la Grèce sans faire un pèlerinage à Athènes aurait été une espèce de haute trahison classique. Je louai donc une paire de chevaux moyennant 5 drachmes par jour, et je partis le 8 novembre pour Epidaure. Une des premières mesures de la régence a été de rétablir toutes les dénominations des anciennes monnaies grecques : on a donc fait fabriquer à Munich des pièces d'or de 20 drachmes ; des pièces d'argent de 5 drachmes, d'une drachme, d'une moitié et d'un quart de drachme, ainsi que des pièces de cuivre de 10, de 5, de 2 et d'un leptas. Le leptas vaut à peu près 2 liards, tandis que la drachme équivaut à environ 90 centimes.

Manière de voyager en Grèce. Ruines d'Hiéron. Rencontre d'un mystérieux compagnon de route. Epidaure ; les environs. Départ pour Athènes. Traversée. Pirée. Athènes, Mégare. Corinthe. Vostizza ; platane immense. Patras ; ma chambre au-dessus d'un caffiné ; mariage d'un Grec. Départ pour Corfou à bord d'un paquebot autrichien.

Je m'aperçus promptement que voyager en Grèce était une affaire fort différente de voyager en Turquie. Un tout petit trot, ou mieux une promenade à pas de colimaçon, voilà du moins comment on voyage à travers la Morée. De fait, les sentiers pour les chevaux et les bêtes de somme (qu'on appelle les grandes routes) sont si rudes, qu'il serait impossible, si ce n'est à un Tartare peut-être, d'y parcourir plus de trois milles à l'heure. Les mêmes montures vous servent souvent trois ou quatre jours de suite, ce qui toutefois ne les exténue pas, car elles ne font guère journellement que six ou sept heues. Le guide a l'habitude de marcher derrière le voyageur, chassant le cheval qui porte le bagage devant lui ; ou si le drôle est un paresseux et un lâche, comme il arrive d'ordinaire, il se perche sur le cou du malheureux animal entre le porte-manteau et le sac de nuit, aussi bien qu'il peut, s'endort, chante ou siffle par intervalle, sans que ni lui ni son camarade en fainéantise paraissent rien avoir autre chose à cœur sur cette terre qu'à se donner la plus petite quantité de mal et le plus grand espace de temps possible.

Nous partîmes de Napoli à midi, et à trois heures faisant halte au bord d'une fontaine solitaire, nous dînâmes d'un poulet froid dont heureusement je m'étais pourvu. Près de Liguriu, je m'écartai de la route principale pour aller à droite visiter les fameuses ruines d'Hiéron ; ruines en effet, car, excepté cinq ou six fragments des gradins du théâtre, à peine reste-t-il quelque chose à voir.

A l'exception des restes de la place publique, du temple de Thésée qui est encore dans un état de conservation, des célèbres colonnes de celui de Jupiter Olympien et du Parthénon, il ne subsiste plus maintenant à Athènes rien de tous les splendides édifices dont elle était décorée avec tant de profusion au temps de sa gloire. Je consacrai la journée entière à l'Acropolis, examinant avec un degré d'admiration que chaque minute rendait de plus en plus intense les colonnes et les chapiteaux, mais surtout les entablements, que les siècles avaient épargnés, ou que le vandalisme avait encore laissés intacts sur cette montagne sainte. « Qu'avaient épargnés les siècles! » ai-je dit ; mais cette phrase n'a ici aucun sens. Tel est en effet l'attribut singulier du beau ciel de l'Attique, qu'il conserve dans une pureté parfaitement analogue à la sienne les contours les plus suaves, les traits les plus fins et les plus légers sourires de la beauté, même la fleur la plus délicate, même le moindre pli et la moindre rainure de feuille, que le sculpteur prend la peine de faire jaillir, avec son ciseau, d'un bloc de marbre du Penthélique. Non ! ce n'est pas le temps, mais bien l'animal stupide qu'on appelle homme, mais bien sa haine impie contre la divinité du talent, mais bien ces folles passions qui l'excitent à la guerre contre ses semblables, et un sacrilége besoin de détruire en pure perte, qu'il faut accuser de toutes ces dévastations déplorables que les monuments d'Athènes ont subies.

L'emplacement de l'Aréopage; le roc noir et poli d'où les orateurs athéniens haranguaient ordinairement le peuple; l'endroit où s'élevait la tribune; les échancrures du précipice où se promulguaient les lois et les actes de l'autorité; la caverne qui fut, dit-on, la prison de Socrate, la fameuse pierre qui est toujours aussi glissante et toujours brille presque autant que de la glace, le long de laquelle on rapporte que les femmes stériles avaient autrefois coutume de se laisser choir pour devenir fécondes ; et quelques autres curiosités d'un intérêt moindre me firent encore passer une matinée agréable. Je me persuadai en outre qu'une longue rue étroite, remplie de boutiques de toute sorte, qui avait échappé à la main destructive des Turcs, conservait un air antique, et que la variété d'aspect qu'offrait chaque maison aux passants, ici un marchand de fruits ou un épicier, là un débitant de vin et d'eau-de-vie ou un mercier, plus loin des tailleurs, des bottiers, des forgerons, des tisserands ou des fabricants de glands et de galons d'or, pouvait avoir souvent servi à distraire Démosthène des agitations de la place publique, Euripide des intrigues du théâtre, et Aristide des piqûres de la calomnie. J'eusse fait beaucoup de rêves pareils, si j'étais resté plus longtemps à Athènes; mais après avoir visité la ville moderne, qui semble devoir occuper la partie occidentale de l'ancienne, et où de nouvelles rues étaient déjà tracées parmi les décombres, où de fort jolies maisons complétement achevées s'élevaient déjà sur plusieurs points, où partout résonnaient la scie et le marteau, je louai une paire de chevaux avec un guide et je pris la route de Corinthe.

Cette route n'en était pas une, à parler proprement; car ce n'était qu'un sentier tortueux tout juste praticable pour les montures et les bêtes de somme. Mais elle traverse d'abord des montagnes qu'embaumait cette espèce particulière de thym qui permet aux abeilles des chaînes voisines de l'Hymette de produire le miel le plus délicieux du monde; miel dont je me régalais chaque matin, comme un dieu du paganisme. Quand nous quittâmes ces hauteurs, ce fut pour descendre au bord de la mer qui baigne Salamine, de cette glorieuse mer où les armées du grand roi des Perses furent anéanties par une poignée d'hommes libres. Chemin faisant, nous passâmes au milieu des ruines d'Éleusis, et nous arrêtâmes pour la nuit qu'au misérable village de Lyssa, dans une espèce d'auberge où, bêtes et gens, nous dormîmes tous pêle-mêle sous le même toit.

Le lendemain 13, dès deux heures du matin, mon guide m'éveilla pour remonter à cheval, et je suivis gaîment avec lui le chemin de Mégare. Le sagittaire et son entourage de mondes jetaient sur le ciel un lustre brillant, qui ne commença guère à pâlir que quand nous entendîmes les coqs de cette ville saluer de leurs voix enrouées le retour de l'aurore. Nous entrâmes bientôt après sur l'isthme de *Corinthe*, sans nous éloigner du bord de la mer: l'île de Salamine se montrait à notre gauche ; le soleil se levait sur Egine; Négrepont apparaissait comme un nuage dans le lointain; les montagnes d'Epidaure se dressaient comme des géants de vapeurs; les flots, au-dessous de nous, ressemblaient à un lac de cristal, et nous cheminions sur des rocs confusément entassés qui présentaient tous les formes les plus bizarres. Nous y étions sans cesse arrêtés, soit par des racines d'arbres, soit par des troncs abattus dans quelque ouragan; tantôt menacés d'être réduits en poudre par les masses suspendues sur nos têtes; tantôt exposés, pour peu que nos bêtes fissent un faux pas, à une transition par trop brusque des rocs qui dominaient le beau miroir des flots au lit de cailloux brillants qui en formait le fond, quoiqu'ils fussent disposés en d'élégantes mosaïques par les mains des Néréides. Mais tous ces dangers, que d'ailleurs nous évitions souvent en nous abandonnant à l'instinct de nos chevaux, avaient quelquefois aussi leur compensation ; car de distance en distance, nous rencontrions dans la forêt qui couvrait les rochers de notre route des échappées de vue à travers lesquelles nous distinguions la mer Egée, et nulle description, nulle peinture ne sauraient retracer combien elles étaient belles. Vers midi l'acropolis de Corinthe vint tout d'un coup s'offrir à nos regards, et quelques heures après, nous entrâmes dans cette ville où je passai la nuit. Dieu tout puissant, quelle nuit! Jamais, nulle part, je n'avais ni entendu retentir des coups de foudre, ni vu briller des éclairs comme ceux qui en cet endroit se succédèrent sans interruption à mes oreilles et devant mes yeux, depuis le soir presque jusqu'au retour de l'aurore ; et tant que dura l'orage, la pluie ne cessa de tomber par torrents. La matinée suivante, quand je gravis la montagne, les collines inférieures et les plaines d'alentour étaient toutes fumantes des vapeurs que le soleil enlevait à l'eau dont elles étaient saturées. Néanmoins je pus voir, même à moitié route du sommet, le golfe de Lépante et l'Archipel qui, se touchant presque, invitent les spéculateurs à terminer le canal déjà en partie creusé par lequel ces deux mers seraient unies. Je ne sache pas qu'on puisse imaginer, dans l'intérêt de la Grèce, rien qui semble devoir mieux développer les richesses naturelles, exciter parmi les habitants un esprit général d'industrie, et assurer d'amples bénéfices à leur entreprise commerciale, que ce projet, dont l'idée du reste n'est pas neuve, de couper l'isthme. On établirait ainsi une voie de communication directe, au moyen de laquelle toutes les parties de la Grèce, aujourd'hui séparées les unes des autres par le prolongement de la Morée et par les obstacles que les caps nombreux de cette province apportent à la navigation, se mettraient facilement en rapport. Avec des bateaux à vapeur, Missolonghi et Lépante, Patras et même Gastuni ne seraient plus qu'à quelques heures du Pirée. Le golfe, où maintenant se voit à peine un voile, deviendrait un autre Bosphore, incessamment sillonné par des paquebots et des navires de commerce qui se rendraient des îles Ioniennes vers Athènes et les Cyclades. Toute la côte de l'Albanie profiterait à ce changement, dont l'influence s'étendrait jusqu'à Naples, Ancône, Venise, et surtout Trieste, qui serait dès lors une très importante station commerciale. Puis Athènes, qui un beau jour va être rapprochée du rivage par un chemin de fer, verrait se former dans son sein un vaste entrepôt d'échange pour les productions du sol d'orient contre celles des manufactures d'occident. Corinthe atteindrait à un degré de splendeur qu'elle n'a encore jamais connu. Enfin, les eaux stagnantes du golfe de Lépante seraient réveillées de leur léthargie; les côtes, qui de part et d'autre sont si malsaines en été et en automne à cause de la végétation sauvage qui les couvre, seraient défrichées et cultivées; la fièvre tierce, qui exerce de si grands ravages parmi les Grecs, disparaîtrait; la population augmenterait rapidement, et le coton, les raisins secs, le blé, l'huile, qu'on peut obtenir dans toutes les parties de la Morée et de la Grèce occidentale, où les rocs ne sont nulle part absolument dépourvus de terre, assureraient aux cultivateurs, aux marchands et aux armateurs de navires les grains les plus avantageux. Les célèbres colonnes antiques formées chacune d'un seul bloc de pierre, que tous les voyageurs ont mentionnées, sont à Corinthe, outre la citadelle, les seuls objets qui, comme curiosités, soient dignes d'attention. La ville n'est presque qu'un monceau de ruines, aussi informes qu'Athènes même. Mais, là aussi, la restauration de la Grèce commençait à se montrer, car on y construisait de toutes parts des maisons neuves.

La route de Corinthe à Patras longe dans presque toute son étendue la côte méridionale du golfe, et doit être délicieuse au printemps et aux premiers jours de l'été, car elle traverse des collines et des vallons couverts d'une épaisse forêt d'arbustes à fleurs. Jusque sous vos pas poussent des milliers de racines bulbeuses, lis, jacinthes, tulipes et jonquilles, qui, à l'époque de leur floraison, doivent donner au pays un aspect enchanteur. Malheureusement, tandis que nous gagnions *Vostizza* pour y passer la nuit, nous eûmes presque sans interruption de la pluie et des nuages; ce qui fut d'autant plus remarquable que les montagnes de la rive opposée nous parurent tout le jour illuminées par les rayons du soleil, et que le soir les cieux s'étendirent sereins au-dessus de leurs cimes. Je ne sais quel voyageur a fait déjà cette observation, mais j'en peux garantir la justesse. Lorsqu'on vient d'Attique, on s'aperçoit aussitôt d'une différence très notable entre la température de la Morée et celle qu'on a éprouvée naguère au-delà de l'isthme.

Vostizza est une ville qui depuis quelques années, et même avant la fin de la révolution, a pris beaucoup d'importance. Elle est bâtie sur l'emplacement de l'ancien Ægium, où les états d'Achaïe avaient coutume de tenir leur assemblée générale. Comme c'est principalement là que se vendent ces fameux raisins secs que produit la Morée et qui ont emprunté le nom de Corinthe, où ce commerce était établi dans l'origine, elle déploie un degré d'activité et un air de richesse qu'on ne trouve encore nulle autre part en Grèce, si ce n'est à Napoli et à Patras. Elle occupe un plateau fort élevé au-dessus de la mer, à laquelle toutefois on descend par une espèce de galerie souterraine. Cette galerie semble, au premier coup d'œil, n'être que l'œuvre de la nature, mais on reconnaît ensuite que l'art n'a dû rester étranger ni à l'excavation même, ni aux marches qui sont formées dans le roc. La ville renferme un grand nombre de jolies maisons bourgeoises avec d'élégants jardins remplis des plus beaux de tous les arbres, ceux qui donnent le citron et l'orange. Sur une de leurs places publiques, les habitants vous font remarquer avec orgueil un énorme platane qui passe, je ne saurais dire si cette réputation est méritée; pour être au moins vieux de deux mille ans. Il est assurément fort âgé, et jamais je n'ai vu dans tout le règne végétal rien de plus merveilleux. Une corde, pour faire le tour du tronc, devrait avoir trente pieds et plus de longueur. Ses branches sont chacune aussi grosses qu'un arbre ordinaire; elles atteignent à une grande élévation, et étendent leurs bras à une telle distance de l'air qu'on ajoute facilement foi aux traditions qui racontent que de nombreuses armées ont souvent campé sous son large ombrage. Le tronc est creux et si vaste que, pendant les vicissitudes de la révolution, il a plus d'une fois servi de prison d'État pour d'importants captifs. Une famille de cinq ou six personnes y pourrait demeurer à l'aise. Les autorités du lieu, par une prévoyance digne d'éloge, ont fait entourer ce superbe platane d'un solide mur d'appui en pierre, crainte qu'on injuriât un objet qu'ils regardent comme le principal ornement de leur ville.

La route de Vostizza à Patras est absolument du même genre que la plus grande partie de celle de Corinthe à Vostizza. Ce sont sans cesse des montées d'une hauteur considérable parmi de rocailleuses collines revêtues d'une forêt d'arbrisseaux élégants, puis des descentes soudaines, qui toujours me paraissaient si périlleuses que, mettant pied à terre, je laissais mon cheval se tirer d'affaire tout seul et marchais derrière lui. En outre, le sentier était souvent fort étroit, ce qui doublait le péril, mais n'empêchait cependant pas mon guide, dont je ne pouvais admirer assez l'insouciance, de poursuivre son chemin, assis qu'il était au faîte de mon bagage et fredonnant ses mélancoliques airs grecs, aussi tranquillement que s'il eût chevauché à travers la prairie la plus unie. Pour ma part, l'aspect toujours changeant des collines qu'il nous fallait franchir ; la diversité des arbustes qui les couvraient et qui étaient bien les plus gros et les plus riches en fleurs, en fruits et en feuillage que j'eusse jamais vus; la mer, dont en toute circonstance l'odeur marécageuse, le continuel murmure et les flots ondoyants parlent délicieusement à mon cœur ; le Parnasse et ses hautes cimes, aussi tranquilles, le Parnasse où habitent les muses et où la fontaine de Castalie prend sa source ; tout enfin dans ces régions me causait de si vives jouissances, que je n'eusse, je crois, éprouvé aucune fatigue, quand même il m'eût fallu faire entièrement la route à pied.

En arrivant à *Patras* le 16, j'appris, à mon extrême désappointement, qu'il n'était pas présumable que j'en pusse repartir avant une semaine; que le bateau à vapeur anglais qui d'ordinaire touchait à ce port en se rendant de Malte à Corfou, n'arriverait probablement que le 23; que le paquebot autrichien qui fait un service régulier entre Patras, Corfou et Trieste, n'était pas encore arrivé, quoiqu'il l'attendît à chaque instant, et que, aurais-je été alors à Corfou, il ne m'eût pas été possible d'y prendre le steamer d'Ancône, car il ne venait qu'une fois par mois et était parti de la veille ! Je me résignai donc, bon gré mal gré, à attendre une huitaine. L'hôtel de l'Europe où je logeai était heureusement irréprochable à presque tous les égards. Je dis presque, car en vérité je crus, le premier et le second jour, que je n'y pourrais tenir ; mais à quelle contrariété ne s'habitue-t-on pas quand on n'y peut porter remède ? Ma chambre était donc au-dessus d'un caffiné, et comme de simples planches formaient le plafond intermédiaire, le moindre mot qui se disait au-dessous de moi, le moindre bruit de tasses, le moindre cliquetis de verres, le moindre choc de billes, montaient retentir à mes oreilles. Mais comme tous les coins de la salle, et de quelque manière que les différents groupes fussent occupés, soit à jouer aux cartes ou au billard, soit à boire du café ou du vin, c'était pendant toute la sainte journée, depuis le lever du soleil jusqu'à dix ou onze heures du soir, un vacarme inouï de clameurs, de rires et de conversations à haute voix. J'avais eu jusqu'alors, sur la foi des livres, une très haute opinion de l'éloquence des Grecs; mais il faut les entendre, il faut les voir parler pour s'en faire une idée exacte, par rapport du moins à la volubilité de leur débit, à la quantité de mots qu'ils prononcent dans un espace de temps donné, à la force de leurs intonations, à la violence de leurs gestes, et à leur puissance irrésistible de brouiller ainsi tout dans l'esprit d'un auditeur désintéressé, ou qui ne comprend pas leur langue. Ma première sensation fut de m'étonner que ce caffiné commençât de si bonne à se remplir, qu'il restât plein tout le jour, et que tant de beaux parleurs pussent se trouver réunis à Patras. Mais ensuite j'appris que l'établissement avait la vogue, que c'était regardé comme une bonne fortune d'y être en possession d'une place, qu'en conséquence on s'emparait des tables le plus tôt possible, et que le reste de la journée on ne les cédait à d'autres qu'à condition qu'ils vous les rendraient à telle ou telle heure. Toutes les mains qui ne tenaient pas des queues de billard tenaient des cartes, et tous les gens qui ne buvaient pas de café buvaient du vin; mais la grande, la principale affaire était de parler, de parler vite et fort. Si on ne s'assassinait pas, ce qui me surprenait, au moins chacun paraissait-il en guerre avec son voisin. Ce tintamarre me parut intolérable les deux premiers jours; après

Orsova.

quoi, je m'y accoutumai, comme on s'accoutume au sifflement du vent, au rugissement des flots.

Mais si je parvenais à m'endormir malgré la fâcheuse position de ma chambre, c'était souvent pour ne pas jouir d'un long repos. Une nuit entre autres, vers trois heures du matin, je fus presque jeté en bas de mon lit par un de ces orages furieux qui fréquentent les parties hautes de la Grèce. On peut dire que les chaînes du Parnasse, quelques noms locaux qu'elles portent, s'étendent en Albanie tout le long du golfe de Lépante. Les montagnes qui les composent ont les formes les plus sauvages et semblent aimer à se jouer non-seulement avec les rayons du soleil, les nuages qui interceptent ces rayons, les vapeurs nocturnes et leurs propres ombres fantastiques, mais encore avec les éclairs et les coups de foudre qui les suivent. Je contemplai de ma fenêtre l'indifférence avec laquelle ces masses énormes, par intervalle, découvraient leurs flancs aux éclairs, puis drapaient de nouveau leurs linceuls autour d'elles, faisaient comme par dérision écho au grondement de la foudre, ou conservaient sur leurs cimes des couronnes de feu. Mais, en une demi-heure, tout passa comme la vision d'un fiévreux en délire. Le ciel se couvrit d'une obscurité profonde, et une pluie rafraîchissante tomba sur la terre. Je retournai alors me coucher, espérant qu'il me restait encore quelques heures de bon repos. A peine néan-moins eus-je refermé les yeux, qu'un autre vacarme horrible éclata tout d'un coup, mais accompagné par des sons de guitare et de tambourins, par un bruit de pieds nombreux qui s'agitaient en cadence, et de temps en temps par des cris aigus ou par un chœur d'une sauvage harmonie. A mesure qu'avança le jour, le nombre des chanteurs, des danseurs et des musiciens augmenta; et quand le vacarme fut à son comble, un autre bruit, mais plus lointain que le premier, se fit entendre, de sorte que les éclats du tonnerre servirent dignement de basse à l'infernale musique qui retentissait sous moi dans le caffiné. L'astre des nuits sortait par moment de derrière son rideau de nuages. La mer était tranquille, et une corvette grecque mouillée dans le hâvre, plusieurs barques de pêcheurs déployant leurs voiles, quelques chaloupes donnant déjà des signes de vie, réfléchissaient tantôt la pâle lumière de la lune, tantôt la lueur rouge des éclairs qui frappaient les montagnes. A toute espèce de bruit succéda enfin un profond silence, et je ne me réveillai plus que fort tard. Quand on servit le déjeuner, je demandai au garçon la cause de l'effroyable tapage que j'avais entendu de si bonne heure, et il me répondit qu'on venait de célébrer un mariage; que les deux familles des parties contractantes s'étaient réunies dans le caffiné avant d'aller à l'église; que d'après l'antique coutume de la Grèce, la cérémonie avait commencé par des danses et par le chant de l'hymne nuptial, et qu'ensuite les fiancés, leurs parents leurs amis, s'étaient rendus au lieu saint où le couple avait été uni. Quoique j'eusse passablement souffert du charivari, je dois dire que je pardonnai de bon cœur à ses auteurs, parce qu'ils avaient ainsi donné une preuve manifeste de leur attachement aux véritables usages de leurs ancêtres.

Le 21, le paquebot de Trieste, après avoir été retardé d'une quinzaine environ par les vents contraires, arriva enfin. Il devait repartir le lendemain dès la pointe du jour pour Corfou; mais comme le bateau à vapeur de Malte était attendu d heure en heure, je différai jusqu'au dernier moment d'y arrêter mon passage. Je passai toute la matinée au château de Patras, espèce d'acropolis qui commande au loin la mer, dans l'espérance que je parviendrais à découvrir la fumée du steamer. De la tour d'observation, la vue est magnifiquement belle; car elle embrasse les deux sommets fourchus du Parnasse, ces sommets si fameux, qui venaient de se couvrir des premières neiges de l'année, et qui se dressaient dans la direction du nord-est au-dessus des chaînes inférieures; la superbe baie de Patras, qui ressemble à un vaste lac et qui est presque entièrement entourée de montagnes; puis à l'ouest, dans le lointain, les hauteurs bleuâtres de Céphalonie. Deux ou trois fois, je crus apercevoir la fumée aux limites de l'horizon, mais ce n'étaient que des nuages qui passaient. En conséquence, après avoir visité les ruines d'un ancien aqueduc en partie bien conservé qui subsistent encore non loin du château, et qui, toutes couvertes de lierres et d'autres plantes grimpantes, sont fort pittoresques, j'allai me faire inscrire sur la liste des passagers que le paquebot devait conduire à Corfou.

Iles Ioniennes. Corfou. Raguse. Vents contraires. Trombes. Grossa. Le grand et le petit Quarnero. Pola. Côte Istrienne. Trieste. Venise. Rome. La grand'messe dans l'église Saint-Pierre. Saint-Jean-de-Latran. Diverses curiosités. Naples Retour en Angleterre par la Suisse et la France.

Je me rendis à bord dans la soirée du 22; mais le vent nous était si contraire, que nous ne pûmes lever l'ancre qu'à trois heures du matin, et encore pour ne sortir du golfe qu'avec une extrême lenteur. Nous restâmes même tout le jour en vue de Patras, et par suite de différentes manœuvres, il nous fallut approcher tellement de Missolonghi, que nous vîmes les habitants de la ville aller et venir sur le rivage.

La matinée suivante, quand je montai sur le pont à mon réveil, j'eus le plaisir de reconnaître que nous avions fait bonne route pendant la nuit, et que déjà nous longions la côte septentrionale d'Ithaque qui était à notre gauche, ainsi que le cap Nisardo en Céphalonie, tandis qu'à notre droite s'élevait l'île de Santa-Maura. Le ciel était nuageux, et il ne soufflait plus qu'une légère brise du sud; mais elle fit bientôt place à un fort vent de terre qui s'éleva de l'est, et qui, quoique couchant presque notre navire sur le côté, nous permit de courir neuf ou dix nœuds à l'heure. Peu après, nous dépassâmes les petites îles de Paxo et d'Antipaxo, puis sur la côte albanaise la fameuse ville de Parga, qui offrait de loin un magnifique aspect. Vers quatre heures du soir le vent retourna au sud, et comme dès lors nous l'eûmes absolument arrière, nous lui ouvrîmes toutes nos voiles et nous avançâmes avec une grande rapidité. Le cap Bianco, à hauteur de Corfou, nous apparut avant le coucher du soleil, et le même soir nous jetâmes l'ancre devant cette ville.

Le lendemain, dès le jour, j'allai à terre, et vainement me présentai-je aux deux principaux hôtels pour y obtenir une chambre: ils étaient l'un et l'autre remplis d'étrangers. Comme j'en cherchais un troisième, je fus accosté par un prêtre grec qui m'offrit un logement dans sa propre maison J'acceptai aussitôt son offre, et il me conduisit à une habitation d'un extérieur respectable, où il me donna la meilleure pièce dont il pût disposer; elle n'était pas fort élégante, mais il n'y manquait rien; et après avoir lentement fait ma toilette, je sortis pour faire connaissance avec la ville. Tout de suite je m'y trouvai à mon aise, car des uniformes rouges, des artilleurs anglais, et le beau dialecte de l'Irlande (1) qui résonna à mes oreilles, m'apprirent sans périphrases que j'étais sous la protection d'une puissante garnison britanique. Dans quelques années Corfou sera un second Gibraltar Les fortifications déjà construites, et celles qui ne sont que commencées, devront, à ce qu'il me semble, quand le tout sera fini, rendre cette position imprenable. D'autre part, la situation de Corfou est d'une beauté presque sans pareille. Je trouve, quant à moi, que son vaste hâvre, que l'île fortifiée qui la protége au sud-est, que sa libre échappée de vue vers l'Adriatique, que son acropolis avec un phare qui paraît la nuit comme un lustre suspendu au ciel, enfin que sa distance par rapport aux chaînes du Pinde, du Bucintro et du Tépelène sur la côte d'Albanie, lui donnent une variété et une grandeur d'aspect peu inférieure à celles qui valent tant d'admiration au golfe de Naples. J'aurais donc avec beaucoup de plaisir séjourné plusieurs semaines à Corfou; mais le paquebot ne pouvait y faire qu'une halte de quarante-huit heures, et il me fallut retourner à bord dans la soirée du 26.

Nous levâmes l'ancre le lendemain dès les premières lueurs du crépuscule, mais avec un vent si léger que nous ne parvînmes pas même à sortir du canal. Nous fûmes complétement stationnaires le 28; il ne souffla pas la moindre bise d'aucun des points de l'horizon, et la journée entière fut sombre, triste et pluvieuse. La matinée suivante nous fit concevoir des espérances meilleures, car le soleil se leva radieux et chaud sous un ciel sans nuage. Bientôt, en effet, s'élevèrent de petites rafales qui nous firent enfin perdre Corfou de vue. Chemin faisant, le long du canal, nous tirâmes en vain deux cormorans qui étaient perchés à quelque distance sur un roc, et qui pêchaient, tandis que, selon l'usage, une mouette leur faisait sentinelle, avec espoir probablement d'être bien payée de sa peine. Pendant la nuit, nous parcourûmes une soixantaine de milles, et le 30 nous n'avançâmes pas avec moins de rapidité jusqu'à midi; mais le vent tourna alors du sud au nord-ouest, et nous devint le plus contraire possible. Comme de coutume, la première matinée de décembre fut assez froide; le vent se tenait encore au nord-ouest, et il ne changea que pour passer au nord-est, ce qui ne nous était pas moins défavorable. Nous gouvernions vers Raguse, mais sans aucune chance d'avancer; et effectivement en toute la journée, en toute la nuit suivante, nous n'avançâmes pas d'un quart de mille. Au contraire, nous eûmes l'avantage de reconnaître le matin que nous avions reculé, et le calme le plus plat nous tint immobiles le reste du jour.

Dans la soirée du 3 nous atteignîmes pourtant le petit port de Gravose près de Raguse; mais on ne nous permit pas de débarquer, parce que nous avions une quarantaine à subir avant de pouvoir mettre le pied sur le sol de l'Italie. Heureusement le paquebot avait le privilége de prendre à bord sur ce point de la côte un officier de santé; et du moment où ce personnage monta sur le pont, commencèrent à courir les deux semaines qu'il nous aurait fallu passer au lazaret, si nous avions été déjà arrivés à Trieste. Après deux jours de relâche, que le capitaine employa à renouveler ses provisions de toutes sortes, car il prévoyait que nous resterions en route plus longtemps que de coutume, nous remîmes à la voile dans la matinée du 6. Nous avançâmes un peu, poussés par une légère brise du sud; mais nous n'étions encore le 7, à midi, qu'à cinq lieues de Raguse, quand

---

(1) Le voyageur est Irlandais.   A. M.

le vent tourna complétement à l'ouest. Nous louvoyâmes donc le reste de la journée qui fut chaude et belle. Le 8, nous atteignîmes vers le soir l'île de Cazza dont la distance de Raguse peut s'évaluer à cent vingt milles; mais le temps fut si chaud qu'on ne pouvait se tenir dans la cabine. Le soir surtout, la chaleur devint si accablante, que nous restâmes fort tard sur le pont à regarder les effets de lumière que la lune produisait sur les flots. Ceux qu'elle faisait briller près de nous perdaient bientôt leur éclat; mais les vagues plus éloignées ressemblaient à un long sillon d'argent qui ne bougeait pas. Dans la nuit nous ne parcourûmes qu'une vingtaine de milles; toutefois nous dépassâmes la grande île de Lissa, et dans la matinée du 9 vint à notre secours une brise du sud-est qui nous permit de filer six nœuds par heure. D'épais nuages étaient suspendus sur l'île de Lésina lorsque nous la laissâmes derrière nous; et tandis que nous les examinions pour chercher à découvrir quelle influence ils allaient avoir sur le temps, ils se déchargèrent d'une masse d'eau énorme, par le moyen de deux trombes, dont chacune nous parut de loin (car heureusement nous en étions éloignés) ressembler à un gros câble suspendu au ciel et ballotté par le vent. Nous vîmes très bien la mer s'élever pour aller, en quelque sorte, à la rencontre du torrent qui descendait, et qui tomba des nuages comme versé par un tuyau. Puis, ce qui est assez l'ordinaire, ces phénomènes furent suivis d'une tempête violente qui dura plus de trois heures et qui nous déchira en vingt morceaux notre voile de perroquet.

Le matin du 10, après une nuit plus calme, nous arrivâmes fort à propos en face de la haute et longue île de Grossa, car les rocs élevés qui l'environnent nous abritèrent presque d'une forte bourrasque qui souffla du nord-est. Le voisinage immédiat de cette île présente ce que les marins appellent un port avec voilure déployée, c'est-à-dire que ses eaux sont trop profondes pour qu'un navire y mouille, mais qu'il peut sans aucun péril y louvoyer à l'abri de ses montagnes, quand les vents du nord et de l'est soufflent avec trop d'impétuosité. Nous eûmes d'autant plus à nous applaudir de nous être mis sous son influence protectrice, que notre grande voile aussi s'était déchirée en plusieurs endroits, et que la mer ne paraissait au loin vers la côte italienne qu'une vaste nappe d'écume. Nous louvoyâmes donc tout le jour devant l'île, de même que le lendemain et le surlendemain, car le vent resta au nord-est et ne cessa de souffler avec fureur. Vouloir dans ces parages continuer notre route en dépit de la tempête eût été le comble de l'imprudence, puisque nous étions alors près du Petivo Quarnero, c'est-à-dire du Petit Dévorateur d'hommes, et que même le Quarnero Magno n'était pas fort éloigné. Ces dénominations ne sonnent pas très agréablement aux oreilles d'un voyageur. Les matelots de l'Adriatique néanmoins n'ont nullement exagéré les périls des deux parages qu'ils ont baptisés ainsi, car il ne se passe guère d'années sans que le grand Quarnero ne soit fatal à huit ou dix de leurs grossières chaloupes, et le petit à peut-être moitié de ce nombre. Ces deux endroits si périlleux sont des golfes, dont l'un, le moindre, s'étend de la haute mer vers la côte de Dalmatie, et est formé par une multitude de petites îles autour desquelles, pour peu que le vent souffle du nord-est, les vagues sont toujours fort grosses, toujours agitées avec une horrible violence.

Nous osâmes le 12, un peu avant minuit, nous aventurer à quitter notre île, et malgré un roulis affreux, nous dépassâmes en deux heures l'entrée de ce golfe; après quoi nous poursuivîmes tranquillement notre route sous la protection des nombreuses îles qui sont répandues le long de la côte croate, et nous passâmes dans la matinée devant le grand Quarnero, vaste golfe qui forme la côte nord-est de la Croatie et la côte orientale de l'Istrie. Le vent soufflait tout-à-fait nord et était presque frais, de sorte que nous devons avoir affronté les périls du lieu sous leur forme la plus terrible. Les vagues qui s'élançaient en roulant de l'intérieur du golfe étaient immenses, mais régulières, mais complétement arrondies et les plus pittoresques que j'eusse jamais vues. Notre navire, qui gouvernait en droite ligne vers le cap d'Istrie afin de le doubler, et qui recevait de côté le vent du nord, inclinait donc tellement sur le flanc opposé, que les sabords et partie du bastingage étaient sous l'eau; même, deux ou trois lames courroucées montèrent jusque sur le pont; mais à midi, nous avions doublé sans peine le promontoire, et ensuite nous continuâmes rapidement notre route le long de la rive istrienne, vers le golfe de Trieste.

Lorsque nous passâmes devant *Pola* (Julia Pietas des Romains), nous pûmes distinguer avec nos lorgnettes, je ne dirai pas les ruines, mais la coquille entière d'un ancien amphithéâtre qui montre que le luxe et les goûts de Rome s'étaient étendus jusque dans cette contrée. Il semblait être en fort bon état de conservation. Les villes et les villages répandus sur la côte occupent tous les plus jolis sites. Comme le vent se tenait encore au nord quand nous approchâmes de Rovigo, nous fûmes obligés de jeter l'ancre dans ce port à quatre heures du soir. La ville couvre un emplacement considérable, et, de la mer, ses magnifiques et nombreuses églises lui donnent l'aspect le plus imposant. Elle possède en outre un monastère qui paraît assez vaste pour contenir trois ou quatre mille moines. Derrière la ville, le pays s'élève insensiblement; ce sont d'abord de vertes collines bien cultivées, puis de hautes montagnes dont les chaînes étaient alors couvertes de neige.

Le lendemain 14, nous remîmes à la voile vers sept heures du matin, et nous longeâmes avec un léger vent la côte d'Istrie, dont le coup d'œil ressemble beaucoup à celui de la campagne de Rome. C'étaient encore dans le lointain des montagnes couronnées de frimas, qui descendaient en ondulations insensibles vers la mer; et les pentes, toutes recouvertes de la plus belle verdure, étaient çà et là occupées par des villages et des hameaux, où parsemés de cabanes et de villas solitaires. Tout le jour, le soleil brilla sur un ciel sans nuages. A midi, nous distinguâmes les Alpes du Frioul et la côte italienne par-delà la tête du golfe jusqu'à Venise. Nous n'avançâmes néanmoins qu'avec beaucoup de lenteur, car il nous fallut louvoyer, et nous mouillâmes pour la nuit à Omango. Le jour suivant, nous dépassâmes la pointe de Salvori; mais le vent nous était si contraire que nous allâmes dès midi relâcher à Pirano. Le 16, pour atteindre Trieste, qui cependant n'était plus éloigné que d'une douzaine de milles, nous louvoyâmes durant à peu près sept heures; et quand nous eûmes enfin jeté l'ancre, vainement avions-nous le droit, puisque notre quarantaine avait été vidée en mer, d'entrer sur-le-champ en libre pratique : nous ne pûmes, parce que les officiers de santé n'étaient pas le soir à leur poste, débarquer que le lendemain matin. Trieste avait tout l'air d'un port très florissant. Les symptômes d'un commerce actif et prospère se voyaient dans chaque partie de la ville. Beaucoup de magnifiques maisons et de vastes magasins y ont été récemment construits, et il ne faut douter que quand la navigation par la vapeur deviendra plus familière aux côtes de la Méditerranée, cette place ne prenne une importance égale à celle qui jadis appartint à Gênes. Les boutiques et les marchés étaient abondamment garnis de toute espèce de marchandises, de fruits, de légumes, et encombrés de chalands. La vente du pain semble se faire principalement dans une rue, où les paysannes étaient assises par terre, au milieu de quatre ou cinq corbeilles remplies de flûtes et de couronnes appétissantes, qu'elles avaient boulangées aux champs pour la consommation des citadins. J'aurais avec plaisir passé plusieurs jours à Trieste; mais il me fallut le soir même aller à bord du steamer pour Venise, qui partait dans la nuit.

Quand on leva l'ancre à une heure du matin, je dormais profondément; mais les premiers rayons me trouvèrent sur le pont. Comme nous avions le vent tout-à-fait arrière, on avait hissé une voile, et déjà les clochers, déjà les tours de la ville des doges se montraient au-dessus des vagues. Tandis que nous approchions rapidement, ce n'est pas une métaphore poétique de dire que nous la vîmes sortir des flots, car tel fut à la lettre le spectacle qu'elle offrit à nos yeux. A huit heures nous entrâmes dans le port, après n'en avoir mis que sept à parcourir une distance de soixante-deux milles.

Les premières vues de *Venise* ne me parurent cependant pas, de la mer, aussi importantes que je l'avais imaginé. Sans doute elle se présenta à mes regards avec toute la magie que pouvait lui prêter la lumière graduellement croissante du soleil levant; mais comme cette lumière venait de derrière moi, et ne révélait que les édifices les plus saillants du premier plan, elle laissait les aiguilles, les flèches et les monuments du second encore cachés dans les vapeurs de la nuit, le coup d'œil n'avait pas ces caractères de perspective et de grandeur que j'avais tant admirés dans celui de Constantinople. Mais lorsque j'entrai dans le grand canal et que le soleil illumina ces longues lignes d'églises et de palais; surtout lorsque nous approchâmes de Saint-Marc, lorsque nous commençâmes à nous mêler aux gondoles et à ressentir l'effet singulier que produisent ces sombres embarcations et des milliers d'autres chaloupes, qui se meuvent en tous sens à travers des canaux innombrables, où elles se perdent bientôt à l'œil, et ne sont jamais présentes à l'oreille: alors toutes les idées de gloire, d'honneur, de puissance et aussi de crime, qui se rattachent à la Venise d'autrefois, se présentèrent en foule à mon esprit; alors le contraste de l'abaissement et de la misère actuels de cette reine des mers avec l'orgueil et l'opulence qu'elle déployait encore à une époque peu reculée éveilla dans mon cœur ces deux sentiments de tristesse et de pitié qui rendent presque impossible le retour des anciens souvenirs sans exciter l'émotion la plus profonde à son aspect désolé. Dès que j'eus mis pied à terre, je déjeunai en toute hâte; et prenant aussitôt ma course, je traversai la place Saint-Marc; je passai entre les colonnes de granit volées à la Grèce; je contemplai le Campanile et les chevaux corinthiens; j'explorai la si fameuse église de Saint-Marc et le palais Ducal, sa riche bibliothèque et sa splendide galerie de peinture; ses appartements, autrefois témoins de la tyrannie des oligarques les plus despotes dont l'espèce humaine eut jamais à souffrir; ses prisons, ses cachots et le pont des Soupirs; je parcourus les portiques de la Grande-Place et ne m'arrêtai que sur le Rialto.

J'employai le jour suivant à visiter les principales églises, où se faisaient déjà des préparatifs pour célébrer avec pompe la grande fête de la Nativité. Tout se dégrade, tout tombe en ruine à Venise, excepté les édifices consacrés au culte; et ceux-ci seraient indubitablement sans rivaux, même à Rome, si Saint-Pierre et Saint-Jean-de-Latran n'existaient pas. Les tableaux, les fresques, les autels, colonnes et piliers de marbre, les mosaïques, les statues et les monuments funéraires, qui distinguent à Venise tous les saints lieux, ne sauraient être suffisamment appréciés que par le voyageur qui peut à loisir en méditer les mérites. Pour moi, devant qui toutes ces merveilles passèrent comme dans un panorama, elles ne sont qu'un songe; mais un songe plein de lumineux souvenirs auxquels je ne retourne jamais un instant sans souhaiter d'être encore à Venise. Le temps était extrêmement froid; mais comme la lune était dans son plein, j'éprouvai cependant une singulière jouissance à me promener la nuit dans les rues, observant les effets pittoresques de la lumière et de l'obscurité dans lesquelles se montraient les canaux et les gondoles qui les sillonnaient en silence, les clochers, les palais et les places publiques. La plus belle ombre qu'on puisse, je crois, voir au monde, est celle que le Campanile projette quand la lune se trouve tout-à-fait à l'extrémité de la place Saint-Marc.

L'académie de peinture m'occupa nécessairement la plus grande partie de la troisième journée. Il est à peine besoin de dire que je montai ensuite, comme font tous les étrangers, au faîte du Campanile, car la plate-forme de cette tour commande une des plus magnifiques vues de l'univers, vue qui embrasse les lagunes, les îles et les mers dont est entourée Venise, et les Alpes tyroliennes. Mais trois fois vingt-quatre heures furent, hélas! bientôt écoulées; et le 20, à minuit, je roulais dans un *returino* sur la route de Rome, où j'espérais arriver à temps pour assister le jour de Noël à la grand'messe dans l'église de Saint-Pierre. Padoue, les montagnes Euganées, Albano, célèbre par ses eaux thermales, l'Adige et le Pô, Ferrare et *Bologne*, me conduisirent successivement au pied des Apennins.

A Bologne, j'eus le bonheur de trouver une place dans le courrier pour la ville éternelle. Nous voyageâmes rapidement par la route de Pesaro, et comme il n'y avait ni neige ni glace sur les Apennins, le passage de ces monts ne nous retarda nullement. De grand matin, le 25, nous arrivâmes en vue des hauteurs sabines; bientôt nous aperçûmes le dôme de Saint-Pierre, et à sept heures et demie nous entrâmes au galop dans Rome par la porte del Popolo. Il en était dix à peine que, après avoir seulement arrêté une chambre à l'hôtel d'Allemagne et pris une tasse de chocolat, je montais, parmi des flots de gens qui parlaient toutes les langues et appartenaient à toutes les nations du monde, les degrés du temple le plus splendide qui ait été jamais dédié au culte du vrai Dieu.

Je n'avais encore éprouvé nulle part, même en Angleterre, un froid comme celui que jusqu'alors je rencontrai partout en Italie. A *Rome*, il était de la dernière rigueur. Néanmoins, lorsque j'entrai dans Saint-Pierre, je me sentis soudain comme transporté dans un climat très doux. Je supposai donc, pour me rendre compte d'un changement si subit, qu'on échauffait cet immense édifice par des moyens artificiels; car le nombre des personnes déjà rassemblées dans cette enceinte, quoique réellement fort considérable, semblait cependant beaucoup trop petit pour influer en aucune manière sur la température. Mais j'appris plus tard, à mon extrême surprise, qu'il n'existait ni poêles ni tuyaux de quelque façon que ce fût pour produire dans Saint-Pierre la chaleur que j'y avais ressentie. Son atmosphère intérieure, par suite du vaste espace compris sous son dôme merveilleux et sous sa haute toiture, ne varie jamais en aucune saison de l'année. Comme l'Océan, elle est chaude l'hiver, froide l'été, fraîche au printemps et à l'automne. Mais ces changements ne sont sensibles que par rapport à l'air du dehors.

La première chose qui frappa mes yeux d'une surprise sans pareille, quand je me trouvai sous la voûte de ce grand temple, fut l'insignifiance apparente des figures humaines qui de toutes les contrées se dirigeaient vers le maître-autel. Nous semblions une race de pygmées, d'enfants, d'insectes, qui tachetaient çà et là les dalles de marbre, mais qui à peine y formaient saillie. Pensée humiliante, mais bien propre, suivant moi, à faire comprendre toute la petitesse de l'homme en présence de l'immensité du Créateur!

Bientôt le pape arriva. Il fut porté dans son fauteuil des grandes cérémonies jusqu'aux degrés du maître-autel, parmi une multitude de cardinaux et d'évêques, les représentants et beaucoup de membres de tous les ordres réguliers de l'Eglise. La variété, l'élégance et la splendeur des costumes ecclésiastiques réunis en cette circonstance produisaient l'effet le plus imposant. Les magnifiques habits de Sa Sainteté et sa tiare toute étincelante de pierreries, les mitres et les manteaux des évêques, les robes des cardinaux, formaient un contraste remarquable avec le vêtement de laine blanche et les grossières sandales du pauvre carmélite. Puis, la garde papale avec son antique uniforme, avec une cuirasse d'acier sur la poitrine et sur le dos, avec un chapeau à larges bords relevé d'un côté, et de l'autre décoré d'une plume rouge tombante, me rappelèrent l'époque des croisades; tandis que les modes les plus nouvelles de Paris et de Londres, qui encombraient certaines tribunes, donnaient un charme différent à la scène, substituant, lorsque l'œil quittait la voûte pour regarder plus bas, la réalité de la beauté aux visions de la tradition. La grande nef de l'Église était à droite et à gauche bordée d'une haie de soldats qui maintenaient un passage libre au centre; derrière eux, le saint édifice était rempli d'une innombrable multitude qui appartenait aux classes inférieures des habitants de Rome, et je dois dire que je n'ai jamais vu un si vaste rassemblement de peuple se conduire avec une plus parfaite décence. Mais, hélas! il n'en était pas de même des groupes mieux vêtus qui occupaient les places privilégiées. Sans cesse ils attiraient les regards de la foule par leurs conversations à haute voix et le sans-gêne de leurs manières. Ils paraissaient regarder Saint-Pierre comme un théâtre, et la célébration de la messe comme un opéra, où ils venaient déployer leur bon goût pour la musique. L'idée qu'ils assistaient au service divin ne semblait pas pouvoir se glisser un seul instant dans leur tête. Pourtant la pompe, le faste, la magnificence qui furent déployés pendant toute la durée de la cérémonie, et dont aucune description n'est possible, auraient dû, pensais-je, inspirer dans tous les cœurs, même passagèrement, le plus profond respect pour une religion qui était ainsi honorée. Surtout, pour peu qu'on eût réfléchi que le temple auguste où cette religion triomphait maintenant s'élevait aux lieux que couvraient jadis les jardins de Néron, et à la place de ce cirque où il fit périr tant de chrétiens dans les tortures, n'aurait on pas dû comprendre mieux toute la majesté du christianisme!

Je reviens encore au froid qui régna à Rome pendant la quinzaine que j'y passai, et qui était extrêmement rigoureux. De midi à deux ou trois heures, alors que le soleil brillait dans toute sa force, il faisait aussi chaud qu'en Angleterre au printemps; mais le reste du jour et la nuit on aurait imaginé un hiver sibérien, et c'était d'autant plus désagréable que les bonnes gens qui ont bâti la plupart des maisons de la capitale chrétienne ne semblent guère en avoir conçu les plans que par rapport à l'été, sans s'être nullement souvenus qu'une saison telle que l'hiver entrât jamais dans la composition d'une année romaine. Il n'y a de cheminées que dans très peu d'appartements, et lorsqu'on en trouve quelque part, elle est toujours si large qu'elle laisse passage à un courant d'air capable de vous glacer jusqu'au fond de l'âme. Néanmoins, mon temps s'écoula avec une rapidité étonnante. Après avoir passé un jour ou deux à flâner sur le Pincio et le Quirinal, le long des bords du Tibre et dans les divers lieux qui gardent le souvenir des grands hommes d'autrefois, je fis la ronde des églises, dont Saint-Jean-de-Latran et Santa-Maria-Maggiore sont, je crois, après Saint-Pierre, les plus splendides. Les décorations de Saint-Jean surtout sont d'une magnificence tout-à-fait merveilleuse; ajoutez qu'on y conserve avec un grand soin un nombre prodigieux d'antiques curiosités saintes; par exemple, la table sur laquelle fut, dit-on, célébrée la Cène. Dans la chapelle Corsini, qui est d'une architecture très élégante, outre les tombeaux de la famille de ce nom, est un superbe sarcophage de porphyre qui a été trouvé dans le Panthéon, et qu'on suppose avoir renfermé la dépouille mortelle d'Agrippa. Aux environs de Saint-Jean, beaucoup d'objets méritent aussi l'attention du voyageur. En revenant de ce quartier, je visitai encore l'arc triomphal de Constantin, le Colisée, la place de Trajan, et j'épuisai ainsi un jour qui est noté dans ma mémoire comme un des plus délicieux de ma vie.

Je consacrais ordinairement quelques heures tous les matins soit au Colisée, soit à Saint-Pierre, et je remarquai que, dès l'instant où j'entrai dans le premier de ces monuments, je le pus apprécier à son juste mérite, mais que, chaque nouvelle fois qu'il m'arrivait de franchir le porche du second, celui-ci parut découvrir à mes yeux des traits de grandeur dont je ne m'étais pas encore aperçu. La première fois, au contraire, que je pénétrai sous ses voûtes si gracieuses, je fus mécontent, non de l'édifice, mais de moi-même... Je reconnus bien que le génie, l'art et le goût, poussés à la dernière limite possible de leur développement, avaient concouru à l'exécution du chef-d'œuvre le plus parfait qui ait été jamais offert à la contemplation humaine; mais j'avais vu naguère le Parthénon, et en une minute j'en avais compris toute la beauté comme celle d'une médaille antique ou d'un délicieux visage de femme; au lieu que, quand je me trouvai dans Saint-Pierre, tout était si vaste et pourtant si harmonieux, que mon esprit ne put se fixer aucun centre auquel il ramenât, pour former un tableau unique les innombrables merveilles qui m'environnaient. Mais je m'aperçus que ce défaut d'unité devenait moins sensible à mesure que, par de fréquentes visites, je me familiarisai davantage avec les détails de cette sculpture magnifique; à mesure que je trouvai de certaines places, des points de vue d'où il était évident que toutes les lignes individuelles concouraient à un effet général, qu'ainsi pas à pas je montai l'escalier aérien qui mène au dôme, et qu'alors mon imagination ravie put voir, selon l'expression mystique, « les anges de Dieu monter et descendre. » L'ordre parfait où chaque chose est tenue dans le temple, l'exquise propreté des autels et de leurs ornements, la beauté des peintures, la taille gigantesque des statues, le silence et le décorum qu'observent les fidèles qui assistent chaque jour au service divin, tout contribue pour sa part au merveilleux de l'ensemble.

Le cénotaphe de Paul III est le seul objet qu'un goût pieux voudrait peut-être bannir de Saint-Pierre. Dans tout édifice séculier il serait moins susceptible de critique; mais, lors de son érection, on l'orna de deux statues, l'une de la Justice, représentée par une jeune fille d'une ravissante beauté; l'autre de la Prudence, sous les traits de la plus repoussante laideur. Or, le contraste de ces deux figures produisit sur les ministres de Dieu, gens qui, comme on sait, n'ont pas coutume de voir dans une femme l'idée du beau, une telle fascination qu'on jugea bientôt absolument nécessaire de cacher les formes gracieuses de la Justice sous un vêtement de bronze. Dès lors l'allégorie n'eut plus de sens, et le monument paraît aujourd'hui avoir quelque chose de prude ou même de grotesque qui est tout-à-fait déplacé en pareil lieu. Quand même un groupe qui nous montre la Prudence sous l'air de la difformité, et une des plus importantes vertus sous l'aspect le moins attrayant, me paraît, je l'avoue, indigne de figurer dans une cathédrale chrétienne. Je ne puis non plus admirer la statue de saint Pierre assise dans un fauteuil qui, assure-t-on, a autrefois appartenu à l'apôtre lui-même. Sans disputer sur l'authenticité de cette assertion, j'aimerais mieux qu'on plaçât ledit fauteuil comme une curiosité dans le Vatican, que de le voir offert parmi tant d'autres reliques précieuses à la vénération des fidèles. Je puis dire aussi que je fus un peu désappointé quand je ne vis dans Saint-Pierre ni vitraux de couleur, ni même rien qui ressemble à des fenêtres. Je sais bien que ces ornements là tiennent essentiellement du gothique, et que par conséquent il ne fallait pas m'attendre à les rencontrer dans un édifice dont le plan duquel cet ordre d'architecture a été entièrement banni. Mais encore il me semble qu'en dépit de toutes ses perfections, Saint-Pierre laisse quelque chose à désirer sous ce rapport.

Les rues de Rome, malgré les joyeux groupes qui

chaque après-midi se pressent vers le Corso, ont toujours un air d'ascétisme et de tristesse. Il faut peut-être jusqu'à un certain point l'attribuer au grand nombre d'ecclésiastiques qu'on voit partout aller et venir à toutes les heures de la journée. Mais, outre l'effet qui provient de la présence de tant d'habits religieux, il y a dans la physionomie de Rome même une sévérité qui vraiment est frappante. Je ne m'en plains pas, au contraire; la ville éternelle paraît ainsi plus romaine, et il me semble, idée folle sans doute, qu'on trouve dans l'aspect grave des Sabines et des autres montagnes qui l'environnent une explication du style austère de Tacite et de Salluste. Veut-on obtenir une vue panoramique de Rome et de ses environs? Il faut monter à la tour du Capitole : de là, comme d'un point presque central, on peut apercevoir les montagnes lointaines d'Albano, de Frascati, de Preneste, de Terracine, de Tivoli, de Soracte, de Mario et du Janicule; les sept éminences sur lesquelles Rome était autrefois bâtie, le Quirinal, le Viminal, l'Esquilin, le Celius, le Palatin, l'Aventin et le Capitole; enfin tous les nobles monuments antiques encore subsistants, aussi bien que les superbes édifices nouveaux qui rivalisent de faste et de grandeur avec les premiers, et même les surpassent. Aussi quand je songeais aux chétifs revenus des Etats du pape, et que je promenais ensuite mes yeux sur les magnifiques églises, sur les collections sans pareilles d'ouvrages d'art, sur les édifices où ils sont conservés, et sur les pieuses institutions d'utilité publique dont la Rome moderne abonde dans tous ses quartiers, il me fallait reconnaître que dans le cours de mon voyage je n'avais pas rencontré de pays où les impôts fussent si libéralement employés par le chef du pouvoir dans l'intérêt de ceux qui les payaient. Les papes n'ont levé sur leurs sujets aucune taxe dont quelque monument n'indique et n'atteste encore aujourd'hui la destination. C'est une nouvelle galerie ajoutée au Vatican, c'est une voûte antique sauvée de la destruction, c'est un aqueduc réparé; ce sont des statues du travail le plus parfait arrachées à l'oubli; ce sont des marais desséchés et mis en culture; ce sont des routes, infiniment supérieures aux voies Appienne et Flavienne, construites ou réparées. Les débris de Rome impériale ont été si soigneusement conservés par les mêmes mains qui ont élevé les plus beaux édifices chrétiens du monde, qu'un étranger qui arrive à Rome pour la première fois ne sait ce qu'il doit admirer le plus, la Rome des Césars ou la Rome des pontifes. Il est, au contraire, certain que si l'ancienne reine du monde était tombée au pouvoir d'un souverain du genre ordinaire, qui aurait eu d'insatiables courtisans à gorger d'or, de coûteuses guerres à soutenir et de nombreux enfants à doter, Rome serait maintenant aussi malsaine et aussi délabrée que Constantinople, probablement aussi désolée que Palmyre!

Je regrettai beaucoup d'être obligé de quitter Rome le jour de l'Epiphanie, car ce jour-là les messes sont dites dans l'église de la Propagande par des prêtres de toutes les parties du monde; et c'est le spectacle le plus extraordinaire, aussi bien que le plus touchant qu'on puisse souhaiter de voir. Mais, chose inouïe! il n'y a aucune diligence régulière entre Rome et Naples, et le seul moyen expéditif de voyager sur cette route, quand on ne possède pas une voiture à soi, est de recourir à la chaise de poste d'un certain signor Angrisani, qui ne part qu'après qu'il trouve à remplir ses quatre places. Elle était retenue pour le 6 janvier par trois de mes compatriotes, et je m'estimai heureux de faire leur quatrième. Le soir suivant je couchai à l'albergo delle Crocelle, hôtel excellent, quoique assez éloigné de ce qui est à Naples le point principal d'attraction, je veux dire le Muséum.

La grande rue du Toledo me présenta le lendemain la scène la plus variée et la plus divertissante que j'eusse jamais vue. Presque tous les gens que j'y rencontrai, hommes et femmes, portaient un costume différent, comme si c'eût été alors un carnaval. C'étaient des musiciens ambulants qui jouaient de sept ou huit instruments à la fois; des marchands de légumes qui cheminaient lentement avec leur mulet surchargé de choux, de salade et de céleri; puis, de pieux mendiants agenouillés en face des madones, devant lesquelles brûle toujours une lampe. C'étaient des marchands de châtaignes rôties, des marchands de melons, des marchands de bouteilles ou des pêcheurs qui criaient les plus délicieux harengs frais du monde. C'étaient de distance en distance des *secretarii* ou écrivains publics, gravement assis devant une petite table, leur plume à la main, leurs lunettes sur le nez, en un mot, tout prêts à satisfaire la pratique qui se présentera. C'étaient à chaque pas des femmes qui faisaient frire des poissons, ou qui vendaient des œufs, ou qui rempaillaient des chaises. C'étaient encore des portefaix, seuls représentants actuels des lazzaroni qui se voient à Naples, et qui, nonchalamment couchés dans leurs corbeilles, dormaient, fumaient ou regardaient les passants avec un air d'ineffable mépris. Je remarquai aussi dans le Toledo un nombre prodigieux de boutiques de changeurs ou de bureaux de loterie, sans parler des porteurs d'eau et des débitants de glaces qui s'y croisent et s'y heurtent. Enfin tout le monde semble se donner rendez-vous dans cette rue. C'est là que sont tous les beaux magasins, là que toutes les jolies femmes viennent se montrer, là que se promènent les flâneurs, là que les gens d'affaires se rencontrent, là que les militaires se pavanent à pied ou à cheval dans leurs brillants uniformes. C'est là que l'industrie est la plus active. Passez devant une boutique de boulanger, elle est tellement ouverte que tous les mystères de son art s'accomplissent en public, et vous le voyez toujours qui pétrit, qui enfourne ou qui défourne. Il en est de même du ferblantier, dont le marteau ne cesse jamais de battre; de même du forgeron, dont le soufflet souffle toujours, dont le feu est toujours allumé quelque chaleur qu'il fasse, et dont l'enclume n'a aucun instant de repos du soir au matin. Enfin, à tous les carrefours, comme au reste à ceux de toutes les autres rues de la ville, sont des baraques où matin au soir se confectionne du macaroni. Quand un gourmet passe et en désire, on le lui sert sur une assiette de terre, aussi brûlant que du feu; mais sans se gêner, et, ce qui est plus étonnant, sans le trouver trop chaud, il l'empoigne à pleine main, en insère trois ou quatre bouts dans son gosier, élève le reste le plus haut qu'il peut en l'air, et toute la poignée a disparu au bout d'un moment.

Mais seul, le Musée, avec ses merveilleuses et presque innombrables statues, soit extraites des ruines de Pompéi et d'Herculanum, soit recueillies à d'autres sources; ses salles remplies d'ornemens et d'ustensiles des temps passés, provenant de ces cités splendides qui sont restées pendant tant de siècles comme embaumées par la lave et les cendres du Vésuve pour servir à l'instruction de l'âge présent; ses riches galeries de tableaux; ses marbres, ses bronzes, ses bibliothèques et ses manuscrits qui ont échappé aux flammes durant plus de deux mille ans; oh! toutes ces merveilles, et une variété infinie d'autres objets qui méritent examen, doivent retenir des mois entiers, et occuper constamment le voyageur à Naples, en général la plus agréable qu'il connaisse. Il règne dans toutes ses rues une gaîté de fête, et l'air qu'on y respire est plus pur que partout ailleurs, ce qu'on doit sans doute à la proximité de la plus belle baie du monde. Puis vous avez à peu de distance les uns des autres : le Vésuve, Herculanum, Pompéi, et autres curiosités naturelles ou historiques.

Je m'embarquai pour Gênes, d'où je passai par Genève et Paris pour regagner Londres, où j'étais de retour le 5 février 1835.

ALBERT-MONTÉMONT.

BELL

(1837-1839.)

VOYAGE EN CIRCASSIE.

Le voyageur anglais Bell a visité plusieurs fois diverses contrées du Caucase, et notamment la Circassie. Il se trouvait sur la côte, lorsqu'il y fut arrêté et retenu captif par l'autorité moscovite. Rendu au bout de huit mois à la liberté, il résolut de retourner dans ce pays, mais en suivant une autre direction. Il se dirigea de Constantinople à Sinope, sur la côte d'Asie ; il en repartit pour la côte circassienne, et, au grand dépit des Russes, il put débarquer à Subach, par 37° 40' lat. N. et 43° 30' long. E.

Le séjour de M. Bell au milieu des peuplades belliqueuses de la Circassie lui permit de recueillir une foule de notions plus ou moins curieuses dont nous allons seulement reproduire les principales.

Il existe en Circassie une véritable confraternité. A la mort d'un des membres, sa femme, appartenant à la confraternité entière comme ayant été achetée par un de ceux qui en faisaient partie, est donnée à un autre membre, qui élèvera ses enfants, s'il en a d'elle ; mais, si elle est devenue trop vieille, elle sera entretenue sur le fonds commun de la société.

L'esclavage proprement dit n'existe pas en Circassie. Quand un individu de la dernière classe du peuple passe sur les terres d'un autre propriétaire, on paie le prix de ses services, et, s'il veut se marier, le maître lui fournit le prix de celle qu'il aime.

En Circassie, ce que nous appelons la *tenure de la terre* a encore une sorte de caractère patriarchal, personne chez ce peuple simple ne songeant à nommer sienne une étendue de terre plus grande qu'il n'en peut occuper utilement ; et de fait on ne regarde comme à soi que le terrain qu'on a enclos pour une culture immédiate. Les pâturages sont communs entre les habitants du même voisinage et sont rarement enclos ; et quiconque trouve un terrain inoccupé peut s'y établir et l'enclore immédiatement. En fait, le sol est regardé comme propriété nationale, et l'occupation comme le seul titre momentané qu'un individu puisse avoir à une portion quelconque du territoire. Il n'y a à faire de paiement d'aucune sorte à un supérieur, si ce n'est lorsqu'un homme riche fournit à un plus pauvre les moyens de cultiver le sol, le produit étant alors également partagé entre eux.

L'opinion publique et l'usage paraissent, dit M. Bell, être la loi suprême en Circassie ; il se commet bien quelques violences, et même parfois de graves, mais elles naissent surtout de querelles, et elles sont rares. Si le type des bonnes manières n'est pas ici très élevé, il est du moins assez général, et les extrêmes de la somptuosité et de la misère, des recherches raffinées et de l'avilissement, sont également inconnus.

Le *vol* est sévèrement puni, surtout en cas de récidive ; on prend néanmoins en considération la pauvreté du voleur. Pour rendre les *jugements*, on appelle des témoins, qui sont d'abord examinés sur leur croyance religieuse : si ce sont des musulmans, on leur fait jurer sur le Coran de dire la vérité ; et du reste, la déposition du témoin n'a de poids qu'en proportion de l'estime dont il jouit. Les débats durent souvent des semaines entières : le plaignant et le défendeur doivent respectivement fournir à l'entretien de leurs assesseurs et de leurs témoins. Le gagnant paie au juge 2 à 4 pour 100 à titre de frais de l'instance. Les fraternités exécutent la sentence du tribunal, et chaque fraternité doit aider la famille de ses membres, dans de certaines proportions déterminées, à solder les amendes imposées pour homicide ou pour tout autre crime ou délit.

Les fraternités constituent le gouvernement circassien. Un étranger qui obtient pour konak ou hôte un habitant du pays devient un être inviolable, et toute la fraternité de son hôte répond de sa sûreté et de son bien-être ; tous les membres se regardent comme tenus de venger les injures dont il serait l'objet. S'il parvient à se faire très estimer dans une famille, on lui fait recevoir dans la bouche le souffle de la mère, et il devient alors comme un fils de celle-ci.

A la mort d'un guerrier circassien, on place ses habits sur un coussin et l'on suspend ses armes à la muraille. La chambre se remplit de femmes, parentes et amies de la famille ; la veuve est debout à la porte. De chaque côté du coussin se tiennent les filles ou quelques jeunes parentes. Les hommes sont réunis sur la pelouse devant la porte ; l'un d'eux s'en approche en proférant un cri plaintif, auquel répondent les femmes de l'intérieur ; celles-ci se lèvent pendant que l'homme entre doucement les mains sur les yeux, et qu'il s'agenouille devant le coussin en y appuyant le front. Les jeunes filles placées de chaque côté l'aident à se relever, et il se retire. Les autres hommes viennent après lui, un à un, jusqu'à ce qu'ils aient tous accompli cette cérémonie. Les vieillards disent ces mots : « C'est la volonté de Dieu ! » Cette réunion d'hommes et de femmes dure trois jours ; puis les femmes de la famille continuent pendant quinze jours encore à recevoir les personnes qui viennent prendre part au deuil. Six mois après la mort se donne le grand repas des funérailles ; les plus pauvres mêmes ne s'en dispensent point ; les riches donnent en outre des repas a des intervalles de huit jours, de quinze jours et de quarante jours après la mort.

Un enfant de prince ou de noble est confié à un atalik ou gouverneur, qui est chargé d'en faire l'*éducation* gratuitement, de le nourrir et de l'habiller, enfin de lui donner, lorsqu'il est grand, un cheval et des armes. Cet atalik est un second père, plus précieux et plus respecté que le père véritable ; il compte pour sa récompense sur le butin que son élève pourra faire sur l'ennemi, et sur la reconnaissance de l'enfant et de sa famille quand le temps de tutelle sera terminé. C'est le père qui choisit l'atalik pour son fils, et ce choix est regardé comme d'une grande importance. Il arrive quelquefois, mais non communément, dit M. Bell, que des filles sont aussi placées de cette manière pour leur éducation.

Quant à la *vie des Circassiennes*, elle tient tout à la fois des usages turcs et des habitudes indigènes. La maison d'une femme mariée est, comme en Turquie, inaccessible à tous les hommes, excepté ceux de sa propre famille, les ataliks, les enfants et les membres de la fraternité de son mari. Quand elle sort pour rendre visite à ses amies, elle se voile soigneusement la tête et le visage, et, outre son voile blanc, elle s'enveloppe tout entière d'une sorte de manteau appelé paraudja ; il faut qu'elle évite de rencontrer des hommes, et si cela arrive, à moins que ce ne soient des serfs, elle doit se tenir respectueusement à l'écart jusqu'à ce qu'ils soient passés. La jeune fille sort sans être voilée, portant son corset étroitement serré, la chevelure en tresses onduleuses et la robe flottante ; et à l'occasion elle se mêle à la conversation des hommes, sans crainte comme sans effronterie.

Une remarque assez curieuse à faire ici, c'est que le *mauvais œil* existe en Circassie comme en Abyssinie chez les Gallas. Lorsqu'un Circassien est *malade*, le peuple danse autour de sa chambre et fait le plus de bruit possible, afin que le diable ne lui soit pas nuisible quand il dort. Le soc de la charrue est placé près du lit pour que l'on puisse le frapper de trois coups de

Costumes valaques.

marteau chaque fois qu'un visiteur arrive, en même temps que celui-ci trempe ses doigts dans de l'eau, c'est-à-dire dans un vase où l'on a mis un œuf, et qu'il en asperge les couvertures. Cette pratique a pour objet de détourner le mauvais œil. C'est aussi dans le même dessein qu'une ligne de bouse de vache a été tracée dans l'appartement tout autour des murs, et que le Coran est posé sur l'oreiller du malade.

En parlant de l'unité des peuples circassiens, M. Bell dit que l'appellation indigène de la nation et de la langue circassienne est *adighé*, et que le nom de tcherkesse (1), d'origine turque ou tatare, n'est jamais employé par les natifs; M. Bell ajoute que beaucoup d'entre eux ne le comprennent même pas. Cette langue *adighé* est en usage depuis l'extrémité orientale de la Kabarda jusqu'à la mer Noire, y compris l'Abazak. Le long de la côte les habitants comptent trois langues distinctes : l'adighé, qui s'étend au sud jusqu'à la petite rivière de Bu, limite méridionale de Noutouhatch; l'abaza, entre la Bu et la Hamisch; et l'azra, depuis la Hamisch, en allant au sud, jusqu'à la frontière de la Mingrélie. La différence de ces trois idiomes est telle que ceux des natifs qui ne comprennent que celui qui leur est propre sont hors d'état d'entendre les deux autres.

M. Bell quitta la Circassie le 16 novembre 1839 et s'embarqua à Semez pour Sinope, où il remit le pied le 25. Il regagna ensuite Constantinople, où il était rendu le 12 février 1840.

ALBERT-MONTÉMONT.

(1) Mot composé de *tcher*, chemin, et *kesmek*, couper ; c'est-à-dire *coupeur de chemin* ou *brigand*.

FIN DES VOYAGES DE QUIN ET DE BELL.

Vue de l'Elbrouz (Caucase).

GAMBA ET DEMIDOFF.

(1824-1837.)

GÉNÉRALITÉS PRÉLIMINAIRES.

Avant d'offrir à nos lecteurs les voyages qui vont suivre sur la Russie méridionale et le Caucase, nous croyons utile de rappeler, pour mieux faire comprendre ces voyages, quelques traits généraux relatifs à l'Europe.

L'Europe n'a, comme l'ont remarqué avec raison plusieurs géographes, ni les imposantes dimensions de l'Asie et de l'Amérique, ni la masse compacte de l'Afrique. Le caractère particulier qui la distingue de ces trois autres grandes divisions continentales du globe, consiste dans les golfes immenses ou mers intérieures qui découpent son littoral en tous sens, qui, s'avançant considérablement dans l'intérieur des terres, eu égard à leur étendue, facilitent les communications et sont aussi favorables aux progrès de la civilisation qu'au développement de l'industrie et du commerce.

Sorte de dépendance du vaste continent asiatique, l'Europe, qui n'en semble être pour ainsi dire qu'une péninsule, n'offrirait pas, dans presque sa totalité, un bassin assez large au Nil, qui cache sa source vers les monts de la Lune; au Kiang, ce fleuve qui arrose de l'ouest à l'est l'empire chinois; à l'Amazone, qui descend du Pérou et coule entre les deux vastes États de l'ancienne Colombie et du Brésil. Les montagnes de l'Europe les plus gigantesques n'égalent ni en élévation ni en étendue les longues et hautes Cordillères de l'Amérique, ou l'énorme plateau des monts Himalaya thibétains; toutes nos landes, nos dunes réunies n'augmenteraient pas sensiblement les déserts sablonneux de la Libye, ou le Sahara de l'Afrique, ou le Gobi de l'Asie; et nos archipels européens, d'ailleurs si riants, ne seraient remarquables ni en beauté ni en étendue parmi les labyrinthes maritimes de l'Océanie. Les productions des trois règnes de l'Europe, comparées à celles des autres parties du monde, offrent en général peu d'originalité, d'éclat ou de grandeur. L'Europe n'a que très peu de mines d'or, et ne peut nommer qu'une vingtaine d'espèces de quadrupèdes qui lui appartiennent exclusivement; encore sont-ce de petits animaux de peu d'apparence, tels que des rats et des chauves-souris. Notre industrie a perfectionné quelques espèces, comme le cheval, le bœuf, le mouton et le chien; mais nos meilleures productions naturelles semblent avoir été importées des autres parties du monde. Le ver à soie nous est arrivé de l'Inde; la laine fine, de la Mauritanie; le pêcher, de la Perse; l'oranger, de la Chine; la patate, le maïs et le tabac, de l'Amérique; et, en dernier lieu, le fin tissu à châle, du Cachemire, par l'introduction en nos climats méridionaux des chèvres du Thibet, et nous venons d'introduire en Algérie l'arbre à thé du céleste empire. Ainsi nous ne sommes riches que d'emprunts.

Mais grâce à la puissance d'une civilisation progressivement persévérante, cette région âpre et sauvage, que la nature n'avait dotée que de bois et de fers, s'est ornée, enrichie avec le cours des siècles sous les efforts industrieux de ses habitants. On n'y reconnaît plus les produits indigènes, la culture a changé les végétaux et les climats; aux rivages où le castor élevait paisiblement ses huttes, brillent des cités populeuses et pullulent des milliers de citoyens; dans les contrées que foulèrent seules et si longtemps les bêtes fauves, se sont établis des empires florissants, et l'indigence a disparu devant une fertilité laborieuse. L'Europe est devenue pour ainsi dire le centre intellectuel de l'espèce humaine et la législatrice du monde entier; elle est présente sur tous les points de l'univers; un continent lointain, celui de la Nouvelle-Hollande ou Australie, se trouve peuplé de colonies européennes; presque tout le littoral nord, ouest, sud et est de l'Afrique est couvert d'établissements européens; plus d'un tiers de l'Asie est soumis à la domination européenne, et le vaste empire chinois est cerné tant au nord qu'au midi par l'industrie ou les armes de l'Europe. L'immense Océan est devenu le domaine exclusif des Européens ou de colons de l'Europe; et pendant que les peuples les plus policés des autres parties du globe osent à peine s'éloigner de leurs rivages, excepté peut-être les États-Unis dont les navires marchands commencent à sillonner la mer du Sud, nos intrépides navigateurs suivent d'un pôle à l'autre les routes que leur traça le génie de la science géographique. Non contents de se soumettre la nature et d'enchaîner la foudre, les Européens ont su par l'astronomie conquérir l'univers céleste et voyager au-dessus des nuages. En un mot, la science est le patrimoine, pour ainsi dire, exclusif de l'Europe, et l'Européen paraît avoir seul découvert le secret d'en étendre et d'en faire prospérer les nombreux rameaux.

L'Europe est comprise entre les 35e et 71e degrés de latitude nord, et entre les 12e degré de longitude ouest et 68e degré de longitude est. Si on voulait y réunir les îles qui dépendent géographiquement de cette partie du monde, telles que la Nouvelle-Zemble, l'archipel du Spitzberg, etc., on aurait pour latitude 35 et 81o nord.

L'Europe est bornée au nord par l'océan Glacial arctique et la baie de Kara, subdivision de cet océan, commune également à l'Asie, à l'ouest, par l'océan Atlantique, et au-delà du cercle polaire par l'océan Glacial arctique; au sud, par le détroit de Gibraltar, la mer Méditerranée, la mer de l'Archipel, le détroit des Dardanelles, la mer de Marmara, le détroit de Constantinople, la mer Noire, le détroit de Caffa et la mer d'Azov; à l'est, par le fleuve Kara, la chaîne principale des monts Ourals et le fleuve Oural jusqu'à son embouchure dans la mer Caspienne; ensuite par une partie occidentale de cette même mer Caspienne, jusqu'à l'extrémité orientale de la chaîne du mont Caucase. Au sud-est l'Europe a aussi pour limites le cours du Terek, le Caucase et le cours du Kouban, accidents géographiques qui lui sont communs avec l'Asie. Ainsi les monts Ourals et la mer Caspienne sont les deux seules séparations naturelles entre l'Europe et l'Asie à l'est, comme la mer Noire, le Bosphore, l'Archipel et la Méditerranée sont ses confins au sud, où elle est séparée de l'Afrique, et l'Atlantique à l'ouest, où elle est séparée de l'Amérique; enfin l'océan Glacial la limite au nord.

Les points les plus extrêmes de l'Europe sont: au nord, le cap Nord, situé par 72o de latitude nord et 22o de longitude est, à l'extrémité de l'une des îles dépendantes de la Norwége, et s'avançant dans l'océan Glacial arctique; à l'ouest, le cap Laroca, situé sur la côte ouest du Portugal par 30o de latitude nord et 12o de longitude ouest, et s'avançant dans l'océan Atlantique septentrional; au sud, le cap Matapan, situé dans la Turquie européenne, et s'avançant dans la Méditerranée par 36o de latitude nord et 20o de longitude est. Quelques géographes ont rattaché l'Islande à l'Europe; mais c'est une dépendance naturelle du Groënland, qui lui-même se lie à l'Amérique septentrionale. Évidemment l'Europe se termine au nord-ouest avec les îles Féroë.

Renfermée dans les limites que l'on vient de tracer, l'Europe a une superficie d'au moins cinq cent mille lieues carrées, de vingt-cinq au degré équatorial, et une population de plus de deux cent vingt millions d'habitants. L'accroissement annuel de cette population est à peu près d'un million d'âmes.

La plus grande longueur de l'Europe est de douze cent quinze lieues, du cap Saint-Vincent aux monts Ourals, près d'Ekaterinbourg. De Brest à Astrakan cette longueur est de huit cent soixante lieues. Sa plus grande largeur est de huit cent soixante-dix lieues, du cap Matapan en Grèce au cap Nord. Sa largeur, qui vient ensuite, est, du cap Colonna en Calabre au cap Wrath en Écosse, en partie sur l'eau.

L'Europe comprend au nord le royaume de Norwége, celui de Suède, la partie de l'empire de Russie située en Europe, les îles britanniques ou le royaume-uni de la Grande-Bretagne; au centre, le royaume de Pologne, celui de Prusse, l'Allemagne, le royaume de Danemark, celui de Hollande, celui de Belgique, la France, la Confédération suisse et l'empire d'Autriche; au midi, le royaume de Portugal, celui d'Espagne, l'Italie en général, et la Turquie d'Europe. Varsovie occupe la position la plus centrale de cette partie du monde; mais le bassin de la Bohême est le point central physique, car il termine vers le nord le grand système de pays montagneux qui composent la Haute-Europe.

Nous avons dit que les mers et les golfes caractérisaient surtout la péninsule européenne: ces grandes masses d'eau interposées parmi les terres manquent à l'Asie, à l'Afrique, à l'Océanie, et même à la majeure partie de l'Amérique. Elles exercent une grande influence sur la température, qu'elles rendent humide et variable, et sur le commerce dont elles multiplient les communications, comme aussi elles influent sensiblement sur la destinée des nations, auxquelles, conjointement avec les chaînes de montagnes, elles présentent des remparts naturels contre les invasions étrangères.

L'océan Atlantique qui borne l'Europe à l'ouest est appelé par quelques géographes océan Occidental. Il s'appelle mer du Nord ou d'Allemagne, entre la Norwége, au sud du cap Stat, le Jutland, l'Allemagne, les Pays-Bas, la France, la Grande-Bretagne et les îles Shetland. C'est une des méditerranées à plusieurs issues les plus remarquables de l'Europe. Les empiétements de cette mer sur les côtes d'Allemagne et des Pays-Bas y ont formé les deux golfes de Dollart et Zuyderzée. Un bras de la mer du Nord s'appelle Skagerrak, entre le Jutland et la Norwége méridionale, quelques géographes le nomment mer de Danemark; il forme sur la côte de Norwége un enfoncement considérable appelé golfe de Christiania. Un autre bras de la mer du Nord prend la dénomination de Cattegat, entre la Suède méridionale et le Jutland septentrional; deux autres enfoncements de la mer du Nord, beaucoup plus petits, forment les golfes de Bukke et de Bergen.

L'océan Atlantique au nord du cap Stat en Norwége prend la dénomination de mer de Scandinavie, le long de la côte de cette contrée. A l'ouest du Pas-de-Calais il s'appelle la Manche, entre l'Angleterre et la France; il s'appelle mer d'Irlande ou même canal de Saint Georges, entre l'Écosse et l'Angleterre d'un côté et l'Irlande de l'autre; il se nomme mer de Calédonie au nord-ouest de l'Écosse; golfe de Gascogne le long d'une partie de la côte sud-ouest de la France, et golfe de Biscaye le long d'une partie de la côte nord de l'Espagne.

L'océan Atlantique pénétrant dans le continent européen y forme de vastes mers méditerranées, l'une au nord, l'autre au midi. La méditerranée du nord, plus connue sous le nom de mer Baltique ou simplement Baltique (mot tiré du danois ou suédois Belt, qui signifie ceinture), et désignée sous le nom de mer Orientale par les nations scandinaves et germaniques, est une vaste mer intérieure située entre le Danemark, le Mecklenbourg, la Poméranie, la Prusse, les provinces Baltiques de la Russie et la Suède. Elle offre plusieurs golfes, dont les principaux sont le golfe de Bothnie, entre la Finlande et la Suède; le golfe de Finlande, entre la côte méridionale de la Finlande et celle des gouvernements de Pétersbourg, d'Esthonie et de Revel; le golfe de Riga ou de Livonie, entre la Livonie et la Courlande; et le golfe de Dantzig dans la Prusse occidentale. Les détroits du Sund et ceux du grand et du petit Belt sont les trois issues par lesquelles la Baltique communique avec le Cattegat, qui est une branche de la mer du Nord.

La méditerranée du sud, nommée *mer Méditerranée* ou simplement *la Méditerranée*, est comprise entre l'Europe, l'Asie et l'Afrique : le détroit de Gibraltar l'unit à l'océan Atlantique. Cette mer, du côté de l'Europe, prend le nom de *canal des Baléares*, entre la côte du royaume de Valence et le groupe des îles Baléares; celui de *golfe de Lion*, le long des côtes de Provence et de Languedoc; celui de *golfe de Gênes*, depuis la côte de Nice jusqu'à celle du duché de Lucques; celui de *mer de Toscane*, entre la Corse, la Sardaigne et la côte opposée de l'Italie; celui de *mer de Sicile*, entre l'île de ce nom et le royaume de Naples; celui de *mer Ionienne* entre le pied de l'Italie, la Sicile et la Grèce. Un bras de cette mer forme le golfe de Tarente vers la Calabre; un autre le golfe de Patras vers le Péloponnèse, et le golfe de Corinthe ou de Lépante au-delà du détroit de ce dernier nom. Un bras de la Méditerranée, pénétrant par le canal d'Otrante entre l'Italie d'un côté et l'Épire, ainsi que l'Albanie et la Dalmatie de l'autre, forme le golfe appelé *mer Adriatique*. Enfin la Méditerranée vers le détroit des Dardanelles forme ce que les anciens Grecs appelaient *mer Principale* ou *Archipelagos*, et ce que les géographes modernes nomment *Archipel*. Cet archipel, au-delà du détroit des Dardanelles, forme lui-même le petit golfe à plusieurs issues, nommé improprement *mer de Marmara*, entre la côte de l'ancienne Thrace d'un côté et la côte opposée de l'Asie-Mineure de l'autre. A son tour, la mer de Marmara, ou la Propontide, communique par le détroit de Constantinople ou le Bosphore, de Thrace, avec ce qu'on appelle la *mer Noire*, ou Pont-Euxin, limite méridionale de la Russie européenne. La mer Noire, nourrie par les plus grands fleuves de l'Europe centrale, reçoit encore par le détroit de Caffa ou le Bosphore Cimmérien les eaux limoneuses des Palus-Méotides, improprement nommés par les modernes la *mer d'Azof* ou *Azov*.

L'océan Glacial arctique, qui ne baigne que l'extrémité septentrionale de l'Europe, forme plusieurs golfes dont le plus considérable est nommé *mer Blanche*, qui est renfermé dans le gouvernement russe d'Archangel, et qui est, comme la mer de la Nouvelle-Zemble, exposée à de violentes tempêtes.

Quant à la mer Caspienne, qui baigne l'Europe depuis l'embouchure de la Kuma jusqu'à celle du Jaïk, et dont le niveau est inférieur de cent cinquante-cinq pieds à celui de l'Océan, elle n'est, à proprement parler, que le plus grand lac du globe, et la plus grande partie de ses côtes appartient à l'Asie.

Le mouvement général de la Méditerranée se dirige de l'est à l'ouest; mais la réaction des eaux contre les côtes donne lieu à plusieurs courants latéraux opposés. Les détroits donnent aussi naissance à des courants locaux très variables, comme le phare de Messine ou la Charybdis des anciens, et l'Euripe, entre le continent et l'île de Nègrepont. Les marées, dans la Méditerranée, ne se font sentir que très légèrement; on a cru les remarquer dans le golfe Adriatique et dans le golfe de la Grande-Syrte, qui touche à l'Afrique.

Les mers que nous venons d'indiquer bordent le continent européen sur une ligne de cinq mille cinq cents lieues, tandis qu'il ne tient au continent asiatique que par une ligne de huit cent quatre-vingts lieues. Ces mers sont d'une haute importance pour l'Europe. En effet, au nord elles nous séparent des terres glaciales du pôle boréal; au midi elles nous garantissent des chaleurs de l'Afrique; partout elles ouvrent un accès au commerce et à la navigation des peuples.

La Méditerranée a une surface totale de cent trente-un mille neuf cent quatre-vingts lieues carrées de vingt-cinq au degré; celle de la mer Noire avec la mer d'Azov est de vingt-trois mille sept cent cinquante lieues; celle de la mer Caspienne de dix-huit mille six cents lieues; celle de la mer Blanche de cinq mille lieues; celle de la Baltique entière de dix-sept mille six cent quatre-vingts lieues, y compris le golfe de Bothnie, qui a séparément cinq mille cent lieues carrées, et le golfe de Finlande, qui a deux mille trois cents lieues carrées. La mer d'Allemagne ou mer du Nord, en la bornant par le cap Stat en Norwège, les îles Shetland et le promontoire de Lindesness, a trente-deux mille lieues carrées; le canal d'Irlande à trois mille quatre cents lieues carrées; et la Manche trois mille sept cents lieues carrées.

La Baltique a cent soixante-dix lieues de côtes rocailleuses, et extrêmement hautes et escarpées au sud et au sud-est de la Suède; cinq cent quatre-vingts lieues de côtes de moyenne élévation au nord de la Suède et d'une partie de la Russie, et trois cent quatre-vingts lieues de côtes, la plupart basses et sablonneuses pour le reste du littoral de Russie, de Prusse et d'Allemagne. La profondeur de cette mer est rarement de plus de cinquante brasses, et pendant les vents du nord ses eaux s'adoucissent au point de pouvoir servir aux usages domestiques.

La mer d'Allemagne ou mer du Nord est divisée par quelques géographes en deux parties; l'une portant le nom de *mer d'Allemagne*, pour la partie qui s'étend du Pas-de-Calais à l'extrémité du Danemark, royaume dans le voisinage duquel on la nomme aussi *mer Cimbrique*; et l'autre portant le nom de *mer du Nord*, pour la partie supérieure qui s'étend jusqu'à l'Islande. Cette mer est sujette à de fortes marées; ses eaux, plus douces que celles de l'Océan, sont grasses et limoneuses; elles donnent vers le soir une lueur que les marins appellent *morillo*; elles se couvrent fréquemment de brouillards épais, retombant sur le rivage en une rosée amère et saline qui nuit à la végétation des arbres, mais qui donne aux plantes une verdure plus fraîche et plus belle.

Les amas d'eau douce que renferme l'Europe sous le nom de *lacs* n'égalent pas ceux de l'Amérique septentrionale; cependant ils ont aussi leur importance. La région la plus remarquable en ce genre est celle où se trouvent les sources du Volga au sud, la mer Baltique à l'ouest, et la mer Blanche au nord-ouest. La masse d'eau qu'elle comprend, si elle était réunie en une seule, égalerait presque le golfe de Finlande. Les principaux lacs de cette région sont le lac Ladoga, qui a huit cent cinquante lieues carrées, et le lac Onéga, qui a quatre cent trente lieues; vient ensuite le lac Saïma, en Finlande, qui a deux cent dix lieues. Les autres lacs ont des dimensions plus petites.

La Scandinavie a aussi de beaux lacs, tels que le lac Wener, qui a deux cent quatre-vingts lieues carrées; celui de Weter, qui a cent dix lieues; celui de Mœlar avec une superficie de cent lieues. Les divers lacs de cette région occupent environ huit cents lieues carrées. Ils sont, à un ou deux près, tous placés sur le penchant méridional et le penchant oriental de la chaîne de montagnes qui parcourt la Suède et la Norwège. Tous ceux de la Russie septentrionale sont au contraire sur les versants de cet empire. Au reste, les uns et les autres s'écoulent dans la Baltique, et Malte-Brun les regarde comme les sources de cette mer intérieure.

Les plaines au sud de la mer Baltique présentent aussi quelques contrées renfermant de petits lacs. La chaîne des Alpes en a de moins grands que les monts scandinaves. Ceux des versants méridionaux sont le lac Majeur, qui a vingt lieues carrées; le lac Garda, qui a vingt-quatre lieues carrées, et quelques autres.

La pente septentrionale offre le lac des Quatre Cantons dont l'étendue est de treize lieues carrées; le lac de Neuchâtel de quinze lieues carrées; celui de Constance, de trente-huit lieues carrées; et une foule d'autres peu étendus. Tous ces lacs réunis peuvent comprendre une surface de cent quatre-vingts lieues carrées. La pente occidentale des Alpes ne contient guère que le lac de Genève ou Léman, avec une superficie de quarante-quatre lieues carrées.

Dans toute l'Europe occidentale, surtout dans le Portugal, l'Espagne, la France et l'Angleterre, on trouve extrêmement peu de lacs. En Irlande on en voit un grand nombre, dont quatre ou cinq ont une superficie égale à celle du lac de Zurich.

Considérée par rapport aux aspérités plus ou moins considérables de sa surface, l'Europe semble se partager naturellement en deux moitiés, c'est-à-dire en Haute et Basse-Europe. Depuis Londres et Paris jusqu'à Moscou et Astrakan, les terres ont peu d'élévation; de Lisbonne à Constantinople s'offre une suite de terres hautes, avec une grande variété de coupes et de pentes, les unes exposées aux vents froids du nord, les autres aux vents chauds du midi; presque partout des limites naturelles séparent les nations, comme des défilés, des baies ou des rivières à franchir. Au surplus, écoutons comment M. Bruguière, dans un ouvrage couronné par la *Société de Géographie* (1), envisage l'orographie (2) de l'Europe.

« Si un observateur, placé à la cime du Mont-Blanc (3), pouvait embrasser de ses regards l'Europe tout entière, il verrait que le sommet sur lequel il se trouve est le point le plus culminant et presque le centre d'une longue suite de montagnes, qui commence au cap Saint-Vincent et va finir à l'est et au nord-est, d'une part au cap Matapan, de l'autre au bord de la mer Noire, et encore plus au nord près des frontières de l'Asie.

« Si l'immensité de cette vue lui permettait de suivre toute la courbe que décrit la principale ligne, s'il pouvait en reconnaître les directions, et distinguer en même temps ses sinuosités, ses ramifications et ses coupures, il verrait que plusieurs anneaux détachés de la grande chaîne, mais qui paraissent être son extrémité occidentale, traversent en divers sens la péninsule hispanique; qu'une barrière formidable s'élève entre la France et l'Espagne, et que cet énorme rempart, composé de sommités arides, aiguës et souvent inaccessibles, se prolonge au nord-ouest de ce dernier royaume, pousse vers le sud des contre-forts qui atteignent le Duero, et va se terminer au nord de l'Océan par les caps Ortégal et Finistère. Il observerait que le tronc principal, prenant ensuite sa direction la plus générale, celle du sud-ouest au nord-est, étend ses branches sur une partie de la France, et couvre le sol volcanique de l'Auvergne. Il remarquerait aussi que les montagnes de la rive occidentale du Rhône s'abaissent considérablement au-dessus de Lyon, deviennent à peine visibles dans la Bourgogne, et se lient, près des sources de la Saône, à une rangée de hauteurs qui courent d'abord dans le même sens que le Rhin, le traversent ensuite au-dessus de Mayence, et vont se perdre en Allemagne. S'il jetait les yeux sur le bassin où le Doubs décrit tant de circuits, il verrait plusieurs chaînons que leur situation parallèle au centre de la chaîne, leurs pentes adoucies vers la Franche Comté et leurs escarpements opposés au lac de Genève, lui feraient aisément reconnaître pour une dépendance de la masse colossale sur laquelle il serait placé. Dans la partie du système la plus rapprochée de lui, il le verrait séparer la France de l'Italie, couvrir d'aspérités la Suisse et le Tyrol, s'enfoncer au sud-est jusque dans l'Albanie, et former ainsi une des parois de l'Adriatique; tandis que l'autre mur de ce vaste bassin, tel qu'il dut exister dans les temps reculés, serait tracé par l'embranchement très remarquable qui commence aux sources de la Bormida et parcourt l'Italie dans toute sa longueur. Au-delà du golfe de Gênes, et dans cette même direction, notre observateur découvrirait deux grandes îles dont la charpente est une chaîne de montagnes qui s'éloignent directement au sud, et que la mer coupe droit en deux parties inégales. Si, en se portant de ce côté, ses regards étaient attirés par le premier des volcans de l'Europe, il reconnaîtrait une continuation de la chaîne italique dans les deux rangées de hauteurs qui se croisent à Nicosia, et donnent à la Sicile une forme triangulaire. Sur la frontière méridionale de la Servie, et presque sous le parallèle où l'archipel illyrien se termine, la chaîne se fourche; il en verrait une branche se porter vers la Grèce, tandis que l'autre se replie à l'est et au sud-est, jusqu'au bord de la mer Noire et de la Propontide. Au nord de ce dernier rameau, et sous le méridien du golfe de Salonique, il distinguerait une file de montagnes qui, se dirigeant d'abord perpendiculairement au cours du Danube, est coupée par ce fleuve aux environs d'Orsova, et se courbe ensuite de manière à envelopper la Transylvanie, la Hongrie, la Moravie et la Bohême. A l'ouest de ces dernières hauteurs, il apercevrait encore quelques groupes de petites montagnes disséminées sur l'Allemagne occidentale; mais au-delà de ces faibles éminences il ne verrait plus que de vastes plaines qui s'étendent jusqu'au bord de la Baltique et de la mer du Nord. Si sa vue pénétrait au-delà de ces mers, il découvrirait les collines de l'Angleterre qui atteignent leur plus grande élévation dans le pays de Galles, celles de l'Ecosse, dont la structure et la constitution géognostique (1) sont si remarquables; et, dans un éloignement plus grand encore, il distinguerait les montagnes de la Scandinavie, blanchies par des neiges perpétuelles, qu'elles doivent bien moins à leur hauteur qu'à leur proximité du pôle boréal.

« Si l'observateur que nous supposons jouissait de ce spectacle admirable pendant les dernières chaleurs de l'été, quand la neige a disparu des hautes sommités où elle ne reste pas toute l'année, l'éclat de celles qui n'en sont jamais dépouillées lui servirait à reconnaître les points les plus élevés. Il serait frappé de la blancheur que plusieurs sommets conservent constamment sous le ciel brûlant de Grenade. Il apercevrait la neige dans la Galice et dans les Asturies; l'immense boulevart qui sépare l'Espagne de la France lui en montrerait aussi. Il n'en remarquerait pas dans l'intérieur de ce dernier royaume, ni sur toute l'étendue de l'Italie; mais la partie centrale de la chaîne offrirait à ses yeux, depuis la source du Pô jusqu'à la Drave, une multitude de montagnes dentelées ou à la forme pyramidale, dont les flancs sont recouverts de neige depuis le sommet jusqu'à deux mille à deux mille huit cents mètres au-dessus de la mer. Il distinguerait encore le faîte de quelques montagnes de l'Albanie, près des sources de l'Aoüs, peut-être aussi quelques cimes du Balkan; mais en avançant au nord, il n'en verrait plus que de la Norwège, si ce n'est cependant vers la limite septentrionale de la Hongrie, où il discernerait à peine la pointe d'un seul pic, qui arrive tout justement à la hauteur où dans ce climat la neige ne fond plus.

« L'observateur, auquel nous avons accordé la faculté d'étendre ses regards depuis les glaciers de la Savoie jusqu'aux confins de l'Europe, s'apercevrait que les montagnes de cette belle partie de la terre ne forment pas une ligne unique, qu'elles ne se rattachent

---

(1) *Orographie de l'Europe*. Un volume in-quarto, formant le tome III du Recueil de voyages et de Mémoires de la Société royale de Géographie. A. M.

(2) Ce mot, qui signifie *représentation de montagnes*, vient du grec *oros*, montagne, et de *graphô*, je décris. A. M.

(3) Le Mont-Blanc est, comme chacun sait, la plus haute cime de l'Europe. A. M.

(1) *Geos*, terre, et *gnosis*, connaissance, forment le mot *géognosie*, science qui explique la substance, la structure, la situation des grandes masses de la terre. A. M.

pas à une seule et même chaîne. Il reconnaîtrait, il est vrai, que plusieurs coupures sont accidentelles et n'établissent pas une véritable solution de continuité. Il ne considérerait point, par exemple, le passage que le Danube s'est frayé à Orsova, le défilé où l'Elbe coule près de Schandau, et la séparation que le Rhône a faite au fort de l'Ecluse, entre les Alpes et le Jura, comme les points de départ de nouvelles chaînes de montagnes; mais quelle que puisse avoir été, dans une haute antiquité, la liaison des collines de l'Angleterre avec celles de la Picardie, ou des Apennins avec les montagnes de la Corse, les bras de mer spacieux qui séparent aujourd'hui ces contrées ne lui permettraient pas plus de les comprendre dans les mêmes systèmes des montagnes, qu'il n'est permis de confondre les sommets de l'*Espagne* avec le mont Atlas, ou les ramifications de l'Hémus avec les cimes neigeuses de l'Anatolie. Nous croyons, par conséquent, que cet observateur reconnaîtrait en Europe sept principaux massifs ou systèmes de montagnes, dont celui du centre, beaucoup plus considérable que tous les autres ensemble, renferme une grande partie des hauteurs de la France, celles de la Suisse, de l'Italie, de la Turquie, de la Hongrie et de l'Allemagne. On peut nommer ce massif *alpique*, parce que les Alpes sont le nœud d'où dérivent toutes les branches qui le composent. Ce système aussi peut être divisé en cinq groupes, et chacun de ces groupes est divisible en un certain nombre de chaînes ou de chaînons qui sont tous liés entre eux, mais que l'on désigne par des noms particuliers. Au sud-ouest du massif alpique, les montagnes de la péninsule en forment un autre, dont le centre est un dos très vaste et fort élevé qui supporte les cimes de la Guadarrama, les monts de Tolède et ceux de la Sierra-Morena. L'ancien nom d'*Hespérie*, que sa situation reculée vers le couchant fit donner à l'Espagne, peut être appliqué à ce massif. La Corse et la Sardaigne, dont l'antique liaison n'est pas douteuse, et qui sont en quelque sorte encore jointes par le petit archipel de la Madeleine, forment un troisième système qu'on peut appeler *Sardo-Corse* ou *Cyrnos-Ichnusique*, mot composé des noms par lesquels ces deux îles furent connues chez les Grecs. Les anciens monts Cimmériens (les montagnes de la Crimée) sont évidemment un prolongement du Caucase; mais comme toutes nos conventions géographiques les font dépendre de la partie de la terre que nous habitons, nous en formons le massif *taurique*. Au nord de celui-ci, et au centre de la Russie d'Europe, un plateau vaste et peu élevé voit naître la Duna, le Volga et le Borysthène. Ce plateau et les monticules qui lui sont attenants au sud-ouest, sous le nom de monts *Wolchouski*, et au nord-est, sous celui de monts *Schémokouski*, sont généralement appelés *monts Valdaï*. Peut-être conviendrait-il de ne pas mettre ces faibles élévations au rang des montagnes; mais comme elles ont une grande importance, parce qu'elles établissent la ligne de partage entre les eaux de la Baltique et de la mer Blanche d'un côté, et celles de la mer Noire et de la mer Caspienne de l'autre, nous les considérons comme le centre d'un système que nous nommons *sarmatique*. L'Ecosse, l'Angleterre et l'Irlande constituent le massif *britannique*. En suivant le principe que nous avons posé, il faudrait peut-être classer à part cette dernière île, car le canal du Nord qui la sépare du Cantire a une largeur assez considérable, et si elle fut autrefois réunie à l'Ecosse, comme les observations géologiques permettent de le croire, ce ne peut être que dans les premiers temps de notre globe : néanmoins, comme l'ancienne Hibernie a peu d'étendue, nous la joignons ici à la terre voisine dont elle dépend. Le septième et dernier massif se compose des Alpes scandinaves, c'est-à-dire de cette longue chaîne qui occupe le nord-est de l'Europe, où elle forme maintenant une presqu'île, après avoir été probablement autrefois le noyau d'une île très grande. Nous désignons ce massif sous le nom de *système scandinavique*. »

Le système hespérique se compose de toutes les montagnes qui couvrent la péninsule et de celles qui séparent l'Espagne de la France. Il comprend trois groupes isolés, que l'on peut distinguer en groupe méridional, groupe central et groupe septentrional. Le premier se replie fortement sur lui-même et décrit une sorte de S depuis les pointes de Roca et de Tarifa jusqu'aux montagnes de Tolède, en poussant un long éperon dont le cap Saint-Vincent est une extrémité. Le second est formé par la chaîne ibérique, qui descend obliquement de la source de l'Ebre aux bords de la Ségura, et puis va se terminer au cap Roca. Le troisième contient la chaîne pyrénaïque dans toute sa longueur, depuis le cap Cervère jusqu'à l'embouchure du Duero; il comprend les montagnes de l'occident de l'Europe, autrement dites *les Pyrénées*, et forme ainsi la frontière naturelle de la France et de l'Espagne, sur une longueur de près de cent lieues, c'est-à-dire d'une mer à l'autre.

Le système alpique a dans un groupe occidental les Cévennes, suite de montagnes que l'on peut considérer comme étrangères aux Pyrénées, bien qu'elles n'en soient séparées que par une coupure, le col de Narouze. La direction de ce groupe est d'abord droit au nord-est jusqu'au mont Pilat, l'un des sommets les plus remarquables du Lyonnais; mais à partir de ce point, la chaîne se dirige au nord jusqu'au canal du Centre, qui la sépare de la Côte-d'Or. La longueur de cette même chaîne est d'environ cent vingt lieues, dont cinquante-sept depuis le commencement des montagnes. Noires jusqu'à la source de l'Allier, et soixante-trois depuis cette source jusqu'à l'extrémité des montagnes du Charolais. Le faîte des Cévennes sépare les bassins de la Garonne et de la Loire de ceux du Rhône et de la Saône; c'est-à-dire qu'il établit dans toute sa longueur la ligne de partage entre les eaux qui se rendent dans l'Océan et celles qui se jettent dans la mer Méditerranée. Les Cévennes sont par là tributaires de ces deux mers à la fois, de la Méditerranée par le versant oriental, et de l'Océan par le versant occidental. Les Pyrénées sont aussi tributaires de ces deux mers, mais dans un sens tout différent, suivant leurs pentes et leurs directions.

Le canal du Centre, au nord duquel se terminent les Cévennes, est dominé sur sa rive septentrionale par les collines de la Côte-d'Or, à la suite desquelles succède le plateau de Langres; puis viennent les Vosges, dont la chaîne a une longueur à peu près égale à celle des Cévennes, c'est-à-dire cent vingt lieues. Ces Vosges ont souvent une forme arrondie, ce qui leur a valu le nom de *ballons*. Les montagnes de la Côte-d'Or et le plateau de Langres sont couronnés de bois, tandis que leurs coteaux sont enrichis de vignobles. Les Vosges ont de très belles forêts de sapins, et la végétation couvre les plus hauts sommets. Les Vosges, ayant quatre pentes principales, versent leurs eaux dans quatre mers; celles qui coulent au sud est, à l'est et au nord, sont conduites dans la Méditerranée par la Saône, dans la mer du Nord par le Rhin. Les rivières des pentes méridionales et occidentales vont se rendre dans l'Océan et dans la Manche. Quoique la neige se conserve une partie de l'année dans quelques anfractuosités des Vosges, les plus hauts sommets de cette chaîne n'atteignent pas la ligne des neiges perpétuelles, qui serait à ce climat au-dessus de deux mille six cents mètres, tandis que le ballon des Vosges ne dépasse guère quatorze cents mètres.

Quelques élévations de terrain dont la direction est du nord au sud, depuis Giromagny jusqu'à Montbéliard, établissent la liaison des Vosges avec le Jura. La partie du Jura la plus voisine des Alpes est aussi la plus élevée; il s'abaisse graduellement en s'éloignant de cette chaîne colossale. Vu du lac de Genève, le Jura se présente comme une longue muraille, dont la hauteur est d'environ mille mètres. Sur cette ligne, d'ailleurs peu ondulée, on aperçoit quelques éminences qui sont les plus hautes sommités de la chaîne; ce sont entre autres le Reculet, le mont Tendre, le Colombier et la Dôle, tous quatre points culminants. Le mont Terrible, qui avait donné son nom à un ancien département de la France, est moins élevé, et il paraît que le mot *terrible* est une corruption de celui de *terri*, qu'on dit être le vrai nom de cette montagne.

Le Jura se rattache par divers points à la masse centrale des montagnes européennes. Son extrémité méridionale au-dessus du fort de l'Ecluse, ainsi que le remarque M. Bruguière dans son *Orographie*, a des couches absolument semblables à celles du mont Vouache : ce qui démontre que le petit espace par lequel il est séparé de cette partie des Alpes est une coupure que le Rhône a faite. La réunion a également lieu dans le canton de Zurich, à l'aide du Legherberg et des montagnes qui coupent le bassin inférieur de la Limat ; mais cette liaison se manifeste bien mieux encore dans le pays de Vaud, où la petite suite de hauteurs, connue sous le nom de *Jorat*, se détache des Alpes calcaires, du Molesson et du Jamau, court à l'ouest et au nord-ouest, et va se joindre au Jura près de la ville de Lassara. Cette chaîne forme, au nord-est, le bassin du Léman, et sépare les eaux qui se rendent dans l'Océan de celles qui courent vers la Méditerranée ; car les pentes du nord versent leurs eaux dans la Broye, qui va se joindre à l'Arte et descend avec lui dans le Rhin, tandis que les eaux du versant méridional tombent dans le lac de Genève.

Le groupe central de l'Europe est celui des *Alpes*, mot dérivé du celte *alb* ou *alp*, dont le sens est *montagne*. Ce mot a été souvent employé par les anciens pour désigner de grandes élévations.

Les Alpes forment cette longue suite d'aspérités qui commence au bord de la Méditerranée, entre la Ligurie et le Piémont, sépare le bassin du Rhône de quelques affluents du Pô, et s'étend à travers la Suisse, les Grisons et le Tyrol jusqu'aux sources de la Drave et de la Salzach. Au point où ces dernières rivières prennent naissance, la chaîne se divise en deux principales lignes de montagnes. Celle du nord couvre le pays de Salzbourg, la Styrie et l'Autriche, tandis que la rangée du sud, après avoir séparé la Carinthie du pays vénitien, se subdivise encore près des frontières de l'Illyrie en deux branches qui renferment le bassin de la Save. La plus septentrionale des deux va dans l'Esclavonie jusqu'auprès de Brodi, l'autre semble se terminer au fond du golfe de Quarnero et sur les bords de la Kulpa. Les montagnes qui, au-delà de cette rivière, se dirigent au sud-est vers la Dalmatie, ont été appelées par quelques géographes allemands *Alpes dinariques*. Elles font aussi partie du système alpique, et ne sont même pas totalement séparées du groupe central, mais elles semblent appartenir au mont Hémus.

L'étendue de la ligne courbe que forme cette longue suite de montagnes est de deux cent soixante lieues environ depuis Savone jusqu'à Fiume, de deux cent quatre-vingts le même point jusqu'à Presbourg, et de trois cent vingt lieues jusqu'à Brodi. Sa largeur est de trente à quarante lieues dans la Suisse et dans les Grisons, sous les méridiens du Saint-Gothard et du Septimer ; elle est même de soixante et quelques lieues dans le Tyrol.

Toute cette chaîne prend différents noms qui furent donnés par les Romains, et que les modernes ont conservés ; savoir : Alpes maritimes, Alpes cottiennes, grecques, penninęs, helvétiques, rhétiennes, noriques, carniques et juliennes.

Les Alpes maritimes commencent à la vallée de Savone, 6° 13' à l'orient de Paris, et se développent jusque dans le voisinage du mont Viso. Leur longueur est de quarante lieues. Moins élevées que celles de la Savoie et de la Suisse, elles augmentent progressivement de hauteur, à mesure qu'elles avancent au nord. La Sarsa Morena, montagne située près de la source de la Stura, est dépouillée de neige pendant deux ou trois mois de l'année ; mais les hauteurs qui avoisinent le mont Viso atteignent la ligne des neiges perpétuelles. La Bormida, le Tanaro, le Var et le Verdon sont les principales rivières qui sortent de cette partie de la chaîne.

Les Alpes cottiennes, dont le nom vient de Cottius, petit prince qui avait sa résidence à Suze, au pied de ces monts, et qu'Auguste, maître des Gaules, maintint dans son gouvernement, partent du mont Viso et s'étendent jusqu'au mont Cenis. Leur longueur est de vingt-cinq lieues. Les rameaux qui s'en détachent vers l'est ont peu d'étendue ; ceux de l'ouest couvrent une partie de la Haute-Provence et du Dauphiné, sous les noms de *Hautes* et *Basses-Alpes*, et s'étendent jusqu'au Rhône. Le Pô, la Doire, la Durance et la Drôme prennent leurs sources dans les Alpes cottiennes, et la route du mont Genèvre est une de leurs merveilles (1).

Les Alpes grecques, ainsi nommées par les Romains, parce qu'ils croyaient qu'Hercule les avait traversées en revenant d'Espagne, sont comprises entre le mont Cenis et le col du Bonhomme. Une grande partie des montagnes de la Savoie appartient à cette section dont la longueur est d'une vingtaine de lieues. Le petit Saint-Bernard en dépend, de même que le mont Cenis sur le col duquel passe la belle route de ce dernier nom. L'Isère est la plus remarquable des rivières qui sortent des Alpes grecques.

Les Alpes pennines, mot dérivé du celte *penn*, qui signifie *tête*, se développent depuis le col du Bonhomme jusqu'au mont Rosa. Elles comprennent les trois points culminants de la chaîne, savoir : le mont Blanc, le mont Rosa et le mont Cervin. Les plus vastes glaciers de l'Europe entourent les bases de ces montagnes, d'où il ne sort cependant aucune rivière considérable. Cette circonstance tient à la proximité des deux vallées longitudinales dans lesquelles coulent le Rhône et le Pô ; les cours d'eau que produisent les glaciers des Alpes pennines se perdent dans ces fleuves avant d'avoir pu acquérir de grandes dimensions. La distance entre le col du Bonhomme et le mont Rosa est d'environ vingt lieues.

Le mont Blanc, situé à l'ouest du grand Saint-Bernard, que le général Bonaparte franchit en 1800 pour aller vaincre les Autrichiens à Marengo, s'élance comme une immense pyramide au-dessus d'un vaste assemblage d'autres pics et de glaciers. On évalue sa hauteur à quatre mille neuf cent trente mètres. Six glaciers le séparent des montagnes voisines ; ses flancs en offrent encore deux autres. A partir de sa cime jusqu'aux deux tiers de sa hauteur, une couche de neiges éternelles le recouvre, et laisse apercevoir à peine quelques rochers, si ce n'est sur la face qui regarde l'Italie et qui semble taillée presque à pic. La cime du mont Blanc ne présente point un plateau, mais bien une espèce de dos d'âne ou d'arête allongée dans la direction de l'est à l'ouest, tellement étroite en quelques endroits que deux personnes ne pourraient y marcher de front.

Les Alpes helvétiques, nommées *lépontiennes*, du nom des *Lepontii*, anciens habitants de la contrée où naissent le Rhin, le Rhône et le Tésin, sont comprises entre le mont Rosa et le Bernardino, montagnes situées à vingt lieues l'une de l'autre. A l'est du Luckmanier, partie du mont Adule qui communique au Saint-Gothard, les montagnes qui entourent le val Blegno inclinent au sud et vont se joindre au Bernardino. La branche la plus élevée et la plus remarquable des Alpes helvétiques ou de la Suisse est celle qui, en courant parallèlement au faîte, forme la paroi septentrionale du Valais, depuis le massif du Saint-Gothard jusqu'au lac de Genève.

Parmi les sommités les plus remarquables des Alpes helvétiques ou lépontiennes, il faut citer le Saint-Gothard, vers lequel le Rhône et le Rhin ont leur source ; et le Simplon, sur le col duquel les Français ont ou-

---

(1) Elle fut ouverte en 1806, par les soins du baron de la Doucette, alors préfet des Hautes-Alpes. A.-M.

vert, en 1805, une route qui étonne l'imagination, autre merveille des temps modernes.

Les Alpes rhétiennes ou rhétiques couvrent une partie de l'ancienne Rhétie, et se composent de montagnes des Grisons et du Tyrol. Elles commencent au Bernardino et finissent au pic des Trois-Souverains. Leur longueur est d'environ soixante lieues. Dans la partie occidentale est la branche qui porte le nom d'*Arlberg* et de *Vorarlberg*; et le prolongement de ces montagnes, qui couvre la contrée située entre le Lech et le lac de Constance, est ce qu'on appelle les *Alpes d'Algau* ou *Alpes algaviennes*. Le versant septentrional des Alpes rhétiennes donne naissance à plusieurs grandes rivières : l'Iller, le Lech, l'Isar et l'Inn, toutes tributaires du Danube. La pente sud voit naître l'Adda, l'Oglio et l'Adige.

Les Alpes noriques tirent leur dénomination de la province romaine appelée *Noricum*. Elles se dirigent à l'est vers la Hongrie, tandis qu'une de leurs branches, la plus remarquable par sa hauteur, court du sud-ouest au nord-est jusqu'à Vienne. Le faîte de cette ligne de montagnes porte dans le pays le nom de *Tauern*, qui veut dire *tour*. Deux rangées de hauteurs accompagnent le faîte norique, une au sud et l'autre au nord. La première, qui sépare la vallée de la Muhr de celle de la Drave, fait partie des Alpes de Styrie. Toutes les eaux qui sortent des Alpes noriques entrent dans le Danube. La longueur des Alpes noriques est d'environ quatre-vingt-dix lieues.

Les Alpes carniques couvrent le pays des anciens Carni, peuple qui habitait au sud du Noricum. Cette chaîne n'est interrompue nulle part depuis le lac où la Brenta prend sa source jusqu'à Tarvis. Les Alpes carniques ont aussi une longueur d'environ quarante-cinq lieues, depuis Perine, à l'est de Trente jusqu'au col de Tarvis.

Les Alpes juliennes, qui font suite ou se lient aux Alpes carniques, tirent leur nom, suivant quelques-uns, de l'ancienne ville de *Forum Julii*, ou, suivant d'autres, d'un passage que Jules-César avait pratiqué dans ces montagnes. La terre se partage en deux branches dont la séparation a lieu au sud-est de Tarvis, et ces branches bornent au nord et au sud-ouest le *bassin de la Save*. Près du célèbre lac de Kirknitz, la branche du sud-ouest se subdivise en deux rameaux, dont le plus occidental se porte vers Fiume, tandis que l'autre se dirige à l'est et se trouve séparé des Alpes dinariques par le bassin de la Kulpa. La Save est la principale rivière des Alpes juliennes. Le revers sud voit naître le Lisonzo, qui coule vers la mer Adriatique.

Aux Alpes maritimes que nous avons d'abord nommées succèdent les Apennins, qui, à partir du col de Tende, en font un véritable prolongement vers l'Italie, et dans toute sa longueur jusqu'au détroit de Messine, leur extrémité la plus méridionale. Leurs cimes les plus hautes se trouvent dans la partie septentrionale du royaume de Naples; l'une d'elles, le mont Corno, atteint deux mille neuf cent quatre-vingt-dix-huit mètres au-dessus du niveau de la mer. L'aspect de cette chaîne apennine est triste; on n'y rencontre ni glaciers ni prairies verdoyantes; les pics sont le plus souvent nus et décharnés.

L'ensemble du système des Alpes offre, avons-nous dit, les sommets les plus élevés de l'Europe. Il occupe l'espace compris entre le 2e et le 13º degré de longitude est, et celui qui est contenu entre le 37e et le 51e degré de latitude nord : il recèle une grande variété de minéraux. A la hauteur de trois mille mètres commence une région stérile, couverte de vastes amas de neiges et de glaces éternelles, désignées sous le nom général de *glaciers*. Ces glaciers se retrouvent dans des régions plus basses, dans le fond de certaines vallées où la glace s'est accumulée par des éboulements de neige nommés *avalanches*, qui se détachent et roulent avec un horrible fracas des sommets supérieurs.

Les plus grandes vallées des Alpes courent dans le sens de la chaîne ou à peu près dans la même direction. Les vallées transversales sont moins longues. La plus remarquable de ces dernières sert de bassin à l'Adige. La plus belle des vallées longitudinales est celle de la Drave; viennent ensuite celle du Rhin et celle du Rhône ou le Valais. Comme le versant oriental et méridional des Alpes est en déclivité très forte, au lieu que le versant occidental et septentrional est en pente plus douce, il en résulte que, du côté de l'Italie, par exemple, les vallées des Alpes sont plus élevées que celles de France et d'Helvétie. Toutes ces vallées offrent, durant la belle saison, d'innombrables troupeaux de vaches, de bœufs, de moutons et de chèvres; au dessus des pâturages et à la région des neiges s'élèvent le bouquetin ou chamois et le lièvre blanc, ainsi que la marmotte et le grand aigle.

On ne peut franchir les Alpes que par des cols ou défilés presque tous fort élevés. Les armées romaines que l'on faisait passer de l'Italie dans les Gaules traversaient ou les Alpes maritimes le long de la mer, ou le col du mont Genèvre, ou celui du mont Cenis, ou le Petit et le Grand-Saint-Bernard, ou le Saint-Gothard, ou le Bremen ou le col de Tarvis. Dans les premières années du XIXe siècle, les armées françaises s'étant emparées de tous ces passages, le génie de Napoléon y fit pratiquer de magnifiques routes, dont les plus célèbres sont, comme nous l'avons dit, celles du mont Cenis, du mont Genèvre et du Simplon, la merveille des merveilles en ce genre.

Après les Alpes, auxquelles nous avons cru devoir donner ici un peu de développement, viennent les montagnes de l'Hémus, qui se lient à la chaîne dinarique, sous le 44e degré de latitude nord. Le mont Hémus proprement dit court vers l'est jusqu'au rivage du Pont-Euxin. Il a plusieurs branches qui s'étendent vers la Grèce, et que, par cette raison, nous pouvons désigner sous le nom de *montagnes helléniques*.

Les Alpes et les monts Hémus, ou Balkans (1), sont séparés par le bassin du Danube d'un autre système de montagnes, que l'on appelle les monts *Carpathes* ou *Krapacks*. Ce système est avant-terrasse des Alpes, et aucun de ces sommets mesurés n'atteint neuf mille pieds, pendant que l'élévation générale est de quatre à cinq mille pieds, c'est-à-dire égale aux passages des chaînes alpines, mais il présente une grande largeur, et renferme de grands plateaux ou bassins élevés ou fermés, tels que la Bohême et la Transylvanie. C'est la chaîne la plus riche en or, en argent et en sel gemme; ces montagnes n'ont pas de glaciers ni de creux profonds comme les Alpes. Les principales parties de ce système sont les monts de Transylvanie, appelés ainsi du nom d'une des provinces de l'empire d'Autriche, et connus des anciens sous le titre d'*Alpes bastarniques*. Cette chaîne du côté de l'est forme une limite entre l'empire d'Autriche et la Turquie d'Europe. Peu de montagnes renferment un système minéral plus varié. Les monts Carpathes proprement dits séparent la Hongrie de la Pologne, tandis que les monts Sudètes qui en dépendent séparent la Silésie de la Bohême, et qu'une branche appelée les *monts métalliques*, court entre la Bohême et la Saxe.

Le système des Carpathes, compris entre le 5e et le 30e degré de longitude est, c'est-à-dire à partir du cours du Rhin jusqu'à la source du Niémen, et le 44e et le 54e degré de latitude nord depuis le cours du Danube jusqu'à l'embouchure de l'Elbe, couvre en longueur un espace d'environ deux cent soixante-dix lieues; la largeur des terres hautes varie de dix à quarante lieues. Séparé dans toute sa longueur du système des Alpes par le cours entier du Danube, le système des Carpathes vient s'y rattacher vers le nord, derrière les sources de ce fleuve par les montagnes de la forêt Noire. S'il le dispute à celui des Alpes par

(1) Ce dernier est plus particulier aux monts de cette chaîne voisine de la mer Noire.   A. M.

l'étendue, il est loin de rivaliser en hauteur avec lui. Les sommets les plus élevés sont dans les Crapacks, et ne dépassent point deux mille sept cents mètres. Cette élévation décroît rapidement à mesure que la chaîne s'avance vers le nord ou vers le sud Les glaciers, comme nous l'avons dit tout à l'heure, y sont inconnus, et les lacs y ressemblent à des marais. Ce vaste assemblage peut être considéré comme l'avant-terrasse des Alpes. Il forme une limite remarquable entre la végétation de l'Europe du nord et celle de l'Europe du midi ; la vigne ne paraît pas pouvoir la dépasser au nord ; la culture du riz et du maïs cesse en deçà ; le seigle est au-delà plus répandu que le froment.

Vers les limites de l'Asie se présentent les monts Ourals ; c'est moins une chaîne qu'un plateau, s'élevant insensiblement du milieu de la Russie, dans la direction est et nord-est, mais qui, étant couronnée d'une crête peu marquée, assise sur une base déjà élevée, paraît égaler dans son niveau absolu les montagnes de Saxe. Ce système n'arrive qu'à sept mille pieds au-dessus du niveau de la mer. Aucune des suites de collines et de rochers qui traversent la Russie ne lie distinctement les monts Ourals aux autres systèmes européens.

Le plateau de Waldaï, d'où descendent le Volga vers la mer Caspienne, la Duna vers la mer Baltique, et le Dniéper vers la mer Noire, n'est qu'une plaine haute, couronnée de collines de douze à treize cents pieds au-dessus du niveau de la mer. Ce plateau même, ainsi que le remarque le savant Malte-Brun, s'abaisse du côté de la Pologne, tellement que les sources de la Bérésina, du Niémen, du Pripetz se trouvent dans une plaine sans pente sensible, et à peine élevée de deux cents pieds au-dessus des mers où s'écoulent les eaux de ces rivières.

Vers le nord-ouest de l'Europe s'étend la chaîne des Alpes scandinaviques ou dofrines. La direction de ces montagnes est du sud au nord, et la chaîne principale commence à l'extrémité méridionale de la Norwège, pour aller finir au cap Nord, qui s'avance dans l'océan Glacial arctique, à la partie du milieu où les Dofrines propres offrent le vrai caractère d'une chaîne. La Laponie et le sud-ouest de la Norwège sont deux plateaux couronnés de chaînes isolées. Les sommets les plus élevés de cette chaîne scandinavique n'atteignent que sept ou huit mille pieds. Une branche inférieure sous le nom de *monts Sèves* entre sur le territoire de Suède et s'y termine en collines. Des hauteurs à peine sensibles traversent la Laponie pour s'unir aux collines rocheuses de la Finlande.

Dans les îles Britanniques se trouvent les monts Grampians ou Calédoniens, dont l'élévation ne surpasse pas cinq cents pieds. Il y a aussi les monts Cambriques dans le pays de Galles.

Après avoir fait connaître les principales montagnes de l'Europe, leurs chaînes, leurs défilés et leurs points culminants, nous pouvons indiquer les principaux fleuves ou principales rivières qui en descendent, en rangeant toutefois ces cours d'eau d'après les mers qui les reçoivent.

Malte-Brun établit neuf bassins ou réservoirs des fleuves ; savoir : bassin de la mer du Nord, bassin de l'océan Atlantique, deux bassins de la Méditerranée, un bassin de la mer Adriatique, bassin de la mer Noire et bassin de la mer Caspienne.

Dans le bassin de l'océan Glacial se rendent, la Petzora, qui descend des monts Ourals, et dont le cours est de cent cinquante lieues ; la Mezen, qui descend de la pente nord du plateau de Russie et dont le cours est de cent lieues ; la Dwina, qui descend du même plateau, et dont le cours est de cent soixante lieues ; l'Onéga, qui descend du même plateau encore, et dont le cours est de soixante-dix lieues ; la Tana, qui vient du penchant nord-est des monts Scandinaves, et dont le cours est de cinquante lieues.

Le bassin de la mer Baltique reçoit les eaux de quatre versants : 1° du penchant est des monts Scandinaves et ouest de la Finlande, s'écoulent dans le golfe Bothnique, le Tornéo dont le cours est de quatre-vingts lieues ; la Luisna, au cours de quatre-vingt-six lieues ; la Dala, au cours de quatre-vingt-dix-huit lieues ; 2° du penchant sud de la Finlande descendent vers le golfe de Finlande, la Neva, qui passe à Saint-Pétersbourg, et la Kymène, écoulement des eaux de la Finlande ; 3° du penchant occidental du plateau central de la Russie, viennent la Duna, au cours de cent quarante lieues ; 4° du penchant nord des Carpathes et des Sudètes, descendent la Vistule, au cours de cent quatre-vingt-dix lieues ; le Bug, au cours de cent lieues ; l'Oder, au cours de cent cinquante lieues ; la Wartha, au cours de cent dix lieues.

Le bassin de la mer du Nord reçoit les eaux de quatre versants principaux : 1° du penchant de la Norwége, de la Suède et du Danemark, s'écoulent : la Gloumma, au cours de quatre-vingt-dix lieues ; la Gotha, y compris la Clara et le lac Vener, au cours total de cent vingt-cinq lieues ; 2° du penchant nord des Sudètes et des monts Hercyniens, c'est-à-dire de l'Allemagne septentrionale, descendent : l'Elbe, au cours de cent quatre-vingt-dix lieues ; la Saale, au cours de soixante lieues ; la Sprée, au cours de soixante-quinze lieues ; le Wéser, au cours de cent lieues ; l'Ems, au cours de soixante-dix lieues ; 3° du penchant occidental de l'Allemagne, septentrional de la Suisse, et oriental et septentrional de la France et de la Hollande, descendent : le Rhin, au cours de deux cent vingt-cinq lieues ; le Mein, au cours de cent dix lieues ; la Moselle, au cours de cent seize lieues ; la Meuse, au cours de cent vingt lieues ; l'Escaut, dont le cours est de soixante-huit lieues ; 4° du penchant oriental de la Grande-Bretagne, descendent la Tamise, au cours de soixante lieues, et le Trent ou Humber, au cours de soixante lieues.

Le bassin de l'océan Atlantique reçoit les eaux de six versants : 1° du penchant occidental de la Grande-Bretagne, la Saverne ou Savern, au cours de soixante lieues ; 2° du penchant occidental d'Irlande, le Sharnon, au cours de soixante-dix lieues ; 3° du penchant nord-ouest de la France, bassin de la Manche, la Somme, au cours de trente lieues ; la Seine, au cours de cent dix lieues ; 4° du penchant ouest de la France, la Vilaine, au cours de trente lieues ; la Loire, au cours de cent quatre-vingts lieues ; la Garonne, au cours de cent quinze lieues ; l'Adour, au cours de soixante lieues ; 5° et 6° du penchant nord et ouest de l'Espagne, le Douro, au cours de cent vingt-cinq lieues ; le Tage, au cours de cent soixante lieues ; la Guadiana, au cours de cent quarante lieues ; le Guadalquivir, au cours de cent lieues.

Le premier bassin de la Méditerranée, partie européenne, reçoit, 1° du penchant est de l'Espagne, l'Ebre, au cours de cent vingt-cinq lieues ; 2° du penchant sud de la France, le Rhône, au cours de cent trente lieues ; 3° du penchant occidental des Apennins, l'Arno, au cours de trente-cinq lieues ; le Tibre, au cours de soixante lieues ; le Volturne, au cours de trente lieues.

Le bassin de la mer Adriatique reçoit les eaux de quatre penchants : 1° du penchant oriental des Apennins, l'Ofanto, au cours de trente lieues ; 2° du penchant sud-est des Alpes, le Pô ou Eridan, au cours de cent vingt-cinq lieues ; l'Adige, au cours de soixante-quinze lieues ; l'Adda, au cours de cinquante lieues ; 3° du penchant sud de la Dalmatie, la Narenta, au cours de quarante lieues ; 4° du penchant occidental du mont Hémus, le Dria septentrional, au cours de soixante lieues ; le Vouroussa, au cours de quarante lieues.

Le deuxième bassin de la Méditerranée, partie européenne, reçoit les eaux de deux versants : 1° du penchant sud de la Sicile, de la Calabre et de la Morée, l'Aspropotamo, au cours de quarante lieues ; l'Alphée et l'Eurotas, au cours chacun de trente lieues ; 2° du penchant est et sud de la Grèce, le Vardar ou

Costumes Lesghis.

Axius, au cours de soixante-quinze lieues; le Maritza ou l'Hèbre, au cours de quatre-vingt-dix lieues; le Strymon, au cours de quarante lieues; le Pénée, au cours de trente lieues.

Le bassin de la mer Noire, partie européenne, reçoit les eaux de trois penchants : 1º du penchant est des Alpes et sud des Sudètes et des Carpathes, le Danube, au cours de cinq cent soixante-dix lieues; la Drave, au cours de cent vingt lieues; la Save, au cours de cent dix lieues; la Theiss, au cours de cent soixante-cinq lieues; le Maresch, au cours de cent dix lieues; le Pruth, au cours de cent trente lieues; du penchant méridional de la Russie et de la Pologne centrale, le Dniester, au cours de cent soixante lieues; le Dniéper, au cours de trois cent cinquante lieues; le Sem, au cours de cent soixante-dix lieues; le Bog, au cours de cent soixante-cinq lieues; le Priepetz, au cours de cent lieues; 3º du penchant sud de la Russie, bassin particulier de la mer d'Azof, le Don, au cours de trois cent soixante lieues; le Donetz, au cours de cent quarante lieues.

Enfin, le bassin de la mer Caspienne, partie européenne, reçoit du penchant sud de la Russie centrale, et sud ou est des monts Ourals, le Volga au cours de six cent quatre-vingts lieues; l'Occa, au cours de deux cent dix lieues; le Wettuga, au cours de cent trente lieues; la Lura, au cours de cent dix lieues; la Cama, au cours de deux cent soixante lieues; le Wiatka, au cours de cent cinquante lieues; la Bielaia, au cours de cent vingt lieues; la Samara, au cours de cent lieues; et l'Oural ou le Jaïk, frontière de l'Europe à l'est, au cours de trois cents quarante lieues.

Le climat de l'Europe offre un ensemble très compliqué ; la distribution de la chaleur solaire en est la première cause, mais elle n'agit pas seule, et l'on doit tenir compte de l'influence qu'exercent principalement à l'est le plateau de l'Asie, au sud, le désert africain et l'océan Atlantique. A l'est, l'Europe tient presque dans toute sa largeur à l'Asie septentrionale; ce voisinage géographique, qui, à travers les vastes plaines de la Russie et de la Pologne, apporte l'air glacial de la Sibérie. Les Alpes et les Apennins mettent l'Italie à couvert de ce froid, comme aussi les Carpathes protégent la Bohême et la Hongrie, et Christiania en Norwège doit à l'abri des monts Scandinaves un climat plus agréable que celui de Berlin ou de Varsovie. Le libre cours du vent d'est dans les plaines de l'Europe orientale rend cette partie plus froide que les régions occidentales sous des latitudes correspondantes. La Grèce elle-même, quoique protégée par le mont Hémus, y trouve aussi cette influence des vents de la Scythie, alternant avec ceux du mont Taurus. Quant aux déserts brûlants de l'Afrique, c'est par les vents du sud et du sud est que l'Europe méridionale en est échauffée; elle le serait bien davantage si les exhalaisons de la Méditerranée ne rafraîchissaient à leur passage ces vents qui nous apportent l'air suffocant du Sahara. Le scirocco italien n'arrête qu'au pied des Alpes sa chaleur malfaisante, et un vent analogue appelé *solano* et venant de Maroc brûle les côtes de l'Espagne; le rideau peu prolongé de la Sierra-Nevada n'en protége que quelques parties. De son côté le mouvement de l'océan Atlantique septentrional empêche les glaces polaires d'approcher des côtes occidentales de l'Europe, et rend dès lors la température moins froide en hiver. Cette influence de l'atmosphère océanique varie au surplus de caractère selon les latitudes.

Les phénomènes généraux des climats européens dépendent aussi de l'élévation du sol et de son exposition par rapport au soleil. Dans les Dofrines, à 63 degrés de latitude, la ligne des neiges perpétuelles est à trois mille pieds au-dessus du niveau de la mer du côté du nord et du nord-est, où les rayons solaires n'arrivent qu'obliquement, tandis qu'au sud et au sud-est où l'action de ces rayons est plus forte, les neiges ne se conservent qu'au niveau de sept mille pieds. En Laponie, la limite est de trois mille trois cents pieds. Du reste, l'accroissement et le décroissement des glaces se balancent d'année en année. Aux Pyrénées, la ligne des neiges perpétuelles commence à huit mille quatre cents pieds; elle est de neuf mille pieds au mont Etna.

Les principaux phénomènes climatologiques ont été de la part des physiciens l'objet de travaux curieux; M. de Humboldt a essayé de les réduire à des formules par sa méthode des lignes isothermes, qui marquent la température moyenne.

Plusieurs savants qui ont étudié l'humidité de l'atmosphère croient pouvoir fixer à vingt-cinq pouces la masse des eaux pluviales qui tombent ordinairement sur l'Europe, au nord des Alpes, tandis que la quantité des pluies annuelles au sud de ces montagnes est de trente-cinq pouces. Il est vrai que la pluie cristallisée sous forme de neige rétablit l'équilibre, et que, toute chose égale d'ailleurs, l'humidité est à peu près la même dans l'atmosphère européenne. Chaque année il pleut environ cent cinquante jours dans le nord de l'Europe et quatre-vingt-dix dans le sud. Le plus grand nombre de jours pluvieux dans le nord fait que les petites graminées, amies d'une pluie douce et fréquente, entretiennent ces jolies pelouses que le midi ne connaît pas. Le sol généralement escarpé de l'Europe méridionale fait encore que les pluies s'y écoulent plus rapidement que dans le nord: les terres moins fertiles du nord conservent du moins leurs couches d'humus végétal, et sont partout également arrosées. Enfin, l'atmosphère européenne est généralement plus pure que celle des autres parties du monde.

Les végétaux de l'Europe subissent l'influence de trois climats dominants : sur les côtes occidentales prospèrent à de hautes latitudes certaines plantes qui périraient sous la même latitude dans une autre partie du monde. L'orge et l'avoine croissent jusqu'au 70e parallèle en Norwége, tandis que sur les côtes américaines, vis-à-vis, on voit s'arrêter à 52 degrés de latitude toutes les cultures de céréales. Partout ailleurs qu'en Europe les arbres disparaissent vers le 60e degré. L'influence du climat asiatique fait que plusieurs arbres et plantes qui ne réussissent pas au centre de la Russie, prospèrent sous les mêmes latitudes en Germanie et en Scandinavie. Les vents secs et quelquefois brûlants qui soufflent vers les limites de la mer Caspienne empêchent les forêts européennes de s'étendre au-delà du Don, du Bas-Volga et de l'Oufa. La végétation méditerranéenne, par suite de l'influence du climat africain, éclate surtout vers les côtes.

Les forêts de bouleau montent en Norwége sous le cercle polaire à près de quinze cents pieds au-dessus du niveau de la mer; le sol herbeux touche presque aux neiges éternelles, et le bouleau nain n'en demeure éloigné que d'environ neuf cents pieds. Dans la Norwége méridionale quelques pins croissent encore à trois mille pieds au-dessus du niveau de la mer, et plusieurs sortes de pommes mûrissent à mille pieds; l'agriculture ne cesse dans les vallées ouvertes au soleil que vers dix-huit cents pieds. Elle cesse à trois mille trois cents pieds dans les monts Sudètes. Les forêts des monts Carpathes se terminent à quatre mille deux cents pieds; le pin seulement y croît à cinq mille pieds. Dans les Alpes les forêts parviennent généralement jusqu'à cinq mille pieds; le sapin croît à cinq mille cinq cents pieds; l'aune vert à six mille cent vingt pieds. Aux Pyrénées, les grands arbres parviennent jusqu'au niveau de six mille neuf cents à sept mille deux cents pieds; le pin d'Ecosse arrive encore à deux cents pieds plus haut. La culture des céréales cesse à trois mille trois cents pieds, et celle de la vigne à dix-sept cents pieds. Enfin les céréales d'Europe occupent généralement les plaines ou les régions moyennes; mais c'est entre le 50e et le 36e degré de latitude qu'elles prospèrent le plus. Le maïs vient jusqu'au 50e degré, le riz à 47 degrés; la pomme de terre, que nous avons reçue d'Amérique (1), est répandue presque partout. La vigne prospère jusqu'au 45e degré dans toutes les expositions; mais depuis là jusqu'au 50e degré, elle fuit le voisinage de la mer du Nord, et va dans l'intérieur chercher des climats plus constants.

Une ligne longeant les Pyrénées, les Cévennes, les Alpes et l'Hémus sépare les pays à lait et le beurre des pays à huile. Dans les premiers, la beauté des pâturages fait que les bestiaux abondent, et que la viande étant meilleure est consommée en plus grande quantité.

Parmi les arbres fruitiers, on a remarqué que le cerisier et le prunier mûrissent en Norwége et en Finlande jusque vers le 60e degré de latitude, tandis qu'en Russie ils s'arrêtent au 60e degré. Le pommier mûrit presque sous le 55e degré; plus au nord la pomme n'a presque plus de saveur. La figue mûrit jusqu'au-delà du 50e degré; mais son véritable climat est celui des extrémités méridionales de l'Europe. La véritable patrie de l'olivier paraît être sur les bords de la Méditerranée et jusqu'à l'élévation de douze cents à deux mille pieds. Le vrai climat des orangers et des citronniers ne commence qu'à 43 degrés et demi, aux îles d'Hières et en Toscane. Le palmier et l'aloès ne réussissent ordinairement qu'aux environs de Lisbonne, ou en Andalousie et en Sicile, au-dessous du 40e parallèle. C'est aussi la limite la plus septentrionale de la canne à sucre. Le lin et le chanvre appartiennent à la presque totalité de l'Europe; toutefois le lin prospère davantage dans les températures froides. Le midi de l'Europe donne du coton et de la soie. Divers arbres du midi ont pu, à l'aide de culture, être transplantés vers le nord, comme le peuplier et le platane.

Le règne animal de l'Europe est encore moins varié que le règne végétal. L'ours blanc et le renard bleu se montrent sur les rivages de la mer Glaciale. Le renne descend en Scandinavie jusqu'au 61e degré, et en Russie quelques degrés plus bas. La marmotte fait ses migrations en ligne droite de l'est à l'ouest, entre le 55e et le 65e degré de latitude nord. L'élan se tient généralement plus bas que le cercle polaire; il se montre en Lithuanie et même en Prusse. Les steppes ou plaines nues qui bornent la mer d'Azov et la mer Caspienne ont quelques animaux communs avec l'Asie, comme le chameau, le chacal et le cheval tartare. Les plaines de l'Ukraine et de la Moldavie, du Danemark et de la Flandre nourrissent les plus

---

(1) Malte-Brun porte la date de son importation à 1623; cependant Parmentier, passe pour le véritable importateur en France de ce précieux tubercule, qu'il naturalisa en 1769.

A. M.

belles races de bœufs, de chevaux et de moutons. Les hauteurs de la grande chaîne montagneuse qui s'étend depuis les Pyrénées, les Cévennes et les Alpes jusqu'aux Carpathes et à l'Hémus, sont habitées généralement par le bouquetin, le chamois et la marmotte. Les régions méridionales ont à peu près les mêmes animaux que les régions moyennes. L'âne du midi de l'Europe vient de l'Asie-Mineure et de la Syrie. Le chat sauvage et le lynx ne se trouvent plus guère que dans les forêts des montagnes centrales d'Espagne et de la Scandinavie. Quelques forêts centrales de l'Europe recèlent encore le sanglier. Les ours se cachent dans quelques parties des Pyrénées, des Alpes et des monts Scandinaves. Le cerf, le daim, le chevreuil errent dans les grandes forêts européennes, ainsi que l'écureuil. Du détroit de Gibraltar au promontoire boréal de l'Oural, on rencontre de nombreuses espèces de rats, de campagnols et de musaraignes. Un genre propre à l'Europe est le desmau (ou rat musqué de Laponie), muni d'une trompe longue et mobile. La taupe habite surtout le midi de l'Europe. Le blaireau, la martre, la fouine, la genette, le putois sont encore des animaux autochtones ou aborigènes des forêts européennes; dans le nord, ils deviennent compatriotes du glouton. La zône polaire est réservée aux rennes, et les forêts orientales de l'Europe cachent l'élan que l'on retrouve au Canada. Les insectes sont très multipliés dans les diverses parties de l'Europe.

Suivant Malte-Brun, il existe encore en Europe dix familles de peuples bien distinctes, mais dont les rameaux semblent plus forts et plus puissants que les souches mêmes; indiquons-en seulement quelques-unes. Les Grecs, dont les Pélasges étaient une très ancienne branche, occupent aujourd'hui principalement la Morée et les îles de l'Archipel. Les Albanais sont les restes des anciens Illyriens, mêlés anciennement avec les Grecs-Pélasges, plus tard avec des Grecs modernes. Les Turcs appartiennent à la même race que les Tartares disséminés dans la Russie méridionale, et qui est venue de l'Asie. Vers le nord-est de l'Europe se trouvent les Slaves et les Finnois, peuples qui ont occupé jadis la Scythie et la Sarmatie. Les peuples slaves comprennent les Russes, les Polonais, les Bohèmes, les Slovaques de Hongrie et autres. Dans l'ancienne Dacie sont les Valaques, dont la langue se rapproche du latin. Vers les monts Balkans vivent les Bulgares, tandis qu'au nord se montrent les Finnois et les Lapons, et qu'à l'orient végètent les Samoïèdes, du côté des monts Ourals.

A l'ouest des Slavons et des Finnois, dans le centre et le nord de l'Europe, demeurent proprement les nations de la famille teutonique, dont les Allemands, les Scandinaves et les Anglais sont les trois divisions principales. Les Allemands comprennent les Autrichiens, les Prussiens, les Saxons et quelques autres branches; les Scandinaves comprennent les Suédois, les Norwégiens et les Danois; les Anglais comprennent les peuples des Îles Britanniques. On cite encore comme souches de peuples les Celtes qui étaient établis le long des Alpes, et les Basques resserrés au pied des Pyrénées.

En général, les peuples des climats septentrionaux de l'Europe se distinguent par une poitrine large et carrée, un teint clair et animé, des yeux bleus, des cheveux blonds de diverses nuances. Les peuples du midi ont une taille plus petite, mais plus de grâce, de vivacité et de souplesse, la coupe du visage plus belle, et les formes ou proportions du corps plus élégantes. C'est en Grèce, par exemple, que les artistes vont chercher les modèles en ce genre.

Trois croyances religieuses se partagent l'Europe: le christianisme, l'islamisme et le judaïsme. La première de ces croyances se divise en trois Églises, savoir : l'Église chrétienne proprement dite ou le catholicisme romain, ou simplement l'Église romaine ou latine; puis l'Église protestante et l'Église grecque.

L'Église romaine domine surtout chez les peuples du midi et de l'ouest, où se parlent les langues d'origine greco-latine, et peut compter au moins cent dix millions de croyants. L'Espagne, le Portugal, l'Italie, les neuf dixièmes peut-être de la France, les quatre cinquièmes de l'Irlande, la Belgique, la moitié de l'Allemagne et de la Suisse, les trois quarts de la Hongrie et de l'ancienne Pologne, professent le culte catholique romain et reconnaissent l'autorité du pape ou souverain pontife.

L'Église protestante ou évangélique domine chez les peuples du nord, où se parlent les langues d'origine gothico-germanique; le nombre de ces fidèles est d'environ soixante millions. Cette Église est divisée, conformément à son principe de libre examen, par quelques nuances de doctrines, entre lesquelles se distinguent, 1° le luthéranisme, dominant dans les deux Saxes, le Wurtemberg, la Hesse et autres provinces d'Allemagne, comme aussi dans toute la Scandinavie, dans la Prusse et dans les provinces baltiques de la Russie; 2° le presbytérianisme ou calvinisme, ou simplement culte réformé, répandu en Suisse, dans l'Allemagne occidentale, en Hollande, en Écosse et dans le midi de la France; 3° le culte anglican, qui règne surtout en Angleterre. On trouve aussi des chrétiens évangéliques dans les diverses parties de la France, et il en existe plus de trois millions, en Hongrie, en Transylvanie et dans les vallées du Piémont.

L'Église grecque ou orientale s'étend dans la partie de l'Europe orientale, où se parlent les langues d'origine slavonne ou grecque; on lui donne quarante-trois millions de prosélytes. Cette Église, qui descend directement de l'ancienne Église de l'empire d'Orient, règne sur les Grecs, sur une partie des Albanais et des Bulgares, sur les Serviens, les Esclavons, les Raïtzes hongrois, les Valaques, les Moldaves, et dans presque la majeure partie de la Russie d'Europe.

L'islamisme se borne à la Turquie d'Europe, et compte environ cinq millions de prosélytes dans cette partie européenne, y compris la Bosnie.

Quant aux juifs, ils sont disséminés dans les différents États de l'Europe, et sur aucun point ils ne forment de congrégation assez importante pour que l'on puisse ou doive en rechercher exactement le nombre; quelques géographes l'évaluent à trois millions d'individus, il n'en existe pas en Norwége ni en Espagne; mais on en rencontre beaucoup en France, en Pologne, en Hollande et en Allemagne.

Les gouvernements de l'Europe reposent aujourd'hui sur deux principes dominants : la monarchie absolue, mais gouvernée d'après des lois fixes, et la monarchie constitutionnelle limitée par des assemblées représentatives. Le premier principe domine dans l'est et le sud de l'Europe; le second dans l'ouest et le nord. Parmi les monarchies absolues, mais tempérées par des lois, il faut citer l'empire d'Autriche, le royaume de Naples, celui de Prusse et l'empire de Russie. Parmi les monarchies constitutionnelles se rangent la France, l'Angleterre, la Hollande, la Belgique, l'Espagne, le Piémont, le Portugal, la Suède avec la Norwége. Dans l'Europe centrale les deux classes se mêlent : la Toscane, Rome, la Hesse et le Danemark sont des monarchies absolues paternelles, tandis que la Bavière, le Wurtemberg, Bade, le Hanovre et la Saxe sont des États constitutionnels. Le royaume de Hongrie dépendant de l'Autriche a également les formes du gouvernement représentatif, comme les avait aussi le royaume de Pologne avant l'année 1831, où l'empereur Nicolas l'a violemment réuni à l'empire russe. Enfin, il existe encore en Europe un grand État despotique, celui de l'empire ottoman; chacun connaît le pouvoir du sultan, il est sans limite, mais toutefois tempéré par de sages réformes, empruntées aux monarchies occidentales de l'Europe. A ces divers gouvernements doivent s'ajouter quelques petits États républicains ou affectant une forme démocratique : tels sont le gouvernement fédéral des cantons suisses, les quatre villes libres de Cracovie, Lubeck, Hambourg et Francfort, avec le petit État de San-Marino en Italie, et celui d'Andore, dans les Pyrénées.

Il existe quelques limites naturelles et protectrices entre ces différents États, mais les traités ont suppléé à ce qui manque sous ce rapport pour assurer un état de paix durable. La Russie pèse bien sur la Turquie, l'Autriche, la Prusse et la Suède; mais il y a un contre-poids établi par la France et l'Angleterre pour empêcher le colosse russe de s'agrandir ou d'opprimer les États voisins. La Prusse est la contrée la plus ouverte ; les monts Hémus et les Carpathes couvrent Constantinople et Vienne. Un autre contre-poids existe dans les États scandinaves qui, réunis, pourraient se défendre contre les attaques moscovites; et un troisième existe dans la Confédération germanique, laquelle, avec l'Autriche et la Prusse, forme à son tour une masse formidable de nations allemandes. La France a d'imposantes limites aux Alpes et aux Pyrénées, bien qu'elle ne domine la frontière d'aucun de ses voisins, si on excepte la Belgique. L'Espagne et le Portugal, devenus aujourd'hui des États constitutionnels, peuvent constituer une masse compacte favorisée par la nature, ayant les mers et les montagnes pour la défendre contre les agressions du dehors.

Nous avons dit que la population de l'Europe est d'au moins deux cent vingt millions d'habitants : elle est surtout accumulée dans le centre, parce que là se trouvent les pays les mieux gouvernés et peut-être aussi les mieux cultivés. Cette population tend chaque jour à s'accroître, mais cela tient aussi à des causes étrangères à celles que nous venons d'indiquer. Les États étendus qui renferment de grandes provinces d'une fertilité médiocre ont nécessairement le désavantage contre les petits États fertiles. Toute chose égale d'ailleurs, l'Espagne a une population moins dense que le Portugal; la Toscane, si bien administrée, est pourtant moins peuplée que les États romains. Un grand nombre de montagnes resserrent en Helvétie et en Norwége l'étendue du terrain cultivable. Certains États, comme la Pologne, sont plus exposés aux invasions et aux guerres; d'autres, comme la Turquie d'Europe, ont à lutter contre les fléaux pestilentiels qui déciment la population. Les cinq puissances principales de l'Europe, la Russie, la France, l'Angleterre, l'Autriche et la Prusse, possèdent les deux tiers de la population de l'Europe. Cette population s'accroît en masse au moins d'un million par année moyenne, de sorte qu'avant l'année 1900 elle pourra croître d'environ trois cents millions. Cette augmentation est plus rapide dans le nord que dans le centre, le midi et l'ouest.

La Russie, avec ses cinquante-huit millions d'habitants, gagne annuellement cinq à six cent mille individus, tandis que la France, avec trente-six millions, ne paraît acquérir tout au plus que deux cent mille individus. L'Autriche, avec vingt-neuf millions d'individus, gagne autant que la France. L'Italie et l'Espagne sont presque stationnaires, la Turquie d'Europe semble même rétrograder. En résultat, il est probable que les principaux États de l'Europe auront doublé leur population, savoir : la Prusse en vingt-six ans; l'Angleterre en quarante-deux ans; les Pays-Bas en cinquante-six ans et demi; les Deux-Siciles en soixante trois ans; la Russie en soixante-six ans; l'Autriche en soixante-neuf ans; la France en cent cinq ans.

Les États du nord de l'Europe, à une population égale, ont une valeur politique, militaire et financière, double, triple ou même quadruple de celle des États du midi. La population du royaume de Naples, par exemple, est quadruple de celle du Danemark, celle de la Suisse; son territoire a deux fois plus d'étendue, et vaut dix à douze fois le territoire danois ou suisse, en valeur agricole : malgré de tels avantages, le royaume de Naples ne pourrait lutter contre la Suisse et le Danemark. Les peuples du midi, en général, supportent moins les fatigues de guerre que ceux du nord.

Nous avons nommé les principaux États de l'Europe, il n'est peut-être pas inutile d'en indiquer la position géographique. Dans la partie occidentale, on trouve à son centre l'empire d'Autriche, la France, la Prusse, la Belgique, la Hollande, la Confédération germanique et la Suisse; au sud, l'Espagne et le Portugal, ainsi que les États de l'Italie; et au nord la Grande-Bretagne, la Norwége et le Danemark. La partie orientale comprend la Russie et la Turquie d'Europe, la Grèce et les îles Ioniennes.

En résumé, l'Europe, en 1854, présente quatre empires : la Russie, l'Autriche, la Turquie et la France; une monarchie élective ecclésiastique, Rome; seize royaumes, sept grands-duchés, un électorat, douze duchés, dix-sept principautés, un landgraviat, une seigneurie et trente-une petites républiques. L'empire ottoman est aujourd'hui le plus ancien empire de l'Europe; son origine remonte à la prise de Constantinople en 1453. L'empire russe date de 1721, et l'empire d'Autriche est de 1804. La plus ancienne des monarchies européennes était celle des Bourbons; elle remontait à l'année 486. L'Espagne, le Danemark et l'Angleterre viennent immédiatement après. La Toscane est le plus ancien des grands-duchés, et la municipalité de San-Marino, la plus ancienne des républiques modernes, en même temps qu'un des plus anciens États de l'Europe. Quelques cantons de la Suisse datent de 1308. Les principautés de Lichtenstein et de Monaco et la seigneurie de Kniphausen sont les plus petits de tous les États de l'Europe.

Après ces notions générales sur l'Europe, nous allons aborder les relations de Gamba et Demidoff dans cette partie du monde.

ALBERT-MONTÉMONT.

GAMBA

(1824)

VOYAGE AU CAUCASE.

Le nom de Caucase est très ancien; il paraît avoir été originairement donné à toutes les hautes montagnes qui environnent la Perse au nord-ouest et au nord-est ; mais ce nom est presque ignoré aujourd'hui chez les peuples de l'Asie, et il n'y a guère que les Arméniens et les Géorgiens qui l'emploient encore. Les autres nations asiatiques et la plupart des tribus farouches qui habitent ces montagnes leur donnent le nom d'*Albrouz* ou *Elbrouz*, ancien nom persan, appliqué à plusieurs sommets de montagnes couvertes de neiges perpétuelles. Les Nogais, les Koumuks et autres peuples turcs qui ne sont pas originaires du Caucase ni des pays qui l'avoisinent, ont adopté cette dénomination persane. Les Turcs de Constantinople nomment le Caucase *Káf daghi*, les monts Káf : les Géorgiens se servent ordinairement du mot turc nogai, et disent *Yalbouzis mtha*, mont Yalbouz; les Arméniens l'appellent *Yalbouzis sar*; ils ont cependant aussi conservé la dénomination de *Kavkal*.

Le Caucase est célèbre dans la mythologie grecque par le supplice de Prométhée que Vulcain, d'après l'ordre formel de Jupiter, dut enchaîner sur le rocher le plus élevé de ces sommets concitoyens des nues. A cette époque mythologique, les Amazones habitaient encore au pied du Caucase, et ce ne fut que plus tard qu'elles allèrent se fixer près du Thermodon en Asie-Mineure. Deucalion, fils de Prométhée et d'Hésione, vint du Caucase en Thessalie ; c'est sous lui qu'arriva le déluge raconté dans les traditions grecques. La période mythologique du Caucase finit avec l'expédition des Argonautes qui, sous la conduite de Jason, allèrent chercher la Toison-d'Or dans le voisinage de ces hautes montagnes. Sésostris, qui vivait dans la première moitié du XIIIe siècle avant Jésus-Christ, et qui poussa ses conquêtes bien plus loin que ne le fit dans la suite Alexandre-le-Grand, puisqu'il passa le Gange et alla jusqu'aux extrémités de l'Océan indien, Sésostris, disons-nous, remonta aussi vers le nord jusqu'au Tanaïs, et laissa sur la côte du Palus-Méotide et au pied du Caucase, vers les bords du Phase, une colonie d'Egyptiens qui fondèrent l'Etat de Colchos. Il est vrai qu'aujourd'hui on ne reconnaît plus les anciens Egyptiens dans les habitants des bords du Phase, ce sont les Immirétiens, et plus au nord les Mingréliens, peuples d'origine géorgienne. Il y a peut-être encore quelque ressemblance entre la figure des anciens Egyptiens telle qu'on la voit sur les monuments de leur pays, et celle des Abazes qui habitent au nord des Mingréliens sur les côtes du Pont et dans les monts caucasiens.

Au VIIe siècle avant Jésus-Christ, les Grecs, et principalement les Milésiens, commencèrent à envoyer des colonies sur les côtes nord est de la mer Noire, et y établirent la ville de Tanaïs, à l'embouchure du Don, celle de Phanagoria et d'Hermonassa, sur le bosphore Cimmérien, et en Mingrélie celle de Dioscurias, dont les ruines situées à l'embouchure du Marmar, portent encore le nom d'Yskourias. Hérodote mentionne à cette époque deux émigrations importantes d'Europe en Asie, une qui venait de la Tauride et l'autre de la Scythie.

Ce fut dans le IIe siècle avant notre ère que les Romains poursuivirent Mithridate jusque vers le Caucase. Pompée passa alors par la Colchide, mais ne pénétra point dans les hautes montagnes. Corbulon qui, soixante ans après Jésus-Christ, soumit complètement l'Arménie, envoya à Rome une carte de toutes ces contrées. Comme le but des Romains était la conquête de la partie orientale du Caucase ou de l'Albanie, et la possession des pays arrosés par le Cyrus et l'Araxe inférieur, ils ne s'occupèrent point de la Colchide ; ce soin était réservé à Trajan, qui étendit la domination romaine du côté du Pont jusqu'aux hautes montagnes du Caucase.

Le choc produit dans l'Asie occidentale par la propagation de l'islamisme se fit bientôt sentir jusque dans les vallées du Caucase, et la religion de Mahomet s'y établit après des guerres assez sanglantes. Tout le Caucase oriental et une partie de la Géorgie devinrent des provinces soumises à la domination arabe ; la Géorgie demeura seule quelque temps indépendante, à des intervalles plus ou moins rapprochés ; mais elle dut à la fin céder au vainqueur. Les Mongols, commandés par Gengiskhan, pénétrèrent en Géorgie et dans plusieurs autres contrées du Caucase, où ils établirent des préfets militaires qui y gouvernèrent au nom du grand-khan, sans ôter néanmoins tout-à-fait le pouvoir aux princes indigènes. Depuis ce temps ces pays restèrent des provinces de l'empire mongol en Perse. Vinrent ensuite les phalanges de Tamerlan ou Timour, qui dans le XIVe siècle ravagèrent la Géorgie et autres pays caucasiens, sous le prétexte d'en convertir à l'islamisme tous les peuples soumis par les armes de ce fier conquérant. Les Turcomans, qui, vers la même époque, s'étaient emparés de la Mésopotamie, de l'Arménie et de la Perse occidentale, pénétrèrent plus tard dans les pays caucasiens, où ils eurent pour successeurs les sophis de la Perse.

Vers le milieu du XVIe siècle, les Géorgiens, dans la crainte de tomber entièrement sous le joug persan, recherchèrent secrètement l'alliance de la Russie ; et c'est depuis ce moment que la Russie a établi ses prétentions sur la possession des pays situés au-delà du Caucase. On sait que maintenant elle occupe souverainement la Géorgie, province asiatique annexée à la Russie d'Europe.

Le mont Caucase.

Le faîte du Caucase présente un développement de deux cents lieues de longueur sur vingt-cinq à trente lieues de largeur, lieues de 20 au degré. Cette chaîne de montagnes commence à l'ouest, près du fort turc d'Anapa, sur la mer Noire, par 35° de longitude est, et 44° 50' de latitude nord. La direction générale de cette chaîne est du nord-nord-ouest au sud-sud-est. A l'occident elle se lie avec les montagnes de la Crimée par une communication sous-marine ; à l'orient, une semblable communication, moins marquée à la vérité, paraît exister entre les ramifications du Caucase qui atteignent la mer Caspienne à Tarkou et à Bouinaki, et les monts Balkan, situés sur la côte orientale de cette mer. Le Caucase se perd au nord dans les steppes du Kouban et de la Kouma ; au sud, il est limité par des vallées dans lesquelles coulent le Rioni, la Kvirila, la Tchériméla et le Kour, depuis le point où il commence à se diriger vers le sud-est, et qui est le plus septentrional de son cours.

Le massif de la chaîne du Caucase se divise sur toute sa longueur en trois larges bandes presque parallèles les unes aux autres, et disposées verticalement. La principale ou la plus haute est celle du milieu. Le massif total est accompagné de chaque côté d'une suite de promontoires, et en plusieurs endroits cette suite de promontoires est coupée par des vallées, des fleuves et des rivières. La chaîne principale du Caucase, prise dans son ensemble, se dirige de l'ouest-nord-ouest à l'est-sud-est, sauf quelques déviations légères. C'est dans le voisinage de la mer Caspienne, et surtout de la mer Noire, qu'elle s'abaisse au niveau des plaines. Sa crête est partout couverte de neige et de glaces éternelles. Quelques-unes de ces cimes n'offrent que des roches pelées, dont le point culminant atteint la région des nuages, et où l'on n'aperçoit aucune production végétale.

Le Caucase se divise naturellement en quatre grandes portions séparées par les vallées des quatre grandes rivières : la première et la plus occidentale est comprise entre la mer Noire et le cours supérieur du Rioni ; elle se termine à l'est par la haute cime de l'Elbrouz, qui est un glacier immense et le plus élevé du Caucase ; il a cinq mille quatre cent vingt-cinq mètres au-dessus du niveau de la mer. Personne n'a encore atteint la cime de cette montagne énorme, et les Caucasiens croient que l'on n'y peut parvenir sans une permission particulière de Dieu ; ils disent aussi que ce fut là que l'arche de Noé s'arrêta d'abord, pour être ensuite poussée vers le mont Ararath. A l'ouest de l'Elbrouz, la hauteur de la chaîne principale diminue et ne montre que rarement des glaciers. Au nord elle donne naissance au Kouban et à tous ses affluents méridionaux. Cette partie occidentale du Caucase, vers la mer Noire et les côtes de la Mingrélie et de la Grande-Abascie, est coupée par plusieurs défilés qui permettent le passage. La seconde partie de la chaîne principale du Caucase commence à l'est de l'Elbrouz et aux sources du Rioni ; elle s'étend à l'orient jusqu'aux vallées du Terek et de l'Aragvi ; elle est très escarpée et surmontée de glaciers ; elle donne naissance à de nombreuses rivières ou torrents.

C'est vers le Terek supérieur que se trouve une vallée fermée autrefois par la célèbre porte caucasienne dont on voit encore les ruines près du fort d'Ariela ou de Dairan ; Ptolémée l'appelle porte Sarmatique, parce que le chemin qui conduisait en Sarmatie y passait. La troisième division de la chaîne principale est comprise entre la droite du Terek supérieur et le point où la chaîne du Caucase tourne brusquement vers le sud. Cette partie est moins haute que la précédente, bien qu'elle montre encore des glaciers assez élevés. De son versant nord coulent plusieurs rivières qui vont se joindre au Terek. La quatrième partie est le Caucase oriental qui, des sources du Koïsou, se dirige au sud, puis au sud-est jusqu'à la presqu'île d'Abchéron sur laquelle est située la ville de Bakou. De cette partie orientale du Caucase partent plusieurs branches qui filent vers la mer Caspienne; d'une de ces branches descendent le Kour et l'Ara.

Au pied des cimes neigeuses de la chaîne principale du Caucase on trouve des habitations humaines avec quelques arpents de terre labourable et quelques prairies. Dans les vallées qui séparent ces montagnes neigeuses, on voit des glaciers qui semblent reposer sur un mélange de glace et de blocs de rocher. Les vallées sont fermées à leurs extrémités supérieures par des glaçons qui doivent leur origine à l'eau de neige alternativement fondue et gelée de nouveau. Ces masses gelées sont supportées par des arcades de glace où les torrents prennent leur source et roulent avec fracas. En descendant de ces glaciers on rencontre des champs de neige qui couvrent des couches de glaçons. Les hauteurs moyennes sont tapissées de plantes alpines qui donnent d'excellents pâturages. Les forêts touffues de hêtres et autres grands arbres impriment de loin à la bande calcaire un aspect sombre qui lui a valu de la part des Russes et de divers peuples habitant au nord du Caucase le nom de *montagne noire*. Les parties les plus hautes des promontoires sont généralement boisées.

Les forêts qui couvrent les flancs du Caucase diminuent à mesure que l'on s'élève vers les glaciers; les pins même finissent par disparaître tout-à-fait. Le sol est tapissé de mousse touffue mêlée de plantes basses qui trouvent sur ces hauteurs glacées leur climat naturel. Des bouquetins et des chamois errent près des sources des grandes rivières. Les cerfs, les daims et les aurochs habitent à l'entrée des montagnes calcaires et des promontoires. Le loup, le renard, le chat sauvage, le lynx et l'ours, vivent dans les forêts des bandes secondaires, mais ils n'y sont pas communs; il y a aussi des hérissons, des lièvres et des rats. On aperçoit très peu d'oiseaux dans les hautes montagnes; on n'y rencontre que des choucas et des geais; le verdier saute solitairement entre les rochers. Les montagnards, ainsi que le rapporte M. Klaproth dont nous empruntons les paroles, n'élèvent d'autres oiseaux domestiques que des poules, des canards et des oies, et seulement en petite quantité, à cause du dégât qu'ils font dans les champs. On n'y voit guère que deux espèces de poissons, le barbeau et la truite saumonée; le premier remonte, à ce qu'il paraît, de la mer Caspienne, de même que le saumon que l'on prend aussi dans les rivières des hautes montagnes pendant l'hiver; mais la truite est un poisson particulier à ces contrées. On ne rencontre parmi les amphibies que la grenouille et le lézard, commun dans les prairies. Le Caucase est fort pauvre en insectes, à l'exception de quelques espèces de mouches. Dans la bande secondaire et dans les plaines qui lui sont contiguës, les taons sont très communs; mais on n'y trouve ni cousins ni moucherons qui sont un vrai fléau sur les bords du Terek inférieur.

Les lacs, ordinairement fréquents dans les hautes montagnes, sont très rares dans le Caucase, parce que la disposition régulière de cette chaîne et sa direction constante sur une seule ligne, du nord-ouest au sud-est, s'opposent à ce qu'il s'y rencontre des vallées fermées, dans le fond desquelles pourraient se réunir les eaux, et former des lacs avec ou sans écoulement.

Habitants du Caucase.

Avant de décrire les peuplades du Caucase, le voyageur Klaproth réfute l'opinion émise par beaucoup de naturalistes et de géographes sur la race caucasienne. D'après les arguments employés par le voyageur, il est évident que l'on s'est trompé en avançant que les peuples d'Europe, ceux de l'Asie, comme les Persans, les Boukhares, les Afghans et les habitants des côtes septentrionales de l'Afrique, ne sont nullement arrivés du Caucase, et ne peuvent être appelés race caucasienne. L'histoire ne fournit aucun exemple d'une nation qui ait quitté le Caucase pour se répandre dans les plaines qui l'environnent, ou pour s'étendre plus loin; la mythologie même n'offre aucun indice d'une pareille migration. On voit au contraire, par les récits des historiens, que plusieurs peuples qui n'étaient pas originaires du Caucase sont venus s'y fixer; tels sont les Ossètes, les Avares, plusieurs tribus turques et les Géorgiens eux-mêmes. D'ailleurs la nature des monts caucasiens, dont la direction constante est en ligne droite, ne permet pas de supposer qu'ils puissent avoir été la patrie d'un grand peuple qui ait porté ailleurs l'exubérance de sa population. Les grandes vallées du Caucase étant toutes dirigées plus ou moins perpendiculairement sur la longueur de la chaîne, ont des pentes trop rapides pour que des couches de terre fertile s'y puissent amonceler; les torrents, qui à l'époque de la fonte des neiges se précipitent du haut des montagnes, emportent presque partout les particules terreuses, et laissent le sol pierreux à nu ou le couvrent d'une infinité de cailloux roulés qui, l'année suivante, sont remplacés par d'autres. Si, de même que les montagnes qui entourent la Bohême, les hauteurs du Caucase enfermaient un pays étendu, on pourrait croire, dit M. Klaproth, qu'une nation s'y serait développée avec une telle abondance qu'elle eût été obligée de verser ailleurs le surcroît de sa population; mais on ne peut pas supposer un tel surcroît chez des tribus barbares qui vivent au milieu de privations continuelles.

Les peuples du Caucase, d'après les langues qu'ils parlent, et d'après d'autres signes caractéristiques, se divisent en six grandes classes, savoir : les Lesghis, ou Caucasiens orientaux; les Mitsdjeghis, ou Kistes; les Ossètes ou Irons; les peuplades Abazo-Tcherkesses ou les Caucasiens occidentaux, vulgairement connus sous le nom de Circassiens; les Géorgiens; enfin les tribus turques qui sont venues s'établir dans les montagnes et dans les plaines situées à leur pied. Nous allons passer en revue ces différentes peuplades, en commençant par les Lesghis.

Lesghis.

Les peuples lesghis paraissent être d'origines différentes, et se subdivisent en une infinité de petites tribus qui habitent tout le pays montagneux entre le Koïsou, l'Alazan et les plaines qui bordent la mer Caspienne. Comme tous les Caucasiens les Lesghis sont farouches, cruels et adonnés au brigandage; ils sont toujours prêts à servir quiconque veut les payer. Leur courage audacieux dégénère souvent en témérité. Leurs armes sont le fusil, le sabre et le poignard, dont ils se servent avec beaucoup de dextérité. Ils savent bien manœuvrer à cheval, et sont également bons fantassins. Ils supportent très patiemment les fatigues et les incommodités d'une campagne, pourvu qu'on soit exact à leur compter leur solde. Le Lesghi, qui dans ses foyers ne connaît pas le mot d'obéissance, se conforme rigoureusement pendant la guerre aux ordres du beladi ou chef choisi par la troupe à laquelle il appartient. Quand quelqu'un veut servir sous un beladi, il vient le trouver et lui présente un morceau de bois pourri avec un tison, et lui dit : « Que je devienne ainsi si je trompe la fidélité que je te jure, ou si je l'abandonne. » Alors il prend la main droite du chef avec ses deux mains, entre lesquelles il la presse aussi long-temps qu'il parle de l'objet qui l'a amené. De deux ou trois frères qui ont l'âge requis, un seul quitte la maison paternelle pour aller faire des parties de brigandage ou pour le service de la guerre. Si le nombre des frères est plus considérable, un sur trois seulement peut s'absenter; les autres doivent rester pour soigner les affaires domestiques de la famille.

Aussi longtemps que le Lesghi reçoit ce qu'on est convenu de lui donner, il sert avec zèle et ponctualité, et il lui est tout-à-fait égal contre qui il combat. Mais si la disette se montre, si on veut l'empêcher de commettre des brigandages, ou s'il ne voit aucune occasion de faire du butin, il quitte celui qui l'a engagé, et se range souvent du côté des ennemis contre lesquels il devait combattre.

Ce peuple l'emporte sur tous ses voisins en bravoure. Avant l'occupation de l'isthme Caucasien par les Russes, son amitié était recherchée par tous les princes belligérants; l'intervention des Lesghis dans une querelle à main armée était ordinairement décisive : dans l'action ils sont en effet d'une intrépidité remarquable. On a vu cinq ou six Lesghis, placés derrière un petit retranchement, faire tête à plus de cinquante ennemis.

C'est principalement par leurs brigandages que les Lesghis sont devenus la terreur de leurs voisins ; la Géorgie a le plus souffert par leurs incursions, car leur haine contre les chrétiens est implacable. Elle est fondée sur la vengeance qu'ils prétendent devoir tirer des invasions qu'autrefois les Géorgiens ont faites chez eux afin de les convertir. C'est ordinairement à la fin du mois de mai que les Lesghis sortent de leurs montagnes et se dispersent dans la Géorgie; ils s'y cachent sur les coteaux qui bordent les rivières, dans les bosquets touffus ou dans les ruines des anciennes églises et des forts qu'on rencontre partout dans le pays. C'est de ces repaires qu'ils s'élancent pour attaquer à l'improviste les villages, s'emparer du bétail, et emmener les habitants en captivité. Arrivés en lieu sûr, ils annoncent aux parents de leurs prisonniers qu'ils peuvent les racheter moyennant la somme de 40 francs, si c'est un étranger; mais si un Lesghi tombe entre les mains d'un autre, il est obligé de payer le double de cette somme. Si le prisonnier est un homme d'une haute extraction, la rançon monte considérablement; mais souvent on le remet tout de suite en liberté, s'il peut offrir une caution valable. La vie de chaque captif dépend de la volonté de celui qui l'a pris : cependant, aussitôt que celui-ci l'a conduit dans sa maison, le prisonnier commence à jouir du droit de l'esclavage, qui empêche qu'on ne puisse le vendre ou le donner hors des limites du Caucase, ni le tuer sans une décision de la commune. Le captif qui n'a pas le moyen de se racheter est obligé de servir dix ans dans la maison de son maître.

La plupart des tribus lesghis sont musulmanes; il y en a cependant qui paraissent n'avoir aucune religion, et chez quelques autres on retrouve des restes de christianisme. L'hospitalité et le droit du talion maintiennent les faibles liens de la société chez ce peuple dont la vie est simple et austère. La mère excite son fils aux actions héroïques; c'est elle qui lui remet les premières armes et qui l'accompagne jusqu'aux limites du canton lorsqu'il marche au combat; elle l'exhorte à se rendre digne de ses ancêtres et à revenir couvert de gloire et de butin, ou à mourir en combattant.

Mitsjeghis ou Kistes.

Les peuples d'origine mitsdjeghie, ou les Kistes, occupent la partie de la haute chaîne du Caucase située entre les montagnes des Lesghis, le Soundja et le Terek supérieur. Ce sont des brigands encore plus déterminés que les Lesghis, notamment les Tchetchentses qui habitent le pays arrosé par le Ghikha, le Farthan, l'Argoun et le Djalk; toutes ces rivières sortent des hautes montagnes et se jettent dans le Soundja. Jamais les Russes n'ont pu parvenir à dompter ces tribus farouches, et la plupart des expéditions qu'ils ont entreprises contre elles ont été malheureuses.

Les Tchetchentses vont ordinairement par petites troupes pour exercer leurs brigandages chez les Russes. Après avoir passé le Terek, ils se cachent dans les bocages qui bordent ce fleuve. S'ils aperçoivent un voyageur sans escorte, ils tuent son conducteur et ses chevaux, lui mettent un bâillon dans la bouche, et le traînent jusqu'au rivage; là, ils lui attachent des outres remplies d'air sous les bras, lui placent une corde avec un nœud coulant au cou, et le jettent dans l'eau. Pour éviter de s'étrangler, le malheureux est obligé de tenir la corde par laquelle deux nageurs le transportent à l'autre bord. Les Tchetchentses tuent rarement ceux dont ils se promettent une bonne rançon; mais ils traitent leurs prisonniers d'une manière excessivement dure et barbare, principalement quand ceux-ci ont essayé de se sauver. Ils ont des princes et des nobles; ceux-ci sont les vassaux des premiers.

A l'ouest des Tchetchentses habitent les Karaboulak, autre tribu mitsdjeghie, qui s'appellent eux-mêmes Archtés. Selon M. Klaproth, Kara-Boulak est leur nom nogaï : il signifie *source noire*. Ils occupent les vallées fertiles du Chelmigor, et du premier Farthan, qui est proprement le Kara-Boulak; ils sont agriculteurs; ils paraissent avoir été autrefois mahométans, car ils placent encore sur leurs tombeaux des pieux surmontés, quoique à présent ils ne professent aucune religion, et suivent seulement les pratiques superstitieuses des autres Caucasiens. Ils sont très sobres; un morceau de pain de millet et un peu de fromage leur suffit pour un repas; rarement ils mangent de la viande; munis de provisions pour six mois et armés d'un bon fusil, d'une pique, d'un sabre léger, d'un poignard et d'un petit bouclier, ils traversent les montagnes, soit pour chasser, soit pour faire des incursions chez leurs voisins. Ils n'ont pas de princes; ils n'ont que des anciens qui, dans les expéditions guerrières, les conduisent. Ils sont ennemis des Tchetchentses, mais ils attaquent aussi les Russes qui ont beaucoup de peine à les tenir en bride.

Les Ingouches sont les plus occidentaux de tous les Mitsdjeghis; ils habitent principalement les parties supérieures de l'Assaï et Soundja, de même que la vallée dans laquelle coule le Ghaloun ou Khoumbaleï. A présent ils sont presque soumis aux Russes; ils sont moins enclins au brigandage que les autres tribus de leur nation. On trouve encore chez eux plusieurs vestiges du christianisme, et il ne serait peut-être pas, dit M. Klaproth, difficile de les civiliser, car ils sont portés à l'agriculture, qui est le meilleur moyen de changer les habitudes barbares d'un peuple.

Ossètes.

Les Ossètes, qui s'appellent eux-mêmes *Irons*, habitent à l'ouest des Kistes et du Terek supérieur. Ils vivent épars, soit dans des villages, soit dans des maisons isolées; ils appellent un village *kaou* ou *gaou*. Chaque village est ordinairement gouverné par un ou deux anciens qui s'occupent de terminer les différends parmi les habitants, et de maintenir l'ordre autant qu'ils le peuvent. La nourriture de ce peuple consiste ordinairement en pain de froment ou d'orge sans levain, qu'ils font cuire sous les cendres, et ça gâteaux de millet et de seigle qui se coupent avec un couteau et se mangent froids ou chauds, au lieu de pain. Ils mangent aussi de la viande de bœuf ou de mouton, et les pauvres du porc; ils ne boivent ordinairement que de l'eau de rivière qui dans les montagnes est saine et pure; ils font de la bière d'orge, de l'eau-de-vie d'orge et de seigle, et du bouza de gruau de seigle. Dans leurs montagnes la culture est très pénible; car ce n'est que dans un petit nombre d'endroits que le roc est couvert d'un peu de terre argileuse jaune, qui a besoin d'être fumée tous les ans. Les champs sont presque toujours

Village Ossète, au Caucase.

sur des pentes escarpées, ce qui les rend difficiles à labourer. Outre le millet et les céréales ordinaires, les Ossètes sèment aussi des pois verts, des haricots, du maïs, des concombres, du chanvre et du tabac; cependant toute leur agriculture, aussi bien que celle des autres Caucasiens, est peu productive, et la disette se montre souvent chez eux. Après l'agriculture, le soin des bestiaux est l'occupation principale des Ossètes; les troupeaux de moutons font la principale richesse de la nation. Ils échangent leurs moutons en Géorgie et en Iminéti contre des étoffes de soie ordinaires, de la toile, des tissus de coton, de fil d'or et d'argent, des vaisseaux et des outils en fer; et avec les Tcherkesses et les Arméniens, contre du sel qui manque à tous les montagnards du Caucase, et souvent contre du millet et de la toile.

Les hommes labourent, forgent, bâtissent des maisons, fabriquent des instruments d'agriculture et des selles, préparent la poudre à tirer et le cuir pour les souliers et les courroies. La chasse est, après le brigandage, leur occupation la plus agréable; ils aiment beaucoup à aller chez leurs amis pour y banqueter. Tous les soins du ménage retombent sur les femmes, de même que les travaux des champs, qui du reste sont peu importants.

L'extérieur de ce peuple le distingue de tous les autres Caucasiens et décèle son origine étrangère. Les Ossètes sont assez bien faits, forts, vigoureux et ordinairement de taille moyenne; les hommes n'ont guère que cinq pieds deux à quatre pouces; ils sont rarement gras, mais charnus et carrés; c'est ce qu'on observe surtout chez les femmes; leur physionomie se rapproche beaucoup de celle des Européens; les yeux bleus, les cheveux blonds ou roux sont très communs chez les Ossètes; il y en a fort peu qui aient la chevelure vraiment noire. C'est une race d'hommes saine et féconde; on ne voit pas beaucoup de vieillards âgés de plus de soixante-dix ans; les femmes sont ordinairement petites et peu jolies: elles ont le visage rond, le nez camus; elles sont robustes; le travail et une nourriture frugale contribuent à les rendre encore plus fortes.

Tcherkesses ou Circassiens.

Les Tcherkesses ou Circassiens habitent la grande et la petite Kabardah, et le pays situé au-delà du Kouban jusqu'à la mer Noire. Ce peuple s'appelle dans sa propre langue *Adighé*; le nom *Tcherkesse* est, dit-on, d'origine turque et composé de *tcher*, chemin, et *kesmek*, couper; il signifierait donc un *homme qui coupe le chemin*, c'est-à-dire un *brigand*. Cependant on a trouvé déjà chez les auteurs anciens une nation nommée Kerkètes, qui habitait le Caucase et les bords

Vue de Tiflis, capitale de la Géorgie.

de la mer Noire, et qui paraît, dit M. Klaproth, avoir été identique avec les Tcherkesses. Le nom de ces derniers est inférieur à l'époque à laquelle les peuples turcs arrivèrent de l'Asie-Majeure dans le voisinage du Caucase. Les Ossètes, les Mingréliens et autres voisins des Tcherkesses les appellent *Kasakh*, et dans les historiens byzantins, leur pays porte le nom de *Kasakhia*.

La nation tcherkesse est divisée en cinq classes bien distinctes : la première comprend les Pcheh ou princes, qui dominent sur toutes les autres ; la seconde, les Ouzden ou nobles, appelés Work en tcherkesse ; la troisième, les affranchis des princes et des nobles, ce qui les fait devenir nobles ; mais pour le service militaire, ils restent toujours soumis à leurs anciens maîtres ; la quatrième, les affranchis de ces nouveaux nobles ; et la cinquième, les Tcho'khotl ou serfs ; ceux-ci se partagent encore en laboureurs et en domestiques des classes supérieures.

Chaque branche des maisons de princes a sous sa dépendance plusieurs familles de nobles ; ceux-ci ont au-dessous d'eux les paysans qu'ils regardent comme une propriété héréditaire, parce que ces paysans ne peuvent passer d'un noble à un autre. Chaque prince est donc le seigneur suzerain de ses nobles ; ceux-ci sont à leur tour les maîtres de leurs serfs. Les familles nobles peuvent passer d'un prince à un autre, et c'est

de cette manière que plusieurs familles de princes, notamment celle de la Kabardah, sont devenues très puissantes. Les paysans ne sont pas tenus à payer aux Ouzden des redevances fixes ; ils doivent leur fournir tout ce dont ils ont besoin ; mais seulement les choses de première nécessité. Il en est de même des rapports entre les princes et les nobles : les premiers exigent de ceux-ci les objets qui leur sont nécessaires, mais rien au-delà de ce qui est absolument indispensable. Si l'on veut qualifier un tel ordre de choses on peut dire que les Tcherkesses forment une république aristocratique ; mais, dans la réalité, il n'y a maintenant aucune règle fixe dans cette sorte de gouvernement, puisque chacun fait ce que bon lui semble. Autrefois, dit M. Klaproth, la puissance des princes tcherkesses s'étendait aussi sur les Ossètes, les Tchetchentses, les Mazes et les tribus turco-nogais des hautes montagnes près des sources du T'cheghem, du Baksan, de la Malka et du Kouban ; les progrès successifs des Russes ont considérablement diminué de ces côtés le pouvoir des princes tcherkesses ; mais ceux-ci ne continuent pas moins à se regarder comme les maîtres de ces peuples.

L'usage veut que le prince fasse de temps en temps des présents à ses nobles ; ces dons, ainsi que le récit des circonstances et des causes qui en ont été l'origine, passent de père en fils, tant dans la famille de celui qui a reçu que dans la famille de celui qui a donné. Lorsqu'un noble refuse, sans un motif suffisant, d'obéir à son prince, il est obligé de lui rendre tous les présents que lui et ses ancêtres en ont reçus. Les Ouzden doivent suivre le prince à la guerre toutes les fois qu'il l'exige, et fournir autant de leurs sujets comme troupes auxiliaires que le prince en demande. Lorsque le prince, par de trop grandes dépenses ou par des accidents, contracte des dettes, les nobles sont tenus de les payer pour lui. Le prince, ainsi que le noble, a droit de vie et de mort sur ses serfs, et peut même vendre à son gré ceux qui sont attachés au service de sa maison : ceux-ci recouvrent souvent la liberté ; ils sont alors appelés beg-aulna, et doivent exécuter les ordres de leur maître contre les nobles et les serfs. On ne peut vendre séparément les serfs qui exercent l'agriculture : ils sont obligés de payer les dettes et les vols de leur Ouzden. Le prince commande les troupes en temps de guerre, et fait avec ses chevaliers et ses serviteurs des incursions chez ses voisins.

L'usage de se nourrir de chair de cheval s'est conservé parmi les Tcherkesses ; mais ils choisissent la bête qu'ils veulent tuer, et s'abstiennent de celles qui meurent de maladie. En général, ils sont très sobres ; et quoique la polygamie soit admise, il se commet peu de désordres.

C'est l'âge qui, chez les Tcherkesses, donne le plus de considération ; les plus âgés parmi les princes et les nobles et même parmi les plus riches paysans prononcent dans les affaires litigieuses. Il n'y a chez eux ni tribunaux fixes, ni lois écrites ; cependant les peines sont établies par les anciens usages pour punir le vol et le meurtre. Les descriptions des assemblées sont quelquefois très singulières, comme le prouvent les deux exemples suivants :

Deux Tcherkesses possédaient en commun un terrain sur lequel était un arbre dépouillé de son écorce par l'un des propriétaires. Celui-ci, quelque temps après céda sa portion à son camarade pour aller habiter un autre canton. L'arbre mourut, et le Tcherkesse, resté propriétaire, y mit le feu pour le détruire. Tandis qu'il brûlait, un homme ayant voulu s'en approcher pour allumer sa pipe, fut écrasé par sa chute. La famille du défunt attaqua le propriétaire, et lui demanda le prix de l'individu dont il avait causé la mort. L'usage était constant ; il semblait qu'il n'y avait rien à lui opposer ; mais le propriétaire convoqua une assemblée et exposa que, n'ayant mis le feu à l'arbre que parce qu'il avait séché sur pied, l'ancien propriétaire devait être condamné au paiement, puisque l'accident ne serait pas arrivé si l'arbre eût conservé son écorce. Toute l'assemblée applaudit au plaidoyer et se déclara en faveur de celui qui l'avait prononcé.

Quelqu'un, voyant une chèvre dans son champ, donna l'ordre à son vassal de la chasser ; celui-ci ayant cassé la jambe de l'animal d'un coup de pierre, enveloppa la blessure avec un morceau de toile. La chèvre, de retour chez son maître, s'approcha un peu trop du foyer, et mit le feu au bandage ; la douleur qu'elle ressentit la fit échapper à travers un champ de blé attenant à la maison ; elle y apporta la flamme qui bientôt réduisit tout en cendres : l'affaire fut mise en jugement ; l'homme qui le premier avait donné l'ordre de chasser la chèvre fut obligé de rembourser tout le dommage.

Presque toutes les affaires sont jugées de la même manière par des assemblées tenues dans un bois et d'après les anciens usages que le peuple regarde comme des lois sacrées : elles condamnent à l'ignominie le parricide et le péché contre nature. Le meurtrier est obligé de payer une forte amende à la famille du défunt. Tout perturbateur de l'ordre public paie aussi une amende. Le vol est puni par le paiement de plusieurs fois la valeur de l'objet dérobé, mais s'il est fait avec adresse, et que le voleur ne soit pas découvert, on n'y attache rien de déshonorant. Le plus grand reproche qu'une jeune fille puisse faire à un jeune homme, c'est de lui dire qu'il n'a pas encore pu dérober une vache. Les propriétés sont respectées entre les personnes unies par des liens de parenté, d'hospitalité ou autres.

Comme tous les autres Caucasiens, les Tcherkesses pratiquent avec exactitude les lois de l'hospitalité ; comme aussi on ne voit jamais entre eux aucune mésalliance, le prince épouse toujours la fille d'un prince, le noble la fille d'un noble, le paysan la fille d'un paysan. Si le nouveau marié reconnaît que la femme n'a pas sa virginité, il la renvoie aussitôt à sa famille en lui rendant sa dot ; la fille est vendue ou tuée par les siens. Si une femme commet un adultère, son mari lui fait raser les cheveux, lui fend les oreilles, lui coupe les manches de ses habits et la renvoie à ses parents qui la vendent ou la mettent à mort. Le complice de l'adultère est ordinairement tué par le mari offensé ; et si celui-ci n'a pu le faire, sa famille se charge de ce soin.

Il y a chez les Circassiens deux espèces de divorce : quelquefois le mari se sépare de sa femme en présence de témoins, et laisse la dot aux parents ; alors elle peut se remarier ; mais s'il lui dit seulement de s'éloigner de lui, il a encore le droit de la reprendre après l'année révolue ; si deux ans s'écoulent avant qu'il la rappelle, le père ou les parents de la femme vont chez le mari et terminent le divorce pour que la femme puisse contracter de nouveaux liens. Le mari ne doit jamais aller publiquement chez sa femme, ni se montrer en compagnie avec elle : ce serait blesser les bonnes mœurs. Les gens du peuple vivent avec leurs femmes quand elles sont déjà un peu âgées.

Quand il naît un enfant à un prince, il est l'occasion de grandes fêtes ; si c'est un garçon, il est élevé par la noblesse ; à trois ans on le circoncit, et le prêtre musulman ou mollah reçoit un cheval en cadeau ; le père ne voit jamais son fils avant que celui-ci se marie : aussi existe-t-il une froideur extrême entre les parents les plus proches. Un prince s'offense si on lui demande des nouvelles de la santé de sa femme et de ses enfants ; il tourne le dos avec mépris à ceux qui ont cette hardiesse. C'est le gouverneur d'un jeune prince qui lui choisit une épouse ; et quand le choix est fait, le prince enlève son amante, accompagné d'un ami qui la met sur son cheval ; l'ami présente la jeune fille et l'installe dans la salle destinée aux nouveaux époux ; celui-ci vient, défait avec son poignard le corset que sa future porte depuis l'âge de cinq à six ans, et se livre avec elle aux plaisirs de l'amour.

Les Tcherkesses sont généralement bien faits ; les hommes ont une taille élancée et bien prise, une stature moyenne, les épaules et la poitrine larges, la partie inférieure de leur corps très mince, les yeux et les cheveux bruns, la tête allongée, le nez mince et droit. Les femmes ont la réputation d'être les plus belles de tout le Caucase ; cependant les Géorgiennes en général ne leur cèdent rien en beauté.

Le costume des hommes est ordinairement le bonnet en forme de dôme, avec une espèce de tunique et des manches arrivant jusqu'à mi-bras. Si c'est un guerrier, il est revêtu d'une cotte de mailles ; il porte un arc et des flèches, avec un sabre ou un poignard, et a les bras protégés par une armure d'acier. La femme a un voile, les cheveux arrangés en tresses tombantes, une robe ouverte par devant et qui en laisse voir une autre par dessous. Elles portent des pantalons et des pantoufles, et un bonnet habituellement orné d'une bordure brodée.

Les maisons des Tcherkesses sont construites en treillis d'osier, enduites d'argile au dehors et au dedans ; le toit est en paille. Quarante ou cinquante maisons disposées en cercle forment un village. Pendant la nuit les bestiaux sont placés au milieu de cet espace, où il y a aussi d'autres cabanes. En hiver on bâtit des huttes près des rivières et dans les prairies pour y renfermer les brebis. Les animaux domestiques des Tcherkesses sont le cheval, le bœuf, le buffle, le mouton, la chèvre, le chien et le chat. Leurs chevaux, les meilleurs après ceux des Arabes, errent en liberté dans les champs, et jamais ils n'entrent dans une écurie. L'agriculture chez les Tcherkesses consiste à brûler les herbes des champs, à les labourer grossièrement et à semer ensuite du millet ou de l'épeautre. Ils élèvent beaucoup d'abeilles.

La langue tcherkesse diffère beaucoup de celle des autres Caucasiens, elle a un grand nombre de labiales et de palatales, qui se prononcent avec des sifflements et des claquements de langue, ce qui en rend la prononciation très difficile aux étrangers. Les Tcherkesses n'ont ni livres ni écriture, et quand ils veulent envoyer une lettre, ils la font écrire en turc par le mollah.

Abazes.

Les Abazes habitent au-delà du Kouban, sur les bords des rivières qui se jettent dans ce fleuve. Ils occupent ce pays conjointement avec des tribus tcherkesses; mais la plus grande partie du peuple occupe les côtes de la mer Noire, au midi du Caucase oriental. Ils ressemblent aux tcherkesses dans leurs mœurs, leur manière de se vêtir et leurs usages. Ils cultivent aussi la terre, mais vivent principalement du produit de leur bétail. La race de leurs chevaux est renommée pour sa beauté. Les Abazes de la côte sont pillards.

Les femmes abazes passent pour très belles et sont très recherchées par les Turcs qui les enlèvent sous le nom de Circassiennes. Ordinairement, tout ce qu'une jeune fille abaze ou circassienne désire est de demeurer dans un harem turc ou persan, parce qu'elle y est bien mieux traitée que dans sa terre natale. En outre, comme les parents vendent leurs filles aux étrangers, celles-ci ne peuvent guère entretenir le sentiment de la tendresse filiale. Parfois les esclaves recouvrent leur liberté au bout de quelques années, et retournent en Abazie avec une petite fortune; mais ce n'est point avec le sentiment de l'amour du pays comme l'éprouvent les Savoyards, et ils préfèrent revenir dans les pays musulmans qui leur paraissent plus civilisés.

Le premier port qui se trouve sur la côte de la Circassie ou de l'Abazie, car les deux noms se confondent quelquefois bien qu'ils soient différents, à peu de distance de l'embouchure du Kouban. Anapa est devenu le marché des Circassiens ou Abazes que l'on vend aux Turcs. Là en échange les filles et les jeunes garçons contre des marchandises apportées annuellement de Constantinople et de la Natolie. M. Gamba rapporte à ce sujet l'anecdote suivante.

Un Circassien ou Abaze avait traversé le fleuve dans son cayoque ou bateau avec son père et son jeune frère, âgé de quinze à seize ans; il y vendit clandestinement son père à un Arménien pour quelques pouds (le poud pèse trente-trois livres un tiers, poids de marc) de sel. Satisfait du marché, il lui propose de lui vendre aussi son frère. D'accord sur le prix, il s'en approche, le surprend, lui saisit le bras par derrière, et insensible à ses larmes, à ses supplications, il le livre à son avide acheteur, qui à son tour le transporte dans l'intérieur de la Russie.

M. Gamba confirme ce qu'avait dit M. Klaproth au sujet des princes qui éloignent leurs enfants dès leur plus bas âge, et ne les revoient que lorsque leur éducation est complétement terminée et qu'ils doivent se marier. Le même voyageur dit également que les peuples de la Circassie et de l'Abazie continuent à se livrer à la piraterie et au brigandage. Les renseignements qu'il a pu recueillir pendant son séjour en Abazie sont d'accord avec ceux de M. Klaproth sur le respect que les Abazes et les Tcherkesses ont conservé pour les croix en pierre et les anciennes églises qu'on trouve en grand nombre dans l'Abazie, la Circassie et dans toutes les montagnes du Caucase, ce qui prouve que ces peuples en adoptant par l'effet de la force la religion de Mahomet, n'ont pas voulu profaner les temples où leurs aïeux avaient, pendant plusieurs siècles, célébré le culte chrétien.

Les Abazes ont conservé un grand nombre d'usages de leur ancienne religion : ainsi ils observent pendant trois jours la fête de Pâques, et suivent la coutume de manger à cette époque des œufs rouges. Ils célèbrent aussi la fête de la Pentecôte et la fête de Noël, celle-ci, comme nous, le 25 décembre, les deux autres à des époques fixes, étant hors d'état de calculer les épactes. Il faut ajouter que beaucoup de familles sont restées chrétiennes : leurs prêtres sont Mingréliens.

Par suite de l'ignorance des Abazes, ils n'ont aucune idée de la valeur des médailles d'or et d'argent qu'ils trouvent en grand nombre dans leur contrée, et ils sont dans l'habitude de les fondre.

Les Abazes font avec le lait de leurs vaches et de leurs buffles des fromages blancs salés. Ils ne connaissent pas la manière de faire le beurre. Ils sont en général de taille moyenne, ont le corps maigre et les jambes grêles, le teint basané et la barbe courte. Leurs pieds sont excessivement larges, par suite sans doute de l'habitude de marcher sans souliers ni sandales. Ils portent le manteau de feutre, couvert de poil de chèvre; c'est le bourca des Géorgiens, la véritable chlamyde, le manteau de l'ancienne statue de Phocion. Les femmes abazes passent pour être très belles, et sont renfermées comme en Turquie. Les princes portent le costume circassien. Ce peuple, au milieu de son ignorance et de sa barbarie, ne manque pas d'intelligence, et serait susceptible de faire des progrès rapides dans la civilisation. La colère, la vengeance et l'avarice sont ses passions dominantes; mais elles paraissent tenir en grande partie à l'état continuel de souffrance et de privation dans lequel il vit : n'ayant ni commerce ni industrie, il manque souvent des choses les plus nécessaires à son existence.

Géorgiens.

Les Géorgiens s'appellent eux-mêmes Karthouli, et diffèrent par leur extérieur et par leur idiome de tous les peuples du Caucase. Au nord ils ont le Caucase, au sud ils sont séparés en partie par le Kour et par les montagnes de Karabah, de peuples qui parlent des langues différentes. La nation géorgienne se partage en quatre branches, dont la principale est celle des Géorgiens proprement dits. Suivant M. Gamba, le Géorgien est d'une haute stature et d'une forte constitution; ses traits sont généralement beaux et très prononcés; il a les yeux noirs et bien fendus, le nez long et souvent aquilin, la démarche fière et quelquefois accompagnée d'une sorte de balancement de corps qui le rend presque insolente. Le peuple est généralement agriculteur ou artisan, il néglige le commerce; son ton et ses manières indiquent l'humeur martiale. Les Géorgiens méritent la réputation de beauté qu'on leur a faite; la régularité de traits dont les statues grecques nous ont laissé le modèle, la taille élancée, la blancheur de la peau, la douceur des regards distinguent une Géorgienne. En rapports continuels avec des hommes accoutumés à la vie des camps, elles ont su obtenir l'empire que donne toujours l'aménité de l'esprit et la gaîté du caractère.

Ainsi que nous l'avons dit ailleurs, Tiflis est la capitale de la Géorgie. Elle est divisée en deux parties par le Cyrus ou Kour, fleuve sur la rive droite duquel sont situés la ville ancienne, les bains d'eau sulfureuse et la ville neuve, tandis que sur la gauche on trouve les faubourgs et un village habité par des Allemands. L'occupation de cette ville par les Russes a fini par lui rendre une physionomie européenne. En 1825 la population de Tiflis s'élevait à trente trois mille âmes.

Le ciel est presque toujours pur à Tiflis; on y compte à peine trente à quarante jours de pluie dans l'année. L'hiver commence vers le 10 décembre et ne dure qu'environ deux mois pendant lesquels le thermomètre baisse rarement au-dessous de trois à quatre degrés. Pendant l'été, la chaleur concentrée dans le bassin qui environne la ville est quelquefois excessive.

Les catholiques y ont une église; leur nombre n'est guère que d'environ six cents, et cette église est desservie par des capucins italiens.

Les bains sont très communs et très fréquentés à Tiflis; les femmes surtout y vont souvent; quelques-unes y passent la moitié de la journée, et y font même leur repas.

Peuplades turques.

Les peuplades turques qui habitent quelques vallées du Caucase et les belles plaines qui l'entourent du côté de l'Orient, sont la plupart nomades; on les appelle vulgairement *Tartares*. Ils appartiennent à deux branches différentes de la souche turque; ce sont ou des Nogais ou des Turcomans. Les Bazians occupent les Alpes caucasiennes vers les sources du Kouban. Les Koumuks sont une autre peuplade turque occupant les promontoires nord-est du Caucase; ils ont des villages stables et sont agriculteurs.

Quelques traits généraux de mœurs et usages des peuples Caucasiens.

Ainsi que le remarque le savant Klaproth, il n'existe pas de religion proprement dite chez les peuplades des hautes montagnes du Caucase; elles ne sont réellement ni chrétiennes ni mahométanes; leur croyance n'est accompagnée d'aucun culte extérieur généralement adopté, et elles n'ont pas non plus de véritables prêtres. Cependant les Tcherkesses et les Abazes ont conservé des restes de christianisme, et, comme nous l'avons déjà dit, pratiquent encore quelques-unes des cérémonies de ce culte. Les Tcherkesses et les autres peuplades du Caucase occidental célèbrent le premier jour de l'an; ils connaissent la Pâque, et la chôment en l'honneur d'un certain saint, et en s'abstenant de manger des œufs pendant les quinze jours qui la précèdent. Le commencement de chaque saison est également signalé par des réjouissances. La plupart des Caucasiens ont une grande vénération pour le tonnerre.

Si quelqu'un est tué par la foudre, ils disent que c'est le prophète Elie qui l'a frappé, parce que la bénédiction de l'Eternel l'avait distingué. On pousse des cris de joie, on chante, on danse autour du corps; tout le monde accourt pour participer à cette joie et célèbre le bienfait d'Elie. L'orage passé, on recouvre le défunt d'autres habits, on le replace, étendu sur un coussin, au même endroit et dans la position où il a été trouvé, et l'on continue à danser jusqu'à la nuit. Les parents du défunt chantent, dansent et montrent la même gaîté qu'à une fête, car un visage triste est regardé comme offensant pour le prophète Elie, et par conséquent comme digne de châtiment. Cette fête dure huit jours, après lesquels l'enterrement a lieu avec beaucoup de solennité; il est suivi de festins : enfin on élève un grand tas de pierres sur le tombeau, près duquel on suspend la peau d'un bouc noir à une grande perche, et les vêtements du défunt à une autre. Le prophète Elie joue en général un très grand rôle dans les croyances des Caucasiens, et beaucoup de rochers et de cavernes lui sont dédiés.

La plupart des tribus montagnardes du Caucase ont des devins qui habitent les rochers sacrés, et qu'on appelle *hommes saints*; ils sont chargés d'accomplir les cérémonies dans les sacrifices ordinaires, et moyennant un cadeau, ils découvrent l'avenir à ceux qui les consultent. Il y a aussi des vieilles femmes et des vieillards qui le dernier jour de l'an tombent dans une sorte d'extase, de manière qu'ils restent étendus à terre, immobiles, comme s'ils dormaient. En s'éveillant, ils disent qu'ils ont vu les âmes des défunts, tantôt dans un grand marais, tantôt montées sur des cochons, des chiens ou des boucs.

Les Caucasiens ont une grande vénération pour les étoiles tombantes, qu'ils appellent *étoiles* ou *croix volantes*, ou *saints volants*. Lorsque la nouvelle lune paraît pour la première fois sur l'horizon, tous ceux qui la voient tracent en l'air, avec leurs couteaux ou poignards, des croix vers la lune ou les étoiles, et décrivent de la même manière un cercle de croix autour d'eux, parce qu'ils regardent l'apparition de la nouvelle lune comme un phénomène très saint.

Ces peuples donnent un caractère singulier au serment. Lorsqu'un vol a été commis dans une tribu, tous ses membres jurent par un chien, par un chat ou par les morts. L'accusé parcourt le village avec un chien et s'écrie à haute voix : « Je veux tuer ce chien ! » Alors le véritable voleur avoue ordinairement son délit, parce qu'une croyance établit que participer à la mort d'un chien porte malheur. Celui qui prête serment coupe souvent la tête d'un chat, ou bien il pend un chien, en disant que l'animal vengera le parjure en égratignant, en mordant et en tourmentant le coupable. Quiconque soupçonne un de ses voisins de l'avoir volé, le conduit à l'endroit où ses proches sont enterrés, et l'accusé, se mettant près du tombeau de son père ou de sa mère ou de son frère, s'écrie : « Si j'ai volé, je veux dans l'autre « monde servir de cheval à mon père, à ma mère ou « à mon frère; mais si je suis innocent, que cette « punition retombe sur le coupable ! » Mettre des excréments d'animaux au bout d'un bâton, et prononcer l'imprécation : « Que le voleur en soit rassasié « dans l'autre monde! » garantit mieux un troupeau que ne le ferait un gardien. Pour marque d'une alliance, on enfonce un pieu dans la terre, en déclarant que le transgresseur est hors la loi.

Les Caucasiens n'ont pas de lois proprement dites, et la propriété n'est en sûreté qu'autant qu'elle est défendue par la force. Chaque village a cependant ses anciens qui maintiennent l'ordre et qui exercent une grande influence sur toutes les assemblées. D'un autre côté, les Caucasiens ont deux principes qui contribuent puissamment à brider leurs passions farouches : ce sont le devoir de l'hospitalité, et la vengeance du sang répandu. L'hospitalité des Caucasiens ne consiste pas seulement à recevoir un étranger avec bienveillance dans sa maison, à le nourrir et à le protéger : elle fait contracter une alliance conventionnelle entre deux individus ou deux familles, alliance que personne ne peut rompre sans s'attirer la haine de toute la tribu, et sans encourir la juste punition du manque à la foi jurée. Si un Caucasien en prend un autre sous sa protection, ou s'il l'accueille comme son hôte, celui-ci peut compter sur lui en toute sûreté, et même lui confier sa vie. Jamais son konak (c'est le nom de cette espèce d'allié) ne le trahira, ni ne le livrera à ses ennemis. Si ceux-ci menacent d'emmener l'hôte de vive force, la mère de famille qui lui donne l'hospitalité lui fait sucer le lait de son sein, et le reconnaît ainsi pour son fils légitime; ses nouveaux frères sont alors obligés de le défendre contre ses ennemis, au péril de leurs jours, et, s'il est tué, de venger son sang. Ces services sont réciproques entre les deux Konak, ou entre les familles alliées par ce principe de garantie mutuelle.

La vengeance du sang répandu est encore plus rigoureusement exercée dans le Caucase que chez les Bédouins ; c'est un devoir sacré qui passe de père en fils; son effet s'étend à toute la famille de celui qui a provoqué cette vengeance en commettant le premier meurtre. L'observation de ce principe est la cause ordinaire des guerres entre les tribus caucasiennes; leur haine implacable contre les Russes est en partie produite par le même motif. Il y a pourtant moyen de racheter le sang répandu; mais rarement on a recours à cet expédient, qui n'est pas toujours sûr, car il arrive souvent que les plus proches parents de celui qui est tombé sous le fer du meurtrier entrent en composition avec celui-ci, tandis qu'un neveu éloigné lui fait subir l'effet de sa vengeance. Si le meurtrier est riche, il peut par des présents offerts à la partie ennemie suspendre l'exécution du droit du talion; mais il est difficile de l'empêcher pour toujours; quelquefois même elle s'accomplit au bout de vingt ans et davantage.

Aux peuples caucasiens que nous avons cités et décrits, il convient d'ajouter les Immirétiens, dont le territoire, situé par 42° de latitude, est garanti contre les vents du nord par les hautes montagnes du Caucase, territoire qui sous quelques rapports est à l'égard de la Géorgie ce que la côte de Malabar est à celle de Coromandel.

Les Immirétiens sont généralement grands et forts; ils ont les traits réguliers et ne forment qu'une même race avec les Géorgiens et les Mingréliens. Toutefois les familles ayant été plus ou moins mêlées avec le sang grec et arménien, et même avec le sang juif, il en est résulté des différences quelquefois assez remarquables dans l'Immirète, pays plus montagneux que la Mingrélie; étant plus salubre, les habitants sont généralement plus forts, et ont le teint plus coloré. Ils sont grands chasseurs et grands buveurs, mais très ignorants, et dès lors exposés à la corruption et à mille autres vices. Ils professent la religion chrétienne suivant le rite grec. Le Phase et la Quirila sont les principales rivières de leur territoire. Le Phase, qui prend sa source dans la plus haute chaîne du Caucase, passe à Kotaïs, capitale des Immirétiens.

Ce peuple est agriculteur, et dans quelques endroits cultive avec succès le coton, le tabac et le mûrier. Le district de Kotaïs a de belles vignes : elles croissent sauvages dans toutes les forêts, et produisent une grande quantité de vin. Les montagnes sont couvertes de chênes, de frênes, de hêtres et d'arbres fruitiers. Les vallons fournissent les plus abondants pâturages. Les Immirétiens continuent la vente des esclaves, surtout de leurs plus belles filles qui vont peupler les harems de Constantinople. Cependant ce commerce a quelque peu diminué depuis que la domination russe s'est étendue sur ce territoire.

Quant au commerce des Caucasiens en général, il varie suivant les productions du sol. Il s'expédie beaucoup de laine de la Circassie et du pays des Nogais du Rouban. Les esclaves sont un des principaux articles du commerce de la Circassie; viennent ensuite les chevaux, qui sont très vigoureux et de belle taille. Le commerce du sel est très suivi par les Abazes; mais le principal article de leur négoce est le bois de buis. La vente des esclaves est aussi très productive; mais le sang abaze n'est pas aussi beau qu'en Circassie, et les esclaves abazes ne valent ordinairement que la moitié du prix des Circassiens ou Tcherkesses.

Suivant M. Gamba, les Lesghis, dont le territoire a pour limites, au levant le Daghestan, au midi le Noucha, au nord les hautes montagnes du Caucase, sont séparés de la Krakétie par l'Alazan, rivière qui se jette dans le Kour, les Lesghis, disons-nous, sont moins grands et moins beaux que les Géorgiens. La figure du Lesghi est cependant assez régulière; son nez est droit et pointu; il a les yeux noirs et le regard dur. Paresseux et sobre, il vit de brigandages et de la culture de ses terres. Si le Tcherkesse enlève un prisonnier, et que, poursuivi dans sa retraite, il ne puisse l'emmener, il l'abandonne sans lui faire aucun mal; mais le Lesghi ne lâche ses captifs qu'après leur avoir coupé la main droite, qu'il rapporte dans son village, et qu'il suspend à la porte de sa maison comme un trophée.

Si dans un combat un Lesghi est tué par un Russe ou par un Géorgien, et si celui qui l'a tué est connu, alors un parent ou un ami du mort se présente pour le venger, et en fait le serment. Le Lesghi qui s'est dévoué abandonne son village et sa famille, et se place en embuscade à portée de la route où un peu plus tôt ou un peu plus tard son ennemi doit passer. Il emporte avec lui un petit sac de farine et trois ou quatre queues de mouton chamstouk. Avec cet approvisionnement, n'ayant pour se reposer que son bourca, il reste immobile jusqu'au moment où ses vivres sont consommés. Il revient alors en toute hâte les renouveler pour se remettre à son poste jusqu'à ce que sa vengeance soit satisfaite, ou qu'il ait la certitude que son ennemi a abandonné le pays.

L'adultère est puni très sévèrement chez les Lesghis. D'abord le mari qui trouverait sa femme en flagrant délit est autorisé à la tuer ainsi que l'amant; mais s'il porte sa plainte au djamate, ou conseil général, la femme convaincue est lapidée, et l'amant tué d'un coup de fusil. Les vieillards ou kemchtits composant le djamate sont assis en cercle, les jambes croisées, et observant la plus grande étiquette pour conserver les places. Quelques jeunes gens sont placés derrière, tous armés de fusils ou de bâtons, et s'emportant quelquefois contre la prudence des vieillards.

Le premier honheur pour un Lesghi c'est l'oisiveté : s'il peut vivre sans travailler, il est le plus heureux des hommes, et il s'en vante à chaque instant. Les femmes au contraire sont très laborieuses, et remplissent les emplois les plus abjects dans la maison. Elles ne se voilent ni ne se cachent devant les étrangers, comme le font les femmes persanes. Lorsque le mari arrive de voyage, c'est la femme qui prend le cheval, le met à l'écurie, aide son mari à se déshabiller, et remplit envers lui plutôt les fonctions d'une servante que celles d'une épouse.

Lorsque des étrangers arrivent chez un Lesghi, la femme prend leurs chevaux et les soigne, ainsi que leurs armes, ce qui veut dire qu'ils sont en sûreté dans cette maison et sous la sauvegarde de l'hospitalité. Depuis ce moment, le maître de la maison, tous ses parents et ses amis donneraient leur vie vingt fois plutôt que de souffrir qu'il fût fait la moindre insulte à leur hôte. Quand il part, il est reconduit par le maître de la maison ou par un de ses plus proches parents jusqu'au prochain village.

Les maisons des Lesghis sont en pierres; elles sont couvertes d'un toit en chaume très haut, pour y élever des vers à soie. D'autres habitants vivent dans des tours très élevées, où ils se défendent souvent avec succès contre leurs ennemis. On étend des tapis sur le plancher. Des enfoncements pratiqués dans les murs sont remplis de coussins, de matelas et de couvertures. Quelquefois, chez les plus riches, la faïence et le verre ornent aussi ces demeures; du reste, point de chaises ni de tables, puisqu'on s'asseoit et que l'on mange par terre. Comme ils ne connaissent pas l'usage des carreaux de vitres aux fenêtres, lorsqu'il fait mauvais temps on ferme les volets en plein jour; on est obligé d'avoir du feu, encore les volets et les portes ne se ferment jamais bien. Leurs mets sont simples, mais abondants. On ne se sert ni de fourchettes ni de cuillers, on mange avec les doigts. Le dîner se compose ordinairement d'un pilau, d'un rôti de mouton fumé, d'une soupe, d'une omelette, et de divers légumes confits dans le vinaigre : on commence par les fruits; l'eau et le buza (ou vin cuit fermenté) sont les seules boissons qu'on présente. Ainsi que nous l'avons dit ailleurs, les Lesghi sont mahométans, et leurs prêtres ou mollahs se marient; toutes les qualités qu'on exige d'eux, c'est qu'ils sachent l'arabe.

ALBERT-MONTEMONT.

ANATOLE DEMIDOFF.

(1837)

VOYAGE DANS LA RUSSIE MÉRIDIONALE, ET LA CRIMÉE PAR LA HONGRIE, LA MOLDAVIE ET LA VALACHIE.

Le voyage de M. Demidoff avait un but principalement scientifique. L'auteur, accompagné de huit ou dix savants français, devait se livrer à des recherches minéralogiques et géologiques dans les contrées de la Russie méridionale qu'il allait visiter. Une partie de ses compagnons prit la voie de mer et s'embarqua au Havre pour Saint-Pétersbourg, avec des appareils de sondage au grand complet et du poids de 80 milliers. Une fois débarquée à Cronstadt, l'expédition comptait traverser l'empire russe, et se diriger du nord au sud vers l'embouchure du Don. La seconde division choisit la voie de terre, et c'est principalement sa relation que nous allons analyser.

Trajet de Paris à Odessa. France. Allemagne. Autriche. Hongrie.

M. Demidoff quitta Paris le 14 juin 1837, accompagné de MM. Raffet et Sainson. Il traversa la Champagne et la Lorraine pour se rendre à Strasbourg. Il visita dans le trajet les forges d'Abainville, département de la Meuse, à cause du minerai qui s'y exploite. Il passa ensuite à Domremy (1), berceau de Jeanne d'Arc, où l'on a élevé un monument à la vierge lorraine, héroïne et libératrice d'Orléans. Il traversa Neufchâtel et Mirecourt, et alla faire une halte à Épinal pour en visiter le vieux château, débris du moyen-âge, restauré par son dernier propriétaire, feu M. Doublat.

Epinal, ce chef-lieu du pittoresque département des Vosges, a obtenu de notre voyageur le privilége d'une description élogieuse. Le jugement d'un étranger plein de goût et de savoir sur un pays quelconque est de nature à éveiller l'intérêt du lecteur, et la peinture d'Epinal est ici d'une vérité incontestable : ce sont bien les maisons à toits rouges et aplatis, les masures au ton vigoureux, les eaux vives et bleuâtres de la Moselle qui coule sur un lit de cailloux ; les grosses servantes aux bras nus assiégeant les fontaines avec leurs baquets de sapin blanc ; les attelages de grands bœufs qui parcourent les rues ou stationnent sur les places ; voilà l'église au style sévère qui date du XIe siècle. Si M. Demidoff revoyait aujourd'hui (1854) la modeste métropole des Vosges, il citerait encore les deux beaux ponts jetés sur les deux bras de la rivière, qui la partagent en grande et petite ville ; il parlerait du nouveau Musée et du magnifique hôtel de la Préfecture ; il n'oublierait plus l'hôpital, perché comme un nid d'aigle sur un monticule. Mais suivons notre voyageur au milieu de la chaîne des *Vosges*, qu'il va franchir pour entrer en Alsace.

Tout concourt en ces lieux, dit-il avec tant d'à-propos, à la variété et à la grâce du paysage : un ciel qui prolonge admirablement les lointains, plusieurs plans successifs de ces sommets arrondis, nommés ballons, et qui planent sur des vallons pleins de fraîcheur ; les habitations en bois, éparpillées au sein de cette riche verdure, les flots limpides des ruisseaux qui l'arrosent en découlant de tous côtés, complètent la ressemblance avec les montagnes de la Suisse. Le ballon d'Alsace, élevé de 1,540 mètres au-dessus du niveau de l'Océan, domine cette longue chaîne de montagnes qui commence un peu au sud de Mayence, remonte presque parallèlement le cours du Rhin et vient s'abaisser vers Belfort, en étendant du côté de l'ouest un rameau secondaire. Plusieurs rivières, telle que la Sarre, la Meurthe, la Moselle et la Meuse, naissent dans les Vosges et coulent vers le nord. Sur chacun des deux versants de ces belles montagnes se groupent de nombreux villages qui attestent la fertilité du sol.

La calèche de M. Demidoff roule sur la plaine unie de l'Alsace et arrive à *Strasbourg*. Il ne s'y arrête que pour visiter la gothique et superbe cathédrale de cette ville et il franchit le Rhin pour se rendre à *Carlsruhe*, gracieuse capitale du grand-duché de Baden. La chaîne de la Forêt-Noire, limite naturelle entre ce petit État et le royaume de Wurtemberg, est promptement traversé, et l'on gagne *Stuttgard*, cité remarquable par la beauté de ses édifices, le nombre de ses constructions modernes, la largeur et la propreté de ses rues. Ceci s'applique à la ville neuve ; car la ville vieille ressemble à un cloaque, sauf quelques maisons précieuses par leur architecture dans le style du moyen-âge. Stuttgard compte environ 32,000 habitants. Le palais, situé sur une esplanade symétriquement plantée, est d'une forme imposante et entourée de jardins magnifiques, outre que la contrée qui s'étend vers le sud-est offre des points de vue admirables.

M. Demidoff ne fit que traverser Ulm et Augsbourg, afin de se reposer à *Munich*, grande et belle capitale du royaume de Bavière. Il est peu de cités où l'architecture soit autant en honneur qu'à Munich, et il n'en est point où de riches collections d'objets d'art, recueillis avec un sentiment du vrai beau, soient aussi somptueusement conservés. Les rues de Munich ne sont point généralement régulières ; mais il en est quelques-unes de fort belles ; il y manque seulement une foule plus nombreuse. Ici, remarque notre voyageur, ce n'est pas la ville qui manque au peuple, c'est le peuple qui remplit la ville. 100,000 âmes, partout ailleurs, c'est beaucoup, sans doute ; pour une ville comme Munich, ce n'est pas assez, peut-être. La galerie de peinture à des salles immenses et des tableaux des plus grands maîtres, surtout de l'école hollandaise ; nulle part on ne peut admirer de plus beaux portraits de Van-Dyck ; en aucun lieu du monde, ajoute M. Demidoff, on ne saurait trouver, comme à Munich, un salon aussi vaste que celui dont le génie de Rhodes remplit toute l'étendue. Le musée de sculpture a également de riches et nombreuses merveilles.

C'est par *Brauneau*, petite ville composée d'une seule rue, assez longue et très large, que M. Demidoff pénétra en Autriche. Il atteignit bientôt la capitale de cet empire, l'antique *Vienne*, avec ses longs faubourgs, ses belles promenades publiques et ses femmes élégantes, qui vont surtout déployer leurs grâces sous les frais ombrages du Prater, belle et mélancolique forêt où les cerfs et les biches, souvent troublés dans leurs retraites, affrontent la ligne des brillants équipages et des piétons qui remplissent les avenues. Notre voyageur cite la longue place de Graben, qui, au centre de Vienne, montre ses deux fontaines gigantesques et les cafés environnants ; puis il vante Schœnbrun, le Versailles ou du moins le Saint-Cloud de la capitale autrichienne.

Après avoir distribué ses compagnons de voyage en deux escouades, l'une qui devait prendre le bateau à vapeur et descendre le *Danube*, et l'autre suivre la voie de terre jusqu'à Presbourg, M. Demidoff se remit en route le 5 juillet pour gagner la frontière de Hongrie. Il atteignit rapidement *Bude*, ville à laquelle

---

(1) Village près de Neufchâteau, département des Vosges.
A. M.

l'Autriche a rendu le rang de capitale, tout en conservant à *Presbourg* ses deux assemblées politiques. Située agréablement sur la rive gauche du Danube, Presbourg a, pour pendant sur le rivage opposé, de belles masses de verdure ombrageant des promenades très fréquentées. La ville elle-même est commandée par un château dont il n'existe aujourd'hui que des ruines, mais dont l'heureuse situation est un objet d'admiration inépuisable. *Bude* ou *Ofen*, la ville hongroise par excellence, voit du haut de son rocher s'échelonner ses quatre grands faubourgs qui descendent jusqu'au Danube, tandis que de l'autre côté du fleuve, sur la rive gauche, *Pesth* étale toute sa grandeur et tout son luxe de ville nouvelle. Sous les Romains, Bude se nommait Sicambria, et la tradition, plus ou moins véridique sur bien des points de semblable nature, veut que son nom actuel lui vienne d'un frère d'Attila qui s'appelait Buda.

Cette vieille cité conserve dans son trésor la couronne de saint Etienne, son globe impérial et son sceptre; elle est le siège et la résidence du palatin de Hongrie et des hauts dignitaires ecclésiastiques. Il est peu de situations plus remarquables que celle de Bude et de Pesth, séparées par un fleuve aussi large que le Danube, mais qui ne font réellement qu'une seule et même ville. Pesth compte 60,000 habitants; c'est, dit M. Demidoff, la ville active, remuante, laborieuse, produisant plus qu'elle ne consomme. Ses belles rues, ses larges quais sont disposés pour un commerce qui s'étend chaque jour, et bordés d'édifices de bon goût. Bude est la ville de l'histoire, de la monarchie et de la noblesse.

L'escouade qui devait descendre le Danube arriva au lieu du rendez-vous assez ponctuellement. Elle avait vu, au-dessous de Vienne, le fleuve se diviser en une multitude de bras, séparés entre eux par des îles assez étendues, couvertes uniformément de prairies et d'une abondante végétation Le paysage fut d'abord très riant; il devint plus sévère lorsque le fleuve n'eut plus qu'un seul lit. Après avoir doublé successivement Presbourg, Komorn, Wisegrad et Waitzen, l'escouade arriva à Pesth, où elle fit une halte pour se réunir.

Les deux escouades pérégrinantes, se retrouvant ensemble, quittèrent la double ville ou les deux villes hongroises pour continuer à descendre le Danube. La première journée du bateau à vapeur finit à *Mohacs*, ville dont les femmes, vieilles et jeunes, misérables et demi-nues, exercent les viriles fonctions de portefaix, tandis que les hommes se croisent les bras ou fument nonchalamment leurs pipes sur le rivage. On vit ensuite *Péterwardein*, le Gibraltar du Danube, citadelle véritablement formidable, où les murailles dominent les murailles, où la nature a si merveilleusement secondé l'art de la défense. Cette forteresse a devant elle, sur la rive gauche, la petite ville de *Neuzats*, unie à Péterwardein par un pont de bateaux.

Après avoir doublé l'embouchure de la *Theiss*, qui passe pour la rivière d'Europe la plus riche en poissons et qui est l'un des plus grands affluents du Danube, descendant de la haute Hongrie et du nord au sud, dans une ligne à peu près parallèle au Danube même, on arriva bientôt devant *Semlim*, place forte et chef-lieu de colonies militaires, frontière de la Slavonie, la dernière du territoire hongrois. Sous ces murs, les eaux de la *Save* viennent grossir encore le Danube, qui semble ici un lac immense dont à peine on peut apercevoir les bords. Tout en face de Semlin on découvre dans un lointain brumeux les tours et les remparts de *Belgrade*, qui défend l'entrée de la Servie. Toute communication entre les deux rives est sévèrement interceptée, à cause de la peste qui ravage presque continuellement le territoire servien.

Belgrade, avec sa citadelle et ses innombrables minarets, occupe le long du fleuve une plaine légèrement inclinée, et elle est abritée du côté de la Save par l'éminence considérable sur laquelle est placée la ville forte avec ses imposantes défenses. Entre deux points aussi rapprochés que Semlin et Belgrade, on ne s'attendrait guère, dit M. Demidoff, à trouver une si incroyable différence, et pourtant cette différence, ajoute-t-il, est telle que, d'une ville à l'autre, il semble qu'on ait franchi un espace immense, tant il y a loin de la physionomie européenne et pour ainsi dire disciplinée de Semlin, la forteresse hongroise, au laisser-aller nonchalant et asiatique de la grande ville ottomane. « A voir ce pêle-mêle de toits rouges, de noyers aux grosses têtes rondes, de cyprès noirs et de minarets étincelants dans l'air, on sent que dans cette ville turque chacun est libre de choisir sa place au soleil et de tourner sa case à son gré, vers la Mecque ou vers Constantinople. Même du milieu du fleuve, on devine ces ruelles tortueuses et humides qui serpentent sous ce labyrinthe d'arbres et de maisons. »

Bientôt *Semendria*, dont les murailles couvrent un grand espace, fut un vue du bateau à vapeur qui emportait rapidement nos argonautes; ils apercevaient en même temps sur les terres de cette province, qui n'est plus la Hongrie proprement dite, et qu'on nomme la limite militaire ou le *Bannat*, les premiers postes de la garde qui veille aux mouvements du fleuve. Tout le territoire du Bannat est divisé en régiments et en compagnies; il paraît qu'une complète similitude entre les droits et les devoirs de chaque fraction de cette espèce de camp perpétuel assure au service la plus grande régularité. La population entière forme un corps d'armée discipliné et organisé qui, tour-à-tour cultive les terres, élève et vient garder les troupeaux. Les postes des soldats colonisés sont échelonnés sur les rives du Bannat de manière que la correspondance puisse être affectuée avec célérité. Dans une baraque élevée près du Danube et servant de corps-de-garde, ces soldats, en gardiens vigilants de la santé publique, n'ont là pour compagnie que des oiseaux aquatiques, familiarisés avec leurs baïonnettes inoffensives. Quelquefois des troupeaux de chevaux, appartenant à la cavalerie coloniale, parcourent la prairie et viennent se désaltérer dans les eaux du fleuve.

L'expédition arrive à l'endroit où le Danube se rétrécit pour s'engouffrer d'un seul jet entre les hautes murailles que lui opposent au nord les Carpathes et au sud les Balkans. On gagne l'entrepôt de charbon de *Basiasch*, devant lequel les hommes du bâtiment à vapeur ne manquent jamais de faire une décharge de mousqueterie, en marque de salut, que les gens de la rive rendent fidèlement et coup pour coup. A *Babakaï*, une roche conique fort élevée surgit au milieu du courant et on donne dans le gouffre étroit où s'élance le Danube. Sur la rive droite, on aperçoit les ruines d'une imposante fortification qui, sous le nom de *Columbacth*, veillait comme un vautour sur ce passage et qui n'est plus aujourd'hui qu'un nid de mouches dont les piqûres sont redoutées des troupeaux. Une fois engagé dans cette sombre et mystérieuse voie, le fleuve roule sur des rochers ses eaux verdâtres et mugissantes, jusque près de *Drenkora*, station sur la rive gauche pour le dépôt des marchandises

De ce lieu jusqu'à la ville d'*Alt-Orsova*, le trajet cesse d'être praticable sur le Danube pour les bâtiments de grande dimension, à cause des barres de rochers et des courants sinueux et rapides, comme les cataractes qui obstruent et sillonnent le lit du fleuve. Alors les voyageurs sont confiés à des barques légères. Après plusieurs minutes de tourbillons et de bruit, la navigation redevient paisible durant quelques moments encore; puis on entre dans de nouveaux remous tout blancs d'écume, jusqu'à l'endroit où les montagnes, s'abaissant, laissent à la masse des eaux une circulation plus libre Bientôt le Danube se resserre et rentre dans un nouveau et redoutable défilé, présentant une muraille de rochers qui s'élèvent à 800 pieds, et sur plombent des deux rives la surface des eaux. Avant de franchir, le bateau dépose à terre les voyageurs qui suivent à quelques mètres-au-dessus du niveau du

Danube, et dans les flancs inférieurs de ces roches immenses, une route superbe, qui aboutit sur la rive du Bannat, à une vaste grotte, décorée du nom de *Veterani*, où l'on a établi une agreste hôtellerie.

Ayant ainsi franchi les barres formidables du Danube, nommées par les Turcs *Demir-Sapi* ou Portes de Fer, on gagna la station de *Skéla*, où se tient le bateau à vapeur du bas Danube. Cette station est peu éloignée d'*Orsova*, petite ville dont les trois rues principales sont perpendiculaires au Danube et deux autres parallèles. Là, se trouve un poste de douaniers turcs.

Dans une île voisine d'Orsova, au milieu du Danube et en face de la Servie, qui lui est soumise, le prince de Milosch a établi sa résidence. Le défilé franchi, on remonte sur le bateau à vapeur pour aborder les dernières cataractes. Le passage véritablement dangereux ne dure pas moins de vingt minutes ; le bruit des ondes irritées, la beauté sauvage des monts voisins et la vaste perspective qui s'ouvre au loin devant vous, rendent ce trajet fort imposant. Bientôt le fleuve en courroux se calme et reprend son cours majestueux, et, comme pour se reposer de ses agitations, il s'épanche radieux entre les rives éloignées de la Servie et de la Valachie.

M. Demidoff termine à Skéla son aventureuse et intéressante navigation ; désormais le Danube ne sera plus qu'un fleuve sans dangers et sans obstacles jusqu'à son embouchure dans la mer Noire. Bientôt l'on côtoya *Widdin*, place turque fortifiée, riche en édifices presque élégants et mêlés d'arbustes ; ville toute peuplée de ces longs et grêles minarets qu'on ne saurait mieux comparer, dit notre voyageur, qu'à une bougie coiffée d'un éteignoir d'argent. Un espace immense de pays affreux, désolé et sans végétation, sépare Widdin de *Lon Palanka*, la première ville de Bulgarie. Plus on avance, plus le fleuve multiplie ses passages, d'une largeur telle que par moments il offre l'aspect d'une mer. *Szystow* et *Rouschouk* sont les dernières villes de la Bulgarie que l'on aperçoive sur la rive droite. Enfin, le bateau à vapeur dépasse la caravane à *Giourjévo*, en Valachie.

De ce point, M. Demidoff se rendit avec ses compagnons à Buckharest, capitale de la Valachie.

Valachie et Moldavie. Arrivée à Odessa.

La vaste plaine qui s'étend entre Giourjévo et Buckharest est traversée de distance en distance par des ravins assez profonds, qui deviennent avec les pluies autant de fondrières dangereuses pour les voyageurs, dont les voitures courent le risque d'y rester embourbées. Néanmoins les vingt lieues que l'on a à franchir sont assez rapidement parcourues en poste par les maigres chevaux du pays, attelés avec de simples cordes et conduits par des postillons huchés sur de hautes selles de bois.

Le premier soin pour l'étranger en arrivant à *Buckarest* est de se procurer un équipage ; la grande étendue de la ville exige cette précaution, que, d'ailleurs, la mode impérieuse commande, car aucune personne de quelque valeur n'oserait se montrer à pied dans les rues. Cette mode veut également que l'on porte en toute occasion le manteau pour se garantir de la poussière. Les rues de Buckharest sont garnies de nombreuses boutiques dans lesquelles l'activité remplace le luxe. Un quartier tout entier est rempli par les magasins de pelleteries et les ateliers de tailleurs. Ces rues, de largeur inégale, sont mal alignées et surtout mal pavées ; quelques-unes même ne le sont pas. La plupart des maisons ne sont guère que des baraques en bois vermoulu, parmi lesquelles s'élèvent des édifices d'une architecture fort prétentieuse. Par malheur, dit M. Demidoff, la nature fragile des matériaux usités dans le pays ne résiste pas au climat, et les plus belles maisons de Buckharest sont cruellement délabrées à l'extérieur, malgré leur luxe de fleurons et de rosaces. Ce qui étonne le plus dans cette grande ville, ajoute notre voyageur, c'est la variété des costumes et des figures, dont une si nombreuse population présente à chaque instant des types si divers. Tout ce peuple parcourt les rues d'un air plus leste, plus affairé qu'on ne l'attendrait des mœurs de la classe inférieure, qui sont demeurées orientales. Ce qui anime partout Buckharest, c'est le grand nombre de juifs qui l'habitent, et qui, actifs, insouciants, jamais découragés, sèment autour d'eux la vie et le mouvement.

« Dès que vous apercevez, dit M. Demidoff, le chapeau à larges bords, la robe noire et râpée d'un juif, vous pouvez dire que vous avez à vos ordres, s'il vous plaît, un domestique adroit, intelligent, infatigable, que rien n'émeut, ni mépris ni colère, et vous pouvez vous adresser hardiment à cet homme pour quoi que ce soit ; il vous répondra en allemand, en italien, en quatre langues peut-être ; et pour quelques piastres, toute affaire cessante, son industrie, sa souplesse, son silence, sa patience, son éloquence, ses vertus, ses vices, son âme, son corps, tout cela est à vous. Et si, pour une commission d'un moment, pour une occurrence passagère, vous avez une fois employé l'Israélite, ne croyez pas qu'il soit facile de vous en défaire ; il est à vous désormais, ou plutôt vous êtes à lui, il ne vous quittera plus ; il vous suit à vingt pas dans la rue et de vingt pas il devine ce qu'il vous faut. Il s'assied sur le seuil où vous venez d'entrer ; vous retrouvez en sortant son regard finement respectueux qui sollicite un ordre. Il couche sur votre escalier, sous votre voiture ; il se fait le serviteur de vos gens, salue votre chien dans la rue ; il est là, toujours là ; vous l'avez vingt fois repoussé par de rudes bourrades, qu'il persiste encore et toujours. Ainsi repoussé, vient un jour, un moment, un caprice où il vous faudrait le juif : à peine en avez-vous formé la pensée, aussitôt il sort de la terre ; le voilà replié dans son humilité, et dans cette posture de juif qui n'est ni debout ni prosternée, l'air soumis, l'oreille attentive : c'est là le triomphe du juif ; voilà l'instant qu'il a acheté souvent par quarante-huit heures de veille, de fatigues, d'humiliations. A peine avez-vous parlé que vous êtes obéi, et obéi avec ponctualité, finesse et respect ; et lorsqu'après tant de soins et d'abnégation, le pauvre sylphe barbu et déguenillé touche enfin sa chère récompense, cette pièce de monnaie qu'il a suivie, qu'il a appelée, dont il a été le valet depuis deux jours, vous voyez dans son regard reconnaissant qu'il vous recommande à toutes les bonnes grâces d'Abraham et d'Isaac, et qu'il est tout prêt encore à se donner les mêmes peines pour un pareil prix. »

Buckharest a un musée d'histoire naturelle, une bibliothèque publique de 7,000 volumes, une collection minéralogique, un assez bel hôpital, et une assemblée générale, ainsi qu'on appelle la chambre des représentants de la Valachie. Le chef du pouvoir exécutif a le titre de ghospodar, ou hospodar. Les nobles ou boyards et les officiers militaires prennent part aux délibérations du congrès valaque. Les séances sont publiques, mais il est interdit aux journaux de rendre compte des débats.

Buckharest s'étend jusqu'à un horizon très éloigné. Cette ville, mêlée de nombreux jardins, couvrent un espace immense, et son aspect général est des plus pittoresques par le mélange de ses toits de toutes couleurs, de ses nombreuses tours qui surmontent plus de soixante églises, et de la verdure qui surgit à travers les masses de constructions. Le palais du ghospodar est situé à quelques verstes de Buckharest, sur les bords de la Dombovitza, rivière qui baigne un riant et fertile vallon.

Enfin, la population de la capitale valaque est de 60,788 habitants, dont environ 2,600 boyards, à peu près le même nombre de juifs, 12 à 1,300 prêtres avec leurs familles, et 1,800 sujets étrangers ; le reste, formant le peuple, est composé de différentes classes,

Femmes circassiennes.

qui se nourrissent habituellement de bouillie de farine de maïs ou de millet, sorte de polenta. Le peuple ici ne connaît presque pas l'usage des viandes ou du poisson salé; la principale boisson fermentée est l'eau-de-vie de prunes. La ville est divisée en cinq quartiers ou arrondissements, qui prennent chacun le nom d'une des cinq couleurs jaune, rouge, verte, bleue ou noire; et le chef de la police est un aga ayant sous ses ordres cinq commissaires, un pour chaque quartier.

M. Demidoff présente un aperçu des charges et dignités en Valachie. La première est celle de *ghospodar* ou chef suprême; vient ensuite le *banno*, qui donne à son titulaire l'entrée au conseil ou *divan* comme on le désigne, pendant qu'un lieutenant appelé *caïmacan* représente le banno dans le gouvernement civil; quatre *vorniks*, pris dans la noblesse, sont membres-nés du divan, réunis au banno et au métropolitain, ils y remplissent les fonctions judiciaires. Deux *logothètes* sont encore membres du conseil; ils notifient les sentences rendues par la cour et revêtues de la ratification du prince. Le *spathar*, membre du divan, commande la force armée. Le *vestiar* est le grand trésorier, et comme tel il a son entrée au divan. Le *postelnik* exerce auprès du prince les fonctions de secrétaire des commandements. Le *divan-effendi* est le secrétaire du divan. Il y a ensuite des charges de second ordre.

La Valachie renferme 22 villes, 15 bourgs, 3,560 villages, et environ 400,000 maisons. Le territoire est divisé en 17 districts, dont 5 au-delà de l'Alouta, et 12 en deçà. Ces districts sont subdivisés en arrondissements qu'on nomme plaça, et chaque plaça est le siège d'un collecteur de l'impôt. Le chef-lieu du district a un conseil municipal sous la direction d'un président ou maire, secondé par trois adjoints. La justice, rendue au nom du prince, est régie par un code qui a été promulgué en 1818, et qui est basé sur le droit coutumier de la principauté. Il y a en outre le code de commerce et le code criminel français avec trois degrés de juridiction, savoir : 1º tribunaux de district ou première instance; 2º cour d'appel ou deuxième instance; et 3º le divan suprême ou troisième instance. L'institution du jury n'existe pas, et les juges ne sont inamovibles qu'après dix ans. La défense est libre, et les débats sont publics.

Le prince exerce le droit de grâce. L'âge de majorité est vingt-cinq ans; mais le mineur peut être émancipé, 1º par le fait seul du mariage; 2º par la volonté de ses parents lorsqu'il a atteint dix-huit ans; et 3º par jugement du tribunal de première instance, à l'âge de vingt et un an, lorsqu'il est privé de son père et de sa mère. Le divorce est permis.

Sous le rapport géographique, la Valachie est baignée à l'ouest et au sud dans toute son étendue par les eaux du Danube; elle a au nord la chaîne des monts Carpathes, qui la séparent de la Transylvanie, et à l'est la Moldavie. Sa longueur de l'est à l'ouest est de 100 lieues; sa largeur moyenne est de 50 lieues. La moitié de cet espace vers l'est offre une suite de plaines traversées par des cours d'eau considérables; l'autre moitié vers le nord est montagneuse, et l'abondance des eaux y entretient une grande fertilité. Aucune rivière navigable n'arrose ce territoire; souvent les crues de Bouzéo, du Rimnik et des autres courants inondent subitement les plaines, mais sans pouvoir servir à la navigation. Le climat est des plus tempérés; l'hiver n'est rigoureux que pendant deux mois.

La population valaque, dont le chiffre total est de 1,750,000 âmes, comprend les boyards, les cultivateurs et les tsiganes. Les boyards ou nobles sont les possesseurs du territoire, les maîtres exclusifs des emplois publics et exempts des charges de l'État. On vante leurs bonnes manières et leur éducation généralement cultivée. Les cultivateurs forment la classe moyenne; les tsiganes ou les bohémiens dont nous avons déjà parlé dans l'analyse du voyage de M. Hommaire de Hell : ce sont des mendiants orgueilleux, impudents, paresseux et voleurs; une partie, néanmoins, vit de son travail et de son état de domesticité; le reste est voué à l'esclavage et à la vie errante.

M. Demidoff quitte Buckharest et gagne *Yassy*, capitale de la Moldavie. Cette ville couvre une surface considérable de ses rues et de ses maisons, qui, plus encore qu'à Buckharest, sont environnées de jardins. L'ensemble offre un coup d'œil satisfaisant; les constructions modernes se recommandent par un goût et une propreté extérieure qui manquaient aux anciens édifices. Quelques rues sont spacieuses et longues; déjà dans certains quartiers on a remplacé par un pavé le plancher incommode et dispendieux dont la voie publique était jadis formée. Yassy possède quelques belles églises et de jolies maisons, du moins celles qui appartiennent à de riches boyards. La rue principale est habitée par un peuple de marchands, changeurs, courtiers, faiseurs d'affaires de tout genre, tous Israélites. Dans la partie ancienne de cette large rue, une galerie, soutenue par de légers piliers de bois, sert d'auvent aux magasins.

Prenant congé de la ville d'Yassy, M. Demidoff atteint bientôt le cours sinueux du *Pruth* et le double village de *Skoulani*, l'un moldave, l'autre russe, que traverse le fleuve servant de limite entre la principauté et le territoire de l'empire. Le Pruth franchi, notre voyageur jette un coup d'œil rétrospectif sur la *Moldavie*, qui a partagé les vicissitudes de la Valachie, sa voisine. Disons donc encore quelques mots à ce sujet.

Le pouvoir administratif et le pouvoir judiciaire sont séparés. La partie administrative est confiée à un conseil composé du logothète, chef du département de l'intérieur, du vestiar ou chef du département des finances, et du postelnik ou secrétaire d'État chargé des relations étrangères. La direction de la partie judiciaire est dévolue au logothète du département de la justice. Le hetman est le chef de la milice.

La province ou principauté est divisée en treize districts, et chaque district, gouverné par un administrateur appelé ispravnik, est divisé en plusieurs arrondissements. La police de l'intérieur est faite par un corps de gendarmes, sous le nom de *slougitors*, et au nombre de 1,200, dont 266 sont attachés à la police de la ville d'Yassy, laquelle ville a aussi une compagnie de 100 pompiers. Chaque ville a une municipalité dont les conseils sont élus chaque année par les principaux habitants. Les revenus des communes consistent pour la plupart en un octroi sur les boissons et sur le tabac.

L'assemblée générale ou chambre des représentants est composée du métropolitain, des deux évêques diocésains, de seize boyards et de seize députés des districts. L'assemblée dure cinq ans; elle est convoquée le 1er décembre de chaque année, et ouverte par le prince. La milice est formée par recrutement. Il y a comme en Valachie des tribunaux de première instance, deux cours d'appel, et un tribunal ou cour suprême, indépendamment d'un tribunal criminel et d'un tribunal de commerce. La population totale de la principauté dépasse un million d'habitants, y compris les tsiganes. Enfin, la langue est à peu près la même dans la Moldavie que dans la Valachie; elle dérive à la fois du latin et du slave.

Des bords du Pruth, M. Demidoff se rendit à *Bender*, en Bessarabie; il passa le Dniester, peu large devant cette ville, et prit la route d'Odessa, jeune et florissante capitale de la Nouvelle-Russie.

Séjour à Odessa. Excursions diverses.

La ville d'*Odessa* couvre de ses quartiers, qui s'étendent encore chaque jour, un vaste plateau s'élevant à pic, et dont la base formidable plonge dans la mer Noire. Cette reine de la Russie méridionale est bâtie avec soin, surtout dans les quartiers qui se rapprochent de la mer. Tout ce qui avoisine le rivage est grand et annonce l'opulence. La longue et majestueuse terrasse qui domine la mer est entourée de monuments, d'hôtels, de maisons somptueuses. La falaise n'a pas moins de 80 pieds de hauteur, et dans toute son étendue vous parcourez un boulevart planté de jeunes arbres qui se courbent en berceaux. Au centre de cette promenade et dans un demi-cercle formé par de belles maisons a été élevée la belle statue en bronze du duc de Richelieu, du pied de laquelle se déroule un escalier gigantesque, ayant les degrés de 200 pieds de large, qui réunissent la grande terrasse au quai inférieur.

Pourtant, si de cet aspect magnifique vous rentrez dans la ville, vous n'y trouverez plus qu'à de rares intervalles quelques édifices qui rappellent la grandeur du quartier privilégié; vous voyez de larges rues, dallées avec soin et ornées d'acacias, se croiser à angles droits et traverser la ville d'un bout à l'autre. Un théâtre, de belles églises, de vastes places, des bazars, quelques riches établissements de commerce se font remarquer au milieu d'un grand nombre de maisons trop modestes, dit M. Demidoff, pour occuper de si belles rues. La partie de la voie publique réservée aux piétons est assez large pour que la circulation soit facile en tout temps, même dans les quartiers les plus fréquentés, le matin et le soir, par les promeneurs et par les commerçants affairés. C'est surtout dans le voisinage de la rue Richelieu, la plus belle et la plus populeuse de toutes les rues d'Odessa, que se portent le mouvement et la circulation. Dans cette rue se déploient aux regards des passants tous les plus riches produits de l'Europe, arrivés là sous la protection du port franc d'Odessa. Des enseignes brillantes et dans toutes les langues attestent cette liberté de commerce qui fait la richesse et la gloire de cette Marseille de la mer Noire. Les rues sont sillonnées par de nombreux droschkys, équipages utiles et légers qui franchissent rapidement les plus grandes distances.

Odessa est soumise, avec sa population de soixante mille âmes, aux usages des autres villes du midi de l'Europe : les heures du matin sont données aux affaires, celles du milieu du jour à la sieste ou au repos, et celles du soir à la promenade et aux plaisirs. Cette habitude, que l'ardeur du climat commande, rend Odessa fort triste pendant une bonne partie du jour; mais le soir tout s'anime, le théâtre et les cafés s'ouvrent, et les cercles se remplissent : ici les nobles, plus loin les marchands; là les Turcs et les Arméniens, avec la longue pipe orientale; ailleurs les juifs et leurs réunions à part.

A ces détails nous ajouterons ceux d'une personne qui a longtemps habité Odessa, et qu'il vient de livrer à la publicité.

Odessa est, au point de vue commercial, le port le plus important de la Russie dans la mer Noire. Cette ville qui, en raison de sa position topographique et de ses relations étendues, est appelée à jouer un grand rôle au milieu du grave conflit dont se préoccupe le monde entier, est de création récente. Elle fut fondée en 1794 sur l'emplacement du petit village d'Hadji-Bey, par l'amiral Bibas, Napolitain d'origine au service du gouvernement russe, après que Potemkin eut conquis la Nouvelle-Russie. On sait que c'est vers 1764 que Catherine II enleva aux Turcs la Crimée et les forteresses d'Azof, de Taganrok, de Kinburn et d'Ismaël. Pour donner un nom à la cité nouvelle, l'impératrice consulta l'Académie de Saint-Pétersbourg qui choisit celui d'Odessa en l'honneur de l'ancienne colonie grecque Odyssos, ville d'Ulysse, située autrefois sur la rive gauche du Dniester, non loin de là. Odessa est aujourd'hui la ville principale du gouvernement de Kherson ou de Nikolaïev, chef-lieu Kherson, bâtie en 1778, par Potemkin, à l'embouchure du Dnieper. Kherson, malgré ses fortifications, son port militaire et commercial, ses chantiers de construction, son arsenal et ses casernes, a perdu presque toute son importance depuis l'immense développement d'Odessa et de Nikolaïev, dont nous avons récemment parlé. Une année après sa fondation, Odessa comptait déjà, dans ses cabanes alignées, 2,300 hommes et 1,600 femmes, grecs, juifs et autres spéculateurs attirés par sa situation favorable. En 1797, sa population était de 5,000 âmes, maintenant elle dépasse le chiffre de 60,000 habitants. La franchise accordée à son port, en 1802, a beaucoup contribué à sa prospérité.

Odessa doit une partie de sa splendeur actuelle au duc de Richelieu, petit-fils du maréchal. Émigré en 1789, et depuis ministre de Louis XVIII, le duc de Richelieu servit d'abord la Russie avec distinction sous les ordres du général Souvarow, contre les Turcs, puis il obtint la faveur d'Alexandre et fut nommé, en 1803, gouverneur d'Odessa, et dix-huit mois après, appelé à gouverner toute la Nouvelle-Russie. Un autre Français, le comte de Langeron, lui succéda plus tard; le général prince Vorenzof, commandant en chef l'armée du Caucase, occupe aujourd'hui cette fonction importante.

La ville, à 170 kilomètres de Kherson, couvre un plateau élevé dont la base est baignée par la mer; elle domine, du haut de sa falaise escarpée, une vaste baie. Le port est formé de trois môles qui se divisent en autant de bassins. Les navires en quarantaine jettent l'ancre après avoir passé le premier môle sur 40 à 45 pieds de fond de vase et d'herbe. Le meilleur mouillage est par le travers du premier ravin de la ville, dit de la Douane, qui est garni de maisons. La rade d'Odessa, ouverte depuis le N.-E. jusqu'au S.-E., n'est point sûre dans la mauvaise saison. Elle avait aussi été rendue dangereuse par une quantité d'ancres perdues, qui, fort heureusement pour la sécurité des navires, tentèrent des spéculateurs secondés par quelques plongeurs de Kalimno, venus de Grèce et qui en ont enlevé la majeure partie.

Le môle qui forme le port de la quarantaine, et qui n'avait en 1837 que 561 mètres de long, en a aujourd'hui 717. Auprès de la tête de ce môle, la mer a 21 pieds de profondeur et 17 seulement à l'entrée du port. Elle diminue successivement jusqu'à 5, et les bâtiments ne peuvent point approcher de la partie du rivage occupée par des magasins, le bureau du capitaine du port et les parloirs de la quarantaine.

Le port de la quarantaine peut contenir environ 200 navires rangés sur plusieurs lignes. La jetée qui existe à une distance de 604 mètres du môle de la quarantaine s'étend aujourd'hui sur une longueur de 205 mètres. Elle est courbée vers la tête du môle, et sert au déchargement des allèges qui portent aux navires leur cargaison.

A 825 mètres de cet embarcadère, au-delà du grand escalier qui conduit de la terrasse aux quais inférieurs, est situé le môle des navires en pratique, mais n'ayant vers son extrémité que 10 ou 12 pieds de fond; quatre ou cinq bâtiments d'un médiocre tirant d'eau peuvent seuls s'y placer. Par suite de ce peu de profondeur, les ancres mouillées se trouvant à une faible distance de la superficie de la mer, on ne peut entrer dans le port ou en sortir qu'avec un calme plat et de grandes précautions.

Ces graves inconvénients et celui non moins grand de ne pouvoir être abrité du vent, depuis le N.-O. jusqu'au N.-N.-E. venant de la terre et de la grosse mer du N.-E. jusqu'à l'E.-N.-E., qui y pénètre et y cause souvent de grandes avaries, ont rendu jusqu'à présent le port pratique d'Odessa fort mauvais, le mouvement du cabotage et celui de la navigation à vapeur y sont devenus très considérables depuis quelques années, et l'encombrement des navires augmente encore les difficultés.

A 440 mètres plus loin, il a été construit une jetée de 312 mètres de long pour servir de cale de radoub. Sa principale utilité semble s'être bornée à garantir le port de pratique des envahissements de la vase de la plaine du Pérécip, et du lest que les navires en pratique jettent de ce côté dans la mer.

En 1849, des travaux ont été commencés pour utiliser cette jetée; il aurait été bien préférable de donner à Odessa un port profond et sûr, en ajoutant un coude sur le revers de la tête du vieux môle parallèlement au quai du grand escalier. Les navires s'y fussent trouvés sur 17 à 18 pieds d'eau, abrités de tous les mauvais temps. La plus grande profondeur de la baie d'Odessa est de huit brasses, tout son pourtour à partir du Pérécip, ou pour mieux dire du port de pratique, en a beaucoup moins. Les navires d'un tirant d'eau moyen ne doivent en approcher en louvoyant que d'un demi-mille tout au plus, parce qu'à cette distance la sonde ne trouve que deux brasses et demie d'eau.

Quoi qu'il en soit, les navires de commerce abondent dans ce port; il en est entré en 1853, 2,300, c'est-à-dire plus qu'en 1847, la plus forte année commerciale jusque-là, où le mouvement d'entrée n'avait été que de 1,600 environ.

La ville est vaste et bien bâtie, ses rues sont larges, régulièrement tracées. Elle possède une citadelle, un lycée impérial d'où sortent des jeunes gens fort instruits, un institut des demoiselles nobles, véritable palais, qui ne laisse rien à désirer sous le rapport des études et de l'éducation, un théâtre magnifique où se joue l'opéra italien, sur une belle place qui domine la mer. Près d'un grand bazar commence la principale rue d'Odessa qui la traverse entièrement; elle a reçu le nom du duc de Richelieu, et elle est bordée, de chaque côté, par de brillants magasins. C'est là que de deux à quatre heures se fait chaque jour la promenade fashionable en traîneau, au grand contentement d'une baie de curieux qui se renouvellent sans interruption, malgré le froid excessif, admirant et encourageant de leurs applaudissements les heureux et brillants privilégiés. Cette rue est terminée par un square du nom de Palais-Royal, diminutif de celui de Paris, entouré de riches boutiques tenues par des juifs caraïtes.

L'une des merveilles de la ville d'Odessa est la belle terrasse plantée d'arbres qui domine une falaise élevée de 80 pieds au-dessus de la mer et du quai marchand.

En cet endroit se trouvent les plus belles constructions, les monuments, les hôtels, les palais, les riches maisons, parmi lesquels se distingue entre tous la somptueuse demeure de la princesse Narishkin (Marie-Antou), qui égale en magnificence intérieure les plus grandioses habitations de France. Un grand nombre de ces constructions sont faites en pierres de taille, précaution utile contre les incendies si fréquents dans ces contrées, mais, de même qu'en Orient, la pierre de taille dénote un grand luxe, car la Russie ne possède pas de carrières.

C'est là, du reste, un des caractères particuliers de

cette ville tout orientale, dont on admire les clochers, les minarets, les dômes et la magnifique cathédrale. Tous ces édifices, et dans un autre ordre d'idées, un grand nombre d'usages et de coutumes du peuple russe attestent l'influence directe qu'a exercée sur ce pays la civilisation luxueuse et brillante de l'Orient. Au centre de ce magnifique boulevart se trouve un hémicycle entouré de belles constructions, au milieu duquel s'élève la statue en bronze du duc de Richelieu. A la base de cette statue se déroule un escalier gigantesque dont les marches ont 200 pieds de large; il réunit le boulevart au quai inférieur; des degrés sont soutenus par des voûtes graduées de hauteur sous lesquelles circulent les voitures de ceux qu'appellent au port leurs travaux ou leurs affaires.

La plantation d'arbres de cette terrasse est une des conquêtes de la ville sur un sol de sable tellement exposé au vent, qu'on ne peut sortir en été, et même en hiver, alors que le port est cerné par les glaces, sans être littéralement couvert de poussière. Cette disposition dans la température et le sol d'Odessa font qu'à une distance de cinquante verstes au moins, aucune sorte d'arbre ou d'arbuste, de temps immémorial, n'avait pu y vivre; mais un horticulteur français, M. Descemet, à la suite d'essais infructueux, parvint, à force de persévérance, à y acclimater l'*acacia*; c'est le seul arbre qui ait jusqu'à présent résisté au sable et aux vents meurtriers du pays.

Un petit bois d'acacias, planté non loin de la ville, offre maintenant aux habitants son frêle ombrage contre les ardeurs d'un soleil dévorant dès le mois de mars. Disons cependant que le blé vient merveilleusement dans cette terre sèche et sans fond; on voit souvent dans un rayon de cent à cent cinquante verstes d'Odessa, d'immenses plaines d'épis dorés à hauteur d'homme, séchés sur pied faute de bras pour les récolter, ou de routes pour les transporter hors des steppes où il n'y a ni chemins, ni moyens d'en pratiquer. Mais le pays est si vaste et si productif en céréales que, malgré ces causes, l'essor du commerce de grains à Odessa s'accroît chaque jour.

Toute la côte de la mer Noire qui précède la ville est bordée de délicieuses villas, mais la nature volcanique du sol y donne lieu assez fréquemment à de bizarres accidents dont les géologues n'ont pu découvrir le principe. La falaise ayant à peu près 80 pieds de hauteur en cet endroit, comme dans la ville, des cottages ou maisons de campagne sont construits au sommet et à la base de ces falaises; la mer Noire n'a pas plus que la Méditerranée de marée : or, les constructions qui étaient en haut se trouvèrent, en une nuit, doucement descendues en bas, tandis que celles qui s'y trouvaient remontèrent sur la hauteur presque à la place des premières. Plusieurs s'écroulèrent, mais d'autres restèrent entières, quoique trop ébranlées pour être habitables encore.

Les jardins furent bouleversées comme par la foudre, les parties basses soulevées, et les parties hautes transformées en précipices. L'accident étant arrivé en avril, personne n'habitait encore la campagne; autrement, on aurait eu de nombreux malheurs à déplorer. Le mouvement, quand il se produit, a toujours lieu la nuit. Il est graduel et non instantané, comme le prouve la nature des dégâts arrivés aux constructions, et cette circonstance exclut l'idée qu'on puisse l'attribuer aux tremblements de terre assez fréquents, du reste, à Odessa, quoique peu dangereux.

L'authenticité de ces faits, malgré leur côté merveilleux, est incontestable. Ils ont occupé, d'une manière toute particulière, l'attention de l'Académie des sciences de Saint-Pétersbourg.

M. Demidoff, auquel nous revenons maintenant, fit d'Odessa le quartier-général, le point de départ et de rendez-vous de ses excursions scientifiques. Il se rendit d'abord en *Crimée*, cette antique *Tauride*, aux souvenirs encore si poétiques. Il vit le bourg et le port d'*Yalta*, qui abrite ses maisons neuves à l'ombre des hautes montagnes de la chaîne d'Yaïla. Bâtie récemment sur l'emplacement même d'une ancienne ville grecque assez considérable, Yalta remplit toute la partie septentrionale d'une baie spacieuse, ayant le cap Nikita au nord et le cap Aï-Todor au midi. Cette rade, entourée de beaux paysages, est, dit notre voyageur, parfaitement abritée d'un côté, tandis qu'elle reste exposée de l'autre aux vents et à la grosse mer qui viennent du sud-est; c'est là un accident qui lui est commun avec Odessa. Yalta possède un bureau de poste, une douane, une pharmacie, de nombreuses boutiques, et une hôtellerie bien tenue. Dans le voisinage de cette petite ville est *Aloupka*, riante maison de plaisance du gouverneur général de la Russie méridionale, en résidence à Odessa.

Notre voyageur partit de ce lieu pour se rendre par terre à Kaffa, dans un *télègue* de poste, rude et rapide voiture nationale, qui peut contenir deux passagers de front sur la masse de manteaux et de couvertures que l'on met dans cette auge voyageuse, à défaut de banquettes. Le télègue est traîné par deux chevaux que guide un cocher assis sur une étroite planche; au timon du télègue résonne une clochette d'airain, comme pour rappeler sans cesse aux voyageurs que le sommeil serait imprudent sur une pareille voiture. Lorsqu'on approche d'une ville, on supprime la clochette, par respect pour les oreilles des citadins. C'est dans cet équipage que les officiers, agents, courriers, fonctionnaires du gouvernement russe, parcourent continuellement l'empire, galopant jour et nuit, franchissant des milliers de verstes, ainsi repliés sur eux-mêmes, sans autre abri qu'un manteau, contre le soleil, la pluie, la poussière ou la boue. Il faut être doué d'une forte constitution pour résister à ce cahotement continuel.

M. Demidoff, avant de gagner Kaffa, se dirigea immédiatement vers *Simphéropol*, capitale actuelle de la Crimée, chef-lieu du gouvernement de la Tauride; il traversa, à cet effet, la vallée du Salghir. La ville se divise en deux parties : il y a d'abord l'ancienne Ak-Metchet des Tatars, où l'on retrouve les ruelles étroites, populeuses, garnies de boutiques de toutes espèces et classées par professions, selon l'usage oriental; puis, vient la ville nouvelle, où l'on reconnaît déjà les alignements et le large espace des rues des modernes villes russes. Une église principale, assez élégante, orne une des places les plus vastes de la ville. Sur un autre espace ou champ de foire, au centre de Simphéropol, est un pêle-mêle bruyant de marchands et d'acheteurs de tous les pays et parlant toutes les langues. On se croirait, dit M. Demidoff, au pied même de la tour de Babel. Les Grecs, les Tatars, les Arméniens, les juifs, les Russes circulent incessamment au milieu des marchandises et des bestiaux, à travers les fougueux droschkys des Russes et les paisibles madgiurs des Tatars, que traînent deux énormes dromadaires à la double bosse, à l'air impassible.

Simphéropol est, par sa position, le centre de toutes les passions actives, et une quantité considérable de maisons neuves s'élèvent dans cette capitale, qui a quelques auberges et quelques autres établissements commodes pour les voyageurs. Malgré ces avantages, M. Demidoff ne fit dans cette ville qu'un très court séjour; il la quitta pour se rendre à *Kara-Sou-Bazar*, grande ville tatare, il ne put la voir en détail, parce qu'il y arriva de nuit et qu'il en repartit le lendemain matin, pour atteindre bientôt le bord oriental de la Crimée, et *Kaffa*, la ville des Génois et des Tatars, qui a conservé encore quelques vestiges musulmans au milieu de sa physionomie tout italienne, analogue à la ville de Bologne. Kaffa a une vieille enceinte de tours et de murailles; son port, que l'on nomme aussi son ancienne antique de *Théodosie*, ne reçoit plus guère que de petits navires chargés de céréales de la steppe environnante. Le mouvement qui animait jadis Kaffa s'est porté plus à l'est, dans la rade de Kertch, où la position si favorable du détroit qui réunit la mer d'Azof à la mer Noire attire un nombreux concours de bâtiments marchands. La population principale de Théodosie est composée de Grecs, et a aussi beaucoup d'Arméniens et de juifs.

De Théodosie, M. Demidoff atteignit *Arabat*, en traversant en ligne droite, et du sud au nord, une sorte d'isthme qui sépare la mer Noire de la mer Putride. La ville d'Arabat n'est guère qu'un village formé d'une longue rue, s'étendant sur un espace qui, dans l'Europe centrale, suffirait à une ville de 12,000 habitants. Le fort est placé sur le sable, entre la mer d'Azof et la mer Putride ou Sivache, désignation que l'on donne aussi à cette grande lagune, bien digne de son épithète pittoresque. Une sorte de digue naturelle part du pied même des remparts d'Arabat, et se dirige droit au nord entre les vagues bruyantes d'un côté, mornes et livides de l'autre, et toujours au milieu d'une odeur fétide. La flèche d'Arabat, cette étroite chaussée ou langue de terre, est interrompue vers son extrémité septentrionale et laisse communiquer les deux mers au moyen d'un canal d'environ 100 mètres, lequel a reçu le nom un peu prétentieux de détroit.

De ce point, notre voyageur se rendit à *Nogaïsk*, capitale de la tribu nomade des Nogaïs, que les mœurs citadines n'ont pas encore entièrement convertis à la vie sédentaire. Le chaume et l'argile sont les principales matières employées dans les constructions ; sauf la mosquée et le bazar, vous n'avez guère sous les yeux que de pauvres boutiques et un triste village. Ce lieu a été fondé par un Français, le comte de Maison, véritable bienfaiteur des Nogaïs de la contrée.

De ce lieu, M. Demidoff passa à Marioupoul, puis à Yalta et à Taganrok. La ville de *Taganrok*, assise à l'extrémité septentrionale de la mer d'Azof, est agréablement située et bien bâtie ; ses maisons sont en pierres ou en briques, et d'une architecture qui plaît à l'œil. Taganrok a un théâtre qui est assez suivi. Le port a été fondé par Pierre-le-Grand ; mais on a dû en établir un nouveau à cause du décroissement des eaux de la mer d'Azof, où débouche avec impétuosité le Don qui y entraîne des sables que les vents du sud accumulent sur la côte. Aujourd'hui les eaux sont si peu profondes devant Taganrok, que l'embarquement doit se faire au moyen de charrettes qui vont au loin joindre de larges barques, lesquelles se partagent le chargement. Quant aux navires, ils ne peuvent approcher de la terre de plus d'une lieue. La plus grande profondeur de la mer d'Azof, laquelle, selon M. Demidoff, se réduit de jour en jour aux dimensions d'un lac, ne dépasse pas 12 à 15 mètres. Sa profondeur moyenne est de 2 mètres.

Depuis que Taganrok est devenue inaccessible aux navires, on a fait de *Kertch* l'entrepôt et le port de déchargement de la mer d'Azof, comme de la mer Noire dans sa partie orientale. M. Demidoff ne s'arrêta point dans ce lieu, mais se rendit à *Rostoff*, ville baignée par le Don avant que ce fleuve se divise et éparpille ses eaux dans les canaux qui forment son embouchure. Ce petit port a un mouvement commercial assez vif. Plus loin, et au-dessus de Staro et de Novo-Tcherkask, la vieille et la nouvelle capitale des Cosaques du Don, vous trouverez l'intéressante ville de *Nakitchevan*, peuplée d'Arméniens qui entretiennent un commerce étendu et des relations suivies avec leurs compatriotes d'Astrakhan, de Leipzig et de l'Asie-Mineure. De nombreux bazars font de Nakitchevan un vaste entrepôt qui alimente toutes les foires du pays. Les habiles négociants de cette ville ont accaparé les produits des vignobles du Don, qu'ils écoulent dans toute la Russie méridionale, à la faveur d'une étiquette trompeuse qui métamorphose en bordeaux les vins un peu rudes de ce terroir fumeux. Les rues de Nakitchevan sont propres et tirées au cordeau, et les maisons bien entretenues.

Peu de temps après avoir quitté cette ville, M. Demidoff entrait dans la capitale des Cosaques du Don, la grande *Novo-Tchekrask*, qui couvre de ses maisons blanches une colline avancée en promontoire sur la plaine. Novo-Tcherkask, dont le nom indique une construction récente, a succédé à Staro-Tcherkask, la vieille ville. D'abord cette ville vieille fut la capitale ; mais elle était exposée aux inondations du fleuve, et pour y échapper on bâtit la nouvelle sur une hauteur voisine. Les rues de Novo-Tcherkask sont d'une largeur démesurée ; son sol aride est couvert d'une poussière qui aveugle le piéton ; ses petites maisons, d'une blancheur éclatante, font de cette ville un séjour monotone, et M. Demidoff la quitta bientôt pour visiter plus en détail le pays habité par les Cosaques du Don. Voici en quels termes il parle de ce pays.

Il comprend une vaste plaine traversée par le fleuve du Don, depuis sa sortie du gouvernement de Voronéje jusqu'à son embouchure dans la mer d'Azof. Il comprend aussi le district montagneux qui s'étend sur les bords du Donnetz jusque vers le gouvernement d'Ekaterinoslaw. Bien que soumise à l'autorité de la Russie, cette population de Cosaques est régie par ses lois et ses usages particuliers. Elle nomme ses chefs, qui porte le nom d'attamans ; elle élit également tous ses fonctionnaires civils. L'attaman en chef est seul nommé par l'empereur. Le territoire est fertile, mais mal cultivé ; l'agriculture, la pêche et l'éducation des bestiaux sont les principales occupations des habitants. Le Cosaque, bien sobre, aime avec passion l'eau-de-vie : elle est sa poésie et presque toute son espérance. Soldat à quinze ans, le Cosaque garde son uniforme jusqu'à cinquante, prêt à obéir au premier ordre de départ ou de service d'escorte et de dépêche. Peu de villes, mais un grand nombre de villages couvrent la plaine étendue qu'habitent les Cosaques. Chaque village porte le nom générique de *stanitza*, sans préjudice d'un autre nom distinctif. Il y a en outre les *fhoutors* ou hameaux. Le Cosaque est superstitieux et religieux en même temps ; il est d'une ignorance très grande et d'une malpropreté quelquefois repoussante, excepté en ce qui touche son uniforme : il le brosse tous les jours, mais il ne songe jamais à se laver les mains.

M. Demidoff quitta le pays des Cosaques et se rendit à *Baghtchech-Saraï*, ville tout-à-fait orientale, renfermant le palais des khans de Crimée ; elle s'étend au fond d'un étroit vallon hérissé de rochers et que baigne une petite rivière un peu fétide. Une seule rue constitue à elle seule presque toute la ville, qui se développe sur le bord de la rivière. Les maisons et les jardins remontent à droite et à gauche, sur l'escarpement de l'étroite vallée. Plusieurs mosquées se groupent au milieu des arbres et dressent leurs minarets parmi les habitations. La grande rue tout entière est bordée de boutiques et d'ateliers où l'industrie tatare s'exerce encore dans toute la simplicité primitive, fabriquant chaque pièce des objets qu'elle donnait il y a 200 ans ; ni la mode ni le caprice n'ont rien changé à ses produits inamovibles. Tout ce peuple travaille avec calme, et vend ou achète avec dignité ; les Juifs Karaïms, membres d'une secte à part de la nation israélite, font le commerce exclusif des étoffes, des merceries et des denrées coloniales.

Le palais des jardins, car tel est le sens du nom de la ville de Baghtchech-Saraï, aurait bien pu s'appeler le palais des fontaines. En effet, l'eau courante est partout ; elle circule dans les murs, dans les jardins, dans les vestibules, comme le sang dans les veines d'un jeune homme bien portant. Entre toutes ces heureuses fontaines, il faut, dit M. Demidoff, citer celles qui décorent le vestibule de parade, deux délicieuses constructions jumelles. Un de ces monuments a inspiré de beaux vers au poète russe Pouschkine.

De ce fortuné séjour, notre voyageur se rendit à *Sévastopol*, ce vaste établissement de la marine militaire sur la côte occidentale de la Tauride. Sévastopol, nom grec signifiant ville auguste, couvre tout un mamelon situé entre deux baies ; ses rues sont larges, mais poudreuses ; les maisons petites et basses. L'entrée du port est défendue par des fortifications redoutables. Les hautes collines qui défendent la rade n'offrent qu'un aspect triste et nu. La seule rue un peu supportable s'étend parallèlement au grand port. La cathédrale est un édifice d'une architecture très élégante. Sur les hauteurs voisines de la cité on embrasse tout l'ensemble du port et de ses établissements, coup d'œil magnifique, dit M. Demidoff, surtout lorsque la flotte entière de la mer Noire s'aligne dans l'admirable bassin de la rade.

Les chantiers de construction de la marine impériale sont établis à Nikolaïef, situation favorable tant à cause de l'emplacement qu'à cause de l'arrivage des bois qui descendent de la Russie centrale.

La vie des habitants de Sévastopol est tout intérieure, car une foule d'obstacles s'opposent aux promenades et aux parties de plaisir auxquelles on a l'habitude de se livrer ailleurs dans les soirées. Une population de 30,000 ames, habitants, soldats ou marins, donne quelque vie à ce port. Il y a un marché consacré aux pastèques, dont on fait une consommation prodigieuse. Une immense variété de poissons se débite aussi au point du jour.

Non loin de Sévastopol, et dans la direction du sud-ouest, un phare s'élève à l'extrémité d'une longue pointe qui dépasse à peine le niveau des flots ; cette pointe, c'est la terre que les anciens avaient nommée Chersonèse : elle fut le siège d'une colonie grecque forte et puissante où la mythologie s'est associée à l'histoire ; on découvre encore quelques ruines de l'antique cité que fondèrent sur cette côte de la Tauride les Grecs émigrés d'Héraclée.

Après avoir visité le cap de Parthénion, que la géographie des Génois a nommé cap Florente, M. Demidoff prit la direction de *Balaklava*, assez joli port que l'antiquité connaissait sous le nom de Simbolon ou Cimbalo, et qui paraît avoir été une dépendance de la Chersonèse taurique. Le nom de Balaklava lui vient de celui qui lui avait été donné par les Génois, *Beila Chiave*, belle clef. Cette petite ville se compose d'un amas de maisons délabrées, et d'enclos mal défendus par des murailles à demi renversées ; une rue principale, gardie de boutiques désertes ; une église et le logement du commandant grec, sont à peu près ce qu'on peut remarquer dans cette petite colonie d'Arnaouts.

M. Demidoff alla visiter ensuite la grande ville tatare de *Kozlof*, autrefois très puissante, qui offre de belles mosquées, des bains, des bazars et des ateliers en grand nombre. Cette ville est encore d'une étendue imposante ; mais dans ses rues étroites et irrégulières on ne rencontre guère que des murailles décrépites, des enclos incultes, des maisons basses et dégradées. Quelques bazars sont peuplés de marchands qui font le commerce des tissus, du feutre et des ouvrages en maroquin. Les Juifs Karaïms de Kozlof sont d'adroits bijoutiers qui excellent à fabriquer des objets servant à la parure des femmes juives ou tatares. Le sexe de Kozlof est vraiment d'une beauté remarquable, et digne de figurer dans les *Mille et une Nuits*.

M. Demidoff revint à Simphéropol, nom récent qui signifie ville double, et qui semble avoir été composé tout exprès pour cette capitale de la Tauride, peuplée d'environ 8,000 habitants. Notre voyageur la quitta bientôt pour rentrer à son quartier-général d'Odessa, après avoir encore visité l'entrepôt salin de Kertch et quelques autres localités environnantes.

Ici se termine le voyage de M. Demidoff, dont le récit est renfermé dans le premier volume de l'ouvrage ; les trois autres contiennent le résultat des expéditions scientifiques de ses compagnons de route ; on y traite de géologie, de botanique, de minéralogie, et de diverses autres branches de l'histoire naturelle dont l'examen n'entre pas dans notre plan de description analytique.

Albert-Montémont.

DUBOIS DE MONTPÉREUX.

(1838)

VOYAGE AUTOUR DU CAUCASE, EN ABASIE, EN CIRCASSIE ET EN COLCHIDE.

A la relation de Gamba et à celle de M. Demidoff, ajoutons quelques faits recueillis sur les mêmes peuples par M. Dubois de Montpéreux.

Circassie.

M. Dubois de Montpéreux quitta Sévastopol et les rives desséchées de l'antique Chersonèse pour se diriger vers la Circassie, vaste contrée dont une portion de territoire appartient à l'Europe et l'autre à l'Asie. Il atteignit bientôt la baie de Soudjouk-Kalé et l'embouchure du Zimissé, d'où il se rendit à Ghélindjik, le plus beau port de la côte de la Circassie et de l'Abkhasie ; les environs de ce port sont assez fertiles, et garnis de forêts de pins. La baie de Ghélindjik paraît un lac intérieur, et, avec celle de Soudjouk-Kalé, elle resserre tellement le mont Tatchagus, que c'est une vraie presqu'île, comme celle d'Au, dans le lac de Zurich.

Les peuples circassiens habitent aujourd'hui le pays situé entre 43°—45° de lat. N. et 35°—45° de long. E. Ce pays a pour limites, au nord, le Kouban, tributaire de la mer Noire, et le Térek, tributaire de la mer Caspienne ; à l'est, le Daghestan ; au sud, l'Imirète, la Mingrélie et la Georgie ; et à l'ouest, la mer Noire.

Nous connaissons, en Europe, ces différents peuples sous le nom de *Circassiens* ; mais les Russes les appellent *Tcherkesses*, mot qui veut dire coupeurs de chemins. Il n'y a guère que des Abazes depuis le Kouban jusqu'à Soudjouk-Kalé. La population réunie de ces divers peuples caucasiens est d'environ 2 millions et demi d'habitants.

Les Circassiens, dit un autre voyageur, M. Taitbout de Marigny, offrent aujourd'hui le spectacle d'une nation libre qui s'est toujours conservée dans un état presque barbare, bien qu'entourée de peuples plus civilisés. Ils sont disséminés jusque sur la cime des plus hautes montagnes, divisés par peuplades de dénominations particulières, et formant autant de petites républiques féodales, dont quelques princes sont les chefs. Les Turcs seuls ont été en relations commerciales avec eux, s'étaient jusqu'ici contentés de la possession d'Anapa forteresse située à l'extrémité méridionale de la côte et à huit lieues de l'embouchure du Kouban.

La Circassie n'a ni villes, ni bourgs, ni villages proprement dits ; le pays est très boisé, et chaque Tcherkesse, voulant vivre isolé et dans son domaine, se choisit, loin de son voisin, une demeure au milieu de quelques beaux arbres, et à la portée d'un bois où sa famille puisse se réfugier en cas d'attaque. La maison elle-même est en planches assujéties avec des perches, et son toit est en paille. Les seuls ornements intérieurs sont des armes. La puissance du prince se dénote par la richesse de ses armes et par le nombre de ses maisons.

Un certain nombre de ces habitations, disséminées au long et au large, dépendant du même prince, ou réunies pour les mêmes intérêts par quelques circonstances locales, prend un nom qui est le plus souvent celui de la rivière du voisinage. Une habitation s'appelle *ouneh*; un village se nomme *ounah*: c'est le *aoule* du nord du Caucase, le gau des anciens Germains, et le kau des Ossètes d'aujourd'hui. Dans les plaines du Kouban et chez une partie des Tcherkesses des montagnes on emploie aussi le mot *koudjé* pour désigner quarante à cinquante habitations disposées en cercle.

Le prince ou noble circassien, marié comme à Lacédémone, n'ose être vu auprès de sa femme; il ne peut la visiter qu'à la dérobée, et c'est une grande impolitesse que de lui en demander des nouvelles; l'âge seul peut modifier la rigueur du cérémonial.

L'usage des princes est de confier leurs fils en bas âge à des vassaux qui les emportent chez eux, les dressent à tous les exercices du corps, à monter à cheval, à employer toutes les ruses dans une expédition périlleuse: c'est Pélée confiant Achille au centaure Chiron. Lorsque l'élève est à peu près dressé, on le marie; c'est-à-dire qu'il enlève la jeune fille qui lui convient, et paie le kalim ou la dot réglée à l'amiable. L'époux qui ne trouve pas pure la femme qu'il a épousée a le droit de la renvoyer, en gardant le kalim, à ses parents, qui la tuent ou la vendent.

Le père ne revoit son fils, en général, que quand il est marié; son retour est célébré par une fête où sont invités les parents et le gouverneur du jeune homme. Celui-ci conserve pour son maître un attachement inviolable.

Les filles des princes sont également élevées comme les fils, et remises à des gouverneurs, qui leur font apprendre les ouvrages du sexe et les marient, en ayant soin de choisir un époux d'un rang sortable; car ils en répondent sur leur tête, comme ils ont répondu des fils.

Abkhasie.

En quittant la Circassie, M. Dubois de Montpéreux entre dans l'Abkhasie, province qui s'étend du défilé de Gagra à la rivière de Galazga. Les gorges de Gagra sont très pittoresques; le défilé était jadis gardé par une forteresse; les Russes y ont établi un corps-de-garde. Les Tcherkesses n'ont rien négligé pour les chasser de cette position, mais ils n'ont pu y réussir. Gagra est assez triste et il manque d'eau potable; en outre, il y fait en été une chaleur étouffante, et aucun courant atmosphérique n'y vient renouveler l'air. Chardin appelle cet endroit Baladag, c'est-à-dire montagne élevée, et Klaproth, Berbend, mot qui en turc signifie défilé.

De Gagra, notre voyageur gagna la Kotoche, principal écouloir des eaux qui descendent des pentes sud-est de l'Ochetène et débouchent dans la plaine par le portail de Bsoubbé, l'un des plus pittoresques de l'Abkhasie. M. Dubois se rendit ensuite à Lekhné, résidence du prince régnant d'Abkhasie, suzerain de la Russie. On fait encore beaucoup d'esclaves dans ce pays, d'où notre voyageur se rendit à Soukoum-Kalé, forteresse au pouvoir des Russes, et qui possède un petit marché où l'on peut se procurer du vin, de la viande et quelques bagatelles.

De ce point, M. Dubois partit pour Redoute-Kalé, autre forteresse russe établie à l'embouchure du Phase, et qui protège la ville de Tiflis, capitale de la Géorgie. Il suivit bientôt ensuite les bords de la Khopi, rivière qui arrose un très beau pays, et il alla faire halte au monastère de ce nom, pour de là passer à Koutaïs, petite ville arménienne peuplée de deux mille habitants, et située sur la rive droite du Phase. La vie du peuple de Koutaïs se passe dans le bazar, où l'on discourt de tout; on y voit, le jour du marché, affluer des habitants de diverses vallées du Caucase, qui viennent y faire des échanges contre les produits de leur sol.

Autres contrées circassiennes.

M. Dubois de Montpéreux se rendit à *Ghélathi*, résidence d'un gouverneur moscovite, placée sur un rocher au bord du Rion ou Phase Le monastère du même nom est à 600 pieds au-dessus du niveau de la rivière, étagé sur le flanc et la crête du rocher et entouré par une muraille.

De là, M. Dubois passa à *Akhaltsikhé*, ville assise sur les bords du Kour ou Cyrus, à 7 werstes ou 7 kilomètres au-dessus du confluent du Poskho. Une citadelle couronne la hauteur, et la ville a elle-même un rempart de près d'une lieue de tour.

Depuis que la ville d'Akhaltsikhé est devenue russe, elle n'a plus de marché d'esclaves, et les Lesghiens ne peuvent plus que très difficilement atteindre les frontières des Turcs. Incorporée dans la ligne des douanes russes, elle se trouve isolée et comme jetée en un coin, n'ayant plus de communication facile avec l'Anatolie; elle n'est d'ailleurs sur aucune grande route naturelle de commerce, et le port le plus rapproché, Batoum, en est séparé par une haute chaîne de montagnes, aussi pénibles à traverser que celles de Sachéri. Presque toute la population musulmane, qui dépassait 40,000 âmes, s'est retirée, et il ne restait déjà plus à Akhaltsikhé, en 1838, qu'environ 10,000 habitants, dont les deux tiers d'Arméniens. A 7 werstes de cette ville est le monastère de Saphar, dans l'angle du pays qui sépare le Kour du Poskho.

M. Dubois traversa le Kour et pénétra dans le *Darthly*, qui s'étend au nord du Kour jusqu'au pied du Caucase. Les deux moitiés de la chaîne de montagnes qui encaissent le Kour et forment les flancs de la vallée de Bardjom se séparent à la tour de ce nom, pour ne plus se réunir; la moitié qui est au nord du Kour s'en va joindre les hautes cimes du Caucase, forme le contrefort ou coude qui sépare le Karthly de l'Imréth; l'autre moitié sert presque toujours de rive droite au Kour jusqu'à Tiflis.

Notre voyageur, après avoir ensuite exploré le *Ratcha*, qui dépend de l'Imréth, longea le Phase, et se dirigea vers le *Letchekoum*, l'une des provinces de la Mingrélie, et dont les habitants sont Imérétiens et parlent le géorgien. Il passa de cette contrée à celle de *Gouria*, peuplée de 36,000 individus qui parlent aussi géorgien et dont le chef réside à Ozourghéti; ce pays est riche en millet, maïs, vin, noix; mais ses habitants ne font aucun commerce de ses produits et n'exercent aucune industrie. Enfin il arriva à Tiflis.

Tiflis

Tiflis, capitale de la Géorgie, est traversée par le Kour ou Cyrus. La ville ancienne est sur la rive droite du fleuve; c'est un amas confus d'églises, de tours, de dômes, de maisons, de murailles, de bazars entassés les uns sur les autres jusqu'au pied inaccessible de la montagne de Solalaki, dont le sommet est occupé par une forteresse. Le côté gauche du Kour est si étroit qu'il n'y a qu'une rangée de maisons contre une paroi noire à pic. Ce quartier du faubourg d'Avlabar s'appelle les Sables, et le sommet de la montagne est occupé par la ville nouvelle d'Avlabar, la prison, les casernes, l'hôpital, etc. A Tiflis, les Persans maigres et basanés, les Turcs éternellement flegmatiques, les Grecs animés, tout se mêle, se presse et évite les secousses des portefaix ossétiens qui plient sous leur fardeau appuyé sur un sac de paille. Les magasins restent la nuit sous la sauvegarde du guet, que les marchands paient pour cela. La grande place de Tauris offre de beaux édifices, notamment le palais de l'état-major et le gymnase Dans le voisinage est le palais du gouverneur général russe, autrefois la demeure des tzars de Géorgie, et dont Chardin a fait la description.

Cosaques.

Tiflis, située sous le 41° 41' 27" latitude nord, n'a guère que la température moyenne de Florence, placée sous 43° 46'; cette différence vient de sa position dans le voisinage des hautes sommités du Caucase, fort avant dans l'intérieur des terres et à environ 400 mètres au-dessus du niveau de la mer Noire. La chaleur est d'autant plus sensible à Tiflis qu'elle est concentrée comme dans une espèce d'entonnoir; le thermomètre de Réaumur y monte quelquefois en juillet jusqu'à 33° à l'ombre; mais année ordinaire il ne dépasse guère 28°, et il reste longtemps entre ce degré et 22°.

De Tiflis, notre voyageur entreprit le trajet de cette ville à Petigorsk, à travers le Caucase, en suivant d'abord la rive droite du Kour, d'où il gagna ensuite la vallée du Térek jusqu'à *Kobi*, village osse, où se réunissent trois vallées, lesquelles apportent leurs eaux tributaires au fleuve qui s'est frayé un passage au défilé de Darial ou Dariel, après avoir reçu déjà de nombreux affluents.

Les Osses n'observent aucune cérémonie à leur mariage; l'époux seulement fait agenouiller devant lui un enfant mâle, afin que son premier-né soit aussi un garçon. Le mari peut avoir plusieurs femmes, mais la première est seule légitime, les autres sont des servantes. Mourir sans héritier est le plus grand malheur qui puisse arriver à un Osse; mourir frappé de la foudre est pour lui le comble du bonheur.

La population de l'Osseth de la haute vallée du Térek est d'environ 3,000 habitants, et celle de l'Osseth géorgien de 4,000, ce qui ferait un total de 7,000 individus; mais ce calcul n'est qu'approximatif.

M. Dubois, revenu de ses explorations à Petigorsk et dans plusieurs autres vallées du Caucase, se rendit en Crimée, d'où il revint en France.

ALBERT-MONTÉMONT.

FIN DES VOYAGES DE GAMBA, ANATOLE DEMIDOFF, ET DUBOIS DE MONTPÉREUX.

Paris. — Imp. Lacour, rue Soufflot, 16.

Vue de Stockholm.

CAPELL BROOKE.

(1820-1821.)

VOYAGE EN SUÈDE, EN NORWÉGE, AU FINMARK ET AU CAP NORD. — RELATION D'UN HIVER EN LAPONIE, EN SUÈDE ET AU FINMARK.

Quelques mots d'introduction. Départ pour la Suède. Arrivée à Gothembourg; cette ville. Manière de voyager dans ce pays. Lilla-Edet. Forêts de pins. Chutes de Trolhatta. Lidkoping. Le lac Wener. Effroyable quantité de loups. Orebro. Le lac Mælar. Arboga. Westeras. Stockholm. Détails de mœurs.

Tandis que les contrées du sud de l'Europe sont sans cesse explorées par les voyageurs, celles du nord, au contraire, n'ont que rarement le privilége de les attirer. Ensevelies à ce qu'on semble croire dans des ténèbres presque continuelles, et gémissant la plus grande partie de l'année sous des chaînes de glace, on ne se figure guère qu'elles aient aussi leur été, ni qu'elles possèdent des attraits qui puissent récompenser un touriste de ses fatigues. Telle est même la triste influence du froid sur l'imagination, qu'il suffit en général de mentionner les régions arctiques pour ôter aux gens l'envie de les parcourir, et que l'idée de passer le cercle polaire les empêche souvent d'aller jusque-là. Quiconque néanmoins méprisera ces préventions absurdes, et se résignera gaîment à toutes ces petites incommodités auxquelles il faut s'attendre dès qu'on sort de son propre pays, rencontrera dans le nord des millions de choses curieuses et intéressantes. Si ses yeux se lassent de la monotonie des scènes délicieuses que lui offriront les parties méridionales de la Suède, où ce sont toujours des forêts et des lacs qui se succèdent les uns aux autres, il trouvera toute la variété désirable dans les montagnes de la Norwége, où le pittoresque s'allie incessamment au grandiose. S'il poursuit sa route sur les rocs sauvages des côtes occidentales, le long desquelles les énormes chaînes du Nordland opposent un rempart inébranlable à la rage de l'Océan atlantique, il contemplera avec autant d'admiration que d'étonnement ces œuvres de la main du Créateur, ces monts qui, autour de leurs têtes blanchies de neiges séculaires, entendent le vent furieux du nord hurler en chœur avec les vagues qui rugissent à leurs pieds. Enfin, s'il tourne ses pas vers les vastes forêts et les immenses déserts de la Laponie, que coupent en tous sens des rivières rapides qu'il lui faudra franchir en dépit de leurs cataractes écumantes, il découvrira à chaque instant des points de vue dignes de prendre place sur son album, à chaque instant des objets qui mériteront de fixer toute son attention; et la nature, qu'entoure une atmosphère d'azur limpide à travers laquelle nuit et jour le soleil fournit sa carrière, se présentera ainsi à ses regards sous une multitude d'aspects aussi neufs que merveilleux. Si j'en parle, c'est, comme on va le voir, par expérience.

En effet, le 15 mai 1820, je quittai Londres avec l'intention de visiter les parties septentrionales du continent européen, et, s'il m'était possible, de m'avancer jusqu'au cap Nord. Gagnant Harwich, je m'y embarquai pour la Suède, et les trois premiers jours le vent nous fut extrêmement favorable; mais il changea le 24, et une violente brise de l'est nous força de louvoyer pendant les quarante-huit heures qui suivirent. Nous venions alors d'atteindre le rescif de Jut, qui s'étend presque circulairement du Jutland vers la côte norwégienne, parage où les vents sont d'ordinaire très variables; et comme ils y gouvernent les courants, nous eûmes à lutter contre ces deux obstacles à la fois. Le temps lui-même, de beau qu'il était, devint tout d'un coup pluvieux, et nous essuyâmes cinq ou six grosses averses. Néanmoins à notre entrée dans le *Skager-Rack* le ciel se nettoya, une forte brise se mit soudainement à souffler de l'ouest en notre faveur, et nous doublâmes avec rapidité le *Skaw*, qui forme l'extrémité nord du Jutland; puis entrant dans la Gotha et dépassant bientôt le château d'Elfsborgh, nous mouillâmes à dix milles environ de l'embouchure au bas du village de Masthugget. Là, nous n'étions plus qu'à une lieue de *Gothembourg*, ville située sur la même rivière, et la seconde de la Suède par son importance; mais comme il était déjà dix heures du soir, quoique les rayons du soleil eussent à peine disparu au-dessous de l'horizon, je préférai passer la nuit à bord plutôt que de m'y rendre tout de suite.

Le lendemain, dès la pointe du jour, je descendis dans une chaloupe, et partis pour la ville en question qui se détacha promptement des brouillards du matin. L'approche en est fort pittoresque, car on y arrive par un canal spacieux que forme une branche de la Gotha dont les eaux coulent aussi à travers les principales rues. Celle où l'on débarque est large et magnifique; et si seulement Gothembourg avait un Rialto (1), on pourrait presque le croire à Venise. Des deux côtés sont des édifices publics et les maisons des plus riches négociants, et partout semble régner un air d'opulence et de propreté. Quoique les habitants se plaignent que l'état actuel du commerce ne justifie plus cette apparence, c'est encore après Stockholm la plus florissante cité du royaume, et elle compte une population de vingt-un mille âmes. Ses rues sont fort régulières, elles se coupent à angles droits, et les canaux qui les traversent lui donnent une grande ressemblance avec beaucoup de villes des Pays-Bas. Parmi les monuments qu'elle renferme, on doit citer en première ligne la cathédrale, qui est bâtie dans un style simple mais noble, et dont les décorations intérieures sont sévères mais bien entendues. Il y a quelques années la pêche aux harengs se faisait à Gothembourg sur une très vaste échelle, mais un beau jour, ces poissons, sans qu'on ait pu en découvrir le motif, ont abandonné cette partie de la côte, et c'est à leur disparition qu'il faut probablement attribuer la langueur présente du commerce. Au reste, il n'existe pas d'endroits en Europe où la vie soit moins coûteuse. Toujours les marchés y sont abondamment pourvus de toute espèce de provisions, et l'hiver, lorsqu'il tombe assez de neige pour que les paysans norwégiens puissent venir dans leurs traîneaux, ils y apportent tant de gibier et de venaison que les plus pauvres gens peuvent, pour la plus modique somme, faire la meilleure chère du monde. Ce sont les lièvres, les *kœders* ou coqs de montagne et les quartiers d'ours qui obtiennent surtout du débit.

Quand on veut voyager en Suède avec quelque vitesse, il est indispensable d'envoyer huit ou dix heures d'avance sur la route qu'on doit suivre, ce que les Suédois appellent un *forebud*, en d'autres termes un coureur, qui fasse préparer les relais, les vivres et tout ce dont il sera besoin. J'en expédiai donc un le soir même de mon arrivée à Gothembourg, et le jour suivant, au lever du soleil, je repartis de cette ville pour les chutes de Trolhatta qui étaient distantes d'une quinzaine de lieues, et qui, certes, valent bien la peine

(1) Pont de Rialto à Venise, aussi appelé le *Pont des Soupirs*.   A. M.

que pour les visiter on s'écarte un peu de la route directe menant à Stockholm. Grâce au courrier qui me précédait, je trouvai toujours aux divers endroits dont nous étions convenus, des chevaux qui m'attendaient tout harnachés et tout bridés, mais qui, très probablement sans cette précaution, auraient encore été à paître dans leurs forêts natales, où il faut les aller prendre pour les mettre à la disposition des voyageurs. Ils appartiennent aux paysans qui sont obligés de leur en fournir moyennant certaine rétribution fixée par un tarif, mais si légère (car la poste se paie dix fois plus dans le reste de l'Europe), qu'on n'imagine pas comment avec de si minces profits les relayeurs peuvent tenir leurs engagements. Si chétive que cependant soit la somme, ils la reçoivent avec reconnaissance, et vous remercient joyeusement du moindre pourboire. Quoique très petits, les chevaux sont très bons, et ils vous emportent avec d'autant plus de célérité que les routes du pays ne sauraient être comparées mieux qu'aux allées de nos parcs. Il ne faut donc se plaindre de rien sous ce rapport; mais que n'en peut-on dire autant des repas et des auberges? Si vous n'avez pas eu soin de consacrer un des coffres de votre voiture aux provisions de bouche, vous courez grand risque de dormir à jeun; car la plupart du temps, lorsque vous faites halte pour la nuit, on ne vous sert à souper, malgré toutes les recommandations qu'a laissées votre forebud, que le gros pain de seigle dont le paysan et ses chevaux mangent également, et peut-être un peu de lait.

Jusqu'à environ trente milles de Gothembourg, la contrée est triste et nue; la chaîne de montagnes rocailleuses dont l'aspect stérile et sombre attriste l'œil pendant cette partie de la route, continue sans interruption sur toute la longueur des côtes de la Norwége et du Finmark, devenant peu à peu plus considérable à mesure qu'on avance vers le nord, projetant des ramifications de différents côtés, formant entre la Norwége et la Laponie suédoise la haute barrière des Alpes Dophrines qui sont éternellement couvertes de neige, et de là s'étendent jusqu'à la dernière extrémité de l'Europe septentrionale. C'est seulement près du petit village de Lilla-Edet que commencent les forêts de pins; et les teintes noirâtres de leurs rameaux, tranchant alors sur le vert tendre des jeunes pousses du printemps, offraient le plus joli contraste. Au-delà du village les rocs cessent ou du moins ne montrent plus que de temps leurs masses sourcilleuses à travers l'épais feuillage des arbres. Bientôt le charmant lac Treuning s'offrit à mes regards, entouré d'un amphithéâtre de bois; et il faisait encore assez grand jour lorsque nous approchâmes de *Trolhatta*. Tandis que nous descendions une côte rapide, je pus, quoique éloigné d'une lieue, me faire une idée de l'importance des chutes, car au-dessus l'atmosphère était obscurcie par de lourdes vapeurs que doraient les rayons du soleil couchant. Puis, quand nous fûmes parvenus au lieu même, comme j'ouvris de grands yeux pour ne rien perdre de l'étonnant et admirable spectacle qui était devant moi! Là en effet toutes les eaux de la Gotha enveloppées d'écume et de poussière, se précipitent avec d'horribles mugissements d'une hauteur perpendiculaire de cent dix pieds, non d'un seul jet, mais en quatre cascades, à travers des rocs entassés pêle-mêle et entre des rives pierreuses d'une immense élévation çà et là parsemées de sapins. Ce qu'il y a de plus remarquable, c'est qu'avant d'arriver aux cataractes le fleuve glisse, silencieux et tranquille, aussi clair que du cristal, et que cinquante pas plus loin des cataractes il a déjà repris son silence et sa tranquillité. Pour que la navigation ne fût pas interrompue dans l'espace intermédiaire, on a creusé latéralement dans le roc vif, à force de peine et de travail, un canal qui, au moyen d'un système d'écluse, permet que toute espèce de bateaux, soit qu'ils montent, soit qu'ils descendent, poursuivent sans difficulté leur route.

Je passai la nuit à Trolhatta dans une misérable auberge, et le lendemain j'atteignis la ville de *Lidkoping*, distante d'une quarantaine de milles. La contrée que je parcourus ce jour-là offre un aspect moins sauvage, car on y rencontre par intervalle de vastes espaces où les paysans ont défriché la forêt et se livrent à l'agriculture. Les terres ainsi employées produisent, malgré la pauvreté du sol, des moissons passables; et les petites métairies qui de temps en temps apparaissent au milieu des masses noires des bois de sapins récréent singulièrement la vue. En entrant à Lidkoping ma surprise fut extrême, et peu s'en fallut que je ne me crusse arrivé au bord de la mer, car je vis à mes pieds une vaste nappe d'eau qui naguère s'étendait jusqu'aux limites de l'horizon, tout-à-fait semblable à l'Océan que j'avais traversé, et sur le premier plan il y avait plusieurs navires à l'ancre. Ce n'était cependant qu'un lac, mais le grand *lac Wener*, un des plus considérables de l'Europe, qui a trente-cinq lieues de long sur quatorze de large, et qui, au moyen du canal de Trolhatta, établit une communication directe avec la mer du Nord. Vingt-quatre rivières, dont plusieurs très importantes, qui prennent leur source dans les montagnes de la Norwége, se jettent dans le Wener, le traversent et se réunissent à leur sortie engendrent la *Gotha* qui, formant les fameuses chutes dont j'ai parlé plus haut, passe au milieu de Gothembourg, et va ensuite se décharger dans le Cattégat. De Lidkoping dont il baigne les murs, l'aspect du lac est fort beau. Sur la rive opposée la montagne de Kindakulle sort de ses vagues et domine tout ce qui l'environne. L'œil se perd à le parcourir dans son immensité, s'il n'y trouve à fixer un mât de vaisseau, tandis qu'à gauche d'épaisses forêts de sapins s'étendent jusqu'à ses rives. La ville elle-même de Lidkoping ne renferme rien qui mérite l'attention du voyageur, excepté son église. Ce monument n'est pas intact, mais les ruines en sont bien conservées, et l'intérieur surtout ferait, je crois, grand plaisir à un antiquaire. La chaire et l'orgue sont ornés de sculptures et de dorures dans le vieux style, et j'ai aussi remarqué de curieuses peintures à fresque.

Quand on sort de Lidkoping pour se diriger sur Stockholm la route longe quelque temps le Wener. On traverse ensuite plusieurs lieues de forêts, après quoi viennent d'immenses marécages qu'on dit très giboyeux; mais en vain descendis-je de voiture, comme le temps était à la pluie, je ne trouvai pas l'occasion de tirer un seul coup. Aux alentours de Bodarne, village où je couchai, le gibier de toute sorte abonde aussi; par malheur les bêtes féroces ne manquent pas non plus dans les bois noirs et impénétrables qui l'environnent. En hiver, sans parler des ours, les *loups* y commettent de grands ravages; et, deux mois avant, notre hôte s'était vu enlever deux de ses plus gros bœufs par une troupe de ces animaux. Il n'est nullement extraordinaire, pour peu que la saison soit rude, qu'on en rencontre des bandes de cent et de deux cents qui, poussés au désespoir par la faim, se couchent au milieu des routes et s'attendent ce qui doit passer. Les voyageurs sont alors contraints de revenir sur leurs pas et de faire souvent un long circuit pour les éviter. La nature du pays et la vaste étendue des forêts sont telles que les loups y multiplieraient bientôt en assez grand nombre pour l'inonder d'un bout à l'autre, si la rigueur du froid et le manque absolu de nourriture n'en tuaient pas périodiquement une énorme quantité. D'ailleurs les paysans se réunissent à certaines époques et font des battues. Le gouvernement leur accorde une prime par chaque tête, et comme en outre la peau se vend un bon prix, ils s'estiment bien récompensés de leurs peines quand ils ont chacun pour leur part abattu cinq ou six loups. Trois peaux en effet suffisent pour confectionner un de ces amples manteaux de fourrure que les Suédois portent l'hiver, et qui valent de dix à douze louis. Lorsque les gens de la campagne rendent la liberté à leurs chevaux après s'en être servis, généralement ils leur garnissent les pieds de fer, et ceux-ci, armés de la sorte, parviennent quelquefois à repousser avec succès les attaques de leurs féroces ennemis. Chemin faisant, je remarquai beaucoup de bestiaux qui étaient tout couverts de cicatrices produites par les attaques fréquentes des loups. Un étranger pourrait donc s'attendre à rencontrer çà et là de ces animaux; mais c'est un plaisir qu'il ne goûtera qu'en hiver. L'été, il traversera probablement tout le royaume sans apercevoir la queue d'aucune bête de proie.

Entre Bodarne et Orebro d'immenses *lacs* viennent sans cesse s'offrir à vos regards au moment où vous y songez le moins, et diversifier le paysage. L'étranger qui voyage à travers la Suède est surpris d'en compter un nombre prodigieux; mais pour peu qu'il considère la nature de la contrée et les causes qui leur donnent naissance, sa surprise devra diminuer beaucoup. Presque tous, en effet, proviennent de ce qu'une vaste partie de forêt a été dans l'origine ou brûlée, ou défrichée, aux endroits où ils existent maintenant. L'humidité qui autrefois était absorbée par les innombrables racines de sapins, lesquelles couraient à la surface du sol, devient alors stagnante, faute de pouvoir pénétrer très avant dans les entrailles de la terre, à cause des rocs qu'elle y rencontre, ou s'évaporer, se dessécher en aucune manière. En conséquence, un marécage profond et impraticable se forme d'abord; les premières grosses pluies l'augmentent ensuite, et enfin la fonte soudaine des neiges le convertit en un lac qui s'agrandit peu à peu, tandis que les parties les plus hautes restent à découvert et produisent toutes ces petites îles dont les lacs du pays sont parsemés. *Orebro*, chef-lieu de la province de Nerike et résidence du gouverneur de cette province, est une grande et belle ville, avec deux églises et une population de trois mille habitants. Elle est située sur le lac Hjelmar qui, au moyen d'un canal, établit une voie de communication avec le lac Malaz et la mer Baltique. Le château où le gouverneur habite est un antique bâtiment carré tout environné d'eau. Il était jadis fortifié et a soutenu plusieurs siéges. Ce ne fut pas sans peine que je me procurai un lit à Orebro, et dans la plus sale des auberges, qui toutes étaient remplies de militaires, car Blacksta, le grand dépôt de remonte pour la cavalerie, n'en est que peu éloigné. Comme j'avais résolu de poursuivre ma route de grand matin le jour suivant, je me couchai de bonne heure et fus à même d'exécuter ma résolution, grâce à un humble fils d'Orphée qui, comme c'est la coutume en Suède, vint à la porte de ma chambre jouer du violon pour me féliciter, à ce qu'il parut, de mon heureuse arrivée dans la ville. La douce influence de sa musique, qui n'était pas sans charme, m'ôtant toute idée de sommeil, je pus, selon mon projet, partir dès cinq heures pour Arboga. Après avoir dépassé le village de Glanshammar on entre bientôt dans l'immense *forêt de Kaaglar*, qui est très remarquable par son air lugubre et sauvage. Pendant que nous la traversions je remarquai plusieurs gros tas de pierres qui, apportées une à une par les mains pieuses des passants, indiquent un endroit où les restes de quelque infortuné voyageur qui a péri victime d'un assassinat reposent à l'ombre des sapins. Tel est l'usage dans toute la Suède, et l'étranger qui ne sait pas pour quelle cause sont amoncelées toutes ces pierres, s'étonne d'autant plus à leur aspect qu'elles couvrent un vaste espace de terrain. En nul pays toutefois les meurtres ne sont aussi rares.

Plus nous avançâmes dans la forêt, plus l'obscurité qui y règne me parut s'épaissir. Vainement mes yeux, s'élançant à travers les grands sapins droits qui se succédaient à l'infini, cherchaient-ils à percer la noire étendue et à s'arrêter sur quelque trace du passage de l'homme; vainement le soleil lui-même tâchait de pénétrer avec ses rayons les cimes onduleuses des arbres et d'illuminer l'ombre qui enveloppait leurs pieds. Aussi éprouvai-je une vive sensation de plaisir en rentrant dans une rase campagne. Au déclin du jour je vis pour la première fois entre les mains d'un jeune berger l'instrument suédois appelé *leurre*; il est en écorce de bouleau, a trois pieds de long, et sert à rassembler le bétail quand vient l'heure de quitter le pâturage. L'effet que ses sons produisent alors dans les bois lointains est on ne peut plus enchanteur. Le soir je fis halte pour la nuit à *Arboga*, grande et belle ville de la province de Westmanie, et le lendemain, après une course de onze lieues, j'atteignis celle de *Westeras*, chef-lieu de la même province, et en même temps la résidence du gouverneur, et que baignent les eaux du charmant lac Mælar. Westeras, qui est en outre le siége d'un évêque, remonte à une très haute antiquité, et sa vaste et magnifique cathédrale, célèbre aussi comme renfermant la dépouille mortelle du roi Éric XIV, mérite toute l'attention du voyageur. Le reste de la route presque jusqu'à Stockholm, qui n'est plus distant que de seize lieues, offre une suite des plus délicieuses scènes qui se puissent imaginer, car on ne perd que rarement de vue le lac Mælar, qui, au lieu de ressembler à une petite mer comme le Wener, forme quelquefois de vastes bassins, mais le plus souvent ressemble à une belle rivière où se réfléchit l'azur des cieux.

Après avoir successivement traversé les villages de Gran, de Tibble et de Barkarby, j'entrai à dix heures du matin dans la capitale de la Suède. Il ne faut pas s'étonner que la plupart des voyageurs qui visitent *Stockholm* représentent cette ville comme fort triste, et même se plaignent de n'y avoir trouvé chez les habitants aucune hospitalité. C'est qu'en général ils n'y viennent que dans le mois de mai ou de juin, époque très favorable sans doute pour voir l'été du nord dans toute sa splendeur, mais fort mal choisie pour se faire une idée juste des plaisirs et de l'état de la société dans cette métropole. Alors en effet, après de longues rigueurs de l'hiver qui ont à peine permis de mettre le nez dans la rue, chacun quitte la ville et s'en va dans quelqu'une de ces innombrables et jolies maisons de campagne du voisinage à jouir des délices de l'été avec d'autant plus d'empressement qu'elles ne doivent durer que si peu. Il n'est personne, même des classes moyennes, qui, possesseur aux champs d'une cabane, quelque petite qu'elle soit, ne se hâte de courir l'habiter, et le nombre prodigieux de ces petites retraites montre qu'un Suédois les regarde comme indispensablement nécessaires au bonheur de la vie. C'est donc aux alentours qu'il faut chercher Stockholm l'été; c'est là seulement que les seigneurs vivent avec magnificence et reçoivent leurs amis avec cette grâce et cette noblesse de manières qui les distinguent.

La situation de Stockholm est singulière et romantique. Bâtie sur sept petites îles, à l'endroit de jonction du Mælar avec un bras de la Baltique, elle offre sous ce rapport quelque ressemblance avec Venise. Une grande partie de la ville cependant repose sur le versant escarpé d'une très haute montagne, et dans cette direction on voit un tel échafaudage de maisons, qu'elles semblent à l'œil construites les unes sur les autres. Au-dessous, le commerce couvre presque les eaux limpides de la Baltique d'une forêt de mâts; tandis que beaucoup au-dessus, et couronnant le tout, s'élève la belle église de Sainte-Catherine. L'étranger qui aura le courage de monter au faîte de la principale des tours sera amplement récompensé de sa peine par la magnifique et imposante vue qui de tous côtés se développera devant lui. L'œil se perd d'abord dans l'horizon sans bornes de forêts, de lacs et de mers qui s'étend tout à l'entour; puis redescendant sur Stockholm qui est entrecoupé d'eau dans tous les sens, il s'arrête quelque temps sur le palais du roi, qui est le plus remarquable des divers édifices publics, et dont la Baltique baigne les murs; enfin il parcourt les immenses sapinières qui s'évaporent jusqu'aux portes de la capitale, toutes tachetées de villas, et bordées de la manière la plus pittoresque par ces beaux et nombreux lacs qui caractérisent si agréablement ce pays. Après avoir ainsi vu l'ensemble, le voyageur qui voudra connaître les détails devra visiter successivement la demeure royale dont j'ai déjà parlé; l'école militaire de Carlberg; l'arsenal; la salle d'assemblée du sénat; le Riderholm, où sont enterrés les souverains suédois, et entre autres l'illustre guerrier Charles XII; le cabinet d'histoire naturelle; l'exposition de peinture qui a lieu tous les ans, et la belle galerie de statues où sont réunis la plupart des inimitables chefs-d'œuvre de Sergell. Différentes casernes, celles par exemple des régiments du prince royal des hussards de la garde et de l'artillerie, méritent également qu'on les visite. Il faut encore faire connaissance avec les châteaux royaux d'Ulriesdal, d'Haga et de Drottningholm, qui tous trois, à peu de distance de la ville, sont diversement curieux: le premier pour la beauté naturelle de sa position; le second pour le goût avec lequel sont dessinés les jardins, et le troisième pour sa magnificence intérieure. Il y a enfin à Stockholm une multitude d'institutions publiques et de manufactures qui, pour peu qu'on ait le loisir de les visiter, ne manqueront pas d'exciter l'intérêt.

Ce qui est fort intéressant à voir, ce sont les grandes revues qui ont lieu chaque année dans une vaste plaine près de la ville, et qui commencent généralement le 1er juin et durent quinze jours. J'y assistai en effet, et je puis dire que pour la bonne tenue et la précision des manœuvres les troupes suédoises de toute arme ne le cèdent en rien à celles des autres puissances de l'Europe. De plus, les simples soldats obéissent aveuglément à la discipline; ils ont de la conduite, ne murmurent pas contre leur nourriture, qui est pourtant fort mince et fort grossière, car la ration quotidienne de chaque homme ne consiste que dans la moitié d'un petit poisson et en un pain noir qui a la forme, l'aspect et presque la dureté d'un boulet de canon. Quant aux officiers, ils réunissent au plus haut point le caractère du guerrier et celui de l'homme du monde. Accomplis de manières et possédant presque toutes les perfections, ils n'affectent, et il faut les en féliciter, ni cet air méprisant, ni cette hauteur insupportable qui dans quelques autres pays font si souvent détester les militaires par les personnes qui ne suivent pas la même profession. Au contraire, les officiers suédois se montrent toujours polis, affables et modestes; ils parlent presque tous le français aussi bien que leur langue maternelle, et en général l'allemand. Stockholm, sous le rapport de la pureté avec laquelle on y parle la première des langues, peut en quelque sorte être appelé avec raison le Paris du nord. Toute chose effectivement y est française, et un étranger s'étonne, dans tous les cercles de gens comme il faut, de n'entendre pas prononcer un seul mot de suédois, tandis que le français seul fait continuellement les frais de la conversation. D'ailleurs les habitants de la Suède ont une extrême facilité, non-seulement pour apprendre les langues, mais encore pour les parler avec plus de correction peut-être qu'aucun peuple. Il n'est pas rare de rencontrer dans la capitale des enfants d'une dizaine d'années, garçons et filles, qui parlent couramment quatre ou cinq langues, et j'y pris un domestique qui, quoique simple homme du peuple, en parlait six. Si j'ajoute qu'il était, de plus, excellent coiffeur, habile cocher et cuisinier de mérite, on avouera que je ne pouvais trouver un plus utile compagnon de voyage.

Je m'étais presque venu à Stockholm que pour y recueillir des renseignements sur la route que je me proposais de suivre, pour m'y procurer des cartes et acheter la voiture, la tente, enfin tous les équipages dont j'avais besoin; mais ces choses, si simples en apparence, me coûtèrent plus d'une semaine d'allées et de venues. Cependant on était déjà au milieu de juin, et je n'avais aucun temps à perdre. Dans cette ville une morne indolence préside à tout. Il semble y être passé en coutume, comme du reste dans toute l'Europe septentrionale, que les gens de toutes les classes fassent une sieste au milieu du jour. En conséquence, chaque marchand, lorsqu'une ou deux heures arrivent, ferme sa boutique avec le plus grand sang-froid, et regagne tranquillement sa maison, qui d'habitude est à quelque distance de la première, pour livrer son corps épuisé à ce repos que l'activité des affaires et la chaleur accablante du climat rendent si nécessaire dans le midi, mais que rien ne saurait justifier en Suède. Les rues de Stockholm deviennent donc désertes, silencieuses et tristes, à cause de la fermeture des magasins pendant cette partie de la journée, précisément où celles de Paris, de Londres et des autres capitales sont les plus passantes, les plus gaies, les plus bruyantes; et ce n'est qu'entre quatre et cinq heures de relevée que le boutiquier rouvre ses volets à la lumière, et sa porte aux chalands. Néanmoins, sauf peut-être les articles de librairie, il n'est rien, pour peu qu'on veuille s'en donner le temps et la peine, qu'on ne finisse par se procurer à Stockholm ; et le 18 je fus en mesure de continuer le lendemain mes excursions.

Départ de Stockholm. Insectes qui empestent les forêts. Énormes fourmilières. Forêts consumées par le feu. Bonté des paysans. Eskilstuna. Auberges suédoises. Smaby. Affection des paysans pour leurs chevaux. Route de Suède. Comparaison des nuits d'été dans ce pays et dans le nôtre. Carlstadt. Chaumière des paysans ; usages qu'ils tirent du bouleau ; leur costume et leur caractère. Hogboda. Pourquoi on ne voit que si peu de gibier en Suède où il y en a tant. Arrivée à Christiania. Population. Anéantissement du commerce de cette ville.

Le 19, par une matinée superbe, je montai dans une espèce de calèche russe dont j'avais trouvé à faire acquisition, et qui, fort basse, excessivement solide et assez légère pour être traînée par deux chevaux, joignait à ces avantages celui de m'avoir coûté si peu, que dans le cas où par une circonstance quelconque je serais forcé de la laisser en chemin, je n'en éprouverais pas une bien grande perte. Jean, mon fameux domestique, grimpa sur le siége, prit les rênes en main, et donna le coup de fouet du départ; mais il nous fallut cheminer pas à pas pendant une heure avant de sortir des murs de la ville, tant le pavé des rues était mauvais. Au contraire, une fois la porte dépassée nous galopâmes avec une vitesse incroyable. J'avais eu soin d'envoyer la veille au soir un paysan comme forebud avec un charriot qui contenait une tente, des provisions de bouche et le gros de mon bagage, coucher au relais d'Eskilstuna. En effet, au lieu de suivre la route que j'avais déjà suivie pour venir d'Arboga à Stockholm, j'aimai mieux prendre une direction nouvelle pour regagner Arboga, puisque nous devions nécessairement repasser par cette ville en nous dirigeant vers Carlstadt.

Vers midi la chaleur devint si grande que, pour empêcher que nos roues ne s'enflammassent, nous fûmes obligés de nous arrêter à Kumla et d'y jeter vingt ou trente seaux d'eau ; quelque temps s'écoula même avant qu'elles fussent assez refroidies pour que nous pussions nous remettre en marche. Nous rentrâmes dès lors dans des forêts profondes, où ne se faisait pas sentir le moindre souffle de vent, et où la nature elle-même semblait languir sous les rayons du soleil. Bien plus, à peine eûmes-nous atteint l'ombre, des myriades de *mosquites*, qui étaient comme placées en embuscade, vinrent par nuées assaillir nos malheureux chevaux, et une grosse espèce de guêpe nous poursuivit particulièrement avec la plus persévérante vigueur. En vain, pour se débarrasser de ces ennemis importuns, les pauvres bêtes coururent-elles avec toute l'ardeur dont elles étaient capables : ils ne cessèrent de nous tourmenter que lorsque enfin s'éleva une brise qui les dispersa. Entre les arbres je remarquai un grand nombre de fourmilières d'étonnantes dimensions, car elles avaient quelquefois quatre pieds de large, autant de haut, et renfermaient des millions de grosses *fourmis noires*. Chemin faisant, nous rencontrâmes aussi plusieurs vastes espaces où la forêt avait été consumée par le feu, et ces endroits-là offraient l'aspect d'une complète désolation. Le beau tapis de verdure sur lequel l'œil aimait tant à se reposer ailleurs avait entièrement disparu, tandis qu'alentour gisaient épars en tous sens des troncs noircis de sapins qui ressemblaient à d'énormes morceaux de charbon. Diverses causes concourent à produire dans le nord ces immenses conflagrations ; il ne faut donc pas s'étonner qu'elles soient si fréquentes. D'abord les paysans, lorsqu'ils veulent défricher une portion de bois, ont en général la coutume de les brûler, s'épargnant ainsi beaucoup de peine, outre que les cendres qui en résultent fertilisent singulièrement le sol, mais il arrive souvent que faute d'avoir pris les précautions nécessaires ils ne peuvent arrêter les flammes là où il le faudrait, et alors celles s'étendent au loin à travers la contrée, dévorant tout ce qu'elles rencontrent. Ensuite ce sont quelquefois la méchanceté et la vengeance qui allument ces incendies, et avant qu'on puisse y porter remède ils ont déjà fait de terribles progrès. Le feu du ciel aussi tombant sur un arbre mort, ou l'imprudence d'un voyageur qui secouera sa pipe sur de la mousse sèche, occasionnera les mêmes accidents. Rien de plus triste que les lieux où l'élément destructeur a passé de la sorte ; mais à l'instant où il y passe, et quand on peut réfléchir avec satisfaction que le pays est inhabité, il n'existe pas, pour un spectateur qui le contemple du faîte d'une montagne, de spectacle plus terriblement sublime qu'un embrasement de ce genre.

Près de Malmby nos chevaux, qui n'étaient pas des meilleurs, commencèrent beaucoup à se ralentir de leur vitesse, et, faisant halte au milieu de la première montée qu'ils eurent à gravir, ils allaient reculer et nous mettre dans un fâcheux embarras, quand par bonheur les paysans qui nous suivaient dans un petit charriot vinrent à notre secours. Ils arrêtèrent la marche rétrograde de notre attelage, et le remplacèrent par le leur qui, plus vigoureux et moins las, n'avait presque rien à traîner. Grâce à ces braves gens nous eûmes bientôt atteint *Eskilstuna*. Cette ville est située dans la province de Sudermanie, à l'extrémité du lac Hjelmar, et possède une importante fabrique de couteaux. Nous y prîmes un logement pour la nuit, et l'hôte à qui nous eûmes affaire nous traita tout-à-fait selon la mode de la contrée, je veux dire avec la plus parfaite insouciance. Lorsque vous voyagez dans les autres régions de l'Europe, et que vous parvenez à l'auberge où vous avez l'intention de coucher, le maître de la maison avec tous ses domestiques entoure aussitôt votre voiture, il vous aide à en descendre et vous conduit dans une pièce qui au moins est propre. Eh bien ! en Suède, rien de semblable. Quand vous arrivez devant une hôtellerie, au premier coup d'œil elle vous paraît inhabitée. A force de crier cependant, vous réveillez quelqu'un, car si c'est dans l'après-midi tout le monde dort ; mais cette personne montrant sa face endormie à une fenêtre, et voyant que ce sont simplement des voyageurs, se remet tranquillement à dormir. Après avoir vainement attendu qu'on vienne vous recevoir, vous mettez enfin pied à terre, et, observant une porte ouverte, vous entrez. Vous vous trouvez dans une vaste pièce, qui n'est pas, je vous jure, encombrée de meubles, mais seulement entourée de bancs ; le plafond et les murailles y sont boisés en sapin, et on y marche sur des bouts de branches du même arbre en guise de tapis : c'est là la salle à manger. Quand vous êtes resté seul quelque temps, arrive une jeune fille les pieds nus, avec de courts jupons et les cheveux rattachés sur le sommet de la tête, comme le sont quelquefois les queues des chevaux de poste ; elle est selon les circonstances garçon, servante, valet de chambre ou caméristie. Dans ses mains elle porte une vaste cruche remplie d'une liqueur qui passe dans le nord pour être le baume de la vie, et quoiqu'elle ne vous offre soi-disant que la goutte, elle vous en verse un énorme bol; puis, pour peu que vous rechigniez à le boire, elle vous regarde avec des yeux ébahis. Si votre dîner n'a pas été d'avance commandé par le forebud, il faut vous attendre à ne trouver absolument rien, et ne compter que sur les provisions qui voyagent avec vous, mais dans le cas contraire, on vous fait en général payer si peu cher et le votre repas et votre appartement que vous tombez de surprise. Aussi la Suède est-elle sous toute espèce de rapports celui des divers pays de l'Europe où l'on peut voyager à meilleur marché.

Le lendemain, nous atteignîmes de très bonne heure la première poste après Eskilstuna, située au village de Smaby; et pendant que nous relayions, je contemplai curieusement le groupe pittoresque que formaient les paysans et leurs chevaux, car ils déjeunaient ensemble et se partageaient de bon cœur un gros et dur pain de seigle. Telle est en route leur constante nourriture aux uns et aux autres; même, dans toute la Suède, elle constitue la principale et souvent l'unique subsistance des gens de la campagne Avant de se mettre en voyage, ils font cuire une d'ômi-douzaine de ces pains, et s'en nourrissent exclusivement, eux et leurs animaux. Comme ces derniers peuvent quelquefois appartenir à trois ou quatre propriétaires, rien de plus risible, chemin faisant, que d'observer les fréquentes querelles qui surviennent entre eux; chacun s'efforce de ménager le plus possible sa propre bête, tandis qu'il court à côté de votre voiture, et se met en frais d'éloquence pour persuader au cocher que son cheval est beaucoup trop bon pour avoir besoin du moindre coup de fouet. Mais en même temps il lui donne à entendre que d'après ce qu'il sait de la bête de son voisin, il peut la fouetter sans scrupule. L'affection des Suédois pour leurs chevaux est si grande, que j'en ai vu qui pleuraient à chaudes larmes parce qu'on les battait à tort. De fait, l'ardeur et la célérité que ces petits animaux déploient d'eux-mêmes sont surprenantes, quand on considère la petitesse de leur taille qui excède à peine celle d'un poney. Ils parcourent sans peine sept ou huit milles à l'heure, et comme les grandes routes dans tout le pays sont généralement excellentes, ils ne quittent souvent pas le galop pendant le relais entier qu'ils ont à parcourir. Le bon état des *routes* de la Suède semble principalement venir de la nature de leurs fondations, car elles consistent en de larges blocs de granit, sur lesquels est étendue une espèce de gravier sablonneux qui cimente le tout et le rend compacte et durable. Elles doivent aussi leur bonté en partie au petit nombre de voyageurs qui les parcourent, et en partie à la neige qui couvre si longtemps la terre, car alors on laisse les voitures sous les remises pour ne plus se servir que de traîneaux. Mais il n'est aucune partie du monde où elles décrivent plus de détours; rarement y peut-on avancer d'un quart de lieue en droite ligne, à cause de la multitude de lacs, de rocs et de marais qui abondent dans le pays. Elles n'en sont toutefois que plus pittoresques; et si, d'autre part, la variété ne forme pas un trait caractéristique des forêts de sapins qui remplissent la surface de presque tous les pays du nord, ce défaut est amplement compensé par leur majestueux silence, et surtout par leur sombre et perpétuelle verdure, qui fait en hiver le plus délicieux contraste avec l'éblouissante blancheur revêtue de son manteau de neige.

A Arboga, nous retrouvâmes la route du nord, et après l'avoir suivie jusqu'à Orebro, nous prîmes la direction de Carlstadt; mais un accident arrivé au charriot de notre forebud qui se laissa ainsi rejoindre, nous força de faire halte pendant quelques heures pour qu'il regagnât sur nous l'avance nécessaire, et nous empêcha d'arriver le jour même à la ville en question. Vainement Jean stimula-t-il l'attelage; la nuit survint lorsque nous étions encore très éloignés de notre but, et nous n'eûmes pas même la consolation de voir sa venue accompagnée par ce crépuscule qui est si doux et si agréable aux yeux, quand ils ont été pendant plus de douze heures brûlés par les rayons du soleil Le contraste d'un soir en Suède et d'un soir dans nos climats, pendant l'été est assez frappant. Chez nous, les mille bruits de la campagne, qui pourtant s'apaisent peu à peu, les aboiements des chiens et les ris joyeux des enfants des villageois forment une douce harmonie que l'aile du vent apporte aux oreilles du voyageur, jusqu'à ce que l'ombre devienne tout-à-fait noire, et fasse alors régner le silence. Mais, en Suède, il est onze heures avant que le soleil consente à quitter l'horizon; à minuit même, il projette à travers les cieux une traînée de lumière cramoisie, et répand une teinte de feu sur le paysage. Néanmoins un calme de mort enveloppe toute la nature, et la création repose en l'absence de la nuit. Bien plus, dès que six ou sept heures arrivent, vous n'apercevez dans les petits hameaux dont les immenses forêts sont parsemées çà et là aucune trace d'habitants. Point de laboureur qui siffle son air, point de troupeaux qui mugissent, point d'*angelus* qui sonne; enfin nul son, si ce n'est peut-être dans le lointain celui de l'instrument dans lequel un pâtre souffle pour rassembler ses vaches errantes, ne traverse les airs. Seulement, les murmures de la brise qui glisse entre les tresses des noirs sapins soupirent en mélancoliques accents, et remplissent l'âme des plus suaves émotions; tandis que l'œil qui plonge au loin dans la forêt évoque devant lui mille fantômes bizarres Quelque temps s'écoule ainsi, sans que l'homme qui est réclamé par le sommeil songe à autre chose qu'à réparer ses forces pour les fatigues du jour qui va bientôt reparaître. Dès une heure du matin, en effet, la création animée revient à la vie, et le chant de divers oiseaux annonce l'approche de l'aurore. Un vif incarnat envahit d'abord le ciel; puis, peu après, le disque resplendissant du soleil se lève, et dore les montagnes, dore les lacs, dore les forêts, tandis que les vapeurs de la nuit se retirent lentement en sa présence. C'est ainsi que pendant les rapides mois d'un été du nord, cet astre, dans les plus hautes latitudes, demeure sans cesse à l'horizon, et que l'obscurité y est inconnue. Mais, à ce jour qui n'est interrompu par rien, succède bientôt une nuit que rien non plus n'interrompt; de même, à une accablante chaleur succède un froid rigoureux; le soleil disparaît entièrement, et la lune, pendant deux de ses quartiers, se maintient à une grande hauteur sans se coucher jamais, tandis que l'éclat toujours croissant des constellations et les feux de l'aurore boréale qui embrasent le firmament illuminent le ciel et dédommagent les habitants de ces régions glacées de la perte du jour.

Par suite du retard que j'ai dit, nous n'arrivâmes à *Carlstadt* que vers quatre heures du matin. Lorsque, près d'atteindre cette ville, nous sortîmes des immenses forêts que nous parcourions depuis Orebro, les brouillards qui d'ordinaire accompagnent le lever du soleil se dissipèrent et nous permirent d'apercevoir aux limites de l'horizon les majestueuses eaux du Wener. Carlstadt, où réside le gouverneur de la province, est la capitale du Wermeland; et, régulièrement bâtie, quoique petite, contient environ deux mille âmes. Cette province, qui s'étend du lac Wener aux frontières de la Norwége, est fort montagneuse, principalement dans les parties septentrionales. Elle abonde sur tous les points en mines de cuivre, de fer et de plomb, qui constituent sa principale richesse et dont l'exploitation permet aux habitants de vivre dans une heureuse aisance.

A notre sortie de Carlstadt, nous vîmes une chaîne de hautes collines se prolonger de l'est à l'ouest dans une direction circulaire, et de loin nous aperçûmes la fumée de nombreuses forges qui s'en élevait Bientôt nous retrouvâmes les sapins, et durant toute la route nous ne pûmes admirer assez entre leurs troncs les innombrables fleurs qui recouvraient le sol. Rien de plus intéressant pour un botaniste que ces forêts perpétuellement vertes de la Suède. Puis, quoi de plus merveilleux que la vigueur de la végétation du nord! Aujourd'hui, peut-être, la campagne est encore engourdie sous la rude pression de l'hiver; le lendemain, elle se réveille, chaque herbe, chaque plante se met à pousser, la nature prend soudain un air joyeux, et on se dirait transporté dans un climat tout différent. Quand nous eûmes dépassé Prestabolla, la contrée commença à prendre graduellement un caractère plus sombre et plus sauvage, qui indiquait que nous approchions de la Norwége; et je saluai avec ravissement, à mesure que mes regards purent mieux les embrasser, les perspectives et les hauteurs de ce pays si pittoresque. Le nombre des maisons qui se bâtissaient partout sur le moindre espace de forêt qui fût défriché montrait l'accroissement de la population, résultat naturel de l'agriculture et de l'industrie. Ces modestes demeures de paysans sont chaudes, commodes et admirablement propres à résister tant aux furieux ouragans de l'hiver qu'aux rigueurs excessives du froid. Construites comme elles le sont toutes, non en planches de sapins, mais avec les troncs mêmes, et avec les plus gros, dont les intervalles sont hermétiquement bouchés de mousse, elles conservent si bien la chaleur que les poêles y produisent intérieurement, et offrent si peu d'accès à l'air du dehors, qu'elles ne sont souvent pas tenables pour un étranger qui n'est pas habitué à une aussi haute température. Les toits sont en général faits des mêmes matériaux, et fréquemment on y superpose une couverture de chaume, qui, ensemencée d'une grande quantité de graines et d'herbes de toute sorte, devient une épaisse prairie. Le but de cet usage, qui donne un bizarre, mais charmant aspect aux toits, est de les protéger encore mieux du vent, car les racines qui se mêlent et s'entrelacent les solidifient de plus en plus. J'ai même quelquefois vu des sapins de certaine taille pousser au milieu du gazon qui recouvre ainsi les cabanes. On emploie également avec succès, pour recouvrir les poutres de la toiture, l'écorce de bouleau qui dure trois ou quatre années sans qu'il soit besoin qu'on la renouvelle, car par sa nature huileuse elle repousse longtemps toute humidité. D'ordinaire aussi on se sert de la même écorce pour en confectionner des semelles qu'on glisse dans l'intérieur des chaussures, et pour cette destination elle semble préférable au cuir. Le bouleau peut donc, sous le rapport de l'utilité, le disputer au sapin, puisque le paysan du nord en fabrique presque tous les ustensiles de son ménage, tels que les bols, les plats, les écuelles et, comme il est plus dur que l'autre, la plupart de ses instruments aratoires. Cet arbre fournit d'excellent bois à brûler; sa première écorce blanche tient lieu de tuile et est infiniment plus durable, tandis que la seconde qui est rougeâtre sert de différentes façons au tannage et à la teinture; et, par exemple, permet au pêcheur norwégien de donner à ses voiles et à ses filets cette couleur d'un rouge foncé qui non-seulement les conserve, mais encore est favorable à la pêche. Enfin la sève du même arbre donne une liqueur connue dans le pays sous le nom de *vin de bouleau*, d'où un esprit s'extrait quelquefois. On peut donc dire que le bouleau est presque indispensable au paysan. Ce n'est néanmoins que dans le sud qu'il parvient à quelque hauteur; et il est curieux d'observer, à mesure qu'on avance vers le nord, sa diminution graduelle, jusqu'à ce que, après avoir été un arbre fort grand, il prenne sous les latitudes plus hautes l'aspect d'un arbuste nain qui rampe à la surface de la terre, et qui s'élève rarement, comme si le froid du climat l'y retenait, à plus de trois ou quatre pieds.

Le costume des paysans suédois varie beaucoup dans les différentes provinces, et particulièrement dans celles qui sont très éloignées les unes des autres; mais, en somme, je n'hésite pas à dire qu'il déploie plus de propreté et surtout plus de pittoresque qu'on n'en peut voir chez les classes inférieures de nos pays. Quant à leur caractère, il présente un grand nombre de qualités heureuses qui mériteraient de trouver imitation parmi les autres rangs de la société. Placés dans une partie du monde où l'influence de l'hiver se fait rudement sentir pendant six mois et plus, et où la nudité générale du sol doit nécessairement les soumettre à de grandes privations, vous les voyez, malgré tout, joyeux et contents. Dans les provinces les plus septentrionales, où, certaines années, le retour prématuré du froid au milieu même de l'été détruit complétement leurs moissons toujours peu abondantes, et leur enlève toute provision pour l'hiver, ils trouvent encore à se nourrir au cœur de leurs forêts natales; arrachant au sapin son écorce amère, ils la battent jusqu'à ce qu'elle soit réduite en une espèce de pulpe qu'ils mangent, et cette nourriture, si grossière, si peu succulente qu'elle soit, les empêche du moins de succomber à la famine. En dépit de cette maigre chère à laquelle ils ne sont que trop souvent forcés de recourir, jamais vous ne les entendrez se plaindre; et si leurs physionomies n'annoncent pas un grand fond de gaîté, elles montrent ce qu'ils sont réellement, humbles, graves, dévots et heureux. Donnez leur la moindre bagatelle; ils vous remercieront des heures entières, et vous garderont une éternelle reconnaissance. La Suède, vous dit-on sans cesse, est le plus pauvre des pays, et malheureusement quiconque la traverse n'en peut douter. En effet, du nord au sud et de l'est à l'ouest, elle ne présente, à proprement parler, qu'une immense forêt. On y rencontre bien çà et là des espaces qui ont été défrichés par le labourage, et qui s'élargissent chaque jour à mesure que la population augmente; mais l'agriculture n'y a fait encore que très peu de progrès. Puis la Suède, qui tire presque tout ce qu'elle consomme des autres contrées, n'a presque rien, sauf ses bois, à leur vendre en retour; son commerce au dehors est donc, il faut l'avouer, absolument nul. D'autre part, elle ne possède aucune colonie ; enfin ses manufactures, quoique dans un état assez prospère, ne datent que de quelques années, et n'ont pas eu le temps de prendre le développement que l'avenir leur réserve peut-être. De toutes ces circonstances, il résulte que la Suède est aujourd'hui fort pauvre ; le sera-t-elle encore dans dix, dans vingt, dans cinquante ans? Je l'ignore; mais je fus singulièrement surpris de voir que cette pauvreté n'était nullement accompagnée de misère; et pendant mon voyage dans le Nord, j'y ai cent fois moins trouvé de mendiants que dans les régions les plus florissantes du midi de l'Europe. C'est que la nécessité enseigne aux paysans suédois à être satisfaits de peu, et qu'il leur suffit de ne souffrir ni du froid ni de la faim, deux souffrances dont ils peuvent toujours se garantir à la rigueur, pour ne rien désirer davantage. On éprouve aussi un vif plaisir à remarquer comme en Suède le bas peuple s'acquitte avec ponctualité de ses devoirs religieux. Les églises, surtout dans les parties septentrionales, ne sont construites qu'à d'énormes distances; les fidèles ont donc à faire souvent plus de vingt milles pour s'y rendre; mais n'importe: ils ne s'inquiètent ni de l'éloignement ni de la rigueur des saisons, et nul motif ne saurait les empêcher de remplir un devoir qu'ils regardent comme le premier de tous.

Nous relayâmes au hameau de Hogboda, et la poste suivante nous conduisit au lac Vermelen : il avait en cet endroit un demi-mille de large, et nous le traversâmes dans un bateau que firent manœuvrer deux jeunes filles aidées d'un homme. Robustes et bien portantes par suite du travail et de l'exercice, elles ne cédaient en rien à leur compagnon pour ramer avec vigueur; et quand nous atteignîmes la rive opposée, elles n'hésitèrent pas un seul instant à sauter dans l'eau, qui leur couvrit plus que les genoux, pour nous aider à descendre et à débarquer. Pendant qu'elles nous passaient, elles accompagnèrent d'un chant simple et naïf le bruit sonore et cadencé de leurs rames ; le soleil se couchait alors, et la tranquillité qui régnait partout rendait la scène encore plus enchanteresse. La brise du soir, qui glissait doucement sur l'onde, nous semblait d'autant plus voluptueuse et plus rafraîchissante que nous sentions encore les effets de l'horrible chaleur du jour; et ce fut seulement lorsque le bateau s'arrêta soudain parce que nous touchions au rivage, que je sortis de l'extase où j'étais plongé. Quand nous remontâmes en voiture, la contrée que nous eûmes à parcourir devint de moment en moment plus intéressante et plus romantique. C'était une suite de raides montées que nous ne pouvions gravir que pas à pas, et de côtes rapides que nous ne descendions qu'au grandissime galop, car nos petits coursiers ne pouvaient retenir la calèche, et nous pensâmes que la meilleure chance de salut était de leur lâcher la bride et de les laisser courir avec leur vitesse ordinaire. Ils s'en tiraient avec un rare bonheur, suivaient ventre à terre les détours de la route jusqu'à ce qu'ils eussent atteint le bas de la descente, et jamais cependant ne faisaient un faux pas, qui aurait pour eux et pour nous entraîné les plus fâcheuses conséquences. La nuit était déjà fort avancée lorsque nous parvînmes enfin au petit village de Strand, où nous couchâmes. Il ne consiste qu'en quelques cabanes de bois; mais il y a de tous les points une vue aussi belle que pittoresque, car il repose au bord du Vermelen qui communique avec le grand Wener, et qui est lui-même d'une longueur considérable. La rive opposée au village est très boisée, et une petite île çà et là parsemée de grands sapins ajoute encore à la beauté du paysage.

Le lendemain, au relais de *Haga*, nous entendîmes pour la première fois les paysans se plaindre des ravages que les ours des forêts environnantes exerçaient parmi leurs bestiaux. La veille ils en avaient tué trois de l'espèce noire, et qui étaient aussi gros, à ce qu'ils nous dirent, que les chevaux qui nous traînaient. Quelquefois, pour chasser ces terribles bêtes, ils se réunissent et font une battue; mais le plus souvent ils les vont attaquer seuls, et, qui plus est, n'emmènent pas toujours de chiens avec eux. Alarmé, comme on pense bien, par une semblable nouvelle, je chargeai mon fusil à balle pour résister de mon mieux à l'ennemi dans le cas où je le rencontrerais; mais la précaution fut inutile, et je ne rencontrai rien. Un fait, même digne de remarque, c'est que dans le cours d'un voyage de six cents milles et plus à travers les forêts de la Suède, qui pourtant abondent en diverses sortes de gibier, nous n'en avions pas aperçu une seule pièce. Des journées, des semaines s'écoulaient sans que nous vissions seulement un oiseau, excepté de temps en temps une solitaire corneille grise. Cette rareté apparente de la création animale a été fréquemment observée par les voyageurs, mais aucun d'eux n'en a plausiblement expliqué la cause. Ne serait-ce pas que la profondeur et l'immensité des bois permettent aux animaux de se dérober pendant le jour à l'œil de l'homme, et que pour les trouver il faudrait s'y enfoncer à vingt ou trente lieues, mais non en suivre simplement la lisière, comme il arrive quand on voyage.

Entrée en Norwége. Pont de Magnebro. Les Norwégiens fort différents des Suédois. Ressemblances des montagnards de tous pays. Forteresse de Kongsvinger. Fête de la Saint-Jean. Embarras faute de monnaie norwégienne. La rivière Glomen. Difficulté et périls des bacs. Troupeaux mêlés de moutons et de chèvres; ces animaux se croisent, dit-on. Nombre prodigieux de pies; les tuer est regardé comme de mauvais augure. Flottage des sapins.

Au bas d'une montagne escarpée que nous descendîmes dans l'après-midi, nous trouvâmes un torrent rapide qui, se précipitant avec fracas à travers des rochers, forme la frontière entre la Suède et la Norwége : on le franchit sur un pont, dit de *Magnebro*, au-dessous d'une petite cascade assez pittoresque. Néanmoins lorsqu'on pénètre de ce côté sur le territoire norwégien, les beautés du pays ne se dévoilent pas immédiatement aux regards du voyageur, avec autant de pompe que son imagination les lui représentait. En effet, on entre tout d'abord dans une forêt immense qui n'offre aucun mouvement de terrain, et qui pour se dans un sable fin parsemé de grosses roches. Nos roues s'y enfonçaient jusqu'à moitié des jantes, ou s'y heurtaient avec force; aussi n'avançâmes-nous que très lentement, tandis que l'accablante chaleur du jour ajoutait encore à nos fatigues. A chaque relais, par suite du mauvais état de la route, nous trouvions que le charriot, qui nous précédait toujours, avait perdu quelques clous, et les gens qui les avaient remis me le faisaient payer si cher que je ne conçus pas une très favorable opinion du peuple chez lequel je venais d'arriver. Quoique nous eussions passé la frontière depuis cinq ou six heures seulement, il était impossible de ne pas remarquer déjà une notable différence entre les deux nations. Déjà aux manières humbles et courtoises du Suédois, avaient succédé les manières plus libres et plus hardies du Norwégien. Il est singulier qu'il existe une forte ressemblance de caractère parmi les habitants de toutes les régions montagneuses, et que leurs coutumes, leurs mœurs, leur genre de vie, même leur costume, aient tant d'analogie. Sous beaucoup de ces rapports les Norwégiens ressemblent aux highlanders d'Écosse, et peut-être plus encore aux paysans suisses, surtout pour leur habillement et leurs habitations. On ne saurait nier, d'ailleurs, que les montagnards de tout pays soient enflammés de l'amour le plus ardent pour la liberté, qu'ils héritent de leurs pères de l'attachement le plus enthousiaste à leurs montagnes natales, et qu'ils maintiennent toujours mieux leur indépendance que les habitants des plaines.

A neuf heures du soir, nous vîmes en vue de la forteresse de *Kongsvinger*, qui est perchée comme un aigle sur la faîte d'un mont, et qui commande toute la contrée environnante. Au bas coule le Glomen, que nous traversâmes en bateau ; et après avoir péniblement gravi pendant une demi-heure, nous atteignîmes enfin le petit mais charmant village qui repose sous les murs de la forteresse, et composé d'une église et de quelques maisons. C'était la veille de la Saint-Jean ; et comme ma voiture avait besoin de réparations indispensables, je me décidai à faire halte le lendemain, autant pour qu'on la réparât que pour observer quels étaient les usages et les plaisirs des paysans à l'occasion d'une fête qui est si généralement célébrée en Norwége et en Suède. J'eus le bonheur de trouver une petite chambre dont les meubles simples étaient du moins au grand complet, et surtout de la propreté la plus sévère. Quoiqu'il était tard et que je me sentais fort fatigué, j'eusse bien voulu, sitôt mon souper fini, pouvoir me livrer au repos; mais l'arrivée d'un voyageur de nation étrangère avait excité parmi les habitants du lieu la curiosité la plus vive, et ils vinrent tous successivement voir quelle mine j'avais, ou s'enquérir du motif qui leur procurait l'honneur de ma visite. En vain allai-je me mettre au lit avec la plus violente envie de dormir, je ne pus fermer l'œil. Toute la nuit durant, car on avait non-seulement à se réjouir de ma bienvenue, mais aussi à fêter le saint, des coups de fusils, de pistolets et même de petits canons qui étaient placés sous mes fenêtres, me tinrent éveillé. Ces marques de respect étaient de temps en temps interrompues par ces chœurs pour lesquels les paysans norwégiens sont justement renommés, et qui éloignèrent si bien de moi l'influence du sommeil que je n'avais pas fermé les yeux quand brillèrent les premières lueurs du matin. Alors toutefois, aussi las que moi-même de leur tapage, et commençant à ressentir les effets de leurs copieuses libations, les villageois regagnèrent un à un leurs demeures et me laissèrent

Chutes de Trolhætta.

profiter du peu de temps que je pouvais encore consacrer au repos. La journée du lendemain ne fut qu'une répétition de la soirée de la veille. La célébration de la fête consista principalement à chanter et à boire outre mesure ; et dans l'auberge où j'étais logé, il y avait plus de cinquante personnes des deux sexes dans un état d'ivresse absolue, qui néanmoins avalaient encore à chaque instant d'énormes verres d'eau-de-vie. Mais nulle querelle, nulle bataille, comme souvent il arrive en d'autres pays, ne s'élevait entre les buveurs. Au contraire, la joie et la bonne intelligence ne cessaient de régner parmi eux, et on ne voyait absolument se peindre sur leurs physionomies que le plaisir qu'ils éprouvaient à savourer le nectar du nord.

Dans le courant du jour, j'obtins la permission de visiter en détail la forteresse de Kongsvinger. Bien protégée de chaque côté par la nature, et en apparence presque inaccessible à l'homme, elle serait capable, pour peu qu'on la mît sur un pied convenable de défense, de résister longtemps à toutes les attaques qui pourraient être tentées contre elle. Mais à l'époque de ma visite, les canons étaient démontés, et tout y portait les marques d'un état de paix profonde. La garnison même ne se composait que du commandant, d'un officier du génie, de quatre sous-lieutenants, et de quarante hommes. Des remparts, vous avez la vue la plus imposante qu'on puisse imaginer. Tout à l'entour s'élèvent dans leur majestueuse grandeur les montagnes norwégiennes, dont quelques-unes sont revêtues jusqu'à leurs cimes de forêts où les humains ne peuvent pénétrer, tandis que le fort, qui s'élance presque jusqu'aux cieux au milieu d'elles, semble les regarder fièrement comme un monarque ses sujets, et que, dans la vallée au-dessous, l'œil peut suivre longtemps le cours argenté du large Glomen qui en sort. Les habitants des climats tempérés de l'Europe s'estimeraient sans doute fort malheureux, s'il leur fallait résider dans ce village de la Norwége ; pourtant la femme du commandant, qui avait quelque temps séjourné à Paris et goûté des plaisirs de cette capitale, assurait se trouver satisfaite de son sort, et disait que s'il n'y avait pas d'hiver, Kongsvinger serait un paradis. Mais, par malheur, il y règne pendant six mois de l'année un froid des plus rudes, qui retient comme captifs les individus logés dans la citadelle. Fréquemment ils s'y trouvent, dit-on, surpris par une obscurité complète, à cause de la hauteur des neiges qui s'accumulent autour d'eux, tandis que dans une position si élevée le vent du nord siffle et hurle à leurs oreilles avec un redoublement de furie. En cette saison, les travaux d'une cinquantaine de prisonniers pour crimes, que renferme le fort, sont nécessaires continuellement pour déblayer les neiges qui tombent en telle quantité, que, sans cette précaution, elles le couvriraient bientôt entièrement. Mais si extrême que soit en hiver le froid, la chaleur en été ne l'est pas moins. Le jour, par exemple, que je passai dans ce village, elle fut étouffante. Les rayons brûlants du soleil y semblaient réunis en un seul foyer, et dardaient sur le roc avec un redoublement de véhémence. Le thermomètre qui à l'ombre atteignait déjà 80°, montait à 110 en quelques minutes dès qu'on l'en ôtait.

De Kongsvinger je comptais gagner Drontheim en droite ligne, et, pour ainsi dire, à travers champs. C'est que la monnaie de Suède, la seule que j'avais à offrir en paiement, n'a point cours en Norwége, bien que ces deux contrées soient réunies sous un même sceptre. Or telle est, d'autre part, la rareté du numéraire dans ce dernier pays, que, pour changer à un taux raisonnable mes espèces suédoises contre les espèces norwégiennes, je me vis contraint d'aller jusqu'à Christiania qui, comme on sait, en est la capitale, m'écartant ainsi d'une centaine de milles de la route la plus directe. A la rigueur, nous pouvions les parcourir en un jour, si les maîtres de poste consentaient à recevoir notre argent ; mais là gisait la difficulté, et quand nous montâmes en voiture nous ne savions pas trop comment nous arriverions à notre but.

Pendant quelque temps, l'aspect de la contrée que nous traversâmes ne nous offrit rien de remarquable ; mais après avoir gravi une côte aussi longue que raide, parvenus au sommet nous eûmes une vue délicieuse du *Glomen* qui poursuivait son cours à découvert l'espace de plus d'une lieue, et allait ensuite se perdre dans une forêt de sapins. Dans la vallée où il coulait ainsi on découvrait un petit hameau, du milieu duquel s'élevait le clocher d'une église, et le second plan était formé par les montagnes lointaines. Le Glomen, dont nous suivions les bords presque toute la route, est aussi appelé, par manière de distinction, *Stor-Elven* ou la *Grande-Rivière*, car il est le plus considérable des courants de la Norwége. Il prend sa source dans le diocèse de Drontheim, non loin du lac Oserond qu'il traverse. Il parcourt ensuite le vaste diocèse de Christiania, arrosant les bailliages d'Ostersalen et de Hedemarken, passant à Kongsvinger, et enfin se jette dans la mer près de Frédérickstadt, après un cours de plus de deux cent cinquante milles à travers la Norwége. A quelque distance de son embouchure, il forme la grande cataracte de Sarpen, dont le rugissement est si terrible qu'on peut l'entendre de plusieurs lieues. Le passage des bacs ne constitue ni la circonstance ni la plus agréable ni la moins périlleuse d'un voyage en Norwége, tant à cause de l'extrême rapidité des rivières que de la grossièreté avec laquelle ces radeaux, car on ne saurait les appeler autrement, sont en général construits. Le plus difficile de l'opération est pour embarquer et pour débarquer, ce qui surtout provient de l'inégalité du lieu où sont établis les ports ; souvent, en effet, il faut, parce que la route est à pic ou bordée de rocs, laisser choir la voiture de quelques pieds sur le bateau. Puis, de temps en temps, il arrive que si les chevaux sont vifs ou peu dressés, ils se précipitent dans le courant, car il n'est guère possible de les retenir, et qu'entraînés par la rapidité de l'eau, une demi-heure et plus s'écoule avant qu'on le puisse rattraper. Ces animaux causent encore beaucoup d'embarras au voyageur en ce que, jouissant d'une complète liberté dans leurs forêts natales, hormis les courts instants où l'on exige leur service, et, ce qui n'est pas rare, portant le harnais pour la première fois en votre honneur, ils tentent pendant tout le chemin, sans s'inquiéter de la machine qu'ils traînent après eux, de retourner dans leurs pâturages. Presque aussi sauvages que les ours qu'ils y ont pour camarades, et souvent n'en différant guère d'extérieur, il faut, je vous assure, que le cocher qui les conduit ait pour les retenir dans le devoir une force de poignet vraiment extraordinaire.

La majeure partie de notre route fut un sable profond ; et comme la journée était excessivement chaude, nous éprouvâmes beaucoup de peine à nous en tirer. Dans les bois que nous parcourûmes nous vîmes d'immenses troupeaux, moitié de moutons et moitié de chèvres qui broutaient en bonne intelligence, et qui se ressemblaient tellement qu'il n'était pas facile de les distinguer les uns des autres. Les paysans affirment, je ne saurais dire d'après quelles preuves, qu'ils se croisent entre eux ; mais il est certain que tout dans leur extérieur tend à le faire croire.

Quant aux oiseaux nous n'en rencontrions toujours pas, sauf des corneilles grises et des pies de l'espèce commune. Le nombre prodigieux et la familiarité de ces dernières, tant en Suède qu'en Norwége, ne peut manquer de surprendre les voyageurs. Elles construisent invariablement leurs nids sur quelque arbre bas et touffu, devant la porte d'une chaumière. Dans nos contrées leurs œufs seraient bientôt enlevés par quelque méchant gamin ; mais dans ces pays-ci ils ne courent aucun risque de l'être. Cette sûreté parfaite leur vient en grande partie de l'idée reçue dans tout le nord qu'il est funeste de tuer un de ces oiseaux. En conséquence on les regarde à peu près comme sacrés, et de là vient la vie heureuse et paisible qu'ils mènent. Tandis que nous suivions les bords du Glomen, nous y vîmes une quantité innombrable de sapins, qui, abandonnés à eux-mêmes, flottaient au gré du courant, et descendaient vers la mer, pour se répandre ensuite dans les différentes régions de l'Europe. Ce sont ces bois qui constituent la principale richesse de la Norwége, quoique cette branche de commerce ne soit plus aujourd'hui ce qu'elle a été jadis. Ils appartiennent d'abord aux paysans qui les abattent dans les immenses forêts de l'intérieur, les dépouillent de leurs branches, leur enlèvent leur écorce, enfin les rendent propres au flottage ; puis à des marchands qui vont les leur acheter, et qui, après y avoir apposé leur chiffre, comme la chose se pratique chez nous, les confient au fleuve qui les leur transporte sans que personne s'en occupe jusqu'à son embouchure. Là sont à certaine distance les uns des autres des barrages qui les arrêtent, et chacun alors recueille les siens qu'il lui est toujours aisé de reconnaître. Lorsque le Glomen coule avec beaucoup d'impétuosité, les marchands établissent quelquefois jusqu'à trois de ces barrages, précaution fort nécessaire, car des pluies ou une fonte extraordinaire de neige sur les montagnes grossissent tout d'un coup la rivière à tel point, que les poutres emportées avec violence brisent non-seulement le premier obstacle, mais souvent le second qu'elles rencontrent. Néanmoins, à mesure qu'elles approchent de la mer et que leur lit devient plus large, les eaux perdent leur rapidité, et la troisième barrière remplit en général le but auquel on la destine. Quelquefois cependant malgré tous les soins qu'on a pu prendre, elle cède aussi, et les milliers d'arbres sont entraînés dans l'Océan, toujours à la grande perte, souvent à la ruine complète des propriétaires. Il arrive encore très communément, à cause de l'étendue du trajet qui n'est pas moindre de cent cinquante à deux cents milles, ou parce que les bois se trouvent arrêtés sur tel ou tel point du fleuve, qu'ils mettent trois ou quatre années à faire le voyage ; et alors, pour peu qu'ils soient d'une nature poreuse, ils enfoncent et sont perdus.

Comme je l'avais craint, nous éprouvâmes tout le long de la route les plus grandes difficultés, car les relayeurs refusaient absolument de recevoir notre monnaie suédoise, et nous étions dans l'impossibilité de leur en offrir une autre. Ce furent donc des scènes continuelles de disputes entre eux et mon domestique Jean, qui néanmoins par sa fermeté, par sa grosse voix, et même en recourant au besoin à l'argument des coups, finissait toujours par nous tirer d'affaire. Seulement j'avais sur la conscience de mettre, sans payer, les chevaux des pauvres paysans à contribution. Aussi fus-je charmé, parvenant au sommet d'une haute éminence, de voir *Christiania* s'étendre au-dessous de moi, avec le beau *Fiord* ou bras de mer sur lequel est située cette ville, tout parsemé de grandes îles rocailleuses et comme adossé à une chaîne de lointaines montagnes. D'innombrables navires qui se balançaient sur leurs ancres, la surface des flots qui ne présentait pas la plus petite ride, et la sérénité d'un soir magnifique, tout semblait concourir à former une scène des plus enchanteresses. Au loin, sur la gauche, apparaissait l'immense *Soë* ou lac Ojeren qui reçoit dans son sein le rapide Glomen. Ce ne fut pas sans regret que je perdis de vue cette charmante rivière qui avait été pendant tant de milles notre compagne assidue de route, et qui maintenant courait mêler ses ondes aux vagues de l'Océan; mais j'espérais, parmi les rocs et les précipices du Dovrefield, la retrouver enfant et boire de ses limpides eaux à leur source même.

La capitale de la Norwége est une grande et belle ville, régulièrement bâtie, mais horriblement mal pavée, inconvénient qui diminue beaucoup le plaisir qu'on éprouverait d'ailleurs à en visiter les différentes parties. La vue de l'extrémité des remparts du fort est ce qu'on peut imaginer de plus ravissant. Rien là ne vous rappelle le voisinage d'une vaste cité commerciale; et tandis que l'œil parcourt les eaux claires et tranquilles du Fiord, tandis qu'il gravit les montagnes de la rive opposée, derrière lesquelles il s'en élève dans le lointain d'autres dont les sommets sont couronnés de neige, vous perdez tout souvenir des bruits qui retentissent à quelques centaines de pas, vous ne les entendez plus, et vous êtes entièrement absorbé par la contemplation du spectacle qui s'étale devant vous. Pour moi du moins, à suivre du regard les voiles blanches des bâtiments pêcheurs, j'oubliai durant quelques heures que j'étais à Christiania. Cependant l'annonce de l'arrivée du roi de Suède qu'on attendait sous peu de jours y avait répandu un degré de vie et d'activité, que dans ces derniers temps il est fort rare d'y voir. Cette ville en effet depuis une vingtaine d'années décroît peu à peu de l'antique opulence qu'elle avait acquise par le commerce des bois, seule production du sol que la Norwége ait à vendre aux étrangers. Aujourd'hui cette branche de négoce, après avoir été si florissante, souffre de plus en plus dans tous les ports, pour ne pas dire qu'elle soit déjà devenue absolument nulle. Néanmoins Christiania, comme siége du gouvernement, comme résidence du stathouder, comme possédant la seule université, est encore une ville d'assez grande importance, et qui renferme une population de onze mille âmes. Par suite des nombreuses relations que ses négociants avaient jadis avec l'Angleterre, on y parle généralement l'anglais. La langue française y est aussi parlée, mais on n'en comprend pas un mot dans tout le reste de la Norwége.

Départ de Christiania pour Drontheim en franchissant le Dovrefield. Mont Mastberget. Fabrication du charbon très funeste aux forêts. Guldbransdal. Rapidité de la végétation. Aspect des chaumières. Lac Mjœsen. Elv Vormen. Soë Lodness. Elv Lossen. Elv Lougen. Saison convenable pour voyager en Norwége. Traîneaux. Mortnen. Population et culture de la contrée. Cabane des paysans. Synfield. Stor-Hammer. Nourriture des gens de campagne. Leur extérieur prévenant. Agilité de leurs animaux domestiques. Leurs nombreux talents. Stav; chutes de la Moxa. Voyage à travers les montagnes la nuit. Elstad. Breiden; la ferme et ses curieux habitants.

Comme je n'avais pas une minute à perdre pour atteindre le cap Nord avant les froids, je quittai Christiania dès que j'eus trouvé à changer ma monnaie de Suède contre celle du pays, mon intention était de me rendre à Drontheim en franchissant le Dovrefield, car j'avais entendu beaucoup vanter les scènes romantiques qui abondent dans ces montagnes. Cette route, à cause des extrêmes fatigues et de la perte considérable de temps qu'entraîne le passage d'une chaîne si haute, est rarement suivie par les voyageurs, toujours en très petit nombre, qui peuvent avoir besoin d'aller à Drontheim pour affaires, et en général on aime mieux prendre, car elle est meilleure, celle qui passe par Rœraas où sont les fameuses mines de cuivre. Quiconque néanmoins aime réellement les beautés de la nature n'hésitera guère entre les deux, et trouvera dans le spectacle extraordinaire que le Dovrefield ne cesse d'offrir, à se consoler amplement de la lassitude et des privations qu'il lui faudra peut-être endurer.

Quand vous quittez la capitale de la Norwége, le premier objet frappant qui attire les regards est le mont Mastberget, qui lève vers les cieux sa tête verdoyante, et qui, quoique distant de plusieurs milles, semble être tout près de vous. Son sommet, que couvre une forêt de sapins, était enveloppé dans des nuages de fumée qui lui donnaient l'air d'un volcan, et qui provenaient d'un grand nombre de feux allumés à l'entour afin de fabriquer du charbon pour l'approvisionnement des forges voisines. On croit en général que les forêts de la Norwége sont beaucoup plus étendues que celles de la Suède, et que les beaux arbres de construction abondent plus dans le premier que dans le second pays. Rien cependant n'est plus erroné, si j'en juge d'après mes propres observations. D'ailleurs les Norwégiens eux-mêmes ne se dissimulent pas qu'une disette de bois pourra à quelque beau jour se faire rudement sentir; ils la provoquent, ils la redoutent; et ces craintes paraissent bien fondées lorsqu'on réfléchit à tout ce qui s'en perd et s'en consomme sans qu'aucune mesure ne soit prise pour le remplacer. Surtout la fabrication du charbon ne peut être que funeste aux forêts naissantes, car elle exige qu'on abatte des milliers de jeunes arbres; et comme on ne les replante pas, on rencontre beaucoup de clairières dans les forêts. Nous atteignîmes bientôt des campagnes déjà cultivées avec soin, quoique défrichées depuis peu de temps. Les moissons m'y semblèrent belles, et le sol était meilleur que je ne l'avais vu dans aucune partie de la Suède. Aussi rien ne surpasse la richesse de la plupart des vallées de la Norwége. Celle surtout de *Guldbransdal* n'a peut-être point de pareille au monde, tant pour la fertilité et la culture que pour le bonheur peint sur le visage des habitants et l'aisance dont ils paraissent jouir. Il n'en existe guère non plus qui méritent de lui être comparées sous le rapport de la beauté naturelle, car elle offre une suite constante de scènes sublimes et romantiques qui, jointes à l'air de contentement et de prospérité qu'on voit régner partout, ne peuvent manquer d'intéresser au plus haut point le voyageur.

L'extrême vitesse avec laquelle dans le nord la végétation atteint son parfait développement, et le peu de temps qui est nécessaire aux moissons pour arriver à maturité, paraissent d'abord merveilleux aux habitants des autres climats; et sans doute le laboureur de nos contrées, à qui on dirait qu'en Norwége le grain se sème et se récolte dans un espace de six ou sept semaines, ne voudrait pas le croire. Rien pourtant n'est plus vrai et plus facile à comprendre. Mais aux noms de Suède, de Norwége et de Laponie, on associe ordinairement l'idée d'un froid continuel aussi bien qu'extrême, sans réfléchir que les mêmes causes qui produisent ce froid doivent également produire pendant l'été une chaleur qui surpasse de beaucoup celle du midi de l'Europe, et même n'a d'égale que celle qui se fait souvent sentir dans les Indes occidentales. En effet, dans les districts les plus cultivés et les plus fertiles de la Norwége, le *soleil*, durant les vingt-quatre heures dont se compose le jour, quitte l'horizon pour un intervalle si court, puisqu'il se *couche à onze heures du soir* et reparaît à *une heure du matin*, que la terre n'a point le temps de se refroidir; et ses rayons, dardant avec force sur les vallées que les montagnes abritent de toutes parts, y développent une chaleur si intense que le grain mûrit avec la promptitude que j'ai dite. Si peu néanmoins qu'il faille de temps aux laboureurs de la Norwége pour semer et pour recueillir, ils courent presque à chaque instant le risque de voir arriver soudain une gelée qui ruine de fond en comble toute leur récolte, et c'est ce qu'on n'éprouve que trop fréquemment. Il semble toutefois avoir été très sagement arrangé par la Providence que, comme par la longueur de l'hiver et en raison des huit ou neuf mois que la neige demeure à la surface du sol ils ne peuvent commencer de bonne heure leurs semailles, le temps qu'ils perdent est amplement compensé par le manque de nuit et par l'intensité de la chaleur, qui pousse si vite leurs moissons à maturité qu'en général il leur est possible de les recueillir avant que les frimas n'arrivent.

Chemin faisant, je ne remarquai pas sans plaisir les rideaux de mousseline ou de gaze grossière, il est vrai, mais toujours d'une blancheur éblouissante, qui ornent les fenêtres de toutes les chaumières, et qui leur donnent un air si propre, si soigné. Malheureusement la réalité ne se trouve pas souvent d'accord avec l'apparence, et en général l'intérieur de ces habitations est on ne peut plus sale. C'est à Minde que le grand lac Miœsen commence, et il en sort une large rivière, appelée le *Vormen*, que nous ne franchîmes pas sans quelque péril, tant le vent soufflait avec violence. Depuis ce point jusqu'à Drontheim, vous avez pendant toute la route une continuelle succession de scènes si neuves et si frappantes, qu'il vous semble être transporté dans un autre monde. C'est bien là que la Norwége déploie toute sa splendeur sauvage, et l'œil peut en être ébloui, mais non rassasié. Le Miœsen, qui devait sur un espace de tant de milles nous consoler d'avoir perdu le Glomen, et dont nous longions alors lentement les rivages, est une de ces mers intérieures qui abondent en Norwége. Sa direction, comme celle des rivières et en général toutes les eaux de ce pays, est du nord-ouest au sud-est. De Minde à Sunde qui sont distants de trente à trente-cinq lieues, la route suit tous les caprices de ses bords. A ce dernier endroit qui est l'extrémité septentrionale du *Vand* Miœsen, comme s'appelle un grand lac dans la langue des indigènes, il communique avec le *Soë*, ou lac Losness, par l *Elv*, autrement dit par la rivière Lossen, qui tire son nom du lac, mais qui pourrait avec plus de raison garder celui d'*Elf* Lougen, rivière dont elle n'est que la continuation après son passage au travers du Lodness. Le Lougen lui-même, qui prend sa source dans les monts Dovrefield, sort du *Vand* Lessoë.

Rien de plus délicieux que le temps dont nous étions alors favorisés. Les voyageurs qui désirent voir l'été de la Norwége dans toute sa beauté doivent, en conséquence, faire choix, pour y venir, des mois de juin, juillet et août. Avant cette époque la neige couvre encore la terre, et la contrée est généralement impraticable par suite du dégel. Quand au contraire septembre est passé, il ne faut guère compter sur de beaux jours, car avant la chute de la neige qui d'habitude arrive vers la fin d'octobre, il y a souvent beaucoup de pluies et toujours d'épais brouillards. Lors cependant que l'hiver est venu et que la neige est tombée en assez grande quantité pour qu'on puisse se servir des traîneaux, un spectacle tout-à-fait neuf se présente aux yeux de l'étranger, qui, tranquillement assis dans une de ces machines et bien enveloppé dans des fourrures, franchit avec une inconcevable rapidité lacs et montagnes, luttant de vitesse avec les bandes de loups affamés qui suivent ses traces sur la glace. Par exemple, le *trajet de Christiania à Drontheim*, qui par les voies ordinaires est au moins de *quatre cents milles*, s'accomplit en hiver au moyen de traîneaux dans un espace de temps incroyablement court lorsque l'état du ciel et de la neige est favorable. Plus de routes raboteuses, plus de rochers, qui alors interrompent la marche des voyageurs! Toute la contrée n'est qu'une nappe d'une blancheur uniforme, et au lieu d'être obligés à mille et mille détours, ils peuvent se diriger en droite ligne à travers les nombreux lacs, y compris le grand Miœsen, ce qui, on le conçoit, abrége considérablement la distance.

Pendant que nous longions le Miœsen, la route en approchait tant quelquefois que ses petites vagues venaient mouiller les roues de notre voiture. Sur d'autres points, nous montions à une grande hauteur sur ses bords escarpés et rocailleux; et le chemin était alors si étroit qu'il nous fallait n'avancer qu'avec précaution, car un faux pas nous eût précipités dans l'eau. Sur nos têtes se dressaient presque perpendiculairement d'immenses montagnes; tandis que nos yeux, suivant les vastes échappées du lac, en apercevaient tout-à-fait dans le lointain d'autres encore beaucoup plus élevées qui formaient un fond magnifique au tableau. Vu les stations fréquentes et la lenteur avec laquelle nous avions voyagé depuis que nous avions franchi le Vormen-Elv, il était fort tard quand nous arrivâmes au village de Morluen. Nous y couchâmes dans la petite auberge de la poste, et non-seulement nos chambres d'une propreté exquise renfermaient tout ce dont un voyageur peut avoir besoin, mais encore commandaient les plus ravissantes vues du Miœsen. L'air d'aisance et même de richesse qui régnait dans les chaumières des paysans était fort remarquable, et je fus singulièrement frappé de voir combien en l'espace de quelques milles la fertilité du sol et le progrès de l'agriculture avaient augmenté. La population aussi semblait s'accroître à mesure que nous avancions. Enfin dans la totalité des districts de Hedemarken et de Guldbransdal, l'étranger ne sera pas moins surpris de la magnificence du paysage que de l'aspect opulent qui de tous côtés s'offre aux regards. S'il s'était jusqu'alors figuré la Norwége comme ne consistant qu'en un assemblage de rocs nus et de montagnes, quel ne sera pas son étonnement d'y trouver à chaque instant les indices du travail, de l'industrie et de l'abondance! Dans chaque direction, en effet, les yeux sont attirés par de jolies petites métairies qui semblent plus prospères et plus florissantes qu'on ne les voit dans beaucoup d'autres contrées.

Le lendemain, le pays devient graduellement plus montagneux A Nocleby, nous vîmes le mont Synfiœllen ou Synfield, quoique nous en fussions éloignés d'une vingtaine de lieues. C'était un spectacle vraiment beau, vraiment extraordinaire. Couverte de neiges éternelles, sa tête orgueilleuse s'élançait jusqu'aux nuages, et semblait joindre le ciel à la terre, tandis que les rayons du soleil qui tombaient sur ses flancs rendaient la blancheur laineuse distinctement visible aux yeux à une si énorme distance. Sur les bords du Miœsen, près de Vang-Strand, s'élevait jadis la vaste et opulente cité de *Stov-Hammer*, qui, à en croire d'anciens auteurs, avait trois milles et plus de long. Elle renfermait, disent-ils, un superbe évêché, une magnifique cathédrale, et un palais pour le roi, qui seul était si grand que mille personnes y pouvaient loger à l'aise. Elle avait en outre beaucoup d'églises, de monastères et de couvents. L'époque de la plus haute prospérité de Stor-Hammer fut vers l'année 1300; elle comptait alors deux mille citoyens en état de porter les armes. Mais, en 1348, elle fut ravagée par une maladie pestilentielle, appelée *sorte dod* ou mort noire; depuis, elle n'alla plus qu'en déclinant, et en 1566, incendiée par une armée suédoise, elle fut entièrement détruite. Aujourd'hui il ne reste à peine un vestige de cette ville autrefois si célèbre dans le nord. A Moë, où nous fîmes halte pour la nuit, était une hôtellerie passable; mais, comme la plupart du temps, nous n'y trouvâmes qu'un triste souper. La nourriture générale des paysans consiste en du pain de seigle et du lait; or ce pain est si aigre, qu'il faut absolument qu'un étranger veuille ne pas mourir d'inanition pour se décider à y mettre les dents. Mais en dépit d'une si pauvre chère, les habitants sont robustes et pleins de santé. Quoique dans beaucoup de districts la nourriture animale leur soit tout-à-fait inconnue, ils ont presque tous haute taille et bonne mine, avec une mâle franchise de manière et de physionomie qui augmenta à mesure que je m'avançai vers le nord. D'après leur rude genre de vie et leur habitude de gravir chaque jour les montagnes, on peut dire qu'ils tiennent leurs corps dans un état continuel d'exercice. Aussi, la souplesse et l'agilité qu'ils en acquièrent est tellement grande, qu'ils peuvent suivre sans peine votre voiture au galop pendant l'espace de six à dix milles. Ils ont tant de considération pour leurs chevaux qui la trainent, qu'ils veulent surveiller eux-mêmes le cocher qui les conduit, et que je ne me souviens pas de les avoir jamais vus demeurer en arrière au-delà de quelques minutes; ils galopent ainsi d'un bout à l'autre du relais. Leurs animaux domestiques sont doués pareillement d'une agilité extraordinaire, et bien des fois, quand il m'arrivait de lever les yeux en l'air, je n'étais pas peu surpris d'apercevoir des vaches qui broutaient tranquillement parmi des rocs, au bord de précipices qui avaient plusieurs centaines de pieds de profondeur. Dans nos pays, leurs pareilles, en supposant qu'elles pussent par hasard atteindre à des endroits d'un accès si difficile, seraient surtout fort embarrassées de redescendre. Mais pour les vaches norwégiennes, ce sont des exploits faciles, aussi bien que nécessaires. Envoyées aux montagnes pour y chercher leur subsistance quotidienne, elles acquièrent peu à peu l'adresse des chèvres, et gravissent avec la plus grande facilité des pics rocailleux. Rien n'est curieux comme de voir la manière dont l'instinct leur a appris à en regagner le bas. S'asseyant sur leurs hanches, elles rapprochent leurs pieds de devant, et se laissent ainsi glisser sur des pentes dont l'escarpement est tel, qu'on ne croirait pas la chose exécutable sans qu'elles se brisassent les os. Bien plus, quelquefois les moutons et même les chèvres s'aventurent dans des positions dont ils ne peuvent plus se tirer eux-mêmes sans le secours du paysan; celui-ci, sans s'inquiéter du péril auquel il s'expose, se fait descendre par une corde au lieu où est l'animal, et quand il l'a pris dans ses bras, tous les deux sont remontés ensemble par ses camarades qui se tiennent en haut.

A Sunde je quittai, non sans regret, le pittoresque Nicæen, que j'avais côtoyé pendant plus de soixante milles. Deux impétueuses rivières qui se précipitent des montagnes unissent là leurs eaux écumantes; et dirigeant nos pas vers la droite, nous rencontrâmes le rapide torrent de Lougen ou Lossen, car les paysans lui donnent indifféremment ces deux noms. Nous avions monté tout le jour; aussi, par-delà Lille-Hammer, fûmes-nous environnés de montagnes qui dressaient de tous côtés leurs cimes majestueuses. Je commençai dès lors à sentir que je respirais réellement l'air de la Norwège, et que je m'enfonçais dans ses plus sauvages retraites. A Moshuus, charmant village qui fut notre gîte de la nuit, deux choses attirèrent surtout notre attention : la première, c'est l'église, bizarrement située sur le versant d'un mont escarpé près du sommet, et qui, vue d'en bas, semble tout-à-fait inaccessible; la seconde, un vaste buffet d'orgue, construit dans tous ses détails avec la plus merveilleuse perfection, et néanmoins l'œuvre d'un simple paysan qui sans jamais avoir eu de maître était parvenu à une grande habileté dans la mécanique. L'étranger qui parcourt la Norwège est sans cesse surpris des talents divers que les paysans possèdent, et de l'espèce de génie qu'ils déploient dans la fabrication de tous les objets nécessaires aux besoins communs à la vie. Demeurant loin des villes et des villages, dans leurs petites fermes disséminées parmi les montagnes, et souvent à distance de plusieurs milles de leurs voisins les plus proches, la nécessité, cette féconde mère de l'invention, leur enseigne bientôt les arts et les métiers utiles, et la rend ainsi indépendants d'une assistance qu'il n'est pas en leur pouvoir de se procurer. Par exemple, un même individu saura se faire ses habits et ses chaussures; il sera son propre charpentier et son propre menuisier; b en plus, il pourra souvent se confectionner une montre et une horloge. La plupart des gens de la campagne sont surtout très adroits à sculpter, et grâce à ce talent, grâce à la magnifique blancheur de leur bois de bouleau, il leur est facile d'orner l'intérieur de leurs cabanes. Les cuillers, les plats et les autres ustensiles qu'ils se plaisent quelquefois à décorer de sculpture dans le style antique pourraient servir de modèles à nos artistes et à nos orfèvres. Sans avoir jamais de leçons, ils excellent néanmoins dans tous ces genres de travail. Ils exécutent aussi une multitude de charmants ouvrages en argent, en cuivre et en d'autres métaux. Bref, il n'y a presque rien dont il leur faille aller faire acquisition dans les grandes villes, tant est grande leur adresse naturelle que développent encore pendant leurs longs hivers les instructions et l'exemple de leurs parents.

Le lendemain, au hameau de Stav, pendant que le maître de poste courait nous chercher des chevaux à la forêt voisine, le hasard me fit découvrir la cataracte la plus belle et la plus romantique que j'eusse encore vue dans le pays. Je regardais couler la Moxa, petite rivière qui, à travers un lit de rochers, va non loin du hameau se jeter dans le Lossen, lorsqu'un bruit éloigné d'eaux qui tombaient avec fracas vint frapper mes oreilles, et la curiosité me prit de découvrir d'où il provenait. Remontant donc le cours du torrent, tantôt parmi des sapins épais et des broussailles, tantôt parmi d'énormes blocs de pierre entassés confusément, j'arrivai au bout d'une demi-heure à un endroit où commence, pour se prolonger pendant plus d'un mille, une suite de magnifiques cascades. J'aurais bien voulu gravir jusqu'au sommet de la montagne pour examiner la source du torrent; mais il se faisait tard, et je fus obligé, à mon grand regret, de revenir sur mes pas. Toutefois, les paysans que je questionnai, de retour à Stav, m'avouèrent que la Moxa sortait de deux petits lacs situés près du haut de la chute, et je trouvai leurs assertions confirmées par la carte du fameux géographe Pontoppidan. La rivière y paraissait prendre sa source dans le *Field* ou mont Lynkampen, traversait ensuite les deux lacs en question, puis se précipitait le long du versant de la manière que j'ai décrite. Quand je regagnai le hameau, les chevaux m'attendaient depuis longtemps, et nous continuâmes notre route; mais deux ou trois heures, pendant lesquelles je m'étais absenté sans presque m'en apercevoir, nous mirent tellement en retard, qu'il nous fut impossible d'atteindre le lieu où notre intention était de coucher. Le froid qui règne dans ces hautes régions commença bientôt à devenir sensible, et un vent, accompagné de pluie, le rendait doublement vigoureux. A Rezerüg, de l'autre côté du Lougen, les montagnes avaient encore leur cime en partie couverte de neige qui restait du précédent hiver et que l'influence de la chaleur n'avait pu fondre jusqu'alors. Minuit arriva, et nous cheminions toujours; le temps était si mauvais, l'heure si avancée, qu'autour de nous tout présentait un air mélancolique et sauvage. En vain fatiguais-je mes yeux à tâcher de découvrir quelque chose qui ressemblât à une cabane pour nous y abriter, nous et les pauvres chevaux, contre la tempête, il n'y avait nulle part trace d'habitants. Ce ne fut qu'entre une et deux heures du matin que nous parvînmes au petit village d Elstad, gelés, mouillés et affamés; mais nous y trouvâmes à peu près tout ce dont nous avions besoin dans notre triste position, et après un copieux souper qui ne se composa cependant que d une petite espèce de truite appelée *suk*, de couleur d'argent et d'une longueur de sept pouces, dont le goût était excellent, nous oubliâmes vite dans les bras du sommeil les fatigues de la journée.

Le lendemain, à Vüg, je visitai le tombeau du colonel Sainclair, venu d'Ecosse en 1612 avec une bande de partisans pour secourir Gustave-Adolphe, et qui fut massacré non loin du village, ainsi que tous ses hommes, par les montagnards. Je ne rencontrais toujours que peu d'oiseaux. Les corneilles même, dont j'avais remarqué en Suède un nombre prodigieux, avaient alors disparu. Cependant des martinets de sable rasaient dans toutes les directions la surface des lacs, et j'avais aperçu dans les forêts le grand pivert tacheté. La voix des cornerakes retentissait presque sans interruption dans les vallées; mais je parvenais rarement à découvrir un seul de ces oiseaux, tant ils sont difficiles à faire lever à cause de la vitesse extraordinaire de leur course. Le soir, en arrivant à Breiden, comme l'hôtel de la poste était situé de l'autre côté de la rivière, il me fallut laisser la voiture et passer l'eau pour atteindre le gîte où, bon gré mal gré, je devais passer la nuit. C'était une ferme considérable dont le propriétaire avait en outre le privilège de fournir des chevaux aux voyageurs. Mon hôte, un homme d'environ quarante-cinq ans, vint me recevoir, et d'un air soupçonneux me toisa de la tête aux pieds comme s'il eût craint que je ne fusse un voleur. Il était robuste, corpulent et crasseux; tout, même dans son extérieur, dénotait une saleté habituelle. Me faisant traverser une cour spacieuse qu'environnaient des granges et des étables qui formaient un carré, comme c'est généralement la manière de bâtir en Norwége, il m'introduisit dans sa maison de bois, et m'ouvrant une vaste chambre qui n'avait aucun meuble, me pria d'y attendre mon dîner. J'appris bientôt que le maître du logis était un des richards de la contrée, car il possédait plusieurs villages et une immense étendue de terrain sur les montagnes. Cette dernière espèce de propriété toutefois peut s'acquérir en Norwége à des prix fort raisonnables. Il avait dix-sept enfants, et presque le double de serviteurs, qui demeuraient avec lui les uns et les autres, et dont il était entouré comme un ancien patriarche. Malgré tant de bras, il régnait partout la malpropreté la plus dégoûtante, et je souhaitais ardemment d'arriver au lendemain pour en être débarrassé. Mon repas, qui ne consistait qu'en une large truite, se trouva bientôt prêt, et le fermier me le fit servir par la plus belle de ses filles; mais si belle que fût la jeune personne, avec son œil bleu qui brillait avec éclat, et si grande faim que je me sentisse, car je n'avais rien mangé depuis huit ou dix heures, mon appétit s'en alla tout d'un coup lorsque je vis le déshabillé sale ou plutôt l'état de nudité complète de ma jolie servante; surtout quand je remarquai sur ses mains les cruels ravages d'une espèce de gale qui est extrêmement commune en Norwége parmi les classes inférieures, je fus contraint de la prier qu'elle s'épargnât la peine inutile de rester près de moi; prière à laquelle, faute de pouvoir en deviner le motif, elle ne se rendit qu'à contre-cœur.

Sauf les rats qui, dès que je fus couché, vinrent gaîment s'abattre sur mon dos, rien de pire ne troubla mon sommeil; mais je me levai d'aussi grand matin que je pus pour me remettre en route. Les habitants du logis étaient encore endormis tous, et ne trouvant pas mon domestique, j'entrai par hasard dans une vas e pièce que j'avais vue la veille servir de cuisine, et qui était alors convertie en dortoir commun. Quand j'ouvris la porte, une scène aussi curieuse qu'étrange se présenta à mes regards. Dans cinq ou six grands lits, ou plutôt dans cinq ou six grandes crèches de bois, plus de vingt personnes des deux sexes entièrement nues étaient couchées ensemble pêle-mêle, et la peau cuivrée de quelques-unes contrastant avec la blancheur des autres, rendait ces groupes encore plus extraordinaires. Pour compléter le tableau, plusieurs gros cochons jouissaient à terre des douceurs du repos, et par leurs sonores ronflements faisaient chorus à ceux des humains leurs camarades de chambre. Le singulier usage commun des deux sexes de dormir sans le moindre vêtement est

fort général en Norwége. La principale raison en est, je crois, le haut degré de chaleur que les poêles entretiennent aussi bien la nuit que le jour dans les appartements. Cette élévation de la température, si on met la décence tout-à-fait de côté, a le double avantage non seulement de rendre les habits inutiles et même incommodes, mais encore d'épargner beaucoup de linge. La noirceur extraordinaire de la peau de certains habitants de la Norwége ne peut s'expliquer, selon moi, qu'en la regardant comme une conséquence de la rigueur extrême des saisons, car ils sont toujours exposés aux intempéries de l'air. Il est nécessaire toutefois de remarquer que, tandis que les corps de ces individus sont littéralement, comme je l'ai dit, de la couleur du cuivre, leurs figures sont aussi blanches que de coutume.

Approches de la grande chaîne du Dovrefield. Tofte. Vue du sommet des montagnes. Merles noirs. Abondance de pluviers. Élans. Rennes. Fogstuen. Jerkin. Danse polonaise. Pic de Sneehattan. Kongsvoed. Différence d'aspect des deux chaînes. Stuen; la noce. Lièvres de montagnes. Melhuus.

La grande chaîne du Dovrefield n'était plus alors très distante, et à mesure que nous perdions davantage de vue les habitations des hommes, à mesure que nous pénétrions plus avant dans ces déserts montagneux, je sentais mon enthousiasme et mon ardeur grandir. Nous quittâmes Breiden par une matinée sombre et triste, et la hauteur des monts qui s'élevaient devant nous était telle, qu'il se faisait déjà huit heures quand nous vîmes les rayons vivifiants du soleil s'élancer au dessus d'eux, quoiqu'ils eussent illuminé depuis longtemps l'autre côté de la rivière. Là, pour la première fois, je remarquai un *lomme* ou plongeon arctique, qui suivait le cours de la rivière en poussant de longs cris sur nos têtes. Dès Olstad on peut deviner les magnifiques scènes que le Dovrefield offrira. De ce village à Tofte, la route tourne et monte continuellement; ce n'est toutefois qu'à ce dernier endroit qu'on fait en général commencer la chaîne proprement dite, quoique, si l'on considère la longue et rude montée qui le précède, on puisse avec peu de justesse dire qu'elle commence au hameau de Dovre, d'où à coup sûr elle tire son nom; car *field* en norwégien ne signifie que montagne. Parvenu à Tofte, je ne fus pas fâché de m'y mettre quelque temps à l'abri de la brûlante chaleur du soleil, et de recueillir un peu mes forces pour affronter mieux les fatigues qui nous attendaient quand nous monterions. L'espèce d'auberge qu'on trouve en ce lieu est la première des quatre *field-stuer* ou logements de montagne qu'un roi norwégien, nommé Egestein, construisit au XIIIe siècle, non-seulement pour y loger lui-même avec sa suite quand il passait le Dovrefield pour aller de Drontheim dans les autres parties de son royaume, mais encore pour que tous les voyageurs y trouvassent un asile. Ces quatre auberges, qui étaient autrefois entretenues aux frais de l'État, sont aujourd'hui même exemptes de tout impôt, à la condition que les propriétaires seront en mesure de fournir aux étrangers des vivres et des lits.

Vers deux heures nous recommençâmes à monter. La route que nous eûmes dès lors à suivre était si mauvaise, si souvent occupée par des torrents ou obstruée par d'énormes fragments de roc, et de plus si escarpée, qu'il nous fallut au bout d'un quart de mille envoyer un des paysans nous chercher un troisième cheval. Grâce à ce renfort, mais non encore sans beaucoup de fatigue et de peine, nous parvînmes dans la soirée au sommet de la première partie de la chaîne. La chaleur avait été si grande pendant que nous gravissions, qu'hommes et bêtes nous étions tous également exténués. Nous asseyant donc nous prîmes quelque repos, et mangeâmes avec délices de la neige, car il y en avait abondamment tout à l'entour de nous. La vue était plus sauvage et plus majestueuse qu'on ne saurait dire. Détaché du monde inférieur dont il ne pouvait apercevoir absolument rien, l'œil se la sait à parcourir d'immenses plaines montagneuses, si on peut s'exprimer de la sorte, d'une couleur roussâtre et couvertes de maigres bruyères ou de bouleaux nains. Partout les belles petites et modestes fleurs de nombreuses plantes particulières aux lieux élevés offraient aux regards les nuances les plus exquises, tandis que çà et là se dressaient d'immenses blocs de quartz d'une éblouissante blancheur, et d'une telle dureté que je parvenais fort difficilement à en détacher la plus petite parcelle. Un profond silence régnait dans ces hautes régions, et était seulement interrompu par les notes lugubres de plusieurs siffleurs, que nous voyions de temps en temps passer à tire-d'aile dans le lointain. L'horizon était de toutes parts borné par des montagnes coiffées de neige ; et leurs cimes laineuses, qui semblaient le séjour de la paix et de la tranquillité, se distinguaient à peine des nuages blancs qui flottaient au-dessus. A une assez grande distance, la forme colossale du Sneehattan s'élançait jusqu'au ciel comme une vaste colonne et paraissait regarder avec dédain le reste du Dovrefield. L'élévation que nous avions alors atteinte était de quatre mille cinq cent soixante-quinze pieds, et non loin de nous s'élevaient plusieurs petits pics qui, excepté celui de Sneehattan, sont les plus hauts points de toute la chaîne. Pour indiquer aux voyageurs qui franchissent l'hiver en traîneau cette effrayante chaîne dans la direction de la route, de grands poteaux de vingt-cinq ou trente pieds sont enfoncés tout du long. Sans leur secours, on serait bientôt perdu dans le désert des neiges qu'il faut traverser, ou bien on roulerait sur les pentes rapides des montagnes.

Après nous être reposés, nous commençâmes à descendre. Au lieu de monter en voiture, je marchai en avant avec mon fusil, car j'avais remarqué près du sommet une variété du merle dont le cou et la poitrine étaient tachetés de blanc. Cette espèce est fort commune en Norwège, et assez souvent on l'y rencontre tout à fait blanche. Vainement tirai-je plusieurs de ces oiseaux. Les pluviers, au contraire, se montraient alors si nombreux et étaient si peu sauvages, que je n'eus pas de peine à en tuer une provision qui me dura toute une semaine. On trouve aussi sur Dovrefield, quoiqu'ils y deviennent de jour en jour plus rares, des rennes et des élans. L'élan norwégien est un magnifique animal qui a fréquemment dix-sept paumes (1) de haut, et qui surpasse quelquefois en taille le plus grand cheval. Par malheur, son bois ne répond pas au reste de son corps ; au lieu de pousser en l'air comme celui du cerf ou du renne, il est bas et aplati, et n'offre aucun genre de beauté. Il n'existe pas de créature plus douce et plus inoffensive ; au point qu'autrefois l'usage était de l'atteler aux traineaux, car la longueur extraordinaire de ses jambes lui permettait d'accomplir sans peine d'immenses trajets dans un aussi court espace de temps que le renne. Mais la rareté qui va chaque jour en augmentant empêche depuis bien des années qu'on ne l'emploie ainsi, et il est fort à craindre que cet animal, si remarquable par sa grandeur, ne disparaisse bientôt de Norwège et de Suède. Sa chair est regardée comme quelque chose d'exquis, comme un mets de roi. Quoique je le souhaitasse ardemment, je n'ai jamais été assez heureux pour rencontrer aucun de ces animaux, mais, lors de mon retour, j'en ai vu au muséum d'Upsal deux qui étaient empaillés, et qui certes m'ont semblé énormes. Les bêtes fauves n'abondent généralement plus en Norwège. Si elles y sont devenues rares, on doit remonter déjà à une époque lointaine, il faut, à ce qu'il paraît, l'attribuer aux loups qui un beau jour parvinrent à franchir la chaîne du Filefield,

(1) Seventeen hands. A. M.

et commirent de grands ravages parmi cette espèce de gibier. J'ai cependant ouï dire qu'on en trouve encore dans certaines parties du Guldbransdal, et il y a aussi dans le fiord de Trondhjem une île où il ne manque pas ; mais en somme j'incline à croire qu'il n'est que peu abondant dans ces parties du nord.

Vers minuit, après une longue descente, nous atteignîmes Fogstuen, situé au bas de la plus haute chaîne du Dovrefield. C'est le second des quatre fieldstuer; et le voyageur doit s'estimer heureux de pouvoir s'abriter des vents glacés de l'hiver, même dans un bâtiment d'un aspect aussi lugubre que celui de Fogstuen, mot qui littéralement signifie chambre à brouillard, et dans un lieu qui n'est guère plus gai que ne l'annonce ce nom. Le froid était alors très grand, car le thermomètre de Fahrenheit était descendu à quatre degrés au-dessous de glace, quoiqu'il se fût élevé à cinquante au-dessus pendant le jour. Après avoir pris quelque repos, nous continuâmes notre route, et nous parvînmes à Jerkin au lever du soleil. La place était encombrée de paysans et de paysannes qui avaient dansé toute la nuit au son joyeux du violon, et quoique la matinée s'avançât, ils dansaient encore la polonaise, leur danse favorite. C'est même la danse nationale des Norwégiens, et ils l'exécutent avec un feu, un enthousiasme que je ne leur ai jamais vus en d'autres circonstances. Voici en quoi elle consiste. Chaque cavalier, prenant sa dame par la main gauche, fait le tour de la salle du bal à une espèce de petit trot, plutôt qu'au pas. Pendant cette promenade préparatoire, la danseuse et son danseur pirouettent de temps à autre sur eux-mêmes en passant la tête sous leurs bras Commence alors la polonaise ; c'est un tournoiement très rapide ressemblant assez à la walse ; mais d'un mouvement beaucoup plus accéléré et d'une mesure entièrement différente. Rien de plus difficile que l'exécution de cette danse, à cause de la vitesse extrême dont il faut tourner, sans néanmoins manquer aucunement la mesure ; mais rien de plus amusant pour le spectateur que de la voir exécuter, tandis que, dès qu'on leur joue la polonaise, l'ardeur avec laquelle les habitants du pays l'exécutent prouve combien ils en sont passionnés. Lorsque j'entrai à Jerkin dans la petite chambre qu'on me donna, je fus agréablement surpris d'y trouver tout propre et bien rangé. Le plancher, comme c'est la coutume en Norwège, était jonché de rameaux de genévrier qui répandaient une délicieuse odeur et sollicitaient presque invinciblement au repos. Aussi, quoique le soleil fût déjà élevé dans les cieux, j'étais trop accablé de fatigue pour résister au besoin de dormir quelques heures. Jerkin, qui ne consiste absolument qu'en une hôtellerie, est le troisième des fieldstuer. Il est éloigné du précédent d'une quinzaine de milles, et situé au cœur même du Dovrefield, à une élévation qui égale presque celle du sommet de la première chaîne, car depuis Fogstuen la route, quoique plus graduellement qu'elle ne l'a fait jusqu'alors, monte sans cesse.

A midi nous nous remîmes en marche pour achever de franchir ces immenses montagnes. Lorsqu'on a atteint le faîte d'une raide montée qu'on rencontre en quittant Jerkin, l'œil, parcourant un vaste plateau, obtient une magnifique vue du Sneehattan qui s'élève jusqu'aux cieux. Sa tête gigantesque, couronnée de neige, offre une espèce de ressemblance avec un chapeau, d'où a pris le nom qu'il porte et qui peut se traduire par chapeau de neige. Tout autre objet se perd dans ce mont et paraît à côté de lui d'une infinie petitesse, tant est extraordinaire et bizarre cette masse qui soudain s'élance de la cime du Dovrefield, et qui semble y être une énorme excroissance plutôt qu'en former une partie. La hauteur de ce pic qu'on a barométriquement mesurée est de huit mille cent quinze pieds anglais, c'est-à-dire plus du double de celle du Vésuve et presque équivalente à celle de l'Etna. Quand on regarde le colossal Sneehattan qui

Suédois.

se dresse à une telle élévation au-dessus de soi, et les vastes plaines qui s'étendent autour de sa base, il est difficile de ne pas oublier pour quelques moments qu'on atteint le sommet du Dovrefield, et qu'on se trouve à quatre mille cinq cent soixante-trois pieds au-dessus du niveau de la mer. Par comparaison, on est encore dans une vallée sans doute ; mais une vallée, il faut en convenir, passablement haute. Si le temps ne m'avait pas manqué, j'aurais bien voulu consacrer plusieurs jours à gravir et à explorer le Sneehattan ; mais la moindre minute m'était précieuse. De la route il paraît n'être qu'à cinq minutes de marche, et si on ne savait que réellement il est éloigné d'un certain nombre de milles, l'illusion que produit sa grande et subite hauteur est si forte, qu'on emploierait inutilement quelques heures à tâcher d'en atteindre seulement le pied.

A Kongsvold, l'escarpement devint si rude qu'il nous fallut encore recourir à un troisième cheval. Mais plus la route devenait difficile et périlleuse, plus augmentaient la beauté et la magnificence des scènes. Nous avions grand besoin de cette compensation, car les peines et la lassitude que nous avions éprouvées la veille n'avaient été que légères par rapport à celles de cette journée-ci. La principale affaire n'était pourtant pas de faire grimper la voiture, si laborieuse que fût d'ailleurs cette opération ; mais il fallait sans cesse la retenir et empêcher qu'elle ne reculât, car à chaque instant les chevaux s'arrêtaient soudain, et sans de fréquentes haltes il leur aurait été absolument impossible d'accomplir leur besogne. Nous étions donc obligés de suivre tous par-derrière avec une énorme pierre dans nos mains, prêts à la placer sous les roues dès qu'elles cessaient de tourner ; heureux encore quand la pente n'était pas tellement rapide, qu'il y eût besoin de les caler à deux ou trois reprises, parce qu'elles déroulaient deux ou trois fois de suite par-dessus les obstacles que nous leur opposions.

Comme les parties du Dovrefield que nous franchîmes ce jour-là étaient plus boisées, nous aperçûmes un plus grand nombre d'oiseaux que nous n'en avions peut-être aperçu jusqu'alors dans le reste de notre voyage, et leurs chansons sortant des épais taillis qui poussaient entre les rocs égayèrent beaucoup notre marche. Je remarquai surtout une multitude de *field-fares* communs, qui, pendant les froids, abondent en Angleterre. C'était l'époque où en Norwège ils élèvent leurs petits. Il nous avait fallu toute la route cheminer si lentement, que la nuit était déjà très avancée quand nous atteignîmes le relais de Rüse. Ce ne fut même pas sans peine, à cause de l'heure indue, que nous y obtînmes des chevaux. Si nous n'y fîmes pas halte, c'est qu'un délicieux crépuscule nous éclairait encore suffisamment pour nous empêcher de rien perdre des

Bergen.

scènes magnifiques qui se développaient devant nous, car il nous semblait que nous étions toujours environnés de hautes montagnes. L'air n'avait pas un souffle, et aucun son ne venait frapper nos oreilles, si ce n'était les murmures lointains des torrents qui se précipitaient des hauteurs, et dont les rugissements amortis par la distance et ainsi plus harmonieux invitaient si bien au sommeil, que malgré tous mes efforts pour demeurer éveillé je m'endormis. Lorsque je rouvris les yeux au bout de quelque temps, ce fut pour dire adieu au *Dovrefield* que nous laissions enfin derrière nous, et que nous avions franchi en *deux jours*, quoique l'espace à parcourir fût au moins de *soixante milles*. Le *Dovrefield*, avec le *Langfield* ou montagne longue qui comprend aussi plusieurs autres chaînes différemment nommées, forme les divisions naturelles de la Norwége, connues en géographie sous les dénominations de *Sonderfields* et de *Nordenfields*, c'est-à-dire de montagnes méridionales et montagnes septentrionales, lesquelles désignent les parties de la contrée s'étendant au sud et celles qui s'étendent au nord de ces chaînes. La première division comprend le diocèse de Christiania et une moitié de celui de Christiansand, tandis que la seconde en renferme l'autre moitié avec ceux de Bergen et de Drontheim.

Les spectacles que le *Dovrefield* étale aux regards du voyageur sont toujours de la nature la plus su-

blime et la plus imposante, quoique, dans certaines parties, de caractères essentiellement différents. Tout le temps, par exemple, qu'on gravit la première rangée et lorsqu'on a atteint le sommet, on ne voit régner qu'une mélancolique solitude. L'œil erre sur les cimes des hauteurs neigeuses, cherchant, mais en vain, à distinguer le ciel de la terre. Il ne contemple rien qui ne soit majestueux et grandiose ; mais rien non plus n'est beau, à proprement parler, et même il n'y a rien qu'on puisse appeler un joli point de vue. Les principales émotions qu'éprouve le voyageur sont une espèce de crainte, une espèce de respect religieux, auxquels se mêle un plaisir calme et intime. L'aspect de la seconde rangée est d'un tout autre genre. Au sublime a succédé le pittoresque. Depuis Kongsvold, la route serpente sur des versants raboteux couverts de sapins et de bouleaux. L'élévation n'y est déjà plus si grande, et les arbres commencent à retrouver de la vigueur. Entre eux apparaissent d'énormes masses de rocs qui offrent mille formes fantastiques, tandis qu'à une énorme profondeur au-dessous bondissent les eaux écumantes de la Driva. Les petites vallées qui séparent les divers gradins sont revêtus de la plus riche végétation et habitées par d'innombrables oiseaux. Là les sensations dominantes sont l'admiration et le ravissement ; on a laissé derrière soi la tristesse et la solitude, et en présence de la nature ainsi parée de ses plus charmants atours l'esprit reprend bien vite sa gaîté habituelle.

A Büse, nous n'étions plus éloignés de Drontheim que d'environ trente lieues, et j'avais l'intention, si faire se pouvait, d'atteindre cette ville le lendemain. En arrivant à Stuen, village dont nous avions fait choix pour y établir nos quartiers nocturnes, nous trouvâmes la maison du maître de poste qui servait d'auberge, selon l'usage, complétement remplie de paysans qui dansaient et se livraient à la joie. La fille s'était mariée le matin, et on célébrait la noce. Notre arrivée inattendue, surtout lorsque Jean eut dit que j'étais un voyageur étranger, fit soudain abandonner les quadrilles, et toute la compagnie entoura ma voiture pour me voir. Quant à moi, en me trouvant tout d'un coup parmi cette foule d'hommes et de femmes dont les habits étaient rigoureusement coupés d'après les modes d'il y a deux ou trois cents ans, car les habitants de la Norwége de cette partie conservent intact depuis des siècles le costume de leurs pères, je pouvais à peine en croire mes yeux, et me demandais si je ne rêvais pas toujours. Comme il ne restait pas pour nous la plus petite chambre, à cause du grand nombre des parents et des amis, nous continuâmes notre route pendant la nuit.

Chemin faisant, plusieurs lièvres de montagne tachetés de blanc et de brun passèrent devant nous. Aux approches de l'hiver, ils blanchissent tout-à-fait et alors ne se distinguent plus de la neige, ce qui est le cas de la plupart des animaux dans les latitudes septentrionales. Après les scènes du Dovrefield, la contrée, quoique extrêmement belle et même assez romantique pour les places, devint comparativement insipide et dénuée d'intérêt. Mais enfin nous atteignîmes Melhuus, joli hameau remarquable par sa petite église de bois, qui est le dernier relais avant Drontheim; et cette circonstance, jointe à la vive curiosité qui m'entraînait vers l'ancienne capitale de la Norwége, ranima mon courage autant qu'il était besoin.

Arrivée à Drontheim. La Gule. Drontheim; description de cette ville. Chutes de Leerfossen. Lacs pittoresques de Jonsvandel. Enormes fourmilières; vinaigre qu'on tire des fourmis. Bêtes sauvages des forêts. Le lynx. L'hermine. Le lemming. Cathédrale de Drontheim; environs. Mœurs des habitants. Ils parlent beaucoup l'anglais, peu le français. Langues norwégienne, danoise et suédoise, comparées. Fréquence des incendies. Gardes de nuit.

Nous côtoyâmes avec rapidité, pendant treize ou quatorze milles, les bords de la Gule, rivière qui, lorsque les chaleurs arrivent, grossit tellement par suite de la fonte des neiges, qu'il y a deux routes pour aller de Melhuus à Drontheim. Quand nous approchâmes de cette ville, un épais brouillard semblait la couvrir, et nous apprîmes non sans étonnement que depuis quelques semaines il avait presque toujours plu dans cette partie de la contrée, tandis que de l'autre côté du Dovrefield et sur cette chaîne nous n'avions généralement pas cessé d'avoir un beau temps et un ciel serein. Mais lorsque nous parvînmes au faîte du Steerberget, haute et raide éminence, les vapeurs se dissipèrent comme par enchantement, et nous vîmes l'antique cité de Drontheim s'étendre en bas de nous avec sa magnifique baie entourée de montagnes, avec l'île singulière et la citadelle de Munkholm au milieu du fiord, et d'innombrables petits vaisseaux à l'ancre. Après avoir descendu la colline et franchi l'enceinte des murs, quelle ne fut pas ma surprise de me trouver au centre d'une vaste et belle ville, au milieu de rues spacieuses et régulières, de maisons entièrement bâties de bois, il est vrai, mais non moins remarquables par leur grandeur que par leur élégance et leur propreté. J'eus bientôt trouvé un appartement commode; mais être soudain devenu l'habitant d'un pareil lieu, quand la veille encore je parcourais les districts les plus sauvages de la Norwége, c'était pour moi comme un songe. Je ne pouvais croire que je fusse arrivé à la dernière ville qui existât du côté du pôle, et que quelques milles de plus vers le nord me conduiraient au bout de toutes les routes.

Mon premier soin fut d'aller rendre visite au stift amtmand, ou gouverneur de la province, pour qui j'avais des lettres de recommandation, et qui habitait un palais vraiment magnifique, quoique construit en bois, dans la Munk-Gade, la plus large, la plus longue et la plus belle des rues de la ville. Cette rue, en effet, se termine d'un côté par la baie, de l'autre par la cathédrale, superbe monument de la plus haute antiquité, et quand de cette porche on regarde devant soi vers la mer, on ne saurait imaginer une plus admirable ligne de perspective. L'œil embrasse, à droite et à gauche, une suite nombreuse de splendides bâtiments, et ne va s'arrêter qu'au loin sur les eaux du fiord, tandis que la forteresse et l'île dont il est question plus haut semblent être au centre de la Munk-Gade, et qu'une chaîne de montagnes qui s'élève majestueusement sur les côtes opposées domine tout le tableau. Dès que le gouverneur sut que je me proposais de poursuivre mon excursion jusque dans le Finmark, il prétendit que la saison était beaucoup trop avancée pour entreprendre un tel voyage, et me conseilla de renoncer à mon dessein. J'eus donc un instant peur de ne pouvoir atteindre le cap Nord; mais comme tous les renseignements que je recueillis auprès des autres habitants de Drontheim contredisaient un pareil avis, je me tranquillisai bientôt, et même ne craignis pas de prolonger quelque temps mon séjour dans cette ville.

Le temps était par bonheur redevenu beau, et je pus explorer les environs. Je dirigeai d'abord mes pas vers les chutes de Leerfossen qui ne sont distantes que d'une lieue un quart et qui mériteraient qu'on fît plus de chemin, s'il le fallait, pour les visiter. C'est la rivière de Nid qui les forme, et le volume prodigieux de l'eau qui tombe, la hauteur d'où elle se précipite, la violence dont elle s'élance, enfin le joli paysage où elles sont situées, tout concourt à les rendre curieuses. Les lacs pittoresques de Jonsvandel, qui ne sont pas non plus très éloignés, méritent bien aussi une visite, et c'est une des plus agréables promenades qu'on puisse faire dans le voisinage. Les alentours de Drontheim ne présentent, à proprement parler, rien qui ressemble à une forêt; mais les épais taillis et les buissons touffus qui couvrent les bords de ces lacs, ainsi que la richesse de la végétation, peuvent compenser jusqu'à un certain point l'absence de l'ombre plus profonde des pins. Dans quelques parties, les branches mêlées des arbustes nains, qu'entrelaçaient différentes espèces de plantes grimpantes, m'opposèrent une barrière presque infranchissable. Quelquefois j'étais arrêté par une énorme *fourmilière* à peu près aussi haute qu'un homme, et qui pour l'élévation et l'extérieur ressemblait beaucoup à la *gamme* ou hutte des Lapons de la côte : rien de plus curieux que ces demeures réellement gigantesques et néanmoins construites par un si petit animal. Un examen attentif montre qu'elles se composent principalement de particules d'écorce et de bois mort, entremêlées d'une terre légère. A toutes on arrivait, comme aux plus populeuses cités, par une spacieuse route, d'un pied de largeur, tout le long de laquelle des millions de ces petits nègres revenaient pesamment chargés, tandis que d'autres allaient en expédition. De la rue principale se détachaient d'innombrables avenues plus étroites, qu'on pourrait appeler les faubourgs de ces républiques, et qui toutes étaient pareillement encombrées d'arrivants et de partants, lesquels avaient tous l'air le plus affairé du monde. Ces fourmilières, qui ne peuvent manquer dans les forêts du Nord d'attirer l'attention du voyageur, sont l'ouvrage d'une grosse espèce de fourmis noires, et, chose assez singulière, fournissent aux gens du pays le moyen de fabriquer du vinaigre par une méthode très simple. Ils ramassent d'abord une quantité suffisante de ces petits animaux, et pour cela ils jettent au milieu d'une de ces vastes fourmilières une bouteille à moitié remplie d'eau; naturellement les fourmis y entrent et se noient; ils font alors bouillir le contenu de la bouteille, et l'acide qu'ils obtiennent ainsi n'est pas moins fort que bon.

Les forêts du diocèse de Drontheim abondent en diverses sortes d'animaux sauvages, tels que loups, renards, ours, lynx, martinets, chats et beaucoup d'autres. Le *lynx* du Nord surtout, ce tigre des régions polaires, n'est nullement rare dans cette province de la Norwège. En norwégien on l'appelle *goupe*, et dans la partie septentrionale de la Suède il est généralement connu sous le nom de *warjelue*. Parmi les peaux que j'ai vues de cet animal soit en Norwège, soit en Laponie, il y en avait de trois couleurs essentiellement différentes, qui doivent, je crois, correspondre à au moins autant d'espèces ou variétés : les premières étaient grises, avec une teinte jaunâtre, et, parsemées d'élégantes taches brunes, avaient les oreilles velues; l'espèce semble en être plus particulière à la Norwège. Les secondes ressemblaient tellement sous tous les rapports à la dépouille du léopard, que j'eusse supposé qu'en effet elles avaient appartenu à cet animal, si la fourrure n'en eût pas été si longue et si épaisse. Enfin, les troisièmes étaient uniformément d'un roux foncé; mais toutes elles avaient à peu près cinq pieds de long, sans y comprendre la queue qui était encore d'un pouce et demi à deux pouces. Ainsi quoique les naturalistes décrivent le lynx comme comparativement petit, il est d'une longueur égale à celle de la panthère, et beaucoup plus grand que le léopard et l'once; mais sa taille, peut-être inférieure à celle du loup, le fait paraître beaucoup moindre. Ses griffes, qui ne le cèdent en rien à celles du tigre, doivent le rendre un redoutable adversaire. Dans les forêts du Nord, il se nourrit principalement de gibier, et non-seulement d'oiseaux, mais encore de quadrupèdes, et lorsque le hasard l'amène près d'une ferme, il exerce de grands ravages parmi les troupeaux.

L'hermine se voit souvent dans les rues de Drontheim. Elle habite les greniers, et dès qu'elle se montre quelque part, les rats et les souris, avec qui elle est en guerre ouverte, prennent aussitôt la fuite. Cet élégant petit animal, qui se trouve aussi en Angleterre, où cependant il est mieux connu sous le nom de *stoat* et où il a toujours une teinte rougeâtre, porte dans les contrées du nord une robe de la plus pure blancheur, tandis que sa queue est également terminée de noir, état dans lequel les dames l'estiment le plus pour en orner leurs pelisses et leurs palatines. C'est à l'approche de l'hiver que sa couleur se change ainsi, car en été elle est la même que dans les climats plus méridionaux; mais probablement que sous les latitudes tout-à-fait septentrionales elle reste blanche d'un bout à l'autre de l'année. L'hermine se nourrit en général de souris, de volailles, et en particulier de lemmings lorsque ces animaux apparaissent. Comme je l'ai dit, on la rencontre assez fréquemment en Angleterre, et on peut sur-le-champ la distinguer de la belette, qui quelquefois est blanche aussi, à l'extrémité de la queue qui reste noire. Les peaux d'hermine se vendent à très bas prix dans le Finmark, et surtout dans l'intérieur du pays; il n'est donc pas facile de deviner d'où vient qu'on leur attribue si généralement une si grande valeur, à moins que ce ne soit parce qu'elles servent toujours à décorer les manteaux des souverains. Le lemming, que certains naturalistes appellent *marmotte lapponica*, cette singulière créature dont il a été tant parlé et sur laquelle ont été faites tant de suppositions bien qu'elle n'existe, je crois, dans aucun autre pays, apparaît de temps en temps dans les districts qui avoisinent Drontheim et jusque dans cette ville même. C'est un petit animal de la grosseur à peu près d'un rat, et on croit qu'il habite la longue chaîne de montagnes qui, sous le nom d'*Alpes scandinaves* ou *de Laponie*, courent entre la Suède et la Norwège. Son apparition est subite et incertaine, tantôt on ne l'aperçoit pas de vingt années, et tantôt dans certains districts il se montre généralement tous les trois ou quatre ans. Mais toujours, quand il commence ses migrations, c'est avec un nombre si prodigieux de ses pareils, que la contrée en est entièrement couverte. Ils marchent toujours par bandes effroyables, et jamais, dit-on, autrement qu'en droite ligne, ne se laissant détourner de leur route par aucun des obstacles qui peuvent se présenter devant eux. La superstition des gens de la campagne leur fait supposer que, quand surviennent ces armées de lemmings, ils annoncent de grands malheurs, et présagent, par exemple, la guerre et la disette. Pour la disette, cela peut se concevoir si ce sont les parties les plus cultivées qu'ils envahissent, car il faut inévitablement qu'une destruction complète des moissons et de tous les végétaux en général résulte de leur passage. Jadis on avait sur leur compte des opinions encore plus ridicules et plus superstitieuses. Comme on ignorait, et on ne sait même pas aujourd'hui bien au juste, d'où ils pouvaient sortir, le vulgaire était persuadé qu'ils tombaient des nues pendant les orages ou les grosses pluies, et que là ils se nourrissaient de matières fécales, quoique aussitôt après leur chute on trouvât dans leur ventre de l'herbe verte non digérée. Buffon, qui mentionne ces fables, dit qu'ils aboient presque comme de petits chiens, qu'ils commettent d'horribles dégâts dans les champs, qu'ils dévastent les jardins, ruinent les moissons et détruisent tout ce qui n'est pas renfermé dans les maisons, où heureusement ils n'entrent jamais. Leur tête, leur corps et leur gueule ont ensemble six pouces et demi de longueur. Leur peau est extrêmement mince. La couleur de la tête et du corps est un mélange de noir et de roux irrégulièrement disposés par taches. Le ventre est blanc, semé de jaune. L'année 1808, ces maudites bêtes firent en Norwège une invasion mémorable, dont des témoins oculaires m'ont donné les détails suivants. Les premiers jours de l'été, elles se montrèrent au nombre de dix ou douze mille d'abord au village de Dovre, qui est le commencement du Duvrefield. Elles se mouvaient dans la direction de Drontheim, qu'elles eurent bientôt atteint, et y restèrent un temps considérable infestant tous les quartiers de la ville. Les enfants, pour les prendre, enduisaient une planche de goudron, et les chiens en tuèrent beaucoup, mais sans vouloir les manger. Quant aux autres, elles disparurent aussi subitement qu'elles étaient venues, et on ne sut ni où elles allèrent ni d'où elles venaient; mais on supposa qu'elles étaient sorties des montagnes de la frontière. Lorsqu'on arrêtait leur marche avec le pied ou avec un bâton, elles prenaient une attitude menaçante et poussaient un espèce d'aboiement aigu. Quand les *lemmings* ont à franchir une rivière ou un bras de fiord, ils y procèdent d'une manière, dit-on, fort curieuse, mais qui n'en est pas moins authentique, car on les a souvent vus la pratiquer. Aussitôt qu'ils arrivent au bord de l'eau, l'avant-garde se jette à la nage, et dans l'espace de quelques minutes forme une sorte de *pont flottant*, ou, pour me servir de l'expression consacrée dans l'art militaire, de véritable ponton, la tête de chaque animal s'appuyant sur la croupe de celui qui le précède, et tous se soutenant à la surface comme s'ils nageaient. Lorsqu'une communication est ainsi formée entre les deux rives, le reste de l'armée s'élance sur les dos de ceux-là, et atteint rapidement l'autre bord. Si étrange que la chose puisse paraître, les inventions auxquelles les naturalistes nous racontent que recourent en pareille circonstance et les marmottes et les écureuils gris ne sont-elles pas aussi extraordinaires, et pourtant certaines ? Je ne crains donc pas que celle qu'on prête aux lemmings soit révoquée en doute par les gens qui ont plus particulièrement fait leur étude de l'histoire naturelle, et qui peuvent juger d'autant mieux du merveilleux instinct et de l'étonnante sagacité des animaux.

Dans les nombreux et beaux points de vue que Drontheim offre des environs, c'est toujours la cathédrale qui attire le plus les yeux, comme située sur une hauteur et isolée de tout autre bâtiment. C'est aussi comme antiquité architecturale ce que la ville renferme de plus curieux. Par malheur ce n'est à proprement parler qu'une ruine; car, dit-on, l'édifice était jadis plus vaste dix fois qu'aujourd'hui; mais quelle magnifique ruine! Tel qu'il a survécu aux ravages du feu, du temps et des hommes, il est encore supérieur à beaucoup des églises qu'on cite pour leur beauté, et le voyageur doit infailliblement être surpris de rencontrer un semblable monument si loin vers le nord. Il peut, certes, d'après ce qui en subsiste, se former une idée de ce qu'était son immense étendue à l'époque où il florissait dans toute sa splendeur. Commencé en 990, il a reçu des additions dans la plupart des siècles suivants, et est un mélange des architectures saxonne et gothique. Sept grands incendies, dont le dernier en 1719, les pillages continuels des flibustiers danois et hollandais, et d'autres accidents de diverses natures, l'ont laissé dans l'état actuel. Une grande partie est sans toit, et il ne reste d'intact, on ne répare que ce qu'on appelle le chœur de la vieille église. C'est maintenant tout ce qui constitue la cathédrale, ou *domkirker*. Le présent roi de Suède et de Norwége y a été couronné, et non loin sont les restes du *kongs-gaard*, palais où les monarques norwégiens résidaient autrefois.

Drontheim est le siége d'un évêché et renferme environ neuf mille habitants. Les alentours, comme ceux de Christiania, abondent en petites maisons de campagne délicieusement situées, et commandant des vues tant de la ville que de la baie. Aussitôt que les dernières neiges ont disparu de la surface du sol et que l'été commence, ce qui dans le nord n'est l'affaire que de quelques jours, tous les citadins qui possèdent une petite retraite hors des murs vont s'y réfugier. Ils y étaient encore la plupart lors de mon passage, car le temps était redevenu beau et même la chaleur était élevée. Dans les vergers, les différents fruits arrivaient à leur maturité, et le 8 juillet, ce à quoi je ne me serais pas attendu sous une latitude de 63°, je mangeai des fraises et des cerises parfaitement mûres. Je remarquai aussi dans un jardin une florissante plantation de chênes, de frênes, de citroniers, de châtaigniers et d'autres arbres, tous venus d'Ecosse. Les sapins seuls du même pays étaient morts, sans doute parce qu'ils étaient restés trop longtemps déplantés et que leurs racines sèchent plus vite.

Les manières des habitants de Drontheim sont polies, faciles et agréables. Ils ont tous cette franchise et cette sincérité qui semblent particulières aux Norwégiens, et qui pour moi me charment plus que toute autre qualité qu'ils possèdent. Le français se parle peu dans cette ville parmi les gens comme il faut. L'anglais, au contraire, est généralement su, et presque tous les marchands le savent parler couramment, ce qui, je pense, provient des grands rapports commerciaux qui ont jadis existé entre les deux nations. A Christiania, cette dernière langue est aussi assez usuelle, mais on s'y sert davantage de la première dans la bonne compagnie, ce qui a été le résultat graduel des résidences que la cour vient de temps en temps faire dans cette ville. Le norwégien, qui diffère à peine du danois, ressemble beaucoup à l'anglais; et un Ecossais, en particulier, y trouvera une foule d'expressions et même de phrases si exactement semblables à celles de son idiome maternel, qu'il n'aura aucune peine à apprendre la langue norwégienne. Le suédois, un peu différent du norwégien, est plus doux et plus harmonieux à l'oreille, parce qu'on y élève et baisse plus souvent la voix dans chaque phrase. Le ton ne change pas seulement pour les dernières syllabes de chaque mot; mais à la fin de toutes les phrases, la voix, au lieu de tomber, monte considérablement, quelquefois d'une octave à la supérieure, mais en général à la septième note. Cette manière de prononcer, car c'est plutôt une espèce de chant, semble d'abord très étonnante, mais elle adoucit beaucoup une langue naturellement dure.

Comme Drontheim est entièrement bâti en bois, les incendies, on s'en doute, y ont toujours été et y sont toujours très fréquents. Dès qu'une des sentinelles en faction sur la forteresse de Christiansteln qui domine toute la ville, en aperçoit un, on tire un coup de canon du haut des remparts. A ce terrible son retentissant au milieu de la nuit, les citoyens, tout d'un coup éveillés, se lèvent et réunissent leurs efforts pour arrêter les flammes qui, vu l'inflammabilité des matériaux, occasionnent d'ordinaire de terribles ravages avant qu'on les puisse maîtriser. Pour la même raison les rues sont incessamment traversées par des gardes nocturnes dont les cris ne peuvent paraître que bizarres à un étranger. Ils ont, pour chaque heure qui s'écoule, une sorte d'exhortation ou de prière différente qui est versifiée et sur un air, et ne cessent de chanter tout en faisant leurs rondes. Ces *vœhters*, ainsi se nomment-ils, sont armés d'un instrument aussi bizarre que leurs cris; c'est une longue, très longue canne, à l'extrémité de laquelle se trouve une boule de fer munie de plusieurs pointes. Cette arme, qui, on en conviendra sans peine, doit être terrible, est non improprement nommée *morgen-sterne* ou étoile du matin, et sans doute l'idée seule d'en recevoir un coup bien et dûment appliqué sur l'échine maintiendrait dans le devoir les galants qui, dans certaines capitales, se font un plaisir de rosser le guet ou de vexer les patrouilles. Mais à Drontheim, où le sang des jeunes gens coule plus tranquillement dans leurs veines, et où les bandes de filous et de voleurs sont inconnues, les *morgen-sternes* avec leurs pointes luisantes ne servent guère que d'ornement dans la main des *vœhters*, et l'honnêteté est si commune dans le nord, le vol et la plupart des autres crimes y sont comparativement si rares, que leur office ne leur attire même ni peine ni dangers.

Départ de Drontheim. Difficultés de la route. Chevaux norwégiens. *Elv* de Stordals. Eiders *Bjesyfald* ou rupture des montagnes. Levanger *Elv* de Vardals. Abondance de courlis. *Elv* d'Aungdals Vaches remplacées par des troupeaux de chèvres. Régiment de Patineurs. Caractère des paysans; Overgaard. Fin de toutes les routes.

Après avoir passé une quinzaine de jours à Drontheim, j'en repartis le 11 juillet au lever du soleil, non plus dans ma calèche ni avec un charriot qui me précédait, car tout le monde m'avait dit que ces voitures ne serviraient qu'à m'embarrasser vu le mauvais état des chemins, mais dans une petite carriole à un seul cheval, dont je partageai l'unique banc avec mon fidèle domestique. Notre premier relais fut à Haugan. Entre cette station et celle de Helle, la contrée devient fort montagneuse, et malheureusement nous n'étions plus en Suède, c'est-à-dire que nous n'osions plus, comme en ce dernier pays, descendre au grand galop les côtes les plus rapides et les plus longues. En Norwége, c'était tout différent; au lieu de simples collines, nous avions des montagnes bordées de précipices, et, au lieu de larges routes, unies et sablées comme les allées, d'étroits sentiers raboteux sur lesquels étaient semés des fragments de rocs. D'ailleurs, quand même nous eussions voulu risquer notre cou, les intelligentes bêtes qui nous traînaient ne nous l'eussent pas permis. Rien de plus surprenant que de voir avec quelle précaution elles descendaient les parties les plus raides et les plus dangereuses. Rapprochant presque leurs pieds de devant et ceux de derrière, à peu près accroupis de la sorte, elles se laissaient glisser tout doucement, pas à pas, avec le plus grand soin, et ne souffraient pas un seul instant que le poids de la voiture à laquelle elles étaient attelées les pressât de manière à dépasser leurs forces Dans ces circonstances il faut s'en remettre absolument à leur instinct, et le cocher qui voudrait intervenir au moyen des rênes ou du fouet rendrait certaine sa propre destruction Puis en place des petits et faibles chevaux dont nous nous étions servis jusque-là, nous en rencontrâmes dès lors d'une toute autre espèce, qui surpassaient de beaucoup en taille ceux que nous avions vus en Suède et dans les parties méridionales de la Norwége. Ils étaient robustes, osseux, courts du dos, d'une couleur brune très foncée, sans la moindre tache blanche, mais avec une telle crinière et une queue flottante. Tel est le véritable cheval norwégien, qui se distingue par sa force, son ardeur et sa beauté

Le jour devint bientôt d'une chaleur étouffante, et les grosses mouches qui nous avaient tant persécutés dans les forêts suédoises, vinrent encore tourmenter de leurs cruelles piqûres les pauvres animaux qui nous traînaient. A Helle, nous franchîmes l'elv Stordals. Cette rivière prend sa source dans un petit lac situé sur les montagnes qui forment la frontière du Jemteland, et après avoir traversé la Norwége se jette aux environs de ce village dans le fiord de Drontheim. Tandis que nous en longions les bords, je remarquai pour la première fois de nombreuses volées d'eiders, espèce de canards sauvages qui donnent ce duvet si connu sous le nom d'édredon. Ils n'étaient souvent qu'à une demi-portée de fusil, mais ne se dérangeaient aucunement à notre approche. L'île de Tutteroen, près de Drontheim, est fréquentée pendant la saison de la ponte par une telle multitude de ces oiseaux qu'on peut à peine y débarquer sans écraser quelques-uns de leurs nids. Cette île est d'un grand revenu pour le propriétaire, car chaque année il y fait recueillir une quantité considérable d'édredon, et voici comment on le recueille. Lorsque la femelle de l'eider prépare son nid, elle s'arrache pour l'en garnir la partie la plus douce du duvet qui lui couvre la poitrine. On lui enlève trois fois de suite ce duvet, après quoi on la laisse achever tranquillement son nid. Mais les plumes ainsi obtenues ont à subir, avant de pouvoir être livrées au commerce, une ennuyeuse et difficile opération ; il faut les nettoyer et en extraire le bois, la boue et les autres matériaux dont le nid est composé. Dans le Nordland et le Finmark, où l'on en récolte beaucoup, l'édredon forme la branche peut-être la plus importante du commerce. La quantité qu'on en emporte du Norwége n'est que peu considérable, comparée à ce qui s'en consomme dans le pays même. Cependant il s'en expédie encore beaucoup pour le Danemark et l'Allemagne ; et il est aisé de comprendre que plus le climat d'une contrée est froid, plus l'édredon doit y être recherché, car nul n'ignore que ce précieux duvet, mis en oreillers ou en couvre-pieds, rend non-seulement inutile toute autre espèce de couverture, mais produit un degré de chaleur qui semblerait excessif à un habitant d'une région plus chaude, même lors de l'époque la plus rigoureuse de l'année. Voilà pour quel motif l'édredon est tant prisé des Norwégiens, qui, depuis le plus riche jusqu'au plus pauvre, croiraient ne pouvoir supporter un hiver sans son secours.

A mesure que nous avancions, le pays devenait plus montagneux et plus romantique. Ce qui surtout en augmentait la beauté, c'était les eaux transparentes du fiord dont nous ne cessions de côtoyer les rives. A notre droite les cimes des hauteurs étaient couronnées d'arbres, tandis que leurs flancs étaient couverts d'une profusion de framboisiers et de fraisiers sauvages alors en fleur ; on pouvait aisément s'apercevoir combien les racines des sapins et des frênes, qui toujours pénètrent à une certaine profondeur, contribuent dans les régions montagneuses à faire éclater les rocs et à occasionner des convulsions terribles dans lesquelles un village entier est quelquefois enseveli sous les ruines d'une montagne qui, ainsi ébranlée peu à peu, finit par être complètement détachée. La plante grimpante la plus petite, si extraordinaire que le fait puisse paraître, est capable de causer ces prodigieuses chutes. Se frayant un passage dans les moindres crevasses du roc, elle pénètre avec lenteur mais avec vigueur, et ne cesse de grandir. Les pluies subséquentes secondent ses efforts ; et la gelée, cet agent tout puissant, met la dernière main à l'œuvre. Elle fend les rochers les plus durs en mille morceaux avec un bruit terrible, et envoie au loin la destruction dans les vallées avoisinantes. Ce phénomène, qui est accompagné de tous les effets d'un tremblement de terre, reçoit des habitants du pays le nom de *bjergfald*, et arrive souvent en Norwège.

Nous fîmes halte pour la nuit à Rostad. Le matin suivant, le fiord de Drontheim que nous côtoyions toujours offrait encore une surface aussi unie et aussi brillante qu'un miroir. Au fond d'une de ces échancrures repose la petite ville de Levanger qui, lorsqu'on y arrive, présente un délicieux coup d'œil. Il s'y tient deux foires annuelles, l'une en décembre, l'autre, qui est plus considérable, en mars, et alors il s'y fait beaucoup de commerce, principalement avec les Lemtlandais qui viennent échanger du beurre, du suif, des fourrures et des peaux contre divers objets de première nécessité. A ces foires se rendent aussi quelques *Field-Fins* ou montagnards lapons de la Laponie suédoise.

Quand on a dépassé Hammer, la contrée est partout riche, populeuse et cultivée avec soin ; partout on aperçoit de vastes et belles maisons, et les habitants ont l'air d'un peuple industrieux, libre, heureux et content. Près Holm, nous rencontrâmes l'elv Vardals, que nous franchîmes dans un bac. Cette rivière, qui est fort importante puisqu'elle a près d'un quart de mille de largeur, prend aussi sa source dans les montagnes qui séparent la Norwége de la Suède. La prodigieuse quantité de saumons qu'on y pêche forme un objet considérable de commerce. Le fiord de Drontheim qui la reçoit est plus généralement nommé dans ce district *fiord de Vardals*; et la vue, après qu'on a franchi cette rivière, puis monté une raide et raboteuse hauteur appelée, m'a-t-on dit, *Kobjorgen*, en est magnifique. Dans un terrain bas et marécageux que nous traversâmes ensuite était une multitude de courlis, et un si peu sauvage que je n'eus pas de peine à en tuer dix ou douze dans l'espace d'une demi-heure. Je fis également lever à peu de distance une paire de ptarmigans, premiers oiseaux de cette espèce que j'eusse encore rencontrés. Le plumage de leurs ailes me parut rougeâtre, mais celui du reste de leur corps entièrement blanc. Aux approches de l'hiver, ils deviennent d'une blancheur uniforme, et ne se distinguent plus de la neige. A Stenkjier, nous passâmes l'elv Aungdals. Les vaches avaient alors disparu, et nous ne trouvions plus à nous procurer que du lait de chèvre. Chemin faisant nous rencontrions sur le rivage d'immenses troupeaux de ces animaux, et comme la marée était basse ils semblaient se nourrir d'herbes marines.

Dans un champ voisin de la route, un régiment de *skielobères* ou patineurs faisait l'exercice, et je regrettai vivement que le manque de neige ne me permît pas d'assister à un spectacle si curieux que celui d'un corps de troupes accomplissant ses patins toutes les évolutions. Ces soldats sont d'ordinaire cantonnés dans le diocèse de Drontheim. L'uniforme est vert tendre, car l'été ils deviennent chasseurs et sont armés de carabines. Aussitôt que la neige tombe en quantité suffisante et est en état de les porter, ils mettent leurs *skies* et commencent leurs manœuvres d'hiver sur cette bizarre espèce de patins. Ces patins en effet ne ressemblent aucunement à ceux de nos pays, d'abord ils ne sont pas armés de lames, et ensuite ils ont une longueur de plus de six pieds, seulement le gauche est un peu plus court que le droit, afin qu'on puisse tourner avec plus de vitesse. Ils consistent en deux planche légèrement recourbées des bouts, larges de trois ou quatre pouces, munies vers le milieu d'une bride en cuir dans laquelle on passe le pied, et couvertes par dessus de peau de veau marin pour qu'on gravisse les montagnes avec plus de rapidité et moins de péril, car le poil se hérissant empêche les *skies* d'aller en arrière. La promptitude avec laquelle ces patineurs exécutent ces différentes manœuvres militaires est réellement étonnante. Quand ils ont à franchir une plaine couverte de neige glacée, à peine les voit-on s'effleurer la surface; semblables aux éclairs, ils paraissent et disparaissent en un instant; mais c'est surtout lorsqu'ils descendent d'une montagne que leur vélocité dépasse toute imagination. Ces troupes ont été employées avec succès contre l'ennemi, lors des guerres de la Norwége et de la Suède; et il est certain qu'une simple poignée de *skiélobères* tiendrait complétement toute une armée en son pouvoir. Eux, en effet, que n'arrêterait nul obstacle; eux aussi légers que le vent, ils attaqueraient sur tous les points à la fois, tandis que la profondeur de la neige et la nature de la contrée non seulement mettraient leurs ennemis dans l'impossibilité de les poursuivre, mais encore les priveraient de presque tout moyen de défense.

A mesure que nous avancions, la route devenait peu à peu moins visible, et dans certaines parties se changeait en un simple sentier, signe que nous approchions alors de sa fin. Notre petite carriole avait déjà reçu tant et de si rudes chocs, que je craignais sérieusement qu'elle ne pût nous mener à notre destination pour la nuit. D'un autre côté il se faisait tard, il était plus de onze heures, et la fatigue, la chaleur du soleil qui ne venait que de s'abaisser sous l'horizon, le profond silence qui régnait sur la nature, tout invitait tellement au sommeil, que je m'endormais à chaque instant et que mon domestique imitait l'exemple de son maître. Aussi ne fut-ce qu'après avoir failli verser cinq ou six fois dans des précipices sans fond, que nous atteignîmes enfin le village d'Eilden où nous devions faire halte. Le lendemain, de bonne heure, nous partîmes avec une extrême joie pour Overgaard, car le hameau n'était distant que de quelques milles, et là devaient se terminer nos voyages par terre. Le mauvais état des routes depuis Drontheim et la nature du pays avaient rendu ennuyeux et même fatigants les voyages en voiture. Ce qu'il y avait surtout de désagréable, c'était à chaque poste de continuelles altercations entre les paysans et mon suédois : ce jeune garçon trouvait certes qu'il avait affaire à une race d'hommes bien différente de ses compatriotes, et les injures dont il les accablait à tout propos ne produisait pas sur eux le moindre effet; ils ne semblaient pas plus s'en inquiéter que les rugissements de leurs aquilons du Nord. De fait, le paysan norwégien est un stupide animal, une vraie brute; mais il paraît avoir l'esprit si libre, si fier, si indépendant, qu'on ferme volontiers les yeux sur ses défauts.

La distance d'Eilden à Overgaard était si courte que nous espérions y arriver bientôt, et pouvoir le jour même nous mettre en mesure de poursuivre sans délai notre expédition vers le nord; mais la malheureuse carriole se brisa à moitié chemin, et nous perdîmes trois ou quatre heures à la faire raccommoder. Nous atteignîmes néanmoins notre but dans l'après-midi, et détélames devant l'unique maison du lieu, celle de Hans Borlien, homme bien connu dans tout le pays, qui est à la fois aubergiste, pêcheur, marchand, batelier et cultivateur, et qui habite sur les bords de la vaste rivière d'Oy. On peut dire avec quelque raison que son auberge est célèbre, car à sa porte se terminent toutes les routes de Norwége; et quoique d'Overgaard au cap Nord il y ait encore au moins sept cents milles, on ne peut accomplir ce trajet qu'en chaloupe. On suit d'abord jusqu'à son embouchure le cours de l'Oy, et quand on est parvenu à l'Océan, on navigue à travers les milliers d'îles qui sont répandues d'une façon si extraordinaire le long des côtes de la Norwége et de la Laponie, jusqu'à ce qu'on atteigne le cap. Il faut avouer, en effet, que ces îles et les immenses fiords qui souvent s'avancent à trente et même à quarante milles dans le cœur de la contrée rendraient toute espèce de route inutile, tandis que la hauteur sans cesse croissante des montagnes permettrait à peine qu'on en pût établir. Le voyageur qui s'est plus ou moins habitué à celles du sud de la Hongrie reste ébahi d'étonnement lorsque, pénétrant dans le Nord, il les voit empilées les unes sur les autres, et que, longeant avec lenteur dans sa petite barque, qui ressemble à une coquille de noix, les bases de ces géants, il distingue au-dessus de sa tête leurs pics orgueilleux, blanchis de neiges séculaires, et trop hauts même pour que dans son vol hardi l'aigle aille s'y reposer.

Dès que Hans connut mes projets, il donna ses ordres pour qu'une barque montée par six rameurs fût prête à me recevoir le lendemain au lever du jour, le reflux devant alors favoriser notre départ. Il s'occupa ensuite de me donner à souper. Comme d'usage, il n'avait guère à m'offrir que du saumon; encore fallait-il l'aller prendre. Par distraction, j'accompagnai mon hôte et ses deux jolies filles jusqu'à l'endroit de la rivière où étaient tendus des filets que nous levâmes; mais ils ne contenaient pas le moindre poisson, et je laisse à penser combien je dus faire maigre chère ce soir-là.

Départ d'Overgaard. Bateau du pays. L'Oy. Profondeur des rivières de Norwége. Ile d'Otteroen. Ile d'Elreu. Fiord de l'olden. Danger que nous fait courir le brouillard. Transparence de la mer. Otersun. Iles Vigten fréquentées en été par les rennes. Kregoen. Hospitalité du Nord. Ile de Lekoe. Stencseon. Mont Torghattan sur l'île de Torget; caverne qui perce le mont de part en part. Iles de Vegen. Multitude d'oiseaux sur les îles rocailleuses. Résidence épiscopale d'Alstahoug. Tribunaux de conciliation. Les sept sœurs. Montagne de Trenen. Roc de Lovemen.

Le matin suivant, je m'embarquai avec Jean et six hommes d'équipage dans une barque de sapin très étroite, mais longue d'une trentaine de pieds; et nous perdîmes bientôt Overgaard de vue. Combien cette manière de voyager ressemblait peu à celle que nous avions suivie jusqu'alors! Plus de cahots, plus de roues qui criassent, plus de querelle avec des paysans; mais nous descendions en silence et sans la moindre secousse une spacieuse et noble rivière. Sur la rive gauche s'élevaient perpendiculairement de hautes montagnes; des forêts de sapins d'un vert sombre, doucement agitées par la brise du matin, se balançaient au-dessus de nos têtes; et le ramage de nombreux oiseaux perchés sur leurs branches semblait saluer notre bienvenue. Des bandes de canards sauvages qui accompagnaient leurs petits se jouaient incessamment autour de nous, ne paraissant pas se douter que les humains fussent à craindre pour eux. Çà et là, au milieu du courant, surgissaient d'énormes rocs revêtus de mousse de différentes couleurs, et tout près desquels nous passions sans aucun péril. En effet, l'Oy est d'une profondeur presque incroyable, et les rameurs m'assurèrent que dans certaines parties, lors qu'elles s'approchant de la mer elle commence à s'élargir, on n'en trouve pas le fond à deux cents brasses. On est d'autant plus autorisé à croire cette assertion, qu'en général toutes les rivières sont très profondes en Norwége, et que, comme dans toutes les contrées montagneuses, on y peut exactement calculer qu'elles sont plus ou moins creuses, selon que les montagnes environnantes ont plus ou moins d'élévation. Il restait encore de la neige sur les sommets, quoique l'excessive chaleur du soleil semblât l'avoir beaucoup diminuée depuis quelques jours. Il est rare qu'elle disparaisse tout-à-fait avant le mois d'août : et sur les cimes les plus hautes, comme le Dovrefield et sur le Sneehalland, elle ne fond pas de l'année. A mesure qu'on avance vers le nord, et surtout dans le Nordland, la longueur et la sévérité de l'hiver, ainsi que la grande étendue et la vaste hauteur des montagnes, y forment des glaces qui durent des siècles, et qui peut-être sont presque contemporaines du monde.

Vers Halsoen, le lit de l'Oy prit une largeur considérable, et ses eaux devinrent un peu saumâtres. Plus nous approchions de la mer, plus le paysage était enchanteur. A chaque détour de la rivière, une vue nouvelle et encore plus romantique s'offrait à nos regards. Les rocs aussi prenaient un air plus sourcilleux, et affectaient mille formes bizarres. Enfin, quand nous fûmes près de déboucher dans le fiord de Lyngen où l'Oy se jette, notre barque sillonna, non plus une surface unie, mais déjà de petites vagues. Nous dépassâmes à notre gauche l'île d'Otteroen, qui n'est séparée du continent que par un détroit très resserré à travers lequel nous fîmes route. C'est une des plus vastes îles de la côte norwégienne, car elle compte plus de vingt milles de longueur et plus de cinquante de circonférence. Du côté méridional, au hameau de Vicq, elle a une église ; et ses habitants vivent uniquement du produit de leur pêche, qui est fort abondante. Le vent du nord, nous avions juste en proue, nous empêcha de déployer la voile ; cependant, à force de rames, nous avions vers une heure après midi déjà parcouru une distance de douze à quinze lieues, et atteint le village de Sejerstad où nous abordâmes pour changer de barque et de rameurs. Il est situé sur une autre île considérable appelée *Gioen*, et qui a vingt-un milles de tour. Quoique une des plus fertiles de la Norwége, elle est néanmoins à peine cultivée. Les habitants, au nombre de cent cinquante, aiment mieux se livrer ordinairement à l'occupation plus lucrative de la pêche, surtout dans le fiord où ils prennent quantité de morues, de harengs et de saumons. L'île possède une église au bourg de Fosness. A deux milles environ de Sejerstad, sont plusieurs hautes montagnes habitées par quelques rennes qui, avec des renards, constituent tous les animaux sauvages de l'île.

Dès que notre nouvelle embarcation fut prête à nous recevoir, nous y déposâmes un bon approvisionnement de saumon salé, car toute viande de boucherie avait alors disparu, et ce poisson devait être désormais notre principale nourriture ; puis nous poursuivîmes notre route. En face de Gioen, et touchant presque au continent, est l'*île d'Elven* qui a, ou peu s'en faut, la même étendue, mais qui ne peut lui être comparée sous le rapport de la fertilité. Vers le soir, nous atteignîmes le grand *Folden*, qui est un des plus dangereux aussi bien que des plus vastes fiords de la côte, et qui s'avance dans les terres jusqu'au village d'Arhoin sur une longueur d'environ soixante-dix milles. Dans la partie qu'on appelle le *Folden intérieur*, parce qu'elle forme une très profonde échancrure, sont les deux églises de Kolvereid et de Foldereid. L'entrée de ce fiord, qui a au moins dix milles de large et qu'aucune île ne protège, est donc entièrement exposée aux fureurs de l'Océan, et par cette raison fort périlleuse. Mais heureusement pour nous, la soirée était calme, l'air n'avait pas un souffle, et il fallut que les gens de l'équipage se remissent à ramer. Nous espérions cependant pouvoir ainsi atteindre Appelvær encore onze heures, lorsqu'une circonstance que je ne prévoyais pas vint nous empêcher de parvenir sitôt et si aisément à notre but. La journée avait été étouffante : or, à mesure que la chaleur du soleil diminua, la surface de la mer se refroidit, et graduellement un épais brouillard se leva autour de nous. Comme il ne soufflait pas la plus petite brise, rien ne pouvait le disperser ; et perdant bientôt la terre de vue, il nous enveloppa de telle sorte que nous ne vîmes plus même à quelques verges de la barque. Voilà de ces circonstances où la boussole est nécessaire ; mais les bateliers norwégiens en ont rarement, et les nôtres n'en avaient pas. Je me souvins par bonheur d'en avoir une petite dans mon bagage ; je l'y cherchai aussitôt et la consultai : il était temps, car nous naviguions déjà vers la haute mer. Reprenant alors la bonne direction, et faisant force de rames, nous arrivâmes vers trois heures du matin au milieu d'innombrables petites îles rocailleuses en partie couvertes de plantes marines, et où il y avait tant de mouettes qu'elles en étaient toutes blanches. Ces oiseaux s'y promenaient tranquillement, et semblèrent à peine troublés du bruit de notre passage. Peu à peu le soleil avait dispersé le brouillard, et il faisait grand jour lorsque nous atteignîmes *Appelvær*. Ce n'est absolument qu'un *petit roc nu* qui, dépouillé de toute végétation, présente un aspect si triste que nous le quittâmes dès que nous eûmes trouvé parmi les habitants des îles environnantes à renouveler nos rameurs.

Après qu'on a traversé le fiord de Folden, l'océan Glacial arctique, dans tout le voisinage d'Appelvær, est littéralement semé d'une multitude infinie d'îlots bas et rocailleux, sur lesquels des quantités prodigieuses d'oiseaux à quatiques et autres viennent pondre pendant les mois de l'été ; et alors leurs œufs forment la principale nourriture des habitants de la côte. Rien n'est plus merveilleux et plus enchanteur que la parfaite limpidité de l'eau dans ces mers du Nord. Tandis que nous passions lentement à la surface, le fond, fût-il à vingt ou vingt-cinq brasses, se laissait fort bien voir, et même on distinguait aisément jusqu'aux objets les plus petits qui reposaient dessus. Il en fut ainsi les deux premiers jours ; mais ensuite, à mesure que nous avançâmes, la profondeur augmenta, et dès lors nos yeux cherchèrent en vain à pénétrer dans toute leur étendue les verts et sombres abîmes de l'Océan. Nous abordâmes vers midi à Otersun pour changer de bateau. C'est un village situé sur une île qui a quatorze milles de tour, mais qui, formée de rocs d'une extrémité à l'autre, n'est couverte que par places d'une maigre végétation. Vis à vis du village, et, séparées seulement par le canal étroit qui porte leur nom, sont les trois *îles Vigten*. Elle ont une étendue considérable ; la plus voisine, Ind-Vigten, a, dit-on, cinquante milles de circonférence ; les autres sont Mid-Vigten et Ud-Vigten, dont la dernière est de beaucoup la plus grande. Sur la première, il y a une église à Gœrstad. Les entourant de toutes parts, et s'étendant assez loin dans l'Océan, est un groupe d'îlots si rapprochés que peut-être jamais n'en a-t-on vérifié le nombre. La plupart d'entre eux sont cependant habités ; ils le sont, quoiqu'ils manquent tous d'arbres et presque de végétation, car on n'y trouve que de ces baies sauvages qui en Norwége poussent sur les rochers les plus stériles. Il y a dans les îles Vigten quelques rennes qui pendant l'été, pour fuir la chaleur, y viennent du continent à la nage. Par ce moyen ils évitent les piqûres des taons que les froides brises de la mer tiennent à distance de la côte, et retournent aux approches de l'hiver dans les montagnes de l'intérieur du pays. Les loups néanmoins, dès que les rennes se sont montrés dans ces îles, les y ont également suivis, et en diminuent beaucoup le nombre.

Près d'Otersun est la petite île de *Krogoen*, où je me fis débarquer pour y voir un manteau de fourrure qu'on disait à vendre chez un des habitants. En effet, il était en peau d'une espèce de chiens gris commune dans le Lapmark, très chaud, et en somme fort bien conditionné, mais beaucoup trop cher pour que je l'achetasse. Quittant Krogoen, nous dépassâmes rapidement les autres îles ; puis l'Atlantique du nord s'ouvrit à nos regards dans toute sa magnificence. Le temps était délicieusement calme, délicieusement serein ; et le soleil, encore haut dans les cieux quoique la journée s'avançât, dorait la surface immobile de l'immense étendue d'eau qui se développait devant nous. Au loin, vers le septentrion, la haute montagne de *l'île* de *Lekoe*, qui était distante d'à peu près vingt milles, s'élevait comme un sombre spectre à travers un léger brouillard qui obscurcissait la limite de l'horizon. La nature elle-même semblait, pendant l'été si court qui lui est accordé sous ces froides latitudes, sommeiller dans une paisible tranquillité. Nul son n'arrivait à nos oreilles, sauf le bruit cadencé des rames ou les voix de nos bateliers qui de temps à autre chantaient en chœur quelques uns des sauvages mais simples airs norwégiens; et notre petite barque, qui cependant filait légère à un mille de distance du continent, ne laissait presque aucune trace sur la plaine liquide. Il était presque onze heures, mais le soleil venait à peine de se coucher, quand un choc qui me tira de la douce rêverie où j'étais plongé depuis le soir m'avertit que nous arrivions au village de *Fieldvigen* où nous devions passer la nuit. L'auberge, quoique de bois, comme sont toutes les maisons du pays, était non-seulement commode, mais encore élégante; et la propreté de la chambre qu'on m'y donna, la blancheur du linge, tout me surprit agréablement. Elle était située non sur une île, mais sur le continent, et adossée à des montagnes qui ne présentaient qu'un aspect nu et triste. Il y avait cependant au pied des rocs un petit potager, dont le sol paraissait assez bon et où différents légumes ne poussaient pas trop mal. Le lendemain quand nous repartîmes, l'aubergiste, si c'est le nom que je dois lui donner, ne voulut accepter aucun paiement. Il prétendit que ce n'était pas l'usage dans le Nord, et que l'honneur de recevoir un étranger y passait pour une compensation suffisante.

Pendant la nuit, ou plutôt la continuation du jour, car le jour et la nuit étaient alors une même chose, le vent s'était élevé de l'ouest ; nous pûmes donc hisser une voile, ce qui permit d'atteindre bientôt l'île de Lekoe, et dépassant l'église, nous y abordâmes pour changer encore une fois de bateau et de bateliers. Quoique cette île, en effet, soit seulement à huit milles de l'fieldvigen, rien ne put décider ceux que nous avions à nous conduire plus loin ; car, comme c'était dimanche, ils n'auraient pas voulu pour aucun prix manquer à entendre la messe, devoir qui est scrupuleusement gardé dans ces régions du Nord. Admirant leur motif, bien qu'il nous occasionnât un peu de retard, nous continuâmes notre route au bout de quelque temps avec une bonne brise qui nous eut bientôt menés en pleine mer, et naviguant à environ une lieue de la côte, nous gouvernâmes vers les Helgelands-Vœr, groupe d'îles ou plutôt de rocs uniquement habités par des oiseaux marins. La journée était sombre ; le temps assez froid ; et nous étions tous enveloppés jusqu'aux yeux dans nos manteaux de cuir. Heureusement, le vent nous favorisait si bien que nous filions sept nœuds à l'heure. Chemin faisant, nous dépassâmes l'entrée du fiord de Bindals qui est large et profond, et qui s'avançant à plusieurs milles dans les terres, y forme trois échancrures considérables. Puis, nous dirigeâmes de nouveau notre course vers le continent, et comme nous atteignions Stenesoen, le brouillard avait tellement augmenté que, cédant aux prières de nos rameurs, nous y fîmes halte pour la nuit. Selon l'usage du pays, le propriétaire de la principale maison du lieu, à qui nous allâmes demander asile, nous donna gratuitement la plus généreuse hospitalité.

Le lendemain, quand il fallut repartir, le vent qui avait tourné au nord ne nous permit plus d'avancer qu'avec beaucoup de lenteur. Néanmoins, à force de rames, nous atteignîmes vers midi l'*île de Torget* qui a quatorze milles de circonférence, et nous y abordâmes au bas du fameux *Torghatten* qui en forme une des extrémités; car, d'après la description que le savant évêque Pontoppidan a faite de ce mont dans son remarquable ouvrage sur la Norwège, je désirais vivement le visiter. À peine eus-je descendu à terre, il me sembla s'élever si perpendiculairement du milieu des flots que je fus d'abord très embarrassé de savoir par où je pourrais le gravir. J'étais surtout curieux de traverser cette ouverture extraordinaire qui, au dire de l'évêque, avait six mille pieds de longueur sur six cents d'élévation, et perçait de part en part le centre de la montagne, de telle sorte que placé à l'un des bouts on voyait le soleil reluire à l'autre. En Norwège, comme en la plupart des autres contrées, les indigènes n'attachent en général que peu d'intérêt aux curiosités naturelles de leur pays, et même ignorent souvent qu'il en existe de merveilleuses dans leur voisinage immédiat. C'est ainsi que nos rameurs soupçonnaient à peine l'existence de la cavité en question, et qu'ils ne purent me donner aucun renseignement pour y diriger mes pas. Leur laissant donc garder la barque, je résolus de monter avec Jean au sommet du Torghatten, dans l'espoir que le hasard me la ferait rencontrer. Nous avions déjà gravi durant un quart d'heure, lorsque soudain nous aperçûmes une femme qui avait l'air tout-à-fait sauvage ; ses longs cheveux en désordre, sa peau jaune et ridée, son visage maigre, me firent presque croire que j'avais devant moi une de ces sorcières de Laponie, autrefois si renommées dans le Nord. Nous approchâmes jusqu'à cinq ou six pas d'elle sans être vus, car elle tournait la tête d'un autre côté ; mais dès qu'elle nous vit, elle nous trouva probablement aussi extraordinaires que nous l'avions trouvée, et sa frayeur fut si grande qu'elle prit la fuite en sautant de roc en roc avec l'agilité d'une chèvre. En vain l'appelai-je pour qu'elle nous servît de guide. Ma voix la fit seulement courir plus fort, et pensant qu'il serait inutile de chercher à l'attraper, nous continuâmes seuls notre route. Après avoir quelque temps marché en zigzag, nous finîmes par rencontrer une espèce de rampe, encore très raide, mais cependant praticable, qu'avaient creusée en déroulant du haut de la montagne des masses de rochers. Nous la suivîmes non sans peine, et tout d'un coup nous eûmes l'inexprimable plaisir d'arriver à une des deux entrées de la fameuse galerie. Je pus me convaincre du premier coup d'œil que non-seulement elle traversait la montagne entière, car on apercevait l'Océan par l'autre extrémité; mais aussi qu'elle dépassait en hauteur la grande nef de la plus haute cathédrale. De la voûte, où il y avait plusieurs fissures, tombaient de larges et grosses gouttes d'eau. Par dessus cette immense caverne, la montagne se dresse encore, toujours perpendiculaire, à une élévation, je crois, de plus de douze cents pieds ; et sur le sommet qui doit avoir extrêmement peu de largeur se trouve un lac. Ce serait l'eau de ce lac, que du reste je n'ai pas vu, qui, filtrant par de grandes crevasses, tomberait goutte à goutte, comme je l'ai dit, dans l'intérieur de la caverne. À voir la bizarre manière dont la crête du Torghatten est percée à pic des deux côtés, il est présumable que la force puissante qui l'a fait surgir du sein des flots a ensuite agi dans une direction horizontale, et, se frayant un passage au centre du mont, en a opéré le percement. En effet, à une des extrémités de l'ouverture, gît un énorme bloc de roc qui semble avoir été violemment chassé, et qui, au cas où il pourrait être replacé par des moyens humains, la boucherait presque. J'eusse ardemment désiré gravir plus haut, et atteindre le faîte même ; mais une telle expédition demandait beaucoup de temps, le jour commençait à baisser, et il me fallait sans plus de retard retourner vers la barque. Seulement nous traversâmes la caverne dans toute son étendue, pour redescendre de l'autre côté du mont ; et quand après l'avoir traversée je regardai derrière moi, à mes yeux s'offrit un bizarre et imposant spectacle. À travers le trou gigantesque on voyait, comme à travers une lorgnette, les nombreuses îles rocailleuses de l'Atlantique du nord que nous avions dépassées le matin. Quoique le versant opposé fût encore raboteux et rapide, nous en eûmes bientôt atteint la base, et, rejoignant les rameurs qui s'impatientaient de notre absence, nous poursuivîmes notre route.

Le *Torghatten* est situé par 65° 28' de latitude sep-

Pont de Lune.

tentrionale, et est ainsi nommé parce que de loin il offre beaucoup de *ressemblance avec une tête humaine coiffée d'un chapeau à trois cornes*, sous lequel l'ouverture mentionnée ne figure pas trop mal un œil ; ce mont est si haut que, pendant plusieurs milles, il nous sembla dominer toujours nos têtes : on eût dit que nous ne pouvions nous en éloigner. De fait, nous ne nous en éloignâmes qu'avec lenteur, car le vent continuait de nous être contraire. Cependant, nous mettions tous la main à l'ouvrage, ramant de toutes nos forces et nous relayant les uns les autres. Forvig, où seulement nous devions faire halte, était encore à une assez grande distance, et nous n'espérions pas y arriver avant le matin. A minuit, le soleil descendit au-dessous de l'horizon, mais laissa derrière lui de longues raies de pourpre et d'or qui cessèrent de devenir peu à peu moins brillantes jusqu'à deux heures ; alors son disque enflammé reparut, et il recommença sa carrière journalière. Dans la matinée nous rencontrâmes un grand nombre d'îles, qui la plupart étaient habitées. Vigen, la plus considérable de toutes, a cinquante milles environ de circonférence et renferme une église située au hameau de Glasted. Cette île repose à quelques lieues du continent et est entourée, au nord et à l'ouest, par d'innombrables îles ; ses montagnes sont si élevées que, malgré la distance, nous les avions aperçues aussitôt après avoir quitté le Tor-ghatten, et de même, tandis que nous passions à leur base, nous distinguâmes encore le pic de ce mont à travers la vapeur.

Au-delà de Vigen se succédèrent une multitude de groupes d'îles rocailleuses où n'habitaient que des oiseaux de mer et de terre, mais en quantité vraiment surprenante ; chaque espèce semblait posséder en paix son petit territoire particulier. Ainsi, on pouvait voir une île absolument couverte de différentes sortes de mouettes, occupées toutes à soigner leurs petits ; une seconde était noire, absolument noire d'eiders, tandis qu'une troisième renfermait une innombrable tribu d'oies sauvages de couleur grise ; elles muaient à cette époque, et comme leurs nouvelles plumes n'étaient pas encore poussées, elles ne pouvaient pas voler à plus de quelques verges. Aussi, pour peu que nous l'eussions voulu, nous en aurions aisément rempli notre barque. Ne faisant guère attention à nous, elles ne se dérangeaient pas de leurs nids, car elles couvaient pour la plupart. Chaque été, ces oies viennent en vastes bandes se réfugier dans les îles septentrionales pour y pondre et y élever tranquillement leurs couvées ; puis, à l'approche de l'hiver, elles retournent vers les climats méridionaux. Leur chair est réputée par les habitants du Nord un mets exquis ; et lorsqu'on m'en a fait manger, elle n'avait nullement le goût de poisson. Quoique je me fusse bien muni de poudre et de plomb, l'heureux état de paix dont ces diverses espèces d'oiseaux paraissaient jouir et le peu de défiance qu'elles nous témoignaient désarmèrent toutes mes intentions de meurtres. Je résolus de ne pas les molester, du moins jusqu'à ce qu'elles eussent fini d'élever leurs petits; et le plaisir que j'éprouvais chaque jour à me trouver parmi elles, à observer leurs différentes habitudes, leurs différents plumages me compensa amplement de mon humanité.

Enfin nous atteignîmes *Forvig*, et nous pûmes nous reposer, ce dont nous avions grand besoin, car depuis la matinée précédente, sauf quelques heures passées sur le mont Torghatten, nous avions toujours tenu la mer. J'y achetai une paire de grandes bottes de marin, qui, parfaitement imperméables, me furent d'une très grande utilité pendant le reste de mon voyage. Je renouvelai ensuite ma provision d'eau-de-vie qui était déjà épuisée, car sans cette liqueur il est impossible d'avancer dans le Nord, et la quantité que mes rameurs m'en consommèrent est presque incroyable. Celle qu'on boit dans ces districts se fabrique avec du seigle, et vient principalement de Christiania où sont la plupart des distillateurs. Mais tel est l'amour effréné des classes inférieures pour cette boisson, que tout le long de la côte, mais en particulier dans le Finmark, pour en introduire, on fait la contrebande avec les villes danoises de Flensbourg et de Brémen. Après nous être procuré un nouvel équipage, nous naviguâmes vers Alstahoug; je me proposais de passer la nuit, car on m'avait donné à Drontheim des lettres de recommandation pour l'évêque du Nordland et du Finmark. C'est là-là mon d'un hameau où réside ce prélat. Dès que j'eus mis pied à terre, je me rendis à sa résidence; elle est bâtie en bois, peinte en blanc, propre et commode, mais bien différente de nos somptueux palais épiscopaux. L'île où elle est située se nomme *Alsten*, n'est séparée du continent que par un canal étroit, et possède deux églises, l'une à Alstahoug, l'autre à Sandnas. L'évêque n'était malheureusement pas chez lui, il faisait une tournée pastorale dans son diocèse; c'est pourquoi il nous fallut continuer notre route. Schieggènes, autre hameau de la même île que nous gagnâmes pour y changer encore de bateau et de bateliers, n'avait pas la moindre auberge; il ne consistait qu'en quelques misérables huttes parsemées sur le rivage; mais un vieillard, nous voyant errer faute d'asile, nous invita à entrer dans son humble demeure, et j'acceptai avec plaisir, le peu d'habitants du lieu était à la pêche, et ils ne devaient pas être de retour avant une couple d'heures. Tout ce que notre hôte put nous offrir à manger fut une espèce de poisson rouge, *rod fisk*, comme il l'appelait, et qui n'était pas des plus frais, mais il nous l'offrit de bon cœur. Sa toilette et son habitation dénotaient une grande pauvreté; cependant il ne manquait pas d'instruction et exerçait de certaines fonctions juridiques. Il était chargé d'intervenir dans les petites querelles des paysans et de chercher à les réconcilier, de manière qu'ils ne s'engageassent pas follement et sans nécessité dans le dédale de la procédure. En effet, dans toute la Norwége sont établis ce que les habitants nomment des *fordigelses-courts* ou tribunaux de conciliation, que préside le procureur du roi ou un de ses délégués, comme l'était notre vieillard, et qui sont destinés à arranger les disputes et les différends de toutes sortes. Toute action civile doit être en premier lieu portée devant ces tribunaux, avant qu'il en puisse résulter un procès dans les formes. Ils se composent plus d'un jury dans lequel entrent les principaux et les respectables paysans du voisinage. Ces gens examinent l'affaire, entendent ce que le plaignant et le défendeur ont à dire, et donnent leur avis en conséquence. Dans neuf cas sur dix, les choses en restent là, sans qu'il soit besoin de plaider devant les autres juridictions et de faire d'énormes dépenses. Si les parties approuvent la juridiction de ce jury, elles ne peuvent plus jamais en appeler. Au contraire, en sont-elles mécontentes, rien ne les empêche d'aller demander à d'autres juges la justice qu'elles croient leur avoir été refusée. La création de ces tribunaux de conciliation remonte au règne de Christian VII, le bien qui en résulta est incalculable, et ils offrent surtout cet avantage aux pauvres plaideurs, que leur comparution y est tout-à-fait gratuite.

A Schieggènes, nous étions absolument au bas de ces *sept fameuses montagnes* que les Norwégiens appellent les *Syr Sostre* ou les *Sept Sœurs*. Elles sont si hautes que les pêcheurs les distinguent de deux cents milles en mer; et par une idée superstitieuse, ils ont soin, dans leurs excursions de pêche, de ne jamais les perdre de vue. On a évalué leur hauteur à quatre mille deux cent soixante pieds, de sorte qu'elle e t plus du double de celle du Torghatten et presque égale à celle du point le plus élevé du Dovrefield; mais combien il y a de différence sous d'autres rapports entre ces montagnes et les Sept-Sœurs! Le Dovrefield est une vaste chaîne qui s'étend sur une longueur d'une soixantaine de milles, et dont l'élévation n'est que graduelle. Mais, à Alsten, on demeure interdit d'étonnement lorsqu'on voit ces colosses gigantesques qui, surgissant soudain du milieu des flots vont toucher le ciel, et dont la grandeur s'accroît encore de leur aspect nu et désolé. Si on entreprenait d'atteindre la cime de l'une d'elles, il y aurait assurément une ample compensation aux fatigues et aux périls auxquels on se serait exposé dans l'intention de jouir de la vue immense qui alors se développerait aux regards, non-seulement de la côte norwégienne et de ses innombrables îles, mais aussi de l'intérieur de la contrée.

Vers le soir, quand les pêcheurs revinrent, nous pûmes poursuivre notre route. Il était présumable que la nuit nous surprendrait en mer, car il n'y avait pas d'endroit plus proche que Kobberdal où nous pussions faire halte. Mais le temps était si beau et l'atmosphère si chaude, le soleil descendait pour si peu de temps au-dessous de l'horizon, que je ne fus pas effrayé par la perspective d'une navigation nocturne. Enveloppé dans mon manteau, je m'endormis profondément, et ne me réveillai qu'à six heures du matin, comme nous arrivions à Kobberdal où j'eus le plaisir de rencontrer l'évêque d'Alstahoug. Il s'en revenait alors d'une partie très éloignée de son diocèse, qui est sans doute le plus vaste et certes le plus septentrional du monde, puisqu'il s'étend de l'île Nummedals à l'île Mageroe, laquelle se trouve en face du cap Nord, c'est-à-dire sur un espace d'environ 7° de latitude. Le prélat, dans chacune de ses tournées annuelles, parcourait, me dit-il, à peu près cent cinquante milles, ce qu'il ne pouvait faire qu'en bateau. Il n'était pas encore allé jusqu'au cap Nord, mais il se proposait de visiter prochainement l'*église de Kielvig*, la dernière qui existe dans cette direction, et qui, située par 71° 54' de latitude, n'est qu'à *quelques lieues du cap*. Le Finmark, qui n'est qu'une partie de ce diocèse, comprend la totalité de la Laponie norwégienne. C'est une immense étendue de pays, mais généralement inhabitée. L'intérieur surtout offre une complète solitude; ce sont des montagnes et des déserts sans fin, que traversent de temps en temps, avec leurs troupeaux de rennes, les Lapons, seuls habitants de ces provinces.

Selon l'usage, l'aubergiste de Kobberdal, chez qui nous logeâmes, ne voulut pas entendre parler de paiement. Plus j'avançais vers le nord, plus mon argent semblait me devenir inutile; et mes dépenses se bornaient presque aux gages que j'avais à compter aux bateliers. Encore ces gages ne s'élevaient-ils qu'à la somme bien légère d'une vingtaine de sous par homme, pour chacune des lieues norwégiennes que nous parcourions et qui en valaient bien quatre des nôtres. Le mot *aubergiste*, dont je me suis plusieurs fois servi dans les pages qui précèdent, ne saurait nullement, je crois, donner au lecteur une idée exacte du genre d'individus que j'ai ainsi voulu désigner Il conviendrait beaucoup mieux de les appeler *marchands*, car telle est la traduction littérale du nom de *kiobman* que leur attribue la langue du pays. Ce sont des gens qui, dans un but commercial, ont eu le courage de s'établir sur les différentes îles semées le long des côtes de la Norwége et en Finmark. Souvent le kiobman ou marchand compose, avec sa famille et ses serviteurs, toute la population de l'île où il réside. Il est alors une espèce de petit prince dont la souveraineté s'étend à vingt milles et plus à la ronde, et comprend des milliers d'îlots, quelques-uns qui ne sont que des rocs, d'autres qui sont habités par des pêcheurs. Ces gens sont approvisionnés par lui de presque tous les objets de nécessité première qu'il tire des provinces méridionales de la contrée ou des vaisseaux qui parfois visitent la côte, et en retour ils portent tout le gain de leur pêche à la boutique où une sorte de compte courant est toujours ouvert entre les parties Le bien que ces marchands peuvent ainsi faire est immense; et comme ils sont presque tous hospitaliers, les pauvres pêcheurs, qui ne soupçonnent pas dans l'échelle sociale l'existence de plus grands personnages, et qui sentent que sans eux il leur serait difficile de se procurer non seulement les douceurs, mais encore les nécessités de la vie, leur portent des sentiments de respect et de reconnaissance. Leurs maisons ne sont pas, à proprement parler, des auberges, puisque toujours ils y logent gratis le voyageur; mais celui-ci ne peut trouver d'asile que chez eux.

Entre Kobberdal et Lunroen, la côte norwégienne se remontra dans toute sa plus grande sublimité. En place des petites îles basses que nous avions rencontrées au sud, l'Océan, vers le nord, est obscurci par d'énormes rochers qui élèvent jusqu'aux nuages leurs têtes pointues; et leurs nombreuses aiguilles, qui s'élancent légèrement à travers les airs, offrent, lorsqu'elles sont illuminées par la lueur rougeâtre du soleil de nuit, une extrême ressemblance avec les clochers gothiques des vieilles cathédrales. A trente milles du continent se dresse du sein des eaux la haute montagne de Trænen, que vous prendriez pour un dôme colossal; au cœur de cette montagne et se prolongeant, m-a-t-on dit, fort loin, est une caverne immense dans laquelle les moutons et les chèvres se réfugient en si grand nombre de toutes les parties de l'île pour s'y abriter de fréquents et épais brouillards, que la fiente qui s'y accumule depuis des siècles l'a transformée en une vraie étable d'Augias. La montagne est fort raide, fort difficile à gravir, mais sans cesse gravie par les habitants qui vont y dénicher des œufs, car d'innombrables oiseaux y viennent pondre tous les ans. L'île renferme une église, mais la population ne s'élève qu'à cent cinquante ou deux cents âmes. De fait elle est si solitaire, si éloignée de la terre et des autres îles, qu'il ne peut y avoir que rarement de communications entre elles. Plus près de nous, le roc extraordinaire de Lovunnen montrait sa lourde masse, et défiait avec fierté les vagues qui rugissaient autour de lui. Dans ces parages, la nature se développe sur l'échelle la plus gigantesque, tout est vaste et terrible; on éprouve, à voir la face du globe si merveilleusement contournée, des sentiments mêlés de crainte et d'admiration. On n'apercevait plus aucun arbre, et les flancs des pics n'étaient que çà et là garnis de bruyères et de fruits sauvages, mais parmi ces derniers, à leurs vives couleurs, on pouvait reconnaître la fraise et la framboise qui étaient alors parfaitement mûres et d'une saveur exquise.

Cercle polaire. Ile de Selsoen. Intrépidité des femmes de pêcheurs Svinvær. Différentes espèces d'ours. Banc de Sry Mont Hunnen Ile de Gilleskaal. Mont Sandhorn. Usage du pays d'envoyer les bestiaux paître l'été sur les montagnes Leur nourriture l'hiver. Ile de Floa Hundholm Bodoê. Préparation du stokfiche Diner à Lob. Tumuli Salstentrom Fiord de Salten. *Perca marina* ou poisson rouge Fiord de Bejar.

Dans la soirée du même jour, vers neuf heures, nous franchîmes à ma grande joie le *cercle polaire*. Après avoir divisé en deux parties à peu près égales l'île de Trænen, il occupe celle de Hestmanoe, puis atteint le continent, traverse la Norwége, et passant au milieu de Pitea, port de mer situé dans le Lapmark, passant aussi *lelo* Tornea, à faible distance de la ville du même nom, escalade la chaîne de montagnes qui forme la limite de la Laponie suédoise. Le soleil se montrait alors pendant presque toute la nuit, et j'espérais, si nous étions favorisés par la situation, le voir bientôt à minuit même, avant qu'il descendît encore plus bas sous l'horizon Nous couchâmes à *Selsoen*, *petite île* d'environ trois milles de circonférence, qui n'est pour ainsi dire qu'un rocher. La rareté du bois sur ces parties de la côte est si grande, que quand nous y arrivâmes les serviteurs du kiobman étaient allés tous en couper à sept ou huit lieues sur le continent. Sa maison était l'unique qui existât dans l'île, et ce roc lui appartenait. Par suite de l'absence de ses domestiques mâles, il envoya à l'île la plus voisine, mais qui était encore éloignée d'environ trois lieues, deux jeunes filles, dont une n'avait pas plus de quatorze ans, nous chercher, seules dans une petite barque, les rameurs dont nous avions besoin pour continuer notre route le jour suivant. Elles partirent à onze heures du soir, et ne furent de retour qu'à sept heures du matin; car elles eurent pour revenir un vent impétueux et contraire qui les força de ramer tout le trajet. Après avoir lutté toute la nuit contre une mer qui aurait effrayé d'intrépides marins, elles arrivèrent mouillées jusqu'à la peau par les vagues, exténuées de lassitude et leur barque à moitié remplie, mais ne proférèrent pas la moindre plainte. L'habitude, en effet, et leur manière de vivre rendent ces femmes habiles et courageuses. Douées par la nature d'une excellente constitution, elles deviennent peu à peu aussi robustes que les hommes et partagent gaîment avec eux les fatigues de la vie de pêcheur. Au cœur de l'hiver, lorsque le jour peut à peine se distinguer de la nuit et que le continent est enveloppé dans de profondes ténèbres, elles ne craignent de s'exposer ni aux rigueurs du froid ni aux fureurs de la tempête, et s'aventurent avec leurs pères, leurs maris, leurs frères, dans une chétive embarcation, souvent à une cinquantaine de milles de la terre, et pêchent nuit et jour sans interruption jusqu'à ce que leur barque soit pleine, alors, gagnant l'île la plus proche, elles y déchargent leur poisson et retournent au travail. C'est ainsi que pour elles se passe la saison la plus rigoureuse de l'année.

Le lendemain, quand nous approchâmes de Svinvær, l'aspect des montagnes nous annonça qu'il règne dans ces régions un hiver presque perpétuel. Par derrière, en effet, d'énormes glaciers, les premiers qui s'offrissent à mes regards, s'élevaient à une immense hauteur, sans que le soleil ait aucun pouvoir sur ces vastes blocs de glace qui s'accumulent de siècle en siècle Au reste, depuis Kobberdal, la face de la contrée était régulièrement sauvage, sombre et stérile. Nous avions alors dès longtemps dit adieu à toute culture, et les quelques buissons nains qui se montraient çà et là prouvaient que la végétation elle-même expirait, ne pouvant supporter la température de ces hautes latitudes. Certaines îles étaient couvertes d'une profusion de lichens et de baies; mais le continent se dressait toujours triste et nu; on n'y apercevait nulle part la moindre trace d'humains, et ses lugubres montagnes offraient une paisible retraite aux nombreux animaux dont la Norwége abonde. L'*île de Scinexr* est particulièrement sujette aux attaques des ours. Peu distante de la terre, ils aiment à y venir l'été, parce qu'elle renferme de grands troupeaux où ils exercent en toute liberté leurs ravages, pendant que les paysans, occupés à la pêche ou à la récolte du foin pour l'hiver, ne peuvent pas les surveiller. Les ours qui fréquentent ces districts ont le poil couleur d'argent ou brun, et sont d'une taille énorme, qui souvent égale celle des chevaux du pays. Le pire de l'affaire, c'est que, dit-on, il n'est pas rare de les rencontrer par bandes d'une vingtaine. Cette circonstance paraît d'autant plus singulière, qu'on suppose généralement qu'au lieu de vivre en troupes, les ours sont plutôt des animaux solitaires. Tandis que ceux de la grosse espèce, qu'on appelle *hest-bjorn*, c'est-à-dire ours-chevaux, causent tant de dégâts en détruisant le bétail, les *mire-bjorn*, c'est-à-dire ours-fourmis, qui sont infiniment plus petits, ne font pas moins de mal dans les provinces plus habitées; car sans cesse ils y parcourent les champs, et y piétinent les récoltes. Ces derniers, à ce qu'on croit, ne sont pas carnivores, mais vivent de racines, de grains et surtout de fourmis, d'où ils tirent leur nom. Lorsque la moisson est mûre, les paysans les guettent et les tirent avec d'énormes carabines si lourdes que je pouvais à peine les lever jusqu'à mon épaule, ou les prennent dans de grands pièges en fer.

Sur le soir, comme nous approchions de *Stot*, nous rencontrâmes un banc considérable de jeunes poissons, qu'à cause de leur couleur on appelle *sey*, ou *charbons* en Norwége. Leur nombre était si grand qu'ils noircissaient au loin la mer. Des milliers de mouettes suivaient leur marche, décrivaient au-dessus d'eux des cercles multipliés, et les saisissant dès qu'ils sautaient hors de l'eau. L'île de Stot est basse et rocailleuse. Peu distante du continent, elle est fréquentée par une multitude prodigieuse d'oiseaux, et principalement de lommes, dont les longs cris, ressemblant tout-à-fait à ceux d'une créature humaine en détresse, m'empêchèrent de fermer un seul instant l'œil. Le marchand de cette île ne nous donna qu'à contre-cœur un asile dans sa maison qui était fort sale, nous le fit payer fort cher ainsi que notre souper, et ne nous témoigna nullement cette bienveillance que nous avions trouvée partout chez ses confrères. Je crois même qu'il nous eût refusé des rameurs, si je ne lui eusse montré mon passeport qui portait le sceau royal; mais, à cette vue, il devint humble, soumis et se conforma à toutes nos volontés. Nous poursuivîmes notre route sous les rocs perpendiculaires du grand mont Kunnen, qui en hauteur et en étendue ne le cède à aucun de la côte. Des glaciers énormes couvrent son sommet, dont j'estime que l'élévation doit être au moins de quatre mille pieds. Il est remarquable, me dirent les gens de l'équipage, par une longue cavité qui le traverse d'un bout à l'autre. L'entrée en est large, mais ensuite elle se rétrécit tellement qu'un homme n'y peut passer. Un chien que des paysans y envoyèrent ressortit par une petite ouverture, à une distance considérable de l'autre côté du mont, avec les poils du dos tout arrachés par suite de ses efforts pour pénétrer à travers les crevasses.

Comme nous n'avions quitté Stot que fort tard, nous ne pûmes dans l'après-midi aller plus loin que *Gilleskaal*; mais nous trouvâmes chez le pasteur de cette île la plus généreuse hospitalité. Le soleil ne se coucha le soir qu'à onze heures et demie, avec un disque d'un rouge de feu. Dans cette latitude, il avait naguère et plusieurs semaines de suite demeuré à l'horizon toute la nuit. Sans des îles situées à l'ouest qui nous en dérobaient la vue, il aurait été encore visible à minuit de Gilleskaal, comme il l'était de Flein, autre île qui se trouve tout-à-fait en face. Le matin suivant, je gravis une haute montagne à laquelle était adossé le presbytère. Les flancs en étaient raides et difficiles, mais couverts à profusion de trembles nains, de genévriers, de plantes amies des lieux élevés, et de diverses espèces de baies. Du faîte, un spectacle magnifique se développa devant moi. A gauche, l'œil embrassait le mont Kunnen dans toute son immense étendue avec ses glaciers que dorait le soleil levant et ses pics qui confondaient dans les nuages leurs pointes neigeuses. Quoique distant de quelques milles, il a une telle élévation qu'il semblait tout rapproché. A l'ouest, la chaîne colossale de l'île de Flein rivalisait presque de hauteur avec le grand Kunnenfield. A droite enfin, le mont gigantesque de Sandhorn surgissait sur une île formée par un bras de mer qui s'étend de Gilleskaal à l'endroit où le fiord de Dejar rejoint celui de Saltero. Il s'élève à plus de trois cents pieds, et son versant méridional descend presque perpendiculairement à la mer. Son faîte se termine par un pic couronné de neiges éternelles qu'on peut à force de peine gravir du côté nord, mais quand cet exploit est accompli, on est amplement récompensé de ses fatigues, car on y trouve, chose bizarre et inexplicable, le squelette entier d'une immense baleine! Le ptarmigan et le pluvier siffleur, dont la note mélancolique me rappelait le Dovrefield, sont presque les seuls oiseaux qui habitent les hautes régions que je contemplais ainsi. Les quadrupèdes sauvages sont le renard commun, le lièvre de montagne qui devient l'hiver tout-à-fait blanc, des loups, et dans l'intérieur de l'île un nombre prodigieux d'ours.

Il est d'usage, dans cette partie du nord, de mener tous les bestiaux paître à vingt ou trente milles de la côte parmi les montagnes, dont les vallées désertes leur offrent en général les plus gras herbages. Ces migrations arrivent vers la mi-été, et on les appelle aller aux *sœtters*. Dans les environs du lieu que parcourt chaque troupeau, on érige une petite hutte ou un petit hangar qu'on nomme le *madstuen*, c'est-à-dire magasin, où le lait et les provisions de toute sorte sont gardés par une femme qui est accompagnée ordinairement d'un berger. Celui-ci a le soin spécial du bétail; il se tient toujours aux aguets avec ses trois ou quatre chiens, pour écarter les loups et les ours, qui néanmoins manquent rarement de mettre plus d'une fois sa surveillance en défaut. Pendant ce temps-là, la femme s'occupe à fabriquer du beurre et des fromages pour la consommation de l'hiver. En automne, habituellement au mois de septembre, les troupeaux redescendent vers la côte. Le peu de foin que les paysans peuvent ramasser pour les nourrir pendant les froids vient aussi principalement des montagnes. Ils le font bouillir et à mesure avec les intestins et les têtes des morues prises pendant la saison de la pêche, qu'ils ont soigneusement conservées exprès, et confectionnent ainsi une espèce de potage au poisson que leurs animaux (en vain la chose paraîtra peut-être bizarre et presque incroyable) mangent avec avidité, comme pour la suite j'ai eu mainte occasion de le voir. Lorsque leur petite récolte de foin est épuisée, ils recourent à l'herbe marine, qu'ils accommodent de la même façon. Ils coupent aussi et conservent dans un but pareil des branches de bouleau et d'autres arbres.

L'*île de Flein*, qui repose en face de la précédente, est haute, rocailleuse et renommée pour la multitude des ptarmigans qui fréquentent ses sommets. Elle renferme du côté de l'est une profonde et fertile vallée, dans laquelle sont quelques ruines qu'on nomme *Kongs-Gaard*, ou maison du roi; et une ancienne tradition dit qu'un monarque de Norwége eut autrefois à Flein un palais où il tint sa cour. Fleinvœr, que certains géographes confondent avec Flein, est une autre petite île basse, située à environ trois milles vers l'ouest, et où un nombre prodigieux d'oiseaux de mer viennent faire leurs nids. Lorsque nous poursuivîmes notre route, nous rencontrâmes d'innombrables bandes d'eiders qui n'étaient nullement sauvages, car ils venaient nager à quelques verges de notre barque. Ces oiseaux, qui abondent dans les régions polaires, sont beaucoup plus gros que le canard domestique, et principalement précieux à cause de leur duvet qu'on appelle *édredon*. Le plumage du mâle est fort singulier. La poitrine, le ventre et la queue sont d'un noir luisant; au contraire, le dos et le dessus des ailes d'une blancheur de neige. Le cou est d'un beau jaune pâle qui se prolonge en ligne droite à travers la poitrine, et va rejoindre la partie noire du ventre, tandis que la tête est d'un vert très tendre. Le plumage de la femelle diffère complétement; il est partout d'un brun très foncé, avec les extrémités supérieures des plumes bordées d'un brun rougeâtre. La chair de ces oiseaux est fort bonne à manger. Aussi les indigènes en tuent ils des quantités prodigieuses lorsque la rigueur de l'hiver les force à chercher un abri dans les criques de la côte; mais en Nordland une loi formelle défend de les tirer sur les îles avant le mois d'octobre.

Nous passâmes successivement au bas du grand mont Sandhorn, et du haut roc solitaire de Fugloe qui s'élève à pic du sein des vagues, puis, longeant l'ouverture du vaste fiord de Saltern, nous atteignîmes bientôt *Hundholm*. C'est une toute *petite ville commerciale*, si même on peut l'appeler de ce nom, car elle ne consiste qu'en une douzaine de maisonnettes en bois, habitées par des marchands et par quelques pêcheurs. Hundholm est *situé par* 67° 15' *de latitude*, et par sa position semble admirablement propre au commerce de la morue, car presque en face se trouvent dans le fiord de Vest les *îles Loffoden*, où la pêche de ce poisson se fait sur une échelle fort étendue. Voici sur cette pêche des détails recueillis sur les lieux, qui, je crois, ne seront pas sans intérêt pour le lecteur. Elle commence dans les premiers jours de février, époque à laquelle les barques de l'Helgeland, du Nordland et du Finnmark se réunissent autour des îles en question. Pour que chacune d'elles ait chance égale, et comme on sait bien quel nombre il s'en dirigera vers chaque île, il y a défense de jeter aucun filet avant que les deux tiers des pêcheurs attendus ne soient arrivés, et qu'ils ne déclarent la pêche ouverte. Jusque-là cependant, et en toute saison de l'année, il est permis de pêcher avec des lignes. Les morues sont aussi régulières que les pêcheurs à venir dans ces parages. La plupart se prennent dans des filets qu'on place perpendiculairement dans la mer, à une profondeur de cinquante, cent et cent cinquante brasses, selon les bancs. C'est dans la soirée qu'on dispose ainsi les filets; alors le poisson, qui s'approche de la côte par milliards et qui dirige invariablement sa course au sud, ne les voit pas et s'enfonce dans les mailles qui sont assez larges pour que la tête y entre, mais trop étroites pour que le reste du corps y passe. Se trouvant ainsi arrêté dans sa marche, il cherche à se retirer, mais en vain, car ses ouïes l'en empêchent. Au matin, les pêcheurs viennent lever leurs filets; ils les vident et les rapportent au rivage, afin de les réparer s'il y a lieu pour les tendre de nouveau le soir. Lorsqu'ils ont regagné l'île où ils ont établi leur domicile, et tiré leur barque sur la grève, ils préparent leur poisson pour l'attacher à ce qu'ils nomment les *yells*, c'est-à-dire des bâtons suspendus horizontalement à six pieds du sol. Ils coupent les têtes, arrachent les intestins, puis pendent les corps deux par deux avec de petits brins de bouleau dont ils ont eu soin de se munir. Il ne faut pas qu'ils se touchent les uns les autres, car alors ils sont sujets à noircir et perdent beaucoup de valeur. Voilà l'unique préparation que reçoit, pour être en état de se conserver parfaitement, l'innombrable quantité de morues qui se pêche aux îles Loffoden, c'est la grande sécheresse et l'extrême pureté de l'atmosphère sous ces latitudes qui font le reste. Le poisson ainsi séché à l'air restera bon pendant des années; et pour qu'il n'en soit pas autrement, une loi fort importante pour les acheteurs défend sous les peines les plus rigoureuses de le détacher des *yells* avant le 14 juillet, car avant cette époque on ne suppose pas qu'il doive être entièrement sec.

Le règlement de police auquel les pêcheurs sont tenus de se conformer se réduit à deux ou trois articles fort simples. D'abord, comme je l'ai dit plus haut, il leur est enjoint d'attendre l'arrivée d'un certain nombre de leurs confrères pour délibérer en commun sur l'opportunité de commencer les opérations. Cette mesure est d'autant plus sage, qu'ils savent par expérience que si les guides d'un banc de morues, celles qui marchent les premières, sont effrayées ou arrêtées par des filets, les autres se détournent toujours à droite ou à gauche sans jamais retourner en arrière, et quelquefois presque toute la saison s'écoule sans qu'il soit possible de les retrouver. Les pêcheurs, avec leurs lignes, reconnaissent sans peine si les guides ont passé, et dans ce cas rien ne les empêche plus de tendre leurs filets. Il leur faut ensuite se choisir un *amiral*, c'est-à-dire nommer parmi eux un magistrat devant qui seront portées toutes les disputes, et les principales proviennent de ce qu'ils s'accusent les uns les autres d'empiéter sur l'espace particulier dans lequel chacun d'eux doit se livrer à la pêche. Lorsque la décision de l'amiral ne satisfait pas les parties, elles en appellent au marchand qui réside dans le voisinage, et qui parvient généralement à arranger l'affaire. S'il est possible, toutes les morues qu'on prend se préparent de façon à faire du *rund fisk*, littéralement du poisson rond, entier, en d'autres termes du stokfisch, car cette espèce se vend le mieux; et c'est seulement vers la fin de la saison, lorsque le temps devient trop doux pour durcir ou sécher les morues entières, qu'on les ouvre, qu'on en arrache l'arête dorsale, et qu'en cet état on les pend pour qu'elles sèchent. Elles deviennent alors du *rotskiær*, littéralement du poisson fendu. A fur et à mesure qu'on coupe les têtes et qu'on retire les entrailles, on ne les jette pas, mais on les lie soigneusement par paquets; on les fait pareillement sécher, et on les emporte à terre pour servir l'hiver, comme je l'ai déjà indiqué, à la nourriture des bestiaux. On ôte également les testicules, et on les met dans des barils entre des couches de sel, pour être envoyés dans les divers ports de France où les pêcheurs s'en servent comme d'appât. Les morues qui, à la fin de la saison, se trouvent trop molles pour être salées, sont aussi gardées pour le bétail. Les foies s'emportent au logis dans des tonneaux qu'on laisse déborder le plus longtemps possible, afin d'en obtenir l'huile la plus claire. Celle-ci, qui s'appelle *blank tran*, ou huile blanche, sort des foies par leur propre pression, et est la plus estimée. Quand ils n'en rendent plus, on les fait bouillir dans de vastes chaudières sous lesquelles on entretient toujours un feu ardent, et il s'élève de l'huile en l'écume et l'entonne. Celle ainsi obtenue prend le nom de *bruun tran*, ou huile brune, et en général n'est pas aussi chère que l'autre. On estime que cinq cents foies de morues donnent un baril d'huile de la contenance de cent quarante-quatre litres; et il doit paraître fort étonnant que l'énorme quantité d'huile qui annuellement s'exporte de la Norwége, et s'élève au moins à trente mille barils, s'extraie en totalité, sauf ce que l'on en obtient de la capture accidentelle d'un *finner*, du foie d'un poisson aussi petit que la morue. Cette huile s'envoie en partie à Bremen et à Flensbourg, mais principalement en Hollande, où elle sert à la préparation du cuir.

La saison de la pêche ne dure guère plus de sept ou huit semaines, car, ce terme passé, les bancs ont tous pris la route du sud. Elle occupe près de cinq mille barques, et plus de vingt cinq mille personnes qui non-seulement vivent elles-mêmes, mais encore en font vivre pour le moins quatre fois autant de ses seuls produits. Le nombre des Finmarkois et des Lapons qui viennent pêcher dans ces parages est peu considérable, et ils fréquentent seulement les côtes des bords de Salten et de Bejar. Les principaux marchés pour la morue sont Naples, Trieste, Ancône, Anvers et Barcelone. La supériorité de celle des îles Loffoden sur celle de Terre-Neuve est uniquement due au mode de préparation que la première reçoit et qui l'empêche longtemps de se gâter. La plus grande humidité de l'atmosphère est l'unique raison qui ne permette pas à la seconde de se préparer aussi bien. Dès que la pêche d'hiver est terminée autour de ces îles, les pêcheurs qui ont l'intention d'aller en Finmark pour la pêche d'été, font cuire leur pain et partent. Ils reviennent en août avec leur poisson, et l'échangent tout de suite avec des Russes qui les guettent le long de la côte, contre du seigle, de la viande salée, du chanvre, etc. Ceux qui ne sont pas de la partie s'occupent à recueillir leurs chétives récoltes de foin, et tout ce qui peut servir pendant la froide saison à la nourriture de leurs bestiaux. Le seul poisson qui se pêche en hiver est la morue, excepté que de temps en temps quelques halibuts s'embarrassent dans les filets, ainsi qu'une grosse espèce de chiens de mer que les Norwégiens appellent *haarbrand*. Les uns et les autres, par leur taille, font beaucoup de mal aux pêcheurs, car ils déchirent leurs filets et les obligent à perdre beaucoup de temps pour les raccommoder.

La manière dont le *stokfisch* se charge et s'emmagasine à bord d'un vaisseau pour l'exportation, travail que j'ai vu exécuter à Hundholm, n'est pas la partie la moins curieuse de ce commerce. Lorsque le poisson est suffisamment sec, on le détache des bâtons, et on coupe les queues afin qu'il puisse se tasser davantage. Puis on l'empile à fond de cale par couches, où les têtes se trouvent successivement, celle-ci d'un côté, celle-là de l'autre. Quand il est ainsi entassé jusqu'à hauteur du pont, on enfonce de toutes parts une multitude de coins ou morceaux de bois pointus, qui, retirés, laissent chacun place pour cinq ou six nouvelles morues qu'on y dépose, et qu'on fait entrer à coups redoublés de gros et lourds maillets. On recommence cette manœuvre jusqu'à ce que les lits deviennent aussi durs que les flancs du navire. La puissance d'un tel mode de tassement est presque incroyable, car quelquefois certaines pièces de la charpente s'écartent forcément de trois ou quatre pouces. Les *stiredures*, ou arrimeurs, qui en général chargent les vaisseaux à Drontheim et à Bergen, et qui ont été depuis leur enfance accoutumés à cette besogne, regardent le chargement comme bien fait lorsqu'il faut à un de ces coins soixante coups de maillet pour pénétrer entre le poisson. L'opération complète, on peut l'imaginer, donne beaucoup de peine, et c'est une sorte d'exploit que de charger en moins de trois ou quatre semaines, par un travail constant, un bâtiment de cent cinquante tonneaux. Sur toutes les parties de cette côte, le *fin-fisch*, espèce de baleine, est fort abondant. Il se montre même jusque dans le hâvre de Hundholm. Quoique moins gros que la baleine groënlandaise, il la surpasse souvent en longueur, car il a d'ordinaire cent pieds de long. Cependant, la quantité d'huile qu'il produit est fort peu considérable; elle pèse rarement plus de huit tonneaux, en sorte que sa capture ne peut jamais rapporter plus de 4 ou 5,000 francs. Au contraire, le rapport d'une baleine de Groënland s'élève en certaines occasions à quatre fois cette somme.

Comme j'avais alors franchi presque la moitié de la distance qui s'étend de Drontheim au cap Nord, je crus pouvoir m'arrêter quelques jours à Hundholm pour y prendre un peu de repos et visiter cette partie du Nordland. Dès que le gouverneur de la province, qui résidait à Lob, village situé à trois ou quatre milles sur la côte, me sut dans ses environs, il m'invita à venir le voir et dîner avec lui. Une bonne brise me mena en moins d'une heure à sa résidence, où une compagnie assez nombreuse était déjà rassemblée en mon honneur. Avant notre dîner, nous prîmes tous place, d'après une coutume qui règne en Suède et en Norwége, autour d'une table abondamment chargée de pain, de fromage, d'anchois, de harengs et de *brœnderiin*, littéralement de vin brûlé, mais en termes plus simples, d'eau-de-vie très bonne en son espèce, dont chacun mangea et but sa part. Parmi tous les usages du nord, celui-ci ne manque jamais de frapper un voyageur, et probablement il n'a encore paru aucun voyage en Suède, dans lequel on ne l'ait noté avec une évidente surprise. Mais il n'est pas moins singulier combien une courte résidence dans ces pays non-seulement vous dispose à accepter cet usage, mais aussi vous le fait regarder comme absolument indispensable pour être à même de savourer ensuite à sa juste valeur un bon dîner. Le but en est, j'imagine, de fortifier l'estomac, et, pour ainsi dire, de préparer les voies au copieux repas qui doit suivre. Effectivement, les immenses beefsteaks et les énormes rostbeefs d'Angleterre sont vaincus, cent fois vaincus par les mets substantiels dont se compose un banquet norwégien. J'eus en face de moi un mouton tout entier rôti, et le contenu de tous les autres plats était également solide. En se levant de table, on alla se promener aux alentours de Lob. La situation en est très jolie, adossée, comme le sont en général toutes les maisons norwégiennes dans le nord, à une grande montagne au faîte de laquelle je montai pour jouir d'une vue qui me récompensa amplement de ma peine. Vis-à-vis du village était la roucailleuse de Landegode, et au loin par-delà apparaissait à droite et à gauche la chaîne entière des îles Loffoden. A une de leurs extrémités on me montra la position du fameux gouffre de Maelstrom, dont je reparlerai plus tard. Le soir, on dansa; et comme l'obscurité était alors depuis longtemps bannie, je ne regagnai Hundholm qu'à une heure avancée de la matinée. A minuit, les rayons du soleil furent visibles, mais les îles Loffoden cachaient son disque. Sans doute, de la montagne que j'avais gravie on l'aurait pu parfaitement voir. En hiver il disparaît totalement le 11 décembre, et ne se remontre plus aux yeux des humains que le 27 janvier de l'année suivante.

Le jour d'après, je dirigeai mes pas vers Bodoë, autre village dont le nom se donne aussi presque indifféremment à celui de Hundholm et qui en est séparé par une vaste plaine formant une péninsule entre lui et le fiord de Salten. C'est à Bodoë que sont l'église de la paroisse et la résidence du *fogedt* ou magistrat. Non loin du presbytère on montre aux étrangers plusieurs tombeaux dont l'existence n'est pas expliquée d'une manière bien précise par la tradition, car elle raconte simplement qu'on croit que les chefs du pays y ont, à une époque très reculée, reçu la sépulture; ils sont entourés d'un fossé, peu élevés, presque en forme de croissant et déprimés au centre. Un évêque de la contrée, il y a environ soixante ans, en fit ouvrir un à force de peine, et on y trouva quelques épées et poignards en pierre, avec deux urnes de fer contenant des cendres. Au fond était une quantité de petites pierres que les runes avait presque cimentées, et deux portes par lesquelles on pénétrait dans l'intérieur, l'une regardant l'est, l'autre l'ouest. Deux milles plus haut, il y a dans le fiord de Salten un gouffre de même nom qui, pour le danger et la violence, surpasse de beaucoup le célèbre Maelstrom : situé à quelque distance de la côte, il n'est, par cette raison, guère connu que des pêcheurs de la contrée qui en éprouvent quelquefois les terribles effets. Dans la partie où ce gouffre est situé le fiord est extrêmement étroit; mais immédiatement au-dessus il s'élargit beaucoup et offre une largeur de plusieurs milles d'une rive à l'autre. C'est en se précipitant à travers la partie étroite que la mer forme le tourbillon. L'époque où il devient le plus terrible est au printemps, à cause de la crue considérable que la fonte des neiges sur les montagnes fait subir à la rivière de Salten, et aussi quand souffle un fort vent d'ouest. L'agitation du fiord est alors si grande et le fracas si retentissant, que les huttes des pêcheurs, à ce qu'ils assurent, en sont ébranlées. La profondeur du gouffre sur quelques points n'est pas moindre de vingt-cinq brasses, et au milieu, par le mouvement des eaux qui tournent en spirale, se forme un vide qui descend jusqu'au fond même de la mer. Il est inutile de dire que dans cet endroit on y éprouve de nombreux naufrages.

De tous les *fiords* de la Norwége, celui de *Salten* est un des plus vastes. Il s'avance très loin dans les terres vers les limites de la Laponie suédoise, et par son extrémité communique au moyen d'une suite d'étangs avec le grand *Jaure* ou lac Pieska. Sa profondeur est en général énorme, car il a trois cents brasses en beaucoup d'endroits, sans avoir presque nulle part moins de la moitié. La principale pêche à laquelle on s'y livre est celle de l'*uer* ou poisson rouge, que l'on suppose être la *perca marina*, et qui passe avec raison pour le plus délicat des poissons du nord, où il ne se rencontre que dans les fiords très profonds. Il a d'un à trois pieds de longueur, et pour la forme il ressemble à la perche d'eau douce, mais ses écailles sont plus larges que celles de la carpe, et d'un magnifique incarnat. A cause de sa rareté comparative, il ne forme pas un article d'exportation ; mais comme les gourmands le prisent fort, c'est une source de grand profit pour les gens qui s'occupent de cette pêche. Gelé, il se conserve frais et bon tout l'hiver, et forme en cet état une nourriture portative et commode lorsqu'on est obligé pendant cette saison de l'année d'entreprendre avec des rennes de longs voyages dans les montagnes de l'intérieur de la Laponie. La rivière de Salten, qui est considérable, prend sa source à la frontière laponne, et décrivant un demi cercle vient se jeter dans le fiord de son nom. Celui de Bejar, qui joint le précédent près de son entrée, gèle ordinairement l'hiver, mais celui-ci ne gèle jamais.

A deux milles environ de Hundholm, du côté de Lob, commencent les montagnes, qui, s'étendant le long des rives du Salten, s'élèvent à une vaste et inaccessible hauteur. Dans leurs parties les plus basses, elles sont presque entièrement couvertes de bouleaux, mais je n'y ai pas remarqué de sapins. Leurs retraites les plus profondes sont habitées par une multitude d'ours qui, de temps à autre, viennent rendre visite aux habitants de Hundholm. Ils se plaignent aussi beaucoup des lemmings qui infestent leurs magasins et gâtent toutes leurs marchandises; mais je n'ai pas vu parmi eux un seul de ces animaux, ils n'envahissent jamais leurs demeures en aussi grand nombre que celles des Drontheimois. L'hiver, le voisinage de Bodoe offre une belle chasse, car les ptarmigans y abondent, mais, à cause de la hauteur et de l'escarpement des monts, il n'est pas très facile de les poursuivre, et c'est précisément dans des lieux presque impraticables qu'on les rencontre en plus grande quantité. Lorsque la neige arrive, beaucoup de Lapons du Lapmark suédois franchissent les montagnes dans leurs traîneaux, et descendent à Hundholm acheter de l'eau-de-vie, du tabac et des étoffes. Il y a souvent à cette époque trois ou quatre mille rennes campés parmi leurs tentes autour de la petite ville. Sur les chaînes qui dominent Saltdalen, ainsi qu'entre ces chaînes et le fiord de Bejar, on trouve différentes familles de Lapons errants qui viennent aussi quelquefois à la côte. Les tremblements de terre ne sont pas très communs sous ces latitudes si septentrionales ; néanmoins le 31 août 1819 on en a ressenti un des plus violents à Bodoe. Il commença par un bruit assez semblable à celui d'un feu d'artifice, dura environ une minute et demie, et renversa beaucoup de rochers et un grand nombre de maisons. Le capitaine d'un petit vaisseau russe qui naviguait à la hauteur de Hundholm en éprouva si grand choc, que, croyant être engravé, il laissa tomber ses deux ancres ; mais ensuite il reconnut qu'il avait trois cents brasses d'eau.

Départ de Bodoe. Fiord de Folden. Le Maelstrom. Variabilité du vent sur la côte de Norwége. Mauvaise construction des barques de pêche. Ile de Stegen et ses cavernes. Fiord de Vest. Iles Loffoden. Ile de Rost. Maisoutns. Sandford. Description d'un Lapon de la côte. Ile de Hindoen et de Senjen. Renards noirs. Montagnes de l'île de Dyroe. Hameau de Kluven sur l'île de Senjen. Tromsoe. Le dimanche dans cette ville. Comment on y passe l'hiver. Bois d'Amérique jetés sur la côte. Le finner. Manière de pêcher cette baleine.

Ennuyé d'avoir sans cesse à changer de barque, j'en achetai une, et louant une compagnie de rameurs qui devaient me conduire jusqu'à Tromsoe, je quittai Hundholm le 26 juillet. Une bonne brise sud est, avec laquelle nous tirâmes huit nœuds à l'heure, nous mena rapidement à l'entrée du *fiord de Folden*, le plus considérable qui se fût encore trouvé sur ma route. A peu de distance de son entrée, qui a douze milles de large, il se divise en deux vastes branches, appelées l'une le *Folden du nord*, l'autre le *Folden du sud*, et dont la première communiquant par plusieurs petits passages avec le fiord d'Holmack au fond du spacieux fiord de Tys, fait une île de cette vaste portion du Nordland. Cette province, dans laquelle nous étions entrés depuis quelque temps, commence au district d'Helgeland où finit le gouvernement de Drontheim, et se terminant au Finmark, a trois cent quatre-vingt milles de long. Sa largeur, qui varie beaucoup, n'est dans certaines parties que de quarante milles, mais elle augmente beaucoup vers le nord et finit par être de plus d'une quarantaine de lieues. Elle est fort peu peuplée, et seulement sur la côte, par des Norwégiens qui s'occupent de la pêche. L'intérieur ne consiste qu'en de hautes et inaccessibles montagnes, coupées tant par des lacs que par de nombreuses, de larges et de rapides rivières qui, prenant leur source dans les Alpes de Laponie, vont se jeter à l'ouest dans l'Atlantique du nord. Ces districts ne sont fréquentés que par des montagnards lapons qui errent continuellement avec leurs troupeaux de rennes, tantôt descendant jusqu'au rivage de l'Océan septentrional, et tantôt s'avançant dans une direction opposée jusqu'aux bords mêmes du golfe de Bothnie. Le Nordland est généralement dépourvu de bois, du moins d'une grandeur un peu considérable, et la rareté du combustible est rudement sentie par les habitants de la côte où on n'en voit qu'à peine.

A l'entrée du fiord de Folden, nous étions en face du *fameux Maelstrom*, qui a longtemps passé pour le plus horrible gouffre de l'Europe ; mais il ne doit un renom si triste qu'aux descriptions follement exagérées qu'on en a faites, surtout dans les ouvrages de géographie, et j'ose dire que les détails suivants sont plus authentiques, car je les ai recueillis de la bouche de pêcheurs qui résident sur les îles de son voisinage, et qui même l'ont souvent traversé pendant sa plus grande violence. Le *Maelstrom se trouve presque à l'extrémité de la chaîne des îles de Loffoden*; il prend naissance entre celles de Moskoemes et de Moskoe pour aller mourir entre celles de Vœroe et de Rost, dont la dernière est la plus éloignée de toutes. Les îles Moskoemes à Rost, ainsi qu'une multitude d'îlots ou plutôt de rocs, forment pour ainsi dire, à travers l'Océan, un enclos de plusieurs milles, au milieu duquel se dresse l'île de Moskoe, rocher très haut, qui a point d'habitants ; et le tourbillon est simplement produit par l'impétuosité avec laquelle la mer, lorsque la marée monte ou descend, se précipite sur cette chaîne d'îles qui l'arrêtent dans sa marche. Comme celui du fiord de Salten, l'instant où il a le plus de violence est quand la marée est ou à demi montée ou à demi descendue, et sa fureur paraît au comble lorsque dans ce dernier cas ses vagues sont rencontrées par un impétueux vent d'ouest qui les repousse, et qui augmentant de beaucoup son agitation naturelle ne permet

Norwégiens.

pas aux barques de le franchir alors sans le plus imminent péril. La situation des îles environnantes fait que le Maelstrom décrit un large cercle; et les grandes inégalités du fond qui n'aura ici que quelques brasses pour un peu plus loin en avoir des centaines, ajoutent encore beaucoup à la violence du courant. Comme depuis quelques années on se livre à la pêche dans le voisinage immédiat du gouffre, les barques le passent et le repassent sans cesse, à moins que le vent, je l'ai déjà dit, ne souffle avec force de l'ouest, car alors elles seraient infailliblement englouties. C'est donc bien à tort que les navires qui se rendent dans l'archipel ou que le mauvais temps jette sur ces rivages n'osent, crainte du Maelstrom, et alors même qu'ils auraient besoin d'abri, de secours ou d'eau, y relâcher en aucun endroit.

Lorsque nous atteignîmes l'entrée du fiord de Folden, le vent qui jusque-là nous avait été favorable nous devint tout-à-fait contraire et nous obligea de prendre nos rames. C'est qu'il n'y a rien de plus variable et de plus incertain que le vent sur la côte norwégienne, et que maintes fois il parcourt dans l'espace de quelques milles tous les points de l'horizon. Ces changements perpétuels proviennent des montagnes qui, en le resserrant dans d'étroits canaux, lui donnent une direction absolument contraire peut-être à son cours naturel. Souvent, au milieu d'un calme plat, si on vient à dépasser une chaumière que présente une chaîne, en un instant une bouffée se met à souffler avec une incroyable force, et précipite dans l'abîme le marin qui ne s'y attendait pas. En d'autres occasions, tandis que vous filez rapidement devant la brise, un roc qui s'avance dans la mer vous prive soudain de son assistance; et lorsqu'elle vous arrive de nouveau, il se peut qu'elle soit entièrement changée. Voilà principalement pourquoi la navigation de toute cette côte est si dangereuse, et coûte chaque année la vie à tant de personnes; mais on donne une autre raison des nombreux naufrages qu'il faut y déplorer. C'est la construction réellement fautive des barques dont se servent les pêcheurs, où la sûreté semble complétement sacrifiée à la commodité. L'unique but qu'ils se proposent, on le dirait, est qu'elles puissent porter une quantité considérable de poisson. En conséquence, ils les construisent non-seulement fort longues, mais aussi fort larges et à quilles arrondies, afin d'augmenter la place destinée à la cargaison. Joignez à cela un mât d'une hauteur extraordinaire et une voile d'une dimension analogue, qui les rendent si lourdes d'en haut que la plus légère rafale suffit pour les jeter sur le flanc. Je ne crois donc pas que les Norwégiens soient aussi bons marins qu'ils ont la réputation de l'être, puisque, connaissant par expérience la nature de leur côte, ils en bravent si imprudemment les dangers.

Canard - Eder.

Dans la soirée, nous dépassâmes le fiord de Laies, qui est aussi large, mais beaucoup moins profond, que celui de Folden; et, comme de coutume, nous eûmes à naviguer entre d'innombrables îles dont les montagnes ne le cédaient guère en élévation à celles du continent.

A onze heures et demie, le soleil illuminait encore de ses derniers rayons les cimes lointaines des Loffoden. Leur aspect était singulièrement romantique et sauvage. Sur plusieurs points, elles prenaient la forme de cônes gigantesques et allaient toucher les nuées, tandis que sur d'autres elles ressemblaient aux énormes murailles de quelque vénérable ruine gothique garnies à leurs sommets d'une multitude de tours. Notre vent, ainsi que cela arrivait d'habitude aux approches du soir, mourut bientôt, et un calme profond régna sur l'Océan. Las de ramer, et ne pouvant atteindre aucune habitation avant le matin, nous quittâmes nos rames pour attacher la barque à une petite île rocailleuse et nous abandonner au sommeil. En moins de cinq minutes les gens de l'équipage furent endormis tous, et comme nul bruit étranger à la mer, pas même la note mélancolique de ses oiseaux divers, ne parvenait alors à mes oreilles, comme je n'entendais absolument que le murmure prolongé de l'Atlantique qui battait avec mollesse sur les écueils de granit, je ne tardai pas à suivre leur exemple. Au jour, nous continuâmes notre voyage, et nous parvînmes de bonne heure à l'île de Lovoe, où le kiobman nous fit le plus gracieux accueil. Après y avoir encore pris un peu de repos et copieusement déjeuné, nous remîmes à la voile pour nous diriger vers une île peu distante appelée Stegen, qui, m'avait-on dit, renfermait plusieurs cavités remarquables, et nous abordâmes au pied de la montagne dans laquelle on m'avait indiqué leur situation. L'escarpement à pic qu'elle présente depuis le bord même de la mer est tel qu'il nous fallut gravir longtemps sur nos mains et nos genoux pour les atteindre, car elles sont situées à une hauteur considérable. Elles sont au nombre de cinq, mais ne méritaient guère ni le nom de cavernes, ni la peine que nous nous donnâmes pour les voir. Elles semblent s'être formées par suite de l'excès du froid qui a fait éclater les rocs dont les fragments gisent épars de tous côtés. L'une des cinq, c'est la plus basse, a vers son extrémité un trou trop étroit pour admettre le corps d'un homme; il paraît avoir quelque profondeur et descend dans une direction oblique. Nous entendîmes une pierre que nous y jetâmes rouler pendant plusieurs secondes. Des paysans qui nous accompagnaient nous dirent qu'un chien qu'on avait précipité dans ce trou en ressortit dans une autre partie de l'île, mais je doute qu'un animal de cette espèce y puisse aujourd'hui entrer à moins d'être fort petit. En somme, c'est la rumeur publique qui seule a doté ces cavernes, comme beaucoup d'autres dans ces régions du nord, d'une réputation dont au premier coup d'œil on les reconnaît indignes. Stegen est immense comparativement à Lovoe, et possède une église. Des habitants à qui je demandai si nous étions sur une île, ou sur une partie de la côte, me répondirent que Stegen était *fast land*, mot à mot *terre attachée*, c'est-à-dire terre-ferme, expression qui en langue norse signifie continent A rigoureusement parler, ils se trompaient; mais telle est presque toujours la réponse que les gens du pays font à de semblables questions lorsqu'il s'agit de grandes îles, et elle ne paraît pas si bizarre quand on considère que la totalité de la Norvége septentrionale est tellement brisée en îles, tellement entrecoupée de fiords, qu'on n'y connaît presque pas de vrai continent, car les parties qui seules méritent ce nom sont inhabitées, et ne se trouvent en quelque sorte que dans l'intérieur vers la Laponie suédoise.

A mesure que le canal du fiord de Vest se resserra, nous approchâmes davantage des Loffoden. Les grands pics de leurs montagnes, presque entièrement couverts de neige, nous semblaient peu éloignés, et leur élévation, à la distance dont nous en étions encore, nous paraissait énorme. Le fiord de Vest que nous traversions alors est de beaucoup le plus considérable qui existe sur la côte norwégienne, car à son entrée il a quatre-vingts milles de largeur, mais il se rétrécit graduellement et finit par n'en plus avoir qu'une vingtaine. C'est à l'ouest la chaîne des îles Loffoden, à l'est le continent de la Norvége qui le forment. Lorsque nous atteignîmes Hindoen, nous eûmes entièrement dépassé les Loffoden, que l'Océan entoure de toutes parts, et qui ne sont réellement et à peine habitées que du côté oriental, car le côté occidental est tellement exposé à toute la furie de la mer Glaciale que la navigation passe pour y être tout-à-fait impossible. On pourrait croire qu'à cause de leur situation et des nombreuses montagnes qui les couvrent elles seraient aussi nues que le reste de la côte. Rien cependant n'est moins vrai; elles sont très fertiles en herbe, et on y engraisse une assez grande quantité de bestiaux. Rost en particulier, qui termine la chaîne, produit, dit-on, les plus beaux moutons de toute la Norvége. Ce n'est pas une île, comme les cartes l'indiquent, mais sous ce nom il en faut comprendre trois, dont une renferme une église, et qui sont elles-mêmes immédiatement environnées par plus de quatre cents îlots. En vain, dans l'après-midi, voulûmes-nous arborer pour aller coucher au village de Lodingen, qui est situé à deux milles du rivage; le vent nous en empêcha, et nous contraignit à poursuivre notre route. Vers le soir, il mourut, et forcés dès lors de recourir à nos rames, nous avançâmes si lentement qu'il nous fallut bientôt renoncer à toute idée d'atteindre un gîte pour passer cette nuit-là. Au matin, les gens de l'équipage se trouvèrent si las et la marée montante nous était si contraire que nous amarrâmes la barque à un roc, et en attendant qu'elle redescendît, nous goûtâmes quelques heures de repos. Lorsque nous poursuivîmes notre route, un calme plat régnait toujours. Le temps était d'une chaleur étouffante, et l'ardeur du soleil presque intolérable. Au milieu de la journée, le thermomètre monta jusqu'à 108°. Un grand nombre de marsouins nous entouraient sans cesse, et leurs bruyantes respirations à chaque demi-minute pouvaient donner lieu de croire qu'ils ne sont pas dans leurs humides retraites tout-à-fait insensibles à la température supérieure, car c'est dans les temps les plus chauds et les plus calmes qu'ils se montrent à la surface.

Nous fîmes halte dans la soirée à l'*île de Sandtorv*. Ce n'était encore il y a vingt ans qu'un rocher stérile, mais à force de travail et de persévérance, le kiobman qui nous y donna l'hospitalité est parvenu à y introduire quelque végétation. Le seul moyen possible d'obtenir un tel résultat était d'apporter de la terre du continent, et il l'a employé. Aussi fut-ce avec un orgueil bien légitime qu'il nous montra légume à légume tout son potager. J'eus le plaisir de voir chez lui, pour la première fois, un Lapon qui demeurait sur la côte voisine et vivait du produit de sa pêche. Il avait une mine assez prévenante, un teint et des cheveux fort bruns, et une taille d'environ cinq pieds, ce qui était certes grand pour un homme de sa race. Son arrivée fut bruyamment annoncée par les dogues de la maison, que l'on n'empêcha qu'avec beaucoup de peine de sauter sur lui et de le mordre. C'est en général ce qui arrive toujours quand les chiens des Norwégiens rencontrent un habitant de Laponie, sans doute à cause de son extérieur étrange et bizarre qui leur inspire envers lui des sentiments analogues à ceux que ces animaux éprouvent dans nos pays envers un mendiant. Son costume était une large robe d'étoffe blanche horriblement sale, qui descendait jusqu'à ses genoux, et que serrait autour de ses reins une ceinture de cuir d'où pendait un long couteau. Il ne portait pas de chemise, car *l'usage du linge est complètement inconnu parmi les Lapons*. L'espèce de tunique dont il était couvert s'ouvrait par devant, et il avait entre elle et sa peau différentes provisions, telles que du tabac et une bouteille d'eau-de-vie. C'était une espèce de buffet, sinon très propre, du moins plus commode et plus à portée de sa main qu'aucun autre ne pouvait l'être, et que soutenait sa ceinture. Tel est le seul genre de poche des Lapons, et l'amas confus d'objets qu'ils ont coutume d'y renfermer est fort surprenant. Dans le nombre se trouve quelquefois un vieux poisson qui souvent est demeuré là depuis plusieurs jours, et qui par cette cause n'est plus guère ragoûtant ni de mine ni d'odeur. Mais heureusement cette singulière race d'hommes ne soupçonne pas même nos moindres idées de délicatesse, car si elles étaient compatibles avec l'état de société où vivent les Lapons, elles les priveraient des plus grandes jouissances de leur vie.

Les *îles de Hindoen et de Senjen* sont les deux plus vastes des côtes septentrionales. Très fertiles dans beaucoup de leurs parties, elles produisent de l'herbe en abondance. L'agriculture néanmoins y est presque complètement négligée, car la pêche occupe d'une manière exclusive la population. Le large et profond fiord de Gulles, qui pénètre jusqu'au centre d'Hindoen, pour peu qu'il se fût étendu plus loin, l'aurait séparée en deux îles, très considérables l'une et l'autre et de grandeur à peu près égale. Ses montagnes renferment une multitude de renards bleus, blancs et rouges, que l'hiver les naturels prennent au piége ou tuent à coups de fusil. Le rare et précieux animal connu sous le nom de renard noir se trouve aussi en petite quantité dans les îles Loffoden. J'ai eu le bonheur d'en pouvoir acheter un, et je le classerais volontiers, tant il est beau, dans l'espèce des renards argentés, la plus estimée de toutes. Le dos, la face et les côtés sont d'une belle couleur d'argent mêlée de noir; noirs sont aussi et le museau, et le cou, et la gorge, et les oreilles qui sont rondes, mais moins que celles du petit renard arctique, et les pieds et le ventre; enfin une large bande de la même couleur parcourt le dos, mais devient de plus en plus faible à mesure qu'elle approche de la queue, qui est généralement noire avec l'extrémité blanche. Le dedans de la fourrure est long, épais, soyeux, et d'une légère teinte d'ardoise. Cet animal est si peu commun, que dans le courant d'une année on en prend rarement plus de trois ou quatre dans toutes les îles Loffoden, et que je n'ai jamais ouï dire qu'on le rencontre ailleurs en Norwége. Les Russes le prisent fort, et le paient jusqu'à deux cents et deux cent cinquante francs. Dans l'Amérique du Nord et dans la Sibérie, cette variété du renard se trouve quelquefois entièrement noire, ce qui n'est pas dans les Loffoden. Mais, dans quelque pays qu'on l'attrape, si ces nuances varient de la sorte, il faut principalement l'attribuer au climat. Celui que j'ai en ma possession a, du museau au bout de la queue, une longueur totale de cinq pieds; taille, à ce qu'il semble, peu ordinaire et double de celle du *canis italis*, ou petit renard arctique qui est ou bleuâtre ou tout-à-fait blanc.

Lorsque nous poursuivîmes notre route, les montagnes de l'*île de Dyroe* prirent de plus en plus un caractère de grandeur et de magnificence. Quelques unes, qui s'élevaient perpendiculairement hors des vagues, semblaient s'être fendues et divisées depuis leur sommet jusqu'à leur base, et leurs alentours étaient obstrués par d'énormes fragments. Plusieurs de ces quartiers de roc avaient déroulé dans les eaux voisines, et on en voyait encore la fuite; tandis que d'autres, arrêtés au milieu de leur chute, paraissaient suspendus en l'air. Tout ce chaos abondait en végétation de la plus surprenante vigueur; et les arbustes qui poussaient dans la pierre étaient si épais que, sans exagération, on les eût dits entrelacés. Les bouleaux et les frênes principalement, qui jaillissaient de toutes les crevasses, s'élevaient à une bonne hauteur, et ils dédaignaient l'épithète de nains; tandis que l'abondance des fruits sauvages qui se montraient presque sous notre main nous invitait à chaque instant à débarquer. Quand on navigue, comme nous le fîmes, tout-à-fait au-dessous de cette montagne, l'œil levé en l'air s'imagine ne pouvoir rien contempler de plus haut; mais quel est l'étonnement du voyageur lorsque, s'éloignant à quelque distance du rivage, il en voit une autre pour le moins deux fois plus élevée surgir immédiatement par dessus la précédente, sous la forme d'un cône pointu qui a l'air d'un colossal pain de sucre. Sa cime était enveloppée de nuages qui demeuraient immobiles sur les vastes glaciers qui le couronnent. Le Sneehattan excepté, son élévation paraissait beaucoup plus grande que celle d'aucune montagne qui se fût offerte jusqu'alors à mes regards, et le contraste qu'il formait avec les régions plus basses de la côte était singulièrement frappant, car on avait à admirer d'une part une horrible magnificence, de l'autre les scènes de la plus romantique beauté.

Le vent, qui nous était contraire, avait tellement redoublé de violence depuis notre départ de Sandtorv que, comme le canal qui sépare l'île du continent est fort étroit, en vain tentâmes-nous pendant trois heures de le franchir. Il nous fallut attacher notre barque à un roc, et attendre que la mer devînt plus calme. Vers le soir, à la marée descendante, nous continuâmes notre route; mais le vent qui s'était beaucoup apaisé, soufflait toujours si directement du nord que, le roulis rendant les efforts de nos rameurs presque inutiles, nous eûmes une peine extrême à parvenir dans la matinée au hameau de Kluven. La position en est assez jolie, et nous n'y manquâmes de rien dans la maison du kiobman. Il est situé sur la grande île de Senjen, qui a environ cent vingt milles de circonférence. Cette île est en majeure partie couverte de bois bas qu'entrecoupent de vastes marais. Dans l'intérieur sont de hautes chaînes de montagnes où, pendant l'été, les Lapons suédois viennent résider avec leurs troupeaux de rennes pour regagner avec eux le continent au retour du froid. On évalue la population de Senjen à deux cent cinquante ou trois cents habitants qui ne vivent guère que du produit de leur pêche, car leurs chétives récoltes sont presque tous les ans détruites par les gelées qui souvent commencent dès le mois d'août. Ils peuvent rarement semer avant le milieu de juin, parce que la terre est encore couverte de neige, et ils recueillent leurs moissons dans les premiers jours de septembre, si le froid les a respectées jusque-là.

A mesure que nous avançâmes, le changement que nous présenta l'aspect de la contrée où nous étions alors était aussi surprenant que délicieux. Les montagnes, qui ne cédaient pas en hauteur à celles que nous avions laissées derrière nous dans l'île, les surpassaient infiniment pour la vigueur de la végétation. Les arbres avaient reparu, et les bois de bouleaux et de frênes garnissaient jusqu'au rivage les versants les plus raides. Çà et là les rameaux rampants du genévrier, chargés de fruits pourpres, formaient un taillis épais, tandis que dessous s'étendait un tapis de la plus belle verdure, comparable à celle qui charme si souvent les yeux dans les forêts de la Suède. Après avoir, sans beaucoup de difficulté, franchi le Strom, courant rapide produit par une petite île située dans le fiord qui s'étend entre Hvaloen et le continent, nous atteignîmes bientôt *Tromsoe*. La vue de ce *port*, que vous découvrez soudain avec ses nombreux vaisseaux et la propreté de ses maisons de bois peintes en blanc, vous cause une douce sensation de plaisir. Pour moi, je résolus d'y demeurer quelques jours. Tromsoe est située sur la petite île dont j'ai parlé à l'heure parlé, qui porte le même nom et repose par 69° 38' de latitude. On a choisi le lieu pour l'établissement d'une ville, dans l'espérance d'éviter aux pêcheurs l'obligation d'envoyer eux-mêmes leur poisson et leur huile à Drontheim et à Bergen; et pour décider des colons à s'exiler dans une partie si reculée du monde, on leur a accordé, de quelque pays qu'ils soient, plusieurs privilèges importants. L'amour du gain et les avantageuses exemptions d'impôts qu'on leur offrait firent croire à un certain nombre de gens qu'ils trouveraient la terre de promission au voisinage du cap Nord; mais le triste état de fortune de quelques émigrants primitifs qui subsistent encore prouve combien ils s'étaient trompés dans leurs calculs. Depuis 1820, cependant, le commerce de cette place paraît s'être un peu amélioré. C'est principalement avec les Russes d'Archangel et des côtes de la mer Blanche qu'elle trafique; mais elle fait aussi un peu d'affaires avec Copenhague, Bremen et Holstein. Elle compte de quinze à vingt marchands, et de quatre à cinq cents âmes qui, à une cinquantaine près, composent la population de toute l'île. Celle des îles et des fiords d'alentour est comparativement bien plus considérable, et consiste en Lapons, en Finlandais et en Norwégiens; mais ces Finlandais et ces Norwégiens sont originaires de la Finlande et de la Norwége suédoise. A Tromsoe, j'étais presque sur les frontières du Finmark, et les Lapons de la côte abondaient sans cesse dans la ville. Il arrivait à toute heure des barques qui en contenaient des familles entières, et aussitôt ils se répandaient tous dans les différentes boutiques des marchands pour y échanger leurs poissons contre de petites pièces d'étoffes et d'autres objets. L'eau-de-vie cependant paraissait constituer leur principal besoin; hommes, femmes et enfants, en avalaient verre sur verre, jusqu'à ce que le produit de leurs denrées fût épuisé, ou qu'ils fussent eux-mêmes à moitié ivres. Mais c'est surtout les dimanches que Tromsoe présente un curieux spectacle, car ces jours-là elle se trouve littéralement encombrée de Lapons de tout genre, de *Soë-Finner* et de *Field-Finner*, comme ils s'appellent, qui viennent de chaque partie de la contrée environnante, tant des montagnes que des côtes et souvent d'une distance de vingt milles, pour assister au service divin. Aussi l'église est-elle entourée d'une multitude de petits hangars en bois, où ces fidèles, qui en général ne retournent chez eux que le lundi à cause de l'éloignement, trouvent asile contre les intempéries de l'air.

L'été, pendant plusieurs semaines de suite, on voit nuit et jour à Tromsoe le soleil au-dessus de l'horizon. Mais, l'hiver, les habitants le perdent de vue pour un espace de temps aussi considérable, et pendant les vingt-quatre heures il n'y a guère qu'une heure et demie où la lumière soit assez grande pour qu'on se passe de flambeaux. Jamais pourtant il ne fait absolument noir, car la réflexion de la neige produit toujours une certaine clarté. Lorsque l'atmosphère est brumeuse, ce qui arrive fréquemment, il y a peu de différence entre le jour et la nuit; mais quand elle est claire, le *nordlys*, comme dans la langue du pays s'appelle l'aurore boréale, se montre avec une merveilleuse splendeur et rend la nuit presque aussi splendide qu'une journée d'été. L'apparition de ce phénomène, disent les indigènes, est d'ordinaire accompagnée d'un bruit assez semblable au sifflement du vent;

et plus on avance vers le nord, plus l'éclat en est vif, plus ces sons deviennent distincts. Lorsque l'hiver arrive et que l'obscurité commence, les négociants de Tromsoe ne songent plus qu'au plaisir et à la joie. Toute affaire est alors suspendue. Tous les navires qui ont pu arriver pendant l'été précédent ont soin d'être repartis. Il ne leur en succède pas d'autre; et le hâvre, encombré quelques semaines avant, reste vide, absolument vide ; car les pêcheurs même le quittent et se rendent aux îles Loffoden pour la pêche d'hiver Lo marchand donc, affranchi des occupations et du tracas constant de l'été, n'a plus rien à faire qu'à fumer sa pipe nuit et jour, à vider son bol de punch et à jouer au whist. En un mot, manier les cartes, boire et fumer l'occupent incessamment; et il s'estime le plus heureux des mortels quand d'autres peut-être prendraient son sort en pitié.

Sur toutes les parties de cette côte est continuellement jetée une multitude de poutres qu'on suppose apportées d'Amérique par les flots; et à Rœst abordent fréquemment des bois d'acajou, qui viennent à ce qu'on prétend de la baie d'Honduras, et qui accomplissent tout seuls ce voyage immense.

Près de Tromsoe en particulier, on trouve souvent des solives qui ont de soixante à quatre vingts pieds de longueur. Ces circonstances prouvent qu'il existe d'Amérique en Europe, à travers l'Atlantique, un courant général d'une très grande force.

Le finner, espèce de baleine dont j'ai déjà parlé, abonde aux alentours de Tromsoe et de Hvaløen. Sans cesse, pendant que je remontais la côte, j'entendis les pêcheurs se plaindre des malheurs nombreux que ces cétacés leur occasionnent et du danger qu'ils courent à les rencontrer, particulièrement dans les mois de juillet et d'août : si alors une barque se trouve sur leur passage, ils la poursuivent avec un acharnement qui ne manque guère de lui être fatal. Ce sont surtout les mâles qu'il faut craindre, car pendant ces mois les plus chauds de l'année ils prennent souvent, au dire des habitants du pays, une embarcation qui fuit devant eux pour une femelle, et au milieu des rudes embrassements qu'ils lui prodiguent ils la précipitent au fond des eaux. Ceci paraît un peu fabuleux ; mais il est certain que le finner a des habitudes fort différentes de celle de la baleine groënlandaise ; et tandis que celle-ci permet aux équipages des baleiniers de la harponner et de prendre ensuite possession de leur capture sans beaucoup de peine et de péril, celui-là, dès qu'on le frappe, devient si terrible et si furieux que les gens qui lui ont livré le combat sont exposés aux plus grands risques. La baleine du Groënland, après avoir dételé la longueur de deux ou trois lignes, se rend ; mais le finner, qui est plus long, plus actif et qui nage avec beaucoup plus de rapidité et de vigueur, entraînera avec lui les lignes de toutes les barques sans que sa force soit diminuée ; et quand les pêcheurs n'ont plus à lui en donner aucune, ils sont obligés de les lâcher toutes pour sauver leur vie, perdant ainsi non-seulement l'animal, mais encore tous leurs ustensiles, ce qui est pour eux une perte énorme. Par ces raisons, les baleiniers n'attaquent que rarement les finners quand ils en rencontrent, d'autant plus que, outre l'incertitude de la réussite, ces baleines produisent une trop petite quantité d'huile pour les périls qu'il faut affronter. On les trouve en abondance le long des côtes du Nordland et du Finmark, mais particulièrement aux environs du cap nord. Un fait bizarre que m'ont assuré les indigènes, est que ces monstres sont on ne peut plus friands de vaches et de chevaux. Un marchand de Tromsoe m'a conté que naviguant un jour vers une île avec plusieurs de ces animaux dans sa barque, il avait été entouré bientôt par un si grand nombre de finners, qu'il lui avait fallu regagner le rivage et y déposer cette partie de sa cargaison. A Rœst il y a une crique étroite à l'extrémité de laquelle sont de larges vacheries, et il arrive que presque tous les ans on y prend de ces baleines, que, dit-on, l'odeur du fumier des vaches y attire. Ne pouvant s'en retourner faute d'eau, elles deviennent alors facilement la proie des pêcheurs. La manière dont d'ailleurs s'y prennent les Lapons de ces parages pour les capturer est assez étonnante. Quand ils en découvrent une, deux hommes la poursuivent dans une petite chaloupe ; et dès qu'ils sont parvenus à l'approcher, dès qu'ils ont réussi à lui enfoncer le harpon dans le corps, ils le brisent aussitôt le plus court qu'ils peuvent ; l'affaire est alors finie. Ils sont sûrs de devenir tôt ou tard possesseurs de l'animal qui s'éloigne avec une inconcevable vélocité de ses cruels ennemis, mais qui emporte la marque meurtrière de leur attaque enfoncée jusque dans ses entrailles, et qu'au bout de quelques jours on retrouve généralement mort sur telle ou telle partie de la côte avoisinante. Le premier individu qui le découvre en donne avis, et le pêcheur qui l'a frappé vient établir son droit de possession par l'identité du chiffre qui est tracé sur la barbe du harpon. Le trouveur est alors récompensé par un tiers du butin, aux termes formels de la loi.

Départ de Tromsoe. Rennes. Ile de Reenoe. Ile de Carlsoe, où je rencontre des lemmings. Plantes marines. Zoophytes. Gorgones. Grande profondeur de l'eau le long de la côte. Protection que lui prêtent ses nombreuses îles. Deux routes de Carlsoe à Hammerfest Haut roc de Fugeloe. Manière d'y prendre le puffin. Restes de baleines sur son sommet. Aigles marines. Loutres.

Le jour que nous quittâmes Tromsœ, nous fîmes assez bonne route dans la matinée ; mais dans l'après-midi la marée nous devint si contraire, avec le vent qui toujours soufflait au nord, que faute de pouvoir avancer nous débarquâmes sur le continent afin d'y attendre le soir. Alors en effet nous devions avoir le reflux en notre faveur et sans doute la violence du vent aurait diminué. Sur le rivage étaient deux petites huttes où les rameurs s'établirent et furent bientôt endormis. Moi cependant qui avais entendu dire qu'une famille de Lapons avait quelques jours auparavant erré dans le voisinage avec un troupeau de mille rennes, je pris ma carabine, et me mis à gravir les montagnes, curieux de les rencontrer. Cette partie de la côte était bien différente des îles qui reposaient au-delà de Tromsoe, et qui m'avaient tant charmé par la vigueur de leur végétation. Les moindres arbustes ne garnissaient ici que le pied des hauteurs, et les parties plus élevées n'étaient qu'à peine couvertes d'herbe. Après une demi-heure de marche, pendant laquelle je n'avais aperçu aucun être vivant, soudain à mon extrême surprise, je vis quatre rennes descendre en face de moi une colline que je montais. Faisant halte pour les mieux observer, ils passèrent à une vingtaine de verges, et ne parurent nullement s'effrayer de ma présence. Ils avaient la taille du cerf avec les cornes branchues, et venaient de revêtir leur robe d'été qui était uniformément d'une couleur brune et très foncée. Ils ne s'arrêtaient jamais, mais broutaient des plantes sauvages tout en marchant avec vitesse, et grimpaient les côtes les plus raides avec beaucoup d'aisance sans discontinuer un seul instant de manger. Vainement, pour ne pas les perdre sitôt de vue, les voulus-je suivre, ils avaient disparu au bout d'un quart d'heure. Il me parut probable que les Lapons dont on m'avait parlé n'avaient pu, en se transportant d'une partie à une autre de la montagne, réunir la totalité d'un troupeau si vaste, et que ces quatre animaux étaient restés en arrière. Souvent la chose arrive sans que les propriétaires s'en aperçoivent, car jamais ils ne comptent leurs bêtes ; ce serait, pensent-ils, vouloir s'attirer un malheur.

A la nuit tombante nous poursuivîmes notre route, et allâmes coucher à l'île de Reenoe. Cette île, je crois, tire son nom des rennes qu'on y amena jadis, mais qui peu à peu y sont devenus sauvages, et dont aujourd'hui on ne peut, encore avec grand'peine, se rendre maître qu'à coups de fusil, lorsque le vent et le temps sont favorables pour qu'on les approche. Le lendemain, quand nous repartîmes de Reenœ, ce fut pour rentrer au bout de quelques milles dans l'Océan proprement dit, car depuis le fiord de Vest nous n'avions guère traversé que des mers intérieures. Une forte brise nous amena bientôt en vue d'un grand yacht de Bergen qui revenait de Finmark et était chargé de poisson. On ne saurait imaginer tournure plus grotesque. Non-seulement la cale était remplie tout entière, mais on voyait encore sur le pont un tas de stockfisch qui s'élevait jusqu'à moitié du mât. Nous rencontrâmes aussi, chemin faisant, beaucoup de Lapons des côtes et des fiords d'alentour, qui allaient à Tromsoe dans leurs petites barques pour y échanger avec les marchands leur morue contre de l'eau-de-vie, et d'autres objets qui sont pour eux de première nécessité. Plusieurs de ces embarcations étaient montées seulement par des femmes que des peaux de mouton enveloppaient de la tête aux pieds, et dont je n'aurais pu dans un accoutrement si bizarre reconnaître le sexe sans les indications des gens de mon équipage. Lorsque quittant les fiords si chauds et si bien abrités nous approchâmes de la pleine mer, nous sentîmes une notable différence dans la température, et nous n'eûmes plus à nous plaindre de la chaleur. Ce n'était du reste pas surprenant, car nous avions alors dépassé le 69° de latitude septentrionale, et peu de distance nous séparait des frontières de la Laponie norwégienne. De même la neige augmentait visiblement sur les montagnes, et la contrée offrait de plus tristes marques d'un hiver perpétuel.

Nous abordâmes pour la nuit dans l'île de Carlsœ qui était depuis plusieurs mois envahie par les lemmings. Dans tous les bâtiments qui ne servaient pas d'habitation, sous chaque pierre, sous chaque brin d'herbe, il y avait de ces animaux; c'était une véritable malédiction. Le vulgaire croit généralement comme je l'ai déjà dit, qu'ils tombent des nuages, et il ne manque pas de gens plus haut placés qui partagent cette opinion. Beaucoup de vieillards m'ont affirmé avec les plus solennels serments avoir vu tomber du ciel cette pluie singulière, tandis que des personnes plus instruites, qui sont honteuses d'avouer une telle croyance, cherchent à expliquer un mystère d'une façon tout aussi mystérieuse, c'est-à-dire donnent aux brouillards la puissance extraordinaire d'enlever les lemmings d'un pays pour les aller semer en un autre. Il est assez curieux que partout dans le nord on suppose universellement aux nuages un tel pouvoir par rapport non-seulement à un animal si petite taille, mais encore à des animaux d'une espèce beaucoup plus grosse, tels que les moutons, les chèvres et même les bœufs. Ce fut surtout en me promenant sur les hauteurs boisées de l'île que je vis une multitude prodigieuse de lemmings. Les taillis se composaient principalement de bouleaux nains qui, au lieu de pousser tout de suite droits au sortir de terre, y rampent d'abord dans différentes directions, puis alors s'élèvent. Ils leur formaient ainsi une retraite sûre, et dessous on voyait par centaines leurs terriers. Peu profonds, mais courant à la surface avec de nombreux détours et de nombreuses ouvertures, ils étaient tellement protégés par les racines de l'arbuste, qu'il n'eût pas été facile d'en ouvrir un dans toute son étendue. Quoique les insulaires s'imaginassent que les lemmings fussent venus leur rendre visite du continent, je serais plutôt disposé à croire, d'après l'aspect de leurs trous, qu'ils sont aussi indigènes de l'île. Sans doute il est fort extraordinaire qu'alors leurs apparitions y aient seulement lieu tous les quatre ou cinq ans, et que dans l'intervalle on n'en aperçoive pas la queue d'un; mais cette circonstance, quoique généralement accréditée, est-elle bien authentique? Je dois dire que pour moi je ne le crois pas, car l'hiver suivant j'ai vu de leurs traces sur la neige dans les lieux où les habitants ne se plaignaient pas de leur présence. Ils demeureraient bien des années de suite ensevelis sous terre, soit; mais pourquoi en sortent-ils à des époques qui semblent être périodiques? Y trouvent-ils quelque ennemi, quelque chose de nuisible qui les en chasse? On ne sait comment résoudre toutes ces questions. Un autre fait bizarre, mais fort certain, c'est que les rennes dévorent les lemmings avec une voracité extraordinaire, tandis que les chiens s'en détournent avec dégoût. Après avoir si longuement parlé des habitudes de cet animal, je décrirai son extérieur en peu de mots. Il ressemble assez à un écureuil; sa longueur est d'environ six pouces, ses oreilles sont rondes et petites avec de longs poils noirs, son ventre est d'un blanc jaunâtre; enfin son dos et ses flancs sont roux bariolés de noir. Sa queue a un pouce et demi de long, ses pattes ont cinq griffes, sa lèvre supérieure est divisée, et chacune de ses mâchoires armée de deux dents. L'île de Carslœ est fort petite, car elle n'a guère qu'une lieue de circonférence, et ne compte qu'une trentaine d'habitants norwégiens. Ses hauteurs sont presque entièrement couvertes de bouleaux, parmi lesquels abondent les ptarmigans et les pluviers. Elle avait été, l'année précédente, infestée d'une prodigieuse quantité d'hermines qui étaient venues des îles d'alentour. On pourrait ne pas ajouter foi à la manière dont il me fut rapporté que ces animaux accomplirent le trajet, si elle ne m'avait été certifiée par une foule de témoins oculaires, et entre autres par le pasteur du lieu. Il paraît en effet que chacun d'eux se procura un morceau de bois, s'y plaça avec sa femelle et ses petits, puis se confiant aux vagues fut mené à bon port par le vent et la marée.

Sur les côtes qui entourent l'île, il y a une innombrable variété de plantes marines des plus grandes, et dans le nombre abonde surtout l'herbe appelée *tang* par les Norwégiens. C'est une espèce d'algue que les botanistes appellent *fucus digitatus*, et qui, rejetée par les flots, a l'air d'une énorme tige de chou que terminent plusieurs longues feuilles étroites. J'ai vu de ces feuilles qui avaient jusqu'à trente pieds et plus de long. Pour la forme elles ressemblent un peu à celles du tabac. L'hiver, après une tempête, le rivage est toujours jonché d'une immense quantité de cette herbe, et on mène alors les bestiaux la manger, ce qu'ils font avidement faute de nourriture meilleure. Les curieuses productions de la mer, qui dans ces parages sont connues sous le nom de *sœ frœe*, ou arbres marins, mais qui en réalité sont des zoophytes, se trouvent aussi dans les fiords voisins de Carlsœ, et en général sur les côtes tant de la Norwége que du Finmark, où ils parviennent souvent à une taille extraordinaire. On les a longtemps regardés comme des végétaux, et c'est une opinion encore universelle au nord, mais les savants modernes pensent qu'on doit les considérer plutôt comme appartenant à un règne animal, quoique peut-être vaudrait-il mieux voir dans ces substances un anneau de communication entre les deux règnes. Quelle que soit leur nature, on ne les trouve qu'à une immense profondeur, à cent ou deux cents brasses, et on ne peut en arracher d'entières. Mais il arrive que les filets ou les lignes des pêcheurs s'y embarrassent, et alors on en retire avec eux des parties plus ou moins grandes qui paraissent avoir été séparées d'un tout considérable. Ainsi j'en ai vu un morceau qui avait jusqu'à sept pouces de diamètre. On venait de le pêcher, et tant qu'il resta humide, sa couleur d'un rouge vif ou d'un jaune ardent lui donnait beaucoup de ressemblance avec la chair humaine. Ce qui contribua sans doute à persuader aux Norwégiens que ces productions de la mer étaient réellement des végétaux, c'est que souvent, pendant les tempêtes, les vagues jetaient sur leurs côtes des fruits inconnus qui leur semblaient avoir dû être détachés par les flots des branches de ces arbres. Ces fruits étaient des espèces de fèves rondes, cependant aplaties de deux côtés, et de la grosseur d'une châtaigne. Chose bizarre, on m'en montra plusieurs à Carlsœ sous le nom de noix marines, qui avaient été récemment recueillies sur le rivage. Lorsque les Lapons en rencontrent au bord de l'Océan ils ne manquent jamais de les ramasser ; ils en creusent l'intérieur et s'en font des tabatières. Pendant la suite de mon voyage, je me demandai bien des fois d'où les noix pouvaient provenir ; mais de retour à Londres, j'en montrai quelques-unes que j'avais rapportées avec moi à un savant naturaliste qui me tira aisément de mon embarras. Ce sont, me dit-il, les graines de l'*acacia scandens*, grimpeur qui pousse dans les forêts, sur les bords des grands fleuves d'Amérique, et dont les cosses ont quatre ou cinq pieds de long. En automne elles s'ouvrent peu à peu à mesure que les graines de l'intérieur mûrissent, et celles-ci tombant dans les eaux qui coulent au-dessous d'elles sont emportées jusqu'à l'Océan, puis flottées par les courants à travers l'immense espace de l'Atlantique, enfin déposées sans aucune détérioration sur les côtes de la Norwége et de la Laponie.

C'est encore sur ces côtes que se trouvent les gorgones, autre bizarre production de la mer, à qui Linnée donne le nom de *gorgonia lepadifera* ; mais elles sont regardées comme fort rares par les habitants mêmes de ces régions, puisque, quand le hasard leur en fait rencontrer une, ils la suspendent dans leurs demeures comme une curiosité. Ce zoophyte extraordinaire se développe sous la forme d'un arbre, ou du moins d'une branche ; et il offre tellement l'aspect d'un végétal, que certes, nombre de gens, quoique l'examinant avec l'attention la plus minutieuse, le supposeraient doué de la vie. A le voir, en effet, on le prendrait pour un rameau de bruyère, dont les brins sont garnis d'écailles blanchâtres qui ne représentent pas mal des graines. Aussi, ne peut-on se défendre de la plus vive surprise lorsqu'on vient à savoir que c'est un animal non-seulement avec des os et de la chair, mais encore des muscles et des tendons. Une des nombreuses preuves que la gorgone doit être classée parmi les animaux, c'est que si on brûle une partie de ses arêtes, elles répandent la même odeur que celles du poisson, odeur que n'a aucune substance végétale. Mais il reste beaucoup à apprendre sur le compte de ce zoophyte. On n'a pu découvrir jusqu'à présent ni de quelle manière il est d'abord produit, ni à quelle opération il doit ensuite sa croissance qui paraît avoir de l'analogie avec celle des végétaux. Ainsi que des arbres marins, les pêcheurs n'en retirent jamais du fond des eaux que des fragments plus ou moins considérables, quand il arrive que leurs filets s'y sont embarrassés. J'en ai vu un des plus grands qu'ils eussent jamais pêchés, qui avait vingt-six pouces de hauteur. Ordinairement ils les suspendent dans leurs huttes avec la conviction que c'est le moyen de se garantir des ouragans. A les en croire, les gorgones dont ils s'arrachent que de petites parties, poussent cependant à une taille extraordinaire qui égale celle des principaux arbres de nos forêts. Ils fondent leur opinion sur ce que les efforts réunis de quatre ou cinq hommes sont quelquefois inutiles pour dégager leurs instruments de pêche, car alors ils les supposent retenus par les troncs eux-mêmes, trop gros pour céder.

Plus le voyageur avance vers le nord, plus il est frappé de l'extraordinaire hauteur des côtes de la Norwége. La hauteur de l'eau est en proportion, et à peu de verges des pics les plus élevés on en trouve souvent trois et même quatre cents brasses. C'est ce qui rend la navigation de ces parages tout-à-fait sûre, du moins sous un rapport, car les plus grands vaisseaux y peuvent traverser sans péril des myriades d'îles souvent si rapprochées les unes des autres, qu'ils remplissent presque le peu d'espace qui les sépare. Il est vrai que l'aspect seul de ces côtes singulières suffirait pour empêcher un navigateur, qui ne les connaît pas, de s'y aventurer sans un pilote du pays ; mais cette impression est plutôt produite par la multiplicité des îles et la crainte des écueils, qui cependant en général ne sont que très rares. Loin donc de nuire en aucune manière au Nordland et au Finmark, c'est pour ces régions un bienfait de la Providence que tant d'îles, tant de rochers bordent leurs rivages et les garantissent ainsi des fureurs de l'Atlantique. Grâce à cette protection, les pêcheurs et les autres habitants, qui ne peuvent communiquer entre eux que par eau, sont à même de vaquer avec une sorte de sûreté à leurs différentes affaires. Bien plus, sans cet abri naturel, le peu de végétation qui parvient à pousser sur ces parties du continent serait bientôt détruit par la violence des tempêtes et par l'influence de l'Océan, qui même dans l'état actuel des choses leur sont nuisibles. Comme je l'ai déjà dit, nous étions sur le point de gagner la pleine mer, ce à quoi nous obligeaient pour atteindre Hammerfest plusieurs longues langues de terrain qui interrompent tout-à-fait pendant quelques milles la communication entre les îles. On peut donc de Carlsœ choisir entre deux routes ; l'une par Ali-Eidet vous force à franchir à pied une péninsule de l'autre côté de laquelle on trouve le fiord de Lang ; on s'y procure une barque et on se dirige par celui d'Allen. Cette route est très suivie, surtout lorsque le temps est fort mauvais. L'autre par Loppen offre plus de péril, en ce qu'elle est exposée à toute la fureur de l'Océan ; mais l'ennui d'avoir à faire transporter mon bagage par terre, et la crainte de ne pas trouver ensuite d'embarcation, me décidèrent à prendre la première route.

Quittant Carlsœ dans l'après-midi, nous eûmes selon l'usage à lutter contre le vent du nord, et nous n'avançâmes qu'avec lenteur. Dans la soirée cependant nous dépassâmes le roc immense et solitaire de Fugelœ, qui s'élève à deux milles au-dessus de la plaine liquide. Il est fréquenté par un si grand nombre d'oiseaux que souvent on le dirait couvert de neige. Les puflins ou perroquets du Groënland, qui en norwégien s'appellent *lund*, y abondent plus que tous les autres. La manière dont ils se laissent prendre par de petits chiens qu'on dresse exprès est fort curieuse. Ils perchent ensemble, par deux ou trois centaines, dans les trous les plus creux et dans les fentes les plus profondes des plus hauts pics ; on y fait entrer un de ces chiens qui avec les dents saisit par l'aile le premier qu'il aperçoit. Celui-ci pour empêcher qu'on ne l'emporte, se retient par son bec qui est très fort, à son plus proche voisin, qui de même s'accroche à un troisième ; ainsi de suite, et comme le chien continue toujours à tirer en dehors, un immense chapelet de puffins tombe au bout d'un quart d'heure entre les mains de son maître. C'est pour leurs plumes qui sont très précieuses qu'on attrape ces oiseaux. Sur le Fugelœ pousse une grande quantité d'angélique, plante qui est fort recherchée parmi les paysans, car ils lui trouvent un goût exquis et mettent une extrême confiance dans ses qualités antiscorbutiques. Au faîte de ce roc, à en croire les oiseleurs qui les ont souvent vus, gisent, comme sur le mont Sandhorn, les restes d'une baleine.

Quand on l'a dépassé, on est en pleine mer. Au jour, afin que l'équipage se reposât, nous débarquâmes pour quelques heures à Andeness, village situé sur la côte, tout près des frontières de la Laponie norwégienne. Une multitude d'orfraies, ou aigles marins, y étaient perchés sur les pointes de roc. Ces oiseaux abondent sur les côtes de la Norwége, et se nourrissent en général de poissons, quoique souvent, tant leurs serres ont de force, ils enlèvent même de grands animaux.

Les loutres marines y sont aussi très nombreuses, mais la couleur foncée de leur robe ressemblait tant à celle des rocs où elles dormaient, et elles se précipitaient dans l'eau avec tant de vitesse, que je n'en pus jamais tuer une seule de toutes celles que je tirai. Les pêcheurs norwégiens les appellent *soe hunder*, c'est-à-dire chiens marins, et leurs peaux sont très fort estimées des Russes qui les paient jusqu'à dix dollars la pièce. La plus grande que j'aie vue avait six pieds de long, et sa couleur était d'un beau brun luisant, presque noir. Dans la soirée nous vîmes en vue des îles Loppen et dépassant les deux plus petites qui sont inhabitées, nous débarquâmes sur la plus large qui a une église.

Commencement de la Laponie. La contrée et ses habitants. Iles de Loppen. Repas de réunion. Ile de Soroe; aspect vivant de la baie d'Hasvig. Ville d'Hammerfest sur l'île Baleine. Mont Tyxetteld. Visite à un Lapon dans sa tente. J'y vois traire les rennes, préparer le fromage, etc.; j'y soupe. Fuglennes Diormoe. Roc de Har-Hæsten. Haroe. Maasoe. Cap Nord. Rareté du bois. Iles Staupen, ou Mères et Filles. Cherté des œufs.

Sur l'île *Loppen* nous étions en *Finmark*. Cette province, qui porte aussi le nom de *Laponie norwégienne*, est une vaste étendue de pays glacé qui se prolonge jusqu'à la Russie, et qu'on peut presque dire déserte, car le nombre des Norwégiens qui demeurent sur la côte est peu considérable, et les parties intérieures ne sont connues que des montagnards *lapons*. Ces gens forment une race à part. Leur plus grande taille est de quatre pieds six pouces. Ils ont les cheveux courts, noirs et rudes, les yeux étroits, en travers; la tête grosse; les pommettes des joues saillantes, la bouche énorme, la poitrine large, la taille mince, la peau basanée, les jambes en fuseau. A force d'habitude, ils gravissent les rocs comme des chèvres, et montent aux arbres comme des écureuils. Ils sont si forts des bras, qu'ils peuvent tirer un arc qu'un vigoureux Norwégien peut à peine bander; mais en même temps ils sont nerveux à l'excès, pusillanimes au suprême degré, et d'une paresse si engourdissante qu'il leur faut pour en sortir la plus urgente nécessité. La maison du kiobmau en était pleine, et dans le nombre se trouvaient plusieurs jeunes filles dont le visage n'offrait pas un aussi mauvais échantillon de la beauté laponne qu'on se le figure en général. A coup sûr leur physionomie ne manquait pas d'un certain agrément. Les hommes étaient tous dans un heureux état d'ivresse, ce qui ne les empêchait pas de demander encore de l'eau-de-vie, et portaient la bonne humeur et l'innocence écrites sur leurs figures.

Je voulais poursuivre ma route le lendemain; mais mon hôte me pria et supplia tant de lui accorder un jour, que je finis par y consentir. On avait tué un renne exprès pour moi, et l'envie de faire connaissance avec cette nouvelle espèce de venaison influa un peu, je l'avoue, sur mon consentement. Il y avait d'ailleurs dans l'île une caverne qu'on me vantait beaucoup et que je désirais visiter. Nous munissant donc de torches et de briquets, nous dirigeâmes nos pas vers le lieu où elle était située. En droite ligne, ce n'eût été qu'à deux milles au nord; mais l'escarpement des montagnes nous obligea de faire le tour le long de la côte. Dans certaines parties, il y avait un épais fourré de bouleaux, parmi lesquels nous fîmes lever d'innombrables compagnies de ptarmigans. Arrivés à la caverne, qui était à moitié chemin d'une haute et raide éminence, nous en trouvâmes l'entrée vaste et majestueuse, et allumant nos flambeaux, nous pénétrâmes dans l'intérieur Il nous offrit tout d'abord une pente très rapide; mais au bout de quelques verges, le passage nous fut complétement barré par une masse solide de glace qui remplissait la cavité du haut en bas, et nous ne pûmes l'explorer plus loin. Les insulaires prétendent, mais probablement ils se trompent, qu'il y a une sortie de l'autre côté de l'île. Ce fut la dernière que je visitai, car, comme plus d'une que détails déjà allé voir, la rumeur publique en avait tant j'exagéré les merveilles, que la réalité me désappointa beaucoup. Loppen a environ dix milles de circonférence, mais elle est fort étroite et ne renferme que cinq familles. Le sol y est bon, et pour peu qu'on le cultivât, il produirait sans doute du blé; mais il n'est guère vraisemblable qu'on le cultive jamais, car les habitants peuvent obtenir des Russes, en échange pour du poisson. tout le grain qu'ils consomment, à moitié du prix qu'il leur reviendrait, je crois, s'ils labouraient eux-mêmes la terre, tant sont grandes et la cherté de la main-d'œuvre et même l'impossibilité de se procurer des bras. Aussi, lorsque d'une part la population du pays est si peu considérable, lorsque de l'autre la pêche est si lucrative et la farine qu'on importe de la mer Blanche à si bon marché, il n'est pas à présumer que l'agriculture s'introduise jamais en Nordland et en Finmark, même dans les parties où elle pourrait récompenser le mieux les fatigues du laboureur.

De retour au logis nous y trouvâmes une société nombreuse qu'on avait invitée pour faire honneur au régal. La venaison était rôtie à point, et on nous la servit bientôt divisée en larges quartiers. Je dois le dire, elle était excellente et avait un fumet délicieux, quoique différent de celui d'aucun gibier que je connusse. Suivant l'usage, les Norwégiens terminèrent la soirée le plus gaîment qu'ils purent, et passèrent la nuit à boire, à chanter, à jouer du violon et à danser. Le seul breuvage qu'on boive dans le nord est du punch. A chaque minute on en apportait d'immenses bols qui en un clin d'œil allaient humecter la gorge des braillards. Plusieurs fois le chant national de la Norwège, *Beer jeg paa det koie fjeld*, « Si j'habite sur la haute montagne, » fut exécuté en chœur par toute la compagnie avec un enthousiasme extraordinaire. Le soleil ne demeura que peu de temps au-dessous de l'horizon, et dès qu'il reparut, laissant les joyeux buveurs plongés dans les bras du sommeil, je poursuivis mon voyage. Mais à peine avions-nous parcouru cinq ou six milles, qu'une bourrasque violente nous obligea de relâcher à *Soroe*, la *plus grande des îles du Finmark*, et qui pour l'étendue ne le cède qu'à quelques-unes de la Norwège. La petite baie de Hasvig, au fond de laquelle est situé un hameau de même nom, où le kiobman nous accueillit avec l'hospitalité ordinaire, présentait un spectacle animé et curieux, car elle était remplie de chaloupes appartenant aux pêcheurs de l'Helgeland qui revenaient de la pêche d'été sur la côte finmarkoise, de petits trois mâts russes d'une singulière tournure, et de barques laponnes. Les Helgelandais se démenaient pour vendre leur morue aux marchands de la Russie contre la farine qu'ils emmenaient avec eux vers le sud, et les Lapons n'étaient pas moins jaloux d'échanger le produit de leur pêche pour de l'eau-de-vie. La boutique du kiobman était assiégée par tout le monde, et rien de plus risible que le contraste des figures. D'une part, les robustes Helgelandais travaillaient à extraire l'huile des foies du poisson; un peu plus loin était un groupe nombreux de matelots russes qui, avec leurs larges robes, leurs longues barbes et leurs hauts bonnets, avaient l'air de géants à côté des Lapons. Ceux-ci, avec leurs petits yeux et leurs voix criardes, ne semblaient comparativement que des pygmées. Les Russes avaient la mine la plus grave, la plus solennelle, et il était amusant de voir les nombreux saluts, les nombreuses révérences qu'ils prodiguaient entre eux; car, si sale et si bizarre que fût leur extérieur, ils se témoignaient les uns aux autres la plus grande politesse. Quand ils approchaient par hasard d'une troupe de pêcheurs du Nordland et qu'ils les saluaient, ces derniers leur rendaient leurs civilités en ôtant leurs propres bonnets rouges, et tous se serraient les mains avec une bienveillance qui paraissait venir du cœur.

Hasvig n'est plus qu'à une douzaine de lieues du cap Nord, mais plus nous en approchions, plus le vent du septentrion qui avait régné tout l'été semblait nous devenir contraire et prendre à tâche de nous retarder. En vain le soir tentâmes-nous de continuer notre route, la mer était si mauvaise, qu'il nous fallut de suite revenir à Suroe.

Nous déployâmes donc aussitôt la voile avec joie,

et dépassant à notre droite l'*île de Seyland*, dont les parties montagneuses semblaient couronnées par une vaste chaîne de glaciers, nous ne tardâmes guère à découvrir *Qualoen*, littéralement l'*île Baleine*; l'aspect en était misérablement nu et stérile; à peine y voyait-on un arbuste, et les rocs s'y dressaient empilés les uns sur les autres dans la plus sauvage confusion. Cette île forme cependant une jolie baie qu'entourent de hautes montagnes presque inaccessibles, et de chaque côté de laquelle sont de petits établissements commerciaux appelés l'un *Fuglenaes*, l'autre, qui est le plus considérable, *Hammerfest*. Nous étions près de ce dernier, que nous ne le voyions pas encore, tant sa position le cache. Aussi ne faut-il pas s'étonner qu'on ne l'indique sur aucune carte; car un navire pourrait, je crois, en passer à quelques verges sans soupçonner qu'il y a des habitants sur cette partie de la côte, et surtout sans se douter qu'il s'y trouve une petite ville, une église, un port, et même des batteries, toutes choses qui enfin se développèrent à nos regards. Néanmoins, dès que j'eus mis pied à terre, il me fut aisé de reconnaître qu'*Hammerfest* ne consiste qu'en *douze ou quinze maisons irrégulièrement disséminées*, toutes en bois, peintes en dehors avec une espèce d'ocre rouge, et qui appartiennent à des marchands. Trois ou quatre d'entre eux, chez qui je me présentai, n'étaient pas au logis, mais, me dit-on, passaient la soirée chez le plus riche dont la demeure me fut indiquée, et où, en effet, je trouvai toute la petite société du lieu réunie, jouant avec ardeur aux cartes et enveloppée dans des nuages de fumée, avec d'immenses bols de punch qui couronnaient chaque table. Au lieu de révérences froides et guindées, au lieu d'un accueil indifférent, dix mains me furent tendues, et tout le monde se disputa l'honneur de me donner un appartement sous son toit. En un instant nous eûmes fait intime connaissance, et le punch, ce solide ciment de l'amitié, ce véritable nectar du nord, ne circula que de plus belle.

Deux jours après nous visitâmes le Tyrfield, mont qui s'élève au-dessus d'Hammerfest. Arrivés là, quelle vue extraordinaire s'offrit à nos regards! Aussi loin que l'œil pouvait s'étendre, il planait sur un chaos de montagnes, de rochers et de précipices qui s'élançaient pêle-mêle hors des vagues infinies de l'Océan polaire. En bas de nous apparaissaient les cimes noires et nues de l'île Baleine, qui, absolument dépourvue d'arbres, était un véritable emblème de la stérilité et de la désolation. Parmi les creux et jusque sur les sommets eux-mêmes des montagnes, il y avait d'innombrables petits lacs dont les eaux brillantes, faisant contraste avec les sombres scènes d'alentour, ajoutaient à la sauvage grandeur de l'ensemble. Aucune trace d'habitation humaine n'était visible, si ce n'est de côté ou à distance le petit établissement d'Hammerfest avec son hâvre et ses vaisseaux qui se montrait en miniature. Par delà le canal qui sépare l'île Seyland, les hauts pics de cette dernière, que couronnent des glaciers, arrêtaient aussitôt l'œil dans cette direction, tandis qu'à l'ouest les montagnes de l'île de Soroe dressaient leurs têtes raboteuses. Enfin, au septentrion les rocs sourcilleux de l'île du cap Nord, terre extrême de l'Europe, se laissaient obscurément entrevoir au milieu du brouillard, et complétaient le lugubre panorama dont nous étions entourés.

Le jour suivant mon hôte apprit qu'une famille laponne qui, avec un troupeau de rennes, était campée à une demi-heure de Fuglenaes, village situé en face d'Hammerfest, de l'autre côté de la baie, devait demeurer quelque temps dans cette partie des montagnes, et me proposa d'aller lui rendre visite. On pense bien que j'acceptai avec reconnaissance. Prenant donc une barque nous traversâmes la baie, et après une heure de marche nous atteignîmes la tente des Lapons. Le chef de famille était assis à la porte, pelant une branche de bouleau; mais quoiqu'il connût parfaitement mon compagnon, et que celui-ci parlât fort bien sa langue, il ne daigna ni se lever ni se bouger en nous voyant, ni nous adresser un seul mot; son visage conserva la plus complète indifférence et parut ne trahir aucune espèce d'émotion. Dans l'intérieur de la tente, sous laquelle nous n'entrâmes qu'en nous baissant, nous trouvâmes sa femme occupée à préparer les ustensiles pour traire les rennes et pour fabriquer le fromage. Comme le troupeau paissait à plusieurs milles de distance et ne devait revenir au parc que le soir très tard, j'employai agréablement le temps à examiner en détail l'économie domestique d'un Lapon, qui est fort curieuse.

Per Mathison, ainsi se nommait l'individu qui nous avait honoré d'un si gracieux accueil, avait établi ses pénates entre deux montagnes, à la naissance d'une vallée qui par une pente insensible descendait jusqu'au rivage, et d'où l'on jouissait d'une belle vue des îles environnantes. Marit-Martins Datter, ainsi s'appelait la femme de Per Mathison, c'est-à-dire Marit, fille de Martin, était petite de taille, car sa hauteur ne dépassait pas quatre pieds cinq pouces, et avait la figure extrêmement brune; mais son teint paraissait moins être naturel que provenir de ce qu'elle était habituellement sale, vivait sans cesse au milieu de la fumée, et s'exposait en toute saison aux intempéries de l'air, car la couleur de ses yeux et de sa chevelure ne dénotaient pas une peau naturellement noire. Elle avait son costume d'été, espèce de tunique en ratine blanche, mais fort malpropre, que serrait au-dessus des hanches une ceinture à laquelle était suspendu un petit couteau; son habillement d'hiver avait été complétement mis de côté : elle ne portait plus aucune fourrure, et ses *komagers*, ou souliers, qui se relevaient en pointe par le bout, n'étaient que de cuir épais : sur la tête elle avait un haut bonnet, moitié en drap, moitié en calicot de diverses couleurs, qui est particulier à la Laponie norwégienne et dont la forme ne manque pas d'élégance. Quoique d'un extérieur étrange et peu avenant, du moins ne trahissait-elle pas cette morgue si manifeste chez son mari. Ce dernier avait tous ses vêtements en peaux de jeunes rennes, pour qu'ils fussent plus minces et plus flexibles; et comme en outre ils étaient fort amples, ils ne devaient pas tant l'incommoder de leur trop grande chaleur. Sa famille se composait de sa femme, d'un enfant et d'un homme pauvre qui, ne possédant lui-même aucun bétail, remplissait le rôle de domestique. Il y avait deux étés qu'avec son troupeau de rennes il se transportait du pays de Koutokeino, qui est situé à plus de soixante-dix lieues dans l'intérieur de la Laponie norwégienne, aux montagnes de l'île Baleine; il y restait de deux à trois mois, et avant l'approche de l'hiver retournait à ses forêts natales. Le nombre des rennes, qui alors passait dans l'île, s'élevait bien en tout à quatre ou cinq mille; mais de même on ne les y avait amenés que pour la durée des chaleurs.

Lorsque deux ou trois heures se furent écoulées, les lointains aboiements des chiens nous annoncèrent le retour du troupeau, et nous commençâmes à apercevoir de la distance de près d'un mille qui descendait en zigzag le long des flancs de la montagne. Ce ne fut d'abord qu'une masse noire qui se mouvait avec lenteur; mais peu à peu nous distinguâmes chacun des animaux, et enfin ils approchèrent du parc : c'était un cercle assez vaste qu'on avait déblayé de broussailles et enclos avec des branches de bouleau et de frêne, crainte que le bétail ne s'échappât pendant la nuit. Chemin faisant, les rennes poussaient de fréquents beuglements, on entendait un bruit bizarre que produisaient les sabots en frappant les uns contre les autres. Ces animaux, qui ont reçu de la nature une extrême délicatesse d'odorat, s'aperçurent bientôt qu'il y avait des étrangers le voisinage; et notre extérieur, si différent de celui des Lapons auquel ils étaient accoutumés, les effraya à tel point que nous fûmes obligés de nous retirer à l'écart jusqu'à ce qu'ils fussent entrés dans le parc; on eut quelque peine à

Alpes Scandinaves.

les y enfermer tous; et dès que cette besogne fut accomplie, on apporta les bois de la tente pour commencer l'opération de la traite; car, comme il y avait plusieurs centaines de rennes, il fallait ne pas perdre de temps; hommes et femmes se livrèrent avec ardeur à ce travail. Avant de traire chaque bête, on lui jetait autour des cornes un nœud coulant au moyen duquel on la forçait de rester immobile. Les Lapons en général sont extrêmement adroits à cette manœuvre, et il était surprenant de voir avec quelle exactitude la corde était lancée de fort loin, car elle ne manquait presque jamais d'enserrer le bois de l'animal à qui elle était destinée, se trouvât-il au plus pressé du troupeau. La corde qu'on employait à cet usage était faite des fibres du bouleau très proprement tressées ensemble, et avait beaucoup de force. Pendant les quelques minutes qui suffisaient pour traire l'animal, elle était ou tenue par une des femmes, ou attachée à un arbuste, car on en avait tout exprès laissé plusieurs dans l'enceinte du parc. Beaucoup de rennes femelles, au lieu d'être aussi douces que je me l'imaginais, étaient au contraire fort récalcitrantes, même jetaient souvent à terre la personne qui les tenait, et la heurtaient avec leurs cornes, ce dont néanmoins celle-ci paraissait ne s'inquiéter guère. La quantité de lait que donna chaque renne aurait à peine rempli une tasse de thé; mais il était fort doux, fort épais, et surtout avait un délicieux bouquet de plantes aromatiques; nous en bûmes avec infiniment de plaisir aussitôt qu'on nous l'eut permis, permission que Per Mathison (notre hôte) ne semblait pas très disposé d'abord à nous accorder; mais son naturel bourru s'adoucit bientôt, grâce à de l'eau-de-vie que nous avions eu soin d'apporter avec nous, et dont les femmes burent elles-mêmes, quoique avec plus de modération; tous, hommes et femmes, ne purent au reste s'empêcher en la buvant de faire d'horribles grimaces.

Au milieu des rennes, et suspendu aux branches d'un bouleau nain dans une espèce de berceau ou plutôt de boîte, doublée en cuir et recouverte d'un morceau de toile grossière pour protéger de l'ardeur du soleil et des mosquites, était l'enfant de Per Mathison, âgé d'environ un an. Lorsqu'il se mettait à crier, on balançait la boîte, tantôt d'un côté, tantôt de l'autre; c'était absolument comme si on l'eût bercé, et il ne tardait guère à s'apaiser. Souvent, quand ils ont besoin de s'éloigner de leurs tentes, les Lapons laissent pour plus de sûreté leurs enfants ainsi suspendus à un arbre, car de la sorte ils sont à l'abri des attaques de tout animal carnassier qui peut survenir.

Minuit arriva avant que la traite de tout le troupeau fût terminée. Le soleil avait quitté les cieux depuis une heure, mais une teinte d'orange foncé qui bordait l'horizon indiquait que cet astre était à peine descendu au-dessous. On laissa enfin les rennes sortir du parc, et, se disséminant sur les flancs des montagnes, ils disparurent bientôt à nos regards. Les Lapons, réunissant alors tout le lait qu'ils avaient obtenu et dont la quantité était fort considérable, l'emportèrent vers leur tente et nous invitèrent à y venir souper avec eux. Nous acceptâmes, et dès que nous eûmes pénétré dans l'intérieur, ils nous firent asseoir sur des peaux qu'ils étendirent à terre; puis commença la fabrication du fromage. Marit (la femme du Lapon) vidant le contenu de chaque bol dans une vaste marmite de fer, la plaça sur un feu qu'elle avait allumé au milieu de la tente, et dont la fumée nous incommoda plus que tout le reste. Chaque coin en était rempli et elle nous faisait pleurer à chaudes larmes. Sa seule issue était une petite ouverture au centre du toit, et pour nous en garantir jusqu'à un certain point il nous fallut nous coucher tout de notre long : autrement la respiration nous aurait été impossible. Après être resté quelque temps sur le feu, le lait prit la consistance du caillé, et on l'en retira pour le verser dans de petits moules en bois de frêne. Le nombre des fromages qui furent ainsi faits ne s'éleva qu'à une dizaine; encore n'étaient-ils larges que comme une assiette ordinaire et épais seulement d'un pouce. Le petit-lait et le reste du caillé furent pour le souper de la compagnie.

D'abord nos hôtes léchèrent avidement avec leur langue le fond des bols qui avaient contenu le lait; puis leurs doigts furent leurs seuls couteaux, leurs seules cuillers, et tous plongeant les deux mains dans la marmite, les emplissaient de caillé qu'ils se hâtaient de porter à leur bouche. Après que le festin fut fini, et qu'on eut poussé dans un coin de la tente les bols et les autres ustensiles, on remit, à mon grand chagrin, du bois sur le feu, et comme il était vert nous fûmes de nouveau enveloppés de fumée. Quand il parvint à flamber, les flammes atteignirent les fromages qui venaient d'être faits et qu'on avait placés au-dessus de l'âtre pour que la chaleur les séchât. Bientôt elle en fit sortir de grosses gouttes d'huile que les trois hommes happèrent au pas age avec la plus visible gourmandise, tandis que leurs femmes les regardaient avec envie. Au total, la tente devait alors présenter un curieux tableau. En face de nous, auprès du feu, étaient les Lapons avec leur si étrange extérieur, et tous accroupis sur leurs jambes d'après leur constant usage. Dans un coin deux enfants dormaient sous des peaux de rennes, et plus de vingt petits chiens étaient aussi couchés autour de nous. Il fut bientôt temps que les hommes songeassent à s'acquitter de leurs devoirs nocturnes, c'est-à-dire allassent garder le troupeau; et en conséquence un d'eux sortit de la tente. A un signal qu'il leur fit, une moitié à peu près des chiens dont c'était le tour de commencer la garde, se leva soudain et suivit le maître aux montagnes. Je fus extrêmement surpris de voir que les autres ne répondirent pas à l'appel, mais restèrent tranquillement couchés, sachant bien, si bizarre que cela doive paraître, qu'on n'avait pas pour le moment besoin d'eux. Cependant la nuit s'avançait, et les Lapons qui étaient demeurés dans la tente se préparaient à prendre du repos. Les remerciant donc de leur bienveillance, nous regagnâmes Fuglenaes, charmés de notre excursion. Ce village où je passai quelques jours avant de continuer ma route, est situé sur une étroite langue de terre du côté de la baie, comme je l'ai déjà dit, opposé à Hammerfest. Par derrière s'élèvent aussi des montagnes; et la vue de leur point le plus haut, quoique moins vaste que celle du Tyvefield, est également belle et sauvage. Elle embrasse d'abord ce mont même, avec la petite ville, le hâvre et la baie d'Hammerfest couchées à ses pieds; puis la longue et rocailleuse chaîne de l'île de Soroe, enfin les pics neigeux des glaciers voisins de Seyland, voilà pour presque une moitié de l'horizon, tandis qu'à droite les yeux s'arrêtaient sur les cimes nues des monts de l'île Baleine.

Le 16 août, je me remis en marche vers le *cap Nord*, et plus j'avançai vers cette *extrémité de l'Europe*, plus, s'il était possible, la contrée devint stérile et triste. Il nous fallut débarquer à Bjornoe, littéralement à l'île *Ours*, pour y attendre le reflux. C'est un roc énorme qui s'élance à une grande hauteur au-dessus des vagues. Le centre en est fendu de la plus bizarre manière, et toutes les parties paraissent en avoir été bouleversées par quelque terrible convulsion, car les couches sont perpendiculaires. Une multitude de cormorans y demeurent et sont des habitants tout-à-fait convenables pour un lieu si désolé. Je n'ai pu découvrir pourquoi cette île s'appelait ainsi, car l'animal dont elle porte le nom ne se trouve pas dans cette partie du Finmark, et je doute qu'aucun ours blanc du pôle ait été jamais apporté le long de ces rivages par les glaces flottantes du Spitzberg. A notre gauche se montrait toujours la chaîne des montagnes de Soroe, qui s'étend sur une immense longueur.

Le soir, nous dépassâmes ce rocher gigantesque appelé, m'a-t-on dit, *Hav-IIesten*, qu'on aperçoit peu après avoir quitté Hammerfest, quoique distant d'une cinquantaine de milles. Le soleil qui se couchait alors jetait une lueur rougeâtre comme celle d'un incendie et vraiment effrayante par sa masse colossale. A dix heures il s'abaissa sous les flots, et répandit encore longtemps une teinte rosée dans toute l'étendue des cieux. Comme nous entrions dans l'étroit canal qui sépare le continent de la petite île d'Havoe, le vent nous devint si contraire, qu'après nous être quelque temps consumés en efforts inutiles, nous fûmes forcés d'aller demander un gîte au marchand de l'île. On ne saurait imaginer habitation plus triste que celle de cet homme, située comme elle l'est sur un roc qui ne produit pas un seul arbuste et qui n'a guère que quatre milles de circonférence. Sa hauteur néanmoins est considérable, et ses bords présentent sur beaucoup de points des indices d'après lesquels on peut évidemment reconnaître que la mer a été jadis dans ces parages plus haute de quelques cents pieds qu'elle ne l'est aujourd'hui. Le *talc*, ou *verre de Moscovie*, abonde sur l'île de Havoe, et les Russes y viennent en acheter des quantités énormes pour orner les autels de leurs églises. On y trouve aussi du grenat noir.

Le mauvais temps nous retint deux jours dans cet horrible lieu. Lorsque nous pûmes enfin le quitter, ce fut pour nous diriger en toute hâte vers *l'île de Maasoe* dont le *klokker*, ou fossoyeur devait nous servir de pilote et de guide jusqu'au terme de notre expédition. Maasoe, qui repose tout-à-fait *en face de l'extrémité méridionale de Magerœ* ou *île Nue*, *sur laquelle est le cap Nord*, est située par 70° 59′ 54″ *de latitude*. Elle renferme deux petites huttes en bois, et une église que dessert le ministre d'Hammerfest. Ce bâtiment paraissait en fort mauvais état, comme si les poutres dont il est bâti tout entier se fussent pourries à la longue. Du reste, le service divin n'y est célébré que rarement; et en effet, l'île, par sa position, se trouve exposée à toutes les tempêtes de l'océan Glacial qu'on ne peut en approcher pendant les mois d'hiver. C'est donc l'été seulement que l'office y peut être dit de temps à autre.

A huit heures du soir, s'éleva un bon vent qui nous permit de naviguer vers Magerœ. On désigne aussi cette île sous le nom général du cap Nord, mais cette désignation appartient plus proprement à son extrémité septentrionale. Le soleil qui se couchait alors jetait une vive teinte de jaune sur ces hauts pics qui semblaient défier orgueilleusement les vagues rugissant à leur base, aussi bien que le pied des hommes, de pouvoir les franchir pour les conter. J'avais parcouru un espace immense de pays, et enfin j'allais bientôt atteindre au but de mes efforts. A notre droite, se montraient la pointe du continent, et entre cette pointe et l'île de Magerœ, le *Sund*, ou détroit de même nom, qui se termine à l'entrée du grand fiord de Porsanger. L'astre du jour commençait à reparaître au-dessus de l'horizon. Lorsque nous débarquâmes dans l'île, le spectacle qu'elle offrit à nos regards pouvait seul me donner une idée vraiment complète de la solitude, de la tristesse et de la misère. Tout autour de nous, des rocs, qui n'avaient que peu d'élévation, étaient entassés les uns sur les autres dans un inconcevable désordre, sans qu'aucun vestige de végétation couvrît leurs flancs noirs et sourcilleux. Ainsi nus et stériles, il semblait que le Créateur les eût uniquement destinés à recevoir les bouffées furieuses de l'aquilon. Entre leurs cavités étaient de nombreux petits lacs qui ne faisaient qu'ajouter encore à la désolation de la scène, et le soleil lui-même, qui déjà dorait les cimes des montagnes, n'en put diminuer l'horreur. De tous côtés gisaient des débris mutilés de poissons qui remplissaient l'air d'une odeur putride; et des milliers de mouettes déjeunaient avec leurs têtes qui étaient plus intactes que le reste. Mais troublées à notre approche, elles prirent leur volée en poussant de longs cris. Près d'une petite anse s'élève le hameau de Giesvær qui ne consiste qu'en trois huttes de bois habitées l'une par le marchand et sa famille, les deux autres par des pêcheurs. Tout le monde dormait encore quand nous arrivâmes; mais aussitôt que le fossoyeur eut réveillé de pauvres gens qui le connaissaient bien, on nous fit le plus bienveillant accueil, et ce fut avec un plaisir extrême que nous revînmes un peu de feu, car nous étions gelés. Si on ne nous prodigua pas le combustible, c'est qu'il ne pousse pas un seul arbre dans l'île, et que le bois qu'on y brûle coûte extrêmement cher aux habitants. Alten, en effet, le seul endroit d'où ils puissent le tirer, est à cent milles et plus de distance. De là aussi venaient toutes les maisons que nous trouvâmes dans l'île. Elles avaient été d'abord bâties sur le continent, puis démontées, afin d'être transportables, et parvenues à Mageroe on en avait de nouveau assemblé les pièces. Elles étaient fort basses pour mieux pouvoir résister à l'extrême violence des ouragans de l'hiver, qui soufflent souvent avec une telle furie qu'il devient non-seulement dangereux, mais encore tout-à-fait impossible de mettre le pied dehors sans être par eux emporté comme une plume. Les huttes de Mageroe ne semblent cependant pas avoir, et beaucoup s'en faut, toute la solidité qui serait nécessaire, et il est bizarre que plus on avance vers le nord, plus on voie les habitations mal construites, moins elles soient appropriées à la rigueur sans cesse croissante du climat. Cette bizarrerie peut s'expliquer par la rareté toujours de plus en plus grande des solives propres aux constructions et par la difficulté de s'en procurer.

Ce *manque de bois en Finmark*, principalement dans les parties septentrionales et sur toute la longueur de ses immenses côtes, paraît ne pas avoir existé jadis. Au contraire, il est certain que ces provinces du nord, comme aussi la plupart des nombreuses et vastes îles qui sont aujourd'hui absolument nues ou sur lesquelles il ne pousse que des buissons bas, produisaient autrefois des arbres, sinon de grande taille, du moins dépassant de beaucoup ceux qu'on y trouve à présent. On en peut voir les restes au milieu des taillis de bouleaux nains, mais ce ne sont plus que des troncs morts. Il est difficile d'imaginer les causes de cette détérioration générale des arbres, à moins qu'elle ne doive être attribuée à quelque changement de climat; mais je ne sache point qu'il ait changé. Tout ce que je puis dire, c'est que les indigènes ont, même actuellement, eu cette coutume de couper en hiver les têtes de leurs arbustes, seules parties qui s'en montrent au-dessus de la neige, et que non-seulement ils en empêchent ainsi de s'élever davantage, mais les font mourir la plupart du temps. Quoi qu'il en soit, la rareté toujours croissante du combustible a sans doute occasionné la dépopulation graduelle et maintenant presque complète des côtes finmarkaises. Le nombre des habitants, qui ne s'élève plus qu'à huit mille était, il y a trois siècles, cinq fois, dit-on, plus considérable; et la preuve en est dans les nombreux restes d'églises et d'habitations disséminées dans le pays.

Avant de nous diriger vers le cap, nous voulûmes explorer les îles Stephen qui sont situées en face de Giesvær. Bien connues des marins sous le nom de *la Mère et les Filles*, qui leur vient de leur aspect et de leur position bizarres, elles indiquent admirablement la route aux marins qui sortent de la mer Blanche. Elles sont au nombre de quatre. La plus grande, qui d'un côté s'élève perpendiculairement à une vaste hauteur, occupe le centre et est entourée de trois autres qui, quoique elles-mêmes gigantesques, n'ont l'air que de ses enfants. Abordant sur la première, nous la gravîmes dans sa partie occidentale, la seule qui soit praticable à la rigueur, quoiqu'elle offre encore une pente des plus escarpées. Pour accomplir la tâche difficile que nous avions entreprise, il nous fallut avoir souvent recours à nos mains et à nos genoux, souvent nous accrocher à de fortes racines d'angélique, plante qui poussait abondamment de toute part. En une demi-heure nous parvînmes à moitié chemin, et là nous troublâmes dans leur retraite aérienne une innombrable multitude de guillemots. Prenant tous leur volée, ils noircirent presque l'air, et les échos des rochers résonnèrent longtemps de leurs cris singuliers qui ressemblaient à des aboiements de chiens, et qui se mêlant à ceux des autres oiseaux de mer produisaient le plus étrange effet. Enfin, nous atteignîmes le faîte de l'île, qui était un large plateau incliné, entièrement couvert de baies, modestes fruits que nous trouvâmes délicieux, tant nous étions essoufflés! Le sol qui les produisait était une espèce de tourbe noire dont l'humidité était continuellement entretenue tant par la neige qui couvre les hauteurs pendant au moins neuf mois de l'année, que par les épais brouillards dont le voisinage du cap est en général obscurci. De ce plateau qui a plus d'un demi-mille de circonférence, nous pûmes embrasser d'un seul coup d'œil toute la ligne des côtes de la Laponie. A droite, les regards se portent d'abord sur les îles de Jemsoe et de Maasoe; puis, se dirigeant à l'opposite vers le continent, ils suivent la côte de Mageroe jusqu'à ce qu'ils atteignent à gauche les hauts rochers du cap qui s'avancent au loin dans l'Océan et dressent leurs têtes orgueilleuses au-dessus de tous les autres. L'intérieur de cette dernière île, du lieu élevé d'où nous la contemplions, paraissait un affreux assemblage de montagnes et de pics, dont les cimes, à une époque même si avancée, n'étaient pas encore entièrement dégarnies de neige. Le long de ses rivages, sont parsemés d'innombrables petits rocs qui augmentent à un incroyable degré le sentiment de mélancolie où la vue de cette extrémité de l'Europe, si froide et si désolée, plonge involontairement le spectateur. La forme de la principale des îles Stephen est presque celle d'un cône triangulaire dont la pointe serait brisée; mais de certaine distance elle varie beaucoup d'aspect selon les différents points d'où on l'aperçoit, et son élévation m'a semblé ne pas être moindre que de trois quarts de mille.

Visite au cap Nord. Description du cap Salubrité du climat. Aurores boréales. Quadrupèdes de l'île Abaissement de la mer. Retour à Store-Kæfien. Achat d'une bague et d'un collier. Caractère des Lapons.

Après cette excursion nous revînmes à Giesvær, et consacrant le reste de la journée à des préparatifs indispensables, nous en repartîmes le lendemain pour aller rendre notre visite au cap. Les vagues le battent en tout temps avec une si terrible furie, qu'il est impossible d'y aborder quand on s'y rend par mer; traversant donc seulement le fiord de Tue, nous débarquâmes à l'extrémité de celui de Store-Kæfien, avec l'intention de faire à pied par terre le reste du trajet. Sur le rivage, près de l'endroit où nous attachâmes la barque, était une *gamme*, ainsi que s'appelle dans la langue du pays la hutte où demeure chaque famille laponne. Pour y entrer, il nous fallut littéralement marcher à quatre pattes, et elle était si pleine de fumée que pendant quelque temps nous n'y pûmes distinguer rien. Ce ne fut qu'au bout d'un quart d'heure que nous découvrîmes deux jeunes femmes qui, assises sur leurs jambes, s'occupaient à préparer des aliments. Le maître, mari de l'une d'elles, ne se trouvait pas pour le moment au logis. L'habitation n'était absolument bâtie qu'en plaques de gazon, empilées les unes sur les autres jusqu'à trois pieds de hauteur; et à côté, dans le creux du roc, il y avait une espèce de magasin où les habitants serraient leurs habits, leurs bois de bois, leurs filets et divers autres ustensiles.

Aussitôt que nous fûmes un peu réchauffés, nous nous mîmes en route dans l'ordre suivant. Je marchais en tête, accompagné du fossoyeur; derrière nous venaient quatre de mes six hommes d'équipage, le premier portant ma tente, le second un énorme fagot de bois que nous avions amené d'Hammerfest, car dans l'île nous n'en eussions pas trouvé le moindre morceau, et les deux autres des provisions de bouche; le cinquième et le sixième étaient restés pour garder la barque; enfin mon Suédois, chargé d'une ample jarre d'eau-de-vie, fermait la marche. Notre guide nous fit d'abord gravir une longue et raide gorge entre les montagnes par laquelle se précipitait un torrent fougueux. D'immenses blocs de pierre, qui s'étaient détachés des sommets, rendirent notre ascension doublement fatigante: mais en une heure nous eûmes atteint la partie la plus élevée de l'île. La végétation de ces hauteurs portait encore les traces du récent hiver, et on voyait çà et là d'assez vastes espaces couverts de neige. De toutes parts, autour de nous, s'étendaient, presque à perte de vue, des amoncellements de couleur de roux foncé, en partie revêtues de cette mousse brune dont se nourrissent les rennes, et de nombreuses plantes alpines en fleur, mais où n'apparaissait pas le plus petit arbuste; de là nous revînmes l'Océan qui se développait au nord jusqu'aux limites de l'horizon; et après avoir descendu une courte pente au bas de laquelle était un lac, *nous aperçûmes la surface noire et nue du cap* qui se dressait devant nous comme le dos d'un géant à la distance d'environ deux milles. A six heures du soir nous l'atteignîmes, et nous approchant au bord du précipice, *nous contemplâmes*, non sans frissonner, je le confesse, *l'effroyable abîme qui nous séparait des vagues écumantes*.

En vain nos yeux cherchaient-ils à découvrir les voiles de quelque vaisseau qui sillonnât cet océan sans borne; ce n'était qu'une immense solitude de flots qui grondaient en se heurtant les uns contre les autres. Aux bornes de l'horizon se tenaient suspendus de noirs brouillards que le vent chassait des régions arctiques du Spitzberg. Du côté de l'est, à trente lieues de distance, la pointe de Kyn s'avançait hardiment dans la mer, et semblait vouloir rivaliser avec le cap lui-même, dont il est séparé par les grands fiords de Porsanger et de Laxe. A l'ouest, les gigantesques rocs de Stephen ne paraissaient que peu éloignés de nous, et entre eux les îles de Maasoe et de Zelmsoe présentaient leurs montagnes dont les aspérités disparaissaient dans l'éloignement. La nuit arriva bientôt; nous allumâmes du feu, nous soupâmes, et quoique le vent du nord, qui ne cessa de souffler avec furie, portât de rudes attaques à notre petite tente, nous ne dormîmes pas trop mal. Dès que le jour reparut, car notre provision de bois et de vivres ne nous permettait de perdre aucun temps, nous commençâmes à explorer le voisinage du *cap Nord*. On nomme ainsi un *très long promontoire situé par* 71° 10′ 15″ *de latitude*, ou plutôt c'est une *langue de rocs, fort étroite près de sa racine*, mais *s'élargissant vers son autre extrémité*, où elle devient de forme circulaire et est dentelée de plusieurs échancrures qui forment de petites criques. Sa surface est plane et s'élève graduellement depuis l'endroit où elle touche la terre jusqu'à environ un quart de mille de son autre bout, puis de là décline en pente douce vers l'Océan. Dans cette partie est sa plus grande largeur qu'on peut évaluer, je pense, à trois cents toises. Le *cap* est dans son entier *presque tout-à-fait dépourvu de végétation*, et jonché d'une innombrable multitude de petits fragments de roc. En outre, le quartz y abonde plus que dans aucune partie du nord; et tandis que généralement on ne le rencontre ailleurs que par vastes blocs, on ne l'y trouve que par petites parcelles. Sa couleur est du blanc le plus pur, et sa dureté si grande que sur vingt morceaux où je l'essayai je n'en ai pu briser un seul. C'est probablement le froid qui au cap le divise en un si grand nombre d'éclats; cependant, tempéré par l'influence de la mer, il n'est pas très rigoureux dans l'île de Mageroe, comparativement à celui d'Alten et de l'intérieur du Finmark. Chose non moins surprenante, la mer, le long des côtes de la Laponie norwégienne, et même aux alentours du cap Nord, reste toujours navigable, au lieu qu'à beaucoup de degrés plus au sud la navigation est toujours interceptée par la glace. Quelquefois le vent, lorsqu'il souffle du nord ou du nord-est, pousse des glaçons du Spitzberg vers Mageroe; on peut alors de l'île en apercevoir qui flottent à certaine distance, mais ils n'approchent que rarement ou plutôt jamais du rivage.

La violence avec laquelle cet élément se déchaîne contre le cap et contre toute l'île n'a d'égale dans aucune autre partie du nord. Elle ne décesse pas des deux tiers de l'année, et les tempêtes, qui l'automne et l'hiver sont continuelles, y déploient une furie qu'on ne saurait concevoir à moins de passer en Finmark ces deux saisons. Les ouragans de neige aussi, qui surviennent à l'approche des grands froids, sont souvent très longs et durent non-seulement plusieurs jours, mais plusieurs semaines de suite. Ils sont précédés par d'épais brouillards qui s'élèvent de l'Océan par masses énormes, et ressemblent à d'impénétrables murailles ou des trombes. Cela n'arrive cependant que si le vent est à l'ouest; pour qu'il prenne la direction opposée, le temps redevient clair et beau. Du reste, malgré tous ses défauts apparents, le climat de l'île est salubre; et si triste, si affreux qu'il puisse paraître aux habitants de zones plus tempérées, il a encore des plaisirs et des attraits pour les quelques colons qui osent le braver. Heureusement que les maladies sont rares parmi eux, car il leur faudrait aller à plus de cinquante milles pour chercher des secours médicaux. Ils n'ont guère à redouter que le scorbut, qui même ne se déclare jamais avec beaucoup de force.

Le soleil se voile entièrement à leurs yeux pendant plus de deux mois, du 17 novembre au 26 janvier; mais en retour il ne quitte pas l'horizon pendant à peu près un même espace de temps, du 15 mai au 19 juillet. D'ailleurs, durant la nuit continuelle de l'hiver, l'*aurore boréale qui brille au cap Nord avec un éclat sans pareil, compense la disparition du soleil*, et sa lumière est si grande que les pêcheurs peuvent vaquer à leurs occupations ordinaires comme ils le feraient en plein jour. Mais aucune partie du nord ne saurait donner au voyageur une idée aussi complète de la désolation que *Mageroe*, littéralement l'*île Maigre*, nom qui lui convient à merveille, car d'un bout à l'autre elle ne se compose que de rocs nus et stériles empilés de la façon la plus extraordinaire. Sa circonférence, m'a-t-on dit, est de soixante milles; mais elle a peu de largeur, et est entrecoupée par de vastes et profonds fiords qui s'avancent fort loin dans son intérieur entre les montagnes, et dont plusieurs situés à l'opposite se rejoignent presque.

On peut jusqu'au faîte du cap Nord remarquer que l'action de l'eau y existe à une élévation qui est de beaucoup supérieure au niveau actuel de l'Océan. Son abaissement n'a pas manqué non plus d'être observé par les habitants de ces côtes; car tous à mes questions sur ce sujet ont répondu d'une manière affirmative.

Lorsqu'on regarde à l'ouest du cap, on aperçoit le Knivskiærness : c'est, comme le nom l'indique, un long cou de terre qui s'avance presque aussi loin que lui dans les flots, et qui, fort bas à son extrémité, s'y termine par une pointe. Après avoir, par un examen minutieux, fixé dans ma mémoire tous les détails qui précèdent, je songeai à retourner au hameau de Giesvær, et j'y reparus sans accident.

Tableau résumé du pays lapon en été et en hiver. Ses limites. Qualoën. Bateaux. Baie de Hammerfest. Mœurs et usages.

Nulle part sur la terre, la succession de l'été et de l'hiver ne présente de changements plus remarquables et plus soudains que dans les pays situés au-delà du cercle polaire. Si l'observateur s'y trouve au commencement de la première de ces deux saisons, il ne peut voir sans étonnement la rapidité avec laquelle tout le règne végétal s'élance à la vie, accoutumé qu'il est à la voir dans les climats plus tempérés revenir lentement de la torpeur où le tenait l'hiver La tâche du voyageur est difficile et souvent pénible, car il a à lutter contre les courants qui s'opposent sans cesse à la marche de son léger canot, s'il n'est contraint de se faire jour à travers des fourrés sans chemins tracés ou de gravir les escarpements de la montagne. Epuisé de fatigue, cherche-t-il un abri contre le soleil du midi, le silence qui remplit les profondes et interminables forêts de pins est interrompu par le sourd bourdonnement de myriades d'insectes qui troublent son sommeil, car leurs attaques incessantes le poursuivent durant la chaleur du jour ainsi qu'à la lueur de minuit. Si pendant le temps qui serait la nuit en d'autres contrées, il se repose sur les bords de la large rivière de Tornea et s'endort bercé par le bruit des courants lointains, son somme n'est pas plutôt fini que son œil est frappé des rayons éblouissants du soleil déjà très haut sur l'horizon septentrional. Il faut bien alors qu'il se rappelle qu'il est loin de ces pays où l'approche du soir s'annonce par les vives teintes du ciel occidental, et où minuit est consacré à l'obscurité.

Qu'elle est différente la scène que l'hiver offre au voyageur dont la marche est, tant que dure le jour, éclairée par la pâle lune, tandis que la nuit dix mille météores lui servent de torches, et que, lié dans son *pulk*, il glisse rapide et silencieux sur les neiges non frayées du nord!

Le *Finmark* qui forme la partie la plus septentrionale de ces vastes contrées que les Suédois et les Norwégiens connaissent sous le nom de *Lapmark*, et que les nations méridionales confondent sous le nom général de *Terre des Laps* (*Laponie*), forme une extrémité du royaume de Norwège auquel il appartient.

Sa limite actuelle à l'ouest est Loppen, première île du Finmark, et qui le sépare du Nordland. Au nord-ouest et au nord-est, il est baigné par l'océan polaire, tandis qu'à l'est il est borné par la Laponie russe qui, ainsi que le Nordland, le confine au sud. Du sud au nord, c'est-à-dire des frontières de la Russie au cap Nord, le Finmark a environ 3° de latitude, sa plus grande largeur étant d'est en ouest, c'est-à-dire depuis la côte occidentale de Soroë jusqu'à la côte au-dessus de Waranger, près des frontières de la Laponie russe.

A l'extrémité orientale du Finmark est une région étendue sur laquelle la Russie et la Norwège ont des prétentions; car elle se trouve entre les frontières des deux puissances. Cette région est donc regardée comme une terre neutre, et les Lapons des deux pays peuvent y chasser et y pêcher. Ce district s'étend un peu à l'ouest de Bugeford, en se dirigeant à peu près au sud vers le lac Enare où il tend vers l'est et ensuite le nord-est, où il va joindre la côte.

Ayant ainsi donné le profil général du Finmark, je reprendrai mon récit qui, on se le rappellera, s'est arrêté à l'époque de mon retour à Fuglenaes, après une visite à la pointe nord de l'Europe.

Qualoën ou l'*île des Baleines*, où j'étais alors établi, et qui devait probablement être ma principale résidence pendant mon séjour en Finmark, est par une haute latitude septentrionale; car elle se trouve à moins d'un degré du cap Nord. Elle est la plus importante du Finmark, après Seyland et Soroë, puisqu'elle passe pour avoir environ soixante milles anglais de circonférence. Elle tire son nom de la grande quantité de baleines qui fréquentent ses côtes.

Bien que l'aspect de cette île ne soit pas aussi complètement repoussant que l'île du cap Nord, elle passerait pour le plus complet résumé de la stérilité et de la désolation aux yeux de tout autre qu'un naturel de Finmark. Ses habitants, qui sont réduits à l'étroit espace qui leur reste le long du rivage, sont, par la nature de leur position, exposés d'un côté aux attaques tumultueuses de l'Océan, tandis que de l'autre ils sont dominés par des montagnes élevées et inaccessibles; aussi ne savent-ils ce que c'est que marcher et se promener. Sous ce rapport, bien que la comparaison puisse exciter le sourire, Hammerfest n'est pas tout-à-fait différente de Venise. Si les habitants de cette première ville ont occasion de se rendre à Fuglenaes ou sur d'autres points de l'île, ils ne peuvent le faire qu'au moyen de leurs bateaux qui leur servent à parcourir les plus faibles distances : ils sont tellement accoutumés à cet élément qu'ils sont presque amphibies. Ils ne regardent nullement comme un exercice agréable celui de gravir les montagnes qui s'élèvent en précipice immédiatement au-dessus de leurs habitations. Aussi n'en savent-ils pas plus sur leur île, à l'intérieur, que s'ils vivaient à cent lieues de là. En effet, la vue que l'on a du sommet des hauteurs qui dominent Hammerfest et Fuglenaes est d'une sombre stérilité. Cependant je ne saurais décrire le plaisir avec lequel j'errais sur ces sauvages montagnes quand les nuances variées de l'automne les couvraient ou qu'elles étaient revêtues du blanc vêtement de l'hiver.

La latitude élevée, 70° 38' 34'', et la puissante influence de l'Océan qui se réunissent pour s'opposer à la croissance des arbres, ont privé cette île ainsi que toutes celles du Finmark de cette beauté, mais le caractère gigantesque du paysage ne compense-t-il pas cette absence d'ornements de la végétation? La surface de l'île des Baleines est singulièrement brisée, dentelée, et les fontes de neiges, s'accumulant dans ces bassins naturels, forment les innombrables petits lacs qu'on y voit de tous côtés, et même sur les points les plus élevés. Le peu de bois que l'on y trouve se compose de bouleaux nains qui, dans les fonds abrités entre les montagnes, acquièrent la hauteur d'un homme. Les branches inférieures, qui rampent sur la terre, fournissent au ptarmigan pendant l'été un abri assez épais pour qu'il puisse y déposer ses œufs.

Les montagnes de Qualoën ne sont pas sans importance, puisqu'elles s'élèvent de deux à trois mille pieds. Celle de Tyvefield, qui domine Hammerfest n'a que douze cent cinquante-un pieds, et la chaine opposée derrière Fuglenaes est plus basse encore. Pour qui réside en Finmark un bateau est une chose indispensable, et je m'en procurai un fabriqué à Alten. Les bateaux d'Alten sont renommés dans tout le Finmark pour leur solidité et la beauté de leur construction. Le mien avait environ douze pieds de long, et se terminait en pointe à la poupe et à la proue ; et comme il était fait de planches de sapin extrêmement minces, il était si léger que je pouvais le tirer seul de l'eau. Si je voulais aller à la chasse, à la pêche, ou faire des visites de l'autre côté de l'eau, mon bateau était toujours prêt sous mes fenêtres. Les bateaux ordinaires de Finmark sont sans gouvernail; c'est un rameur assis à la poupe et que l'on nomme *hoveds-mand* qui dirige au moyen de ses avirons.

La *baie de Hammerfest*, qui est assez vaste pour contenir à peu près toute la marine anglaise, est bien abritée par les montagnes qui l'entourent, excepté au sud-ouest et à l'est-sud-ouest. Quand les vents soufflent fort, les vaisseaux peuvent toujours se tenir en sûreté près du rivage de Fuglenaes où l'ancrage est le meilleur. Le port de Hammerfest, bien que petit, est le plus sûr peut-être qu'il y ait au monde.

Les eaux de la baie qui atteignent graduellement une profondeur de vingt brasses possèdent toute la transparence qui rend si remarquable l'océan septentrional. Le passage de Fuglenaes à Hammerfest était sous ce point de vue très intéressant par un temps calme. A quelques pieds au-dessous du bateau, des bancs de *smaa torsk* (jeunes morues) happaient avidement l'hameçon qui pendait. La profondeur moyenne était en général occupée par la grande *sey* (*gadus carbonarius*). Enfin, au fond, l'immense plie s'étalait sur le sable blanc, ou bien on y voyait des crabes de toutes les nuances et de toutes les grosseurs, les unes étant d'un vert tendre, les autres rougeâtres, beaucoup d'un pourpre foncé. Mais le sable blanc était surtout couvert d'étoiles de mer (*asteriæ*) qui étendaient leurs rayons. On y voyait très peu de coquillages, car les testacés sont rares sur les côtes septentrionales. La chair de la plie, connue sous le nom de *queite*, est très estimée et passe pour avoir une grande délicatesse; elle est ferme, d'un beau blanc et répand une odeur excellente.

Les habitants sont très gais, et souvent ils venaient passer la soirée avec moi : alors le punch circulait abondamment, car le vin est presque inconnu en Finmark : on y boit en outre des liqueurs domestiques parfaites que les femmes préparent, non pour en goûter, car lors de ces parties elles n'entrent que par hasard et pour verser à boire. Ces débauches commencent en été à six, et à quatre en hiver, pour ne finir qu'à minuit. Chacun apporte sa pipe, et bientôt la chambre est remplie d'une fumée si épaisse qu'il est difficile de se reconnaître. On joue même au whist la pipe à la bouche. Enfin le maître de la maison porte le premier toast qui est *gommel Norge* (la vieille Norwège) et l'on entonne le chant national suivant :

« Si j'habite sur les hautes montagnes où le Lapon, sur ses patins, chasse à coup de fusil le renne, là où une fontaine murmure et où le ptarmigan bat des ailes dans la bruyère, avec mon chant j'attire tous les tricots cachés dans les fentes des rocs, et qui me rendent heureux et riche pour payer mon vin et ma dépense. La cime du rocher qui porte le pin est la ville libre des âmes joyeuses; le bruit du monde au-dessous n'arrive point à ma demeure couronnée de nuages.

« Si je demeure dans la verte vallée où une rivière serpente lentement à travers de riches prairies, où mon salon est une chaumière de feuillages et où les produits de la terre me suffisent, où les agneaux bondissent et où mugissent les bœufs; là je me ris cordialement des vanités de la mode et de l'intérêt de l'argent qui accroît les richesses. De mon paisible et humble vallon, je vois tomber beaucoup de puissants, je m'assieds en sûreté sur mon siège de gazon, et je vide mon verre à l'amitié.

« Si je vis près de la plage dépouillée, sur un roc où abondent des œufs, au milieu des vagues tournoyantes où les oiseaux aquatiques poursuivent le hareng et la sardine; là, si je charge de poisson mon bateau au point qu'il menace de couler, je suis heureux, riche et content. Que l'avare se plaigne à son gré, un plat suffit à la table de qui est content. Que le poisson nage longtemps, c'est là le toast pour lequel je prends mon verre.

« Chantons la montagne, la vallée et le rivage; l'or vient des rochers, le pain des vallées, le poisson de l'Océan. Que les forts boivent de l'eau, remplissez de vin vos verres. La Norwège n'est pas un désert : buvons à nos vallées, à nos côtes, à nos montagnes ! »

On prend ordinairement le thé au commencement de ces soirées, et trois heures après environ on sert le *mellem mad* (le repas du milieu); c'est tout simplement une sorte d'ambigu que l'on apporte sur un plateau, et que l'on fait circuler. Il se compose d'eau-de-vie, de saumon fumé ou de plie avec des *sandwiches* faits de tranches minces de saucisson. A dix heures environ on annonce l'*aftens mad* (souper) pour lequel on passe dans une chambre voisine, et qui consiste presque toujours en un grand plat de poisson bouilli, accompagné en été d'un *reen stek*, morceau de gibier de renne rôti, que l'on mange avec des conserves de *multebær* (mûre de baies), et différentes autres conserves. Après le souper, le punch recommence jusqu'à minuit : quelquefois on introduit les dames et un violon, et l'on danse ou l'on valse sans que la pipe cesse un seul instant de brûler.

En voyant cette réunion du beau sexe, personne ne croirait que ces femmes ont passé toute leur vie dans cette île reculée et morne de Qualoën. On a peine à se figurer, d'après l'aisance de leurs manières et leur costume, qu'elles habitent un pays qui est de quelques degrés au-delà du cercle polaire. Ce qu'il y avait de plus remarquable dans les dames de Hammerfest, c'était l'extrême beauté de leurs cheveux, blonds en général et très abondants. Le goût de leurs coiffures aurait fait honte à beaucoup d'artistes de nos métropoles.

Le Finmark étant relégué si loin du monde, et si dépendant des manufactures des autres pays, on pourrait croire que le vêtement des femmes n'y est pas très élégant. Il n'en est point ainsi. Nul, en les voyant dans la salle du bal, ne pourrait croire que ce sont les femmes et les sœurs de ces hommes aux manières communes qui fument près d'elles. Elles doivent les étoffes de leurs toilettes à l'Angleterre et à la ville de Brême : quant à l'exécution, leur goût en fait les frais. M. Crowe apporte annuellement à Fuglenaes les articles de joaillerie et de parures qui deux mois auparavant étaient exposés dans les magasins à la mode de Londres, et, pour les acquérir, il n'est pas besoin d'argent. M. Crowe reconnaît en échange que le produit de l'Océan. Deux barils de dégoûtante huile de poisson paraissent aux femmes du pays un bien pauvre équivalent pour montre ou une chaîne et des boucles d'oreilles, ce collier ou cette broche leur paraissent donnés, quand elles l'ont obtenu pour dix *rogs* de stockfisch.

Lapons; pourquoi ils fuient les forêts pendant l'été. Leurs tentes. Leurs costumes. Caractère. Taille. Troupeaux de rennes. Lait. Cuisine.

On peut regarder le Lapon du Finmark comme le plus pur échantillon de cette race singulière. La stérilité naturelle de ses rocs le mettra toujours à l'abri d'attaques contre sa liberté. L'aridité de ses montagnes ne présente aucune chance séduisante à l'agriculture, et il est probable qu'à la fin des siècles le Lapon se retrouvera toujours ce qu'il est, un être rude et grossier, doué d'un dégoût inné pour la gêne de la vie civilisée, et fortement empreint de ces idées d'indépendance que lui ont données dès le berceau les solitudes de ses montagnes.

Dans toutes les parties de la Laponie suédoise ou russe il se trouve une classe nombreuse de pauvres Lapons, *skoys lappar* (Lapons des bois), qui habitent presque tous les districts forestiers, et dont les troupeaux de rennes sont trop faibles pour les faire vivre dans la montagne. Pendant l'été ils habitent sous des tentes; mais quand approche l'hiver ils se font une habitation plus solide avec des mottes de terre gazonnée, et qui ressemble assez aux *gammes* des Lapons de la côte. Pendant cette dernière saison ils sont donc stationnaires, se nourrissant en partie de leurs rennes, mais surtout de gibier qu'ils se procurent très facilement, car il abonde et ils sont habiles tireurs.

Le Lapon de cette espèce est inconnu dans la Laponie norwégienne, dont le pays est montueux et possède à peine quelques forêts. Les Lapons de Finmark peuvent s'y diviser en deux classes, le Lapon pêcheur ou de la côte, et le Lapon à rennes ou le Lapon montagnard errant l'hiver comme l'été, qui n'a d'autre abri que sa tente, et dont l'aspect et les manières sont un fidèle tableau de toute la race.

La vie du Lapon errant est en été si distincte de celle qu'il mène en hiver, et dans les deux saisons son costume, sa nourriture, tout diffère si essentiellement que je ne parlerai en ce moment que de ce qu'il est en été. L'île des Baleines, pendant les mois de cette saison, voit toujours arriver trois ou quatre familles de Lapons montagnards (*field finner*) avec leurs troupeaux de rennes. Les causes qui engagent et contraignent même ces gens à entreprendre leurs longues et pénibles émigrations tous les ans des parties inférieures du pays à ses côtes sont très puissantes. Il est bien connu, d'après les rapports des voyageurs qui ont en été visité la Laponie, que les terres de l'intérieur, les forêts immenses surtout, sont tellement infestées de diverses espèces de cousins et d'autres insectes, qu'il n'est pas un animal qui puisse échapper à leurs incessantes persécutions. On allume de grands feux, dans la fumée desquels les bestiaux se tiennent la tête, afin d'échapper aux attaques de leurs ennemis. Les naturels eux-mêmes sont forcés de se barbouiller la face de goudron, qui est le seul préservatif contre leurs piqûres. Toutefois, il n'est pas d'être qui souffre plus que le renne, de la grande espèce de taon (*œstrus tarandi*) qui ne se borne pas à lancer dans la peau son aiguillon, mais encore dépose ses œufs dans la blessure. Le pauvre animal est ainsi tourmenté à un tel point que le Lapon, s'il restait dans les forêts pendant les mois de juin, de juillet et d'août, risquerait de perdre la plus grande partie de son troupeau, tant par maladie que parce que ces animaux s'enfuiraient pour échapper aux taons. C'est pourquoi le Lapon quitte les forêts pour les montagnes qui dominent la Laponie et la Norwége, et sur les sommets élevés desquelles le vent frais de la mer est contraire à l'existence de ces incommodes insectes. Il s'en trouve bien sur la côte, mais ils y sont bien moins nombreux et ne quittent pas les vallées.

Il est encore d'autres raisons qui attirent le Lapon sur les rivages. Il vient échanger contre du gros drap, de la farine, de la poudre et du tabac, les peaux et les plumes qui lui sont restées de la chasse. Il faut ajouter qu'il est absolument nécessaire à l'existence du renne qu'il boive au moins une fois en été de l'eau salée. Il paraît, en effet, que dès que les troupeaux arrivent à l'intérieur des terres, ils se précipitent sur la plage et boivent avidement l'eau de mer, mais pour une fois seulement. On dit que ce breuvage a la vertu de détruire les larves du taon qui a déposé ses œufs dans leur peau.

Le Lapon commence son émigration annuelle dans les premiers jours de juin. A cette époque, la terre est ordinairement délivrée de la neige; il ne voyage donc plus en traîneau. C'est pourquoi il laisse tous ses meubles d'hiver dans un magasin que possède presque tout Lapon près de son église. La distance qu'il lui faut parcourir pour gagner la côte varie de un à deux ou trois cent milles en choisissant sa demeure d'été. Le Lapon a pour objet principal la santé et le bien-être de son troupeau, dont son existence dépend, et ses mises ne sont que des considérations très secondaires. Les îles qui abondent sur les côtes occidentales de la Norwége et de la Laponie sont toujours préférées, tant à cause de la fraîcheur qui y est plus grande que parce que les rennes y sont moins exposés aux attaques des loups et des ours. Le Lapon trouve de son côté un avantage très grand à habiter les îles qui présentent de bons ports et des stations de pêche commodes, où le poisson abonde dans les nombreux *fiords* et dans les canaux étroits qui les séparent. C'est ainsi que l'on peut s'expliquer comment les rochers qui s'élèvent au large de la côte sont presque tous habités, tandis que la terre ferme est à peu près déserte, hormis sur le bord des *fiords* (baies).

Le ménage et l'économie domestique des Lapons sont simples à l'excès. La tente (*lavo*), que l'on dresse toujours près du bord de quelque lac, n'est guère plus qu'un lambeau d'une grosse étoffe de laine connue dans le nord sous le nom de *wadmal*, et que fabriquent les Lapons de la côte. Cette étoffe, portée par une perche de bouleau qui se divise en plusieurs branches, est leur seule demeure. C'est sous cet abri sans consistance que le Lapon montagnard du Finmark endure son long et rude hiver dans l'intérieur des terres, quand le thermomètre monte rarement jusqu'à zéro et que le vent perçant pénètre sans difficulté à travers ce frêle obstacle. La hauteur de cette tente est de six pieds environ, et la circonférence à l'intérieur excède rarement quinze ou dix-huit pieds. Le Lapon, dans cet espace restreint, réussit à s'entasser avec sa femme, ses enfants et très souvent une seconde famille qui appartient à celui qui lui est associé dans la propriété du troupeau; encore faut-il que les coins restent libres pour les ustensiles de ménage, les tasses, les pots de fer, les cuillers, les boîtes de bois et autres objets. S'il trouve encore de la place libre, les chiens, gardiens fidèles du troupeau, que j'ai vus quelquefois au nombre de vingt, en prennent possession, et plusieurs dorment à leur aise sur le corps de leurs maîtres. Au centre est le feu entouré de quelques grandes pierres. Une partie de la fumée sort par un trou au sommet de la tente, mais le reste se répand en un nuage épais qui est si douloureux pour les yeux d'un étranger que le plus violent degré de froid que j'aie éprouvé m'a paru plus supportable.

Près de l'issue pratiquée au sommet de la tente pour la fumée, et par conséquent au-dessus du feu, est suspendue une espèce de râtelier dans lequel on met les fromages pour qu'ils sèchent plus vite, but que l'on atteint à merveille, grâce à la chaleur et à la fumée. L'intérieur de la tente est ordinairement jonché de petites branches de bouleau garnies de leurs feuilles, que recouvrent des peaux de rennes qui dans toutes les saisons servent de lit au Lapon. On n'entre dans la tente que par une petite ouverture d'un côté, fermée par une sorte de patte que l'on tire pour entrer et qui retombe d'elle-même. Cet expédient empêche assez bien l'air extérieur d'y arriver. Les tentes de montagnes que j'ai vues en Laponie ne manquent jamais d'une resserre ou espèce d'office qui y tient. La construction de cette annexe est tout aussi simple que celle de la tente. C'est là, sur des tablettes, que le Lapon dépose son magasin de fromage sec.

Les *montagnards de Finmark* sont pour la plupart sauvages, tant de mœurs que d'aspect. On observe en eux un esprit hautain d'indépendance, qui n'existe point dans les *Lapons* qui habitent les plaines de la Laponie russe ou les côtes septentrionales. Ils ont le caractère morose et bourru, tant qu'un cadeau ne vient pas le tempérer, et l'hospitalité, qui est si remarquable chez presque tous les peuples non civilisés, n'est pas aussi sensible en eux, tant elle est voilée par leur naturel soupçonneux; mais, comme l'a dit un voyageur, les Lapons ne sont point des Arabes. Là où les sapins et les bouleaux ne peuvent venir, la nature de l'homme est également incomplète. Il succombe dans la lutte avec la nécessité et le climat. On développe les meilleurs sentiments du Lapon avec de l'eau-de-vie, et de même que dans l'Orient une visite s'annonce par des présents, de même ici le verre d'eau-de-vie calme seul les dispositions malveillantes.

Le costume du *Fieldfinner* (*montagnards Lapons*) ne diffère pas essentiellement de celui que portent les

Hammer-Fest.

autres tribus qui errent dans les différentes parties de la Laponie. Toutefois, pendant les mois de juillet, août et septembre, et les deux premiers seuls peuvent passer pour été, la chaleur de la température les force de substituer au paesk de peau de renne un manteau court de drap de wadmal blanc ou foncé. Un large ceinturon de cuir l'attache au milieu du corps et porte un couteau; le *gappe* ou manteau d'été descend juste au-dessous des genoux, et au-dessous passent des pantalons faits ordinairement de peaux minces de jeunes rennes. Ces pantalons tombent jusqu'aux chevilles où ils rejoignent les *komagers*, sorte de socques de cuir attachés au bas du pantalon par une longue bande de laine pareille à une jarretière. La tête est coiffée d'un bonnet de laine bas et plat, nommé *gappier*, retroussé de tous les côtés et bordé d'une large fourrure fine de renne.

L'habillement des femmes est comme celui des hommes, à peu près semblable à celui des Laponnes de la côte. On peut aussi rencontrer en été des Lapons des deux sexes vêtus de peaux; mais ce sont alors de légères peaux de faons qui sont à peu près aussi fraîches que le wadmal: on ne porte point de chemise sous ces peaux, car la toile est chose inconnue aux Lapons ainsi que les bas. Ils mettent tout uniment leurs pieds nus dans le *komager*, après l'avoir rempli d'une herbe molle séchée, nommée *sena*. Les pantalons des hommes et ceux des femmes ont des noms distincts. Les premiers se nomment *belluk* et les autres *bousak*.

En général, on ne peut parler des Lapons que comme d'une race d'hommes en diminutif. Il est cependant remarquable que le Lapon du Finmark n'est point aussi petit, à beaucoup près, que les Lapons russes et suédois. Ce fait ne peut être attribué qu'à l'air fortifiant et fécondant des montagnes. La taille ordinaire du Lapon montagnard est de cinq pieds (anglais) à cinq pieds deux pouces: il est rare d'en voir de plus grands, et quand cela arrive on peut soupçonner en eux un mélange de sang finlandais ou norwégien.

Les traits caractéristiques de la race sont les yeux petits et éloignés, les pommettes hautes, la bouche large et le menton pointu avec peu ou point de barbe. Leur chevelure est ordinairement brune ou noire, et je ne me rappelle point avoir vu de cheveux tout-à-fait blonds dans les montagnes, ce qui est très fréquent sur la côte. Ils sont bien faits, et leur organisation osseuse et musculeuse annonce une force plus grande que ne ferait supposer leur petite stature. Leur genre de vie les rend actifs et capables de supporter des privations et des fatigues incroyables. Quant à l'agilité extraordinaire qu'on leur attribue, je n'en ai jamais vu de preuves, et d'après les témoignages que j'ai recueillis, je ne suis pas porté à croire qu'ils en soient

Cap Nord.

doués. Ils ont la main et le pied d'une petitesse remarquable, et c'est le trait saillant de plusieurs autres tribus du nord. La voix du Lapon est faible et grêle, et les sons qu'elle produit ont un effet criard sur l'oreille d'un étranger.

D'après ce que j'avais lu relativement à ce peuple, je m'attendais à le voir uniformément basané. Ce n'est point le cas, et je pense que leur teint n'est point foncé, en général, mais que la fumée, la saleté continuelle où ils vivent, et leur constante exposition au grand air en toutes saisons peuvent être considérées comme les vraies causes de leur teint sombre. Quelques nuits passées dans la fumée m'avaient donné le teint de quelqu'un qui avait été brûlé par le soleil. Le froid extrême produit en beaucoup de cas le même effet que l'extrême chaleur. C'est là, j'imagine, la cause de la différence qui existe entre les Lapons qui habitent les montagnes et ceux qui ne quittent point la côte : ces derniers sont, en général, aussi blancs que les Norwégiens.

Le Lapon est nomade par nature et par nécessité ; sa subsistance dépendant entièrement de ses rennes, il est leur esclave, et ses mœurs se modifient suivant le besoin de son troupeau. Chaque troupeau se compose de trois à cinq cents bêtes : avec ce nombre un Lapon peut vivre dans l'aisance ; mais s'il n'en a que cinquante, il n'est plus indépendant, c'est-à-dire capable de former un établissement séparé, et force lui est de joindre son petit troupeau à celui de quelque Lapon plus riche dont il devient en quelque sorte le serviteur. Il arrive aussi très souvent que si, par suite de maladies ou d'autres accidents, le troupeau d'un Lapon est réduit à ce petit nombre, il donne en charge à un autre ce qui lui reste et va à la côte se mettre au service d'un marchand norwégien ou pêcheur pour gagner de quoi remonter son troupeau. Dès qu'il a atteint ce but, il retourne bien vite dans la montagne.

Un Lapon qui a mille rennes est regardé comme un homme riche, et il n'est pas rare de voir des troupeaux de quinze cents à deux mille en la possession du même individu.

Il n'est pas de peuple qui dans le cours de sa vie soit soumis à des vicissitudes plus tranchées ; il voit, dans ses courses, les plus magnifiques et les plus variés des paysages, la nature dans son appareil le plus riant et le plus sombre ; son existence est une alternative d'inaction et de grande fatigue corporelle, de faim et d'abondance. Les quantités qu'il dévore quand il peut assouvir en liberté sont surprenantes : il diffère peu en ce point de l'animal des forêts ; car il mange assez pour pouvoir supporter pendant quelques jours une disette subite.

La nourriture du Lapon, durant l'été, est chétive et frugale. Il ne vit plus alors de sa chair favorite, de la venaison de rennes, qui est le luxe de l'hiver : il ne songe en été qu'à accroître son troupeau et à prévenir les nécessités futures. Ils se contente alors de lait et encore est-ce de ce qui reste après la fabrication de ses fromages. Ensuite, vers la fin de l'été, qui est la seule saison où l'on traie les rennes, il met de côté un peu de lait pour le faire geler, et cette préparation est autant pour l'usage de sa famille que pour le commerce, qui le considère comme une chose exquise.

Le lait est parfait et a un excellent parfum d'aromates qui est dû probablement à l'espèce d'herbes que l'animal broute en été. Il a la couleur et la consistance d'une très bonne crème, et c'est au point que, bien qu'il soit d'un goût délicieux, il est très difficile et très malsain d'en boire au-delà d'une petite quantité; il est alors fort singulier que ce fromage soit mauvais; néanmoins les Lapons le prisent et le mangent cru ou grillé. Quand il est sur le feu, pour cette dernière préparation, il en sort une huile pure et riche, qui est très efficace pour dégeler une partie du corps saisie par le froid; et l'on y a recours quand on n'a pas réussi en y frottant de la neige. Quant au beurre, si le Lapon en fabrique, ce n'est que par petites quantités. Comme le pain est inconnu chez eux, le beurre leur serait de peu d'utilité. Celui que l'on fait avec le lait de rennes est, m'a-t-on dit, d'une blancheur remarquable.

Quelquefois le Lapon varie ses mets en mêlant au petit-lait différentes espèces de baies sauvages, telles que les mûres de ronce que l'on fait d'abord réduire à la consistance de bouillie. Il mange de ce plat avec une avidité étonnante. Il aime aussi beaucoup les racines de l'angélique, dont le goût n'est, certes, pas très agréable; mais il la regarde comme très antiscorbutique, et je partage l'opinion de ces gens. Le sang de renne leur est aussi très utile pour beaucoup d'assaisonnements.

On peut supposer, d'après la vie que mène le Lapon, que les maladies auxquelles il est exposé sont peu nombreuses.

Phosphorescence de la mer polaire. Lapons à Fuglenaes. Costumes. Approches de l'hiver. Départ des Lapons. Détails sur les rennes. Familles de Lapons. Accouchements. Éducation des enfants.

J'étais alors suffisamment établi, et mon hôte était *giestgiver* (marchand); la maison que j'occupais était dans le Giestgiver-Gaard de Hammerfest, mais elle était plus connue sous le nom de *Maison-Rouge*. Mes matinées se passaient à chasser, à me promener sur l'eau ou à parcourir les montagnes qui dominent Fuglenaes; et dans l'après-midi j'allais invariablement à Hammerfest où mon temps se passait en visites; puis le soir, après le souper, qui était rarement fini avant onze heures, je retournais avec mes hôtes en bateau. Le soleil disparaissant rapidement de jour en jour; il faisait alors à cette heure assez sombre pour que je visse les eaux lumineuses de l'océan septentrional. Il est peu de navigateurs qui n'aient été les témoins de ce beau phénomène, mais c'est dans les latitudes élevées qu'il acquiert le plus grand éclat, par l'effet du nombre de méduses et d'autres animaux marins extrêmement petits que contient l'eau, et que l'on suppose être la cause de ces lueurs phosphoriques. Il semblait souvent que notre bateau fendît une mer de feu, et à chaque coup de rame une flamme pâle et ondoyante s'élevait à l'entour et durait quelques secondes. Notre passage était ainsi tracé à quelque distance, et cet effet était si singulier et si beau que je ne regrettais point le soleil, qui, en disparaissant, me permettait de voir une si belle chose.

Les Lapons venaient souvent à Fuglenaes acheter quelques denrées chez M. Crowe, et me rendaient ensuite des visites de curiosité. Je vis, entre autres, une femme qui était vêtue de son costume serré de peau de mouton ayant la laine à l'intérieur. Cet habillement était bien fait, et comme la femme était petite, le vêtement était agréable, bordé comme il l'était aux manches et au collet de fourrure de renne foncée. Le bonnet était entouré d'un ruban qui n'était pas sans grâce, et cette coiffure était de drap écarlate dans le haut, et le bas se composait de cotonnade bordée de grosse dentelle, le tout de manufacture anglaise.

Le goût de ces peuples pour tout ce qui est voyant se montre dans leur costume, toujours pittoresque à cause des couleurs variées qui s'y combinent. Je ne parle ici que du vêtement d'été, car celui de l'hiver est plus monotone, et se compose du *pæsk* ou manteau serré de fourrure de rennes, ou, ce qui est le plus ordinaire, du *mouadda*, ou habit de peau de mouton. En été la couleur ordinaire de son *koften*, ou costume de tous les jours, est le blanc avec diverses bordures de drap bleu et rouge au bas et aux manches, mais celui du dimanche est plus gai, et l'étoffe légère est ordinairement brodée avec richesse en couleurs variées au collet et aux manches. On voit dans quelques parties de la Laponie des koftens de drap noir, et l'on m'a dit que les riches Lapons à rennes en portent quelquefois d'écarlate, quand ils ont l'occasion de s'approvisionner de ce drap chez les marchands de la côte. C'est là, en effet, leur couleur de prédilection.

Outre le koften, un article de nécessité et de luxe dans leur costume est le ceinturon qui, tout en servant à attacher le vêtement, porte leur tabac, leur couteau, etc.: c'est ordinairement une simple bande de cuir fort; mais tout Lapon qui le peut en a un autre pour le jour de fête, et celui-là est orné richement, puisqu'il est entièrement couvert de petits carrés d'argent massif. Un ceinturon de cette nature passe souvent de père en fils pendant plusieurs générations. Les Lapons sont aussi passionnés pour d'autres ornements d'argent, tels que des boutons qu'ils suspendent au-devant de leurs koftens.

On doit supposer que les femmes ne sont point en arrière sur l'article de la parure, et les rubans des plus vives couleurs sont en particulier prodigués autour des bonnets; puis, pour les mariages, la fiancée en porte toujours qui flottent derrière elle. Les deux sexes ont ordinairement une grosse bague massive d'argent.

Effet produit sur l'horizon par le soleil au-dessous. Aurore boréale. Commencement de l'hiver. Voyage à Altenfiord. Observations générales sur les Lapons. Chasteté. Vols rares. Caractère paisible. Bonne santé.

Le 15 septembre je remarquai pour la première fois à la nuit une singulière clarté dans le nord sur le bord de l'horizon. Je crus d'abord que c'était l'aurore boréale; mais comme je ne voyais aucun mouvement à cette clarté, je l'attribuai à l'effet de la réflexion du soleil qui se trouvait au-dessous de l'horizon; il était pourtant alors six heures et demie du soir. Le lendemain je me confirmai dans cette opinion en revoyant cette lumière au même endroit, et elle était alors d'un jaune foncé, semblable à un feu éloigné. Ce phénomène dura jusqu'à minuit environ, par une nuit sombre et en général couverte. Le 21 je vis les premières lueurs boréales. La nuit était claire et froide, avec peu ou point de vent; et étant sorti à minuit, j'aperçus, à mon grand étonnement, les cieux illuminés par cette lumière étrange qui ondoyait et voletait avec une vitesse incroyable, en grande masse d'une teinte pâle, sans prendre aucune forme déterminée. Elles venaient du nord-est et allaient se perdre dans la région opposée, continuant à s'élever par intervalles derrière les montagnes de Soroë, on me dit que ces aurores devaient toujours acquérir plus de splendeur en allant vers la fin du mois de septembre.

Le 2 octobre, je profitai du départ du brick de M. Crowe, qui allait compléter sa cargaison de poisson, pour aller à Alten revoir ses belles forêts et le magnifique paysage de ses fiords, avant que tout y prît la livrée de l'hiver. Les ombres du soir nous eurent bientôt caché les rochers arides de Qualœn, et ayant passé avant qu'il fût tout-à-fait nuit le *Strom* ou tournant d'eau qui se trouve entre les îles de Seyland et de Qualoën, nous nous dirigeâmes vers le grand Altenfiord. Nous eûmes la nuit un assez gros temps ; mais à la pointe du jour, les brumes du matin, en se dissipant, nous laissèrent voir les larges et majestueuses eaux de l'Altenfiord, se reposant dans le calme après la tourmente de la nuit, et bornées par de hauts rochers escarpés et inaccessibles. Le soleil venait de se lever comme nous approchions d'Alten. Nous étions donc encore dans la contrée des forêts, et les rochers qui s'élevaient au-dessus des flots étaient encore couverts abondamment des feuilles jaunes du bouleau.

Quel changement opéré dans une nuit ! Au lieu des pics arides de l'île aux baleines, je voyais maintenant, comme par magie, un des plus beaux paysages se dérouler devant nos yeux. Notre arrivée fut célébrée à Alten par de grandes réjouissances, car deux noces norwégiennes s'y faisaient au même instant. C'est au repas que je goûtai pour la première fois de la chair d'ours, que l'on regarde non-seulement comme un mets délicat, mais comme une rareté, car cet animal n'est pas trop commun dans ces parties du Finmark. Cette viande, qui avait d'abord été séchée et salée, circula après *laftens mad* en tranches minces de couleur foncée, et ayant une bonne odeur.

Comme j'eus encore l'occasion de voir quelques Lapons, je rapporterai diverses observations générales qui leur sont particulières.

Soit par l'effet de leur constitution naturelle, soit à cause du climat, les passions des Lapons ont un cours calme et régulier que ne dérangent point ces effervescences et ces transports qui agitent d'autres peuples : l'amour y semble en torpeur dans les étreintes glaciales d'un éternel hiver ; on peut même se demander si ce sentiment existe chez le Lapon, ou, s'il existe, ce n'est qu'une étincelle languissante, et qui ne dure que le temps suffisant pour répondre aux besoins de la nature. Quel qu'en soit le principe, la vertu de continence est très remarquable en eux, et j'appris du ministre de la paroisse qu'il n'y avait vu en vingt ans qu'un enfant illégitime, témoignage d'une union illicite, fait qui est très rare en Finmark.

On a affirmé que les Lapons ont peu d'égards au nœud conjugal, et qu'ils sont même dans l'usage d'offrir leurs femmes aux étrangers. Ces assertions, d'après les renseignements que m'ont donnés les marchands et le clergé, sont tout-à-fait incorrectes. Au contraire, ils ignorent l'adultère. Autant que mes propres observations m'ont permis d'en juger, je suis porté à croire qu'au lieu d'offrir leurs femmes, ils sont plutôt disposés à être jaloux des regards mêmes des étrangers. Un seul meurtre avait également été commis en Finmark dans l'espace de vingt ans. Le vol aussi y est presque inconnu, car on emploie à peine les verrous et les serrures : les portes restent ouvertes, et chacun laisse sans danger en plein air ce qui lui appartient.

Il ne faut pas douter que la race ne retienne encore beaucoup de ses superstitions et ne se rappelle son ancien culte pour la magie; mais les missionnaires ont fait disparaître tout ce qui avait rapport à l'idolâtrie et à la sorcellerie. C'est pourquoi il est très difficile de trouver à présent un *rune bomme* ou tambour magique, et l'on a chaîne de cuivre qui produisait en étant secouée un petit bruit clair, et qui accompagnait sans doute cet instrument. En ce qui touche leurs devoirs de famille, j'ai appris qu'il est peu de Lapons doués des sentiments d'affection de cette nature, et que toute affection filiale ou paternelle cesse dès que l'enfant est à peine élevé et capable de prendre soin de lui.

Le Lapon de la côte a le caractère plus doux et plus disposé à l'hospitalité que le Lapon des montagnes. Toutefois cette vertu n'est dans aucun portée à un haut degré, ce qui peut venir du dédain que les colons montrent pour cette race. Les anciens voyageurs ont affirmé qu'elle manquait ponctuellement de courage; mais je ne saurais me ranger à cette opinion, et je suis porté à croire qu'ils possèdent tout autant de courage physique que les autres nations.

Les Lapons sont sans aucun doute doués de dispositions fort pacifiques et fort inoffensives, ne s'engageant jamais dans des querelles. Quand ils se battent, ce qui arrive rarement, le moyen qu'ils emploient pour dompter leurs adversaires est principalement la lutte, à laquelle ils sont très adroits; mais ils ne font jamais usage du couteau, que cependant ils portent toujours; et c'est là une preuve que leur colère ne va jamais à l'excès.

La santé est un des bienfaits dont l'habitant du nord jouit d'une manière remarquable. La simplicité de son alimentation, la dureté de la vie qu'il est habitué à mener, les rares désirs et un esprit qui de sa nature est presque sans agitation, le tout secondé par le climat, lui constitue une santé robuste. Aussi sa médecine est-elle bien simple : s'il vient à être saisi d'un rhumatisme ou d'une douleur subite, un morceau de champignon enflammé est appliqué sur la partie souffrante, et il l'y laisse brûler comme le moxa du Japonais. Une autre méthode consiste à pratiquer une ligature très serrée autour de ce point, et ensuite à la sucer violemment, de manière à tirer le sang. Leur plus grand spécifique en cas d'indisposition est l'eau-de-vie avec une forte infusion de poivre; et ce qui est assez singulier, c'est que la poudre à canon (ainsi administrée est, dit-on, d'un grand effet. On peut supposer que les rhumes sont entièrement inconnus aux Lapons; et plus ils exposent la poitrine et le cou à l'air froid, plus ils deviennent robustes. Les affections cutanées se rencontrent quelquefois parmi eux, ainsi que beaucoup de maux d'yeux causés par l'éclat de la nuit et la fumée.

Il est à peine besoin de dire que le Lapon de l'une et de l'autre race est adonné à un point extraordinaire à l'ivrognerie, et une grande partie de sa vie se passe dans l'ivresse. Dans une boutique seule, un baril d'eau-de-vie, contenant trente-six gallons (cent quarante-quatre pintes) se buvait journellement par petits verres.

Neiges abondantes. Forêts d'Alten. Observations sur le climat du nord. Patins à neige. Glaciers de Seyland. Retour à Hammerfest.

La neige, qui depuis quelques jours avait graduellement envahi les cimes des montagnes, descendit plus bas jusqu'au 7 octobre, et le matin, sortant de la maison, j'en vis la terre couverte. Tout le pays était blanc. Pendant les deux jours qui précédèrent, j'avais remarqué les grives qui se rassemblaient en volées immenses pour partir, et ne rencontrai plus un de ces oiseaux. Le 10, je descendis alors à la côte pour tirer des *eiders* qui approchaient à présent de la terre sans crainte. C'était alors le temps des excursions des ours, qui les commencent dès les premières chutes de neige.

A la chasse les Lapons se servent du fusil; cependant il est certains districts, dans les forêts de l'intérieur surtout, où l'arbalète est encore employée pour tirer les écureuils. C'est la chasse à l'ours qui est leur plus importante expédition de ce genre, et ils en relèvent le mérite par la haute opinion qu'ils ont de la sagacité de cet animal. Aussi le traitent-ils avec une sorte de déférence et de respect qu'ils ne montrent pas aux autres animaux. Ils répètent souvent un proverbe qui dit que *l'ours a la force de douze hommes, et l'intelligence de dix*. Leurs idées superstitieuses les conduisent à calculer qu'il comprend parfaitement leurs paroles. Aussi est-ce parmi eux une coutume fréquente de parler à l'animal avant de l'attaquer. Un Lapon qui poursuivait un jour un renne, son fusil à la main, rencontre tout-à-coup un ours, et son coup ne l'ayant pas atteint, il parla ainsi à l'ours : « O coquin ! tu devrais être honteux d'attaquer un homme seul. Attends un instant que j'aie rechargé mon fusil, et je te retrouverai. » Toutefois l'ours, qui était une femelle, ne jugea pas de la prudence d'attendre et s'éloigna avec ses deux petits.

Il y a dans les forêts d'Alten beaucoup de coqs de bois et une espèce de chouette, probablement la *strix arctica*. Les animaux de la race féline sont rares en Finmark, et l'on n'y trouve jamais, je le crois, le lynx ou *goupe*. On n'y trouve point non plus ce magnifique monarque des forêts du nord, l'élan, qui habite les latitudes plus méridionales de la Suède et de la Norwége.

Une chose digne de remarque, c'est la nature du climat des îles et des côtes de la Norwége septentrionale, et la différence qu'il présente avec celui des autres contrées situées par le même parallèle. Dans les caves bien fermées de Kielvig, près du cap Nord, de Hammerfest et d'Alten, il ne gèle jamais; le filet d'eau douce qui passe du lac dans la baie de Hammerfest est libre tout l'hiver, et les longues herbes qui croissent dans les crevasses des rochers du cap Nord même ne cessent pas de végéter puissamment sous la neige en l'absence du soleil. Quelle cause peut donc échauffer la terre dans une zône dont la température moyenne est au-dessous du point de congélation? Ce phénomène est commun à tout le Finmark. Le sapin se voit jusqu'à Talvig par le 70e degré, et le *molteberer* (ronce des haies) fleurit à l'extrémité même du cap Nord par 71º 10' 15'', hauteur où la nuit d'hiver est de dix semaines. Au contraire, à la pointe sud de la Nouvelle-Zemble, à l'embouchure du Yénisié ou du Kolyma, il ne croît point d'arbres, pas même de bouleaux, et les pins disparaissent au 67e degré. Dans l'intérieur de l'Amérique même les sapins d'Ecosse cessent par le 69e degré, tandis qu'à Alten (70º) on en voit dans la vallée qui ont soixante pieds de haut. Le Groenland, par les 60e et 61e degrés, n'a que de bouleaux de neuf ou dix pieds et gros comme le bras, tandis que près d'Alten ils atteignent soixante-dix à quatre-vingts pieds de haut.

A quelle cause donc faut-il attribuer les avantages du nord de la Norwége en ce point, et d'où vient que les eaux restent libres sur ses côtes, tandis que les régions adjacentes de la mer Blanche et de l'île Chérie sont annuellement cernées par la glace, qui s'étend du nord-est et lie souvent cette dernière terre au Spitzberg ? A plusieurs degrés dans le sud, la navigation est empêchée par les glaces durant une grande partie de l'année, tandis qu'elles approchent même rarement des côtes du Finmark. On trouve peut-être une réponse à ces questions dans l'influence transatlantique qui porterait sur la Norwége, à en juger du moins par les dépôts de productions américaines qui se forment habituellement sur ses plages. L'année dernière on trouva en mai, près du cap Nord, une bûche d'acajou, et sur la côte de Qualoen trois tonneaux d'huile de palme.

Une circonstance que tous ceux qui ont visité les terres septentrionales ont pu constater est curieuse, et semblerait prouver que la température de la mer y est beaucoup plus élevée que celle de l'atmosphère. Les pêcheurs ont l'habitude, quand leurs mains sont engourdies par le froid de l'hiver, de les réchauffer en trempant de temps à autre leurs mitaines de laine dans la mer, et ils affirment que ce procédé les soulage d'une manière notable en diminuant le froid.

La neige ayant couvert la terre d'une croûte solide, je pus enfin voir les Lapons se servir de leur *skie* ou patins à neige, qui sont très étroits, mais ont souvent sept pieds de long. C'est au moyen de ces chaussures que le Lapon peut pénétrer dans les parties jusqu'alors impraticables. Rien n'est capable de l'arrêter, et il nage avec une égale aisance sur la blanche étendue des terres, des lacs et des rivières. Toutefois ce qu'il y a de plus remarquable est l'adresse avec laquelle il descend les montagnes et les précipices du Finmark, que tout autre œil que le sien jugerait impossibles à franchir. D'après la longueur du *skie* on pourrait croire que l'usage en est très incommode; mais les matériaux en sont extrêmement légers, et le Lapon ne le soulève point, mais glisse dessus avec la plus grande facilité sans lui faire quitter la terre. On s'en sert principalement pour poursuivre les rennes sauvages et les autres animaux dont le pays abonde. Quand le Lapon arrive à une montagne dont il veut gagner le sommet, quelque rapide que soit la montée, l'habitude lui a appris à le franchir avec une facilité remarquable; il est obligé d'aller en zigzag. Quand il s'agit de descendre, au contraire, il s'accroupit, tenant ses genoux en avant et son corps rejeté en arrière pour pouvoir garder cette position, tandis qu'avec un bâton qu'il enfonce dans la neige il modère sa course quand elle est trop rapide. C'est ainsi qu'il se précipite du haut en bas des pentes les plus raides. Sa dextérité à cet exercice est si grande que s'il se rencontre subitement avec quelque fragment de roc ou quelque autre obstacle, il fait un bond de quelques pas pour l'éviter. Sa vitesse est telle, quand la descente est à pic, que l'on peut en quelque sorte la comparer à celle d'une flèche, un nuage de neige étant élevé autour de lui par l'impétuosité de sa course. Souvent le Lapon montagnard muni de ses patins entreprend des voyages de cent cinquante milles de la montagne à la côte.

Les jours décroissaient rapidement, si bien que le soleil ne dut pas encore entièrement disparaître avant quelque temps; la lumière qu'il donnait n'était que peu de chose, attendu sa courte présence sur l'horizon et l'épaisseur de l'atmosphère. Toutefois, à Alten, les habitants jouissent de sa vue plus longtemps qu'à Hammerfest, car il ne leur reste caché que deux mois, du 26 novembre au 26 janvier. Ce jour-là, quand à midi ses faibles rayons commencent à se montrer au-dessus de l'horison, on s'appelle les uns les autres pour assister à ce riant spectacle, qui est célébré par un banquet et des réjouissances dans la petite société du lieu. Les Samoïèdes et les Ostiacks, en Sibérie, font des feux de joie, égorgent des rennes, et toutes sortes de fêtes ont lieu parmi eux quand le soleil reparaît.

Le 16 je quittai Alten pour retourner à Hammerfest, et mon hôte, y ayant affaire, m'accompagna. Le vent, ayant changé, nous força de prendre terre le soir à Komagfiord, solitude entourée des montagnes escarpées du continent, et que n'animent que les rares bateaux qui viennent dans cette baie chercher un abri. Le lendemain, avant de partir, je visitai les gammes des Lapons dont deux étaient sur le rivage, à peu de distance de la maison qui nous avait reçus. Un d'eux était très grand, presque circulaire et haut environ de cinq pieds. On y entrait par un passage très étroit et très bas, au bout duquel était une seconde porte ouvrant sur la grande chambre du gamme : quand je me fus glissé en rampant péniblement par ce passage, une scène curieuse m'apparut. Au milieu, sept ou huit Lapons étaient accroupis autour des cendres d'un feu de bois, et on les apercevait tout juste à travers la fumée et l'obscurité. Ils me saluèrent en norwégien, et l'on me conduisit au meilleur siège, qui était une petite boîte placée près du feu. La lampe qui s'alluma alors me permit d'examiner le groupe. Les hommes revenaient à l'instant même de la pêche, et enveloppés de leurs grosses peaux de mouton, barbouillés par la fumée et la saleté, ils n'avaient guère figure humaine. La petite lampe de ferblanc était alimentée par un vase plein d'huile, où trempait le foie de la grande *scy*, et qui servait aussi de sauce à leur poisson : cette lampe leur donnait ainsi la lumière et la nourriture. La faible lueur me laissait à peine voir les recoins obscurs de ce gamme, qui était très vaste et divisé en divers compartiments par des pièces de bois transversales perpendiculaires, pour servir de chambre à coucher aux différents membres de la famille. Dans un de ces compartiments où étaient amassées des peaux de mouton en quantité, j'entrevis deux enfants endormis. A une des extrémités, derrière un treillis, étaient des moutons et des chèvres qui jouissaient de toutes les aisances de la cabane.

Après cette visite nous partîmes : plus nous avancions entre les paysages désolés des deux rives, plus nous remarquions l'épaisseur de la neige. Seyland, Qualoën et Soroë n'étaient plus que des masses d'une blancheur éblouissante, et les montagnes élevées de la première île étaient magnifiques dans leur première robe d'hiver. Elles ont près de quatre mille pieds de hauteur. Vues de Fuglenaes, elles ont l'aspect le plus imposant.

Le *Jisfield*, mont de glace, traverse l'île de part en part, et le froid y est, dit-on, si intense qu'on peut à peine y passer, même en été. Cette île est peu habitée, et ses principaux habitants sont les Lapons de la côte qui vivent de leur pêche.

Arrivé à Hammerfest, je m'aperçus bientôt que j'avais bien fait de quitter Fuglenaes pour ces nouveaux quartiers d'hiver. Quoique le froid fût à cette époque plus considérable, je le supportais beaucoup mieux, grâce aux montagnes qui nous défendaient contre les attaques du vent. J'avais journellement l'occasion de voir des Lapons marins. C'est une race forte et intrépide. Les femmes entendent aussi bien que les hommes la manœuvre des bateaux fragiles sur lesquels ils s'embarquent par tous les temps. Leur vie est si périlleuse sur ces côtes battues par la tempête que le tombeau ordinaire des Lapons est l'élément sur lequel ils ont été élevés. Le ministre me dit qu'il était rare qu'il fût appelé pour accomplir les cérémonies de la sépulture sur un de ces hommes.

Description de Hammerfest et de Qualoen. Nature du commerce de Hammerfest. Vie intérieure des colons.

En indiquant la situation de Hammerfest, une description verbale ne fera pas facilement comprendre l'isolement du point où ce petit établissement se dérobe au reste du monde. Indépendamment de la haute latitude septentrionale, il est si bien caché par la nature qu'un navire peut passer bien des fois à côté sans se douter même de son existence. La factorerie anglaise qui y est établie actuellement en a péniblement montré le chemin aux bâtiments qui la visitent.

L'établissement de *Hammerfest* est situé sur la côte du *Finmark* que l'on connaît sous le nom de *Laponie danoise* ou *norwégienne*. Toute la plage septentrionale, jusqu'à la hauteur du cap Nord, est couverte d'une chaîne profonde d'îles qui, à des époques plus ou moins reculées, firent probablement partie du continent, et aujourd'hui lui sont de la plus grande utilité, en ce qu'elles reçoivent tous les assauts de la violence de la mer arctique ou polaire, l'abritent contre les tempêtes, et permettent une navigation intérieure et sans dangers depuis le cap Nord, en Finmark, jusqu'au Naze ou cap méridional de Norwége par les 57° 55' nord. Hammerfest est bâtie sur Qualien, l'une de ces îles qui n'est pas tout à fait exposée à l'Océan, mais se trouve entre le continent et la grande île de Soroe qui l'abrite à l'ouest, comme les îles de Seyland au sud et au sud-ouest. Hammerfest est sur le bord sud-ouest de l'île, à quarante milles nord-est de Harvig, cinquante milles nord-est d'Alten, et près de soixante milles sud-ouest du cap Nord. On y compte à présent plus de deux cents habitants. Son commerce, de même que sur les autres points de la Norwége, se divise en deux branches : celui que l'on entretient avec les produits de leur manufacture, et diverses denrées coloniales en échange de poisson et d'huile, et le commerce local entre le négociant du pays et les indigènes, qui vendent les produits de leur industrie pour de la farine, du drap, de l'eau-de-vie, et divers articles de nécessité ou de luxe.

Toutefois, tout le commerce de Hammerfest, pris ensemble, est insignifiant quand on le compare à celui que font les Russes avec le Finmark. Les marchands viennent surtout de Kola, du golfe de Kandalax et des confins de la mer Blanche; ils se servent pour ce commerce de petits navires à trois mâts nommés *lodjes*, qui portent de trente à cent tonneaux. Ils apportent aux Lapons du riz, de la farine, du grès, des lignes et des attirails de pêche, et en échange desquels articles ils emportent du poisson cru qu'ils salent immédiatement en masse. On croira à peine que, par l'entremise de ce commerce, du stockfisch du pôle nord est dernièrement arrivé jusqu'en Chine.

Les colons de Hammerfest sont tous Norwégiens. Pour résumer en peu de mots leur caractère, on peut dire qu'ils sont généreux au plus haut degré, et que leur hospitalité est complète. Ils sont, en général, très gais et très vifs, et ne sacrifient jamais leur goût pour les relations sociales à leurs transactions de commerce, qu'ils font avec abandon et sans grande prévoyance. On peut regarder les marchands de Hammerfest comme les êtres les plus heureux du monde, si le bonheur est dans le contentement et dans la tranquillité d'esprit que donnent la certitude d'une existence suffisante, peu de besoins, et l'ignorance des événements qui se passent dans le monde. La pipe et le café sont leurs grandes occupations durant le jour entre les repas et les affaires commerciales, qui ne tiennent que pendant l'été. Aussi, dès que vient l'hiver, il n'a plus qu'à s'amuser, à traiter ses amis, à fumer, à brûler son tabac et son punch, et à jouer aux cartes.

Les jeux qu'il préfère sont le boston et le whisk; mais ce qu'il y a de singulier dans ces parties, c'est la marque et le règlement de compte, qui n'a guère lieu avant la fin de l'année. Alors ils se créditent sur leurs livres pour de l'huile ou du poisson, au prix courant de l'article à l'époque du règlement. Les habitants de Finmark prennent beaucoup de thé, mais très léger, et leur manière de le sucrer est très singulière : ils boivent le thé d'abord, et prennent ensuite le sucre. Cela vient de la rareté et de la cherté du sucre, dont on passe un petit morceau à chaque convive pour être avalé après le breuvage. On prend aussi quelquefois le soir une tasse de *panacée*, qui est un mélange de thé, de rhum et de sucre.

La coutume qui existe en Finmark, et qui veut que les femmes servent les convives, est très pénible pour tout homme doué des plus simples notions de politesse. Il ne peut voir sans confusion une élégante et jolie femme, la maîtresse de la maison, debout derrière lui et le reste de la compagnie, et refusant de prendre un morceau tant que chacun n'a pas à peu près fini. S'il en était autrement, cependant, le convive serait bien mal traité et se verrait avec répugnance servi par des êtres dégoûtants, les domestiques femelles qui font le service commun de la maison, et dont la peau est sale et repoussante. Il est vrai que ces servantes, après avoir fait durant tout le jour les gros ouvrages qu'un homme exécute ordinairement, ne trouvent pas même pour la nuit le bien-être d'un lit, et vont coucher sur un banc, ou même à terre, sans qu'elles puissent se déshabiller.

Quant à la haute classe des femmes en Finmark, et ce sont les femmes et les filles des marchands, on peut dire d'elles avec vérité que ce sont les plus complètes et les meilleures ménagères du monde, par l'effet de leur emploi à toute espèce de service ; car elles sont elles-mêmes leurs cuisinières et les domestiques pour mille petits détails. C'est ainsi que les jeunes femmes, dans chaque famille, ont l'administration de la maison. Elles se lèvent le matin de bonne heure pour préparer le café, que toute la famille prend dans son lit. Ceci paraît au premier abord une coutume singulière à l'étranger qui est peu préparé à trouver une habitude si indolente et si recherchée au cap Nord de l'Europe. Cet usage est commun cependant à d'autres parties de la Norwége et s'arrange parfaitement avec le genre de vie que mène le marchand de Hammerfest. Il ne se fait jamais remarquer par son lever matinal, et comme il n'a rien à faire une fois que l'hiver est venu, le lit prend une bonne part de la longue nuit. Ce lit se compose de deux lits de plume de moelleux édredon entre lesquels il se glisse, et fût-il en cet état transporté au milieu de l'océan Glacial, il souffrirait peu du froid dans une telle enveloppe. On se couche ainsi sans aucune autre couverture. J'avoue toutefois que je ne pus jamais endurer ce luxe arctique, et que j'avais toujours recours aux draps et aux couvertures anglaises dont je m'étais heureusement muni. Quand on est couvert d'un de ces édredons, on éprouve une sensation d'étouffement, comme si l'on était suffoqué par un lit de plume immense qui excède de beaucoup la dimension des nôtres, mais est en même temps léger comme une plume. La chaleur qu'il produisait m'était intolérable, et je me trouvais heureux de le pouvoir rejeter au bout de quelques minutes. Ainsi couché, au milieu d'une atmosphère échauffée par le poêle, l'habitant de Finmark n'a pas à craindre d'être gelé.

Revenons à sa boisson du matin. On l'éveille à environ sept heures, et en ouvrant les yeux, il aperçoit le *hunsjonifroue*, la jeune femme de la maison, debout près de son chevet, avec une tasse de café très fort et très chaud : il l'avale avec complaisance, et se plonge de nouveau dans son nid de duvet. Pendant le peu de minutes qu'il faut pour sucrer le café, il interroge sa belle servante sur l'état du temps ou du vent ; ensuite, elle lui prépare sa pipe et disparaît pour rendre les mêmes bons offices au reste de la famille. Alors le marchand, assis ou à demi couché dans son lit et bien soutenu d'oreillers, fume sa pipe, puis après ces opérations, il se remet à dormir pour quelques heures. Cette mode est très riante pour un étranger. Il est vrai que vous êtes enlevé au sommeil quelques heures avant l'époque du lever, mais c'est par une jeune et jolie fille qui vous éveille en vous touchant doucement l'épaule, et avec le plus doux sourire vous invite à prendre ce qu'elle vous présente.

Le *frokost*, ou déjeuner, qui est un repas tout-à-fait à part, se compose également de café accompagné d'un plat chaud de viande rôtie ou hachée, renne ou mouton ; ce qui, avec l'addition d'un verre d'eau-de-vie, vous met fort bien en état d'attendre jusqu'à une heure de l'après-midi, et l'on sert alors le dîner. Ce repas vous soutient jusqu'au café du soir, à quatre heures, après lequel vous commencez à sentir des symptômes de retour d'appétit pour le *mad*, qui fait son apparition à sept heures, et ce n'est qu'une préparation au souper, qui termine ce cercle de repas et est tout aussi substantiel que le dîner. Au sortir de table, toute la compagnie se lève entre et se presse invariablement la main, et une poignée de main répond toujours à un toast, quand le verre a été vidé.

Lorsque l'on prend congé pour un temps plus ou moins long, ainsi que quand on arrive après quelque absence, on a droit à donner un baiser à chaque femme de la maison. Il est aussi très ordinaire de voir les maris embrasser leurs femmes au milieu des grandes réunions. Bien que ce soit une preuve de leur affection mutuelle, elle ne peut être aussi agréable aux étrangers qu'à eux.

Aurores boréales. Poisson, principale nourriture des bestiaux. Commencement de novembre et disparition du soleil Excursion à Qualsund. Sieste.

Le 19 octobre, les lueurs boréales furent visibles à neuf heures pour la première fois depuis mon retour d'Alten ; elles se mouvaient lentement en courbes, d'une lumière couleur de paille, vers l'horizon septentrional. Quand elles prennent cette direction, les habitants attendent un vent de terre (*land vind*), terme par lequel ils entendent le vent du sud ou du sud-est. Le temps était clair et le froid peu rigoureux alors. Le but principal de mes promenades du matin était l'île voisine de Melkoën, ou les côtes de Qualoën ; mais à l'exception de l'eider, il s'y trouvait à peine un oiseau, hormis çà et là un solitaire, *skarv*, ou cormoran, digne habitant de ces sombres mers.

Bien que le poids du bétail de Hammerfest ne soit pas tout-à-fait aussi considérable que celui de nos bœufs de choix, cependant les voyageurs les ont beaucoup trop dépréciés toutefois. Les fermiers ne seront pas étonnés d'apprendre que tous les bestiaux se nourrissent de poisson avec la plus grande avidité. On leur donne aussi du fumier de cheval, quand l'on peut s'en procurer, et ils le mangent bouilli avec des arêtes de poisson.

Pendant l'été tout propriétaire de bétail réunit pour l'hiver autant de fourrage grossier qu'il peut s'en procurer, et on le donne aussi aux bestiaux, accommodé avec l'espèce d'aliment que j'ai mentionné. C'était chose curieuse de voir préparer le souper des vaches et des moutons, et plus encore, ces animaux le dévorer.

A cinq heures du soir environ, on mettait sur le feu de la cuisine un grand pot de fer rempli à moitié d'eau, où l'on plongeait une grande quantité de têtes, d'os et de débris de poisson avec un peu de foin, et quand une longue ébullition avait fait de ces ingrédiens une soupe au poisson, on le portait dans l'étable où elle était bien vite mangée. Ce qu'il y a de singulier, c'est qu'elle n'altérait en rien l'excellent goût du lait ni la qualité de la viande. Les chiens aussi, à dîner, demandaient une arête de poisson, comme chez nous ils pleurent pour avoir un os.

On peut bien penser que la nature du pays rendant impossible l'usage des chevaux, cet animal est rare en Finmark. Je n'en vis qu'un à Hammerfest, et quelques-uns à Alten et à Qualsund pour tirer les traîneaux.

A cette époque arriva un évènement qui, bien que dans le grand monde il eût eu fort peu d'éclat, occasionna dans la petite société de Hammerfest une sensation peu commune. Il ne s'agissait de rien moins que d'une notification venue de Christiania, qui conférait aux femmes du prêtre et du contrôleur, en conséquence des longs services de leurs maris, le titre et le rang de *frue*. Il est difficile de faire comprendre la valeur de ce titre, qui correspond à celui de *lady*. On le donne en Suède à toutes les femmes indistinctement, pourvu qu'elles soient au-dessus de la dernière classe ; mais en Norwége il n'appartient qu'à celles qui jouissent d'un certain rang.

A la fin d'octobre les tempêtes d'hiver se déclarèrent avec une fureur incroyable, surtout du côté de Fuglenaes. On ne voyait plus sur ce rivage que d'immenses corbeaux et la pie commune. Puis, bientôt après le commencement de novembre, nous perdîmes la vue du soleil à Hammerfest, qui nous disait un long adieu, car il s'en allait pour ne reparaître qu'à la fin de janvier.

Nous avions encore assez de jour pour dîner sans lumière à une heure : c'était un crépuscule serein ; mais pour lire ou travailler, il fallait allumer. On pouvait lire assez facilement une impression ordinaire hors de la maison.

Ayant appris qu'il devait y avoir une noce laponne à Qualsund, je m'y rendis. La position de Qualsund doit lui donner en été un aspect de peu inférieur à celui d'Alten et de Talvig, protégé comme il l'est par les hautes montagnes du continent qui contrastent beaucoup par leur végétation avec celles des îles. Le bouleau atteint ici une hauteur plus considérable sur la terre opposée de Qualoën, qui n'en est séparée que par un petit détroit ou *sund*, qui lui donne son nom.

Le lieu se compose de la chapelle, de deux maisons de marchand et de celle du *lentzmend*, officier subalterne : il s'y trouve aussi deux ou trois familles de Quans. La chapelle est en bois, petite, simple et dépourvue du clocher qui orne ordinairement le peu d'églises que possède le Finmark.

Toute la journée du lendemain se passe à voir arriver les diverses familles de Lapons de tous les fiords environnants, pour assister à la cérémonie nuptiale qui devait avoir lieu le matin suivant. Bientôt la maison d'un marchand en fut pleine à regorger : leur manière de se saluer, qui est commune à toute la race, était singulière. Elle consistait à se poser le bras sur la ceinture les uns des autres, l embrassant en partie et prononçant en même temps le mot *pourist*, qui est une expression d'amitié. Hommes, femmes, jeunes filles, tous buvaient l'eau-de-vie plus vite qu'on ne pouvait la leur verser, et ce qui me parut surprenant, c'est que parmi tant de gens complètement ivres, il ne se manifesta pas la moindre velléité de querelle.

Le lendemain tous les effets de l'ivresse étaient passés, et la maison du marchand était en grande rumeur pour les préparatifs de chacun. La mariée avait un *koften* bleu, dont les manches étaient bordées de drap rouge et blanc, et elle avait par-dessus un tablier bariolé. Autour de ses épaules était un fichu noir et rouge, avec un second, de grosse colonnade, qui montait beaucoup en arrière et était très serré autour du cou. Elle avait mis de côté son haut bonnet, et sa chevelure était liée par une large bande dorée. De longs rubans jaunes, blancs et rouges lui pendaient derrière la tête, et au milieu de la poitrine, sur le fichu, elle avait des rubans jaunes en forme de croix. Le costume du marié était plus simple et plus avenant Son *koften* était aussi de drap bleu, et toute la différence se trouvait dans le collet et les bas de manches, le premier étant brodé rouge et blanc, et le dernier, aussi bien que le bas du manteau, ayant une large bordure des mêmes couleurs.

La cérémonie des noces, car il y en eut trois, dura quatre heures et fut constamment l'objet du respect de la congrégation. J'eus l'occasion de remarquer pendant les jours que je passai à Qualsund une habitude, générale du reste dans tout le Finmark : c'est qu'après le dîner, chacun fait son somme et se regarderait, s'il en était privé, comme aussi malheureux que de passer une nuit sans sommeil.

La chambre de Qualsund, qui, à défaut de différents appartements, formait le lieu de sieste de toute l assemblée, présentait, de trois heures à cinq, un singulier spectacle. C'était le rendez-vous de tous les dormeurs, et j'étais le seul éveillé au milieu d'eux.

Il était alors impossible de marcher dans la salle, à cause des attitudes et des positions des occupants : un homme était à droite sur une chaise, une femme à gauche sur une autre ; quelques gens étaient à demi-couchés à terre ou reposaient sur une table, tandis que dans un coin de la chambre, le ministre et sa femme dormaient sur un lit si profondément, que leurs fosses nasales ne faisaient pas entendre un bruit médiocre. Il fallait encore moins songer à lire, et il ne me restait d'autre ressource que celle de dessiner les attitudes des divers groupes. Cet état de repos ne s'arrête pas au salon. Chaque domestique de la maison le regarde comme indispensable, et, au milieu du jour, une cuisine norwégienne présente une réunion de gens qui ne sont pas les plus propres du monde, étendus, bien endormis sur les bancs de bois, et donnant ainsi tout l'inverse du spectacle qu'offre à cette heure une cuisine de l'Angleterre.

A environ cinq heures, le cercle de dormeurs s'éveillait, et alors commençaient les divertissements ; le café, les cartes paraissaient, et quelquefois le violon. Il arrivait souvent que toute la société se livrait à une infinité de petit-jeux. Par exemple, un marchand proposait à l'assemblée de marcher sur la ligne d'une fente entre les planches du parquet, sans s'écarter de cette direction, et les effets du punch rendaient cette tâche assez difficile ; une autre personne venait ensuite proposer d'imiter le bruit d'un moulin à eau, alors on mettait en réquisition toutes les chaises de la chambre ; ce bruit était parfaitement imité par les chaises que l'on faisait mouvoir en rond sur le parquet, et le tic-tac du moulin se trouvait exécuté dans la perfection au moyen d'une clef que l'on frappait contre la porte. On peut supposer que des éclats de rire tumultueux suivaient cette opération ridicule. C'est ainsi que nous trompions les heures de la longue nuit.

Beauté de l'hiver du nord. Difficulté de dessiner les Lapons. Départ de Hammerfest. Arrivée à Alten. Danse et chant des Lapons. Traîneaux.

Novembre était très avancé : l'hiver durait déjà depuis longtemps, et j'avais hâte de commencer mon voyage. Le ciel était alors extrêmement serein, et tous les matins, avant le déjeuner, j'allais admirer du haut de la petite batterie de Hammerfest l'extraordinaire variété de nuances qui se déployaient à l horizon par l'effet de la marche du soleil au-dessous, et de la limpide clarté de la lune dans une autre partie du firmament. Il n'est personne qui ne subisse les effets revivifiants d'une belle matinée de froid ; mais combien la beauté de l'hiver n'est-elle pas relevée dans ces latitudes septentrionales où le soleil ne glisse au-dessus de l'horizon que pour donner à toutes choses un air de calme et de solennité, en répandant sur la surface des cieux, une pompeuse richesse de teintes splendides !

A mesure que l'hiver avançait, le bruit et le mouvement de la petite colonie cessaient. Les visites mêmes des Lapons étaient moins fréquentes, et tout semblait attendre dans la torpeur le retour du soleil. Il nous envoyait cependant chaque soir les plus radieux spectacles. Quelquefois l'aurore boréale formait d'un point de l horizon à l autre un éblouissant arc de lumière pâle et onduleuse, qui se mouvait avec une rapidité inconcevable, et ressemblait aux mouvements d'un serpent. Puis tout disparaissait et la nuit tendait son voile ; mais soudain, et avec la vitesse du scintillement d'une étoile, l immense éther se couvrait de feux qui prenaient une forme toute différente : le ciel était alors inondé d une transparente lumière argentée, poussée aussi vite que de légers nuages que chasse le vent Quelquefois d'étroites bandes de flammes dardaient avec une incroyable rapidité, traversaient en quelques secondes la concavité infinie des cieux, et allaient se perdre sous l horizon du sud est. Il arrivait quelquefois qu'une large masse de lumière était vue au zénith et descendait vers la terre en forme d'un beau cercle radié ; puis il s'éteignait dans un clin d'œil. J'ai, une seule fois, cru entendre un bruit provenant de l'aurore, dans une nuit de novembre. Durant la dernière partie de ce mois, la lumière de ce phénomène était quelquefois si grande que je pouvais lire, éclairé par elle, de gros caractères imprimés, et ramasser une épingle à terre.

Il est difficile à moi, observateur peu expérimenté, de donner mon opinion sur la cause de l'aurore boréale qu'ont discutée si longtemps les physiciens. Cette circonstance qui a fait reconnaître que son éclat est d'autant plus grand que le temps est froid et serein, confirme certainement la croyance générale qui l'attribue à des causes électriques. Une idée répandue dans tout le Finmark parmi les gens de la basse classe est extraordinaire, et mérite d'être rapportée à cause de sa bizarrerie. Ces gens supposent que les immenses bancs de harengs de la mer polaire, étant poursuivis par un grand poisson, s'agitent, se retournent, et que les lueurs boréales sont le reflet des phénomènes lumineux qui se déploient sur l'eau ainsi mise en mouvement. Les Lapons, qui sont très superstitieux, veulent voir dans ce phénomène les âmes de leurs parents défunts qui dansent, et comme ces clartés changent continuellement de formes, ils s'écrient : « Voilà mon père ! Voilà ma mère ! » selon que leur imagination leur représente ces formes passagères. Quelquefois aussi ils imaginent que ce sont des mauvais esprits.

A propos d'esprits, je me rappelle que plus d'une fois, quand je dessinais les Lapons, ils étaient persuadés que la magie n'était pas pour rien dans mon opération, et ils témoignaient souvent alors de la gêne. Ils s'imaginaient qu'une fois en possession de leur ressemblance, j'aurais sur eux une puissance qui pourrait leur être dangereuse.

Le 30 novembre, il nous fallait absolument de la lumière pendant toute la journée pour beaucoup de choses, et, le 25, nous apprîmes que les rennes nécessaires à notre voyage seraient le 4 décembre à notre service à Alten. En conséquence, nous profitâmes d'un vent favorable du nord pour nous embarquer, et nous quittâmes la terre après de longs *farvels* (adieux), et des *lyk paa reise* (bon voyage à vous) dits et répétés bien des fois. Notre convoi se composait de cinq bateaux, et nous étions onze, tant hommes que femmes ; quelques jours après, un vent contraire nous ayant retenu à Qualsund, nous arrivâmes à Alten, et notre venue fut célébrée par un punch. Le Lapon qui devait nous servir de guide (*wapus*) était déjà à Alten, et on l'introduisit dans la chambre où nous étions réunis. C'était un homme jeune et robuste, l'animal à l'air le plus rude que j'eusse jamais vu, aux yeux sauvages, à la chevelure noire, raide et longue : c'était enfin un excellent échantillon du Lapon montagnard. Il fut d'abord très morose et de mauvaise humeur, mais quelques verres d'eau-de-vie lui ayant délié la langue, il commença à causer abondamment dans son idiome criard. Je désirai ensuite juger de ses talents pour la chasse et la danse, et il ne se fit pas prier. Il n'y eut jamais spectacle plus ridicule que celui de ce corps énorme et massif dans son *paesk* de renne, formant des *pus légers*. Son extérieur et ses mouvements gauches ne le faisaient pas médiocrement ressembler à un ours dansant, car sa danse ne consistait qu'à lever alternativement ses jambes couvertes de poil, et à les laisser retomber au même endroit précisément. Le chant était dans le même système, et se composait de deux ou trois notes discordantes combinées évidemment *impromptu*; car, lorsque je voulus savoir quel était le sujet de la chanson, j'appris qu'elle était relative aux loups et ne disait autre chose que ces deux mots : « Oh ! les loups ! les loups ! »

Notre thermomètre de Fahrenheit marquait alors 13° au-dessous de zéro; nous remarquâmes que toute la surface du fiord était couverte d'une épaisse vapeur qui sortait de la mer; c'est ce que les habitants appellent *frost rog* (fumée de froid). Elle est causée par la différence de température qui existe entre l'eau et l'air ambiant. L'eau étant plus chaude, la vapeur en s'élevant est condensée par le froid en très subtiles particules de givre qui produisent l'apparence d'un brouillard épais. Cet effet est très commun dans les hautes latitudes, et est une source d'embarras pour les navigateurs en leur rendant difficile de distinguer les objets les plus rapprochés.

Le costume d'hiver du Lapon de montagnes, nommé *kjore paesk* (*le paesk* de voyage) est composé des meilleures et des plus épaisses peaux de rennes. En outre, il porte ordinairement sur les épaules un large collet de peau d'ours (*sjevanowdt*) qui les couvre entièrement et descend à peu près jusqu'aux coudes. Quelquefois on laisse aux bouts les griffes de l'animal qui tombent par devant. Ce court manteau lui est d'un grand secours quand la neige tombe abondamment, et que le temps est tout-à-fait mauvais. La ceinture (*buagan*) qui assujétit le *paesk* porte un long couteau assez semblable à celui d'un boucher, et dont le manche est de racine de bouleau. Son habillement inférieur est le *bullinger*, espèce de hautes guêtres qui montent par-dessus son large pantalon de peau de renne, de la cheville à la cuisse : ces guêtres sont couvertes au bas de la jambe par le *komager baand* (en lapon, *woutag ahk*), qui est une bande étroite, roulée plusieurs fois autour de la cheville, et qui, tenant le tout serré, empêche la neige d'y entrer. Toutes les parties de ce costume sont assez larges pour que le sang puisse circuler librement, et fasse ainsi éviter l'engourdissement.

Il y a plusieurs espèces de traîneaux. Le *pulk* ou *bulke*, employé pour les marchands et les voyageurs, a la forme d'un bateau ; sa longueur est de sept pieds et sa largeur de seize pouces environ : il est couvert à demi par de la peau de veau marin. Le *kjore achian*, ou traîneau découvert, est moins bien travaillé et sert au Lapon. Il y a enfin le *raid achian*, ou traîneau de bagage, qui est également découvert et beaucoup plus grand, car il a huit ou neuf pieds de long et une largeur proportionnée. On attelle à chaque traîneau un seul renne.

Le 6 septembre, tout était prêt pour notre départ, et l'assemblage de bipèdes ou quadrupèdes velus que nous formions était vraiment curieux. Comme nous étions entièrement couverts de peaux de rennes, il n'était nullement aisé de nous distinguer de ces animaux, excepté à l'inspection de nos jambes et de nos personnes que l'on pouvait à bon droit comparer à des ours debout. La taille des marchands, accrue par ces enveloppes, était réellement gigantesque et formidable à côté de la stature en diminutif des Lapons. C'est dans cet équipage que nous quittâmes Alten.

Départ d'Alten. Bivouac. Souper. Scène de nuit. Le bois de Skovbredden. Monts Solivara. Arrivée à Koutokein.

Le matin était froid et mauvais. Cependant on rangea nos pulks très serrés les uns contre les autres, et le wappus, après nous avoir attachés dedans le plus solidement possible, et nous ayant donné la bride, sauta dans son pulk, et quand il eut touché son renne avec le fouet, pous partîmes tous comme l'éclair.

L'absence de lumière rendait difficile de distinguer la direction dans laquelle nous allions. Je laissai donc à mon renne le soin de suivre le reste du troupeau, ce qu'il fit avec la plus grande rapidité, et le pulk tournoyait derrière lui. Je m'aperçus bientôt qu'il était tout-à-fait impossible de lui conserver l'équilibre nécessaire pour qu'il ne renversât point, à cause du train dont nous allions et de la nature raboteuse du sol dans les endroits où la neige avait été enlevée. Dans l'espace des deux premiers cents pas, je fus jeté plusieurs fois la face sur la neige, mais je me redressais tout aussitôt en jetant mon poids du côté opposé. Les rennes me paraissaient avoir tous couru, au moment du départ, dans diverses directions; et en passant près d'un autre traîneau, je vis à mon grand étonnement un pulk entièrement renversé par-dessus son voyageur, sans que l'un ou l'autre en parût affecté en rien et que le renne ralentît son pas. Mon tour était maintenant arrivé, et comme nous descendions une pente peu importante pour entrer dans une forêt de sapins, un cahot soudain jeta le pulk si bien sur le côté qu'il me fut impossible de le relever, et que je fus traîné pendant longtemps, frottant avec mon côté droit la neige qui formait autour de moi un nuage par l'effet de la rapidité de la course. Je réussis enfin à tout redresser, et nous regagnâmes le terrain perdu.

A midi, nous arrivâmes au bord de l'Aïby-Elv, rivière qui prend sa source dans les montagnes et se décharge dans l'Alten. Ici, toute la troupe s'arrêta court, et, m'approchant, je vis la cause de cette halte soudaine. Le milieu de la rivière n'était pas encore pris : il y avait un intervalle de vingt pieds à franchir, mais les Lapons ne doutent de rien, et les sautèrent avec tant d'agilité et de vigueur, que nous passâmes, sans autre accident qu'un bain pris par quelques-uns de nous; mais l'épaisseur de la fourrure du *paesk* en empêcha le mauvais effet.

Lapons.

Nous continuâmes notre route, prenant la direction de la rivière d'Alten, dont nos guides voulaient nous faire suivre le cours jusqu'à ce que nous arrivassions à un point qui fût gelé suffisamment pour nous porter. Plus nous avancions, plus la neige était épaisse, et comme elle était nouvellement tombée, les rennes y enfonçaient, ce qui rendait nos progrès très lents. Le wappus était souvent obligé de quitter son traîneau et d'aller devant son renne, pour s'assurer avec son bâton des endroits vers lesquels nous nous dirigions. Le tintement des clochettes interrompait seul le silence que nous gardions alors.

Nous approchions de la rivière d'Alten : elle était très large au point que nous avions atteint, et ses bords étaient assez bien boisés. Elle était libre au milieu et le courant était très fort; mais comme elle était solidement prise des deux côtés, nous préférâmes y marcher à suivre les rives dont la neige était très inégale et très mauvaise. Nous avions dans notre cavalcade trois Laponnes, qui après avoir fait leurs emplettes à Alten retournaient à leur *rehn bye* (campement), sur les montagnes de Solivara. Il n'y avait que leurs bonnets qui pussent les faire distinguer des hommes.

A trois heures de l'après-midi nous quittâmes la rivière d'Alten, dirigeant notre marche plus à l'ouest, vers les hautes terres, et nous prîmes par une vallée de montagne assez boisée : le sol était raboteux et inégal, à cause des rocs que les torrents y avaient apportés. Nous avions à notre droite une rivière de la largeur de celle que nous avions vue le matin.

A cinq heures, nous nous établîmes pour la nuit dans un fourré de bouleaux; ce bois s'appelait *Skovbredden*, sans doute à cause de sa situation (*skow* signifie *bois* en norwégien, et *bredde*, bord, ou limite). Nous étions alors au pied de cette grande chaîne de montagnes, les Alpes du Finmark ou de la Laponie, connues sous le nom commun de *monts Kiolen*, et qui vont au sud presque jusqu'à Koutokeino. Comme cette chaîne court ensuite dans le sud-ouest, elle forme la longue limite naturelle qui sépare la Norwége de la Suède. Comme au-delà de cette station nous ne devions plus trouver de bois pour nous chauffer pendant la froide nuit et accommoder nos aliments, nous fûmes bien vite décidés à faire halte. Alors nous enlevâmes la neige sur un certain espace pour y établir notre bivouac, en disposant à l'entour nos pulks qui nous servaient d'appuis; un énorme bûcher fut allumé, et le souper se fit pendant que les rennes, laissés en liberté pour chercher leur nourriture, la mousse, parcouraient le bois, une clochette au cou.

Notre viande était tellement gelée qu'il fallait une hache pour la diviser en morceaux qui pussent entrer dans le pot de fer que portent toujours les Lapons : la glace nous fournit de l'eau, et en attendant que la viande fût cuite nous prîmes du chocolat.

Quand nous eûmes fini notre repas, et que l'eau-de-vie et le punch curent délié les langues des Lapons, ils nous prouvèrent qu'il n'est sans doute pas sur la terre de peuple plus parleur. De continuels éclats de rire suivaient les abondantes plaisanteries dont la vivacité et le piquant me donnèrent d'eux une meilleure opinion que je n'en avais eue jusqu'alors. Il eût été impossible de dormir et même d'y songer au milieu de leurs babillages.

A mesure que notre feu diminuait, on y mettait des arbres entiers qui répandaient une si grande clarté au loin, qu'il n'y avait rien à craindre des loups pour nos rennes. Par malheur, vers onze heures du soir la neige commença à tomber, au moment même où nous songions à nous livrer au sommeil. Il fallut bien nous résigner à ce contre-temps, et après avoir mis du nouveau bois dans le bûcher, et nous être couverts le mieux possible, nous posâmes notre tête sur un oreiller de neige pour nous endormir. Quelques-uns de nos voyageurs expérimentés se fourrèrent dans un large sac de peaux de renne, et ils s'y trouvaient aussi chaudement que dans leur lit. Tout fut bientôt dans le silence le plus complet, hormis le vent qui venait en sifflant des montagnes et passait sur nos têtes. La nouveauté de la situation m'empêcha de clore l'œil pendant un certain temps, et je m'amusais à écouter les tintements affaiblis des clochettes des rennes qui se faisaient quelquefois entendre dans les rafales. Je m'endormis enfin, mais la violence de la tempête me réveilla vers le matin, et je vis alors que j'étais couvert de neige; et toute l'assemblée était dans la même position, autant que je le pus voir à la chétive lueur que le feu donnait encore. Par bonheur, nos accoutrements nous rendaient invulnérables. Quant aux habitants du sac, ils avaient entièrement disparu sous la neige.

Pendant que l'on rallumait le feu, chacun se réveilla, et l'on alla chercher les rennes. A neuf heures, l'obscurité n'avait nullement diminué, et le vent qui nous aurait couverts de neige en allant vers les montagnes nous empêchait de partir. Les Lapons parlaient de rester à cette station, mais quant à moi je me souciais peu d'être pendant quelques jours peut-être littéralement jusqu'au cou dans la neige; d'autres étant de mon avis, nous décidâmes qu'on se remettrait en route.

La neige avait cessé de tomber alors, et le jour commençait à venir. Nous suivîmes d'abord pendant quelque temps la surface gelée de la rivière; puis, comme elle prenait une direction autre que la nôtre, nous la quittâmes : notre marche était, du reste, difficile à cause de la neige fraîche et de celle qui descendait continuellement des hautes terres, apportée par le vent; la neige, sur une pente douce boisée que nous montions au pied du mont Solivara, n'avait pas moins de cinq pieds de profondeur, et quelquefois c'était le double. Le wappus fut obligé de descendre de son traîneau; et passant à gué dans la neige en la sondant du bâton qu'il tenait dans une main, de l'autre il tirait son renne qui ouvrait un passage au reste, et formait de chaque côté un mur assez haut pour cacher le pulk et le conducteur. La surface étant parfaitement unie et les creux remplis de neige, il était difficile de dire quelle était la profondeur au-dessous de cette neige qui, étant fraîchement tombée, n'offrait aucune prise à l'utile sabot du renne. De sorte que de temps en temps l'animal s'enfonçait dans un lieu où pendant quelques minutes homme, bête et traîneau, tout était invisible, et ils n'en pouvaient sortir qu'avec l'assistance du wappus. On peut donc concevoir que notre marche devait être lente, et nous n'étions au bout de deux heures qu'à peu de distance de Skovbredden. Toutefois, en avançant et à mesure que nous nous éloignions des basses terres, nous trouvâmes un meilleur chemin et une surface plus solide; mais au-delà de la région des sapins la montée devint bien plus raide; et quelques bouquets rabougris de bouleaux nains ou de saules de montagnes se montraient seuls au-dessus de la neige. Nous perdîmes en cet endroit trois personnes de notre compagnie, les trois Laponnes qui se rendaient à leur *rehn bye* (campement de rennes), à deux milles de là.

Dans l'après-midi, outre les mauvais chemins sur les glaciers, l'atmosphère s'épaissit tellement que les guides ne crurent pas convenable de tenter le passage du sommet du Solivara avant la nuit. Cependant au bout d'une heure le temps s'éclaircit, et nous ne tînmes pas compte de leurs avis. A trois heures environ nous gagnâmes le plus haut point de la grande montagne (field) de Solivara; autant que nous pouvions nous en assurer par le faible jour que nous avions, un long plateau s'étendait au sud-est, direction que nous allions suivre.

Nous fîmes halte, et pendant que nous prenions notre repas, nous envoyâmes les rennes chercher le leur. Le froid était très grand dans ces régions élevées, et il atteignait 16° Fahrenheit au-dessous de zéro. Notre halte ne fut que d'un quart d'heure, et déjà la lueur du crépuscule avait fait place au scintillement des étoiles. Nous n'avions pas de temps à perdre, car il fallait longtemps encore et péniblement cheminer dans les montagnes avant d'arriver à un endroit qui fournît du bois pour chauffer notre bivouac de nuit. L'étoile du soir qui étincelait dans le ciel nous ranimait, tandis que nous glissions sur la cime glacée du Solivara.

Cependant un des quans vint me parler à l'oreille d'un ton d'importance, et il me donnait en effet un avis salutaire. Il me dit que le brouillard allait nous surprendre bientôt, qu'il me conseillait en ce cas de mettre mon renne au plus grand galop possible, de ne songer qu'à moi, et de ne jamais rester en arrière. Mon renne était en effet un des plus rapides du troupeau, et j'avais acquis de l'expérience dans la manœuvre du traîneau. Ayant donc attaché fortement le bout de la bride à mon bras de peur de la lâcher, je suivis l'exemple du wappus. Toute la troupe fit de même et redoubla de vitesse. Deux étoiles dans le sud-est nous avaient jusqu'alors servi de point de ralliement; mais bientôt tout fut obscur autour de nous, et au bout de quelques minutes le brouillard nous interdisait la vue des corps célestes; néanmoins, nous ne ralentissions en rien notre course; c'était un véritable pêle-mêle dans les ténèbres, car chacun ne pensait qu'à soi. C'est ainsi que nous allions grand train sur la cime du Solivara, de crainte qu'au brouillard ne succédât la neige poussée par le vent qui nous aurait encore beaucoup plus embarrassés. Nous regrettions alors de ne point avoir dirigé nos pas vers la tente des Laponnes, où nous aurions trouvé abri et bon accueil, mais nous en étions à quelques milles, et nous n'aurions pu la rejoindre. Revenir sur nos pas était aussi mauvais qu'aller en avant, et notre seule chance était de découvrir en descendant la montagne quelque coin abrité pour y attendre que le temps s'éclaircît. Avec l'abri le feu était nécessaire, et comme nous étions considérablement au-dessus de la région de végétation, nous ne pouvions espérer trouver que bien plus bas de quoi faire du feu. Notre guide de devant reconnut à la pente du terrain que nous arrivions à la descente de la chaîne; et, pour la première fois, il s'aperçut que les ténèbres l'avaient conduit dans une partie des montagnes qui lui était inconnue. Cette fâcheuse nouvelle nous forçait à aller au pas avec la plus grande précaution, quand tout-à-coup notre marche fut arrêtée. Le renne de devant avait posé le pied sur le bord d'un précipice, et avait fait halte par instinct. Par bonheur nous avions ralenti notre pas, car tout y fût tombé : nous prîmes alors une direction différente pour essayer de trouver une partie où la descente fût plus douce, et ce n'était pas facile à cause de l'obscurité. Chaque pas était donc plein de péril. Bientôt j'entendis un bruit confus dans les traîneaux de devant, et j'avais eu peu de temps pour me préparer quand je m'aperçus que je descendais rapidement une partie très raide de la montagne. La surface était polie comme un miroir, et renne et traîneau glissaient comme l'éclair, mais peu de pas suffirent pour donner au traîneau une vitesse supérieure à celle du renne, en en augmentant le poids; et bientôt le pulk passa devant l'animal, le renversa et l'entraîna assez loin; enfin le renne se délivra des traits qui embarrassaient ses jambes, et j'arrêtai. Tous les autres traîneaux étaient dans le même cas : l'on n'entendait que les cris : *Au wappus!* Enfin nous nous retrouvâmes au bas de la descente tous sans la moindre égratignure.

Après d'autres pêle-mêle du même genre, nous nous trouvâmes le matin, à notre indicible contentement, dans une étroite et profonde vallée de montagne où le wappus se reconnut; nous pûmes alors aller grand train; et après avoir encore considérablement descendu, nous arrivâmes à une épaisse touffe d'arbres nains et de bouleaux, où nous fîmes halte; ce n'était plus là le bon bivouac de Skovbredden, et nous étions à peine à l'abri des rigueurs de l'air. Difficilement nous pûmes trouver de quoi faire un petit feu qui donnait peu de chaleur; nous nous y endormîmes cependant, ayant bien chaud dans nos vêtements lapons; mais au bout de trois heures le poids de la neige qui était tombée devint si considérable que nous nous réveillâmes accablés, et changeâmes de place pour éviter d'être ensevelis.

Il était tout au plus cinq heures du matin; mais notre position était si misérable, que nous jugeâmes à propos de pousser en avant et de faire tout ce qu'il serait possible pour gagner Koutokeino, afin d'éviter une autre nuit : nous avions passé la nuit sur un petit lac nommé *Pielis-Javri*. Le matin était sombre et le froid intense quand nous partîmes; le vent aigu soulevait des nuages de neige. Bientôt nous arrivâmes au Chouis ou Kievris-Niumi, sombre chaîne de montagnes d'une élévation considérable. Autant que le jour me permit de le distinguer, je ne vis qu'un vaste plateau dépouillé, sans autre apparence de bois que çà et là les cimes rabougries de quelques bouleaux qui se montraient au-dessus de la neige : nous n'étions plus la troupe joyeuse de la veille, et la tempête croissait à mesure que nous avancions : la neige dans ces régions ne tombe point comme celle de nos climats en gros flocons; c'est plutôt en givre qui est poussé par le vent aussi abondamment que l'est le sable par les tempêtes des déserts d'Afrique : c'est à cause de son épaisseur qu'on la nomme *snee fog* (brouillard de neige).

Enfin, après de grands efforts nous quittâmes le Chouis-Niumi pour une contrée désolée dans les hautes terres; ensuite nous vîmes quelques lacs dans une vallée qui s'étendait sur plusieurs milles de longueur à notre gauche; les rochers qui la bordaient me semblèrent être d'argile schisteuse, dont la couleur formait un singulier contraste avec la nappe blanche qui s'étendait à leur base. Le lac principal que nous remarquâmes est le *Riggi-Lobi*, le plus considérable d'une chaîne de lacs. Le Riggi-Jawre est le second pour son étendue. Ce dernier, faisant un coude sur notre gauche, nous le quittâmes pour quelque temps, puis nous le rejoignîmes pour le traverser; ensuite à trois heures de l'après-midi nous fîmes halte dans un petit gamme délabré, demeure d'été d'un quan pour le temps où il s'y établit au milieu des lacs, afin d'y pêcher. Nous y avions allumé du feu et comptions après notre repas le quitter pour tâcher de gagner Koutokeino, mais le mauvais temps redoubla, et il y fallut passer la nuit fort misérablement, battus derrière notre feu par le vent et la neige, le gamme n'étant pas assez grand pour recevoir tout le monde; quelques-uns d'entre nous étaient restés à la porte, et la neige les avait si complètement couverts, que je mis le pied sur le corps d'un des Lapons, croyant le poser sur le sol.

Notre situation était trop pitoyable pour que nous ne profitassions pas du premier moment favorable pour effectuer notre départ, et à quatre heures du matin nous quittâmes le gamme pour suivre notre route; nous traversâmes ensuite plusieurs lacs sans importance, et au-delà nous trouvâmes une éminence rapide et sinueuse où se renouvelèrent les scènes de confusion que j'ai racontées plus haut. Quand nous l'eûmes descendue, nous étions sur le niveau de la rivière Alten, qui, sur quelques points, a un demi-mille de large; elle perd en été son nom pour prendre celui de Koutokeino, et nous suivîmes ses bords jusqu'à ce que nous vissions ce lieu, où se terminait la première partie de notre voyage en Laponie.

Description de Koutokeino. Son presbytère. Son église. Vie d'un prêtre lapon. Cimetière. Excursion. Départ de Koutokeino. Lacs nombreux. Haltan. Ofre-Niska. Muoniokiska. Bains de vapeur.

L'aspect de Koutokeino n'était nullement engageant : ce lieu ne se compose que de quelques cabanes de bois sur le bord de la rivière, et qui étaient alors profondément enfouies dans la neige; nous trouvâmes la maison du prêtre située sur un tertre, et nous y entrâmes sans cérémonie : elle était tout-à-fait vide, car le prêtre était en ce moment à une de ses églises dans une partie reculée de la Laponie. C'était un échantillon parfait de la demeure d'un ministre lapon : un étage seulement, une petite chambre et une cuisine derrière; plus un petit cabinet dans lequel était un lit. Après avoir passé la nuit entassés dans cette maison, nous nous levâmes mourants de froid, car l'air pénétrait partout dans la cabane du bon ministre, et le froid était de trois degrés tout près du poêle.

La paroisse de Koutokeino ou Goudokeino, qui est son nom lapon, se compose principalement de montagnes, de lacs à l'infini et de marais. Les principales rivières sont l'Alten ou Alata, Jocka ou le Jets-Jak. L'étendue de cette seule paroisse est de cent milles anglais de longueur, et sa plus grande largeur approche de cent milles; ainsi tout le district soumis au pasteur est de trois mille huit cents milles carrés. On peut juger, d'après cette immense étendue de pays à desservir, quelle est la rude vie d'un curé lapon.

Le ministre de Koutokeino réside pendant l'hiver dans la maison curiale que nous occupions alors. A cette époque de l'année, les Lapons, ses paroissiens, quittant les côtes, s'établissent ordinairement sur un rayon de vingt ou trente milles au plus autour de l'église, et ils y viennent le dimanche dans leurs traîneaux; c'est pourquoi le ministre est obligé de résider à Koutokeino, où il vient se fixer vers le milieu de décembre. Puis à mesure que l'été arrive, il se voit abandonné de tous ses paroissiens; enfin quand il se trouve seul, il vient lui-même sur le bord de la mer, et se fixe pour l'été à Kielvig.

Le lendemain de notre arrivée nous allâmes visiter l'église qui est à une courte distance du presbytère; c'était un simple édifice de bois, en assez médiocre état. Le cimetière qui l'entoure était bien planté, et dans l'été ce doit être un objet bien intéressant, car de ce point on a la vue de tout le pays. Dans l'église, près de la chaire, était le siège du *tolk* ou interprète qui explique aux Lapons ce que le prédicateur vient de dire en norwégien. A l'entrée du cimetière est le beffroi, séparé de l'église comme cela se voit partout en Norwège et en Suède. En y passant je remarquai deux cercueils déposés sur un banc, et on répondit à mes questions à cet égard que ces deux cercueils étaient là depuis longtemps et attendaient l'arrivée du prêtre pour livrer leur contenu à la terre.

Le clergé est si peu nombreux en Finmark, et les églises sont tellement distantes les unes des autres, qu'il est souvent impossible aux prêtres d'enterrer un corps dans le délai ordinaire. S'ils sont absents, et que ce soit en été, on inhume le mort sans eux, et à leur retour, ils font le service des funérailles sur la fosse. Si la mort a lieu en hiver, le cadavre reste sur la terre jusqu'à l'arrivée du ministre. Il se trouve souvent que la terre est trop gelée pour pouvoir être creusée, et alors le corps reste sans sépulture jusqu'au printemps.

Quelques-unes des filles Quans étaient loin d'être laides, et j'en vis même une très jolie. Je n'en saurais dire autant des filles des Lapons à rennes ; car, dans cette dernière classe, hommes, femmes, enfants confirmaient pleinement l'idée reçue relativement à la laideur des uns et des autres. J'achetai à une femme sa ceinture avec ses accessoires ordinaires, consistant en un petit couteau et sa gaîne, un dé de cuir ouvert au bout et entourant seulement l'extrémité du doigt, et enfin un singulier ustensile pour tenir lieu d'étui à aiguilles et qui n'était autre chose que quelques morceaux d'étoffes de laine cousus ensemble, qui servaient à ficher les aiguilles et sur lesquels on rabaissait un couvercle de cuivre pour garantir les aiguilles de l'humidité. Au bout de la gaîne de cuir étaient deux pièces de monnaie dont les Lapons sont très curieux comme ornements, et je ne fus pas peu surpris en trouvant qu'une de ces deux pièces était à l'effigie de Louis XVI.

Mon bagage qui était resté en arrière arriva quelques jours après nous ; mais quelle fut notre surprise quand nous reconnûmes que tous nos vivres, comestibles ou liquides, avaient été examinés et tellement diminués que nous pouvions soupçonner les loups d'y avoir mis la patte, si les cruches bien décachetées ne nous eussent avertis que les dévorants étaient les conducteurs eux-mêmes ! mais ils avaient tellement souffert que nous n'eûmes pas le courage de les réprimander.

Avant de quitter Koutokeino, nous fîmes une excursion dans nos pulks pour voir le pays environnant et trouver une tente à rennes que nous rencontrâmes à cinq milles de distance ; nous avions parcouru cet espace en un quart d heure. La tente, véritable haillon qui ne garantissait le Lapon ni du vent ni de la neige, était sur une colline désolée et entourée de deux cents rennes à peu près ; le froid y était si rigoureux que nous n'y pûmes rester que quelques minutes ; et après avoir fait à la hâte nos dispositions pour que des rennes vinssent nous prendre afin de nous conduire à Niska, nous dirigeâmes vers la rivière pour revenir à Koutokeino par un autre chemin.

Le pays que nous traversâmes me parut être une longue succession de bois de bouleaux frêles et bas. La lune éclairait vivement notre marche, tandis que nous descendions rapidement des hauteurs où nous nous trouvions vers la rivière. Le ciel était d'un azur foncé magnifique, bordé à l'horizon d'une bande d un rouge faible que produisait le soleil au-dessous. Enfin nous rentrâmes à Koutokeino en suivant la rivière.

Le 16 nous étions sur le point de partir au nombre de dix, dont six allaient à Stockholm qui se trouvait encore à onze cents milles de nous, et deux cents milles devaient être parcourus avec les rennes, nous comptions accomplir ce trajet en trois jours par un temps favorable : c'était pour nous un bien-être de pouvoir continuer notre route sans être enveloppés des ténèbres qui nous avaient jusqu'alors entourés. Au contraire, la lune brillait maintenant nuit et jour sans interruption ; tout semblait aller pour le mieux : le froid n'était pas très grand, les étoiles brillaient au ciel, et nos cœurs étaient légers, tandis que nous glissions rapidement sur la surface glacée de la rivière. Ses bords avaient le même aspect qu'avant notre arrivée à Koutokeino, bien qu'ils s'abaissassent graduellement, nous prouvant ainsi que nous approchions d'une partie de la Laponie beaucoup plus basse que celle que j'avais vue jusqu'ici. La rivière de Koutokeino sort de quelques lacs sur les frontières de Lapmark, de Bornéo, coupe le Finmark, et après un long cours va se jeter dans le grand fiord d'Alten. Une chose remarquable, c'est que dans son cours cette rivière traverse le centre de la chaîne de Finmark, où elle semble s'ouvrir de force un passage. En approchant d'Alten elle est latéralement en prison entre des montagnes qui se dressent perpendiculairement, et son lit est en conséquence tellement resserré qu'il n'est plus à un certain endroit qu'une fente dans les rochers, d'où ses eaux rugissantes se précipitent avec une violence majestueuse. En quittant la rivière, nous passâmes dans un pays peu varié par de rares éminences, entre lesquelles s'étendaient de longues plaines couvertes çà et là de bouleaux nains. Nous traversâmes quelquefois de vastes marais sur lesquels la neige enlevée ne laissait voir d'autre végétation que la mousse des rennes. Nous étions alors dans cette partie de la Laponie où cette plante est le plus abondante et couvre tout le sol. Le caractère montagneux du Finmark, dont nous allions bientôt franchir les frontières, avait entièrement disparu. Notre route traversait des lacs sans nombre, et c'était un véritable plaisir de glisser sur leurs miroirs polis après les lenteurs de notre premier voyage. Il semblait que tout le pays ne fût composé que de lacs, et nous en avions à peine quitté un que, de l'autre côté d'une légère éminence, un lac nouveau commençait. L'abondance des lacs et des marais étendus est le trait caractéristique de ce pays.

Au milieu d'un de ces lacs si vastes, que l'on nomme, je crois, *Suopadus*, nous rencontrâmes un parti considérable de Norwégiens et de Quans que nous saluâmes : ils allaient de Muonioniska à Koutokeino. Nous n'étions encore qu'à deux milles de Finmark de cette dernière peuplade, distance qui peut être évaluée à vingt-cinq milles anglais.

Le pays devenait de plus en plus plat, et il était quelquefois difficile de définir si nous étions sur la terre ou sur l'eau, à cause de l'uniformité de la blanche surface qui nous entourait. Nous apprenions toutefois de l'instinct de nos rennes quelle était la nature du sol que nous foulions, car à peine en un halte, ils couraient vers la terre où ils sentaient la mousse sous la neige.

Ainsi que nous, les Lapons se distrayaient avec leurs *tobak bipos* (pipes à tabac) qui sont très petites, excédant rarement une longueur de trois ou quatre pouces, et sont suspendues par une bande de cuir à la partie antérieure du paesk. Le petit sac qui renferme le tabac est dans leur ceinture, et il contient aussi un petit morceau de fer, un caillou, et pour amadou un champignon, qui remplit le même office chez les Indiens de l'Amérique septentrionale.

Après avoir traversé le grand lac de Jevis-Javri, nous arrivâmes dans une contrée assez bien couverte de bouleaux : c'est là la frontière qui sépare la Laponie norwégienne de la Laponie russe ; puis après avoir passé encore d'autres lacs, nous fîmes halte pour la nuit dans une cabane d'été de pêcheurs sur les bords d'un lac nommé *Storrai-Grotti-Javri*.

Nous quittâmes cette station de bonne heure, dans l'espoir d'avoir fait, avant notre prochaine halte, une bonne partie du chemin qui nous séparait encore de Muonioniska. Nous étions alors dans la Laponie russe, et nous pûmes remarquer un changement dans l'aspect du pays ; les sapins avaient reparu. Comme le jour précédent, nous eûmes à traverser beaucoup de lacs dont les bords étaient garnis de pins qui relevaient un peu la plate uniformité de la contrée. Elle devint graduellement plus onduleuse, les lacs étaient plus rares, et les bouleaux disparaissaient pour faire place à des pins d'une hauteur remarquable. Dans l'après-midi nous fîmes halte dans un bois, éclairés par une belle lune. Nous partîmes par un froid intense qui avait commencé à être aussi rigoureux le jour où nous quittions Koutokeino. A la nuit, nous nous plongeâmes dans d'épaisses forêts de pins, d'une hauteur que je n'avais pas encore vue. Il régnait dans ces solitudes un silence triste, tandis que nous glissions lentement sous les rayons de lune qui se faisaient jour à travers les branches largement déployées. Quelquefois les troncs étaient si pressés que nos rennes avaient de la peine à avancer, ou étaient obligés de se baisser la tête pour ne pas prendre leur bois dans les arbres.

Tout-à-coup nous fûmes surpris par la vue de quelques maisons. Nous avions gagné Haltan, qui est le premier établissement de Quans que l'on trouve entre Koutokeino et Muonioniska. Ce sont deux ou trois maisons sur les bords du lac d'Aunis-Javri. Il n'était pas tard quand nous arrivâmes; mais bien qu'il fût tout au plus trois heures, la nuit était aussi complète qu'à minuit. A la clarté de la lune, je crus voir que ce lieu était pittoresque entre les pins qui bordent l'eau. Nous passâmes la nuit à Haltan, car nous ne pouvions espérer d'aller coucher à Muonioniska qui est à cinquante milles. Le thermomètre était élevé à 16° Fahrenheit au-dessous de zéro.

Les trois familles qui vivent à Haltan tirent leur subsistance de la pêche et de quelque bétail qu'elles entretiennent. Leurs maisons sont jolies et propres, de beaucoup supérieures, en ce point, à celles de Koutokeino. On nous y reçut avec une bienveillante hospitalité. La chambre que nous occupions était éclairée, comme le sont les maisons de Finmark, par de longs éclats de sapin qui, étant allumés, sont placés de manière à ce que, lorsqu'ils ont brûlé jusqu'au bout, ils tombent dans un vase de fer destiné à recevoir les étincelles. Cette lumière remplace celle de la chandelle, et l'on peut supposer qu'elle est très économique, puisqu'un sapin peut fournir mille éclats de ce genre. Cette espèce de flambeau dure au feu, du reste, trois ou quatre minutes au plus, et il faut une attention constante pour remplacer à temps celui qui est brûlé.

Nous quittâmes Haltan le lendemain matin, et après avoir traversé l'Aunis-Javri, nous tournâmes les montagnes boisées qui s'élèvent sur l'autre bord du lac. Une montagne, à la distance de quelques milles sur notre gauche, formait, par sa cime blanche, un beau contraste avec les forêts qui s'étendaient au-dessous. C'était la seule qui eût frappé nos regards depuis notre départ de la chaîne à Finmark, et la hauteur devait en être très considérable, car les derniers bouleaux cessaient à la moitié de ses flancs escarpés. Ses parties inférieures étaient revêtues de pins, et il était curieux d'observer la manière dont ils s'éclaircissaient à mesure qu'ils montaient, disparaissant peu à peu, et faisant enfin entièrement place aux bouleaux. L'aspect du ciel au milieu du jour était parfaitement beau alors; car il était tout imprégné d'une teinte de vermillon, reflet de la lumière du soleil au-dessous de l'horizon, tandis que les pâles rayons de la lune, se montrant au milieu, y répandaient un air de calme indicible.

Nous voyageâmes toute la journée par un pays bien boisé, non pas aussi plat que celui des journées précédentes, et où se trouvent quelques lacs. Nous rencontrâmes fréquemment de longues perches fichées dans la neige et se joignant au sommet en forme de cône : c'étaient les restes de quelque campement de Lapons. Comme il y a dans l'intérieur du pays abondance de bois, ils laissent ordinairement derrière eux les fragiles charpentes de leurs demeures, et les servent au Lapon qui veut, à son tour, fixer sa passagère demeure sur ce terrain.

Il serait difficile de peindre la beauté de la nuit constellée et le reflet de l'aurore boréale sur chaque branchage couvert de gelée blanche, comme s'il eût été orné de pierreries par million. Ce spectacle radieux rappelait le conte des fées. il semblait que nous voyageassions dans une forêt enchantée.

Bien que nous glissassions rapidement au clair d'une belle lune, cependant nous pressâmes nos rennes pour arriver à la nuit sous un toit qui nous abritât. Nous traversâmes forêts, lacs, vallées, pays boisé, pays découvert, pendant plusieurs heures, puis nous entrâmes dans une plaine immense, couverte de neige, unie comme une mer de glace, et composée de profonds marais. On ne voyait pas même un bouquet de bouleaux chétifs qui perçât de sa tête nue la neige épaisse. Nous nous trouvâmes enfin dans un pays plus inégal : on y voyait épars des arbres et des buissons ; nous arrivâmes ensuite à une région de forêts et de rapides descentes.

Enfin, au bas d'une de ces pentes rapides nous nous trouvâmes sur la surface de la rivière Muonio, qui, à cet endroit, ressemblait à un lac très étendu ; et à une courte distance de là, l'apparition de quelques lumières nous annonça que nous étions dans le voisinage des habitations des hommes. Notre guide nous dit, en s'arrêtant, que nous étions à Ofreniska, établissement quan ou finlandais, où nous fîmes une petite halte.

A huit milles de là, ayant toujours suivi les bords de la Muonio, nous arrivâmes à Nedreniska (Basse-Niska) ou Muonioniska, à cause de la rivière sur laquelle ce lieu est situé. C'est là le premier endroit où les Finlandais entretiennent des chevaux que les voyageurs peuvent se procurer. Il en est peu qui gardent leurs rennes au-delà de Muonioniska. Les maisons de ce lieu étaient toutes différentes dans leur construction de celles de Koutokeino. Les charpentes étaient solides et les portes joignaient bien. Comme il s'y trouvait un *bastuen*, ou bain de vapeur, tous mes compagnons de route s'y rendirent et furent baignés par les plus jeunes femmes de la famille qui sont invariablement chargées de cette opération. Quant à moi, j'allai pendant ce temps voir l'église, placée sur une éminence de l'autre côté de la rivière. C'est, en vérité, un bel édifice, bien qu'il soit entièrement en sapin. Le prêtre était absent, et je vis beaucoup de Quans qui revenaient de la grande foire de Kangis avec leurs traîneaux chargés de diverses marchandises pour Niska, Koutokeino, Alten et d'autres lieux.

Continuation du voyage vers Tornéa. Nuit à Pello. Coutume des Finlandais. Arrivée à Tornéa. Réapparition du soleil.

Après avoir pris des chevaux et tout arrangé pour notre nouveau mode de transport, nous quittâmes Muonioniska pour nous rendre à Tornéa, qui était encore à plus de deux cents milles de nous. Ayant gravi une petite éminence, nous eûmes de son sommet une bonne vue de tout le pays, qui ne présentait à l'œil, aussi loin qu'il pouvait atteindre, qu'une interminable forêt de pins sans qu'une seule habitation humaine s'y montrât pour varier et rompre la sauvage monotonie du tableau. Après une marche de quelques milles, nous nous trouvâmes sur le bord de la rivière, et comme auparavant, nous continuâmes notre route sur sa surface : le Muonio sort des Killpis-Jaure, au pied de la chaîne alpine de Norwège, prend d'abord le nom de *Kongarna-Elf*, qu'il perd ensuite pour celui de Muonio, et cette rivière est la limite qui sépare la Suède de la Russie, la Laponie suédoise étant sur sa rive orientale, et la Laponie russe sur celle de l'ouest. Ses bords étaient généralement boisés, au point qu'il nous était impossible de voir un peu le pays que nous traversions. Notre seule distraction était la rencontre fréquente de Lapons russes, qui me frappèrent comme étant plus petits et plus basanés.

Après un trajet d'environ trente milles, nous changeâmes de chevaux à Parkajoki, et la maison où nous descendîmes était jolie et propre, les fenêtres fermaient bien, et tout était d'un très bon travail. A un mille au-delà de cette station, nous quittâmes la rivière pour traverser de profondes forêts de pins, où nous eûmes un très mauvais chemin, tant par l'effet des branches qui nous obstruaient que par la neige qui était trop molle.

A neuf heures à peu près nous arrivâmes à Teppajervi, habitation d'un Finlandais, où nous restâmes au coin du feu jusqu'à deux heures du matin. Alors nous nous remîmes en route par un beau clair de lune, toujours à travers nos sombres forêts.

Il était quatre heures quand nous fûmes à Kollare, où, après avoir réveillé les paysans, nous nous endormîmes nous-mêmes pour quelques heures Ce petit établissement finlandais est situé sur une île, et les maisons y ont de l'aisance et de la propreté. Nous y prîmes des chevaux frais, et étant partis de bon matin, toujours suivant la Muonio, nous arrivâmes au milieu du jour à Kiexisvara, à vingt milles de Kollare. Quoique nous ne fussions pas encore assez avant dans le sud pour jouir de la présence du soleil, et que notre jour fût de peu de durée, cependant du haut d'une colline, grâce au solstice d hiver, je pus distinguer le paysage environnant. La lune ne régnait plus comme en Laponie, la nuit et le jour, et de ce point élevé je pouvais apercevoir le cours glacé de la Tornéa et ses lointaines sinuosités.

Nous quittâmes Kiexisvara à trois heures de l'après-midi. Bientôt une flamme intense qui brillait nous apprit que nous traversions Kangis, dont je pus entrevoir l'église dans les ténèbres. De là nous suivîmes pendant quelque temps les bords de la Tornéa, toujours à travers des bois de pins. La foire de Kangis, qui venait de se terminer, est le grand rendez-vous de tous les Lapons du Nord. Le commerce s'y fait entre eux, les Finlandais et les Suédois.

Il était facile de voir que nous approchions d'un pays plus civilisé et plus habité : tout en glissant sur la large Tornéa, de joyeux reflets de flammes sortaient des maisons des Finlandais ; mais c'est à Pello que nous voulions nous arrêter, et nous nous y dirigions en grande hâte. Nous ne restâmes donc que peu de temps à Jarrhos pour changer de chevaux. L'intérieur de la maison de poste était entouré d'un banc de bois, sur lequel une femme filait. Nous n'y étions entrés que depuis quelques instants, quand nous vîmes avec la plus grande surprise trois jeunes gens parfaitement nus, et qui venaient se placer sur le banc. Les jeunes femmes, qui étaient elles-mêmes très légèrement vêtues, paraissaient tout-à-fait indifférentes à cette circonstance, et quoique leurs compagnons fussent assis tout près d'elles, elles continuaient leur travail sans donner les moindres signes de surprise. Il est vrai que l'intérieur d'une maison finlandaise ne donne que peu de jour, grâce à l'absence des fenêtres que remplacent de petits trous carrés que l'on ferme avec une porte la nuit. Toute la famille sortait du *bastuen* et venait se sécher à la chaleur en faisant visite aux étrangers. La liberté entre les sexes est extrême et sans péril dans le nord. Quoi que les auteurs en aient pu dire de contradictoire, la race laponne et la race finlandaise sont tout-à-fait distinctes.

Nous arrivâmes tard à Pello pour y passer la nuit, et le lendemain je fus très étonné de voir que nous traversions une rue irrégulière d'un mille de long à peu près. Les bâtiments étaient surtout des granges, des écuries, des greniers, et j'en conclus que le pays est très cultivé. Nous marchions alors sur la terre rendue classique par les célèbres opérations qui ont mesuré un degré du cercle polaire.

Après avoir passé devant l'église de Turtola, qui nous étonna par sa belle apparence, nous allâmes changer de chevaux à la poste et continuâmes à descendre la rivière à Jouxengi, ou nous prîmes d'autres traîneaux, nous étions presque sur le cercle polaire du nord. Puis, ayant quitté la rivière, nous allâmes quelque temps par terre pour éviter les chutes de Kahta-Koski, qui interrompent le cours des traîneaux sur la rivière.

Il était deux heures de l'après-midi quand nous franchîmes le cercle polaire, à ma grande satisfaction.

Il y avait cinq mois que je l'avais traversé près de Luuroën sur la côte de Norvège. Nous nous arrêtâmes ensuite à Mario-Saari, que forment quelques maisons situées sur le côté russe de la Tornéa, et nous passâmes la nuit à Matarengi ou Ofwer Tornéa.

De là nous continuâmes notre route par terre pour aller à Nedre-Tornéa, ou, comme on le dit par excellence, Tornéa Le pays que nous traversâmes pour y arriver est très cultivé et très peuplé : les villages abondent sur les bords de la rivière.

C'était le soir du 23 décembre qu'à ma grande joie j'arrivai à Tornéa, située à l'extrémité du golfe de Bothnie. Notre voyage d'Alten ici avait été de dix-sept jours. Nous ne traversâmes pas la rivière, mais nous restâmes sur le côté suédois dans la maison de poste à Haparanda.

La ville de Tornéa est le point où l'on se rend pour voir, le 14 juin, le soleil à minuit. Charles XI, roi de Suède, y vint pour assister à ce spectacle du haut de la tour de l'église où l'on conserve écrit en lettres d'or le récit tel que le fit le roi lui-même. Le froid était très rigoureux et ne diminuait en rien à Tornéa, mais je pus m'y coucher dans un lit, où du reste je ne dormis pas en repos, tant j'avais été habitué à la dure. Ma courte pointe de peaux de lièvres blancs me tenait trop chaud.

L'aspect de la ville de Tornéa n'a rien de séduisant, et elle me parut un lieu de désolation extrême. La population n'est pas de plus de trois cents âmes, et la ville se compose de trois rues parallèles. L'île qu'elle occupe n'est pas entièrement entourée d'eau en été ; alors ce n'est qu'une péninsule : mais l'isthme est inondé en hiver, qui dure tout le reste de l'année.

Le jour de Noël, que je m'attendais peu à passer à Tornéa, fut marqué par un événement qui ne pouvait que me faire une grande impression, le retour du soleil. A onze heures environ, comme nous traversions la rivière, je tournai machinalement ma tête vers le sud, et quelle fut ma surprise quand je vis le soleil au-dessus des eaux glacées du golfe et d'un certain diamètre au-dessus de l'horizon ! C'était en effet une vue admirable pour nous, privés depuis deux mois de ses rayons. La nature parut revivre et sourire tout-à-coup. Le matin était beau et clair, et la surface de la rivière, couverte de frimas, étincelait à la lumière nouvelle ; avant une heure l'astre disparut au-dessous de l'horizon.

Départ de Tornéa. Pithea. Bothnie septentrionale. Umea. Angermanland. Ell-Karleby-Stockholm. Retour en Angleterre.

Dans l'après-midi de Noël nous quittâmes Tornéa, allant grand train par un beau clair de lune jusqu'à Nikkala, où nous changeâmes de chevaux entre ce lieu et Seivits. Nous traversâmes une baie du golfe, où de vastes forêts de sapins s'étendaient jusqu'au bord de la glace, et ces masses vertes contrastaient à merveille avec la blanche surface au-dessus de laquelle elles s'élevaient. Avant d'arriver à Grotness nous traversâmes la grande rivière Calix, qui prend sa source très haut dans le Lappmark, au milieu de ses montagnes, et après la moitié de son cours, reçoit une branche de la Tornéa qu'elle amène avec elle au-dessous de Calix, où elle tombe dans le golfe de Bothnie.

Nous étions alors réellement en Suède. Nous avions derrière nous les Finlandais et leur dialecte de Tore, nous allâmes coucher à Hvitå après avoir traversé une autre crique du golfe Le lendemain à midi, nous gagnâmes la ville de Gamle-Lulea, dont les rues sont régulières, qui est à trois postes de Hvitå, et à dix de Tornéa. Comme la mer abandonne visiblement ces côtes, il est devenu nécessaire d'élever une nouvelle ville de Lulea qui contient environ huit cent cinquante habitants. Elle est située sur une péninsule formée par le golfe et l'embouchure de la grande rivière de

Lulea, qui a dix-neuf mille pieds de large à Gaddvik. Elle prend sa source dans le Lappmark de Lulea, parmi les Alpes frontières de la Norwége et de la Suède, et traverse le grand *trask* (lac) de Lulea.

Le nombre de rivières qui descendent de la grande chaîne de montagnes entre la Norwége et la Suède est très considérable, et il faut en traverser une presque à chaque lieue. C'est ce qui rend, avec l'abondance des forêts, un voyage à Tornéa très agréable en été.

Avant d'arriver à Pithea, nous eûmes, du haut d'une petite éminence, une vue de toute la ville, de la blanche surface de la rivière et de plusieurs navires qui y étaient pris dans la glace. Pithea est la ville principale et le siège du gouvernement de *Norbotten* (Bothnie septentrionale), et renferme six cent cinquante habitants. En la quittant nous traversâmes la Pitéa, qui est aussi grande que Lulea Elf.

Je vis pour la première fois à Jaffre un taureau attelé à un traîneau. Le costume des paysans qui les conduisaient était une longue pelisse de peau de veau blanc, avec un bonnet de peau d'agneau de la même couleur : ce qui les rendait assez difficiles à distinguer de la neige qu'ils foulaient. A Abyn en Vesterbotten nous prîmes, pour conduire notre traîneau, une jeune fille parmi cinq autres qui avaient toutes de ces pelisses blanches.

Nous couchâmes à Sunnanaa, vis-à-vis lequel lieu on voit la belle église de Skelleftéa, qui est encore supérieure en architecture à celle de Tornéa. Le pont qui traverse la rivière de Skelleftéa est curieux à cause de sa longueur, qui est d'un quart de mille : il est entièrement de bois sur des piles très basses. La rivière, qui est considérable et tombe dans le golfe au-dessous, vient d'un grand lac de l'intérieur du Lappmark de Pithea, que l'on nomme *Horn-Lfvan*.

Nous reprîmes notre marche le matin, et nous allâmes changer de chevaux à Bure, puis nous passâmes la nuit à Riklea, après avoir fait soixante milles anglais Je m'écartai un peu le lendemain pour voir Uméa, ville grande et régulière de mille habitants, située sur les bords de la rivière du même nom, qui est très considérable, et descend du fond du Lappmark d'Uméa. Nous quittâmes Uméa dans l'après midi, et à trente milles de là, nous fîmes halte à Angersio, qui prend son nom d'un lac voisin, où se rencontrent les limites de la Bothnie ouest et de l'Angermanland. Le matin, je pris encore pour conduire le traîneau une très jolie fille, qui me mena jusqu'à Loefra, la première poste, où elle me quitta.

Depuis notre départ d'Angersio, nous étions en Angermanland, et le pays devint plus montueux, comme certaines parties de la Norwége. Les bords du golfe étaient aussi plus variés, et des roches s'y élevaient sous des foules de pins.

Après un trajet de sept postes, nous fîmes halte à Spinte, dans une bonne et grande maison. C'était ce jour-là le nouvel an, et je ne vis jamais plus délicieux tableau que le pays enveloppé de ses vêtements d'hiver qui relevaient la sombre verdure des pins. Les cristaux de la gelée blanche étincelaient aux rayons du soleil levant; tout était animé, et les chants lointains des paysans qui célébraient le début de l'année ajoutaient aux douces émotions que cette scène inspirait.

Angermanland, la province où nous nous trouvions, forme une des divisions de l'Ouest-Norrland ; elle est très montueuse, et abonde en forêts, lacs et rivières considérables qui tombent dans le golfe de Bothnie. On voit que ce pays a tous les éléments d'un beau paysage. Près de Songa, nous aperçûmes la singulière montagne de Skula (Skulberget), qui s'élève au-dessus de la route comme une muraille, à plusieurs cents pieds de hauteur. Nous allâmes ensuite coucher à Santstog, dont la situation est très belle, et nous fûmes très à notre aise. Entre ce lieu et Weda, nous traversâmes la grande rivière d'Angermanland, dont la largeur est d'un mille au moins, et dont le passage est désigné aux traîneaux par une longue avenue de pins plantés dans la neige. Cette rivière vient du nord, très haut dans le Lappmark d'Asile.

Après avoir passé à Mark, nous entrâmes à Fiall, d'où nous partîmes dans un traîneau par un froid de 14° du thermomètre de Fahrenheit. Nous étions alors dans la province de Medelpad, qui commence entre Mark et Fiall. Après avoir traversé l'embouchure du grand Indals-Elf, et changé de chevaux à Vifsta, nous arrivâmes à dix heures du matin à Sundswall, dont la vue était très belle. Sa baie présentait une vaste nappe éblouissante, et que coupaient quelques grands bâtiments pris dans la glace. Cette ville, qui est jolie, a seize cents habitants L'église me parut belle, et les rues propres et régulières.

Quand on quitte Sundswall, la route suit pendant quelques milles les bords du golfe, qui, pénétrant dans les terres, y forme plusieurs criques et des baies bordées d'éminences et de rochers que des pins revêtent de la manière la plus pittoresque. Ici nous voyons des îles couvertes de sapins; là, des hauteurs escarpées, et à travers une ouverture dans les forêts, la mer glacée sans limite, pareille à une vaste étendue de neige.

Nous traversâmes bientôt le Njurunda-Elf, autre rivière considérable, et quittant le golfe après avoir franchi des forêts et des routes difficiles, nous arrivâmes à Maji. Au-delà de ce lieu, nous trouvâmes les frontières de l'Helsingeland et quittâmes Medelpad. Ensuite une autre longue poste de treize milles nous amena tard à Bringsta, où nous couchâmes. Là on nous régala pour notre souper de *filbunke*, qui n'est autre chose que du lait caillé que l'on mange avec du sucre. Les paysans que nous avions rencontrés étaient chaudement vêtus de pelisses de peaux de chiens, que l'on trouve beaucoup dans les provinces du nord. Ces animaux qui les fournissent ont un pelage magnifique, et une belle fourrure de cette espèce vaut beaucoup d'argent.

Près de Sanna, où nous passâmes le lendemain, nous remarquâmes quelques jolies maisons de campagne qui nous annonçaient l'approche d'une grande ville, et bientôt parut en effet celle de Hudiksvall, port de mer très commerçant, qui a quatorze cents habitants et plus.

En partant de bonne heure de Norrala, il nous fut possible d'arriver à temps à Gefle, où nous comptions rester un jour: C'est une ville considérable qui prend place au troisième ordre des villes de Suède, et a cinq ou six mille âmes de population. En apparence, elle n'est vraiment pas au-dessous de celles que j'avais vues, excepté Stockholm. Elle est très vieille et bâtie régulièrement; ses édifices publics, ses beaux ponts de pierre, ses rues larges et bien éclairées prouvent un degré de richesse et de prospérité que explique l'état de son commerce. La vue des quais, qui sont très étendus, est fort belle, et les vaisseaux rangés sur plusieurs lignes couvrent une vaste surface. Les bois voisins qui descendent jusqu'au bord du golfe de Bothnie ajoutaient d'une manière pittoresque, à ce paysage d'hiver éblouissant, la beauté de leurs masses sombres dans le lointain. Nous quittâmes Gefle le lendemain avant midi, et nous nous arrêtâmes à Elf-Karleby pour voir les chutes. Elles sont formées par la rivière Dal, qui prend sa source dans les montagnes de la frontière et mêle ses eaux avec celles du golfe de Bothnie au-dessous d'Elf Karleby. Il était entièrement nuit quand nous arrivâmes à Mehede et Upland, et, après y avoir passé la nuit, nous gagnâmes par un pays plat et d'une belle culture la ville d'Upsal, ancienne métropole des rois de Suède. Cette ville a été si souvent décrite, que je renverrai à ces récits des autres voyageurs. Je remarquerai seulement que les restes de Linnée sont dans la cathédrale, imposant et vénérable édifice, quoiqu'il soit construit en briques. Ses hautes tours, la légèreté et les formes aériennes de son architecture intérieure rendent ce monument

Rennes.

digne d'un touchant intérêt. La population d'Upsal est de quatre mille cinq cents âmes, et le nombre des étudiants est de huit cent soixante-dix. Le château, où réside le gouverneur, est vieux et flanqué de tours rondes élevées : une grande partie est en ruines, et les fortifications ont été démolies. On y a une vue très étendue sur le pays, qui est extrêmement uni ; car aussi loin que peut atteindre le regard, il ne rencontre aucune éminence, et n'aperçoit plus les impénétrables forêts du nord; et des plaines couvertes de blé, qui entourent la ville, les ont remplacées d'une façon plus riante pour le paysage.

Dans l'après-midi nous arrivâmes au lac de Malar, qui devait nous conduire à Stockholm, et sur lequel nous continuâmes notre route, car la neige était ferme et bonne pour les traîneaux. Il était presque nuit quand nous glissâmes devant le palais d'Ulriksdal, et bientôt après nous nous trouvâmes aux portes de Stockholm.

Les dames suédoises sont vraiment très séduisantes et combinent très heureusement la sincérité et la franchise des Anglaises avec le désir de plaire des Françaises. On a tort de penser qu'elles sont toutes blondes : il y en a beaucoup dont les cheveux ont cette couleur ; elle n'appartient, comme caractère tout-à-fait distinctif, qu'aux Norwégiennes.

—

De Stockholm Capell Brooke partit pour Gothembourg, où, le 13 février, il s'embarqua pour l'Angleterre, et il y était de retour au bout de sept jours de traversée.

ALBERT-MONTÉMONT.

FIN DU VOYAGE DE CAPELL BROOKE.

Vue de Copenhague.

TWINING.

(1836.)

VOYAGE EN SUÈDE, EN DANEMARK ET EN NORWÉGE.

PRÉLIMINAIRE.

Le voyageur Twining a parcouru la Suède et la Norwége et a recueilli quelques détails intéressants sur ces deux contrées, autrefois réunies sous le nom de *Scandinavie*, et maintenant placées sous le pouvoir unique de la Suède.

La *Suède* propre est située par 53°—64° lat. N., et 10°—16° 30' long. E. Elle a environ 270 lieues de longueur sur 160 de largeur; sa superficie est de 20,000 lieues carrées, et sa population de 3 millions d'habitants. Elle comprend trois provinces : le Norrland, la Suède centrale et le Goetaland ou la Gothie; et ces provinces sont divisées en plusieurs préfectures. Il y a en outre la Laponie; mais la portion la plus septentrionale de cette contrée boréale dépend de la Norwége.

La Suède est séparée de la Norwége par les Alpes Scandinaves, à l'ouest; elle a, au nord, la Laponie norwégienne; à l'est, le golfe de Bothnie, qui la sépare de la Finlande, province aujourd'hui russe; et au sud, le Sund et le Cattégat, bras de mer qui la sépare du Danemark. La Suède est couverte de lacs et de belles rivières, ainsi que de belles forêts. Son climat est plutôt froid que tempéré, à cause du voisinage des terres polaires.

La *Norwége* est située par 57°—70° 30' lat. N. et 2°—16° long. E. Elle a, au nord, l'océan Arctique; à l'ouest, l'océan Atlantique; au sud, la mer du Nord et le Sund ou Cattégat, et à l'est, les monts Scandinaves qui la séparent de la Suède. C'est le pays le plus montagneux de l'Europe et peut-être aussi le plus varié : lacs, ruisseaux, rivières, torrents, rochers, vallées, forêts, golfes, métaux, tout paraît s'y trouver. La Norwége s'étend du sud au nord, le long de l'océan Atlantique, sur une ligne de 350 lieues jusqu'au cap Nord, point extrême de l'Europe, et sur une largeur de 80 lieues. On lui donne 15,000 lieues carrées et 1,200,000 habitants. Le protestantisme y est, comme en Suède, le culte dominant. Les mœurs des deux peuples sont presque identiques.

RELATION.

Le voyageur Twining, étant parti du Havre sur un bateau à vapeur, se rendit à Hambourg, où il prit la diligence qui le conduisit par terre à Lubeck, puis à Travemonde, où il s'embarqua pour franchir le Sund et gagner les côtes de Suède; mais en route il voulut toucher à *Copenhague*.

Cette capitale danoise occupe un terrain fort étendu et parfaitement uni; ses rues sont larges et régulières, et mieux pavées que celles de Hambourg, lesquelles paraissent bien négligées sous ce rapport. Les maisons, sans être neuves, n'ont pas une forme ou une apparence ancienne; les places sont très grandes, surtout celle que décore la statue équestre en bronze de Frédéric III. Le palais de l'Académie est assis sur un des côtés, et son intérieur présente des salles d'étude bien garnies, ainsi que des collections d'antiques fort complètes. Les statues et les reliefs de Thorwaldsen qui s'y trouvent sont d'un haut intérêt, surtout le buste de ce célèbre sculpteur lui-même, et celui de Canova. L'ancien palais du roi est un édifice fort vaste, et qui est d'un très bel effet, vu de la place du Marché. La façade du côté opposé est moins heureusement combinée; elle embrasse trois côtés d'un carré, dont le quatrième est bordé d'une colonnade qui s'étend d'une aile à l'autre, et cache en grande partie le palais, sans cependant être d'un style qui fasse compensation. C'est dans ce palais, maintenant inhabité, que se voit une collection intéressante d'armes, d'outils et d'ornements qui ont appartenu aux anciens peuples scandinaves. La Bourse, construite sur le bord du canal, est un bâtiment long, mais peu élevé, d'une architecture semigothique. Sa façade est assez remarquable, et une flèche semblable à celle d'une église, qui s'élève au milieu du toit, donne à l'ensemble un aspect tout particulier. Au premier étage se trouve une espèce de galerie, où les libraires et autres marchands tiennent boutique. Le palais d'Amalienbourg, qui sert de résidence royale, est situé près du fort; il présente deux ailes dont les frontons sont soutenus par des colonnes d'ordre ionique, et ces ailes bordent une place au milieu de laquelle est une statue de Frédéric V, fort bien exécutée. Une rue très large passe entre les deux corps de bâtiments, qui sont réunis par une terrasse.

Au nombre des plus belles églises de Copenhague sont celles du Sauveur, de la Trinité et de Notre-Dame; cette dernière est très moderne et d'un bon goût. Le quartier le plus populeux est celui que traverse l'Oster-Gade.

La côte de Seeland, que Twining longea en quittant Copenhague, devint bientôt assez montueuse; celle de la Suède, qui offrait des collines plus allongées, se montrait à mesure. On arriva enfin devant la jolie petite ville d'*Elseneur*, située presque au niveau de la mer, et abritée par une langue de terre qui s'avance vers la côte suédoise; sur son extrémité s'élève le fameux château de Kronborg, aux vastes proportions et à l'air antique. La côte suédoise offre la petite ville d'*Helsinborg*, assise au pied d'une colline, avec son château perché sur une hauteur, et qui présente aux regards un point de vue fort pittoresque.

Un espace de 4,670 mètres seulement sépare Elseneur d'Helsinborg, et ce trajet est vite franchi par Twining, qui gagne aussitôt *Gothembourg*. Cette ville suédoise annonce l'aisance; mais ses édifices publics ne se distinguent guère des maisons bourgeoises que par de grandes dimensions ou par un surcroît d'embellissements. Les églises sont d'une élégante simplicité, ainsi que l'hôtel-de-ville. La rivière de Gothie vient, à travers un pays tout hérissé de rochers, se jeter, sous les murs de la ville, dans le golfe qui porte le même nom de Gothembourg. Ce golfe, qui constitue le port, est aussi sûr qu'étendu et commode; mais des bas-fonds empêchent que des vaisseaux d'un tonnage élevé puissent naviguer dans toute sa longueur, et c'est principalement par l'intermédiaire de barques de transport que Gothembourg réalise les avantages que lui offre sa situation. En outre, un magnifique enchaînement de canaux, qui unit les uns aux autres les principaux lacs et rivières de la Suède méridionale, dont ils traversent les plus belles provinces jusqu'à la Baltique, met Gothembourg en communication directe avec la capitale et plusieurs autres ports de la côte orientale de la Suède.

L'aridité est le signe caractéristique des environs de Gothembourg, les beautés de la végétation y sont presque nulles; mais les attraits qui résultent des formes pittoresques sont nombreux, et les éminences granitiques, surgissant de toutes parts, offrent des points de vue intéressants. En fait de promenades publiques, il n'y a guère qu'une avenue prolongée vers le sud, un jardin au milieu de la ville, entouré par le canal, et où, sur des bancs élastiques d'une longueur démesurée, les promeneurs et promeneuses se donnent le doux plaisir du balancement.

En Suède, dit Twining, il y a peu de variété dans la manière de voyager; et si l'on excepte les communications par eau sur les lacs et les canaux, et la diligence entre Upsal, Stockholm et Ystad, c'est presque toujours avec des chevaux de poste qu'on parcourt les grandes routes du royaume. A cet effet, on se procure dans chaque ville importante une voiture à deux places ou un char-à-bancs; il y a aussi les petits chars cahotants que fournissent les relais de poste, et de petites charrettes grossières attelées d'un âne et qui transportent les légumes aux marches. Les chevaux sont petits, mais agiles et actifs. Le harnais ne consiste qu'en une sellette à laquelle le brancard est suspendu par des chaînes. Les maisons de poste tiennent lieu d'auberges dans toute l'étendue du royaume, et offrent toujours les objets les plus indispensables au voyageur. Les auberges proprement dites sont très rares; il n'y en a guère que dans les environs de la capitale et dans quelques grandes villes. Dans tous ces établissements, en Suède et en Norwége, le voyageur trouve un registre où il est tenu d'inscrire son nom, l'endroit d'où il vient et celui où il se rend. Chaque maître de poste a aussi un règlement imprimé pour les taxes et une liste de la distance d'un relais à l'autre. On peut envoyer en avant un messager pour commander les relais et les objets nécessaires au voyage que l'on entreprend.

On paie avec des billets et des skillings ou pièces de cuivre de 5 centimes : ce sont les seules monnaies qui aient cours en Suède. Le papier-monnaie se divise en deux sortes, banco et rixgelt; la valeur de cette dernière espèce est d'un tiers moindre que la première : ainsi, 1 rixdaler rixgelt de 48 skillings ne vaut que 32 banco, tandis qu'un billet de 48 skillings banco en vaut 72 rixgelt. Le rixdaler banco vaut un peu plus de 2 francs. Il y a différents billets d'une valeur inférieure; la plus basse est de 8 skillings.

De Gothembourg, M. Twining se rendit au village de *Trollhattan*, et y trouva une bonne auberge, dont les appartements avaient le plancher jonché de petits bouts de branches de sapin, destinés à purifier l'air intérieur. On a aussi la coutume de répandre des fleurs dans les maisons pour le même motif. La boisson usitée est une espèce de petite bière, faite d'eau, de sucre et de noix de muscade. On a aussi une boisson fermentée plus rafraîchissante, faite avec de l'eau, du miel et quelques épices; celle-ci est proprement l'hydromel. On mange peu de pain; mais on a des gâteaux d'une pâte grossière et des biscuits. Trollhattan n'a que des maisons de planches peintes en rouge; ses moulins à scie, établis près de la cascade supérieure de la rivière de Gothie, sont très remarquables. L'église est isolée du village, suivant la coutume suédoise, pratiquée surtout dans les provinces de l'Est, où une campagne riante les entoure. Cet isolement des églises tient en partie au manque de villages assez considérables pour constituer des paroisses et à la dispersion des chaumières, ce qui nécessite le choix d'un lieu central.

Notre voyageur atteignit ensuite *Uddewalla*, jolie ville de 3,600 âmes, occupant les bords d'une petite rivière qui commence à y devenir navigable. Les maisons, bien que distantes les unes des autres, conservent néanmoins un bel alignement et laissent à la rue une assez grande largeur. Construites en planches placées verticalement, et dont les interstices sont recouverts par des bandes étroites, elles sont peintes en jaune et en rouge, et entretenues avec une propreté remarquable. Les éminences escarpées, mais accessibles, qui environnent cette ville, présentent de jolis points de vue. On remarque surtout la blancheur de son église, qui, avec les maisons groupées alentour, son clocher perché sur un roc et un lointain à contours brusques et hardis, forme un tableau très caractéristique. A une lieue de là est l établissement de bains de Gustavsborg.

D'Uddewalla, M. Twining passa à *Stromstad*, bourg suédois de 1,400 âmes, situé à 2 milles de la frontière norwégienne, et de trois et un quart de Frederikshald, première ville qu'on rencontre au-delà. Mais il gagna de préférence *Christiania*, la plus populeuse des villes de la Norwége, se développant sur un golfe pittoresque. Elle compte plus de 21,000 habitants. Toutes ses rues principales sont tirées au cordeau et d'une grande largeur. Les maisons, quoique très basses, n'ayant généralement que deux étages, ont une très bonne apparence, elles sont soigneusement entretenues et peintes assez agréablement en jaune, en vert et en gris de diverses nuances; on ne voit ni volets ni jalousies, mais ils sont souvent remplacés par des stores. On remarque aussi beaucoup de miroirs placés obliquement aux embrasures des croisées, comme dans les villes de Hollande, de manière que l'image des passants se trouve réfléchie jusque dans les appartements. Aucune ville, proportion gardée, n'a autant de fontaines que Christiania; il y en a presque à tous les coins des rues, mais sans servir, il est vrai, d'ornement. La cathédrale, qui occupe l'un des côtés d'une grande place carrée presque au centre de la ville, ne se distingue que par la massive solidité de son architecture; les autres églises sont petites et peu remarquables. Le palais du gouvernement est aligné parmi les maisons d'une des principales rues, et ne s'en distingue extérieurement que par sa couleur vert foncé et par les colonnes qui en ornent l'entrée. La Banque et la Bourse sont d'assez jolis édifices. Il n'y a qu'un théâtre, et il n'est ouvert qu'une partie de l'année; ce sont les comédiens de Copenhague qui y viennent jouer des pièces danoises, comme souvenir du temps encore peu éloigné où la Norwége faisait partie intégrante du Danemark. Le port de Christiania est spacieux, sûr et d'un accès facile.

Les environs de Christiania sont très riants et offrent de jolies maisons de plaisance; la ville a d'ailleurs une très belle promenade entre l'embouchure du port et la citadelle, où des plantations d'arbres ombragent une terrasse qui s'avance vers le golfe et forme en été le rendez-vous général du beau monde. C'est à Christiania que se tient le storthing, ou assemblée législative, composée de membres élus dans toute l'étendue de la Norwége; la durée de ses sessions est de trois mois, et il ne se réunit qu'une fois tous les trois ans, à cause des frais de déplacement des membres dans un pays aussi étendu et aussi dépourvu de moyens de communication.

La monnaie norwégienne a très peu de rapport avec celle de la Suède, qui n'a point cours dans le pays. Elle consiste principalement en papier-monnaie, fabriqué par la Banque de Drontheim, dont les billets jouissent d'un haut crédit dans toute la Norwége, mais ne sont pas reçus en Suède. La moindre valeur de ces billets est de 24 skillings ou 1 fr. 5 cent.; 5 font 1 species en papier de 120 skillings. Il y a aussi des demi-species et des pièces de cuivre de 1 et de 2 skillings.

La manière de voyager en Norwége est à peu près la même qu'en Suède. Sur toutes les grandes routes sont établis des relais et des maîtres de poste, qui fournissent aux voyageurs et des chevaux et des chars. A tous les relais, on trouve à coucher, quoique souvent assez mal, et de plus, on est mal sustenté, si l'on ne s'est pas muni de comestibles.

De Christiania, M. Twining partit pour *Bergen*, en suivant une route fort pittoresque, dont il décrit les divers accidents naturels; c'est un trajet de 47 milles de chacun 3 lieues de poste de France.

Bergen est une ville de 22,000 âmes, située sur le golfe du même nom, avec un fort qui occupe le point le plus élevé du promontoire. Les rues sont plus étroites que celles de Christiania et tracées sur un terrainplus inégal; mais elles sont régulières et s'entrecoupent à angles droits. Des places de formes allongées, s'étendant depuis le port jusqu'au sommet de l'isthme, varient l'aspect de la ville en partageant la rue principale, qui est parallèle au port, a de beaux magasins et une apparence très animée. Les maisons, construites en bois, sont petites, mais d'un joli aspect; elles sont peintes en blanc et entretenues avec une grande propreté. Des ornements sont prodigués avec goût aux portes, qui sont élevées de quelques degrés au-dessus de la rue, à la manière hollandaise: auprès de chacune d'elles se trouve un tonneau peint ordinairement en blanc ou en vert, et rempli d'eau, dans le but de prévenir les incendies ou d'en diminuer les dangers, malheureusement très fréquents en Norwége. Bergen a quatre églises, toutes réformées, dont une allemande. Le port contient un bon nombre de vaisseaux et surtout de grandes barques. Bergen n'a point d'auberges; mais on y reçoit les étrangers dans des maisons particulières.

De Bergen, notre voyageur passa à *Christiansund*, ville de 2,000 âmes, bâtie à 4 ou 5 lieues de la côte, sur trois îles, par 63° lat. N. Cette situation est très pittoresque, et, du haut des rochers voisins qui la dominent, on jouit d'une mâle et lointaine perspective. Christiansund exporte beaucoup de bois de sapin et de poisson sec ou salé; un grand nombre de bâtiments viennent de l Espagne pour prendre des chargements de ce dernier article; les cargaisons de bois se dirigent principalement vers l'Angleterre. On expédie aussi de la soude extraite des herbes marines. Les blés sont fournis à cette partie de la Norwége par le nord de l'Allemagne, et les denrées coloniales et autres articles déposés dans cette place de commerce par les bâtiments qui ont touché préalablement à Bergen en se dirigeant vers le nord. Il y a peu de villes du Nord qui, avec une aussi faible population, aient un commerce aussi étendu.

M. Twining se rendit par mer de ce port à *Drontheim*, ville dont la position boréale au-delà des Doverfields l'isole en quelque sorte complétement des provinces méridionales. Drontheim, avec une population de 10,000 âmes, occupe, au midi du golfe, l'embouchure d'une large vallée arrosée par la Niedelf, rivière peu considérable qui, arrivant du côté du sud, fait presque le tour de la ville avant de joindre la mer. Les maisons couvrent la plus grande partie de la péninsule formée par cette rivière; le reste offre des prairies parsemées d'arbres et d'habitations. La rue principale est très large, et s'étend en ligne droite depuis le rivage jusqu'à un espace ouvert qu'occupe la cathédrale; elle est bordée de maisons peintes et fort belles, quoique en bois. On y remarque surtout le palais du gouvernement, regardé comme le plus bel édifice qui ait été construit en Europe avec de semblables matériaux. Il ne se distingue, au reste, des autres constructions que par ses grandes dimensions et le nombre de ses fenêtres. Les autres rues de cette ville sont aussi, pour la plupart, très larges et bien alignées, et les boutiques sont, sinon élégantes, du moins abondamment garnies.

Le faubourg de Drontheim, occupant la rive droite de la Niedelf, est composé de magasins et de petites constructions distribuées régulièrement au pied d'une colline au nord-est de la ville. On y communique par un pont en bois de plusieurs arches, dont les piles sont défendues par des ouvrages avancés très solidement construits, et destinés à les garantir du choc des glaçons lors des débâcles. Une des églises de Drontheim est située dans ce faubourg. L ancienne cathédrale, dont la construction remonte au x° siècle, est au bout de la rue principale de Drontheim; c est un édifice très curieux qui vaut la peine d'être visité.

A l'exception de l'embouchure de la Niedelf, qui ne reçoit que de petits bâtiments, Drontheim n'a point de port où les vaisseaux puissent débarquer directement leurs marchandises, ou même s'abriter dans les gros temps; ils mouillent à une distance de 2 à 400 mètres de la rive. Quoique le sol et les sites environnants paraissent favorables à la culture, Drontheim est obligée de faire venir des blés étrangers pour la subsistance de ses habitants.

Sous plusieurs rapports, Drontheim, comme le remarque notre voyageur, a de la ressemblance avec Christiania; sa situation a quelque chose d'analogue, et bien qu'à plus de 3° au-delà vers le nord, la végétation est presque aussi belle. Ici, comme à Christiania, les maisons de campagne et les métairies contribuent à l'embellissement du paysage; on voit briller partout la rouge toiture de la demeure du paysan. Les rues sont larges et bien alignées; les maisons basses et garnies de fontaines ou citernes, comme la nouvelle capitale norwégienne.

De Drontheim, M. Twining alla visiter le bourg de *Roras*, qui, après Mont-Louis en France et Lanslebourg en Savoie, est le plus élevé de l'Europe, étant à 1,327 mètres au-dessus du niveau de la mer. Il repose sur le flanc d'une colline au pied de laquelle un torrent roule ses eaux rapides, qui vont se réunir à une petite rivière venant de l'est pour se jeter ensuite avec celle-ci dans le Glommen. Deux rues non pavées sur la droite du torrent, parallèles à son cours, sont les seules qui offrent des constructions régulières. Roras compte environ 2,000 habitants.

Après différentes excursions dans les montagnes, M. Twining prit la voie du retour, et se rendit en Suède par la route directe tracée à travers le Jemtland. Il vit d'abord *Upsal*, ville célèbre par son université, et située assez près du lac Mœlar ou Melar pour que ce lac puisse contribuer beaucoup à faciliter ses communications avec la capitale. La plaine vaste et fertile qui entoure Upsal est arrosée par la petite rivière de la Fyrisa, dont les rives sont assez ombragées. Parmi les édifices d'Upsal, la nouvelle bibliothèque est le plus considérable; son architecture est à la fois simple et élégante, en même temps que sa situation est magnifique; du haut d'une pente qui fait face à une des rues principales, ce bâtiment semble dominer toute la ville. Sur une éminence et tout près de la bibliothèque, est le château, construction très vaste, munie de grandes tours à deux de ses angles, et environnée d'une terrasse qui offre un superbe coup d'œil sur la ville. Les bâtiments de l'université sont moins remarquables par leur extérieur que par la variété et l'utilité des enseignements qui s'y font. Vis-à-vis s'élève la cathédrale, le plus bel édifice de la Suède, que l'on a comparée pour la forme à l'église Notre-Dame de Paris. Entre la cathédrale et l'Académie est un obélisque en granit, érigé par le roi Charles-Jean (Bernadotte) à Gustave-Adolphe, au nom du peuple suédois.

Les Suédois sont une race robuste, hardie, hospitalière et laborieuse. Les côtes de la Suède sont généralement peu élevées, dentelées de baies et de hâvres nombreux, et bordées de lacs et de torrents. Les principaux ports de mer sont: Stockholm, Nykoping, Nordkoping, Calmar, Carlscrona, Malmoe, Helsinborg, Halmstadt et Gottenborg. Le long des côtes sont plusieurs îles, dont les plus grandes sont Oeland, Gottland et Wisby. On a calculé que les sept huitièmes de la population de la Suède étaient adonnés à l'agriculture; mais il ne faut adopter ce chiffre que sous toute réserve, car un grand nombre de ceux qui, durant une partie de l'année, se livrent aux travaux des champs, ont aussi, le reste du temps, d'autres occupations, telles que l'exploitation des bois, la pêche, certaines industries domestiques, etc. Ces occupations diverses donnent au paysan suédois des habitudes de travail et d'indépendance, et développent en lui une intelligence et un bon sens que son extérieur ne dénote pas toujours.

Le commerce de la Suède étant surtout maritime, ce pays entretient des relations continuelles avec l'étranger, et l'ancien esprit d'indépendance de la race scandinave s'est conservé vivace. Des routes, des rivières et des canaux servent aux communications intérieures, et le goût des Suédois pour la marine facilite et accélère les relations extérieures. Les navires suédois visitent l'Atlantique, la Méditerranée et le Pacifique, et ont de constants rapports avec les villes libres de Hambourg, de Brême et de Lubeck, et les ports d'Angleterre et de France.

Une nation ainsi en contact avec les sociétés les plus libres et les plus civilisées n'est pas près de se prendre de belle passion pour le despotisme, encore qu'elle ait un gouvernement réactionnaire et une constitution impopulaire. Mais la constitution suédoise, après avoir flotté de l'absolutisme à l'oligarchie, a fini par atteindre un équilibre raisonnable. Le roi ne peut faire de nouvelles lois, interpréter les anciennes, élever les impôts ou déclarer la guerre sans le consentement des états. La liberté de la presse est garantie. Le corps législatif ou diète se compose de quatre ordres: les nobles, le clergé, les bourgeois et les paysans. La bourgeoisie comprend à elle seule 70,000 personnes; chacun de ses membres est propriétaire et possède une certaine éducation. Dans la masse prépondérante des paysans, il est difficile de trouver un individu qui ne sache pas lire.

De la patrie de Linné, ville de 5 à 6,000 âmes, M. Twining se dirigea vers *Stockholm*, capitale de la Suède, et à son aspect il fait cette remarque importante: les villes scandinaves se distinguent principalement par les couleurs saillantes des maisons, par les matériaux légers dont elles sont construites, et par cette largeur et cette régularité des rues qu'on s'est partout étudié à observer, soit par des motifs de salubrité et de propreté, soit pour mettre obstacle aux progrès des incendies. Ces traits caractéristiques disparaissent entièrement ou échappent à l'observation à Stockholm, au sein de la grandeur qui domine partout. Stockholm a une population de 80,000 habitants.

On ne reconnaît, à l'aspect des rues, presque aucune ressemblance avec ce qu'on a vu précédemment. Les maisons en bois sont reléguées loin des quartiers du centre, et les maisons en maçonnerie sont d'une hauteur qui s'accorde parfaitement avec la largeur de l'espace qui les sépare. La rue de la Reine, qui traverse en ligne droite tout le quartier de Normalm, et va aboutir au Mœlar, est celle qui offre le plus de longueur et de régularité; les autres sont généralement assez entrecoupées, et ne présentent nulle part de longues avenues de maisons. Toutefois, la beauté de Stockholm est davantage dans les quais et les places nombreuses. Le lac Mœlar, dont le bassin irrégulier s'étend à plus de 25 lieues dans l'intérieur du pays, se resserre considérablement avant de déboucher dans la mer, et c'est sur les bords de cette espèce de goulet et sur diverses îles qui en remplissent presque toute la longueur qu'est bâtie Stockholm, dont les faubourgs se développent sur les hauteurs environnantes.

Il y a dans cette capitale un grand nombre de points de vue intéressants; mais celui qui frappe le plus les regards est, sur le pont du Nord, devant le Staden ou l'île de la cité, le Slottet, palais du roi. Deux larges rampes, ornées de deux lions de grandeur colossale, se rencontrent devant le centre de la façade, et forment un superbe accès à cet édifice, si remarquable par la belle simplicité de son architecture et surtout par son imposante élévation. Dans la direction opposée, on admire la statue équestre en bronze de Gustave-Adolphe, le palais de la princesse et le théâtre royal. Presque toutes les places ont ici leur importance et leur beauté propre, et il y aurait trop à dire si on devait tout détailler. Le palais de la Diète a une magnifique apparence. En général, c'est l'architecture romaine qui domine à Stockholm, sans que le goût national ait été négligé. Un sentiment patriotique a particulièrement fait ériger dans la capitale suédoise une multitude de statues en l'honneur des grandes illustrations de la Suède. Il y a aussi de magnifiques promenades publiques, et le Rosendal, dans un vaste domaine, est un des plus beaux châteaux de plaisance du roi. Ce parc est encore plus fréquenté que le Haga, qui renferme pourtant aussi d'imposantes forêts de pins. C'est au Haga surtout, dont l'entrée principale, éloignée d'un quart de lieue, donne sur la route d'Upsal, que les habitants de Stockholm peuvent jouir de belles scènes de forêts ménagées avec art par les chemins solitaires et détournés qui s'y trouvent et par des retraites impénétrables aux rayons du soleil. Les arbres séculaires qui produisent ces ombrages sous leurs voûtes rembrunies et paisibles sont bien de nature à verser une douce mélancolie dans l'âme des promeneurs qui visitent ces profondes solitudes. Dans un site délicieux, au milieu des bocages, se voit un beau château, lieu favori de la reine. Des canaux creusés par l'art, et dont les replis tortueux se prolongent dans différentes parties du parc, établissent une communication avec le Norrbrunswicken, bassin considérable, mais dont les bords couverts d'épais taillis cachent la véritable étendue. Une barque en forme de galère et magnifiquement ornée sert aux promenades de la famille royale. Le soin avec lequel les avenues sont partout tracées a eu pour objet de présenter le plus de points de vue possible sur les différentes branches du lac Mélar. Enfin, dans les diverses promenades se remarquent des échoppes en bois, nommées stand, où les passants trouvent les rafraîchissements qu'ils peuvent désirer.

La principale église de Stockholm a une flèche immense, s'élançant avec hardiesse au milieu d'un groupe de petites coupoles qui rappellent l'église Saint-Marc de Venise. Cette basilique est un des monuments les plus remarquables de la capitale suédoise. On serait même tenté, dit M. Twining, de chercher le nom de Palladio sur la façade de ce bel édifice.

Le degré de prospérité où est parvenue la Venise du Nord est dû en grande partie à la sûreté et à la commodité de son port. Les éminences dont la capitale est environnée la garantissent de la violence du vent. Le confort existe aussi dans la vie intérieure; les cafés et les restaurants ressemblent à ceux d'Allemagne; les promenades publiques et les marchés sont parfaitement approvisionnés en toutes choses, et sur le port et dans la ville on admire une activité incessante.

Stockholm est une ville ouverte, elle n'a pas de murs d'enceinte; il y a seulement des barrières avec entrées pour la perception des droits de douane. Les rues sont parfaitement alignées et coupées à angle droit; les maisons, blanches, bien construites, ont ordinairement deux ou trois étages d'élévation. Depuis l'incendie de 1756, il a été défendu de construire en bois; de sorte que, maintenant, toute la ville est rebâtie en pierre.

Les maisons de Stockholm, comme celles de la plupart des villes de la Suède, ont même dans leur simplicité une sorte d'élégance, et elles offrent l'aspect le plus agréable. Presque toutes sont peintes extérieurement de couleurs vives et gaies, mais le plus souvent en blanc; leurs façades sont ornées de croisées régulièrement percées et garnies de grands carreaux. Ces fenêtres contribuent à la beauté du coup d'œil des rues, parce qu'elles sont placées au niveau des murs, où elles remplacent nos volets et nos persiennes, que l'on ne voit nulle part. Dans l'intérieur des appartements, il y a un second rang de croisées destiné à les préserver des rigueurs de l'hiver. La plupart des maisons qui appartiennent à des propriétaires aisés ont, au lieu de rideaux derrière les croisées, des stores peints dont l'usage commence à s'introduire chez nous, et qui forment une décoration charmante pour les appartements; ces stores, en toile peinte et gommée, représentent divers sujets, selon le goût des particuliers, qui peuvent les commander dans la fabrique d'après les dessins qu'ils fournissent ou les indications qu'ils donnent.

Les maisons sont construites d'après de bons principes d'architecture : la distribution des appartements annonce un goût parfait ; les salons, les cabinets, les dégagements et les diverses pièces sont ménagés avec beaucoup d'art et d'une manière aussi commode qu'agréable. Les ameublements sont très propres et de bon goût.

Les boutiques, ainsi que le rappelle le voyageur Daumont, qui a demeuré quelque temps à Stockholm, n'ont point de devanture ; on ne voit nulle part ces élégants étalages qui sont l'ornement de nos belles rues ; la rigueur du climat ne permet point d'adopter cet usage : des boutiques ouvertes comme les nôtres ne seraient point tenables l'hiver ; ce sont des appartements ordinaires, au rez-de-chaussée, avec des fenêtres et une porte sur la rue.

Le pavé n'est point le côté brillant de cette capitale : il est formé de cailloux ronds que les rivages de la mer fournissent en abondance. Les rues sont néanmoins fort propres, bien entretenues et parfaitement éclairées ; mais l'usage du gaz pour l'éclairage n'est pas encore établi.

Il y a peu de mouvement dans la ville, surtout pendant l'été, époque où presque toutes les hautes classes, à l'exception de celles qui occupent des emplois, se retirent à la campagne. Les rues alors sont peu animées ; celles qui sont situées à l'extrémité des faubourgs sont particulièrement très peu fréquentées et souvent désertes.

C'est dans la ville proprement dite, dans les quartiers qui avoisinent le port, et surtout vers le beau quai où est la douane, nommé quai des navires, Skeps-Bro, que se trouve concentrée toute l'activité du commerce : les barriques de goudron, de potasse, les fers, les planches, les bois, sont entassés sur la grève, d'où l'on jouit de la vue de tout le port. L'île de l'amirauté, Skeps-Holm, est située en face ; elle renferme des chantiers, des casernes, de vastes hangars parfaitement construits pour y mettre à couvert la flottille de chaloupes canonnières. Une allée d'arbres touffus traverse toute l'île et contribue à l'embellir.

L'île de la citadelle, Castel-Holm, communique par un petit pont à celle de l'amirauté. Sa masse entière est formée d'un énorme rocher de granit ; l'un des côtés est très escarpé et domine l'entrée du port ; le terrain, ou pour mieux dire le roc, descend en pente douce vers le rivage de l'île, qui est couverte de mousses, de gazons, d'arbres, de rochers, au milieu desquels serpentent des allées, des sentiers bien entretenus, garnis de bancs, entourés de bosquets.

Le sol sur lequel la ville et les faubourgs sont bâtis est inégal, montueux et quelquefois escarpé ; l'on rencontre, dans leur enceinte, des rochers, des buttes, et jusqu'à des étangs. Le quartier le plus beau est la place Slottsbacken. Bordée d'un côté par le château de l'autre par un rang de belles maisons, elle descend en amphithéâtre et en s'élargissant jusque vers le quai où s'élève la belle statue de bronze de Gustave III ; le haut de la place est décoré par un obélisque en granit, érigé par les états de Suède à la mémoire de ce souverain, et la cathédrale, Stor-Kyrkan, édifice d'un fort bel effet. L'ensemble de cette place et des édifices qui l'entourent et la disposition du terrain incliné sur lequel elle s'élève offrent une perspective tout-à-fait théâtrale.

La place de Gustave-Adolphe, Gustave-Adolphstorg, et la rue de la Reine, Drottninh-Gatan, sont ensuite les plus beaux quartiers de la ville. Le palais de la princesse Sophie-Albertine, le théâtre et d'autres élégants édifices, entourent cette place, qui est décorée de la statue de Gustave-Adolphe ; elle communique avec le château par le beau pont du Nord, bâti en granit et bordé de larges trottoirs. Ce pont, pendant les soirées d'été, est le rendez-vous des oisifs de la capitale, qui viennent y recueillir les nouvelles du jour.

Les beaux quais du port ont été tous construits en

granit par le roi Charles-Jean; ce prince a aussi créé, sur l'emplacement de l'ancien jardin royal, la magnifique place de Charles XIII, qu'il a décorée de la statue en bronze de ce souverain, son père adoptif.

Le faubourg du Nord est le plus grand et le mieux construit; celui du Sud est presque entièrement entouré d'eaux; il ne communique avec la campagne que par deux langues de terre très étroites.

La multitude des bras de la Baltique qui pénètrent et entourent la ville exige, pour les communications, un grand nombre de ponts; tous, excepté celui du Nord, sont en bois, et plusieurs ont une longueur énorme. Celui qui réunit le quartier de Kongs-Holm au faubourg du Nord est le plus long; mais il en est un, hors de l'enceinte de la ville et dans son voisinage, dont la longueur est excessive: c'est celui de Lidingœ, construit sur un bras de mer nommé Lilla-Vœrtan; il ne faut pas moins d'un quart d'heure de marche pour le traverser.

Quelque nombreux que soient les ponts à Stockholm, ils ne suffisent pas à la circulation sur plusieurs points où elle est très active, et en particulier entre le quai des Navires et l'île de l'Amirauté. On y a établi de nombreux bateaux: ceux qui sont destinés à former des communications permanentes dans l'intérieur de la ville appartiennent à une corporation désignée sous le nom de Roderkor (batelières); quant aux embarcations, non moins nombreuses, qui font le service des environs de la capitale, elles sont la propriété de divers entrepreneurs également privilégiés. Ce sont ordinairement de jeunes et robustes Dalécarliennes qui conduisent ces barques.

La contrée qui entoure Stockholm est très pittoresque, et offre les aspects les plus champêtres, comme aussi parfois les plus sauvages. Le sol est partout entrecoupé de montagnes, de plaines, de vallons, de terres cultivées et de landes stériles, de sombres forêts de sapins et de riantes prairies, de belles maisons de campagne et de rustiques chaumières: tableau tantôt solitaire, tantôt animé, et toujours plein de recueillement ou de charmes.

En face de la capitale suédoise repose le groupe des *îles d'Aland*, sur l'une desquelles s'élevait la redoutable forteresse de *Bomarsund*, qui a été détruite par les Anglo-Français durant l'été de 1854. Cette forteresse, qui menaçait Stockholm, commandait à la fois, par sa situation, l'entrée des deux golfes de Bothnie et de Finlande.

Au fond de celui-ci, à quelques lieues de Pétersbourg, se développe *Kronstadt*. Ce Gibraltar du Nord, ce boulevart avancé de la capitale russe, situé par 59° 59' 26" de latitude nord et 70° 29' 15" de longitude est, sur l'île Kotline, ou île de la Marmite, ainsi nommée parce que les Suédois, attaqués à l'improviste en 1703 par les Russes, au milieu de leur campement, y avaient laissé leur marmite sur le feu et la soupe trempée.

Le vaste port de Kronstadt occupe, à proprement parler, l'embouchure de Finlande, dans lequel se rendent les eaux de la Neva. Quatre passages conduisent de Kronstadt à Saint-Pétersbourg, à travers des îles nombreuses. Le plus profond de ces canaux compte sept à huit pieds d'eau. Le bras du golfe dont Kronstadt ferme en partie l'entrée d'une largeur de trois werstes au moins; mais les sables qui s'étendent au nord et au sud ne laissent que deux passages. Ce canal est donc la seule voie praticable pour pénétrer au-delà de Kronstadt.

Kronstadt possède, du côté du midi, quatre ports fortifiés et assez bien disposés. Le port de la marine militaire occupe une position très importante. Près du port de la marine marchande, dont l'enceinte est fort étroite, existent de vastes chantiers consacrés à la construction et à l'équipement des vaisseaux. A l'ouest de la ville, un vaste canal est pratiqué, ainsi que plusieurs formes, qui peuvent être mis à sec pour réparer les vaisseaux de guerre. A l'extrémité de ce canal, est un profond réservoir, dont l'eau, conduite dans les formes, permet à ces dernières de recevoir les vaisseaux. Par une machine on pompe ensuite l'eau, et le réservoir, devenu sec, laisse les navires tout préparés à recevoir les réparations nécessaires.

Devenu le siège de l'amirauté, Kronstadt renferme des magasins immenses dans lesquels sont amassées des ressources innombrables en armes, en munitions et en matériel maritime. Derrière les fortifications de la citadelle sont placés un grand nombre d'édifices et de monuments publics. Construite assez irrégulièrement et dans l'espace d'une seule année, la ville occupe une vaste étendue de terrain. Les maisons de l'intérieur, composées de bois et de terre, quelquefois de briques et de plâtre, sont fort misérables. Les bâtiments placés sur les ports, au nombre d'une centaine de maisons, sont les seules constructions élégantes et modernes. Vingt mille soldats environ composent ordinairement la garnison de cette place forte; on compte à peine huit à neuf mille bourgeois et marchands dans la ville.

Après avoir été négligés par les successeurs de Pierre Ier, Kronstadt et Kronschlot furent restaurés par Nicolas. La passe principale, située au midi, étant la plus praticable, afin de défendre cette position, on a placé 50 canons sur le fort Constantin, 62 canons sur le fort Alexandre, et 20 pièces d'artillerie sur le fort Paul Ier. Au milieu de la passe, deux batteries sont au niveau de l'eau: l'une, de 50 canons et de 12 mortiers; la seconde, de 50 canons. De chaque côté 36 canons sont placés sur le fort Kronschlot, et 44 pièces sur le fort Menschikoff. Telle est la position actuelle de ces deux forteresses. Cependant, malgré la puissance que possèdent ces fortifications construites sur des rochers séculaires et édifiées hâtivement avec des matériaux altérés par un climat dévorant, elles seraient facilement entamées et détruites, ou par une armée jetée sur les côtes de la Finlande, ou par l'artillerie des flottes alliées.

Pour assurer Kronstadt contre les éventualités de l'avenir, Pierre Ier déploya les plus grands efforts. Cependant, malgré l'impérieuse nécessité de la fondation de cette forteresse pour protéger Saint-Pétersbourg, le czar rencontra dans l'accomplissement de ses projets des obstacles qui eussent arrêté tout homme autre que l'impérieux et absolu souverain. Ce n'avait point été sans éprouver un scandale inouï que les vieux boyards avaient vu Pierre Ier transporter le siège de son empire de Moscou, la vieille cité, à Saint-Pétersbourg, créée d'hier. Après avoir employé vainement auprès du maître les conseils et les prières, les mécontents eurent recours au fanatisme du peuple. Des moines et des prêtres prophétisèrent en divers lieux de l'empire la destruction de la ville nouvelle, et frappèrent de malédictions et d'anathèmes l'œuvre impie du czar. L'esprit du peuple moscovite conserve encore de nos jours la mémoire de ces prophéties terribles, et rien n'a pu les lui faire oublier.

Quoi qu'il en fût de ces sourdes menées et de ces clameurs souterraines, Pierre Ier ne poursuivait pas moins attentivement l'exécution de ses vastes desseins: la fondation de la grande cité et l'armement des deux forteresses voisines et protectrices. Or, comme le czar continuait son entreprise inouïe, il arriva que des prodiges se manifestèrent en différents endroits. Non-seulement on vit au ciel des signes précurseurs de la submersion de la ville, mais on découvrit un jour qu'une image de la Vierge, placée dans une église de Saint-Pétersbourg, avait répandu des larmes à plusieurs reprises et devant un grand concours de fidèles. Le peuple attribua le prodige à un mouvement de compassion de la Vierge déplorant le malheur inévitable de Saint-Pétersbourg. Instruit du miracle, et s'étant lui-même rendu dans la petite église, le comte Golofkin se plaça près de la sainte image, et vit avec un profond frémissement les larmes, les saintes larmes couler sur les joues de la Vierge. Emerveillé d'un tel prodige, Golofkin dépêcha un courrier à Pierre Ier, alors fort occupé à guerroyer contre les Suédois. A peine arrivé à Saint-Pétersbourg, le czar, peu crédule d· sa nature et quelque peu sceptique par principe, fit apporter l'image à son palais. Au milieu de sa cour réunie autour de lui, l'autocrate découvrit à tous les yeux le secret de la supercherie. Puis, cela fait, et ayant donné quelques ordres pour l'embellissement de sa chère capitale, Pierre Ier s'en alla de nouveau en guerre, sans plus se soucier des mécontents ni des prodiges.

En plaçant la capitale de son empire au milieu d'une province conquise sur les Suédois, Pierre Ier voulait préparer à sa politique envahissante un centre redoutable d'action tout auprès de l'Europe civilisée Résolu de s'emparer de la Suède ou tout au moins d'une portion de son territoire, le czar voulait créer pour sa marine et pour son armée un abri inexpugnable. De Kronstadt, des vastes ports de cette citadelle, Pierre Ier espérait pouvoir, à loisir et selon que le moment lui semblerait propice, fondre sur la Suède, sur la Prusse, sur le Danemark. Vaincu, il avait pour retraite les côtes fortifiées de la Finlande et les remparts de Kronstadt; vainqueur, il lui était facile de porter au loin le fer et la flamme sur les nations qu'il voulait ajouter à son immense empire.

Un événement de la plus grande importance sembla justifier complétement les vues et les plans du czar. A peine le dernier bastion de Kronstadt eut il été pourvu de canons, qu'une escadre suédoise vint tout-à-coup investir la nouvelle forteresse. Détruire Saint-Pétersbourg, renverser Kronstadt, telle était la mission de la flotte de Charles XII. Composée de vingt-deux vaisseaux de haut bord, de six frégates, de deux galiotes à bombes et de deux brûlots, la flotte suédoise était parvenue sans coup férir jusque sous les murs de Kronstadt; malgré les forts du golfe de Finlande, elle avait marché sans peine, et de nombreuses troupes avaient été débarquées par elle non loin des bastions de Kronslot. Tandis que l'amiral Ankastierna dirigeait le débarquement, ayant pour but d'investir la forteresse, le général Meidel conduisait en Finlande une armée destinée à s'emparer de Saint-Pétersbourg. Si cette entreprise eût réussi, elle portait un coup terrible à la puissance du czar, et l'empire moscovite eût vu pour bien longtemps, pour toujours peut-être, se fermer devant ses armes les provinces de l'Occident. La fortune sauva Pierre Ier. Une trahison ayant éclairé aux Russes le projet des Suédois, ces derniers furent prévenus dans leur dessein, et leur tentative échoua au moment d'être couronnée par un succès éclatant.

A cette époque déjà, en 1710, prendre Kronstadt, c'était porter une atteinte mortelle à la puissance moscovite. Charles XII voulut bien renouveler plus tard sa tentative, mais l'heure du succès était passée, Pierre Ier avait une marine, et, d'ailleurs, les événements absorbaient les efforts du prince suédois menacé dans ses propres provinces par l'autocrate russe.

En établissant Kronstadt et Kronslot, Pierre Ier crut avoir prévu tous les dangers et doté son œuvre sainte d'une existence éternelle. Cependant, l'autocrate oublia les deux périls les plus sérieux pour Saint-Pétersbourg, comme pour son empire. Les marais sans fond sur lesquels le czar avait fondé sa capitale, menaçant chaque année la grande cité d'une destruction complète, doivent un jour engloutir dans leurs abîmes la grande cité moscovite. Le second danger consiste dans la population finlandaise placée aux portes de Saint-Pétersbourg. Si l'heure fatale et suprême pour cette grande œuvre de Pierre Ier se faisait trop attendre, ces peuples vaincus mais non soumis murmurent encore de sourdes menaces, conservant au cœur une haine implacable contre le Russe.

De toutes les parties de l'empire moscovite, nulle province n'est plus hostile au joug russe que ne l'est la Finlande, conquise par la trahison. Les plus riches cantons de la Finlande, ses villes, ses fortifications, ses routes, ses voies navigables s'étendent le long du littoral. En un jour de saintes représailles, les Finois peuvent envahir la ville impériale et renverser ses édifices et ses palais, tandis que Kronstadt et Kronslot, battus en brèche par une escadre puissante, verraient leurs bastions et leurs remparts ruinés et détruits pour jamais.

Entre les mains de Pierre Ier, et aussi pendant le règne de Catherine II, la Finlande, avec ses forts, ses villes fortifiées et sa population, fut l'élément le plus actif de la puissance maritime de la Russie. Depuis ces deux souverains, les czars ont singulièrement laissé dégénérer la marine moscovite. Étrangers aux connaissances maritimes à l'aide desquelles Pierre Ier triompha des Suédois, les czars se sont contentés de faire construire dans leurs ports ou d'acheter en Occident des vaisseaux magnifiques, et d'y envoyer pour équipage des soldats recrutés dans les champs et transformés subitement en matelots. Retenus captifs dans la Baltique par les glaces, les équipages ne possèdent pas des notions sérieuses de la science maritime. Dans les temps favorables, la marine militaire manœuvre tant bien que mal; mais quand arrive la tempête ou si la mer devient agitée, les officiers perdent la tête et remettent alors le commandement du navire au plus ancien matelot du bâtiment.

Pas un vaisseau ne sort du golfe de Finlande sans perdre ses ancres, ses câbles, ou sans qu'un merveilleux orage ne donne prétexte à un long rapport de munitions et d'artillerie jetées à la mer, sans cependant que rien de cela ait été lancé par dessus le bord. Dépouiller son propre navire est une habitude vieille et profitable, contractée par les officiers russes et pratiquée jusque sous les yeux du czar lui-même. Dès qu'un vaisseau moscovite est mis en commission, il commence à se détruire. Ce fait est si singulier que les deux tiers des navires formant la flotte de la Baltique sont usés ou détériorés. On a expliqué ce phénomène étrange par la qualité particulière des eaux du golfe de Finlande et aussi par l'existence de certains vers s'introduisant dans les flancs du navire. Rien de plus simple cependant que ce fait en lui-même. Construits avec du bois de charpente presque toujours vert, par des ingénieurs intéressés à tromper le gouvernement, les navires sont destinés à périr dans un temps fort prochain. Quelquefois aussi les vaisseaux sont faits avec le chêne de Russie. Or, comme ce bois est fort loin de posséder les qualités nécessaires pour résister à l'action de l'eau, il résulte de sa mise en œuvre, dans la construction des navires, une détérioration infiniment rapide.

Si, pour défendre les passes de Kronstadt, la Russie possédait une marine sérieuse; si, dans le but d'assurer son empire sur les côtes du golfe de Finlande, les czars pouvaient diriger une flotte bien disciplinée, instruite et rompue à toutes les manœuvres maritimes, sans doute il serait difficile de passer impunément au-delà des remparts et des forteresses protectrices de Saint-Pétersbourg. Mais, réduite à quelques chaloupes canonnières pour lutter contre des escadres, et ne pouvant espérer de secours et de défense énergique que des canons disposés dans les meurtrières de quelques forts, la Russie est non-seulement peu redoutable, mais elle est encore condamnée fatalement à voir tôt ou tard envahir sa capitale et renverser ses forteresses les plus puissantes.

Les fortifications de Kronstadt et de Kronslot ont été revêtues de pierres énormes; mais en Russie, la pierre a moins de durée que n'en possède la chaux dans la plupart des provinces de l'Occident. Loin de porter l'empreinte d'une solidité à l'épreuve du temps et de l'artillerie, ces murailles et ces remparts ont besoin de réparations continuelles.

Le port nord-ouest est défendu par plus de trois cents pièces de canon, et les vaisseaux de guerre se tiennent dans le port central. Les premiers bâtiments prennent la mer en mai; les derniers rentrent au port à la fin de novembre. L'ensemble des fortifications de Kronstadt comprend, sur les côtes de l'île Kotline et sur la mer, plus de trois mille bouches à feu, outre une flottille de chaloupes canonnières.

Revenons à Stockholm et terminons par quelques mots sur les mœurs et usages du peuple suédois.

MŒURS ET USAGES DES SUÉDOIS.

La vie isolée que beaucoup de Suédois mènent, dans les bois et les montagnes, contribue à leur donner un caractère méditatif et observateur; mais sous un calme apparent se cache une âme ardente et propre à de grands desseins. On croit le Suédois rancunier et jaloux; mais c'est qu'il tient à conserver ce qu'il possède, la pauvreté générale du pays donnant plus de prix à la propriété. Le Suédois a beaucoup de politesse et d'aménité de caractère, ce qui ne l'empêche pas d'avoir et de montrer le sentiment de sa dignité personnelle. Le peuple est essentiellement bon, honnête et obligeant, humain et doux; il aime assez les plaisirs bruyants, les chants et la bouteille.

Les nobles et les bourgeois se mêlent fort peu dans leurs réunions, ce qui n'empêche pas les deux classes d'avoir des relations journalières assez cordiales; il y a même des mariages entre les deux classes. Les modes françaises sont très recherchées à Stockholm, comme partout ailleurs. Les femmes de la Suède sont renommées par leurs attraits et les grâces de leur personne. Elles ont une tournure agréable, le teint vif, la chevelure superbe et une physionomie très expressive; en un mot, les Suédoises sont des modèles de beauté et de grâce légère. Il y a dans leur maintien de l'abandon et souvent de la dignité; elles ont une taille ravissante.

Les femmes du peuple n'ont pas toutefois l'austérité des femmes du monde, et elles se laissent aller à des inclinations souvent funestes. Il est vrai qu'on les emploie aussi à une foule de soins qui peuvent les entraîner à l'oubli de la vertu. Dans les maisons de bains, le service se fait par de jeunes filles, qui même au sortir du bain présentent aux baigneurs le peignoir obligé.

La police des rues est faite pendant la nuit à Stockholm avec autant de soin qu'à Londres; et il circule des patrouilles grises qui dans les incendies portent un fanal au bout d'une perche. Les gardes de nuit sont armés d'un long bâton, au bout duquel est également suspendu un falot; ce bâton est terminé par une espèce de pince ou d'écrou en fer, qui, par un mécanisme particulier, permet de saisir avec facilité les perturbateurs nocturnes.

Les équipages sont peu remarquables; il y a des fiacres, mais ils ne stationnent pas sur les places: il faut les aller chercher ou les commander chez les entrepreneurs. On trouve aussi des cabriolets sur les diverses places publiques.

A Stockholm on ne rencontre guère de cafés analogues aux nôtres, et ils sont tenus par des Italiens ou des Juifs; mais les maisons où l'on ne vend que de la bière, du punch et de l'eau-de-vie sont très nombreuses; on y fume, et l'usage de la pipe est général, même parmi les personnes de la haute société.

Le sucrier est l'ornement d'une table suédoise; on lui réserve la place d'honneur au milieu du couvert. C'est une pièce d'autant plus importante que l'on met du sucre partout, même dans le potage et la salade.

Les dîners de vingt à trente personnes sont très ordinaires, et l'usage veut que chacun des convives rende cette invitation, ce qui multiplie les repas à l'infini. Ils sont du reste fort à propos dans une contrée où l'hiver se prolonge au-delà de six mois, et ils abrègent les soirées en faisant oublier les rigueurs d'un climat de 20 à 25°.

Après avoir dit adieu à Stockholm, le voyageur Twining, dont nous avons analysé l'ouvrage, prit la route d'Ystad, port de mer où il allait s'embarquer.

Cette ville, de quatre à cinq mille âmes, est assise sur une petite plaine entourée à demi de collines à pentes fort douces et bien cultivées. Le rivage de la mer forme une ligne droite, et c'est entièrement à son industrie qu'Ystad doit l'avantage de posséder un port, formé par deux jetées qui s'avancent dans la mer. La ville a un aspect entièrement allemand, et l'on n'y semble plus tenir que géographiquement à la Suède. M. Twining, monté sur un bateau à vapeur, perdit bientôt de vue les côtes de la Scandinavie, et retourna en Angleterre.

ALBERT-MONTÉMONT.

RAMON DE LA SAGRA.

(1839.)

VOYAGE EN HOLLANDE ET EN BELGIQUE.

PRÉLIMINAIRE.

L'auteur de ce voyage, M. Ramon de la Sagra, membre des Cortès espagnoles, est un philanthrope éclairé qui, désireux de connaître les institutions de la Hollande et de la Belgique, a conçu la pensée de les étudier sur les lieux et de les voir fonctionner, pour essayer d'en enrichir ultérieurement sa patrie, si arriérée sous ce rapport. Nous ne suivrons pas l'explorateur dans tous les développements de son livre en deux volumes; nous en donnerons seulement la substance, après avoir préalablement offert à nos lecteurs quelques notions géographiques sommaires sur les deux États qui, avant 1830, n'en formaient qu'un sous le titre de royaume des Pays-Bas.

La *Hollande* est située par 50° 43', — 53° 50' lat. N., et 1° 10', — 4° 50' long. E. Sa superficie totale est de 1,698 lieues carrées, et sa population de 3 millions d'habitants. Ce royaume a 75 lieues du nord au sud, et 40 de large de l'est à l'ouest. Il est borné au nord et à l'ouest par la mer du Nord, à l'est par le Hanovre et la Prusse rhénane, au sud par la Belgique.

En Hollande, l'air est presque toujours épais, humide, froid, variable et souvent malsain; les vents d'ouest y dominent et produisent des ouragans et des inondations. Ce pays n'offre qu'une vaste lagune desséchée, couverte de nombreux canaux et de marais entrecoupés par les embouchures de plusieurs rivières et défendue par d'immenses digues contre la mer du Nord et la mer dite de Harlem, formée par le Zuyderzée. Cette contrée ne produit ni vin ni blé, mais elle nourrit des bestiaux excellents; son beurre et son fromage sont renommés; les côtes abondent en poissons, surtout en harengs d'un grand revenu.

Les fleuves qui débouchent en Hollande sont le Rhin, la Meuse et l'Escaut. Le Rhin, arrivant des Alpes, traverse une partie de la Suisse, court entre la France et l'Allemagne, et vient se perdre dans la mer du Nord par plusieurs bouches sablonneuses, à quelques lieues de Leyde, après un cours de 225 lieues. La Meuse, qui naît à 5 lieues de Langres (Haute-Marne), donne son nom à un des départements de la France, passe à Sedan et à Mézières, puis à Namur, où elle reçoit la Sambre, va ensuite à Liége, où elle reçoit l'Ourthe, puis à Maëstricht, à Ruremonde, et vient se jeter dans la mer du Nord par plusieurs bouches, après un cours de 160 lieues. Enfin l'Escaut, qui naît dans le département de l'Aisne, à 3 lieues de

Rade de Stockholm.

Saint-Quentin, passe à Cambrai, à Condé, à Tournay, à Courtray, puis à Gand et près d'Anvers, pour déboucher dans la mer du Nord ou d'Allemagne, après un cours de 70 lieues environ.

Les principales villes de la Hollande sont : Amsterdam, sur un bras du Zuyderzée, avec un port considérable et une population de 200,000 âmes ; Harlem, ville fameuse par son académie, ses blanchisseries et ses tulipes, avec environ 22,000 habitants ; La Haye, résidence du roi de Hollande, avec environ 35,000 habitants ; Leyde, sur le vieux Rhin, avec 30,000 âmes ; Rotterdam sur la Meuse, avec un bon port et 70,000 habitants ; Utrecht, ville renommée par ses fabriques de velours et peuplée de 36,000 âmes ; Groningue, avec son université et 24,000 âmes ; Maëstricht, ville forte sur la Meuse, avec 24,000 habitants.

La *Belgique* est située entre 49° 50', et 51° 30' lat. N., et 0° 15', — 3° 45' long. E. Sa superficie est de 1,432 lieues carrées, et sa population de 4 millions d'habitants environ. Ses limites sont : au nord, la Hollande ; à l'est, la Prusse rhénane ; au sud, la France, et à l'ouest la mer du Nord. La Belgique a des montagnes très peu élevées, ou plutôt elle n'a que des collines ; elle possède de très belles prairies et un sol parfaitement arrosé ; ses fleuves appartiennent à la mer du Nord et ne lui sont pas propres ; tels sont principalement la Meuse et l'Escaut.

La Belgique est sillonnée de chemins de fer qui permettent d'y voyager rapidement. Le sol renferme de riches mines de houille et produit beaucoup de blé. Les principales villes sont : Bruxelles, sur la Senne, avec de beaux édifices et plus de 100,000 habitants ; Anvers, ville forte, près de l'embouchure de l'Escaut, patrie de Rubens, avec 70,000 habitants ; Gand, au confluent du Lys et de l'Escaut, et patrie de Charles-Quint, avec 84,000 habitants ; Bruges, avec 38,000 âmes ; Mons, avec 23 000 âmes ; Namur, au confluent de la Sambre et de la Meuse, avec 18,000 âmes ; Liège, au confluent de la Meuse et de l'Ourthe, patrie de Grétry, avec 58,000 habitants.

Après ces généralités, sans doute fort incomplètes, mais suffisantes pour notre sujet, nous passerons à la relation de M. de la Sagra.

Relation.

M. Ramon de la Sagra partit de Paris, où il était venu séjourner pendant l'un de ces orages politiques si fréquents dans son pays, et il se dirigea, le 18 mai 1839, vers la Belgique. L'aspect des campagnes du Hainaut lui réjouit le cœur ; l'activité, la gaîté des habitants, révélaient leur bien-être. Les soins donnés à la culture, les longs travaux préparatoires auxquels le sol est soumis, les approvisionnements d'engrais, tout celà frappe les regards dès les premiers pas que l'on fait dans cette province. Aux environs de la ville d'Ath, les travaux agricoles étaient interrompus. On célébrait les Rogations, pratique ancienne dans les pays chrétiens, et dont on trouve des vestiges jusque dans l'histoire de l'empire romain. A certaines époques de l'année, le prêtre, accompagné des habitants, portant en main l'image du Messie, parcourt les champs et bénit les semailles. Le même usage existe dans beaucoup de provinces de l'Espagne, et même dans quelques départements de la France. En Flandre, cette habitude d'appeler ainsi la bénédiction divine sur les sillons à peine creusés paraît sanctifier la trace qu'a suivie la main du laboureur.

Arrivé à Bruxelles, M. de la Sagra se mit en rapport avec les chefs des établissements qu'il lui importait de visiter. Il commença par les salles d'asile, quelques écoles primaires, l'institution des aveugles et celle des sourds-muets, les hospices des pauvres, la prison publique, l'observatoire, l'établissement géographique, et il termina par l'école vétérinaire et la mendicité. Les premières visites dans la capitale belge permirent à M. Ramon de se tracer un plan d'exploration et d'études dans les autres villes qu'il voulait parcourir, notamment Bruges, Anvers, Gand et Liége. Ces données préliminaires fourniront bientôt à notre voyageur les moyens de caractériser les deux peuples qu'il s'était proposé d'étudier : voici le jugement qu'il en porte.

« Il n'existe pas au monde deux peuples plus différents l'un de l'autre que les Belges et les Hollandais. Le sol des deux pays, le caractère des habitants, les mœurs des classes inférieures, tout contribue à tracer une ligne de démarcation que la politique a vainement tenté d'effacer. Au sortir des campagnes riches et variées de la Belgique, on entre presque immédiatement dans les plaines uniformes de la Hollande, plaines couvertes d'innombrables troupeaux et protégées contre les invasions de la mer par de vastes travaux renouvelés sans cesse. Le caractère impétueux et entreprenant du Belge contraste singulièrement avec la patience, le calcul, la persévérance du Hollandais, dont les qualités moins brillantes n'en sont pas moins fécondes en nobles résultats.

« En Belgique, où le peuple ressemble au peuple français par son amour des plaisirs bruyants, on le rencontre au théâtre, dans les réunions nombreuses, dans les promenades, partout ; en Hollande, le peuple cherche avant tout les affections intimes, la joie de la famille et du foyer domestique. Aux uns, le mouvement, l'action; aux autres, les émotions douces, paisibles comme leur caractère. Aux uns, il faut des chemins de fer; aux autres, le vieux canal suffit : ils n'ont pas besoin pour se distraire de faire dix milles à l'heure. De là cette existence réglée, calculée et commode des Hollandais, de là ces tableaux de bonheur domestique dont se rassasie chez eux le regard du voyageur. En Hollande on jouit de la vie; en Belgique et en France on la dépense au hasard. Cette différence est à coup sûr le trait caractéristique qui distingue ces deux peuples. Or, si l'on me demande lequel est le plus heureux, je n'hésite pas à répondre : celui qui le semble le moins. »

Tout en faisant ces réflexions, M. de la Sagra traversait la ville de Rotterdam et arrivait à La Haye, le soir même du jour où il s'était éveillé à Anvers. Ainsi, en quelques heures il se voyait transporté dans un monde nouveau. Il visita successivement et rapidement Leyde, Harlem et Amsterdam, puis se rendit dans la province d'Utrecht, où il eut occasion d'observer les plantations de tabac, faites dans de petits fossés parallèles, profonds et larges d'un pied environ, séparés par un intervalle d'un pied et demi. On accumule sur le sol intermédiaire la terre qu'on retire des excavations, et l'on y plante les pieds de tabac, en les disposant alternativement sur deux lignes, à 18 pouces de distance les uns des autres. Autour de ces vastes plantations et sur les bords des chemins, s'élèvent d'immenses hangars construits en bois; c'est là qu'on dépose les feuilles pour les faire sécher, jusqu'à ce qu'elles soient propres à être travaillées.

Mais revenant à son objet spécial, M. Ramon de la Sagra se rendit à *Zwoll*, chef-lieu de la province d'Over-Yssel, ville renommée pour ses établissements d'éducation. Il y vit le système admirable des écoles hollandaises, cette excellente organisation adaptée au caractère du peuple, au patriotisme des citoyens, aux sentiments de bienfaisance et aux convictions religieuses qui règnent dans toutes les classes de la société. La salle d'asile, les écoles primaires et les ateliers renfermés dans l'établissement des pauvres de Zwoll, le mode de distribution pour les secours aux indigents; tout cela, dit M. Ramon, forme un ensemble parfait, unique en Hollande et digne d'être imité en tous lieux. Les mêmes éloges sont donnés aux trois établissements coloniaux fondés pour les mendiants, les cultivateurs pauvres et les enfants délaissés.

M. Ramon visita ensuite *Groningue*, ville qui possède, dit-il, d'intéressantes écoles, de beaux hospices et la seule institution de sourds-muets qui existe en Hollande, institution, ajoute-t-il, justement célèbre. De là il se rendit à *Leuwarde*, chef-lieu de la Frise, habité par un peuple actif et vigoureux. La réputation de beauté dont jouissent les femmes de ce pays ne parut aucunement exagérée à notre voyageur, homme calme et grave dans ses jugements. Il vit à Leuwarde la grande maison de détention qui y existe depuis longtemps.

Après ces diverses visites, il s'embarqua à Harlingen, sur l'un des bateaux à vapeur qui font le voyage de la petite mer du Zuyderzée, et il débarqua à Enklingen, où il prit une voiture légère qui le conduisit à Horn, dont il vit la maison de correction. Dans ce voyage, comme durant celui d'Amsterdam, il avait remarqué l'exquise propreté des villages, les maisons et les rues tenues avec un soin extrême, les trottoirs blanchis à la chaux, ainsi que les troncs des arbres voisins.

Résumant ses observations, M. de la Sagra offre une idée générale de l'instruction primaire en Hollande. Il y a, dit-il, dans chaque province une commission formée d'inspecteurs primaires; chaque inspecteur réside dans son district; il en doit visiter les écoles au moins deux fois par an; il en est l'âme et le chef; personne ne peut, sans son consentement, exercer les fonctions de maître public ou particulier ; sans lui, point d'avancement, point de récompense; et ce pouvoir s'explique naturellement, si l'on observe qu'il est toujours ou président ou au moins membre très influent de la commission. Trois fois par an ces inspecteurs de districts se rendent au chef-lieu de la province; là, sous la présidence du gouverneur et dans leurs réunions, qui se prolongent durant deux ou trois semaines, ils lisent leurs rapports respectifs sur leur dernière inspection, et soumettent à l'assemblée les questions qui rentrent dans sa compétence. L'assemblée examine si les actes des inspecteurs ont été conformes au règlement spécial de chaque province; elle décide les questions de la manière la plus opportune, dresse de tout un rapport annuel qu'elle envoie au gouvernement; elle y joint le tableau des améliorations qui lui paraissent utiles ou nécessaires, sur lesquelles doit prononcer l'inspecteur général de l'instruction publique attaché au ministère de l'intérieur.

A certaines époques, le gouvernement convoque à La Haye une assemblée générale d'instruction primaire, et chaque commission des provinces y envoie un délégué. En résultat, l'inspecteur de district est responsable devant la commission de province; celle-ci devant l'inspecteur général et devant le ministre. Les conditions à remplir pour obtenir le titre de maître et exercer le professorat forment la garantie fondamentale donnée par la loi de Hollande. Outre ce certificat de moralité, on exige l'admission générale et l'admission spéciale. Le diplôme constatant la première s'obtient sur un examen suffisant, devant la commission provinciale, composée exclusivement d'inspecteurs de district. Sans cette formalité, nul ne peut entrer dans la carrière de l'enseignement. Le titre de précepteur particulier s'obtient de l'autorité municipale sur la décision ou le rapport de l'inspecteur ; mais celui de précepteur public exige le second diplôme, qui se donne au concours. Dans la lutte des candidats, l'inspecteur est un des juges, et tels sont même les priviléges de ce dernier, qu'il a même le droit d'appeler au ministre de la décision du jury, quand elle lui paraît erronée ou injuste ; une fois nommé et accepté, le précepteur public ou particulier comparaît devant l'inspecteur du district pour justifier de ses examens et de son admission; dès lors, il reste sous la dépendance de cet inspecteur, dont la seule volonté suffit pour provoquer un acte de suspension, et même pour le faire révoquer de son office par les autorités administratives.

Le traitement des inspecteurs est très modique ; mais leur emploi est environné d'une haute considération ; ils sont nommés sur la proposition de la commission provinciale, qui présente deux candidats, entre lesquels le gouvernement arrête son choix. La loi de Hollande ne fait pas aux parents une obligation d'envoyer leurs enfants à l'école. Tous les ans, après l'assemblée de Pâques, la commission provinciale adresse son rapport aux ministres sur les écoles qu'elle a soumises à un examen général. M. de la Sagra fait l'éloge du système de centralisation établi en Hollande pour les écoles primaires, et il approuve qu'elles soient soumises à l'action immédiate du gouvernement. Il fait remarquer avec raison qu'en Belgique le clergé catholique a beaucoup trop d'influence sur les écoles, tandis qu'en Hollande il ne prend aucune part à l'éducation publique. La loi y défend de traiter des questions de dogme ; elle charge seulement le précepteur d'apprendre à ses élèves les préceptes de la morale et les vérités de l'Evangile.

Après avoir visité les salles d'asile de la Hollande et les écoles des principales villes, M. de la Sagra s'occupe des sociétés charitables et des hospices. Les détails qu'on trouve renferme à cet égard sont remplis d'intérêt, de même que ceux qui concernent les prisons ; mais ils sont étrangers à notre cadre analytique, et nous reviendrons immédiatement avec notre voyageur au sein de la Belgique.

Les établissements de bienfaisance en Belgique étant, dans le principe de leur organisation, semblables à ceux de la Hollande, portent encore aujourd'hui la même physionomie, et l'on ne pourrait guère que se répéter si l'on en reprenait la description. Seulement, on peut classer en trois catégories les établissements de bienfaisance : ceux d'asile et de secours aux pauvres et aux vieillards; les ateliers de travail, les dépôts de mendicité et les colonies agricoles ; enfin les écoles des enfants pauvres, les écoles de travail, les monts-de-piété et les caisses d'épargne. M. de la Sagra cite l'hospice de Bruxelles comme un des plus considérables que possède la Belgique; viennent ensuite les hospices de Gand et d'Anvers; les maisons de sourds et muets et les prisons ; et cette revue terminée, notre voyageur va reporter en Espagne le fruit de ses explorations philanthropiques.

ALBERT-MONTÉMONT.

INGLIS

(1834.)

VOYAGE EN BAVIÈRE ET AU TYROL.

Les Vosges. Lindau. Wangen. Routes de la Bavière. Memmingen. Meindelheim. Augsbourg : sa description.

Je traversai la France et passai trois jours dans les Vosges. Je ferai remarquer en deux mots que, lorsque l'Europe est envahie de toutes parts dans la recherche du pittoresque, il n'est aucune contrée où il se trouve plus abondamment que dans le département des Vosges. J'ai passé dans plus d'une charmante vallée, où serpentait une rivière limpide et que dominaient des rochers boisés, des chaumières et des ruines, car il est à peine dans ces montagnes des Vosges une éminence isolée qui ne soit couronnée par des murailles couvertes de lierre d'un de ces châteaux-forts qui furent autrefois les résidences seigneuriales des barons allemands ; il n'est de plus aucun pays entre ceux que j'ai visités où j'aie trouvé des mœurs plus primitives et des habitudes plus hospitalières.

Je ne ferai que nommer *Strasbourg* (1), que je quittai à cinq heures du matin ; et à trois heures de l'après-midi, en mettant le pied sur la terre de Lindau, je me trouvai en Bavière, ayant devant moi le lac de Constance qui manque et du caractère positif d'un lac et de l'immensité, qui est l'attribut de l'Océan. *Lindau* n'est qu'un endroit sans importance ; mais comme c'est une ville frontière, le voyageur la regarde avec curiosité comme étant la transition d'autres mœurs et un autre pays. Je vis bientôt que j'étais en Allemagne aux énormes pipes qui pendaient à la bouche de quatre sentinelles en faction. C'est un usage sur lequel on ferme les yeux parmi les troupes de Sa Majesté bavaroise.

Lindau est à l'extrémité sud-ouest de la Bavière ; passant à l'extrémité nord-est sur la frontière de Bohême et de Lindau à Passau, je me décidai à me rendre en voiture par la route détournée d'Augsbourg et de Munich, réservant la marche à pied pour mes courses de montagnes. Le lendemain, je franchis donc le long pont de bois qui joint l'île à la terre ferme. Je ne me risquai point à déjeuner à Lindau, parce que la veille, ayant donné à la fille de service ma théière pour y mettre de l'eau bouillante, je m'aperçus que je buvais ensuite une mauvaise limonade, et je découvris alors, en m'en informant, qu'il est de mode, en Bavière, de donner au thé un léger goût de citron.

Le pays au-delà de Lindau me parut aussi joli que peut l'être un pays plat ; il se partageait assez également en prairies et en champs de blé : on y voyait même quelques marais.

A environ deux lieues de Lindau, la route franchit la frontière de Bavière et continue pendant deux lieues à travers un angle du royaume de Wirtemberg. Bientôt après avoir mis le pied sur ce territoire, nous arrivâmes à *Wangen*, où nous déjeunâmes. Si le voyageur en Bavière désire faire ce repas confortablement, il

(1) *Strasbourg*, capitale de l'ancienne Alsace et aujourd'hui chef-lieu du département français du Bas-Rhin, compte une population de 76 à 80,000 habitants. Cette grande, riche et très-forte ville est située sur les rivières d'Ill et de Brusche, à 4 kilomètres du Rhin. La cathédrale, magnifique édifice, achevé au commencement du XVe siècle, surmonté d'un clocher pyramidal, le plus élevé de l'Europe, est l'un des plus beaux que l'on connaisse. A. M.

faut qu'il emporte son thé, car dans les auberges où l'on en trouve, on le prépare fort mal. Il y avait ce jour-là une grande foire à Wangen, et les gens qui y affluaient de la campagne étaient tous bien vêtus et dans l'aisance : un air de contentement général parmi eux le prouvait.

L'extérieur de toutes les maisons de cette petite ville me frappa comme très grotesque ; les murailles ne sont point, comme dans le pays des Grisons, chargées de peintures dans le goût classique, telles que piliers, colonnes et piédestaux, mais elles sont barbouillées de couleurs voyantes et de représentations de serpents de mer, de dragons, de dauphins, de paysages et de marines.

De Wangen à Leutkirch, la route traverse un pays assez agréable, fertile et très peuplé ; des maisons le bordaient de deux côtés, et je remarquai que, petites ou grandes, elles étaient toutes couvertes en tuiles. C'est à *Leutkirch* que nous rentrâmes en Bavière, et j'y passai deux heures très agréables ; il y avait une grande réjouissance parmi les enfants. Deux cents garçons ou filles, les dernières toutes en blanc, précédés d'un corps de musique et de plusieurs bannières, se rendirent sur une éminence du voisinage, où des préparatifs avaient été faits pour les recevoir ; là, ayant tout d'abord formé deux cercles, celui des filles à l'intérieur, ils écoutèrent les discours d'un homme à l'air grave, mais bienveillant, qui les félicita de leurs progrès à l'école ; et après leur avoir dit qu'ils étaient réunis pour s'amuser, manger ce qu'il leur plairait et jouer jusqu'au coucher du soleil, il recommanda aux garçons de se conduire avec douceur envers leurs compagnes de jeu ; alors ce vieillard distribua des prix parmi cette petite troupe, puis on tira d'un panier des petits objets de broderie et de couture que l'on exposa en vente aux yeux des assistants pour que le produit en fût employé à des œuvres charitables, après quoi on renvoya les enfants à leurs jeux.

C'était un spectacle charmant, et qui me prouva que les notions d'éducation nouvelle n'ont point pénétré en Bavière. Ces enfants étaient bien des enfants et non de ridicules caricatures d'hommes et de femmes. Quant au distributeur des prix, c'était un magistrat de la ville. Après ce court et riant spectacle, je repris la route de Memmingen.

Dans cette partie de la Bavière, la campagne est très peuplée ; car je ne comptai pas moins de treize villes ou grands villages sur la route à une demi-lieue dans les terres à droite et à gauche sur le chemin de Leutkirch à Memmingen. Toutes les maisons y étaient peintes comme à Wangen, et les façades de plusieurs étaient décorées de peintures tirées de la Bible ; sur beaucoup de volets de fenêtres étaient représentés des cardinaux et des papes. Je trouvai les routes excellentes.

Nous ne nous arrêtâmes pas à *Memmingen*, mais nous nous dirigeâmes vers *Mindelheim*, où je comptais passer la nuit ; c'était une route charmante à travers de vastes forêts de sapins mêlés de bois plus légers. Çà et là de petits lacs étincelaient entre les arbres, de belles clairières herbues s'ouvraient dans les bois, et bien qu'il fît grand jour, les rossignols chantaient avec abandon sous les ombrages touffus. Partout dans ces pays les femmes avaient dans les travaux de l'agriculture une part presque égale à celle des hommes, et j'en vis plus d'une à la charrue. Il était sept heures du soir quand nous arrivâmes à Mindelheim.

Memmingen et Mindelheim sont des lieux agréables ; les rues sont larges, d'une propreté rigoureuse, les maisons remarquables et les habitants bien vêtus ; j'ajouterai que les auberges sont commodes et peu chères ; le vin même, quoique la Bavière ne soit pas un pays vignoble, n'y est pas d'un prix très élevé.

Je quittai le lendemain matin Mindelheim à six heures. Il existe en Bavière une curieuse loi qui veut que tout étranger paie huit sous environ pour la permission de sortir de chaque ville ; mais cette dépense est plus que compensée par la permission de laisser son passeport dans sa poche. Bientôt après Mindelheim, nous entrâmes dans une campagne étendue qui fait partie de l'immense plaine qui compose tout le centre de la Bavière.

Je rencontrai à chaque village le *mai* orné de guirlandes, et les fleurs ne servaient pas seulement à décorer ce monument rustique, les hommes en portaient à leurs chapeaux, et les femmes dans leurs cheveux ; mais ce sont des fleurs artificielles. On parcourt entre Mindelheim et Augsbourg une plaine continue, en général fertile, bien cultivée et couverte de troupeaux de bétail et de porcs.

Il était trois heures quand j'arrivai à *Augsbourg* ; je m'attendais à voir une ville sombre, vieille et à l'air suranné : j'y trouvai, au contraire, des rues à mettre en parallèle avec ce qu'il y a de plus moderne dans la plus belle ville d'Europe, et bordées de maisons qui, par l'aspect général, l'élévation et la variété de l'architecture, effacent tout ce que je connais à Londres. C'est dans la rue que j'occupais, et qui a environ trois quarts de mille de longueur, que logent les principaux marchands et les banquiers, dont plusieurs sont opulents.

Je remarquai qu'en Bavière on trouve, comme en Angleterre, la chambre matrimoniale respectée, dans toutes les maisons, et ce fait est très digne de remarque comme je vais le faire sentir : toute séparation habituelle produit un décroissement d'affection, et toute altération de cette notion conduit de toute nécessité à un relâchement du lien conjugal et à l'absence de ce que nous appelons la vie de famille et les vertus domestiques. En Bavière, le palais du roi même n'a qu'une seule chambre pour les époux.

Il ne faut pas plus de deux ou trois jours de séjour dans cette ville pour voir tout ce qui mérite l'attention. Après avoir admiré dans la maison de ville une précieuse collection de tableaux de toutes les écoles, je me rendis à l'église de Sainte-Ulurique, qui est vieille, massive et sombre ; puis j'allai à l'arsenal où je vis des canons d'une grandeur extraordinaire, qui sont plus curieux qu'utiles, puisqu'il faut dix-huit chevaux pour en tirer un.

La grande rue dont j'ai parlé est ornée de plusieurs fontaines monumentales qui y répandent durant les chaleurs de l'été une grande fraîcheur, et je ne parle point seulement ici de celle que produit l'agitation de l'air par l'eau, mais aussi de l'influence dont l'imagination est l'intermédiaire. Cet effet, par exemple, est grandement accru par la singulière construction de l'une de ces fontaines ; elle est surmontée d'un Hercule et le jet lui tombe continuellement sur le pied. Personne de ceux qui marchent en été sur le pavé brûlant ne peut regarder cet objet sans éprouver une agréable sensation de frais.

Les habitants d'Augsbourg sont très adonnés à la promenade ; mais elle a lieu pour chaque classe dans un jardin spécial ; on en compte trois qui sont tous également beaux. La musique qui distingue le jardin de la haute société était charmante. Quant à ceux de la classe moyenne et de la bourgeoisie, on s'y contente de la promenade et de la conversation, accompagnée de gâteaux, de vin ou de bière. Tout le monde me parut content et gai.

Outre ces jardins, on a converti en promenade publique le fossé qui entoure Augsbourg et que traverse une eau courante, sur laquelle naviguent beaucoup de canots de plaisir, au son d'une excellente musique. On vit à très bon marché à Augsbourg.

Ma curiosité satisfaite dans cette ville, je me dirigeai vers Munich. La route était couverte de villageois qui venaient au marché, et bien que je fusse continuellement accoutumé aux jupons courts, cependant les paysannes des environs d'Augsbourg sont remarquables en ce point, même pour les Bavarois. Une femme de ce pays montre sa jambe sans rougir, tandis qu'une Anglaise croit se rendre coupable d'une nudité si elle montre par inadvertance sa cheville. Augsbourg est séparée de Munich par une plaine parfaite, fertile; bien cultivée, partagée en terres à blé et en pâturages, mais ce trajet est ennuyeux: ce ne fut donc pas sans plaisir que je vis le clocher de Munich s'élancer de ce terrain plat.

On arrive à cette capitale par des routes excellentes ornées de jolies maisons et de beaux jardins.

Munich. Population. Costume national. Théâtre. Glyptothèque. Schleisheim.

Je ne pense pas que le voyageur qui n'a point vu *Munich* puisse avoir une idée juste de la capitale de la Bavière. Je n'hésite pas à dire que c'est la plus belle petite capitale de l'Europe, tant à cause de ses édifices publics que de son aspect général. Des rues larges, propres, quelques-unes magnifiques, de belles places, des jardins étendus, de jolies promenades, un excellent opéra, une galerie de tableaux que peu de collections de ce genre surpassent en Europe, et un Musée de statues antiques, sont les séductions que présente au voyageur cette attrayante métropole. La main du progrès se décèle partout, et l'industrie y pourvoit à tous les caprices du goût et du luxe.

A ces signes muets de prospérité, il faut ajouter le témoignage animé d'une population de bonne mine et bien vêtue. Là, point de haillons, de saletés, de figures souffrantes ou rechignées, partout se montre l'aisance. Cette population n'est guère de plus de cinquante mille âmes, et en déduisant de ce nombre des personnes qui vivent à la cour ou dans les emplois publics, le reste se compose de négociants, d'artisans, de marchands et de domestiques.

Rien ne me frappa tant, dans les rues de Munich, que le costume riche et élégant des femmes; je veux parler de celles de la classe moyenne; car il n'y a qu'en Espagne que le costume de la haute société est resté national. C'est surtout les jours de fêtes et les dimanches que l'on voit à leur plus grand avantage l'habillement des Bavaroises. J'avais été préparé dès mon arrivée à cette recherche dans les vêtements par ceux de la blanchisseuse qui vint prendre mes ordres à l'hôtel et de la fille qui me servit à dîner. La première avait une coiffure d'argent renfermant toute sa noire chevelure et formant sur son front une tiare; son corsage était de satin bleu broché, bordé de mousseline à fleurs, et son tablier était de mousseline brodée. L'autre avait également une coiffure d'argent et une robe dont tout ce qui dépassait la ceinture était en argent: ces ornements et quelques robes à ceinture dorée composent le costume national qui distingue les femmes de Munich, et donne, comme on peut le concevoir, beaucoup d'éclat aux promenades publiques un jour de fête.

Au théâtre, la moitié du parterre se divise en *places serrées*. On achète les billets de la place le matin, et elles sont gardées par un moyen de la plus simple invention: tout le siège, dossier et banc, se reploie et se ferme à clef, et il n'y a réellement pas de quoi s'y asseoir que quand la serrure est ouverte. Chacune de ces places est numérotée.

Pendant mon séjour à Munich, le théâtre était parfaitement monté et bien dirigé depuis l'érection de la magnifique salle dans le voisinage du palais; on y joue des opéras allemands et italiens alternativement, avec une comédie. L'orchestre est un des meilleurs que j'aie entendus: le roi préfère la musique italienne, la reine, l'opéra allemand (1).

La salle du théâtre de Munich est un édifice élégant, et l'intérieur en est vaste, commode et décoré avec goût: elle était toujours remplie quand je m'y rendais,

1. C'est tout-à-fait ce qu'étaient en France les *coins du roi et de la reine*. A. M.

et l'assemblée était remarquable pour son silence et l'intérêt avec lequel elle écoutait.

Parmi diverses sociétés consacrées aux jouissances que donne la musique, celle que l'on nomme *Bauhof* a, outre les représentations dramatiques, quatre concerts par mois, et les amateurs y secondent les artistes de profession. Le nombre des réunions musicales privées est immense. Quant aux basses classes, elles jouissent également chaque jour d'une excellente musique de l'orchestre militaire qui joue tous les soirs dans le jardin de la cour. Là, c'est un spectacle curieux que la foule prêtant, avec un intérêt évident, l'oreille aux compositions de Haydn, de Mozart, de Romberg et de Ries.

Bientôt après mon arrivée, j'allai visiter le palais du roi qui mérite bien une visite; il fut construit par Maximilien Ier dans le XVIe siècle, sur les dessins de Candit, élève de Vasari, et, depuis cette époque, des embellissements y ont été faits; en outre, on en élève un nouveau sous l'inspection immédiate du roi. Tout ce que le luxe peut desirer ou l'art produire décore les appartements de la reine. Quant à ceux du roi, ils sont conformes au goût simple, mais élégant, de celui qui les habite.

Les amateurs de curiosités et de merveilles trouveront aussi de quoi les charmer dans le palais. Il y a un lit qui renferme deux cent vingt-neuf livres pesant d'or; des miroirs, des dorures, des bronzes, des tapisseries, et des choses rares à l'infini; on remarque surtout une chapelle remplie de choses précieuses, et entre autres on y voit une Vierge avec une robe d'or, une couronne de diamants, sur un piédestal de lapis-lazuli. Une seconde a des vêtements presque aussi précieux. Un orgue y est construit en or, en argent, en ébène et en mère-perle; les ornements sont des perles innombrables et d'autres joyaux. Dans un groupe de saint George et le Dragon, le chevalier est d'or et le dragon de jaspe. On n'y compte pas moins de deux mille deux cent quatre-vingt-onze brillants, de quatre cent six rubis et de deux cent neuf grosses perles d'Orient, avec beaucoup de curieuses et riches bagatelles. J'étais loin de penser que le roi de Bavière possédât tant de richesses inutiles.

La galerie des tableaux ne le cède guère pour l'étendue et la supériorité de sa composition à celles des autres villes d'Europe; elle est formée de douze salles dont la première renferme les ouvrages des artistes bavarois, dont plusieurs font honneur à leur pays. La seconde salle est consacrée à l'école flamande, mais non point exclusivement. La troisième salle appartient aux maîtres qui se sont rendus les plus célèbres par leur coloris. La quatrième salle est appelée *la salle de Rubens*, et parmi ses tableaux, on trouve le Sénèque mourant, plusieurs des portraits de *la femme de Rubens*, l'admirable portrait d'un Jésuite, la Réconciliation d'Esaü et de Jacob, etc. Les écoles allemandes et flamandes ont la cinquième salle, où l'on remarque Van-Dick, Wouvermans et Ruisvaël. La septième renferme de toutes les écoles ce qu'il y a de plus choisi. Le reste répond à cette abondance de beautés.

On est très empressé à Munich pour procurer aux étrangers les moyens de visiter tous les établissements consacrés aux beaux-arts, et je ne cessai de remarquer, dans la galerie, des artistes et des étudiants voyageurs occupés à copier les chefs-d'œuvre. On a fondé en 1808 une Académie des beaux-arts, où la peinture, l'architecture, la gravure et la sculpture sont enseignées gratuitement à cent élèves. Outre la galerie de Munich, il existe de belles collections particulières.

La Glyptothèque, beau et noble édifice destiné à recevoir les statues antiques, n'était pas encore entièrement achevée quand je visitai Munich, mais la construction était déjà assez avancée pour que l'on en pût juger. On a beaucoup vanté les marbres de l'Escurial, mais rien ne saurait égaler les murailles et les dalles de la Glyptothèque. Ce bâtiment est, dit-on, le *dada* du roi, et, sans aucun doute, quand il contiendra les restes de l'antiquité auxquels il est destiné, le dedans sera aussi digne d'admiration que l'édifice même.

Je fis une visite à Schleisheim, palais situé à trois lieues de Munich. La route qui y conduit est sans aucun intérêt, et traverse un pays plat et pauvre entre des saules et de vilains sapins. L'édifice est beau, mais tout-à-fait négligé, tant à l'intérieur que dans les dépendances. On y trouve une galerie de vieux tableaux où l'on peut suivre les progrès de l'art, depuis les jours de Cimabué et où brillent les plus beaux ouvrages des écoles allemandes. On y voit, entre autres, un tableau que l'on fait remonter au XIe siècle, et un des portraits que l'on attribue à l'infatigable saint Luc.

Détails sur la prison. Hôpitaux. Eglises Mœurs. Excursions dans le voisinage.

Dans la prison de Munich il existe un principe excellent, c'est que chacun doit gagner son pain. Tout prisonnier est donc obligé de se livrer à sa profession, et il n'est pas un métier qui ne soit en activité dans l'intérieur de la geôle. C'est une manufacture générale; mais on ne force personne à travailler au-delà de ce qu'il lui faut pour vivre. Tout ce qu'il gagne de superflu est retenu pour lui être remis au terme de sa captivité, en déduisant la dépense de l'établissement. Chaque métier a un atelier à part, dans lequel les ouvriers travaillent ensemble, et peuvent causer, sur des sujets de conversation déterminés, devant des inspecteurs toujours présents. Les femmes, rigoureusement séparées des hommes, travaillent également. Celles qui ont été servantes continuent de l'être, et les cuisinières font la cuisine; enfin, le service intérieur de la maison est fait par les détenus. La somme des épargnes que l'on fait pour eux se monte à 120,000 francs par an.

Je vis quelques prisonniers enfermés à vie, pour des crimes qui les auraient menés à la potence en Angleterre. Il n'y a pas eu d'exécution à Munich depuis 1821. Ce qu'il y a de singulier, c'est qu'on leur passe des douceurs que l'on refuse aux condamnés à temps. On regarde, par exemple, l'interdiction du tabac à fumer comme une aggravation de peine que l'on inflige à ceux qui peuvent, après une bonne conduite, retrouver cette jouissance dans le monde, mais on regarderait comme cruel d'en priver un homme dont le châtiment ne finira qu'avec sa vie.

Une phalange de très grands et très forts chiens est une garde suffisante pour la nuit, pendant laquelle on les lâche dans l'espace vague qui entoure la prison. J'ai appris qu'invariablement les condamnés qui sortent avec les sommes les plus fortes sont ceux qui se conduisent le mieux dans le monde où ils sont rentrés.

Munich est riche de ces établissements qui ont pour objet le soulagement et l'amélioration de la condition physique de l'homme Il existe un asile pour la réception des pauvres, que l'on y divise en deux classes : ceux qui ne peuvent travailler et ceux qui ne peuvent se procurer du travail. Les premiers sont reçus sans autre recommandation que l'indigence et le défaut de ressource, et on les habille, on les loge, on les nourrit: aux autres, on fournit l'occupation qui convient à leurs facultés; et le nombre de ces derniers qui se livraient à tous les états était, lors de mon passage, de 1,487. Cet établissement est soutenu en partie par le roi, en partie par la charité publique.

L'hôpital général est aussi une belle institution, et peut contenir de sept à huit cents malades. Il y en a trois classes : la plus nombreuse, celle qui y entre gratuitement; celle qui paie une souscription annuelle de 4 florins (12 francs) pour être admis à l'hôpital en cas de besoin; et enfin les étrangers, ou personnes isolées qui viennent s'y faire soigner moyennant une somme fixe par jour. Un beau jardin est attaché à cet établissement.

Outre ce grand hôpital, il y en a plusieurs autres. Quant aux églises, les trois principales sont la cathédrale, Saint Michel et les Théatins. Notre-Dame, la cathédrale, sombre et gothique édifice du XVe siècle, contient un mausolée de marbre noir et de bronze de l'empereur Louis de Bavière. Ce monument fait honneur aux dessins de Candit. La tour a trois cent trente-deux pieds de haut, et une vue complète de presque toute l'ancienne Bavière paie amplement la fatigue d'y monter. L'église de Saint-Michel est un beau morceau d'architecture dans le meilleur style italien, mais elle est trop surchargée de stuc et de dorures.

A l'Académie des sciences sont attachés une bibliothèque, un muséum d'histoire naturelle, un institut anatomique, un jardin des plantes, un observatoire, un cabinet de monnaies et de médailles, et un répertoire d'antiquités La bibliothèque mérite surtout une attention particulière, tant à cause de sa vaste étendue que de son contenu précieux. Elle a été fondée à une époque très reculée par le duc Albert. On y compte aujourd'hui quatre cent mille volumes dans cinquante-quatre pièces, et la bibliothèque n'est pas moins riche en manuscrits qu'en imprimés. On y trouve trois cents manuscrits orientaux, parmi lesquels un *Koran* d'une extrême beauté, un *poëme malabar* écrit sur feuille de palmier, un *Thucydide* du XIe siècle et des *Evangiles* du VIIIe siècle; plus, huit mille manuscrits latins, français, allemands et italiens des plus rares.

Le cabinet d'histoire naturelle est digne d'une visite. Les collections d'oiseaux et de papillons sont riches et dans le meilleur état. Les moineaux sont bien classés et d'une manière qui flatte l'œil. Quant au jardin botanique, il couvre treize acres de terrain; un goût et un ordre parfait y règnent. Au milieu de ce jardin est un petit lac pour la culture des plantes aquatiques. On y compte vingt mille plantes en pleine terre, et une serre immense, d'une belle architecture, en renferme encore des milliers.

Outre l'Académie des sciences, plusieurs autres institutions consacrées à l'instruction se trouvent à Munich ; dans l'Institut royal on enseigne la physique, les mathématiques, l'histoire, le latin, le grec et la philologie. Une école de médecine est gratuite. Il y a à Munich une école militaire et une école vétérinaire; plus un établissement nommé *le Séminaire*, où la musique, la danse, la géographie, le dessin et les langues vivantes sont enseignées. L'éducation des femmes n'est pas négligée, et le roi fournit à l'instruction de soixante filles dans une maison soutenue par lui.

Il existe aussi dans la capitale de la Bavière une école de dimanche très étendue, puisqu'elle reçoit plus de seize cents élèves, et seize professeurs y enseignent les principes des sciences morales et physiques. Cette école est surtout suivie par les fils d'artisans. Ajoutez-y une école d'agriculture, un établissement pour l'encouragement de l'industrie nationale, et une Académie des beaux-arts, et l'on conviendra que Munich se distingue autant par ses établissements utiles que par les facilités qu'elle procure aux progrès des sciences et des lettres.

Le peuple de Munich est de ceux qui peuvent passer pour gais en Allemagne ; je connais peu de villes où les femmes se montrent plus en public, et il est d'un usage si universel de regarder aux fenêtres, que chaque croisée est munie d'un coussin pour y poser les bras, et ce coussin, étant ordinairement d'une couleur voyante, donne une grotesque apparence à l'extérieur des édifices.

La musique, la promenade et la danse sont la récréation d'été des habitants qui tiennent, m'a-t-on dit, un rang élevé pour la moralité parmi les autres nations germaniques. Il est certain que les basses classes ne s'adonnent point à l'intempérance, bien que la bière et les eaux-de-vie soient à très bon marché.

La Bavière est entièrement catholique, et dans le peuple il existe beaucoup de superstition et de bigotisme. On voit ordinairement dans l'intérieur des maisons des images de la Vierge et des saints, et c'est la Bavière qui fournit une bonne part des pèlerins qui, chaque année, se dirigent de toutes parts vers l'image miraculeuse de l'abbaye d'Enseideln en Suisse.

Le prix du travail dans la campagne est bas et dépasse rarement un demi-florin par jour (1 fr. 25 cent.), et il tombe quelquefois au dessous; mais les provisions sont en général à bas prix et les habitudes simples. Les spectacles coûtent peu cher, et un bon repas à table d'hôte ne vaut qu'un florin (2 fr. 50 cent.).

Il y a aux environs de cette ancienne ville quelques lieux dignes d'une visite : j'ai déjà parlé de Séglieschcim. Le palais de Nymphenbourg est en partie antique, en partie moderne; mais il est partout somptueux. On y voit de très belles tapisseries, et les eaux ainsi que les parterres sont en bel ordre. Les daims, les faisans et les cygnes noirs y abondent. Dachau, maintenant en ruine, autrefois le château du célèbre Otto de Wittelsbach; et Arlaching, autre ruine, jadis la résidence de Claude Lorrain, sont aussi dignes d'une excursion.

Staremberg demande un sacrifice de deux ou trois jours. C'est un lac et un village à cinq lieues de Munich. Bien que ce lac n'ait pas la magnificence ou la variété d'un lac suisse, il n'est pas sans charme. L'eau en est très limpide, et les bords en pente douce sont verdoyants et fertiles. Les éminences voisines sont semées de maisons de campagne, de villages et d'églises, puis dans le lointain s'élèvent les sommets des Alpes.

Plaines de Bavière. L'Iser. Les Alpes du Tyrol. Lacs. Vallée de l'Inn. Zirl. Costume des paysans tyroliens.

Il est difficile de comprendre pourquoi le *Tyrol* est si peu visité. Il est peu de contrées dont on nous parle davantage, et cependant tandis que la Suisse qui en est voisine se couvre de touristes, il en est à peine un qui se détourne du sentier battu pour visiter cette terre pittoresque; c'est que l'accès de ce pays est difficile. Il faut faire un détour dans une partie de la Bavière et traverser les Alpes bavaroises, comme je suis sur le point de le faire, ou bien traverser les deux vallées de l'Engaddine, où les dîners recherchés et les commodes hôtels suisses ne se trouvent guère.

Une plaine étendue a peu de charme aux yeux du voyageur, et elle ne peut être tolérable que par la grande fertilité du sol et la variété ou le luxe de sa végétation ; mais comme la plaine qui se trouve au sud de Munich est dépourvue même de ces ornements, l'œil se plaisait à voir décroître en arrière les tours de la cathédrale, et, devant, à suivre les progrès de la longue ligne de montagnes qui s'élèvent d'est en ouest et forment la digne limite naturelle du Tyrol. Cette plaine a mérité par sa richesse le nom de *grenier de la Bavière*.

La route de Munich au Tyrol suit, pendant les six premières lieues, le cours de l'Iser ; mais cette rivière, se traînant lentement à travers la plaine, ajoute peu à sa beauté. A mesure qu'elle s'éloigne de la capitale, elle perd graduellement en volume; mais elle devient plus rapide et plus intéressante. L'Iser est toutefois un canal utile à la prospérité de la Bavière méridionale, et par cette voie les fruits du Tyrol arrivent journellement dans les marchés de Munich.

Toute cette partie de la Bavière est très peuplée ; les villages et les fermes bordent presque toujours la route. Partout on trouve des gages de l'industrie et du contentement des paysans. A Wolfertshausen, nous nous arrêtâmes pour déjeuner, et ici la route traverse l'Iser pour remonter le cours d'une autre rivière qui sort d'un lac un peu au-dessus.

A deux lieues au-delà de Wolfertshausen est Benediktbenern où la plaine de Bavière commence à se perdre dans les avant-postes des Alpes bavaroises. Quand on a dépassé ce point, l'aspect du pays change tout à coup : des ruisseaux serpentent le long de la route ou la traversent ; de petites éminences sont éparses çà et là, et à chaque pas que l'on fait, on trouve la route de plus en plus intéressante : on est saisi par des rumeurs de cascades, des cris soudains d'oiseaux de proie, des apparitions de lacs dans le lointain : les tertres deviennent des collines, des montagnes ; le pin et le chêne remplacent sur leurs escarpements les saules et les peupliers. Enfin, la route, après avoir serpenté au milieu de ces belles hauteurs, s'ouvre tout-à-coup sur le Kochelsée, dont une extrémité se perd dans les montagnes, tandis que l'autre se repose au milieu des vertes et douces déclivités de la Bavière. Le Kochelsée peut le disputer à tout lac possible en beauté, et il me rappelle vivement le lac Kellurin d'Ecosse ; il est même renfermé dans un bassin plus sauvage, et les montagnes qui le ceignent sont plus gigantesques. Si le Kochelsée était dans la Suisse fréquentée, il ne serait certainement pas omis dans la liste des lacs qui ont rendu ce pays si célèbre.

Le Kochelsée n'est pas le seul dans les Alpes de Bavière. Après l'avoir quitté, nous gravîmes un sentier boisé, tantôt descendant au fond de profonds vallons, et quelquefois les traversant sur des ponts pittoresques. Enfin, au bout d'une heure, à une élévation considérable, nous trouvâmes un autre lac nommé *Wolchensée* ou *Wallensée*, dont le caractère est tout-à-fait différent de celui du Kochelsée, mais il n'est pas moins beau dans son genre. Ici la nature est maîtresse souveraine : l'homme n'y a rien fait. Le lac repose dans le sein de montagnes boisées jusqu'au sommet : une forêt non interrompue l'entoure sans un pied carré de culture visible. C'est plutôt un tableau de Norwège qu'une scène des Alpes. La route descend jusque sur ses rives, et en suit le contour. Peu de temps après le soleil couché, nous gagnâmes une maison solitaire, une auberge, la seule que l'on aperçût aux environs du lac.

Je couchai dans cette auberge, où je goûtai un repos profond et tranquille comme la scène environnante, et le lendemain, par la plus belle matinée qui brilla jamais sur les solitudes des Alpes, je me dirigeai vers Mittenwald, à travers un paysage à peu près semblable à celui de la veille. Toutefois, je trouvai sur mon passage plusieurs cabanes et plusieurs hameaux où étaient des habitations de bûcherons, la plupart entourées d'un petit coin déboisé, et planté en légumes, chanvre et avoine. Pendant ce trajet, je passai devant plusieurs petits lacs dont les uns touchaient à la route, et d'autres brillaient dans des vallons profonds et éloignés. On eût dit des réservoirs dans un cadre raboteux ; car tous tenaient du caractère du Wallensée ; l'aspect sauvage partout a un entourage de forêts.

A deux heures au-delà du Wallensée, je retrouvai la rivière Iser, à peine reconnaissable, ne traînant plus dans son cours, babillarde, bruyante, grave et gaie tour-à-tour et courant vite. A ce point est un petit village de quelques maisons nommé *Walgau*, et à trois quarts de lieue, en remontant la rivière, on découvre Mittenwald où je trouvai à déjeuner. C'est une petite ville au milieu des montagnes, les dernières du royaume de Bavière, et c'est à un jet de pierre des limites du Tyrol ainsi que des domaines de l'Autriche. L'Iser la traverse, et un autre ruisseau de montagnes, nommé l'*Achen*, s'y joint à ce point. Il n'y a pas de pauvre à Mittenwald ; on n'y trouve pas de richesses, mais il n'y existe point de gêne. On y trouve une petite fabrique de guitares.

Je quittai Mittenwald le lendemain de bonne heure, et montant le cours de l'Iser, j'entrai dans le Tyrol, et le paysage devint plus beau et plus grandiose. Les pics neigeux commençaient à se montrer, et tout à l'entour indiquait une grande élévation. Bientôt après

Vue d'Amsterdam.

que l'on est entré dans le Tyrol, la route traverse l'Iser et le quitte. Ce n'est plus maintenant qu'un ruisseau, à une ou deux lieues de sa source, et qui traverse un petit village de montagne nommé *Scharnitz*. De ce lieu à Seefeld, le paysage devient encore plus frappant, et les fleurs sauvages abondent sur les déclivités et les rocs qui bordent le chemin. C'est là que la route a atteint le point le plus élevé des Alpes du Tyrol qu'elle traverse.

Je sortis de Seefeld par un pas très rude ; car à présent la route descendait en général, et bientôt elle fut plus raide que jamais de cent pas en cent pas ; je m'apercevais d'un changement dans la température, aussi bien que dans l'aspect de la végétation. Le sapin avait cédé la place aux autres arbres forestiers, et les petites fleurs qui indiquent les régions hautes avaient disparu. Enfin, la magnifique vallée de l'Inn, traversée par sa belle rivière, se déploya bientôt sous mes regards, ainsi qu'une route en zigzag que toutes les ressources de l'art n'ont jamais pu rendre praticable que pour un mulet ou un piéton ; j'entrai dans Zirl, la première ville du Tyrol, de ce côté.

Tout voyageur qui entre dans le Tyrol sera frappé, comme je le fus, du costume des paysans : on leur voit des bas sans pieds, et des chapeaux à la forme pointue, à peu près comme celui de Robinson, entourés d'un ruban de soie vert, et des franges vertes pendent d'un côté de la forme. Les femmes portent aussi d'énormes bonnets de tricot en forme de pain de sucre, et dix jupons qui leur font une énorme rotondité. Sans ce nombre, une femme âgée paraît peu convenablement vêtue. Quant aux jeunes femmes, leur habillement est moins volumineux que celui de leurs anciennes.

Zirl est sans intérêt : cette petite ville n'est pas jolie, bien qu'elle soit délicieusement située à peu d'élévation au-dessus du niveau de la vallée, et à une courte distance de la rivière. La perspective aux approches de cette ville est superbe : la vallée de l'Inn, large de deux ou trois milles, s'étend au loin dans l'est, couverte d'une végétation variée et abondante ; les maisons s'y pressent, et une large et rapide rivière la traverse. De hautes montagnes, revêtues en général de bois, forment la vallée des deux côtés, et à peu près au centre est Inspruck, comme le monarque d'un petit mais superbe empire. Les paysans étaient aux champs occupés à leur maïs, qui est le principal produit de la vallée. Je traversai le pont et j'entrai dans Inspruck à trois heures environ.

Vue de Rotterdam.

Inspruck. Détails sur le Haut-Tyrol. Manières. Mœurs. Drames sacrés.

Inspruck, la petite capitale du Tyrol, est une belle ville. Je n'en connais aucune de son importance qui soit remarquable par tant de jolis édifices dans ses murs et aux environs. L'aspect général de la ville suffirait ainsi que ses habitants pour captiver l'attention du voyageur, si l'on n'y trouvait d'intéressants objets qui peuvent lutter avantageusement avec ce que l'on admire le plus dans les grandes cités. Les environs d'Inspruck n'ont point de rivaux en beauté. Le beau et le pittoresque y abondent, et beaucoup de châteaux royaux ou seigneuriaux épars sur les éminences voisines sont curieux non-seulement par eux-mêmes, mais encore par les vues charmantes qui s'étendent sur la vallée de l'Inn, la ville et les Alpes du Tyrol.

La première chose que je vis à Inspruck, ce fut la procession de l'octave de la Fête-Dieu, qui était des plus pompeuses. La tournure et les costumes des villageois qui étaient accourus par centaines des villages environnants, donnaient de la vie et un mouvement pittoresque à cette cérémonie. Elle se termina au bruit des salves d'artillerie et des fanfares des trompettes.

Le coup d'œil de la foule était très curieux. On y voyait les vieilles femmes avec leurs bonnets coniques blancs ou rouges, et leur énorme rotondité; les jeunes femmes, coiffées de chapeaux de castor ronds, avaient plus de jupons qu'il n'y a de couleurs dans l'arc-en-ciel, des tabliers de dentelle et des bas bleus et écarlates tricotés et historiés; les paysans, forts et de haute taille, avaient les étroites formes de leurs chapeaux pointus entourées de rubans verts, ou entièrement couverts de soie; au-dessus de leurs culottes noires collantes, leurs ceinturons de cuir portaient un couteau, et des fleurs artificielles décoraient la poitrine de plusieurs, et aussi la partie postérieure de la forme de leurs chapeaux.

On ne peut rien apercevoir dans l'apparence du Tyrolien et de l'Autrichien qui indique le maître et l'esclave. Le paysan du Tyrol a un air de noblesse remarquable : il marche sur ce sol comme sur le sien propre, et comme se sentant digne de cette liberté dont il ne jouit pas. La population est peu nombreuse, et surtout dans les parties du pays où il existe le plus de patriotisme.

Le caractère du Tyrolien allemand diffère entièrement de celui de l'habitant du Tyrol italien. Qu'une ligne, traversant le Tyrol d'est en ouest, laisse Botzen au nord, tout ce qui sera au nord de cette ligne sera le Tyrol allemand, tout ce qui se trouvera au sud sera le Tyrol italien. La première division est la plus grande d'un tiers, mais la dernière est proportionnellement à sa grandeur beaucoup plus peuplée. D'Inspruck, en passant par le mont Brenner, jusqu'à Botzen, il ne se trouve point d'aussi grandes villes et d'aussi grands villages qu'entre Botzen et la frontière d'Italie. Trente est plus peuplée qu'Inspruck, et Roveredo compte plus d'habitants que Botzen et Brixen pris ensemble. Dans une lutte pour conquérir la liberté, on ne peut compter que sur le Tyrol allemand. Dans le Tyrol italien, l'esprit de patriotisme n'est pas si répandu et si ardent que dans le nord. L'aspect et les usages des paysans sont différents, mais par dessus tout, ils ont moins d'intérêt dans le sol. Les habitants du Haut-Tyrol cultivent comme propriétaires; ceux du Bas-Tyrol travaillent pour le compte d'autrui. L'aspect et les coutumes des villes prouvent la diversité de ces sentiments. A Inspruck, Brixen et Botzen, on voit des costumes nationaux et des usages primitifs; à Trente ou à Roveredo, on remarque des manières modernes et des habitudes de luxe.

De même qu'il y a une différence frappante entre les sentiments politiques des divisions nord et sud du Tyrol, de même les usages de la vie sociale et tout ce qui concerne l'économie domestique n'a aucun rapport. Le paysan du Haut-Tyrol possède rarement au-delà de ce qui est nécessaire à l'entretien de sa famille. Une vache, un ou deux cochons, voilà toute sa basse-cour, et tout ce qu'il possède de terre au-delà de ce qu'il faut pour nourrir ces animaux produit du maïs, quelques légumes et un peu de chanvre. Il ne vit guère que de maïs et de lait, et sa nature d'athlète atteste suffisamment la qualité nutritive du blé d'Inde; j'ai remarqué que les paysans de tous les pays qui se nourrissent de céréales sont plus robustes que les autres. Le blé d'Inde sert aussi à nourrir les chevaux, et l'on remplit les paillasses de la balle de cette graminée. Quant au chanvre, il en croît assez pour les besoins de la famille qu'il occupe pendant tout l'hiver. Les paysans ne mangent jamais de viande que les jours de fête, et le lard est réservé pour les grandes solennités. Le pain et la viande sont à très bon marché. Quant aux fruits, aux légumes et aux vins, ils sont chers. Le poisson et le gibier abondent.

Les gages d'un serviteur sont, dans le Tyrol, de 5 livres sterling (ou 125 francs), et une femme reçoit 3 livres (ou 75 francs) par an. Les loyers ne sont pas chers à Inspruck, car le nombre de maisons ne s'est point accru à la suite de ces instants passagers de prospérité qui les laissent vite quand les temps changent. La ville et la population restent à peu près stationnaires. Les officiers publics sont très rétribués.

On définit bien le caractère des habitants du Tyrol en disant qu'ils forment un peuple respectable et grave. Il n'y a dans leurs manières rien de dissipé, rien même d'enjoué; ils sont froids, mais polis et de mœurs pures. On me dit que l'infidélité conjugale y était à peine connue; et l'hôpital, qui a une division pour les enfants trouvés, est rarement appelé à exercer sa philanthropie sur ce point. Les hautes classes observent strictement les devoirs religieux, et le peuple est dévot jusqu'à la superstition. Je n'ai jamais vu en aucun pays plus de croix, d'images et de chapelles sur le bord du chemin; il était rare de voir une des stations saintes sans que quelque adorateur y fût prosterné.

Quant aux vices des Tyroliens et à l'état de crime dans ce pays, je n'ai pu en juger que par une visite à la prison, ou plutôt la maison de correction, car tout individu enfermé est temps instruit dans la morale, et à ces connaissances d'utilité pratique qui peuvent lui profiter quand le terme du châtiment est arrivé. J'ajouterai que sur quatre-vingts détenus, les deux tiers de ce nombre étaient natifs du Tyrol italien, ce qui prouve que le crime est rare dans le nord. Sur ces quatre-vingts prisonniers, il n'y avait que quatre femmes.

Les habitants d'Inspruck et du Haut-Tyrol, bien que peu enjoués, ont cependant leurs plaisirs. On joue des pièces allemandes sur un théâtre qui, pendant l'automne seulement, est occupé par un opéra italien. Il y a aussi à Inspruck un casino où pendant l'hiver se donnent des concerts et des bals. J'entendis deux concerts qui ne me firent qu'un médiocre plaisir. Malgré l'opinion généralement répandue, je ne remarquai dans les Tyroliens aucune preuve de cette aptitude musicale particulière qui est si frappante dans certains districts de l'Allemagne, où la musique est une passion.

Outre le théâtre et les concerts ou les bals qui se donnent de temps à autre, les habitants d'Inspruck ont leurs promenades, entre autres le Rennplatz, square ou place, formé par de très jolis édifices, planté d'arbres disposés en allées avec des bancs çà et là. Le pont est aussi pour les dimanches un lieu favori de promenades, mais les environs sont préférables à tous les jardins ornés.

Les paysans du Haut-Tyrol ont aussi leurs divertissements, parmi lesquels est la représentation des drames sacrés qui a lieu dans certains villages de la vallée de l'Inn. Le village de Tauer, à une lieue d'Inspruck, est un de ces lieux, et j'allai assister à un de ces spectacles nommés *bauern comœdien* (comédies de paysans). La scène était véritablement neuve. Des centaines de villageois, vêtus de toutes façons, jouèrent la pièce en plein air; c'était certain trait de la vie de sainte Geneviève, composé en vers et mêlé de chants et de chœurs; les acteurs avaient leur costume ordinaire, à l'exception du saint, mis comme on peut supposer que l'est un saint. Une petite pièce gaie suivit le drame auquel je ne compris rien; et après une heure et demie de spectacle, je revins à Inspruck.

Ermitage de Maximilien à Inspruck. Beaux tableaux d'église. Histoire merveilleuse.

Le plus curieux objet qui soit peut-être à Inspruck, c'est l'ermitage de l'archiduc Maximilien dans le couvent des capucins. Cet ermitage se compose d'une grande chambre et d'un petit cabinet y attenant pour prier, et qui a un jour ouvert sur le maître-autel; il s'y trouve aussi une petite cuisine et un petit jardin; le lit tout simple de l'archiduc existe encore, ainsi que son siège et quelques autres articles de mobilier qui furent l'œuvre de sa propre main; c'est là qu'il résidait pendant quatorze jours chaque hiver, après l'événement qui le décida à cet acte de dévotion; il y préparait ses repas et y vivait en tout comme un ermite. Il est bon d'apprendre au lecteur quel fut l'événement qui fit un anachorète du duc Maximilien.

A deux lieues d'Inspruck est un lieu nommé *Martin Wand* (la muraille de Saint-Martin) qui serait partout un objet remarquable pour sa conformation naturelle, mais doublement célèbre, en ce qu'il rappelle l'archiduc Maximilien. Un jour étant à la chasse, l'archiduc arrive au bord de ce mur de rochers; et ayant perdu pied, il tomba et resta suspendu, comme le dit l'histoire, par quelque crochet de fer qui faisait partie de son habillement, ou par son éperon, suivant une autre version, à mi-chemin d'un précipice où à tout moment il pouvait s'abîmer et périr. Alors on dit que l'archiduc se recommanda à la protection de Dieu, puis son absence ayant été remarquée, et la position périlleuse découverte, tout effort que put inventer l'art des hommes fut employé pour le tirer de là, mais en vain. Enfin, on apporta le saint sacrement au pied du roc, et on l'étendit vers le roi, qui, bien qu'il ne pût atteindre l'hostie, reçut au moins la bénédiction du prêtre, et se soumit ensuite avec une résignation pieuse à sa fin imminente. En cet instant, rapporte la légende, un chasseur de chamois, nommé Zips, vint à se trouver au sommet du rocher, et voyant le roi qu'il ne connaissait pas suspendu entre la vie et la mort, il lui cria : « Holà ! que fais-tu donc là ? » Ce à quoi le roi répondit : « J'attends ; » voulant dire ainsi solennellement qu'il attendait la mort. Alors le chasseur lui répliqua : « Il faut néanmoins que je fasse comme tu as fait, et que je glisse jusqu'au pied du roc — Viens donc avec moi. » Ayant ainsi parlé, il se laissa glisser vers le roi, et saisissant son bras en passant, il l'amena sain et sauf au milieu des prêtres et du peuple qui s'attendaient au bas à voir le dernier moment de leur prince bien aimé.

Ainsi dit la legende, et le roi, en mémoire de sa délivrance, passait tous les ans quatorze jours de sa vie dans l'ermitage, occupé de pénitence ou d'exercices de dévotion. La hauteur du mur de Saint-Martin est de 776 pieds.

J'ai passé une journée entière dans l'église de Sainte-Croix, l'église cathédrale, et c'est à peine si j'ai eu le temps d'examiner, comme ils doivent l'être, les inimitables objets d'art qui y sont renfermés ; l'église est d'un grandiose plein de simplicité ; mais je ne sais quels termes d'admiration employer pour parler dignement du mausolée de Maximilien : le tombeau, qui est de différents marbres, est haut d'un peu plus de six pieds, long de treize et large de sept ; une statue de bronze de l'empereur à genoux le couronne. Mais ce qui compose la beauté extraordinaire de ce mausolée, ce sont des bas-reliefs exécutés sur vingt-quatre tables de beau marbre de Carrare qui revêtent les faces du monument, et sont séparés par des pilastres de marbre noir. Je n'ai jamais vu rien en bas-relief qui surpasse cet admirable ouvrage de l'art : des sculptures représentent les différents traits de la vie de Maximilien. L'artiste n'a pas seulement exécuté un miraculeux travail, il a aussi été vrai et fidèle. Les armes et les costumes des soldats des différentes nations sont exacts, ainsi que les bas-reliefs des châteaux et des villes. Venise est parfaitement représentée, et la figure de Maximilien est toujours ressemblante, en faisant acception de l'âge aux diverses époques. Le nom du grand artiste qui exécuta ce monument est Alexander Colin, natif de Malines, qui le termina en 1565.

A l'entour de ce tombeau sont debout vingt-huit statues colossales de bronze, armées de pied en cap ; elles sont d'un effet très imposant : ce sont des rois et des chevaliers de toutes les époques. L'église de Sainte-Croix contient encore d'autres objets remarquables, et entre autres le tombeau d'André Stofer, dont les restes y ont été apportés de Mantoue par ordre de l'empereur en 1823.

Je recommanderai une visite aux autres églises, mais sans donner de détails. L'église de Saint-Jacques est sans contredit un bel édifice, et qui renferme de beaux tableaux. Les fresques méritent aussi l'attention. L'église de la Sainte-Trinité est peut-être celle d'Inspruck dont le dessin architectural soit le plus beau, et de la lanterne qui couronne la coupole, élevée à deux cent quinze pieds de hauteur, on a une magnifique vue de la vallée de l'Inn.

Que l'on me permette de raconter une circonstance qui me fut assurée comme un fait positif par un des gens qui me montraient les églises. Le peintre Damien Asam était un jour à peindre la coupole d'une des églises, je ne sais laquelle, et au moment où il venait de terminer la main de saint Jacques, il se retira de quelques pas sur l'échafaud où il était pour voir l'effet, et il tomba en arrière ; mais à la grande stupéfaction des spectateurs qui étaient au bas, le bras du saint que l'artiste venait de finir sortit de la fresque, et saisissant celui de l'infortuné Adam, on le vit accompagner l'artiste jusqu'à ce qu'il eût tout doucement franchi les deux cents pieds qui le séparaient du sol où il parvint sans le moindre choc. Cela me fut raconté avec la plus parfaite gravité.

Je ne dois pas omettre l'église de Marie-Hilf, dans les faubourgs, de l'autre côté de l'Inn, et qui contient deux ou trois des plus beaux tableaux d'Inspruck. Le cimetière mérite aussi quelque attention. Le cabinet d'histoire naturelle a un assortiment complet des métaux et des minéraux du pays : on y voit aussi une collection de pétrification, et une *flore tyrolienne*. Il y a aussi une galerie de tableaux nationaux et étrangers.

Les paysans du Tyrol excellent dans les ouvrages les plus délicats, et rien n'est d'une beauté plus exquise que ces oiseaux en miniature qu'ils s'occupent à faire pendant les soirs d'hiver. Ils sont en bas-relief de plumes sur du papier, et le voyageur peut ainsi se faire une collection de tous les oiseaux du pays.

Les mines de sel de Hall. Le château d'Ambras. L'Inn. L'Archensée. Kufstein. L'Innthal.

Comme j'étais resté à Inspruck assez de temps pour voir tout ce que la ville renferme de curieux, je voulus, avant de pénétrer par le mont Brenner dans le Tyrol central et méridional, visiter les divers lieux célèbres dans la vallée de l'Inn et ses environs par leur histoire, leurs particularités naturelles et les traditions qui s'y rattachent. Parmi ces curiosités locales, celle que je visitai d'abord est la ville de Hall, et les fameuses mines de sel natif qui sont à trois lieues au-delà.

C'était par une belle matinée de juin que je quittai Inspruck ; j'arrivai bientôt au petit, mais joli, village de Wilten, situé à un mille d'Inspruck, et qui est célèbre pour son abbaye. Je ne trouvai rien de remarquable dans l'extérieur de cet édifice, mais l'intérieur est vaste et sombre, et n'a d'autre objet remarquable que deux statues de géants énormes, placés dans des niches de chaque côté de l'entrée. La légende rapporte que Haymo et Tyrsus, héros du moyen-âge, et hauts de douze pieds, vinrent de ce côté vers l'an 1260, et s'y étant rencontrés, Tyrsus fut tué par Haymo qui bâtit de ses propres mains sur ce lieu même un couvent et s'y fit moine, pour pleurer pendant dix-huit ans Tyrsus tué par lui.

En quittant le village et l'abbaye de Wilten, je traversai le rapide torrent de la Sill qui se jette près de ce lieu dans l'Inn, et je suivis un agréable sentier le long de la rivière, jusqu'à ce qu'il fallût me détourner du côté du château d'Ambras qui s'élève de plusieurs centaines de pieds au-dessus de la vallée, et d'un village qui s'étend au pied de l'éminence qu'il couronne. Le château a été tour-à-tour une habitation de plaisance ou une forteresse, et l'on y voit encore quelques restes des jours de la chevalerie, des peintures représentant des guerriers ceints, gantés et armés.

En quittant Ambras, on descend la montagne et l'on gagne la route de *Hall* par de belles prairies, des champs de maïs, et en traversant de jolis villages situés en amphithéâtre au pied des montagnes : enfin, après une marche d'une heure et demie, je parvins à la vieille ville *enfumée* de Hall, dont les rues étroites et tournantes ne sont flanquées que de gothiques maisons sombres. A peine y voit-on un édifice moderne. L'ancien mur, les noires tours et les portes basses sont encore debout, et le profond fossé existe toujours Sur une des portes on voit en caractères distincts la date de 1351.

La manufacture de sel est un édifice d'une immense étendue, et cette préparation y a lieu depuis le commencement du XIVe siècle. Le sel natif que l'on extrait à quatre lieues de distance, après avoir été dissous aux mines dans l'eau, est envoyé par des conduits à Hall où il vient passer de nouveau à l'état de cristal. On emploie à cette opération neuf chaudières dont les cinq plus grandes ont trente-six pieds de diamètre. Elles sont de fer, et on les débarrasse du sel qu'elles contiennent par une ouverture qui existe d'un côté. C'est par l'ébullition et l'évaporation que le sel se sépare de l'eau à laquelle il avait été mélangé. Il sort de cette manufacture deux cent vingt mille deux cents livres de sel par jour. Je visitai aussi la très ancienne église paroissiale de Hall, dont une chapelle contient une image de la Vierge et diverses reliques très estimées par les habitants.

Il est difficile de concevoir un plus horrible séjour que Hall, toujours enveloppée d'une opaque atmosphère de fumée qui non-seulement obscurcit l'air et noircit les maisons, mais encore donne une teinte de suie aux habits et à la peau des habitants. Au lieu de passer ma soirée dans la ville, j'allai faire un tour aux ruines du château de Grunegg, autrefois résidence du duc Sigismond, hardi chasseur et vaillant cavalier.

Le lendemain matin je quittai Hall pour aller voir les mines, et en moins d'une demi-heure je me trouvai au pied de la chaîne de montagnes qui borne la vallée au nord, et où débouche un étroit ravin traversé par un torrent furieux. Un sentier conduit de l'entrée de ce ravin jusqu'aux mines qui sont à huit milles de là dans le cœur de la montagne : j'ai rarement gravi un chemin plus à pic que celui-ci, ou qui soit plus curieux par la sublimité du paysage qui l'entoure. On peut se figurer la grandeur des aspects dont on jouit en traversant un défilé qui pénètre de plusieurs milles dans l'intérieur de la montagne. Des masses énormes de rocs menaçants semblaient tenir en l'air comme par un miracle. Des vieilles forêts de pins étaient suspendues aux pics escarpés; le torrent qui se précipitait au-dessous était çà et là traversé de ponts de neige, et des avalanches non fondues encombraient leurs lits. Des cascades tombaient des hauteurs voisines du chemin, et on en entendait quelques autres bruire à des élévations plus considérables encore, et au-dessus, des pics de quelques mille pieds de hauteur s'élançaient dans le ciel, tantôt sombres, tantôt couverts de neige. Enfin, au milieu de ces scènes sauvages, j'aperçus au-dessous de moi un groupe de maisons, au point même où la gorge se perd dans les précipices et où le torrent se divise en mille filets d'eau sortis des couches de neige. C'est là que se trouve l'auberge des mineurs où je m'arrêtai.

Après le déjeuner je partis pour visiter les mines, revêtu d'un costume convenable et ayant un bâton à la main. Précédé de flambeaux, je suivis le conducteur dans la mine. On commence d'abord par descendre trois cents marches, au bas desquelles on peut bien se croire dans le centre de la terre. On se sent le corps et l'âme à la fois saisis d'un sentiment glacial, quand l'on regarde autour de soi dans ces sombres galeries, à la vue de ces murailles obscures éclairées par d'impuissantes torches qui ne servent qu'à donner l'idée des *ténèbres visibles*, et à l'aspect de ces lacs souterrains dont on ne peut apprécier l'étendue et la profondeur que quand un fragment du toit y tombe et que l'eau frémit aux lueurs des flambeaux.

Ces travaux en vérité incroyables. Il n'y existe pas moins de quarante-deux cavernes, chacune de un à deux acres. Une des galeries a trois lieues de long, et j'ai acquis la certitude que pour parcourir toutes les galeries il faudrait six jours. Voici comment les mineurs procèdent. Quand on a pratiqué une de ces galeries souterraines, on enlève de la voûte et des murailles le sel natif, et quand la caverne en est suffisamment pleine, on y laisse entrer de l'eau pure où le sel se dissout, et cette eau, ainsi saturée, est, comme je l'ai dit, amenée par des canaux à Hall. Il arrive quelquefois dans ces profondeurs d'entendre un son creux qui s'approche de plus en plus et que l'on pourrait prendre pour le bruit de l'eau qui se précipite : ce bruit est causé par de petits charriots qui emportent les déblais et les ordures à l'entrée de la mine, et roulent sur un chemin de fer avec une rapidité effrayante. Quand on entend ce son de loin, il est nécessaire de se mettre à l'abri dans l'une des niches pratiquées le long de la muraille.

Ces mines occupent environ trois cents ouvriers. Je passai trois heures dans ces cavités, et le lendemain matin je quittai Hall et je me trouvai bientôt marchant d'un pas élastique dans l'atmosphère pure et fortifiante des montagnes de l'Innthal. Tout était limpide et riant, le ciel bleu et sans nuages, les montagnes radieuses au soleil du matin ; les arbres et le gazon étincelaient, car bien que l'astre fût sur l'horizon depuis trois heures, il ne faisait que se lever pour la vallée. La nature était en joie.

Après une marche délicieuse, j'arrivai au pont qui traverse la rivière, et bientôt je vis le joli village de Volders, dont la situation est très belle, où je déjeunai fort médiocrement, et je partis pour aller dîner à Schwatz qui est à deux lieues et demie de là. J'y arrivai, en effet, à l'heure du dîner, et après mon repas je sortis pour faire un tour aux environs de la ville. A Schwatz la chaîne méridionale des montagnes approche tout-à-fait du bord de la rivière, tandis que du côté opposé la chaîne septentrionale se retire et laisse entre elle et l'eau une étendue de prairies et de terres cultivées. Je ne trouvai rien d'agréable dans la ville de Schwatz, qui est le siége d'un marché moins important aujourd'hui qu'autrefois, parce que les mines d'argent qui rendaient anciennement ce lieu célèbre ne sont plus productives. Les montagnes qui s'élèvent derrière Schwatz sont très belles et très variées.

Le lendemain matin je traversai, au moyen d'un bac, la rivière pour aller voir l'Achensée, petit lac dans les montagnes du nord. L'Inn était alors navigable, et après avoir quitté le Tyrol et traversé la Bavière, il allait se jeter dans le Danube, à Passaw. Je suivis pendant quelques milles la rive gauche de l'Inn, et arrivai au petit hameau de Stans, je tournai tout-à-coup au sud avec le courant de la rivière. L'Achensée n'a rien de remarquable. Environ deux heures après avoir quitté l'Achensée, je gagnai le bord de l'Inn, et immédiatement après la vieille petite ville de Rattenberg qui ne peut aucunement fixer l'attention du voyageur.

Dans l'après-midi je quittai Rattenberg pour aller à Kufstein où je comptais terminer mes excursions dans l'Innthal, et qui était à quatre lieues de moi : je couchai donc au petit lieu de Worgl, et le lendemain je partis pour Kufstein auprès duquel je me trouvai, après trois heures de marche, entre les plus beaux paysages de la rivière et de la montagne. La ville est sur le bord de l'eau et au pied d'un rocher élevé que couronne une petite forteresse flanquée de batteries. Kufstein est à une lieue de la frontière du Tyrol. Rien n'y peut retenir le voyageur : je me remis en chemin pour revenir à Inspruck par le côté opposé de la rivière que j'avais quittée avant d'arriver à Hall pour pénétrer dans le Zillerthal, belle vallée alpine, qui court sur un espace de soixante milles et plus dans l'intérieur des montagnes.

Au-delà de Hall, je traversai plusieurs villages, et entre autres Tauer où j'avais vu représenter le drame sacré. Le pays était beau, et je rencontrai des paysans au travail ou s'amusant à tirer à la cible : le but était à cent vingt pas de distance.

Les deux jours suivants furent consacrés à visiter la vallée de Stubei, dont l'entrée est à six lieues environ d'Inspruck. A l'extrémité de la vallée, qui est très pittoresque, est le glacier de Grahes, à côté d'un petit lac qui est presque chaque année une cause de dévastation, car les avalanches qui y tombent font sortir l'eau de son lit.

On voit beaucoup de châteaux sur les pentes et les éminences des montagnes voisines d'Inspruck. Dans toutes ces vieilles demeures on voit des mobiliers antiques, et principalement les portraits des possesseurs primitifs, et de leurs fenêtres on jouit des aspects les plus admirables. Il n'est pas en Europe une vallée qui puisse soutenir la comparaison avec l'Innthal, tant pour l'état de sa culture que pour ses points pittoresques. L'Innthal contient sept villes d'une certaine importance, quarante petites villes ou villages et deux cents hameaux environ; la population qu'elle renferme dépasse cent cinquante mille âmes. La population particulière d'Inspruck est de douze à treize mille habitants, et la ville est élevée de deux mille pieds au-dessus du niveau de la mer. La température moyenne est de 7° et demi de Réaumur.

D'Inspruck à Brenner. Le mont Brenner. Costumes. Images dévotes. Sterzing. Paysage de la vallée.

Je quittai Inspruck par un matin sombre, traversant l'Inn et remontant la Sill qui descend du mont Brenner. La route gravit à travers de beaux bois et des paysages très pittoresques. Enfin, on laisse la Sill sur sa gauche à quelques centaines de pieds au-dessous, et la vallée de l'Inn est presque entièrement cachée.

On a à peine quitté cette vallée pour entrer dans les montagnes, qu'une différence sensible se voit dans le costume des paysans qui se distinguent par une singulière coutume. Leurs culottes de cuir noir ne descendent pas plus bas que le genou ; elles sont boutonnées au-dessus, et comme les bas, qui sont sans pieds, n'atteignent pas jusqu'au genou, le haut de la jambe est nu. Les cabanes ne paraissaient pas pauvres en général. A une lieue environ d'Inspruck, de hautes éminences dépouillées s'élèvent et sont parsemées de touffes de fleurs qui poussent au milieu de l'aridité.

J'ai déjà parlé de la multiplicité des chapelles, des croix, des crucifix et des images de saints que je rencontrai dans le Tyrol ; mais nulle part ces objets pieux ne se trouvaient avec une telle profusion qu'entre Inspruck et Schonberg, distance de trois lieues, où j'en comptai quarante-sept. L'empereur d'Autriche demande quelquefois sa part de leur dévotion aux Tyroliens, et sa statue se voit quelquefois au-dessous des croix, de sorte que l'image du maître obtient un hommage et un salut en même temps que l'emblème sacré.

Après deux heures de séjour à Schonberg, je commençai à gravir le défilé du mont Brenner. Du Schonberg à Brenner, il y a cinq lieues de montée continuelle, où se déploient toutes les variétés du paysage des montagnes. Dans les deux premières au-delà de Schonberg, je traversai deux petits villages. A partir du dernier de ces deux lieux jusqu'au plus haut point de la passe, on ne rencontre que quelques châlets de bergers. Plus la route monte, plus le paysage devient sauvage : les torrents roulent, les bois diminuent d'étendue et de hauteur. Presque au sommet est un petit lac long et étroit. Enfin, j'arrivai au petit village de Brenner, cinq heures et demie après mon départ de Schonberg.

Après mon dîner, j'allai admirer la vue développée dont on jouissait d'une partie de ces hauteurs, et il était impossible, sur ces points élevés, de ne pas se rappeler la situation géographique de la contrée qui m'entourait. Le Tyrol est un singulier pays : eu égard à son étendue qui n'est guère de plus de moitié que celle de la Suisse, il est beaucoup plus montueux. La Suisse est un pays de montagnes, de vallées et même de plaines, le tout mêlé ; mais le Tyrol est beaucoup plus simple dans sa structure géographique. Il se compose d'une grande vallée qui court nord et sud, du pied du mont Brenner au sud jusqu'à Roveredo où elle se perd dans les plaines de l'Italie, et de deux grandes vallées latérales est et ouest ; l'une, la vallée de l'Inn, qui commence à Funsterminz sur les confins des Grisons ; l'autre, la vallée du Haut-Adige, et le Rienz qui courent aussi est et ouest ; l'une de Bautzen à Glurns, l'autre, de Brixen à Prunecken. Je ne parle pas des plus petites vallées et des bassins qui existent nécessairement. Quand je rentrai le soir à Brenner, je trouvai un bon lit, parfumé comme le thym, et avec un oreiller de satin broché ; puis le lendemain, je partis et rejoignis bientôt le ruisseau qui est le commencement de l'Eisach, et encore par le Rienz, s'unit à l'Adige à Bolzen. Je descendis en suivant le ruisseau jusqu'à Sterzing, où je déjeunai.

Sterzing est une petite ville très pittoresquement située, et dominée par un château. C'est là que l'Eisach, augmenté par deux ou trois ruisseaux tributaires, commence à prendre de l'importance et de la rapidité en se dirigeant vers Brixen. C'est vers ce point que je me mis en route.

Après que j'eus quitté Sterzing, la vallée dans laquelle le ravin où coulait l'Eisach s'était élargi, n'eut bientôt plus que la largeur de l'eau et du chemin. La rivière continuait toujours d'être une cataracte plus importante à cause de son accroissement, et le paysage avait tous les traits du pittoresque le plus parfait : cependant on y remarquait quelques symptômes du retour d'une nature plus calme et plus douce. Les caractères principaux du paysage alpestre disparaissaient, les arbres étaient plus variés, plus hauts, plus touffus. Aux pâturages se mêlaient de petites pièces de blé. Je pouvais me dire alors que j'avais passé le mont Brenner, et en lui lançant un regard en arrière, je lui donnais dans ma mémoire une place égale à celles des défilés de la Suisse.

Brixen. Le Pusterthal. Prunecken. La Drave. Sillian. Le Glochner.

Je n'avais jamais, en descendant une montagne, vu un tel changement s'opérer dans les productions de la nature, comme entre Sterzing et Klauzen. La pente de la route était en effet extraordinaire, et si prononcée qu'elle forçait en quelque sorte à courir. La température éprouvait une altération relativement aussi grande et aussi soudaine. Le paysage continuait à être charmant. Deux ruisseaux considérables s'étaient joints à l'Eisach depuis Sterzing, de façon que le filet était devenu presque un fleuve. Au plus sauvage pittoresque se mêlaient des scènes d'une douceur exquise : le ravin était devenu vallée, et je marchai vers Brixen au plus beau soleil couchant qui brilla jamais sur un vallon de montagnes.

Brixen, quoique siège d'un évêque, est une petite ville sans commerce ou manufacture d'aucune sorte : elle est magnifiquement située au confluent de la Rienz et de l'Eisach. C'est là que pour la première fois on voit de la vigne qui produit du vin blanc et rouge qui n'est pas très bon. Il croit beaucoup de cerisiers dans le voisinage. Quelle différence de température une marche d'une demi-journée m'avait montrée! A six heures du matin, j'avais vu tomber les eaux revêtues d'une croûte de glace, et dans l'après-midi j'assistais à la récolte de l'orge.

Le lendemain, je quittai Brixen avec l'intention d'aller coucher à *Muhlback* qui en est éloigné de deux lieues et demie. La première partie de la route remonte l'Eisach, puis, le traversant, gravit un ravin escarpé, lequel, après une lieue de pays stérile, conduit le voyageur à l'entrée du Pusterthal, et de ce point, ayant encore une lieue et demie devant moi, j'aperçus tout au fond d'un creux la petite ville de Muhlback. Un fait prouvera l'état de santé qui règne dans le Pusterthal et à Muhlback : c'est que, pour huit cents habitants, il ne s'y trouve qu'un médecin, qui est d'entre les plus pauvres de la ville.

Quand on a quitté Muhlback, la vallée de la Rienz se resserre en un ravin sombre et boisé ; puis à une demi-lieue de là je trouvai une vieille forteresse à demi ruinée, nommée *Muhlbaker-Klause*, avec trois tours, l'une près de la rivière, les deux autres sur le flanc de la montagne, et ce château s'étend à l'autre côté de la route qui passe sous une antique voûte. Un peu au-delà de ce lieu, je trouvai le hameau de Untvintel, et quelque temps après je gagnai le village de Saint-Lorenzen.

C'était ce jour-là la fête du village. Je sortis donc à la recherche du principal lieu des réjouissances qui se passaient dans un singulier endroit, tout près du cimetière : l'air des gens de la fête était en rapport avec cet étrange lieu de plaisir. Toutes les figures étaient graves au milieu des danses. Je remarquai que les mêmes personnes dansaient toujours ensemble, et j'appris d'un assistant que plusieurs de ces filles étaient fiancées à leurs danseurs, et que, dans cette circonstance, danser avec d'autres eût paru une chose inconvenante.

Prunecken, qui ne se trouve qu'à deux lieues de Saint-Lorenzen, est la ville principale de la vallée de Pusterthal, et néanmoins c'est une bien petite ville. Elle a son église et son couvent. C'est le parfait tableau d'une paisible petite ville de campagne. Il ne s'y fait du bruit que les jours de marché, et les autres jours, on n'entend d'autre son que celui de la Rienz.

Prunecken est situé au centre d'un amphithéâtre que les hautes terres ont laissé de chaque côté de la Rienz, amphithéâtre couvert de fertiles moissons, de beaux pâturages et de bois. Une rivière considérable descend des montagnes au nord, et se joint à la Rienz dans le voisinage de Prunecken. L'auberge que j'occupais dans ce lieu était la maison la plus considérable, et l'aubergiste passait pour être l'homme le plus riche du pays. Ce n'est pas rare dans le Tyrol : les plus respectables propriétaires tiennent ordinairement des auberges. Le personnage le plus actif dans ces maisons est ordinairement une femme de charge de moyen âge, qui ordonne et règle tout.

Le pays qui sépare Prunecken de Sillian est d'un caractère plus sauvage que le bas Pusterthal, et les maisons y sont moins commodes que celles de l'Innthal. A trois lieues environ de Prunecken, près de Niederndorf, la route qui conduit à Lienz quitte la rivière Rienz, et continue d'aller à l'est. La Rienz a sa source quelques lieues au sud de ce point, dans les avant-postes des Alpes-Carniques, et son cours est d'environ quinze milles. Je ne montai point la vallée d'où elle descend, et m'étant contenté d'une halte pour examiner ses défilés irréguliers, je continuai à me diriger vers Sillian et Lienz. Avant de gagner le premier de ces lieux, on rencontre la Drave, qui accompagne le voyageur jusqu'à Lienz, et qui remplit ensuite une place importante sur la carte de l'Europe et prend place parmi les grandes rivières du continent.

Sillian est un village sans ressources pour le voyageur : la route entre ce village et celui où je déjeunai traverse deux fois la Drave et conduit à travers un beau pays presque découvert et qui gagne constamment en fertilité : je ne me rappelle pas le nom d'un village dont le clocher me frappa la vue, et je me trouvai bientôt à Lienz, ville frontière du Tyrol du côté de la Carinthie, et dont la situation est d'une beauté remarquable. Tout-à-fait au-dessous de la ville, la Drave est accrue par l'Isel qui coule du nord-ouest, et qui, décrivant une courbe autour de la ville, sert avec la Drave à en faire une espèce d'île. La limite des montagnes qui s'élèvent au sud est magnifique, escarpée et boisée, tandis que les pentes septentrionales de la vallée ont un caractère plus doux. Je trouvai une excellente auberge à Lienz et une très bonne table d'hôte. Après y avoir fait honneur, je me préparai à faire un tour dans les montagnes, au nord de Lienz, du côté du grand Glochner.

Il est hors de doute que cette partie des Alpes qui sépare la Carinthie et le Tyrol est parmi les moins connues de toutes les chaînes des Alpes. Elle n'est traversée par aucune route et l'on n'y arrive que par Lienz, ville très rarement visitée, hormis par ceux qui veulent explorer chaque coin du Tyrol, ou par les voyageurs moins nombreux encore qui vont en Croatie ou dans la vallée de la Drave. En sortant de Lienz, il y a deux chemins pour pénétrer dans les montagnes : l'un monte la rivière Isel, l'autre va chercher la vallée de Dollach à l'est de cette rivière. Je pris le dernier et quittai Lienz par une matinée superbe, et j'arrivai de bonne heure encore à Winklern, village de montagne qui n'avait rien de misérable dans l'aspect. Sa jolie petite église et son clocher aux formes élégantes semblaient se reposer doucement sur la verte déclivité.

De là je montai la vallée de Dollach vers le petit village de ce nom, situé sur le bord d'un ruisseau qui s'appelle, à ce que je crois, *le Moll*. Je ne m'y arrêtai point et continuai ma marche vers le plus élevé des villages et le plus voisin du grand Glochner, Heiligenblut.

Ce village a tout-à-fait les caractères alpestres : on croirait y être sur les limites du monde habitable. Des terrains cultivés se trouvent çà et là. Un profond ravin frangé de forêts, traversé par un torrent furieux, et une cascade haute et pittoresque, flanquent le village, et un gigantesque mur de sombres montagnes au-dessus desquelles on aperçoit l'éclatant sommet du Glochner forme le magnifique arrière-plan de ce beau panorama. Je gravis le pied de la montagne jusqu'à une hauteur de mille pieds au-dessus du village, et de là je découvrais parfaitement toute la partie supérieure du Glochner.

Le sommet est pyramidal, et, au rapport de ceux qui y ont monté, il n'a pas plus de deux pas carrés du plateau à la cime. Du point où je me trouvais on pouvait facilement croire ce fait, car la partie supérieure du pic est si aiguë qu'il n'est couvert de neige que partiellement. Au-dessous du pic, les champs de neige s'étendent sur toutes les portions centrales de la montagne.

Le lendemain je revins à Brixen, d'où je me dirigeai en descendant la vallée de l'Eisach vers Botzen et le Tyrol central. La rivière coulait rapidement entre les jaunes moissons et les coteaux étaient revêtus de vigne. Les cerisiers qui bordaient le chemin étaient charmants avec leurs fruits mûrs.

On voit *Klausen* d'une certaine distance avant d'y arriver, car son château s'élève sur un roc perpendiculaire de quatre cents pieds de haut et domine la ville. En approchant, je vis au nombre des crucifix qui bordaient le chemin une de ces images digne de remarque. C'est un Christ appliqué sur un rocher à pic, lequel Christ n'a pas moins de cinquante pieds de haut.

Klausen. Botzen. Costume national. Le Bas-Tyrol. Trente. Roveredo. Riva.

Je quittai Klausen par une matinée magnifique, dans cette partie la vallée, le caractère du paysage changent entièrement. La vallée se resserre encore, et le beau, le pittoresque, se perdent dans le grandiose. Des rocs énormes sont suspendus à une grande hauteur au-dessus de la route qui serpente entre eux et la rivière, qui est une succession rapide de cataractes. Partout où un roc en saillie semble menacer le passant, une image de la Vierge et de son enfant y est placée dans une niche comme protection pour le voyageur.

Cette contrée est le pays des noyers, et je n'en ai jamais vu de pareils à ceux que je rencontrai aux approches de Botzen. Ces environs étaient d'une abondance et d'une fertilité remarquables. La vallée entre Klausen et Botzen se resserre et s'élargit plusieurs fois, et jusqu'à l'entrée de celle si spacieuse qui forme le Bas-Tyrol, le grand et le majestueux s'allient constamment avec le doux et le gracieux : enfin, quand on a dépassé une tour gigantesque de granit, la vallée de *Botzen* se découvre à vous dans toute sa riante beauté, et Botzen elle-même, que l'on peut considérer comme la capitale du Tyrol central, semble en garder l'entrée. De toutes les villes du Tyrol, c'est celle que j'aime le mieux : j'en aime le site, la propreté et son excellente auberge. Les mœurs y sont aussi simples qu'à Brenner. J'y ai vu des dames revenir de la messe à cinq heures du matin : le dîner y est servi à onze heures et demie, et à huit ou neuf heures du soir les rues sont aussi tranquilles que dans d'autres villes à minuit.

Il y avait alors foire à Botzen, et j'allai la visiter : la

ville est traversée par une très longue rue avec des arcades couvertes de chaque côté, et c'est sous ces arcades que la foire se tient, partie dans des boutiques, partie en étalage. Tout y était exposé, mais on n'y admettait que des denrées de manufacture ou de préparation autrichienne. On pouvait y voir des paysans de toutes les vallées du Tyrol. Entre tous les costumes que j'ai décrits, on voyait les hommes de Botzen avec leurs chapeaux à larges bords pour les abriter de leur soleil ardent, et les femmes de la vallée de Meran coiffées de chapeaux de drap vert relevés d'un côté ; enfin le paysan du Tyrol italien s'y mêlait sous son costume moins national et son teint basané.

Outre des rues très spacieuses et une ou deux belles places, parmi beaucoup de jolies maisons, on en voit beaucoup de magnifiques. Tous ces édifices sont de beaucoup embellis par les fleurs variées qui ornent les fenêtres, les balcons et les portes. Au centre de plusieurs de ces rues coule un ruisseau limpide, en partie couvert et en partie découvert, mais où il est défendu de jeter la moindre ordure. Il sert à arroser les rues avec des pelles de bois, et les blanchisseuses de la ville y viennent laver leur linge. On les y voit constamment à genoux sur les planches qui bordent l'eau.

La principale église de Botzen est un bel édifice auquel est joint un beau clocher plein de légèreté ; il n'y a dans l'intérieur de l'église que quelques objets de peu d'attention. Le grand autel est orné de colonnes de marbre d'une grande beauté, et on y remarque une mosaïque aussi en marbre représentant des fleurs dans une rare perfection.

J'ai dit dans un précédent chapitre que si une ligne était tirée de part en part sur le Tyrol, en laissant Botzen au nord, tout ce qui serait au sud de cette ligne pourrait être appelé le Tyrol méridional ou italien. Du moment où l'on s'éloigne de Botzen en se dirigeant vers Trente, on aperçoit parfaitement un nouvel ordre de choses ; on ne voit plus cette noble race de paysans : la pauvreté commence à se montrer, les habitations n'ont plus l'air du bien-être, les habitants l'air de l'indépendance. Tout le sol du Tyrol méridional appartient à de grands propriétaires, et les paysans n'ont plus d'intérêt dans la terre qu'ils cultivent.

Quelque primitives que soient les mœurs des habitants de Botzen, elles n'excluent pas les plaisirs ; il y a des réunions entre les dames et d'autres entre les hommes. Botzen a des promenades, et en hiver un théâtre où l'opéra se joue par hasard. Un petit village nommé Over-Botzen est un lieu où les habitants vont à la campagne. Ce village est situé dans un creux au milieu des montagnes, et se compose de petites maisons détachées.

Pour peu que l'on soit sur un point élevé des environs de Botzen, on est frappé de la vue d'un des objets les plus remarquables du paysage ; ce sont les tours et les murailles d'un château en ruines qui couronne une hauteur à quatre milles à l'est de la ville ; il se nomme *Sigmunds-Cron*, et mérite d'être visité. Cette éminence est revêtue de bois au travers desquels je traçai un chemin vers les murs qui renfermaient une garnison et un dépôt de poudre. Ces ruines sont pittoresques, et l'on peut y reconnaître un lieu très fort. De ce point, on commande toute la vallée du Tyrol, de Botzen à Sterzing du nord au sud, et les deux vallées latérales de l'Adige et de la Rienz.

Le caractère de la vallée du Bas Tyrol est entièrement différent de celui de la vallée qui se trouve au-dessus de Botzen. Des pentes rapides, d'énormes rocs, des courants, des cataractes et des aspects de montagnes sont les traits de la vallée haute ; de douces déclivités qui s'étendent quelquefois en plaines, une rivière large et un cours généralement calme, et des vues plus belles que pittoresques, car le sublime n'y apparaît jamais, caractérisent la vallée basse. Je ne vis jamais tant de saules pleureurs qu'entre Botzen et Trente.

M'étant arrêté au village de Branzoll, j'allai visiter un château en ruines sur une hauteur : de Branzoll à Newmark la route suit le cours de la rivière et passe à travers les paysages que j'ai déjà décrits ; et plus on avance dans le sud plus on trouve le pays peuplé ; mais cette population contient beaucoup de pauvres. Newmark est une de ces cent petites villes qui contiennent une rue et une église, plus quelques maisons éparses, et qui ne vivent que de la culture du sol.

De ce lieu à Trente, le pays est toujours le même, et la route traverse plusieurs villes ou villages considérables, entre autres Lavi, situé sur la rivière du même nom qui descend avec le bruit du tonnerre des escarpements qui s'élèvent au nord de la ville et tombe dans l'Adige.

Trente est une des villes les plus remuantes et les plus bruyantes où je fus jamais ; et, bien que sous la surveillance immédiate du clergé qui fourmille dans les rues, elle est livrée aux querelles, aux débauches et à l'immoralité sous tous ses aspects ; je pus à peine avoir une heure de sommeil durant les trois nuits que je passai à Trente ; les rues sont en commotion constante jusqu'à une heure avancée dans la soirée ; la gaîté et le plaisir sont éveillés jusqu'à minuit.

La ville est pleine de traces d'antiquités, et l'on voit dans l'église de Sainte Marie-Majeure le tableau contenant les portraits de tous ceux qui figurèrent au concile. Cette église est digne d'être visitée : indépendamment de cette peinture on y entend, dit-on, des orgues excellentes, et le grand autel est surmonté d'un baldaquin de marbre supporté par des colonnes de marbre également.

Le site de Trente est magnifique : l'Adige coule sur la droite de la ville, et les montagnes se retirant laissent sur chaque bord de la rivière un beau sol richement cultivé. Cette ville est italienne dans son caractère comme dans son aspect, et j'y fus victime du premier trait d'improbité que j'eusse connu depuis mon entrée dans le Tyrol. En allant de Trente à Roveredo, je voyais le pays changer à chaque pas et tout caractère alpestre avait disparu. Ce n'étaient plus des Tyroliens que nous voyions : tout costume national avait disparu. Bien me prit d'être en voiture entre Roveredo et Trente, car le chemin était bordé de côté et d'autre de huit ou neuf pieds, et simple piéton, je n'aurais pu jouir du pays qui est fort beau.

Plus je voyais *Roveredo*, plus cette ville me plaisait ; son mouvement même avait des charmes, c'était le mouvement de la prospérité et des affaires, et cette prospérité va toujours croissant. A l'époque de mon passage, il y avait dix-sept cents métiers à l'œuvre. Je connais peu de routes plus belles en Europe que celle qui sépare Roveredo de Riva ; car toute nature de pittoresque s'y succède. A Roveredo nous quittons la grande route et la vallée de l'Adige, qui, à quelques lieues de là, traversent la frontière du Tyrol vers Vérone. La route qui conduit à Riva et au lago di Guarda conduit à gauche en Italie. J'allai traverser l'Adige une heure au-delà de Roveredo, et ensuite je passai dans deux misérables villages. Au-delà nous continuâmes de gravir des rocs escarpés jusqu'à ce qu'arrivés au sommet, nous pûmes découvrir la magnifique vue qui s'ouvrait devant nous au sud-ouest. Tout-à-fait au-dessous de nous était le lago di Guarda, bleu, calme et beau ; sa tête reposait entre les gigantesques montagnes du Tyrol, son extrémité sur les plus riantes scènes de l'Italie. De ce point on descend à Riva par une pente très raide, et il faut traverser la rivière Scarca qui alimente le lac avant d'arriver à Riva.

Le lago di Guarda. Calavino. Jour de fête à Trente. Retour à Botzen. Voyage au Passeyer. Maison d'André Hofer. Glurns. Haute vallée de l'Adige. Paysage.

Le lac de *Guarda* est le moins visité des lacs de l'Italie ; cependant il joint la plus extrême grâce avec des traits d'une triste grandeur. C'est à Riva et à la côte du lac que l'on commence à voir les oliviers, les grenadiers et les figuiers à larges feuilles. On peut donc passer une journée délicieuse à Riva. Quant à la ville, elle est indigne de sa situation; elle est laide et repoussante à l'intérieur. De là j'allai visiter la vieille et assez curieuse ville d'Arco, dont le château est situé sur un roc élevé. Je vis plusieurs villages sur le bout du lac, entre autres Calavino. Je revins de cette excursion à Trente un jour de fête; toutes les promenades des environs de la ville étaient couvertes de monde, et j'y remarquai toutes les femmes en grande toilette, sans bonnets et vêtues comme si elles allaient entrer dans une salle de bal. Parmi les gens du peuple, tous les costumes mesquins ou les haillons avaient disparu; les figures étaient en fête comme les habits. Je vis que les sexes ne se mêlaient pas et que les femmes n'avaient pas de cavaliers.

Pour revenir de Trente à Botzen, je changeai un peu de chemin. Je traversai la rivière à Saint-Michaël et retournai par sa rive droite. J'arrivai enfin à Botzen le quatrième jour après mon départ de Trente, et j'étais alors sur le point d'entreprendre la dernière partie de mon voyage, en remontant l'Adige jusqu'à sa source par Méran et Glurns.

A *Méran*, ville irrégulière qui n'a aucun intérêt par elle-même, mais qui en tire du voisinage du château du Tyrol, je me retrouvai parmi les Tyroliens de toutes pièces : aspect, mœurs, costumes, sentiments, je dirai aussi superstition, car les images devotes reparaissaient.

J'ai parlé du château de Tyrol (Schloss Tyrol); il est à trois milles de Méran, et rien ne saurait être plus beau que la situation de ce vieil édifice massif, ruiné par le temps, sur le flanc des montagnes revêtues d'un vert sombre et entouré de rochers, de ravins et de cataractes.

Il existe encore à Méran un autre lieu qui lui donne de la célébrité, c'est la vallée du Passeyer où est la maison d'André Hofer ; j'allai la visiter. Le bruyant Passeyer, rempli de grosses pierres, coule au-delà de la maison, au pied d'une petite muraille de pierre élevée pour le protéger contre les torrents; quelques arbres entourent sa demeure, et une petite église avec un clocher verdoyant s'élève sur un monticule voisin. La maison n'est point remarquable par elle-même: comme d'autres maisons du Tyrol, elle a son entrée par un escalier de bois à l'extérieur, qui conduit à un petit balcon. Plusieurs cibles percées presque au centre et attachées au mur prouvent l'habileté de Hofer au tir.

Revenu de la vallée du Passeyer à Méran, je quittai ce dernier lieu pour aller à Glurns que je ne gagnai qu'au bout de la journée, après avoir traversé les plus beaux paysages de rochers, de forêts et de précipices. En approchant de Glurns, les châteaux deviennent plus nombreux. C'est près d'un de ces édifices qu'est situé Glurns, village fort important.

Bien que mon chemin se dirigeât vers Landeck, cependant je voulus, en faisant un détour dans le sud, voir la nouvelle route militaire construite à travers un des monts de l'Ortler-Spitz, le plus haut point sur lequel ait jamais été tracée une route européenne. La montagne sur laquelle cette route passe se nomme *Monte-Stelvio*; le chemin est d'abord sinueux et suit les détours du défilé, mais bientôt elle s'élargit et se découvre. Bien qu'inférieur en beauté pittoresque à beaucoup de passes des Alpes et moins sublime, ce célèbre passage par l'Ortler-Spitz est plein d'intérêt, tant à cause de la difficulté de l'exécution que de la hauteur extraordinaire à laquelle il atteint. Plusieurs milles avant de gagner le sommet de la passe, la route est garantie de la chute des avalanches par une construction de bois d'une grande solidité. Ce rempart a au moins un mille et demi d'étendue.

On fait de lents progrès par un chemin en zigzag. Enfin j'en atteignis le bout et je me trouvai alors à neuf mille cent pieds au-dessus du niveau de la Méditerranée. Quand de ce sommet on porte sa vue sur la Suisse et sur l'Italie, on voit descendre en une longue et sinueuse perspective par des gorges et d'étroits défilés qui mènent à Chiavenne, où sont des montagnes serrées les unes contre les autres. L'Ortler-Spitz n'est dépassé en hauteur que par le Mont-Blanc et le Mont-Rosa. Debout au sommet de cette passe et les yeux fixés sur le sud-ouest, j'étais grandement tenté de descendre sur Côme et son paysage enchanteur; mais j'avais encore à voir une partie du Tyrol. A une élévation de près de neuf mille pieds on peut supposer que la température, même au fort de l'été, n'était pas de nature à m'encourager à y rester. On se trouve sur ces hauteurs bien au-dessus du degré de congélation, et ce n'est pas sans plaisir que je rentrai à mon auberge.

Glurns et Nauders Source de l'Adige. Funsnerminz. Landeck. Vorarlberg. Résumé.

Les environs de Glurns et le pays qui sépare Glurns de Nauders sont les hautes terres les plus peuplées que j'aie jamais vues. Sur le penchant de la montagne où est Glurns se trouvent trois autres villages, et chaque plateau supérieur a le sien. Je trouvai même deux hameaux sur le point le plus élevé et à la source même de l'Adige. Tout y témoigne d'un travail industrieux.

Au-dessus de Glurns l'Adige n'est plus qu'un ruisseau, mais beau et plein ; et après trois heures de marche sur ses bords j'atteignis le lac d'où il sort. C'est un lac étroit entouré d'une maigre végétation et de quelques sapins. A partir du bassin du lac le pays va seulement de côté et d'autre, ici vers Glurns, là vers *Nauders*, vers la vallée de l'Adige et vers celle de l'Inn. Une pente rapide me conduisait à Nauders le long d'un ruisseau qui se précipite à travers des vallées riches et verdoyantes vers l'Inn.

Le paysage des environs de Nauders peut soutenir la comparaison avec tout ce que se trouve de beau dans ce pays. Rien n'est plus pittoresque et plus grandiose que le défilé de Funsterminz. L'Inn coule à une telle profondeur entre ses rochers gigantesques que, sans aucune exagération poétique, la rivière paraît un fil luisant. Les rochers sont couverts de bois, et, entre autres cascades, on en voit une de cinq cents pieds.

J'assistai le soir à un bal à Nauders : ce qui me frappa le plus, c est l'inflexible séparation des deux sexes ; les hommes dansaient bien avec les femmes, mais pas un mot de conversation, et la danse finie, pas une causerie ; pas une promenade ensemble ; je n'y vis rien qui ressemblât à de la galanterie. Afin d'arriver à une heure convenable à Landeck, je quittai dès le matin Nauders, après avoir jeté encore un regard sur le défilé de Funsterminz, avec la chapelle, le pont et la petite auberge entassés dans cette gorge étroite. Le paysage est varié, mais non point saisissant entre Nauders et Landeck, excepté à Pruz, où une ruine, un rocher et un pont forment un assemblage d'objets pittoresques ; mais quand on approche de Landeck plusieurs tableaux riants se déroulent autour du voyageur, surtout dans le style doux et pastoral; Landeck excite lui-même beaucoup d'intérêt, car au-dessous de ce lieu s'ouvre la perspective d'une vallée belle et bien cultivée, tandis qu'au-dessus du défilé a tous les traits rudes et gigantesques qui appartiennent à la nature sans ornement.

Landeck est une ville considérable pour la montagne: son château a souvent été peint et son église est digne de remarque. De Landeck j'avais à traverser le Vorarlberg, par Pludenz, Feldkirch et Bregenz pour gagner le lac de Constance.

Pour celui qui a voyagé dans le Tyrol, le Vorarlberg paraît dans l'ensemble sans intérêt ; il n'a ni le grand caractère du Haut-Tyrol, ni les charmes plus riants du Tyrol inférieur. Après une journée à cheval, j'allai coucher à Stuben, et le lendemain matin je déjeunai à Pludenz, ville de huit cents habitants, qui

Le temple de la Gloire à Munich.

a trois rues, une église et une place de marché. La rivière de l'Ill y coule tout à côté. Au delà de Pludenz le paysage à droite et à gauche est d'une nature imposante. Après une nuit passée à Feldkirck, je me retrouvai sur un des grands chemins de l'Europe, avec le magnifique Rhin pour compagnon. Le lendemain j'étais à Bregenz, dans le Tyrol et sur les bords du lac de Constance.

On a pu déduire de mes observations dans le cours de ce voyage que les deux grands traits du caractère tyrolien sont la religion et le patriotisme : il faut entendre ce dernier mot dans son sens le plus vaste, c'est l'amour du pays, de tout ce qu'il contient, de tout ce qui lui appartient, bon, mauvais ou médiocre. L'amour du pays, chez le Tyrolien, c'est de l'attachement pour les glaciers du Gloknez ou le blé de l'Innthal, pour les coiffes en pain de sucre des femmes et les rubans verts des hommes. Il ne s'applique pas seulement aux montagnes, aux vallées, aux lieux habités, mais encore à la forme d'une faux ou à la construction d'un soulier. C'est en quelque sorte par le même principe que le Tyrolien est juste et honnête, non-seulement parce que la religion le lui prescrit, mais parce qu'il est Tyrolien, et qu'il est dans le caractère des Tyroliens d'être honnêtes et justes. Les hommes et les femmes sont fidèles dans le mariage; les femmes sont chastes, parce que la chasteté et la foi sont des vertus tyroliennes.

Je me rappelle à ce propos un trait caractéristique. La fille de l'aubergiste de Botzen était très jolie et très séduisante, et avait environ dix-sept ans. Un matin elle se présenta sur la porte où j'étais, et elle avait son châle et son bonnet; sa mère la suivait; elle mit un panier couvert d'un linge blanc sur le seuil de la porte. Au même instant un jeune homme de bonne mine s'arrêta devant la maison dans une espèce de calèche, et la fille s'en alla avec lui. « Ils vont, me dit l'hôtesse, passer la journée dans la vallée, leur dîner est dans le panier, et il fait beau temps pour aller se divertir. » Alors elle ajouta que sa fille était fiancée à ce jeune homme. Je lui demandai en riant si elle ne craignait point de laisser ainsi aller sa fille, et une fille si jolie, dans une pareille excursion. « Elle est Tyrolienne, me répondit la mère, et elle ne l'oubliera point. » Heureuses les filles qui ont un tel bouclier !

Le Tyrolien a l'esprit élevé et de la générosité dans l'âme ; je ne l'ai jamais vu avare comme les Suisses, même dans leurs cantons les moins fréquentés. On peut dire que les Tyroliens ont un sol plus fertile que les Suisses ; mais les habitants des parties les moins favorisées du Tyrol ne m'ont jamais laissé voir d'avarice et d'avidité. Le voyage que je viens d'esquisser m'a pris moins d'un mois, et ce terme suffit pour acquérir une connaissance générale d'une contrée aussi intéressante que le Tyrol.   ALBERT-MONTÉMONT.

PAUL GAIMARD

(1835-1836.)

VOYAGE EN ISLANDE.

PRÉLIMINAIRE.

Le voyage entrepris en 1835 et 1836 par la corvette *la Recherche* avait pour objet d'essayer de découvrir les débris du naufrage de *la Lilloise*, que commandait le capitaine de Blosseville. Malheureusement ces investigations maritimes n'eurent, sous ce rapport, aucun succès. La science a seule profité des notions recueillies sur les lieux par les membres de l'expédition, et le résultat en a été présenté sous la direction de M. Paul Gaimard. Nous ne traiterons pas ici, ou plutôt nous n'examinerons pas toutes les sections de ce voyage scientifique; nous bornerons notre analyse à la partie purement géographique ou historique, et seulement en ce qui concerne l'Islande.

Islande.

L'Islande, deux fois aussi grande que la Sicile, la plus considérable des îles de la Méditerranée, et qui, réunie au royaume de Naples, forme le royaume des Deux-Siciles, l'Islande, disons-nous, est située entre le 16° et le 27° degré de longitude occidentale, et entre le 63° 30' et le 66° 42' de latitude septentrionale. Sa largeur est de 55 milles géographiques, sa longueur, de 56 milles; sa surface est évaluée à 1,400 milles carrés. Au sud elle forme un demi-circuit qui semble vouloir joindre les îles Westman ; au nord, elle projette deux langues de terre arrondies, pareilles à deux bastions que l'on dirait placés là pour briser le choc des glaces et l'effort des vagues de l'océan Arctique ; à l'est, elle avoisine le groupe d'îles rocailleuses connues sous le nom de Fœro ; à l'ouest, les froides plages du Groënland. A la voir dessinée sur la carte, avec son innombrable quantité de baies, de fissures, de crevasses, on dirait un lambeau d'étoffe presque carré, usé, déchiqueté, effrangé sur ses bords.

Tout, dans cette terre étrange, comme le remarque M. Marmier, à qui nous empruntons ce passage, porte le caractère d'une formation lente, successive ou plutôt d'une longue suite de révolutions soudaines, violentes, qui ont tour-à-tour multiplié et quelquefois bouleversé ce sol dont nous ne pouvons plus pressentir que vaguement l'état primitif. C'est pour le géologue l'un des sujets d'étude les plus curieux. C'est le pays le plus phénoménale qui existe peut-être dans le monde entier.

Deux grandes chaînes de montagnes coupent l'Islande transversalement comme une croix, et se rejoignent à d'autres montagnes, dont les unes s'inclinent graduellement et descendent jusqu'au bord de la mer, tandis que les autres s'élancent à pic du milieu des flots. Là est le Jokull superbe avec sa robe de neige et sa cime de glace, souvent voilée par les brouillards ; là est le cratère aux flancs rougis encore par la flamme qui l'a torturé, à la tête chauve, ouverte comme une fournaise ; là sont les colonnes de basalte debout l'une contre l'autre ou gisant sur le sol comme les vestiges d'un édifice gigantesque dont nulle main humaine n'a jamais dessiné le plan ; là sont des grottes profondes aux voûtes de cristal, aux parois ornées de stalactites pareilles à ces grottes merveilleuses de fées dont parlent les traditions du moyen-âge ; les sources d'eau bouillante qui s'élancent en mugissant avec des tourbillons de vapeur ; les crevasses où la terre apparaît béante et terrifiée, et tout autour, les champs incultes et déserts, chargés de tufs et de scories ; les longues plaines poudreuses où le vent d'orage soulève des trombes de cendre jaune ; les collines aux couches irrégulières, à la crête dentelée, où le pied du voyageur tantôt glisse sur des dalles de lave, et tantôt se pose péniblement sur des aspérités aiguës. Oui, tout ce pays offre aux regards de l'étranger un grand et terrible spectacle ; et quand la nuit d'hiver enveloppe dans ses voiles épais ces solitudes immenses, quand les vagues de l'Océan, soulevées par la tempête, viennent se briser sur ces côtes avec leurs douloureux sanglots, quand tout-à-coup au milieu de ces ténèbres, de ce silence du désert ou de ce mugissement de l'orage, on voit poindre les lueurs sinistres des cratères ; quand le torrent de feu, longtemps contenu dans les flancs de la montagne, monte en haut de la fournaise, puis s'élance par bonds impétueux, l'imagination du peintre ne saurait inventer un tableau plus effrayant et plus grandiose ; la pensée de l'homme ne pourrait rien concevoir de plus lugubre.

Mais revenez ici au mois de juin, lorsque les fugitifs rayons d'un soleil d'été réchauffent et ravivent cette froide contrée. Voilà que les longs jours sans ombre ont remplacé les nuits sans interruption de l'hiver. Le ciel bleu se détache légèrement sur un large horizon ; la mer aplanie balance sur ses vagues la barque du pêcheur, le navire du marchand. Au milieu des plaines de lave, on aperçoit le lac paisible où le pluvier doré vient boire, où le cygne se repose dans sa course. Au fond des baies, on distingue un enclos de verdure, un pâturage et la cabane du pêcheur avec son toit de gazon, où la renoncule jaune fleurit auprès de la marguerite des champs. De là peut-être vous voyez s'élever devant vous le Jokull, avec ses aiguilles de glace dorées par la lumière ; ou le mont Hekla, dont la tête blanche domine toute la contrée ; ou les remparts de Thingvellir, qui jadis abritaient dans leur enceinte gigantesque les assemblées de la nation. Et quand le paysan islandais, debout, le soir sur sa porte, contemple ces scènes grandioses, il sent s'éveiller en lui un sentiment de patriotisme et d'orgueil ; il s'écrie avec le poète : Que mon Islande est belle ! Cette Islande si belle, si imposante, ajoute M. Marmier, que, lorsqu'on l'a vue une fois, il en reste une impression ineffaçable, est l'une des contrées les plus nues, les plus stériles qui existent. La coupe des montagnes, la mer et les glaciers en forment toute la splendeur ; les lacs bleus, les vallées, les cabanes éparses en composent toute la grâce. Mais on n'y voit ni champs ensemencés, ni forêts ; seulement quelques frêles tiges de bouleau, traînant à terre leurs branches sans vigueur. L'arbuste qui s'élève à trois ou quatre pieds de hauteur s'appelle un grand arbre.

Cependant, à en juger par les anciennes chroniques, si nous n'interprétons pas mal leurs expressions, l'Islande a dû porter jadis des bois considérables, dont les troncs que l'on découvre encore aujourd'hui dans la terre sont peut-être les derniers vestiges. L'Islande a eu aussi une population une fois plus nombreuse que celle qu'elle a de nos jours, et tout démontre qu'il y avait jadis plus de ressources dans son sol, plus de richesse parmi ses habitants. Mais les tremblements de terre, les éruptions de volcans ont bouleversé ce sol à différentes reprises. Les districts jadis parsemés d'habitations ont été enterrés sous des torrents de laves. Des cratères sont sortis des flancs des montagnes, et ont vomi à leur tour d'autres cratères. De quelque côté que l'on se tourne, on ne peut parcourir cette terre d'Islande sans retrouver presque à chaque pas les ravages d'une éruption ou les traces d'une autre commotion violente.

Ici, les couches de cendres, là le roc calciné, plus loin le lac desséché tout-à-coup par un embrasement, le promontoire rongé par une langue de feu, et le fleuve qui charrie des matières volcaniques (1) Depuis le xe siècle, on a compté en Islande quarante-deux éruptions, plusieurs famines et trois épidémies. Celle qui éclata en l'an 1402, celle qu'on appelait la peste noire et qui ravagea l'Europe entière, enleva ici les deux tiers des habitants. L'Islande, qui possédait plus de 100,000 individus, n'en compte plus guère aujourd'hui que 55,000.

Un tiers de la surface de cette île est seulement occupé, la côte surtout, le fond des baies et quelques vallées qui s'étendent au milieu des montagnes. On voit les habitations dispersées à une longue distance les unes des autres. S'il y en a trois ou quatre réunies en un même lieu, on leur donne le nom de village; s'il y en a plus, c'est une ville. Reykiavik, capitale de l'île, renferme environ 500 habitants; il y a trois autres endroits qui en comptent chacun 70 ou 80. Ce sont des stations de commerce, où le marchand de Copenhague a son comptoir, son entrepôt, où chaque année il arrive quelque bâtiment danois qui recueille les productions du pays et lui livre en échange les denrées étrangères. Au-delà de cette ceinture d'habitations qui bordent la mer, on ne trouve que de loin en loin un de ces verts enclos où le pêcheur bâtit sa cabane. On peut voyager des jours entiers sans apercevoir une trace de vie humaine, et il faut porter avec soi sa tente et ses provisions.

Tous ces voyages dans l'intérieur se font à cheval. Les chevaux islandais sont petits, mais excellents; ils savent, dit M. Marmier, se cramponner aux pointes des laves, glisser sur les dalles plates, chercher dans les marais le point le plus solide. Ils s'en vont ainsi pendant des journées entières, passant à travers les montagnes escarpées, les terrains fangeux, les couches de lave. Si l'on veut s'arrêter, on laisse tomber la bride à terre, ils restent là patiemment jusqu'à ce qu'on vienne les reprendre. Si dans les passages dangereux le cavalier veut leur imprimer une fausse direction, ils résistent doucement comme pour lui montrer son imprudence, et sondent eux-mêmes leur route avec précaution. Le soir, on les lâche dans les champs, et le lendemain on les retrouve souples, frais et dispos.

Avec ces chevaux, dit M. Marmier, le paysan islandais entreprend des voyages de 60 à 80 lieues. Il apporte ainsi chez le marchand toute sa cargaison de laine et de poisson. En été, dans le temps de la foire, on voit souvent arriver à Reykiavik des caravanes de vingt à trente chevaux attachés par la queue à la suite l'un de l'autre et conduits par une femme ou un enfant. A défaut de route, et même de sentiers, l'Islandais devine son chemin et ne se trompe jamais de direction. Pour l'étranger qui tente de semblables voyages, l'église de la paroisse, pauvre édifice en bois, le met à l'abri du vent et de la pluie; la femme du patriarche étend un peu de paille sur le sol nu, et celui qui a passé plusieurs nuits de suite sous la toile incertaine d'une tente regarde un tel asile comme un salon de luxe. Il a bien aussi pour refuge la cabane du paysan; mais elle est sale et puante, et il faut du courage pour s'y abriter.

Dans l'état actuel du pays, l'Islandais n'a pas de plus grandes ressources que la pêche, et si le sol trompe souvent son attente, la mer lui offre une ample compensation en lui livrant la baleine, la morue, la sole et le hareng, outre que les lacs et les rivières lui fournissent la truite et le saumon. La grande pêche a lieu en hiver, au mois de février, et l'Islandais passe bien des nuits dans ce rude et périlleux labeur, n'ayant pour boisson que du petit-lait mêlé avec de l'eau; pour vêtements qu'une simple camisole, un pantalon et des bottes de cuir toujours humides; couchant la nuit dans une mauvaise cabane, sur un sol boueux qui lui laisse de hideuses maladies, telles que la lèpre et l'éléphantiasis, dont il guérit difficilement; mais sa patience et sa résignation lui font tout supporter sans se plaindre.

Tandis qu'il passe ainsi l'hiver à la pêche, sa femme et ses filles restent dans la cabane, soignent les bestiaux, cardent la laine et en tissent l'étoffe qui fera des vêtements à toute la famille. Les fils, de leur côté, vont à la chasse au renard blanc et bleu, et ils surprennent le long des côtes les nids d'oies et de canards, ou bien ils tombent sur des volées qui s'abattent près des lacs et dont les plumes se vendent au comptoir du marchand. Ils trouvent aussi dans le flanc des rochers l'oiseau de proie, l'aigle à tête blanche et le faucon, que les habitants de l'île envoyaient jadis au roi de Danemark.

Mais de tous ces oiseaux le plus utile, c'est l'éder ou canard à duvet des pays septentrionaux. Chaque année, vers le mois de juin, cet oiseau aquatique vient faire son nid sur le sol, dans les petites îles qui avoisinent la côte. Quand la femelle a choisi le coin de terre où elle veut déposer ses œufs, elle s'arrache elle-même son duvet pour en garnir le fond et les contours de son nid, puis elle pond cinq ou six œufs, quelquefois davantage. Pendant ce temps, le mâle, accroupi près d'elle, la suit du regard, la surveille, et lorsqu'elle fait mine de vouloir s'éloigner, la ramène, comme un mari vigilant, à sa progéniture. Le lendemain, un homme arrive et enlève le duvet et les œufs. Le couple malheureux, ainsi rançonné, s'en va un peu plus loin, et la mère couve de nouveau pour être de nouveau rançonnée par l'avide paysan. Elle se remet encore à l'œuvre, et cette fois on ne lui prend qu'une partie des œufs et on ne lui enlève que du duvet qu'une fois par semaine. La pauvre mère continue de s'arracher les plumes qui la recouvrent, jusqu'à ce qu'enfin elle se trouve tellement dépouillée qu'elle ne puisse plus garnir un autre nid. Alors le mâle dépose un peu de son propre duvet, et au bout de cinq à six semaines la ponte est terminée, et à peine les petits sont-ils éclos que la mère les prend avec elle et les conduit à l'eau.

Le duvet de l'éder, autrement appelé édredon ou eiderdon, est, avec le suif, les pelleteries, la laine et le poisson, la denrée que l'Islandais porte au marchand danois pour avoir de la farine, de l'eau-de-vie et des ustensiles de première nécessité. Chaque année il recommence ainsi son misérable échange, et chaque hiver il se remet à l'œuvre.

Les Islandais sont généralement robustes et vigoureux, mais mornes, pensifs et défiants ; s'ils chantent, c'est qu'ils ont bu, et alors il y a entre eux une explosion de tendresse. Les femmes sont grandes, blanches et fraîches ; leur physionomie est peu expressive, mais douce et attrayante. Les deux sexes portent l'étoffe de vadmel ou de laine. Dans chaque maison est un bijou d'argent qui passe comme héritage d'une génération à l'autre. Le dimanche, les jeunes filles ont des jupons en drap ornés de broderies. Les mères apprennent à lire à leurs enfants. Les prêtres sont pauvres, mais instruits ; ils parlent facilement le latin et le danois. Les paysans ont tous une Bible et quelques recueils de Sagas qu'ils se prêtent mutuellement et qui aident en hiver à tromper la longueur des veillées.

L'Islande est maintenant divisée en trois districts :

---

(1) En Islande, il existe aussi des *sources chaudes*, notamment celles que l'on nomme le Strack, le grand Geyser et le petit Geyser. L'éruption du Strack produit un bel effet ; la nappe d'eau s'élève en forme de gerbe ; le bord du puits du Strack a vingt-cinq pieds de circonférence ; les eaux jaillissent à une telle hauteur que, pendant la nuit, la fumée de la colonne d'eau bouillante semble atteindre les étoiles. Le grand Geyser déploie également une colonne de vapeur colossale. Quand le temps est couvert et pluvieux, c'est le Geyser qui travaille ; et si, au contraire, il est clair et serein, c'est le Strack qui fait ses explosions. Le petit Geyser produit peu d'effet. A. M.

le sud, le nord et l'ouest. Le chef du premier de ces districts est chargé de tout ce qui a rapport aux affaires ecclésiastiques et aux finances de l'île entière; en cas de guerre, il prend le titre de gouverneur général. Cet emploi est toujours confié à un Danois, qui vient là passer cinq ou six ans pour retourner ensuite à Copenhague et demander un poste meilleur. Le traitement de ce fonctionnaire est de 3,600 francs. Les revenus de l'île suffisent à peine à acquitter toutes les dépenses. L'évêque reçoit environ 6,000 francs par an; mais la condition des prêtres de l'île est généralement fort misérable. Reykiavik a un pharmacien nommé par le gouvernement danois, et chaque district a un médecin qui doit avoir dans son habitation une collection des principaux médicaments. Le service de la poste est fait par un piéton qui chaque année traverse huit fois le district du sud, trois fois celui de l'ouest et une fois celui du nord; les nouvelles officielles de la métropole danoise n'arrivent en Islande que deux fois par an, et cette île est depuis le mois de septembre jusqu'à celui de mai privée de toute communication avec les autres pays et séparée de l'univers entier, bien que placée entre deux mondes.

Dans le voisinage de l'Islande, entre cette île et la Norwége, on trouve les *îles Fœro* ou *Feroé*, archipel situé par 62° de lat. N., et 7° 10° de long. O., masse de rocs se détachant comme un rempart sombre sur la couleur terne des flots et les brumes argentées de l'horizon. Cet archipel se compose d'une trentaine de petites îles hérissées d'écueils, battues presque sans cesse par la vague fougueuse et souvent inabordables. Rien de plus touchant à observer que l'humble et honnête population qui habite cette pauvre contrée; rien de plus pittoresque et de plus frappant que l'aspect des rochers qui s'élancent sous toutes les formes du sein des flots, ceux-ci droits et effilés comme une pyramide, ceux-là arrondis en voûte, alignés comme un bastion ou crénelés comme les murs d'une forteresse. Le goëland repose sur leur sommité; l'algue et le goëmon tapissent leur surface; la mer s'engouffre avec fracas dans leurs cavités, et le pêcheur y entre souvent avec sa barque pour atteindre le dauphin qui avait espéré follement y trouver un refuge, comme si rien pouvait échapper à la témérité humaine.

Les îles Feroë furent découvertes pendant le ixe siècle par des Norwégiens qui s'y fixèrent, en leur donnant le nom qu'elles portent, et qui en langue scandinave signifie *mouton*, parce que cet animal y était alors seul maître du sol.

Ces îles sont au nombre de trente-cinq, dont dix-sept sont habitées. Leur population totale est d'environ 6,000 habitants. La plus grande a treize lieues de long sur cinq de large. La plupart de ces îles sont couvertes de montagnes, d'origine volcanique, et qui s'élèvent de 1,800 à 2,000 pieds au-dessus du niveau de la mer. Leur climat est moins froid que ne l'indique leur latitude; les gelées n'y durent pas plus d'un mois, et l'hiver y est rarement assez rude pour que les baies se couvrent de glaces. L'été ne dure que les deux mois de juillet et d'août. Si le blé n'y mûrit guère, l'orge, le seigle et les légumes y prospèrent. Le cheval, le bœuf et autres animaux domestiques y sont d'assez bonne race. La toison des moutons y est très fine. Le bourg principal est Thornshaven, qui a un petit fort, une église, un gymnase, une école et un hôpital.

L'Islande, que quelques géographes voudraient rattacher au Groënland et à l'Amérique, était, avec les îles Feroë, une des extrémités de l'*Europe*; nous pouvons de ce point envisager l'ensemble de cette partie du monde, ainsi que nous l'avons fait déjà pour les autres parties.

L'*Europe*, qui marche en tête de la civilisation, et qui étend partout les bienfaits de ses découvertes et de ses institutions, n'a pas été cependant la première à éclairer le monde: la lumière intellectuelle lui est venue de l'Orient comme celle du soleil, qui verse partout ses bienfaisants rayons. Les peuples de l'Europe ne furent occupés, durant bien des siècles, qu'aux seuls arts de la guerre et à la culture du sol. La Grèce d'abord, et l'Italie ensuite, secouèrent leur vieille ignorance; l'empire romain se forma et s'étendit au loin pour laisser aux peuples qu'il avait soumis ou vaincus et sa langue et ses lois; plus tard les croisades, et après elles la découverte du nouveau continent, donnèrent un rapide essor à l'esprit humain.

Charlemagne, les rois de France, les czars, et, en dernier lieu, le génie de Napoléon, ont amené les immenses résultats qui font la gloire de l'Europe moderne. Ainsi, une région que la nature n'avait d'abord semée que de forêts, n'avait enrichie que de fer, s'est peu à peu métamorphosée par une civilisation toujours croissante, et qui, grâce à la liberté de la presse, est assurée de ne jamais s'éteindre.

L'Europe est située par 34°—72° lat. N., 12° long. O. et 62° long. E. Elle est bornée à l'ouest, du nord au sud, par l'océan Atlantique, qui la sépare de l'Amérique; au nord, par la mer Glaciale arctique; à l'est, par le fleuve Kara, les monts Ourals, le fleuve Oural, la mer Caspienne, qui la séparent de l'Asie; au sud, par le fleuve Kour (l'ancien Cyrus), les monts Caucase, la mer Noire, le détroit de Constantinople, la mer de Marmara, le détroit des Dardanelles, qui la séparent également de l'Asie; et enfin par la Méditerranée et le détroit de Gibraltar, qui la séparent de l'Afrique.

Renfermée dans ces limites, l'Europe a une superficie de 500,000 lieues carrées de 25 au degré. Sa plus grande longueur, du cap Saint-Vincent en Portugal aux monts Ourals, près de Ekaterinbourg, ville sibérienne, est de 1,235 lieues; et sa plus grande largeur, du cap Matapan en Grèce, au cap Nord, sur l'océan Arctique, est de 870 lieues. Cette surface est occupée par 230 millions d'habitants, inégalement répartis; la population s'est surtout agglomérée dans les régions centrales, où elle tend sans cesse à s'accroître; et quoique l'Europe soit beaucoup moins fertile que l'Amérique, à laquelle elle est quelquefois réduite à emprunter une partie de sa subsistance, son territoire, s'il était partout cultivé, pourrait nourrir autant d'habitants que le monde entier en compte en ce moment, c'est-à-dire près d'un milliard.

Les principales *montagnes* sont: les monts Karpathes, entre l'Allemagne, la Pologne et la Turquie; les Alpes, entre l'Italie, l'Allemagne et la France; les Pyrénées, entre la France et l'Espagne; et les monts Scandinaves, entre la Suède et la Norwége. La plus haute montagne de l'Europe est le Mont-Blanc, qui appartient aux Alpes, et dont le sommet est élevé de 4,920 mètres au-dessus du niveau de la mer.

Les principaux *fleuves* de l'Europe sont: le Volga, le Danube, le Dniéper, le Don, le Rhin, la Dwina. Viennent ensuite le Rhône, l'Ebre, le Guadalquivir, le Tage, la Loire, l'Elbe, la Vistule et la Seine. Les fleuves qui se dirigent vers l'océan Glacial arctique sont: la Dwina, qui se jette dans la mer Blanche, après un cours de 160 lieues, et la Petchora, qui vient des monts Ourals et a un cours de 150 lieues. La mer Baltique reçoit notamment la Vistule au cours de 150 lieues. La mer du Nord reçoit l'Elbe au cours de près de 200 lieues, le Rhin au cours de 225 lieues, et qui arrive des Alpes. L'océan Atlantique reçoit la Seine au cours de 110 lieues, la Loire au cours de 190 lieues, le Tage au cours de 160 lieues, et le Guadalquivir au cours de 100 lieues. La Méditerranée reçoit l'Ebre au cours de 125 lieues, le Rhône au cours de 130 lieues, et par l'Adriatique, le Pô, qui a un trajet de 125 lieues. Dans la mer Noire se jettent le Danube, venant de la Forêt-Noire et long de 570 lieues; le Dniéper, venant des monts Karpathes et au trajet d'environ 400 lieues; le Don, par la mer d'Azof, et au cours de 360 lieues; et le Kouban, qui vient du Caucase, et a un cours d'environ 90 lieues. Enfin la mer Caspienne reçoit le Volga, après un cours de

1,000 lieues dans l'intérieur de la Russie; l'Oural ou Jaïk au cours de 340 lieues.

Les embouchures de ces fleuves ont déjà indiqué les *mers* qui appartiennent plus spécialement à l'Europe. Nous voyons à l'ouest, d'abord la mer Baltique, laquelle sépare la Russie de la Suède et a deux golfes principaux, celui de Finlande et celui de Bothnie; ensuite la mer du Nord, entre l'Angleterre et l'Allemagne. Nous découvrons au nord la mer Blanche, qui appartient à l'océan Glacial arctique; nous avons à l'est la mer Caspienne et au sud-est la mer d'Azof, qui appartient à la mer Noire; enfin au sud la mer Adriatique, dépendance de la Méditerranée.

Il y a en Europe un grand nombre de lacs intérieurs, mais les régions méridionales n'en comptent pas un seul de quelque importance; la Russie a, entre autres, les grands lacs Ladoga, Onéga et Saïma, qui ensemble n'ont pas moins de 1,500 lieues carrées de superficie; on trouve en Suède les lacs Vener et Veter, d'une étendue de 400 lieues carrées; les plus célèbres, quoique les plus petits, sont en Suisse, où les lacs de Genève, de Constance et de Neufchâtel, réunis, offrent à peine une surface de 100 lieues carrées.

L'Europe a trois volcans remarquables : le Vésuve, près de Naples, l'Etna en Sicile, et l'Hécla en Islande. La découpure de ses côtes produit un grand nombre de presqu'îles dont les principales sont : la Scandinavie, qui comprend la Suède, la Norwège et la Laponie; l'Ibérie, qui comprend l'Espagne et le Portugal; l'Italie, divisée en plusieurs États; la Crimée et la Morée.

Nous devons citer parmi les îles, au nord, les groupes des Feroë, du Spitzberg, de la Nouvelle-Zemble, des Schetland et des Hébrides, celles qui bordent les côtes de la Suède et du Danemark, l'Angleterre et l'Irlande, les plus grandes de l'Europe; au sud, les Açores, les Baléares, la Sicile, la Corse et la Sardaigne, Candie et les îles Ioniennes.

Le climat de l'Europe est un de ceux qui offrent le plus d'anomalies, à cause de l'inégalité du sol : ces différences de température font aussi que les productions naturelles sont très variées. Les arbres les plus répandus en Europe sont le chêne, le hêtre, le frêne, le peuplier, l'orme et le sapin. Le bouleau est l'arbre qui s'avance le plus vers le nord; l'olivier, le figuier et l'oranger appartiennent aux régions méridionales. La Scandinavie donne les plus beaux bois de construction, et les Alpes les plus beaux marbres.

L'Europe a emprunté aux contrées étrangères la plupart de ses plantes nourricières : ainsi, le noyer et le pêcher viennent de la Perse; le cerisier et l'abricotier, de l'Asie-Mineure; le figuier, le poirier, le grenadier, l'olivier, le prunier et le mûrier, de la Syrie; l'oranger, de la Chine; la patate ou la pomme de terre est un produit de l'Amérique. Nous tenons de l'Inde le ver à soie, et la laine fine nous vient de la Mauritanie, comme les tissus de cachemire du Thibet.

Les animaux particuliers à l'Europe sont : le cheval, l'âne, le bœuf, le mouton, la chèvre, le chien, le chat, le chamois, le renne, l'ours, le bouquetin, le sanglier, le loup, le renard, la marte, l'aigle, le coq de bruyère, le rossignol, le coucou et l'alouette.

Sous le rapport politique, l'Europe se divise en un grand nombre d'États, dont les uns restent soumis au régime de la monarchie pure, et les autres suivent le système représentatif ou constitutionnel. Parmi les premiers, il faut citer les trois empires du nord, du centre et du sud : la Russie, l'Autriche et la Turquie; parmi les seconds, la France, la Grande-Bretagne, l'Espagne, le Portugal, la Belgique, la Hollande, la Saxe, le Wurtemberg et la Grèce, sont constitutionnels; la Prusse s'essaie timidement au régime représentatif; la Suède, le Danemark et les gouvernements italiens sont des monarchies tempérées; la Suisse est une confédération républicaine; les nombreuses principautés allemandes subissent l'influence des grandes puissances qui les entourent et constituent avec elles la Confédération germanique. Il en est de même des villes libres, telles que Brême, Hambourg, Francfort-sur-le-Mein, Lubeck, qui peuvent, d'un jour à l'autre, disparaître, comme Cracovie, par la suprême volonté des souverains du Nord.

Relativement aux religions qui se partagent l'Europe, on compte environ 115 millions de catholiques, 65 millions de protestants, 43 millions de chrétiens du rite grec, 5 millions de mahométans et 2 millions de juifs. Les protestants sont les plus nombreux en Allemagne et en Angleterre, et les catholiques sont en majorité en Espagne, en France et en Italie. Les Russes professent généralement le rite grec. Les juifs sont dispersés dans les divers États de l'Europe, mais le plus grand nombre est aujourd'hui en Allemagne et en France.

Enfin les principales langues européennes sont : le français, l'allemand et l'anglais; l'espagnol est limité à la péninsule Ibérique, l'italien à la péninsule Italique, et l'anglais aux trois royaumes unis de la Grande-Bretagne.

ALBERT-MONTÉMONT.

MARCEL DE SERRES.

(1820.)

VOYAGE EN AUTRICHE.

Le *Voyage en Autriche* de M. Marcel de Serres, dont la publication fut longtemps retardée par l'effet des circonstances politiques, se compose de quatre volumes in-8°. Nous n'extrairons de cet ouvrage que ce qui a rapport aux considérations générales sur le pays et sur les habitants.

L'Autriche est, par sa position géographique, dans les conditions les plus favorables pour l'accroissement de sa population et le progrès de l'agriculture. Sa superficie dépasse trente-cinq mille cinq cents lieues carrées, dont la Hongrie occupe presque la moitié, la Gallicie un neuvième, la Bohême un dixième, et la Transylvanie un onzième. Les autres provinces sont plus faibles. La population de tout l'empire autrichien dépassait en 1809 vingt millions d'habitants, et elle approche aujourd'hui de trente millions.

L'Autriche est, après la Russie, une des contrées de l'Europe où se trouve le plus de peuples différents. La plupart de ces peuples ou de ces races ont encore conservé leur langage, leurs mœurs, leurs habitudes et presque toutes leurs coutumes; ils ne forment point un tout bien uni, parce que l'agglomération n'est pas encore très ancienne. On peut ranger ces peuples en huit classes principales.

La première classe, qui n'est point la plus nombreuse, ainsi qu'on pourrait le croire, se compose d'Allemands. L'Autriche proprement dite est la seule province entièrement peuplée d'Allemands, cette nation est aussi très répandue dans la Styrie et la Carinthie. En Bohême il y a peu de vrais Allemands; on ne les trouve guère en masse que dans les cantons des cercles qui avoisinent la Saxe, la Silésie et la Bavière. En Moravie, ils occupent les confins de l'Autriche et de la Silésie, ainsi que les districts de Zuaïm et de Brünn. La Transylvanie nourrit aussi beaucoup d'Allemands, quoique leur nombre soit bien inférieur à celui des indigènes. En Gallicie on ne trouve guère d'Allemands que dans quelques villages.

La plus nombreuse de toutes les races qui habitent l'Autriche est l'esclavone, peu connue aujourd'hui sous ce nom, à cause de l'immense étendue qu'elle habite et de la diversité du langage qu'elle parle. On doit regarder comme provenant de cette souche primitive, les Tscheks, les Slowaques, les Hannaques, les Polonais, les Windes, les Croates et les Rasciens. Il est encore d'autres peuples qui tirent leur origine de la nation esclavone, tels que les Lusatiens, les Carnioliens, les Wippaques, les Tchistsches, les Kraschauses, les Morlaques, les Bosniques, les Dalmates, les Istriens et les Russes : mais ces derniers peuples n'appartenant pas à l'Autriche, il n'y a pas lieu de les examiner ici. Les Slowaques habitent principalement la Moravie. Les Hannaques y sont aussi en assez grand nombre. Les Polonais peuplent la Gallicie. Les Croates, originaires de la Bosnie, habitent surtout la Croatie et plusieurs comtés de la Hongrie.

Quant aux Hongrois, ils sont, après les Slaves et les Allemands, la race la plus répandue dans la monarchie autrichienne. Ils conservent encore beaucoup de traces de leurs anciennes mœurs. En général ils sont peu instruits et peu portés au commerce. Les Allemands, au contraire, ainsi que les Esclavons, aiment tous les genres de spéculation, comme le commerce de détail. La Hongrie compte aussi les Czingares, race encore nomade ou plutôt vagabonde, répandue également dans la Bukowine, la Gallicie et la Transylvanie. Il paraît que c'est à tort qu'on leur a donné le nom de Bohémiens et d'Égyptiens, parce qu'on a faussement supposé qu'ils étaient les descendants des anciens vagabonds d'Égypte chassés au commencement du XVI° siècle par le sultan Sélim, lorsqu'il eut conquis cette province.

Les Juifs sont répandus en grand nombre dans les diverses provinces de l'empire autrichien, à l'exception cependant de la Styrie, de la Carinthie et de la Haute-Autriche : c'est en Bohême, en Moravie, en Hongrie et en Gallicie qu'on en voit le plus. On trouve aussi en Moravie une petite colonie française que l'empereur François I°r y avait fait venir de la Lorraine.

Les Arméniens font également partie de la population de l'Autriche ; il en existe plus de onze cents familles dans la Transylvanie.

La réunion de tant de peuples divers dans une même monarchie amène nécessairement une grande diversité dans le langage, les habitudes et la manière de se vêtir. Rien n'est plus varié que les costumes de ces différentes nations, et peut-être n'est-il point de pays, à l'exception de la Russie, où l'on trouve plus d'idiomes différents. On y parle les dialectes autrichien, souabe et saxon de l'allemand, ainsi que plusieurs autres moins importants ; l'illyrien, qui est un mélange du slave avec le grec et le turc, autant de dialectes slaves qu'il y a de races de cette nation ; le hongrois, un latin corrompu, qui est fort usité parmi les nobles et les bourgeois de la Hongrie ; enfin une multitude de patois, la plupart dérivés de l'italien.

Comme dans la plupart des contrées de l'Europe, l'Autriche ne présente point de plateaux un peu élevés et d'une certaine étendue ; on n'y voit que des plaines assez basses, ou de grandes chaînes dont la pente est presque toujours escarpée. C'est donc à la hauteur et aux irrégularités du terrain que sont dues les variations de la température et le peu de fertilité du sol dont le défrichement est en général très pénible. Ainsi les vallées de la Haute-Autriche, de la Styrie, de la Carinthie, et même de la Bohême, éprouvent alternativement des froids excessifs et des chaleurs extrêmes, mais à la vérité de peu de durée.

La monarchie autrichienne est hérissée de tous côtés par des montagnes nombreuses dont plusieurs atteignent une élévation considérable. Cependant cet empire n'offre qu'une seule grande chaîne qui le ceint entièrement vers le nord, et forme une barrière insurmontable. Ces monts nombreux dont l'Autriche est couverte attirent les eaux de l'atmosphère et donnent naissance à des rivières et à des fleuves considérables. Le roi des fleuves de l'Europe, le Danube, qui prend sa source dans la Forêt-Noire, sur le territoire de Wurtemberg, entre au-dessous de Passau, sur le territoire de l'Autriche, pour aller ensuite déboucher dans la mer Noire, après avoir reçu quatre-vingt-seize rivières, dans son cours, que nous avons fixé à cinq cent soixante-dix lieues. Le second des fleuves de l'Autriche est l'Elbe, qui descend des montagnes des Géants, entre la Silésie et la Bohême, et qui va déboucher près de Hambourg, dans la mer du Nord. Il y a aussi la Vistule et le Dniester ou Borysthène qui descendent des monts Carpathes.

Jetons maintenant un coup d'œil rapide sur chacune des provinces autrichiennes et sur leurs habitants.

Parmi les provinces septentrionales, la Hongrie est une vaste plaine sablonneuse, dont le sol est tantôt d'une extrême fertilité, et tantôt de la stérilité la plus absolue, suivant la nature des alluvions qui l'ont recouverte. Formée en grande partie, dit M. Marcel de Serres, par des terrains de transport, cette contrée est presque entièrement composée des sables et des limons que le Danube et la Theiss y ont apportés : ce n'est que vers l'est et le nord qu'on voit le niveau du terrain changer et le sol s'élever d'une manière bien sensible. Ce que la Hongrie a de plus particulier ce sont les vastes eaux salées qui recouvrent une partie de son territoire. La Hongrie présente quelque ressemblance avec l'Égypte, en ce qu'elle a, comme cette fameuse contrée, des plaines sablonneuses très basses et très étendues, et un fleuve immense qui parcourt la plus grande partie de son territoire.

Si de la Hongrie on tourne ses regards à l'est, vers la Transylvanie, on voit le sol s'élever d'une manière sensible et les montagnes se rapprocher de plus en plus ; la Marosh baigne une portion de ce territoire ; la partie élevée se couvre de forêts, et l'ensemble du pays prend un aspect de plus en plus imposant.

Vers le même côté oriental de l'Autriche on trouve la Bukowine, dont le sol est entrecoupé de montagnes assez étendues et d'une assez grande élévation. Ces montagnes, qui sont des ramifications des Carpathes, forment les frontières naturelles de la Transylvanie, sauf quelques plaines, d'ailleurs fertilisées par des eaux abondantes. Les habitants de cette contrée nous rappellent les mœurs des anciens patriarches, soit par la sobriété, soit par leur manière de vivre.

La Gallicie, autre province orientale de l'Autriche, n'est guère qu'une immense plaine sablonneuse, située au nord et au pied des monts Carpathes, qui séparent la Gallicie de la Hongrie et de la Transylvanie. Des collines peu élevées et quelquefois d'une assez grande fertilité varient le sol à l'infini ; mais ce sol ne s'améliore véritablement que près des bords de la Vistule ; les récoltes sont très abondantes. Les habitants de la Gallicie sont généralement bergers ou agriculteurs.

Parmi les provinces du nord de l'Autriche figure la Silésie, séparée par des chaînes élevées de la Hongrie et de la Moravie. Cette province, entrecoupée de montagnes, est sillonnée par des rivières qui en fécondent le territoire. Les habitants n'offrent rien de particulier.

La Bohême est couverte d'un grand nombre de monts élevés qui hérissent presque entièrement son vaste territoire ; c'est surtout vers le nord et à l'ouest que l'élévation du sol devient considérable ; presque tout le royaume est borné dans cette direction par les monts Sudètes. Les habitants de la Bohême sont industrieux et ont beaucoup de fabriques ; ils exploitent les mines et les forêts ; mais peu encouragés par le gouvernement et appesantis sous le joug impérial, ils sont quelque peu apathiques et entretiennent beaucoup de mendiants et de vagabonds.

Parmi les provinces de l'Autriche, la Moravie est

une des plus industrieuses et des plus fertiles. Le terrain s'y élève par degrés à partir des confins de la Basse-Autriche, et des montagnes assez hautes qui couvrent la partie la plus septentrionale. Ces montagnes sont des ramifications de la chaîne des Sudètes ou de celle des Carpathes.

Si de la Moravie on vient dans l'Autriche propre, on trouve la vallée du Danube, considérée comme le jardin de l'Allemagne; elle réunit le sol le plus fertile à l'aspect le plus pittoresque. Cependant, quoique la Haute et Basse-Autriche offrent un tableau si riant, le peuple y est grave, sérieux; et la prodigalité des dons du sol le rend en quelque sorte indolent et paresseux : une lenteur extrême caractérise ses moindres actions. Ces légers défauts sont compensés par une grande loyauté, une sincérité sans bornes et une probité à toute épreuve. Les habitants de Vienne conservent en partie ce caractère, atténué seulement par les vices inséparables des réunions nombreuses.

A ces considérations sur les provinces et les peuples de l'empire autrichien, ajoutons quelques mots sur les Allemands en général. Ils ont, surtout en Autriche, une sincérité et une fidélité à toute épreuve. Ils doivent autant ces bonnes qualités à leurs institutions qu'à la bonté de leur cœur. Leur caractère paisible, leurs longs hivers où les familles se rassemblent dans des pièces d'une chaleur insupportable, tout les porte à des idées d'ordre et d'union dont ils ne se départent jamais. Ils aiment le travail, ils ont un penchant naturel à réfléchir sur tout, et ils conservent des sentiments très religieux. La lenteur qu'ils mettent dans toutes leurs actions et l'importance qu'ils y attachent contribuent à perpétuer parmi eux ces idées d'honnêteté et d'hospitalité qu'ils n'oublient jamais soit envers leurs compatriotes, soit à l'égard de l'étranger : la bière qu'ils boivent auprès de leurs poêles énormes, en fumant leurs pipes, contribue pour beaucoup à diminuer leur activité et à les rendre lourds. Les Allemands sont très révérencieux, et tiennent beaucoup aux titres de noblesse. Ils aiment aussi la musique, et sont eux mêmes bons musiciens. Ils se distinguent dans les arts mécaniques, dans les sciences, et surtout dans les ouvrages d'érudition.

En résumé, les Allemands sont généralement sérieux et graves : leur gaîté, lorsqu'ils en ont, ce qui du reste n'est pas commun, tient plutôt au caractère qu'à la tournure de leur esprit : ils sont gais comme ils sont honnêtes, pour la satisfaction de leur propre conscience, et souvent aussi, comme le remarque M. Marcel, dont nous empruntons les paroles, par une suite de la paix de l'âme, partage des êtres bons et simples. Les saillies leur sont presque inconnues, soit que leur esprit s'y refuse, soit que leur langue s'y prête peu. En France, les bons mots sont, pour ainsi dire, une chose vulgaire; en Allemagne, on n'anime jamais la conversation : aussi y est-elle bien moins agréable qu'en France, n'y roulant jamais sur des matières aussi variées. Les Allemands dissertent plus qu'ils ne causent. Ils portent dans la conversation la science qui est bonne dans les livres, étant aussi tout le contraire de ces Français qui mettent souvent dans leurs livres ce qui convient au plus à la conversation. C'est à ce défaut de tact qu'il faut attribuer la monotonie qui disparaît dans la familiarité de leur intérieur. Lorsqu'on est assez heureux pour être admis dans l'intimité des familles, on y trouve un charme que l'étranger ne peut jamais éprouver, parce qu'il ne voit les Allemands que dans des circonstances où leur timidité naturelle et leur respect pour les usages paralysent la plus grande partie de leurs moyens. En les voyant dans l'intimité, on peut apprécier toute la bonté de leur cœur ainsi que l'étendue de leur instruction. Dans le monde les Allemands paraîtront ennuyeux, parce que leur esprit a besoin d'être tout-à-fait à son aise pour prendre son essor, et qu'ils manquent généralement de ces grâces et de ce vernis de politesse qui nous trompent souvent en France sur le mérite des individus.

Quant aux femmes, elles ont en Allemagne peut-être plus d'esprit que les hommes; leur tact et leur délicatesse les mettent, comme partout ailleurs, bientôt d'accord avec les mœurs de l'étranger. Généralement elles ont plus d'imagination que de véritable passion, et plus d'abandon que de sentiment. Beaucoup plus libres qu'en France jusqu'au moment où elles se marient, elles se livrent aussi plus facilement aux impressions qu'elles éprouvent. L'amour leur paraît une vertu; en France il n'est jamais qu'une faiblesse. A la vérité, elles n'excusent qu'une seule passion; toutes celles qui suivent un premier sentiment ne sont pour elles qu'un caprice coupable ou le fruit d'une imagination pervertie. Cette manière d'envisager l'amour rend les femmes allemandes capables de bien des sacrifices pour l'objet qui a su les charmer, et elles s'abandonnent rarement au désespoir. Elles ne peuvent dans la simplicité de leur cœur croire qu'un homme d'honneur puisse feindre des sentiments qu'il n'éprouve pas, et qu'il se fasse un jeu de la plus noble de nos affections.

Dans leur intérieur, et une fois mariées, les femmes allemandes deviennent d'excellentes mères de famille. Elles gagnent aisément le cœur de leur époux par la manière dont elles remplissent leurs devoirs, surtout les Autrichiennes, qui ont peut-être moins d'imagination et plus de mœurs que les Allemandes en général. Dans la société, les Allemandes sont aussi fort agréables, quoique moins spirituelles que les Françaises.

Sous le rapport des religions, l'empire d'Autriche en compte un assez grand nombre, et cette diversité de sectes influe nécessairement sur l'esprit comme sur les mœurs des habitants. On peut faire à cet égard une observation générale. Les peuples qui habitent le sud de l'Allemagne ont une imagination plus calme et moins prompte à s'exalter que les peuples du nord de cette contrée. Aussi voit-on que l'esprit de cette secte y est beaucoup plus rare, et par conséquent les disputes religieuses moins communes. La seule province de l'Autriche où l'on ait vu des guerres de religion est en Bohême. Voisine de la Saxe, du nord de la Bavière et de la Prusse, cette province semble avoir reçu l'impulsion des habitants de ces divers royaumes; comme ces peuples, les habitants de la Bohême se sont laissé entraîner dans ces disputes interminables sur des matières de controverse, qui ont donné lieu à des guerres d'autant plus terribles qu'elles avaient armé des citoyens contre des citoyens. Telles ont été les fameuses disputes excitées par Jean Huss et Jérôme de Prague, qu'on peut considérer comme les précurseurs de la réformation, de cette liberté de penser qui plus tard a fait tant de progrès dans le nord de l'Allemagne.

Les autres provinces ont évité les malheurs de la Bohême, soit par une suite du caractère des habitants, soit à cause de la protection modérée que les princes d'Autriche ont donnée à la religion qu'ils voulaient rendre dominante. De cette manière, les princes de cet empire ont évité les malheurs causés par le fanatisme, malheurs d'autant plus déplorables qu'ils ont porté un grand nombre d'hommes à regarder la religion comme une superstition masquée. Mais des exemples aussi illustres que récents ont prouvé aux hommes les plus aveugles que la religion était aussi nécessaire à la prospérité des empires qu'au bonheur de l'homme isolé. En effet, ainsi que l'a fort bien exprimé un des grands orateurs du siècle, la religion peut seule raffermir la grandeur naissante, et consoler la grandeur qui n'est pas.

Il serait intéressant de connaître la différence qui existe entre l'Allemagne protestante et l'Allemagne catholique; on peut dire seulement que toutes les branches de l'industrie ont fait généralement plus de progrès dans le nord de l'Allemagne que dans la partie qui est restée catholique. L'agriculture est plus avancée dans le sud que dans le nord. Il est vrai que la nature du sol y entre pour beaucoup. Les habitants du nord de l'Allemagne, vivant sous un ciel rigoureux et sur un sol peu productif, ont dû s'ingénier pour découvrir les moyens de s'assurer une subsistance que leur refusait une terre ingrate. C'est en effet du nord de l'Allemagne que sont sorties toutes les découvertes qui prouvent l'esprit inventif des Allemands : Kepler et Leibnitz virent le jour dans le nord de l'Allemagne. Les littérateurs et les savants du nord surpassent encore aujourd'hui en réputation ceux du midi.

La population autrichienne compte à peu près les deux tiers de catholiques. Les protestants sont très répandus vers les frontières de la Saxe. Il y a beaucoup d'habitants qui suivent le rite grec dans la Hongrie, la Gallicie, la Croatie et la Transylvanie. Le nombre des luthériens est généralement moins considérable que celui des réformés. En Bohême, les calvinistes surpassent de beaucoup le nombre des luthériens. En Moravie, il existe ce qu'on appelle *les Frères Moraves*, dont le premier établissement date de l'année 1457.

Les établissements des Frères Moraves sont en quelque sorte les couvents des protestants. Leur culte est un mélange de protestantisme et de luthéranisme. Leurs associations, très libérales, ne sont gênées par aucune espèce de vœu ; tout y est volontaire, et tout cependant est en commun. Les hommes et les femmes n'y sont pas plus séparés que dans nos villes, et le mariage n'y est nullement interdit. Cette association, dit M. Marcel de Serres, présente cela de particulier, que le travail de chaque individu qui la compose ne lui appartient point, mais bien à la communauté. La communauté profite de l'industrie et des talents de chacun de ses membres, en leur donnant un traitement proportionné à leur degré de mérite. Longtemps ils ont mangé en commun ; mais cette coutume s'est perdue en grande partie, à mesure qu'ils se sont étendus. Aujourd'hui, on voit dans différents États de l'Allemagne, principalement en Moravie, en Saxe et en Prusse, des villages entiers peuplés uniquement par des Frères Moraves. Tous ces villages se distinguent par une grande propreté, ainsi que par l'ordre et l'union qui règnent entre tous les habitants. Ils sont en général si paisibles, et tout s'y passe avec tant de silence, que l'on serait tenté de les croire déserts et abandonnés. Ces communautés sont dirigées par des vieillards.

Les deux sexes vivent séparés jusqu'au moment du mariage. Avant cette époque, les hommes et les femmes habitent en commun, chacun de leur côté. Dans ces grandes réunions on a cherché à établir une égalité parfaite ; jusqu'à présent on y a réussi. Quant aux dogmes des hernhutes, ils se rapprochent beaucoup de ceux de la confession d'Augsbourg et de la doctrine de Luther. On peut dire que la société entière est ecclésiastique : tout s'y fait du moins au nom de la religion, et uniquement pour elle. Une autorité invincible semble régir cette église qui n'a point de prêtre. Le vieillard le plus respectable de la communauté exerce les fonctions du sacerdoce : et lorsqu'il juge qu'un homme mérite mieux que lui d'en remplir les devoirs, il le prie au nom de ses frères de leur parler de Dieu. Lorsqu'on se trouve pour la première fois au milieu des Frères Moraves, on se croirait transporté aux premiers temps de l'Église chrétienne ; leurs mœurs sont si pures et leur genre de vie si austère, qu'on les prendrait tous pour autant de pieux solitaires. Une douceur sans égale et une bonté inaltérable les caractérisent, et, ce qui n'est pas moins extraordinaire, tous à peu près au même degré.

L'instruction publique est assez avancée en Autriche. Les établissements destinés à l'éducation, indépendamment des écoles primaires, sont connus sous le nom de *Gymnases* et de *Lycées*. Les gymnases existent dans la plupart des villes et ressemblent beaucoup à nos collèges. Les lycées tiennent à la fois à l'éducation et à l'institution spéciale ; on n'en voit que dans les villes où il n'y a point d'université. Les universités sont des établissements spéciaux pour les hautes études. Celle de Prague est très ancienne. Les élèves de ces universités jouissent d'une grande liberté dans le choix de leurs études et dans les actes de leur vie.

Nous ne suivrons pas plus loin M. Marcel de Serres dans ses excellentes descriptions de l'empire d'Autriche ; il a suffi à notre plan d'avoir fait connaître les principaux traits de son ouvrage, notamment ceux qui avaient rapport aux mœurs et coutumes des habitants.

ALBERT-MONTÉMONT.

FIN DES VOYAGES DE TWINING, RAMON DE LA SAGRA, ETC.

Lac de Genève.

ALBERT-MONTÉMONT.

(1821-1850.)

VOYAGE AUX ALPES ET EN ITALIE.

PRÉLIMINAIRE.

C'était en 1821 que, pour la première fois, j'entrepris ce voyage, qui allait embrasser toute la chaîne des Alpes et tout le nord de l'Italie. J'avais demeuré six ans dans les Hautes-Alpes et trois années dans l'Italie septentrionale : je désirais naturellement revoir les lieux qui avaient le plus frappé mes regards, et je voulais essayer d'en retracer l'ensemble. Plus tard, j'ai de nouveau parcouru les mêmes contrées, et j'ai pu en tirer quelques traits généraux, que je vais rappeler avant d'offrir ma relation.

Les *Alpes* et l'*Italie*, voilà donc les deux sujets dont j'ai suivi et étudié les diverses faces, et que je dois ici présenter sommairement.

Les *Alpes* constituent la plus grande chaîne des montagnes de l'Europe ; elles se divisent : 1° en *Alpes maritimes*, depuis Gênes et Nice jusqu'au mont Viso ; 2° en *Alpes cotiennes*, depuis le mont Viso jusqu'au mont Cenis, entre Turin, les Hautes-Alpes de France et la Savoie ; 3° en *Alpes grecques*, depuis le mont Cenis jusqu'au col du Bonhomme, entre la vallée d'Aoste, à l'est, et la Savoie, à l'ouest ; 4° en *Alpes pennines*, depuis le col du Bonhomme jusqu'au mont Rosa, entre les provinces d'Aoste et de Novare d'un côté, et la Savoie et le Valais, de l'autre ; 5° en *Alpes lépontiennes* ou *helvétiques*, depuis le mont Rosa jusqu'au mont Bernardin, entre le Tessin, le Valais et les Grisons ; 6° en *Alpes rhétiques*, depuis le mont Bernardin jusqu'au Drey-Herren-Spitz, entre la Valteline et le Tyrol ; 7° en *Alpes noriques*, depuis le Drey-Herren-Spitz jusqu'aux environs de Saltzbourg et de Vienne. Après les Alpes noriques viennent encore les *Alpes carniques* et les *Alpes juliennes*. A l'est de Gênes s'étendent les *Apennins*, qui traversent du nord au sud toute l'Italie jusque dans la Calabre. Voici les principales hauteurs ou les points culminants de ces différentes chaînes :

ALPES.	POINTS CULMINANTS.	HAUTEUR EN MÈTRES.
Alpes maritimes.	Mont Pelvo,	3,114.
Alpes cotiennes.	Mont Viso,	3,936.
	Mont Genèvre,	3,686.
Alpes grecques.	Mont Iseran,	4,000.
	Petit-St-Bernard,	3,000.
Alpes pennines.	Mont Blanc,	4,920.
	Mont Rosa,	4,742.
Alpes lépontiennes.	Simplon,	3,610.
Alpes rhétiques.	L'Orteler-Spitz,	4,000.
	Drey-Herren-Spitz,	3,162.
Alpes noriques.	Gross Klockner,	3,996.
Alpes juliennes.	Mont Terglou,	3,200.
	Monte-Cimone,	2,000.
Apennins.	Monte-Cavallo,	3,000.
	Monte-Amaro,	2,900.
	Mont Etna.	3,400.

Les *fleuves* ou principales rivières qui naissent dans les Alpes sont le Rhin, le Rhône, le Pô, la Doire et la Durance.

Le *Rhin* prend sa source aux flancs du Saint-Gothard, montagne voisine du Simplon; il descend par la Suisse jusqu'à Bâle d'où il se dirige vers Strasbourg et Mayence, puis vers Leyde en Hollande, où il se perd, pour ainsi dire, dans les sables, avant d'atteindre l'Océan, où il ne jette qu'un faible bras Il a reçu dans son cours notamment la Moselle, qui naît dans les Vosges et se grossit de la Meurthe, aux environs de Nancy. Le cours du Rhin, est d'environ deux cent vingt-cinq lieues, dans sa partie supérieure il sert de limite naturelle entre la France et l'Allemagne.

Le *Rhône* prend également sa source, comme le Rhin, vers le mont Saint-Gothard, d'où il s'avance dans le Valais pour traverser le lac de Genève, et en sortir pour descendre vers Lyon et se rendre à la Méditerranée, où il débouche au-dessous d'Arles, après s'être grossi de la Saône à Lyon, de l'Isère au-dessus de Valence, de la Drôme près de Montélimart, et de la Durance, au-dessous d'Avignon. Le cours du Rhône est de cent trente lieues, et il se distingue surtout par sa rapidité.

Le *Pô*, que les anciens appelaient *Éridan*, prend sa source au pied du mont Viso pour descendre vers le Piémont, se grossir près de Turin, d'abord de la Doire, ensuite du Tessin, de l'Adda et de l'Adige. La longueur de son cours est de cent vingt-cinq lieues. Il est à remarquer que la Doire sort de la même source que la Durance, au col du mont Genèvre; après avoir coulé ensemble quelques pas, elles se séparent en deux branches qui se rendent, l'une à l'est, vers le Piémont, et l'autre à l'ouest, vers la France.

Les productions des Alpes sont assez variées. Dans les animaux on distingue l'ours, le bouquetin, le chamois, l'aigle, la bartavelle; dans les minéraux, le cristal de roche, quelques mines d'argent et de cuivre; dans le règne végétal, le mélèze, quelques plantes rares et une flore très riche, sans oublier la pervenche de J.-J. Rousseau.

Quant à l'*Italie*, dont le territoire se développe au-delà des Alpes, le long des Apennins, riante contrée nommée par quelques voyageurs le paradis des sens, elle a pour limites, au nord et à l'ouest, les Alpes, au sud-ouest et au sud, la Méditerranée, et à l'est, la mer Adriatique Circonscrite ainsi entre deux mers et les plus hautes montagnes de l'Europe, elle s'étend obliquement, avec la Sicile, du nord-ouest au sud-est, entre 36° 40' et 46° 40' de latitude nord, et de l'ouest à l'est, entre 3° 20' et 16° 18' de longitude est. Sa plus grande longueur, des Alpes carniques à l'extrémité sud-est de la Sicile, est de trois cents lieues; sa plus grande largeur, eu égard à la Savoie, qui dépend du Piémont, est de cent quarante lieues jusqu'à Venise; sa moyenne largeur, de Rome à Ancône, ou de la mer Tyrrhénienne à la mer Adriatique, varie de trente à cinquante lieues. Sa superficie totale est de quinze mille lieues carrées, et sa population d'environ vingt millions d'habitants, laquelle se répartit de la manière suivante :

Italie supérieure ou septentrionale

Royaume lombard-vénitien.	4,080,000 habitants.
Royaume sarde.	4,145,000
Duché de Parme.	400,000
Modène.	380,000
Massa.	100,000
Lucques.	172,000
Toscane.	1,500,000
République de Saint-Marin.	5,000
États romains ou de l'Église.	2,360,000
A reporter.	13,142,000

Italie inférieure ou méridionale.

Report.	13,142,000
Royaume des Deux-Siciles	6,800,000
	19,942,000
Malte (pour mémoire).	90,000
Total.	20,032,000

L'Italie, dont le climat varie considérablement du nord au midi, mais est en général très doux, présente des aspects extrêmement divers Il est inutile de parler de ses monuments anciens et modernes et de la fécondité de son territoire; tout cela est trop connu.

La chaîne des Apennins se développe comme un long ruban sur l'Italie, depuis le col de Tende où elle commence, jusqu'en Calabre où elle finit. Le lac Majeur, le lac de Côme et celui de Garda, sont les trois plus belles nappes d'eau de l'Italie. Ses principaux fleuves sont le Pô ou l'Éridan, le Tésin ou Tessin, l'Adige, l'Arno, le Tibre et le Vulturne. Elle compte plusieurs volcans, tels que le Vésuve et Stromboli près de Naples, et l'Etna ou mont Gibel en Sicile.

Les Italiens, courbés depuis des siècles sous le joug d'une obéissance passive et monacale, ont contracté des habitudes superstitieuses; mais leur intelligence n'est qu'assoupie, et elle se réveille souvent. Dans la classe éclairée on rencontre l'urbanité et les manières françaises. On peint les Italiens comme vindicatifs et fourbes; mais la loyauté n'est pas plus rare chez eux qu'ailleurs, et souvent leur dissimulation est une nécessité imposée par la nature de leurs gouvernements. Les Italiennes ont de la grâce et de la beauté, une allure aisée, mais les mœurs un peu relâchées, soit à cause du climat, soit à cause de la teneur despotique des lois du pays Les Italiens sont passionnés pour la musique, et leur langue mélodieuse s'y prête admirablement.

Tous les États italiens sont des monarchies plus ou moins absolues, excepté le Piémont qui a un gouvernement représentif, et la Toscane, où les sciences et les arts sont dans une situation très florissante Il n'existe aucun lien commun entre ces divers gouvernements. Le culte catholique est le seul toléré en Italie.

Jetons un rapide coup d'œil sur ces États et sur leurs capitales, en commençant par le midi.

Le royaume de Naples ou des Deux-Siciles, jadis appelé la *Grande-Grèce*, doué du plus beau ciel, serait le plus agréable de l'Europe, sans le voisinage quelquefois dangereux du Vésuve et de l'Etna, les montagnes qui le couvrent y tempèrent la chaleur et alimentent de nombreuses rivières. La Sicile propre est le grenier de l'Italie, comme elle l'était déjà du temps des Romains, qui la nommaient *Trinacria*, à cause des trois caps qui la terminent, Palerme en est la capitale, dans une plaine fertile et riante, sur un golfe auquel elle a donné son nom.

Naples, l'ancienne *Parthénope*, capitale du royaume des Deux-Siciles, est une belle et grande ville, peuplée d'environ trois cent cinquante mille habitants; elle est située sur le bord de la Méditerranée. Sa magnifique rue de Tolède, ses trois cents églises, ses trois châteaux-forts, notamment celui de Saint-Elme sur une colline dominant la cité, son port de cent milles de circuit, son théâtre Saint-Charles, voilà des merveilles que tout le monde connaît.

Les États romains ou de l'Église ont pour capitale Rome, assise sur les deux rives du Tibre, et prolongée avec une muraille, sur sept collines principales, qui lui donnent un circuit de cinq lieues.

L'église Saint-Pierre avec son immense coupole, chef-d'œuvre de Michel-Ange, est le plus bel édifice de l'univers. Le Vatican a de magnifiques peintures et une précieuse bibliothèque.

Le Capitole est toujours debout. Rome, qui a compté jadis près de quatre millions d'habitants, ne contient plus guère aujourd'hui que cent soixante à cent soixante-dix mille âmes.

Après les États romains, se présente la Toscane ou l'Étrurie, pays fertile en fruits, vins, blé et mûriers, possédant des carrières de marbres, des mines de fer, et un gouvernement sage, qui réside à Florence, sa capitale, assise dans une plaine fécondée par l'Arno, qui débouche dans la Méditerranée. Florence, peuplée de quatre-vingt mille âmes, a toujours son académie della Crusca, et sa fameuse galerie de peinture.

Après la Toscane viennent les États sardes, composés du Piémont, de l'île de Sardaigne, de la Ligurie, de Nice et de la Savoie. Ils ont pour limites au nord la Suisse vers Genève, à l'est la Lombardie, au sud le golfe de Gênes, et à l'ouest la France. Le Piémont, qui prend son nom de sa position au pied des Alpes, renferme d'excellents pâturages et récolte au-delà de ses besoins ; il est arrosé par le Pô, qui descend du mont Viso et va déboucher au-dessous de Ferrare dans l'Adriatique. Sa capitale est Turin, la plus régulière de toutes les villes de l'Italie ; elle est bâtie sur la rive gauche du Pô, à ses rues tirées au cordeau, un palais élégant, un superbe théâtre, de vastes places, des boulevarts, une citadelle, et cent dix mille habitants. On remarque dans ses environs le château de la Superga, le Saint-Denis des rois de Piémont.

Le pont sur le Pô est une des plus belles constructions du règne de Napoléon Ier.

Dans la Ligurie, dont le territoire longe la Méditerranée, nous trouvons la seconde ville du royaume sarde, la superbe Gênes, patrie de Christophe Colomb, ci-devant capitale d'une république, qui avait, comme Venise, un doge pour chef ; elle est bâtie en amphithéâtre, au fond d'un golfe qui offre un port excellent : c'est la ville aux palais de marbre, la rue Neuve en est bordée. Masséna soutint à Gênes un siège mémorable. Ses toits en terrasses sont couverts de fleurs. Elle réunit environ quatre-vingt mille habitants.

Le royaume lombard-vénitien se compose de la Lombardie et de l'ancienne république de Venise. Il est borné au nord par les Alpes, qui le séparent de la Suisse, à l'est par le Frioul, au sud par les États romains et les duchés de Modène et de Parme dont le Pô le sépare, et à l'ouest par le Tésin et le lac Majeur qui le séparent du royaume sarde.

Milan, capitale du royaume lombard-vénitien, est située dans une riche plaine, sur l'Olona, entre le Tésin et l'Adda, qui communiquent avec la ville par des canaux. Nous avons donné de cette ville une description très détaillée dans notre *Voyage aux Alpes et en Italie* (1). Le dôme de Milan, d'une construction magnifique, est tout en marbre ; le théâtre de la Scala est le plus grand de l'Italie, la bibliothèque ambrosienne contient plus de cent mille volumes. Milan est le Paris de l'Italie, par ses cafés, ses hôtels, ses restaurateurs, ses journaux, ses cabinets littéraires, son Champ-de-Mars, ses fiacres, ses boulevards, ses bals, ses théâtres, et l'aménité de ses habitants, qui sont au nombre de cent cinquante mille. Le long séjour des Français y a produit toutes ces métamorphoses.

Venise, dont notre *Voyage aux Alpes* contient aussi une description très détaillée, a pour murailles les flots, étant située à l'extrémité septentrionale de la mer Adriatique, sur cent trente-huit petites îles qui communiquent entre elles par plus de cinq cents ponts, et qui forment plus de quatre cents canaux de différente largeur, dans lesquels naviguent environ dix mille gondoles, espèce de bateaux remplaçant les voitures.

Venise a environ vingt-cinq mille maisons, toutes bâties sur pilotis, parce que le terrain n'est pas ferme ; sa population est d'environ cent cinquante mille habi-

(1) Trois volumes in-18, 3e édition.

tants, distribués sur deux lieues et demie de circuit. La ville est partagée en deux parties égales par le grand canal de la Zecca, qui a cent pieds de largeur, et traverse la ville de l'est à l'ouest en formant de nombreuses sinuosités.

L'arsenal est un immense édifice du IIIe siècle, placé sur une île ayant cinq milles de tour. La bibliothèque de Venise renferme plus de trois cent mille volumes. Enfin le pont de Rialto, jeté sur le grand canal de la Zecca au centre de la ville, est un très bel ouvrage en marbre, d'une seule arche très élevée, afin que les bâtiments à voiles puissent passer dessous.

Les Italiens, en général, pour résumer notre opinion à leur égard, cultivent les lettres plutôt par passion que par métier, ils suivent leurs études dans le silence de leur cabinet, et c'est là qu'il faut les chercher pour les bien connaître. Malgré les entraves mises à la presse par leurs gouvernements, ils publient un grand nombre d'ouvrages et de journaux ou recueils périodiques. Les préjugés ne pèsent plus guère que sur les femmes ; mais il faut convenir qu'elles en subissent cruellement le joug. Depuis le berceau jusqu'à la tombe, elles sont placées dans une sorte d'ilotisme, par l'ascendant que les prêtres ont conservé sur elles, et par le régime absurde des lois ou les honteux usages observés à leur égard jusqu'à l'instant du mariage, et même après.

Ainsi que nous l'avons dit dans notre *Voyage aux Alpes et en Italie*, tant qu'elle n'a point trouvé de mari, une fille doit habiter la maison de son père, de son frère aîné, ou de celui de ses parents qui est devenu le chef de la famille. Elle est là comme une pupille incommode ; elle doit vivre, agir et parler sous la direction de la maîtresse du logis et sous la surveillance des domestiques, ou bien se retirer dans un couvent. Elle ne reçoit pas de dot, à moins d'un acte spécial de son père, ou bien d'être unique héritière, ce qui est rare dans un pays où les propriétés foncières sont toujours laissées à la branche masculine. La portion assignée à une demoiselle est alors gérée par des curateurs qui l'exploitent suivant leurs propres intérêts. D'un autre côté, les moines emploient tous les moyens pour faire prononcer des vœux à une fille, et dès qu'ils y ont réussi, la jeune personne devient esclave de son serment, qu'elle ne saurait plus rétracter. Si les parents portent quelque intérêt à une jolie pupille sans fortune, ils la donnent, ou plutôt la vendent à un homme usé, à un vieillard, à condition qu'il la fera son héritière. Dans cette situation, elle attend le jour où il mourra, pour disposer des biens qu'il a promis de lui laisser. Si elle se refusait à un pareil accommodement, elle serait maltraitée, et enfermée tout de suite au fond d'un cloître, d'où elle ne pourrait plus sortir ; et, Dieu merci, les cloîtres d'hommes et de femmes ne manquent pas en Italie !

Épouse, la jeune Italienne ne peut jamais s'occuper du ménage ni améliorer le bien-être de son mari ; cela serait de mauvais ton. Le gouvernement de Napoléon avait essayé de détruire ce préjugé ; mais les Français furent à peine rentrés dans leurs anciennes limites, qu'il reprit tout son empire.

La femme italienne a cessé d'être ce qu'elle avait été un moment, la maîtresse de ses domestiques, et s'est rassise à table, comme un hôte invité, pendant que le confesseur s'est réinstallé dans la maison conjugale pour remettre les péchés qu'il lui doit, et pour exercer librement son avarice, sa sensualité et sa domination, qui sont en Italie, bien plus qu'ailleurs, trois passions dominantes.

La femme ainsi établie, ou restée fille, a-t-elle acquis quelques talents brillants, et devient-elle, sous ce rapport, un peu marquante : partout on se moquera d'elle ; l'arme du ridicule ira la frapper jusque dans le plus humble réduit, et elle sera regardée comme un monstre qu'il faut éviter à l'égal du démon. Voilà pourquoi les femmes célèbres sont rares en Italie.

Il n'y a que les intrigues amoureuses qui puissent

en Italie dédommager une femme de l'espèce d'interdit lancé contre elle. A peine mariée, comme son époux court les maîtresses et en entretient publiquement, l'Italienne se dispose à devenir infidèle; entourée d'adorateurs nombreux, qui passent leur vie à visiter le plus de dames qu'ils peuvent, le matin dans leurs appartements, et le soir dans leurs loges au spectacle, elle jette les yeux sur un des postulants, et choisit d'ordinaire le plus traitable, celui qu'elle avait le plus longtemps rebuté; l'intrigue devient un besoin pour elle, et ses passions un autre besoin de son existence. Le cavalier servant est aussitôt un hôte d'habitude dans la maison de sa maîtresse : il lui sert à la fois de trésorier et d'intendant. Lorsqu'elle est au piano, c'est lui qui a l'heureux privilège de tourner le feuillet; il l'accompagne au bain, à la promenade, aux assemblées, dans ses visites; en un mot, il ne la quitte jamais, si ce n'est de temps en temps pour promener le petit chien de la belle. Le mari ne fait nulle attention à de pareilles assiduités; l'adultère en Italie est toléré comme un mal nécessaire, et qu'il n'est point possible de corriger. Ainsi, point ou peu de tendresse, ni conjugale ni maternelle : une femme voit son mari sans cesse occupé d'affaires amoureuses; elle l'imite, et ses occupations ne lui laissent point assez de temps pour ses devoirs de mère; c'est une nourrice, une bonne, ou quelque autre domestique qui les remplit. Voilà l'usage, voilà la mode parmi le beau monde; nulle Italienne n'oserait s'en écarter, de peur des quolibets de l'un ou de l'autre sexe, et tous les directeurs des consciences féminines les façonnent d'ailleurs à cette règle, au maintien de laquelle le célibat du sacerdoce lui-même est plus qu'intéressé.

Après ces généralités, nous pouvons donner cours à nos explorations, soit dans les Alpes, soit dans le nord de l'Italie, d'après le voyage que nous y avons fait.

RELATION.

Nous étions parti de Paris pour traverser les plaines fertiles de la Bourgogne et gagner le Jura. Nous fîmes une courte halte à Dôle, ville de 5,000 âmes, sur les bords du Doubs et du canal du Rhône au Rhin. De Dôle, nous nous rendîmes à Poligny, ville adossée au pied d'une montagne qui fait partie de la chaîne du Jura; c'était au IXe siècle une des cités les plus remarquables de la Franche-Comté; plusieurs ducs de Bourgogne y avaient établi leur séjour.

De Poligny, la diligence nous conduisit à Champagnole, bourg assis sur la ligne de démarcation des forêts communales et des forêts de sapins. Traversant ensuite la sauvage et pittoresque vallée de Lavatay, nous atteignîmes bientôt les hauteurs du Jura, d'où l'on découvre le pays de Gex et le lac Léman, dont l'extrémité sud montre la ville de Genève.

De ce point élevé, il serait impossible de rendre par des paroles toute la magie du spectacle enchanteur et grandiose qui se déroule à nos regards. L'admiration est attirée par les beautés riantes et les beautés sauvages que l'on découvre en foule, et le choix embarrasse. Quelles sources inépuisables de recueillement, d'enthousiasme et de méditation, que ces monts, ces rochers confusément épars qui se dressent devant nous dans le lointain couronné de nuages et de neiges éternelles! On aime à redire avec Delille, dans ses *Géorgiques françaises* :

Là, le temps a tracé les annales du monde.
Vous distinguez ces monts, lents ouvrages de l'onde,
Ceux que des feux soudains ont lancés dans les airs,
Et les monts primitifs nés avec l'univers.
Vous fouillez dans leur sein, vous percez leur structure,
Vous y voyez empreints Dieu, l'homme et la nature :
La nature, tantôt riante en tous ses traits,
De verdure et de fleurs égayant ses attraits;
Tantôt mâle, âpre et forte, et dédaignant les grâces,
Fière, et du vieux chaos cachant encor les traces;

Ici, modeste encore au sortir du berceau,
Glisse en mince filet un timide ruisseau;
Là, s'élance en grondant la cascade écumante;
Là, le zéphyr caresse ou l'aquilon tourmente.
Vous y voyez unis des volcans, des vergers,
Et l'écho du tonnerre et l'écho des bergers;
Ici de frais vallons, une terre féconde;
Là des rocs décharnés, vieux ossements du monde.

Après les plus terribles bouleversements, ces restes superbes s'élèvent encore jusqu'aux cieux, « semblables, dit Ebel, à des colonnes destinées à supporter l'édifice d'un antique univers. Au pied de la formation calcaire des Alpes septentrionales, leurs débris, accumulés à la hauteur de plus de cinq mille pieds, offrent cette même chaîne de montagnes de brèche qui forment les premiers gradins des ruines sublimes du temple de la nature. Par-dessus ces tombes calcaires, des générations innombrables de toute sorte d'animaux des mers, de nouveaux sentiers, nous conduisent jusqu'à dix mille pieds de hauteur, et là s'élancent vers les nuages ces masses colossales de granit, dont les sommités sortaient jadis, comme autant de groupes d'îles verdoyantes, du sein des vastes mers qui couvraient l'Europe; ces masses colossales qu'éclairait le soleil avant la création du genre humain »

Telles étaient les pensées qui m'étaient venues en admirant ces masses lointaines de neige et de glace qui couvrent les hautes sommités des Alpes, ces réservoirs intarissables de l'élément qui fertilise la terre. C'est en effet de ces immenses glaciers que s'échappent les fleuves dont les eaux bienfaisantes vont féconder leurs bords et reporter à l'Océan ce qui reste de leur cours.

Nous descendîmes la côte de Gex et arrivâmes à Genève au coucher du soleil. Les cimes argentées du mont Blanc, éclairées par les derniers feux du jour, avaient alors toute l'apparence d'une illumination.

Genève.

La ville de *Genève*, cette patrie de J.-J. Rousseau, est située, ainsi que nous l'avons dit, à l'extrémité méridionale du lac Léman, à 1,126 pieds ou 375 mètres au-dessus du niveau de la mer, élévation qui, en été, donne beaucoup de vivacité à la verdure, soit des bords du lac, soit de la contrée environnante. Le Rhône, que nous avons vu naître dans les montagnes du Saint-Gothard, et qui, après avoir parcouru la plaine du Valais, entre par le nord dans le lac de Genève pour en sortir au midi par deux issues, forme, à cette sortie, une petite île, et se réunit plus bas à l'Arve, torrent qui arrive du pied du mont Blanc.

Le Rhône partage la cité de Calvin en deux parties inégales, liées entre elles par un beau pont sur le fleuve, au lieu même où César en fit rompre un pour empêcher les Helvétiens d'attaquer les derrières de l'armée romaine. La partie sud-ouest est une espèce de faubourg, dans lequel on aperçoit encore la maison où naquit l'auteur du *Contrat social*. On lit sur la porte d'entrée : « Ici est né J.-J. Rousseau. » Une maison nouvelle a été construite à côté de l'ancienne, et une statue en bronze a aussi été élevée en 1835 à ce grand écrivain sur le petit terre-plein de l'île des Barques, formée par le Rhône près du lac.

L'autre partie de Genève renferme les établissements publics et les plus belles habitations de la ville. Tout n'y est pas en terrain plat; aussi les promenades dans l'intérieur sont elles un peu fatigantes, les rues d'ailleurs étant pavées en cailloux pointus, et la plupart n'ayant point de trottoirs.

Il existe peu de villes qui, proportion gardée, aient donné naissance à autant d'hommes illustres, et où les lumières soient plus généralement répandues Après l'auteur d'*Émile* et de la *Nouvelle-Héloïse*, Genève s'enorgueillit d'être le berceau du célèbre Saussure, du savant, de l'ingénieux Bourrit, de Pictet, de Casaubon, du naturaliste de Candole, du docteur Tronchin, médecin de Voltaire; du ministre Necker, de madame de Staël de l'historien Sismondi, de Benjamin Constant, et d'une foule d'autres amis des sciences, des lettres et des arts.

La métropole du calvinisme et de l'horlogerie, qui renferme aujourd'hui plus de 30,000 habitants, a une riche bibliothèque publique, un musée, une assez belle cathédrale et un théâtre, en dépit des blasphèmes du philosophe genevois. La bibliothèque publique réunit 60,000 volumes imprimés, et 200 manuscrits. On y remarque 24 volumes de sermons de Calvin, des homélies de saint Augustin, écrites au VIe siècle sur du papyrus, et un fragment du livre de dépense du roi de France Philippe-le-Bel, de l'an 1314. Le musée, composé de cinq grandes pièces, où sont étalés des minéraux, des coquillages, des oiseaux, des médailles et des tableaux, a un second étage, où se réunit une société d'élite, qui reçoit tous les journaux politiques, scientifiques et littéraires. La cathédrale dont la façade a été reconstruite, vers la fin du XVIIIe siècle, sur le modèle du Panthéon de Rome, contient plusieurs anciens tombeaux. Du haut de son clocher, on a de magnifiques points de vue.

Au nord-ouest de Genève et sur le sol français, on trouve *Ferney-Voltaire*, lieu où le monarque de la littérature française se retira en 1759, lorsqu'il n'y existait encore que huit petites chaumières. A sa mort, en 1778, on y comptait plus de cent maisons bâties à ses frais et plus de douze cents habitants, avec une fabrique d'horlogerie et une manufacture de terre commune. Le grand écrivain obtint que Ferney fût exempt de toutes taxes, et c'est encore aujourd'hui un pays libre.

Le château de Voltaire a été conservé en partie tel qu'il était de son vivant; la chambre à coucher et le salon sont, du moins, restés dans le même état où il les laissa pour aller à Paris, à l'âge de quatre-vingt-quatre ans, voir représenter sa tragédie d'*Irène*, qu'il venait de composer, représentation à laquelle il reçut les marques du triomphe qui, treize ans après sa mort, devait être suivi de son apothéose, lors de la translation de ses cendres au Panthéon, en 1791.

La terrasse du jardin où se promenait Voltaire, et qui présente une vue magnifique du mont Blanc, a une allée de un quart de lieue de long, bordée de peupliers. L'endroit où il travaillait de prédilection est aujourd'hui remplacé par un bouquet d'arbres. Là était une cabane où il s'asseyait devant une petite table ronde, tenant d'une main ses tablettes et un crayon. Il marchait souvent, à l'ombre des charmilles, aidé d'une longue canne à pomme de buis, et coiffé d'un bonnet serré d'une gause d'or.

On montre aussi l'église qu'il fit bâtir devant son château, et sur la façade de laquelle on lit cette inscription : *Deo erexit Voltaire*. La tribune où l'abbé du père Adam est parfaitement conservée. On voit également près de la muraille de l'église le tombeau que Voltaire s'était fait préparer, mais qui ne devait pas lui servir, puisqu'il est mort à Paris même.

Revenons de Ferney à Genève, parcourons le beau lac dont les nappes se déroulent à l'est de la cité. Il a vingt lieues de long, mais il n'en aurait que quatorze, s'il était en ligne droite. Sa plus grande largeur est d'environ trois lieues. Il a trois cent vingt mètres de profondeur aux environs de Meillerie, près de Vevey; cette profondeur n'est guère que de treize mètres près de Genève. Le lac Léman ne gèle jamais.

A sa partie orientale, on admire la ville de *Lausanne*, où le bateau à vapeur nous conduisit de Genève en deux heures. Cette ville est le chef-lieu du canton de Vaud, elle repose adossée à trois collines sur le bord du lac, à cent cinquante mètres au-dessus de cette masse d'eau. Ce n'est pas une belle ville, c'est bien plutôt un labyrinthe de rues, de maisons, d'églises, de terrasses, de jardins distribués au hasard; mais on y jouit d'un climat fort doux et de points de vue charmants. Cette cité helvétique, de douze mille habitants, a une bibliothèque, un manége, une académie, des colléges et deux gazettes. A quelques pas de Lausanne est la jolie petite ville de Vevey, où la nature a déployé le luxe de ses richesses. Mais le bateau nous ramène à Genève pour d'autres excursions

Chamouni.

La vallée de *Chamouni*, qui s'étend au pied de la montagne si connue sous le nom de mont Blanc, est située à seize lieues de Genève; on y arrive aujourd'hui dans une bonne diligence, passant par Bonneville, Cluze et Sallenche, trois petites cités qui appartiennent à la Savoie. Avant d'atteindre Chamouni, on a eu à traverser la vallée de *Maglan*, bordée de rochers escarpés, souvent boisés, quelquefois nus; de distance en distance, cultivée et couverte de châlets, sortes de maisonnettes en bois où l'on rassemble les provisions pour un hiver de quinze ou dix-huit mois, et où l'on tient le bétail pendant la belle saison. Le torrent de l'Arve, qui baigne cette vallée, la ravage fréquemment et nécessite de continuelles réparations à la route qui y est tracée.

Au-delà de Sallenche on trouve, au fond d'un bouquet de sapins, les *bains de Saint-Gervais*, village qui donna le jour à l'astronome Bouvard, mort il y a peu d'années directeur de l'Observatoire du Luxembourg, et qui avait honoré de sa révision mes *Lettres sur l'astronomie* (1). Près de ces bains est une cascade formée par un torrent, qui, bien que fort pittoresque, est moins belle cependant que celle de *Chède*, qu'on aperçoit un peu plus loin, sur la gauche de la route qui mène à Chamouni.

De Chède on arrive à ce dernier bourg dans l'espace de deux heures. C'était un ancien prieuré de bénédictins, qui y fut fondé en l'an 1099, après l'hospice du Grand-Saint Bernard. Le bas de la vallée de Chamouni est couvert de prairies, et du côté de la montagne du mont Blanc, on découvre plusieurs glaciers permanents, tels que celui des Bois et celui des Bossons. Le bourg repose sur la rive droite de l'Arveron, entre le mont Blanc et le mont Brévent; il consiste en trois cent cinquante maisons, et compte environ quinze cents habitants. C'est le lieu de rendez-vous des excursions, soit au mont Blanc, soit aux montagnes environnantes. L'affluence des étrangers durant la belle saison y a fait construire deux bons hôtels, où l'on rencontre tout le confortable que l'on peut raisonnablement désirer dans une sorte de Sibérie, à seize lieues de Genève, à mille cinquante-huit mètres au-dessus du niveau de la mer. L'hiver y dure neuf mois, et au cœur de l'été il faut souvent y allumer du feu, tant l'air est vif dans cette vallée, qui, du reste, et grâce à ses beaux pâturages, nourrit de nombreux bestiaux. La nature a voulu dédommager les habitants de la longueur et de l'âpreté de l'hiver, en donnant au sol de leurs prairies et de leurs champs une plus grande activité de végétation que dans nos plaines; ils ne peuvent semer qu'en juin, et ils font déjà leurs récoltes au mois d'août; ce qui, dans les campagnes de la Bourgogne, demande cinq à six mois pour arriver à maturité, n'exige que trois dans la vallée de Chamouni.

Lors de la belle saison, les hommes en état de travailler se rendent dans les contrées voisines, dans le midi, ou le centre de la France, pour gagner l'argent nécessaire à payer leurs contributions; les femmes et les vieillards gardent le bétail et labourent la terre. On fait souvent du pain pour un an; et en hiver, les écuries servent à la fois de salle à manger et de chambre à coucher. Le bétail occupe une partie du local, et le reste est consacré aux maîtres du logis. On a aussi

(1) *Lettres sur l'Astronomie*, 3e édition. 2 volumes in-8, avec planches.

des chambres à poêle, où l'hiver on se réunit le soir pour causer. On y file, on y chante, sans oublier les contes de revenants. Presque tous les carreaux des fenêtres sont en papier imprégné d'huile. A la Toussaint, on tue une vache, un porc et quelques chèvres, dont on sale la viande pour n'y toucher que le dimanche; les autres jours on vit de laitage et de pommes de terre, dans cette vallée de Chamouni, assise au pied même du mont Blanc.

Le mont *Blanc* est le roi des montagnes des Alpes. Sur un trône de rochers et couronné de neige, il est ceint de forêts ou de glaciers et tient en main la terrible avalanche qui, dans sa chute, entraîne avec elle les troncs d'arbres et tout ce qu'elle touche sur son passage. Le mont Blanc a quatre mille neuf cent vingt-quatre mètres d'élévation au-dessus du niveau de la mer. La région des neiges éternelles commence vers la moitié de sa hauteur. Il a le sommet en dos d'âne, qui s'étend de l'est à l'ouest, et n'offre aucun rocher, si ce n'est en descendant un peu à l'ouest. Du côté de l'Italie, la montagne est inaccessible, à cause de sa pente presque abrupte; mais elle s'abaisse doucement vers la Savoie et Chamouni. C'est par là aussi que s'entreprennent les ascensions de ce géant au diadème de frimas. La première eut lieu en 1786; elle avait été faite par Jacques Balmat, guide intrépide qui devait plus tard y accompagner le célèbre naturaliste de Saussure, dont la lunette put distinguer, vers la France, Lyon et Langres, et vers l'Italie, la Méditerranée.

Les glaciers du mont Blanc, comme tous les autres glaciers des Alpes, sont formés d'un grand amas de neige imbibée d'eau, et qui s'est congelée pendant l'hiver. La figure de ces masses énormes dépend du sol sur lequel elles reposent. Si le sol est en pente raide, les fentes sont nombreuses, et l'aspect du glacier est semblable à celui des vagues de la mer. Si la vallée est unie et peu inclinée, le glacier a peu de crevasses. Les grands froids, les changements inopinés de température et les pentes du terrain sont les principales causes de ces crevasses.

Nous avons tout à l'heure nommé les *avalanches*: c'est ici le cas de dire quelques mots de ces *chutes de neige*, accompagnées d'un bruit terrible, et qui ont lieu en hiver, au printemps et même durant l'été, dans les Alpes, et surtout dans le voisinage du mont Blanc. Les avalanches d'hiver se forment de flocons de neige récente que les vents détachent, et qui tombent le long des rochers, où ils grossissent au point de prendre un volume effroyable, et roulent ainsi jusqu'au bas des vallées. Les avalanches du printemps sont formées de neige compacte, qui se détachent des rochers, lors du dégel, et se précipitent avec une extrême violence dans les parties inférieures de la montagne. Les avalanches d'été ne se déclarent que sur les parties les plus élevées de ces montagnes. Lorsqu'elles tombent, vous croiriez voir une rivière de cristal qui se précipite entourée d'une nuée de neige subtile.

De Chamouni franchissons le col de Balme et transportons-nous à Martigny, dans le Valais, pour aller visiter le mont Saint-Bernard.

Mont Saint-Bernard.

Le passage du mont Saint-Bernard ne fut guère praticable qu'au temps de César, qui s'y fraya une route, en dépit des frimas, pour asservir les Allobroges, et plus tard les Gaulois. Napoléon Ier renouvela le prodige en 1800, pour aller en Piémont battre les Autrichiens aux plaines de Marengo.

De Martigny on va d'abord à Saint-Branchier, village assis au bord du torrent de la Drance, qui prend sa source au pied de l'hospice du Saint-Bernard. A Saint-Branchier commence la vallée d'Entremont, l'une des plus intéressantes de ces montagnes, et qui finit quatre lieues plus haut, à l'entrée du bourg de Saint-Pierre. Après Saint-Branchier, on trouve Orcières, puis le grand village de Liddes, station à moitié chemin de Martigny, au col du Saint-Bernard, et qui n'est pas éloignée de Saint-Pierre, bourg pittoresque à seize cent soixante mètres au-dessus du niveau de la mer, d'où l'on arrive au plateau du Prou, sur lequel se trouvent sept petites maisons ou châlets, à cent pas de l'hospice du Saint-Bernard.

L'hospice est sur le haut de la montagne dans une gorge très resserrée, entre des rochers escarpés et déserts, à deux mille cinq cent cinquante-six mètres au-dessus du niveau de la mer, à l'entrée même où se rencontrent et luttent avec violence les vents du midi, où les tempêtes se déchaînent avec le plus de fureur, où le soleil ne luit presque jamais, où ne se montre aucune espèce de végétation, si ce n'est quelques misérables plantes potagères.

Cette habitation, la plus élevée de l'ancien continent, fondée en 962, et dont saint Bernard, qui lui donna son nom, demeura quarante ans prévôt, se compose de trois bâtiments dépourvus de toute espèce d'ornements, comme la vertu sans fard. Le principal corps de logis est situé au bord d'un lac très profond, gelé en hiver, c'est-à-dire neuf mois de l'année, dont l'eau n'a point de poisson, et le rivage aucun végétal, si ce n'est parfois la nivéole; ce bâtiment suffit pour recevoir deux à trois cents personnes à la fois. Sur la droite est le bâtiment des domestiques, élevé de manière à couper par un de ses angles les avalanches qui, de la montagne voisine, pourraient renverser l'hospice. A gauche et plus au nord se trouve la chapelle où l'on expose les individus morts dans les neiges et que les chiens de l'hospice ont aidé à recueillir. La vivacité de l'air fait que les traits du visage se conservent plusieurs années, sans altération visible, et les corps se dessèchent pour devenir semblables à des momies.

Sur le col du Saint-Bernard, un peu en avant du côté de l'Italie, on montre l'endroit où existait, du temps des Romains, un temple et un hospice dédiés à Jupiter. La montagne s'appelait alors *mons Jovis*, d'où l'on a fait *mont Joux*, nom qu'elle a conservé jusqu'au ixe siècle. Le mont Joux ne prit la dénomination de Grand-Saint-Bernard que vers l'année 1123, où l'évêque de Novare approuva la vénération portée à saint Bernard, digne prêtre qui, né en 923 au château de Menthon, près d'Annecy, consacra toute sa vie au soulagement de l'humanité.

L'église de l'hospice a une voûte à fresque parfaitement conservée depuis 1686 qu'elle existe. L'autel est soutenu par quatre grosses colonnes en marbre noir d'une seule pièce. A droite, en entrant, on voit dans le mur le monument en marbre blanc qui représente le général Desaix rendant le dernier soupir à la bataille de Marengo.

Redescendons du Saint-Bernard dans le Valais, et allons visiter la route merveilleuse qui traverse le Simplon.

Simplon.

La route du Simplon, tracée en 1804 par ordre de Napoléon Ier, suit le cours du Rhône dans le Valais, sur une longueur de trente-six lieues, et gagne le pied de la montagne au gros village de Brieg, dont les tourelles garnies de globes de fer-blanc lui donnent une apparence de luxe qui ne se justifie pas. La route sillonne la montagne, par des pentes ménagées de façon à ce qu'une chaise de poste puisse la monter au petit trot, pour arriver au col même du Simplon élevé de deux mille cinquante-six mètres au-dessus du niveau de la mer. Ce passage, un des plus intéressants de la chaîne des Alpes et le plus riche en végétaux, est aujourd'hui le plus facile et le plus agréable de tous, sans même excepter le mont Cenis, dont la route est infiniment moins curieuse que celle du Simplon.

Le côté de la Suisse est entièrement couvert de mélèzes jusque près de la cime, le côté de l'Italie est beaucoup plus sauvage, et c'est là surtout que le travail de l'homme se fait remarquer : c'est là que se trouvent ces immenses rochers dans l'intérieur desquels on a fait passer la voie nouvelle. Trois voitures de front y peuvent circuler, et on trouve de demi-lieue en demi-lieue des maisons de refuge habitées par les cantonniers, qui vendent du vin et des provisions de bouche aux voyageurs obligés souvent de s'y arrêter. Sur le haut de la montagne est l'hospice, et un peu plus bas, du côté de l'Italie, le village du Simplon, avec une bonne auberge, où l'on peut passer la nuit. Les relais de poste sont assurés sur toute la route et parfaitement desservis.

De Brieg il faut six heures pour arriver sur le col du Simplon; on en compte deux ou trois depuis la barrière placée près le nouvel hospice jusqu'au village du Simplon, et six de ce village à Domo-d'Ossola, première ville, en entrant en Italie, et qui repose au pied de la montagne de ce côté, comme Brieg du côté de la Suisse. On a dû franchir vingt-deux ponts et sept galeries percées dans l'intérieur des rochers, et dont la principale a six cent quatre-vingts pieds de long, trente de haut et trente de large, avec deux vastes ouvertures sur l'abîme pour faire entrer le jour. Cette galerie est à l'entrée des solitudes de Gondo, où le torrent de la Doveria roule ses rapides ondes, jusque sous le pont de Crévola, qui ferme la vallée et montre à une portée de fusil la petite ville de Domo-d'Ossola, à l'entrée de l'Italie.

Milan.

De Domo-d'Ossola nous cheminâmes vers les trois *iles Borromées*, étendues comme des nappes de verdure et des fleurs sur le beau lac appelé *lac Majeur*, lequel reçoit un grand nombre de rivières et ouvre celle du Tésin, qui va joindre le Pô un peu au-dessous de Pavie.

De ces îles à Milan il n'y a guère que huit ou dix lieues de distance, que l'on franchit avec la rapidité de l'éclair. *Milan*, capitale de la Lombardie, dont nous avons déjà parlé, est situé au milieu d'une riante et vaste plaine qu'arrosent l'Adda, le Tésin et une infinité de canaux. La fondation de cette grande ville remonte à l'an 170 de Rome. Après la troisième guerre punique, elle subit le joug des Romains, qui la considéraient comme la seconde ville de leur empire. Elle fut détruite par Attila, roi des Huns, reprise par les Goths, relevée par Narsès, enlevée par Bélisaire aux Ostrogoths, et reprise en 539 par ces derniers, qui en firent périr trois cent mille habitants; ce qui ne l'empêcha point de redevenir florissante après le règne de Charlemagne. Elle fut assiégée en 1162 par Barberousse, qui en rasa les fondements; mais elle reparut en 1171, sous la protection du pape Alexandre. Elle avait déjà soutenu près de quarante siéges et été prise vingt fois. En 1796, elle devint la capitale de la république cisalpine; et en 1805, une monarchie sous l'influence française, monarchie qui, en 1814, a été continuée par l'Autriche.

Le territoire de Milan ressemble à un jardin délicieux; la fertilité du sol et les bras de l'industrie donnent à ce pays une vie incroyable. Sous le rapport du commerce et des fabriques, Milan est aussi une des premières villes de l'Italie; et pour les édifices, elle compte au premier rang sa cathédrale ou dôme, le grand théâtre de la Scala, et une infinité de palais. Milan a de magnifiques promenades et une population de cent soixante mille âmes. Elle en avait le double au XVe siècle.

Venise.

Venise, que nous avons citée, qui a pour murailles les flots et dont Sannazar disait que des dieux avaient élevé le palais, est située à l'extrémité de la mer Adriatique, sur cent trente-huit petites îles qui communiquent entre elles par plus de cinq cents ponts, et qui forment plus de quatre cents canaux de différentes largeurs, dans lesquelles naviguent environ dix mille gondoles, espèces de bateaux remplaçant les voitures, ayant vingt-cinq à trente pieds de large, avec une chambre d'arrière couverte et commodément disposée pour cinq ou six passagers, qui peuvent y lire, écrire ou travailler fort à leur aise. Toutes sont noires comme l'eau fétide des canaux par lesquels on les dirige; elles ressemblent à des corbillards flottants sur des fleuves d'encre.

Venise a environ vingt-cinq mille maisons, toutes bâties sur pilotis, parce que le terrain manque de solidité, et qu'il est peu élevé au-dessus de l'eau. La population est de cent cinquante mille âmes. La place Saint-Marc est fort belle; elle a trois cents pieds de long sur cent de large, et est ornée de superbes édifices, au nombre desquels sont la basilique de Saint-Marc, l'ancien palais du doge et les bâtiments du conseil des inquisiteurs. La basilique ou église Saint-Marc, dont la construction a exigé plus de trois cents ans, remonte à la fin du Xe siècle; elle est presque tout entière bâtie en marbre; il compose surtout les deux cent quatre-vingt-huit colonnes du portique dont elle est entourée. Sa principale façade présente aux regards les quatre chevaux de bronze doré qui ornèrent pendant dix-huit ans l'arc-de-triomphe du Carrousel devant le palais des Tuileries. Cinq portes d'airain donnent entrée à cette superbe église, dont l'intérieur est enrichi de tableaux et de mosaïques. Près de l'édifice est la fameuse horloge où les douze apôtres sonnent les heures en se présentant successivement pour chaque heure, de manière que tous les douze paraissent un marteau à la main pour frapper sur une cloche les douze heures à midi comme à minuit.

La tour Saint-Marc, qui est devant cette église, a trois cent seize pieds de haut, et offre une vue magnifique. Elle est d'ailleurs célèbre par les premières expériences du télescope et du pendule qu'y fit Galilée en présence du doge, en 1609.

Le pont de Rialto, jeté sur le grand canal de la Zecca qui partage Venise en deux parties presque égales, est un ouvrage en marbre, d'une seule arche très élevée, afin que les bâtiments à voiles puissent passer dessous. Il a plus de cent pieds de long et est orné d'un double rang de boutiques. C'est autour de ce point, comme le plus élevé des lagunes, que furent jetés les premiers fondements de Venise; c'est là que, vers l'an 400 de l'ère chrétienne, lorsque Alaric vint saccager Padoue, une foule d'habitants se réfugièrent et construisirent une ville, en créant une marine qui donna des lois à l'Ancien-Monde, jusqu'à la découverte du nouveau, où Venise perdit le sceptre du commerce.

Quittons la ville des doges et du conseil des Dix pour revenir par Vicence et Vérone, Brescia et Bergame, et visiter la capitale du royaume sarde.

Turin.

Turin est une ville très régulière, très belle, la plus élégante peut-être de toutes les villes d'Italie, du moins une des plus jolies villes de l'Europe. Elle est située dans une plaine charmante, au confluent de la Doire et du Pô, une écluse, provenant de la Doire, qui descend du mont Genèvre, distribue l'eau et tient les rues constamment propres. Ces rues sont tirées au cordeau, et les principales viennent aboutir à la grande place du château. La rue du Pô a des arcades comme la rue Rivoli de Paris; elle conduit au nouveau pont que l'empereur Napoléon 1er fit construire sur le fleuve. La rue de la Doire a des trottoirs pour les piétons et des balcons fort commodes pour les habitants. Turin compte environ cent mille âmes.

Les promenades de Turin rivalisent de beauté avec celles de Milan; elles ont même quelque chose de plus varié et de plus riant, surtout le long du Pô ou Éridan. Le grand théâtre est une salle fort élégante et bien distribuée, avec cinq rangs de loges et le paradis. Le petit théâtre Carignan est très suivi en toute saison.

A une lieue de Turin est le joli palais de *Stupinis*; et au-delà du Pô, sur la hauteur, on aperçoit le château de la *Superga*, le Saint-Denis des rois de Sardaigne. Un autre château royal est à *Moncaglieri*, à deux lieues de Turin : c'est le Versailles des princes sardes, au pied d'une colline et dans une riante exposition.

Un chemin de fer conduit maintenant de Turin à Gênes, dont nous allons aussi présenter quelques traits.

Gênes.

Quelles sensations délicieuses éprouve le véritable artiste, en entrant dans la ville de *Gênes*, à la vue de ces beaux vestibules, de ces cours élevées, de ces riches portiques, et surtout de ces escaliers pompeux dont la disposition théâtrale cause à l'étranger un plaisir d'autant plus vif qu'il est nouveau pour lui! Les palais en marbre y sont si nombreux qu'on serait tenté de croire que Gênes n'a que des princes pour habitants.

Ce qui distingue plus particulièrement Gênes dans sa construction, c'est que les rues, sauf une grande qui sert de promenade, y sont extrêmement étroites, et qu'il en est peu où les voitures puissent circuler. Les maisons s'élèvent jusqu'à six étages, et les rayons du soleil ne saluent jamais le rez-de-chaussée. Sous ce rapport, Gênes est le Grand-Caire de l'Italie; car au Grand-Caire, les rues sont aussi fort étroites et les maisons fort hautes. Toutes les façades des bâtiments de la ville de Gênes étaient autrefois décorées de peintures à fresque; il n'en reste plus que des fragments. Le haut des maisons est terminé par une terrasse, au lieu de l'être par un toit; ce qui présente un beau coup d'œil. On y prend le frais le soir, et on y cultive des orangers, des citronniers et des fleurs, qui, à Gênes, sont de toutes les saisons.

La grande rue dont nous avons parlé est celle que Dupaty, dans ses *Lettres sur l'Italie*, regardait comme la plus belle du monde entier. Elle comprend trois rues qui sont à la suite l'une de l'autre, et qu'on appelle, la première, *strada Balbi*; la seconde, *strada Novissima*; et la troisième, *strada Nuova*. Toutes les rues de Gênes sont généralement pavées en larges dalles et tenues très proprement.

Le port de Gênes est vaste; les plus grands vaisseaux de guerre peuvent y mouiller. Au fond de ce port, à l'est, se trouve le port franc, où sont établis les magasins des négociants : il compose à lui seul presque un quartier de cette ville, qui compte environ cent mille habitants.

Après ces renseignements sur les villes et principaux lieux de l'Italie septentrionale, nous passerons à l'Italie méridionale, explorée par M. Fulchiron.

ALBERT-MONTÉMONT.

FULCHIRON.

(1840-1842.)

VOYAGE DANS L'ITALIE MÉRIDIONALE.

M. Fulchiron partit de Marseille le 11 septembre 1838, et se rendit par mer à *Livourne*, ville toscane, assise sur la Méditerranée, au sud-est de l'embouchure de l'Arno, et peuplée de 70,000 habitants. Cette ville, en grande partie habitée par des enfants d'Israël, a été surnommée le paradis des Juifs, à cause de l'entière tolérance accordée à leur culte par le grand-duc de Toscane, qui a étendu cette tolérance à toutes les autres religions : aussi chacune y a son cimetière et son temple. Une rade précède le port, et beaucoup de vaisseaux sont obligés d'y rester, à cause de la petitesse du bassin intérieur et de son peu de profondeur. La ville, percée de rues assez larges, et dont la principale traverse Livourne dans presque toute sa longueur, contient un grand nombre d'églises. Le dôme ou la cathédrale est la plus vaste, mais son architecture est lourde. La synagogue est la plus belle de l'Europe après celle d'Amsterdam. Livourne est un port franc, et il existe un mouvement commercial très étendu.

M. Fulchiron passe de Livourne à *Pise*, ancienne et belle ville du grand-duché de Toscane, sur les deux rives de l'Arno, dans une plaine bordée d'un côté par la Méditerranée et de l'autre par les Apennins. C'est une ville renommée par la douceur de ses hivers, par son université et par sa cathédrale, dont la tour penchée est une des merveilles d'Italie. Cette tour ou campanile, qui date de 1174, est toute bâtie en marbre, ainsi que les principaux monuments de Pise; elle a 63 mètres de haut et une inclinaison telle que le sommet surplombe de plus de 3 mètres; l'escalier de ce monument, qui a six étages et six rangs de colonnes tout en marbre, est tellement facile qu'on pourrait le monter à cheval. C'est du haut de cette tour que Galilée fit ses expériences pour calculer la chute des corps graves.

Notre voyageur se rendit de Pise à *Florence*, cette seconde métropole des arts en Italie, située dans une vallée charmante, sur les rives de l'Arno. L'aspect de l'ancienne cité des guelfes et des gibelins est toujours le même. Partout, dit M. Fulchiron, partout dans l'architecture apparaît le caractère de la force et de la résistance; partout les regards sont frappés de la masse énorme de ces palais d'une pesante et indestructible construction, bâtis par les nobles et riches commerçants pour s'abriter contre les orages populaires; citadelles souvent placées dans des rues étroites et tortueuses; elles ont peu d'ornements, excepté dans leurs corniches, dans leurs entablements très en saillie, et d'où l'on pouvait lancer des projectiles sur les assaillants. Les pierres, taillées en bossage comme celles de notre palais du Luxembourg, mais dans de bien plus grandes proportions, composent les murs depuis le pavé jusqu'au premier étage. Là, des fenêtres éloignées l'une de l'autre augmentent encore l'apparence de solidité du bâtiment. Un second étage couronne le premier, et rarement il est surmonté d'un troisième. Cependant ces palais sont très élevés, car souvent les appartements ont plus de 20 pieds de hauteur et sont d'une grandeur proportionnée à l'élévation. Presque toutes ces habitations gigantesques, contiennent dans leur intérieur une cour carrée, ornée de colonnes doriques ou corinthiennes, qui suppor-

Le Mont-Blanc.

tent le premier et le second étage, et forment des portiques parallèles aux murs en retrait. On voit peu de colonnades, et même de pilastres, à l'extérieur et sur les façades. Le maître réservait l'ornement pour l'intérieur et la défense pour le dehors. Dans la plupart de ces palais, ajoute notre voyageur, on vend au détail le vin des récoltes de leurs propriétaires, usage qui est un reste des mœurs agricoles et commerciales de l'ancienne Florence.

La ville est couverte d'églises, de couvents, de monuments publics du moyen-âge et de la renaissance; mais nulle part on n'aperçoit la svelte architecture gothique. Les quais sont beaux, mais n'occupent des deux côtés de l'Arno qu'une partie de ses rives. Là se voit le palais Corsini, qui ressemble tout-à-fait à un vaste hôtel du faubourg Saint-Germain. Quatre ponts en pierre établissent la communication entre les deux rives. Une cinquième voie de communication suspendue et située hors de la ville traverse le fleuve en face de Caccino, parc de plaisance du grand-duc. Tous les monuments de Florence sont dominés par le dôme, le Campanile, le vieux palais et son haut beffroi, qui ont vu tant de changeantes résolutions, tant de débats orageux du gouvernement populaire; c'est là que s'assemblaient les conseils de la république. De belles collines chargées de maisons de campagne, de petits palais, de vignes, d'oliviers, de lauriers et de pins, s'étendent autour de la cité, qui, dans le lointain aperçoit les cimes de l'Apennin.

La partie de la ville située sur la rive gauche de l'Arno est de construction plus nouvelle que celle de la rive droite; elle est aussi beaucoup moins considérable, et proportionnellement moins peuplée; une grande étendue de sa surface est occupée par de longues rues, larges et tracées en ligne droite, par le palais Pitti, le vaste jardin public de Boboli, celui de botanique, le cabinet d'histoire naturelle, la citadelle, et des cultures placées entre les habitations et le mur d'enceinte. Le palais Pitti est une des merveilles de Florence.

La capitale de la Toscane a cinq théâtres, mais tous assez médiocres; ils sont situés dans des rues assez étroites, n'ont aucune façade, sont contigus à d'autres bâtiments, et rien ne les distingue extérieurement d'une maison de particulier. Quatre appartiennent à des sociétés ou académies, ainsi qu'on les appelle en Toscane, dont une est composée de trente nobles. Dans presque tous on joue principalement l'opéra. Le plus petit, celui d'Ognissanti, est exclusivement destiné à la comédie et à la tragédie; le plus récent a été construit sur le modèle des théâtres antiques; le parterre, de forme circulaire, est en gradins. Le Pergola ou treille et le Cocomero ou pastèques sont les plus fréquentés et parfaitement disposés pour bien voir et bien entendre; ils ont des rangs de loges et un immense parterre à banquettes depuis l'entrée jusqu'à l'orchestre des musiciens.

Le public, payant à la porte, hommes et femmes, ne peut entrer qu'au parterre, où les places sont numérotées et correspondantes au chiffre du billet que l'on a reçu. Toutes les loges sont réservées à ceux qui les louent à l'année ou pour une saison et aux actionnaires. Les femmes ne vont pas en toilette au spectacle, et s'y rendent pour passer les soirées sans gêne et sans apprêt. Voilà pourquoi les salles sont peu éclairées, excepté les jours de gala, où les familles nobles étalent leurs diamants héréditaires, qui dans ce pays se substituent comme des biens fonds. Au reste, cette demi-obscurité fait paraître la scène plus brillante et mieux distinguer les acteurs. La mise en scène, les décorations sont de beaucoup inférieures aux nôtres, et le bel art de la perspective théâtrale, qui prit naissance en Italie, semble, comme le remarque notre voyageur, avoir émigré en France.

Parmi les palais de Florence autres que ceux dont nous avons déjà parlé, il faut citer encore le vaste et beau palais Capponi, le palais Peruzzi, à l'architecture noble et simple, et le palais Borghèse, dont le rez-de-chaussée supporte de magnifiques colonnes en marbre.

Après avoir visité Poggio-Imperiale, résidence d'été du grand-duc, située en dehors de la ville, mais à peu de distance du fort Saint-Georges et des jardins de Boboli, M. Fulchiron alla faire une visite à *Sienne*, ville située sur une montagne et d'un pittoresque admirable. Le pavé de cette ville n'est point, comme celui de Florence, composé de dalles irrégulières, mais de grandes pierres taillées en parallélogrammes et régulièrement assemblées. Sienne possède une célèbre université fondée en 1203. Les grandes familles toscanes possèdent à Sienne de vastes palais. L'hôpital de cette ville, fondé en 832, est un des plus anciens de l'Europe. Enfin, le pavé de la cathédrale est une des merveilles de l'art.

De Sienne, M. Fulchiron se rendit en droite ligne à *Rome*, cette cité reine tant visitée, tant de fois décrite et toujours, au milieu de ses ruines, la plus attachante des cités, mais qu'il ne fit que traverser pour se diriger vers Naples par la voie de terre.

L'ancienne route de Rome à Naples était la célèbre voie Appienne, construite l'an 447 de la fondation par le censeur Appius Claudius Cœcus, qui bâtit également le premier aqueduc que les Romains aient vu s'élever. Cette voie commençait à la porte Capène, aujourd'hui Saint-Sébastien, et, traversant les marais Pontins, aboutissait à Capoue. Quatre cents ans après, Trajan la fit continuer jusqu'à Brindes, sur l'Adriatique. Sa solidité était telle, remarque M. Fulchiron, qu'en quelques endroits elle subsiste encore presque sans dégradation et qu'elle n'a souffert que des attaques des paysans, qui en ont arraché des matériaux pour leur usage particulier. Afin de mettre cette voie Appienne à l'abri des atteintes du temps et de l'intempérie des saisons, on creusa un fossé de la largeur du chemin, et il fut rempli d'un massif de chaux et de pierres concassées. Sur ce massif, très dur, on posa de larges pierres polygones s'enchevêtrant les unes dans les autres et de 30 à 40 centimètres d'épaisseur. Pour plus de sûreté et pour empêcher les écartements, deux murs parallèles serraient les flancs de la route et consolidaient la totalité de l'ouvrage. Tantôt le nouveau chemin s'écarte de cette voie, et tantôt il vient la rejoindre et en faire partie. Elle était si magnifique que Cicéron l'appelait *regina viarum*, la reine des routes. Néanmoins elle est assez étroite, et deux de nos voitures modernes ont de la peine à y passer de front. Il faut croire que les essieux romains avaient moins de largeur que les nôtres.

Aujourd'hui, pour se rendre à Naples, on sort de Rome par la porte du mont Cœlius ou Saint-Jean, et l'on suit quelque temps la vieille voie Campanienne.

Près du chemin, la campagne est traversée par les débris de l'aqueduc de Claude et de ceux qui amenaient les sources Tepula, Julia et Marcia. A 5 milles de Rome, on voit une grande quantité de vieilles murailles et de monument en ruine, les ciceroni les appellent Roma-Vecchia, l'ancienne Rome.

A mesure que l'on approche d'*Albano* et qu'on s'élève au-dessus de la plaine, qui était stérile ou desséchée, la végétation reparaît et devient graduellement magnifique. La ville, peuplée de 4 à 5,000 habitants, est dans une situation charmante, sur le penchant d'une colline et à 2 lieues de la mer. Traversée par la voie Appienne, elle possède de belles maisons, et sa grande rue est ornée des palais Doria et Corsini : aussi, pendant la saison du mauvais air, qui ne pénètre jamais dans son enceinte, est-elle le rendez-vous des étrangers et de la bourgeoisie romaine, qui viennent y passer la villégiature. Au-dessus de la ville, on voit les restes des thermes de Pompée, d'un camp prétorien, d'une vaste citerne, des débris d'aqueducs et des voûtes immenses ayant appartenu à la villa de Domitien.

D'Albano on se rend par un plateau en plaine à *Gensano*, jolie ville de 3,000 habitants, entourée d'une magnifique végétation, ornée de promenades bien plantées et située près du lac Nemi, encadré, comme celui d'Albano, par des coulées de laves et des roches volcaniques à 340 mètres au-dessus de la Méditerranée. L'air qu'on respire à Gensano est très pur; les vignobles des environs procurent du vin doux, qui se consomme dans le pays.

A 6 milles de Gensano on aperçoit *Velletri*, ancienne capitale des Volsques et patrie de la famille d'Auguste. Tibère, Caligula, Othon, élevèrent de splendides habitations dans cette ville aux rues tortueuses et peuplée de 20,000 âmes. On va ensuite au bourg de Cisterna, et l'on pénètre sur le sol des fameux *marais Pontins*, si longtemps centre d'émanations perfides et de fièvres endémiques pour les riverains. Sous la domination française, les travaux d'assainissement de ces marais leur ont enlevé une partie de leur insalubrité. En quittant ces marais, on arrive à *Terracine*, dernière ville des États romains, peuplée de 5,000 âmes, l'ancienne Anxur d'Horace, offrant encore près de la mer le temple de Jupiter Anxurus. A 6 milles de Terracine, on trouve Torre de Confini, qui sert de limite au territoire des deux États de Rome et de Naples. On passe ensuite à *Fondi*, petite ville où est placée la douane napolitaine et traversée par la voie Appienne, auprès de l'Apennin, à quelque distance de la mer. C'est le premier endroit où l'oranger soit cultivé en grand comme produit agricole et objet de commerce.

De Fondi on arrive bientôt à *Mola di Gaeta*, l'antique Formie, petite ville près de laquelle est une ancienne tour qui passe pour être le tombeau de Cicéron. Quelques milles ensuite on traverse le Gariglano ou l'ancien Liris, qui servait de limite au Latium et à la Campanie; puis on gagne *Sesse*, petite ville où naquit le poète satirique Lucilius, et *Capoue*, sur le Volturne, non pas exactement sur la même place que l'ancienne, mais à un mille et demi plus loin dans l'intérieur des terres. La ville actuelle, régulièrement fortifiée, couvre Naples du côté du nord-ouest, direction qu'ont suivie tous les conquérants du royaume. A la dix huitième poste, à égale distance entre Capoue et Naples, on trouve *Aversa*, jolie petite ville bien bâtie, possédant d'élégantes églises et un hospice d'aliénés. Enfin l'on est à Naples, capitale à laquelle, comme à ses environs et à tout le royaume, M. Fulchiron consacre d'assez longs développements statistiques, financiers, industriels ou autres. Ici l'espace nous oblige à beaucoup nous restreindre et à ne prendre que les faits les plus saillants.

Celui qui veut avoir une imposante idée de *Naples*, de la ville aux 400,000 âmes, doit, dit M. Fulchiron, y arriver par le bateau à vapeur. Un magnifique aspect se présente aux regards. A gauche, on admire Pausilippe, le beau quai de Chiaja, ses splendides hôtels et le jardin royal, dont les flots du golfe viennent frapper les terrasses. Au centre, une autre suite de quais, la vaste place où se trouve le grand bâtiment des administrations, une église nouvelle édifiée sur l'exact modèle du Panthéon. Au-delà s'ouvre le port, centre du mouvement commercial et théâtre ordinaire des filouteries lazzaronesques. Enfin, sur la droite, se prolonge un appendice, un faubourg bruyant, animé, rempli de chars aux vives couleurs, de voitures, de véhicules de toutes espèces et s'étendant jusqu'à Portici par une file presque continue d'habitations et de maisons de plaisance d'un style presque oriental et dont les jardins, ornés de longues treilles suspendues à des pilastres, vont chercher le rivage. Au-dessus de cet hémicycle si beau, si varié, s'élèvent en amphithéâtre et la nouvelle et l'ancienne ville, qui conduisent de gradins en gradins, l'une par des pentes larges et droites, l'autre par des rues resserrées et tortueuses, au sommet de longues collines dont le point culminant supporte le château-fort de Saint-Erme (et non Saint Elme), et l'église des Chartreux, dominant toute l'immense cité, toute la baie, depuis l'Procida jusqu'au Vésuve.

Naples est grande et belle par sa population, ses richesses, son climat, sa position géographique et par la féconde campagne, véritable corbeille de fleurs, qui l'entoure; mais il lui manque les traces du passé que Rome offre partout. A Naples, tout paraît moderne : maisons, quais, hôtels badigeonnés d'une fatigante blancheur, sous laquelle s'est effacé le moyen-âge. Naples est belle, mais non poétique; la vie, ajoute M. Fulchiron, s'y écoule trop rapide et trop agitée. Partout, sur les places publiques, sur le port, dans cette longue rue de Tolède que les romans espagnols ont tant célébrée, se presse la tourbe confuse d'un peuple bruyant, gesticulateur, prompt à s'irriter comme à s'apaiser, indolent et actif à la fois; actif pour le plaisir, dès qu'il peut le saisir n'importe où. Naples est le centre italien du bruit et des sensations matérielles.

Naples n'a point de fleuve; c'est la seule grande capitale de l'Europe privée de cet avantage, et même aucun cours d'eau naturel ne traverse son enceinte enfermée dans un hémicycle de collines; à l'est de la ville, une petite rivière, le Sebeto, descend des hauteurs de Nola, et se jette dans le golfe à peu de distance du pont de la Madeleine. Les eaux de cette rivière servent à l'arrosement des jardins, et une partie, au moyen d'aqueducs, alimente plusieurs des fontaines qui abondent à Naples, comme dans les autres villes de l'Italie. Quelques-uns de ces aqueducs passent sous le pavé des rues, et sont d'une telle largeur que deux fois des ennemis, en s'y introduisant, s'emparèrent de la ville. Le plus ancien commence au pied du Vésuve, et ses divers détours dans l'intérieur de Naples ont 5 milles de développement; il a 30 milles de longueur, et abreuve les quartiers et la colline de Saint-Erme. Les fontaines abreuvées par ces aqueducs n'ont rien de monumental, et les places, quoique vastes, sont très irrégulières, sauf celles du Palais-Royal et du Saint-Esprit. Les maisons qui les entourent sont élevées de cinq ou six étages, et n'ont pas non plus d'aspect monumental. Presque toutes, au lieu de toits, supportent des terrasses, où l'on vient le soir respirer la brise de la mer. Enfin Naples est pavée de dalles volcaniques, et compte dans son enceinte plus de 300 églises.

Jetons avec notre voyageur un rapide coup d'œil sur les *édifices publics* de la ville des lazzaroni. Le Palais-Royal, situé sur la plus belle place de la cité, est divisé en deux constructions, d'époques et de styles différents; l'une appelée palais vieux et l'autre grand palais. Les appartements sont meublés avec splendeur; la salle des gardes contient les portraits de tous les souverains et des vice-rois espagnols qui ont gouverné le royaume. En face de ce palais, de l'autre côté de la place, s'élève le Panthéon, froide copie du Panthéon romain. Le théâtre Saint-Charles, construit en 1737 sous Charles III, est le plus grand de l'Italie et présente un magnifique ensemble, mais plus par sa masse et sa richesse que par la pureté de son architecture. Le parterre, tout en stalles numérotées, a 26 mètres de longueur et la scène 17 mètres d'ouverture; cent quarante-six loges contenant chacune douze personnes, et réparties en six étages, servent de salons de réception pendant la soirée. Rien n'est beau comme les spectacles de gala ou représentations solennelles, auxquels assiste la famille royale, et qui ont lieu deux ou trois fois l'année. Chaque loge contient alors un lustre dans son intérieur; partout, sur le pourtour de l'enceinte, éclate la lumière de plus de cinq mille bougies, qui réfléchissent les dorures et les diamants héréditaires de la vieille noblesse.

Quant au port de Naples, il est défendu, outre ses batteries, par le Château-Neuf, grand quadrilatère de 300 mètres de chaque côté. Ce port contient les deux marines marchande et militaire; il ne peut recevoir plus de quatre vaisseaux de ligne, et quelques frégates et corvettes. La villa Reale où le jardin de Naples est dans une situation admirable, et peut-être la plus belle qui existe.

Nous ne suivrons pas M. Fulchiron dans ses promenades aux pittoresques environs de Naples, tant de fois dépeints par d'autres voyageurs; nous gagnerons de préférence la Sicile avec un autre explorateur, M. de Nervo, qui nous a laissé deux volumes sur cette île, considérée à juste titre comme la providence du midi de l'Italie. ALBERT-MONTÉMONT.

GONZALVE DE NERVO.

(1840.)

VOYAGE EN SICILE.

La *Sicile*, à cause de sa figure triangulaire, avait reçu d'abord le nom de Trinacrie, ou île à trois pointes ou trois jambes. Elle est située presque au milieu de la Méditerranée, par 36° 25' — 38° 20' lat. N., et 30° — 33° 21' long. E. La base de son triangle regarde l'orient, et sa sommité l'occident. Cette base, longue de 145 milles, est terminée vers le nord par le cap Pelore, distant de l'Italie de 2 milles et demi, et vers le sud par le cap Passaro, sur la mer Ionienne, à environ 440 milles de la Morée, et 70 milles de l'île de Malte. Son côté sud, long de 190 milles, finit vers l'ouest au cap Marsala, à environ 100 milles de la côte d'Afrique, et le côté nord, long de 315 milles, aboutit au cap San-Vito, vis-à-vis la petite île d'Ustica, à 200 milles de l'île de Sardaigne.

La Sicile est, comme nous l'avons déjà dit dans le précédent voyage, la plus grande de toutes les îles de la Méditerranée; elle compte 600 milles de circonférence, c'est-à-dire 40 milles de plus que la Sardaigne. Sa superficie est de 576 milles carrés, et sa population réelle d'environ 2 millions d'habitants; elle en avait eu 12 millions sous les Grecs, qui l'appelaient la Grande-Grèce. Toute sa côte septentrionale est baignée par la mer Tyrrhénienne; sa côte orientale l'est par la mer Ionienne, et sa côte méridionale par la mer d'Afrique.

Elle possède, au midi l'île de la Pantellaria; à l'ouest, les îles Favignana, Maretino et Levunzo; au nord, l'île d'Ustica et les îles Éoliennes, aussi nommées Lipari, à cause de l'une d'elles, qui est la plus considérable de ce petit archipel, placé à l'ouest du cap d'Aticano, du continent napolitain.

La Sicile, d'abord Trinacrie, puis Sicanie, eut la visite d'Enée, qui y fonda plusieurs villes. Elle reçut ensuite les Phéniciens, et plus tard les Grecs, qui occupèrent Mégara, Lentini et Catane. Parmi les cités qui se montrèrent fidèles à la défense commune, on met en première ligne Syracuse, patrie d'Archimède, et où avait régné Denys-le-Tyran. La grandeur des siècles grecs, en Sicile, expira sous la première invasion romaine. Vers l'an 440, les Vandales, les Goths, les Ostrogoths s'en disputèrent la possession, qui leur fut arrachée en 525 par Bélisaire. Cette île resta aux empereurs de Constantinople jusqu'en 828, où elle devint la proie des Sarrasins, qui à leur tour en furent chassés par un fils de Tancrède en l'an 1072. Roger fonda une monarchie nouvelle qui subsista jusqu'en 1282, où eurent lieu les fameuses Vêpres siciliennes, à la suite desquelles Pierre Ier, roi d'Aragon, monta sur le trône de Sicile, qui resta au pouvoir de l'Espagne jusqu'en 1706, pour ensuite passer à don Carlos de Bourbon, couronné à Palerme en 1735, sous le nom de Charles III, roi des Deux-Siciles.

La Sicile se divise aujourd'hui en trois provinces ou vallées, subdivisées en intendances et en sous-intendances. M. de Nervo se rendit dans cette île, patrie de Théocrite, en passant : 1° devant Portici, ville bâtie sur les ruines d'Herculanum ; 2° devant Sorrente, patrie du Tasse, qui y naquit en 1544 ; 3° à Caprée, fameuse par les horreurs de Tibère et par la défaite de l'atroce Hudson-Lowe, que l'intrépide Lamarque en débusqua sous l'Empire ; 4° près de l'île de Stromboli et des îles du Lipari, d'où il pénétra dans le détroit connu sous le nom de phare de Messine, et débarqua au port de la *Messine* actuelle, cité percée de larges rues bien alignées, et renfermant une population d'environ 36,000 habitants. Ce port est l'entrepôt général du commerce du Levant avec l'Italie ; son exportation consiste principalement en vins qui proviennent des excellents crûs de Syracuse et de l'Etna, en soie, huile et corail. Le Corso est une des belles promenades publiques de Messine.

Notre voyageur se rendit de Messine à Palerme par l'intérieur des terres, et en suivant la route qui traverse les monts Pelore ; il vit plusieurs petites villes anciennes ou modernes, telles que Tyndare, fondée par Denys, qui lui donna le nom d'un roi de Laconie, Patti, Giussa, Cefalu et Termini, lieux sur lesquels l'érudition de M. de Nervo se montre au grand jour.

Palerme, où il s'arrête, et dont le nom grec signifie port profond, a été ainsi appelée à cause de la profondeur de la baie où elle repose. On donne aussi à Palerme le surnom de Conco d'Oro, coquille d'or, parce que, semblables à une coquille que les eaux du golfe auraient jetée entre le mont Pellegrino et le cap Zafarano, ses jolies maisons s'étendent en demi-cercle dans une plaine riante et fertile. Peuplée de 130,000 habitants, elle jouit de tous les avantages d'une capitale, sert de résidence au vice-roi, ainsi qu'à la cour suprême de justice, à l'intendant de la province, en même temps qu'elle bat monnaie. Son archevêque, primat de la Sicile, a un revenu de 16,000 écus, et pour suffragants les évêques de Girgenti et de Mazzara. Cette capitale est bien bâtie, bien pavée, bien pre, aérée, à ses maisons élevées, la plupart peintes à fresque et d'une riante apparence.

Palerme est partagée en quatre parties presque égales par deux larges rues qui viennent se couper à angles droits sur la place des Huit-Angles (piazza Ottangaloza). Les quatre façades sont ornées d'une décoration régulière, composée d'une fontaine et de trois rangs de statues les unes au-dessus des autres. Cette place est le rendez-vous général de tous les quartiers de la ville. La rue de Tolède, à Palerme, est longue d'un mille comme celle du même nom à Naples ; elle est bordée des plus beaux palais de la noblesse. On y remarque plusieurs églises et des couvents dont les balcons arrondis, espèces de cages dorées, laissent entrevoir les jolis minois des nonnes. Les plus belles boutiques de Palerme se trouvent aussi dans la rue de Tolède, avec les cafés et les cercles ou casini de la noblesse et du commerce.

Le matin, dans la rue de Tolède, suivant la remarque de M. de Nervo, c'est une foule inquiète et bariolée qui court et s'agite en tous sens ; le prince, le moine, la courtisane, tout s'y heurte, s'y confond ; alors se jugent les procès, se font les emplettes, les conquêtes, se donnent les rendez-vous d'affaires et d'amour de tous les habitants de Palerme ; Tolède y est ce qu'est le Corso à Rome, à Livourne, à Messine. Tout le monde est à pied. A deux heures après midi, la scène a changé ; Tolède est muet, désert, clos de partout : c'est le moment de la sieste. A six heures, il redevient brillant et animé ; c'est alors qu'une longue file de voitures promène sur des chevaux caparaçonnés les nobles Palermitains, qui, pour cet instant seulement, sont guindés et sérieux. Plusieurs heures s'écoulent ainsi en saluts réciproques jusqu'à l'ouverture des théâtres, au nombre de deux, mais dont un seul est bien suivi.

Une des places de Palerme, nommée place des Deux-Châteaux, présente en effet deux châteaux, dont un est flanqué de bastions. Sur cette même place, qui est immense, mais mal nivelée, sont plusieurs autres édifices assez beaux, tels que le couvent de Sainte-Elisabeth et le palais archiépiscopal. Dans le Palais-Royal on voit encore la chapelle que le roi Roger fit construire en 1129.

A une faible distance de Palerme est *Montreale*, ville qui servit de résidence aux rois sarrasins ; elle est propre ; elle respire l'aisance et contient environ 8,000 habitants. Les seuls monuments qui y soient dignes de remarque sont la cathédrale et le couvent des Bénédictins. Un peu plus loin, est la ville de *Partenico*, peuplée de 7,800 âmes, et qui est aussi une construction des Sarrasins. Plus loin encore, sont les débris de *Segeste*, cité dans l'intérieur des terres, qui paya de la vie son alliance avec les Carthaginois contre les Selinuntins, dont la ville Selinunte est au sud-ouest, sur la mer d'Afrique. Plus à l'est, en suivant le littoral, on trouve Girgenti, l'ancienne Agrigente, et tout-à-fait à l'est, après avoir doublé le cap Passaro, on arrive à Syracuse, qui a plus au nord Catane et le mont Etna, d'où l'on retourne à Messine. Mais reprenons chacun des principaux lieux que nous venons de nommer à partir de Girgenti.

La ville de *Girgenti*, bâtie sur le versant du mont Camicus, est loin, dit M. de Nervo, de rappeler les splendeurs de l'ancienne *Agrigente*. L'amphithéâtre de ses maisons, assis élégamment sur la montagne, est pittoresque ; mais l'intérieur ne répond pas au dehors, les rues sont étroites et tortueuses ; leur pavé est inégal et pointu ; les bâtiments n'annoncent ni la propreté, ni l'aisance, et, au lieu de 800,000 âmes qui s'y trouvaient jadis, on n'y en compte plus guère que 18,000. Les nombreux couvents et les églises de Girgenti n'offrent rien de remarquable, sauf la cathédrale, qui a de belles peintures, et dont un écho fait l'égard duquel M. de Nervo rapporte l'anecdote suivante, qui en explique la découverte :

« Aux approches des fêtes de Pâques, le tapissier de la cathédrale s'était rendu un matin avec sa jeune femme, l'un pour travailler aux tentures de soie qui devaient décorer l'église, l'autre pour se confesser. A la porte, le couple se sépara, et notre timide épouse entra, les yeux baissés et les mains jointes, dans le confessionnal qui se trouvait près de la grande porte orientale. De son côté, le maître tapissier était monté sur sa corniche, avait déjà suspendu ses tentures et ses guirlandes sur tout le côté droit de l'église, attaché des demilustres en glace, posé des bougies, et enfin était arrivé à un certain endroit derrière le maître-autel, lorsqu'à son grand étonnement il entend là deux voix fort distinctes, parmi lesquelles il reconnaît celle de sa femme. Vainement notre bonhomme se frotte le front, il était éveillé, et c'était bien sa femme, sa propre femme, qui faisait au moine confesseur le récit le plus complet, le plus piquant de ses amours, le lieu et l'heure des rendez-vous, le nom de l'amant, et jusqu'aux sensations les plus secrètes; l'écho répéta tout. La pécheresse fut absoute par le moine, parce qu'elle avait beaucoup aimé; mais il n'en fut pas ainsi au domicile conjugal: des verrous pour la pauvre femme, un coup de poignard à l'amant heureux, tel fut le dénoûment de l'aventure. Le moine se plaignit à l'évêque, et le confessionnal indiscret fut vite changé de place; mais l'écho resta, ainsi que le souvenir de l'aventure qui l'avait fait trouver.

D'Agrigente, notre voyageur se rendit à la ville d'*Alicata*, dont les approches se font sentir par une forte odeur de soufre. Alicata, qui est l'ancienne Gela, compte environ 10,000 habitants, actifs et industrieux, faisant avec Malte un grand commerce d'huiles, de grains et de macaroni inférieurs à ceux de Naples et de Gênes; la ville est protégée par un château, et son môle par un bastion carré. D'Alicata, on passe à *Terranova*, petit port également très commerçant avec Malte, Naples et Marseille, qui en tirent une grande quantité de soude pour leurs savonneries. Terranova est percée de belles et larges rues, et peuplée de 9,000 âmes. La plaine environnante est fermée par un rideau de montagnes d'une immense étendue, et arrosée par un petit fleuve, que l'on franchit pour gagner *Catalagirone*, aux environs garnis de palmiers nains et d'aloès dont la hauteur excède 10 mètres. Cette ville, qui a des rues larges et propres, de belles maisons et de riches églises, compte environ 25,000 âmes.

M. de Nervo atteignit *Syracuse*, l'ancienne *Ortygie*, qui fut fondée par les Sicules 1,300 ans avant Jésus-Christ. Le port décrit une courbe gracieuse sur les pentes adoucies des collines qui l'environnent; il a 5 milles de tour et passe pour le plus grand de l'île. Décoré jadis des temples de Jupiter Olympien, des palais somptueux de Denys et d'Hiéron, il recélait dans 370 loges de ruches les galères de la république. Archimède y avait allumé ses feux contre les flottes romaines. La ville, siège d'un évêché et renommée par ses vignobles, renferme aujourd'hui, non plus 2 millions, mais seulement 15,000 habitants, et bon nombre d'églises et de couvents. Le musée a une Vénus Callypige, ou aux belles fesses, qui est un vrai chef-d'œuvre de sculpture. La partie nord de Syracuse offre la célèbre fontaine d'Aréthuse, qui surgit au pied d'un grand mur, mais ne communique plus avec la source de l'Alphée.

Catane fut la dernière ville importante que visita M. de Nervo. Elle a souvent eu à souffrir des éruptions de l'*Etna*, qui en est voisin. Ses maisons, toutes blanches et construites en pierres de taille, sont assez élevées; ses rues, larges et alignées, se croisent à angles droits. Catane, peuplée de plus de 30,000 âmes, respire l'aisance et même le luxe; elle a de nombreux couvents et de riches soieries; les flancs de l'Etna lui fournissent en abondance les vins les plus estimés, ainsi que la neige dont elle approvisionne Malte et l'Italie méridionale. L'ambre jaune, pêché à l'embouchure de la Giaretta, est aussi un objet assez considérable de son commerce. Les souterrains, qui renferment les anciens thermes, présentent quelques restes bien conservés, lesquels trahissent le relâchement ou la corruption des mœurs de l'antique cité, où l'on voyait en honneur les phallus, les courtisanes, les pédérastes, si chers m me à Sophocle et à Caton le censeur.

Notre voyageur termine ses explorations en Sicile par une *ascension de l'Etna*. Il lui fallut cinq heures pour arriver du pied au sommet de la montagne et tout près du cratère. Là, il sentit ses forces faillir; l'odeur du soufre lui pénétrait par tous les pores, le sang lui sortait par les yeux et par les oreilles; mais tant de fatigues et de souffrances eurent pour récompense une magnifique perspective sur l'Adriatique, la mer Ionienne, la mer d'Afrique et la Méditerranée, qu'il voyait à 3,667 mètres au-dessous de lui. Une épaisse fumée sortait du gouffre, et en dérobait à M. de Nervo les parois intérieures. Il y laissa tomber une grosse pierre, qui ne fut pas rejetée comme les sandales de cuivre du philosophe Empédocle; il l'entendit rouler quelques instants avec fracas comme sur des corps durs, puis elle s'enfonça, s'assourdit, puis rien. Triste fin des vanités humaines! terrible marque du néant des choses terrestres!

Puisque nous en sommes à l'article de l'Etna, nous consignerons ici, pour terminer notre analyse du voyage de M. de Nervo, quelques détails que nous avons eu occasion de recueillir en 1841 sur les *volcans* en général, et plus spécialement sur ceux du *Vésuve* et de l'*Etna*.

Volcans, Vésuve et Etna.

Les volcans sont, depuis des siècles, le sujet d'une foule d'hypothèses plus ou moins hasardées, et jusqu'ici la science n'en a pas encore trouvé de complétement satisfaisantes pour expliquer ces redoutables phénomènes naturels; les travaux modernes ne sont guère plus avancés que les travaux anciens à cet égard. Sans nous occuper de ces derniers, qui semblent bien problématiques, essayons de rappeler quelques-uns de ceux qui ont vu le jour depuis la renaissance des sciences et des lettres.

Vers le milieu du XVIIe siècle, le jésuite allemand Kircher attribuait les volcans au feu central qui consume la terre. Au commencement du XVIIIe siècle, Lémery les attribuait à la réaction mutuelle du soufre, du fer et de l'eau. Quelques années plus tard, Bourguet en fit remonter l'origine aux lits de bitume, de soufre, de sel et de fer cachés dans l'enveloppe du sphéroïde terrestre. Vers le même temps, l'ingénieux Mairan, connu par ses recherches sur les aurores boréales, pensait que les feux souterrains pouvaient venir du feu central du globe. En 1745, Buffon exprima sur cette grande question une opinion qui se rapproche de celle de Bourguet; c'est, selon l'historien de la nature, à la décomposition des soufres, du bitume et des pyrites et à leur combustion, que sont dus les effets volcaniques plus ou moins violents qui épouvantent les habitants du voisinage des éruptions. Les feux souterrains sont, dit-il, d'autant plus actifs qu'ils sont plus près de la mer; de là les torrents que vomissent certains volcans, les sources chaudes qui jaillissent à leur base, les lacs que forment leurs cratères, et les nombreuses bouches volcaniques dans plusieurs îles. A la fin du XVIIIe siècle, le savant Houel, le savant minéralogiste anglais Bowles et le géologue Dolomieu considéraient toujours les volcans comme des soupiraux du feu central. Paw adoptait aussi, avec plusieurs naturalistes, l'opinion encore défendue aujourd'hui, que l'eau marine est un des agents nécessaires aux combustions volcaniques; qu'elle décompose et enflamme les pyrites, et que c'est au retrait de l'Océan qu'est due l'extinction des volcans anciens.

Dans le XIXe siècle, nous voyons Ordinaire, auteur d'une histoire naturelle des volcans, admettre cette combustion des pyrites par le contact de l'eau et leur mélange avec le soufre, le sel marin, le nitre et le bitume, comme produisant les violentes secousses qui amènent les éruptions volcaniques. En 1825, Br siak fait jouer au pétrole le rôle principal dans ces embrasements. Il reconnaît cependant que le phénomène le plus embarrassant à expliquer est celui de leur périodes, tantôt de fureur, tantôt d'action modérée, tantôt de calme. Enfin, l'un de nos plus habiles chimistes, M. Gay-Lussac, admet dans les volcans l'action des eaux de la mer, tout en rejetant les théories qui supposent une combustion dans l'intérieur de la terre, c'est-à-dire l'embrasement des bitumes, des houilles et des pyrites, et tout en réfutant l'opinion qui attribue les développements de gaz et de vapeurs à l'action qu'exercent sur l'eau les métaux alcalins. De son côté, le géologue anglais Poulett Scrope attribue la puissance motrice des volcans à différents fluides néo-aériformes. Pour couronner ces diverses théories, notre savant Cordier démontre que l'intérieur de la terre possède une très haute température et est le siége d'un feu très intense ; pendant que l'illustre Brongniart, en rejetant l'opinion qui admet pour aliment aux déflagrations volcaniques le soufre, les pyrites, les houilles, les bitumes et les métaux des terres et des alcalis, adopte l'action de la décomposition de l'eau, et la considère comme une puissante cause d'éruption.

De toutes ces opinions ou théories diverses, dont nous n'avons indiqué que l'idée saillante et substantielle, on peut conclure que les grands phénomènes volcaniques attendent encore de la science une solution définitive, surtout après les nouvelles et brillantes recherches de MM. Elie de Beaumont et Constant Prévot. Nous devons donc pour le moment nous borner ici à constater les faits, et nous allons y procéder en passant rapidement en revue les principaux volcans terrestres, pour nous arrêter ensuite un peu plus à ceux du Vésuve et de l'Etna.

Dans ses considérations générales sur les volcans, publiées en 1831, M. J. Girardin a donné le résultat ci-après sur les volcans et solfatares ou soufrières des cinq parties du monde :

PARTIES DU MONDE.	VOLCANS EXISTANTS		TOTAUX.
	sur les continents.	dans les îles.	
Europe.	4	20	24
Asie.	17	29	46
Afrique.	2	9	11
Amérique.	86	28	114
Océanie.	»	108	108
Totaux.	109	194	303

Dans l'*Annuaire du bureau des longitudes* de 1824, M. Arago n'avait présenté pour l'Europe qu'un volcan pour le continent et 11 dans les îles ; pour l'Asie, que 8 volcans sur le continent et 24 dans les îles ; pour l'Afrique, seulement 6 volcans dans les îles ; pour l'Amérique, seulement 58 volcans sur le continent et 3 dans les îles ; et pour l'Océanie, que 52 volcans dans les îles ; ce qui faisait en tout 42 volcans sur les continents et 98 dans les îles. Cette différence provient des solfatares que M. Girardin a dû nécessairement réunir aux volcans proprement dits, dont les principaux vont passer successivement sous les yeux de nos lecteurs.

Disons auparavant, toutefois, que dans un curieux travail sur les volcans, et dont s'est enrichie l'*Encyclopédie méthodique*, notre confrère M. Huot a encore trouvé des chiffres supérieurs à ceux de M. Girardin, en donnant pour l'Europe 14 volcans et solfatares ; pour l'Asie, 127 ; pour l'Afrique, 40 ; pour l'Amérique, 204 ; et pour l'Océanie, 174 ; total, 550 volcans et solfatares. M. Huot ajoute avec raison que ce nombre, loin d'être exagéré, sera encore accru par les voyages ; et, en effet, plusieurs volcans, aujourd'hui en sommeil, peuvent se réveiller, comme d'autres aussi peuvent n'avoir pas encore été vus et décrits.

Les principaux volcans de l'Europe sont le Vésuve et l'Etna ; nous en reparlerons plus loin d'une manière spéciale. On peut y joindre l'Hékla de l'Islande, si l'on comprend cette île dans celles qui appartiennent à notre continent, bien qu'elle soit plus voisine de l'Amérique. L'Hékla se trouve dans la partie méridionale de l'Islande, à 5 kilomètres de la mer. Il n'est pas le seul en activité des volcans de cette île, mais il en est le plus important. Il est décrit dans presque toutes les géographies ; il a environ 1740 mètres d'élévation.

Dans les îles Lipari, près de Naples, existe le Stromboli, lequel est en activité depuis plus de vingt siècles. Les mêmes îles renferment aussi le Volcano avec ses deux cratères, dont un continue à fumer.

En Asie, les volcans les plus remarquables sont : le Péchan ou Khalar, que les auteurs chinois représentent comme vomissant toujours des flammes et de la fumée ; le Djaulamouki, dans l'Indostan, à l'est de l'Indus, et vomissant constamment du feu ; l'Ikarma, dans les îles Kouriles ; le Kamtchatkaïa, dans la presqu'île du Kamtchatka ; le Yaké-Yama, dans l'île de Niphon au Japon, qui jette sans cesse des flammes.

En Afrique, on cite le Djebel-Koldagi, dans la Nigitie, dont le sommet très élevé jette continuellement des flammes et des cendres chaudes. Il y a aussi plusieurs volcans en activité dans les Açores et dans les Canaries ; entre ces dernières, celle de Ténériffe est connue par son volcan, lequel ne vomit plus aujourd'hui de laves que par ses côtés. Enfin, l'île de la Réunion, une des Mascareignes, a un ancien volcan, qui a été décrit par Bory de Saint-Vincent, et qui jette encore de temps en temps des flammes.

En Amérique, les volcans les plus dignes de remarque sont : 1° le mont Saint-Elie, à dix lieues de la côte de l'océan Pacifique par 60° 21' lat. N., 142° 59' long. O ; son élévation est de 943 mètres au-dessus du niveau de la mer ; 2° le Popocaptepell ou volcan de Puebla au Mexique, et dont la bouche, entourée de cendres et de neiges, est toujours enflammée ; 3° le Soconusco, dans le Guatemala, volcan en pain de sucre et qui fume par intervalles ; 4° le Purace, dans la Colombie, à l'est de Popayan, volcan depuis 1827, année de sa dernière éruption, qui détruisit la ville de Popayan, vomit constamment une fumée épaisse et fétide, volcan d'où sort une petite rivière dont les eaux, dangereuses à boire, sont précieuses pour la teinture ; 5° le Ruiz, voisin du pic de Tolima dans le Venezuela et en pleine activité ; 6° l'Arequipa au Pérou, encore en activité ; 7° le Maypo, au Chili, toujours enflammé ; 8° le Cocopaxi, dont le cône immense, qui a causé à diverses époques de si affreux ravages, est maintenant couvert de neiges.

Enfin, l'Océanie compte un assez grand nombre de volcans en pleine activité, entre autres : 1° le Mouna-Havai, dans les îles Sandwich, à 40 milles de la côte et haut de 2,614 mètres ; 2° le Kiamis, dans l'île de Java, lequel lance de l'eau chaude et de la boue ; 3° le volcan de Gounapi, dans la principale île du groupe de Banda, toujours en activité ; le volcan de Tomboro, dans l'île de Sumbava, et dont l'éruption en 1815 fit périr près de 12,000 habitants ; 4° le Gounong-Dempo, dans l'île de Sumatra, lequel, haut de 2,753 mètres, lance presque continuellement des flammes et de la fumée.

Après cette revue ou indication, bien incomplète, sans doute, des volcans principaux du globe, il n'est peut-être pas inutile de donner en passant une idée de la manière dont procède le phénomène de leurs éruptions.

Des masses de laves lancées dans les airs retombent souvent sur la terre pour en prendre la forme, tant elles ont de mollesse ; elles présentent quelquefois plusieurs mètres de circonférence. En d'autres occasions, ces masses forment des boules revêtues d'une croûte scoriforme. Souvent ces boules sont vitrifiées, d'autres fois elles sont creuses. Les déjections les plus rares sont celles de roches non converties en laves.

La hauteur de ces déjections est d'ordinaire prodigieuse, et elles ont au moins la vitesse du boulet sortant du canon. Quant à la vitesse des courants de la lave, elle dépend beaucoup de l'inclinaison des terrains qu'ils traversent. Naturellement aussi, l'étendue de ces courants est proportionnée à la force et à l'importance des volcans.

L'eau que parfois rejettent les volcans paraît provenir de lacs souterrains, comme elle peut venir aussi des pluies, dont le tribut a formé comme des citernes au fond des cratères refroidis. L'eau boueuse qu'ils vomissent ne semble devoir être attribuée qu'au mélange de l'eau souterraine et des cendres opéré sur les flancs du cratère. D'un autre côté, les gaz qui s'élèvent de ces mêmes cratères, et qui prennent souvent les couleurs les plus opposées, sont dus à des matières pulvérulentes unies aux vapeurs aqueuses.

La forme extérieure et les dimensions des cratères sont encore des sujets propres à fixer l'attention de l'observateur. Le nom de cratère a été donné à la bouche des volcans, parce que leur cavité, se rétrécissant dans le sens de sa profondeur, devient pareil à une coupe, et souvent même à un entonnoir. Les bords se nomment aussi ortes et fond. Dans les volcans éteints, les bords sont couverts de végétation à leur intérieur, et le fond est souvent rempli d'eau pluviale qui forme alors une sorte de lac. Il y a des cratères entièrement ouverts, et il en est qui sont entourés d'un mur circulaire. Du reste, la forme du cratère subit des changements continuels, suivant les éruptions. Certains cratères aussi se ferment après l'éruption, et d'autres s'ouvrent quelquefois sur le flanc du volcan. Enfin, quelques-uns ont un cratère à leur sommet et un autre latéral; d'autres encore ont à la fois plusieurs cratères, et leurs dimensions ne sont pas toujours en rapport avec la hauteur du volcan.

Venons maintenant aux deux volcans européens que nous nous étions réservé le soin d'examiner plus particulièrement, savoir: l'Etna et le Vésuve.

Le volcan de l'Etna, élevé de 3,667 mètres au dessus du niveau de la Méditerranée, à sa cime isolée, son cône presque circulaire, et un circuit d'environ 144 kilomètres, en n'y comprenant pas le pays sur lequel les laves s'étendent, ce qui lui donnerait alors une circonférence double. Le cône offre trois zônes ou régions distinctes: la première, autour du pied de la montagne, est très fertile; la seconde, qui est intermédiaire et entoure la montagne, est composée d'une forêt d'environ six milles de largeur où paissent de nombreux troupeaux; la troisième, au-dessus de la forêt, est entièrement déserte, semée de laves et de scories, et offre le sommet du cône, d'où s'échappent sans cesse des vapeurs sulfureuses.

Une multitude de petits cônes distribués sur les flancs de l'Etna, surtout dans la région boisée, y forment autant de monticules de cendres, qui accusent et rappellent des volcans secondaires.

L'Etna, que les Arabes avaient appelé *Gibel*, mot de leur langue qui signifie montagne, a sa cime glacée dans la région des neiges, et elle est d'un si difficile accès. La lave et les scories de ce volcan ne rendent pas moins fécond que celles du Vésuve le sol qu'elles vont recouvrir. Les végétaux acquièrent une étonnante vigueur, entre autres les châtaigniers, dont un a 8 mètres dans un sens et 4 dans l'autre. Il est un de ces arbres dont les gigantesques rameaux abritaient jusqu'à cent cavaliers, d'où lui est venu le nom de Castagno dei cento Cavalli, il n'en reste plus que la souche, qui a 27 mètres de circonférence.

Dans la région boisée ou intermédiaire, se trouve la grotte des Chèvres, caverne près de laquelle on voit deux monticules enfantés par l'Etna, et appelés, l'un, le Monte-Nero; l'autre, le Monte Capreolo. Près de la région stérile est la tour du Philosophe, torre del Filosofo, qui fut, dit-on, bâtie par Empédocle, pour être plus voisin des éruptions du cratère dont il périt.

Le cône principal de l'Etna s'est plusieurs fois écroulé et reformé. En 1444, il avait 320 pieds de hauteur, et il tomba après les tremblements de terre de 1537. En 1693, année où ces tremblements remuèrent toute la Sicile et firent périr 60,000 personnes, le cône s'affaissa considérablement. Les éruptions arrivent, soit par le grand cratère, soit par les ouvertures latérales, et les laves renflent le terrain sur lequel elles coulent. La lave de chaque côté latéral tend aussi à diminuer la hauteur des cônes inférieurs, et il s'en forme également de nouveaux.

Les éruptions de l'Etna étaient déjà connues avant la guerre de Troie. Diodore de Sicile en cite une de cette date; et, suivant Thucydide, il y en eut trois environ 400 ans avant J.-C. Pindare en décrit une également dans sa première Pythique. Depuis les temps les plus reculés jusqu'à nos jours, on compte une centaine d'éruptions. Celle du 16 mai 1830 fut très désastreuse; elle anéantit huit villages à une distance que les laves du volcan n'avaient pas encore atteinte; ce qui avait laissé aux habitants une sécurité qu'ils payèrent presque tous de la vie.

Entre toutes les merveilles que la nature a semées avec profusion sur le beau sol de l'Italie, il n'en est pas, nous le pensons, de plus extraordinaire, de plus majestueuse et de plus terrible à la fois, sans parler de l'Etna en Sicile, que le volcan si connu sous le nom de Vésuve.

Le Vésuve! que d'événements prodigieux, que d'épouvantables désastres et que de graves souvenirs ce mot rappelle à notre esprit! Une montagne s'entr'ouvrant tout-à-coup au milieu du silence et de l'obscurité, lançant au haut des airs une trombe enflammée, puis versant autour d'elle un océan de laves et de cendres ardentes qui vont au loin couvrir et brûler les campagnes, ensevelir sous leurs amas bitumineux les orgueilleuses cités d'Herculanum et de Pompéia, tout aussi bien que de simples hameaux, et convertir en un désert aride et dévorant de riches vallons, des champs fertiles avec toute leur population, substituer enfin la morne solitude et l'horrible trépas au gai tumulte et à la vie riante, pittoresque, animée de la nature et de l'industrie! Anéantissement absolu qui s'accomplit en un jour, en une heure, en un moment, et fait disparaître à la vue, comme une ombre légère, une vision fantastique, l'œuvre de tant de siècles et de générations humaines!

Ce géant incendiaire, à la gueule embrasée et béante, à la profonde et caverneuse fournaise, a vu ses flancs avec sa base, ainsi que les campagnes environnantes, se repeupler après chaque destruction, se recouvrir de fleurs et de moissons. Les catastrophes qui ont accompagné ou suivi chacune de ses tempêtes enflammées n'ont pas retenu l'audace, ou si l'on veut, n'ont pu affaiblir l'avidité de l'homme; il s'est hardiment rapproché du redoutable élément, et l'on croirait de nos jours qu'aucun désastre n'y est survenu, si les ruines d'Herculanum et de Pompéia, que les fouilles ont remontrées à la clarté des cieux, n'étaient point là comme des témoins irrécusables pour attester le sinistre pouvoir de ce cratère igné.

Un si curieux et si imposant phénomène naturel ne pouvait manquer d'attirer les regards de l'indigène et surtout de l'étranger capable de l'apprécier: aussi voit-on sans cesse des divers points civilisés du globe accourir une foule de voyageurs jaloux de contempler ce vaste réservoir de laves et de cendres; ils veulent monter jusqu'au sommet de ce cône embrasé, s'échauffer de sa flamme, respirer sa colère pendant qu'elle sommeille, imprimer leurs pas sur ses bords, dussent-ils, comme Empédocle sur l'Etna, y perdre leurs sandales avec la vie. Telle est la cause de si fréquents et si multipliés pèlerinages qui ont lieu au Vésuve, situé, du reste, dans le voisinage d'une capitale, de cette belle et antique Parthénope, si digne d'intérêt située sous le ciel le plus pur, enrichie par la mer, et qui dut son nom à une des syrènes dont les attraits faillirent, dit-on, perdre le sage Ulysse.

Naples.

Le Vésuve, ce phare posé par la nature, comme pour avertir le navigateur qu'il approche d'une grande cité ; le Vésuve, dont la tête est si menaçante, pourrait, néanmoins, à cause de ses riches produits en cristaux et pierres précieuses, s'appeler un mont d'Or : il détruit, mais recrée ; ce qu'il ôte, il le restitue. C'est une vraie miniature à côté de la plupart des autres volcans que nous avons énumérés ; mais aucun d'eux, y compris même l'Etna, ne nous semble avoir obtenu la même célébrité, aucun n'a plus fixé l'attention des naturalistes ; en un mot, il est le plus connu de tous les volcans terrestres. Il s'élève tout au plus à 1,200 mètres au-dessus du niveau de la mer. Il est totalement isolé de la chaîne des Apennins, et couronne une campagne délicieuse, parsemée de villas ou maisons de plaisance. A sa base se développent de beaux villages, bâties sur des ruines imposantes (1), et dans ces cendres germent des vignobles qui produisent ces vins exquis fameux sous le nom de Lacryma-Christi. Pas un pouce de terrain qui, depuis les bords de la mer jusqu'au sommet du cratère, ne soit d'une fertilité merveilleuse.

Le Vésuve est situé à 2 kilomètres de Naples. Il est environné de deux autres montagnes groupées autour de lui ; l'une appelée monte di Somma, l'autre Ottajano ; celle-ci est cachée par la Somma. Ces trois montagnes n'en ont primitivement formé qu'une seule. Quoi qu'il en soit, le cratère est visible de Naples, debout à l'orient de cette ville. Comme les autres volcans, il a la forme d'un cône ; sa base a un circuit d'environ 30 milles d'Italie ou 40 kilomètres de France. Sa hauteur varie suivant ses éruptions. En 1749, Nollet l'avait trouvée de 197 mètres ; en 1794, Polli la fixa à 202 mètres ; en 1816, le colonel Visconti, à 207 ; Monticelli et Covelli, avant l'éruption de 1822, la jugèrent de 216 mètres ; et Humboldt, après elle, à 202 mètres 33 centimètres. Celle de 1834 entraîna dans l'abîme le cône inférieur. Toutefois, depuis 1749, la partie ignivome ne présente pas de très notables variations.

La forme abrupte et raide du Vésuve rend l'accès de ce mont assez pénible et assez difficile. Trois chemins conduisent à son faîte : celui de Saint-Sébastien au nord, celui de Bosco-Tre-Case au sud, et celui de Résina (l'ancienne *Rétina*) au couchant : ce dernier, quoique le plus âpre, est néanmoins le plus fréquenté. On s'y procure tout à la fois et de bons guides et les moyens nécessaires à l'ascension. En deux heures on arrive à l'ermitage du Sauveur, assis sur une plateforme, à l'extrémité occidentale du faîte de Can'aroni.

(1) Le village de Résina est bâti sur les ruines d'Herculanum, ville que détruisit l'éruption de l'an 79 de J.-C.
A.-M.

Venise.

De là on passe à la Pademeutine pour arriver près du cratère. Sur les bords de cette ouverture d'environ 1,875 mètres de circonférence, l'œil plonge dans la fournaise, qui apparaît sous la forme d'un vaste entonnoir. Ici l'on ne voit ni animal quelconque, ni insecte, ni plante. Cette dernière partie change continuellement d'aspect. Avant les dernières éruptions, on pouvait encore y descendre jusqu'à une certaine profondeur; mais aujourd'hui une pareille tentative est devenue beaucoup plus dangereuse.

Malgré toutes les fatigues et même les périls attachés à de telles excursions, elles sont encore assez fréquentes. Le voyageur Kircher, en 1650, descendit dans la fournaise, suspendu à une corde attachée autour de ses reins, et qui était retenue par les guides. Il put dans le gouffre satisfaire pleinement sa curiosité, sans y périr suffoqué, comme ce voyageur anglais qui a voulu tout récemment se faire descendre dans le gouffre de l'Etna et qui y a trouvé la mort.

Tout change sans cesse de forme et d'aspect, tant à la cime qu'aux alentours du volcan. De nouvelles ouvertures se forment et se referment; des proéminences s'élèvent et s'aplanissent; et les sommets des montagnes de Somma et de Ottajano, séparés aujourd'hui du Vésuve par de profondes vallées, semblent indiquer ou que ces groupes, ainsi que nous l'avons dit tout à l'heure, n'en ont formé jadis qu'un seul, ou que le volcan actuel a surgi sur le dos du volcan primitif, qui est demeuré éteint. Les anciens parlent du mont que nous voyons comme d'une seule et unique masse volcanique. D'ailleurs les laves que l'on découvre dans les terres à l'ouest de la montagne de Somma qui, vue de Naples, paraît aussi haute que le Vésuve, n'auraient pu provenir du volcan existant de nos jours. En creusant un puits dans le cloître des dominicains de la Madone dell'Arco, les habitants de la ville d'Aquila trouvèrent à plus de 100 palmes de profondeur un torrent de laves, et quatre autres couches de la même matière, à environ 300 palmes : c'étaient des masses très dures, et semblables à celles que l'on voit aujourd'hui sur les flancs méridionaux du Vésuve. Ceux qui se rappellent la localité diront que l'on ne pourrait concevoir le cours de la lave de côté qu'en admettant le Vésuve des anciens, c'est-à-dire la réunion des trois sommets précités en une seule montagne. Il y a tout lieu de présumer que la vallée qui sépare aujourd'hui du Vésuve la montagne de Somma sera comblée un jour par les éruptions du volcan, lequel sans doute alors redeviendra comme jadis un unique sommet.

Tout semble démontrer que le Vésuve a son cratère enflammé depuis un temps immémorial, et il est très vraisemblablement sorti du sein de la mer, de même que les délicieuses collines de l'ancienne Parthénope.

L'antiquité nous a laissé peu de renseignements sur ce volcan, et d'après ce que les premiers écrivains en ont dit, on ne peut qu'élever des doutes sur le lieu auquel ils avaient donné le nom de Vésuve. Il paraîtrait qu'ils appelèrent ainsi un autre volcan situé dans les champs Phlégréens, lequel est aujourd'hui la Solfatara, près de Pouzzole. Néanmoins Diodore de Sicile, Strabon et Pline s'accordent entre eux pour indiquer en parlant du Vésuve la montagne que nous connaissons sous ce nom. Dans l'histoire des premiers temps de l'Italie, on dit que le Vésuve brûle, comme je l'ai déjà dit, depuis les temps les plus reculés, et qu'il s'est acquis une grande célébrité par ses éruptions incendiaires. Ainsi les champs Phlégréens le Phlégéton, le combat des Géants, la demeure souterraine de Typhon, lieux et combats brodés par la mythologie, ne paraissent que des souvenirs confus des imposantes révolutions physiques dont la Campanie dans les premiers âges avait été le théâtre. Polybe, Lucrèce, Vitruve, Sénèque, Diodore de Sicile, Velleius Paterculus, Silius Italicus, Denys d'Halicarnasse, le démontrent jusqu'à l'évidence. Le premier des écrivains qui en parlent avec plus de détails est Diodore de Sicile, lequel florissait sous Auguste, 25 ans avant J.-C. Il dit que le Vésuve avait, comme l'Etna, vomi des flammes depuis des siècles, et qu'il gardait des traces de ses antiques éruptions. Pourtant ses feux semblaient pour ainsi dire éteints ; depuis longtemps les peuples du voisinage vivaient à son égard dans une profonde sécurité, et ne parlaient des désastres passés que comme d'une obscure tradition. Pline, Strabon et Dion Cassius conjecturaient ces éruptions par leurs effets seulement.

Dans le siècle d'Auguste, le sommet du Vésuve était couvert de vignes, orné de beaux arbres, et beaucoup plus bas qu'il ne l'est maintenant. Il y avait là un gouffre dans lequel descendit Spartacus avec soixante-quatorze gladiateurs vigoureux comme lui, poursuivis par le consul Claudius Glaberus. Celui ci était à la tête de trois mille hommes, avec lesquels il cerna le Thrace au pied du mont et occupa le chemin qui servait aux rebelles à prolonger leur résistance. Spartacus, menacé de famine, éluda le combat ; il fit construire de longues échelles avec des sarments de vigne ; il descendit par la caverne et sortit inaperçu vers la partie opposée de la montagne. Ayant alors réuni tous les siens, il fondit à l'improviste une nuit sur les Romains, en fit un horrible carnage et s'empara du camp.

Nul écrivain ancien n'a mieux dépeint le Vésuve que Strabon, lequel vivait sous Tibère « Le Vésuve, dit-il, est situé près de Naples ; il est de toutes parts entouré de champs fertiles, excepté vers sa cime, laquelle forme en grande partie un plateau stérile. La surface de ce plateau est couverte de cendres, et présente de profondes cavernes qui se ramifient en différentes ouvertures et en différents pores. Les pierres sont brûlées, et leur calcination fait présumer que le mont fut jadis en pleine incandescence et eut des bassins de feu. Le volcan s'éteignit sans doute dès que la matière combustible se trouva épuisée, et cette fécondité prodigieuse qui distingua toujours la Campanie est due peut être à ce feu intérieur du Vésuve et aux cendres qui recouvrent ses flancs. » C'est ainsi que le terrain des environs de Catane, mêlé aux cendres du mont Etna, était devenu un excellent vignoble. La glèbe ainsi brûlée, ajoute Strabon, doit avoir une graisse et des sels qui la rendent plus fertile. Les éruptions les plus récentes ont démontré la puissance fertilisatrice des cendres du Vésuve. Celle de 1796 a rendu les vignes si fécondes que l'on ne trouva pas assez de futailles pour en recueillir les raisins. Il en fut de même après celle de 1822.

Voici la série chronologique des éruptions du Vésuve depuis celle de 79, dont Pline fut la victime, et qui a été décrite par son neveu : 79, 203, 472, 512, 685, 993, 1036, 1049, 1138, 1139, 1306, 1500, 1631, 1660, 1682, 1694, 1701, 1704, 1712, 1717, 1730, 1737, 1751, 1754, 1760, 1766, 1767, 1770, 1771, 1773, 1774, 1775, 1776, 1778, 1779, 1786, 1790, 1794, 1804, 1805, 1806, 1810, 1811, 1813, 1817, 1820, 1822, 1831, 1833, 1834, 1840.

Depuis la terrible éruption de 79, les cinq ou six premières qui la suivirent à différentes époques n'eurent presque rien de remarquable. La septième, arrivée en 1036, ouvrit les flancs de la montagne, et il en sortit des matières liquides dont le torrent enflammé descendit à la mer. Le volcan rejeta aussi une grande quantité de résine sulfureuse et de bitume. Les éruptions de 1138, 1139 et 1306 furent sans intérêt. Celle de 1500 se termina par une pluie de cendres rougeâtres. Celle de 1631 paraît avoir été une des plus formidables : une nuit obscure enveloppa en plein jour tout le golfe de Naples ; une pluie de cendres et de poussière couvrit au loin les environs ; le tonnerre retentissait du fond de cette masse immense de vapeurs épaisses, et les ténèbres n'étaient dissipées par intervalles que par la clarté que répandaient les éclairs et les rochers ardents que lançait l'abîme. Un torrent de laves se partagea en sept branches, et sema partout la terreur et le ravage ; les beaux jardins de Bienca, de Portici, de Granatelli et le village de Résina disparurent sous les cendres, dont le torrent dévastateur entraîna à la mer une partie du village de la Torre del Greco et de celui de l'Annonziata. Au torrent de feu succéda un fleuve dont l'eau bouillante coula du haut de la montagne, où il s'était formé par des pluies abondantes, accompagnées de tremblements de terre. Naples se ressentit de ce fléau, et un grand nombre de ses édifices furent endommagés.

L'éruption de 1660 versa dans les campagnes une matière fondue, vomie sans bruit par trois anciennes ouvertures du volcan. La lave, ne trouvant point de résistance, put s'écouler paisiblement. En 1682, l'incendie fut accompagné de tremblements de terre. Les éruptions suivantes, jusqu'à celle de 1737, ne présentèrent aucun phénomène particulier. Dans cette dernière, la lave accumulée se fraya plusieurs routes, et ses torrents enflammés désolèrent bientôt les cantons en culture en brûlant les arbres qu'ils rencontraient sur leur passage. Le volcan répandit ensuite une odeur suffocante de soufre qui endommagea les feuilles et les fruits des arbres épargnés par le feu.

Après cette éruption, qui dura vingt-deux jours, le volcan sommeilla pendant quatorze ans ; mais le 22 octobre 1751, il se réveilla par une forte explosion. La montagne s'ouvrit un peu au-dessus de l'Atrio del Cavallo, ainsi qu'on appelle le vallon qui se trouve entre les montagnes de la Somma et du Vésuve : ce fut avec un horrible fracas et en vomissant des flots de laves brûlantes. Les trois éruptions suivantes furent peu meurtrières. Celle de 1767 fut très violente, et depuis lors le volcan se montra presque toujours en activité jusqu'en 1779. Dans cette dernière année, le jet de feu, suivant Denon, fut de plus de 6,000 mètres. La lave descendit dans la vallée de Somma pour s'y partager : une partie tourna du côté d'Ottajano ; l'autre prit la route de l'Ermitage et de Résina. La colonne de fumée, bien qu'elle se dirigeât sur Ottajano, était si élevée qu'elle paraissait couvrir Naples. En un moment la montagne ne parut plus qu'un globe de feu. Les broussailles de Somma et les bois d'Ottajano s'embrasèrent, et les habitants de Résina, de Torre del Greco et dell'Annonziata se sauvèrent aussitôt vers Portici, emportant avec eux leurs enfants et ce qu'ils avaient de plus précieux ; mais l'éruption ne dura que vingt-huit minutes. Le lendemain, après les dégâts de la veille, savoir : Ottajano à moitié brûlé, une foule d'hommes tués ou blessés, 18 pouces de cendres et de pierres sur la surface du sol, le calme reparut, et en quelques jours les habitants rejoignirent celles de leurs demeures qu'avait épargnées l'incendie.

L'éruption de 1786 forma une cataracte de feu en se précipitant de 60 pieds dans le Fosso Faraoni, où elle détruisit une chapelle. L'éruption de 1794 rappela celle de 79 et dévora la Torre, ville alors sur le rivage de la Méditerranée, et peuplée de 18,000 habitants, qui durent se réfugier à Naples. Après trois heures de dévastation, elle se jeta dans la mer, où elle forma un rocher d'un tiers de mille carré et d'une épaisseur de 5 mètres. Les cendres qui s'échappèrent du volcan se répandirent aussi sur la Calabre.

En 1804, il n'y eut qu'une petite éruption, et lorsqu'elle fut calmée, M. de Chateaubriand, qui se trouvait alors à Naples, voulut visiter le volcan. Il descendit dans le gouffre, et voici ce qu'il en dit :

« Qu'on se figure un bassin d'un mille de tour et de 300 pieds d'élévation qui va s'élargissant en forme d'entonnoir. Ses bords ou ses parois intérieurs sont sillonnés par le fluide de feu que ce bassin a contenu. Les parties saillantes de ces sillons ressemblent aux jambages de briques dont les Romains appuyaient leurs énormes maçonneries. Des rochers sont suspendus dans quelques parties du contour, et leurs debris mêlés à une pâte de cendres recouvrent l'abîme. Le fond du bassin est labouré de différentes manières. A peu près au milieu sont trois petites bouches nouvellement ouvertes, et qui vomirent des flammes pendant le séjour des Français à Naples, en 1798. La couleur générale du gouffre est celle d'un charbon éteint. La lave en quelques endroits est peinte d'azur, de jaune et d'orange. Des blocs de granit, tourmentés et tordus par l'action du feu, se sont recourbés à leurs extrémités comme des palmes et des feuilles d'acanthe. Comparez le silence de mort qui règne ici en ce moment aux détonations épouvantables qui ébranlaient ces mêmes lieux, lorsque le volcan vomissait le feu de ses entrailles et couvrait la terre de ténèbres. Qu'est-ce que ces révolutions si fameuses des empires auprès de ces accidents de la nature qui changent la face de la terre et des mers ? Heureux du moins si les hommes n'employaient pas à se tourmenter mutuellement le peu de jours qu'ils ont à passer ensemble! Le Vésuve n'a pas ouvert une seule fois ses abîmes pour dévorer les cités que ses fureurs n'aient surpris les peuples au milieu du sang ou des larmes! Le temps varient, et les destinées humaines ont la même inconstance. »

En 1820, huit bouches s'ouvrirent à la fois, et devinrent autant de cratères, deux dans l'intérieur du cône principal et six à l'extérieur. En 1822, une neuvième se forma encore, et bientôt un torrent de feu se dirigea sur Résine, en passant sur la lave de 1810, et menaça Portici, pendant que, d'un autre côté, le village de Torre del Greco, était dans une transe inexprimable. En 1827, un petit cône, formé au fond du gouffre, jeta un peu de lave, et continua ainsi jusqu'en 1830 ; on put voir ensuite la lave se refroidir et s'éteindre, en attendant une éruption nouvelle, qui eut lieu, en effet, en 1834, et détruisit plus de quatre cents arpents de terrain couvert d'arbustes, outre qu'elle enfouit plus de cent habitations des deux villages de San-Giovanni et de Caposicco. Durant cette dernière catastrophe, la mer avait été très agitée dans la partie qui borde Résine et Torre dell' Annonciata. La sérénité de l'air n'avait pourtant pas été troublée.

Terminons par un mot encore sur la forme de la montagne et du cône du Vésuve.

Nous avons déjà dit que l'on comprend sous le nom de Vésuve la réunion de plusieurs montagnes d'origine volcanique. Ces montagnes sont : l'Ottajano, au nord-est du cratère ; la Somma, au nord, mais plus rapprochée ; le Vésuve proprement dit, et le mont Cantaroni, à l'ouest. Ces quatre montagnes forment un groupe d'environ 32 kilomètres de circonférence. L'Ottajano est, il est vrai, une colline plutôt qu'une montagne ; elle est presque à la base du cône que forme le groupe. Le mont Somma est une longue ceinture qui s'étend de l'est à l'ouest, au nord du cône, dont elle est, comme nous l'avons dit, séparée par l'étroite vallée de l'Atrio del Cavallo, c'est-à-dire vestibule du cheval, nom qui lui vient de l'usage où sont les voyageurs d'y laisser leurs montures. Cette même ceinture est complétée, au sud, par la Pedamentina, qui, à l'est, se rattache à la Somma, et à l'ouest se termine à peu de distance du mont Cantaroni, où, dans les ascensions au Vésuve, le piéton aime à faire une halte.

Nous n'avons indiqué qu'environ cinquante éruptions du Vésuve, quoique les recherches de MM. Brongniart et Girardin en constatent soixante-quinze ; nous n'avons voulu signaler que les plus notables. L'Etna, qui ravagea les environs de Catane l'an 427 avant J.-C., en compte une centaine, ainsi que nous l'avons dit, mais qui sont loin d'offrir la même importance et le même intérêt que celles du Vésuve.

Nous passons sous silence les volcans sous-marins, parce que l'étude en est encore peu avancée, et que d'ailleurs l'espace nous manquerait pour rappeler ici ce que les navigateurs nous apprennent à cet égard.

Nous dirons de préférence un mot encore sur les deux villes de Pompeïa et d'Herculanum, ensevelies sous les laves et les cendres du Vésuve, la première en l'an 79 de notre ère et la seconde antérieurement.

Sur les ruines d'Herculanum, ou plutôt au-dessus des laves qui les recouvrent, a été bâtie la ville de Portici, et l'on n'a pratiqué des fouilles que pour retirer les objets précieux qui donnent tant de prix au musée du Palais-Royal de Portici ; on a même comblé les excavations qu'on y a faites, et l'on ne peut plus y voir que le théâtre.

Pompeïa, au contraire, est une ville en quelque sorte ressuscitée et rendue à la lumière du jour, sauf ses habitants ; on peut se promener dans les rues déblayées, entrer dans les maisons, et suivre encore la route garnie de larges trottoirs et bordée de tombeaux ; la trace antique des chars sur la chaussée, pavée de larges dalles en laves, conduit à la porte de la ville. Des écriteaux sur les portes des maisons rappellent l'usage des anciens, qui était d'y inscrire les noms des locataires ou propriétaires. Avant d'entrer dans la cité, dans la partie entourée de tours et de murs de défense, on traverse un de ses faubourgs, qui fut déblayé presque en totalité par l'ordre du roi Murat, de 1812 à 1814. Ce faubourg est proprement la rue des Tombeaux. En face de celui de Diomède est une des plus vastes et des plus belles habitations conservées de Pompeïa. Dans la ville on distingue la rue Consulaire, avec deux auberges dont les noms étaient peints en noir au-dessus des portes ; la rue des Murailles publiques, où existe la maison de Salluste ; la rue des Thermes, avec la demeure de l'édile Pansa ; la rue de Mercure, une des plus belles de Pompeïa ; la rue du Forum, le temple de Jupiter, le Grand-Théâtre et le Panthéon.

Presque en face de la Sicile, de l'autre côté de l'Adriatique, est le *pays des Monténégrins*, dont nous allons dire quelques mots.

Ce pays est situé entre le 36e et le 37e degré de longitude, et les 42e et 43e degrés de latitude. Il est borné à l'est par le cadalik d'Antivari et le Zante supérieure ; au midi, par les bouches du Cattaro, depuis le Pastrowichio jusqu'à la province de l'Herzegowine ; à l'ouest, par l'Herzegowine, comprise au viziriat Bosniate, et par les montagnes supérieures de l'Albanie propre : il est par conséquent environné de trois côtés par le territoire turc, et du quatrième par l'Albanie ex-vénitienne.

Quelques rivières prennent leur source dans cette contrée, partout entrecoupée de montagnes, et d'une situation à peu près semblable à celle des Alpes, mais en général si triste plus sévère. Le climat en est bien plus doux que celui de la Suisse, et peut se comparer à celui de la Macédoine. Le Monténégro est le seul pays de l'Europe où l'on ne voit aucune ville, ni même aucun assemblage d'habitations qu'on puisse comparer. Les abords de ce pays sont partout difficiles et périlleux : aucun chemin tracé n'y conduit. Il faut gravir plusieurs gradins en amphithéâtre en allant de cavités en cavités et en se crampponnant aux rochers. Une fois sur la hauteur, on a un plateau assez étendu de terres à bruyères où paissent de nombreux troupeaux. Le pic majestueux du Montecœlo se perd dans les nuages et se montre couvert d'une neige éternelle.

Les maisons des Monténégrins sont isolées et construites grossièrement de branchages et de terre. Elles sont couvertes d'écorces d'arbres, lesquelles ont de vingt-cinq à trente pieds de long, et quatre à cinq pouces de large. On pose les écorces dans leur longueur, sur le cintre, d'où elles s'inclinent des deux côtés sur les murs; et, placées l'une à côté de l'autre en recouvrement alternatif, à la manière des tuiles, elles abritent parfaitement la maison. De très grosses pierres sont fixées de chaque côté à des barres de traverse qui contiennent cette toiture, afin d'éviter les secousses des vents. Ces maisons n'ont, pour la plupart, qu'une pièce, dont le foyer est au milieu : les bêtes et les gens y habitent en commun.

Gnégussi, lieu de la résidence habituelle du gouverneur, présente le plus bel aspect; un terrain considérable au centre de montagnes du troisième ordre offre un vaste plan circulaire; de nombreuses et grandes habitations l'environnent au pied des monts, et, s'y élevant en amphithéâtre, produisent l'effet le plus agréable. Cet effet disparaît à l'approche. Les maisons, qui de loin semblent ne former qu'un cordon continu, sont très éloignées les unes des autres, et la plupart environnées de jardins; néanmoins c'est un bourg des plus considérables, où se tiennent de fréquents marchés pour le pays. C'est le siége de l'autorité temporelle.

Les maisons, qui y sont presque toutes à un seul étage, sont aussi toutes construites de la même manière, en très grosses pierres, taillées sans beaucoup de soin; elles sont couvertes de dalles brutes et disposées sans régularité. Tout prouve que les arts sont ignorés ou tombés en désuétude. Point d'architecture, point de règles, point d'ordre dans la construction de ces maisons. Chacun y est son propre architecte, et lorsqu'il s'agit d'une construction de quelque importance, on a recours à des maçons étrangers. Les couvents, les presbytères, sont bien bâtis ; la maison du gouvernement et celles de quelques notables sont de ce nombre; aussi offrent-elles un singulier contraste avec tout le reste.

Nulle part ailleurs que dans les temples, on ne rencontre les traces de la sculpture ; aucun genre de décor, ni à l'intérieur, ni à l'extérieur d'aucune habitation particulière ; les meubles mêmes qu'on voit dans quelques endroits sont très grossièrement travaillés ; et ceux qui réunissent à l'utilité quelques formes agréables y sont apportées de la Pouille, de Trieste, et plus souvent de Venise, par la province de Cattaro.

L'intérieur des maisons est couvert de nattes et de tapis de lisières. Le feu se fait au milieu d'une pièce spacieuse; des pierres ou des escabelles de gros bois sont placées autour; on s'y assied en rond. C'est là aussi que se préparent les aliments. Deux planches suspendues à des tringles de bois servent à placer le laitage et les viandes. Les habits sont accrochés à des chevilles dans un angle. Quelques coffres portatifs renferment ce que l'on a de plus précieux.

Les Monténégrins ont pour chef civil le gouverneur, qui a au-dessus de lui le wladika ou prince-évêque. Celui-ci prononce en dernier ressort sur les affaires graves. Cependant les homicides sont ordinairement vengés par la famille de la victime sur celle de l'agresseur, si on ne peut pas le saisir lui-même.

Les habitants du Monténégro, considérés en général, sont un assemblage d'hommes de la plus haute stature et des plus heureuses formes, dans les proportions de la belle nature. Aux traits du visage les plus réguliers s'y joignent un regard assuré, haut, superbe même, qui, imprimant à leur physionomie un extérieur sévère, semble au premier coup d'œil justifier l'opinion d'une dureté de cœur qu'ont accréditée les journaux sur de fausses relations ; cette dureté n'est qu'apparente ; ils ont le port noble, la démarche libre, mais fière, théâtrale, et presque audacieuse.

Tous portent la moustache; elle est d'obligation, et le plus grand outrage qu'on puisse leur faire est de la toucher ou d'en parler avec dédain. Ils tiennent habituellement leurs cheveux rasés sur le front jusqu'à la moitié de la tête, dans la direction d'une oreille à l'autre. « L'homme, disent-ils, doit montrer son front à découvert, s'il n'a point à rougir; et s'il a à rougir, il doit encore montrer son front à découvert, pour se corriger par l'aiguillon de la honte. »

La plupart portent la barbe longue, ou du moins se rasent fort rarement. Jamais ils ne coupent leurs ongles.

Ils sont remarquables surtout par la beauté de leurs jambes. Aussi sont-ils agiles, propres à la chasse, et en général à tous les exercices du corps. Ils saluent de la main comme s'ils avaient les habitudes du monde poli. Ce peuple compte environ cinquante-trois mille habitants.

Les Monténégrins sont tous d'une grande adresse dans le maniement de leurs armes : ils tirent avec la plus grande justesse et à une grande portée. On les forme de bonne heure à l'exercice de la cible.

Leurs habits sont d'une étoffe très grossière d'un gris blanc ou d'une couleur bleue. La casaque est à manches larges et s'agrafe sur la poitrine. La chemise est sans collet. Les pantalons peuvent être serrés ou flottants et amples. On porte pour souliers des chaussons de peau de chèvre d'une seule pièce, qui prennent la forme du pied. Des pistolets sont passés dans la ceinture. Le fusil est en bandoulière. Les hommes portent ordinairement une espèce de havresac renfermant quelques vivres. Jamais aucun Monténégrin ne fait un pas sans être muni de toutes ses armes, et il a toujours à la bouche une pipe à long tube.

Les Monténégrines ont de belles formes, les yeux grands, pleins d'expression, de belles dents, une physionomie avenante, un teint un peu basané, parce qu'elles sont assujéties aux travaux des champs; celles qui ne quittent point la maison sont très fraîches et très blanches. Toutes ont la poitrine large, et l'ont fort belle. Leur abord est aisé, leur parler agréable et insinuant; elles sont d'un naturel très souple, comme alliée d'une force extraordinaire.

Leur habillement consiste en une longue et large tunique sans manches, sur une chemise encore plus longue à manches très larges et brodées à la grecque. La chaussure est la même que celle des hommes. Les filles ont pour ornement une grande quantité de monnaies ou de médailles, et portent une barette de diverses couleurs.

La cérémonie du baptême est accompagnée d'une multiplicité d'aspersions abondantes; le pope, à cet égard, ne fait point grâce d'une seule goutte; et c'est pour le nouveau-né une véritable immersion. En plaçant les enfants dans le berceau, on y met en même temps les attributs de leur sexe. Pour les garçons, ce sont le fusil, les pistolets et le ganzard.

Les Monténégrines, pendant leur grossesse, n'observent aucun régime et n'interrompent aucunement leurs travaux ni leurs voyages. Elles se chargent des mêmes fardeaux, et accouchent au milieu des champs ou dans les bois, seules, sans autre secours qu'elles-mêmes, sans pousser le plus léger soupir ni faire entendre la moindre plainte. Après s'être un peu remises, elles prennent l'enfant dans leur tablier, le portent au premier ruisseau ou à la plus proche fontaine, le lavent et l'enveloppent dans des haillons, pour le laisser à lui-même au bout de quatre mois d'allaitement.

Les Monténégrins ont des chiens de garde d'une grosseur extraordinaire, et qui font un horrible vacarme à l'aspect d'un étranger. Ils ont la forme et la férocité du loup. Malheur à l'homme qui les aurait provoqués : c'en serait fait de lui !

Les filles des Monténégrins veillent sur leur conduite avec un grand soin ; car si l'une d'elles devient enceinte, c'est une calamité non-seulement pour la famille, mais pour tout le pays. Selon le voyageur Vialla, dont nous empruntons le récit, on fait des prières dans les églises, on s'en entretient partout comme d'une affaire d'État. La malheureuse victime de sa faiblesse ou de son amour est impitoyablement maltraitée, souvent même exposée à la mort. Chassée de la maison paternelle, personne n'oserait ouvertement lui offrir un asile ; elle est obligée d'aller se cacher dans quelque antre, où elle finit par mourir de faim, ou périt dévorée par les bêtes féroces. Quelquefois elle s'expatrie ; il en est aussi qui, pour ne pas survivre à leur honte, se sont précipitées des plus hauts rochers.

Une très belle fille de ce pays, connue sous le nom de *Nika*, allait fréquemment à Cattaro, où elle avait contracté des liaisons avec un sergent français ; elle devint enceinte. Longtemps elle cacha son état, mais une sœur, l'ayant découvert, en informa sa mère ; ces deux femmes, subjuguées par l'opinion, entraînent cette infortunée dans les bois, l'attachent à un arbre, l'éventrent et lui arrachent l'enfant palpitant !

Heureusement, dit M. Vialla, qui a visité ces contrées, ces scènes horribles sont très rares au Monténégro, où il y a beaucoup de retenue parmi les femmes. On y connaît encore la timide retenue de l'innocence ; les bonnes mœurs n'y sont pas en dérision ; aussi, l'opinion publique en est-elle la règle et le prix. D'ailleurs, les Monténégrines sont naturellement douces et d'une ingénuité touchante ; elles sont sensibles et aiment avec constance ; mais aussi, sont-elles très jalouses et capables de se porter à tous les excès pour venger l'humiliation d'un abandon coupable. En voici un exemple. Une jeune Monténégrine, d'une bonne famille, devint éprise d'un jeune compatriote ; elle céda au sentiment qui l'entraînait. L'amant, après avoir tout obtenu, s'éloigna. L'infortunée, qui voit approcher le terme de sa honte, le cherche ; elle emploie tout pour déterminer le séducteur à l'épouser. Elle pleure, caresse, menace, et toujours en vain. Enfin, indignée, elle lui dit : « M'épouses-tu, oui ou non ? — Nous verrons. — Explique-toi sur l'heure. — Eh bien ! je te le promets. — Quand ? — Dans un mois. — C'est trop tard ; tu sais mon état, huit jours te suffisent. » Le jeune homme, croyant se débarrasser de l'importunité de sa victime, lui dit : « Eh bien ! dans huit jours. » Maria lui présente aussitôt l'image de la Vierge : « Jure, dit-elle, jure-le par la Madone. » L'aspect de cette image révérée, par laquelle les Monténégrins ne jurent pas vainement, découvre l'arrière-pensée de l'infidèle ; il hésite : « Mais ! » dit l'amante inquiète. — Mais il faut,... il faut,... — Il faut jurer. — Je ne puis. — Jures-tu ? — Non. » A ce mot, la jeune fille se précipite sur lui ; elle lui arrache son poignard, l'en frappe au cœur, et se perce elle-même le sein.

Nous venons de faire connaître la rigidité des mœurs des filles monténégrines ; indiquons quelques traits relatifs à leur hyménée.

Lorsqu'une jeune fille est recherchée en mariage, le père du garçon ou quelqu'un des plus proches parents se rend dans la maison avec laquelle il veut former alliance. On lui présente les filles, et il choisit celle qui lui plaît, sans s'inquiéter si elle sera du goût de celui qui doit l'épouser. Rarement il éprouve un refus, car en ce pays on ne fait nulle attention à l'état, ni à la situation, ni à la fortune des époux, et il arrive souvent qu'un Monténégrin accorde sa fille à son fermier, même à son serviteur. Le mariage convenu, le futur est amené chez la fiancée ; dès qu'ils se sont vus et qu'ils ont témoigné le moindre désir réciproque de s'unir, le mariage est conclu sans qu'il y ait besoin de contrat, car les Monténégrins n'ont pas de notaires, leur parole suffit, d'autant plus que la femme n'apporte jamais en dot qu'un simple trousseau. Le prêtre bénit l'union, après avoir confessé la jeune fille. Il y a un banquet et des réjouissances qui durent quelquefois plusieurs jours, pendant lesquelles l'époux ne peut approcher de sa femme que furtivement ; on exige même qu'ils dorment tous deux séparément jusqu'à la fin de la noce.

Chez ce peuple, une femme n'ose appeler en public son mari par son nom, la première année du mariage ; elle en charge une autre personne, mais toujours sans le nommer, se servant de l'expression : Appelle celui-là. Elle s'en fait un scrupule alors même qu'elle est seule avec lui. De son côté, le mari observe la même réserve à l'égard de sa femme.

Si une demande de mariage a été rejetée, il arrive quelquefois que le jeune homme refusé se rend furtivement avec quelques amis à la maison de la fille, l'enlève bon gré mal gré, et la conduit devant le prêtre, qui moyennant un léger salaire les unit, nonobstant toute réclamation. Si cependant un anneau nuptial avait été donné auparavant, il faudrait le restituer, avant de pouvoir contracter un nouvel engagement.

Il existe encore parmi les Monténégrins des alliances intimes ou confraternités d'armes, qui sont inviolables. Ces alliances se font avec un certain appareil devant le prêtre, qui bénit les armes posées en croix sur le seuil de la porte. Chacun des deux amis y porte la main droite, tandis que la gauche touche le cœur, et, dans cette attitude, on se donne le baiser d'alliance, en jurant de vivre et de mourir l'un pour l'autre. Après ce serment, les deux amis font l'échange réciproque de leurs armes, et, à la mort de l'un d'eux, elles appartiennent au survivant. Un tel pacte est rarement violé, il résiste à toutes les épreuves. Les offenses faites à l'un sont communes à l'autre.

Les Monténégrins ont un grand respect pour les morts. Les parents du défunt lui parlent à l'oreille, pleurent et lui donnent des commissions pour l'autre monde, en lui attachant au cou un morceau de gâteau, et en lui mettant dans la main une pièce de monnaie, à la manière des anciens Grecs. Le corps descendu dans la terre, on donne un grand repas mêlé de chants bachiques et de prières. Les hommes laissent croître leur barbe en signe de deuil ; les femmes se couvrent la tête d'un mouchoir bleu ou noir pendant la première année du décès ; si c'est un mari ou un de leurs enfants, chaque jour de fête elles vont pleurer et déposer des fleurs sur sa tombe, en demandant à haute voix au défunt des nouvelles de l'autre monde.

Nulle part la croyance aux revenants, aux sorciers, aux malins esprits, n'est plus invétérée qu'au Monténegro. Les fantômes, les rêves, les prestiges, poursuivent sans cesse leur imagination ; mais rien n'égale la terreur que leur inspirent les cadavres des individus frappés d'excommunication, et jetés au hasard sans sépulture. Le sol qui les a reçus est une terre maudite à jamais ; ils s'en éloignent à une grande distance ; et si le lieu se présente à leur souvenir, ils se croient poursuivis par des *revenants*. Enfin ces hommes, qui affrontent tous les périls, ne rêvent que sorciers et esprits malins ; tous leurs discours peignent la terreur dont ils sont atteints.

D'autres croient voir les ombres de leurs aïeux planer dans les nuages et sur leur tête : ils leur adressent la parole dans le silence et les ténèbres ; ils croient entendre leur voix ; ils conversent avec les ombres, leur donnent des commissions pour d'autres morts ; et, dans le délire de leur imagination, ils se figurent être eux-mêmes en communication ouverte avec l'autre monde.

En résumé, les Monténégrins sont hardis et intrépides dans les combats ; rusés, irascibles, ils sont terribles dans leurs ressentiments. Ignorants et vains, ils sont superstitieux dans leur religion ; avides de nouvelles, ils sont d'une crédulité stupide. Ils sont intéressés dans les affaires, mais très exacts dans leurs relations commerciales ; bons et hospitaliers envers les étrangers qui réclament loyalement l'asile ; fidèles à leur parole, constants en amitié ; pleins de piété envers leurs pères et mères ; très attachés à leur patrie, et surtout jaloux à l'excès de leur indépendance. Ce qu'il y a de plus honorablement remarquable chez ce peuple, c'est la profonde vénération qu'il a pour la vieillesse. Lorsque les jeunes gens aperçoivent un vieillard, ils pressent leurs pas, s'approchent respectueusement de lui, le baisent sur la poitrine et s'inclinent humblement. Celui-ci porte la main étendue sur leur tête, et les baise au front.

Chez les Monténégrins, la vengeance se transmet de père en fils, et ne s'éteint qu'après une longue série d'attentats réciproques, et en la rachetant quelquefois avec des sommes plus ou moins considérables. Alors, une réconciliation publique a lieu ; il y a messe solennelle, les deux familles y assistent ; le kmeti ou tribunal spécial, composé de vingt-quatre vieillards, dont douze au choix de chaque famille, se réunit ; le prêtre fait jurer la paix : le coupable ou les coupables sont à genoux ; l'agresseur porte suspendue au cou l'arme meurtrière qui fut l'instrument du dernier assassinat ; les deux ennemis se tendent réciproquement les bras, se serrent l'un contre l'autre ; les assistants applaudissent, et la réconciliation est définitivement accomplie.

ALBERT-MONTÉMONT.

DE GÉRANDO.

(1843.)

VOYAGE EN HONGRIE.

Dans un séjour assez prolongé en Hongrie, M. de Gérando, fils du célèbre économiste, a recueilli sur cette contrée des détails remplis d'intérêt, dont nous allons présenter le résumé après avoir offert une idée générale sommaire de ce pays autrefois libre et aujourd'hui dépendant de l'empire d'Autriche.

La *Hongrie* est située par 14°-24° long. E. et 44° 20'-49° 10' lat. N. Elle est bornée au nord par la Gallicie ou les monts Carpathes ; à l'est, par la Buckowine et la Valachie ou la Turquie occidentale ; au sud, par la Servie turque ; et à l'ouest, par la Styrie et la Moravie, où la rivière Morawa ou March forme limite naturelle. Ce pays, de 190 lieues de long sur 107 de large, passe, dans sa partie sud-est, pour la région la plus fertile de l'Europe ; elle produit du froment, du riz, du maïs et autres céréales ; elle a de gras pâturages, et plusieurs districts où l'on récolte d'excellents vins, entre autres le fameux vin de Tokai. La partie nord, où se développent les monts Carpathes, est généralement beaucoup moins, sous ce rapport, favorisée de la nature ; mais elle a de vastes forêts où l'on remarque de gigantesques sapins et autres bois de construction, comme aussi elle présente de grandes richesses minérales. La partie qui touche à la frontière turque est organisée sur un pied militaire ; le Transylvain et le Croate, qui sont de fait habitants de la Hongrie, manient de la même main la charrue et le mousquet.

Nous passerons sous silence plusieurs accidents naturels, et nous nous bornerons à rappeler ce qui sera le plus propre à fixer l'attention, sans non plus nous astreindre à un classement rigoureux dans nos aperçus, parce que nous reproduirons les faits seulement à mesure qu'ils nous seront offerts par les écrivains qui les ont recueillis.

Les principales *rivières* de la Hongrie sont le Danube et la Theïss. Le *Danube* (*Donau* en allemand et *Duna* en hongrois) entre en Hongrie à l'instant où il reçoit à sa gauche la rivière de March ou Morave. Il reçoit à sa droite la Drave et la Save, qui viennent, l'une de la Styrie et du Tyrol, et l'autre de l'Illyrie ; à sa gauche, la Theïss, qui vient de Marmaros et de la Buckowine, et qui, selon les Hongrois, contient autant de poisson que d'eau.

La Theïss sépare la Hongrie orientale de la Hongrie occidentale. Le Danube traverse la haute et basse Autriche, la Hongrie dans le sens du nord-ouest au sud-est, sépare l'Esclavonie de la Hongrie et les confins militaires hongrois de la Servie ; il entre à Orsova, dans l'empire ottoman, pour aller joindre la mer Noire, après un cours d'environ 600 lieues.

Les principales *villes* de la Hongrie sont les suivantes : *Bude*, l'*Ofen* des Allemands, sur la rive droite du Danube, vis-à-vis *Pesth*, située sur la rive gauche, à laquelle la réunit un pont en fil de fer. Bude a près de 100,000 habitants, tandis que Pesth n'en compte que 60,000. Bude est la résidence du palatin ou vice-roi de Hongrie ; mais Pesth, assise au milieu d'une plaine sablonneuse, est la plus belle ville du royaume. Vient ensuite *Debreczin*, ville éminemment industrieuse, peuplée de 40,000 habitants, mais qui n'a ni sources d'eau potable, ni bois de chauffage, ni matériaux de bâtisse ; elle doit sa vie à ses manufactures ; elle est en quelque sorte le chef-lieu de la Hongrie orientale. Elle a une académie célèbre et une bibliothèque de plus de 20,000 volumes. Dans la Transylvanie est *Hermanstadt*, chef lieu des confins militaires, qui réunit environ 20,000 âmes. Enfin, *Presbourg*, la *Posony* des Hongrois, sur la rive gauche du Danube, plus rapprochée de Vienne, et peuplée de 45,000 âmes, est le siège de la *diète* ou assemblée nationale de Hongrie, diète qui se divise en haute et basse chambre ou *table*, à peu près comme le parlement d'Angleterre.

La Hongrie renferme aujourd'hui une *population* de plus de 15 millions d'habitants, répartis comme il suit, savoir :

ÉTENDUE.		POPULATION.
Hongrie propre	6,169 l. c.	12,000,000 hab.
Transylvanie.	685	1,700,000
Limites militaires.	863	976,000
Dalmatie.	274	350,000
Totaux.	7,991	15,026,000

On comprend sous le nom de Hongrie la haute et la basse Hongrie, c'est-à-dire la montagne et la plaine, avec leurs annexes inséparables : la Croatie, la Sclavonie, le Banat et la Transylvanie. Tout ce vaste territoire constitue, depuis dix siècles, le royaume de Hongrie, que régit une même administration, et dont les limites sont nettement marquées par des rivières profondes et la chaîne des Carpathes.

Ce royaume de Hongrie est indépendant de l'Autriche, bien qu'il fasse partie de l'empire. Lorsqu'en 1526 la diète de Hongrie offrit la couronne à Ferdinand Ier, il ne la reçut qu'en jurant la constitution. Un écrit, récemment publié par M. le comte Ladislas Teleki, a établi clairement cette indépendance politique, et c'est pour ne l'avoir plus respectée que l'Autriche a été entraînée dans la lutte sanglante qui a, comme je l'ai dit dans une autre occasion, fini par l'intervention moscovite.

La *langue* hongroise est la langue administrative du pays ; c'est l'idiome national, les hommes des différentes races sont d'autant mieux disposés à l'apprendre qu'il n'a ni dialectes ni patois. Le paysan hongrois ou magyar ne parle que sa langue propre, à laquelle il tient surtout par dignité, et le reste des paysans parle deux langues, partout où les races vivent en contact. Ce qui assure la suprématie de la race hongroise proprement dite, c'est qu'elle forme une masse compacte et occupant la plaine, avec son sol fertile, tandis que les Slaves sont dispersés dans les montagnes et dans des lieux moins favorisés de la nature. Les Slaves, observe M. de Gérando, se pressent dans leurs montagnes stériles; contraints de descendre dans la plaine, ils s'y magyarisent rapidement, et un jour les steppes nourriront une population double de celle d'aujourd'hui, c'est-à-dire d'au moins dix millions d'habitants.

Sous l'ancienne monarchie, les lois furent rédigées en latin; mais la longue du gouvernement n'était autre que la langue hongroise, et elle devint obligatoire pour tous les agents des services publics; ce qui fit que bientôt le latin s'effaça devant l'idiome populaire, lequel est aussi la langue de la diète, de la chancellerie, des tribunaux et de toutes les administrations provinciales.

Après l'idiome hongrois vient l'allemand, parlé par les colons autrichiens et souabes. Il y a ensuite le valaque, parlé par les paysans valaques; enfin, les dialectes slaves, sous les noms de slovaque, ruthène, croate, rascien, vinde, etc. Aux grandes foires de Hongrie, les Slaves des différents dialectes s'entretiennent en hongrois. Cependant il y a des villages habités par des Hongrois, des Allemands et des Slaves où, par tolérance, le service religieux se fait alternativement dans les trois langues. Ces cas sont moins communs toutefois qu'on ne le penserait d'abord, car la Hongrie est presque entièrement protestante.

La Hongrie renferme deux des plus grandes *plaines* de l'Europe : l'une, longue de 40 lieues et large de 25, embrasse la partie de la Hongrie occidentale bornée par les montagnes de l'Autriche à l'ouest, celles du comté de Nertra au nord et le Bakony au sud-est; l'autre, longue de 120 lieues et large de 80, forme la basse Hongrie, et présente en grande partie un désert salin et sablonneux, terminé vers le Danube et la Theiss par d'immenses marais. Ces plaines sont ce qu'on appelle proprement les *steppes* de Hongrie, et c'est sur elles que M. de Gérando a tracé des descriptions si riches de vie et d'intérêt. C'est d'elles maintenant que nous allons parler, après avoir ajouté toutefois que, dans le centre de la Hongrie, où domine la race des Magyars, éclatent surtout un amour invincible d'indépendance et de liberté, l'énergie du sentiment national et le talent militaire. Disons encore que, chevaleresque, loyal, désintéressé, hospitalier, orgueilleux autant que digne et généreux, le Magyar a gardé son caractère distinctif, sans le laisser énerver ou changer par les séduisants avantages de la civilisation, à laquelle, du reste, il n'est resté nullement étranger.

Dès qu'on entre en Hongrie, ce qui frappe tout d'abord, c'est le désert; ce sont ces plaines ou steppes infinies qui se déroulent sous un ardent soleil, et où brillent, durant le jour, le mirage, et, pendant la nuit, les feux des caravanes; ce sont, autour des steppes, d'impénétrables forêts, des monts sauvages dont le faîte ne fut jamais foulé sous les pas de l'homme. Partout, dit M. de Gérando, partout on aperçoit couchés sur des prairies sans limites d'innombrables troupeaux de chevaux, de bœufs, de buffles, comme en ont les peuples pasteurs et nomades; çà et là se découvrent de rares et grands villages formés de maisons basses, blanches, alignées comme des tentes. Ceux qui les habitent ne composent pas une nation, mais vingt peuples divers et restés séparés, comme si, venus d'hier, ils allaient les uns et les autres chercher une terre nouvelle. Autour de ces bivouacs, ajoute notre voyageur, s'étendent des champs cultivés, où la fertilité du terrain supplée au travail de l'homme. Ici, les habitants ont gardé l'attitude qu'ils avaient pendant dix siècles de guerre; c'est presque le silence d'un camp qui repose ou s'agite le lendemain d'une grande bataille. Aujourd'hui encore le pâtre ou le cavalier, vivant au milieu de ses troupeaux, dans les vastes plaines qu'arrose le Danube, et le laboureur cultivant le sol en moustaches et en éperons, sont les vrais fils de ces guerriers magyars qui arrivèrent, il y a dix siècles, des steppes de l'Asie, les armes à la main.

Si de l'aspect du sol le voyageur se reporte sur les *habitants*, il trouve à l'ouest les Allemands, qui, venus de l'Autriche en Hongrie, ont un reflet des deux pays sur la limite desquels ils sont placés. Hongrois par le costume, ils sont restés Souabes d'allure, et on les voit porter très pacifiquement, comme l'observe M. de Gérando, l'habit à la hussarde, qu'ils ont adopté. A l'est, vers la Transylvanie, habitent les Valaques, fils des colons implantés en Dacie par Trajan. Ce peuple, dit le même auteur, a pris quelque chose aux nations qui l'entourent, et il y a de l'oriental dans ces Romains en bottes rouges, aux vêtements de toile brodée, aux cheveux nattés et entremêlés de monnaies. Enfin, les Slaves du Danube ont emprunté aux Turcs le vêtement et le langage; ceux qui habitent la Hongrie propre ont le costume et quelques traits des Magyars; vers la Styrie, ils reparaissent avec l'habit allemand; des deux côtés, cependant, c'est le même sol et le même peuple.

Les *Slaves* habitent les montagnes qui, au nord et au sud, entourent la Hongrie. Ils comprennent, comme nous l'avons dit, les Slovaques, les Ruthènes ou Ruthéniens, qui habitent le nord; les Vindes, les Croates et les Illyriens, qui demeurent au sud. Chaque tribu a son dialecte. Parmi ces peuples se trouvent quelques milliers de Grecs et de Français. Il y a aussi des Juifs, dont le nombre s'accroît en Hongrie depuis qu'on a volé pour eux des lois favorables; ils sont dispersés sur toute la surface du sol, sans occuper proprement de territoire. Ils portent la robe et le cafetan, et ont invariablement la barbe longue. Il y a de plus des Gitanos ou Bohémiens, qui viennent ajouter à la race juive leurs mœurs étranges et vagabondes.

Les *Hongrois* ou *Magyars*, comme ils s'appellent dans leur langue, forment la classe la plus nombreuse et ont donné leur nom au pays dont ils firent la conquête dans le IXe siècle. Fidèles à leurs goûts asiatiques, ils prirent pour eux les steppes, qui sont le centre de la Hongrie. Doués d'une extrême énergie, ils ont, dans leur mouvement civilisateur, entraîné toutes les autres races. Ils ont aussi attiré les Allemands, mais en les tenant toujours en une sorte de tutelle. Pacifique par nature, l'Allemand est inoffensif et soumis; au contraire, le Hongrois, botté et éperonné, est toujours prêt à monter à cheval, l'Allemand est assez négligé dans sa mise, mais le Hongrois est toujours vêtu de manière à flatter la vue; l'Allemand, fermant sa porte un peu en égoïste, jouit discrètement de ce qu'il possède, tandis que le Hongrois, hospitalier, accueille vivement le voyageur, et ne reste indifférent à rien de ce qui peut l'intéresser ou l'émouvoir; l'Allemand a une patrie partout où il se trouve bien, tandis que le Hongrois s'attache avec une ardeur filiale au sol si propre à cette vie libre qui lui rappelle le berceau de ses pères. Il honore le courage, ne raille ni le fou ni l'idiot, et assiste avec empressement le malheureux.

M. de Gérando, qui a parcouru en tous sens la Hongrie, ne fait pas l'éloge des *routes* de ce pays. On y verse fréquemment, et comme la population est rare en proportion de l'étendue du sol, on y passe bien des heures avant de pouvoir obtenir du secours. Autour de vous, dit-il, aussi loin que se porte la vue, nulle trace humaine; devant et derrière vous, comme à droite et à gauche, des marais, des flaques d'eau, un sol détrempé; à quelques pas en avant, un torrent rapide dont le pont est emporté, et nul moyen de traverser. La nuit vient, et avec elle la faim et les loups. Il est vrai qu'à cheval, dans les steppes, on peut, à la rigueur, dit M. de Gérando, se passer de chemins. On galope sur les prairies à travers champs, on franchit les torrents et on se rit des obstacles. Le besoin des routes se fait sentir davantage dans les montagnes, surtout à la saison des pluies. Du reste, les allants et venants s'aident vite et réciproquement. Les marchands établis en Hongrie s'excusent de la cherté de leurs denrées sur la difficulté des chemins qu'ils ont dû parcourir. Mais nul ne se plaindra de pillards, il n'en existe pas en Hongrie; il s'y trouve seulement ce que les Hongrois appellent de *pauvres garçons*, bandits de profession, qui errent surtout dans la forêt de Bakony, en bandes organisées. Ce sont bien quelquefois de prosaïques voleurs qui détroussent les passants; mais le plus souvent ce sont de vrais Mandrins artistes, qui se contentent des riches habits et des belles armes qu'ils ont pu ravir.

Mais dans la route, l'accueil que l'on reçoit aux haltes ou relais dédommage amplement des fatigues du voyage. L'hôte et l'hôtesse vous tendent une main amie; on se repose au milieu de l'abondance et de la joie, puis on repart, muni de bons conseils et de bonnes provisions. Les habitants des lieux difficiles à passer vous aident d'ailleurs dans la mauvaise saison, comme en un temps de calamité publique; et cette attente de secours rend le voyageur plus intrépide ou plus insouciant. Ces secours se manifestent le plus vivement aux époques des inondations, où l'on navigue de lac en lac, où la prairie disparaît sous les eaux, où les humbles ruisseaux deviennent presque des fleuves. Il y a en outre à braver les cousins et les mille autres insectes qui vous suivent au-dessus des plaines submergées, et vous laissent aucun repos.

Après avoir décrit ces diverses pérégrinations dans les steppes de Hongrie, M. de Gérando nous initie, dans un de ses fragments, aux formes du gouvernement hongrois. Rappelons quelques traits de son esquisse sur une *élection*.

C'est l'élection, dit-il, qui, en Hongrie, investit les citoyens des fonctions municipales. Le comitat ou département est administré par des magistrats choisis tous les trois ans, et que préside un comte nommé par le pouvoir exécutif. Avant 1848, les droits électifs étaient l'apanage des nobles; il est vrai que par nobles on entendait 8 à 900,000 laboureurs : aujourd'hui règne le suffrage universel, et la Hongrie a, comme l'Espagne, une noblesse démocratique.

A la réélection des magistrats municipaux, on voit arriver à Pesth un grand nombre de petites voitures de paysans qui amènent la noblesse des campagnes. Elles forment de longues files, distribuées par villages, et en tête desquelles chevauchent les notables de l'endroit, le sabre au côté, escortant une bannière aux couleurs nationales, où sont inscrits les noms des candidats portés par le carré. Quelques villages ont leur musique sur des charrettes légères, et tout cela défile devant l'hôtel du comitat. Après le défilé, on joue l'air national; les candidats haranguent la foule; on va aux voix, et chaque élu est proclamé aux acclamations de la majorité.

Notre voyageur passe en revue les traditions populaires de la Hongrie, lesquelles perpétuent le souvenir des immortelles guerres qu'elle a soutenues contre les Turcs, ou bien encore retrace l'histoire des pérégrinations nomades de ce peuple guerrier. Les bergers hongrois sont particulièrement chargés du dépôt de ces traditions, qui sont plus ou moins bizarres, plus ou moins poétiques et attachantes.

M. de Gérando parle ensuite des champs de *Rakos*, plaine ou steppe à l'entrée de laquelle est bâtie la ville de Pesth, et qui se déroule entre le Danube, Belgrade et la Transylvanie. C'est dans cette plaine que se réunissaient jadis les diètes nationales, qui choisissaient les rois et décrétaient la guerre. Ces diètes se composaient de la foule des nobles, c'est-à-dire des guerriers ou hommes portant les armes; mais avec les rois ont disparu les diètes du Rakos; le gouvernement autrichien a fini par ne plus les respecter. Le nom de Rakos résume encore toutes les gloires et toutes les douleurs de la Hongrie.

Un chapitre de l'ouvrage de M. de Gérando est consacré aux *paysans* hongrois. Leur langage est rempli de métaphores. Un paysan hongrois appelle sa femme sa rose; sa colombe, sa perle. Il dira de la fièvre : Elle a voulu me visiter, et je ne lui ai pas donné à boire. Un aveugle dira : La lumière de mes yeux s'est éteinte subitement. En un mot, le Hongrois orne ses paroles comme ses habits; chez lui, la phrase la plus courte aura son épithète. La langue hongroise, comme toutes les langues orientales, est cérémonieuse et polie à l'excès; elle est en même temps, et toujours, remplie de dignité.

En parlant de l'*industrie* hongroise et de l'adresse des habitants, M. de Gérando rappelle que ce peuple fabrique lui-même, et avec goût, les objets qui lui sont nécessaires; les Hongrois sont bottiers, tailleurs, armuriers, selliers, maçons, chapeliers. Tout ce qui sert à l'habillement de l'homme, à l'équipement du cheval et à l'ameublement de la chaumière est confectionné par eux. Mais ils ne cherchent pas à perfectionner leurs produits : la selle faite de nos jours est en tout semblable à celle qui fut apportée d'Asie, et la forme de la chaumière est demeurée la même, ainsi que les vêtements. L'artisan travaille sous le chaume, pour ne pas rompre avec le sol, il a toujours une vigne ou une prairie. Il y a des échanges de produits pour tenir lieu d'argent comptant. Dans toute la Hongrie, on fabrique, pour contenir l'eau, des vases de terre vernie d'un pied de haut et terminés par un col étroit. On les achète en les remplissant de blé; le vendeur prend les grains, et l'acquéreur emporte le vase.

Le *costume* hongrois est parfaitement approprié aux mœurs du peuple qui l'a adopté et au climat qu'il habite. C'est un bonnet en forme de schako ou un chapeau de feutre à coiffe basse et au bord large; la poitrine est couverte d'une chemise de toile, ouverte, dont les manches sont pendantes et constamment agitées par le vent. Le paysan hongrois se serre les reins dans un pantalon de même étoffe, très ample, plissé à la taille, frangé à l'extrémité, et qui rejoint la botte; il a sur son épaule, soit une pelisse de peau de mouton, décorée d'ornements en cuir de couleur, soit un manteau blanc brodé de rouge. Ce vêtement ne le quitte jamais, et c'est ainsi qu'il peut impunément braver le froid ou l'intempérie des saisons. On rencontre en chemin le notable du village qui chevauche gravement au petit trot de son cheval, vêtu en hussard, ayant à son côté son arme indispensable, le large sabre recourbé, large comme la main et dont la poignée figure une croix; des pistolets à l'arçon de sa selle; et il est enveloppé d'un manteau de drap blanc, dont le collet, tombant en carré sur le dos, brille orné de broderies de diverses couleurs. Le bleu foncé est la couleur favorite du Hongrois, et souvent de grands rubans pendent à son chapeau de feutre, dont les bords se relèvent parallèlement à la coiffe, comme pour figurer un turban.

Le paysan hongrois a une grande dignité de geste et de maintien. Elle dénote en lui l'estime de soi, sentiment qui, à une heure donnée, lui fait accomplir de grandes choses. Dans le village, la femme appelle son mari *mon seigneur*, et ne le tutoie pas. Les enfants disent : Seigneur père. La chaumière du paysan hongrois est son empire; il y règne, obéi et respecté, et se faisant respecter par tous, lui et les siens. Sa femme sent en lui un appui fidèle; elle l'aime pour ses qualités héroïques. Elle-même est brave et forte. En outre, le besoin d'air et d'indépendance est toujours ce qui caractérise le paysan hongrois; il lui faut de la liberté et le vent des steppes; il se déplairait dans le repos et l'abri des villes.

Le vieil adage qui veut que les Hongrois naissent à cheval reçoit surtout son application, dit M. de Gérando, dans les plaines de la Cumanie. La première chose que sait faire un enfant, c'est de grimper sur un cheval et de l'éperonner. C'est à cheval qu'il va apprendre à lire, quand l'école est dans le village voisin. Durant la leçon, l'animal paît dans la prairie commune. Au sortir de l'école, l'enfant siffle sa bête, la

Gênes.

monte à poil comme il est venu, et regagne au galop la maison paternelle. Comme nouveau trait caractéristique, ajoutons que le Hongrois, à l'instar des Orientaux, est fort prodigue de politesses et de cérémonies, et que chaque paysan a le don de faire des discours. Il aime également la musique, mais la musique guerrière, qui électrise et porte l'âme à l'enthousiasme pour la patrie.

Dans la seconde partie de ses fragments, M. de Gérando s'étend avec une sorte de complaisance sur la vallée et la ville d'*Eger*, voisines du *Matra*, la cime la plus élevée de la chaîne des Carpathes. Offrons à nos lecteurs un extrait de la description qu'il a donnée de ce lieu pittoresque :

« On arrive, dit-il, à Eger, de Gyongyos, en passant par de vertes collines et de jolis bois de chêne. La terre, jusque-là, est légèrement accidentée. C'est un sol transitoire entre les steppes qui se développent au sud, et les Carpathes qui se dressent au nord. La ville s'étend au bas des montagnes, dans une cavité formée par des plaines inclinées : la situation en est heureuse, engageante ; aussi fut elle fondée de bonne heure. Tout porte à croire qu'elle existait déjà à une époque fort reculée, et l'on est convenu d'y placer l'antique *Candanum*. L'aspect d'Eger ne manque pas de grandeur. Les tours des églises, qui se voient de loin, et les glorieux débris du fort qui s'écroule, donnent à la ville quelque chose d'important, tandis que les bouquets d'arbres qui verdoient çà et là, au centre et autour des habitations, les coteaux qui les avoisinent et les hautes montagnes qui s'élèvent au-delà, animent et diversifient le tableau. Comme toute bonne ville hongroise, Eger finit de tous côtés en quelques rues longues et sablées, qui grimpent comme des rues de village au flanc des collines, et contiennent une bonne partie de la population.

« A l'entrée d'Eger se trouvent plusieurs grands jardins qui servent de promenades publiques. Ils s'étendent sur le versant d'une colline et aboutissent à une vaste pelouse plantée de gros arbres. Près de là se trouvent quelques sources minérales. L'une d'elles forme un véritable étang où l'on vient laver le linge et se baigner. Quel que soit l'état de l'atmosphère, le niveau et la température de l'étang ne varient jamais. Un torrent, l'Egerviz, qui arrose la ville, est traversé par un vieux pont de pierre qu'ornent des statues rongées par les années. Ce sont des figures de saints et de guerriers, à longue barbe, portant tous, les bienheureux comme les soldats, le costume hongrois. Une église, qui appartint, dit-on, aux Templiers, sert aujourd'hui de magasin militaire.

« La cathédrale, achevée il y a peu d'années, n'est qu'un pastiche des basiliques italiennes, sans grandeur ni inspiration. En Hongrie, les églises qui remontent au moyen-âge ont un style qui tient à la fois du gothique et du byzantin : mélange qu'explique la situation géographique du pays. Celles de date plus récente sont régulièrement surmontées de coupoles élevées et recouvertes d'un métal brillant. Placez le croissant sur la fine aiguille de fer qui s'élance du sommet de la coupole, et vous croirez voir une mosquée. Cela se retrouve d'un bout du pays à l'autre, dans les plus humbles hameaux comme dans les plus grandes villes. Les églises d'Eger, qui passeraient inaperçues, doivent à ces clochers étranges quelque chose de pittoresque, une physionomie orientale qui attire les regards.

« Quelques édifices publics s'élèvent çà et là au milieu des places et du sein des maisons basses qui forment la ville : c'est d'abord le palais épiscopal, puis la maison du comitat, où l'on garde les effets nécessaires pour armer sur-le-champ mille hussards. On voit encore un collège créé pour les écoliers pauvres, puis un lycée.

« Les Turcs, qui occupèrent Eger durant près d'un siècle, y avaient élevé des mosquées. Il ne reste plus de leur passage qu'un charmant minaret, d'une grande légèreté, que des pèlerins de Constantinople viennent visiter annuellement. Ils montent religieusement l'escalier en spirale pratiqué dans le minaret, et font trois fois le tour de la plate-forme étroite et sans balustre qui la termine. On a couvert d'un toit cette colonne révérée des musulmans, qui allait tomber en ruine. La coupole métallique qui la surmonte porte un croissant de cuivre, et au-dessus du signe infidèle une croix étend ses bras de fer, comme pour attester le triomphe du christianisme, dernière et inutile douleur réservée aux pèlerins musulmans. Autour de ce modeste représentant de l'islamisme tombé, dix églises, trois chapelles et neuf cloîtres élèvent fièrement leurs tours et leurs clochers. »

M. de Gérando nous offre aussi des détails piquants sur la cérémonie à laquelle donne lieu l'entrée en charge des *comtes suprêmes*, en Hongrie; cette cérémonie, qu'il serait trop long de rappeler ici, se termine toujours par un banquet et de brillantes illuminations. Notre explorateur passe ensuite en revue les richesses minérales de la *Marmatie*, comitat situé à l'angle nord-est de la Hongrie, fameux par ses monts agrestes, ses belles salines, ses eaux minérales, ses forêts séculaires, ses profondes vallées et ses rivières, dont quelques-unes, comme la Theiss et le Viso, roulent des paillettes d'or. C'est là surtout que le voyageur est dispensé de mettre le pied dans une hôtellerie; l'hospitalité hongroise se déploie à sa vue et ne permet pas qu'il échappe aux cordiales prévenances dont il devient l'objet.

Parmi les *salines de la Marmatie*, M. de Gérando a visité notamment celles de Szlatina et de Ronaszek; et voici ce qu'il en rapporte :

« L'aspect d'une mine de sel est un spectacle saisissant. Il y a toujours quelque chose d'imposant à quitter le soleil pour s'enfoncer dans le sein de la terre, dans un monde inconnu. Mais ce voyage mystérieux prend un caractère magique, alors qu'on s'aventure dans ces salines profondes dont la main de l'homme a fait une œuvre admirable. Ce ne sont plus ces galeries étroites et basses, prisons humides où l'homme poursuit à grand peine la veine d'or qui fuit capricieusement dans le roc. Le travail de l'ouvrier consiste à extraire, à ses côtés et à ses pieds, la plus grande quantité du sel qui l'entoure; il en résulte que les voies et les salles souterraines vont toujours s'agrandissant. De là ces gigantesques proportions de ces voûtes immenses et sonores, dont les parois, ici veinées comme le marbre, là blanches comme l'albâtre, réfléchissent en gerbes brillantes la flamme qui les éclaire.

« J'avais vu en Transylvanie des mines d'une exquise proportion, dont les murailles granitiques se joignaient en ogive, de façon à figurer une cathédrale souterraine. La perfection de la forme assignée à ces nefs, lorsqu'elles étaient désertes et silencieuses, bannissait loin de l'esprit toute idée de lucre et de commerce, et l'on se persuadait qu'une grande pensée, comme celle qui éleva les Pyramides, avait creusé ces temples.

« Les mines de Szlatina n'ont pas la même régularité, mais elles sont plus grandioses. Il y a là jusqu'à trois voûtes colossales qui se touchent et se succèdent. Les murs n'en sont pas taillés avec cette symétrie que l'on remarque ailleurs. Çà et là, du haut en bas, s'ouvrent des cavités profondes, se montrant comme de capricieuses sculptures de géant. La voix et la lumière, qui se perdent entre ces arêtes, produisent des échos formidables et de surprenants effets d'ombre. On avait eu l'intention de dessiner d'un bout à l'autre, par des traînées de lumière, les contours des mines et les figures bizarres qui s'offrent à l'œil. La lueur tremblante qui s'échappait des flambeaux semblait animer les murailles en projetant au loin, et en l'agitant, l'ombre des corps voisins. A l'extrémité, et de toute la hauteur des voûtes, se dressait, comme le tombeau vénéré de cette nécropole, une majestueuse pyramide, monument digne de cette cité souterraine, œuvre d'art taillée dans le sel, et qui croît toujours à mesure que le sol s'abaisse. En levant les yeux, on apercevait à une hauteur prodigieuse un point blanc, une lueur vive, devant laquelle se mouvait parfois quelque chose comme une feuille. C'était l'ouverture de la mine, sur le bord de laquelle des hommes se penchaient.

« Tout s'illumina soudain, les cavités sombres, les arêtes brillantes, la pyramide et les veines marbrées des murs, quand on mit le feu à des bûchers élevés à dessein, de distance en distance, lesquels se consumèrent en grondant comme la foudre. Ce spectacle était plein de grandeur et de majesté, et il devint véritablement féerique lorsque nous quittâmes la mine. Nous étions descendus par les escaliers de bois suspendus au flanc des murailles ; nous remontâmes en nous faisant hisser jusqu'à la hauteur des voûtes. Assis au nombre de quatre sur des sièges de cordes fixés à un câble, nous nous sentîmes emportés dans l'espace. Sans distinguer autour de nous aucun objet visible, nous voyions seulement se mouvoir à nos pieds, et s'éloigner toujours, quelques nains dont les voix roulaient jusqu'à nous ; nous regardions les dernières flammes s'allonger en expirant et éclairer une dernière fois de leurs teintes rougeâtres ces nefs merveilleuses, jusqu'à ce que, retrouvant soudain la lumière du jour, nous passâmes tout-à-coup, par un brusque réveil, du monde des songes à celui de la réalité.

« Il faut croire que l'aspect continuel de ces mines superbes élève les ouvriers à la condition d'artistes, car nous n'y fûmes pas plus tôt entrés qu'une vingtaine d'hommes, déposant leurs marteaux et saisissant leurs instruments de cuivre, exécutèrent toutes sortes de mélodies, et jusqu'à des airs français. Ces musiciens improvisés allèrent se poster dans un enfoncement pratiqué au flanc de la voûte, et les sons qui en sortaient, tantôt éclatants, tantôt affaiblis par la distance, donnaient encore plus de caractère à nos promenades souterraines et à notre voyage aérien.

« A Szlatina, la magnificence de l'œuvre rejaillit sur l'homme, qui y grandit, parce que c'est son génie qui la créée. On le retrouve partout, car partout on remarque sa trace. A quelques heures de là, à Rhonaszek, nous visitâmes une saline où nous devions pour ainsi dire quitter la terre. Il s'y trouve une mine qui, ouverte en 1674, fut inondée en 1766 par suite d'éboulements de terrain ; si bien qu'elle a forme un lac de 80 mètres de profondeur, de 200 de circonférence, et au-dessus duquel s'élève une voûte d'une hauteur de 60 mètres. Grâce à l'obligeance de l'administrateur des biens de la couronne, le baron de Géramb, qui fait avec une grâce parfaite les honneurs du pays, nous pûmes voir cette mine, comme la précédente, au milieu de circonstances et de préparatifs bien propres à en faire ressortir la beauté.

« Nous descendîmes longtemps sur des échelles rapides, passant un à un, une lampe de fer à la main, entre les murailles de sel qui s'illuminaient à notre approche. Comme nous franchissions les derniers degrés, nous entendîmes des chants lents et graves sortir des profondeurs des mines. Ces voix mystérieuses nous préparaient à un spectacle extraordinaire, et l'effet fut prodigieux quand nous arrivâmes au bord du lac souterrain. La vaste voûte de la mine, arrondie en demie-sphère, étalait ses teintes de jaspe et de marbre à la faveur des gerbes de lumières fixées aux parois des murs ou suspendues dans l'air. L'onde noire du lac s'agitait sous les rames de deux hommes, ou plutôt de deux fantômes, qui glissaient lentement d'une rive à l'autre, tandis qu'au milieu du canot flamboyait, en longue colonne rouge, un feu de bois résineux qui achevait d'éclairer l'étendue. Quand l'une des deux ombres frappait de son aviron le bois du canot, le son répercuté sous cette voûte élevée provoquait un écho puissant, et produisait un bruit infernal.

« Nous-mêmes, nous montâmes un bateau qui vint silencieusement s'approcher du bord, et, disant adieu au rivage des hommes, nous nous abandonnâmes à une navigation fantastique que guidaient les feux du canot. Pendant ce temps, de leurs voix fraîches et pures, de ces voix comme on n'en entend que sur le sol vivifiant des montagnes, les chanteurs du bord, comme un chœur divin, continuaient leurs accents prolongés. Il nous semblait que nous étions transportés dans un monde enchanté, ou que nous assistions à quelque sombre cérémonie d'une religion perdue. L'homme le moins doué d'imagination eût ressenti une émotion profonde à ce spectacle surnaturel, le plus merveilleux qu'on se puisse figurer. Au temps où l'on croyait au Styx, cette scène eût paru terrible; elle avait quelque chose de si magique et de si solennel, que chacun de nous gardait le silence, comme s'il n'eût pu faire autre chose que rêver ou prier.

« Les mines de sel doivent être vues aux jours de repos. Il leur faut la solitude et le silence. Cependant la présence des ouvriers ne nuit pas à l'effet dramatique du spectacle. Nus jusqu'à la ceinture, à peine éclairés par de faibles lumières placées sur le sol et dont la multitude scintille çà et là dans les ténèbres, les mineurs frappent constamment de leurs lourds marteaux la couche sur laquelle ils sont placés. Ils en détachent des bancs de sel de la longueur d'une toise, de la largeur au moins d'un pied, et les divisent en cubes du poids de 42 kilogrammes. Si le pain de sel n'a pas le poids voulu, l'ouvrier, qui reçoit d'ordinaire 2 kreutzers (9 centimes) par cube, ne reçoit qu'un kreutzer. S'il y a doute, il fait une croix sur un des côtés du cube, afin d'avertir les employés qu'ils aient à le peser, et pour témoigner de sa bonne foi. Lorsqu'il oublie de tracer cette croix, il est convaincu d'avoir trompé l'administration et subit une amende. Chaque mineur a, en outre, une marque qui lui est propre et qui l'aide à reconnaître les pains de sel qu'il a extraits : car tous les cubes tirés de la mine sont placés à mesure sur des réseaux de cordes que quatre chevaux attelés à une roue gigantesque amènent jusqu'à l'ouverture des mines. Un ouvrier peut donner par mois 16,000 kilogrammes de sel.

« Les mineurs de Szlatina ne se contentent pas d'être excellents musiciens; ils manient en outre parfaitement les armes, et sont fort bons tireurs. Revêtus d'un uniforme militaire, ils marchent musique en tête, et serviraient au besoin de soldats. Quand le choléra parut en 1832, on les employa, comme troupes franches, à former le cordon. Placés près de la frontière, ils tiennent plus encore que les autres Hongrois à leurs habitudes belliqueuses, et leur adresse au tir est proverbiale. »

Les salines de la Marmatie sont administrées par le gouvernement impérial autrichien, qui les a grevées de droits considérables. En Marmatie, où la main-d'œuvre est à bas prix, le quintal autrichien (56 kilogrammes) de sel, à la sortie des mines, et tous frais comptés, revient au fisc, en moyenne, à 91 centimes : d'après les statuts impériaux, il est vendu sur place 4 fr. 82 cent. aux habitants. Hors du comitat, il se vend 16 fr. 60 cent., et le prix, dans le reste de la Hongrie, monte, en raison de la distance, jusqu'à 18 fr. L'Autriche a toujours vendu aux Hongrois fort cher ce qu'elle trouvait sur leur propre territoire, tout en leur fermant les frontières à leurs produits agricoles ; de là les ressentiments des Hongrois contre l'administration autrichienne.

La nature a prodigué à la Hongrie une foule de ressources : près des salines, elle a placé de vastes *forêts* et de nombreux cours d'eau qui servent au transport du sel. Écoutons encore M. de Gérando, faisant ressortir en quelques lignes ces divers avantages.

« Les hautes montagnes Carpathes qui séparent la Hongrie de la Pologne sont, dit-il, toutes couvertes d'arbres. Indépendamment des bois de hêtres, qui croissent au centre du pays, le fisc possède en bois de sapins, vers la frontière 30,0000 arpents de 1,600 toises carrées. Ces grandes forêts ont été divisées en cent parties, dont une est coupée chaque année et donne les pins nécessaires à la construction des radeaux. La coupe a lieu pendant l'année entière; mais on laisse jusqu'à l'hiver, sur les montagnes, les sapins abattus, dépouillés de leurs branches et de leur écorce. On les fait glisser alors sur la pente des montagnes dans des canaux de bois pratiqués à cet effet; puis on les transporte aux bords des torrents en attelant deux bœufs à chaque sapin. Quand les glaces fondent et que les eaux grossissent, on lance les sapins dans les torrents qui de toutes les parties de la montagne aboutissent à la Theiss. On en fait aussitôt des radeaux provisoires, qui vont jusqu'à Lonka, où on les arrête. Là, on sépare et l'on débarque les sapins, qui sont entassés sur toute la rive droite jusqu'à Botsko. On les divise en plusieurs classes déterminées par la longueur des troncs, et l'on en fait des radeaux longs de 16 à 18 toises, qui, chargés au mois de mai d'une quantité de sel du poids de 300 quintaux, descendent la Theiss et remontent le Danube. Arrivé au lieu désigné, le radeau est vendu en même temps que le sel.

« Pour comprendre ces détails, il faut aller au bourg Koros-Mezo, qui touche à la frontière de Pologne, et d'où cent mille arbres sortent chaque année. C'est le centre de cette exploitation. Il y a là six principales vallées dont les torrents apportent au village les arbres abattus. Chacun de ces torrents a, dans un endroit favorable, un étang ou réservoir fermé par des écluses, et où l'eau vient s'amasser. Lorsqu'on doit lancer des arbres, on ouvre les écluses, et l'eau de l'étang se précipite avec une force telle que, décuplant le volume et la rapidité du torrent, elle emporte rapidement les troncs les plus gros, qui passent comme des flèches. Il faut voir encore les masses de sapins abattus. On me montra trois cimes qu'on était occupé à dépouiller. Couchés pêle-mêle les uns sur les autres, les arbres rayaient de lignes blanches et irrégulières la pente verte des montagnes. C'était quelque chose d'étrange, comme des armes de géants abandonnées après un combat. À mesure que la hache pénètre dans ces forêts, on rencontre des montagnes plus hautes et de plus grands arbres : et comme l'exploitation de ce sol remonte déjà au règne de Marie-Thérèse, on attaquera bientôt les derniers retranchements de la vieille nature, les vastes forêts vierges qui s'étendent à une journée de Koros-Mezo.

« En parcourant à cheval les environs de Koros-Mezo, on a constamment sous les yeux un panorama magnifique. Lorsqu'en sortant des bois de sapins, on gravit une cime élevée, on aperçoit un immense horizon de montagnes dont les dernières se perdent dans les nuages. Les unes ont leur flanc raide et escarpé ; d'autres se terminent en longues pentes, sur lesquelles se groupent des maisons de bois. Au fond des vallées et à des niveaux différents, courent des torrents d'un bleu vif et blanchissants d'écume qui tous convergent vers la Theïss. La route qui va de Koros-Mezo à la Pologne est toute nouvelle. Elle est taillée au flanc des montagnes, entre des débris de sapins récemment abattus.

« Koros-Mezo, ajoute M. de Gérando, est un bourg de 6,000 habitants, dispersés dans cinq vallées. Il est peuplé de Hongrois et de Ruthènes. Une colonie allemande fut amenée là au siècle dernier, quand on entreprit l'exploitation des forêts ; mais elle disparaît tous les jours parmi l'ancienne population. On a érigé à Koros-Mezo une école hongroise, ainsi qu'une école ruthène, où les enfants, outre leur langue, apprennent la langue magyare. Les paysans de cette contrée sont tenanciers du fisc. Comme ils ne pourraient être astreints à abattre les arbres par corvée, ils paient leurs redevances en argent, et, de son côté, le trésor leur donne un salaire comme à des ouvriers. Il en résulte qu'ils ont généralement plus d'aisance que les autres villageois de la Marmatie ; et, avant que les juifs vinssent s'établir à Koros-Mezo, on en citait plus d'un qui pouvait remplir son putona de pièces d'argent : on appelle ainsi les petits tonneaux dans lesquels on transporte, à cheval, le lait et le fromage.

« C'est à Koros-Mezo, qu'il faut voir le costume des Ruthènes ; car les paysans, en gens qui possèdent le bien-être, savent se procurer tous les ornements de rigueur. Les femmes ont une jupe de laine noire ou bleue, froncée à la taille et terminée par des broderies rouges. Par devant, elles attachent un tablier de même tissu, bordé de franges et rayé de couleurs diverses. Une ceinture rouge, dont les bouts flottent derrière, fait plusieurs fois le tour de leur corps. La chemise est couverte de broderies rouges et bleues, et une multitude de colliers brillants leur cachent le cou. Elles se chaussent de bottes rouges, et pour se garantir du froid, endossent un corsage de peau de mouton, orné de fleurs de soie et de dessins en cuir de toute couleur. Leurs cheveux, réunis en une seule natte couverte de bandelettes de laine, de coquillages et de monnaies, sont roulés autour de la tête ; quelquefois ils forment deux nattes, qui, séparées au front, encadrent le visage et vont toujours s'épaississant, jusqu'à ce que, se joignant à la nuque, elles forment une seule tresse mêlée de fils de laine rouge aux paillettes de cuivre. Les paysannes mariées se couvrent la tête d'un mouchoir de soie rouge ou noir.

« Quant aux hommes, ils ont par-dessus leurs longs cheveux partagés sur le front un petit chapeau à coiffe ronde et basse, que décore, en guise de ganse, une bande de cuivre. Ils portent une chemise longue comme une tunique, brodée à jour et en couleur avec beaucoup de goût, et un gilet de peau long, sans manches, ouvert sur la poitrine. Leurs reins sont pris dans des ceintures de cuir, et deux ou trois gibecières en tissu de couleur flottent à leurs côtés. Leurs larges pantalons de laine, blancs, rouges, bleus ou bruns, sont serrés à la cheville par des cordons de laine bleus ou rouges qui assujétissent les sandales. Ajoutons que les femmes et les hommes portent tous sur la poitrine une grande croix de cuivre, et que ces costumes sont tissés et teints dans la chaumière du paysan.

« Nous suivîmes les habitants à l'église grecque, où ils se rendaient en foule. Les groupes de paysans, les uns à genoux, les autres debout, tous habillés de vives couleurs, formaient un tableau original et curieux, dont le fond était l'iconostase, brillant d'or et de peinture. Les Ruthènes, que l'on regarde comme les habitants les plus incultes de la Hongrie, poussent la dévotion jusqu'au fanatisme. Un homme de Koros-Mezo, après avoir commis trois meurtres, vivait tranquillement dans le village ; nul ne songeait à l'arrêter ; mais il avait le malheur d'être esprit fort, et les paysans, ayant appris qu'il avait bu du lait le vendredi, s'indignèrent, le saisirent et le livrèrent à la justice. On fait encore preuve de piété en comblant le pape de présents. Dans tous les villages du fisc, le prêtre a 300 fr. de salaire ; chaque paysan lui donne en outre un florin, et aux jours de grande cérémonie, aux baptêmes, aux enterrements, lui fait de nouvelles offrandes. Les habitants mettent un point d'honneur à se montrer généreux ; il y en a qui donnent jusqu'à quatre vaches : aussi le pape de Koros-Mezo passe-t-il pour un capitaliste.

« Il n'y a pas jusqu'aux bandits qui ne soient fort bons chrétiens ; ces honnêtes personnages ont un jour consacré leurs épargnes à ériger une chapelle en bois de frêne. Elle est située sur le bord de la Theïss, à l'une des extrémités du Koros-Mezo ; en face, sur l'autre rive, s'élève une autre petite église, également construite en bois, qui n'a pas une origine aussi singulière que la précédente, mais qui est remarquable par son style, tout à la fois russe et chinois. Les forêts de la Marmatie ont longtemps donné asile aux bandits. Aux environs de Koros-Mezo il y en a un, appelé Dubos, dont on raconte de merveilleux exploits ; sa retraite, véritable nid d'aigle, où il conduisit un jour une comtesse polonaise enlevée sur la route, se montre encore sur une montagne qui porte son nom. Le plus curieux, c'est que ses descendants habitent Koros-Mezo, y possèdent une maison et vivent bourgeoisement, au désespoir des mânes paternels. Bien des gens existent aujourd'hui, qui furent saisis et torturés par les brigands, jusqu'au paiement de leur rançon. Il y eut des bandes organisées qui se partagèrent le territoire et y régnèrent sans contrôle ; ces souvenirs ne sont pas tellement effacés parmi le peuple, qu'on ne voie des brigands surgir de temps à autre dans ces montagnes. »

Terminons cet article par une autre citation empruntée à un autre voyageur qui a aussi parcouru récemment la Hongrie, et qui en parle dans les termes suivants. Il s'agit encore des habitants et de leurs usages :

« La Hongrie n'a pas de monuments, et une plaine y ressemble à une autre ; la partie que l'on voit de loin est aussi dégradée que celle que l'on traverse ; un village n'est pas plus riche qu'un autre ; l'agriculture est la même partout, et nulle part elle n'offre rien dont l'observateur puisse tirer profit ; ses mœurs, sa civilisation, sont les mêmes partout. On peut donc visiter en courant cette vaste contrée, à moins que l'on ne puisse pénétrer dans les habitations de la classe élevée et étudier ce que ses mœurs et ses coutumes ont conservé d'une originalité qui se perd chaque jour.

« L'accès de ces habitations est chose facile. On peut, sans manquer aux usages et sans s'exposer à un accueil désobligeant, y demander l'hospitalité. On trouve dans toutes les manières distinguées, un cordial empressement qui n'a rien d'affecté, de l'instruction, un grand usage du monde.

« En retour de la complaisance que l'on met à ne rien blâmer et à placer l'éloge lorsque l'occasion de le faire se présente, on est comblé de prévenances, au point que l'on semble obliger les hôtes qui vous reçoivent. A peu de différences près, les habitants appartenant aux hautes classes de la société sont les mêmes par toute l'Europe. On s'aborde, on se salue, on entame la conversation, on se quitte, à Pétersbourg et à Naples, comme à Vienne et à Paris. Londres seule présente quelque divergence. Les costumes sont à peu près les mêmes. Ce n'est guère qu'à l'égard des usages de la table que l'on n'a pu encore s'accorder complétement. C'est aussi sur les habitudes que les susceptibilités nationales se montrent le plus intraitables. Je n'exprimai donc aucune surprise à la vue d'une table sur laquelle je ne remarquais que des pâtisseries, des confitures, des fleurs et des fruits, au lieu de plats plus substantiels qui partout composent les premiers services d'un dîner. Je trouvai tout simple que l'on servît une soupe au café au lieu d'un potage au gras; un gigot mollement étendu sur une purée de pommes sucrées, au lieu de flotter dans un jus succulent; des épis de maïs remplaçant les pommes de terre. Au risque d'éprouver des nausées, je recevais le cigarre allumé par une jolie dame qui me le présentait, et je le fumais pendant le dessert comme si j'y avais trouvé du plaisir. J'acceptais, en compensation de la contrariété que cette complaisance me faisait éprouver, le gré que l'on m'en savait et l'espèce de naturalisation qu'elle me valait dans un pays où l'on cessait de me traiter en étranger, parce que j'en adoptais les coutumes.

« Un des usages les plus généralement répandus est celui de baiser la main des personnes dont on reconnaît la supériorité. Les enfants n'y manquent jamais à l'égard de leurs parents. Les femmes, même des classes élevées, accordent cette marque de déférence aux femmes plus âgées qu'elles ou à qui elles portent du respect; marque de déférence que celles-ci déclinent en retirant leurs mains et présentant la joue.

« Après le dîner, les convives vont tour-à-tour saluer le maître de la maison, qui, s'il y a un personnage auquel il veuille faire honneur, ne reçoit ce genre de politesse qu'après avoir lui-même salué et fait saluer son hôte par les autres convives. »

Naguère la Hongrie, après une lutte terrible, était complétemdnt affranchie du pouvoir autrichien; les événements de la guerre et l'intervention russe l'ayant replacée sous ce même pouvoir, elle est rentrée dans sa forme première; mais elle aura bien des plaies à guérir, et le temps seul pourra la relever de son abattement et de ses souffrances. Que l'Occident n'oublie jamais qu'elle le préserva jadis de l'invasion des Ottomans, comme elle sauva la chrétienté du joug de l'islamisme !

ALBERT-MONTEMONT.

BULGARIE.

Profitons de la présence de M. de Gérando en Hongrie, pour faire avec lui une excursion dans les deux principautés danubiennes et jusqu'en Bulgarie, États qui touchent à la Hongrie.

Les deux principautés, où existe aujourd'hui le théâtre de la guerre de la Russie avec la Turquie, sont la *Valachie* et la *Moldavie*. La première a au nord la Transylvanie; au sud et à l'est, la Bulgarie; à l'ouest, la Servie. La seconde a, au nord, la Buckovine; à l'est, la Bessarabie; au sud, le Danube; et à l'ouest, la Transylvanie.

La Valachie a pour capitale *Bukarest*, grande ville moderne, fort sale, assise dans une vaste plaine marécageuse, ayant des rues garnies de madriers, et des maisons construites en briques, avec une population de 70 à 80,000 habitants.

La Moldavie a pour capitale *Iassy*, assez grande ville située sur une hauteur, environnée elle-même d'éminences. Elle a des rues recouvertes de grosses planches de chêne, au-dessous desquelles coulent des ruisseaux fétides. Les maisons n'ont presque toutes qu'un seul étage; elles sont en bois et assez dans le goût oriental. La population est d'environ 40,000 âmes.

La *Bulgarie* a pour limites, au nord, le Danube et la Save; au sud, les monts jadis appelés Hœmus et aujourd'hui Balkans; à l'est, la mer Noire, et à l'ouest, la Servie.

La Bulgarie a une surface de 3,500 lieues carrées et une population de 2 millions d'habitants.

Adonnés à l'agriculture, les Bulgares sont laborieux, pacifiques et hospitaliers. Les bords du Danube sont du côté de la Bulgarie moins marécageux qu'en Valachie. Les bestiaux à laine et à cornes trouvent de gras pâturages sur les flancs des montagnes; les chevaux abondent; les pins, les chênes et les hêtres garnissent les forêts. Les montagnes renferment des sources chaudes et thermales très nombreuses et non moins salutaires.

La principale ville de la Bulgarie est *Sophia*, sur la rivière Isker, dont un des bras arrose les jardins et les vergers au milieu desquels les maisons cachent leurs toits de bardeaux. On donne à cette cité plus de 50,000 âmes.

Dans la montagne est la forteresse de *Schumla*, et sur le Danube sont *Widdin*, *Nicopoli*, *Roustchouk* et enfin *Silistrie*, qui récemment a résisté glorieusement au choc de l'armée moscovite.

La contrée qui depuis Silistrie et Schumla se développe entre le Danube et la mer Noire s'appelle *Dobrudscha*. C'est un pays de collines, peu boisé et couvert de prairies, où paissent de petits chevaux, très recherchés à cause de leur trot sûr et uniforme. Sur la mer Noire se trouve *Varna*, très bon port, dont nous avons eu déjà occasion de parler.

En Bulgarie, il y a peu de villes bien peuplées. Les Bulgares préfèrent habiter les petits villages dont leurs vastes plaines sont parsemées, et ils y demeurent isolés des Ottomans, qui vivent à part dans leurs villages. Voilà pourquoi les Bulgares en général sont robustes, sobres, très simples dans leurs mœurs et très hospitaliers. De plus, ils sont très religieux et très superstitieux.

Ainsi, dans les villages où il n'y a pas d'église, le Bulgare croit avoir rempli ses devoirs religieux le dimanche et les autres jours solennels de l'année, en faisant brûler autant de petits cierges qu'il y a d'individus dans la famille, devant les images des saints, parmi lesquelles doit toujours se trouver celle de la Sainte-Vierge avec l'Enfant-Jésus. Ces cierges sont confectionnés par les femmes avec de la cire jaune, qu'elles ont en abondance, parce qu'on élève des abeilles dans chaque manoir. Ces images sont suspendues, ainsi qu'en Russie, dans le lieu le plus apparent de la maison, afin qu'elles soient vues dès le premier abord par celui qui entre, et que tout bon chrétien, ôtant son bonnet devant elles, fasse le signe de la croix avant de saluer les maîtres de la maison.

Le costume des femmes, et particulièrement celui des jeunes filles, est assez gracieux et suffisamment riche. Il est formé d'une courte jupe de drap rouge bordée avec des bandes de velours ou de drap noir, et d'un corset en drap ou en toile de couleur, dont la partie qui couvre la poitrine est garnie de pièces d'or ou d'argent turques ou étrangères, disposées avec goût et symétrie. Vu de loin, ce corset serait pris pour un plastron d'or. La coiffure de la tête est très simple. Deux ou trois tresses de cheveux viennent s'ajuster autour du front, et la tête est couverte par un voile blanc, plié par derrière en forme de bandelettes.

On juge de la richesse de la dot de la jeune fille par la quantité et la qualité métallique des pièces du corset et du collier dont se parent les plus riches. Mais pauvre ou riche, vieille ou jeune, mariée ou veuve, toute femme bulgare porte continuellement au poignet un bracelet d'or, d'argent ou de verre bleu, suivant sa fortune.

C'est dans le village de *Coparoni*, éloigné de six heures de marche de la petite ville maritime de Burgas, qu'à l'occasion d'une des fêtes nationales et annuelles de la Bulgarie, on peut surtout remarquer le costume des jeunes filles.

Avant la réforme politique commencée par le sultan Mahmoud II en 1838 et continuée avec persévérance par le sultan régnant Abdul-Méjid, le Bulgare n'osait porter aucune plainte contre les avanies de ses gouvernants. Son unique occupation était de se procurer par le travail le strict nécessaire pour nourrir sa famille. La politique lui était tout-à-fait inconnue, ainsi que l'instruction qui relève le moral de l'homme et ennoblit son intelligence. Mais depuis la publication du *Tanzimat* ou de la constitution, tout est changé aussi en Bulgarie. Partout se répandent les bienfaits de l'instruction.

Quelques riches Bulgares ont fondé dernièrement à Constantinople un collège et une imprimerie, d'où sort un journal politique et littéraire destiné à introduire dans toutes les contrées de leur pays le goût de la civilisation. Dans les villes d'origine hellénique, l'étude du grec fait de notables progrès.

Depuis que la Bulgarie est administrée plus libéralement, la culture des céréales s'est aussi beaucoup augmentée ; seulement la méthode de labour est toujours telle qu'elle était aux temps anciens. On ne laboure la terre qu'à une petite profondeur et avec des charrues si imparfaites qu'on ne fait guère que la gratter. Les champs sont remplis de mauvaises herbes et surtout de chardons, quoique, parmi les Slaves, *les Bulgares soient le peuple qui soigne le plus les champs*, suivant l'observation de M. Boué.

Les Bulgares tracent leurs sillons avec des buffles et des bœufs, dont ils attellent souvent jusqu'à huit paires à leurs charrues. Si le champ destiné à être ensemencé est depuis longtemps inculte, le laboureur en emploie pour le défricher un plus grand nombre encore. Voici de quelle manière il s'en sert : il attache à la charrue un long timon, auquel sont fixées seize roues ; puis il attelle tout près de sa charrue la première paire de bœufs ou de buffles, et les autres paires sont, à chaque trait, guidées par un garçon. Le laboureur conduit la première paire, debout sur le soc, dont la lame est plus large et plus tranchante que celle dont on se sert ailleurs. L'agriculteur est libre de choisir dans les vastes plaines de son pays le champ le plus propre à être ensemencé. Ces terres, à l'exception de quelques-unes, appartiennent au gouvernement, qui en accorde l'usage à quiconque veut semer, sous la seule condition facile du paiement de la dîme.

Les sangsues, devenues rares dans le continent d'Europe, à la suite du grand usage qu'en fait, de nos jours, la science médicale, abondent encore en Bulgarie. On les pêche dans les lacs et autres lieux marécageux. Leur exportation n'est permise qu'à celui qui en a acheté le monopole du ministère de la Sublime-Porte ; cependant le gouvernement ne défend à personne de les pêcher et de s'en servir ; mais si on veut les vendre, il faut les céder au fermier.

Les fermiers achètent le droit de pouvoir exporter de tous les lieux de l'empire ottoman cet article si nécessaire à l'humanité, et ensuite ils vendent à d'autres leur droit sur une ou plusieurs provinces.

Le nombre des sangsues exportées chaque année de la Bulgarie pour Constantinople est de 70 à 80 quintaux. Le droit payé à la Sublime-Porte pour fermage est de 15,000 fr.

Quatre foires importantes ont lieu, chaque année, aux mois d'avril, de mai et de juillet, à Bajarjick, Giourma, Schumla et Carawu. La plus importante est celle de Giourma, ville située dans le voisinage de Rasgrad et à quelques heures de distance de Routschouck. On porte à 2 millions de francs la valeur des marchandises vendues à cette foire.

Dans ces foires, il y a un grand débit de draps, de denrées coloniales, de coton tissu ou en fil, d'articles de teinturerie, d'épicerie, de lames de fer, d'armes, d'objets en acier travaillé, de tissus d'or ou d'argent, de fourrures, de chevaux et de bêtes à cornes.

La Bulgarie, en raison de ses excellents pâturages, ne contient pas cette grande variété de troupeaux de bêtes à cornes qu'elle pourrait nourrir, parce que les bergers sont assujétis aux mêmes vexations que les agriculteurs de la part des employés subalternes du gouvernement.

Dans les pâturages abondent les buffles, les bœufs, les chèvres, les moutons et les chevaux. Les mulets, les ânes et les porcs y sont en très petite quantité. La consommation de ces derniers animaux est très restreinte ; ce n'est que dans les derniers jours du carnaval que les Bulgares chrétiens mangent de la viande de porc. On se sert fort peu des mulets et des ânes, tous préférant monter à cheval. Les chevaux en général sont petits, mais très forts et très agiles.

Les troupeaux de buffles sont plus nombreux que ceux de bœufs, parce que leur force les rend plus utiles pour le transport des denrées, et que le lait qu'ils donnent en abondance est un des principaux articles de consommation. Aussi estime-t-on à deux millions le nombre des buffles, et à un million celui des bœufs dont, chaque année, on exporte plusieurs milliers en Hongrie.

La Bulgarie est divisée en deux grands pachaliks : celui de Widin et celui de Silistrie. Chacun d'eux est administré par un *muchir* (pacha à trois queues), qui a sous ses ordres deux *mirimidars* (pachas à deux queues). Chaque mirimidar a aussi sous ses ordres immédiats autant de *mudirs* ou ayants (lieutenants du mirmidar) qu'il y a de districts dans le pachalik du muchir dont il relève.

Le muchir de Widin a son siège en cette ville ; mais celui de Silistrie a fixé sa résidence à Routschouck, depuis que le bateau à vapeur du Lloyd autrichien, venant de Vienne, s'arrête devant cette ville pour y déposer les marchandises destinées à l'intérieur de la Bulgarie, et pour la place très commerçante de Varna.

ALBERT-MONTEMONT.

MORÉE.

Franchissons les Balkans et transportons-nous jusqu'en *Morée*, pour explorer rapidement cette contrée de la Grèce, avec l'aide de Bory de Saint-Vincent, dont le voyage nous fournit une intéressante analyse.

La commission scientifique dont ce savant avait été chargé, en 1836, de diriger le travail, débarqua à *Navarin*. D'une hauteur voisine on jouit d'un magnifique point de vue : la citadelle disparaît presque entièrement aux pieds du voyageur dans les pentes qu'il a gravies. L'aqueduc circule dans le second plan. Le port, rempli de vaisseaux, la teinte bleue du fond de la rade, Sphacterie ou Sphagia, et le vieux Navarin ou l'antique Pylos, bordent le tableau à gauche ; les plaines et les coteaux du fond de la baie, surmontés par les monts Géréniens, complètent l'encadrement de cette riche perspective.

De Navarin, on passe à *Modon*, ville située au sud-est, également sur la mer : c'est la *Méthone* des anciens. Pausanias et Strabon ne croient pas que ce soit celle qu'Homère désigne sous le nom de *Pedasos*, qu'il caractérise par l'épithète de riche en vignobles. Il n'existe plus, à la vérité, un seul vignoble dans les environs de Modon, et l'olivier paraît, dit M. Bory, avoir été depuis bien des siècles la culture dominante sur l'extrémité méridionale de la Messénie ; mais il ne s'ensuit pas que le prince des poètes se soit trompé ; il est toujours fort exact dans ses désignations, et l'on sait que le commerce de ses vins, enrichissant Méthone dans les temps reculés, fut même une fois la cause de sa ruine, par le trop de confiance de ses habitants dans les Illyriens, qui étaient venus s'y établir, et qui, selon Pausanias, enlevèrent à cette ville toutes ses femmes, et, faisant voile pour leur pays, ne lui laissèrent plus qu'un désert.

Vis-à-vis de Modon, à une lieue environ de distance, s'élève brusquement du sein des flots l'île de *Sapienza*, qui fut la principale des Œnuses, formant un petit archipel devant la côte de Messénie. *Venerico*, la plus orientale et qu'on n'aperçoit pas de Modon, est située au midi du cap Gallo, à un peu plus de 1,200 mètres de distance. Quelques roches sous l'eau ne permettent pas aux fortes embarcations de s'approcher de sa pointe septentrionale. Venetico n'est qu'un prolongement du terrain de Koron, élevé et perpendiculairement taillé dans la plus grande partie de sa circonférence, qui doit être d'une lieue au moins; sa croupe est couverte de quelques buissons dont la verdure disparaît durant les chaleurs de l'été. *Cabrera*, appelée aussi par les Grecs modernes *Skhiza*, au sud-est de Sapienza, est beaucoup plus grande que Venetico, non moins élevée et escarpée dans presque tout son pourtour; elle demeure également déserte à cause de sa sécheresse. Le nom de cette île indique assez que des gardiens de chèvres, dont quelques-unes, s'étant échappées, sont devenues sauvages, s'y rendent parfois dans la saison où le soleil n'a point devoré la maigre végétation qui de loin recouvre quelques points de sa superficie. L'île Verte, voisine de la précédente, n'est qu'un rocher aride. Quant à Sapienza, la plus grande du groupe, elle a deux lieues et demie de long du nord au sud; elle se rétrécit dans cette direction en une langue de terre montueuse, pour former en dedans, c'est-à-dire du côté oriental, une assez bonne rade, où l'on a de 10 à 25 brasses de fond. Le mouillage entre Sapienza et le continent est excellent, et une escadre s'y mettrait aisément à l'abri des tempêtes.

M. Bory rend compte d'un repas que lui offrit le chef de cette dernière île. On n'eut à table que de vieilles fourchettes très communes en fer ou en bois; le luxe de l'argenterie est encore ignoré des Grecs. Chacun des convives eut une serviette, ce qui était une addition tout européenne et rare à un repas hellénique, où des bandes de toile remplacent la nappe, et s'étendent à la ronde comme une écharpe sur les genoux des convives. Les serviettes carrées sont réservées pour l'usage de la toilette, et ne s'emploient guère, dit M. Bory, que lorsqu'un étranger arrivant dans une maison où l'on prétend le bien accueillir, l'hôte lui en offre une, après que ses gens lui ont présenté un bassin, du savon et de l'eau pour qu'il se lave les mains. M. Bory ajoute qu'il a pu très souvent ici, comme en d'autres occasions, se convaincre de la crédule simplicité des paysans grecs. Cette crédulité dépasse ce qu'on pourrait imaginer en tout ce qui se rattache aux sortilèges, aux histoires des vampires et des revenants, aux inspirations des songes et aux autres idées superstitieuses.

Notre voyageur fit de nombreuses promenades dans l'intérieur de la Morée, mais en vue de résoudre des questions d'antiquité et d'archéologie, plutôt que pour étudier les mœurs des indigènes et décrire la contrée; nous ne le suivrons pas, dès lors, dans ces explorations techniques d'érudit. Rapportons seulement ce qu'il dit des *chiens de la Morée*.

Ces animaux qui, pour attaquer, n'aboient pas et ne montrent pas la moindre colère, sont ce que les voyageurs ont le plus à redouter en Morée, surtout en Laconie, et les voleurs y sont beaucoup moins à craindre, parce qu'ils n'assassinent presque jamais; tout brigand qui se mettrait en embuscade pour tuer les passants et les dépouiller ensuite ne resterait pas longtemps dans l'impunité, et les Klephtes en purgeraient bien vite le sol. Les voleurs grecs ne ressemblent en rien aux bandits de l'Espagne ou de l'Italie, ils ne sont cruels qu'envers les Turcs, et ils ne frappent que dans les expéditions guerrières. En temps de paix, ils vous dépouillent avec politesse et à titre d'emprunt. Les dangers réels sont quand vous passez dans le voisinage des troupeaux gardés par les chiens. On ne peut leur résister qu'avec force cailloux. Lorsqu'ils sont atteints, ils abandonnent celui qui les attaque pour se jeter avec fureur sur le projectile encore roulant qui vient de les frapper, et quand ils ont ainsi épuisé leur rage sur les pierres, ils reviennent quelquefois contre le passant, lequel doit constamment se tenir en garde et se préparer à une nouvelle décharge. Si l'on se trouvait en pareille occurrence dans quelques prés et terres labourées où l'on ne trouverait point de pierres dont on pût s'armer, on risquerait d'autant plus d'être mis en pièces que la plupart des Moréotes, comme s'ils aimaient ces sortes de luttes, châtient rarement ceux de leurs chiens qui s'y engagent. Il faudrait bien se garder de recourir à des armes tranchantes; car si on blessait ces animaux redoutables, leurs maîtres se vengeraient sur vous.

Les Moréotes, dit M. Bory, observent le jeûne avec rigidité; rien ne pourrait les décider à manger gras s'ils doivent faire maigre, et ils gardent plusieurs carêmes, dont celui que termine la Pâque est le plus long et le plus sévère. Sur les 365 jours de l'année, ils en ont jusqu'à 182 de privations, et durant lesquels les œufs mêmes ne sont tolérés que le dimanche. Quinze jours avant la fin du grand carême, à peine leur permet-on le laitage; rien de ce qui a vie ne doit alors leur entrer dans le corps. Aussi, dès que le jeûne est terminé, avec quelle joie étrange ils s'embrassent par trois fois, en disant : « Jésus est ressuscité ! » C'est la formule qu'ils emploient en se rencontrant tout le reste du jour.

La danse et la musique des Grecs modernes sont jugées par M. Bory comme tout-à-fait ridicules et barbares, du moins dans les campagnes; c'est un bruit nasillard, ce sont des sauts contraints et forcés, d'où la grâce est absente. Les deux sexes qui dansent ne se mêlent point et se trémoussent séparément; la gaîté semble pour eux bannie d'un exercice dont elle fait l'essence dans le reste du monde : on dirait un travail auquel chacun se livre pour remplir quelque devoir. Le chant des jeunes filles est aigre et tient presque du miaulement.

M. Bory visita *Messène* pour en rechercher les antiques ruines. Il suivit le ravin par lequel l'Évan est séparé de l'Ithome. Il vit ensuite *Olympie*, dont les restes reposent près de l'endroit où l'Alphée sort des monts d'Arcadie, grossi du Carnion, de l'Hétisson, du Ladon, de l'Erymanthe et de l'Achéron. Il gravit le *Taygète*, élevé de plus de 2,400 mètres au-dessus du niveau de la mer, et d'où il put contempler l'ensemble du Péloponèse. Le bassin de l'*Eurotas* était aux pieds de l'explorateur, qui voyait le fleuve bleuâtre serpenter dans une large et délicieuse vallée. Le golfe de Laconie, au bord duquel se dessinait le Marathonisi, laissait également découvrir l'Argolide, et même l'Archipel, entre les malevos de Saint-Pierre. Enfin, il reçut l'hospitalité au milieu des montagnards maniotes d'une manière presque aussi touchante qu'il l'eût obtenue dans les Alpes ou dans les Pyrénées. Il termina ses excursions par une visite aux Cyclades, en passant entre Hydra et la pointe d'Argolide, et il séjourna à *Syra*, l'antique Syros, la principale des Cyclades et qui compte environ 4,000 habitants, dont les maisons en bois n'ont de passable que des magasins et quelques boutiques. Cette île offre l'aspect le plus aride, et la végétation est à peu près nulle; c'est à peine si l'on y trouve quelques arbres. Les habitants reçoivent du dehors presque tous les objets de consommation, et les réservoirs d'eau douce suffisent à peine aux besoins de la ville.

A ces détails, que renferme l'ouvrage de M. Bory de Saint-Vincent, ajoutons-en quelques-uns de ceux que nous fournit un de ses compagnons de voyage, M. Peytier, dans une notice sur le climat de la Grèce.

Le *climat de la Grèce* est doux et variable; les hivers sont généralement si peu rigoureux qu'ils se passent souvent sans gelée. La neige séjourne à peine quelques jours à Athènes. Dans les hivers ordinaires, le thermomètre descend rarement au dessous de zero, et dans les plus froids il descend à 3 ou 4°. Il est fort rare de voir de la neige dans les plaines basses. En été, la chaleur est assez soutenue, et s'élève presque toujours au maximum de 40° centigrades. Il ne pleut presque jamais en Grèce pendant l'été, sauf dans quelques localités comme Livadia, ville située au pied nord de la chaîne de l'Hélicon: Il pleut aussi à Thèbes plus souvent que dans l'Attique. Les orages sont rares en été, excepté dans les hautes montagnes. Il y a très peu de nuages durant la belle saison dans les plaines; on en voit seulement au sommet des montagnes. Les tremblements de terre sont assez communs dans la saison des grandes pluies d'orage; mais ils sont très faibles, et quelquefois on les sent à peine. La lumière est plus vive et le ciel plus pur en Grèce qu'en France.

Sous le rapport intellectuel et moral, scientifique et littéraire, on peut dire que la Grèce a encore très peu d'établissements analogues aux nôtres. Athènes possède une académie, et depuis plusieurs années elle a une école spéciale française dirigée par un directeur, comme celui de l'école de France à Rome. Il y a aussi une école de médecine, où l'on fait les cours principaux.

Sous le rapport administratif, tout le territoire de la Grèce se divise en trente provinces ou départements, et les vingt-deux Cyclades composent cinq de ces grandes divisions du pays, qu'un gouvernement représentatif dirige comme dans les autres monarchies constitutionnelles de l'Europe. L'ensemble des provinces comprend 3 millions d'habitants, savoir: Épire, 380,000; Thessalie, 365,000; Acarnanie, 18,000; Étolie et Locride, 55,000; Phocide et Béotie, 50,000; Macédoine, 800,000; Attique, 32,000; Morée, 700,000; Archipel, 400,000, et îles Ioniennes, 200,000. Toutes ces populations n'appartiennent pas ou ne sont pas exclusivement soumises au gouvernement monarchique actuel de la Grèce; il y en a qui dépendent de l'empire ottoman, et les îles Ioniennes se trouvent sous la domination de la Grande-Bretagne.

Parmi les Grecs montagnards, on cite en première ligne les Maïnotes et les Klephtes. Les Maïnotes ou paysans du Taygète en Laconie, accoutumés dès l'enfance à manier les armes, montrent encore toute la fierté des vieux Spartiates. Les Klephtes de l'Olympe, du Pélion et du Pinde, sont également renommés par leur bravoure, leur constance et leur amour de la liberté; les Turcs les nommaient Pallicares ou braves.

Quant à la Morée ou Péloponèse, objet du voyage de M. Bory de Saint-Vincent, on sait qu'elle est située entre le golfe de Lépante au nord, la mer Ionienne à l'ouest, la Méditerranée proprement dite au sud, et l'Archipel ou mer Égée à l'est. C'est la province la plus fertile de la Grèce, et on l'appelle Morée à cause de son voisinage de la mer. Tripolitza ou Mantinée en est la capitale, avec environ 15,000 habitants. Mais aujourd'hui la capitale de la Grèce est redevenue Athènes, sur l'Ilissus et le Céphise, avec environ 20,000 âmes.

ALBERT-MONTÉMONT.

FIN DES VOYAGES EN ITALIE, EN SICILE ET EN HONGRIE.

Paris. — Imprimerie LACOUR, rue Soufflot 16.

Le château de Windsor.

SAN-ROMAN.

(1855.)

VOYAGES EN ESPAGNE.

Le brigadier Fernandez San-Roman, ancien officier supérieur du corps royal d'état-major espagnol, a récemment publié sur l'Espagne une relation ou statistique pleine de détails nouveaux, qui offrent, pour ainsi dire, l'attrait d'un voyage spécial. Nous allons en extraire les faits les plus saillants, que nous réunirons à d'autres déjà recueillis par nous ou par d'autres contemporains, et nous en ferons deux parties; la première comprenant les généralités relatives à la péninsule ibérique; et la seconde, se rattachant aux provinces et aux villes de ce royaume chevaleresque.

GÉNÉRALITÉS.

L'Espagne a plusieurs noms : elle a été appelée *Ibérie* à cause du fleuve *Ebre*; ou *Hespérie*, à cause de l'étoile du soir; ou *Hesperus*, à cause de sa situation géographique vers l'ouest; ou *Spania*, du roi *Hispan*, ou de la ville Hispalis (Séville); ou *Espagna*, *Espana*, mot qui signifie *lèvre*.

Ce royaume d'Europe est situé entre les 36°-44° de lat. N. et 1° de long. E., et 11° de long. ouest. Sa plus grande longueur, depuis Roses, en Catalogne, jusqu'à l'embouchure de la Guadiana, près de Séville, est de 245 lieues; sa plus grande largeur, depuis Ferrol en Galice jusqu'au cap Gate, près de Grenade, est de 128 lieues.

L'Espagne a au nord l'océan Atlantique et les Pyrénées, qui la séparent de la France; à l'est, la Méditerranée; au sud, le détroit de Gibraltar et l'océan Atlantique; à l'ouest, le Portugal. Sa superficie est de 23,500 lieues.

Les îles Baléares, qui dépendent de l'Espagne, laissent entre elles et la côte de la Méditerranée un canal de 35 à 40 lieues de large. Les îles Canaries, qui dépendent aussi de l'Espagne, se rattachent à la côte occidentale d'Afrique. De quelque côté que l'on aborde ce royaume, l'aspect des côtes, excepté à l'embouchure de l'Ebre, prépare aux accidents de terrain de l'intérieur; partout elles sont bordées de montagnes.

L'Espagne forme un vaste plateau très élevé que surmontent plusieurs chaînes de *montagnes*, dont les points culminants sont : le Cerro de Mulhacen, dans la Sierra-Nevada; la Sierra de Grados, dans l'intendance de Salamanque; le mont Maladetta ou pic Néthou, en Catalogne. Les plus hautes sommités du plateau central ne conservent la neige que peu de mois; elle séjourne plus longtemps au nord. Dans les Pyrénées, il existe plusieurs glaciers, et les neiges perpétuelles y commencent à 1,400 toises. Dans les Cantabres, il y a beaucoup de points où la neige persiste, malgré les étés. Dans la Sierra-Nevada, la limite des neiges est à environ 1,500 toises. Le Mulhacen, le point le plus élevé de cette chaîne, a 1,826 toises, c'est-à-dire 39 toises de plus que le pic de Nethou, le plus haut des Pyrénées.

Un grand nombre de fleuves arrosent l'Espagne; les principaux sont les suivants, qui débouchent : sept dans l'Atlantique et cinq dans la Méditerranée. Les tributaires de l'océan Atlantique sont : la *Bidassoa*, qui prend sa source dans les Pyrénées, traverse l'ancienne Navarre et sépare la France de l'Espagne; le *Nalon*, fleuve d'Asturie; le *Mino* ou *Minho*, qui traverse la Galice et sépare l'Espagne du Portugal; le *Duero* ou *Douro*, qui traverse la Vieille-Castille et le royaume de Léon, entre en Portugal et gagne l'Océan; le *Tage*, le plus grand fleuve de la péninsule ibérique, qui se dirige de l'Espagne en Portugal et joint la mer au-dessous de Lisbonne; la *Guadiana*, qui coule dans l'Etat de Séville; le *Guadalquivir*, qui descend des montagnes de Grenade, touche à Cadix et se jette dans l'Océan.

Les tributaires de la Méditerranée sont : la *Segura*, qui traverse l'intendance de Murcie; le *Xucar*, qui traverse l'état de Valence; le *Guadalaviar*, qui arrose l'Aragon et l'Etat de Valence; l'*Èbre*, qui passe à Burgos, traverse l'Aragon et la Catalogne; enfin, le *Llobregat* et le *Ter*, petits fleuves de Catalogne.

On récolte du blé dans presque toute l'Espagne; quelques provinces, notamment l'Aragon et l'Estramadure, qui sont appelées le grenier de l'Espagne, en produisent au-delà de ce qui leur est nécessaire. Le seigle abonde aussi en Espagne, ainsi que le vin. Le kermès est également une des productions de l'Espagne; on le recueille dans les forêts de chênes de la Nouvelle-Castille et dans les royaumes de Cordoue et de Valence. La flore espagnole est très riche; les montagnes et les prairies abondent en plantes médicinales, et les jardins sont ornés de très belles fleurs. La Galice fournit des bois de construction. Les animaux et les oiseaux en Espagne sont à peu près les mêmes qu'en France.

L'Espagnol est en général circonspect, constant dans ses entreprises, ennemi de la nouveauté, fidèle à sa parole, ami généreux, et scrupuleux observateur de ses engagements. On lui reproche la paresse et l'orgueil. Chaque province a, au surplus, des mœurs qui lui sont propres. Le teint est basané dans les contrées sud, et pâle dans le nord. Les femmes sont naturellement belles, brunes pour la plupart et bien faites; leur contenance est modeste, mais leur visage expressif; elles sont vives, ont des passions violentes et une imagination exaltée. La langue espagnole est une des plus belles de l'Europe.

Le *gouvernement* espagnol est une monarchie héréditaire dans la ligne masculine et féminine, d'après l'ordre de primogéniture. Le pouvoir exécutif appartient à la couronne, mais elle partage le pouvoir législatif avec l'assemblée des cortès. L'autorité militaire est exercée par des capitaines généraux, et l'autorité civile par des chefs politiques ou préfets. Le pouvoir judiciaire a ses tribunaux et ses cours supérieures.

L'Espagne est divisée en 17 districts militaires, appelés capitaineries générales, qui sont, en général, commandés par des capitaines généraux. Les provinces ou départements, y compris les Baléares et les Canaries, sont au nombre de 49. La division judiciaire comprend 15 audiences territoriales ou cours et 495 tribunaux de première instance. La cour suprême de justice siège à Madrid, capitale de l'Espagne. La division ecclésiastique indique 9 archevêchés et 46 évêchés. La religion catholique est la seule professée. L'exercice de tout autre culte est prohibé.

La population de l'Espagne continentale est de 12 millions d'habitants, répartis dans les divisions anciennes et modernes ci-après, savoir :

DIVISIONS ANCIENNES.	DIVISIONS MODERNES.
Aragon.	Huesca, Teruel, Saragosse.
Catalogne.	Barcelone, Girone, Lérida, Tarragone.
Valence.	Alicante, Castellon, Valence.
Murcie.	Albacette, Murcie.
Grenade (1).	Almeria, Grenade, Malaga.
Jaen.	Jaen.
Cordoue.	Cordoue.
Séville.	Cadix, Huelva, Séville.
Estramadure.	Badajoz, Cacères.
Léon.	Léon, Palencia, Salamanque, Valladolid, Zamora.
Vieille-Castille.	Avila, Burgos, Logrono, Santander, Ségovie, Soria.
Nouvelle-Castille.	Ciudad-Réal, Cuenca, Guadalajara, Madrid, Tolède.
Asturies.	Oviédo.
Galicie.	Corogne, Lugo, Orense, Pontevedra.
Navarre.	Navarre.
Provinces basques.	Alava, Guipuscoa, Viscaya.
Iles Baléares.	Palma.

En Afrique, l'Espagne compte environ 268,000 habitants; aux Antilles, 1,500,000, et en Océanie, 3,103,000; chiffres qui, réunis aux 12,256,000 en Europe, donnent une population totale de 17,128,000 âmes.

Après ces généralités, M. San-Roman passe en revue les villes et principales localités de l'Espagne; nous allons en reproduire quelques traits, en y encadrant les détails donnés par d'autres voyageurs contemporains.

RELATION.

Nous commencerons par la ville de *Barcelone*, seconde capitale de l'Espagne, et chef-lieu de la province qui en tire son nom. Cette ville est située au milieu d'une riche plaine, sur les côtes de la Méditerranée, entre l'embouchure du Llobregat et celle du Bésos, à cheval sur la route de France. Elle est entourée d'une enceinte bastionnée; elle a une citadelle avec un arsenal. Le fort de Montjuich, au sud-ouest, repose sur une montagne à 600 pieds au-dessus du niveau de la mer, et commande la baie. La population de Barcelone approche de 150,000 habitants. Elle a des maisons bien alignées, élevées de quatre à cinq étages, et ornées de balcons et de terrasses. Elle a de belles places, de jolies promenades et d'élégants édifices.

La pureté de l'air que l'on respire à Barcelone, avec une température telle qu'on y mange des petits-pois toute l'année, excepté dans le temps de la canicule, la situation de cette ville qui lui procure de toutes parts les points de vue les plus pittoresques, en rendent le séjour très agréable. Du côté du nord, les terres, en s'avançant sur la mer, forment une superbe baie. La vue s'étend, du côté de l'est, sur la Méditerranée. Les environs sont couverts de feuillage, de maisons de campagne et de jardins, qui présentent la plus riche culture.

La forme de Barcelone est presque circulaire. Les murs de l'ancienne ville romaine sont encore visibles en plusieurs endroits. La mer s'est beaucoup retirée du port. Le môle de ce port, bâti en pierres de taille, est aussi commode qu'il est solide. Au-dessous sont de vastes magasins et un large quai qui s'étend depuis les portes de la ville jusqu'au fanal. Ces belles constructions sont dues au dernier capitaine général de la Catalogne, qui, sans ajouter de grands frais aux dépenses ordinaires de la ville, et par les seules ressources de son génie et d'une économie bien entendue, a singulièrement embelli Barcelone, par l'alignement des nouvelles rues, le nettoyage des anciennes, et la construction de plusieurs édifices utiles. En même

---

(1) La Grenade, Jaen, Cordoue et Séville forment l'Andalousie.

temps qu'il l'embellissait par l'encouragement qu'il donnait à ses manufactures et à son commerce, il bâtit sur la langue de terre qui s'avance dans la mer et forme le port une ville nouvelle qu'on appelle *Barcelonette*, et qui n'est qu'un faubourg de Barcelone. Dans la belle saison, le rempart forme une très agréable promenade ; il en est une autre où les dames se montrent pompeusement dans de brillantes voitures.

Les principaux édifices sont : la cathédrale, d'une architecture gothique de la plus grande légèreté ; la Bourse, édifice, au contraire, fort lourd, et le palais du capitaine général, qui n'a rien de recommandable qu'une superbe salle de bal. La salle de la comédie est fort belle et bien éclairée.

Une police sévère, et la vigilance des alguazils qui, bien différents ici de ce qu'ils sont ailleurs, sont des gens de confiance, de probité et d'un courage reconnu, suppléent, pour les habitants de Barcelone, aux secours qu'ils pourraient tirer d'armes défensives contre les attaques des brigands, si ces armes n'étaient pas prohibées. Cette prohibition s'étendait même aux couteaux : il n'y a pas bien longtemps qu'on n'osait en porter sur soi d'aucune espèce. Dans chaque cabaret, il y en avait un attaché à une chaîne pour l'utilité commune. Quoiqu'on se soit un peu relâché de ces mesures sévères, on peut se promener à toute heure de la nuit dans la ville, sans avoir le moindre risque à courir, pourvu que l'on soit muni d'une lumière afin de n'être pas exposé à être arrêté par les patrouilles.

Les loyers sont fort chers à Barcelone ; la viande y est sans saveur, le poisson mollasse, insipide, mais les légumes excellents.

Les antiquités romaines de Barcelone sont remarquables, mais assez peu prisées dans une ville adonnée entièrement au commerce. Il n'est aucun pays, excepté peut-être l'Italie, qui possède autant de monuments anciens que l'Espagne. Dans chaque province, l'on trouve des restes de ponts, d'aqueducs, de temples, de théâtres, de cirques, d'amphithéâtres et d'autres édifices publics, mais plus dégradés par les outrages des habitants que par l'injure du temps.

La nature du pays, qui presque dans toute son étendue est montueux, paraît avoir une grande influence sur le caractère physique et moral des habitants. Avec une peau brune, des traits prononcés, une taille moyenne et rarement difforme, ils sont robustes, actifs, industrieux. La perte de leurs immunités, la honteuse prohibition du port d'armes, les taxes énormes auxquelles ils avaient été condamnés, rien de tout cela n'a pu abattre leur esprit d'indépendance et de liberté, qui toujours se manifeste avec tant d'énergie.

Quoique les Catalans soient robustes et infatigables, ils se soumettent difficilement à la sévérité de la discipline militaire, à moins qu'ils ne soient placés dans leurs propres régimes nationaux ; mais ils sont excellents dans la cavalerie légère. Ils répugnent à la seule pensée d'être domestiques dans leur propre pays, et préfèrent le parcourir avec une balle de mercerie sur les épaules. Loin de chez eux ils deviennent bons serviteurs : la plupart des grandes maisons de Madrid ont des Catalans à la tête de leurs affaires, comme aussi la plupart des muletiers et des conducteurs de calèches en Espagne sont des Catalans, tous probes, exacts et tempérants.

Le peuple de la Catalogne est moins superstitieux que dans les autres parties de l'Espagne, et il est aussi industrieux qu'infatigable. Les principaux objets d'exportation dans cette province consistent en vins, eaux-de-vie, sel et huile. On tire beaucoup de grains de la Sicile, parce que la Catalogne ne récolte pas assez de blé pour nourrir ses habitants plus de cinq mois. La Catalogne fabrique beaucoup de drap et d'étoffes de laine ou de toiles peintes.

Si, en quittant Barcelone, on longe au sud la Méditerranée, on gagne *Valence*, chef-lieu de la province de ce nom, ville située au milieu d'une plaine délicieuse et parfaitement cultivée, sur la rive droite du Guadalaviar, avec une population de 66,000 âmes et une magnifique cathédrale. Valence est une des villes les plus industrieuses de l'Espagne, et vient après Madrid pour l'activité de ses presses et de sa librairie.

Après Valence vient *Alicante*, renommée pour son vin, et peuplée de 25 000 habitants. On trouve ensuite *Murcie*, chef-lieu de l'intendance de ce nom, assez grande ville, peuplée de 40,000 âmes, et résidence de l'archevêque de *Carthagène*, jolie ville au fond d'un golfe, où elle forme un des plus beaux ports de la Méditerranée.

De Carthagène on gagne le royaume de *Grenade*, dont la capitale est assise près du confluent du Xenil et du Darro. Cette ville, d'environ 56,000 habitants, est située au milieu de la vaste et riche plaine dite la Vega de Grenade. Dans sa dépendance se trouve *Malaga*, ville très commerçante sur la Méditerranée, avec un bon port.

Dans la ville de Grenade il n'y a pas une maison qui n'ait sa conduite d'eau, et toutes les rues sont arrosées par des fontaines.

La population répond à la richesse du pays. Chaque Maure a une portion de terre qui lui est assignée et qui lui suffit pour son habitation, sa subsistance, son entretien, et pour la nourriture même de son cheval, car chaque homme est obligé d'en avoir un. Plus d'une fois les rois de Grenade ont fait passer en revue jusqu'à deux cent mille hommes, et la seule ville de Grenade pouvait mettre sur pied trente mille fantassins et dix mille cavaliers. On recueille une quantité prodigieuse de fruits. Les fêtes, les danses, les chants annoncent de toutes parts la prospérité des habitants ; l'élégance et la richesse dans la parure des femmes ajoutent à leurs charmes naturels.

Quant à la magnificence des édifices, on peut en juger par les restes de l'ancien palais des rois de Grenade, l'*Alhambra*, mot arabe qui signifie *maison rouge*, dénomination qui lui avait été donnée à cause de la couleur des matériaux. Cet édifice, sur les ruines duquel Charles-Quint en fit élever un autre, est situé sur une haute montagne qui domine Grenade ; et il forme par son étendue une véritable féerie. C'est un assemblage immense de colonnes, d'arcades, de galeries, de voûtes, la plupart de marbre ou de stuc, chargé d'ornements de la plus grande délicatesse. Les plus belles mosaïques, de riches dorures, des peintures qui ont conservé toute leur fraîcheur, décorent une multitude de salles destinées à divers usages. Une profusion d'eau distribuée avec la plus grande intelligence des points de vue ménagés avec art, achèvent de faire de ce palais un séjour enchanteur ; c'est à peu près tout ce qui reste à Grenade de son ancienne magnificence.

Quelque dégradation qu'ait éprouvée cette grande ville, la pureté de l'air, la douceur de la température, l'abondance de l'eau qui dans plusieurs maisons passe par des petits canaux jusque dans les chambres à coucher, rendent le séjour de Grenade extrêmement agréable. Ses environs sont rafraîchis par une infinité de petits ruisseaux, et sont parfumés par les délicieuses odeurs que ses vents frais y apportent de tous les jardins distribués sur les pentes des montagnes voisines. Des promenades formées sur les bords pittoresques du Xenil ajoutent leurs frais ombrages aux charmes naturels du pays. Les femmes ont la carnation plus belle, la peau plus fine, les joues colorées par une teinte plus brillante qu'en aucun endroit de l'Espagne, et leur manière de s'habiller concourt encore à les rendre infiniment piquantes.

De Grenade on peut diriger sa route vers Antequerra, assez grande ville, située dans une plaine très fertile, et on arrive, par un pays entièrement dépouillé de bois, à Malaga, dont le séjour, à cause de sa situation au pied de montagnes nues et raboteuses, devient presque insupportable par l'excessive chaleur qu'on y éprouve. La rade et le port de cette ville sont assez sûrs, et la cathédrale est un édifice imposant. Le vin ambré de Malaga est renommé dans toute l'Europe.

La province où est située Carthagène, ville dont nous venons de parler, est la plus petite des provinces espagnoles; elle fournit une quantité considérable d'oranges; de citrons, de cédrats, de figues et d'autres fruits à toute la Castille, à l'Angleterre et à la France. On y fait également beaucoup de soie. Les montagnes y sont couvertes d'arbustes, de plantes odoriférantes, de bons pâturages et d'une espèce de petits joncs qui servent à fabriquer des ouvrages utiles. La capitale, qui porte le nom de la province, est située dans une plaine aussi étendue en longueur que la province même, sur une lieue et demie de largeur seulement. La Segura, qui baigne un des côtés de la ville, a un beau pont et de superbes quais. La cathédrale a une façade riche d'ornements et une tour très élevée.

Carthagène fut pour les Romains ce que le Pérou et le Mexique furent pour les Espagnols. Dans les environs il existe encore des mines d'argent et de plomb très abondantes. La campagne de Carthagène se nommait autrefois *Campo Sparterio*, à cause de ce jonc fin et creux appelé par les anciens *spartum*, qui y croît en abondance, et dont on faisait des cordes et des câbles, des nasses et des vêtements pour les pauvres. Dans les guerres des Goths, Carthagène fut entièrement détruite. La nouvelle ville est défendue par une montagne; le port est si profond que les navires arrivent jusqu'aux quais. Ce lieu est abrité par des coteaux contre les orages, et l'on ne connaît point de port qui lui soit comparable pour la régularité et la sûreté : c'est ce qui faisait dire à André Doria, fameux doge de Gênes, qu'il ne connaissait dans le monde que trois ports qui fussent sûrs, Juin, Juillet et Carthagène. L'arsenal de cette ville est immense : un vaisseau de ligne est facilement équipé et armé dans trois jours. Au gré du constructeur, la mer vient remplir les superbes bassins qui servent de chantiers, et le vaisseau une fois construit va de lui-même se rendre dans la Méditerranée. Chaque navire a dans l'arsenal son magasin particulier. Une source d'eau vive que la nature a ménagée sur le bord de la mer permet aux vaisseaux de faire aiguade.

En revenant de Grenade vers le nord, la ville de *Cuença* est la troisième en importance dans la Nouvelle-Castille, qui comprend Madrid et Tolède. Sa cathédrale a une forme gothique imposante. Cuença est le chef-lieu d'une province et compte dix mille habitants. Elle fait un commerce de laine considérable. La campagne est très favorable aux abeilles, qui donnent un miel excellent.

Reprenons tout-à-fait par le nord, avec un autre voyageur, l'exploration de l'Espagne, en partant de la Bidassoa, rivière qui, avons-nous dit, sépare la France de l'Espagne, et pénétrons dans la Biscaye. La partie de cette province espagnole qui touche immédiatement aux Pyrénées semble être une prolongation de ces montagnes. Pendant les trente lieues que l'on parcourt depuis la Bidassoa jusqu'à Vittoria, qui est la limite de la province, on aperçoit à chaque instant un village ou un hameau. *Bilbao*, capitale de la Biscaye, peuplée d'environ quinze mille âmes, entretient un commerce considérable en laines.

De Vittoria on s'avance dans la Vieille-Castille, pays nu et aride, dont la principale ville est *Burgos*, ville industrieuse, peuplée d'environ dix mille âmes, et offrant une cathédrale qui passe pour un chef-d'œuvre d'élégance gothique. Les environs de Burgos, embellis par des avenues et des promenades, sont fertilisés par le cours de l'Alarçon, rivière qui arrose de vastes prairies. La Vieille-Castille compte aussi parmi ses villes celle de *Ségovie*, qui offre une belle cathédrale et un château appelé l'*Alcazar*, qui fut jadis habité par des rois goths. Cette ville offre encore un aqueduc, ouvrage des Romains, qui réunit deux collines séparées par une profonde vallée.

En s'avançant de la Vieille-Castille vers la province de Léon, on rencontre les villes de *Medina-Rio-Seco* et de *Medina-del-Campo*. La première, jadis célèbre par ses fabriques, est réduite, d'une population de trente mille âmes, à celle de quatorze cents feux; l'autre, jadis la résidence de plusieurs monarques, le théâtre d'un grand commerce, et alors peuplée de cinquante à soixante mille âmes, ne contient à présent que mille feux. Ainsi, ce que le ravage des siècles accumulés et des guerres a opéré sur les villes de Persépolis, de Palmyre et de quelques autres villes célèbres, deux siècles d'incurie et de mauvaise administration l'ont amené pour les deux villes de Medina, et tant d'autres cités de l'Espagne. On peut en dire autant de *Léon*, capitale de la province de ce nom, qui n'a guère que deux à trois mille âmes, mais dont les environs sont embellis par de belles plantations.

La ville de *Salamanque*, qui n'occupe que le second rang dans la province de Léon, est bien supérieure à sa capitale : elle doit cette supériorité à la réputation de son ancienne université, et beaucoup plus encore aux quatre grands collèges qu'elle renferme, sur sept qui portent ce nom en Espagne. Une foule d'édifices de toutes les époques et de tous les styles l'ont fait surnommer par les Espagnols *la petite Rome*. Elle a sur le Tormès un pont de vingt-sept arches, dont une moitié est de construction romaine et l'autre du temps de Philippe IV.

L'Aragon, qui confine à la Vieille-Castille, et qui est une province en général montueuse et aride ou mal cultivée, a pour capitale Saragosse, laquelle n'a conservé de son ancienne magnificence que ses deux vastes cathédrales. L'Ebre la partage en deux parties réunies par un pont superbe, dont une des arches a cent quatre-vingts pieds d'ouverture. Son université est la troisième de l'Espagne pour le nombre de ses étudiants. La population de Saragosse dépasse quarante mille âmes.

Nous avons eu déjà occasion de citer Cuença, ville de la Nouvelle-Castille, et de dire que Madrid et Tolède sont les deux autres principales villes de cette province. Offrons sur ces deux villes quelques détails qui trouveront ici leur place.

Tolède, autrefois la capitale du royaume de Castille, n'est aujourd'hui que la seconde ville de la Nouvelle-Castille. Ses rues désertes, étroites et tortueuses, l'absence presque absolue de l'aisance et de l'industrie, ne répondent guère à son ancienne splendeur. La cathédrale de Tolède, édifiée sur les ruines d'une mosquée, est l'un des monuments sacrés les plus précieux qu'il y ait eu en Europe. L'Alcazar, palais où résidaient les rois maures, et qu'avait encore embelli Charles-Quint, est aussi un bel édifice. Cette ville renferme quinze mille habitants, et se trouve sur un monticule près de la rive gauche du Tage.

Après avoir passé le Mançanarez, on arrive par une belle route plantée d'arbres à *Madrid*, la capitale de toute l'Espagne, sur la rive gauche du Mançanarez, au milieu d'une plaine sablonneuse et stérile, entourée de montagnes et presque au centre du royaume. Elle n'était autrefois qu'un bourg appartenant aux archevêques de Tolède. Elle a de beaux édifices et de nombreuses églises. Le Prado est une des plus belles promenades de l'Europe. Parmi les quarante-deux places de Madrid, on cite la Plaza-Major, la Plaza-del-Sol. Le nouveau palais du souverain est une magnifique résidence. Madrid compte environ deux cent mille habitants.

Trois résidences royales existent dans ses environs, savoir : l'Escurial, Saint-Ildefonse et Aranjuez.

L'Escurial est situé sur le versant méridional de la chaîne escarpée et aride des monts Guadarrama. La masse du bâtiment est imposante sans avoir rien de magnifique, excepté le beau portail de l'Occident qui ne s'ouvre pour les rois d'Espagne et les princes de leur maison que dans deux occasions solennelles : la première fois, lorsque après leur naissance ils sont portés à l'Escurial, et la seconde lorsqu'on va y déposer leurs cendres. On admire à l'Escurial le magnifique monastère que fit construire Philippe II, après avoir gagné la bataille de Saint-Quentin en 1557.

Saint-Ildefonse est situé beaucoup plus loin sur le versant septentrional du Guadarrama; c'est la plus somptueuse maison de plaisance des rois d'Espagne; elle est environnée de montagnes d'où descendent de nombreux ruisseaux limpides qui répandent partout la fraîcheur et la vie. Cette abondance des eaux et la situation pittoresque de Saint-Ildefonse en rendent le séjour délicieux en été.

Aranjuez est situé sur le Tage, près de l'embouchure de Xarama, dans une charmante vallée où les plaines arides de la Castille ont disparu, où l'on ne marche plus qu'à l'ombre de grands arbres, au bruit des cascades, au murmure des ruisseaux : la végétation la plus brillante annonce le voisinage du fleuve qui vivifie et féconde ces lieux. Charles-Quint fit bâtir Aranjuez moins pour une habitation royale que pour une jolie maison de plaisance.

En quittant Madrid et traversant la province de la Manche, qui renferme de très vastes plaines, où Cervantes a placé la scène des exploits et des amours de Don Quichotte, on franchit la chaîne de la Sierra-Morena, et on entre dans l'Andalousie, la plus grande province de l'Espagne, la plus riche en grains, en mines, en bestiaux, et qui produit une race d'excellents chevaux. On visite d'abord *Cordoue*, ville ancienne et célèbre, qui vit naître Sénèque et Lucain, et qui, pendant plusieurs siècles, fut la résidence des rois maures. De Cordoue on passe à *Séville*, grande cité assise au bord du Guadalquivir, au milieu d'une campagne superbe. Séville est une des plus anciennes villes de l'Europe; on aperçoit encore dans ses environs les ruines d'Italica, antique cité romaine, patrie de Silius Italicus. La cathédrale de Séville est remarquable par sa grande étendue, par son orgue et surtout par la fameuse Giralda, qui est la tour la plus élevée de la Péninsule. Séville compte environ quatre-vingt-dix mille âmes.

De cette ville on peut faire une excursion à *Cadix*, l'ancienne Gades des Phéniciens. Elle est bâtie au milieu de la mer sur une butte de sable, à l'extrémité d'une péninsule de l'Ile de Léon, dont l'isthme étroit, long et demi-circulaire, forme sa rade immense. Belle dans son ensemble, cette ville ne présente guère que deux ou trois bâtiments remarquables. La nature et l'art ont fait de Cadix une des plus fortes villes de l'Europe; elle est le premier établissement de la marine militaire de l'Espagne, et elle est peuplée d'environ cinquante mille habitants.

Cadix a une rade immense et un port sûr et commode. Dans son voisinage est le détroit de Gibraltar, qui sépare l'Europe de l'Afrique.

ALBERT-MONTÉMONT.

ALBERT-MONTÉMONT.

(1852.)

VOYAGE EN ANGLETERRE.

LONDRES ET ÉDIMBOURG.

PRÉLIMINAIRE.

Ainsi que je l'ai dit dans mon *voyage à Londres*(1), dont j'ai donné, il y a dix ans, une seconde édition, et

(1) Un volume in-8°, avec un plan de Londres; 2e édition, Paris, 1840.

ont ceci n'est qu'une reproduction abrégée, le voyageur qui, pour la première fois, passe des rivages de France aux rivages britanniques, reçoit des impressions si différentes d'une contrée à l'autre, qu'il lui est d'abord assez difficile de bien s'en rendre compte. Un liquide intervalle d'environ vingt-huit kilomètres, ou sept lieues, qu'un bateau à vapeur franchit en moins de deux heures, suffit pour tout changer à ses regards et leur offrir une plage tout autre par ses aspects que celle qu'il vient de quitter, un monde entièrement nouveau par le langage, le costume et les habitudes. Il n'y a qu'un instant, de vastes plaines et de vertes collines à demi cultivées, des villages et des villes où la vie se déploie, mais où l'opulence n'est pas le caractère dominant, frappaient ses yeux : maintenant, il aperçoit des dunes blanchies par l'Océan (1), des coteaux en parfaite culture, des champs, des enclos ou vergers enveloppés de haies vives et éclatants d'une verdure délicieuse (2); partout des habitations propres et agréables, des villages peuplés avec une étonnante surabondance, et annonçant, malgré cela, une aisance générale. Tout à l'heure son oreille était flattée de l'harmonie d'un langage clair, élégant et sonore; actuellement, elle ne saisit plus que les sons durs ou monotones d'un idiome surchargé de consonnes et de monosyllabes. Enfin, naguère encore, il voyait folâtrer un peuple vif, aimable, léger, brillant, poli et quelque peu moqueur; au lieu qu'à présent le voici chez une nation grave et pensante, active dans son silence, froide, égoïste, vous regardant à peine, et tout entière à son objet, l'amour du gain.

Arrivant de Calais, nous voici débarqués dans le premier port de la joyeuse Angleterre (3), pour nous servir de l'expression favorite de l'auteur d'*Ivanhoë* : c'est Douvres, clef et barrière du royaume britannique. Douvres se présente au fond d'une gorge ayant à droite le vieux château attribué à Jules César, et où figure le canon appelé *pistolet de poche* de la reine Elisabeth, laquelle le reçut en cadeau des Hollandais; canon qui, suivant une opinion populaire que rien ne justifie, peut lancer un boulet sur les côtes de France(4). A gauche est le rocher de Shakespeare, de la cime duquel, suivant le poète, les pêcheurs qui marchent sur la grève ne semblent pas plus gros que des souris qui trottent (5). Douvres n'a de curieux que son port et ses jolies femmes, dont quelques-unes vont ordinairement à Londres habiter, dit-on, certains séminaires de Vénus. Cette ville réunit 10,400 habitants. Elle vit en 1785 l'aéronaute Blanchard s'élancer de la jetée et traverser en ballon le canal de la Manche pour aller prendre terre aux environs de Dieppe.

En débarquant à Douvres, le voyageur doit présenter ses effets à la douane et son passeport au commissaire chargé du visa.

TRAJET DE DOUVRES A LONDRES.

Le trajet de Douvres à Londres, qui en diligence prenait autrefois neuf heures, s'effectue aujourd'hui en moins de trois heures par le chemin de fer. Le train direct n'exige que deux heures et demie. Les routes ordinaires sont unies et sablées comme l'avenue d'un

(1) C'est de la blancheur de ses côtes que l'Angleterre a pris son nom poétique d'*Albion*, mot dérivé du latin *album*, qui signifie *blanc* ou *blancheur*.   A. M.
(2) Les campagnes, dans la plus grande partie de l'Angleterre, sont aussi diversement coupées de haies vives que celles de la Suisse et du Bocage de la Vendée.   A. M.
(3) *Merry England*, dit Walter Scott.   A. M.
(4) La longueur de ce canon a sans doute donné lieu à l'idée d'une longue portée; mais la portée de toute arme à feu diminue, après une longueur déterminée, à proportion que l'arme devient plus longue.   A. M.
(5) The fishermen that walk upon the beach,
    Appear like mice.
               (*King Lear*, acte IV, sc. 6.)

parc (1). Elles traversent de riches campagnes, où le houblon mûrit pour enivrer les amateurs de bière. Les campagnes offrent de riants paysages, qui se multiplient comme par enchantement jusqu'à Cantorbéry, antique cité archiépiscopale, peuplée de 12 à 15,000 âmes, fameuse par les ruines du monastère qu'y vint fonder saint Augustin ; ville célèbre également par le bizarre grandiose de sa cathédrale, dont le chœur est le plus vaste des trois royaumes unis, et par le meurtre de Thomas Becket, que Henri II y fit assassiner, pour punir l'orgueilleux prélat d'avoir osé marcher son égal en qualité de primat d'Angleterre, punition dans le goût de ce bon temps d'arbitraire, et dont, au reste, le monarque eut regret.

La voie ordinaire gagne ensuite Chatham, ville de 14,000 habitants, célèbre par ses immenses chantiers de construction et ses arsenaux de marine, sur la Medway, rivière qui rejoint la mer du Nord près de l'embouchure de la Tamise, dont elle est tributaire. Chatham est comme un des faubourgs de Rochester, ville qui cependant ne compte qu'environ 10,000 âmes.

Franchissant cette dernière cité, qui portait déjà ce titre en 597, aux temps de l'heptarchie saxonne, on atteint les bords de la Tamise à Gravesend, ville de 4,000 âmes, considérée comme la limite inférieure du port de Londres. Ce port, qui occupe chaque jour plus de 15,000 ouvriers, voit arriver ou partir annuellement plus de 12,000 vaisseaux, et chaque année met en mouvement des marchandises pour une valeur de plus de 1,700,000 francs. Après Gravesend, vient Deptford, ville de 17,000 âmes, d'où bientôt enfin on découvre la métropole de l'empire britannique, cette bourse du monde ; souveraine du commerce et de l'industrie, comme Paris est la métropole des arts et le centre de la civilisation.

Par le chemin de fer ou rail-way, on ne suit pas la direction que nous venons d'indiquer. De Douvres, en longeant la mer, on se rend à Folkstone, petit port où se rendent les bateaux à vapeur de Boulogne. De Folkstone, on se rend à Hythe, ville du comté de Kent ; puis à Ashford, ville assise au confluent de deux branches de la Stour. Continuant vers l'ouest, on atteint la Medway, rivière que l'on franchit pour gagner Turnbridge. Bientôt ensuite on arrive à Merstham, d'où part le chemin de fer de Brighton ; enfin, on passe à Croydon, ville qui n'est plus, en chemin de fer, qu'à quelques minutes de Londres.

ASPECT DE LONDRES.

Londres se révèle d'abord par de larges avenues garnies de trottoirs et bordées de commodes habitations composant les villages qui s'y agglomèrent successivement et reculent chaque jour les limites ; il se révèle ensuite par un immense dôme de fumée qui plane éternellement sur les toits en briques, d'un rouge sombre, de ses maisons basses et à petites fenêtres, déjà au nombre de près de 200,000 ; puis encore par les clochers d'innombrables églises, dont la plus grande, celle de Saint-Paul, est-elle-même dérobée par ce vaste brouillard où amas fumant qui presque toute l'année intercepte les rayons du soleil. Plus on avance, plus le spectacle devient animé, imposant, gigantesque. Ce n'est pas, toutefois, que la vue de ces bâtiments, composés de deux et au plus trois étages,

(1) Toutes les routes d'Angleterre sont macadamisées, c'est-à-dire pavées et sablées d'après le procédé de l'ingénieur Mac-Adam, procédé qui consiste à briser les grès en petits morceaux de toutes formes, d'un demi-pouce à un pouce de diamètre, et à en couvrir la voie, ainsi formée sur une profondeur de trois à quatre pouces. Les voitures y roulent plus facilement que sur le pavé ; il s'y fait moins d'ornières que sur les routes simplement sablées, et la seule réparation qu'elles puissent réclamer, c'est de temps en temps quelques brouettes de grès qu'on y jette. A. M.

noircis par la fumée de charbon et d'une construction triste et uniforme, attire votre attention ; elle en serait bien vite rassasiée ; mais vos yeux sont charmés par l'élégance de ces grillages en fer qui garantissent les quatre marches de la porte extérieure et les fenêtres du rez-de-chaussée de chaque maison et longent les trottoirs en dalles, trottoirs de deux mètres de large, au bord desquels, de cinq en cinq mètres, s'élèvent sur des pivots en fer d'un mètre et demi de hauteur, les réverbères, dont le gaz éclaire les rues pendant la nuit et y jette une lumière presque aussi vive que celle du jour. Vous jouissez de cette admirable propreté et de ce luxe général qui distinguent l'extérieur comme l'intérieur des habitations ; vous aimez cette activité prodigieuse des piétons s'avançant en deux flots croisés, celui de droite qui occupe le côté des maisons, et celui de gauche qui suit le bord du trottoir et de la rue où les voitures se croisent elles-mêmes en s'évitant avec la même vélocité, la même adresse qu'autrefois les chars des jeux olympiques. Vous ne remarquez, il est vrai, nulle gaîté sur le front des passants ; ils semblent tous absorbés dans leurs idées de négoce ; ils ne causent point, ou du moins causent peu, et marchent comme un seul homme qui cheminerait dans un désert. Il n'est pas jusqu'au porteur d'affiches qui, la planche derrière le dos ou pour mieux dire sur les épaules, ne garde le même silence, interrompu seulement par les exclamations burlesques de quelques charlatans toujours à l'affût de l'instant favorable pour détourner ou tromper la vigilance du piéton provincial et lui voler son mouchoir ou sa bourse. De loin en loin quelques beaux édifices vous apparaissent comme afin de rompre le monotone aspect de ces avenues de vingt à trente mètres de large et de plusieurs lieues de longueur qui portent le nom de *rues*, au nombre d'environ 12,000, et dont par intervalles les deux rangs parallèles de maisons se reculent et dessinent environ 70 places appelées *squares*, à cause de leur forme assez ordinairement carrée. En passant de la rive droite à la rive gauche de la Tamise, pour arriver au centre de la capitale, une forêt de mâts qui vous dérobent le fleuve depuis les grands bassins ou *docks* jusqu'au premier pont de Londres, en remontant le cours de l'eau, vous donne enfin une juste idée de cette incomparable métropole, dont nous allons tracer la description. C'est au pont de Londres qu'est la station du chemin de fer de Douvres.

ÉTENDUE, POPULATION ET DIVISION DE LONDRES.

Située par 51° 30' 49" lat. N. et 5° 37" long. O. du méridien de Greenwich, ou 2° 25' 45" de celui de Paris, la ville de Londres, que les Anglais écrivent *London* (1), s'étend sur les deux rives de la Tamise, à environ 60 milles ou 20 lieues de la mer du Nord, en suivant le cours de cette rivière. Elle se trouve à 132 lieues S. d'Édimbourg, 112 lieues S. E. de Dublin, 63 lieues O. d'Amsterdam, et 80 lieues N. de Paris.

Le sol sur lequel se développe cette grande capitale, notamment sur la rive gauche de la Tamise, étant un peu incliné, facilite l'écoulement des eaux. En vertu de cette heureuse et salutaire disposition du terrain, les maisons s'élèvent comme en amphithéâtre sur une longueur de près de six lieues de l'est à l'ouest, et sur une largeur de près de quatre lieues et demie du nord au sud, limites, au reste, qu'il serait difficile de déterminer exactement, vu que la métropole britannique prend tous les jours une nouvelle extension, et qu'une trentaine de villages ou bourgs des comtés de Middlessex et de Surrey y sont déjà réunis. Les auteurs qui ne donnent que vingt milles carrés à la circonférence de Londres ne sont donc plus d'accord avec ses dimensions actuelles ; comme également ceux qui ne

(1) Expression dérivée de deux mots saxons ou celtiques, *llyn, din*, qui signifient *ville* ou *fort* sur le *lac*, ou dans un marais. A. M.

lui assignent qu'une population de 1,500,000 habitants donnent une estimation inférieure elle-même à la réalité, par l'effet des réunions successives de villages qui entourent cette cité, ouverte de toutes parts et sans délimitations arrêtées. La population de Londres en 1852 dépassait *deux millions* d'habitants.

Cette énorme population, qui se distribue en une infinité de ramifications, classes ou professions, compte aujourd'hui, 1855, plus de 4.300 cabaretiers ou taverniers, 2,100 boulangers, 1,800 bouchers, 1.850 épiciers, 1.600 bottiers ou cordonniers, 15 à 1,600 négociants, 580 pharmaciens, 300 médecins, 1,180 chirurgiens, 1,150 avocats, 3,500 agents d'affaires, 131 notaires, 763 libraires, 352 relieurs, 450 imprimeurs, 2,500 tailleurs, 1,200 charpentiers, 1,008 marchands de fromages, 1,100 établissements destinés à l'éducation, 98 de bienfaisance, 73 maisons de santé, 12 maisons de police, 49 de détention, 13 prisons, 31 tribunaux, 93 établissements religieux ou scientifiques, 15 bains publics, 360 cabinets de lecture, 140 ouvrages périodiques, 410 établissements de gravure, 4,500 copistes, 150 maisons de jeu non publiques, 70,000 maisons bourgeoises, 60 places, 13 théâtres, 10,000 rues, 8 ponts pour assurer les communications des deux rives, et malheureusement plus de 120,000 voleurs ou filous, dont 3,000 receleurs, outre 16,000 mendiants, et 120,000 prostituées (1).

La division naturelle de Londres, marquée par la Tamise, en forme deux parties bien distinctes, celle du nord et celle du midi.

La partie septentrionale se divise elle-même en deux vastes portions appelées, l'une la *Cité* proprement dite, qui renferme toute la partie de l'est, c'est-à-dire les plus anciens quartiers de la métropole, et où demeurent les négociants; l'autre, la cité de Westminster, avec le nouveau quartier de l'ouest, nommé *West End*, portion habitée par le gouvernement et la *gentry*, c'est-à-dire les personnes riches ou titrées (2).

La partie méridionale de Londres, autrement dite celle de la rive droite, est une sorte de faubourg très étendu, appelé *Southwark*, où demeurent aussi les commerçants, qui y entretiennent beaucoup de fabriques, et où n'existent que très peu d'édifices publics remarquables, si l'on excepte le palais de Lambeth, habité par l'archevêque de Cantorbéry.

La ville proprement dite, c'est-à-dire la partie septentrionale, renferme tous les monuments de Londres, et présente un moyen de ralliement pour l'étranger, par deux grandes avenues parallèles dans le sens du fleuve, avenues que forment les principales rues, savoir : pour la première, Fleet-street et le Strand ; pour la seconde, les rues de Newgate, de Holborn, Cheapside et Bishopgate ; avenues qui se réunissent devant l'église de Saint-Paul, d'où, comme d'un centre commun, elles se séparent encore pour continuer, dans la même direction de la Tamise, deux autres grands canaux de communication vers la Tour et les Docks. Ces avenues parallèles sont, dans toute leur longueur et à de fréquents intervalles, liées les unes aux autres par des rues transversales, qui facilitent les points de réunion ou de ralliement et les changements de direction des promeneurs pédestres.

RUES ET QUARTIERS DE LONDRES.

Les rues de Londres sont en général belles, droites, larges et bien percées, dans les beaux quartiers, comme dans Westminster et le quartier de West End ; partout elles sont bordées de trottoirs en pierre plates, sous lesquels passent des conduits pour recevoir les eaux boueuses et les entraîner vers la Tamise. Ces rues, dont la plus longue, celle d'Oxford (1), est d'environ trois quarts de lieue, se composent d'un assemblage de petits édifices noirs et bas, soutenus par une charpente légère et spongieuse, sur laquelle reposent des briques unies par un ciment de chaux vive, et ne montrent que de petites fenêtres, dont celles des cuisines sont placées plus bas que le sol de la rue ; assemblage fragile, destiné, comme des tentes, à la même durée que celle du bail du terrain sur lequel ces constructions s'élèvent. Une vapeur imprégnée de soufre et de charbon vient enduire d'une couche noire leurs frontons, lavés, il est vrai, de temps à autre, avec du mortier frais et blanc, lequel, en réparant l'outrage du temps, leur donne une certaine analogie avec la bigarrure d'un échiquier en débris. Telles sont les demeures des sept huitièmes de la population de Londres ; telle est cette capitale dans son ensemble.

Cependant, il ne faudrait pas croire que cette physionomie générale des rues ne présente pas de nuances ; elles varient, au contraire, d'un quartier à l'autre. Dans celui de l'ouest, appelé *West End*, où, comme nous l'avons déjà dit, les rues sont plus belles, plus larges et mieux percées que dans l'est, le trottoir offre plus d'espace ; il est plus doux et partout libre d'immondices ; la population marche plus lentement, les maisons sont plus régulières, et quelques-unes ont même l'apparence de beaux édifices. C'est là, ou du moins sur la limite de West End, qu'est la rue du Régent ou Regent-street, rue qui, d'une pierre récente, car elle est postérieure à 1816, a succédé, sous le rapport de l'élégance, à Bond street, ancien théâtre des dandys et du beau monde, ainsi que des courti-

---

(1) Ces dernières évaluations sont celles de Britton. Voici, d'après Colqhun, un parallèle de la population malfaisante de Londres et de Paris.

	Londres.	Paris.
Individus sans moyens d'existence.	20,000.	10,000.
Filles publiques.	75,000.	12,000.
Filous, voleurs, contrebandiers.	115,000.	9,000.
Receleurs.	3,000.	600.
Mendiants.	16,000.	9,000.
Personnes traduites en justice.	2,500.	7,635.

Le nombre de personnes arrêtées par la police municipale de Londres est, par année d'environ 70,000, dont 45,000 hommes et 25,000 femmes. A. M.

(2) La moindre fortune qui permette à une famille de s'établir dans le *West End*, partie nord-ouest de Westminster, est un revenu de 3,000 livres sterling, ou 75,000 francs. On ne pourrait guère y demeurer avec moins, à cause du luxe effrayant qui s'y étale, et du train de maison qu'il faut y mener.

Nous ne voulons ici parler que des familles aristocratiques, auxquelles il faut de grands logements ; mais pour les simples particuliers qui se contentent d'une maison ordinaire, le loyer n'est pas généralement plus élevé dans le West End que dans la Cité, où se tient le commerce. A. M.

---

(1) Les plus longues rues de Londres ont :

Dans la Cité.

Bishopgate-street.	1,045 mètres.
Whitechapel.	1,281
Upper-Tames-street.	1,331
City Road.	1,690

Dans Wesminster.

High Holborn.	1,045 mètres.
Strand.	1,369
Piccadilly.	1,694
Bond street.	990
Oxford-street.	2,304
Regent-street.	1,730
Tottenham-court-Road.	1,777

Dans Southwark.

Tooley-street.	970
Great-Surrey-street.	1,193

La principale rue d'Alexandrie, au temps de la prospérité de cette ville, c'est-à-dire avant que l'incendiaire Omar l'eût ravagée, avait cinq milles de longueur en ligne droite, depuis la mer jusqu'au lac Maréotis, et sa largeur était de 2,000 pieds.

Parmi les belles rues modernes, il faut citer en première ligne celles de Gênes et de Turin. Nous ne pouvons oublier à Paris la rue de la Paix et surtout la rue de Rivoli, qui va maintenant de la place de la Concorde à l'Hôtel-de-Ville, et arrivera bientôt jusqu'à la Bastille, trajet de plus de trois kilomètres. A. M.

sanes. Au centre et près du Strand, l'œil admire les nouveaux édifices de Charing-Cross, aujourd'hui un des plus beaux quartiers de Londres. A l'est, ou dans la Cité, le trafic règne en des avenues étroites, étouffées, que tapisse une boue épaisse et noire, d'où s'exhalent des miasmes que l'indigène de Londres, si dédaigneux dans ses voyages à l'étranger, supporte sans murmure. On respire surtout ces mauvaises odeurs auprès de *Wapping*, quartier des matelots, des cordiers, des escrocs et des mendiants; ou de *Smithfield*, grande place où se tient le marché des bestiaux et où se rassemblent les bouchers et les maquignons. D'un autre côté cette partie de Londres est peuplée d'une foule hétérogène arrivée des différents pays, ce qui n'existe pas dans le West End, dont la population est homogène et purement anglaise ou aristocratique, et dont le séjour par excellence est *Grosvenor-Square*, une des plus belles places de ce quartier, laquelle ne ressemble pas plus à *Whitechapel*, extrémité de la Cité, qu'une chaumière ne ressemble à un palais, ou que la rue Mouffetard, à Paris, ne ressemble à la Chaussée-d'Antin ou à la rue de la Paix. Les boutiquiers de West End eux-mêmes singent le privilège; ils parlent un autre jargon que leurs confrères de la Cité; ils saluent d'une autre manière, en penchant la tête sur l'épaule; ils observent les passants à l'aide d'un lorgnon, et marchent en se balançant sur un pied. Quant aux personnages qui occupent ces palais, on les reconnaît bien vite à leur démarche nonchalante, à la lenteur calculée de leurs pas, à leur physionomie empreinte de sommeil et d'ennui. Deux chemises par jour et quatorze cravates par semaine, voilà le nombre confortable fixé par le bon ton de ces élégants, pour réparer l'outrage des molécules charbonneuses qui tombent de l'air sur leur toilette, où, dans les moments de pluie, elles se déposent comme des gouttes d'encre. Du reste, quant au quartier de Whitechapel, il a de tout temps servi de repaire aux plus mauvais sujets de la capitale; c'est un Botany-Bay volontaire, où se réunissent les brigands de premier et second ordre, qui vivraient mal à leur aise dans un autre quartier. Là se fait l'éducation des jeunes voleurs, qui y apprennent dans sa pureté l'argot dont ils devront plus tard se servir. Le même quartier de Whitechapel, aux maisons vieilles et à pignon, aux portes basses et étroites, aux toits hauts et pointus, aux rues petites et tortueuses, renferme encore le beau idéal de l'état de boucher, comme on le voyait au XVIe siècle, et tel que Ben Johnson l'a placé dans ses drames.

Nous avons dit que le commerce habitait principalement les quartiers de la Cité. A son extrémité orientale, dans le quartier nommé *the Borough* ou *le Bourg*, vous trouvez un foyer secondaire du négoce, une nation adonnée au lucre, au trafic de détail, aux spéculations de seconde main; c'est, en quelque sorte, la succursale de *Cheapside*, une des rues les plus commerçantes de la Cité, et voisine des grands établissements monétaires, comme la Bourse et la Banque. Mais dans ce bourg les magasins et les boutiques manquent d'élégance et de propreté; ces deux qualités semblent n'avoir pas encore dépassé la limite qui séparait naguère encore de la Cité proprement dite ce quartier, dont les habitants continuent à porter des boutons d'acier en rosace, avec des culottes courtes, comme au temps de ce bon roi Jacques, admirablement dépeint par Walter Scott. Toutefois, depuis quelque temps, les habitudes et les allures de la population du Borough tendent à se modifier. Ce quartier a maintenant quelques maisons de commerce de gros; là se trouvent les grandes tanneries, les gros marchands de cuir, un certain nombre de grandes fabriques.

Si l'on traverse la Tamise et que l'on se transporte du côté du *King's Bench* ou Banc-du-Roi, dans Southwark, on remarquera cette multitude de débiteurs insolvables que la loi a parqués à l'instar de troupeaux séquestrés du monde jusqu'au moment de leur sentence; pauvres gens déchus de tout espoir et que leur situation même empêche de se libérer envers leurs créanciers. Cette moderne *Alsace* n'a point dégénéré de l'ancienne, dont Walter Scott a fait un si piquant tableau.

Ce qu'on appelle *the Fields* ou *les Champs* (et tout à l'heure nous en avons cité un point, le marché de Smithfield), c'est un mélange de places et d'allées, ou petites rues, dans lesquelles résident les bouchers, les boxeurs, les escrocs, embaucheurs, receleurs, matelots, déserteurs et autres; c'est, en un mot, une région d'immoralité, de misère et de vices. Il y a aussi une contrée spéciale dans les *Fields* de Saint-Georges, pays des petits garçons et des petites filles, foyer de la paume, de la balle et de la raquette; asile de galopins, d'apprentis voleurs, couverts de boue, sans souliers, sans chapeau, gibier futur de potence et de déportation; gibier qui se trouve également du côté de Saint-Giles, dont la population voleuse est mêlée avec celle des ouvriers industrieux et honnêtes. Toutefois, à présent Saint-Georges-Fields a de jolies maisons, et ce quartier tend à s'améliorer chaque jour davantage.

Du reste, les plus grandes et les plus belles rues de Londres sont entrecoupées de petits passages, d'allées étroites, où le soleil ne pénètre jamais et dont les misérables hôtes sont aussi remarqués par leur dénûment que par la bassesse de leurs habitudes : c'est, dit un recueil anglais, le foyer des parias britanniques; hommes, femmes, entassés dans le même taudis, reposent ensemble sur un pavé de briques mal jointes, sans lits, ni chaises, ni feu; obligés d'acheter leurs aliments tout cuits, forcés de mendier pour vivre, et de voler pour suppléer aux lacunes de l'aumône.

Voulez-vous avoir une idée sommaire de l'ensemble de Londres et de ses contrastes, la nuit et le jour? Aux premières lueurs, aux blanchissants rayons d'une belle matinée d'été, montez à cheval et parcourez les rues. Quel silence!

Not a mouse stirring.
Et l'on n'entend pas même une souris bouger.

L'air est pur, l'atmosphère est libre de ces particules poudreuses et sulfureuses, de ces exhalaisons plus ou moins malsaines qui vont la surcharger (†); tout dort. Vous diriez une ville morte, comme Palmyre ou Carthage, une de ces villes ensevelies sous les laves et les cendres du Vésuve, et tout-à-coup, comme Pompeï, reparaissant aux regards du soleil. Fait-il grand jour, tout s'éveille, tout se meut, les boutiques s'ouvrent, les laitières sonnent de porte en porte, les filles équivoques affluent chez le marchand de *gin* ou d'eau-de-vie; les voitures ébranlent la chaussée, les marchands et les marchandes courent, volent et se croisent; les ouvriers hurlent leurs airs, dont la perpétuelle monotonie vous déchire le tympan, déjà tout assourdi par les cris des charretiers et des vendeurs de ballades. Ce ciel, tout à l'heure azuré, se plombe, se dérobe à vos yeux, et un immense dais de vapeurs s'élève et plane au-dessus de la grande cité, pour l'envelopper entièrement jusqu'au déclin du jour.

La nuit déploie son rideau noir : l'aspect des rues va subir une métamorphose qui tiendra du prodige. En effet, une longue file de réverbères vient les illu-

---

(†) On prétend que si l'on suspendait des fils d'amiante dans chaque cheminée, à une distance d'un quart de pouce les uns des autres, et que si l'on faisait dégoutter de l'eau constamment sur ces divers fils, la fumée, en les touchant, se condenserait et serait entraînée par l'eau dans un tube ou réservoir, de manière qu'il n'en échapperait pas un seul atome. Au moyen de ces conduits, qui distribuent l'eau à Londres dans l'intérieur des maisons, on pourrait, dans cinq minutes, faire parvenir au haut des cheminées toute celle qui serait nécessaire pendant le cours de la journée. Par ce simple appareil, le ciel de Londres reprendrait, dit-on, un degré de transparence à peu près égal à celui du nord de la France et de la Belgique. A. M.

Saint - Paul (Londres).

miner; les magasins éclairés par le gaz dévoilent à l'étranger surpris leur richesse ou plutôt leur magnificence. De loin en loin, le reflet pourpré, violet et bleu des pharmaciens se projette sur les murailles et sur les dalles des trottoirs, pendant que les bocaux des liquoristes éblouissent par leur transparence. Tel est le panorama qui étonne, captive, enchante le voyageur dont pour la première fois les pas s'essaient dans Londres.

CLIMAT ET CARATÈRE GÉNÉRAL DE LONDRES.

Le brouillard éternel ou plus exactement la fumée constante dont nous venons de parler et les miasmes qui s'exhalent de plusieurs quartiers de cette grande ville induiraient à penser que le climat doit en être funeste à ses habitants; il n'en est cependant rien. Quoique humide et variable, il est très sain; la température annuelle et moyenne est de 52° Fahrenheit ou 9° Réaumur. On est à Londres exempt de la plupart des maladies des grandes cités; on le doit au naphte sulfureux qui s'échappe de la houille et prévient ou arrête la contagion fébrile. D'autres causes de salubrité se trouvent dans le cours d'un fleuve soumis à l'influence des marées, dans les rues larges et les grandes places qui y laissent un libre jeu à l'air, dans la propreté intérieure des maisons et dans les nombreux canaux qui chaque matin, par des jets abondants, arrosent et lavent les rues, en même temps que les maisons, pourvues de moyens analogues de lavage, maintiennent cette propreté admirable, si propice à l'hygiène domestique. Sans doute les habitants ne sont point affranchis de cette maladie nommée le *spleen*, qui semble inhérente au caractère britannique; mais ils ne peuvent s'en prendre au climat de Londres; elle tient à leur constitution physique, à leur genre de vie, à leur nourriture carnivore, à leur bière forte et à leurs habitudes morales. Au surplus, la durée moyenne de la vie est plus longue à Londres et dans toute l'Angleterre qu'en France et dans la plupart des Etats de l'Europe, avantage qui paraît dû aux institutions politiques, à l'instruction du peuple et à son bien-être positif et matériel.

En définitive, Londres, sans être insalubre, n'a point un beau ciel, comme Paris, par exemple, dont il n'a pas non plus l'aspect gracieux et riant. S'il a des rues plus belles et mieux alignées, elles sont moins vivantes; les maisons qui les forment sont basses, avec de petites fenêtres et des toitures dépourvues d'élégance, sur lesquelles plane une atmosphère triste et lourde. Londres, avec son aspect monacal, ne compte point de palais qui puissent rivaliser la Bourse et le Louvre; il n'a point nos boulevarts, cette ceinture verdoyante que lady Morgan comparait à la ceinture de Vénus. S'il a de grands parcs ou jardins pour ses promeneurs, Paris a ses Champs-Elysées, ses Tuileries, son Luxembourg et son Jardin-des-Plantes ; si Londres a la Tamise pour rivière (1), la Seine suffit au commerce de Paris, ville d'ailleurs plus littéraire que marchande, et où les ressources pour les sciences, les lettres et les arts, sont plus nombreuses et de bien meilleur goût en bibliothèques, musées, cabinets d'histoire naturelle, collèges ou cours de langues, établissements dont l'entrée est gratuite, ce qui à Londres se paie fort cher.

Si l'on voulait rapprocher les traits saillants de ces deux capitales, on dirait de Londres qu'il a pour lui son immensité géométrique, son énorme population, sa suprématie politique, sa richesse colossale, sa force industrielle, tandis que la métropole française a ses boulevarts, ses palais, son Opéra, ses établissements publics, son amour des arts et la puissance intellectuelle ou morale de sa population qui, bien que moitié moindre que celle de Londres, n'exerce pas moins de prépondérance dans les destinées politiques du monde.

Si la comparaison devait s'étendre à d'autres villes, on laisserait à Rome ses souvenirs et ses ruines antiques, à Florence sa beauté idéale et ses admirables galeries de peinture, à Naples son beau soleil et son riche paysage, avec la Méditerranée pour miroir et des villes pour ceinture ; à Pétersbourg sa physionomie semi-orientale et septentrionale, à Vienne son Schœnbrunn et ses riants faubourgs, à Edimbourg sa couronne de montagnes et ses vieux noms calédoniens, à Philadelphie ses îles bordées de verdure et ses beaux arbres, à Gênes ses magnifiques palais, à Venise ses lagunes, à Constantinople son ciel et ses mosquées ; mais Londres resterait la souveraine des intérêts ou la bourse du monde, comme Lutèce resterait toujours la métropole des plaisirs, des lumières et du goût. Enfin, Londres, par ses grillages en fer devant ses maisons, par ses palissades et ses autres moyens de défense, et qui trahissent le désir d'une possession individuelle et exclusive ; par le charlatanisme de ses affiches et la barbarie grotesque des enseignes de cabarets et de tavernes, révèlerait un peuple mécanique, machinal, égoïste et adonné par-dessus tout au lucre ; tandis que Paris montrerait une sociabilité facile, un esprit de communauté qui l'emporte sur les intérêts individuels, un peuple communicatif, aimant à se réunir, non pour s'enivrer mais pour danser : on dirait en un mot, que le Londonien ou le Cockney, comme on l'appelle, exerce le plus son estomac, le Parisien, son esprit et ses jambes ; que le Londonien est buveur, taciturne et lourd, et le Parisien sobre, expansif, babillard et léger.

HISTORIQUE DE LONDRES.

Londres paraît redevable de sa fondation aux Bretons descendants des Goths, venus de la Scandinavie. C'était déjà une ancienne ville sous les Romains, qui, au temps de Jules-César, la nommaient *Londinium* ou *Colonia Augusta*; elle servait d'entrepôt ou de quartier général romain pour la Bretagne sous les empereurs. Elle ne fut entourée de murailles qu'après le massacre de ses habitants par les troupes de la reine Boadicée, ces murailles, qui existaient encore sous le règne d'Elisabeth, disparurent peu à peu, à mesure que la ville acquit de l'extension. En 610, on jeta les fondements de l'église de Saint-Paul et de l'abbaye de Westminster. En 793, un terrible incendie la dévora presque en entier. Quelques années après, relevée de ce désastre,

(1) La Tamise, à marée basse, a 12 pieds de profondeur et 1,000 pieds de largeur. Sa profondeur à marée haute est double, et le flux et reflux de la mer se fait sentir jusqu'à 5 lieues au-dessus de Londres. La Seine a 600 pieds de largeur moyenne et 10 pieds de profondeur, à Paris.

A. M.

elle est assiégée par les Danois, que parvient à repousser en 872 le génie d'Alfred, auquel on attribue le plan de la constitution municipale de Londres. En 1066, après la bataille d'Hastings, Guillaume le Conquérant, duc de Normandie, est couronné roi d'Angleterre à l'abbaye de Westminster, en présence des magistrats de la Cité, auxquels ensuite il octroya une charte préservatrice de leurs droits qui, plus tard, lui portant ombrage, donnèrent lieu de sa part en 1088, à la réparation de la Tour de Londres. Les successeurs de ce prince firent néanmoins de nouvelles concessions, et le gouvernement civil de la Cité fut dès lors, comme il l'est aujourd'hui, exercé à l'exclusion de la cour par un premier magistrat, sous le titre de *mayor* ou *maire*, mot tiré du langage normand ; et sous Édouard Ier, qui fit ajouter le titre de *lord* à celui de *maire*, la ville fut divisée en quartiers qui eurent chacun leur magistrat spécial, sorte d'adjoint du maire, appelé *alderman*, mot pris de l'ancien nom saxon et qui veut dire *homme âgé*. En 1212, Jean-sans-Terre, pendant ses démêlés avec le pape Innocent III, qui l'avait excommunié, fut obligé de rendre aux habitants de Londres, unis contre lui avec les barons, les priviléges qu'il leur avait ôtés, et il signa la grande charte, où ces priviléges furent de nouveau stipulés.

Nous avons passé sous silence les nombreux incendies, les tremblements de terre et les famines ou pestes qui, durant plusieurs siècles, désolèrent la Cité de Londres ; suivons de préférence les progrès de sa civilisation.

En 1509, sous Henri VIII, la réforme religieuse commence en Angleterre ; les citoyens de Londres refusent à ce prince un impôt que le Parlement n'avait pas voté. En 1564, un cocher hollandais transporte à Londres l'usage des fiacres. Quelques années ensuite, une banque, une bourse et une loterie sont en vigueur. La réforme religieuse est aussi proclamée par Élisabeth, qui fait pour la première fois célébrer le service divin en langue anglaise à l'église de Saint-Paul. En 1600, est fondée la Compagnie des Indes orientales, et en 1651, s'ouvre le premier café dans la Cité, quinze années avant le plus terrible incendie qui ait jamais éclaté dans Londres, et où 30,200 maisons et 89 églises disparurent dans les flammes. Le Parlement, formé d'abord de tous les barons réunis en une seule assemblée, mais ensuite divisés en grands et petits barons, qui depuis composèrent les premiers, la Chambre des lords, et les seconds celle des communes, s'était affermi par l'obtention de la grande charte de 1212. Il conserva plus ou moins ses prérogatives, excepté sous Cromwell et sous Charles II, excepté aussi lorsqu'il eut la faiblesse de voter en 1716 l'acte septennal, contre lequel s'élèvent en Angleterre et à nombreuses et à vives réclamations, soutenues au Parlement par divers membres influents de l'opposition.

Terminons ce coup d'œil général par un dernier trait caractéristique du panorama de Londres.

CONSOMMATION ANNUELLE DE LONDRES.

Quinze mille vaisseaux lui apportent chaque année les richesses du monde, en échange de celles que son industrie a disséminées dans tous les ports de l'univers ; 50 à 60 millions de quintaux de charbon arrivent annuellement dans cette capitale pour y être brûlés par ses 2 millions d'habitants, qui occupent 190,000 maisons, et qui annuellement aussi consomment 110,000 bœufs, 800,000 moutons, 250,000 agneaux, 250,000 veaux, 200,000 porcs, 7 millions 884,000 gallons de lait, 2 millions de barils de bière, contenant 36 gallons chacun, 11 millions 146,800 gallons d'eau-de-vie et liqueurs (1), 70,000 pipes de vin, 21 millions 265,000

(1) Le gallon équivaut à trois ou quatre litres. A. M.

livres de beurre, 25 millions 500,000 livres de fromage, 120,000 tonneaux de poisson, 60,000 livres sterling ou 1 million 500,000 francs de volaille, et 3 millions de livres de fruits ou légumes. Le marché de Smithfield dans Londres, où se vend le bétail, a chaque année un produit de plus de 8 millions de guinées ou 208 millions de francs.

A Pétersbourg, dont la population est d'environ 450,000 âmes, qui occupent 9,500 maisons, il a été, en 1831, amené pour la vente, 140,602 bœufs et veaux, 15,350 moutons et 537 porcs sur pied On a tué 46,100 bêtes, consommé 428,720 volailles, 212,758 pièces de gibier, 314,483 douzaines d'œufs, 94,937 pouds de beurre.

A Paris, dont la population dépasse 1 million d'âmes, qui occupent 45,000 maisons, il se consomme, année moyenne, environ 69,000 bœufs, 15,000 vaches, 70,000 veaux, 340 000 moutons, 90,000 agneaux, 3 millions 240,000 kilogrammes de viande à la main, et 914,000 kilogrammes de charcuterie et abattis; objets qui, avec quelques autres, comme les liquides, savoir : 1 million d'hectolitres de vin, 50,000 hectolitres de cidre et poiré, 115,000 hectolitres de bière et 40,000 hectolitres d'eau-de-vie, également consommés chaque année, rapportent 47 millions de francs d'octroi.

Ainsi, Pétersbourg et Paris, dont la population réunie approche de celle de Londres, et qui ensemble consomment annuellement 630,000 têtes de bétail, sont encore au-dessous de Londres même, qui en consomme plus de 2 millions 300,000. Il est vrai que le peuple anglais se nourrit mieux que le peuple français et surtout que le peuple russe.

ÉDIFICES DE LONDRES.

Nous avons dit que le principal caractère, ou caractère distinctif de Londres, était plutôt dans sa grandeur géométrique et son immense population que dans ses palais : effectivement, ceux de cette métropole sont en petit nombre et presque tous de mauvais goût; on ne doit point s'attendre à y trouver les belles et gracieuses proportions des monuments de l'Italie ou de la Grèce, les formes sveltes du Louvre, de la Madeleine et de la Bourse de Paris. D'ailleurs les édifices de Londres sont presque tous construits en briques avec un ciment, lequel imite la pierre de taille, assez rare en cette ville, où le fer, qui est plus commun, se prodigue en colonnes et grillages.

Mais afin d'aborder avec méthode le chapitre des édifices ou monuments publics de Londres, la nécessité d'être clair nous engage à le diviser en quatre sections principales : la première comprendra les édifices civils, comme les palais royaux, la Banque, la Tour, l'Hôtel-de-Ville, et les théâtres; la seconde, les édifices religieux, comme la cathédrale de Saint-Paul et l'abbaye de Westminster; la troisième, les ponts sur la Tamise; et la quatrième, les embellissements principaux, tels que les parcs, les squares ou places, et les rues.

ÉDIFICES CIVILS.

En général, les bâtiments de Londres, construits comme ne devant durer que peu de temps; spacieux, mais sans élégance, couronnés par une coupole en forme de bonnet de nuit ou d'éteignoir; sorte de mensonge d'architecture, comme la constitution est presque également, pour ainsi dire, un mensonge de liberté, la religion une apparence de piété, et les mœurs une pruderie affectée, ont des fenêtres hautes et étroites pour le premier étage, et plus larges que hautes pour le second; toutes, quelquefois, surmontées d'un fronton analogue à la partie supérieure d'un tombeau; toutes ou presque toutes s'ouvrant à coulisses perpendiculaires, excepté dans le quartier de l'ouest, où presque toutes les croisées du premier étage s'ouvrent à la française. Les portes d'entrée sont petites et mesquines, défaut qui ressort d'autant plus qu'il n'y a point de portes cochères, les voitures étant reléguées sur le derrière avec les écuries. Ces petites portes ont quelquefois un porche composé de colonnes hautes et maigres, surmontées d'un fronton lourd et mal composé. Des cordons étroits en pierre séparent les étages et forment les corridors. Il est vrai que la menuiserie de ces mêmes portes est faite avec un soin remarquable, souvent en bois d'acajou, et ornée de moulures et d'encadrements en ébène. Toutes ont des marteaux en cuivre poli et brillant, frappant sur une plaque de même métal où quelquefois se lit le nom du propriétaire, qui, en outre, a fait placer à côté un cordon pour sonner les domestiques; et le bruit de la sonnerie, ainsi que des coups de marteau, pour le dire en passant, se proportionne toujours à l'importance du visiteur : un seul coup, par exemple, annonce la présence du fournisseur ; deux, celle du facteur; trois, le solliciteur ou l'honnête bourgeois, et une succession rapide de coups, un personnage ou une grande dame. A l'égard du corps de logis, hâtons-nous d'ajouter, pour être juste, que si le dehors du bâtiment est peu distingué, l'intérieur est d'une extrême propreté et réunit ce que les Anglais appellent le *confortable*, mot qui exprime l'idée du commode et du bon par excellence.

Voilà pour les maisons en général. Relativement aux édifices, les Anglais nous envient les nôtres, mais ils n'en conviennent pas ; car, si on leur objecte que Londres n'a pas de monuments, ils vous répondent : « A quoi bon? » Cependant, depuis quelques années on remarque un progrès sensible dans l'architecture britannique, et particulièrement dans les beaux ou modernes quartiers de Londres, comme Charing Cross et Regent's Park.

Parmi les édifices civils de Londres qui méritent d'être visités et décrits, et il y en a moins que l'étendue et l'opulence de cette grande ville ne porterait un étranger à le croire, nous devons citer Somerset-House, le Musée britannique, Saint-James, Whitehall, la Banque, l'Hôtel-de-Ville, la Bourse, l'hôtel de la Compagnie des Indes, la Trésorerie, la Tour, la Douane, la Monnaie, le temple Bar et les théâtres. Nous allons suivre cette série monumentale dans l'ordre où nous venons de la présenter.

SOMERSET-HOUSE.

Le palais qu'on appelle *Somerset-House*, c'est-à-dire Maison de Somerset, parce qu'il fut construit par un duc de ce nom, protecteur du royaume durant la minorité d'Édouard VI, vers le milieu du XVIe siècle, protectorat qui le conduisit à l'échafaud, destinée ordinaire alors des grands qui étaient supplantés dans leur ambition, eut pour architecte l'italien Jean de Padoue, dont les plans furent modifiés en 1775 par ceux de Williams Chambers; c'est l'édifice le plus majestueux et le plus vaste de Londres. Construit en pierres de taille de Portland, il repose près le pont de Waterloo, entre la rive septentrionale de la Tamise et le Strand, rue parallèle au fleuve. C'est un carré spacieux qui, du côté de la rivière, présente une magnifique terrasse élevée d'environ 50 pieds au-dessus du lit de l'eau, sur deux voûtes massives ou arches ornées de têtes d'une grandeur colossale, savoir : au centre celle de l'Océan, et sur les autres, de chaque côté, celles des huit principales rivières de l'Angleterre, la Tamise, l'Humber, la Mersey, la Dee, la Medway, la Tweed, la Tyne et la Severn, avec leurs emblèmes propres. Du côté du Strand, la façade, qui a vraiment de la majesté, est un soubassement rustique supportant neuf colonnes d'ordre corinthien et formant neuf arcades, dont trois du centre sont ouvertes et donnent entrée dans la grande cour quadrangulaire, tandis que les autres sont garnies de fenêtres et ornées de pilastres. Le vestibule est aussi décoré de colonnes; l'une d'elles offre le buste de Michel-Ange, et l'autre celui de Newton. Dans la cour est un groupe en bronze sur lequel s'élève une statue de Georges III.

Somerset-House réunit les bureaux du timbre, des taxes du commerce maritime, des domaines, des vivres, du sceau royal, et trois académies, savoir : la Société royale de Londres, la Société des Antiquaires et l'Académie royale des arts. C'est également un lieu d'exposition annuelle des travaux des peintres et des sculpteurs.

Il est bien regrettable que ce bâtiment masque la rivière à l'endroit même où elle est le plus belle, et qui, d'ailleurs, paraît si rarement dans le centre de la métropole, étant cachée par les maisons bâties sur chaque côté du fleuve, où la marée a peut-être détourné de l'idée de faire des quais : il eût été si facile de laisser un espace entre la Tamise et l'édifice même à la manière de l'hôpital de Greenwich ! Non seulement, dans la cour de Somerset-House on ne voit point le fleuve, mais on n'en soupçonne même pas le voisinage; il faut arriver sur la terrasse pour l'apercevoir Cette terrasse est, du reste, spacieuse et domine une partie de la rivière, ainsi que les ponts de Waterloo, de Westminster et de Blackfriars; elle s'avance sur un grand soubassement formé par vingt-deux arches très-étendues, ornées de colonnes d'un effet pittoresque; mais le public n'y est admis qu'à prix d'argent, car le moindre plaisir se paie à Londres au poids du numéraire, excepté les visites au Musée britannique. Il est vrai qu'à Londres, tout se fait par entreprise particulière, par association, au lieu que chez nous c'est le gouvernement ou l'autorité municipale, qui ordonne et suit les constructions. Nous reviendrons à Somerset-House quand nous parlerons des sociétés savantes dont cet édifice est le palais, comme celui de l'Institut à Paris est le lieu de réunion de ses cinq académies.

MUSÉE BRITANNIQUE.

Le Musée britannique ou *Britisch museum*, qu'une sorte de confraternité lie au palais de Somerset, puisque ces deux édifices sont affectés principalement aux sciences, aux lettres et aux arts, est de tous les monuments de Londres le seul qui soit vraiment public, c'est-à-dire ouvert à tout le monde, et gratuitement; pour les autres, ils ne s'ouvrent que quand leurs gardiens voient sortir du gousset la bourse du visiteur; encore a-t-elle besoin d'être bien remplie, comme le lecteur en jugera plus tard.

Ce riche dépôt national d'antiquités, de curiosités naturelles et d'ouvrages imprimés ou manuscrits, est placé dans un grand hôtel qui appartenait jadis au duc de Montaigu et qui fut construit sur les plans du célèbre architecte français Puget; car les grandes créations à Londres, comme en beaucoup d'autres capitales, sont bien souvent écloses d'un cerveau français, témoin entre autres les principaux palais de Saint-Pétersbourg, le pont de Westminster, le vieux pont de Londres, le parc de Saint-James, le Tunnel ou passage sous la Tamise. Cet hôtel, qui participe tout à la fois de notre Musée du Louvre, de notre Bibliothèque impériale, et du Cabinet du Jardin-des-Plantes, dont il réunit les équivalents ; cet hôtel, à la porte duquel se tiennent deux sentinelles, comme au palais du roi à Saint-James, fut converti en musée par un acte du Parlement de 1753, et il a été depuis considérablement augmenté.

L'extérieur est peu remarquable, mais le grand escalier, où se trouvent plusieurs animaux empaillés, notamment trois girafes, et un ours polaire tué en 1818, lors de l'expédition de Ross et de Parry à la recherche du passage nord-ouest, a été construit dans de belles proportions, et la principale pièce est également très vaste ; deux peintres français, Jacques Rousseau et Charles de La Fosse, lequel peignit l'intérieur du dôme des Invalides à Paris, ont orné les plafonds d'emblèmes, tels que celui de Phaéton qui demande à son père la faveur de conduire le char du soleil. La collection des manuscrits est une des plus nombreuses de l'Europe. Les nouvelles salles où est placée la bibliothèque dont Georges III fit don au Parlement, et où l'on voit quatre piliers d'un seul bloc de granit d'Ecosse de 35 pieds de hauteur, ressemblent, dans leur longueur de 300 pieds, et dans leur distribution, à celles de la Bibliothèque impériale de Paris.

Les catalogues de la Bibliothèque du Musée britannique sont imprimés, avantage que commence à avoir la Bibliothèque impériale parisienne, avantage qui, facilitant les recherches, permet de connaître plus vite les trésors de ce vaste dépôt scientifique. Il renferme environ 300,000 volumes et 19,000 manuscrits, entre autres la grande charte signée à Londres par Jean-sans-Terre.

Cette richesse littéraire est bien inférieure à celle de la Bibliothèque impériale de la rue Richelieu, qui possède plus de 1,500,000 volumes imprimés, non compris les doubles exemplaires, 100,000 manuscrits, 300,000 estampes, 100,000 médailles, 4,000 cartes géographiques.

Au premier étage du Musée britannique les salles sont disposées à l'instar de celles du cabinet d'histoire naturelle de notre Jardin-des-Plantes ; mais il ne faut pas non plus y chercher des collections aussi nombreuses, aussi complètes que celles de ce dernier établissement, dont le savant Cuvier a su faire le cabinet sans rival des naturalistes de tous les pays.

Les salles du rez-de-chaussée, occupées par les statues, rappellent, mais faiblement aussi, le rez-de-chaussée de notre Musée du Louvre. Parmi les richesses de ce genre que montre le Musée britannique, on reconnaît avec peine les débris arrachés vandalement par lord Elgine au Parthénon d'Athènes, que, par compensation et pour venger du moins la civilisation ainsi outragée, le roi Othon, en septembre 1834, a fait splendidement restaurer, après une religieuse et solennelle inauguration, à la grande satisfaction des Hellènes. Les mânes de Périclès, de Démosthènes et de Platon, pour le dire en passant, se seront émues de joie, sans doute, à la rédification de ce temple, qui fut un des plus beaux monuments de la vieille Athènes.

Le Musée britannique a, comme les bibliothèques de Paris, des salles de lecture ouvertes tous les jours de 10 à 4 heures, excepté le dimanche ; mais tout le monde n'y est point admis ; il faut pour cela une carte du bibliothécaire ou conservateur. Ces cartes sont surtout exigées des étrangers, qui ne peuvent y avoir accès que sur la recommandation d'un répondant s'il est question de se livrer à des recherches et de parcourir des volumes dans l'établissement. Les lecteurs, ainsi admis, peuvent tirer des extraits, mais non pas des copies d'un manuscrit ou livre, à moins d'une permission expresse du bibliothécaire. Du reste, il y règne une décence et une politesse rares ; tout s'y passe dans le plus grand ordre et dans le plus parfait silence ; on se croit un moment à la rue Richelieu, et si le conservateur du Musée britannique n'a pas l'érudition immense de notre Van-Praet, il en a la prévenance aimable et toute l'inépuisable complaisance pour le docte public avec lequel il se trouve en rapport.

Après avoir parlé des deux principaux monuments des sciences, des lettres et des arts à Londres, car Somerset-House peut bien s'unir au Musée britannique, puisque c'est proprement l'Institut anglais, comme lieu de séance surtout de la Société royale, visitons la demeure royale, un des premiers objets qui occupent ordinairement l'esprit du voyageur.

PALAIS DE SAINT-JAMES.

Une réflexion nous est d'abord venue à l'aspect de

Londres, en songeant à la fois au peuple et au monarque : c'est que tout y est disposé pour la commodité du peuple, et qu'on y a peu fait pour celle du prince. En effet, le peuple marche sur de beaux et larges trottoirs en dalles, les rues sont propres et bien éclairées, l'eau arrive par de secrets conduits à toutes les maisons, jusqu'au deuxième étage ; en d'autres termes, la nation, par elle-même ou par l'organe de ses représentants, a eu le bon sens de régler ses propres intérêts avant ceux du gouvernement, qu'elle paie pour lui assurer toute la somme de bien-être qu'elle a droit d'en attendre ; elle n'a point abdiqué sa propre souveraineté, sa dignité personnelle, et si elle obéit, ce n'est point servilement, mais par les lois de ses mandataires, toujours prêts à tenir ou à ramener dans le bon chemin les agents responsables du pouvoir exécutif.

Le palais qu'habite la reine d'Angleterre et qu'on appelle le palais de Saint-James, ou *Saint James's Palace*, ne ressemble en rien aux résidences royales du continent ; il n'y faut point chercher nos Tuileries et notre Louvre, ni le palais impérial du tzar moscovite, ni celui du monarque autrichien, ni ceux des petits rois italiens, ni même ceux de la plupart des princes allemands : c'est un médiocre édifice, que Henri VIII fit élever sur les débris d'un ancien hôpital. Charles Ier y fut gardé prisonnier, comme Louis XVI au Temple, et après avoir eu, comme Louis XVI, la tête tranchée, on y montra son corps au peuple. Jacques II, la reine Anne, Georges Ier y firent leur résidence habituelle, et Georges IV y reçut le jour ; c'est là que la reine vient donner ses audiences aux ambassadeurs et aux députations des grands corps de l'état, bien qu'elle habite ordinairement le château de Windsor, qui, pour les rois d'Angleterre, est le Versailles ou le Saint-Cloud de Londres.

Le palais de Saint-James est un bâtiment construit en briques, et la partie où se trouvent les appartements du monarque n'a qu'un étage, mais il est régulier. La façade, sur la rue, n'est qu'une vieille porte lourdement fortifiée, et où le style d'architecture moderne se mêle au style gothique. Le côté du parc a meilleure apparence. La salle des gardes est belle et remplie d'armes. La salle voisine est ornée d'une riche tapisserie qu'on dit être l'ouvrage du roi Charles II. Les appartements du prince sont tendus en damas cramoisi, comme également les meubles sont recouverts de velours cramoisi, avec des franges en or. La salle de réception l'emporte sur toutes les autres par la grandeur et la magnificence. On y voit le trône avec ses accessoires, de superbes glaces et des tableaux représentant divers sujets de batailles. C'est la mesquinerie de cette résidence royale qui, en la comparant aux somptueux asiles des pauvres, a fait dire à un poète :

To poor its palaces Great Britain brings,
Saint James's hospital will be for kings.

« L'Angleterre loge ses pauvres dans des palais, et ses rois dans un hôpital. »

Cependant, elle vient de modifier un peu ses idées à cet égard : un assez beau palais s'est élevé dans le voisinage de l'ancien, entre le parc de Saint-James et Green-Park. L'arc-de-triomphe, qui est terminé depuis 1830, est magnifique.

A côté du palais de Saint-James et près de Carlton-House, au bout de Pall-Mall, est la maison de ce fameux Marlborough, qui de simple page du roi Jacques était devenu maréchal, duc et pair d'Angleterre. On sait que la Grande-Bretagne lui dut la possession de Gibraltar, dont il s'empara en 1705. Ce favori de la reine Anne, laquelle finit par le congédier à cause de ses intrigues et de son avarice, avait défait le myope et trop fougueux maréchal de Tallard ; mais, plus tard, celui-ci fut à son tour noblement vengé à Malplaquet par le célèbre Villars, dont la journée de Denain est, du reste, un des plus beaux faits d'armes des armées françaises.

En continuant notre direction vers le sud-est, nous trouvons dans le même voisinage, près de la Tamise, plusieurs autres édifices publics, notamment :

1º L'Amirauté, en anglais, *Admiralty*, bâtiment très considérable, moitié en briques, moitié en pierres, et qui offre une grande et belle salle ;

2º L'Hôtel des gardes à cheval, ou *Horse-Guards*, édifice moderne, construit en pierres, par l'architecte Ware, en 1750 ;

3º La Trésorerie, ou *the Treasury*, bâtiment en pierres, lourd et massif, avec trois étages, et dont la façade présente un mélange de plusieurs styles, outre quelques restes de l'ancien palais élevé par le cardinal Wolsey, qui, de fils de boucher, devint grand-chancelier du royaume, sous Henri VIII, dont il favorisa toutes les intrigues, servit toutes les passions, mais pour subir plus tard la disgrâce du prince, et mourir au moment d'être jugé comme coupable de haute trahison ;

Et 4º le vieux palais de *Whitehall*, construit sous le règne de Henri III, sur le bord de la Tamise ; palais dont Henri VIII forma sa résidence, et où Charles Ier fut décapité le 30 janvier 1649.

Si de Whitehall nous remontions un peu vers le sud-ouest, en dépassant le point de la Tamise où est jeté le pont de Westminster, nous aurions encore à décrire, en édifices civils, le palais du Parlement, près de l'abbaye de Westminster ; mais comme la représentation nationale sera peut-être pour nous l'objet d'une visite spéciale, nous ne l'indiquons ici qu'en passant et qu'afin d'annoncer que nous n'omettons point de parler de ce palais, sur lequel, matériellement parlant, nous n'aurions plus guère, d'ailleurs, à promener que le burin de l'histoire, puisque, dans une nuit de la mi-octobre 1834, il a été en grande partie la proie des flammes. La construction en a été reprise en 1850.

Descendant de Westminster et du palais du Parlement vers la Cité, pour chercher les autres monuments civils de Londres, nous passons devant l'église de Saint-Paul, qui, comme l'abbaye de Westminster, aura, s'il est possible, son tour d'examen avec les autres édifices religieux, et nous allons trouver d'abord la Banque et la Bourse, puis Mansion-House, la Douane et la Tour de Londres.

BANQUE D'ANGLETERRE.

Le grand dépôt de la richesse monétaire anglaise, décoré du titre de Banque d'Angleterre, ou *Bank of England*, a été construit en 1694, sur les plans de l'Écossais Paterson. L'architecture est à l'unisson avec la nature de l'établissement, qui est de payer et d'administrer la dette publique pour le gouvernement. Les idées d'opulence, de force et de sûreté y ont été merveilleusement combinées pour l'utilité générale. Le dehors présente une sorte de copie du temple de Vénus, à Tivoli, près de Rome, et la monotone uniformité de cette immense ligne de murailles qui entoure l'édifice a été rachetée par des entrées sous de grandes arches, avec des colonnes. Le front, ou côté du sud, a 365 pieds de longueur, le côté de l'ouest 440, celui du nord 410, et celui de l'est 245. Dans l'enceinte, sont neuf cours ouvertes, plusieurs bureaux publics et une vaste rotonde ou salle octogone, dans laquelle se rassemblent les individus de toutes les nations et de toutes les conditions, qui veulent acheter des rentes. La principale entrée est un portique supporté par huit colonnes supportant elles-mêmes d'autres ornements et une petite tour. Le vestibule a l'air d'un mausolée, et ses colonnes, très massives, rappellent le Propylée d'Athènes.

Dans la salle des paiements, ou *pay-hall*, se voit une horloge très curieuse, qui montre l'heure sur seize cadrans différents placés dans seize bureaux, et qui sonne les heures et les quarts. La communication entre l'horloge et les cadrans est établie par des verges de cuivre de plus de 700 pieds de longueur. Le plus gros poids de l'horloge pèse 350 livres, et l'horloge est montée deux fois par semaine. Les aiguilles, mues par une seule mécanique, sont toujours parfaitement d'accord

Un gouverneur, un sous-gouverneur et vingt-quatre directeurs, élus tous les ans par les propriétaires ou actionnaires, sont chargés de la direction des affaires de la Banque; ils ne peuvent, non plus que leurs employés, faire aucune espèce de commerce en marchandises, ni la moindre spéculation sur les fonds publics; mais il leur est permis de négocier des lettres de change, des lingots et des matières d'or et d'argent, d'escompter les billets des banquiers et des négociants, et de prêter des fonds sur hypothèques. L'intérêt qu'ils retiennent est de 4 0/0. Du reste, cet intérêt varie suivant les circonstances

Le capital de la Banque d'Angleterre est de près de 15,000,000 de livres sterling, ou 375,000,000 de francs. Un acte du Parlement accorde annuellement à la banque, pour la manipulation des fonds publics, 340 livres sterling par million, et les propriétaires reçoivent environ 805 livres sterling. Ces profits sont en compensation des soins que prend la banque pour la perception des impôts, le paiement de la dette publique, celui des ordonnances du trésor, et l'escompte des billets du commerce au taux de 4 0/0; car la Banque d'Angleterre, comme la Banque de France, est à la fois une caisse d'escompte et une banque de circulation; c'est un instrument du pouvoir britannique, un agent chargé de tenir ses livres, de distribuer les dividendes aux rentiers; un agent comptable est payé pour s'acquitter de cet emploi; ses privilèges sont temporaires. La Banque d'Angleterre a aussi dans ses attributions l'émission des monnaies et des valeurs monétaires; ce qui n'existe point pour la Banque de France, puisqu'il y a une administration des monnaies pour cela.

La Banque d'Angleterre a en émission des billets de toutes valeurs; on les appelle *bank-notes*; mais une loi récente l'oblige à retirer les bank-notes de petites valeurs au-dessous de 5 pounds ou 5 livres sterling, à cause des inconvénients qu'elles entraînent et des nombreuses falsifications auxquelles elles ont donné lieu.

La Banque de France, qui, en remplacement de la caisse d'escompte et des comptes courants, fut fondée en 1800, par Napoléon (1), avec privilège de quarante ans pour l'émission de ses billets, et modifiée en 1803, où son capital fut porté à 45,000,000 de fr., qu'en 1808 elle doubla et éleva ensuite à 108,000,000, rend de grands services aux négociants par la facilité que leur offrent les comptes courants, en faisant pour eux les recettes de leurs effets et même en leur présentant une caisse de dépôt pour leurs fonds; elle fait office de caissier pour les établissements et les particuliers dont elle tient les fonds en compte courant. A la tête de l'administration se trouve un gouverneur avec deux sous-gouverneurs. Les bénéfices sont répartis à la fin de chaque semestre entre les actionnaires, à l'exception d'une portion affectée en achat de rentes françaises, et d'une autre qui est ajoutée au fonds de réserve. Les billets mis en circulation sont toujours en proportion avec la somme des valeurs de traites qu'elle a en portefeuille, et qui, jointes à la réserve, sont la garantie de ses billets. Le mouvement des caisses de la Banque de France est annuellement de 7 à 8 milliards, tant en argent qu'en billets et en bons de de virement. Il s'est élevé en 1830 à plus de 10 milliards. L'escompte est de 4 0/0, comme à la Banque d'Angleterre.

(1) Arrêté des consuls de la République française, du 28 nivôse an VIII.

BOURSE DE LONDRES.

A côté de la Banque d'Angleterre est la Bourse de Londres, dite *Royal exchange*, fondée en 1566, sur le modèle de celle d'Anvers, par Gresham, fils du consul de Henri VIII en cette dernière ville; auparavant, les négociants et marchands anglais n'avaient pas de lieu de réunion pour opérer leurs transactions commerciales. Brûlée dans le fameux incendie de 1666, elle fut rebâtie sous Charles II, en 1667; sa construction coûta près de 60,000 livres sterling (1), et, en 1820, il y a encore été fait pour plus de 30,000 livres sterling d'embellissements. Le tout consiste en un bâtiment presque carré de 200 pieds de long sur 160 de large, entourant une place découverte de 140 pieds de long sur 100 de large. Ce bâtiment lugubre, spacieux, sans ornements, est en pierres; il a deux entrées principales, et devant chacune règne un portique majestueux. Au centre de la place intérieure est la statue de Charles II. Tout l'édifice a 56 pieds de hauteur, et il existe à son sommet une balustrade évidée. Au-dessus du portique de la principale entrée, du côté de Cornhill, s'élève une tour carrée, où sont incrustées les armes de la Cité; au-dessus de cette tour en est une autre octogone qui renferme l'horloge, et qui est surmontée d'une élégante lanterne ronde entourée d'une colonnade et recouverte d'un dôme sur le sommet duquel tourne une girouette, emblème, devenu trivial, des versatilités humaines. L'intérieur est divisé en *walks* ou salles particulières, dans lesquelles se réunissent les négociants d'une même nation ou d'une même branche de commerce. Enfin, les salles supérieures sont occupées par ce qu'on appelle le *Café Lloyd*, où se rassemblent les courtiers pour les affaires de seconde main, et pour assurer les marchandises ou les navires contre les accidents ou pertes dans la navigation. Depuis quelques années il a été établi, près de la Bourse, à Paris, un Lloyd français analogue à celui de Londres.

La Bourse de Londres est ouverte de 8 heures du matin à 5 heures du soir tous les jours, le dimanche excepté; mais c'est de 3 à 4 heures et demie que se traite le plus d'affaires et qu'il y a foule. Vous y trouvez réunis les négociants ou commerçants de presque toutes les contrées de la terre, et ce concours, joint à celui du café Lloyd, qui est plutôt un comptoir qu'un café, donne une idée de la grandeur commerciale de Londres.

Les restes de Jacob qui, en Angleterre, disposent de près de 20 milliards de francs, et qui y jouissent d'un revenu de plus d'un milliard de francs : ces enfants d'Israël, dont les principaux chefs sont les courtiers des souverains de l'Europe, affluent surtout à la Bourse de Londres, autour de leur représentant, dont une revue anglaise offre ainsi le portrait :

« Au milieu d'un peuplade murmurante, raide, acariâtre (2), assez mal vêtue et vouée à Mammon, vous apercevez un être immobile, l'œil fixe et terne, le teint safrané, tous les traits contractés péniblement, les mains enfoncées dans ses poches, les épaules relevées comme pour encaisser une tête carrée, couverte d'un chapeau qui tombe sur un front ridé. Ce n'est pas là une physionomie plaisante, ni expressive, ni douce, ni gaie, ni même profonde. Cependant, les plus vastes et les plus minutieuses combinaisons résident dans ce cerveau que vous seriez tenté de croire inerte. Un tel spectacle vous surprend à juste titre : vous vous approchez. Cet homme, car c'en est un, reste impassible ; ses lèvres ne remuent pas ; ses yeux n'ont de regard ; rien n'annonce la pensée. Est-ce là un homme vivant, ou seulement l'enveloppe extérieure d'un de vos semblables, un de ces corps sans âme que Dante

(1) 1,500,000 francs.
(2) *Revue britannique*, août 1839.

nous assure avoir vus marcher dans les rues de Florence, comme s'ils eussent été doués de vie (1)?

« Bientôt vous voyez un second personnage s'avancer d'un air distrait : l'homme-statue fait deux ou trois pas en arrière ; le nouvel acteur le suit, et un dialogue muet s'établit entre eux. L'homme-statue soulève ses épaules abaissées, et du fond de cet œil terne et mort fait briller tout-à-coup le regard le plus perçant et le plus inquisitif que vous ayez jamais vu étinceler dans l'ombre. L'autre, je ne dirai pas l'autre interlocuteur, répond par un signe et se retire : la conversation taciturne n'a pas duré plus de deux secondes ; et le premier des deux, reprenant son attitude immobile, renfonce ce regard qui vous a étonné et redevient statue. Deux, trois visiteurs de la même espèce, accueillis de la même manière, disparaissent comme le premier. Vous en comptez quarante, cinquante, et votre statue immobile, qui n'a pas encore desserré les lèvres, ni ôté ses mains de ses poches, s'éloigne à son tour.

« Ce personnage est un juif de Francfort, de cette famille redoutable qui a des parents ou des mandataires accrédités dans toutes les cours, que ces cours caressent parce qu'elles le craignent, car ils pourraient les plonger dans les plus grands embarras s'ils leur retiraient leur aide pour la donner exclusivement à des gouvernements rivaux. Cet homme est le type et le roi de sa caste. Ces gens qui viennent lui parler au pied de ce vieux pilier, aussi immobile que lui, ce sont ses espions et ses agents. Vous diriez que le hasard les amène ; chacun d'eux a son heure de rendez-vous ; ils accourent lui communiquer leurs documents, recevoir ses instructions et sa demande, et s'empressent d'aller exécuter ses ordres. A chaque signe de ce potentat muet, qui serre et desserre à son gré les cordons de la bourse des rois, un million change de mains, un système de gouvernements s'altère, et, selon les divers mouvements imprimés à cette machine calculante, un ministre tombe ou s'élève, une loi est portée ou retirée. Avec son abstraction apparente, sa raideur et son apathie, c'est cet homme qui fait agir le plus de ressorts en Europe ; c'est le factotum des empires ; Mammon lui a confié son sceptre, levier des plus grands intérêts. Trésorier du monde civilisé, c'est à l'aide de cette magie de l'argent qu'il l'ébranle à son gré. Ses transactions sont secrètes, ses moyens inconnus ; nous n'en voyons que les résultats. »

La Bourse, ce centre commun des négociants, agents de change ou rentiers, ce moyen rapide de communication pour les affaires commerciales, le taux de la rente et la négociation des effets publics, est à proprement parler le marché public où les fonds du gouvernement s'achètent et se vendent avant que leur transfert ait lieu à la Banque d'Angleterre. C'est là qu'on apprend la valeur courante des fonds ; mille à douze cents agioteurs s'y réunissent chaque jour et font hausser ou baisser cette valeur, entretenant ainsi un pari en quelque sorte perpétuel. Les haussiers se nomment *bulls* ou taureaux, et les baissiers *beards*, c'est-à-dire ours. A 10 heures s'ouvre le change ; à 11 heures se fixe le premier cours, et c'est alors que la fortune ou la ruine plane sur toutes les têtes des joueurs, dont l'âme éclate bientôt en accents de désespoir ou de joie. Souvent une brume jaunâtre et rousse étend son crêpe sur la Bourse même, et en plein jour il faut allumer les quinquets, dont la triste lumière fait ressortir encore la sombre obscurité qui règne au dehors.

Trois espèces de joueurs fréquentent la Bourse de Londres : ce sont, comme à celle de Paris, les agents de change, les courtiers et les spéculateurs pour leur propre compte. Les premiers, appelés *brokers*, se chargent d'acheter et de vendre, en se réservant un huitième de commission ; les seconds, dits *jobbers*, ne prélèvent qu'une prime raisonnable sur les transactions

(1) Tels sont Vitaliono, de Padoue, dans le chant 17 de l'*Enfer*, et Carlino, dans le chant 32.

E aspetto Carlin che mi scagioni.

qu'ils peuvent accomplir. Les spéculateurs tâchent de profiter des fluctuations du marché ; ils vendent et achètent sans commission à leurs risques et périls ; leurs gains ou leurs pertes sont considérables. Il est défendu de cumuler ces trois fonctions, mais pourtant la défense est, dit-on, bien souvent enfreinte.

Il y a en outre une dernière classe de joueurs flânants ou invalides qui haricotent, suivant le jargon de la Bourse, et ne viennent guère là que pour tuer le temps. S'ils y étouffent souvent et dégouttent de sueur dans la pression qu'ils éprouvent, ils ont aussi parfois leurs instants de gaîté : c'est le chapeau du voisin que l'on fait tomber ; les basques des habits se relèvent par dessus la tête ; les boulettes de papier volent de toutes parts ; on s'agite, on se heurte, on boxe ; puis on chante le *God save the King* ou le *Black Jack*. Si l'un des joueurs a, par quelques actes déloyaux, compromis ses collègues, on lui fait répéter jusqu'à extinction le refrain obligé. Un jour, certain agent qui se trouvait dans le cas de l'amende, ayant voulu la payer spontanément en se moquant de ses voisins, les irrita ; ils l'épuisèrent, malgré toute l'énergie de ses poumons, au point qu'il dut demander grâce, et ne pouvant l'obtenir, il fut contraint, par raison de santé, de renoncer à fréquenter la Bourse.

C'est à la Bourse que l'on fait des marchés à terme, lesquels consistent à vendre ou acheter pour un jour fixe, en calculant bien ou mal les chances d'un avenir prochain. Enfin, tous les jours des milliers de joueurs partent de ce lieu sur des voitures légères ou en omnibus (car nos omnibus ont été naturalisés à Londres) pour revenir le lendemain recommencer le même manège.

De ce palais de la fortune, où une minute est suffisante pour décider du gain ou de la perte de plusieurs millions de francs ; où cependant il n'y a pas d'or, mais où les ambitions et les cupidités de tout genre viennent tour-à-tour étaler leur joie ou leur désespoir, portons nos regards vers un autre palais où se règlent des intérêts non moins grands, puisqu'on y administre ceux de plus de cent vingt millions d'hommes : c'est d'avance nommer la Compagnie des Indes orientales. Mais auparavant disons encore, par comparaison, un mot de la Bourse de Paris.

La Bourse de Paris, dont le palais est un des plus beaux édifices modernes de l'Europe, a son service confié à 60 agents de change, 60 courtiers de commerce et 8 courtiers d'assurance, agents qui servent d'intermédiaires dans les ventes et achats des matières métalliques, effets publics, lettres de change, billets et tous autres papiers commerçables. A l'égard des effets publics, les opérations sont criées à haute voix. A 2 heures une cloche annonce l'ouverture de la bourse, et un crieur fait connaître le prix de chaque chose au comptant ; mais tout se passe ici avec plus d'ordre et de décence qu'à Londres ; pas de huées, pas de boulettes de papier, pas de chants, pas de bourrades, même parmi les coulissiers spéculateurs faisant des opérations entre eux sans employer le ministère des agents de change. D'ailleurs un commissaire royal, envoyé par le ministre des finances, est toujours là pour que tout s'y passe convenablement. Les femmes s'y présentent quelquefois aux galeries et prennent une part directe à la hausse et à la baisse. Néanmoins, depuis le désastre momentané de l'emprunt espagnol du banquier Guébhard, l'autorité a dû mettre ordre à cette passion du beau sexe pour les fluctuations de la Bourse, et il n'y vient plus qu'en petit nombre.

HÔTEL DE LA COMPAGNIE DES INDES ORIENTALES.

Ce bel édifice appelé *East-India-House* ou Hôtel de la Compagnie des Indes orientales, société composée de marchands qui sont les véritables rois de l'Inde, a une façade en pierre d'environ 200 pieds de longueur et consistant en deux ailes et un portique soutenu par six colonnes cannelées. Le front représente plusieurs figures allégoriques. L'intérieur est bien distribué. On y distingue entre autres : 1° la grande salle de justice ou *great court room*, où se voit un superbe bas-relief en marbre blanc, qui représente l'Angleterre assise sur un globe; la Tamise, sous la forme d'un dieu marin, et trois figures emblématiques de l'Inde avec ses diverses productions; 2° les deux salles de vente où se trouvent les statues de lord Clive et de l'amiral Pococke; 3° la salle du comité de correspondance embellie de paysages de l'Inde; 4° la bibliothèque et surtout le musée, lequel mérite un moment d'attention.

Il réunit une grande quantité d'objets d'art et de science; c'est une riche collection d'antiquités orientales et de curiosités de l'Inde et autres contrées de l'Asie. J'y ai remarqué deux grands lustres chinois, trois épées et autres armes des Battas de Sumatra, une bride de chef turcoman, deux portraits offerts par le shah de Perse, une grande lanterne chinoise, les principales divinités indoues, un instrument de musique de Tipo-Saïb, figurant une femme dévorée par un tigre, tous deux composant un orgue dont le son part de la bouche de la femme, tandis que les tuyaux sont dans le corps de l'animal. J'ai vu aussi le plan en relief d'une ville chinoise, quatre tableaux chinois, représentant les quatre saisons; à côté de ces tableaux des larces mahrattes, de 15 pieds de long, un étendard népaul, tous ceux de Tipo-Saïb, enlevés à la prise de Seringapatam; un modèle de vaisseau malais, une tête de tigre en or, avec des yeux et des dents de cristal, laquelle servait de tabouret royal à Tipo; un aérolithe du poids de 25 livres, tombé près de Delhi. Enfin, dans la bibliothèque se voient le registre des songes de Tipo-Saïb, avec une interprétation écrite de sa main; un manuscrit siamois, rapporté par le voyageur Fynlaison, et un manuscrit birman en idiome pali.

Mais ces curiosités scientifiques s'effacent vite de l'esprit de l'étranger, lequel se reporte immédiatement vers le tableau de la puissance colossale de cette compagnie d'obscurs négociants donnant des lois à un tiers de l'Asie, et disposant, comme je le disais tout à l'heure, des destinées de plus de 120 millions d'individus, d'un produit de plus de 517 milliards de francs, et d'une armée de 230,000 hommes, dont seulement 30,000 Européens fournis par le gouvernement britannique, tout le surplus se composant de Cipaies ou indigènes mercenaires.

La compagnie des Indes orientales fut instituée sous le règne d'Élisabeth, et obtint le privilége exclusif du commerce avec les pays situés au-delà du cap de Bonne-Espérance. Elle commença par demander aux princes de ces contrées la permission de trafiquer dans leurs États et d'y établir des comptoirs; mais bientôt, sous prétexte de défendre ses établissements, elle fit la guerre, et depuis elle a étendu ses conquêtes de la presqu'île de Malacca au golfe Persique, et de l'embouchure du Gange à sa source, dans les monts Hymalaya. Une population de 123 millions d'âmes répartie sur une superficie est d'environ 55,700,000 milles carrés géographiques, a donc ainsi pour maîtres quelques marchands de Londres.

La compagnie a confié la gestion de ses affaires à trente directeurs, qui doivent posséder au moins chacun pour 2,000 livres sterling d'actions. Un bureau de contrôle surveille les opérations des directeurs, qui sont censés administrer gratuitement, mais qui nomment à tous les emplois dépendant de la compagnie, et dont le revenu excède 500,000 livres sterling. A Calcutta, un gouverneur-général, nommé par le roi d'Angleterre, est investi de tous les pouvoirs, judiciaire, administratif et militaire, sans limites; 30,000 soldats anglais, secondés par 200,000 Cipaies sont les forces dont il peut disposer, et que nous venons déjà de citer; 200,000 agents européens perçoivent les impôts et dirigent les opérations commerciales pour le compte de la compagnie. Des magistrats anglais, largement rétribués, rendent en son nom la justice dans des tribunaux de différents ordres. Les revenus dépassent 23 millions de livres sterling, ou 575 millions de fr., et sont presque toujours absorbés par les charges; il y a même un déficit de plus de 4 millions de livres sterling, malgré les impôts excessifs qui pèsent sur les malheureux indigènes, lesquels, en impôt territorial, paient plus de 12 millions sterling, ou 300 millions de fr. Il y a un monopole pour le sel et pour l'opium, et un droit de circulation pour les marchandises qui passent d'une province à l'autre. Depuis 1813 seulement, les simples négociants anglais ont entrée dans les ports de l'Inde; mais leurs spéculations sont entravées par des restrictions gênantes; d'ailleurs, aucun Anglais ne peut voyager dans l'intérieur de l'Inde sans la permission expresse du gouverneur-général, et la compagnie a conservé le privilége exclusif du commerce avec la Chine, la Cochinchine, Bornéo, Sumatra, Java, les Philippines et les Moluques. C'est à la faveur de ce privilége qu'elle livre par année à la mère-patrie pour 30 millions de livres sterling de thé. Le privilége de la compagnie, qui expirait en 1833, a été renouvelé. Sans les profits qu'elle en retire, elle ne pourrait soutenir les dépenses qu'entraînent l'administration et la défense de ses possessions dans l'Inde.

Mais laissons les gros marchands ou nababs britanniques s'engraisser des sueurs de l'indolent, inoffensif et malheureux Indou; et quoique la transition semble brusque, passant d'une association despotique et oppressive à une corporation libre et tutélaire, allons dans le voisinage encore de l'hôtel des Indes, visiter l'hôtel de la Cité de Londres, voisinage assez singulier, contraste assez piquant aux yeux du philosophe, qui retrouve presque à côté l'un de l'autre deux foyers opposés, d'où émanent des décisions qui, dans l'un, prescrivent des mesures d'esclavage contre des nations placées à des milliers de lieues de la métropole, et dans l'autre, ont sans cesse pour objet la garantie des libertés publiques et individuelles.

HÔTEL-DE-VILLE DE LONDRES.

Ce qu'on appelle *Mansion-House*, ou Palais du Lord-Maire (1), est un vieux bâtiment dont occupe le premier magistrat de Londres, dans la Cité, où il fut construit en 1734; car auparavant le lord-maire n'y avait pas de résidence fixe. Ce bâtiment, en pierres de taille de Portland, est d'une forme oblongue, d'une architecture un peu lourde, avec un perron assez noble, conduisant au portique principal, décoré de six colonnes d'ordre corinthien, qui s'élancent avec grâce au-dessous d'un soubassement massif d'ordre rustique, ayant de chaque côté deux ailes avec pilastres. Sur le fronton est un emblème de la puissance industrielle de Londres. L'édifice, dans son ensemble, présente deux rangs de larges fenêtres surmontés d'un attique terminé par une balustrade. L'intérieur a plusieurs belles salles, mais toutes sont un peu obscures. L'une d'elles contient le lit de parade qui a coûté 3,000 guinées, ou 78,000 fr.

C'est dans ce vaste hôtel que le lord-maire, ou en anglais *lord-mayor*, donne souvent à dîner aux aldermen et aux sherifs, ses différents adjoints. Il donne aussi, tous les ans, un grand repas d'été, auquel assistent les ministres, une bonne partie de la noblesse et les principaux citoyens. En de pareilles occasions, il est d'usage de servir sur les tables d'énormes pièces de viande et une étonnante profusion de mets en tout genre. La Cité alloue à son premier magistrat, pour ses frais de représentation et l'exercice de sa charge, une somme annuelle de 8,000 livres sterling, ou 200,000 francs.

L'entrée en fonctions du lord-maire se fait avec une grande solennité; il est complimenté par la corporation de la Cité, et après une promenade ou pro-

(1) *Guild-Hall* est plus spécialement l'hôtel-de-ville de Londres; mais on a l'habitude de donner aussi cette appellation à *Mansion-House*.   A. M.

Vue d'Édimbourg.

cession sur la Tamise, il donne son grand dîner de réception, auquel assistent plus de mille conviés des deux sexes. La dépense de ce festin d'apparat est d'environ 3,000 livres sterling, ou 75,000 fr.

Un hôtel qui se rattache à Mansion-House est Guildhall ou *Guild-Hall :* c'est là que se rassemblent les habitants de la Cité, pour élire ses représentants au parlement, son lord-maire et les autres magistrats municipaux. Là encore se tiennent les cours de justice municipale, et se donnent les fêtes de la ville, dont la plus splendide, qui eut lieu en 1814, en l'honneur et en présence des souverains alliés, coûta 20,000 livres sterling, ou 500,000 fr.

Guildhall fut bâti en 1411, par souscriptions volontaires; on mit vingt ans à l'achever. Il souffrit beaucoup du terrible incendie de 1666, qui n'en laissa que les murailles; mais il fut immédiatement réparé. On y a, en 1789, ajouté une nouvelle façade, mélange bizarre des architectures grecque, orientale et gothique. La grande salle a 153 pieds de long, 48 de large et 55 pieds de hauteur jusqu'au toit, qui est plat et divisé en panneaux; elle peut contenir 7,000 personnes. On y voit gravée la réponse énergique d'un lord-maire au roi, en 1770, au sujet des empiétements de la couronne sur les franchises de la Cité, qui, à toutes les époques, ont su résister aux diverses tentatives du pouvoir.

Deux énormes statues en bois, l'une tenant un long bâton et l'autre un haubert, se montrent sur leurs piédestaux à une des extrémités de la salle; elles sont connues sous les noms de *Gog* et de *Magog*, et passent pour être celles d'un ancien Breton et d'un ancien Saxon. Une opinion superstitieuse a fait longtemps dépendre de ces deux blocs de bois le destin des libertés municipales de Londres; un souvenir respectueux semble attaché à leur conservation, et le téméraire qui oserait publiquement porter une main sacrilége sur ces dieux vermoulus, pourrait bien encore le payer de la vie, car le peuple de Londres a le geste brutal.

Double palladium des bretonnes franchises,
Contre tous les dangers te protége Albion.
Jadis Énée, au sein des flammes d'Ilion,
 Eut pour les pénates d'Anchises
Moins de valeur jalouse et de religion;
 Lui qui, transfuge de Pergame,
Son père sur le dos et son fils par la main,
Sauva ses dieux d'argile, aux dépens de sa femme,
Que pour eux il laissa s'égarer en chemin.

Des souvenirs historiques nous détachent maintenant de ces croyances vulgaires, et nous appellent à la Tour de Londres, où nous allons nous rendre.

Indiquons toutefois, en passant, l'Hôtel des Postes, en anglais *the general Post-Office*, dans Newgate-street, hôtel d'une construction récente, et d'où partent les facteurs, qui, une clochette à la main, avertissent de leur passage dans les différentes rues qu'ils ont à parcourir, et recueillent les lettres déposées aux petits bureaux appelés *two-penny-post office*, et celles que, moyennant une légère rétribution, leur confient les particuliers qui ne veulent pas aller eux-mêmes au grand bureau.

Indiquons également la Colonne, autrement dite le *Monument*, dans Fish street, près du pont de Londres, laquelle fut élevée en 1671, par ordre du parlement, sous la direction du célèbre architecte Christophe Wren, en mémoire du terrible incendie de 1666, qui commença à deux cents pas de cette colonne et consuma presque toute la Cité; monument de 15 pieds de diamètre à sa base, de 202 pieds de hauteur, et dont le dedans offre un escalier de 345 marches, avec un balcon en fer au sommet, d'où l'œil embrasse avec facilité l'ensemble de la capitale et de ses environs, quand le matin la fumée de charbon n'a pas encore plané sur les toits des maisons. Cette colonne surpasse en hauteur de 42 pieds la colonne Trajane à Rome, et de 60 pieds celle de Napoléon sur la place Vendôme à Paris, laquelle compte environ 200 marches. Sur trois des façades du piédestal, haut à lui seul de 40 pieds, ont été gravées des inscriptions rappelant quelques détails de l'incendie et l'activité que la ville déploya, sous Charles II, à rebâtir les maisons. Autour du soubassement est une autre inscription qui attribue l'incendie à la faction papiste, dans le but de renverser le protestantisme et de rétablir la religion romaine en Angleterre; accusation que l'irritation des temps pouvait excuser, mais qui paraît avoir été portée sans preuves assez authentiques pour y ajouter foi; ce qui a pu donner à Pope l'idée de ces deux vers :

Where London's column pointing at the skies,
Like a tall bully lifts his head and lies (1)

Notons encore, en cheminant le long de la Tamise, la Douane, ou *Custom-House*, édifice mesquin, à la vérité, mais qui reçoit annuellement plus de dix millions de livres sterling en marchandises, avant le débarquement; édifice élevé sans goût, mais dont les deux étages offrent de longues salles, une desquelles mérite d'être visitée par l'étranger qui veut avoir un avant-goût du commerce de Londres.

On voit dans cette enceinte errer un peuple immense:
Partout l'activité, les soins, la vigilance.
Sur sa rame courbée, l'un fend le sein des eaux,
L'autre, d'un bras nerveux, soulève des fardeaux;
On voit parmi les flots de ce peuple innombrable,
Le commerce aux cent bras, actif, infatigable,
La main par cent canaux qu'il tient sans cesse ouverts,
Répandre ses trésors à cent peuples divers,
Les faisant refluer, par un nouvel échange,
Des bords européens vers les rives du Gange.

L'origine de la Douane remonte à 1381. Le bâtiment où elle est établie fut brûlé en 1666, et relevé deux ans après; brûlé derechef en 1715, et reconstruit en 1718; brûlé encore en 1814, et rebâti dans la même année. La Douane de Londres est sous le contrôle des lords de la Trésorerie, et perçoit sur les marchandises importées et exportées un droit qui, nous le répétons, rapporte au gouvernement plus de 10 millions de livres sterling, ou 250 millions de francs par an.

TOUR DE LONDRES.

La Tour de Londres, en anglais *the Tower*, située dans la partie orientale de la Cité, est l'édifice où flotte le labarum de l'Angleterre; c'est le dépôt de ses archives et son arsenal; c'est de là qu'en moins de vingt-quatre heures on peut expédier de quoi armer plus de 100,000 hommes; car les caisses d'armes de tout genre sont là déposées à l'avance et prêtes à passer de la grande salle, dont nous parlerons, sur les vaisseaux à l'ancre sous les murs de ce gothique édifice.

La Tour de Londres fut, dit-on, bâtie par Guillaume-le-Conquérant, vers l'an 1078 ; d'autres en font, mais sans preuves authentiques, remonter l'origine jusqu'à Jules César : ce qu'il y a de certain, c'est que le Normand Guillaume, pour tenir en respect les habitants de Londres, fit élever une forteresse sur l'emplacement occupé aujourd'hui par ce même édifice. Guillaume-le-Roux, son fils, l'entoura d'une muraille en briques, et Richard Ier, en 1190, augmenta ces fortifications, auxquelles Henri II, en 1240, ajouta une grande porte d'entrée et quelques autres bâtiments à l'ouest. Édouard Ier renchérit encore sur ses prédécesseurs, et Charles II, en 1663, fit réparer et achever le fossé qui entoure aujourd'hui cet ensemble de bâtiments gothiques, pour que l'eau de la Tamise, sur le bord septentrional de laquelle ils se trouvent, pût y couler au besoin; réparations qui furent renouvelées sous Georges III, lequel n'y résida point : car les rois d'Angleterre n'y continuèrent leur séjour depuis les Normands que jusqu'à l'avènement d'Élisabeth.

Cette forteresse, où l'on renferme encore les prisonniers d'État, occupe douze arpents de terrain, et son circuit extérieur est de 3,156 pas. Il y a quatre entrées, dont la principale, au sud-est, est assez large pour qu'une voiture y passe. Elle a deux portes l'une sur l'autre en deçà du fossé, qu'un pont en pierre traverse, et une troisième porte au-delà de ce fossé. On les ouvre et on les ferme tous les jours avec une sorte d'apparat, et les clefs restent pendant la nuit chez le gouverneur de la Tour, lequel est un des principaux officiers de la couronne. Au sud, deux ponts-levis séparent de la rivière les bâtiments : c'est là qu'est la Porte des Traîtres, *Traitors's gate*, ainsi nommée parce qu'autrefois on y faisait passer et périr les prisonniers d'État. Parmi ceux qui furent exécutés ici ou dans le voisinage, on cite l'évêque Fisher; Marguerite, comtesse de Salisbury; les reines Anne de Boleyn, Catherine Howard Cranmer; les lords Rocheford, Essex, Seymour, Dudley, Howard et une foule d'autres. Là aussi, et sur une large terrasse au bord de la rivière, sont montées soixante pièces de canon que l'on tire à chaque anniversaire de la naissance du roi d'Angleterre, ou en réjouissance de quelque événement remarquable.

La partie qu'on appelle la Tour-Blanche, *the White Tower*, est un édifice massif, crénelé, avec une tourelle à chaque angle, des murs de douze pieds d'épaisseur, un escalier tournant, et trois étages élevés, sous lesquels sont des voûtes très commodes. Au premier étage, deux vastes salles destinées à recevoir l'une des objets d'équipement de la marine, l'autre des armes, ainsi que l'appartement appelé la *Chapelle de César*, chef-d'œuvre d'architecture normande, où les rois d'Angleterre entendaient la messe lorsqu'ils demeuraient à la Tour. On y conserve les registres sur les priviléges de la forteresse, de même que les modèles des nouvelles machines de guerre présentées au gouvernement. L'étage supérieur de la Tour-Blanche a un plafond qui paraît être d'une haute antiquité. Sur le toit est une vaste citerne remplie des eaux de la Tamise, pour alimenter la garnison dans un cas de disette. Peu loin de la Chapelle de César, reposent les victimes du despote Henri VIII, notamment l'intéressante Anne de Boleyn et Georges son frère; l'évêque Fisher, que nous avons cité tout-à-l'heure, qui eut la tête tranchée pour avoir nié la suprématie du roi sur l'Église anglicane; Thomas Cromwell, si longtemps favori du tyran, et soupçonné de n'avoir pas amené vierge au roi Anne de Clèves,

(1) « C'est là que la Colonne de Londres pointe le ciel, comme un grand fanfaron lève la tête et ment. » — Il y a dans le texte un jeu de mots sur *lies*, verbe qui signifie tout à la fois *il ment* et *il repose*. A. M.

qu'il avait épousée après le supplice d'Anne de Boleyn ; le chancelier Thomas Morus, l'écrivain le plus distingué de son siècle, et dont la tête roula aussi sur le billot pour n'avoir point voulu reconnaître non plus la suprématie royale (1); la comtesse de Salisbury, dernier rejeton des Plantagenets ; Édouard Seymour, duc de Somerset et frère de la belle Jeanne Seymour, dont Henri VIII s'était épris, et avec laquelle il vécut seulement une année; enfin, deux victimes de la reine Élisabeth, fille de ce même Henri. savoir : Thomas Howard, partisan de Marie Stuart, et l'infortunée Marie Stuart elle-même, qui fut détenue à Fotheringay, comté de Northampton, où elle fut décapitée.

Dans la tour dite du Beffroi (the Bell tower), Élisabeth avait elle-même été renfermée, peu de temps après la mort de son père Henri VIII, par l'ordre de la reine Marie, que les prêtres poussaient à commettre un nouveau meurtre, en 1554, et ce ne fut pas sans efforts que l'on parvint à faire passer à la princesse le seuil de la porte du Traître; car elle savait qu'une fois entré on ne la repassait plus.

Un frisson saisit la princesse lorsque les lourds battants se refermèrent sur elle ; mais plus tard elle oublia entièrement ces pénibles impressions, quand elle y envoya ses nombreuses victimes. Ainsi, elle n'avait eu d'entrailles que pour ses propres infortunes, et elle ne voulut pas dire avec Didon :

Non ignara mali miseris succurrere disco.
Malheureuse, j'appris à plaindre le malheur.

Une salle particulière contient les trophées de la fameuse victoire de cette reine sur l'*armada* espagnole, dite *Invincible*; la hache qui trancha la tête d'Anne de Boleyn et celle de la belle Jeanne Grey ; un canon en bois, dont Henri VIII se servit au siège de Boulogne; la grande canne qu'il portait dans les rues de Londres lorsqu'il les parcourait *incognito*, pour s'assurer si les constables remplissaient convenablement leurs devoirs ; enfin, une *représentation d'Élisabeth* en armes, et passant en revue son armée, en 1588, à Tilbury, en face de Gravesende, sur la Tamise.

La salle d'armes, une des plus vastes de l'Europe (ayant 345 pieds de long et 60 de large), contient à elle seule un armement complet pour environ 200,000 hommes. Sous elle, au rez-de-chaussée, est le train d'artillerie avec des pièces de tout calibre, dont une prise en Égypte, et les autres sur divers champs de bataille du continent. Dans la même salle on voit aussi le modèle de la machine de Thomas Loombe, pour faire de l'organdi (2) ; elle se compose de 26,586 roues et de 97,746 mouvements qui tressent 93,726 aunes de fil de soie à chaque tour de roue, et chaque roue fait trois révolutions par minute. Enfin, dans la même salle sont représentés les rois d'Angleterre à cheval, et armés de toutes pièces.

Près de cette salle on montre encore la Tour sanglante (*the bloody Tower*), ainsi désignée parce qu'Édouard V et son frère Richard, duc d'York, y furent étouffés par ordre de Richard III, leur oncle, vers l'an 1483. Cet oncle, après avoir usurpé le trône, leur envoya son favori, l'infâme Tyrrel, qui, avec trois complices, munis des clefs de la prison que le nouvel usurpateur (3) lui avait remises, pénétra dans la chambre des deux jeunes princes, lesquels périrent en effet étouffés sous leurs traversins et leurs oreillers, et furent la même nuit jetés dans une fosse profonde, au pied de l'escalier, où l'on ne retrouva leurs ossements que sous le règne de Charles II, qui leur éleva un monument en marbre dans l'abbaye de Westminster. Une tour voisine, celle dite de Wakefield, à cause de la détention qu'y subirent les prisonniers faits à la bataille de ce nom, a une belle salle où l'on prétend que fut aussi assassiné le roi Henri VI, car le lieu où nous sommes offre partout des traces de meurtre et de sang ; et pour que le souvenir de la cruauté s'y perpétue, on y entretient depuis Édouard IV une ménagerie d'animaux féroces, tels que des lions, des tigres, des hyènes, et surtout des léopards, puisqu'ils figurent dans les armoiries de la couronne britannique.

Toutes ces belles choses, sans oublier la chapelle ou chambre des joyaux, ne se voient qu'à prix d'argent. Pour arriver jusqu'à la porte et voir les lions, il faut payer un schelling. Voulez-vous pénétrer aux salles d'armes? déboursez 3 schellings (1). Désirez-vous jeter un coup d'œil sur les bocaux ou verres qui renferment les diamants que porta la reine Élisabeth? payez 2 schellings Auparavant, vous serez invité à inscrire votre nom sur le registre du concierge, qui, pour cette complaisance, vous demandera 1 schelling; il vous fera ensuite escorter par un guide en livrée, qui se contentera d'un pour-boire de 3 schellings. Total : 10 schellings ou 12 francs , qu'il vous en aura coûté pour votre visite à la Tour. Ce sera encore bien autre chose si l'envie vous prend de consulter ses archives contenant tous les actes du moyen-âge; et cependant les gardiens sont déjà rétribués largement par l'État, puisque le gardien en chef a un traitement annuel de 500 livres sterling ou 12,500 francs, et que les quatre commis adjoints reçoivent de 100 à 250 livres sterling.

En effet, si vous venez ici pour obtenir communication d'un document, vous êtes tenu, après avoir désigné le règne sous lequel la pièce a été faite, de payer d'abord 10 schellings pour la recherche. Si vous ne connaissez pas le règne, vous déposerez 10 schellings pour chaque règne qui s'est écoulé depuis la date du document, à moins que vous n'adoptiez l'usage général de vous arranger avec le gardien, moyennant 5 guinées. Et pourtant la peine n'est pas bien grande, car il possède un catalogue des chartes, et il le tient très soigneusement sous clef. La recherche opérée et le document trouvé, un tarif vous astreint à d'autres droits, savoir : pour prendre la charte et la lire, 6 schellings 8 pences, pour la copier, 1 schelling par page de 72 mots; pour la signature du gardien, 2 schellings. C'est bien pis quand le parlement a besoin d'une pièce des archives, car alors le gardien, outre les droits ci-dessus, peut exiger une livre sterling pour la peine de la porter au parlement; et s'il y a dix chartes à porter, c'est dix fois cette somme qui lui revient. Dans les autres archives de la capitale, ce sont les mêmes taxes. Aussi les savants n'osent-ils s'y livrer à aucune recherche, à moins que ce ne soient des lords puissamment riches Le parlement a bien ordonné l'impression des catalogues; mais les gardiens, jaloux de leurs avantages, n'en ont dressé que de très imparfaits, et le public est demeuré à la merci de ces scribes harpagons, spéculant de la sorte sur les lumières de leurs concitoyens, tandis que d'autres en exploitent l'ignorance.

Autrefois, plusieurs bâtiments de la Tour servaient à la monnaie ; on la bat aujourd'hui dans un édifice construit récemment à côté, et qu'on appelle *the Mint*. C'est un des monuments publics les plus élégants de la partie orientale de Londres. Je dis public, bien que l'entrée de l'établissement soit interdite aux étrangers, à moins d'une permission spéciale du directeur.

---

(1) Au moment de poser la tête sur le billot, il pria le bourreau d'attendre un moment, afin qu'il pût mettre sa barbe de côté : « Car, ajouta-t-il, elle n'est point coupable de haute trahison. »   A. M.

(2) Sorte de mousseline en soie ou coton.   A M.

(3) On sait que Richard III ne jouit pas longtemps de son crime, et qu'il périt dans la bataille que vint lui livrer, le 23 août 1485, dans le comté de Leicester, le comte Richemond, devenu ensuite roi sous le nom de Henri VII. Cette catastrophe de l'égorgement des deux jeunes princes a fourni à Shakespeare le sujet de sa tragédie de *Richard III*.
     A M.

(1) 2 fr. 60 c. Le schelling vaut 1 fr. 20. c.   A. M.

L'architecture de l'édifice est du style grec le plus pur; il y a trois étages, et ils sont éclairés par le gaz; les ateliers sont admirablement distribués, et des machines à vapeur y sont sans cesse en mouvement pour frapper la monnaie. J'ai vu frapper soixante-quatorze souverains ou pièces d'or en une minute, et soixante *half crowns* ou demi-couronnes d'argent en une autre minute. Plusieurs coins peuvent agir à la fois, et battre simultanément une grande quantité de pièces de toutes valeurs.

EDIFICES RELIGIEUX.

Une ville aussi populeuse que Londres possède nécessairement un nombre très considérable d'édifices religieux, d'autant plus que le peuple anglais, depuis la Réforme, a conservé plus fortement empreints dans ses mœurs les genres de cultes pour lesquels il s'est prononcé, comme pour donner un démenti à ces ultramontains, qui s'imaginent que la religion est perdue, parce qu'on ne la professe plus à leur manière. Assurément, le peuple anglais ne passera point pour ignorant: eh bien! c'est de tous les peuples de la terre celui qui observe le plus exactement les rites de sa croyance; preuve encore que l'abrutissement ne fait point la religion, car à ce compte l'Espagne serait éminemment religieuse, tandis qu'elle n'est tout simplement que bigote dans son intolérante ignorance et son aveugle superstition. Du parallèle de ces deux nations pourrait se déduire la conséquence que plus un peuple est éclairé, plus il est véritablement religieux dans le sens de l'Evangile; et que, moins au contraire un peuple a de lumières, plus il est fanatique, superstitieux et éloigné de l'esprit évangélique.

La métropole des trois royaumes unis de la Grande-Bretagne compte plusieurs centaines d'édifices consacrés aux divers cultes choisis par ses habitants; il y en a près de 200 pour l'Eglise anglicane, professée depuis la réforme hardie de Henri VIII et d'Elisabeth; 50 pour l'Eglise catholique romaine; 80 pour le culte de protestants étrangers, et le reste pour les différentes sectes dissidentes, sans y comprendre six ou sept synagogues pour les juifs.

Il ne saurait entrer dans notre plan de passer en revue tous ces divers édifices; nous ne voulons nous arrêter qu'aux deux plus importants, la cathédrale de Saint-Paul et l'abbaye de Westminster.

CATHÉDRALE DE SAINT-PAUL.

Construite sur le modèle de Saint-Pierre de Rome, ou du moins s'en rapprochant sous beaucoup de rapports, la cathédrale de Saint-Paul est la plus imposant, le plus magnifique édifice de Londres et de l'empire britannique. Cristophe Wren donna le plan de cette église, dont la première pierre fut posée en 1675, par l'architecte lui-même, et la dernière trente-cinq ans après, par son fils et de son vivant La construction de l'église Saint-Pierre de Rome avait pris également trente-cinq années, rapprochement de période assez curieux entre les deux plus vastes édifices religieux de la terre, sans excepter la mosquée Sainte-Sophie de Constantinople.

La cathédrale de Saint-Paul est bâtie dans le centre de la Cité, sur l'emplacement où existait déjà, vers l'an 300 de Jésus-Christ, une église, qui, détruite sous Dioclétien, fut remplacée par Constantin. Abattue encore par les Saxons, et ensuite relevée en 603; réduite en cendres dans l'année 1086, rebâtie plus en grand et achevée en 1312; enfin, brûlée de nouveau en 1666, il fallut songer à l'érection du monument actuel, qui occupe un terrain de deux arpents un quart, enclos par un mur à hauteur d'appui, sur lequel s'étend une grille en fer. Il y a entre ce mur et l'église un espace libre qui forme le cimetière; en sorte que la longueur de l'édifice, dont le plan sur le sol a la forme d'une croix, se réduit à 514 pieds, sur une largeur de 286, avec une hauteur de 370 pieds de la base au sommet de la croix placée sur la coupole.

L'église a trois portiques, un à l'ouest, pour la principale entrée, et les autres au nord et au sud. Le premier consiste en douze colonnes d'ordre corinthien, surmontées de huit autres, lesquelles surmontées elles-mêmes d'un front triangulaire, où l'on arrive par vingt-deux degrés en marbre noir. Au sommet de l'entablement est une statue de saint Paul. Le portique du nord a un dôme supporté par six colonnes, et le front représente les armes d'Angleterre, soutenues par des anges. Les murs extérieurs de l'édifice ont l'air de deux galeries l'une sur l'autre, et se composent de deux rangées de pilastres qui règnent tout autour. La partie de l'église vers l'est diffère des autres côtés par sa forme demi-circulaire et ses belles sculptures. Le dôme s'élève majestueusement au-dessus de l'église, entouré de trente deux colonnes, dont l'entablement soutient une galerie élégante, avec balustrade; puis vient la coupole, près du sommet de laquelle s'élève la lanterne entourée aussi de colonnes, et enfin surmontée d'une boule qui supporte une croix richement dorée. C'est près de là que l'inventeur du panorama de Londres, en 1828, suspendit longtemps sa nacelle pour embrasser d'un regard, au point du jour, cette ville immense, avant que la fumée de charbon l'eût couverte de son dais lugubre.

L'intérieur de Saint-Paul, quant à sa forme générale, est analogue à celui des anciennes cathédrales; il consiste en trois ailes divisées par des piliers et des arches en voûte. Le pavé du temple est en pierres blanches et noires, entremêlées de porphyre. La nef est séparée des deux ailes de la croix que forme l'église, par huit piliers d'une énorme dimension, qui soutiennent le dôme, dont la coupole est ornée de peintures, comme la coupole du Panthéon, à Paris. Le chœur est lui-même séparé de la nef par une balustrade en fer; puis vient la tribune, qui renferme l'orgue et qui est soutenue par huit colonnes en marbre. Au midi du chœur est le trône de l'évêque, et au nord celui du lord-maire. La chaire et le pupitre sont magnifiques.

La nudité des murailles, depuis la réforme de Henri VIII, rendait le temple triste et déplaisant à l'œil; on y a remédié en plaçant des statues et des mausolées de plusieurs hommes illustres, entre autres le philosophe Howard, mort en Crimée; l'amiral Nelson, tué à Trafalgar; le docteur Johnson, célèbre écrivain du XVIIIe siècle; le général Abercromby; lord Howe; les généraux Picton et Houghton; lord Rodney, et surtout Cristophe Wren, sur le caveau duquel on lit cette inscription:

« Beneath lies Christopher Wren, the architect of this
« church and city; who lived more than ninety years, not
« for himself only, but for the public. Reader, do you seek
« his monument? Look around. »

Ce qui veut dire:

« Ici repose Christophe Wren, architecte de cette église
« et de cette cité, qui vécut au-delà de quatre-vingt-dix
« ans, non pour lui, mais pour le bien public. Lecteur, qui
« cherches son monument, regarde autour de toi »

Un escalier circulaire assez vaste conduit de l'intérieur de l'église au sommet, où il faut nécessairement monter pour avoir un aspect de l'ensemble de Londres aux premiers rayons de l'aurore, comme on l'a pu déjà obtenir du haut de la colonne appelée le Monument, et que nous avons citée. On atteint d'abord à une galerie qui entoure la partie inférieure du dôme, et que l'on nomme galerie sonore (*whispering gallery*), parce que le moindre bruit, le moindre son échappé contre le mur s'y propage et s'étend comme par enchantement sur tous les points du cercle. Deux passages conduisent de cette galerie, l'un à la bibliothèque du chapitre de la cathédrale, plancheyée en poutres massives de chêne, et l'autre à la chambre des modèles, où l'on montre le premier plan de Saint-Paul, tracé par Wren, et qui fut rejeté, quoique meilleur que le second.

De la galerie sonore on monte à celle qui entoure le dôme, puis on prend un escalier raide, étroit et obscur pour arriver à une autre galerie couronnant la coupole, et au-dessus de laquelle la lanterne, la boule et la croix s'élèvent encore de cent pieds. D'ici le coup-d'œil est ravissant, et les hommes que l'on aperçoit dans les rues de Londres ne ressemblent plus qu'à des fourmis, comme l'eût dit Shakespeare. On peut monter jusque dans la boule, qui seule a six pieds de diamètre et peut contenir huit personnes ; on y arrive par 600 marches, dont les 280 premières amènent du bas de l'église à la galerie sonore. En redescendant de cette dernière galerie on peut passer par un autre escalier d'une construction très légère.

Les deux tours ou clochers placés aux deux côtés du portail principal contiennent, l'une le bourdon coulé en 1616, qui a six pieds de diamètre, pèse 8,500 livres, sonne les heures, et qu'on tinte à la mort des membres de la famille royale, de l'évêque ou du lord-maire ; l'autre, l'horloge dont l'aiguille a huit pieds de long, et le balancier 14 pieds, avec une boule qui pèse 100 livres. Tout cela mérite d'être vu ; mais en entrant à l'église de Saint-Paul il faut, comme pour les autres monuments publics de Londres, s'attendre à y laisser une demi-douzaine de schellings pour le cicerone en titre qui vous explique emphatiquement toutes les merveilles du lieu.

Il en coûtera presque autant à l'abbaye de Westminster, qui s'en trouve à une distance de près de deux lieues vers le sud-ouest, mais où, par un cabriolet de place et même par les omnibus montés à l'instar de ceux de Paris, vous arriverez bien vite, en remontant et longeant le cours de la Tamise, c'est-à-dire en suivant les rues appelées Ludgate, Fleet-street, le Strand, Whitehall et Parliament-street.

ABBAYE DE WESTMINSTER.

L'abbaye de Westminster, ainsi nommée à cause de la situation de cet édifice à l'ouest de Londres, ou plus exactement à cause du cimetière de l'ouest ou moustier de l'ouest, comme l'indique le sens du mot anglais *Westminster;* fondée vers l'an 604 par Sebert, roi des Saxons, mais négligée ensuite jusque vers l'an 1050, où elle fut achevée; agrandie en 1220 par Henri III, qui y fit transporter les restes mortels d'Édouard-le-Confesseur ; enrichie d'un grand cloître et d'autres maisons de moines, de 1300 à 1340, par les princes d'alors, et puis en 1502 par Henri VII, d'une magnifique chapelle qui a conservé le nom de ce prince ; dépouillée cinquante ans plus tard de ses revenus et de ses moines par Henri VIII, moines que la faible Marie rappela, et que bientôt après la résolue Élisabeth chassa de nouveau ; enfin, restaurée pendant les trois règnes de Georges Ier, Georges II, Georges III et Georges IV, l'abbaye de Westminster, disons-nous, est pour l'Angleterre, par ses vastes édifices, ce que le Forum et le Capitole étaient pour l'ancienne Rome. Aujourd'hui, c'est là que repose la cendre des hommes illustres ; c'est là qu'une génération nouvelle se prépare, dans un collége, pour leur succéder un jour; c'est là que les cours suprêmes rendent leurs arrêts, et que le Parlement délibère sur les destinées de l'Angleterre et du monde.

L'extérieur de l'abbaye de Westminster n'offre pas une architecture bien uniforme; au contraire, on y voit des constructions de divers siècles et de différents styles; mais la façade du côté de l'est a de la majesté. On admire plus encore le portique superbe en style gothique, conduisant à la porte septentrionale. En entrant par la porte de l'ouest, on admire aussi la symétrique élégance de l'intérieur de l'église, qui consiste en une nef et deux ailes dont le toit est soutenu par deux rangs d'arcades l'un sur l'autre, appuyés sur des faisceaux de piliers. La fenêtre du grand portail est un précieux morceau de peinture sur verre. Le chœur en un pavé en mosaïque généralement regardé comme un chef d'œuvre, quoiqu'il date de 1272. C'est là que se fait le couronnement des rois d'Angleterre.

L'abbaye de Westminster, longue intérieurement de 511 pieds, large de 71, et haute, par ses tours, de 226 pieds, compte dans son sein un grand nombre de chapelles, dont celles d'Édouard, de Henri V et de Henri VII, sont les plus remarquables. Dans la première sont renfermées les cendres d'Édouard-le-Confesseur, de Henri III, d'Édouard Ier et d'Édouard III, de Richard II et de sa femme; on y voit le plus ancien fauteuil de couronnement, apporté d'Écosse par Édouard Ier en 1297, et le bouclier avec le casque dont Henri V fit usage à la bataille d'Azincourt, dont l'issue avait été si funeste à la France. La chapelle qui porte le nom de ce dernier prince renferme son tombeau. Celle de Henri VII est un des plus beaux restes de l'architecture gothique; ses tourelles et ses murailles sont travaillées à jour comme de la dentelle; elle consiste en une nef et deux petites ailes; elle a 99 pieds de long, 66 de large et 54 de hauteur; au centre est le tombeau de Henri VII, en forme d'autel. C'est dans la nef que sont armés les chevaliers de l'ordre du Bain, dont les armoiries, les épées et les bannières sont placées dans des niches ou stalles respectives. L'érection de ce bizarre édifice coûta au prince 24,000 livres sterling, qui, en comparant la valeur monétaire d'alors, ferait de notre temps au moins cinq millions de francs. C'était une somme assez belle pour un monarque parcimonieux, qui voulait, il est vrai, se préparer ainsi un lieu convenable de sépulture. Il avait, néanmoins, dépensé une somme égale pour construire un vaisseau, qui, réellement, devint *le premier bâtiment de la marine anglaise*, car auparavant les souverains d'Angleterre louaient ou nolisaient des vaisseaux marchands lorsqu'ils avaient à faire une expédition maritime. Ce besoin d'une flotte était de plus en plus impérieux, car le XVIe siècle commençait, et le Nouveau-Monde venait d'être découvert.

Il nous est impossible de passer sous silence une autre partie de l'église connue sous la désignation de *coin des poètes* (1), à cause des tombeaux ou monuments qu'on y a élevés aux plus grands poètes anglais. Celui qui attire le plus les regards est le cénotaphe de Shakespeare, sur le cartouche duquel sont gravés des vers tirés d'un de ses drames, et dont voici le sens :

> Les tours dont le sommet se perd dans les nuages,
> Les palais fastueux, les temples solennels,
> Notre globe terrestre, ainsi que les mortels,
> Tout devra s'engloutir dans l'océan des âges ;
> Et comme un songe vain, nulle trace après soi
> Ne pourra triompher de la commune loi (2).

Sur les tombeaux de Milton et de Gray se lit une inscription qui signifie :

> Muse grecque, à présent, tu comptes des rivaux ;
> Peuples, rendez hommage à l'heureuse Angleterre :
> En ses accords, Milton brûla du feu d'Homère,
> Et Gray sut de Pindare éclipser les travaux (3).

(1) The poets' corner.   A. M.

(2) The cloud capp'd towers, the gorgeous palaces,
The solemn temples, the great glob itself,
Yea, all which it inherits, shall dissolve,
And, like the baseless fabric of a vision,
Leave not a wreck behind.

(3) No more the grecian muse unrivall'd reigns,
To Britain let the nations homage pay;
She felt Homer's fire in Milton's strains,
A Pindare's rapture in the lyre of Gray.

Le fabuliste Gay s'était lui-même chargé du soin de son épitaphe, et son cénotaphe l'a conservée; en voici la teneur :

Notre vie est un jeu, tout le montre à nos sens;
Je le pensais naguère, aujourd'hui je le sens (1).

Le comédien Garrick a lui-même obtenu les honneurs de l'apothéose à Westminster, au grand scandale des bigots d'outre-mer, comme du continent, et voici en quels termes le peuple anglais justifie ces honneurs :

Pour peindre la nature, à la voix du grand Être,
Shekspire se leva qui la peignit en maître;
Et, pour en propager le superbe renom,
Garrick y vint unir sa magie et son nom (2).

A côté de ces génies immortels reposent avec le même privilége les cendres du satirique Ben-Johnson, du naïf Spenser, du bon Chaucer, du mordant Butler, du poëte diplomate Prior, du brillant Thompson, du spirituel Addison, du gracieux et vain Goldsmith, du verbeux Richardson, du mâle Cowley, du joyeux et comique Sheridan, et de tant d'autres, parmi lesquels figure même le Français Casaubon, bibliothécaire de Henri IV, et qui, lors de la révocation de l'édit de Nantes, se réfugia à Londres, pour y terminer sa laborieuse carrière.

D'autres parties de l'abbaye renferment également un grand nombre de tombeaux, entre autres les restes de Fox et de Pitt, que la vie divisa et que la mort a réunis, comme Walter-Scott l'a rappelé dans l'introduction de son poëme de *Marmion*, où il dit notamment de ces deux hommes d'État :

« Tant que dans les mille plaines de l'Angleterre, il restera debout un temple exempt de toute souillure, dont le paisible airain ne fit jamais entendre le bruit insensé du tocsin sanglant, mais, au contraire, dans le saint jour du dimanche, appelle toujours les campagnards à la prière; tant que la foi et la paix publiques seront en honneur, arrosez d'une larme ce marbre insensible; car celui qui sut les conserver, Pitt, y repose.

« Ne retenez pas vos généreux soupirs par le motif que son rival politique sommeille auprès de lui; ne redoutez pas de prononcer le *Requiescat* sur sa tombe, dans la crainte qu'il ne retentisse sur celle de Fox; pleurez ses talents trop tôt ravis à la patrie, pleurez ce génie élevé, ce savoir profond, cet esprit brillant qui aimait à jouer et jamais à blesser; pleurez cette haute intelligence, qui sut d'une manière si merveilleuse pénétrer, résoudre et combiner; cette sensibilité vive, cette imagination brûlante sommeillent pour toujours avec celui qui dort sous cette pierre. Toi, qui regrettes qu'elles n'aient pu le préserver de l'erreur, éloigne de ton cœur toute idée trop sévère, et que le dernier sommeil devienne sacré pour lui. C'est ici la fin de toutes les choses de la terre (3)!.... »

L'abbaye de Westminster renferme également les cendres de l'orateur Grattan, de ce lord Castlereagh, qui, parvenu au comble des honneurs, prit en dégoût la vie et se coupa la gorge; de l'amiral Warren; du général Paoli, le compatriote et l'antagoniste de Napoléon; de l'amiral lord Howe; d'Isaac Newton, ce grand génie qui découvrit la pesanteur universelle; du général Wolf, qui s'empara de Québec, en 1759; de lord Pulteney, et autres. On y a encore placé,

(1) Life is a jest, and all things shew it
I thought so once, but now I know it

(2) To paint fair nature, by divine command,
Her magic pencil in his glowing hand,
A Shakspeare rose Then to expand his fame
Wide o'er this breathing world a Garrick came

(3) Extrait de ma traduction de Walter Scott, 27 vol. in-8. Paris, Aubrée, 1832.   A. M.

en 1832, les dépouilles mortelles du célèbre Watt qui a donné un si grand développement à la vapeur, dont l'application aux machines industrielles fut découverte par un Français, Salomon de Caus, en 1615, comme l'a prouvé d'une manière sans réplique M. Arago, dans une notice insérée à l'*Annuaire du bureau des longitudes* de 1829.

Un portique, dont l'élégante construction date de l'an 1220, aboutit à la salle dite du Chapitre, où, en 1377, la Chambre des communes tint ses séances jusqu'au règne de Henri VI, qui les transféra dans la chapelle voisine, celle de Saint-Étienne, où elles ont eu lieu jusqu'à la mi-octobre 1834, époque de l'incendie qui en a dévoré une partie. La salle du Chapitre précitée garde à présent les archives de la couronne, y compris les deux gros volumes in-4° du fameux *Domesday book*, ou grand Cadastre de l'Angleterre, compilé vers la fin du XIe siècle, sous Guillaume-le-Conquérant.

Après les grands édifices religieux de Saint-Paul et de Westminster, les autres ne sont plus que d'un intérêt secondaire. Notons du reste qu'en général il y en a peu de gothiques, parce qu'ils sont presque tous d'une construction postérieure au terrible incendie de 1666. Chacun a son cimetière, au milieu duquel l'édifice s'élève solitaire, et qui est entouré par une grille en fer. L'église Saint-Martin a un très beau portique formé de huit colonnes, et est surmontée d'un clocher dont la flèche se perd dans les nuages. Le portail de l'église Saint-Georges est, après celui de Saint-Martin, le plus élégant de Londres. L'église Saint-Clément renferme les restes du poëte dramatique Otway, mort en 1685. Celle de Saint-Étienne passe pour le chef-d'œuvre de Christophe Wren, par la grâce, l'élégance et la beauté des proportions. Celle de Mary-le-Bonne (corruption de Marie-la-Bonne), longue de 125 pieds, large de 70, haute de 53, sans le clocher qui s'élève jusqu'à 134 pieds au-dessus de la base, est un des beaux monuments de Londres et d'une construction toute moderne. L'église Mary-the Bow (Sainte-Marie-de-l'Arc), qu'on dit avoir été bâtie sous le règne de Guillaume-le-Conquérant, et qui fut restaurée par Christophe Wren, a un haut clocher couronné d'une girouette en forme de dragon. La flèche du clocher de l'église Saint-Bride est remarquable aussi par sa légèreté Il n'y a pas d'édifice plus connu dans Londres que l'église Saint-Dunstan, à cause de deux figures en bronze qu'on y voit et qui sonnent les heures alternativement. D'un autre côté, saint Dunstan est encore très vénéré par les bonnes gens de Londres, pour avoir su les délivrer de la présence du démon, en résistant d'une âme ferme à toutes ses tentations, et en lui jouant le mauvais tour de le saisir une nuit par le nez avec des pincettes rougies au feu, et qui lui firent pousser d'assez forts hurlements pour assembler tous les voisins. Dans la magnifique église Saint-Gilles, bâtie en 1546, fut marié le chef républicain Cromwell, et inhumé son secrétaire le poëte républicain Milton, que Voltaire a ainsi caractérisé en comparant aux autres poëtes épiques le chantre du *Paradis perdu* :

Milton, plus sublime qu'eux tous,
A des beautés moins agréables;
Il semble chanter pour les fous,
Pour les anges et pour les diables.

L'église Saint-Sauveur, fondée avant l'arrivée des Normands en Angleterre, est encore un bel édifice gothique; la tour qui, avec la flèche, a 155 pieds de haut, renferme douze cloches qui forment la meilleure sonnerie de Londres. L'église du Saint-Sépulcre, qui passe pour un des plus anciens édifices de Londres, a une tour surmontée de quatre flèches modernes. L'église Saint-André est aussi vaste qu'élégante. Celle de Saint-Pancrace, ce saint dont les culottes miraculeuses rendaient fécondes les femmes stériles qui pouvaient les toucher, offre une imitation du temple d'Érechthée à Athènes. Rien de particulier dans l'architecture des autres églises de Londres.

Quant aux chapelles destinées au culte catholique, car ici la Réforme a pris pour elle toutes les églises, en réduisant le catholicisme romain à une minorité pour ainsi dire imperceptible ; quant aux chapelles, donc, celle de Moorfields a de belles colonnes en marbre et une superbe peinture à fresque ; celle de Spanish-Place est d'une architecture vraiment classique.

Après les monuments religieux, disons quelques mots des ponts.

PONTS.

À travers les sept ponts qu'Albion lui présente,
Le fleuve à l'Océan roule une onde imposante.

Les moyens de communication établis entre les deux grandes divisions topographiques de Londres formées par la Tamise sont, proportion gardée, beaucoup moins multipliés que sur la Seine à Paris, parce que, d'une part, la Tamise est plus large, plus profonde, et rend, dès lors, bien plus coûteux les travaux propres à faciliter ces communications, et que, de l'autre, la navigation du fleuve pour les vaisseaux n'a pas pu être arrêtée plus bas que le quartier de la Douane, quoique la ville se prolonge quatre ou cinq milles au-delà.

Jusqu'en 1750 Londres n'avait eu qu'un seul pont. Aujourd'hui encore, en 1855, elle n'en a que sept, dont cinq en pierre et un en fer. Paris en a vingt-deux, dont trois en fer, deux en bois, trois suspendus, et les autres en pierre.

Les sept ponts de Londres sur la Tamise se présentent dans l'ordre suivant en descendant le fleuve, savoir : ceux de Vauxhall, de Westminster, de Waterloo, de Blackfriars, de Southwark et de Londres, ancien et nouveau, ces deux derniers pour ainsi dire contigus. L'ancien pont de Londres date de 1209, celui de Blackfriars de 1750, celui de Westminster de 1758, ceux de Waterloo, de Vauxhall et de Southwark de 1811 à 1819, et le nouveau pont de Londres de 1831. Nous allons, au reste, les passer en revue, en descendant le cours du fleuve.

Le pont de Vauxhall ou *Vauxhall-Bridge*, qui, des jardins de Vauxhall, près du quartier de Lambeth, partie occidentale de Southwark, rive droite, fait passer sur la rive gauche du fleuve, où commence une enfilade de rues allant aboutir à la pointe sud-est de Hyde-Park, consiste en neuf arches égales, en fonte de fer, reposant sur huit piles formées de charpentes revêtues de fragments de pierres unis par un ciment romain. Chaque arche a 78 pieds d'ouverture et 29 de hauteur, et tout le pont a 860 pieds de longueur, avec une voie ou chaussée de 36 pieds de largeur. Il y passe chaque jour près de 90,000 piétons et 4 à 5,000 voitures en tout genre (1).

A moitié chemin entre ce pont tout moderne, comme il a été dit tout à l'heure, et celui de Westminster, qui va nous occuper, on en projette un nouveau qui aboutirait à deux ou trois rues au dessous du vaste établissement appelé la Maison pénitentiaire, à Milbank.

PONT DE WESTMINSTER.

Le pont de Westminster ou *Westminster-Bridge*, dont le plan fut donné par l'architecte français Labelye, passe pour un des plus réguliers et des plus élégants en son genre. Construit en pierres de taille, il a 1,223 pieds de long sur 44 de large ; il compte 13 grandes arches et 2 petites ; l'arche du centre a 76 pieds d'ouverture, les deux suivantes 72 pieds, et ainsi de suite en diminuant de 4 pieds à chaque arche. Sur le sommet, des guérites couvertes en pierre sont distribuées de chaque côté le long de la balustrade, éga-

(1) Un nouveau pont sur la Tamise, entre Battersea et Vauxhall, est projeté pour faciliter les communications dans ce quartier populeux de la métropole. A. M.

lement en pierre ; elles forment entre elles comme une sorte d'écho. La chaussée a été macadamisée en 1824. La montée en est douce. C'est par là qu'arrivent dans Londres, à Piccadilly, les messageries de Douvres.

PONT DE WATERLOO.

Le pont de Waterloo ou *Waterloo-Bridge*, qui est le plus central de Londres, et qui, en passant à côté de Somerset-House, conduit de Southwark au milieu du Strand, fut commencé en 1811 sous un autre nom, et fini en 1817, pour recevoir celui de Waterloo, en mémoire de la bataille qui termina la carrière militaire de Napoléon. Il diffère des autres ponts de Londres en ce qu'au lieu d'être en arc ou cerceau, il est totalement droit et uni, comme le pont d'Iéna devant l'École-Militaire à Paris. L'architecture en est simple, mais noble et imposante. Il a neuf grandes arches, de chacune 120 pieds d'ouverture, et 1,242 pieds de longueur sur le fleuve ; mais si l'on a égard à la route faite sur 40 voûtes en briques des deux côtés, pour conserver le niveau, la longueur totale est de 2,890 pieds. La largeur de la chaussée est de 28 pieds, celle des trottoirs de chacun 7 pieds, et celle du pont, en dedans des balustrades, de 42 pieds. Ce pont, qui s'élève de 50 pieds au-dessus de l'eau, et qui ressemble par sa forme au pont de Neuilly près Paris, est entièrement revêtu de granit, avec des niches supportées par des colonnes. A chacune des extrémités du pont les loges du receveur du péage ont devant elles une machine fort ingénieuse pour vérifier, au moyen d'un tourniquet en fer communiquant par des engrenages avec une espèce de cadran placé dans le bureau, le nombre des personnes qui ont passé dans la journée. Ce tourniquet, à travers lequel il faut passer, et qui a la forme d'une croix, est disposé de manière qu'il ne cède chaque fois que d'un quart de cercle, juste autant qu'il est nécessaire pour donner passage à une personne ; et au même moment, par un certain mécanisme, une marque tombe sous la main dans une boîte fermée. Un pareil arrangement a lieu pour les voitures, et le soir, les personnes chargées de vérifier la recette n'ont besoin que de compter les marques pour savoir combien de piétons et de chevaux ou de voitures ont passé sur le pont dans la journée. On paie un penny ou un décime par piéton, et trois pence ou trente centimes pour un cheval.

Le pont de Waterloo présente une promenade agréable et un superbe coup d'œil sur le fleuve, dont les rives sont bordées de palais, de navires et de tours ou de chantiers. Comparé à celui de Bordeaux, sur la Garonne, et à celui de Buffalora sur le Tesin, il offre les résultats suivants :

DIMENSIONS, etc.	PONT de WATERLOO.	PONT de BORDEAUX.	PONT de BUFFALORA.
Arches.	neuf.	dix-sept.	onze.
Longueur totale du pont. . . .	877 m	487 m	304 m
Corde d'une arche	36 m	36 m 50	24 m
Grosseur des piles.	6 m	4 m	4 m
Largeur du pont entre les parapets. . . .	12 m	14 m	9 m
Largeur des trottoirs.	2 m	2 m 30	1 m
Hauteur du parapet.	1 m 20	1 m 12	1 m
Matériaux employés. . . .	Granit.	Pierres et briques.	Granit.
Dépense.	24,000,000 fr.	7,100,000 fr.	3,000,000 fr.

Lac Katrine.

PONT DE BLACKFRIARS.

Le pont de Blackfriars ou *Blackfriars-Bridge*, c'est-à-dire *pont des Moines-Noirs*, qui vient après celui de Waterloo, et qui ne fut complétement terminé qu'en 1799, à 995 pieds de longueur, et 42 d'une largeur, sur laquelle la chaussée prend 28 pieds et chaque trottoir 7 pieds. Il consiste en neuf arches elliptiques dont celle du centre a 100 pieds d'ouverture, les deux collatérales 93 pieds, les autres d'ensuite 80, et les dernières 70 pieds. Ce pont a une forme bombée qui ne lui ôte rien de son élégance et de sa grâce. Il y passe en un jour plus de 60,000 piétons, de 500 charriots, de 1,500 charrettes et de 1,400 voitures de toutes espèce. C'est de ce pont que l'église Saint-Paul se découvre dans toute sa majesté ; elle en est d'ailleurs très peu éloignée.

PONT DE SOUTHWARK.

A une distance du pont de Blackfriars, égale à celle de celui-ci au pont de Waterloo, se présente le pont de Southwark ou *Southwark-Bridge*, à la hauteur du quartier de Cheapside, avec lequel il met Southwark en communication. Il est en fer et consiste en trois grandes arches, dont celle du centre a 240 pieds d'ouverture, et les deux autres 210 pieds chacune, et toutes trois en fer, reposent sur des piles en pierre, qui sont d'une hardiesse prodigieuse. L'arche centrale excède en dimension le fameux pont en fer à Sunderland, de 4 pieds, et le pont de Rialto à Venise, de 167 pieds. Il fut ouvert au public en 1820. Une très courte distance le sépare du nouveau pont de Londres.

NOUVEAU PONT DE LONDRES.

Le nouveau pont de Londres, ouvert le 1er août 1831, pour remplacer l'ancien, dont le passage pour les bateaux n'est guère possible qu'à la marée haute, ou du moins n'est pas sans danger pendant la marée basse, à cause du peu d'espace laissé entre chaque pile, et de la rapidité du courant, est composé de cinq arches, dont celle du milieu a 150 pieds d'ouverture, les deux collatérales 140, et les deux extrêmes 130. Les quatre piles sur lesquelles il repose sont en blocs de granit, élégamment taillées, et s'élèvent avec grâce à 50 pieds au-dessus du niveau habituel de l'eau. La longueur totale du pont, y compris les deux culées, est de 928 pieds ; la largeur entre les deux parapets est de 52 pieds, la hauteur totale depuis le niveau de l'eau, de 55 pieds ; la longueur de la chaussée soutenue par les cinq arches, de 692 pieds.

Ce pont, achevé en six ans, a coûté 12,650,000 francs. Sa grande arche du milieu, comparée à celle d'autres

Grotte du Fingal.

ponts du continent, offre les données suivantes : 12 pieds de moins d'ouverture que celle de la grande arche du pont de Gignac, dans l'Hérault ; 9 pieds de moins que celle du pont de Castel-Vecchio, sur l'Adige ; 12 pieds de plus que celle du pont de Vizille sur la Romanche ; 21 pieds de plus que celle des ponts de Neuilly et de Mantes, sur la Seine.

Tout près du nouveau pont se trouve le vieux pont de Londres, autrement dit le *London-Bridge*, dont la construction remonte, selon les uns, à l'an 1209, et, selon d'autres, de l'an 993 à l'an 1016. D'après la dernière opinion, ce pont, qui était en bois, ayant brûlé en l'an 1136, fut rétabli 24 ans après ; et 6 ans plus tard, c'est-à-dire en 1176, suivant Stowe, à force de détériorations, il dut être construit en pierres. Un ingénieur français, de la ville de Xaintes, fut chargé par le roi Jean des travaux de ce pont, et l'on put y passer vers l'an 1209. Il resta couvert de maisons de chaque côté jusqu'en 1756, où, à la suite d'un incendie et vu qu'elles rétrécissaient trop la voie publique, elles furent entièrement rasées, comme de nos jours Napoléon le prescrivit pour le Pont-au-Change et le Pont-Neuf à Paris.

Des 19 arches en pierres dont se compose le vieux pont de Londres, et qui ne sont pas uniformes, celle du milieu a 72 pieds d'ouverture, les autres varient de 8 à 20 pieds. La hauteur du centre est de 60 pieds, et la longueur totale du pont est de 915 pieds. La chaussée a 30 pieds de largeur et les trottoirs 7 pieds de chaque côté, où règnent des parapets en forme de balustrade.

Le danger que nous avons signalé pour le passage des bateaux sous ce pont le fera sans doute abandonner et même détruire, car il n'est plus maintenant qu'un embarras pour la navigation du fleuve.

Il passait journellement sur le vieux pont de Londres environ 125,000 personnes, 750 rouliers, 2,900 charrettes, 1,700 fiacres et autres voitures, et 750 chevaux. C'est le point de communication entre Southwark et les quartiers de la Banque, de la Douane, de la Tour et des Docks ou bassins du commerce.

C'est du haut de ce pont qu'il faut porter les regards vers l'orient et contempler cette forêt de mâts qui couvrent la Tamise sur une longueur de plus de quatre milles. L'étranger peut ici se faire une juste idée de la richesse commerciale de Londres, sous ce rapport assurément la première ville du monde. A côté de ces milliers de vaisseaux rapportant de tous les ports de l'univers les objets d'échange des nations civilisées ou barbares, votre œil découvre sur les deux rives du fleuve les vastes dépôts où seront accumulées ces différentes importations de l'industrie étrangère auprès de l'industrie nationale, dépôts immenses que nous irons plus tard examiner. A l'occident, c'est-à-dire en remontant par la pensée ce fleuve majestueux et calme, le spectacle est aussi varié qu'imposant; la vue embrasse une succession interminable de clochers et de monuments, parmi lesquels se distinguent le dôme de la Banque, celui de Saint-Paul, le Temple, Somerset-House et quelques autres édifices publics, outre l'ensemble de la ville elle-même, autant du moins que la fumée de charbon permet de le saisir.

Mais indépendamment de ces voies patentes de communication, une merveille dérobée aux clartés du soleil et cachée au-dessous des eaux nous arrache à ce panorama grandiose, et réclame à son tour le tribut de notre pinceau voyageur : le lecteur, à ce peu de mots, aura nommé le passage sous la Tamise, destiné à compléter les communications d'une rive à l'autre, dans la partie la plus orientale de Londres. Cet ouvrage est dû à l'ingénieur français Brunel.

Le passage sous la Tamise, appelé *Tunnel*, à cause vraisemblablement du mur circulaire en forme de tour de 3,000 pieds d'épaisseur, ou de tonneau renversé, que présente son entrée, a de l'une à l'autre ouverture 1.300 pieds de longueur, ou 300 pieds de plus que le lit de la rivière, à l'endroit où on l'a pratiqué, c'est-à-dire, en face du populeux quartier de Wapping, à environ deux milles au-dessous du pont de Londres, entre Greenwich, à la rive droite du fleuve, et les grands bassins creusés sur la rive gauche.

Ce passage, destiné plus tard aux voitures, n'est encore affecté qu'aux piétons, qui sont soumis à un léger péage.

Après les ponts et passages, disons également quelques mots des parcs, des squares et des rues.

PARCS. PLACES OU SQUARES. RUES.

Les promenades publiques de l'intérieur de Londres portent le nom de parcs, les places publiques celui de squares.

PARCS.

Un des traits caractéristiques de Londres est dans ses vastes jardins publics décorés de la fastueuse épithète de *Parcs*, soit qu'ils dépendent de quelques palais, soit que l'usage ait emporté sur la justesse de l'expression. Paris a ses boulevards, son Jardin-des-Plantes, son Luxembourg, ses Tuileries et ses Champs-Elysées. Londres a ses parcs, les uns où les piétons, les cavaliers et les voitures de maître peuvent circuler, comme Hyde-Park et Regent's-Park; les autres où n'entrent que les piétons, comme Green-Park et Saint-James's-Park.

Le parc de Saint-James ou *Saint-James's-Park*, dont l'emplacement n'était qu'un marais lorsque Henri VIII le fit clore et convertir en jardins, et dont Charles II fit tracer et planter les allées par l'architecte français Lenostre, mandé de Paris à cet effet, est aujourd'hui une promenade très fréquentée, mais plus par le peuple que par les gens du bon ton, qui préfèrent Green-Park et les jardins de Kensington y attenants, où ils trouvent moins de poussière. Ce parc, d'une forme oblongue et de deux milles de circuit, a un canal de 2,800 pieds de long sur 100 de large, et est éclairé la nuit par le gaz. L'hôtel des Gardes-à-Cheval ou *Life-Guards* et la Trésorerie forment sa limite orientale. On a élevé un nouveau palais au roi dans ce parc, d'après les plans de l'ingénieur anglais Nash; mais ce palais, bien que fastueux, est d'une architecture sans élégance, comme presque tous les édifices de Londres.

Le parc nommé *Green-Park* ou *Parc-Vert*, n'est qu'une continuation du parc Saint-James, dont il est séparé par une grille de fer, et il s'étend vers l'ouest jusqu'au coin de Hyde-Park. A sa partie nord-ouest se trouve une belle pièce d'eau alimentée par les machines hydrauliques de Chelsea, qui approvisionnent d'eau les environs de Piccadilly.

Le parc dit *Hyde-Park*, domaine royal au bout de la rue d'Oxford, contient 395 acres de terrain, embelli par une grande pièce d'eau appelée *Serpentine-River* ou *Rivière Serpentine*, et par des plantations récentes. C'est là qu'ont lieu les grandes revues des troupes de la garde. A l'extrémité sud-est, près de la porte en fer qui donne dans Piccadilly, et qui, pour le dire en passant, est un chef-d'œuvre de ciselure, se voit la statue colossale en bronze représentant Wellington en Achille, statue qui fut en 1822 offerte par les dames de Londres au vainqueur de Waterloo Elle a 18 pieds de hauteur, indépendamment du piédestal en granit haut lui-même de 36 pieds; elle a été coulée avec des pièces de canon de Waterloo et pèse, dit-on, plus de 60,000 milliers. Un Français doit sourire en voyant sur une face de ce piédestal la journée de Toulouse inscrite au nombre des victoires de Wellington : est-ce être victorieux que de s'avancer avec 80,000 hommes contre 20,000, et de laisser sur le champ de bataille 18,000 morts ou blessés devant des retranchements improvisés par le maréchal Soult, qui le lendemain du combat fit sa retraite à son aise, en bon ordre et sans être inquiété par les forces imposantes qu'il venait d'arrêter plusieurs jours dans leur marche? Ce monument d'orgueil outrage la vérité de l'histoire.

Mais hâtons-nous de visiter le Parc du Régent ou *Regent's-Park*, s'étendant à deux milles au nord du précédent sur 450 acres de terrain, distribués en jardins, plantations, pelouses, allées larges et tournantes, et terminés par une grande promenade circulaire où les équipages et les cavaliers affluent de 3 à 5 heures de l'après-midi; promenade elle-même encadrée presque entièrement par une suite de palais élevés avec une recherche extrême, vaste développement de constructions qui, quoique de différents styles, présentent quelque chose de magique et de grandiose. C'est comme une décoration théâtrale qui excite d'abord une véritable admiration, mais qui, lorsque les premières impressions se sont dissipées, n'offre plus à l'observateur impartial que des palais bâtis avec une recherche minutieuse, il est vrai, mais où se mêlent et se confondent tous les styles, souvent de la manière la plus bizarre. Ce sont des édifices agglomérés et élevés avec des fragments de palais et rapprochés tant bien que mal les uns des autres; on en compte déjà 2,000 dans cet encadrement, qu'une large rue sépare de la grille du parc.

L'intérieur offre aussi plusieurs belles constructions et surtout un immense édifice décoré du nom de *Colosseum*, et dans lequel se trouve le grand panorama de Londres.

Une des portions les plus remarquables de ce vaste établissement est une galerie vitrée qui réunit une nombreuse collection de plantes indigènes et exotiques. Cette galerie aboutit à un salon vitré de même, et destiné à recevoir aussi des plantes rares. Au centre est un bassin avec plusieurs jets d'eau. Dans le voisinage est une chaumière suisse, d'où l'on a vue sur trois cascades, dont la plus élevée doit avoir une chute de 60 pieds.

La partie merveilleuse est le Panorama de Londres. Il a été créé et dessiné par le peintre Horner qui, pour saisir les premiers rayons du jour, les seuls favorables à une perspective étendue dans une ville comme Londres, presque toujours enveloppée de brouillards ou de nuages de la fumée de charbon, a passé les nuits dans une espèce de cage fixée au-dessus du dôme de l'église Saint-Paul, près la croix de fer, d'où l'œil embrasse un horizon de plus de 120 milles de pays. Les toiles employées à ce travail immense couvriraient, dit-on, jusqu'à deux acres ou 40 ares de terrain. Le diamètre que trace le Panorama est de 134 pieds, et sa hauteur de la base à l'imposte du dôme, de 60 pieds; ce qui donne une surface de 24,000 pieds carrés. L'extrémité inférieure est terminée par une bande de toile non peinte, de 400 pieds carrés environ. Le dôme en plâtre, sur lequel est peint le ciel, a 15,000 pieds d'étendue, ce qui forme en tout une superficie de 40,000 pieds carrés de peinture.

Parmi les détails innombrables de ce prodigieux tableau, on admire surtout les gracieux contours de la Tamise, coupés de ponts depuis Londres jusqu'à Putney; le palais de Lambeth, dans Southwark; l'abbaye de Westminster; Sommerset-House, et le Temple. Londres, avec ses églises, ses palais, ses beaux quartiers, ses grandes places, ses rues populeuses, ses théâtres, ses arsenaux, ses chantiers, ses parcs, ses jardins, occupe la partie inférieure du tableau. Les objets les plus saillants sont les tours de Saint-Paul, dont la hauteur sur la toile est de 40 pieds (1).

L'édifice est un polygone à seize faces, de chacune 25 pieds d'étendue. Un portique, avec six colonnes, occupe trois de ces faces. Le diamètre du polygone, pris hors d'œuvre, est de 132 pieds. La hauteur des murailles, mesurées à l'intérieur, est de 79 pieds. Sur l'entablement s'élève un dôme avec trois gradins et une galerie pour observer le paysage environnant. La partie la plus élevée de la coupole est vitrée et forme un abattement de 75 pieds de diamètre; le reste du dôme est couvert en cuivre peint. Le Panthéon paraît avoir servi de modèle pour les proportions des colonnes. Le portique et les murailles sont en briques revêtues de stuc. Les curieux passent du portique dans l'intérieur par un vestibule éclairé d'en haut et divisé en trois compartiments, lesquels ayant un escalier à chaque extrémité, pour les trois graduations de prix aux entrées du panorama, dont le dôme à l'extérieur permet à l'observateur de dominer l'ensemble du parc et sur tous les environs. Les personnes qui veulent jouir de cette perspective, sans avoir la peine de monter un escalier tournant, peuvent se faire hisser, à l'aide d'une machine, jusqu'au sommet de l'édifice.

Des parcs aux places publiques de Londres le trajet n'est pas long, car les plus belles en sont voisines, et c'est l'objet qui va nous occuper.

SQUARES.

Les places publiques de Londres appelées *Squares*, et qui forment un des traits principaux de la physionomie de cette grande ville, se distinguent de celles des autres cités du continent, en ce qu'elles ont presque toutes un jardin planté d'arbres et entouré d'une grille, où chaque propriétaire habitant du quartier a seul le droit d'entrer; c'est une des jouissances de luxe des Londoniens, et les maisons qui ont ce privilége se paient ou se louent fort cher. En France, nous couvrons nos places de pavés; en Angleterre, on veut de la verdure, et l'on transporte au sein d'une ville immense quelques-uns des agréments de la campagne, mais sans que le public en ait d'autre jouissance que celle de la vue, puisqu'on les tient sous clefs, par l'effet de l'égoisme aristocratique du caractère anglais.

Signalons quelques-uns de ces lieux de distraction, dont le nombre est de près de cinquante à Londres.

En revenant de Regent's-Park par la belle rue de Portland Place, vers Oxford-street, on trouve *Cavendish-Square*, sur la direction de Regent's-Park; cette place manque d'uniformité, mais à belles maisons. Au milieu est une statue équestre de Guillaume, duc de Cumberland, vainqueur à Culloden, en 1745, et élevée, en 1778, par le général Strode.

A l'ouest de Cavendish-Square se voient trois places voisines de Hyde-Park, savoir : *Bryanstone-Square*, espèce de carré long, et *Portman-Square*, avec de superbes hôtels, parmi lesquels on remarque celui de la célèbre lady Montaigu, qui tous les ans, le 1er mai, y régalait les ramoneurs de Londres, afin, disait-elle,

___
(1) L'ancienne croix du clocher de Saint-Paul se trouve dans ce panorama. A. M.

qu'ils eussent un jour heureux dans l'année. On se rappelle que lady Montaigu est la même qui fonda une société littéraire de dames, connue depuis sous le nom de *Bas-Bleus*, parce que le seul homme qui y parut avait des bas de cette couleur. Vient ensuite *Grosvenor-Square*, l'une des plus grandes et la plus belles de toutes les places de la métropole, occupant six acres, ou 2 hectares 40 ares de terrain. Au milieu du jardin, et cachée par les arbres, se trouve une statue équestre dorée de Georges Ier, exécutée par Van Nost, en 1726.

A l'est de cette dernière place, vers Green-Park, vient *Berkley Square*, d'une forme ovale, et où l'on aperçoit la statue équestre de Georges III.

En remontant vers le nord, on atteint *Hanover-Square*, habitée par des gens de cour depuis l'avénement au trône de la famille de Hanovre.

En revenant en droite ligne vers le sud-est, on arrive, après avoir franchi la rue de Piccadilly, à *Saint-James-Square*, près l'autre rue dite Pall-Mall et de Saint-James-Park. Cette place, où naquit Georges III, est plus célèbre par les personnages qui l habitent que par ses bâtiments, qui n'offrent rien de bien remarquable. Son jardin renferme un vaste bassin, et au centre une statue de Guillaume III.

Si nous suivons Pall-Mall, nous voyons au bout *Charing-Cross*, espace considérable, récemment élargi, rendez vous général des stages-coaches, ou voitures publiques de Londres, et où l'on remarque une statue équestre en bronze de Charles Ier. Le nom de cette place lui est venu d'Edouard Ier, qui y fit élever une croix à la mémoire de son épouse, Eléonore. *Charing* était le nom du village où cette croix fut placée, et qui subsista jusqu'au temps de Charles Ier, où une statue équestre de ce prince, coulée en bronze par Lesueur, artiste français, en 1663, lui fut substituée.

Au nord de Charing-Cross est *Leicester-Square*, que, par abréviation, les Anglais prononcent *Leister-Square*, place bordée d'hôtels et de restaurateurs à la française, et à l'un des coins de laquelle est la maison qu'occupa le grand Newton, qui inspira ces deux vers à l'auteur de l'*Epître a Emilie*, sur la philosophie naturelle :

Tranquille au haut des cieux que Newton s'est soumis,
Il ignore, en effet, s'il a des ennemis.

Au nord de Leicester-Square, et au bout de Greeck-street, se présente *Soho-Square*, mot d'ordre du duc de Monmouth à la bataille de Sedgemore, laquelle amena la fin tragique de ce seigneur, sous Charles II, qui le fit décapiter. Cette place étale ses anciens édifices, la plupart occupés par des libraires, et son riche bazar, avec le local de la société linnéenne.

Près le Musée britannique vous trouvez *Bedford-Square*, et vers la partie septentrionale de cet édifice vous voyez *Russel-Square*, la plus grande et la plus magnifique place de Londres, après Grosvenor-Square. Des rues larges et droites la coupent au centre et à ses angles, ce qui non-seulement ajoute à sa beauté, mais donnant plus de circulation à l'air, la rend plus précieuse à la santé. Là s'élève la statue érigée en 1809 au duc de Bedford, célèbre protecteur de l'agriculture.

Au nord et au sud de cette place imposante, s'en offrent d'autres plus ou moins dignes d'être citées, comme au nord-ouest, *Tavistock-Square*, composée d'une série assez uniforme de bâtiments; *Gordon-Square*, qui y touche immédiatement; *Euston-Square*, avec sa belle église Saint-Pancrace. Au sud-est figurent *Bloomsbury-Square*, célèbre par la statue de Fox, par Westmacott; *Red-Lion-Square*, qui n'a rien de particulier; *Covent-Garden*, vaste marché aux légumes; et *Lincolns-Innfields* ou les *Champs de Lincoln*, la plus étendue sans contredit des places de Londres, avec ses jardins au levant, sur les limites occidentales de la Cité.

La Cité elle-même présente quelques places remarquables, telles que *West-Smith-fields*, entre les jardins de Charter-House et l'église de Saint-Paul; *Finsbury-Square*, place plantée d'arbres avec un goût exquis; *Trinity-Square*, près la tour de Londres; *Goodman's-Fields*, au nord; et *Well-Close-Square*, à l'est, avec une église danoise, peu loin des London Docks ou Bassins de Londres.

Les squares étant liés naturellement aux rues, dont ils ne sont que les élargissements, il faut maintenant parcourir quelques-unes de celles-ci.

RUES.

Déjà, dans notre premier chapitre, le coup d'œil général que nous avons offert de la métropole britannique a nécessité la mention de plusieurs de ses rues, afin de placer des jalons propres à distinguer les principaux quartiers; notre objet actuel est de citer celles qui contribuent à les orner.

Sous ce rapport doit figurer ici en première ligne *Regent's-street* ou la Rue du Régent. Elle peut avoir une demi-lieue de longueur et quarante à cinquante pieds de largeur, avec des trottoirs dallés d'environ quinze pieds. La partie orientale, qui aboutit à Pall-Mall, a des arcades et forme une espèce de demi-cercle ou arc double, garni de colonnes en fer creux; cette forme lui a valu le nom de *Quadrant*. La partie nord ouest aboutit à l'avenue dite *Portland-Place*, rue de cent vingt-cinq pieds de largeur, la plus considérable de Londres, et bordée d'édifices magnifiques pour s'unir au Square de Regent's-Park. La rue du Régent traverse *Oxford-street*, qui est, ainsi que nous l'avons dit, la plus grande de toutes les rues de Londres, en même temps qu'elle est la plus droite. *Piccadilly*, qui lui est parallèle, et qui se termine entre Green-Park et Hyde-Park, est le rendez-vous des grandes messageries du royaume, comme de beaucoup de voitures publiques pour les environs de Londres; cette rue est d'ailleurs voisine de Charing-Cross, lieu de réunion plus vaste du même genre, dans la Métropole. *Pall-Mall* est une rue de palais, qui s'étend de Charing-Cross à Green-Park; et au-delà de Charing Cross vient le *Strand*, rue essentiellement marchande, qui vient finir à Temple-Bar, limite occidentale de la Cité.

On distingue encore *Bondstreet*, quartier des élégants de Londres; *Whitehall*, rue où se trouvent plusieurs ministères, comme l'Amirauté, la Trésorerie, *Tottenham-Court-Road*, qui commence à la pointe d'Oxford et finit à *New-Road*, belle rue également, vers le nord-ouest; *Waterloo-Road*, dans Southwark, à partir du pont de Waterloo, car à Londres on a mis du Waterloo partout. En un mot, s'il fallait présenter une revue des belles rues de Londres, il y en aurait peu à omettre dans le quartier de l'ouest, autrement dit la Cité de Westminster. Il y a aussi de belles rues dans ce qu'on nomme la Cité: mais, en général, elles sont étroites et sales. Dans Southwark on cite *Westminster-Road*, puis *Borough-Road* et *London-Road*, comme étant de même des rues assez remarquables.

Les unes et les autres ont le même caractère et la même uniformité: grilles devant les maisons, où il n'y a pas de boutiques, réverbères suspendus à des poteaux, trottoirs en larges dalles, le milieu ou la chaussée en menus cailloux bien broyés et formant un ciment très-dur; ce qui s'appelle le macadamiser, parce que l'ingénieur Mac-Adam a imaginé, comme je l'ai déjà dit, ce moyen d'entretenir les routes en Angleterre.

Une revue anglaise fait la remarque fort singulière que presque tous les grands génies de Londres y sont nés ou ont vécu dans de chétives rues. Shakespeare habitait le Borough à l'est de la Cité, d'où il venait, dans les premiers temps de son séjour, garder devant une salle de spectacle les chevaux des personnes qui n'avaient point de domestiques. Le même quartier fut occupé par Fletcher, Gower et Chaucer, poètes à peu près contemporains. Le dernier surnommé le Père de la poésie anglaise, lequel naquit à Londres, en 1328, sous Édouard III. Dans East-Smith Fields, naquit et vécut au XVIe siècle Spencer, l'Arioste de l'Angleterre, par son fameux poème de la *Reine des Fées*. Près de Lombard-street habita le célèbre Pope, né dans la mémorable année de la révolution de 1688, et qui, par sa pureté, l'éclat et la variété de ses talents, a mérité le surnom de Voltaire britannique. Dans Cornhill, vécut au même temps que Pope le sensible John Gay, lequel, après avoir servi en qualité d'apprenti chez un marchand de soie, publia ses *Fables*, et obtint à sa mort les honneurs d'un tombeau à l'abbaye de Westminster. Dans Bond street et Cheapside, résida le républicain Milton, secrétaire de Cromwel, et que son *Paradis perdu* a fait, à si juste titre, surnommer l'Homère anglais. Dans une mauvaise petite rue, près de Charing-Cross, demeurait et mourut infirme et malheureux, ou pour mieux dire de faim, le célèbre poète comique Ben Johnson, auquel Charles Ier avait, en sa parcimonie, osé envoyer 10 livres sterling, que le barde, à deux doigts de sa tombe, refusa en disant: « Répondez au roi, qui me fait remettre si peu de chose, parce que si j'habite une allée obscure, son âme habite une allée plus obscure encore. » Dans une ruelle, au coin de Holburn, mourut également de misère le poète Chatterton, le Gilbert anglais, dont Wordsworth, le chantre des lacs, a dit:

The Sleepless boy, who perished in his pride (1).

Dans Gray's Inn, vécut Horace Walpole, le premier ministre anglais qui ait mis pour ainsi dire publiquement en pratique la corruption au sein du Parlement: triste célébrité qu'un l'Hospital n'eût certes pas enviée. Près de Holborn, fut quelque temps clerc d'avoué le pieux Cowper, auteur de poésies gracieuses et légères, notamment de la comique ballade de *John Gilpin*. Fleet-street vit naître, en 1618, Cowley, poète lyrique, et posséda Sackville, précurseur de Spencer. Là fut aussi la demeure du romancier Richardson. Le docteur Johnson, fameux critique, le la Harpe anglais, cet homme d'un génie gigantesque, auquel on doit le dictionnaire anglais, le premier en son genre, habitait la petite rue dite Bolt-Court, près du Temple. Congrève, le satirique, avait son domicile à Surry-street, dans le Strand. Une allée obscure, attenante à la rue de Covent-Garden, logea Voltaire, à l'enseigne de la Blanche-Perruque. Une taverne, au coin de Bow-street, servait de théâtre aux allocutions de Dryden, qui vécut et mourut dans Gerard-street, où peut-être il avait composé sa *Fête d'Alexandre*, la plus belle ode qui existe en anglais (2). Le mordant Butler écrivit peut-être son poème d'*Hudibras* en son taudis de Rose-street près Covent-Garden, où vécut également Peter Pindar, le lyrique. Dans Leicester-Square, naquit Newton, et certes, la rue où commence sa maison est bien étroite et bien mesquine. Spencer mourut dans Ring-street, quartier de Westminster, et Bentinck-street fut longtemps le séjour de Gibbon. L'auteur de *Robinson Crusoé*, l'inimitable De Foe, habitait près de Cornhill.

Ainsi donc, autrefois, les grands génies ou écrivains britanniques étaient fort mal logés; c'est le contraire aujourd'hui; ils ne se tiennent plus dans les chenils de la Cité, mais ils demeurent en général dans les plus beaux quartiers de la Métropole. Lord Byron, par exemple, habitait le voisinage de Westminster; Tho-

---

(1) Ce jeune homme, toujours privé du sommeil, et qui mourut dans son orgueil. A. M.

(2) J'en ai donné une traduction en vers à la suite de celle du poème des *Plaisirs de l'Espérance*; 1 vol. in-18, que j'ai publié en 1824, poème dont une nouvelle édition a paru l'année suivante, en même temps que les *Plaisirs de la Mémoire*. A. M.

mas Campbell, chantre de l'*espérance*, avait choisi Upper-Seymour-street; Samuel Rogers, chantre de la *mémoire*, habitait Saint-James-street. Il serait à présent de bien mauvais ton, pour des hommes de lettres, de ne point résider dans le quartier du beau monde ou des gens comme il faut.

Pour achever notre coup d'œil sur les rues de Londres, nous n'ajouterons qu'un mot : ce sera en faveur du seul passage qui existe en cette ville, à l'instar des belles galeries Vivienne, Colbert ou autres, à Paris. Ce passage, qu'on appelle *Burlington-Arcades*, a de l'analogie avec celui des Panoramas; il est garni de boutiques élégantes et riches; mais dans le jour elles sont peu fréquentées, si ce n'est par les dames qui viennent en visiter les magasins et exercer la patience des marchands, car elles n'achètent pas toujours, et lorsqu'elles le font, ce n'est qu'après avoir bien long-temps marchandé. Ce passage s'ouvre au milieu de Piccadilly et se prolonge parallèlement à Bond-street, pour finir à la pointe de Old-Burlington-street, qui par New-Burlington-street, rejoint Regent's-street.

Je viens de dire que Burlington-Arcades, ou les Arcades de Burlington, ont de l'analogie avec le passage des Panoramas. En effet, elles ne sont guère plus belles, et pourtant, je le répète, c'est à peu près le seul passage de ce genre à Londres, où l'on chercherait en vain des galeries comme celle de Colbert, à plus forte raison comme la grande galerie d'Orléans, au Palais-Royal, l'unique peut-être en Europe, dont nulle capitale ne présente non plus d'établissement aussi magnifique et aussi commode que ce vaste rendez-vous des étrangers et des Parisiens, qui, à leur choix, se promènent, suivant le temps ou la saison, dans le jardin ou sous les arcades, brillant de tout ce que l'industrie manufacturière ou la mode enfantent de plus merveilleux.

WINDSOR.

Le château de Windsor, le plus beau palais des souverains d'Angleterre, fut bâti par Guillaume-le-Conquérant, bientôt après que ce prince normand fut monté sur le trône. L'endroit où il est situé avait été choisi comme le plus aéré, le plus favorable à la santé, et comme place de sûreté. Henri Ier fit à ce palais des additions considérables, augmentées successivement par Édouard IV, Henri VII, Henri VIII, Elisabeth et Charles II. Sous ce dernier prince, qui fit de ce château son séjour d'été, les améliorations devinrent à peu près complètes, et celles qui ont eu lieu postérieurement ne l'ont été que pour quelques détails insignifiants.

Ce château, appelé en anglais Windsor-Castle, situé à une distance de vingt-trois milles à l'ouest de Londres, sur une éminence, est divisé en deux cours, par une vaste tour ronde. Les divers bâtiments couvrent environ douze arpents de terre. Le palais offre, sur le penchant de la colline, une magnifique terrasse, qui présente peut-être le plus beau point de vue et une des plus belles promenades de l'Angleterre. Cette terrasse a environ 2,000 pieds de longueur de l'est au nord, et conduit au petit parc, près duquel se trouvent deux bâtiments modernes, qui servent quelquefois de résidence au monarque. Les salles sont remplies de tableaux des plus grands maîtres.

Le petit parc, où l'on va de la terrasse, a environ quatre milles de circonférence, et il est entouré de murailles en briques. Le gazon est partout d'une beauté exquise. Dans la cour supérieure est un espace carré qui renferme au nord les appartements royaux et la chapelle de Saint-Georges, tandis qu'au sud on voit d'autres appartements destinés aux princes de la famille royale. Au milieu du carré est une statue équestre, en bronze, de Charles II.

La tour ronde, qui forme le côté occidental de cette cour supérieure, et qui contient les appartements du gouverneur, est bâtie sur la partie la plus élevée de l'éminence. On y monte par un perron en pierres. On y a formé une promenade plantée d'arbres et de gazon, sur le penchant du terrain, et des appartements de la même tour on a une très belle vue de Londres et des environs. Dans une des chambres, on montre la cotte de mailles de ce roi Jean de France qui fut prisonnier en Angleterre, et qui disait que si la bonne foi venait à s'exiler du cœur des hommes, elle devrait se réfugier dans le cœur des rois.

Quant à la cour inférieure, elle est plus vaste que l'autre, quoique divisée de la même manière. Elle comprend au centre une chapelle de Saint-Georges; au nord sont les appartements du doyen et des chanoines de la chapelle; les autres côtés sont occupés par les officiers de la couronne. Il y a aussi une salle particulière pour les chevaliers de la Jarretière.

L'entrée dans les appartements a lieu par un magnifique escalier qui a remplacé un vestibule de structure grecque. Lorsqu'on a monté l'escalier, on entre dans la salle des gardes de la reine, où l'on voit rangées avec symétrie toutes sortes d'armes. On pénètre ensuite dans la chambre de présence de la reine, chambre toute tendue en tapisserie, qui représente les persécutions des premiers chrétiens. La chambre d'audience de la reine est également décorée de tapisseries et de tentures. La salle de bal et le salon de la reine sont ornés dans le même goût. La chambre à coucher de la reine renferme un lit qui a coûté plus de 15,000 livres sterling, ou 375,000 francs. Les peintures représentent des sujets mythologiques. Il y a aussi la chambre des Beautés, ainsi nommée parce qu'elle renferme les portraits des quatorze plus belles femmes qui existaient sous le règne de Charles II. La galerie des tableaux est très riche, ainsi que le cabinet du roi. La chambre à coucher de la reine est tendue en tapisseries représentant l'histoire de Héro et Léandre. La grande salle à manger représente le banquet des dieux. La salle d'audience et la salle de présence sont tendues de tapisseries analogues. Enfin, dans la salle des gardes du roi, offrant, comme celle de la reine, une collection d'armes, on remarque celles du prince Edouard, surnommé le prince Noir, pour lequel on a figuré une sorte de triomphe à la manière des Romains.

Après avoir parlé du château, il n'est peut-être pas inutile de revenir sur le parc, et de dire un mot de la forêt de Windsor.

Nous avons déjà nommé le petit parc, charmant enclos qui entoure le château au nord et à l'est, et qui s'étend en pente douce depuis les bâtiments jusqu'aux bords de la Tamise. Le grand parc est au sud de Windsor, et a près de quinze milles de circonférence. On y arrive par une belle route garnie d'une double plantation d'arbres de chaque côté. Ce parc est rempli de gibier et d'oiseaux, ainsi que d'animaux étrangers, auxquels le roi donne souvent la chasse.

Après le parc vient la forêt, semée de villages; bien que le sol demeure généralement sans culture, c'est un terrain mêlé de collines et de vallées, de bois, de prairies et de maisons de campagnes. Ces scènes variées ont été admirablement décrites par le chantre de la forêt de Windsor, le célèbre Pope, qui naquit dans le voisinage, à Binfield.

N'oublions pas de citer encore, au nombre des embellissements ou améliorations du château de Windsor, la nouvelle orangerie et les nouveaux jardins à fleurs. Cette orangerie est située sous la grande terrasse qui environne les appartements du château. Elle a 90 pieds de long, 30 de haut, et 18 de large. Le toit est plat et couvert de stuc, aussi blanc que la neige et plus dur que le granit. Le travail des glaces est un travail tout-à-fait original et entièrement différent de ce qui existe ailleurs en Europe. Cette belle orangerie frappe l'œil par sa forme semi-circulaire; elle est éclairée par seize fenêtres d'une grandeur uniforme et donnant sur le jardin à fleurs, qui s'étend devant le front oriental du palais. En un mot, c'est une des plus remarquables additions qui aient été faites au palais. Cette même orangerie est échauffée par la vapeur, et une température uniforme s'y entretient à volonté, avec l'aide d'une seule personne. La machine est regardée comme une des inventions les plus ingénieuses en ce genre.

Le nouveau jardin à fleurs contient une grande variété de scènes naturelles, sur une petite échelle, sous les appartements favoris du roi. C'est un petit Éden, qui a deux entrées, l'une par la grande terrasse, l'autre par l'orangerie. L'eau y est conduite de la Tamise, et une allée sablée entoure cette vaste collection de tulipes, de roses, de lilas et de mille autres fleurs dont les parfums embaument l'air que respire la reine Victoria.

En résumé, Windsor, le Versailles, le Saint Cloud anglais, situé à 22 milles de Londres, est un lieu ravissant par son exposition. La ville est assise au milieu des prairies que la Tamise arrose, et adossé à des collines bien boisées et d'une pente douce, qui forment autour d'elle un encadrement pittoresque. Sur la plus haute de ces collines repose le château, depuis plus de 700 ans la demeure des rois d'Angleterre. La chapelle, dédiée à saint Georges, est d'une magnificence inexprimable, bien que la décoration en soit du XVe siècle. La terrasse est la merveille par excellence, sous le rapport du point de vue. C'est là que la reine Elisabeth traduisait en vers anglais l'*Art poétique* d'*Horace*.

Tout près de Windsor est le bourg d'Eton, avec un collége fondé par Henri VI, en 1443. Ce bourg est séparé de Windsor par un pont sur la Tamise.

Le collége d'Eton a une bibliothèque renommée par sa composition, et il reunit 5 à 600 élèves, dont 70 entretenus gratis. A mesure qu'il y a une vacance au King's-collége à Cambridge, celui qui est le premier parmi les écoliers du roi à Eton y est appelé et se trouve par là exempt de tout examen.

Il existe encore à ce collége un usage singulier qui depuis près de quatre siècles revient chaque trois ans, le mardi de la Pentecôte. Tous les élèves se rendent en procession à une petite éminence appelée *Salt-Hill*, d'où, vêtus d'habits grotesques, ils se dispersent pour recueillir les dons des passants. L'argent ainsi colligé est destiné au plus âgé des écoliers, qu'on nomme le capitaine de l'école, et qui peut dès lors aller librement étudier à Cambridge.

A Eton plus qu'ailleurs existe le honteux usage du *fagging* ou brossement, espèce d'ilotisme, qui, de la part d'un jeune élève, consiste à servir de domestique à un plus âgé. Chaque grand écolier a son fag (1), lequel doit, sous peine d'être battu, obéissance aveugle à son despote. Il brosse ses habits, va lui chercher son déjeuner, ramasse sa balle au jeu, et le sert en esclave dans tous ses caprices. Son seul espoir est d'être luimême despote un jour, et de se venger sur un fag des basses classes de la tyrannie de son maître. Du reste, à Eton, le fouet se donne encore aux enfants.

Le chantre du *Cimetière de Campagne* et du *Barde*, le poète Gray, avait aussi chanté les plaisirs et les peines des élèves du collége d'Eton, dans une ode que nous avons essayé de reproduire en vers français, traduction détachée, qui fait partie d'un recueil de poésies diverses destinées à paraître plus tard.

ALBERT-MONTEMONT.

(1) *To fag* veut dire *to toil*, travailler, se fatiguer.
A. M.

ÉDIMBOURG.

De Londres, transportons-nous à *Édimbourg*, et essayons de présenter une courte description de cette capitale de l'Écosse.

Cette ville, dont le nom anglais est *Édinburgh*, occupe trois collines, et se divise en deux parties, la vieille et la nouvelle ville. De tous côtés, excepté au nord, elle est entourée par des rochers ariles et sauvages. La haute rue parcourt, sur l'une des trois collines, une longueur d'une demi-lieue, et se termine à l'ouest par un abîme au-dessus duquel s'élève le château; à l'est, elle offre en perspective le vieux palais d'Holyrood et la délicieuse plaine qui l'entoure. Sur la colline méridionale est un nouveau quartier, et entre les deux collines on voit une rue étroite nommée *Cow-Gate*. Les deux parties de la vieille ville sont réunies par un pont élégant qui traverse cette rue à angles droits. Un second pont joint la vieille ville à la nouvelle placée sur la colline septentrionale. On a ménagé à Edimbourg une entrée du côté oriental, en taillant une chaussée à travers le roc de *Calton-Hill*, dont le sommet offre un monument élevé à l'amiral Nelson. La circonférence d'Edimbourg est de près de 4 lieues, et sa population de 150,000 âmes. L'université d'Edimbourg est depuis longtemps célèbre par le talent de ses professeurs et par son école de médecine.

Rapportons quelques traits de la description qu'un voyageur contemporain fait aussi d'Edimbourg.

« A tout lecteur de Walter Scott, la colline d'Arthur's-Seat (le trône d'Arthur), qui domine Edimbourg, est une éminence presque aussi familière que Montmartre aux Parisiens. Ce rocher, de huit cent trente pieds au-dessus de la mer, offre une vue magnifique de l'Athènes du Nord, panorama le plus extraordinaire que puisse fournir aucune ville d'Europe. A l'est, la vaste étendue des flots se confond avec l'azur du ciel, et plus au nord, se rétrécit progressivement jusqu'à l'embouchure du Forth, entre les rivages du Lothian et du comté de Fife. L'œil se repose agréablement sur les îles dont le golfe est parsemé; et quand le soleil mêle les riches nuances de ses rayons à leur verdure, on peut les comparer avec le poète à des émeraudes enchâssées dans de l'or: *emeralds chassed in gold*. C'est Inch-Keith avec son fanal élevé; c'est l'île de May, consacrée jadis à saint Adrien, et de laquelle un autre phare protége aussi les pilotes; c'est Inch-Colm, fameuse par un ancien couvent, fondé sous les auspices de saint Colomba; c'est Inch-Garvie, jadis fortifiée; au sud sont les montagnes de Braid et de Pentland. A l'occident est l'élégante éminence de Corstorphine, et au-dessous sont les escarpements de Salisbury's Craings, semblables à une couronne murale. Toutes ces hauteurs et celles d'Arthur's-Seat forment l'amphithéâtre au milieu duquel s'élève Edimbourg avec son château assis sur une roche centrale de trois cent cinquante pieds, et une dernière colline à l'est appelée Calton-Hill, que surmontent l'Observatoire et la tourelle monumentale érigée à Nelson. »

De la cime d'Arthur's-Seat on voit, à gauche, se déployer la masse des bâtiments noirs de la vieille ville, qui, commençant au château gothique d'Holyrood, est couronnée de l'espèce de tiare que forme le clocher de Saint-Gilles, et terminée par la citadelle; à droite, est la ville neuve, toute régulière et d'une éclatante blancheur: l'une, fille austère et sombre du moyen-âge, l'autre, fille élégante de la civilisation. La ville neuve a ses rues tirées au cordeau, ses squares, la coupole de son église de Saint-Georges, sa colonne Trajane élevée à lord Melville, la brillante terrasse de Prince's-Street, les portiques du pont du Nord, sa magnifique rue qui descend jusqu'au port de Leith;

tout cela est digne de l'Athènes du Nord ; les sombres maisons de la vieille ville n'ont de loin rien d'exagéré dans leur hauteur, bien que quelques-unes forment jusqu'à douze étages. On dirait que les architectes de cette grande cité, ayant devant les yeux les monuments éternels du *trône d'Arthur*, et du *rempart* que figurent les Salisbury's-Craings, ont prétendu rivaliser avec ces édifices de la nature.

Au pied de Salisbury's-Craigs, Edimbourg commence par le château d'Holyrood. De la cour de ce palais une longue rue monte ju qu'au château ; cette rue (Iligh-Street) que les habitants d Edimbourg proclament la plus belle du monde, parcourt un espace de cinq mille cinq cent soixante-dix pieds, et dont la plus grande largeur est de quatre-vingt-dix : c'est là qu'elle s'appelle *High-Street* (rue haute). Jusque-là, depuis Holyrood, son nom est *Canongate*. Au milieu de Canongate s'élevait jadis deux croix, dont l'une, Girth-Cross, servait à marquer la limite du sanctuaire d'Holyrood — Ce sanctuaire jouit encore de ses privilèges : les débiteurs y trouvent un asile inviolable ; ils y vivent soumis à la seule juridiction du gouverneur héréditaire du château. S'ils contractent des dettes nouvelles sur les lieux, ils sont poursuivis par leurs nouveaux créanciers, qui peuvent obtenir prise de corps contre eux ; mais vis-à-vis des créanciers de l'extérieur, ils sont en sécurité parfaite dans tout le faubourg et ce qu'on appelle le *Parc du Roi*, qui comprend dans son enceinte Arthur's-Seat et Salisbury's-Craings.

La partie la plus élevée de la Canongate se compose de maisons fort anciennes et surtout fort mal bâties dans leur régularité bizarre ; mais quelques-unes montrent encore des armoiries qui attestent que c'était dans les hôtels qu'habitaient jadis les fiers barons écossais. Parmi ces vieilles habitations on rencontre aussi la maison du fameux John Knox, apôtre de la réforme en Ecosse, qui fit entendre un langage si dur aux voûtes féodales d Holyrood, en présence de Marie Stuart.

Edimbourg, quoique plus particulièrement ville de noblesse et de procureurs, est aussi très commerçante. Le port de Leith en fait partie, et l'on y trouve une population nouvelle, active, nombreuse et bruyante. Edimbourg est encore plus glorieuse d'être une seconde Athènes par ses philosophes, ses orateurs, ses critiques et ses poètes. Il se publie dans cette ville deux revues (1), dont les articles sont lus et recherchés avec empressement dans le monde littéraire.

Les dîners et les soirées réunissent souvent les coteries, et indépendamment de celles des libraires ou marchands, il existe celles des du Deffant calédoniennes, où l'on discute sur les graves questions du jour. De père en fils les Ecossais sont réputés, depuis longtemps, les argumentateurs les plus opiniâtres ; en religion, en sciences, en politique, il y a toujours eu deux partis. Les dames d'Edimbourg ont la démarche plus gracieuse en général que les dames de Londres ; leur taille est aussi plus élancée et plus forte à la fois ; elles ont en outre un pied plus grand, et l'on pourrait conseiller aux jeunes personnes d'Edimbourg l'adoption des minces pantoufles de nos Parisiennes. Du reste, la plupart joignent aux grâces de leurs corps quelques talents agréables, surtout celui de la musique.

Le manoir de Walter-Scott est situé dans le voisinage d'Edimbourg, et tout voyageur qui visite cette ville doit aussi faire un pèlerinage à ce manoir du prince des romanciers modernes.

S il fallait, disions-nous alors d'après une revue anglaise, et d'après nos observations faites sur les lieux, rapidement il est vrai ; s'il fallait juger le caractère des peuples des trois royaumes unis de la Grande-Bretagne suivant leurs actions, on pourrait dire que l'Anglais est guidé par l habitude, l'Ecossais par la

(1, Edimburgh review ; Blackwood magazine.

réflexion, et l'Irlandais par l'impulsion. L'Anglais est froid, un peu repoussant dans ses manières, se lie lentement et difficilement d'amitié ; il est poli, mais non cordial ; sa figure, plutôt que son cœur, vous accueille chez lui ; il ne cherche point la corde qui vibre à votre oreille ; il n'a en vue qu'une chose, c'est le moment où il congédiera son hôte. Il aime à se vanter de son pays, en même temps qu'il murmure contre les lois qui le régissent. Ecoutez ses plaintes : il est réduit à la mendicité, il va mourir de faim ; mais regardez sa demeure, c'est un palais, et, pour lui, il étouffe dans son embonpoint. S'il remplit tous ses devoirs envers sa famille, s'il est doux et poli envers ses domestiques, c'est moins par affection que parce qu'ils sont ses domestiques et sa famille.

En toutes choses perce chez lui l'égoïsme, le *moi* éternel, et si l'Anglais parvient à *guider* sa barque, il s'inquiète fort peu que le reste du monde surnage ou s'enfonce dans les flots. Mais s'il ne sait pas aimer avec ardeur, sa haine n'a pas d'amertume. Il paraît franc et loyal dans ses actions et ses paroles ; aussi peut-il être souvent dupe. L'empire de l habitude se remarque chez lui jusque dans ses plaisirs : il fréquente le même café, s'assied à la même place, boit la même sorte de liqueur, lit les mêmes journaux, semblable à cet homme qui, la première fois qu'on lui présenta une asperge, la mordit par le mauvais bout, et voulut depuis faire toujours de même, si l'Anglais avait eu le malheur de tomber dans une pareille méprise, il voudrait constamment y persister. C'est, en un mot, un être d habitude et de formes, soumis passivement aux lois établies, plein de sincérité, d'honnêteté et de raison, mais opiniâtre dans ses opinions, et remarquable surtout par son tempérament flegmatique.

L'Ecossais, loin de se tenir à l'écart, de vivre indépendant des autres, et de trouver son plus grand bonheur à se concentrer en lui-même, comme le pratique l'Anglais, se porte en avant, et sa passion pour les autres décide de son amour ou de sa haine. La recommandation la plus légère lui suffit pour ouvrir sa maison à un étranger ; son accueil est cordial ; mais il va disputer avec son hôte, l'entretenir de sa personne et de ses affaires dans les plus grands détails, l'accabler à son tour de questions, et, à force de politesses et d'attentions, faire excuser une curiosité souvent impertinente. D'abord enthousiaste, il soumet ensuite votre caractère et votre fortune à l'analyse, dès que vous l'avez quitté ; s'il y remarque un côté défavorable, il le note avec soin. Tant que la fortune vous sourit, vous ne trouverez nulle part un homme plus disposé à vous être utile, qui vous serve plus efficacement. Etes-vous dans le malheur, il prend aussitôt congé de vous et vous laisse sans cérémonie. Si on n'a pas à lui reprocher l'apathie commune aux Anglais, on n'a pas également à louer en lui la sincérité de celle-ci ; il est plus profond mais moins tenace.

L'Ecossais des montagnes, ou *Highlander*, avec son manteau de serge rayée, sa claymore, ses brodequins, ses jupons et sa toque, a une allure plus vive que l'habitant des plaines, ou *Lowlander* ; l'un et l'autre ont été dépeints dans les romans de Walter Scott (1), qui se trouvent dans toutes les mains, depuis le dernier artisan jusqu'au monarque. Il est dès lors bien inutile que nous reproduisions ici des portraits universellement connus.

On a vu des Anglais être pris pour des Ecossais, et des Ecossais pour des Anglais : jamais un Irlandais ne donnera lieu à cette méprise, et il ne ressemble qu'à lui-même. Si le hasard vous le fait rencontrer, il est à l'instant votre ami ; il n'est pas d'admiration qu'il n'éprouve pour votre personne, et il vous loue en face jusqu'à l'hyperbole. Mais qu'une autre idée, quelle

(1) Notre traduction en 30 volumes in-8° a eu, en 1836, les honneurs du stéréotypage chez MM Firmin Didot, les premiers typographes de France.

qu'elle soit, ... aussi
votre ca......................... derniers
pampas de .... qui sous
sera d'autant .... vous ; il .... peut-être
aura-t-il .... dans votre ....
qui .... à la voûte : ceci, ... nous humble ci......................................

Avez-vous envie d'employer l'Irlandais, ajoute le
même ......, il possède toutes les connaissances, peut
.... son âme, sa vie, son bien, tout est à votre
dis........ si vous le mettez à l'épreuve, il fera à
peine la .... de ce qu'il vous a promis. Néanmoins
il met tant de .... dans toutes ses actions, que,
mal..... .... on se laisse tromper de nouveau.
Son amour .... comme celle des Ecossais, ... l'....... de la passion, le besoin d'une
bien .... immédiate, sans aucun retour sur le
passé, son .... pour .... ; il est victime, il est
esclave de ses ...., et c'est à cela qu'il sacri-
fie amitié, honneur, patrie, succès dans le monde, tout
enfin. Quand il vous jure un attachement éternel,
vous ne devez pas douter de sa sincérité, mais il
change, malgré lui, de sentiment. Gai, brillant,
agréable dans ses manières, il semblerait partout
devoir réussir, mais moins solide que l'anglais, moins
prudent que l'Ecossais, et portant ses vues à des hauteurs qu'il ne peut ......, il fait des chutes continuelles. D'ailleurs l'ambition ne l'occupe pas longtemps, d'autres .... lui .... promptement.
Au surplus, pour bien juger un Irlandais, on prétend
qu'il faut le surprendre à jeun.

En ...., l'Anglais marche droit vers le but ;
l'Ecossais fait çà et là quelques .... ; l'Irlandais
vole de côté et d'autre, se .... avec fracas, et
souvent termine sa course au point ..... il a commencée. L'Anglais est persévérant, mais .... , l'Ecossais,
plus varié, a plus d'intensité d'esprit .... moins
opiniâtre sur un même sujet ; l'Irlandais, c'est la lége-
reté du vent, mais c'en est aussi le vide. Un Anglais
au pouvoir est hautain, froid, ... un Ecossais,
intrigant, mais dans le seul but d'obliger les siens ;
l'Irlandais oublie ses intérêts pour sa vanité, et
quiconque saura le flatter en fera sa dupe. En Ecosse,
un .... est banni pour avoir commis un grand
crime ; en Angleterre, pour un crime plus léger ; en
Irlande, pour la moindre faute ; d'où il suit qu'à Botany-Bay un Irlandais peut devenir un ....
homme, et un Anglais homme ...., ... que
l'Ecossais restera peut-être scélérat.

ALBERT-MONTÉMONT.

FIN DES VOYAGES D'ALBERT-MONTÉMONT.

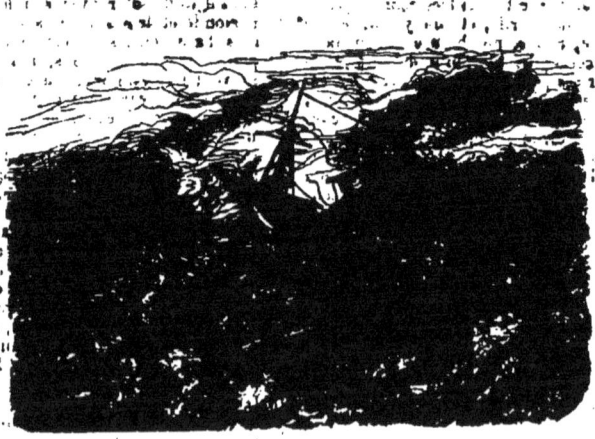

Paris. — Imprimerie LACOUR, rue Soufflot 16.

www.ingramcontent.com/pod-product-compliance
Lightning Source LLC
Chambersburg PA
CBHW071242160426
43196CB00009B/1150